帝國議會

衆議院議事速記錄

제8권

소화 12年 2月 ~ 소화 20年 12月

韓國學資料院

〈目　　　　次〉

第 8 券　昭和 12年 2月 ～ 昭和 20年 12月

昭和十二年二月十七日（水曜日）

午後一時十五分開議

議事日程　第八號

昭和十二年二月十七日

午後一時開議

一　國務大臣ノ演說ニ對スル質疑　（前會ノ續）

第一　臨時租稅增徵法案（政府提出）　第一讀會

第二　法人資本稅法案（政府提出）　第一讀會

第三　外貨債特別稅法案（政府提出）　第一讀會

第四　揮發油稅法案（政府提出）　第一讀會

第五　有價證券移轉稅法案（政府提出）　第一讀會

第六　明治四十年法律第二十一號中改正法律案（樺太ニ於ケル租稅ニ關スル件）（政府提出）　第一讀會

第七　關稅定率法中改正法律案（政府提出）　第一讀會

第八　昭和七年法律第四號中改正法律案（輸入稅ノ從量稅率ニ關スル件）（政府提出）　第一讀會

第九　大正十四年法律第五十一號中改正法律案（關東州ノ生產ニ係ル物品ノ輸入稅免除等ニ關スル件）（政府提出）　第一讀會

第十　鐵ノ輸入稅免除ニ關スル法律案（政府提出）　第一讀會

第十一　輸出統制稅法案（政府提出）　第一讀會

國務大臣ノ演說ニ對スル松村君ノ質疑

國務大臣ノ演說ニ對スル守屋君ノ質疑

國務大臣ノ演說ニ對スル河上君ノ質疑

國務大臣ノ答辯

○議長（富田幸次郎君）　諸般ノ報告ヲ致サセマス

（書記官朗讀）

一政府ヨリ提出セラレタル議案左ノ如シ

郵便法中改正法律案

絲價安定施設法案

絲價安定施設特別會計法案

（以上二月十七日提出）

（左ノ報告ハ朗讀ヲ經サルモ參照ノ爲茲ニ掲載ス）

一議員ノ異動左ノ如シ

北海道第五區選出議員三井德寶君辭職セラレタリ

一議員ヨリ提出セラレタル議案左ノ如シ

檢査計理士法案

提出者　松田竹千代君　野田文一郎君

國立劇場建設ニ關スル建議案

提出者　內ケ崎作三郎君　木村小左衛門君　福田關次郎君　信太儀右衛門君　一松定吉君

農家世襲財產制度制定ニ關スル建議案

提出者　林平馬君

（以上二月十六日提出）

一昨十六日衆議院規則第十五條但書ニ依リ議長ニ於テ議席ヲ左ノ通變更セリ

二六	笠井重治君
二八	風見章君
三三	石坂繁君
三四	高岡大輔君
四一	伊禮肇君
四五	藏原敏捷君
二〇一	中川重春君
二〇九	土田莊助君
四二二	武富濟君
四二七	兼田秀雄君
四五七	兒玉右二君
四五八	林路一君

一昨十六日常任委員補闕選擧ノ結果左ノ如シ

第二部選出

豫算委員　伊豆富人君（風見章君補闕）

第九部選出

決算委員　中原謹司君（西川貞一君補闕）

一昨十六日議長ニ於テ辭任ヲ許可シタル常任委員左ノ如シ

第三部選出豫算委員　宮澤胤勇君

第九部選出豫算委員　山道襄一君

第二部選出請願委員　高島兵吉君

○議長（富田幸次郎君）　是ヨリ會議ヲ開キマス、御許リ致シマス、第一部選出豫算委員岸田正記君、右常任委員辭任ノ申出ガアリマス、之ヲ許可スルニ御異議アリマセヌカ

（「異議ナシ」ト呼フ者アリ）

○議長（富田幸次郎君）　御異議ナシト認メマス、仍テ許可スルニ決シマシタ、其部ノ諸君ハ速ニ補闕選擧ヲ行ヒ御屆アランコトヲ望ミマス――國務大臣ノ演說ニ對スル質疑ヲ繼續致シマス、通告順ニ依ッテ發言ヲ許シマス――松村光三君

國務大臣ノ演說ニ對スル質疑　（前會ノ續）

（松村光三君登壇）

○松村光三君　諸君、私ハ專ラ產業經濟ニ關スル質疑ヲ致シマス、質疑ノ便宜上其質問ノ要領ヲ四ツニ大別致シマス、第一ハ產業統制ノ問題、第二ニハ產業原料資源ノ問題、第三ハ對外貿易伸張ノ問題、第四ハ物價騰貴ノ問題デアリマス

第一產業統制ノ根本問題ニ關スル質疑デアリマスガ、前內閣以來財界竝ニ一般社會ニ與ヘタル不安ト焦慮ハ、其原因ハ色々アリマスガ、要スルニ前內閣以來產業政策ニ關スル國家ノ指導方針、其基調ガ甚ダ不明瞭不徹底デアルト云フコトデアル、而シテ是ガ一般財界社會ニ幾多ノ不安ヲ與ヘタト云フコトデアリマス、現內閣ノ政綱ニ依ルト產業ノ綜合的發達ノ爲ニ適切ナル統制ヲ實施スルト言ウテ居ルガ、茲ニ所謂適切ナル統制トハ何ヲ意味スルノデアルカ、甚ダ空漠デアリ抽象的デアル、此點ニ付テ總理大臣ヨリ明確ナル指導方針、產業統制ノ基調ヲ此際御答辯ヲ煩スノデアリマス、言フマデモナク現時ノ資本制企業ノ下ニ於テ、動モスル

ト個人主義ノ弊ニ因ハレ、玆ニ經濟機構ノ上ニ於テ幾多ノ缺陷ガアル、ソレ故ニ吾々ハ又我黨ニ於テモ夙ニ現資本主義ノ是正、經濟統制ノ强化ヲ高調シ來ッタノデアル、吾々ノ唱フル所ノ所謂資本主義是正トハ、其形ハ飽マデモ産業自治統制デアリマス、産業ノ自治ヲ統制ノ基本トスルコトデアリマス、即チ所有ト經營ハ民間ノ專門家ニ之ヲ委ネ、彼等ノ自由ナル創意ヲ尊重スル、國家ハ唯大所高所カラ其弊害ノアル所、缺陷ノアル所ヲ指導監督スル任務ニ當ルベキデアル、隨テ産業ノ國有官營ノ如キ形ハ、已ムヲ得ザル場合ニ之ヲ限ルベキモノト思フ、或ハ將來米ノ專賣ノ如キ、斯樣ナル特殊ナ形態ニ於テハ、國有官營ノ形ヲ採ルコトモ亦已ムヲ得ナイケレドモ、原則トシテハ飽マデ自治統制ヲ尊重スベキモノト吾々ハ確信スル、隨テ國家社會主義ノ如クニ、一般産業ヲ國有化セントスルガ如キ、此國家萬能ニ依ッテ所有權ヲ國家ニ奪還ゼントスルガ如キ考方ハ、吾々ノ斷ジテ承服セザル問題デアリマス、今退イテ少シク日本ノ今日マデノ官營事業ノ經過ヲ見マスト、日本ノ官營事業ハ吾々ノ意ニ滿タザル所ノモノガ少クアリマセヌ、最モ代表的ト見ルベキ鐵道ノ國有――日本ノ國有鐵道ハ確ニ日本ノ官營事業ノ中デハ最モ進ンダ、最モ完全ナル形デアリマスガ、併ナガラ大體ニ於テ日本ノ國有鐵道ハ世界中可ナリニ高イ賃率收入ヲ原則トシテ居ル、日本ノ國有鐵道ハ收入主義ヲ原則トシテ居ルト云フコトハ否定出來ナイノデアリマス、又專賣事業ニ付キマシテモ、鹽ノ專賣ノ如キ、國民ニ高キ鹽ヲ賣ルダケデアリ、又煙草ノ專賣ニ至ッテハ、洵ニ不都合千萬デアリマス（ヒヤヒヤ）葉煙草ノ買上値段ヲ段々引下ゲテ農民ヲ苦シメ、其反對ニ煙草專賣ニ依ッテ二億三千万ト云フ暴利ヲ國民ニ强ヒテ居ル（拍手）消費大衆ニ對シテ斯ノ如キ暴利ヲ貪ッテ居ル、而モ日本ノ煙草ハ、嘗テハ村井、岩谷等民營時代ニ於テハ、東洋市場ニ大ニ發展シテ居ッタ、然ルニ官營ノ現在ニ於キマシテハ、殆ド日本ノ輸出煙草ハ跡モナク、官營ノ下ニ東洋市場ニ於ケル是等ノ販賣ハ全ク跡形モナクナッテ、無爲無能ナル官營ノ煙草販賣事業ハ、斯ノ如キ憐レナル現狀デアル（拍手）又電話事業ニ於テモ、通信特別會計ノ行ハレテ居ル今日ノ電話ハドウデアルカ、電話一ツ架ケルノニ千數百圓モ出サナケレバナラナイ、卑近ナ例ヲ擧ゲルヤウデアルガ、日本ノ電報ハ夜間十時過ギニ電報ヲ打ツト、倍額ニナル、元來夜間ノ電報ハ安イノガ世界ノ原則デアル、日本ダケガ夜間ノ電報ハ高イノデス、斯樣ナコトヲ論ジ來リマスト、日本ノ官營事業ト云フモノハ遺憾ナガラ收益主義ニ陷ッテ居ル、加之是等官營事業ノ間ニ何等ノ統一モナク、何等ノ連絡モナイ、鐵道省ハ厖大ナル利益ヲ擧ゲルカラ、鐵道官吏ハ非常ナル優遇ヲサレテ居ル、之ニ反シテ遞信省ノ從業員ハ洵ニ憐レナル待遇デアル（拍手）昨年出マシタアノ退職積立金ノ恩惠スラ、其恩典スラ是等遞信從業員ハ浴スルコトガ出來ナイ現狀デアリマス、斯ノ如クシテ日本ノ官營事業ハ大體ニ於テ民間ノ營利主義ト異ナル所ノナイ現狀デアルト謂ハナケレバナリマセヌ、尤モ官營事業ノ斯ノ如キ失態ハ必シモ日本バカリデハアリマセヌ、獨逸ノ加里又ハ石炭ノ國有化ガ失敗ニ終ッテ居ル、伊太利ノ官營保險ハ民營保險ト竝立シテ今日大體良キ成績ガ擧ッテ居ラナイ、斯樣ナ現狀デアル、尤モ今日各種ノ軍需工業ノ國有問題ガ盛ニナッテ居ル、軍需工業ノ如キハ特殊ナル事情ガアルカラ玆ニ國營問題ガ起ルノデアルケレドモ、一般ノ産業ハ飽マデ原則トシテ民營主義デナケレバナラヌト思フノデアリマス、カヽルガ故ニ英吉利ノ勞働黨ノ如キモ、多年ノ主張タル石炭、銀行其他ノ官營ノ考ヲ打棄テヽ、其「ギルド」社會主義ノ巨頭タル「コール」デサヘモ、今マデ多年主張シ來ッタ企業ノ官營國營、勞働者ニ企業權ヲ奪還スルト云フ考ヲ潔ク棄テタト云フ如キハ、特ニ玆ニ三省熟慮スベキ問題デアリマス、斯ル意味ニ於テ私ハ前内閣ニ依ッテ編ミ上ゲラレタル電力國營ノ問題、此電力國家管理案ハ一應撤回シテ、再檢討ヲシテ、練直シテ國民ノ前ニ提出スベキモノデアル、遞信省ハ從來ノ行懸リニ囚ハレテ玆ニ九十万圓ノ豫算ヲ計上シテ居ルガ、賢明ナル新遞信大臣ハ此邊ノ問題ニ付テ確タル考案ガナケレバナラヌト思フノデアリマス、言フ迄モナク日本ノ電氣事業ガ斯ノ如クナッタ由ッテ來ル原因ハ多々アリマス、各地方ノ電氣會社モ勿論責任ヲ執ラナケレバナリマセヌガ、是ガ監督官廳タル遞信省モ、現電氣事業法ノ法規ノ上ニ眠ッテ居ッタ、是等監督官ノ責任モ問ハネバナリマセヌ、ソレ故ニ現在ノ電氣事業ヲ統制シ、豐富低廉ナル電力ノ供給ヲ圖ルト云フコトハ何人モ是ハ異論ガアリマセヌ、併ナガラ曩ニ出サレタヤウナ實行上ニ於テモ、法理上ニ於テモ、幾多ノ疑問缺陷アル法案ハ速ニ撤回シテ、新ナル對案ヲ考究スルコトガ、現下ノ時局ニ應ズル適切ノ對策デアルト考ヘルノデアリマス（拍手）特ニ遞信大臣ノ善處ヲ要望スル所以デアリマス

此際少シク餘談ニナリマスガ、各國ノ統制經濟ノ機關ニ關スル事情ヲ簡單ニ述ベテ參考ニ資シタイト思フノデス、第一ニ「ソ」聯邦ノ計畫經濟、所謂第一次五箇年計畫、「ゴスプラン」ト云フモノハ誰ガ一體ヤッテ居ルト思フカ、ソレハ四百七十名ノ委員カラ出來テ居ルケレドモ、其幹部デアル指導機關ハ二十名、其大半ハ專門ノ技術者デアル、官吏ハ「ソビエト」聯邦ノ「ゴスプラン」ノ中堅デハナイノデス、又第二ハ亞米利加ノ經濟參謀本部、例ノ「エヌ・アール・エー」デアリマスガ、此「エヌ・アール・エー」ノ中心ヲ成スモノハ何カ、最高復興會議デアルガ、此最高復興會議ハ二十一名ノ委員組織デアリ、其中役人上リノ者ハ僅ニ六人シカ居ラナイ、他ハ皆民間專門ノ權威者デアル、第三獨逸「ナチス」ノ最高經濟會議ノ委員ハ十八名デアリ、此十八名ハ悉ク民間ノ專門權威者カラ成立ッテ居ル所謂指導者組織デアル、例ヘバ獨逸デ一番大キナ電氣會社ノ社長ガ電氣ノ指導者デアルガ如キ形ヲ取ッテ居ル、而シテ其實行機關ハ誰カ、獨逸工業團體、經濟會議所――獨逸商工會議所ト云フヤウナ民間ノ自治的團體ガ其衝ニ當ッテ居ルノデアリマス、更ニ獨逸ノ電氣事業法ハ、國有國營萬能主義ヲ排擊シテ居ル、サウシテ民間ノ合理的ナル組織ト結合ニ依リマシテ、民營ト國家統制トノ間ニ能ク調和ヲ圖ッテ居ルト云フコトガ、今日ノ獨逸電氣事業ノ現狀デアリマス、斯ノ如ク各國ノ統制經濟ノ中心ハ專ラ民間ノ專門ノ權威者カラ出來テ居ルト云フコトガ、即チ統制經濟ノ最モ必要ナル根本問題デアル、唯日本ダ

ケガ官吏ガ統制經濟ノ中心トナリ、何等ノ專門的實際ノ智識ヲ持タザル所ノ官吏ガ――此事務的ノ官吏ガ中心トナッテ、玆ニ統制經濟ヲ行ハントスル、其官吏ノ下ニアル所ノ各種ノ委員會ナルモノハ、單純ナル諮問機關ニ外ナラズ、何等ノ發案創意ヲモ許サレテ居ラナイ、斯ノ如ク官吏獨善ノ事務的中心機關ニ依リマシテ統制經濟ヲ行フト云フコトガ、抑々日本ノ一番ノ間違デアル（拍手）此點ハ特ニ現內閣ノ諸公ニ向ッテ注意ヲ促ス所以デアリマス、ソレ故ニ若シ現內閣ガ眞ニ庶政一新ニ目覺メテ綜合國策ヲ完全ニ行ハントスルナラバ、先ヅ第一ニ必要ナルコトハ行政機構ノ改革、就中文官任用令、其外人事行政ニ關スル根本的改革ヲ斷行シナケレバ、決シテ庶政一新ハ行ヘレナイ（拍手）卽チ各省割據スル下剋上ノ現在ノ事務的官吏中心主義ヲ打開シナケレバナラナイ、サウシテ廣ク民間ノ權威者ヲ集メテ、自由ニ隨所ニ專門家ガ役人ニナレルト云フ行政機構ガ出來ナイ限リハ、徒ニ庶政一新ヲ叫ンデモ、統制經濟ヲ叫ンデモ、其結果ハ知ルベキノミト言ハナケレバナラヌノデアリマス（拍手）今餘事ニ涉リマシタガ、簡單ニ各國ノ統制經濟ガ事務的官吏ニ依ッテハ斷ジテ行ハレテ居ラヌト云フコトノ事實ヲ擧ゲテ、他山ノ石トナシ、現內閣ガ之ヲ參考トセラレンコトヲ特ニ警告スルノデアリマス

第二ハ產業物的資源ノ問題デアリマス、惟フニ現下世界ノ人類ノ生活ノ不安モ、國家ノ間ノ軋轢モ、要ハ天然資源ノ偏在ト、其不合理ナル分配ニアルコトハ言フヲ俟チマセヌ、殊ニ我國ノ如キ百万ニ近イ人口ノ增加、而モ海外移民ハ八方塞リデアル、ドウシテ此人口ヲ吸收スルカ、結局產業ヲ發展スルヨリ外ニ方法ハナイノデアルケレドモ、飜テ日本ノ產業ノ構成ヲ見マスト、遺憾ナガラ農村ノ現狀ハ此百万ノ人口ヲ吸收スル餘地ハアリマセヌ、勢ヒ玆ニ工業ヲ盛ニシテ、工業ト農業トヲ竝ビ進ムル、竝立ノ形ヲ執ルヨリ外ニハ產業國策ハナイノデアリマス、所ガ困ッタコトニハ此產業工業ノ發展ニ必要ナル物資、材料資源ガ乏シイ、今日我國工業ノ產額ハ約ソ百三四十億圓、此百三四十億圓ノ原料ハ約六割三分位、併ナガラ國內ニ原料ガナイカラ勢ヒ其三割位、二十億內外ヲ外國カラ輸入ニ仰ガナケレバナラナイ、斯樣ニ日本ノ產業ガ外國ノ原料ニ依存スルト云フコトガ現狀デアリ、斯ノ如ク海外ニ依存スルト云フコトガ總テ日本ノ大陸政策、對南政策ノ現ハレトナルノデアリマス、大陸政策ノ由ッテ來ル原因ハ多々アリマスガ、私ノ見ル所デハ、大陸政策トハ要スルニ我ガ民族ノ生存權ト產業ノ自主確立ノ爲ニ必要缺クベカラザル資源ヲ獲得スルト云フ問題ガ第一義デアルト思フノデアリマス、ソレ故ニ吾々ノ大陸政策ハ、要スルニ此原料資源ノ問題カラ起ッタモノデアリマス、隨テ若シ出來得ルナラバ世界經濟會議ヲ開イテ、世界資源ノ再分配、再調整ヲ求メルト云フコトモ一ツノ方法デアルガ、此問題ハ旣ニ識者ノ間ニ屢々問題トナリ、現ニ昨今國際聯盟ノ中ニ「資源再分配調査委員會」ト云フモノガ設ケラレテ、我ガ日本ニモ是ガ參加ヲ求メラレタ筈デアリマス、固ヨリ現在ノ貧弱ナル國際聯盟ノ中ノ斯ノ如キ小サイ委員會デ、世界ノ資源ノ再分配ヲ議セントスルガ如キ、固ヨリ多クヲ望ムコトハ出來ナイケレドモ、斯ル有ユル機會ニ於テ日本ノ立場――世界ノ資源ノ上ニ於ケル所ノ日本ノ立場ヲ明瞭ニスルト云フコトハ、必要缺クベカラザルコトデアル、若シ國際聯盟カラ斯ノ如キ參加ヲ求メラレタル場合ニ、現內閣ハ果シテ如何ナル所信ト覺悟ヲ持ッテ居ルカ、豫メ此點ヲ伺フノデアリマス

而シテ此際特ニ新內閣ニ要望スル問題ハ、現在日本內地ト朝鮮臺灣ノ外地、日滿北支ト是等ノ間ニ一貫シタル產業統制ノ機關ガ缺ケテ居ルノデアリマス、所謂現內閣ノ口ニ言ヘル、綜合國策ノ機關ガ今缺ケテ居ルノデアリマス、故ニ例ヘバ帝國經濟會議ト申シマスカ、是ハ前ノ內閣ノ所謂四相會議ニ依ッテ議題トナッタ內外地日滿ノ綜合的國策機關ガアッタガ、遺憾ナガラ結論ニ至ラナカッタ、現內閣ハ斯ノ如キ帝國經濟會議ノ如キ內外地日滿綜合國策ノ完全ナル機關ヲ起ス意思ガアルカドウカ、今日日本內地ニハ或ハ資源局、或ハ調査局、幾多ノ產業統制ノ機關ガアル、重要產業統制法モアル、朝鮮ニハ朝鮮產業調査會ガアル、滿洲ニハ又幾多ノ機關ガアルケレドモ、是等內外地產業統制ノ機關ハ部分的デアッテ甚ダ狹イノデス、ソコデ是等ヲ一貫シタル產業統制ノ機關ガ必要デアルニモ拘ラズ、今日マデ其運ビニ至ッテ居ラナイ、ソレバカリデナク、昨年議會デ改正サレタ重要產業統制法ハ、八月一日カラ之ヲ外地ニ――臺灣朝鮮ニ實施スルト云フコトデアッタニモ拘ラズ、今日ニ至ルマデ其實施ノ細則竝ニ實行ニ付テ猶ホ決定ヲ見ザルガ如キコトハ、洵ニ前內閣以來引續ケル怠慢ト言ハネバナリマセヌ、ソレ故ニ此際速ニ日滿內外地ヲ一貫シタル產業統制ノ綜合機關ヲ設ケルコトガ必要デアリマスガ、重ネテ總理大臣以下關係各大臣ノ所見ヲ質スノデアリマス、

此點ニ付テ日滿經濟「ブロック」ノ問題ガアリマスガ、ヨク日滿經濟「ブロック」ト云フコトヲ言ヒマスガ、滿洲事件以來過去五箇年ニ滿洲ノ投資ハ約十一億二千五百万、十一億二千五百万ト云フ厖大ナル金ヲ使ッテ居ルニモ拘ラズ、吾々ノ見ル所デハ、滿洲ノ產業ニ於テ、日滿經濟「ブロック」ノ上ニ於テ、ドレダケノ效果ガ擧ッテ居ルカ、幾多ノ疑問ガアリマス、勿論今日尙ホ創業ノ時代デアルカラ多キヲ望ムコトハムヅカシイケレドモ、併ナガラ今日ノ日滿經濟「ブロック」其聲明ノ大ナルニ拘ラズ、マダ十分ノ成績ヲ擧ゲテ居ラヌ現狀デアリマス、或ハ公營、半官半民ノ會社ガ澤山濫設サレタケレドモ、其內容ガマダ完全デナク、殊ニ是等ノ日滿關係ノ各種ノ事業ガ人事行政ノ上ニ於テ遺憾ノ點ガ少クナイト云フコトハ、今日周知ノ事柄デアリマス、多クヲ論ジマセヌ、又北支關係ノコトニ付キマシテモ、是ハ他ノ諸君ニ依ッテ旣ニ質問サレ、又現內閣ハ旣ニ北支關係ノ經濟調整ニ當ッテ、大ニ努力スルト云フ聲明モアルノデアルカラ多クヲ論ジマセヌガ、日滿經濟「ブロック」ト唇齒輔車、不卽不離ノ關係ニアル、此北支ノ經濟關係ノ調整ニ於キマシテモ、此際現內閣ニ於テ一段ノ努力ヲ拂ハレンコトヲ切望スルノデアリマス

今少シク此產業資源ノ問題ニ關スル前、廣田內閣ノ豫算ノ內容ヲ檢討スルニ、昭和十二年度豫算ニ於テ、液體燃料ノ自給、石油資源ノ開發、或ハ人造石油、其他貧鑛處理、各種ノ項目ニ於テ、商工省關係ダケデモ二千七百万圓ソ新規豫算ガ要求サレタノデアル、二千七百万圓、然ルニ是ノ中デ一

番劃期的ノ、一番大切ナル燃料國策、此燃料國策ノ費用千二百五十万圓ガ結城財政ニ依ッテ全部削除サレテ居ル、是ハ單純ナル財政上ノ理由デハイケマセヌ、何故ニ劃期的ナル日本ノ燃料政策ノ根幹ヲ成ス此千二百五十万圓ノ費用ヲ全部削除シタカ、商工大臣ハ之ニ對シテ將來ドウ云フ考ヲ持ッテ居ラレルカ、現內閣ハ此燃料國策ニ對シテ如何ナル考ヲ持ツカ、殊ニ軍部大臣モ多大ノ關係ガアルカラシテ、此燃料國策ヲ全部削除シタ現內閣ノ將來ノ對策ヲ此際伺フノデアリマス

第三ハ貿易國策デアリマス、產業ノ發展ノ上ニ於テ貿易ノ伸張ノ必要ナルハ今更言フヲ俟チマセヌ、併ナガラ先ニ簡單ニ說明致シマシタヤウニ、日本ノ貿易ハ其原料ヲ輸入シテ製品ヲ輸出スル、而モ輸入ノ八割五分ハ原料竝ニ原料生產品デアリ輸出ノ八割ハ精製品デアル、我ガ日本ノ貿易ハドウシテモ世界各國ニ原料ヲ求メテ、之ヲ拵ヘテ外國ニ出スト云フ貿易ノ形デアルカラ、世界ト日本ノ貿易ハ洵ニ不卽不離ノ關係ニアルコトハ言フヲ俟チマセヌ、然ルニ此頃日本ノ海外貿易ガ少シク進展シタ、躍進日本ノ貿易ノ形ガ伸張シタト云フノデ世界ニ脅威ヲ與ヘテ居ルガ、マダ〱日本ノ外國貿易ハ小サイモノデ、世界ノ貿易總額ニ較ベルト僅ニ百分ノ三・六デアル、日本ノ貿易ハ未ダ極メテ小サイモノデアル、加之日本ノ貿易ハ先程申シマシタヤウニ常ニ輸入超過デアル、此輸入超過ハ恐ラク將來永ク原料材料ヲ外國ニ求メナケレバナラヌノデアルカラ、日本ノ貿易ハ何處マデモ海外依存デアルト云フコトハ免レナイノデアル、カルガ故ニ日本ト外國ノ貿易關係ハ互惠互讓、如何ナル貿易政策ヲ執ッテモ、其貿易ハ何處マデモ互惠互讓、共存共榮ノ形デナケレバナラヌコトハ言フヲ俟チマセヌ、隨テ出來ルダケ通商貿易ノ改善、障碍ノ排除ニ努メルト云フコトモ亦必要ナルハ言フヲ俟チマセヌ、前內閣ガ、又新內閣モ、貿易ノ伸張ヲ非常ニ强調サレテ居ラレマスガ、實際ハ其聲明ヲ裏切ルコトガ少クナイコトハ遺憾デアリマス、貿易政策ヲ確立スルニ當ッテ最モ肝要ナルコトハ、言フマデモナク貿易機關ノ整備統制擴充デアリマス、前ノ廣田內閣ハ此點ニ付キ非常ニ注意ヲ拂ハレテ、此貿易機關ノ整備擴張ノ爲ニ屢々會議ヲ開カレタ、卽チ外務省ノ通商局、商工省ノ貿易局、大藏省ノ關稅課、或ハ農林省其他ニ散在シテ居ル貿易機關ヲ整備統制シテ一ツノモノトスルコトガ、必要ナルコトハ言フヲ俟タヌノデアリマスガ、前內閣ノ時ニ數箇月間會議ヲ開カレタガ、各省ノ繩張爭ヒノ爲ニ遂ニ結論ニ到達シナカッタ、內閣ノ調査局ガ、出テ仲裁案ヲ出シタケレドモ、遂ニ其仲裁案モ成立タナカッタ、斯樣ナコトデ數箇月間無爲無用ナル協議ヲ爲シタガ、結局ハ各省分取ノ豫算ヲ此處ニ出シテ居ル、各省各々分取ノ豫算ヲ出シテ、商工省ハ各種ノ項目ニ於テ五百七十万圓、外務省ハ二十万圓、大藏省ハ九十五万圓、其ノ合計千二百万圓ノ分取豫算ヲ計上シテ居ルノデアリマス、而モ是等ノ千二百万圓ノ各省ノ貿易振興ニ關スル計上豫算ハ大體ニ局課ヲ殖ヤス所ノ、官吏ヲ殖ヤス所ノ人件費デアル、人間ダケ、而モ學校出ノ新シイ人間ヲ幾ラ殖ヤシタトテ、ソレハ結局繁文縟禮ニナルノデアル、貿易ニ干涉スル手段ヲ增スダケデアッテ、貿易政策ノ根幹ヲ定メルモノデナイト云フコトヲ特ニ現內閣ニ警告シナケレバナラヌ、ソレ故ニ總理大臣竝ニ商工大臣、外務大臣ハ前內閣ノ失敗ニ鑑ミラレテ、各省間ノ貿易機關ノ整備統制ヲ敢然トシテ行フ意思アルヤ否ヤ、形ハ貿易外局デアッテモ何デモ宜イガ、前內閣ノ出來ナカッタ各省間ノ貿易機關統制ヲ敢然ト行フノ意思アルヤ否ヤヲ伺フノデアリマス

次ニ貿易ノ關係ニ於ケル爲替管理ノ問題デアリマス、此問題ハ昨日モ他ノ諸君ニ依テ大分述ベラレマシタガ、要スルニ爲替管理ガ貿易ノ障碍デアルト云フコトハ今日言フヲ俟チマセヌ、前內閣ノ厖大ナル豫算、國際環境ノ惡化、關稅ノ全面的引上、軍需品ノ輸入超過、是等ノモノガ相寄リ相集ッテ、日本ノ爲替低下ノ傾向ヲ呈シテ居ッタ、卽チ對英一志二片ノ建値ヲ保ツコトガムヅカシクナッタト云フコトハ當時ノ事情、玆ニ前內閣ハ慌イテ爲替管理ヲ實行シタノデアル、之ニ依ッテ多少爲替ノ下落ヲ抑ヘルコトハ出來タ、併ナガラ爲替低落ヲ防グコトハ出來タケレドモ、一方ニ於テ日本ノ圓ノ、卽チ爲替ニ對スル世界國際間ノ不信ト疑惑ヲ招イタコトハ掩フベカラザル事實デアリマス、現ニ亞米利加ノ大藏省長官「モーゲンソー」ハ上院ノ通貨委員會ニ臨ンデ、斯ノ如キ明白ナル說明ヲ致シテ居リマス、卽チ「國際通貨ノ中デ、今日動搖ノ徵候ノアルモノハ世界デ日本ダケダ、日本ノ新シキ爲替管理ハ將來何カ新ナル事ガ起ル前兆デアラウ」ト大藏大臣ガ言明致シテ居リマス、亞米利加ノ大藏大臣トモアル者ガ此樣ナ認識不足ノコトヲ言ハレルコトハ洵ニ遺憾デアルケレドモ、少クトモ世界各國ニ日本ノ爲替管理ガ斯ノ如キ疑惑ト不信ヲ懷カシメタルコトハ、甚ダ遺憾ト言ハネバナリマセヌ、ソレバカリデハアリマセヌ、之ニ依ッテ日本內地ノ經濟界ニ各種ノ動搖ヲ與ヘタ、爲替ヲ維持セントシテ逆ニ反動的ニ物價ヲ騰貴セシメタト云フコト、論ジ來リマスルナラバ、馬場財政ノ爲替管理ハ尠カラザル影響ヲ我ガ日本ノ經濟界ニ與ヘタノデアル、勿論此爲替問題ヲ今日ノ如ク釘付ニシテ居ル方ガ宜イカドウカ、或ハ爲替管理ヲ尙ホ繼續スルヤ否ヤト云フコトニ付キマシテハ、大藏大臣其外色々ノ意見モアリマセウガ、要スルニ期限ハ七月三十一日デアリマス、此期限前ニ出來ルダケ早ク此爲替管理法ヲ撤廢スルコトガ現下ノ非常對策デアラウト思フノデアリマス（拍手）サウシテ此爲替ヲ維持スル爲ニハ他ニ色々方法ハアリマセウ、大乘的ノ見地ニ立ッテ大所高所カラ爲替維持策ハ自ラ方法ガアリマス、更ニ昨日他ノ諸君ニ依ッテ言ハレマシタガ、出來得ルナラバ、否出來得ルナラバデハナイ、金貨ノ現送ニ依ッテ寧ロ此爲替問題ヲ解決スル方ガ一番簡單デアリ、一番滑カナル方法ト吾吾ハ考ヘルノデアリマス、ソレハ何故カ、今日日本銀行ノ金ノ保有量ハ五億五千万圓、之ヲ時價ニ換算致シマスト十六億餘ニ當リマス、此十六億餘ノ正貨ヲ持ッテ居ルノデアリ、殊ニ國際貸借關係ハ輸入超過デアルニモ拘ラズ、日本ノ貿易外ノ收入ハ夥シイノデアルカラ、此十六億何ガシノ正貨ノ中、一部分ヲ海外ニ現送スルコトニ依ッテ、爲替ノ維持ヲ策ズルト云フコトハ簡單明瞭ナル方法ト思フノデアリマスガ、大藏大臣ハ之ニ對シテ如何ナル所見ヲ有スルカ、此際其所見ノ一端ヲ漏サレンコトヲ切望スルノデアリマス

尙ホ貿易ノ健全ナル發達ト統制ノ機關ト

シテ今日色々ナモノガアリマス、就中現行ノ輸出組合法デアリマス、此輸出組合法ハ大正十四年ニ出來タモノデ、其後二回ノ修正ヲ致シマシタガ、如何ニモ躍進日本ノ進ミ行ク今日ノ貿易統制機關トシテハ甚ダ古イノデアリマス、ソコデ今回商工省ニ於テハ此輸出組合法ト同時ニ新シク輸入組合法ヲ設ケテ、輸入輸出ノ組合ヲ一括シタル貿易組合法ト云フモノヲ制定スル筈デアリマスカ如何デアリマスカ、豫算ニ其一部分ガ計上サレテ居リマスガ、此商工省ノ近キ將來ニ實行セントスル貿易組合、現行ノ輸出組合ノ外ニ輸入組合ノ必要ナルコトハ、今日本ノ貿易狀態カラ見テ已ムヲ得マセヌガ、私ガ商工大臣ニ伺ハントスル要點ハ、是等ノ貿易組合、特ニ輸入組合、輸出組合ニ付キマシテハ、如何ナル精神、如何ナル基調ヲ以テ組合ヲ作ラレルト云フコトデアリマスカ、今日マデ多年ノ傳統デアッタ自治統制組合ヲ作ルコトガ根幹デアリマスカドウカ、卽チ生產者、貿易者ト官廳ト一心同體トナッテ、官民聯合ノ調和的ナル自治組合ヲ作ラントスルノデアルカドウカヲ伺フノデアリマス

又漏レ聞ク所ニ依ルト、是等ノ貿易組合ハ場合ニ依ッテ强制的ノ組合、國家ガ强制シテ組合ヲ作ラセルト云フヤウナ議ガアルト云フ話デアリマス、勿論或ル場合ニ於テ是等ノ組合ヲ强制的ニ作ラセルト云フコトモ已ムヲ得ナイノデアリマスガ、過去ノ輸出組合ニ於テ、幾多ノ失敗ト、幾多ノ弊害ヲ暴露シテ居ル、卑近ナ例デアルガ、僅カ七八十万圓シカ輸出セヌ所ノ蜜柑ノ組合、一ツノ蜜柑ノ組合ヲ擧ゲテサヘモ、商工省ハ之ヲ手ニ納ンデ、數箇年間此輸出組合ノ混亂ガ解決シナカッタト云フヤウナ事實モアルノデス、ソレ故ニ是等ノ輸出組合ヲ新シク改訂セントスルナラバ、ドウカ官民能ク協力シテ、本當ニ自治的ノ統制ノ成績ノ擧ルヤウニ組織ヲ改善サレンコトヲ望ムノデアリマス、況ヤ輸入組合ト云フモノハ、是ハ非常ニ面倒ナル問題デアル、殊ニ少數ノ輸入者ニ組合ノ特權ヲ與ヘルト云フコトハ、是カラ國際的ニモ國內的ニモ幾多ノ問題ヲ生ジマス、ソレ故ニ是等ノ輸入組合ヲ作ルト云フ場合ニ當ッテハ、出來得ル限リ注意ニ注意ヲ拂ッテ、殊ニ細心ノ用意ヲ求メルノデアリマスガ、商工大臣ハ近ク設ケントスル是等ノ貿易組合、殊ニ輸入組合ニ關シテ、如何ナル基調ノ下ニ之ヲ作ラントスルノデアルカ、此際其所見ノ一端ヲ明瞭ニ伺フ者デアリマス

第四ハ最後ニ物價騰貴ノ問題デアリマス、非常時局ニ當リマシテ、吾々ガ殊ニ心配ニ堪ヘナイモノハ物價騰貴ノ問題デアリマス、是ハ昨日モ他ノ諸君ニ依ッテ可ナリ詳シク質問サレマシタ、私ハ他ノ方面カラ、他ノ角度カラ輸出ノ現狀、貿易ノ現狀、其他カラ物價騰貴ノ問題ニ關シテ、現內閣ノ所信ヲ質スノデアリマス、若シ物價騰貴ノ問題ガ一歩ヲ誤ルナラバ、國防充實モ庶政ノ一新モ、產業貿易ノ振興モ、遂ニ空論ニ了ル、其目的ヲ貫徹シマセヌ、若シ物價騰貴ニ對スル適當ノ對策ヲ誤ルナラバ、將來非常ナル事態ヲ惹起スルコトヲ考ヘナケレバナラヌ、何故カ、今日ノ物價ノ騰貴ハ決シテ一時的ノ現象デハアリマセヌ、昭和四年以來世界ノ不況ヲ克服セントシタル、世界列强ガ採リ來ッタ物價中心政策ノ現レデアリ其結果デアリマス、日本初メ世界ノ各國ガ相率キテ物價ヲ引上ゲヨウトシタル物價引上景氣政策ノ結果ガ玆ニ現レタノデアリマス、今少シク餘事ニナリマスガ、世界各國ノ採ッタ物價政策ヲ二ツニ分類スルナラバ、其一ツハ通貨貨幣ノ原因デアリ、第二ハ通貨貨幣以外ノ原因デアリマス、第一ノ通貨貨幣ノ原因ト致シマシテハ、之ヲ三ツニ細分スルコトガ出來マス、其一ハ失業救濟、時局匡救ノ名ノ下ニ、赤字財政ノ通貨「インフレ」デアリ殊ニ日本デハ滿洲事件費、對滿投資、是等ノ問題ガ日本ノ通貨膨脹ノ原因ヲ爲シタノデアリマス、第二ハ平價切下、世界各國ガ平價ヲ切下ゲル、金ノ買上値段ヲ上ゲル、產金ヲ奬勵スル、コ、デ世界ノ金ガ增加シテ、玆ニ通貨膨脹ノ原因ヲ爲シタノデアル、第三ハ低金利ト「マーケット・オペレーション」デアリマス、段々金利ヲ下ゲヨウトスル各種ノ政策ト「マーケット・オペレーション」ガ延イテ通貨的ノ物價騰貴ノ原因デアリマス、通貨以外ノ原因モ亦三ツアル、通貨以外ノ原因ノ第一ハ亞米利加、亞米利加ノ棉、小麥、日本ノ米、斯ル農作物ヲ吊上ゲヨウトスル物價政策ガ第一ノ現レデアリマス、第二ハ日本ヲ除ク他ノ國ノ行ヒタル勞働ノ調節策デアリ、勞働時間ノ短縮、勞働賃銀引上ニ依ル勞働調節策ガ第二ノ原因デアリマス、第三ハ世界ノ金ノ產額、殊ニ蘇聯邦、南阿等ノ金ノ產額ノ增加ガ國際的ノ購買力ヲ增加シタノデアリマス、是等各種ノ原因ノ外ニ、最モ根本的ナル近因ヲ爲スモノハ何カ、ソレハ言フ迄モナク世界ノ軍備擴張ニ依ル――軍備競爭ニ依ル軍需品ノ增加デアリマスル、是ガ各種ノ物資、材料、殊ニ銅、石炭、石油、鉛、亞鉛ノ如キ、各種ノ鑛產品ノ物價ヲ騰貴シテ、相倚リ相俟ッテ世界ノ物價ハ一般的ニ騰貴ヲ見タノデアリマス、殊ニ我國ニ於テハ前廣田內閣ノ下ニ於ケル各種ノ國防豫算、之ニ便乘シタル寄木細工ノヤウナ庶政一新、是等ノ豫算ガ相倚リ相俟ッテ三十億四千万、此豫算ガ日本ノ生產ノ實力ト適合シナイ、日本ノ今日ノ生產力ハ三十億四千万ノ豫算ヲ消化スル力ガナイ、實力ガナイノデス、ソコデ段々日本ノ物價ヲ引上ゲタノデアリマス、加之五億ノ增稅ト惡性「インフレ」ト云フ恐怖心ガ國民一般ニ、誰言フトナク、經濟界ニ興奮ト痙攣的ノ刺戟ヲ與ヘタノデス、是ガ日本ニ於ケル物價騰貴ノ最後ノ原因デアル、玆ニ又爲替管理法ヲ强化シタ、斯ノ如キ各種ノ原因ガ相倚リ相俟ッタノデアルカラシテ、馬場大藏大臣ガ登場シタル昨年ノ三月カラ十二月迄ノ物價騰貴ノ現狀ヲ見マスト、驚ク勿レ、日本ノ物價ハ此馬場財政ノ間ニ、一割七分ノ騰貴ヲシテ居リマス、世界ノ物價モ騰ッテ居リマスガ、此間ニ於ケル英吉利ノ騰貴ハ一割二分、亞米利加ノ騰貴ハ一割三分、日本ダケガ世界ニ驚クベキ物價騰貴デアル、殊ニ本年ニ入ルト、更ニ馬場財政ノ色々ナ現レガ顯著ニナッテ、本年一月ノ物價ハ二割迄騰貴シテ居リマス、世界斯ノ如ク物價ノ騰貴シタ國ハナイノデアリマス、要スルニ日本ノ此驚クベキ物價騰貴ハ世界的ノ徵候デアルケレドモ、馬場財政ニ依ッテ持チ來サレタル、當然ノ結果ト言ハネバナリマセヌ、ソレ故ニ若シ前內閣、馬場財政ガ續イテ居ッタナレバ、恐ラク日本ノ經濟界ノ物價騰貴ハ更ニ止マル所ヲ知ラナカッタト思ヘレルノデアリマス、論ヨリ證據、林內閣ニ依ッテ、玆ニ結城財政ニ依ッテ一般財

界、金融界、各種ノ方面ニ多少ノ安心ヲ與ヘタ、私ハ敢テ言フ、是ガ安心ヲ與ヘタ其結果、盲目的ニ――盲目的ニト云フ言葉ハ惡イケレドモ、實際ハ盲目的ナノダ、反動的ナノダ、馬場財政ノ反動的ニ、盲目的ニ――是ハ心理上ノ原因デアル、ソレダカラ新內閣ガ出來ルト、二月ノ物價ハ急ニ引下ッタ、今月ノ小賣物價マデ下ッテ來タ、是ハ心理上ノ原因ナノデアル、併シ樂觀シテハイケマセヌ、吾吾ハ今日只今結城財政ヲ樂觀スルヤウナ左樣ナ考ニハマダナリ得ナイ、何故カ、成程結城財政ニ依ッテ、馬場財政ヲ多少修正スルコトハ出來タノデス、併ナガラ世界的物價騰貴ト、殊ニ日本ニ於ケル物價騰貴ノ現狀カラ將來ヘノ推移ヲ考ヘマス時ニ、吾々ハ世界ノ物價モ日本ノ物價モマダ益〻騰ルト云フコトヲ考ヘネバナリマセヌ、之ニ對シテ總理大臣、大藏大臣其他ノ諸公ハ將來世界ノ、殊ニ日本ノ物價ノ見透シニ付テ如何ナル御考ヲ持ッテ居ラレルカ、如何ナル對策ヲ持ッテ居ルカト云フコトヲ私ハ伺ヘネバナラヌノデアリマス

何故世界ノ物價ガ騰ルカ、將來尚ホ騰貴ノ傾向ガアルカ、是ハ單ナル私ノ臆斷デハアリマセヌ、世界ノ物價ガ尚ホ將來騰ルト云フコトヲ考ヘナケレバ――財政ノ見透シハ出來ナクトモ、世界ノ物價ノ將來ヲ考ヘズニ、ドウシテ此豫算ノ實行ガ出來マスカ、私ハ殊ニ將來ノ物價ノ見透シニ關シテ現內閣ニ深キ考慮ヲ煩ヘシ、研究ヲ煩ハスノデアル、何故世界ノ物價ガ騰ルカ、第一ノ原因ハ軍事上ノ原因、世界各國共此軍事上繼續的ニ赤字豫算ヲ出スノデアリマス、第二ハ原料品、軍需工業ノ設備、機械ノ擴張、是等ノモノガ相倚リ相俟ッテ輸入增加ノ勢ハ止マル所ヲ知リマセヌ、殊ニ爲替管理法ノ存續スル限リハ輸入ノ障碍ガアルカラ、物價ハ騰貴セザルヲ得ナイノデアリマス、第三ノ原因ハ世界ノ金ノ產額ノ增加ニ伴フ世界的ノ物價騰貴ノ徵候デアリマス、勿論世界各國ハ今日金本位ヲ離脫シタノデス、金本位ヲ實行シテ居ラナイ、併ナガラ金ガ物價ヲ支配スル力、金ガ物價ヲ支配スル重要性ハ今日猶ホ減殺サレテ居ラヌノデアリマス、ソレダカラ世界各國ハ爭ッテ金ノ保有ニ熱狂シテ居ル、今日世界ノ金ハ成程過半ハ亞米利加ニ保有サレ偏在シテ居ルケレドモ、斯ノ如ク世界ハ金ノ爭奪ニ熱中シテ居ル、又爲替平衡資金ヲ拵ヘルニシテモ、金ノ基礎ガ必要デアル、斯樣ナコトヲ考ヘマス時ニ、金保有ノ必要ナルコトハドウシテモ背定シナケレバナリマセヌ、ドウシテモ金ノ重要性ハ承認シナケレバナリマセヌ、然ルニ最近世界ノ金ノ產額ハ、驚クベキ狀態ヲ以テ增加シテ居リマス、最近一箇年間世界ノ金ノ產額ハ二十七億金貨馬克、昭和三四年頃ニ較ベマスト、世界ノ金產額ハ六割ヲ增加シテ居リマス、從來學者ノ說デハ、金ノ產額ハ將來餘リ增加シナイト考ヘテ居ラレタニモ拘ラズ、最近六割ノ增加デアリマス、過去六箇年間世界ノ金產額ハ驚ク勿レ百三十一億馬克デアリマス、更ニ支那印度ノ內地カラ市場ニ現ハレ出デタル金貨ハ三十五億馬克アリマス、斯樣ニ今日デハ世界ハ金ノ飽和狀態デアル、金ノ過剩狀態デアル、我々ハ「メタリスト」ノ貨幣學者ノヤウニ金ト通貨物價ノ關係ヲ直チニ因果的ニ論ズルノデハアリマセヌガ、世界ノ金ガ斯ノ如ク增加スル時ニ、世界ノ通貨ノ膨脹スルコトハ免カレザル大勢デアリマス、最近一箇年間ニ於ケル世界ノ通貨ノ膨脹ヲ見ルト、洵ニ驚クモノガアリマス、亞米利加ハ一箇年間ニ七億三千万弗ノ通貨膨脹デアリ、佛蘭西ハ六十二億法ノ通貨膨脹デアリ、世界各國斯ノ如シ、日本モ亦然リ、斯ノ如ク世界ノ金ハ增加スル、イヤデモ應デモ、赤理窟ノ如何ニ拘ラズ、是ト多少ノ步調ヲ共ニシテ、世界ノ通貨ハ膨脹スル、世界ノ通貨ガ斯ノ如ク膨脹スル時ニ、何等カノ形ニ於テ是ガ物價ニ影響シナイ筈ハナイノデアリマス、要スルニ世界ノ金ノ產額ハ增加シ通貨ハ膨脹スル、茲ニ自ラ物價ハ好ムト好マザルトニ拘ラズ、騰貴スルト云フコトヲ考ヘネバナリマセヌ、此事ヲ考ヘズニハ國策ノ遂行ハ斷ジテ不可能デアリマス、將來斯ノ如ク世界ノ物價ガ騰貴スルコトヲ考ヘル時ニ、軍事財政カラ見テモ、其他ノ論點カラ見マシテモ、現內閣ハ餘程此處ニ重點ヲ置カレテ、將來ノ對策ヲ練ラレンコトヲ望ムノデアリマス

殊ニ日本ノ物價騰貴ハ困ッタコトニハ變態的デアル、跛行的デアル、物價騰貴ニ依ッテ利益ヲ受ケル者ハ誰カ、要スルニ少數ナル一部ノ者デアリマス、之ニ反シテ物價騰貴ニ依ッテ、非常ナル不利益ヲ受ケル者、極端ニ之ヲ言フナラバ、物價騰貴ノ犧牲トナル者ハ誰カ、此點ハ昨日宮澤君モ大分論ゼラレマシタカラ多クハ論ジマセヌガ（「松村君シッカリヤレ」「簡單ニヤレ」ト呼フ者アリ）此物價騰貴ノ一番ノ犧牲者被害者ハ誰カ、第一ハ勞働層デアリ、第二ハ農民層デアリマス、勞働層ガ物價騰貴ニ依ッテ受ケル所ノ影響ノ大ナルコトハ、昨日モ他ノ諸君ガ說カレマシタ、言フヲ俟タズ、昨年以來日本ニ於ケル各種ノ勞働爭議ハ何ヲ物語ルカ、昨年以來頻發セル勞働爭議、茲ニ詳シク統計ヲ擧グル必要ハアリマセヌガ、勞働爭議ハ本年ニ入リ驚クベキ增加ヲ爲シテ居リマス、是等ノ勞働爭議ハ悉ク賃銀ノ引上、又ハ物價ノ騰貴ヲ原因トシタル勞働爭議デアリマス（「シッカリヤレ」ト呼フ者アリ、笑聲起ル）サウシテ今朝ノ新聞ニハ、內務省ハ此物價騰貴、賃銀引上ノ勞働爭議ノ將來ニ付テ、益〻增加ノ見込ノアルコトヲ憂慮スルト論ジテ居ル、次ニハ中小商工業者デアリマス、是ガ物價騰貴ニ依ッテ利益ヲ受ケル者ト考ヘルナラバ、非常ニ誤リデアリマス、殊ニ結城財政ニ依ッテ、中小商工業者ハ營業收益稅ノ免稅點四百圓ノ現狀維持デアリマス、結城財政ニ依ッテ中小商工業者ハ何等ノ利益ヲ得テ居リマセヌ、加之下級ノ俸給生活者、一般大衆ノ爲ニ設置サレントシタ庶民金融金庫案、前內閣ノ一枚看板デアル庶民金融金庫案一千万圓ノ豫算ヲ計上シタガ、結城財政ニ依ッテ此庶民金融金庫案ハ悉ク抹殺サレタ、中小商工業者ノ金融ノ金モ全部抹殺サレタ、其經費百三十二万圓モ抹殺サレタ、庶民金融ノ金一千万圓、中小商工業者金融ノ金百三十二万圓ガ全部抹殺サレタ、此間ニ殘ル所ノモノハ何カ、驚ク勿レ、官吏ノ恩給金庫案ダケダ、私ハ多クヲ論ジマセヌ、一般庶民大衆ノ金融金庫案ヲ葬リ、中小商工業者ノ金融案ヲ葬リ、殘ルモノハ官吏ノ恩給金庫デアル（拍手）吾々ハ此一事ヲ以テシテモ、今日ノ官吏諸君ノ心境――流行語デハナイガ、全ク其心臟ノ强イノニハ驚クノ外ハナイ（拍手）第二ニハ農民層ニ對スル犧牲デアリマス、地方財政交付金ノ問題ハ他ノ諸君ニ依ッテ說カレマシタカラ多クヲ論ジマセヌ（「シッ

カリヤッテ哭レ」ト呼フ者アリ）農村土木ノ費用、農村經濟更生費、農作物檢査國營ノ費用一千万圓ガ全部削除サレタ、內務省ノ土木關係ニ於テハ六百五十七万圓、其大部分ハ河川ノ改修、砂防工事、水害復舊等ノ費用デ、一昨年ノアノ水害、殊ニ吾々關東ノ者トシテハ、慘澹タルアノ水害、アノ水害ヲ復舊シナケレバナラヌ僅カ六百五十七万圓、是ハ砂防工事、水害復舊等ノ費用デスゾ、之ヲ全部抹殺スルト云フガ如キ――ソレバカリデハアリマセヌ、而モ廣田內閣ハ是等ノ土木工事ハ國民生活ノ安定上必要缺クベカラザル唯一ノ經費ナリト名乘ッテ居ル、豫算說明ノ中ニ、砂防工事、河川改修ノ工事ハ現內閣ノ國民生活安定策ノ根幹ノ豫算デアルト云フコトヲ謳ッテ居ル、是ハ少シオカシナ議論デアッタガ、少クトモ斯樣ナル必要缺クベカラザル經費ヲ全部抹殺シテ居ル、洵ニ遺憾ト言ハンヨリモ、吾々ハ特ニ結城大藏大臣ノ反省ヲ促サナケレバナラヌノデアリマス（拍手）勿論昨年一昨年ト農作物ハ騰貴シ、多少農村收入ハ增加シタ、併ナガラ、此滔々タル物價騰貴ノ現狀ト將來ヲ考ヘル時ニ、農村ハ高キ物資ヲ買ハナケレバナラヌコトニナル、殊ニ昨年ノ米ハ皆農民ノ手ヲ離レテ居ル、物價騰貴ニ依ッテ受ケル所ノ農民ノ損害、今日以後ノコトヲ考ヘル時ニハ、現內閣ハ此農村對策カラ見マシテモ、此物價騰貴ニ對シテ如何ナル對策ヲ持タレルカ、結城財政ニ於テハ二億六千万圓ノ豫算ヲ整理シタガ、昨日太田君モ述ベラレタ通リ、二億六千万圓ノ繰延ダケデハ此物價騰貴ヲ抑制スルコトハ斷ジテ出來マセヌ、ソレハ唯一時ヲ糊塗スル所ノ彌縫策ニ外ナラズ、吾々ハ結城大藏大臣ノ洵ニ熱心ナル努力ヲ多トシ感謝スルガ、繰延ダケデハ物價騰貴ノ大勢ヲ抑制スルコトハ斷ジテ出來マセヌ、此變態的ナル、跛行的ナル今日ノ物價騰貴ノ現狀ヲ見マス時ニ、若シ一歩ヲ誤ルナラバ、玆ニ國民生活ノ不安ヲ招キ、廣義國防モ、産業貿易ノ發展モ、其目的ヲ貫徹シ得ルヤ否ヤヲ疑フヤウナ現狀デアル、此際特ニ私ハ大藏大臣ニ向ッテ將來ノ物價ノ見透シ、之ニ對シ如何ナル對策ヲ持タレルカ、其所見ノ一端ヲモ玆ニ述ベラレテ社會大衆ニ暗示ヲ與ヘラレンコトヲ切望スル者デアリマス、諺ニモ申シマスガ、「天ノ陰雨セザルニ當ッテ牖戶ノ綢繆ニ任ジナケレバナラヌ、結城大藏大臣ノ其責任ト自覺ヲ促サナケレバナラヌノデアリマス

以上私ノ質疑ヲ四ツニ分類シテ述ベマシタ、要スルニ第一ハ産業統制ノ基調ト指導方針ニ對スル現內閣ノ所信、庶政一新ノ眼目タル行政機構ノ改革、殊ニ文官任用令、人事行政ニ關スル總理大臣ノ御所見ヲ問フノデアリマス、第二ハ産業資源、內外地北支日滿ヲ一貫シタル綜合國策ヲ樹立スル爲ニ必要ナル方法如何、第三ハ貿易政策ニ關シ各省ノ區々ナル機關ノ整備統制、爲替管理、貿易統制ノ問題、第四ハ物價騰貴ノ原因ト將來ノ見透シヲ述ベテ、是ガ根本對策ヲ問フノデアリマス、明快ナル御答辯アランコトヲ切望致シマシテ質疑ヲ終リマス（拍手）

（國務大臣伍堂卓雄君登壇）

○國務大臣（伍堂卓雄君）　一昨日川崎君ノ大藏大臣ニ對スル御質問中ニ、私ニ御指名ガアリマセヌデシタケレドモ、出テ御答辯致シマシタ所ガ、餘リ御機嫌ガ好クナカッタヤウデアリマス（「何ヲ言フカ」ト呼ヒ、其他發言スル者多シ）ソレデ今日ハ簡單ニ申上ゲマス、簡單ニ申上ゲルコトノ說明ニ申上ゲタノデアリマス

産業資源ニ關スル日滿統制ノコトニ付テ御質問ガアリマシタ、勿論是ハ統制ニ付テハ、事業每ニ熱心ニ其意味ヲ以テ企畫サレテ居ルノデアリマス、例ヘバ鐵、硫安、石炭、鹽、「アルミニウム」、是等最近ニ起リマシタシ、又擴張サレマシタ事業ニ付キマシテハ、總テ此日滿統制ト云フコトヲ基調トシテ、進ンデ居ルノデアリマス、是ガ實行機關ト致シマシテハ、一昨年兩國間ノ條約ニ依リマシテ設ケラレマシタ日滿經濟委員會、之ヲ出來ルダケ利用シテ其目的ヲ達シタイト思ウテ居ルノデアリマス、ソレカラ前內閣ノ商工大臣ガ熱心ニ主張シ、又提案サレマシタ燃料政策ニ關スル對策、又貧鑛處理ニ關スル對策、之ガ今回提出サレマシタ豫算ノ上カラ削除サレテ居ルガ、ソレハドウデアルカ、斯ウ云フ御質問デアリマスルガ、此燃料政策ノ確立、又貧鑛處理ノ政策ニ對スル問題、是ハ二ツトモ私ノ熱心ニ主張スル所デアリマス、其熱心ノ程度ニ於キマシテハ前小川商相ニ劣ラナイ積リデ居リマス、ナゼ豫算ノ上カラ外シマシタカト申シマスルト、此帝國燃料會社ノ問題ハ、少シ內容ニ付テ再檢討ヲ要スル點ガアリマシテ、熱心ニ目下研究中デアリマス、近キ將來ノ中ニ其成案ヲ得次第、提出スル積リデ居リマス、又貧鑛處理ノ問題ニ付キマシテハ、是ハ既ニ提出サレマシタ金額位デハ、到底此貧鑛處理ノ當面ノ問題ヲ、解決スルコトガ出來ナイト思ヒマシテ、他ノ方法ヲ講ジテ實行シタイ考デ居ルノデアリマス、ソレカラ貿易ニ關シマスル御意見ハ全然同感デアリマス、今日デハ外務省ノ通商局ト、商工省ノ貿易局トガ協力シテ行ッテ居ルノデアリマスガ、現下ノ國際情勢ニ鑑ミ、又我國ノ貿易ガ非常ナル勢ヲ以テ進展シツヽアル事情ニ考ヘマシテ、ドウシテモ是ハ行政機構ニ適當ナル改革ヲ加ヘナケレバナラヌト考ヘマシテ、是モ本議會ニ提案スル積リデ研究中デアリマス、之ヲ以テ私ノ答辯ト致シマス

（國務大臣結城豐太郎君登壇）

○國務大臣（結城豐太郎君）　松村君ノ御質問ニ對シテ、物價騰貴ト爲替管理ノコトニ付テ御答ヲ申上ゲタイト思ヒマス、物價騰貴ニ付キマシテハ松村君ノ御心配ニナッテ居リマスヤウニ、國民ノ最モ痛切ニ感ズル所デアリマシテ、是ハ是非何トカシナケレバナラヌノデアリマス、世界的ニ物價ガ騰貴シテ居ルコトハ御承知ノ通リデアリマシテ、是ハ世界的不況ヲ打開スル一ツノ方策トシテ、物價ノ引上ヲ各國共ニ策シマシタコトモ其原因デアリマス、其他日本ノ物價騰貴ニハ種々ナル原因ガアリマシテ、必シモ一二ノ事ニ限リマセヌノデアリマスルガ通貨ト物價トノ關係ニ付テ松村君モ御話ニナリマシタガ、日本ノ通貨ハ幸ニ日本銀行當局者ノ適當ナル處置ニ依リマシテ、左程ノ膨脹ヲ來シテ居リマセヌ、隨テ只今ノ所ニ於テ惡性「インフレ」ト云フヤウナ懸念ハナイノデアリマス、其關係カラ特ニ日本ノ物價ガ騰貴シタト云フコトニハ、私考ヘテ居リマセヌ、唯種々ナル原因ノ中特ニ思惑ヲ助長シ、物價ノ暴騰ヲ來シタ原因ノ一ツトシテ、十二年度ノ豫算ノ膨脹ト云フコトガアラウト思フノデアリマス、是ハ國防ノ充實

ヲ主ト致ス現狀カラ、已ムヲ得ナカッタ經費デハアラウト思ヒマスガ、急激ニ膨脹致シマシタ結果、殊ニ軍需品關係ノモノニ付テ、日本ノ生產力ト副ハナイモノガアリマシテ、材料ヲ海外ニ仰ギマスト、或ハソレ等ノ關係カラ種々ナル思惑ガ起リマシタノデアリマス、二三ノ物價ノ騰貴ガ全般ニ亙リマシテ、サウシテ全體ノ物價騰貴率ト云フモノヲ非常ニ高メタノデアリマス、無論其間ニハ心理的ノ狀態ト申シマスカ、將來ヘモット騰ルダラウト云フコトカラ、思惑ヲ增長致シマシタコトハ無論デアリマス、ソコデ海外ニ支拂フベキ金ガ非常ニ多クナリマシタ爲ニ、國際收支ノ狀態ヲ惡化スルコトニナリマシテ、只今ノ爲替相場ヲ維持スルト云フコトモ或ハ難カシクナイカ、併シ之ヲ崩シマシテハ所謂惡性「インフレ」ガ起ルト云フ懸念ガアリマスノデ、極力其維持ニ努メタノデアリマス、其結果ハ爲替管理令トナッテ出タノデアリマスルガ、是ハ輸入スルモノニ對シテ、障碍ヲ與ヘヨウト云フ考ハ毛頭ナカッタラウト思ヒマスシ――ナイト思ヒマス、思惑ヲシテ輸入スルモノ、又或ル時期ヲ限ッテ急激ニ輸入スルモノ、ソレ等ニ對シテ抑制ヲスルトカ、調節ヲスルトカ、斯ウ云フ意味ニ於テノ管理令デアリマシテ、只今迄ノ所二三ノ思惑輸入業者ニ非常ナ不便ヲ與ヘテ居ルコトハアルカモ知レマセヌガ、本當ノ輸入ヲヤッテ居リマスル貿易業者ニ對シテ、非常ナル不便ヲ與ヘテ居ルト云フヤウニハ、私考ヘテ居リマセヌ、隨テ今直チニ之ヲ撤廢スルト云フ必要モ認メテ居リマセヌ、暫ク推移ヲ見マシテ、又其間ニ於テ取扱者ノ方ニ對シテハ、出來ルダケ輸入ノ滑カナル運行ノ出來ルヤウニ監督ヲ致シマシテ、サウシテ此貿易ニ障碍ノナイヤウニ努メタイト思ッテ居ル次第デアリマス、隨テ其邊ノ事情カラ、自然ニ此我國ノ物價ノ騰勢ト云フモノモ鈍ッテ來ル傾ヲ持チ、將來世界的ノ物價騰貴ニ連レテノ騰勢ハ、是ハ或ハ已ムヲ得マセヌノデ、モット大キク考ヘマスレバ世界ノ軍備制限ト云フヤウナコト迄モ、考ヘナケレバナラヌノデアルカモ知レマセヌガ、ソレ等ハ推移ニ見ルコトニ致シマシテ、此日本ノ特殊ノ物價騰貴ト云フモノヲ、ソレ等ノ原因ヲ成シテ居ルモノニ依ッテ極力除カウ、成ベク平靜ナル物價ニシタイ、斯ウ云フ風ニ考ヘテ努メテ居ル次第デアリマス、御答申上ゲマス

（國務大臣林銑十郎君登壇）

○國務大臣（林銑十郎君）　松村君ノ私ニ對シテ御質疑ニナリマシタ第一ハ、產業統制ノ基調ニ付テ御尋デアリマス、產業ノ運營ノ根本ハ國家ノ發展、國民ノ慶福增進ニ在ルコトハ言フ迄モナイコトデアリマシテ、此見地ニ於キマシテ、曩ニ政綱等デモ發表致シマシタ通リ、適切ナル統制ヲ加ヘルト云フコトヲ信條ト致シテ居リマス、隨テ御話ノ通リナ全產業ニ向ッテノ國有化ヲ圖ルト云フヤウナコトハ、斷ジテ考ヘテハ居リマセヌ、其統制ヲ圖リマスニ付キマシテモ、個人ノ總意デアルトカ、企業心ノ發揮デアルトカ云フヤウナ、經濟ノ發展ヲ助長スルコトハ忘レナイ、斯ウ云フ趣意デアリマス、第二ノ御質疑ハ、世界ノ原料資源分配等ニ對シテ、國際聯盟等ニ於テ國際會議ヲ開設スルガ如キ場合ガアッタナラバ、帝國ノ態度ハドウカト云フ御質疑デアリマスルガ、斯ノ如キ場合ガアリマシタナラバ、欣ンデ之ニ參加ヲシテ、所信ノ貫徹ニ努メル考デアリマス、第三ノ問題ハ帝國ノ內地外地ヲ通ジテ、綜合的ノ經濟統制ニ關スル會議等ヲ開クノ意思アリヤト云フ御質疑デアリマス、此問題ニ付キマシテ、前內閣ニ於テモ既ニ一應ノ案ヲ作ッテ居ルヤウデアリマスルガ、現內閣ニ於キマシテモ固ヨリ其必要ヲ感ジテ居リマスルノデ、其實現ニ付テハ研究ヲ致ス考デゴザイマス、次ハ對外貿易等ニ付テ、各省ノ間ノ統制ヲ圖ルノ意思アリヤト云フ御質問デアリマスガ、是ハ當然各省ノ間ニ、關係各局ノ間ノ統制ト云フコトニ付テハ考ヘテ居ル次第デアリマス（拍手）

（松村光三君登壇）

○松村光三君　只今ノ御答ニ付テ簡單ニ伺ヒマス、商工大臣ハ日滿經濟委員會ニ依ッテ議シテ居ラレルト言ハレタガ、現ニ鐵ノ如キ今日只今マデ日滿ノ間ニ意見ノ確執、遂ニ統制ノ實ヲ擧ゲテ居ラヌデハアリマセヌカ、鐵ト謂ハズ、或ハ「セメント」製粉其他各種ノ事業ニ於テ、日滿兩國間ノ圓滑ナル產業統制スラ出來テ居リマセヌ、私ハ之ヲドウスルノデアルカト聽イタノデス、多クヲ問ヒマセヌ、鐵一ツノ問題ニ關シテ、殊ニ鐵ニ付テハ現商工大臣ハ斯界ノ權威者デアル、滿洲ニ於ケル鐵ノ權威者デアル、セメテ鐵ノ問題位ハ現商工大臣ノ下ニ、明確ナル解決ヲ得ラレンコトヲ切望スルノデアリマス

大藏大臣ハ物價騰貴ノコトニ付テ言ハレタガ、私ハ斯ノ如キ物價騰貴ノ大勢ニ對シテ、將來如何ナル考ト如何ナル見透シ、對策アリヤト問ウテ居ル、現內閣ニ對策ガ無ケレバ我黨カラ之ヲ示スノデスケレドモ、我黨今之ヲ質問スルノデアリマス、サウシテ爲替管理ノ問題ニ付キマシテハ、大シタ不便ハナイト言ハレタ、大ナル誤リデアリマス、國際間ノ貿易ハ電話一ツ、電報一本デ商賣ヲスルノデス、輸入爲替ヲ許可スルカシナイカ、商工省外務省ニ行ッテ一々伺ヲ立テ、分ラヌ役人ガ之ヲ研究シテ居ッテハ、商機ヲ逸シマスル、多クヲ論ジマセヌ、今日日本ノ輸入商ハドノ位不便ヲ感ジテ居ルカ、議論ハ必要アリマセヌ、ドウカ大藏大臣ハ現狀ニ鑑ミラレテ、出來得ルダケ早イ機會ニ於テ、此爲替管理强化ノ問題ニ善處セラレンコトヲ望ムノデアリマス、又日本ハ左程通貨膨脹ハナイト云フ御話ガアリマシタガ、成程世界ノ各國ニ較ベルナラバ、日本ノ通貨ハ一番膨脹シテ居リマセヌガ、年々ノ數字ガ示ス如クニ、日本ノ通貨膨脹ノ勢モ繼續的ニ行ハレテ居リマス、唯人爲的ニ、或ハ預金部ノ金ヲ出ストカ色々ナル形ニ於テ、通貨膨脹ノ勢ヲ多少阻止シテ居ルノデアリマス、而シテ日本銀行ノ市場支配力ガ弱イノデス、前ノ深井サンハ即チ健全通貨支持者デアルノミナラズ、現在ニ於テ日本銀行――市場ヲ支配スル力ガ少イ、日本ノ「コール」ハ幾ラ低金利ニナッテモ、舊態依然トシテ八厘、九厘ト一錢ニ近イト云フヤウナ、日本ノ「コール」ノ下ラナイコトハ、通貨ヲ抑制スル一ツノ現ハレデアリマス、日本銀行ノ政策ノ結果デアリマス、多クハ論ジマセヌ、併ナガラ世界列强ホドデハナイガ、日本モ齊シク通貨膨脹ノ徑路ニアルコトハ否定出來マセヌ、總理大臣ハ統制經濟ノコトニ付テ、其一端ヲ漏ラサレタノデアリマシタガ、私ハ重ネテ伺ヒマセヌガ、私ノ問ハントスル所ハ、企業心ヲ抑ヘルト云フ如キ箇々ノ問題デハナイ、日本ノ統制經濟ハ自治統制ヲ基調トスルカドウカト云

フコトヲ、簡單明瞭ニ伺フノデス、其外ノコトニ付テ伺ヒタイ事ハアリマスガ、以上三ツノ點ヲ申上ゲマシテ私ノ質疑ヲ終リタイト思ヒマス

（國務大臣伍堂卓雄君登壇）

○**國務大臣（伍堂卓雄君）** 只今ノ御質問ニ對シテ、私ハ鐵ニ關係シマシテ出來ルダケ早ク完全ナ統制ヲ行ヒタイト思ッテ、對滿事務局ト協力シテ、色々計畫ヲシテ居ル次第デゴザイマス

（國務大臣結城豐太郎君登壇）

○**國務大臣（結城豐太郎君）** 物價騰貴ノ抑制ノ對策ガアルカト、斯ウ云フ御質問デアリマスガ、物價騰貴ノ病根ヲ診察致シマシテ、ソレニ相應スルコトヲヤッテ行クヨリアリマセヌノデ、只今ノ所急激ニ膨脹シタ豫算ガ主タル原因ヲ成シテ居リマスノデ、之ヲ先ヅ對症療法ト致シタイト存ズルノデアリマス

○**議長（富田幸次郎君）** 松村君宜シウゴザイマスカ

○**松村光三君** 只今ノ答辯デハ滿足致シマセヌガ、私ノ質問ハ他ノ機會ニ讓リマシテ此程度ニ止メマス

○**議長（富田幸次郎君）** 守屋榮夫君

（守屋榮夫君登壇）

○**守屋榮夫君** 諸君、林內閣ノ一般國策ニ對シマシテハ、既ニ幾多ノ質疑ガ行ハレマシタ、之ニ對スル政府ノ答辯ニ付キマシテハ、首肯シ得ナイモノガゴザイマスルガ、重複ヲ避ケマスルガ爲ニ他ノ機會ニ讓リマシテ、私ハ對滿重要政策ニ付キマシテ、簡單ニ政府ノ所信ノ在ル所ヲ質シタイト存ジマス

第一ハ滿洲國ノ民心安定ノ問題デアリマス、滿洲國ノ建設工作ハ、過去五年ノ間ニ驚クベキ仲展ヲ爲シ、官紀ノ振肅、治安ノ肅正、通貨ノ統一、金融制度ノ確立、交通、通信機關ノ整備ニ見ルベキノ治績ヲ擧ゲ、財政モ穩健ナル發達ヲ爲シツヽアルノデアリマス、又軍需工業ヲ初メ其他ノ重要工業ガ勃興シ、日滿ノ貿易ハ躍進ヲ續ケ、邦人ノ進出モ頗ル著シク、現ニ百四十万ヲ算シテ居ル現狀デアリマス、加之我國ノ有スル治外法權ノ撤廢、滿鐵附屬地行政權ノ移讓モ、其一部ハ昨年七月ヨリ實施ヲ見ルコトニナリマシタ、又滿獨ノ間ニ通商條約ノ成立ヲ見、伊太利モ領事ヲ派遣スルコトニナッタノデアリマス、吾々國民ハ我國ト親密不可分ノ關係ニアリマスル友邦ノ爲ニ、滿腔ノ祝意ヲ表シマスルト共ニ、今日ニ至ルマデノ間ニ於テ、建國創業ノ礎石トナリマシタ皇軍ノ幾多忠勇義烈ナル將兵ヲ初メトシ、警察官、文官及民間ノ志士仁人ニ對シテ、感謝感激ノ誠意ヲ表スル次第デアリマス（拍手）併ナガラ順天安民ノ理想實現ノ點ヨリ考察シマスレバ、滿洲國ノ施政ハ、必シモ滿足スベキ狀態デハナイト思ヒマス、即チ三千万民衆ノ人心ヲ收攬シ、其生活ヲ安定スルノ工作ニ至リマシテハ、未ダ其緒ニ就イテ居ナイ、所謂撫民保民ノ仁政タル君王ノ大道ハ、普ク行渡ッテ居ナイノデアリマス、昭和六年ヨリ同十年ニ至ル迄ノ間、世界恐慌ノ餘波ヲ受ケテ、我國ノ農村ノ窮狀ガ名狀スベカラザル狀態ニ在ッタコトハ御承知ノ通リデアリマス、滿洲國モ同樣デアッタノデアリマス、穀價ハ極端ニ下落シ、大豆、高粱ノ如キハ三分ノ一、粟ノ如キハ四分ノ一ニ下リマシタ、且ツ旱害、水害、凶作ガ頻發シ、加フルニ匪賊ハ到ル處ニ出沒シ、討伐ガ隨所ニ行ハレタノデアリマス、カルガ故ニ耕地面積ハ勿論、作付面積ニ於テモ減少シ、其收穫高ハ激減ヲ見タノデアリマス、隨テ在滿民衆ノ八割五分ヲ占メマスル可憐ノ農民ニシテ、生命ノ危機ニ瀕シタ者モ頗ル多數ニ上ッタコトハ想像ニ餘リアル事實デアッタノデアリマス、然ルニ之ニ對スル滿洲國ノ施設ハ頗ル貧弱デアリ、不徹底デアッタノデアリマス、私ハ是等ニ對スル詳細ナル具體的調査ヲ持ッテ居リマスルガ、此處ニハ省略シテ申述ベマセヌ、翻ッテ國民子弟ノ教育ニ付テ見マシテモ、農民及小商工業者ノ生業ノ安定ニ付テ見マシテモ、將又國民ノ治病、保健ノ施設ニ付テ見マシテモ、更ニ一般民衆ノ欲スル所ヲ述ベシメ、民意ヲ政治ノ上ニ暢達スルト云フ施設ニ付テ見マシテモ、何等擧グベキモノガナイノデアリマス、滿洲國建設後既ニ五年、其施設ハ面目ヲ一新シタト申サレマスルケレドモ、三千万民衆ノ生命ハ、絶エズ討伐、旱害、水害、凶作及疫病カラ脅サレツヽアリ、其生活ハ常ニ一種言フベカラザル重壓ノ下ニ在リト致シマスルナラバ、滿洲國ヲ以テ王道樂土ト感ジマスル者ハ、決シテ其數ガ多クナイト思フノデアリマス、滿洲國ヲ以テ安居樂業ノ地トナシ、境內一切ノ民衆ヲシテ熙々皞々トシテ春臺ニ登ルノ境地ニ達セシメマスルガ如キハ、前途實ニ遼遠ノ感ガアルノデアリマス

滿洲國ハ獨立國デハアリマスルガ、其政治ノ根元ニ於テ我國ト不可分デアルコトハ、天下周知ノ事實デアリマス、滿洲國皇帝陛下ハ回鑾訓民ノ詔書ニ於キマシテ、「日本天皇陛下ト精神一體ノ如シ」「友邦ト一德一心、以テ兩國永久ノ基礎ヲ奠定シ東方道德ノ眞義ヲ發揚スベキ」旨ヲ諭サセ給ウテ居ラレマスルガ、其御趣旨ハ遺憾ナガラ滿洲國ノ今日ノ政治ニ於テハ、未ダ實現ヲ見テ居ナイノデアリマス、是ハ友邦ノ國礎强化ノ爲ニ悲シムベキ事實デアルバカリデナク、我ガ皇道ヲ宣布スル上カラ考ヘテ見マシテモ、洵ニ遺憾ニ堪ヘナイ次第デアリマス、蓋シ我國ガ滿洲國ノ健全ナル發達ノ爲ニ、朝野ヲ擧ゲテ支援ヲ吝マナイ所以ノモノハ、我ガ建國ノ宏謨タル四海一家ノ理想ヲ中外ニ宣揚シ、一視同仁ノ惠澤ヲ普遍ナラシムルニアリマスル コトハ、政府ノ屢〻言明シタ所デアリ、實ニ國民ノ普遍的信念ノ存スル所デアルト思フノデアリマス、隨テ仁恕ノ化ヲ下ニ普クシ、國民ヲシテ各々其所ヲ得セシメマスルガ爲ニ、力ヲ以テ仁ヲ役スルコトナク、德ヲ以テ仁ヲ行フヤウニ滿洲國ノ爲政者ヲ指導シ、且ツ在滿ノ官憲ヲ督勵シテ行クコトガ、喫緊ノ要務デアルト信ズルノデアリマス、然ラザレバ我ガ大陸政策ヲ以テ往々單ナル侵略、又ハ征服ナリトシマスル如キ國際的誤解ヲ一掃スルト云フコトモ、頗ル困難デアルト思フノデアリマス（拍手）過去ノ五年ハ兵馬倥偬ノ際デアリ、萬已ムヲ得ナイモノガアッタト致シマシテモ、今後ノ施政ニ付キマシテハ、治安對策ト竝行シマシテ、撫民保民ノ大策ヲ樹テシメ、人心ノ和平ト民生ノ安定ヲ圖リ、滿洲國ノ國本ヲ不拔ニ培ハシムルノ必要ガアルト存ズルノデアリマス、此點ニ對スル林首相ノ所信ト其方策トヲ、國民ノ前ニ明示セラレタイノデアリマス（拍手）

第二ハ治安維持ノ問題デアリマス、滿洲ノ治安ハ漸次肅正サレマシテ、匪賊ノ數ハ

三万ニ減少シ、其出沒地域モ南北縦貫鐵道以東ニ限局サレタト言ヘレルノデアリマス、此偉大ナル業績ヲ擧ゲマシタ皇軍及滿洲國當局ノ苦心ト努力ニ對シマシテ、國民ハ皆擧ッテ滿腔ノ感謝ヲ捧ゲテ居ルモノト確信致スノデアリマス

抑〻滿洲國ガ今日ノ如キ治安狀態ニ達シマスル迄ニハ、實ニ多大ノ犧牲ト莫大ナル經費ヲ拂ッテ居ルノデアリマス、我ガ陸軍ノ犧牲者ハ昭和六年ヨリ昭和十一年七月マデノ累計ニ於キマシテ、死傷病者合計十九万六千六十五名ニ上リ、其中死者四千五百四十名ヲ算シテ居リマス、此外ニ海軍ノ犧牲者、警察官ノ殉難者、一般ノ遭難者ヲ合算シマスルナラバ、其犧牲者ハ恐ラク三十万ニ近イデアラウト考ヘマス、又之ヲ經費ニ付テ考ヘテ見マスルナラバ、昭和六年ヨリ同十一年マデニ、既ニ十億六千万圓ノ國費ガ、是ガ爲ニ投ゼラレテ居ルノデアリマス、斯ル莫大ノ犧牲ト經費トヲ投ジツヽアリマスル滿洲國ノ治安肅正ハ、果シテ近キ將來ニ於テ其確立ヲ見ルコトガ出來ルデアラウカ、是コソ我ガ國民ノ重大關心事デナケレバナラヌト思フノデアリマス(拍手)一昨年十月行ハレマシタ匪賊ノ一齊討伐ノ成績ニ依リマスト、消匪數ハ一万人ニ上ッタノデアリマスカラ、ソレダケ匪賊ノ數ガ減少シテ宜イ譯デアリマスルガ、數字上ハ依然トシテ今日モ尚ホ三万人臺ヲ往來シテ居ルノデアリマス、殊ニ昭和十年ニハ皇軍ノ戰死者ハ六百九十八名ニ增加シ、傷病者ヲ合シマシテ實ニ五万名ヲ突破シタノデアリマシテ、空前ノ數字ヲ示シマシタ、昨年ハ匪賊ノ勢力ガ安東省ニ及ビ、度々安奉線ノ危險ガ叫バレタ位デアリマスカラ、其犧牲者モ恐ラク昭和十年ニ匹敵スルカ、或ハソレ以上ニ上ルデアラウト想像セラレルノデアリマス、是等ノ事實ヲ綜合致シマスルナラバ、關東軍ノ首腦部ガ憂慮致シテ居リマスル以上ニ、事態ノ險惡ヲ思ハシムルモノガアルト考ヘラレルノデアリマス

蓋シ從來ノ治安肅正ニ於テハ、匪賊ノ討伐ヲ其主眼ト致シマシテ、所謂通報密告ニ依リ匪賊ノ擊滅工作ノ實施ニ專ラデアッタノデアリマス、隨テ假ニ其事ニ成功致シマシテモ、隱レタル匪賊ハ到ル處ニ蕃殖スルト云フ實情デアリマシタ、恰モ蚊ノ成蟲ヲ擊滅致シマシテモ、其幼蟲タル孑孑ヲ一掃スルノ途ヲ講ゼナカッタ限リ、蚊ヲ全滅スルコトガ出來ナイト同樣デアリマス、隨テ斯ノ如キ討伐方法ヲ繼續致シマスルニ於テハ、更ニ多大ノ犧牲ヲ拂ヒ、莫大ナル經費ヲ要スベキコトハ當然デアリマス、而モソレニ依ッテ所期ノ目的ヲ達成シ得ルカドウカト云フ點ニ付テハ、多大ノ疑問ガ殘サレル譯デアリマス(拍手)カルガ故ニ將來ニ於テハ治安肅正ノ爲ニ、先ヅ第一匪賊ト良民トヲ區別スル必要ガアルト思ヒマス、第二ニ匪賊トナルベキ原因ヲ除却スルコトガ必要デアルト思ヒマス、第三ニハ匪賊ト其支援關係トヲ絕緣スル必要ガアルト考ヘマス、ソレガ爲ニハ幾多ノ政治工作、行政工作ヲ講ズルノ必要ナルコトハ、申ス迄モナイ所デアリマス、殊ニ常ニ人心ノ收攬ト民生ノ安定トニ力ヲ致シマシテ、討伐方法ヲ實行スル前ニハ適切ナル懷柔、歸順、轉向工作ヲ實施スベキモノデアルト考ヘマス

抑〻滿洲國ノ匪賊ハ「ソ」聯及北支トノ關係上、事態ガ頗ル複雜デハアリマスルガ、併シ畢竟是ハ一國內ノ問題デゴザイマス、斷ジテ外國トノ戰爭ト同一視スベキモノデハナイノデアリマス、又匪賊ト雖モ國家構成ノ一員デアリマス、決シテ之ヲ敵國ノ戰鬪員ト同視スベキモノデハナイト思ヒマス、匪賊討伐ノ結果相互ノ死傷病者ハ、恐ラク其數百万以上ニ上ッテ居ルコトデアラウト考ヘマスル、是ハ日滿兩國ニ取ッテハ洵ニ悲シムベキ損失デアリマス、其父兄、其妻子、其親戚等ノ悲嘆ヲ深クスルバカリデナク、將來永ク五族協和ノ支障トナルト云フコトハ、自明ノ理デゴザイマス(拍手)是レ孫子ガ「百戰百勝ハ善ノ善ナルモノニ非ザルナリ戰ハズシテ人ノ兵ヲ屈スルハ善ノ善ナル者ナリ」ト言ウテ居ル所以デアルト思ヒマス、故ニ討伐ハ最後ノ萬已ムヲ得ザル手段トシテ之ヲ行ヒ、且ツ最モ犧牲ノ少イ方法ヲ執ルベキモノデアルト考ヘルノデアリマス、是ガ爲ニハ速ニ警察力ヲ充實シ、滿洲國ノ治安肅正ハ將來ハ警察力ヲ以テ之ニ當ラシメ、必要ニ應ジテ皇軍ガ之ヲ援助スルト云フ立場ニ立ツコトガ、至當デアルト私ハ考ヘルノデアリマス(拍手)在滿ノ皇軍ハ我ガ國防ノ第一線ニ立チ、一旦緩急アル場合ニハ猛然起ッテ敵軍ヲ粉碎スルノ實力ヲ保持シ、其脊無シノ構ニ依ッテ、東洋平和ノ安定勢力タルノ實力ヲ擧グベキモノデアルト考ヘマス(拍手)

此意味ニ於キマシテ、私共ハ昭和十二年度豫算ニ計上サレマシタ軍備充實計畫ニ對シテ、贊成ノ意ヲ表シマスルト共ニ、濫ニ之ヲ亡失セザランコトヲ、國民ト共ニ切望シツヽアルモノデアリマス、從來ノ如ク皇軍ガ匪賊討伐ノ爲ニ分散的配置ヲ餘儀ナクセラレ、有事ノ活動ニ必要ナル訓練ニ缺クル所ガアルバカリデナク是ガ爲ニ多數ノ精兵ヲ犧牲ニスルト云フコトデアリマシタナラバ、ソレハ東亞ノ安定勢力タルノ實ヲ發揮スル上カラ見マシテ、洵ニ遺憾至極デアリマス、用兵作戰ノ上カラ見マシテモ、決シテ望マシイコトデハアルマイ、斯ウ考ヘルノデアリマス、杉山陸軍大臣ハ此點ニ對シテ如何ナル方策ヲ御有シニナッテ居ラレルカ、滿洲國ノ治安肅正ノ爲ニハ討伐工作ト同時ニ、否ソレ以上ニ政治工作、行政工作ヲ施スノ必要ヲ認メラレルカドウカ、又將來ニ於テハ警察力ヲ充實シテ、原則トシテハ國內治安ノ肅正ハ警察ヲ以テ之ニ當ラシメ、皇軍ハ本來ノ國防ニ全力ヲ傾到スルト云フ御意思ガアルカドウカ、アリトスレバ其時期如何、以上ノ諸點ニ對シテ明瞭ナル御答辯ヲ得タイノデアリマス

第三ハ對滿投資ノ問題デアリマス、滿洲國ガ日滿經濟不可分ノ原則ノ下ニ國家統制主義ヲ實施シテ、國防的若クハ公共的重要產業及交通通信等ニ關スル產業ノ開發ニ努メマシテ、是ガ爲ニ我國カラ滿洲ニ流出サレマシタ資金ハ、昭和十一年ノ十月十日現在ニ於テ、既ニ十一億二千四百万圓ノ多額ニ達シタノデアリマス、一體滿洲國ノ採用シテ居リマスルヤウナ見地カラ、產業ニ對シテ嚴密ナル統制ヲ加ヘルト云フコトガ、果シテ產業開發ノ目的ヲ達シ得ルカドウカニ付テハ、學者ノ間ニモ議論ガアリ、又其實績ニ徵シテ見マシテモ疑問ガ少クナイノデアリマス、勿論滿洲國ニ重要產業經營ノ會社ガ成立シマシテカラ日尚ホ淺ク、其成績ノ擧ラザルモノガアルカラト云ッテ、左程悲觀ヲ要シナイ譯デハアリマスルガ、併シ成績不良デアルト云フ會社ノ中ニハ、統制主義ノ結果デアルト結論サレルモノノアル

コトモ、否定シ得ナイ事實デアリマス、蓋シ所謂統制主義ノ眼目トシマスル所ハ、自由競爭ニ依ッテ繁榮セル產業ガ、極端ナル競爭ノ爲ニ却テ正當ナ利益ヲ擧ゲルコトガ出來ナクナッタ場合ニ競爭ヲ中止シ、經營ヲ合理化スルコトニ依ッテ利益ヲ增大シ、其產業ノ發達ヲ保護スルニアルノデアリマシテ、初カラ各種ノ重要產業ヲ競爭サセナイ立前ニ置クモノトハ、大イニ其趣ヲ異ニシテ居ルノデアリマス、然ルニ滿洲國デハ原始的產業ヲ基礎トシ、商工業ノ健全ナル發達ヲ圖ルノ必要ニ迫ラレテ居リマスル場合ニ、發達セル產業ニ課スベキ統制ヲバ未發達ノ產業ニ課シテ居ル實情デアリマス、斯クテハ自由競爭ノ長所ガ發揮サレマセズ、統制主義ニ依リ保護サレタ產業モ亦健全ナル發達ヲ爲シ得ナイ虞ガ多分ニアルヤウニ思フノデアリマス、殊ニ現在ノ如キ利益配當制限ト云フモノヲ嚴守致シマスルナラバ、將來ノ產業資金ヲ集メマスル上ニ於テモ、大ナル支障ヲ來シハシナイカヲ惧レルノデアリマス、一體滿洲國ノヤウナ治安ノ未ダ維持サレテ居ナイ地方ニ於ケル產業經營ニ付キマシテハ、相當ノ利益ヲ之ニ與ヘルコトガ適當デハナイカト思ヒマス、軍人諸君ガ勳功ヲ立テ得ル機會ヲ惠マレルヤウナ地方ニ於キマシテ、產業ノ開發ニ從事シマスル者ノ苦心ハ、決シテ容易ノコトデハナイノデアリマス、隨テ軍人ノ敍勳ニ匹敵シマスヤウナ利益ガ與ヘラレルコトガ、寧ロ是ハ當然デアラウト思フノデアリマス、然ルニ幾ラ苦心シテモ八分ノ利益配當シカ出來ナイ、重役賞與モ制限サレテ居ル、又主要ナル計畫ニ對シテハ微細ナコトマデ指揮命令ヲサレルト云フヤウナ狀態デハ、會社事業ノ健全ナル發達ヲ爲スト云フコトハ望マレナイト思ヒマス、又一般會社ノ免許主義等ニ對シマシテモ、モット考慮ヲ加フルノガ當然デアルト思フノデアリマス

次ニハ我ガ對滿貿易ノ狀態デアリマスガ、近時滿洲ヘノ輸入貿易ハ我國ガ殆ド獨占シ、其七割五分ヲ占メテ居ル事實ハ洵ニ喜ブベキ現象デゴザイマスルガ、併シ必シモ樂觀ノ出來ナイモノガアルノデアリマス、滿洲國ノ貿易總額ハ張學良時代ノ十億八千万圓ニ比シマシテ增加シテ居リマセヌ、唯外國カラノ輸入品ガ我國ノ國產品ニ依ッテ代ヘラレタニ過ギナイノデアリマス、而モ其內容ヲ檢討シテ參リマスルト、輸入增加ノ大部分ヲ占メテ居リマスルモノハ機械、工具、車輛類、小麥粉、木材、「セメント」等デアリマシテ、是等ハ皆我國ノ滿洲ニ於ケル既設會社ノ購入ニ係ルモノデアリマス、而シテ其資金ハ悉ク我國カラノ投資デアリマス、卽チ我國カラノ投資ニ依ッテ、我國ノ商品ノ輸入ガ增大シテ居ルト云フノガ事實デアッテ、滿洲ニ於ケル民衆ノ需要增加ニ基クモノデハナイノデアリマス、隨テ新設會社ガ建設工作ヲ完了シマスルナラバ、此種ノ輸入ハ激減シマシテ、却テ其生產品ガ逆ニ我國ニ輸出セラレルニ至ルデアラウト考ヘマス、カルガ故ニ現在ニ於ケル我ガ對滿輸入貿易ナルモノハ、決シテ三千万民衆ノ需要ニ根據シテ、將來ニ於ケル確乎タル市場ヲ確保シタモノトハ、申スコトガ出來ナイ實情ニアリマス

斯ノ如ク從來ニ於ケル我ガ對滿投資ハ、必シモ利廻計算ニ於テ有利デナク、又其他ノ一般產業ニ於ケル投資ト云フモノハ、統制主義ニ煩ハサレマシテ進展ヲシナイ、輸入貿易ノ前途モ亦樂觀ヲ許サナイモノガアルト致シマスルナラバ、現ニ滿洲ニ於テ計畫サレテ居リマスル產業開發五箇年計畫、是ニハ多大ノ資金ヲ要スルノデアリマスルガ、其資金ノ調達ガ果シテ旨ク行クデアラウカドウカ、是モ頗ル危惧サレルコトデアリマス、是等ノ諸點ニ對シマシテ直接ノ監督者トシテ、對滿事務局總裁デアラセラレル杉山陸軍大臣ハ、ドンナ方策ヲ御持ニナッテ居ルノカ、其所信ヲ國民ノ前ニ明示セラレタイノデアリマス

第四ハ滿洲國ノ移民問題デアリマス、近時我國カラ滿洲國ニ多數ノ移住民ヲ送ラウトスル計畫ガアリ、來年度ニ於キマシテハ五年計畫十万戶ノ一部トシテ、先ヅ六千戶ヲ送ルノ計畫ガ立テラレテ居ルノデアリマス、吾々ハ衷心カラ其成功ヲ期待スルモノデアリマスルガ、滿洲國ノ現狀カラ致シマスレバ、移民事業ノ功ヲ收メマスルコトハ決シテ容易ノ業デハナイ、又滿洲國ノ移民獎勵ノ方針ニ付テモ、往々內外ノ誤解ヲ生ジ易イモノガアルト考ヘマスルガ故ニ、之ヲ質シテ置キタイノデアリマス

滿洲國ニ移民ヲ獎勵致シマスルコトノ必要ガ、從來ノヤウニ「ソ」滿國境ニ異變ヲ生ジタ場合ノコトヲ慮ルニ出デテ、萬障ヲ排シテモ一百万戶五百万人ノ日本農民ヲ土著サセルコトガ望マシイト云フヤウナ見地カラノミ之ヲ力說スルコトハ、果シテ適當デアラウカドウカ、忠信篤敬ナラバ、蠻貊ノ邦ト雖モ行ハルベシト言ハレテ居ルノデアリマス、皇道精神ヲ體シ、忠恕ノ化ヲ宣ブル仁政ガ滿洲ニ行ハレマスルナラバ、三千万ノ民衆ハ皇化ニ霑ヒ、國防ニモ協力シテ來ル筈デアリマス、サウスルコトガ我ガ建國ノ宏謨ヲ普及スル所以デアルト考ヘマス、然ラザレバ五百万ノ移住民モ、遂ニ爲スナキニ終ルコトガアルデアラウコトヲ、私共ハ窃ニ心配セザルヲ得ナイノデアリマス(拍手)又我國ノ人口問題ヲ解決スルガ爲ニ、移民ヲ獎勵スルト云フ見地カラノミ此問題ヲ力說シマスコトモ、果シテ滿洲國在來ノ民衆ニ對シテ良キ影響ヲ與ヘルカドウカト云フコトモ、考ヘテ見ナケレバナラヌト存ジマス、是ハ決シテ好感ヲ與ヘル筈ハナイト思ヒマス、隨テ現在滿洲ノ未墾地ノ中カラ一千万町步ヲ、特ニ日本人ノ移住地トシテ之ヲ留保スルト云フヤウナコトヲ發表ヲシマスルコトモ、決シテ滿洲國民ノ信ヲ繫グ所以デハナイト考ヘマス、加之二十年間ニ五百万人ノ移民ヲ滿洲ニ送リマスルガ爲ニハ、十數億ノ經費ヲ要スルノデアリマス、我ガ財政ガ果シテ其負擔ニ堪ヘ得ルヤ否ヤ、是モ問題デアリマス、又現ニ滿洲國ノ移住民ノ標準トナッテ居リマスル二十町步經營ノ自作農ト云フモノガ、果シテ一個ノ經營主體トシテ滿洲ニ於テ自活シ得ルカドウカ、是モ論議ノ餘地ガアルノデアリマス、加之滿洲國ハ未ダ治安ガ確保サレテ居マセヌ、我ガ國民トシテハ其氣候風土ニ慣レ惡イモノガアリマス、子弟ノ敎育、診療其他ノ文化施設ト云フモノガ、整備シテ居リマセヌ、假ニ是等ノ缺陷ガ滿洲國ナリ拓務省ナリノ施設ニ依ッテ、補充セラレルトシマシタ所ガ、永年ニ亙ル重大ナル國策デアリマスル以上ハ、愼重ニモ愼重ヲ重ネ、急進ヲ戒メ、漸進的步武ヲ進ムルコトヲ以テ賢明ナリトスベキデアリマス、然ルニ僅ニ四年ノ餘リ芳シカラヌ成績ヲ基礎ト致シマシテ、二十年ニ亙ル長期ノ計畫ヲ發表致シマスルガ如キハ、其

熱心ハ之ヲ嘉スベキデアルト致シマシテモ聊カ輕率ニ失スルノ嫌ガアリハシナイカヲ惧レルノデアリマス

之ヲ滿洲國ニ於ケル從來ノ我ガ移民ニ徵シテ見マシテモ、成功シテ居ラヌノデアリマス、又朝鮮ニ於ケル東拓ノ移民ニ付テ見マシテモ同樣デアリマス、滿洲國成立後ニ實施シマシタ集團移民ニ就イテ見マシテモ、第一次、第二次ノ移民ハ三十餘名ノ犧牲者ヲ出シ、其殘留者ハ五割ニ過ギマセヌ、第三次、第四次ノ移民ハ其苦キ經驗ニ鑑ミラレマシテ、先ヅ移住地ノ治安維持ニ努メラレ、出發前種々ノ準備訓練ヲ積マレマシタ、其關係ガアッテ脫出者ガ三割ニ止マリ、成績ガ良イ方デアリマスルガ、之ニシマシタ所ガ、果シテ其處ニ永住シテ繁榮スルカドウカト云フコトハ、今後ノ狀況ニ見ナケレバナラヌノデアリマス、其他ノ自由移民ニ付テ見マシテモ同樣デアッテ、成功ノ確保サレタ者ハナイノデアリマスカラ、總テガ試驗中ノモノダト申シテ宜シイノデアル、カルガ故ニ將來ニ於ケル滿洲國ノ移民計畫ヲ立ツルニ當リマシテハ、治安對策ニ資スルコトヲ重視スルコトナク、純然タル農業經濟ノ見地ニ立チ、安居樂業ノ地トシテ滿洲ニ移住スルノ方針ノ下ニ諸般ノ計畫ヲ立テマシテ、治安維持ノ確立シ、經濟生活ノ安易ナル地方ニ移住民ヲ安定サセ、漸次其他ノ地域ニ及ボス方法ヲ採ルベキモノデアルト信ズルノデアリマス、即チ平和主義、經濟主義、漸進主義ニ立脚シタ適當ナル移民政策ノ實施ガ、望マシイト思フノデアリマス

又五族協和ノ中心トシマシテ、日本人ノ增加ヲ必要トスル見地カラ致シマスルナラバ、單ニ農業移民ニ止マリマセズ、官公吏、敎員、警察官、醫師、產婆、技術員、工場勞働者、鑛業勞働者、小商工業者等ノ日本人ヲ滿洲ニ移住サスル點ニ付キマシテモ、政府トシテ適當ナル考慮ヲ拂フベキモノデアルト考ヘマス

之ヲ要シマスルニ滿洲國ハ五族ヲ中心トシテ、他ノ民族ノ共存共榮シテ居ル所デアリマス、隨テ日本人ノ移住ハ、其指導的地位ヲ確保スル上カラ固ヨリ必要デアリマスルガ、決シテ其合理的ナ限度ヲ超ユルコトナク、他ノ民族トノ間ノ關係ヲ十分考慮シマシテ、大同、康德ノ宏遠ナル見地カラ、之ニ善處スベキモノデアルト考ヘマス（拍手）此點ニ關シマシテ杉山陸軍大臣、結城拓務大臣ノ所見ノアル所ヲ承ッテ置キタイト思フノデアリマス

第五ハ在滿朝鮮人ノ問題デアリマス、在滿朝鮮人ハ滿洲國ノ成立ヲ衷心カラ歡喜致シテ居ッタノデアリマスルガ、最近ニ於テハ滿洲國ノ施政ニ對シテ、心中平カナラザルモノガアルノデアリマス、其一ツハ移民問題デアリマス、朝鮮人ハ張軍閥ノ華ヤカナリシ頃カラ滿洲ヘ進出シマシテ、間島ト云ハズ鴨綠江對岸ト云ハズ、敦化、吉林、鐵嶺、開原、五常、撫順、伊通、懷德、通遼、昌圖、同賓、海龍、牛莊、寧安、公主嶺、鄭家屯、四平街等及其地方ノ附近ニ至ルマデ其勢力ヲ作リ、水田ノ開發ニ成功致シマシタノハ、決シテ生易シイ努力デハナカッタノデアリマス、資本ハナシ、官憲カラハ壓迫ヲ受ケ、或ハ一家全部ノ虐殺、放火、强姦、强盜等、有ユル蠻行ノ數々ヲ耐忍シ、千辛萬苦シテ其他位ヲ築上ゲタノデアリマス、滿洲國ノ成立ニ依リマシテ、漸ク過去ノ壓迫ト暴行トカラ逃レマシテ、更ニ發展ノ好機會ヲ得ンコトヲ待望シツヽアッタノデアリマスルガ、最近ニ至リマシテ朝鮮人ノ移民ハ、或ル地方ニ限局サレルト云フコトニナッタノデアリマス、隨テ其期待ガ裏切ラルヽヤウニナッタノデアリマス、第二ハ治外法權撤廢後ニ於ケル朝鮮人ノ敎育問題デアリマス、第三ハ五族ノ代表者トシテ朝鮮人ガ、滿洲國ノ重要ナル政治機構中ニ採用サレテ居ナイト云フコトデアリマス

朝鮮ノ新同胞ニ對シマシテハ、既ニ二十五年ノ久シキニ亙ッテ、我ガ一視同仁ノ皇化ガ施サレタノデアリマス、隨テ朝鮮人ハ他ノ民族ヨリモ信賴シ得ル筈デアリマス、若シ朝鮮人ニシテ聖代ノ恩澤ニ感孚シテ居ナイト云フノデアルナラバ、朝鮮人ノ忘恩不德ヲ攻擊スル前ニ、政治ノ局ニ當ル者ハ固ヨリ、國民一般ガ深ク反省スル所ガナケレバナラヌト思ヒマス、ソレ程我國ノ政治ニ權威ガナイモノデアルト致シマスルナラバ、滿洲國ニ於テモ結局三千万ノ民心ヲ得ルト云フコトハ望マレナイト云フ結論ニ達シヘシナイカト考ヘマスルガ、吾々ハ斷ジテサウハ思ハヌノデアリマス、朝鮮人ハ信賴シ得ル、其實例ハ枚擧ニ遑ナイノデアリマス、而シテ同胞親愛ハ理ノ當然デアリマスケレドモ、其中ニ自ラ兄弟長幼ノ序ガアルノデアリマス、隨テ五族ノ協和ヲ圖ル上ニ於キマシテモ其序ヲ正シ、朝鮮人ヲ信賴シ、是ト協力シテ行クト云フコトガ望マシイト考ヘマス、然ラザレバ我ガ一視同仁ノ聖旨ハ實現サレナイト云フコトニナリ、啻ニ滿洲ニ於ケル朝鮮人ノ民心ヲ收攬シ得ザルニ止マラズ、延イテ朝鮮統治ニ對シテモ、重大ナル惡影響ヲ及ボスデアラウト云フコトヲ惧レルノデアリマス、斯ノ如キコトハ滿洲國ノ爲ニモ、特又我國ノ爲ニモ洵ニ好マシカラヌコトデアリマス、隨テ此問題ハ當ニ正々堂々ノ見地ニ立チ、大義ヲ四海ニ宣布スルノ襟度ヲ以テ解決サルベキモノデアルト考ヘマス、之ニ對スル陸相及拓相ノ意見ハ如何デアリマスルカ、明確ニ御示シヲ願ッテ、新シキ同胞ノ惑ヲ解イテ戴キタイノデアリマス

第六ハ對滿政治機構ノ改善ニ關スル問題デアリマス、今ヤ滿洲國ハ建國創業五年ノ第一期ヲ經過シ、庶政伸張ノ第二期ニ入ッタノデアリマス、治外法權ノ撤廢ト行政權ノ移讓ニ依リマシテ、從來警察、郵便等ノ事務ニ從事シテ居タ約八千ノ我ガ官吏ガ、滿洲國ノ政治ニ參加スルバカリデナク、同時ニ百四十万ノ在滿日本人ガ、直接國家ノ經營ニ參加スルコトトナルノデアリマス、ソレニ加フルニ五箇年十万戸ノ移民事業計畫、二十三億ノ產業開發五箇年計畫、滿洲ニ於ケル國防充實計畫ノ實施ガゴザイマス、滿洲國ニ於ケル庶政ハ將ニ本年ヨリ格段ナル飛躍ヲ見ルベキコトハ、明白ナル事實デアリマス、ソレガ爲ニハ現在ノ對滿政治機構モ、之ニ順應シテ改革ヲ爲サルベキモノト思フノデアリマス、就中文武混同ノ現制度ヲ改メマシテ、先ヅ兵權ト政權トノ職分ヲ明確ニ致シ、各其權限ヲ恪守シマシテ、文武協力、朝野一致以テ　天皇ノ親政ヲ翼賛シ奉ルノ途ヲ明ニスベキモノデアルト考ヘマス、勿論此改革ガ實施サレマスルナラバ、從來ノ武官ノ活動範圍ハ、或ル程度マデ縮小サル、コトトナルノデアリマスルガ、ソレハ現役軍人ノ本來ノ仕事デハナクシテ、一時臨機ノ處置トシテ其職分ニ屬シタモノデアリマス、ソレダケ軍ノ用兵作戰力ヲ減

殺シテ居ッタモノデアリマスルガ、之ヲ優秀ナル文官ニ一任シ、軍人ハ其本來ノ使命ニ還ルコトトナリ、用兵作戰ノ實力ヲ强化スルコトニナリマスレバ、實ニ一擧兩得デアリマス、元來忠良ナル優秀ナ文武官ガアッテ、互ニ其權限ヲ尊重シテ、國家ノ爲ニ協力スルコトガ望マシイノデアリマス、文治派ノ勢力ガ强大ニナリマスレバ、用兵作戰ノ統帥權ニモ喙ヲ容レヨウトシ、武斷派ノ權威ガ增加シマスレバ、一般庶政ニモ干渉セントスルガ如キ事態ヲ生ジマスルコトハ、洵ニ遺憾ナコトデアリマス、斯クナリマスレバ文武ハ離反シ、擧國一致ノ結成ヲ見ルコトガ到底不可能デアラウト思フノデアリマス、過去數年ニ於ケル我國ノ陰慘ナル政治ノ實情ヲ顧ルニツケマシテモ、私ハ國家ノ爲ニ眞ニ憂慮ニ堪ヘナイモノガアルノデアリマス、此際政黨モ議員モ文官モ武官モ深ク反省シテ、國家國民ノ爲ニ進ンデ各〻肅正ノ範ヲ示シ(「ヒヤ〱」)協調ノ實ヲ擧グルノ責任ガアリ、義務ガアルト考ヘルノデアリマス

一國ノ政治ハ內ニ行フ所ノモノヲ外ニ及ボスト云フノガ原則デアリマスルガ、現在ノ我國ノ政治ニ於キマシテハ、往々外ニ行フ所ヲ以テ內ニ及ボサントスル情勢ニアリマスルコトハ、洵ニ寒心ニ堪ヘナイ次第デゴザイマス(拍手)此事ガ改善サレマセヌケレバ、我ガ國家百年ノ大計ヲ樹立實行スル如キハ、到底期待シ得ナイコトデアルト考ヘマス、先ヅ我國ノ朝野ヲ問ハズ文武ヲ擇バズ、勞資ヲ論ゼズ、擧國一致ノ支援ノ下ニ滿洲國ニ對スル國策ヲ樹立シ、啻ニ國防ノ共同ト政治經濟ノ不可分トヲ完成スルニ止マリマセズ、其建國ノ基礎タル宏遠雄大ナル精神ヲ普及徹底致シマシテ、眞ニ滿洲國ヲシテ王道樂土タリ、五族協和ノ平和鄕タル實ヲ擧ゲシメマスルコトガ、先決要件デアルト私ハ確信致シマス(拍手)我國ノ國防、外交、財政、經濟、產業問題ノ解決ハ、一ニ懸ッテ滿洲國ノ和平確立ニアリト謂ッテモ過言デナイト考ヘマス(拍手)林首相ハ此際國家ノ爲ニ、此一大事ヲ斷行スルノ御考ヘナイカ、杉山陸相ハ責任ヲ以テ此改革ヲ決行スルノ御意思ハナイカ、私ハ滿洲國ノ健全ナル發達ヲ切望スル殉公忠誠ナル國民ト共ニ、滿洲國三千万民衆ノ福利增進ノ爲ニ、又我ガ國家ノ生命線ノ擁護ノ爲ニ、將又東亞ノ全面的平和保持ノ爲ニ、此事ノ一日モ早ク行ハレンコトヲ衷心ヨリ切望シテ已マヌモノデアリマス、之ニ對スル兩大臣ノ明確ナル御答辯ヲ承リタイノデアリマス(拍手)

(國務大臣杉山元君登壇)

○國務大臣(杉山元君) 私ハ只今ノ守屋君ノ御質問ニ對シマシテ御答ヲ致シマスル前ニ、先ヅ守屋君カラ出動セル軍ニ對シテ熱誠ナル御同情ヲ御拂ヒ下サイマシタコトニ對シマシテ衷心ヨリ御禮ヲ申上ゲマス(拍手)私カラ御答ヲ申上ゲマスルコトハ、第一ハ滿洲ノ治安維持ニ警察官ヲ重用スルコトニ付テノ問題デゴザイマスル、此點ニ付キマシテハ私ハ全ク同感デゴザイマス、併ナガラ今日ノ現狀ハ滿洲ノ滿洲軍、警察隊竝ニ我ガ國軍ヲ使用スルニアラザレバ治安維持ヲ速ニ完了スルコトガ出來ヌト云フ狀態ニアルノデアリマス、又速ニ治安ガ維持サレナケレバ、滿洲開發其モノニ對シマシテ、滿洲ニ居リマスル者モ、內地カラ彼ノ地ニ企業致シマスル者モ、非常ニ不安ヲ感ズル譯デアリマスルノデ、今日ニ於キマシテハ武力ト、尙ホ招撫ノ工作トヲ併セ行ヒマシテ、成ベク速ニ治安維持ヲ完了シタイト存ジテ居ルノデアリマス、尙ホ滿洲國ノ軍隊竝ニ滿洲ノ警察機關、是等ハ逐次ニ其內容ガ改善セラレマシテ、其素質モ向上致シツツアリマスル、隨テ是等ノ機關ガ滿洲國ノ保甲制度ト相俟チマシテ、保安維持ニ付キマシテ年ヲ逐ウテ良好ニ向ヒツヽアルト云フ事柄ヲ申上ゲテ置キマス、私ハ成ベク速ニ守屋君ノ希望スルヤウナ狀態ニ具現出來ンコトヲ欲シテ居ル者デアリマス

次ハ滿洲ノ投資等ニ關スル問題デアリマスルガ、滿洲事變前ノ我ガ對滿ノ投資ハ、滿鐵ノ事業ヲ初メ頗ル不振ノ狀態デアッタノデゴザイマスルガ、滿洲事變後ニ於キマシテハ情勢ガ一變致シマシテ、次第ニ收益ヲ增加致シテ居リマス、又滿鐵ノ傍系會社ニ就テ見マシテモ、配當ヲスルヤウニナリ、又ハ其配當ヲ引上ゲ得ルヤウニナッタモノガ著シク增加ヲシテ居ル狀態デゴザイマス、唯事變後ニ創設ヲ致シマシタ產業其他ノ投資ニ付キマシテハ、事業草創ノ際デアリマスルカラ、未ダ十分ニ收益力ヲ發揮スルニ至ラザルモノノ多キハ、已ムヲ得ザル所ト存ジテ居リマスル、併シ滿洲國ノ發展ニ伴ヒマシテ、逐次ニ改善ヲ見ルコトト信ジテ居リマス、滿洲國ニ於キマシテハ、主要ナル產業ニ付テハ統制主義ヲ執ッテ居ルノデゴザイマスルガ、其他ノ產業ニ付キマシテハ企業ノ自由發展ヲ期待シテ居ル次第デアリマス、又對滿ノ投資ノ助長ニ付キマシテハ、政府ニ於キマシテモ十分ニ意ヲ用ヒマシテ、是ガ援助ヲ惜マザル方針デゴザリマスル、現ニ本年モ、十二年度豫算ニ於キマシテ、滿鐵、政府持株ノ拂込ヲ行フヤウニ企畫ヲ致シテ居リマス、其他滿洲ノ國債、或ハ滿洲關係ノ諸會社ノ社債ヲ發行スルコト等ニ付キマシテモ、出來ル限リ諸般ノ便宜ヲ與ヘル考デアリマシテ、今後必要ナル對滿投資ノ圓滑ナル遂行ヲ期シテ居ル次第デゴザリマス

次ハ最後ニ御尋ニナリマシタ對滿政治機構ニ關スル件デアリマス、此件ニ付キマシテハ滿洲國ノ今日ノ現狀ニ於キマシテハ當分現在ノ機構ヲ以テ最モ適當ナルモノデアルト私ハ考ヘテ居リマス、是デ終リマス

(拍手)

(國務大臣結城豐太郎君登壇)

○國務大臣(結城豐太郎君) 守屋君ノ御質問ニ對シテ御答ヲ致シマス、滿洲移民ノコトハ種々ノ觀點カラ非常ニ重要ナコトデアルト思ッテ居ルノデアリマス、御尋ノ一ツハ、滿洲國ノ指導的地位ヲ確保スル上カラ、啻ニ農民ニ止マラズ、官公吏、敎員、技術者、小商工業者、其他勞働者ヲモ考慮スベキデハナイカ、斯ウ云フ御尋デアリマス、滿洲國ノ健全ナル發達ヲ期シマスニハ、優良ナル國民ガ多數移住致シマシテ、是ガ指導的位置ニ立ツト云フコトガ最モ肝要デアルコトハ御同感デアリマス、ソレガ爲ニハ單ニ農民ノミナラズ、各種ノ方面カラ優良ナル人々ガ多數移住スルト云フコトガ、十分ノ考慮ヲ要スルモノト存ズルノデアリマス

第二ノ御尋ハ、滿洲農業移民ハ從來ノ如キ治安維持ニ重キヲ置カナイデ、平和主義、經濟主義ニ立脚スベキモノデハナイカト云フヤウナ御尋ニ承リマシタ、滿洲國ノ治安モ近時極メテ平靜ニ歸シツヽ、アル有樣デアリマシテ、將來ノ農業移民ニ付キマシテ

モ、自然御意見ノ如ク、平和主義、經濟主義ニ重點ヲ置イテ實現ヲ圖ルベキデアラウト云フコトハ至極御同感デアリマス（拍手）

（國務大臣林銑十郎君登壇）

○國務大臣（林銑十郎君） 守屋君ノ御質疑ノ第一ハ、友邦滿洲國ノ狀態ニ付キマシテ今ヤ治安對策ト竝行シテ撫民、保民ノ對策ヲ立テル時期デアルト思フ、之ニ付テノ所信竝ニ方策ハ如何カト云フ御質疑デアリマス、私共ハ友邦滿洲國ガ今仰セラレタヤウナ意味ニ於テ、是等ノ對策ヲ立テ、其實行ヲ期シテ行カレルト云フコトニ付テハ、洵ニ結構ナコトト存ジマス、次ニハ一番最後ニ述ベラレマシタ對滿ノ政治機構ノ改革ト云フコトデアリマスガ、此點ニ付キマシテハ、只今ノ狀態ニ於テハ、今陸軍大臣ノ述ベタ意見ト全然同感デゴザイマス、此點ニ付キマシテ、尙ホ各方面ノ人々ガ、直接滿洲ノ事情ヲ十分ニ御視察ニナッテ、御研究ヲ願ヒタイト存ジマス（拍手）

○議長（富田幸次郎君） 河上丈太郎君

（河上丈太郎君登壇）

○河上丈太郎君 私ハ陸軍大臣ヲ中心ニ第一ノ質問ヲ致シタイト考ヘテ居リマス、第二ハ大藏大臣ニ質問ヲ致シマス、第三ニハ內務大臣ニ質問ヲ致シマス、最後ニ總理大臣ニ所信ヲ御尋ネ致シタイト思ッテ居リマス

陸軍大臣ニ御尋ネ致シタイト思ヒマスル第一ノ點ハ、二・二六事件ノ其後ノ經過ヲ、私達ニ御發表シテ戴キタイト云フコトデアリマス、其意思ガアルカドウカト云フコトデアリマス、二・二六事件ハ近來ノ日本ノ政治經濟ニ於キマスル最モ深刻ナル事件デアリマスルガ、去ル特別議會ニ於テ、當時ノ陸軍大臣カラ秘密會ニ於テ報告ヲ得マシタケレドモ、其後當議會ニ於テ、必ズ政府カラ、或ハ陸軍當局カラ、進ンデ其經過ノ御發表ガアルデアラウト私ハ期待致シタノデアリマス（拍手）

然ルニ其後ノ經過ト云フモノハ發表サレテ居ナイ、私ハ二・二六事件以後ニ於キマスル所ノ、日本ノ政治經濟ニ於キマスル各種ノ暗翳ト云フカ、摩擦ト云フカ、ソレ等ノ問題ガ此問題ノ經過ノ中ニ、私ハ潛在シテ居ルト考ヘテ居ルノデアリマス、隨テ此問題ヲ議會ニ出來ルダケ發表ヲシテ、國民ノ公平ナル判斷ヲ仰イデ、肅正ノ本義ヲ達スルコトガ、私ハ軍部當局ノ當然爲スベキコトナリト信ジテ居ルノデアリマス（拍手）私ガ斯ノ如キコトヲ考ヘマスル理由ハ多々アルノデアル、先ヅ第一ニ陸軍省ノ發表サレタ二・二六事件反亂者ニ對スル所ノ判決文ヲ、新聞ヲ通ジテ拜見致シマシタ、死刑ノ言渡ヲ受ケタ者ガ十七名、昨年ノ七月七日、越エテ七月十二日ニ其中ノ十五名ノ死刑ヲ執行サレタト云フ報告ハアリマシタ、十七名ノ中十五名、マダ二名殘ッテ居リマス、陸軍當局ノ發表ニ依リマスルト、村中、磯部兩氏ガマダ執行サレテ居ナイノデアリマス、何故ニ執行サレテ居ナイノカ、何故ニ執行ヲ延期シテ居ルノカ、或ハ死刑執行ガアッテモ之ヲ發表シナイノカ、私達ノミナラズ國民全體ハ之ニ重大ナル疑惑ヲ有ッテ居ルト私ハ思フノデアリマス、軍部當局ハ是等ノ點ニ付キマシテ公明ニ御發表アッテ然ルベシト考ヘマスルガ、ドウデアラウカト云フコトデ、肅軍經過報告ヲ私ガ請求シテ居リマスルガ、發表スル意思アリヤ否ヤト云フノガ理由ノ一ツデアリマス、第二ノ理由ハ、久原房之助氏ノ不起訴理由トシテ、陸軍省ノ發表セラレマシタ文書ニ依リマスルト、私達ハ色々ナル疑問ヲ玆ニ投ゲ與ヘザルヲ得ナイノデアリマス、昨日同僚宮脇君カラ二・二六事件ノ經過ニ付キマシテ御話ガアリマシタ、併ナガラ大部分ハ軍人政治不干與ニ關スル所ノ議論デアリマスルガ、前項ノ議論ヲ拜聽シテ居リマスルト、私達ニハ事件ノ經過其モノニ對スル所ノ諒解ガナイノデ、宮脇君ト軍部當局トノ間ニハ分ッテ居ルト云フ風ナ事柄デ、御質問アリ御答辯アッタコトヲ私ハ遺憾ニ思フ、事實ノ經過ヲ明白ニ發表シ、而シテソレニ基イテ其經過ニ對スル批判ヲ致サナケレバナラヌト私ハ考ヘテ居ル（拍手）殊ニ私達ハ、去ル特別議會ニ於テ、秘密會ヲ通ジテ政府ニ報告ヲ求メ、報告サレ、私達モ之ニ對スル所ノ質問ヲ企テマシタガ、私自身トシテハ、其質問ハ、事件ノ經過スルニ從ッテ、更ニ質問ヲ致シタイト思フ所ノ數々ノ理由ヲ以テ、或ル意味ニ於テハ伏線的ナ質問ダケニ止メテ居ッタノデアリマス、デアリマスルカラ私ハ軍部當局ガ其經過報告ヲ、一日モ早ク明白ニサレンコトヲ希望致シマスノデアリマス、久原房之助氏ノ不起訴トシテ陸軍當局ノ發表サレタ中ニ於テ、色々私ハ疑問ヲ有ツ、所謂反亂軍ト、當時ノ軍部當局ノ長老トノ間ニ如何ナル關係ガアッタカト云フコトハ、去ル特別議會ニ於テハ不明デアッタ、其後モ何等ノ公文書ハナイノデアル、ケレドモ陸軍省ノ發表スルモノニ依リマスルト、數々ノ疑問ヲ私ハ玆ニ有ツノデアル、其一ツハ所謂反亂軍ト稱セラレル方ノ中ニ、第一ニ眞崎內閣成立ヲ希望シタ旨ガ傳ヘラレテ居リマス、私ハ去ル特別議會ニ於テ如何ナル目的ヲ以テ宮城ノ附近ノ一角ヲ占據シ、武力ヲ以テ政治權力ニ抗シタト云フ事實、其目的ハ何デアルカト云フ御尋、最モ重大ナル御尋ニ付キマシテ、當時ノ當局ガ强力內閣ヲ造ルト云フ意味ダト答ヘラレマシタ、此久原氏不起訴ノ發表ニ依ッテ初メテ其內容ガ眞崎內閣成立ノ趣旨デアッタト云フコトガ分ッタノデアリマス、更ニ其發表セル文書ヲ讀ミマスルナラバ、更ニ山本英輔ヲ後繼內閣首班タラシムルコトヲ適當トスルト云フ意見ニ變リ、更ニ反亂軍ハ無條件ニ引揚ゲルガ、軍部ハ重臣ニ壓セラレタル爲ニ軍部內閣成立見込ナキ旨ヲ以テ云々ト書カレテ居ルノデアリマス、反亂軍ガ帝都ノ一角ヲ占據シ政治權力ニ抗シテ居ル間ニ當ッテ、新聞ノ傳フル所ニ依リマスルナラバ、軍ノ長老ハ多數反亂軍ヲ御訪ネニナッタヤウナ記事モアルノデアリマス、反亂軍ト軍首腦部ノ間ニ相當ナ交渉ガアッタモノト私ハ推測シテ差支ナイト考ヘルノデアリマス、サウ云フ場合ニ軍當局ハ果シテ如何ナル態度ヲ執ッテ反亂軍ニ對シタカト云フコトハ、久原房之助不起訴理由發表書ニ依ッテ私達ガ愼カナケレバナラナイ疑問ノ理由ノ最大ナモノデアルノデアリマス、私ハ斯ル事情ヲ十分ニ國民ニ知ラセマスルナラバ、結局軍ノ政治干與ニ關スル問題モ、或ル程度明白ニ解決サルヽモノト私ハ信ジテ居ルノデアリマス、軍刑法ニ依リマスルナラバ、職ヲ辱シメル罪ト云フノガゴザイマス、部下ガ犯罪行爲ヲ行ハントスルノヲ未然ニ知ッタナラバ、之ヲ止メナケレバナラナイト云フ責任ガ軍ノ上官ニアルノデアリマス、ソレニ違反致シマシタ時ニ於キマシテハ、職ヲ辱シメル罪ニ依ッテ訴追サレナケレバナラナイノデアリマス、

犯罪ヲ豫備ノ中ニ發見スベカラズシテ、其上官ガ責任ヲ負ハナケレバナラナイトスルナラバ、事件發生後ニ於キマスル所ノ軍全體ノ長老ノ責任ト云フモノハ、私ハ相當重大ナリト考ヘテ居ルノデアリマス、是等ノ理由ヲ、是等ノ事實ヲ私達ハ十分ニ軍當局ノ御説明ヲ願ヒタイノデアリマス、私ハ軍ヲ責メル所ノ何モ意圖ヲ以テ申上ゲルノヂヤナイ、二・二六事件ニ含マレテ居ル所ノ重大ナル社會的ナ、政治的ナ動搖ノ中心ニ對シ、私達國民ハ正シク認識シタイカラ斯ウ云フ御尋ヲ致シタイノデアリマス、併シ御尋ヲスル前ニ事實ヲ明白ニ發表サレナケレバ、私達ノ御尋ハ的ヲ外レタ矢ノ如クニ意味ヲ成サナイ、故ニ私ハ軍當局ニ向ッテ粛軍ノ此問題ニ關スル所ノ過程ヲ、詳細ニ明白ニ、而モ國ヲ憂フル所ノ勇氣ヲ以テ、大膽ニ事實ヲ發表セラレンコトヲ切望スルノデアリマス（「ヒヤ／＼」拍手）

當局ノ事實發表ニ對スル希望ノ第三ノ理由ハ、最近ニ於ケル所ノ宇垣大將組閣ニ關スル問題デアリマス、私ハ新聞以外ニ於テ事實ヲ何モ存ジマセヌ、併シ宇垣大將ノ組閣ガ出來ナカッタ理由トシテ、宇垣大將ガ組閣ヲスルコトハ粛軍ノ過程上ドウモ面白クナイ、不都合ヲ生ズルト云フ理由ガ、相當強カッタヤウニ推測致スノデゴザイマス、斯ウ云フ意味カラ行キマスルナラバ、此處ニ御居デニナル所ノ梅津次官ガ、宇垣大將ハ大政治家デアッタナラバ、此際大命ヲ拜辭サルルコトガ宜シクハナイカト云フ風ナ新聞記事ガ出テ居リマシタガ、粛軍ト云フ大目的ノ前ニ於テハ、或ハサモアラウト私ハ梅津次官ノ新聞記事ニ現レマシタ記事ヲサウ解釋致シタノデアリマス、併ナガラ宇垣大將ガ組閣ガ出來ナカッタコトニ付キマシテハ、此議會ニ於キマシテモ同僚諸君カラ、或ハ官制ノ問題ノ上カラ、或ハ立憲政治ノ問題ノ上カラ、各種ノ議論ガ闘ハサレマシタケレドモ、軍ガ粛軍ヲ希ウテアルナラバ、或ハ已ムヲ得ナイト云フ感ジヲ私ハ持ッテ居ルガ、併ナガラ國民全體ト致シマシテモ、粛軍ガ何處マデ行ッテ居ルノカ、ドウナッテ居ルノカ、ドンナ風ニナッテ居ルノカ少シモ分ラナカッタナラバ、所謂宇垣内閣流産ノ理由ガ軍部ノ責任ナリト云フ風ナ考ガ國民ノ中ニ銘記サルヽコトモ、已ムヲ得ナイデハナカラウカト考ヘテ居リマス、ダカラ粛軍ニ關スル所ノ根本ノ問題及其經過、其今日マデ執ラレタ態度ヲ、議會ニ於テ明白ニ御發表アランコトヲ希望致ス第三ノ理由デアリマス

第四ノ理由ハ後ニ御話ヲ致シマスルケレドモ、陸軍ガ粛軍ノ爲ニ陸軍監督ノ下ニ在ル所ノ工場ニ於テ、吾々ガ所屬スル所ノ日本勞働組合會議ニ所屬致シマスル所ノ官業勞働組合ヲ解散ヲ命ジタヤウナコトモアルノデアリマス、故ニ今日粛軍ト云フ所ノ至上命令ニ依ッテ、或ハ組閣ガ阻止サレ、或ハ勞働者ノ團結ガ蹂躪サレルコトガ今日私達ノ眼ノ前ニ開展スル事實トスルナラバ、軍部當局ハドウカ憂國ノ赤誠ヲ以テ、二・二六事件ニ關スル出來事ヲ、經過ヲ、其範圍ヲ、明白ニ御發表致シテ戴キタイト私ハ考ヘテ居ルノデアリマス、以上ノ理由ヲ以チマシテ、陸軍大臣ニ粛軍ノ經過ヲ御發表願ヒタイト私ハ思フノデアリマス、其意思ガゴザイマスカドウカト云フコトヲ御尋致スノデアリマス

第二ニ陸軍大臣ニ御尋致シタイコトハ、所謂官業勞働組合ノ解散ヲ命ゼラレタ事デゴザイマス、先程申シマシタケレドモ、官業勞働組合ニ解散ヲ命ジタ理由ガ粛軍デアルト致シテ説明ヲ承ッテ居リマスルケレドモ、私達ハ非常ニ不可解デアル、官業勞働組合ノ解散ヲ命ゼラレタ日ハ九月ノ十日、突如トシテ一人々々ノ勞働者ニ面會ヲ求メ、組合脱退ノ署名ヲ強制シテ、遂ニ官業勞働組合ハ潰レタノデアル、或ハ之ヲ以テ軍ノ系統ニアラザル所ノ職工ノ、憲法上認メラレテ居ル所ノ團體結社加入自由ノ原則ニ反スルトカ、或ハ勞働組合ハ將來勞働統制ノ機關トシテ必要デアルトカ云フ議論ヲ、私達ハ致シテ居ルノデアリマス、ケレドモ陸軍省ガ官業勞働組合ノ解散ヲ命ジタコトニ付キマシテ、私ハ日本ノ勞働階級ガ之ヲ如何ニ見テ居ルカト云フコトヲ、軍部當局ニ申上ゲタイト思フノデアリマス、日本ノ勞働階級ハ憲法上ノ結社ノ自由トカ、或ハ勞働組合ガ勞働統制ノ必要ナル機關デアルトカ云フ風ナ、サウ云フ方面ヨリ之ヲ見テ居ナイノデアル、官業勞働組合ガ解散ヲ命ゼラレタノハ九月ノ十日、十一日、越エテ九月二十二日ニ前内閣ノ馬場大藏大臣ノ增税計畫ガ、世間ニ發表サレタノデアリマス、軍部當局ハ勿論サウ云フ意圖ガアッタデハナカラウト私ハ想像スルガ、馬場財政ガ三十億以上ノ大豫算ヲ消化シ、而モ其中心ガ軍事豫算デアリ、日本ノ生產力トシテハ、是ガ消化出來ルカ、出來ナイカト云フ風ナ、大キナル渦卷ノ中ニ、最モ眞先ニ犧牲ニナルノハ日本ノ勞働者デアルト云フコトハ、日本ノ勞働階級ノ本能ガ能ク存ジテ居ルノデアリマス（拍手）隨テ我ガ日本勞働階級ハ此增税計畫ノ發表ノ前提トシテ、勞働者ノ生活ノ維持改善、賃銀ノ低下防止ノ自主的ナ組織力デアル所ノ勞働組合ガ、解散ヲ命ゼラレタモノト、日本ノ勞働者ハ本能的ニ直感致スノデゴザイマス（拍手）即チ官業勞働者ノ職工ノ賃銀ト云フモノハ、少クトモ日本ニ於ケル各資本家ガ經營致シマスル工場ノ、勞働者ノ賃銀ノ平均的、サウシテ標準的性質ヲ持ッテ居ルト考ヘルノデアリマス、即チ官業勞働者ノ賃銀ガ軍需品ヲ造リマスル所ノ民間工場ノ勞働者ノ賃銀ノ、所謂標準的ナ性質ヲ持ッテ居ルト考ヘル、即チ軍需工業ニ働イテ居リマスル日本ノ多クノ勞働者ノ、其平均的、標準的ナ賃銀ヲ持ッテ居ル、其勞働者ノ生活ヲ擁護スル所ノ勞働組合ヲ潰スト云フコトハ、取リモ直サズ、民間軍需品ヲ造ッテ居ル、及ビ之ニ準ズル所ノ工場ノ勞働者ノ賃銀ノ上昇ヲ、阻止セントスル行爲ナリト判斷スルコトガ、是ガ日本ノ勞働階級ノ持ッテ居ル所ノ本能的ナ一ツノ觀察デアルノデアリマス（拍手）私軍部當局ニ申上ゲル、日本ノ勞働階級ハ斯ノ如ク之ヲ觀察シテ居ル、隨テ軍部當局ガ官業勞働組合ノ解散ヲ取消シテ戴キタイ、私ハ偏ニ希フノデアリマス、サウシテ將來ニ亘ッテ厖大ナル軍事豫算ヲ消化スル上ニ於テ、日本ノ勞働者ノ其賃銀ノ標準ヲ確保スルガ爲ニモ、此勞働組合ノ解散ヲ取消シテ戴キタイト私ハ希ウテ居ル、軍部當局ニ其意思ガゴザイマスカドウカト云フコトヲ御尋致シタイ

第三ニハ廣義國防論ニ關スル軍部當局ノ御意見ヲ伺ヒタイノデアル、廣義國防論ノ内容ニ付キマシテハ、色々議論モゴザイマセウケレドモ、今後戰爭ヲスルニ於テハ唯軍需的ナ機械器具、或ハ人員バカシデハイケ

ナイ、國民全體ノ生活力ガ、結局最後ニ戰爭ヲ勝タシムルモノデアルト云フ此原則ガ、私廣義國防論ノ中心思想ダト考ヘテ居リマス、ダカラ廣義國防論ト云フノハ、先ヅ第一ニ其一國ノ民衆全體ノ生活力ヲ強化スルト云フコトガ、廣義國防論ノ中心的思想デアルト私ハ考ヘテ居ルノデアル(拍手)日本ハ御承知ノ通リニ徴兵制度ヲ早ク布キマシテ、徴兵制度ヲ布クト同時ニ、日本ハ資本主義經濟ノ發展ヲ進メテ、今日マデ來タノデゴザイマス、然ルニ資本主義ハ御承知ノ通リニ當然富ノ分配ノ不平均ヲ來シ、其不平均ノ最モ主ナル犧牲ハ農村地區デアルト云フコトハ、啻ニ日本バカシデハゴザイマセヌ、資本主義國家何處ニ於テモ同ジ現象ヲ呈スルト信ジテ居ルノデアル、隨テ其現象ハ日本ニ於テモ資本主義ガ發展スルニ從ッテ、段々ニ露骨ニ私達ノ前ニ出テ來テ居ルノデアル、ソレガ結局最近ニ於キマスル所ノ、色々ナル問題ヲ起シマスル主ナル原因ノ一ツデアルヤウニ考ヘルノデアリマス、五・一五事件ノ起リマシタ其被告ニナラレタ人々ノ法廷ニ於ケル陳述ヲ拜見致シマシテモ、或ハ理論的ニ於テハ相當議論ノ餘地ノアル表現モゴザイマス、ケレドモ其中ニ含マレテ居ルノハ、滿洲ニ行ッテ居ルケレドモ、部下ニ使ッテ居ル兵隊ノ、其農村ニ於ケル家族ノ生活ガ窮迫シテ居ルト云フ生々シイ事實ガ、其法廷ノ陳述中ニ現レテ居ル、日本ニ於ケル資本主義ノ害毒ガ農村ニ現レテ居ルノヲ、ソレヲ取ラナケレバ――農村ニ於ケル生活ト云フモノヲ安定シナケレバ、更ニ國民生活其モノノ安定ヲシナケレバ、國防ハ駄目ダト云フ風ナ、斯ウ云フ考ガ基調ヲ成シテ居ルト私ハ考ヘテ居ルノデアリマス、五・一五事件ガ起リ、遂ニ五・一五事件以後ニ於キマスル各内閣ハ、農村對策ニ關スル所ノ豫算モ組ムシ、金モ出シ、或ハ飯米差押ニ關スル法律ノ改正モシテ行クト云フ、斯ウ云フ風ニシテ、此數年間ハ今日マデ來タノデアル、然ルニ昭和十二年度ノ豫算ヲ私ガ拜見致シマスルト云フト、五・一五事件カラ來タ所ノ此廣義國防ノ中ニ含マレテ居ル所ノ大衆ノ生活ヲ守ラウトカ、農村ノ窮乏ヲ救濟ショウトカ云フ此考ガ、昭和十二年度ノ豫算ニハ見エナイヤウニ私ハ考ヘルノデアル(拍手)馬場財政ハ幾分此問題ヲ取扱ハレテ居ルノデアル、所ガ結城サンガ大藏大臣ニナラレテカラ、モウ斯ウ云フモノハ一切要ラヌト仰シヤッタ譯カドウカ分ラヌガ、兎ニ角豫算ノ中カラ消エテシマッテ居ルノデアル、而モ斯ウ云フ事情ニ置カレマシテ、問題トナッテ居リマスル軍部當局ガ出シタ昭和九年十月「國防ノ本義ト其強化ノ提唱」ト云フ「パンフレット」日本ノ政界或ハ評論界ニ於テ、大キナル衝動ヲ與ヘタ「パンフレット」ガアルガ、其「パンフレット」ノ精神ハ、今私ガ申上ゲタヤウナ精神ト私ハ考ヘテ居ルノデアル、若シモ私ノ理解スルガ如キ此「パンフレット」ガ精神デアリト致シマスルナラバ、此「パンフレット」ト昭和十二年度ノ豫算トハ、ドウモシックリ合ハナイヤウニ私ハ心カラ遺憾ニ考ヘテ居ルノデアル(拍手)農村ヲ憂ヘ、農村ヲ救濟シナケレバナラヌト云フ、農村ノ爲ニモ金ヲ出サウト言ッテ居ル此數年間ノ、小作爭議ノ統計ヲ拜見致シマスルナラバ、昭和十年度ニ於キマシテハ五千件ニ達スル所ノ小作爭議ガ起ッテ居ルノデアル、日本始ッテ以來ノ最高ノ統計ヲ示ス所ノ小作爭議ガ起ッテ居ルノデアル、五・一五事件以來農村ノ救濟、農村ヲ救ハナケレバナラヌト言ッテ、政府モ議會モ、或ハ軍部諸君モ一緒ニナッテヤッテ居ッテモ、尙ホ昭和十年度ニ於テハ、五千件ニ達スル所ノ小作爭議ガアリトスルナラバ、昭和十二年度以後ニ於テ我ガ農村ハ如何ナル狀態ニ陷ルカト云フコトハ、言ハズトモ明カナリト私ハ信ズルノデアル(拍手)軍部當局ハ此「パンフレット」ヲ今日モ尙ホ支持スルトスルナラバ、昭和十二年度ノ豫算ニ於テハ、百姓ガ困ッテ居ル、殊ニ結城サンノ財政ニナッテカラ、交付金ガ何處カヘ飛ンデ行ッテシマッテ、私ノ同僚ノ手許ニ是ダケノ多クノ電報ガ來テ、農村ヲ救ヘヨト叫ンデ居ルノデアル、此中ニハ貧農ガ三十錢ノ金ヲ投ジテ、農民ノ爲ニ鬪ヘヨト云フ所ノ電報ガアルコトヲ知ラナケレバナラナイ(拍手) 私軍部當局ニ申上ゲルコトハ、此農村ノ悲壯ナル所ノ要求デス、徴兵制度ノ基礎ハ農村ノ子弟ヲ中心トシテ初メテ出來ル、日本ノ兵隊ノ強イノハ農村ノ子弟ノ精神的肉體的ナ、道德的ナ其強サニアリト私ハ信ジテ居ル、而モ其窮貧農村ノ此要望ヲ軍部當局ハ何ト御覽ニナルカ、私ハ軍部ヲ徒ニ攻擊スルノデハナイ、軍部當局ノ本當ノ御腹ヲ聽キタイカラ私ハ之ヲ言フノデアル、若シモ軍部當局ガ「國防ノ本義ト其強化ノ提唱」ト云フ此書ニ、此「パンフレット」ニ含マレテ居ル精神ヲ今日持ッテ居ルナラバ、此農村ノ窮迫セル所ノ悲痛ナル要求ニ應ジテ、軍事豫算ヲ幾ラカ削ラレル所ノ雅量ハナイカト、私ハ軍部當局ニ御尋ヲ致スノデアリマス、軍部ガ此疲弊セル農村ノ爲メニ軍備費ヘ今ハ少シ待タウト云フ風ナ雅量位ハ示シテモ、私ハ宜カラウカト考ヘルノデアル(拍手)農村ハ構ハヌ、百姓ハ構ハヌト云フナラバ、私ハモウ言フコトガナイノデアリマス、私ノ御尋致シタイ第三デゴザイマス

最後ノ點ハ單ニ私ハ陸軍大臣ノ御答辯バカリデナク、併セテ海軍大臣ニモ御答辯ヲ願ヒタイノデス

次ニハ結城大臣ニ御尋ヲ致シタイト考ヘテ居リマス、私ハ廣田内閣ノ倒レタノハ、色々ナル理由ハアリマセウケレドモ、其根本ハ馬場財政ニ依ッテ惹起セント致シマシタ惡性「インフレーション」ノ徴候ノ前ニ、廣田内閣ハ倒レタト私ハ信ジテ居ル、廣田内閣ノ倒レタ表面的ノ政治的ノ經緯ハ兎モアレ、本質ハ私ハソコニ在ルト考ヘテ居ルノデアリマス、又結城サンノ御話ヲ拜聽シテモ、稍々ソレニ類スル所ノ御話ガアルノデアル、馬場サンノ財政ハ、私モ去ル特別議會以來雜誌其他ニ於テモ全面的ニ反對シテ居ル者デアリマスルガ、兎モ角馬場サンノ豫算ニハ一ツノ系統、一ツノ「イデオロギー」ト云フ風ナモノガアッタヤウニ考ヘル、結城サンノ財政ハ御話ヲ承ッテ見テモ、其根本的ナ精神ガドウモ私達ニハ分ラヌ、ソレデ結城サンノ財政ノ根本方針ハ何處ニ在ルノカト云フコトヲ簡單ニ、明白ニ、直截ニ私ハ御答辯ヲ願ヒタイノデアリマス

第一ニ御尋致シタイコトハ馬場サンノ財政ハ三十億四千万圓ダト云フ、結城サンノ財政ハ二十七億七千万圓ダト云フ、馬場サンノ案ニ比シテ一億七千万圓バカリ輕クナッタト云フ、是デ日本ノ將來ニ於ケル所謂惡性「インフレーション」ヲ阻止スルコトガ出來ルカドウカ、同僚諸君カラ屢々物價問題、或ハ爲替問題ヲ通ジテ、大藏大臣ニ質問ヲサレ

テ居リマスルガ、大藏大臣ノ本當ノ肚ノ中ニ馬場案ニ比シテ僅ニ一億七千万圓バカリ減ズルナラバ物價モ騰貴シナイシ、爲替モ順調ニ行クシ、惡性「インフレーシヨン」ガ阻止出來ルト、眞ニ御考ニナッテ居ルノカドウカト云フコトデアル、若シモ物價騰貴ヲ止メ、更ニ國際貿易ヲ好クシテ、此惡性「インフレーシヨン」ノ徴候ヲ抑ヘヨウトスルコトガ、此結城サンノ財政ニ現ハレテ居ル方針デアルト致シマスルナラバ、第二ニ御尋ヲ致シタイコトハ、馬場案ニ比シテノ一億七千万圓ノ輕減ハ、直接税ニ於テ九千四百万圓デアルシ、消費税ニ於テ七千六百万圓程度デアル、即チ日本ガ將來數年間ニ亙ル所ノ軍事豫算ヲ中心トシテ、惡性「インフレーシヨン」ノ起ラントスル此時ニ當ッテ、アナタノ方針ガ此方針デ行クノカドウカ、即チ直接税ニハ輕クシテ、間接税ニハ重クスル方針デ御進ミニナルノカドウカ(拍手)モット直截ノ言葉ヲ以テ申シマスルナラバ、馬場財政デハ危イ、ドウシテモ減ジナケレバナラヌト云フ狀態ニ、日本ノ今日ノ資本主義ガ追込メラレル時ニ、新聞ノ傳フル所ニ依ルト、資本主義ノ最後ノ大藏大臣ト謂ハレルアナタガ、此方針デ進マレルノカドウカト云フコトデアル、ソレナラバ私ハ申上ゲタイ、即チ日本資本主義ヲ擁護スルガ爲ニ、アナタハ農民階級ヲ犧牲ニシテ、日本資本主義ヲ維持シヨウトシテ居ルノカドウカト云フコトデアル(拍手)結城大藏大臣ハ、新聞ニ依ルト云フト、中小商工業者ノ吾等ノ太陽ト云フコトデス、而モ其中小商工業者カラ太陽ト仰ガレテ居ル此光榮アル所ノ大藏大臣モ、先程松村君モ言ハレマシタ如クニ、庶民貸付金庫ヲ削除シ、營業收益税ヲ現行通リニ置イテシマッタノデアル、中小商工業者ニ對スル所ノ恩惠ハ少シモナイ、農民ニ對シマシテハ御承知ノ通リニ交付金制度ガ殆ドナクナル、地主ノ負擔ヲ多少輕クスル所ノ不動產登錄税モナクナル、斯ウ云フ風ニ其地主ノ負擔ノ輕減ハ、總テハ小作人ニモ亦好イ結果ヲ及ボスカモ知ラント思ハレル點ハ總テ御省キニナッテ、サウシテ日本ノ金融資本及ビ資本階級ノ要望ヲ擔ウテ、ソレ等ノ要求ヲ其儘アナタハ胸ニ藏メテ、馬場財政カラ所得税ノ源泉課税ノコトヲ削リ、所得税ノ特別課税ヲ廢止シ、個人財產税ヲ廢止シ、株主配當ノ控除ノ制度ヲ修正シテオ居デニナル、馬場案ニ比シテアナタノ一億七千万圓ノ減少ニ於テモ、亦所有階級ニ輕ク、大衆ニ重ク、而モ其税源ヲ見テモ、農村及ビ都會ノ中小商工業者、勞働者ト云フ者ニ對スル所ノ負擔ガ重クナッテ、唯獨リ金融資本家ト其一黨ノ利益ダケヲアナタハ御考ヘニナッテ、此增税ヲ御組ミニナッタノカドウカト云フコトヲ、私ハハッキリ御返事ヲ戴キタイノデアリマス、或ル意味ニ於テ私ハ結城サンニ御同情モ致ス、今日ノ日本ノ資本主義ト云フモノガ、中々農民ニモ負擔ヲ輕クシ、勞働者ノ賃銀モ上ゲテヤル、資本家ニモ儲ケサシテヤル、軍事費モウントヤラウト云フ風ナ財政ガ出來ルトハ私ハ考ヘナイ、ソレハ大藏大臣トシテ御決心ノ要ルコトダラウト私ハ考ヘルガ、此國難ニモ準ズベキ時ニ當ッテ、唯アナタノ財政計畫ニ依ッテ農村地區ガ疲弊ニ陷リ、負擔ガ重クナリ、唯都會一部ノ金融資本ト共一黨ダケガ御利益ヲ受ケテ、サウシテ日本資本主義ノ心臟デアル所ノ株式市場カラ、結城サン萬歲ノ聲ガ揚ッテ見タ所ガ、意義ヲ成サナイデハナイカト私ハ考ヘル(拍手)私ハ結城サンガ林內閣ニ入閣サレルト云フコトヘ、最後マデシナイト考ヘテ居ッタ、所ガ御入リニナッタ、御入リニナッタ此時ニ於テハ、私ハ一ツ日本ノ金融資本、金持、ソレヲ向フニ廻シテ、大衆負擔ノ輕減ノ上ニ立ッテ鬪フ所ノ勇氣ト信念ガアランコトヲ希望スルノデアル、ソレガ本當ニ國家ニ忠ナル道デアルト私ハ固ク信ジテ居ルノデアリマス(拍手)

私ハ結城サンノ財政ニ付キマシテ、馬場サンノ財政ハ系統ガアッタガ、アナタノ財政ニハ何モ「イデオロギー」ガナイト申上ゲタガ、併ナガラアナタノ大藏大臣トシテノ方策、地位ニ向ッテ更ニ日本銀行總裁池田サント云フモノヲ加ヘマスルト、明ニ私ハ「イデオロギー」ヲ持ッテ居ル財政計畫デアルヤウニ考ヘルノデアル、ダカラ私ハ結城サンノ財政ハ、馬場財政ニ對スル結城財政ニアラズ、馬場財政ニ對シテハ、結城「プラス」池田財政ダト信ジテ居ルノデアル(拍手)結城「プラス」池田、此財政ガ日本ノ將來ニ於テ、大キナ動向ヲ私達ニ示シテ居ルノデアリマス、私ハ池田サンノ個人的ナ何等ノ知識ヲ持ッテ居リマセヌケレドモ、五・一五事件ヲ起シタル理由ノ一ツ、或ハ當時ノ大ナル問題ノ一ツトシテ弗買ノ問題ガアッタ、其弗買ノ問題ノ中心的ナ噂ノアッタ——噂ト私ハ申上ゲマスルガ、其オ方ガ日本金融資本ノ王座ニ著キ、結城サント手ヲ携ヘテ、日本將來ノ資本主義ヲ背負ッテ立タウトスル所ノ其意圖ハ、大體私達ガ了解出來ルノデハナカラウカト考ヘル、私ハ結城サンニ向ッテ大衆生活ヲ護レト申上ゲテ見タ所ガ、或ハ是ハ自ラノ額ニ唾スルガ如キ類カモ知レナイケレドモ、結城サンノ財政ノ立ッテ居ル今日ノ資本主義ノ立場ハ、所謂金融「ファッショ」ト學者ノ言ハレル道ヲ一歩々々辿ッテ、其犧牲者ハ勞働者ト農民デアラウト私ハ申上ゲルノデアル(拍手)唯結城サン、將來ノ見透シガ出來マセヌト云フ正直ナ御言葉ハ、代議士諸君ノ拍手ヲ以テ迎ヘラレタコトデゴザイマスガ、國民ハ洵ニ賴リガナイ、ケレドモソレガアナタノ率直ナル惱ミデアルナラバ、ソレハアナタ一人ノ惱ミデハナイ、日本資本主義ノ惱ミデアリ、日本資本主義ノ悲鳴ノ聲デアルト私ハ拜聽致シテ居ルノデアル(拍手)此ノ財政國難ノ時ニ當ッテ大藏大臣トシテ職ニ就カレタニハ、相當ノ決意ト勇氣ガオアリニナッタト私ハ信ズル、ドウカ私ノ申上ゲマシタ率直ナル言葉ニ、率直ニ答ヘラレンコトヲ御願致スノデゴザイマス

第三ニハ內務大臣ニ私ハ御尋ヲ致シタイト考ヘルノデアリマス、今マデ申上ゲマシタ通リニ、軍需「インフレーシヨン」ノ結果ト致シマシテ、勞働者ノ生活ガ壓迫サル、ト云フコト、勞働者ノ生活ト云フモノガ低下サレルト云フコトハ、內務大臣ガ協調會ノ事務理事ヲサレタノデ、是ハ私ガ申上ゲナクテモ御了解ノコトト思フ、釋迦ニ御說法ノ嫌ガゴザイマス、ソレダカラ私ハ特ニ御願スル、此厖大ナル所ノ軍事豫算ヲ中心トスル豫算ニ依ッテ、所謂賃銀ノ大キナル爭議ガ段々ニ多クナッテ行ク事實ハ、既ニ松村サンガ統計ヲ以テ申上ゲテアリマスカラ私ハ略シマス、其賃銀値上ノ勞働者ノ要求ニ對シ、如何ナル態度ヲ執ラレルカト云フ點デアリマス、第二ニ於キマシテハ、軍需「インフレーシヨン」ノ結果トシテ、何處ノ工場

ニ於キマシテモ、本職工ヲ使ヘナイデ臨時工ヲ使フ、臨時工ノ數ト云フモノハ大工場ニ於キマシテモ相當ニ多イケレドモ、中小ノ工場ニ於テハ非常ニ多イ、所ガ臨時工ト云フモノハ本職工ト同ジヤウナ待遇ヲ受ケラレナイ、三菱或ハ三井ノ經營ノ大キナ工場ニ於テモ臨時工ヲ採用シ、サウシテ本職工ヨリモ低イ所ノ賃銀ヲ以テ勞働ヲ強化セル事實ハ、アナタノ既ニ御承知ノ通リデアルト私ハ信ジテ居ル、此問題ハ日本ノ勞働階級ノ一ツノ重大ナル問題デアル、先般私ノ友人デアル大阪ノ辯護士ガ訴訟ヲ致シマシテ、大阪ノ裁判所ニ於キマシテモ、其本質ガ同ジデアルナラバ臨時工ハ本職工ト認メルト云フ風ナ判決ガ出マシタ、併ナガラ是ハ大審院ノ確定判決デアリマセヌカラ、下級裁判所ヲ拘束シナイケレドモ、裁判所ニ於テスラモ臨時工ヲ法律的ニ是ハ否定シテ居ナイノデアリマスカラ、詳シイコトハ私ハ略シマスガ、内務大臣トシテ此問題ニ對シテ善處サレンコトヲ私ハ希望致シマスト同時ニ、又其抱負ヲ御尋致シタイノデアリマス、第三ハ、軍需「インフレーション」ノ結果勞働強化ガ起リ、ソレガ爲ニ工場ノ設備ガ不完全ダ、ソレガ爲ニ勞働者ノ災害率ト云フモノハ、滿洲事變以來非常ニ多クナッテ居ル、内務省ノ工場監督年報ハ之ヲ傳ヘテ居リマスルガ、昭和九年度ニ於キマシテハ工場、鑛山ニ於テ千四百六十四人ト云フモノガ死ンダリ、重傷ヲ負ウテ居ルノデアリマス、是等ノ災害防止ニ對シテ内務省ハ如何ナル所ノ方策ヲ持ッテ居ルカドウカ、是等ノ點ニ付テハ私ノ同志諸君ガ、或ハ委員會等ニ於テ説明ヲサレマスルケレドモ、ソレニ對スル所ノ抱負ヲ私達ハ聽キタイ、最後ニ、是等ノ賃銀ノ問題ニ致シマシテモ、臨時工ノ問題ニ致シマシテモ、災害防止ノ問題ニ付キマシテモ、此問題ヲ根本的ニ、立憲的ニ解決致シマスルニハ、ドウシテモ勞働組合ヲ設置スル必要アリト私達ハ考ヘテ居ルノデアル（拍手）勞働者ノ立憲的ナ自主的ナ態度ト、サウシテ産業協力ノ精神ニ依ッテ初メテ斯ル問題ハ解決スルト私ハ考ヘルガ、内務大臣ハ事情ヲ能ク御承知デアリマスルカラ、私ハモウ言ヒマセヌケレドモ、サウ云フモノヲ設ケル意思アリヤ否ヤ、抱負ヲ御伺ヒ致シタイト考ヘルノデアリマス

最後ニ總理大臣ニ私ハ御尋ヲ致シタイノデアル、林サンガ今回組閣ヲサレマシテ、天下ニ聲明サレマシタ所ノ有名ナル綱領且ツ聲明書ト云フモノハ、洵ニムヅカシイ文句デ綴ラレテ居ルノデアル、神懸リノ文句ダト世間ニ言ハレテ居ルノデアル、其中ニ聖徳太子憲法十七條ノ言葉ガ數箇所擧ゲラレテ居ルノデアル、私ハソレヲ興味ヲ以テ拜見致シマシタ、ケレドモ聖徳太子ノ憲法十七條ハ、總理大臣ハ能ク御承知ダト私ハ思料致スノデアル、併ナガラ憲法十七條ノ大精神ガ總理大臣ガ御引用ニナッタ言葉ノ隅々ニアルノカ、モット根本ニアルノデハナカラウカト私ハ考ヘテ居ルノデアル、憲法十七條ノ根本義ハ、第十七條ニ大事ハ獨リ斷ズ可カラズ、必ズ衆ト與ニ宜シク論ズベシト云フ言葉ガアル、ソレガ憲法第十七條ノ私ハ大精神デアラウト考ヘルノデアル（拍手）總理大臣ハ古典的ナコトニ興味ヲ持タレル方ト聞イテ居リマスルガ、日本歴史ニモ能ク御精通ト私ハ考ヘル、此憲法第十七條ガ出マシタ當時ノ社會狀態ヲ御承知ダト私ハ思フ、私ノ知ッテ居ル限リニ於テハ、當時日本ガ朝鮮半島ニ政權ヲ數百年間持ッテ居ッテ、支那大陸ノ一ツノ政治的進出ノ爲ニ、遂ニ日本ガ朝鮮半島カラ政權ヲ捨テナケレバナラナイアノ國際動搖ノ裡ニ、聖徳太子ガ憲法十七條ヲ制定サレタト信ジテ居ルノデアル、卽チ古代ニ於ケル日本國家ノ最モ國難ノ尤ナルモノデアルト、私ハ信ジテ居ルノデアル、其國難ノ尤ナル時ニ當ッテ聖徳太子ハ、大事ハ獨リ斷ズ可カラズ、宜シク衆ト與ニ論ズベシト云フ此大精神デ、日本ノ國難ヲ切拔ケタト信ジテ居ルノデアル（拍手）而シテ更ニ日本ガ德川封建制ガ倒レ掛ルヤ、資本主義諸外國家ガ日本ノ自主權ヲ侵サンガ爲ニ、色々ナル問題ノ輻湊シタコトヲ總理大臣ハ御承知デアラウ、其時ニ當ッテ我ガ日本ガ支那、印度ト運命ヲ異ニシテ、日本ガ獨立自主シタコトハ何處ニアッタカト云フナラバ、若キ明治大帝ノ下サレタル所ノ五箇條ノ御誓文、萬機公論ニ決スベシト云フ大方針デアッタト、私ハ考ヘルノデアル（拍手）日本歴史ノ中ニ國際關係ニ於テ、日本ノ狀態ガ動搖致シマシタ二ツノ時期ヲ私ハ玆ニ考ヘル、古代ニ於テハ聖徳太子ノ時代、近世ニ於テハ明治御維新ノ初頭、而モ此國難打開ノ精神ハ聖徳太子ノ言ハレタ如ク、大事ヲ獨リ斷ズベカラズ、宜シク衆ト論ズベシ、萬機公論ニ決スベシト云フ大方針デアル、日本ノ歴史ヲ通貫スル所ノ思想ハ、此大事ヲ獨リ斷ズベカラズ、萬機公論ニ決スベシト云フ思想デアラウト私ハ考ヘテ居ルノデアル（拍手）今日日本ガ三度大陸政策ヲ中心トシテ色々ナル問題ガ玆ニ輻湊シテ居ルコトヲ私ハ知ッテ居ル、此國難ト動搖ノ中ニ當ッテ此難局ヲ切拔ク精神ハ、聖德太子ノ思想ノ中ニ流レテ居ッタ、明治大帝ノ思想ノ中ニ流レテ居ッタ、此萬機公論ニ決スベシノ思想デナカラウカト私ハ考ヘル、恐ラク總理大臣ハ私ノ意見ニ御同感デハナイカト思フガ、若シモ御同感デアルナラバ、我ガ社會大衆黨ガ此國難打開ノ基礎條件トシテ、日頃同志諸君ガ熱烈ニ主張シテ居ル所ハ、所謂今日ノ議會制度ノ根本的ナ改造デアルノデアリマス、然ルニ最近軍部ノ中ニモ、或ハ官僚ノ一角ニモ、議會制度ヲ或ハ否認セントスルモノガアルカノ如キ說ガ傳ハリ、或ハ斯ル說ガ新聞ニ流布サレテ居ルノデ、洵ニ吾々ハ遺憾ニ堪ヘナイノデアル、吾々ハ今日ノ立憲政治ヲ眞實ニ活カスノ途、而シテ大衆ト共ニ國難ニ當リ、大衆ト共ニ此國難ヲ打開スル方法ハ、此吾々ガ主張スル所ノ勤勞者議會ノ建設ト言ッテ居ル所ノモノデアラウト私ハ思フ、ソレガ爲ニ先ヅ貴族院ノ改正ヲ致シテ戴キタイ、又衆議院ノ選擧法ノ改正ヲシテ戴キタイ、議院法ノ改正ヲ私ハ御願シタイノデアル、前内閣ハ貴族院ノ改正、衆議院選擧法ノ改正、議院法ノ改正ニ於テ委員ヲ設ケラレマシタガ、私モ其委員ノ末席ヲ汚シタモノデアリマスルケレドモ、前内閣ニハ庶政一新ノ覺悟ハナイノデアル、庶政一新ノ根本的ノ條件ヲナス進歩的議會制度ノ確立ニ對スル信念ガナイノデアル、洵ニ遺憾ニ堪ヘヌ、卽チ庶政一新ノ根本的ノ要件ハ、此帝國議會ヲ強化スルコトデアル、帝國議會ノ權限ヲ擴大スルコトデアル（拍手）帝國議會ノ基礎ヲモット廣汎ナル民衆ノ基礎ノ上ニ置クコトデアラウト私ハ信ジテ居ルノデアル、ソレガ爲ニハ少クトモ一府縣比例代表、大選擧區制度ノ如キガ實施サレナケレバナラナイト私ハ信ジテ居ル

ノデアル、總理大臣ハ眞實ニ庶政一新ノ具體化ヲシヨウトスレバ、聖德太子ニ倣ヒ、畏多クモ明治大帝ニ倣ヒテ萬機公論ノ精神ニ立脚シテ、此日本ノ立憲政治ヲモット大衆化シ、サウシテ此難局ヲ打開サレンコトヲ希望スルノデアリマス、總理大臣ニ果シテ其意圖アリヤ否ヤ、私ハ御尋致シタイノデアリマス、以上ヲ以テ私ノ質問ヲ終ル次第デアリマス(拍手)

○中野正剛君　諸君、私ハ政變ノ後ニ生レタル此林内閣ニ對シテ、第一大局ノ政治的立場カラ質問ヲシテ見タイト思ヒマス、廣田内閣ハ突如トシテ崩壊シタ、其次ニ林内閣ガ現レテ來タ、凡ソ政變ニハ意義ガナケレバナラヌ、政變後ニ生レタル内閣ハ前内閣ト異レル視野ヨリ國政ヲ燮理スルノ決心ガナケレバナラヌ、私ハ林總理大臣ノ誠實ナル人格ニハ多年推服シテ居リマスガ、總理大臣トシテ此席上ニ立チテ爲サレタル演說、總理大臣ヲ輔佐スル大藏大臣ノ質問應答、ソレ等ヲ承ッテ見ルト云フト、外交モ内政モ總テ大シテ前内閣ト相違ハナイ、同ジヤウナコトヲ言ッテ居ラレル、若シ相違ガアレバ、「三十億三千數百万ノ豫算ヲ削減シテ、二十七億七千万弱ノ豫算トサレタコトダケダ、此間ノ政變ハ結果ヨリ見マスレバ、此豫算削減ダケシカ齎サヌヤウニ私ニハ見エル、サウスルト云フト前内閣ノ倒壊ハ色々込ミ入ッタ事情モアリマスガ、三十億數千万圓ノ豫算ノ重壓ニ依ルモノト、斯ウ見ナケレバナラヌヤウナコトニナル、現内閣ハ前内閣ノ豫算ヲ削減シタダケダ、日本トシテ此三十億數千万圓ノ豫算ガ一體堪ヘラレナイデセウカ、堪ヘラレナイト見ラレルカラ、全農村ノ期待ヲ裏切ッテ農村交付金一億五千万圓ヲ切捨テラレル、軍ハ國防一日ヲ急グト云フ、一錢ノ懸値モナイト云フ豫算ヲ四千六百万圓是亦繰延、特別繰延ダサウデスガ、事實ハ繰延ダラウト思フ、ソンナニ私ハ數字ニ拘泥シナケレバナラヌコトダラウカト斯ウ考ヘテ居ル、大藏大臣ハ其上此席上ニ於テ、財政ノ前途ニハ見透シガ付カヌト斯ウ言ハレル、政變後ニ現レタル内閣ノ爲ス所、大藏大臣ノ聲明、相俟ッテ日本ハ此非常時ニ於テ、「三十億何千万圓ノ豫算ニ堪ヘナイト云フコトヲ天下ニ發表シテ居ラレル、私ハ是ガ世界ニ對スル影響ヲ憂慮セザルヲ得ナイ、ソロ〳〵支那ヤ「ソビエト」露西亞ヤ各方面ニ此影響ガ現レ始メテ居ルヤウニ見エル、日本ハ今ニ財政デ參ルゾ、滿洲工作モ放ッテ見テ置ケ、深入リシテイケナクナッタ時ニ、根コソギ叩キ出シテヤルト云フノガ、彼ノ滿洲事變以來日本ト對立シタル列國ノ議論デアッタガ、丁度此議場ニ現レタル内閣ノ言動ハ、剛氣モナケレバ意氣込モナイ、甚ダ殘念デアル、而シテ豫算ニ堪ヘナカッタ、將來ハドウナルカ分ラヌト言ウタコトニ歸著スルヤウニ見エル、私ハ勃興日本ノ爲ニ之ヲ悲シム者デアル、而シテ私共ノ視野カラヘ、斷ジテ我ガ日本ハ左樣ナ劣弱ナルモノニ非ズト確信スル、政府ガ意氣込ヲ以テ此信念ヲ四海ニ之ヲ宣布スル能ハザレバ眇タル代議士ト雖モ日本國民ノ意氣込ヲ代表シ、林内閣ニ代リテ日本ハ是位ノ豫算ニハコタレルモノニ非ズ、政治ノ執リ方ニ依ッテハ多々益々辨ズルモノナリト云フコトヲ聲明スル、此認識ノ下ニ、私ハ少シ本質的ノ質問ヲシテ見タイト思フ

此豫算ノ中心ハ軍事費ニアリマス、十四億ノ軍事費ニアリマス、豫算ガ大キ過ギルト言フ、何ガ大キ過ギルカト言ヘバ、軍事費ガ老大ダト云フコトニナリマス、此議場ニ於テハ同時ニ大衆生活ノ安定ヲ犧牲ニ供シタト云フコトガ、議員殆ド全般ノ主張トシテ内閣ト對立シテ居リマス、國民生活ヲ不安ニ陷レタ、國民生活ノ爲ニ金ハ使ヘヌ、而シテ豫算ガ大キイ、政府モ亦豫算ガ大キイ、斯ウ言ッテ議論サレヽバ、之ヲ觀ル者ハ軍事費ガ膨レタカラ國民生活ハ安定セナイト感ズルコトニナル、豫算ノ總額ヲ固定的ナモノニ見テ居ル、軍事費ガ膨レヽバ大衆生活安定費ハ削減サレル、大衆負擔ニハ重壓ヲ加ヘル、斯ウ云フ理論ノ下ニ内閣諸公ガ應對セラレヽバ、私ハ所謂其内閣ノ態度、其内閣ノ豫算ニ對スル認識、ソレガ私ハ由山シキ軍民離間ノ中心トナリハセヌカト云フコトヲ憂慮スルモノデアル、私ハ諸君ノ御氣ニ適ハヌカモ知レマセヌガ、豫算ハ今後益々膨脹スルト見テ居ル、セザルヲ得ヌト見テ居ル、是ハ私ハ昭和六年ニ井上財政崩壊ノ當時カラ、ドウモ此國際的環境ノ中ニ乘出シタ以上ハ公債ハ倍ニナル、豫算ハ膨レル、膨レテモ日本ハ倒レナイト主張シタ、其時ニハ私ノ議論ハ何カ滅茶苦茶ノ膨脹論ヲ言フ者ナルガ如キ印象ヲ受ケタノデアル、當時財政金融ノ專門家デアル井上大藏大臣ハ、アノ上ニモウ百万圓デモ公債ガ殖エレバ日本ハ參ル、金融界ハ保タヌト言ヒ、ソレガサモ專門家ノ議論ノ如ク聞エテ居ッタ、然ルニ今日ノ如ク厖大ニナッテ來タ、私ハ今後モ、モット〳〵膨レテ行ク、此膨レテ行クノガ必然デアルガ、無理デアル、此無理ヲドウシテ克服スルカ、此無理ノ克服ニ日本非常時ノ姿ガアルト私ハ信ジテ居リマス、ソコデ軍事費其モノノ使ヒ方ニ付キマシテハ、又ハ我ガ海軍ノ軍艦、潛航艇、飛行機、ソレ等ニ對スル金ノ使ヒ方ノ割合ニ付キマシテモ、陸軍ノ金ノ使ヒ方ニ付キマシテモ、私共素人ト雖モ多少ノ主張ヲ持ツ、是ハ遠慮ナク吾々ノ同志ヨリ豫算總會ニ於テ質問スルダラウト思ヒマスガ、大體ニ於テ私ハ軍事費ハ、今年アレダケ直チニ使フガ善イカ惡イカハ問題トシテ、海陸ニ於テ計畫サレテ居ルダケノ軍事費ハ、已ムヲ得ナイト見テ居ル、或ハ殖ル、今頭ヲ出シテ居ルモノヨリハ、モット大キクナルノガ必然デハナイカト私ハ見テ居ル、之ヲ私ハ極ク素人ノ常識カラ御話シテ見タイト思フ、此私ノ信念ヲ前提トシテ總理大臣ノ御決心、此無理ヲ有理ニ展開セネバナラヌ重責ヲ帶ビラレタル大藏大臣ノ御決意ト御經綸、專門的御知識トヲ叩カンコトヲ欲スル者デアリマス

日本ハ前内閣頃カラ内閣諸公、外務大臣、陸軍モサウデセウ、東亞ノ安定勢力デアルト云フコトヲ言ヒ出シテ居ル、東亞ノ安定勢力ト云フコトヘ、ドウ云フコトヲ意味スルカ、東亞トハドコラヲ言フノカ、少クトモ滿蒙、支那、海ニ於テ南洋、此線ヲ描イタ一ツノ塊リヲ安定スルダケノ勢力ハナクチヤナラヌダラウト斯ウ思フ、ソレガ同時ニ日本ノ國防線デアル、安定勢力圈デアル、私ハ軍事上列國ノ主張ニ付キマシテハ、色色ノ宣傳モアリ、誇張モアルダラウト思ヒマス、ソレ故ニ靜ニ世界ノ――私餘計見聞モアリマセヌガ、凡ソ軍事記者ト云フ名ノ通ッタ人々ノ議論ハ見テ居ルノデアル、彼等ノ見ル所ニ依ルト、此頃ハ此日本ノ安定勢力圈、國防外線ニ向ッテ、世界ノ新鋭武器、飛行機「タンク」潛航艇、大艦巨砲、ソレガ磁石ニ吸ヒ寄セラル、ガ如ク、其安定線ヲ壓縮シテ、日本ノ此國防安定線ヲ壓迫シテ居ル、其勢ヒ日ニ縮マルモノガアル、此安定圈ヲ日本ガ死守シテ居ッテモ、新銳武器、飛行機ハ距離ヲ縮メ、潛航艇ハ海ヲ池トナシ、段々ト押詰メテ來ル、斯ウ言ッテ居リマス、私ハ是ハ公平ナ見方デアラウト思フ、併シ日本ハ東亞ヲ安定セナケレバ自滅ダラウト思フ、支那問題ハ支那問題ニアラズシテ、日本ノ問題ダト思フ、海上ニ於ケル防備ハ、單ニ南洋ノ問題ニアラズシテ、日本

ノ存亡問題ダト思フ、玆ニ日本ハ力以上ノ重責ヲ國際ノ役割ノ上ニ背負ッテ居ル、洵ニ大キナモノデアル、彼ノ日沒ヲ見ザル大領土ヲ擁スル英國ハ、可ナリ大キナ範圍ノ安定責任ヲ背負ッテ居ル「ソビエト」露西亞モ、亞米利加モ、獨逸モ、佛蘭西モ、世界ノ强大國ト稱スル國ハ、相當大キナ安定責任線ヲ有ッテ居リマスガ、我ガ日本モ、是等ノ大國ト優リハスルトモ劣ラザル責任安定圏ヲ有ッテ居ルコトヲ、私ハ自覺セナケレバナラヌ、斯ウ思フ、ソレガ脅サル、、脅サル、コトハ餘所ノコトヂヤナイ、日本ノ存亡デアル、斯ウ云フ考ニ立ツ時ニ、何トシテモ護ラナケレバナラヌ、其日本ノ國防線ノ周圍ニ押寄セテ居ル國々ノ豫算ハ洵ニ大キイ、英國ノ豫算ハ八億磅、日本ニ引較ベルト云フト、ズット大キイデセウ、昨日ノ新聞ニモ十五億磅、五箇年計畫ノ軍擴ヲ政府ハ發明シタト云フ、是ハ邦貨二百五十五億、年額五十數億圓ノ軍事費ヲ英國ハ有ッテ居ル コトニナル、可ナリ大キナモノダ、米國モ豫算ガ九十一億弗、軍事費ハ十一億弗、其外ニ追加シ追加シ追加セラル、所ノ軍備擴張費ガアル、「ソビエト」露西亞ニ至リマシテハ、色色其發表ニ矛盾モアリマスガ、不肖素人ノ窺ヒ得タル所ニ依リマスルト、千九百三十七年度ニ於テ九百八十億留ノ豫算、軍事費ハ二百一億留、此外ニ軍事ニ直接關係アル八十億留ガアル、是モ邦貨ニ換算スルト、略〻五ニ割ッテ日本ノ邦貨ト同ジ購買力ヲ見セルト言ヒマスカラシテ、ヤハリ五十億内外ノ軍事費ヲ有ッテ居ル、此外ニ三百万ノ强制勞働ヲ有ッテ居ル、而シテ露西亞ノ産業計畫全部ガ廣義ノ軍事費デアル、ソレガ雪崩レ掛ッテ來テ居ル、現ニ國境ニ於テハ對立狀態ニ在ル我ガ忠勇ナル軍隊、卽チ農家ノ子弟、町ノ若者ハ、滿蒙ノ氷雪ノ裡ニ此重壓ト對抗シテ居ル、私ハ滿洲ニ行クタビニ話ヲ聞カサレル、アノ國境線ニ於テモ衝突ガアッタ、此處デモアッタ、ソレガ負ケタ、勝ッタト云フコトガ、一々支那人、滿洲人ニハ電氣ノ如ク傳ヘル、日本ノ飛行機ガ一臺墜チレバ滿洲ノ人心ガザワツク、少シ露西亞ガ無謀ナコトヲヤッテ、大兵ヲ動カシ來ッテ日本ノ少數ノ兵士ヲ壓迫シ、死傷ヲ出サセルト云フト、直グソレガ朝鮮ニマデ影響スル、私ハ朝鮮總督府ノ大官カラ聞カサレタノデスガ、滿洲國境線ノ動キガ、負ケタトカ、勝ッタトカ云フ大袈裟ナ風評トナッテ、朝鮮ノ人心ニ影響スル、滿洲國ノ人心ニ影響シ、北支那ノ人心ニ影響シ、國際陰謀家ノ淵叢トナラントスル上海ノ風說ニ影響スル、卽チ國防線ガ外力ノ壓迫ヲ蒙ルコトハ、洵ニ日本ノ大陸政策ノ上ニ重大ナル關係ガアル、國家ハ經濟發展ガ必要デアル、是ハ尾崎サンノ言ハルル通リデアル、北經濟發展ガ「ソ」滿國境ニ於ケル我ガ兵隊ノ僅カノ死傷、ソレニ依ッテ東亞ノ人心ガ動搖スルトナレバ、經濟政策モ莫大ナル打擊ヲ受ケルト云フノガ今日ノ情勢デアル、是ハ小競合デモ負ケチヤイカヌ、大局ノ爭ニ於テハ睨ミ返サナケレバ、ドウシテモ日本ノ極東ニ於ケル立場ハ保持出來ナイト私ハ考ヘテ居ル、決シテ戰ノ爲ニ戰ヲ好ムモノニアラズ、國防ノ爲ニ國防ヲ說クモノニアラズ、日本ノ國民生活ヲ安定シ、日本國家ノ存在ヲ正確ニ安固ニスル、此國際環境ニ善處スル爲ニモ、今日ハ軍備ニ於テ外カラ脅サレテハナラヌト云フ情勢ニ在ルコトヲ私ハ信ジテ居ル（「百億デモ千億デモ使ヘ」ト呼フ者アリ）御聽キナサイ――佛蘭西ハ「デフレ」政策ヲ執ッテ居ル、ソレデモ豫算ハ四百七十億法、ヤハリ邦貨ニ換算スレバ百何十億ダラウト思フ、軍事費ハ邦貨ニ換算シテ二十二億位ヲ、千九百三十一年以來連年使ヒ來ッテ居ル、斯ノ如ク列國ヲ調ベテ見ルト、マルデ百億トカ、五十億トカ、桁違ヒノ軍事費ヲ使ッテ居ル、併ナガラソレヲ豫算ノ全面ト比較スレバ、成程日本ノ方ガ割高デセウ、割高ダケレドモ必要ダ、之ヲ唯平面幾何ヲ解釋スルヤウニ、日本ノ豫算ハ是ダケシカナイノニ軍事費ノ割合ハ多過ギル、劣弱ナル我ガ國力ヲ以テコンナ大キナ軍事費ヲ背負フコトハ、日本ヲ亡ボス所以ダト云フノハ、是ハ平面幾何ノ解キ方ダ、モウ少シ立體的ニ見ナケレバナラヌ、立體幾何ダケデハイカヌ、モウ少シ有機的ニ見ナケレバナラヌ、血液ヲ通ハシ、神經ヲ通ハシ、立體ノ上ニ有機性ヲ加ヘテ、吾吾ハ數字デハ解ケザル問題ヲ、ソコニ日本國民ノ努力、所謂日本精神、而シテ又日本男子ノ魂ヲ以テ探ネ入リタル科學ノ力、之ヲ總動員シテ、此無理ナ軍事豫算、總豫算ノ中ニ於テハ比較的高率ヲ占ムル、或ハ列國ト比較シテ遙ニ高率ヲ占ムル所ノ軍事費ヲ捻出シナガラ、何ホ日本國家生成ノ元氣ヲ、上ヨリ下ニ充實サセナガラ進ンデ行カナケレバナラヌ所ニ、日本非常時ノ相ハアルノデアリマス、誰モ國ヲ建テル以上ハ安樂ガ望マシイ、併ナガラ歐洲大戰ノ最初ニ於テ、私ハ英吉利ニ居リマシタ時ニ、國ノ安樂觀ヲ變ヘナケレバナラヌト云フ議論ヲ頻ニ聞カサレタ、安樂ナル國必シモ安固デナイ、安樂ト安固トハ違フ、安全トモ違フ、安樂ニシテ安全ナラ結構ダガ、ドウモ安全ノ爲ニハ、安樂ナル國民ノ立場ヲ或ル程度マデ犧牲ニシテモ、已ムヲ得ナイト云フ議論ヲ屢〻聞イタ、私ハ實ニ無理ナ軍事費ヲ捻出シナガラモ、遮二無二日本自衞ノ力ダケハ具ヘナケレバナラヌト云フ所ニ、日本非常時ノ姿ガアルト思ヒマス、此見方ニ付キマシテハ昨日此議場ヲ壓セシ先輩尾崎君ノ見方トハ、私ハ對立的ニ反對デアリマス、結城大藏大臣ハ天下ノ期待ヲ擔ッテ居ラル、、何ヲ天下ガ期待シテ居ルカト言ヘバ、アナタニ此無理ナ豫算ノ中デ軍事費ヲ充實サセナガラ、ソレト同時ニ國民生活ノ安定ヲ、或ル程度マデ保障シナガラ、アナタ方ノ專門的知識、經驗、ソレニ誠實味ヲ加ヘテ、之ヲ善處スルデアラウト云フコトニ人人ハ期待シテ居ルノデアル、私ハ此考ヘ方ニ立脚シテ、林内閣ニ對シテ多々質問シタイト思ッテ居ル

林内閣ノ所信ヲ質ス前ニ、私ハ前内閣ノ倒壞セシ所以、前内閣ノ方針ノ行詰マレル所以ヲハッキリシタイト思フ、其行詰リシ所以ヲハッキリ認識セラレテ、ソコニ新タナル出發ヲナサルコトガ林内閣ノ責任デアル、斯ウ思ッテ居ル、廣田内閣ハ國際情勢ニ對シテ大分認識ガ違ッテ居ッタ、列國トノ對立ノ情勢ニ對シ我ガ責任上ノ安全圏ヲ保持シナケレバナラヌト云フ此重責ガ、外交上ノ辭令ヤオ辭儀ヲスルコトニ依ッテ確保セラレルト思ッテ居ッタコトガ、外交上ノ間違ノ本デアッタ、併シナガラ馬場財政ハ何ニ强要サレタカ、軍事費ダケハ出サナケレバナラヌト云フ決心ヲシタヤウデアル、軍事費ヲ出サナケレバナラヌト云フ決心ハシタ、然ラバ軍事費ヲ使ッテ行ク、軍事費ヲ使ッテ行クナラバ是ノ準備工作ガ要ル、併ナガラ此金融資本家出身ノ大藏大臣ハ、軍事費ノ必要ヲ强要セラレテ認メテ居ッタノデアリマスガ、心カラ此軍事費ヲ使ヒコナスノニ、ドウスレバ宜イト云フ大藏大臣當然ノ責任ヲ閑却シテ居ッタ、又其點ニ對シテ感覺ガナカッタト見ナケレバナラヌ、軍事費ハ壓迫ニ依リテ出サウ、併ナガラ此軍事費ノ背後ニ要ル、豫算ノ膨脹ニ伴フベキ生産力ノ擴張政策ト云フモノハ全然閑却シテ居ッタ、或ル意味ニ於テ豫算ヲ出ス馬場藏相ト、金ノ總元締トシテ、産業關係各省ヲ統轄シテ、生産政策ニ對シテ頭ヲ用ヒナケレバナラヌ馬場藏相トハ別物デアッタ、附燒刄ノ軍備擴張論者ニ過ギナカッタ、眞ノ强兵ノ基礎ヲ富國ニ置カントスル、富國ノ要點ヲ生産力ノ擴大ニ置カネバナラヌト云フ認識ヲ有スルモノデナカッタ、是ガ馬場藏相ノ大缺陷ト思フ、モウ一ツハ其指導原理ノ誤デアル、此指導原理ハ私ハハッキリ變ヘナケレバナラヌト思フガ、私ノ變ヘントスル所ヲ誤ッテ、

アナタ方ガ又當年ノ金融資本家ノ立場ニ持ッテ行カレルナラバ、今度ハ又逆ノ方向ニ振デ返サナケレバナラヌト思フ、是ダケヲ申上ゲテ私ハ指導原理ノ間違ッテ居ッタコトヲ解剖シタイト思フ

廣田内閣ニ於テ缺ケタルモノハ政治的要素デアリマス、政治家的要素デアリマス、政治家ト云フノハ、最近日本ノ政治家ハ茶飲ミ話ノ物嗤ヒノ種ニサレテ居ル、私ノ政治家ト言フノハ、眞ノ經世家、經世的眼光ヲ有スル政治人、ソレガ廣田内閣ニ無カッタ、總理大臣モ其人デ無カッタ、又斯ノ如キ人ハ首相ノ左右ニモ無カッタ、ソコデ經世家ヲ有セザル廣田内閣ハ馬場君ヲ頼リニ、金融事務家ヲ頼リニ此經世ノ政策ヲヤラウトシタ、金融事務家ナドト云フモノハ、私ハモウ少シ偉イモノダト思ッテ居ッタガ、ヤハリ是ハ眼光極メテ狹小ナルモノ、自分ノ慣レザル問題ニブッツカルト云フト、マルデ自分ノ立ッ所ガハッキリシテ ナイカラ何處ニデモ飛ンデ行ク、ドウデモナル、若シ經世的眼光ヲ有スル人ガ内閣ヲ指導シテ居ッタナラバ、此事務家ハ經世的眼光ニ指導セラレテ、日本ノ財政政策ヲ執ッタデアラウ、併シ經世ノ事ヲ相談スル相手ガ無イ、誰ト倶ニ相談シタカト云ヘバ、官僚ト倶ニシタ、卽チ金融專門家ト官僚トノ合作、其官僚トノ合作ノ上ニ妙ナ「イデオロギー」ヲ宣傳シテ廻ッタノガ、前内閣ニ對シ滿天下ガ呆レ返ッタ根本原因デアル、私ハ斯ウ考ヘテ居リマス、私ハ官僚ニ對シテ何モ感情的ニ惡口ヲ言フノデハナイ、併ナガラ我ガ日本ノ官僚ニハ今日ハ通弊ガアル、御承知ノ通リ大正十二年頃ハ、我ガ學界ニ於テ左翼思想ガ燃エ盛ッタ其時代デアル、其時代ニ於テ學生モ其思想ニ動カサレ、元氣ノアル者ハ社會運動ニ飛出シ勇敢ニ鬪ヒ、或ル意味ニ於テ殉難ノ士トナリ、或者ハ牢獄ノ中ニ呻吟シタ、併ナガラ其時ニ元氣ヲ出シテ飛出シタ者ハ、實生活ノ試煉ニ叩カレ、鬪ヒナガラ世界ヲ觀、鬪ヒナガラ環境ヲ觀ルカラ、今日ノ官僚ノ如ク「プリミティーブ」ナ初期ノ左翼小兒病的思想ニ動サレル者ハ殆ドナクナッテ居ル、唯官僚ハ社會ニ飛出ス元氣ガナイ、頭ダケハ左翼ニカブレタ、試驗ヲ受ケタヲ優等生デ合格シタ、合格シテシマフト云フト身分保障令ガアル、チャント鐵上リニ行ケル、併シ官僚ニハ色々ノ制限ガアッテ、其思想ヲ外ニ出スコトハ出來ヌ、ソコデ左翼思想ヲ箱入リニシ、自ヲ箱入娘トナッテ來タ、ソレガ此頃ニナッテ政黨無力化シ、政治無力化シ、軍部ガ革新政策ノ尖端ヲ切ルニ及ンデ、今ハ吾々ガ言ウテモ宜シイト云フノデ動キ出シタノガ日本ノ所謂新官僚、新々官僚群、斯ウ私ハ見テ居ル、其指導原理ニ馬場サンガ引張ッテ行カレタ、其指導原理ハ極ク初期ノ社會主義デアル、尤モ日本デ社會主義ヲ過ッテ唱ヘルト云フト、何カ國家ニ對スル反逆ノヤウニ思ハレルカラ、國家社會主義トカ何トカ言フガ、ドウシテモ押シ詰メレバ「マルキシズム」ニナル、サウ云フ考ヘ方ヲ縛ラレナイ程度ニ言ウテ行カウト云フ極メテ卑屈ナヤリ方、ソレガ官僚ノ革新思想デアル、其ヤリ方ハ皆最後ニ於テ集產主義トナル、彼等ハ國家ガヤレバ何デモ宜シイ、國家ガヤルコトハ官吏ガヤルコトダ、サウ云フ間違ッタ考ヲ持ッテ居ル、サウ云フ考ヘ方ト云フモノハ、是ハ日本デ言ヘバ滿洲事變マデノ考ヘ方、露西亞デ言ヘバアノ革命ヲヤルマデノ考ヘ方、ヤッタ翌日カラ之ヲ如何ニ實務化スルカト云フコトハ「レーニン」「スターリン」皆考ヘテ居ル、實際ノ試煉ニ觸レザル極ク初期ノ考ヘ方、ソレガ官僚ノ革新「イデオロギー」デアル、然ルニ今日ニ於キマシテハ社會主義者ト雖モ實際ヲ見テ居ル人々ハ、事業經營ノ主體ガ國家デアルト、公共團體デアルト、個人デアルト、ソンナコトヲ問フモノヂヤナイ、全產業、全經濟、全金融ノ運用ヲ社會的ニスルト云フコトガ、社會主義者ト雖モ「ブラクティカル」ナ人ノ狙ヒ所デアル、然ルニドウデス、新官僚群ガ自分ノ職場意識ト一緒ニシテ、國家ガヤレバ宜シイ、國家ガ保護スレバ宜シイ、官吏ガ經營スレバ宜シイ、國有ガ宜シイト考ヘタ、其尖端ヲ切ッテ現レタモノガ電力民有國營案、聽イテ見ルト云フト「メカニズム」ダケハ整ッテ居ル、國家ガ統一スル、送電線ヲ統一スル、無駄ヲ省ク、電力ハ一擧ニシテ一千万「キロ」モ增加スル、コンナコトヲ宣傳シテ、描ケル美人ヲ掲ゲテ見セル、ドウシテソンナ旨イコトガ行ク、株主ニハ旨イコト配當スル、仕事ハ旨クスル、電力ハ豐富デ低廉、何故ニ宜イカ、役人ガヤルカラ、斯ウ云フ考ヘ方ト云フモノハ、是ハ大間違デアル、社會主義者ト雖モ、官僚群ガデスヨ、事業經營ノ主體ニナッテ能率ガ擧ルナソト考ヘテ居ルモノハナイ、堪能ナル官僚ト雖モ、實務ニ鞅掌セルモノニハ敵ハヌ、實務ノ洗煉ヲ經來ッタルモノヲシテ經營ニ當ラシムルニアラザレバ不可ナリ、イヤ、ソレバカリデハナイ、實務ノモット下ノ方ノ、勞働者ヲシテ事業經營ニ參畫セシムルニアラザレバ、眞ノ事業經營ヲ能率化スルコトハ不可能ト見テ居ル、資本家ヨリ奪ヒテ官僚ガ事業ノ經營權ヲ取リ、勞働者ニ對シテハ絕對ノ權威ヲ以テ之ヲ抑付ケルト云フヤウナ頭、サウ云フモノノ考ヘ方デ、何モ彼モ國有、甚シキハ民有國營、人ノ財產ヲ自分ガ取ッテ、經營ダケハ俺ガシヨウト云フヤウナコトマデ發展シテ來タ、此調子ナラ其次ハ石炭國營、其ノ次ハ紡績國營、何ヲヤルカ分ラヌ、豐富ニシテ低廉ナル電力ヲ宣傳シタガ、ア、云フ官僚ノ底ノ心ガ天下ニ分ッテヨリ以來、ピタリト生產活動ハ一時止ッタ、豐富ニシテ低廉ナル生產活動ハ逆ニ止ッタ、而モ一方ニ於テ國費ハ膨脹スル、軍事費ハ遮二無二出サナケレバナラヌ、民間ノ創造力、企業心ヲ壓迫シテ、机上ノ空論ヲ强行シヨウトスル、社會主義者ノ鬪士ト雖モ斯ウ云フコトハ言ハナイ筈デアル、社會主義ト異レル他ノ獨逸邊リノ「イデオロギー」モ之ニ反對シテ居ル、左翼デモ右翼デモデスヨ、實務ヲ經來ッタ者ノ肯定シ得ザル所ノ、極ク原始的ナ、人ノモノヲ自分ガ取ッテ、俺ガヤレバ宜シイト云フノガ官僚ノ意圖デアッタ、其口吻ハマルデ革命家ノ言フヤウナ話デアル、革命ト云フモノハドウ云フコトヲ意味スルカ、社會勢力ノ變化ニ應ジテ、之ヲ反映シテ人間ノ立場ヲ變ヘルコトガ一種ノ革命ダ、然ルニ官僚ハ自分ノ地位ニ居据リナガラ、月給ハ取リナガラ、恩給ヘ付キナガラ、絕對安全ノ立場ニ居リナガラ、ドウデス革命ミタヤウナコトヲ言フ、居直リ、革命主義、官僚資本主義、能率撲滅主義、ソレト一緒ニ躍ッタモノガ馬場財政ダ、軍部ノ一部ノ人々モ餘リニ調査局ニ利用サレタノダ、是ハ軍部ガ贊成ト云フノガ流行語デアッタ、大抵ノ未熟ナル新官僚「イデオロギー」ガ軍部ノ贊成ナル名ノ下ニ天下ニ强要セラレタ、軍部ハ大ナル損失ヲシタト私ハ思フ、而シテ軍部ヲ利用シ、軍部モ乘込ンダカドウカ知ラナイガ、其一緒ニナッタ非常ノ强キ壓力ハ、財界其モノニ向ッテ非常ノ衝擊ヲ與ヘ、其非常ニ强キ壓力ニ依ッテ前內閣ガ顚覆シタト私ハ見テ居ル、ソコデ林サンガ出テ來ラレタ、私ハ此林內閣出現ノ際ニ當ッテ、ハッキリコ、ヲ認識シテ、自己獨自ノ立場ヲハッキリセラル、デアラウト云フコトヲ期待スルモノデアリ、切望スルモノデアリ、要求スルモノデアル

林サンハ誠實ノ士デアルト皆言ヒマス、私モ數十年ヨク存ジテ居ル、滿洲事變ニ於テハ……(笑聲)數十年 知ッテ居リマス、佐官時代カラ知ッテ居ル、滿洲事變ニ於テハ越境將軍デアル、斷モアル、誠意モアル、斯樣ニ人々ハ見テ居ル、內閣ヲ組織セラル、時ニハ、謙遜ナル林サンガ決心シテ出ラル、ニハ、餘程ノ御抱負ガ――覺悟經綸ガナケレバナラヌト思フ、組閣ノ最初ニ於テ林總理大臣ハ國防ガ一ツ、革新政策ガ一ツ、經

濟界ノ安定、更ニ振興、是ガ一ツ、之ヲ調和スルニ全責任ヲ以テ起タレタヤウニ見受ケラレタ、ソレニ依ッテアナタハ、陸海軍ニ向ッテモ軍部大臣ノ人選ヲ要求セラレタ、アナタ指定ノ人ガアル、陸軍ニ於テ三長官會議ノ容ル、所トナラザリシト云フノハ、表面ニ現レタ現象デアルガ、私ハアナタノ組閣方針ヲ阻ム一ツノ見エザル力ガアッタデアラウト、斯ウ思フ、ソコデ軍部大臣ハアナタノ要求通リニ行カナカッタ、併シアナタノ見當ハ惡クナカッタ、一面ニ於テ財界ハ專門家ニ委セル、併シ革新意識ヲ衰ヘサシチヤイカヌ、日滿ヲ打ッテ一丸トナス所ノ一ツノ國防政策ガ要ル、ソレニ適當ナル人ヲ選ンデ來ル、是デ押出サレタノダ、アナタノ意見ガ軍部ト衝突スルニアラズシテ、見エザル力ノ阻ム所トナリテ、此組閣方針ガ圓滑ニ行カナイ、私ハ一國ノ政治ニ任ズル者ハ、定石カラ申セバ第一次的ノ、第一善ガ行ハレザル時ニハ、大命ヲ拜辭シテ退クノガ定石ダト私ハ思フ、軍部大臣ヲ指名シテアナタノ意中ノ人ハ棚曝シニナッテ居ル、ソレヂヤイケナイ、ソレト同時ニ組閣ノ動向ガ急角度ニ變化シタ、此時ニハ責任執レズトシテ退クノガ普通ノ定石、私ハアナタノ平常ニ察シテ林總理大臣ハ退カル、ノデアラウト見テ居ッタ、ソレガ退カレナカッタノハ不思議デアル、併ナガラ人ノ功罪ハ棺ヲ蓋ウテ後定マル、退カレナイニモヨク〳〵ノ御決心ガアッタラウト善意ニ解釋シテ、私ハ棺ヲ蓋ウ迄、内閣ノ使命ヲ終ラレル迄、第一善ヲ行ヒ得ズシテ、第二善ニ落來リシ林氏ノ心事ヲ諒トスル、併ナガラ玆ニ大ナル危險ガ伏在スルト云フコトヲ警告シテ置キタイト、斯樣ニ思フノデアル

　ドウモ日本ノ國民ハ此非常時ニ當ッテ、本當ニ見透シノ付ク、本當ニ强イ、已ムヲ得ザル變革ナラバ責任ヲ以テ之ヲ斷行スル政府ノ出現ヲ要望シテ居ル、併シ政界ヲ支配スル一部上層ノ空氣ノ中ニハ、此險惡ナル情勢ダカラ餘リヤリ過ギテハイカヌ、奔馬ヲ輪乘リスル、サウシテ段々鎭メヨウ、停頓シテ日數ヲ經タセルコト、其事ガ非常時ヲ平常時化スル所以ダ、斯ウ云フ力ガアル、ソレヲ多量ニ反映シテ現内閣ヘ出來上リヘシナカッタカト思フ、「アルプス」ノ險路ヲ越スノニハ駿馬ニ鞭タナケレバナラヌ「ナポレオン」「アルプス」越エノ繪ヲ見ルト云フト、純血ナ「アラビヤ」馬ニ跨ッテ居ル、アナタハ併シ險路ヲ越エナケレバナラヌ、非常時ヲ乘越エナケレバナラヌ、然ルニ險惡ナル道ヲ躍リ越スニハ駿馬ハ危イカラト云ウテ、ドウモ駄馬ヲ備ヘレタヤウナ氣ガスル、ソコデ段々難路ニ差掛ルニ及ンデ、吾遲レタルニアラズ、馬進マザルナリ、ドウニモ出來ナイト云フコトニナリハセヌカト思フ、ソコデ私ハ批評ヲ止メマス、林總理大臣ノ責任益ゝ重大、組閣意ノ如クナラズ、私ハ軍部大臣ノ進退ニ付テハ、代リニ立派ナ人ガ出レバソレデ宜カラウガ、組閣方針ガ一轉シテ、「革新ト經濟ト國防トノ調和ガ破レタ、ドウモアナタハ革新ヲ棄テタ頽關ノ組閣ヲナサッタ以上ハ、人ヲ革新的ニ動員致サレナカッタ以上ハ、アナタ一身ニ此革新政策ノ責任ガアルト、斯ウ思フ、ソコデ私ハ先般申上ゲタ日本ノ環境、國際的情勢、之ニ立脚シテ林總理大臣ノ決意抱負ヲ二三先ヅ承リタイト思フ、結城大藏大臣ハ先般財界ノ見透シハ付カヌト言ハレタ、是ハ後ハドウナルカ分ラヌト云フ言葉チヤ斷ジテナイト思ッテ居ル、大體ノ見透シハ付イテ居ルダラウ、此非常時ノ財務ヲ擔任スル者ガ、日本財政ノ前途ノ見透シガ付カヌト云フコトハナイ、付クノデセウ、明確ナル數字ハ分ラヌト云フコトデアリマセウ、凡ソ其數字ヲドノ位ニコナシ、其順序ヲ如何ニ付ケ、如何ニシテ摩擦ヲ緩和シナガラ責任ヲ遂行スルカ、大體ノ御將ヘ方ヘアルダラウト私ハ思フ、此御言葉ハ率直ニ、數字ハ擧ゲラレナイト云フ御言葉ダラウト思フ、併シソレガ非常ニ世ノ中ニ疑惑ヲ生ジテ居ル、財界ノ前途ハドウナルカ分ラヌト大藏大臣ガ言ッタ、外國ニモ既ニ影響シテ居ル、ソコデ林總理大臣ニ御尋スルガ、結城藏相ノ見透シ付カズト云フコトハ、數字ノコトデアリ、アナタハ日本ガ東亞ノ安定勢力トシテ、名實ヲ備フルニ足ルダケノ自信ヲ持ッテ居ラル、カドウカ、健全ナル財政方針、併ナガラ積極的財政方針──健全財政ト言ヘバ消極ニ限ッテ居ルナラバ、最前言ッタ平面幾何ノ問題ノ解キ方デアル、積極的ニシテ健全ナル方針、ソレハ一面ニ於テ生産力ノ增大、日本滿蒙ヲ連ネル資源ノ總動員、日本國民ノ人的元氣ノ總動員、科學ノ總動員、卽チアナタハデスヨ、積極健全政策ヲ執リ、日本ノ東亞安定勢力タル使命ヲ遂行スルニ對シテ、根柢ニ於テ動カザル自信ヲ有シテ居ラル、カドウカ、希クハ此自信アルコトヲ、ヘッキリ第一ニ申シテ戴キタイ、斯樣ニ思フノデアル

　第二ニハ經濟指導原理、經濟指導原理ニ關スル總理大臣ノ演說及聲明ヲ讀ンデ見マスト云フト、保護ト共ニ統制ヲヤル、創造力ヲ增シ、企業心ヲ旺盛ナラシメル、是ハ私共曾テ言ウタ如ク──自分ノ著書ニ書イタコトヲ今言ハレテ居ルヤウナ氣ガスル、讀ンデ見テ、俺ガ書イタノデハナイカト思ハレルヤウナ所ガアル、大分指導原理ガ吾吾ノ平生ノ主張ト近付イテ來タヤウニ見マスガ、是モ解說實行ノ仕方ニ依リテハ大ナル危險ガアル、保護ト共ニ統制ヲ加ヘルト言ヘレマスガ、保護統制政策ヲ誤ルト云フト、潑剌タル競爭心ヲ避ケ、保護ノ杖ニ賴リ、統制ノ綱ニ縛ラレテ、タド〳〵歩クヤウナコトニナッテ、能率ハ增サヌ、保護シ、統制シ、企業心ヲ增シ、創造力ヲ增スト云フコトハ、自由主義發展時代ニハ極メテ樂デアリマスガ、其自由主義ガ獨占資本主義トナッタ時ニハ、ヤハリ創造力モ、企業心モ衰ヘテシマッテ居ル、之ニ創造力ト企業心ヲ與ヘルト云フコトハ、私ハ餘程ノシッカリシタ革新意識ガ其處ニナクチヤナラヌト思ヒマス、保護統制ガ餘リ巧ク行カナカッタモノハ、恐ラク行カナイダラウト見ラル、モノハ、現ニ結城大藏大臣ノ在野時代ニ御世話ニナッタ東北振興會社ノ如キガ、其一例デアル、電力會社ト、モウ一ツノ振興會社ト兩方デ六千万圓ノ金デス、莫大ナル金ヲ政府ノ力デ强制的ニ集メテ、何モ仕事ヲ始メテ居ナイ、發電事業ノ如キハ、タッタ五万「キロ」ノ計畫デアル、此位ノ仕事ナラ民間ノ今日ノダレ切ッタ營利會社デスラモ、五万「キロ」位ノ發電所ナラバ、月給二百圓位取ル社員ガ會計ト技師ヲ連レテ行ケバ、一箇月位デ叩上ゲテヤッテ見セル、ソレヲ國家ガアノ大キナ會社ヲ保護統制ノ下ニ造ルト仰セラレ、民間ノ金ヲ集メテ、ドウデス、始メテ一年ニモ及バントシ、マダ何ニモ出來ヤシナイ、發電設備ハ一「キロ」百九十圓デ出來ルト、議會デ報告シテ居ッタガ、何デモ此間議論シテ見タ末、ドウシテモ五百圓ハ掛ル、ソンナ事ヲ外ニ漏シテハ議會ノ問題ニナルカラ、當分計畫ハ出スマイト言ハレル、保護統制ノ出來損ヒハ、斯ウ云フコトニナル、私ハ林總理大臣ガ小兒病的社會主義ノ弊ヲ馬場サンガ持ッテ居タトスレバ、ソレヲ揚棄シテ、實際家動員ニ出ラレタノハ宜シイガ、ソコニハッキリシタ革新意識ヲ注ギ込マル、ニアラザレバ、其保護統制ハ創造力ト企業心トヲ却テ鈍ラセルモノトナル處ガアル、同時ニ惡ク墮落スルト云フト傳統資本主義擁護ニナル、此指導原理ニ對シ、ハッキリシタ認識ヲ此議場ニ於テ明白ニセヲレンコトヲ私ハ希望スル者デアル

　第三ニハ庶政一新ニ付テ伺ヒタイト思フ、庶政一新ハ理論遊戲ヲシテ居ル時代デハナイ、一面ニ於テ國力ノ急速ナル發展ヲヤル、之ニ伴フ社會的摩擦ガ出ル、此社會的摩擦ヲ緩和シ、勤勞階級ハノ重壓ヲ除去シ、而シテ國力ノ急速ナル發展ヲ爲スト云フコトガ、私

ハ庶政一新ノ目的デアラウト思フ、斯ノ如クシテ資本家ニモ、事業家ニモ、勞働者ニモ、自發的ノ犧牲ヲ呼掛ケル、皆犧牲デアル、旨イコトハ何處ニモナイ、苦シイコトハ皆苦シイ、其自發的犧牲ヲ呼掛ケテ、此犧牲ヲ拂ハシメネバナラヌ、ソレガ爲ニハ犧牲ノ合理性ヲ確立シナケレバナラヌ、是ニ於テカ此犧牲ノ合理性ヲ確立スル爲ニ、シッカリシタ根本ノ考ヲ有タナケレバ駄目ダト思フ、結城大藏大臣ガ林内閣ノ下ニヤラレタ主タルヤリ方ハ、産業經濟ノ動搖ヲ阻止スル應急的ノ手當ニ過ギナイ、其應急的ノ手當、是ハ堪能ナル頭ヲ以テヤラレタデセウガ吾々カラ觀テミレバ「シテー」ノ「テクニックス」デス、常識ナンデス、ソレカラヤラレタダケナンデス、併シ同時ニ、ドウデス、交付金ハ削除セラレタ、交付金一億五千万圓ヲ削除セラレタコトハ、他ノ物價政策、他ノ財政政策ト關聯シテ一億五千万圓ヤルベキモノヲ、ソックリ取上ゲラレタコトハ違フト言ヘレルガ、ソレニシテモ一億五千万圓ヲ與ヘヲレナイコトニ依ル所ノ實際農民ノ重壓、農村ノ期待ヲ裏切ルト云フコトハ、可ナリ大キナモノデアル、是ハ議論スル必要ハナイト思ッテ居ル、サウスルト應急手當ハヤル、應急手當ヲヤルト同時ニ、一般天下ノ聲デアル農村交付金一億五千万圓ヲ犧牲ニスル、斯ウ云フヤリ方ガ段々發展シテ行クト、私ハ軍部ニ對スル資本家ノ請負政治ニナッテシマヒハシナイカト思フ、軍部ト抱合ッテト云フコトガデス、軍部ハ其財源ノ捻出ヲ資本家ニ請負サセルト云フコトニナッテシマヒハセヌカト思ヘレル、今ナッタトハ言ヒマセヌヨ、厘毫ノ差違ニ千里ノ開キヲ生ズルガ、餘程考ヘラレナイト斯ウ云フコトニナル、サウスレバ軍事費ヲ資本家ニ請負デ出サセルト云フコトニナレバ、ソレハ庶政一新ドコロデハナイ、政治ノ最惡ナル形態ヘノ墮落デアラウト思ッテ居ル（拍手）餘程注意セラル丶、必要ガアルト思フ、私ハ庶政一新ニ對シ、國力ノ急速ナル發展、社會摩擦ノ緩和、勤勞階級ヘノ重壓ノ除去、是等ニ對スル林總理大臣ノ考ト計畫トヲ、ハッキリ此場ニ明白ニセラレンコトヲ希望スル次第デアリマス

私ハ次ニ軍部大臣ニ御伺致シタイ、軍部ハ海陸合セテ十四億ノ豫算ヲ要求セラレル時ニ、此豫算ニハ一錢一厘掛値ハナイ、斷ジテ引ケヌ、既ニ削ラレタダケガ非常ノ痛手デアル、是ハ有效適切ニ使用シ得ベキモノデアルト、斯ウ言ッテ居ラレル、然ルニ今度ハ四千六百万圓ノ繰延ニ同意セラレタ、定メテ不本意デアラウト思フ、不本意デアラウガ同意セラレタ、同意セラレタノハヘッキリシタ事實ダ、其繰延ハ普通ノ繰延デナイト言ヘレルガ、繰延ニ同意セネバナラヌコトニナッタノハ事實デアル、我國ノ軍事費ノ要求ハ今年ニ於テ十四億、來年以後引續イテ十八億ベカリニナル計算ニナッテ居リマスガ、是ハ最小限ダト言ッテ要求シテ居ラレル、而モ之ガ繰延ヲ認メヲル丶ト云フコトニ付テハ、私ハソコニ已ムヲ得ザル事情ガアルト思フ、前内閣ガ軍事費ハ認メタ馬場財政ハ是ト總花的ニ一切ノ國費ノ濫費ヲ認メタ、關係各省ハ大喜ビシテ居ッタ其ノ眞最中ニ物價暴騰、殊ニ軍需原料品ニ對スル物價暴騰ガ起ッタ、ソコデ豫算ヲアノ通リ取ッテモ、此物價暴騰ニ直面シテハ豫算ノ執行サヘ不可能トナッタ、斯ウ云フ情勢ノ下ニ結城大藏大臣ガ出テ來ラレテ、應急手當トシテ、已ムヲ得ヌト言ヘル、カラ、此物價デハ取ッタ軍事費ヲ、目的ヲ達成スル程有效ニ使フコトハ出來ナイ、斯ウ云フ認識ノ下ニ、已ムヲ得ナイカラト言ッテ、此削除繰廻ニ應ジラレタノダラウト思ッテ居ル、私ハ大藏省及軍部當局ヨリ屢々承ッテ居ル、此豫算ニ對スル工業ノ消化能力ハ十分デアルト云フ話ヲ承ッテ居ル、大藏省資源局アタリノ調査デ十分デアルト承ッテ居ルガ、ドウモ十分デナカッタノヂヤナイカト思ノ、成程砲兵工廠ハモウ少シ餘力ガアッタ、造船所ハモウ少シ餘力ガアッタ、綜合セテヤレバヤレヌコトハナイ、此程度ノコトデアッタラウト思フ、併ナガラ軍需品ノ基礎トナル器材、重金屬、輕金屬、鐵、其根柢ノ銑、其根柢ノ鑛石、是等ノ供給、生産ニ付テハ私ハ手違ヒガアッタノヂヤナイカト斯ウ思フ、最近ニ於テ露西亞ノ國防計畫ガ進ンデ參リ、彼自ラ日本ニ對シテ優秀ナリト自惚レルカシテ、頻ニ日本ニ對スル「ゼスチュア」ヲ「ソ」滿國境ノ上ニ於テ、實行ノ上ニ於テ示シテ居ル、之ニ對シテ日本ハ警戒スル、何時始マルカ分ラヌト云フヤウナ空氣サヘモ、アノ國境デハ感ゼラレル程デアル、ドウデス、ソレ程「ソビエト」露西亞ヲ對立的ノ地位ニ置イテ、假想的ニ敵國トシテ考ヘナガラ、露西亞カラ銑ガ來ナクナッタ、銑鐵ガ來ナクナッタト言ヘバ、鐵饑饉ノ重大ナル一ツノ原因ヲ、之ニ由リテ持來スルト云フヤウナコトデハ、全ク驚キ入ッタコトデアルト思フ、海軍ハ亞米利加ノ海軍、英國ノ海軍、或ル場合ニハ是ガ假想敵國トナル、然ルニ燃料石油ハ何處カラ來ルカ、亞米利加カラ來ル、有時ノ際ニハ不安ナル南洋カラ來ル、其石油ニ代ルベキ石炭液化ハドウヤルカ、中々急ニハ行カヌ、千數百万圓ヲ掛ケテ五年後ニ、七年後ニ二百万瓲造ルトカ云フヤウナ計畫ハ、机上ノ空論ダト言ヘレル程ノ危フサヲ持ッテ居ル、危ブナイ話デアル、私ハ此點ニ於テドウモ――軍部當局モ産業關係諸省ヲ鞭撻シ、此調査ヲ緊密ニシ――軍擴ニ伴フベキ基礎的産業ノ擴大政策ニ付テハ、怠慢ト言ハレナイナラバ、目零シ、分ラナカッタ點、無理解ノ點ガアッタト云フコトヲ認識ナサラネバナヲヌト、斯樣ニ考ヘテ居ル、私ハ軍事ハ素人デス、併シ子供ノ時ニ意味ハ分ラヌナリニ孫子ナドヲ讀ンデ「始計第一」ト云フコトヲ覺エテ居ル、今讀ンデ綴拔ゲテ見テ始計第一ト云フコトハ、計畫ヲ立テルコトガ第一デアル、兵ヲ送ルヨリ糧食軍需、是ガ先デアルト云フコトガ成程ト首肯カレル、東洋人ノ常識的兵法ノ本ニモ書イテアル、此始計ニ於テ軍部當局者ニ目ノ行屆カザル所ガアリシコトヲ私ハ遺憾ニ思フ、サウデナカッタカト思フ、併シ斯ウ云フコトハ餘リ苛酷ニ責ムルコトモ無理カモ知レヌ、私ハ歐洲大戰爭中ニ英吉利ニ參ッテ居リマシタガ、ドウシテモ軍國ノ事ハ「キチネル」元帥ガ出テ陸軍大臣ニナラナケレバ駄目ダト云フコトデ「キチネル」ガ陸軍大臣ニ推サレテ働イタ、「マルヌ」ノ戰線ニ英國軍ガ出テ行ッテ、兎ニ角獨軍ヲ防ギ止メタガ、英國ノ戰ヒ振リハ餘リ見事デハナカッタ、ソコデ天下ニ聲ガ起ッテ、英兵ハ一以テ十ニ當ルノ決心ヲ持ッテ居ルガ軍需品ガナイ、彈ガナイ、「キチネル」ハ彈ナシニ、彈ヲ持タセナイデ、吾々ノ子弟ヲ戰場ニ驅リ出シタ「キチネル」怪シカラヌ、陸軍大臣「キチネル」ノ机ノ中ニハ彈藥ノ請求ニ對スル書類ガ山ホド積ンデアルノヲ見モシナイデ、拋ッテ置イテ、此失態ヲ醸シタ、「キチネル」ハ成ッテ居ナイト一齊ニ叫ビ出シ、アノ誠實ナル、或點ニ於テ西郷南洲ヲ想見セシムルヤウナ「キチネル」ガ天下攻撃ノ中心トナッタ、ソコデ彼ハ軍需ノ不足ニ依ッテ得タル失敗ヲ外交的ニ補ハントシ、「バルカン」半島援助ノ兵ヲ送リ得ザルコトニ因リテ生ジタル「バルカン」諸國ノ不平ヲ鎭撫センガ爲ニ、自ラ「バルカン」ニ乘込ミ、ソレデ使命ヲ果スヤ、今度ハ海波ヲ蹴ッテ露西亞ニ乘込ミ、彼個人ノ信用ヲ以テ、露西亞ノ單獨講和ヲ防ギ止メントシタ、サウシテ北海ヲ渡ラントシ、潜航艇ノ難ニ罹ッテ斃レタ、私ハ其時ノ光景ヲマザ／＼今日思出シマスガ、人誰カ過チナカラン、行屆カザル所ナカラン、人ハ如何ナル人モ萬能デハナイ、日本ハ歐洲大戰爭ヲ經ザル一ツノ國デアル、戰爭ヲ經過シタ國ハ皆此困難ヲ嘗メ來ッテ居ル、未ダ大戰ノ經驗ヲ嘗メザル我ガ軍事當局者ガ「キチネル」ニ等シキ攻撃ヲ、或ル一面カラ浴セ掛ケラレテモ致方ハアルマ

イ、併ナガラ「キチネル」ノ人間的武將的品位ハ、決シテ彼ガ武器彈藥ノ不足ヲ豫知セザルコトニ依リテ動カサレルモノデハナイ、彼ノ誠意ハ英國ノ歴史ノ上ニ遺ッテ居ル、私ハ今日ニ於テ軍事當局者ハアノ軍擴豫算ヲ閣議ニ要求セラレタ際、其根柢トナルベキ基礎的産業ノ充實擴大ニ、何故力ヲ盡サレナカッタカト云フコトヲ、遺憾千萬ニ思フ者デアル、最近ニ於テハ露西亞ガ「ゼスチュア」ヲ使ヒ過ギル、其前ニ於テハ日本ノ軍部一部ノ首腦者ガ、此「ゼスチュア」ヲ使ヒ過ギタ、竹槍ヲ以ッテ露西亞ノ軍ニ當ルベシト云フ宣傳モアッタ、竹槍デハイカヌ「エチオピヤ」ノ勇敢ヲ以テシテモ、伊太利ノ武器ニハ及バナカッタ、私ハ軍擴豫算ヲ要求セラレタ其軍部ガ、其背後ニ於ケル産業ノ擴大政策、之ニ對シテ不用意デアッタト云フコトノ非難ハ免レザルモノデアルト、斯ウ考ヘテ居ル、併シ是ハ軍部大臣バカリヲ責メル譯ニハ行カヌ、一面ニ於テハ閣内ガ常ニ分裂シテ居ル、大藏大臣初メ軍事費ノ要求ハ已ムヲ得ナイ、已ムヲ得ナイカラ出スンダト云フ氣ガアル、其軍事費ヲ如何ニシテ消化スルカニ付テハ、積極的ニ頭ガ動イテ居ナイ、頭ガ動カナイモ道理、ソンナモノニハ興味ヲ持タヌノデアル、一介ノ金融業者ニ過ギナカッタカラ――關係各省モ官僚デス、吏務ハ知ッテ居ル、併シ此國際變局ニ善處スベキ日本ノ根本的立場ニハ理解ガナイ、ソレ故ニ自主的ニ、積極的ニ此軍備擴張ニ伴フ生産力ノ擴大ニ對シテ、本當ノ努力ヲシナイ、是ガ今日ニ於テ軍事費ヲ繰延ベナケレバ軍需關係ノ物價ガ發騰スルト云フ、洵ニ「デットロック」ニ乘上ゲタル原因デアルト思フ、私ハ軍部ハ要求シタラウ、併ナガラ關係産業各大臣ガ怠慢デアッタラウ、怠慢デアルノミカ、國際問題ニ對シテ理解ト興味ヲ有タナカッタデアラウト、斯様ニ信ズル、ソコデ過ギタコトハ言フニ及バヌ、廣義國防ト云フ意味ガアリマスカラシテ、私ハ軍部ニ於テハ軍事費ノ使ヒ方モ、廣義軍事費ニ注意ヲ拂ハル、コトガ當然デハナイカ、四千六百万圓繰延ベタカラ惡イト言フノデハナイ、繰延ベベクンバ一億デモ繰延ベテ宜シイ、ドウデス、一億繰延ベタ代リニ廣義軍事費トシテ、基礎的産業ノ振興ニ向ッテ突進セラレタナラバ、後年ニ於テヨリ大ナル軍事費ヲ、經濟界ト摩擦ナクシテ消化スルコトガ出來ル狀態ニナリハセヌカト私ハ考ヘル者デアル、基礎的研究ガヤッテ欲シイ、飛行機ハ今日最モ日本デ必要デアル、併ナガラ飛行機ノ話ヲ素人トシテ聽イテ見マスト云フト、同ジ位ノ飛行機ハ獨逸デ作レバ値段ハ半分ダト云フ、耐久力ハ三倍ダト云フ、飛行機一臺ニ獨逸ニ較ベレバ日本ハ六倍金ガ掛ル計算ニナル、ソレハ飛行機製作所ガ儲ケ過ギルナドト云フソンナ小兒病的攻擊ヲショウトハ思ハヌ、或ハ飛行機製作所ガ儲ケ過ギルヤウニナッタカモ知レヌガ、ソレヨリモ根本的ニ飛行機製作ノ「コスト」ヲ高クスルノハ、飛行機ノ器材ガ惡イ、勞働者ノ熟練ガ足ラヌ、器材工業ノ確立ガナイ、原料ガ高イノダ、手間ガ掛ルノダ、又當局者ガ天下ノ軍需工業者ノ爲ニ、單ナル大資本家ノミナラズ、凡ソ國家ノ軍需製造ニ貢獻シ得ベキ總テノ工業家ノ爲ニ、全面的ニ支持ヲ與ヘテ資金ノ援助、原料ノ供給、總テノコトニ力ヲ注ガザルガ故ニ、飛行機ハ値段ハ倍モ掛ッテ耐久力ハ三分ノ一モナイヤウナコトニナル、其爲ニ國庫ニハ六倍ノ負擔ヲ負ヘセルコトニナルノダト思フ、今日日本ハ實ニ已ムヲ得ザル環境ニ在リテ、國防ハドウシテモ充實シナケレバナラヌ、併シ金ハ本當ニ足リナイ、金ノ足リナイ所ハ人間ノ誠意、其誠意ハ口先ダケノ誠意ヂヤナイ、具體化スル、精神ト物質ガ一致シナケレバ、所謂論語讀ミノ論語知ラズデアル、誠意ハ形ニ現ハレテ徹底セザレバ駄目デアル、此際ニ於テ私ハ四千六百万圓ノ繰延ハ小サイ問題デアリマセウガ、此「デッドロック」ニ鑑ミテ、科學的研究其他ノ基礎工作ニ向ッテ、軍部ハ乘出サレル必要ガアルト思フ、私ノ承ッテ居ル所ニ依ルト、獨逸ノ如キハ研究動員ヲヤル、各工場ニ附屬シテ皆研究所ヲ持タセル、ソレニ基礎的ニ研究ヲヤラセル、ソレ等ノ成績ヲ統制シテ政府ガ報告ヲ受ケル、若シ或ル工場ガ七分マデ立派ナ研究ヲ完成シタトスレバ、政府ハ更ニ十迄完成サセル爲ニハ大ニ金モ出ス、而シテ此研究ノ結果ヲ互ニ報告サセ、其報告ヲ交換シナガラ、眞ニ完全ナル研究ニ到達シタル時ニハ、之ヲ公開シテ、請負トシテ全國ノ軍需工業者ニ向ッテ註文ヲ發スル、斯ウ云フヤリ方モアルト云フ、私ハ日本ノ軍部ガ此際ニ於テ基礎工業ノ確立ニ、更ニ其基礎ヲ成ス所ノ研究ニ、十分ノ力ヲ注ガレンコトヲ希望スル、私寡聞ニシテ我ガ當局ニ其十分ナル施設アルヲ聞カナイガ、恐ラク其計畫ガアルダラウト思フ、アルナラバ國民ヲ安心セシムルニ足ルダケノ、其御計畫ヲ此議場ニ漏ラサレンコトヲ、私ハ軍部大臣ニ切望スル者デアル

私ハ結城大藏及産業各大臣ニ向ッテ一二質問ヲ致シタイ、此一二ノ質問ハ他ノ總テノ問題ニ對スル例トナルノデアリマス、一二例證シテ之ヲ質問致シ、御決心、御考ヲ承リタイ、結城大藏大臣ハ日銀總裁ト協同工作ニ依リ、金融ヲ積極化シ、生産ノ增大、ソレニ向ッテ力ヲ注ガレルト云フコトヲ承ッテ居ル、洵ニ結構デアリマスガ、單ニ金融ノ積極的出動ダケデハ不十分ダラウ、其大藏大臣ガ帝國燃料工業株式會社、タッタ一千二百万圓ノ豫算ヲドウ云フ譯デ御削リニナッタカ、モウ一ツ貧鑛處理研究費、是ハ僅カ百万圓位ノモノヲ、之ヲドウシテ御削リニナッタカ、燃料自給ト云フコトヲ突キ詰メテ行ケバ、石炭液化ヨリ外日本ハ致シ方ガナイ、其石炭液化ノ眞ノ端緒ヲ啓カウト云フ燃料工業株式會社ノ創立費ヲ、何故御削リニナッタ、鐵ノ自給自足ヲヤラウト言ヘバ、其極致ニ於テ、日本ノ經濟「ブロック」内ニ於テ鐵ノ自給自足ヲヤラウトスレバ、ドウシテモ貧鑛處理ヨリ外ナイ、滿洲朝鮮ニ於ケル貧鑛ヲ如何ニ處理スルカ、歐洲列國、富鑛ノミヲ以テ製鐵業ヲ爲シテ居ル國ハナイ、獨逸ノ如キハ貧鑛ヲ大ニ利用シテ居ル、是ハ專門家ノ御承知ノ通リデアル、然ラバ貧鑛處理ニ對スル僅カ百万圓バカリノ費用ノ如キハ、復活サレタラ宜カラウ、是ハ軍事豫算ヨリモモット急ナル廣義ノ軍事豫算、斯ウ云フモノヲ何故活カサレヌカ、勿論商工大臣或ハ大藏大臣ノ變ッタ考ガアルカモ知レヌ、帝國燃料株式會社ナドノヤウナモノ、又東北振興會社ノヤウナモノヲ作ルヨリハ、別ノ考ガアルト云フナラバ、別ノ考ヲ聽キタイ、貧鑛處理研究ノ問題ナドハ別ノ考ハナイデセウ、別ノ御考ガナケレバタッタ百万圓デハイカヌ、モット御使ヒニナッテ、本當ノ基礎的ノ鐵ノ研究ヲヤラレタラドウカ、私ハ日本ハ非常時ニ直面シテ、一面ニ於テ國防ニ多大ノ金ヲ使ハナケレバナラヌ、ソレニハ金ガ要ル、其金ヲ有效ニ使フニハ、日本ノ資源ヲ科學的ニ善用スルコトガ基礎トナラナケレバナラヌ、ソレ等ノ最モ基礎的ナ事ニ對シテ、僅カ百万、二百万ノ金ヲ吝シムト云フガ如キコトハ、意ニ解セザルコトデアル、斯ウ云フコトニコソ特ニ力ヲ用ヒテ戴キタイ、一事ハ萬事デアリマスガ、總テノ基礎的ノ研究、此基礎的研究ノ發展、是ノ效果ヲ收メルト云フヤウナコトニ、政府當局者ハ卽刻著手シテ戴キタイ、著手シテ居ラレルナラバハッキリ其內容ヲ明白ニシテ戴キタイ、斯樣ニ私ハ申上ゲマス、ドウモ役人ノ人達ハ吾々ト異ッタ道德ノ標準ヲ持ッテ居ラレルヤウデアル、吾々ハヤリ損ヒガアッテ突込マレ、バ、ソレハ惡カッタト言フ、ドウスレバ宜イダラウ、助ケテ呉レ、協力ショウト申出ル、役所ノ方ハ、オ前達ノヤッタコトハ效果ガ

學ラナイ、結果ガ悪カッタ、サウ言ハレルト、實ハ斯ウダ……ト直チニ辯解スル言譯ヲ先ニ作ッテ居ル、役所ノ人々ニ聞イテ見ルト云フト、何カヤル時ニハ、ヤリ損ッタラドウ言ハウカト云フ言譯ヲ同時ニ考ヘテ居ル、斯ウ云フコトデアル、私ハデスヨ、先般來重大ナル問題トナッタ鐵饑饉、其鐵饑饉ニ於テ、軍需工業ガ困ッタト云フヤウナコトハ、アナタ方皆御承知デアルガ、私ハ最モ小サイ人カラ困ッタコトヲ聞カサレテ、斯ウ云フ所マデ及ブカト思ッタ、川口アタリノ鑄物工場ニ原料ガ來ナイト云ッテ、小サイ鑄物屋ノ主人ガ破産スル、勞働者ガ飢エル、原料ガナイカラ口ヲ開ケテ待ッテ居ルト言ッテ泣イテ居ル、サウ云フ所マデ及ンデ來ル、アノ鐵饑饉ニ對シテドウスルンダト突込ムト云フト、役人ノ人達ハ直グ辯解スル、アレハ思惑ダ、鐵饑饉ナンカ實質ハナイト云フヤウナコトヲ言ッテ居ル、然ラバ如何ナル數字ノ下ニ鐵饑饉ガナイカト言ッテ、私ハ聽イテ見タ、サウスルト云フト、當局者ノ統計表ト云フモノガ極メテインチキ極マルモノデアル、ドウデス、商工省ノ鐵饑饉ノ辯解ノ爲ニ發表セラレタ其豫定表ニ依ルト云フト、來年度ハ銑鐵ノ需要ガ四百六十五万瓲ニナル、今年四百十五万瓲——銑鐵チヤナイ、鐵材五十万瓲ノ増加デアル、鋼材ノ増加ハ五十万瓲ノ増加デアル、銑鐵ノ方ハ今年三百三十万瓲、來年ハ三百六十万瓲、是ハ三十万瓲ノ増加デアル、銑鐵三十万瓲ノ増加、鋼鐵、鋼材五十万瓲ノ増加、是ダケノ計畫ヲ立テテ居ルカラ大丈夫ダト云フヤウナ話デアル、併ナガラ斯ウ云フコトデ巧ク行クト云フ計算ノ裏面ニハ、極メテインチキ彌縫的ノ政策ガ見込マレテ居ル、銑鐵ハアンナコトデ足リハシナイ、鋼材ハアンナコトデ足リハシナイ、足ラサウト思フナラバ、極端ナル需要制限ヲヤラナクチヤナラヌ、然ルニ需要制限ハ民間ノ方ニヤラセヨウトシテ居ル、官憲ハ不急ノ役所ナド相變ラズ建テテ居ル、自分カラ制限セズシテ、人ノ生命ニ對シテ制限ヲ加ヘルヤウナコトバカリ考ヘテ居ル、此無理ナル需要ノ制限ガ一ツ、モウ一ツハ海外市場カラモウ鐵ハ脫退スベシ、海外市場ヨリノ强制的ノ脫退ヲ豫想シテ居ル、鐵ヲ世界ニ輸出スル國ハ、世界ニ於ケル武力ノ富强ナルモノデアル、然ルニホンノ僅カノ鐵ノ輸出ヲ止メテシマフト云フヤウナコトヲ前提トシテ居ルノガ政府ノ鐵政策デアル、モウ一ツハ、相變ラズ屑鐵ノ使用、亞米利加ヨリノ輸入ヲ豫想シテ居ル、百六十万瓲モ亞米利加カラ屑鐵ヲ買ハウト云フ、亞米利加モ最近ニ至ッテ軍擴工作ガ進ミ、社會政策ノ諸工作ガ進ミテ、「スクラップ」モ中々暴騰シテ居ル、ソンナ亞米利加ノ屑鐵デ日本ノ鐵ヲ造ラウト云フヤウナ吝ナ考——私ハ潔癖デアッテ、亞米利加ノ屑鐵ハ日本ノ大砲トナラヌヤウナ氣ガスル(笑聲)鐵ノ自給政策ヲ高調シテ居ラレル此大臣ノ下ニ、サウ云フ屑鐵使用ヲ依然トシテ認可セントスル所ノ商工省官僚ガアル、私ハ是等ノ點ヲ見テ非常ニ遺憾ニ思フ、私ノ觀ル所ニ依ルト云フト、屑鐵ノ輸入ヲ制限シテ、本當ニ鐵ノ自給自足ヲヤラウト思フナラバ、學者ノ統計、其他ノモノヲ參考シテ見ルト云フト、少クトモ今年度ハ七十万瓲位銑ハ餘計要ル、鋼材モ今年度ハ七八十万瓲位餘計要ル、三十万瓲ノ増加、五十万瓲ノ増加ト云フモノハ、稍〻半分シカ見込マレテ居ラヌ、是ハ足リナイト私ハ考ヘル

ソコデ私ハ商工大臣ニ御尋致シタイガ、先ヅ製鐵奬勵法ヲ根柢的ニ改正サレナケレバナリマセヌ、商工省ノ方針トシテハ、銑鋼一貫作業、鑛石カラ銑鐵ヲ造ル、銑鐵カラ鋼鐵ヲ造ル、ソレヲ一貫作業トシテヤラナケレバナラヌ、一貫作業ヲヤル者ニ政府ガ特別ノ保護ヲ加ヘル、斯ウ云フ方針ノヤウデスガ、一貫作業ヲ方針トシナガラ、相變ラズ屑鐵ノ輸入ヲ見込マレテ居ル、此屑鐵ノ輸入ヲ制限スル考ヘナイカ、斯ウ云フ矛盾ヲ一ツ除去スル考ハナイカ、此矛盾ヲ除去スルニ付テ、私ハ鐵ノ自給自足、商工大臣ノ言ハレル「ブロック」內ノ鐵ノ自給自足ヲ眞ニヤル爲ニ、滿洲、朝鮮ヨリノ銑鐵ノ輸入稅ヲ撤廢シ、運賃ヲ輕減スルノ考ハナイカ、鞍山ニモ鐵ガアル、其熔鑛爐擴張ハ多年問題トナッテ居ルガ、商工省ハ今迄ハ中々之ヲ承知シナイデ、阻止シテ來テ居ル、朝鮮ノ茂山ノ鐵ハ非常ニ良イト云ヒマス、朝鮮總督府ノ官吏モオ居デデセウガ、朝鮮總督府ハ其茂山ノ鐵鑛ヲ開キタイ茂山ノ鐵鑛ヲ開キタイガ、日鐵中心主義ノ商工省ハ、此茂山ノ鐵鑛ヲ銑鐵ト爲サントスル所ノ事業ヲ阻止シテ來テ居ル、最近ニ至ッテ日鐵ハ淸津ニ熔鑛爐ヲ造リ、製鐵業ヲ起サウトシテ居ル、サウスルト朝鮮側カラ同ジヤウナコトヲヤラウトスルト、是モ亦阻止シテ居ル、ドウデス、朝鮮ノ銑鐵、滿洲ノ銑鐵、之ヲ大ニ造ラシテ、大ニ輸入スル方法ハナイカ、鑛石ノ儘輸入シテ來テ、所謂一貫作業ト云フモノヲヤラセヨウトスレバ運賃ガ掛ル、其貧鑛ヲ彼ノ地ニ於テ處理シテ銑鐵ト爲シ、其銑鐵ヲ持ッテ來テ日本ノ製鋼業ト爲ス時ニハ——屑鐵ヲスラ一貫作業ニ準ジテ保護シテ居ルナラバ、此銑鐵ニ對シテ特別ノ保護ヲ與ヘテ、眞ニ鐵ノ自給自足ヲヤル考ハナイカト私ハ御尋シタイ、モウ一ツ前ニ申シタ貧鑛處理研究奬勵、是ハ徹底的ニヤッテ貰ヒタイ、之ヲヤル考ガアルカナイカ、是等ノ諸點ニ對シテ大藏大臣及商工大臣ノ明白ナル答辯ヲ私ハ要求スル、私ハ日本ノ統制經濟ハ官僚ノ机上計畫デ、形ダケ整ヘテ畫一シタダケヂヤ駄目ダラウト思フ、今マデ航空輸送會社ガアッタカラシテ、民間飛行業ガ却テ阻止サレテ居ッタ、日鐵中心主義ガ確立シタカラ「アウトサイダー」ガ抑ヘ付ケラレテ居ッタ、軍擴ノ氣勢ヲ見テ當業者ノ方ガ餘計知ッテ居ル、鐵ハ足リナクナル、足リナクナルト云ッテ、「アウトサイダー」ガ熔鑛爐ノ擴張設定ヲシヨウトスルト、商工省ハ常ニ之ヲ抑ヘテ來タ、抑ヘザルマデモ、大藏省ト一緒ニナッテ資金ノ融通、其他ニハ便宜ヲ圖ラナイ、圖ラナイノミカ、間接ニ壓迫スル、斯ノ如クニシテ、形式上ノ統制ヲ日鐵中心トシテ何ヲヤッタカト言ヘバ、一種ノ生産制限ヲヤッタ、而シテ今日、鐵ハ不足トナッタ、私ハ日本ノ統制經濟ハ、其産業ニ於ケル資金バカリデハナイ、能力、智力、經驗、總テノ動員ヲ爲シテ、之ヲ國家ノ目的ニ合致セシムルコトガ必要ダト思フ、即チ日鐵ノミデナク「アウトサイダー」ヲモ一緒ト爲シテ、全面的ナ動員ヲ爲シ、原料ノ供給、資金ノ助成、之ニ伴フ大乘的ノ製鐵國策ヲ商工大臣ハ確立スル意思ナキヤ、大藏大臣ハ之ヲ助成スル考アリヤ否ヤ、是ハアナタ方ニ課セラレタル重大ナル責任デアル、鐵ガ思惑デ騰ルノニハ騰ルベキ理由ガアル、足リナイコトヲ豫見スルカラ思惑ガ起ッテ來ル、而モ豫定計畫——計畫デスラ缺乏シテ居ル、アナタ方ハ一ツ本氣ニナッテ重大使命、製鐵國策ニ向ッテ金融モ、産業モ眞ノ動員、總テノ能力、總テノ工場ヲ國家目的ノ爲ニ動員シテ、新シキ意義ニ於ケル眞ノ統制經濟ヲ確立サレル誠意ハナイカ、私ハ之ヲ要望シ、同時ニ其決意ヲ承リタイモノデアリマス

私ガ斯ウ申シマスト、今ノ商工大臣ハ民間出身ノ人デアリ、强ヒテ官僚ノ答辯ヲ眞似ラレナイデアラウガ、普通ノ商工大臣ナラ、君ノ鐵ノ需要ノ見積リハ多過ギル、政府ト致シマシテハ、左樣ナ大キナ鐵ノ需要ノ見積リヲ見ナイ、斯ウ言ハレルノガ定石デアル、併シアナタハサウ云フコトヲ言フ必要ハナイ、鐵ハ多過ギル位造ラナクチヤ駄目デアル、鐵産國ハ皆鐵ノ輸出國デスヨ、獨逸ノ如キ、亞米利加ノ如キ、ズン〳〵鐵ヲ輸出シテ居ル、英國モ其通リ、國內市場ニ匹敵スル國外市場ヲ持チ、更ニ國內ニハ餘剩能力ヲ持ツ、ソレデ初メテ非常時ニ應ズルコトガ出來ル、又私ハ日本産業ノ再編成ノ需要ニモ應ズルコトガ出來ル、斯ウ思

フ、私ノ見積リハ寧ロ過小ナリト思フ、大藏大臣商工大臣ハ經世的眼光ニ依リテ鐵ノ需要ガ増加スベキ必然ニアルヲ認メラレ、官僚的強辯ヲ眞似ズシテ、此鐵饑饉ヲ嚴肅ニ承認シテ、而シテ後ニ對策ヲ樹立セラレンコトヲ切望スル、軍部モ亦之ニ對シテ同樣ノ意見ヲ有セラレルコトヲ私ハ推察致ス、國策上ノ刺戟ナラ幾ラ與ヘラレテモ宜シイ、軍部大臣モ大ニ産業大臣ヲ刺戟シ、鞭撻セラレンコトヲ私ハ要望スル

鐵ガイケナイト同樣ニ、石炭モ亦足リナクナリマス、官僚統制經濟ノ結果ハ、豐富ニシテ低廉ナル電力ドコロカ、不足シテ高價ナル石炭、不足ニシテ高價ナル鐵ヲ國民ニ押付ケントスルノ虞ガアルト私ハ思フ、我國ノ石炭ノ需要ハ昭和八年三千三百万瓲、以來毎年三百万瓲ノ増加ヲ來シテ、十一年ニハ四千二百万瓲ニ達シテ居ル、然ルニ石炭需要ノ増加ニ對スル昭和石炭及當局者ノ見積リト云フモノハ過小デアル、今年度ノ石炭需要ノ増加ハ二百万瓲ダラウト見積ラレテ居ル、五年後ニハ石炭ノ需要ヲ一千万瓲増セバ宜イ、斯ウ言ッテ居ラレル、ソコデ日本本國デ五年後ニ一千万瓲増ス、滿洲ニ一千万瓲ノ石炭ガ増産セラレル計畫デアレバ、五年後ニ日滿ヲ通ズル石炭ノ増加ハ二千万瓲デアル、併ナガラ年額三百万瓲ダケ今迄増シテ來タ石炭ノ需要ガ、此軍擴工作ノ急速ナル進展ト共ニ少クナル理由ハナイ、假ニ三百万瓲ダケ年々増シテ行クトシテ、五年後ニハ千五百万瓲ノ需要ガ増ス、滿洲デ一千万瓲ノ増産ヲヤッテモ、滿洲デ五百万瓲ダケ使フ、サウデスカラ内地ニハ五百万瓲シカ入ッテ來ナイ、其外ニ液化原料トシテノ石炭ノ計畫ハ急速ニ増サザルヲ得ヌ、五年後ニハ日本ノ石油ノ需要ハ、ドウシテモ民間ノ産業ヲ軍ノ必要ニ應ゼシメル爲ニ五百万瓲位ハ要ルデセウ、其中少クトモ三百万瓲ハ液化石油ニ俟タザルヲ得ナイ、三百万瓲ノ液化石油ヲ造ラントスレバ、一千五百万瓲ノ石炭ガ要ル、之ヲ通計スルト云フト、三千五百万瓲ダケハ餘計要ルコトニナル、ソレヲ二千万瓲位増セバ宜カラウ位ノ計畫デ、石炭ニ對スル統制政策ヲヤッテ居ラレルト云フト、政府ノ統制政策ハ又生産制限政策トナリ、一千五百万瓲ノ石炭ノ不足ヲ來ス、私ハ國防ノ根本トシテ、石炭ノ液化ト云フコトヲ見落シテハナラヌトスレバ、此液化石炭、液化原料トシテノ石炭供給ヲ考ヘル時、又遠カラズシテ日本ニ石炭饑饉ノ來ランコトヲ憂慮スル、製鐵問題ノ轍ヲ履マザルヤウ、今カラ警戒セラレンコトヲ希望シテ置ク

政府ノ統制政策ハ皆生産不足ヲ來ス、電力民有國營ヲ當局者ガ宣傳シタ時ニハ、私共ハ豐富ニシテ低廉ナル電力ガ必要ダト云フ宣傳ニハ同感デアッタ、軍部モ豐富ニシテ低廉ナルト云フ言葉ニ飛付イテ、之ニハ希望ヲ持タレタヤウデアル、定メテ超特急的發電力ノ開發ヲ計畫セラレテ居ルカト思ッテ居ッタガ、其頃宣傳シテ居ッタノニハ、五年間ニ關東及中部ダケデモ二百万「キロ」位ノ發電ヲ増ス、全國的ニ見レバ三百万「キロ」位ノ發電力ヲ増設スルト云フ、サウ云フ宣傳ダッタ、然ルニ遞信省ノ發電水力増設豫定表ナルモノガ去年ノ末ニ出テ居ルガ、之ヲ見ルトマルデ宣傳ヲ裏切ッテ居ル、五年間ニ百三十七万「キロ」増スノダ、是ガ計畫デスヨ、其計畫ニ依ルト年額二十七万「キロ」シカ増サヌ割合トナル、五年間ニ三百万「キロ」増スナラバ、一年ニ六十万「キロ」發電力ノ増設ヲセネバナラヌ、然ルニ豫定表デハ半分ニモ足ラナイ、一年間ニ二十七万「キロ」ソレガ遞信省ノ計畫デスヨ、是レ以上ハ電力ハ要ラナイト云ッテ、發電裝置ヲ禁止シテ居ルンデスヨ、ドウデス、豐富ニシテ低廉ナル電力、總テ一千万「キロ」デモ増スト云フ宣傳デアッタ、軍部ハ之ニ飛付イタ、私共モ飛付キタイ程ニ考ヘマシタガ、其内容ハドウデス、此ザマダ、昭和九年カラ十年マデハ放ッテ置イタトテ三十万「キロ」増シタ、十一年カラ十二年マデハ放ッテ置ケバモット増シタノガ、國有民營案ノ宣傳ノ爲ニ増設計畫ガ攪亂サレタ、ドウデス、サウ云フコトヲヤッテ居レバ、放ットクヨリ尙ホ惡イ、統制經濟ハ増産計畫ヲ伴フ統制經濟デナケレバ、軍國日本ノ要求ニ應ズルコトハ出來ナイ、然ルニ今日ノ官僚統制經濟ハ生産制限統制經濟ニ墮シテ居ルヂヤナイカ、既成資本ノ擁護ニ墮シテ居ルヂヤナイカ、今ニ電力饑饉ガ來マスヨ、電力民有國營案ハモウ熱ガナクナッタヤウデス、熱ガナクナッタトテ、私共ハ豐富ニシテ低廉ナル電力ヲ要スルコトハ、當時ノ當局者ノ宣傳ニ依ッテ一層其必要ヲ感ジテ居ル、止メテ貰ッテハドウモナラヌ、政府當局官僚ニ腕ガアルナラ、亞米利加ノ「テネシー」ニ於ケル發電計畫ノヤウニ、一ツ一定地區ヲ限ッテ政府ノ手ニ依ッテ、大ニ發電ノ開發ヲヤッタラドウダ、五年間ニ五百万「キロ」デモ宜カラウ、宣傳通リ、果シテ合理的ニ經濟的ニ出來ルナラバ、之ヲ作ッテ民間ニ範ヲ示シ、政府發電力ノ基準ニ應ジテ民間ノ電力供給價格ヲ引下ゲサスルト云フ位ノ統制計畫ガナクテハナラヌ、電力民有國營ガ評判ガ惡カッタ、ソレダカラトテ引込メタダケデハ手柄ヂヤナイ、代ルモノヲ持タナケレバナラヌ、然ルニ政府ニハ何モ無イ、オヤリナサイ、民有國營ガ宜イナラ御出シナサイ、修正シテ通シテ上ゲマス、惡ケレバ考ヘ直シテオ出デナサイ、放ッテ置イテハイカヌ、政府ハ皆成ッテナイ、何ヲスル氣持モナイ、私ハ之ヲ遺憾トスル

私ハ最後ニ結城大藏大臣ニ御尋致シマスガ、ドウシテモ滿洲ノ開發ニ金ガ要ル、滿洲ノ第二次五箇年計畫ト云フモノニハ二十八億圓ノ金ガ要ルヤウニナッテ居ル、此滿洲、即チ日本經濟「ブロック」内ノ滿洲ノ資源ヲ開發シ生産力ヲ確立シナケレバ、昭和六年以後ノ日本ノ形態ニ相應スル經濟機構ハ出來ナイト云フコトニナル、是ハ大問題ダ、然ルニ傳統經濟論者ハ出來ヤシナイダラウト皆言ッテ居ル、私共ハソレヲデカシテ貰ヒタイノデス、私ハ滿鐵其他滿洲國政府竝ニ當局者ノ間ノ意見ニ多少ノ齟齬ガアルコトヲ承ッテ居リマスガ、堪能ナル結城大藏大臣、之ニ向ッテハ、アナタノ專門ノ頭ヲ捻ッテ何トカオヤリニナルダラウト思フ、子孫ニ借金ヲ遺スコトハ惡イト云フ議論ガ公債ヲ恐ル、人カラ言ハレテ居ル、併ナガラ建設セラレタル滿蒙ヲデスヨ、眞ニシッカリ子孫ニ遺セバ――借金ト同時ニ日本三倍ノ國土ヲ經濟化シテ、子孫ニ遺スコトニナレバ、借金ニ數十倍スル所ノ資源ヲ遺スコトニナル、此運營コソアナタノ專門ノ知識ヲ御絞リニナルベキ、最モ重要ナル對象物デアルト私ハ考ヘテ居ル（拍手）滿洲ノ開發計畫、之ヲ爲サヽレバ尾崎サンノヤウナ平和主義者サヘ、滿洲カラ退カヌト仰ッシヤッタガ、其最小限ノ滿洲カラ退カヌト云フ聲明スラモアヤフヤニナル、無理デセウガ、此無理ヲ操合セテ行フ所ニ、財政家ノ堪能ナル腕ガアルト私ハ思フ、私ハ結城大藏大臣ニ幾多ノ認識ノ相違アルコトヲ許シマセウガ、此問題ニ對シテハ確乎タル方針ヲ御立テニナリ、其凡ソノ決意ダケデモ天下ニ聲明シテ滿洲ヲ安心セシメ、我ガ日本國民ヲシテ大陸政策ノ前途ニ對スル不安ヲ除去セラレンコトヲ、切ニ希望スル次第デアリマス、滿洲ト日本トノ間ノ産業界ノ調節工作ハ澤山アル、朝鮮トノ間ノ問題モアル、朝鮮ニ於ケル茂山ノ如キハ其實例、朝鮮總督ハ此頃政府委員ニナラナイデ、政務總監アタリガオ出デニナッテ居ルガ、アナタノ後ニ背負ッテ居ル問題ハ大キイ、日本國策ノ爲ニ政務總監デモ宜シイガ、大ニ政府ニ向ッテ經綸ヲ叩込マレルコトヲ、私ハ切ニ希望シテ置ク、私ハ物價問題其他ニ對シテ――（「モウ止メロ」ト呼フ者アリ）止メロト仰ッシヤレバモウ一遍ヤリマス、省略スルコトヲ止シマス――大藏大臣ハ物價騰貴ノ對

策トシテ無理ナ事ハヤレヌ、間接ニ物價ヲ下ゲル爲ニハ消費ヲ節約スルコトニアル、ソレデ先ヅ豫算ノ縮小カラ手ヲ着ケタト言ハレタ、併シ是ダケナラバ私ハ誤テバ往年ノ井上財政ニ墮ツルト思フ、是ノミデハイカヌ、消費ヲ減ジテ物價ヲ下ゲルト云フコトハ、傳統資本主義經濟ノ「テクニックス」デス、アナタハソレダケヲ以テ此時局ヲ救濟セラレルノチヤナイ、モット進ング「テクニックス」ヲ持ッテ居ラレル、頭ヲ持ッテ居ラレルト私ハ信ジテ居ル、卽チ物價問題ニ對シテハ、モウ少シ實務ニ卽シタル統制政策ガナクチヤナラヌ、第一國防費ノ「コスト」ヲ引下ゲ、生產力ヲ發揮スル爲ニ、原料購入ノ國策的統一及國策的配給ヲ爲ス考ガアルカナイカ、オヤリニナル必要ガアルダラウト思フ、例ヘバ製鐵業ノ如キ銑「スクラップ」鑛石等ハ統制的購入、統制的配給、斯ウ云フコトヲオヤリニナル必要ガアルト私ハ思フ、是ハ資本主義列國ニ於テモ、少シ頭ノ進ンダ國デハ皆考ヘテ居ル、消費節約ノミデハイケナイ、之ヲ一ツオヤリニナッタラ宜カラウト思フ、モウ一ツ基本工業品及生活必需品ニ對シテ、國策的共同組合ヲ設ケル、其一手配給ヲヤル、原價ニ準ジテ其價格ヲ決定スルガ如ク誘導スル、是ハ言ヒ換ヘレバ「カルテル」ノ國策化、今マデ日本ノ「カルテル」ハ重要產業統制法ノ裏面ニ於テ生產制限、ソレバカリヲヤッテ居ッタ、資本家ノ利潤ヲ生產制限ニ於テ貪ヲントスル「カルテル」ヲ國策化シテ、國策ノ爲ニ運用シテ積極的生產增大「コスト」ノ引下ニ運營スル、此政策ハ御考ニナルベキダト思フ、ヤラレル考ガアルカナイカ

第三、重要產業統制法ノ改革ヲ思立ッテ居ラレルサウデスガ、私ハ其中ニ一歩ヲ進メテ、低能率工場ヲ「スクラップ」スル、新シイ工場ヘ轉換セシメル、ソレヲ命令シ、勸告シ、或ハ助成スル方法ヲ立テル、詰リ「スクラップ」スル、其代リ新シクスルナラ助ケテヤル、サウ云フ方法ヲヤッテ、限界「コスト」ヲ引下ゲナケレバナラヌ、今ノ日本ノ重要產業統制法デハ、資本主義ノ中ノ最低能率ヲ保護センガ爲ニ、ソレニ準ジテ價格ヲ決定スルカラ、能率ノ高イモノハ暴利ヲ貪ル、ヨタヨタデモ行ケル、是ハ宜シクナイ、最低能率工場、低能率工場ヲ「スクラップ」シテ、之ヲ嶄新ナル機構ノ、嶄新ナル工場ヘ進展セシムル政策ガ私ハ必要ダト思フ

第四ニ、工業品ト農作物トノ鋏狀差格匡正、之ニ對シテ御考ガアルカドウカ、農村ハ大抵ノ事ヲヤッテモ助カリハシナイ、租稅ガ輕クナル、米ノ値ガ上ル、上ラナイ先、租稅ガ輕クナラナイ先ニ、工業製品ノ値ガ先ニ上ル、少シ餘裕ガ出來レバスッカリ吸取紙ヲ持ッテ行ッテ吸上ゲテシマフ、ドウシテモ此鋏狀差格ヲ匡正セザレバ、農村生活ハ安定シナイト思ッテ居ル（「ヒヤ〳〵」）私ハ此意味ニ於テ農產物ノ價格ヲ何處マデモ引上ゲルコトヲ、日本國民ノ生活問題トシテ考ヘナケレバナラヌトスルナラバ、農村必需品ノ價格抑制、之ヲ考ヘナケレバナラヌ、肥料ノ如キ最モ必要デアル、之ニ對シテ確乎タル對策ヲ御立テニナッテ居ルダラウト思フ、其概念ダケデモ私ハ承リタイト思ッテ居ル

モウ一ツハ爲替管理、是ガ最後、爲替管理ニ付キマシテ質問シマスガ、輸入制限ハ是ハイケマセヌ、成ベク避ケナケレバイカヌノデス、日本ノ生產財ヲ擴大シテ行カナケレバナラヌ時ニ、輸入制限ハイカヌ、寧ロ國家的輸出促進ヲ一面ニ於テヤラナケレバナラヌ、ソレデ尙ホ輸出入ノ均衡ガ取レナイナラバ、日本ノ正貨ハ十七億モアルチヤナイカ、日本ノ產金額ハ年額二億圓近クアル、少シ力ヲ入レテ買上値ヲ上ゲレバ、モット餘計出ル、サウスルト年額二億圓位ノ正貨ヲ現送シテモ宜イチヤナイカ、其正貨現送モ中々玄人ノ手心ガアルト云フガ、素朴ナル形ニ於テ現送スルコトガイケナイナラバ、所謂爲替資金運用ヲ滑カニシナガラ、正貨ノ現送ヲ確保シテ行カレルコトガ必要ダト思フ、私ハ此位ノ決心ヲ御立テニナッテモ、決シテ間違ヒナイト思フ、素人ガヤッタラ財界ガ恐慌ヲ起ス、結城サンノ後ロニ池田サンガ附イテ居ル、アナタ方ナラ間違ヒナイダラウト人ガ思ヘバ、財界モ動搖シナイ、オヤリニナッテ宜シイ、獨逸ノ如キハ正貨ハ數千万圓シカ持ッテ居ナイ、信川デ行ッテ居ル、黃金ヲ抱イテ生產力ノ擴大ニ惱ムト云フガ如キハ、傳統經濟ノ亡靈ニ因ハレタ者ノ考ヘ方デアル、私ハ此爲替ノ運用、正貨ノ輸送等ニ付テ御考ガアルカナイカ、之ヲ伺ヒタイモノデアリマス

私ハ種々質問致シタル末ニ、ドウシテモ言ハザルヲ得ナイコトハ農村問題、同時ニ勞働問題デアル、國防力ノ擴大ガ要ルト言ヒ、國家ノ發展ガ必要デアルト言ヒ、產業生產力ノ擴大強化ガ必要デアルト云フヤウナ時代ニハ、農村問題及勞働問題ハ傳統的ノ考ヘ方カラ言ヘバ、ドウシテモ是ハ犧牲ニサレ易イノデアル、私ハ之ヲ犧牲ニスルコトハ國家ノ爲ニ危險デアルト、斯ウ考ヘテ居ル、軍事ノミヲ考ヘテ國家ヲ滅亡ニ導イタモノハ、帝政露西亞デアル、私ハ大戰爭中英國ニ居リマシタガ、當時軍需品ガ足リナイ、丁度日本ノ今日ト同ジヤウニ「ロイド・ジョーヂ」ト「タイムス」ノ「ノースクリフ」ガ一緒ニナッテ工場ノ動員、軍需工場ノ擴大ヲ宣傳シテ廻ッテ居ル眞最中ニ、勞働者ガ賃銀問題、其他デドン〳〵「ストライキ」ヲヤル、私ハ素朴ナ頭デ、此大戰爭中ニ勞働者ガ「ストライキ」ヲヤルナド云フコトハ、頗ル非愛國ダト考ヘテ居ッタ、然ルニ段々經ッテ來テ「ツエッペリン」ガ倫敦ヲ襲擊シ、爆彈ヲ投下シテ破壞ヲ逞シウスル度每ニ、是等ノ勞働者ハ「ストライキ」ヲヤルガ、一面ニ於テ義勇勞働ニハドン〳〵出テ行ク「ボランタリー・ウォーク」ヲヤル、到頭戰爭ノ難局ヲ切拔ケルマデ英國ノ勤勞階級、勞働階級ハ微動ダモセズシテ濟ンダト云フ所ニ、私ハ相當ナル彈力ノ根柢トナル合理性ガアッタト考ヘル、此際ニ於テドウシテモ農村問題ト勞働問題ヲ閑却シテハ駄目デス、獨逸ガ大戰ニ負ケタノハ、戰ノ罪デハナイ、食糧ノ缺乏ト、物價騰貴ト、勤勞階級ノ收入ノ缺乏、不足、是ガ獨逸ノ崩壞ヲ導イタ、ダカラ「ナチス」ハドウデス、對外的發展――アノ軍事的威嚇ヲ列國ニ加ヘテ居ル、此「ナチス」ニ於テ農村生產力ノ更生、農村ノ擁護ニ最モ力ヲ入レテ居ル、有名ナル農地擁護法ヲ出シ、農村統制法ヲ出シテ居ル、日本ナドノ農林大臣ノ考ニモ及バヌヤウナ負債整理ヲ大規模ニ斷行シテ居ル、彼等ノ考方デアッテ見レバ、農村ノ窮乏ハ農民ノ罪ニアラズシテ、社會ノ罪デアル、社會ガ其負債ヲ分擔シナケレバナラヌト云フ原理ノ上ニ立ッテ居ル（拍手）ドウデス、對外的ニハ大ニ發展シテ居ル其獨逸ハ流石ニ全體主義トシテ農村ヲ忘レナイ、勞働者ヲ忘レナイ、私ハ肅軍工作カラ言ッテモ農村問題、勞働問題ハ閑却スベキコトデハナイト思ッテ居ル、肅軍ハ形式的ニ劍ヲ按ジテ國事ヲ談ズルヤウナ、勇敢多血ナル年少ノ者ヲ叩キ出スダケデハ徹底シナイ、人々ノ動クニハ動クベキ背景ガアル、尾崎行雄サンハ軍ガ動クニハ、軍ノ內ニ誰カ偉イ者ガ居ルダラウト言ヘレル、是ハ頗ル認識不足デス、匹夫、懦夫ヲシテ勇ナラシムル所ノ一ツノ力ガ動キツヽアル、將校ハ兵營ニ於テ壯丁ヲ預ッテ居ル、壯丁ヲ通ジテ農村ヲ知ッテ居ル、兵士ノ家庭訪問ヲヤル、其人々ガ是デハイカヌト云フ考ヲ續々下カラ持ッテ來ル、此實感ニ刺戟サレテ動ク人々ノ、其形ハ矯激ナリト雖モ、其由ッテ來ル根柢ヲ正スニアラザレバ、軍人劍ヲ按ジテ國事ヲ談ズル所ノ、此狀勢ヲ緩和スルコトハ不可能ナリト、私ハ信ジテ居ル（拍手）

（議長退席、副議長著席）

ソコデ私ハ議論ヲ止メテ結城サンニ御相

談シタイ、一億五千万圓ヲ復活ナスッタヲ宜イデセウ、大シタコトハナイ(拍手)唯議論ハ決ッテ居ル、是位ノコトヲオヤリニナッタッテ決シテ間違ハナイ、アナタノ堪能ナル頭ト、其老練ナル手腕ヲ以テオヤリニナレバ間違ハナイ、又私共ガ素人トシテ考ヘテモ、之ヲ以テ物價騰貴ヲ激成スベキ根本原因トハナラナイト見テ居ル、農村ニ一億五千万圓ノ交付金ヲ餘計ヤル、負擔ガヤレ〳〵輕クナル、負債ヲ返ス、又中央金融機關ニ半分ハ還ッテ來ル、モウ一ツハ農村購買力ガ幾ラカ增ス、增セバ增スダケ物ヲ買フ、必需品製產工業者及商賣人ガ儲カル、儲カッタノハ民間ノ潤ヒ、民間ノ潤ヒハ公債ノ資源ニモナル、此必需品ノ方ハ軍需品トハ違フ、軍需工業能力ガ軍事費ヲコナスニ堪ヘズシテ、物價騰貴ヲ誘ッタガ、日常必需品ノ方ハ遊休工場ガ非常ニ多イ、遊ンデ居ル工場ガ非常ニ多イ、マダ生產能力ガ餘ッテ居ル、是等ヲ働カシメルコトハ、日本ノ產業ニ於テ必需品產業ト軍需工業トノ「バランス」ヲ取ルコトニナル、之ニ依ッテ物價騰貴ノ原因ニモナラズ、ナリサウナ小サイ事情ガアルナルバ、堪能ナル諸君ノ力ニ依ッテ抑ヘルガ宜シイ、オヤリナサイ、アナタハ之ヲオヤリニナラナイト禍根ヲ貽ス、之ヲオヤリニナルコトハ、是ハ私ハ日本農村ノ全部ノ要望デアリ、同時ニ軍部ノ要望デアラネバナラヌト思フ、率直ニ申シマスガ、理窟ハ拔キニシテ、決リ切ッタ議論ノ末ニ、一ツ一億五千万圓ノ復活ヲナサランコトヲ要求シ、篤ト御考ヘアランコトヲ御願スル、私ノ此御願ヲ餘リ一遍ニ御斷リニナルコトハアナタ方ノ爲ニ宜シクナイ、私ハ大體形勢ノ推移ヲ見テ、吾々ノ態度ヲ決シナケレバナラヌト思フ、之ヲスラナサラヌト云フコトニナルト、微力ト雖モ此議會ヲ只デ通セナイカモ知レナイ(笑聲)諸君ノ決心ハドウダ、笑ハヌデモ宜イヂヤナイカ

モウ一ツ結城サンノ一擧手一投足デ直グ出來ル問題ガ一ツアル、ソレハ負債整理ノ一部分デス、負債整理組合ガ出來テ、整理法ガ運用サレテ、個人的負債ガ段々示談ガ出來テ、償却セラレテハ行キマスガ、背カナイノハ政府ノ息ノ掛ッタ機關ガ一番背カナイ、勸業銀行ハ公ノ機關ダカラト言ッテ、決シテ債務ノ調停ニ應ジナイ、外ノ方デ負ケタノハ勸業銀行ガ取ッテ行ク、其他政府關係ノ中央金庫、信用組合ノ如キ、政府ノ管轄スル公ノ機關ガドン〳〵取ッテ行クカラ駄目ダ、負債整理ニ對シテハ、私ハ結城サンガ少シ頭ヲ用ヒラレテ、此大債權者タル國家機關ニ向ッテ一ツ手心ヲ要求サレル必要ガアル、ソレデハ金融機關ガ壞ハレルト云フ說ガアルガ、ソレデ壞ハレサウニナッタナラバ、其金融機關ヲ保護スル、保護ダケデハイケナイ、國家ノ保護ヲ受ケテ其使命ヲ完ウスル金融機關ニハ、林サンノ言ハレル保護ト同時ニ統制ヲ加ヘル、金融機關ノ國家統制ト云フコトハ、小兒病的ナ藪カラ棒ヲ突出シタヤウニ出來ルモノデハナイ、獨逸其他デモ金融機關ニ對シテ國家ノ統制ガ段々進展シテ行クノハ、金融機關ガ自分デ困ッテ來タ時、國家ガ之ヲ保護スルト同時ニ統制スルト云フ順序ニナッテ居ル、私ハ金融機關ニ對スル保護統制ト同時ニ、農村負債ノ卽時解決セラレンコトヲ要望スル

モウ一ツ小作立法、是ハモウ今日ノ世ノ中ニ必要デス、耕作權ノ安定ナクシテハ總テノ農村ニ對スル對策ハ、皆地主擁護ニナッテシマフ、自作農創定法ガ失敗シテシマッタ、其經驗ヲ忘レタルガ如ク、同ジヤウナ農地法ガ考ヘラレテ居ル、是ハ地主ノ土地賣逃ゲニナッテシマフ、農地法ノ中ニ小作問題ヲ同時ニ考ヘルヤウニスル、是ガ政府ノ考ラシイ、ソンナコトハ駄目デス、私ハ斯ウ云フ姑息ナコトヨリヘ、小作立法ニ邁進シナケレバナラヌト思フ、モウ一ツハ農作物保險ヲヤラナケレバナラヌ、山林保險ダケデハ足ヲヌ、米ト蠶ヲオヤリナサイ、是等ノコトハ農林省ト大藏省トガ頭ヲ少シ御用ヒニナレバ、ズン〳〵促進サレルコトデアル、オヤリニナラランコトヲ要求シ、其御考ガアルカナイカヲ御伺致シテ置ク次第デアリマス

私ハ勞働問題ニ對スル河原田內務大臣ノ御考ヲ聽キタイ、軍部ガ勞働組合ノ解散ヲ命ジタ、ソレハ社會民主々義的考ヘ方ニ對シテ、軍部ニ異存ガアッタダラウト思フ、ソレナラ全體主義ニ出デナケレバナラヌ、全體主義トハドウ云フコトヲ意味スルカ、勞働者ヲシテ經營ニ參畫セシメルコトガ其ノ眼目デアリ、基調デアル、「イデオロギー」ノ違ヒナラバ、軍部ハ須ヲク全體主義ニ立脚シ、勞働者經營參畫權ヲ軍部ノ力ニ依ッテ確立セシメヨナドトハ私ハ言ハヌ、軍部ヨリハ內務大臣ガ此點ニ於テ御考ニナルコトガ必要ダ、軍部ハ解散シタナラシタダケデ、アト御用組合ヲ作ル必要ハナイ、ドウシテモ勞働者ノ協力ヲ產業ノ上ニ要求シ、其待遇ヲ合理的ニ改善シ、其福利施設ヲ增進スルノニハ、全體主義的ノ考ヘ方モ一ツダラウト思フ、アナタハ勞資協調會ニ於テ「ナチス」張リノ勞働論ヲヤッテ居ラレタ、獨逸流ノ新福利施設ガ——アナタノ所謂新福利施設ガ資本家ノ恩惠主義ノ燒直シデハ駄目ダ、ドノ「イデオロギー」デモ宜イカラ、ハッキリシタ所ノ勞働組合、勞働問題ニ對スルアナタノ考ヘ方ノ根柢ダケヘ、遠慮ナクオヤリナサイ、發表シテ戴キタイ

私ハ斯ノ如ク諸般ノ問題ニ向ッテ、增產計畫ヲ基礎トシタル統制經濟ノ完成ヲ說イタ、ソレガ今日ノ國際環境ニ處スル唯一ノ途デアルト、私ハ考テ居ル、豫算ガ大キ過ギルノデハナイ、之ニ伴フベキ生產力ガ足ラナカッタノダト云フコトハ、天下ノ認識トナッテ居ル、併シナガラ豫算ノ方ガ大キ過ギタノデ豫算ヲ削ッタガ、生產力ノ擴大ニ力ヲ盡サヌトアレバ、生產力ノ擴大ハ何時マデモ來ナイ、生產力ノ擴大ガ來ナイカラ豫算ヘ增サレヌ、豫算ヲ削ッタカラ生產力ノ擴大ガ來ナイト斯ウ言ッテ居レバ、鼬ゴッコダ、其內ニ又傳統的ノ考ヘ方ニ戾ルト云フト、一種ノ消極政策ニ墮スル傾ガアル、私ハ增產統制經濟ノ伸展ヲ要求スル、サウ云フ生產力ヲ增大シテ、共市場ガ何處ニアルカト云フコトガ、世ノ中ノ問題トナッテ來マスガ、私ハアルト思ッテ居ル、當分ハ軍擴工作ノ事業、其次ハ北支那、滿洲ノ建設的事業、其次ハ支那、南洋各方面ニ向ッテノ輸出的事業斯ウ云フ風ニ進展スルコトガ出來ル、最近大ナル軍國ハ最モ大イナル軍需輸出國デアル、私ハ重工業部面ニ於テ、世界輸出ノ一割ダケ日本ガ取ルニシテモ、我ガ輸出貿易ハ多大ノ伸展ヲ爲スコトヲ確信スル、私ハ增產計畫ニ依ル統制經濟ノ擴大、其統制經濟ノ擴大ト金融ノ調節、是コソ結城大臣ニ與ヘラレタル使命デアル、唯儉約シテ應急手當ダケヲ考ヘテ居ルト云フノデハイカヌ、進ンデ如何ナルコトヲ爲スカニ付テ其輪郭ダケデモ御示シアランコトヲ希望スルノデアリマス

最後ニ林總理大臣兼外務大臣ニ外交上ノ認識ヲ質シタイト思フ、昨日尾崎行雄氏ガアレダケノ外交論ヲナサラナイナラバ、私ハ默ッテ居ヨウカト思ッタ、併シアナタハアレニ對シテ唯答辯ナサッタダケヂヤイカヌ、信念ヲ高調セラル、コトガ必要デアルト斯ウ考ヘル、總テ外交ハ亂脈出鱈目デ、前內閣デ踊リ崩シタ後ダカラ、控目ニシテ居ラル、ノモ宜カラウ、併シアナタノ外務大臣トシテノ演說ハ至極平々凡々、露西亞トモ仲好クショウ、英吉利トモ宜シカラウ、支那トモ日支親善、是デハ八面叩頭デス、八面ニ頭ヲ下ゲルコトデス、ソレダケヂヤ私ハ大イナル誤解ヲ招クダラウト思フ、日本帝國ノ外務大臣ガ、ソレ位デ外交問題ノ主張ヲ止メルカラシテ、一面ニ於テ尾崎サンノヤウナ議論ガ出テ來ル、天下ハソレニ惑フ、私ハ八面叩頭ヘ斃テ八面正眼ニ變ラナケレバナラヌト思ウテ居ル、オ辭儀スルノ

ハ宜シイガ、今後ハ一ツ正眼ニ立直ラル、必要ガアルト思ウテ居ル、ドウモ外交ヲ此議場ニ於テ論ゼラレテ居ル模様ヲ見マスト云フト、感情上ノ對立ヨリハ二ツノ認識ノ對立ガアルト私ハ見テ居リマス(拍手)私ハ昨年末カラ色々ノ政治家及學者ノ座談會ナドニ出マシテ、外交論ニ對スル相當有名ナ人ノ見解ヲ聽イテ見タガ、ドウモ考ガオカシイ、相モ變ラズ日英ハ親善ナルベシ、日露ハ爭フノ理由ナシ、日支モ固ヨリ親善、斯クシテ親善工作ヲ完成スレバ斯ウ軍備ニ金ヲ使ハヌデモ宜シイ、斯ウ云フ考ヘ方ガ非常ニ彌漫シテ居ル、尾崎サンモ昨日サウ云フ御話ヲサレマシタガ、私ハ認識ヲ異ニシテ居ル、林總理大臣ハア、云フ傾向ガ天下ニ彌漫シテ居ル、ア、云フ考ヘ方ガ充チ滿チテ居ルト云フコトヲ御諒解ニナッタ以上、モウ少シハッキリ積極的ナル外交ノ主張ヲ、此議場ヲ通ジテ天下ニ放送セラル、コトガ、私ハアナタノ貴キ責任デアルト斯ウ考ヘル、大體國際間ノ對立ハ、英雄主義ノ對立デモナケレバ、侵略主義ノ對立デモナイ、必然ノ對立ガ今日來タノダ、歐洲大戰爭ガ濟ンダ時ニハ、ドノ國モ戰爭ノ慘禍ニ惱ンデ、ヤレ〳〵ト思ッタ、ソコデ取敢ヘズ國際聯盟ヲ造リ、土地ニ、資源ニ、既ニ飽滿シテ居ル、大國ハ、現狀維持ヲヤッテ見タ、現狀維持ヲヤッタ後ニ、モウ是レカラ平和ダ、動員ノ逆ヲ行ク所ノ復員、兵隊サンヲ勞働者ヘ、兵隊ヲ農村ヘ、軍需工場ヲ必需品工場ヘ、工場ノ「モビリゼーション」ヲ逆ニ「モビライズ」スル、動員ヲ逆ニ復員スル此ノ工作デ大騷ギシタ、併シヤッテ見テ生活ノ安定ヲ圖ラントスレバ、急速ナル生産ノ增大ヲ圖ラナケレバナラヌ、急速ナル生産ノ增大ヲ圖レバ、ドウシテモ海外市場ヲ獲得シナケレバナラヌ、海外市場獲得ノ競爭ヲスル其極致ニ達スレバ、自分ノ武力ノ屆ク限リヲ自己ノ市場トシテ確保スル、此槪念ガ生レテ來テ所謂「ブロック」經濟ハ此處カラ生レテ來タ、ドノ國ニモ――日本ニハ「ファッショ」ヲ好マザル人ガ非常ニ多ク、共産主義ヲ好マザル者ガ非常ニ多イ、其「ファッショ」ト共産主義ト――獨逸ト露西亞ト、西班牙デ喧嘩シテ居ルノハ、物好キデヤッテ居ルノデハアリマセヌ、獨逸ハ露西亞ノ脅威、又佛蘭西ノ脅威ニ對シ、或ル場合ニハ英吉利ヘノ威信ヲ保ツ爲ニ、軍擴工作ガ要ル、ソレニ鐵ガ要ル、其ノ鐵ハ瑞典ダケデハ足ラヌ、西班牙、「モロッコ」ニ求メナケレバナラヌ、西班牙、「モロッコ」ニ鐵ヲ求メテ獨逸ニ軍備擴張ヲサレテハ敵ハヌカラ、「ソビエト」露西亞ガ西班牙ニ出テ來ル、是ハ戰爭ヲ好ム戰爭ヲ好マナイヂヤナイ、私ハサウ云フ議論ヲシテ居ルノデハナイ、戰爭ヲ好ムト好マザルトニ拘ラズ、此今日ノ經濟機構發動ノ重力ノ必然ガ、今日ノ國際對立ヲ促進シテ居ルコトハ明白ナル事實デアル

ソコデドウデス、林外務大臣ハ傳統的霞ケ關外交ヲ繼承セラレナイデアラウト思フ、アナタノ前任者モ前々任者モ常ニ言ッテ居ッタ、英國トハ親類筋ニナリタイ、吉田大使ガ英吉利ニ行ッテハ隨分親英的ノ「サーヴィス」ヲヤッタ、併ナガラ其親類筋ニナリタイ英國、私共モ感情的ニ英國ニ對立スル理由ハアリハシナイ、倫敦ニ於テ學生々活ヲスレバ、實ニ英國ハ住ミ宜イ、個人的ノ感情ハ結構ヲ極メタ國デアル、其親善的ナ英國ト、最近數年間ニ印度ニ於テ摩擦シタヂヤナイカ、日本ノ輸出品ハ印度カラ叩キ出サレタデハナイカ、濠洲デ又摩擦シタヂヤナイカ、英國ノ手ノ及ブ所ノ蘭領南洋ニ於テ、日本ハ叩カレタヂヤナイカ、「エジプト」ニ於テモサウヂヤナイカ、南阿ニ於テモサウヂヤナイカ、ソレダケハ致方ガナイト觀念シテ居ルト、彼ハ支那ニモ進出シテ來ル、英國ハ侵略主義ヂヤナイデセウ、併シ英吉利ノ「リース・ロス」借款以來支那ヲ助ケ起ス政策ト共ニ、政治的働キガ必然的ニ始ッテ來タ、英國ガ支那ニ對シテ資本輸出、軍需品輸出ヲ盛ニスルト云フト、此經濟ノ結バレト共ニドウデス、支那ニハ親英、排日ノ空氣ガ釀成サレテ來タデナイカ、ドウデス、「ソビエト」露西亞モ同樣「ソビエト」露西亞ノ武力ヲ英國ハ過重視シテ居ル、是ハ西洋人ノ「メカニズム」的考ニ依ッテ仕方ガナイ、露西亞ノ飛行機ガ何臺、「タンク」ガ何臺、金ヲ幾ラ使ッタ、西洋人ノ計數的考カラ言ヘバ、露西亞ヲ日本ヨリ强イモノト考ヘルノハ當然デアル、英國ハ强イモノガ友達デアル、嘗テハ日本ノ精神力ヲ强イト見テ、日英同盟ヲ結ンダ、然ルニ今デハ英國ガ大分老朽シタモノダカラ、形ヲ尊重スルコトニナッテ、露西亞ノ國力ヲ日本以上ナリト見タ、强イ者ト共ニナッテ東洋ノコトニ當ラウ、是ガ英國ノ考ヘ方デ、「ソビエト」露西亞ト英國トハ或ル意味ニ於テ「バッテリー・ウワーク」ヲヤッテ、共ニ日本ニ當ッテ來テ居ル(拍手)其蘇聯ト日本トハ國境デ現ニ火花ヲ散シテ居ル、陰慘ナル空氣ノ下ニ、吾々ノ兄弟ハ今日只今モ雪ノ中デ、或ハ矢彈ノ餌食トナリ掛ッテ居ルデハナイカ、是ハ現狀ナンデアリマス、誰モ戰ヲ好ムモノハナイ、戰ヲ好マザル英國ガ支那ニマデヤッテ來ル、支那ニヤッテ來テ、支那ノ内政干與ヘヤリタクナイデセウ、ソレヲ此間ヤッタデハアリマセヌカ、張學良ノ「クウデター」ニ於テ、今マデノ日本ナラバ、アノ張學良ヲ說キ落シテ、支那ノ和平統一ノ爲ニ大過ナキニ至ラシムル位ノ藝當ハ日本ノ先輩浪人ハ皆ヤッテ居ッタ、頭山滿翁デモ、政友會ノ前總裁犬養先生デモ、大ニ心ヲ配ラレタ、其眼ノ掛ッタ人間ガ、アノ位ノ内面工作ノ中ニハ何時デモ飛込ンデ行ッタ、然ルニ今デハ支那ニ於ケル經濟的活動ヲ英國ガ「リード」スルヤウニナッタカラ、其經濟的活動ト共ニ外交マデモ「リード」サラレルヤウニナッタ、此間ノ蔣介石救出シニ於テハ英國ノ浪人、英國ノ商賣人、英國ノ金融業者ハ全面的ニ働イタヂヤナイカ、ドウデス、東亞ノ安定勢力ナドト言ッテ居ル日本ハ、戰ヲ欲セザル英國ノ爲ニ、支那ノ内政マデモ「リード」サレテ、高見ノ見物ヲシテ居ルト云フノガ今日ノ情勢、其英吉利ガ邊境ニ現ニ血ミドロニナッテ衝突セントシテ居ル露西亞ト手ヲ握ッテ居ル、此情勢ヲハッキリ認識シテ、之ニ對應スルダケノ迫力ヲ外務大臣ハ御示シニナラナケレバナラヌト信ジテ居ル、廣田内閣ノ下ニ於ケル外交ノ失敗ハ、私ハアナタガ先般此議會ニ於テ爲サレタ外交演說ヲ地デ行ッタ所ニアルト思フ、アナタハ大キナ決心ガアルデセウ、初カラ喧嘩腰ニハ行カヌ、一應御辭儀ヲサレタデセウ、多少ノ決心モホノ見エヌデハナイ、併シ墮落スルト廣田、有田外交ニナッテシマフ、廣田、有田外交ハ經濟的必然、産業發展ノ必然、其結果ガ國際對立トナリ、國防競爭トナリ、戰爭ノ危機トナッテ居ル、此現實的問題ヲ甘ク見タノダ、蔣介石デモ「サラリー・マン」デハナイ、張學良ト雖モ「サラリー・マン」ヂヤナイ、「ヒットラー」「ムッソリニ」亞米利加ノ大統領、皆ソンナ月給取根性ヂヤナイ、難儀ヲシテ居ルカラ、物ノ本質ヲ知ッテ居ル、然ルニ日本ノ外務當局ハ、本質ヲ知ラヌ、此本質的對立ヲ御辭儀デ緩和出來ルト思ッテ居ル、ソコデ英吉利ニ對シテハ親英「サービス」ヲヤッテ居ル、是ハ日英同盟ガ破棄セラル、時ニ、日本ノ先輩政治家ガヤッタ失敗ノ後ヲ繰返スノデアル、畏クモ

今上陛下ニハ未ダ皇太子デアラセラレタ時ニ、英國ニ御渡リニナッタ、英國ハ左ノ手デ之ヲ歡迎申上ゲタ、日本ノ皇室ニ對スル滿腔ノ敬意ト、親善デシタラウ、併シ感情ノ融合ハ別トシテ、殿下未ダ英國ニ滯在マシマス時ニ、大英帝國會議ヲ開イテ、謂ハヾ殿下ノ面前ニ於テ、日英同盟ノ草案ヲ引破ッテ棄テタ、日英同盟破棄スベシト云フコトヘ、其時ニ決ッタ、次イデ華盛頓會議、感情ト實際ハ別デスヨ、廣田内閣ノ最モ大ナル弊害ハ、眼ニ見エザル力ニ動カサレタコ

ト――軍部ニ動カサレタコトヨリハ、モット見エザル力ニ動カサレタ、モット見エザル老人連ノ力ニ動カザレタ、老人連ノ世迷言ハ、過去ノ外國生活ヲ顧ミテ、外國人ヲ絶對ニ信用スル、サウ云フコトカラ出發シテ來テ居ル、ソコデドウデス、老人連ト聯絡アル吉田君ガ大使トナッテ向フニ行ッタ、特別ノ形式、畏多クモ特別ノ形式ノ下ニ、其尊嚴ヲ添ヘ、彼ノ地ニ於テ頻リニ日英親善ヲ宣傳シタ、日英同盟ノ復活、日英國交ノ改善、同盟以上ノ何物カガ生レル、ナドト宣傳シタカラ、議會ニ於テ質問演説ガ起リ、其質問演説ニ對シテ英政府ノ當局者ハ、明ニ之ヲ否定スルト共ニ、日本ニ對スル侮辱ノ言辭サヘモ弄シテ居ル、ドウデス、其親英媚態ガデスヨ、英國トハ近頃頗ル親善ノ關係ニアル支那ニ直グ傳ッテ來ル、蔣介石ニ傳ハリ、蔣介石ノ幕僚ニ傳ハリ、蔣介石ノ信頼ヲ受ケテ新聞ヲ發行シテ居ル連中ニ傳ハル、大公報ノ記者張熾章ト云ヘバ相當ノ人格者デアル、其人ノ筆ハ日本ガ英國ニ媚ビタコトヲ揶揄シテ居ル、其醜態ガ支那ニ筒抜ケニ來ル、支那デハ何ダト言ッテ居ル、支那ニ向ッテハ歐米依存ヲ止メヨト言ッタ日本ガ、英國ニシテハ英國ノ前ニ叩頭シテ依存ヲ請願シテ居ル、何ノ態ダ、自分ノ方カラ歐米依存ヲヤッテルヂヤナイカト冷カシテ居ル、ドウデス、親英媚態ヲ示シ、屁ッピリ腰ヲ示シ、現實ノ問題ヲ現實デ處分セズシテ、御辭儀ト辭令トデ處分ガ出來ルト思ッタ、其弱腰ガ忽チニ支那ニ傳ッテ、支那ノ侮日ヲ招キ、成都事件ニハ可憐ナル、悲壯ナル日本ノ少壯記者モ殺サレマシタガ、殺スヤウナ空氣ヲ作ッタノハ、支那ニ向ッテハ傲然ト强サウナ顏ヲシテ臨ミナガラ、所謂二重外交、支那ノ内輪話ニ參畫シテ居ル英國ニハ媚態ヲ逞ウシ、決シテ支那ニハ亂暴ヲ致シマセヌナド云フ證文ヲ入レルカラシテ、支那ノ抗日ヲ益〻激化セシメタノデアル、成都事件ニ對シテハ、日本人ヲ殺害セヨト云フ招待狀ヲ日本ガ出シタモ同ジコトナンデアル、此處ハハッキリ御認メ願ハナケレバナラヌ、尾崎先生モ英國ヲ非常ニ「ハームレス」ナモノノヤウニ言ハレタ、日本ノ老人ハ皆ア、云フヤウニ考ヘテ居ル、廣田君モ其老人連ノ説ニ聽キ、其老人連ノ援助ヲ受ケテ、親英「サービス」ヲヤッタ、廣田君ハ現ニ言ウテ居ル、英國ノ物ノ分ッタ上ノ方ノ人ハ、日英同盟ノ復活ニ大體多大ノ期待ヲ持ッテ居ルガ、何樣若イ奴ガ分ラヌデ困ルト、成程若イ奴ノ方デハ溫和シイ「イーデン」デモ、之ニハ同意シナカッタ、現實ヲ把握シテ居ル若イ者ハ、日本ノ御辭儀ニ依ッテ緩和セラレルヤウナ英國ノ内情デナイコトヲ知ッテ居ルカラデアル、況ヤ國民生活ニ立脚セル外交ハ彼ハ知ッテ居ル、日本ノ外交ノミハ國民生活ヨリ遊離シテ居ル、此點ヲシッカリ矯正ナサラヌト宜シクナイ、日英親善宜シカラウ、日支親善宜シカラウ、日「ソ」國交ノ改善宜シカラウ、一應ノ辭令ナラ宜シイガ、重ネテ再ビ三タビ此議場ニ於テ左樣ナコトヲ御言ヒニナラヌデモ宜カラウト思フ、是ハ警告致ス、ドウモ現實ト實際ノ開キガ二重外交ノ原因トナル

私ハ昨年ノ末滿洲ニ行ッテ居ッタ、滿洲ニ行キマスト云フト、所謂蒙古ノ德王ノ察哈爾カラ綏遠ヘ侵入ガ大問題トナッテ居ル際デシタ、ドウデス、察哈爾ニ於ケル内蒙民族ハ、多年支那人ノ非行ノ壓迫ニ遭ウテ居ル、金貸カライヂメラレ、惡代官カライヂメラレ、武力デイヂメラレル、何トカシテ起チ上ラナケレバナラヌ、此内蒙ニ於ケル蒙古人ニ對スル滿洲國ノ對策トシテ、彼等ニ同情ヲ表スルコトガ、外蒙ニ手ヲ入レタル露西亞ニ對スル一種ノ牽制策トナッテ居ル、同情シテ居ル、同情シテ居ルト云フト察哈爾カラ綏遠ニ出テ、蒙古人獨立生活ノ基礎ヲ獲得シヨウト云フ運動ガ起ッテ來タ、我ガ日本人ハ蒙古人ニ同情ヲ有スルガ故ニ、見方ニ依ッテハ綏遠侵入ヲヤルナト言ッテ止メルノモ、私ハ一ツノ考ヘ方ダト思フ、併シ其力ハ及バズシテ既ニ綏遠ニ侵入シテ行ッタ、支那ハドウスルカ「ゼスチュア」ヲ逞シウシテ之ヲ叩潰ス、其叩潰ス工作ガ並大抵デハナイ、内蒙民族ノ民族的撲滅ヲヤルヤウナ意氣込ヲ以テ、多大ノ武力ヲ動員シテ、此民族撲滅ニ乘出シサウナ勢ニナッテ來タ、ドウデス、日本ハ之ヲ對岸ノ火災視スルコトガ出來マセウカ、私ハ綏遠問題ニ關聯シテ、支那ト日本ガ戰フベキ理由ハ知リマセヌガ、内蒙ニ於ケル蒙古民族ニ對スル日本ノ好意、其好意ノ下ニ育チタル蒙古人ガ、綏遠ニ渡ルコトガ惡イナラバ、別ニ話ノ仕方モアラウガ、重大關心ナクシテ是ガ見ヲレマスカ、支那兵ハ民族撲滅戰ヲヤッテ綏遠ヲ叩イテ察哈爾ニ入リマスヨ、内蒙民族ガ叩潰サレ、支那ガ直チニ此處ニ出テ來テ、其處ニ蔣介石傳統ノ共産主義政策ガ發展シテ來ルト云フト、内蒙ト外蒙ノ勢力ガ相結ンデ、誰ガ北支ヲ脅カサズト言ヘマセウ、誰ガ冀東政府ヲ脅カサズト言ヘマセウ、何人ガ滿洲ヲ脅カサズト言ヘマセウカ、然ルニ滑稽千萬ニモ日本ノ政府ハ何人モ問ハザルニ、蒙古人ノ綏遠侵入ニハ日本關係ナシ、日本ハ之ニ對シテ何等ノ關係ヲ持タナイト發明シタ、餘計ナ事ヂヤナイカ、默ッテ居レバ宜シイ、然ルニ日本ハ關係持タヌト言ッタ、ソレニ依ッテ今マデ躊躇シテ居ッタ支那ノ軍隊ガ、安心シテウント入ッテ來タ、サア見テ居ヲレマスカ、一個ノ無辜ノ者ヲ殺シテモ、日本ノ皇道精神ハ立チ行カナイノニ、蒙古民族ニ對スル彼等ノ信頼ヲ裏切ヲレマスカ、關東軍是ニ於テカ已ムヲ得ズ綏遠事件ニ對シ、其發展ニ付テハ重大關心ヲ有スルト、斯ウ云フ聲明ヲ發シタ、此關東軍ノ聲明ニ依ッテ日本モ關心ガアルカト、支那ノ足並ハ大ニ亂レク、其中ニ張學良事件ガ起ッタ、斯ウ云フ關係デスヨ、ドウデス、ドウモ此方ガヤリサヘセネバ、向フハ平和ダナント云フ考ヘ方ハドウシテモイカヌ、此方ガ罷リ下ッテ向フガ罷リ下ル、サウ云フコトガ出來ナイコトハ、華盛頓會議以來分リ切ッテ居ルヂヤナイカ（「ヒヤヒヤ」）歐洲大戰爭ガ濟ンダ時ニ列國ハ疲レテ居ル、老練ナル「ビスマルク」流ノ政策ヲ有スル政治家ガ日本ニ居ッタナラバ、歐米列國ガ戰爭ニ依ッテ疲レタル際ニ、日本ハ何等カノ對外行動ヲ起シタデセウ、正直ナル日本ハ有リ餘ッタ武力、蓄積サレタル富ヲ持チナガラ、アノ華盛頓會議ニ同意シ、アノ巴里講和會議ニ贊同ヲ表シ、軍艦ヲ壞ハシ、山東ヲ還シタ、ソレニ依ッテ日本ノ威力ガ減ジマシタノデ、列國ノ力ハ忽チニシテ支那ニ加ハリ、支那ノ人心ヲ動カスヤウニナッタ、ソノ全支那ノ排日ハ其尖端ヲ滿洲ニ現ハシテ、昭和六年九月十八日事件トナッタ、頭ヲ下ゲテモ向フガ下ルモノデハナイ、下ヲレザル内面必然ノ力ニ動カサレテ居ルコトガ、今日ノ國際情勢デアルト云フコトヲ、ハッキリ認識シナケレバイカヌ（拍手）外交ヲ以テ軍人ノ武力ノ足ラザル所ヲ補フト云フコトハ、ドウ云フコトデアルカ、蒙古問題ガ起ッタ、察哈爾カラ綏遠ニ侵入スル、支那ハ之ニ對シ民族撲滅戰ヲヤル、日本ハ武力ヲ以テ内蒙ヲ援ケルコトガイカヌナラバ、外交ヲ以テ補フベシ、政府ハ關係ナシト云フ聲明ヲ發スル代リニ、内蒙綏遠問題ノ發展ハ其環境ノ情勢ト思ヒ合セテ、坐視スル能ハザルモノデアル、此發展ノ如何ニ依ッテハ、帝國ハ相當ノ決意ヲ爲サナケレバナラヌト言ヘバ宜シイ、必シモ之ヲ以テ支那ト一戰ショウト云フノデハナイ、其決意ノ下ニ合理的ニ蒙古問題ヲ解決シ、合理的ニ蒙古民族ノ「アスピレーション」ニ同情シ、蒙古ト支那、支那ト日本、滿洲ト支那トノ國交ヲ整調スルコトヘ、此根本ノ決意ト、此外交ノ援助アリテ私ハ可能デアルト思ッテ居ル、外交デオ辭儀スレバ武力ハ潰シテモ宜イト云フヤウナ、ソンナ外交ヲ以テ國防ヲ補フナドト云フ物ノ見方ハ、絶對ニ間違デアルト思フ

ソコデ今日ノ問題デス、日獨協定ノ手續、取扱ノ態度ニ付テハ、私ハ多々批判ヲ持ッテ居ル、併シ前内閣ノ日獨協定ハ別ニ惡意ガアッタノデハナイ。アノ人達ハヤハリ八方叩頭主義デアッタノダ、八面玲瓏ナラ宜イガ、八方ニ頭ヲ下ゲタイノデアッタ、日英同盟ノ復活モヤリタカッタ、吉田君ガ倫敦デ「サーヴィス」シテ笑ハレタダケデアル、日米親善モヤッテ見タカッタ、具體案ヲ持タナカッタ、日支親善モヤリタカッタ、案ガナカッタ、日獨ダケハ向フガヤッテ呉レタ、ドウデス、日獨親善的ニ協定ヲ結ンダコトハ、英國ヲ敵ニスル、米國ヲ敵ニスルト云フヤウナ觀點カラ批判スルノハ駄目デスヨ、英國ニ頭ヲ下ゲタラ向フガ厭ダト言ッタ、獨逸ニハ思召ガアッテ、一ツオ互ニ「コミンテルン」ニ對スル共同防衛ヲヤラウ、斯ウ云フコトニナッタ、政府當局者ハナゼアヽ云フ問題ヲ、アヽコソ〳〵スルカ、漁業條約ハ一年以上掛ッテ新條約案ヲ協定シ、昨年末ニ效力ヲ失フ舊條約ニ代リ、新シク出來上ル條約ノ調印ガ出來ルコトニナッテ居ッタ、是ハ日露國交ヲ調整スル非常ニ好イ條約デアル、ソレガ日獨協定ガ出來タト云フ名ノ下ニ、向フカラ破棄サレテシマッタ、ドウ云フ譯デスカ、一體「コミンテルン」ガ「ファッショ」ニ向ッテ宣戰スルト稱シ、日本ヲ東洋ノ「ファッショ」ト稱シ、侵略國ト稱シ、獨逸ヲ歐羅巴ノ一ツノ目標ト稱シ、公々然ト「コミンテルン」ハ世界ニ向ッテ其工作ヲ築キ上ゲントシツヽアル、即チ一面ニ於テ「ファッショ」陣營ヲ擊破スルノニハ、第二「インターナショナル」トモ握手ショウ、自由主義者トモ握手ショウ、平和論者トモ握手ショウ、サウシテ獨逸ト日本ヲ叩クト云フノデセウ、支那ニ其手ヲ延バシテ來テ、其工作ガ動キ出シテ來テ居ルデセウ彼ハ「コミンテルン」ノヤリ方ハ、蘇聯ノ關スル所ニ非ズト言ヒマスガ、ソンナ馬鹿ナコトガ言ヘルカ、露西亞ニハ徹底的獨裁權ガアル、アノ露西亞ノ政權ガ「コミンテルン」ヲ默認スルコトハ、即チ之ヲ援助シテ居ルコトデアル、併シ彼等ガ「コミンテルン」ノヤルコトデ、俺ハ知ラヌト言フナラ、宜シイ、オ前ガ知ラヌト云フナラバ、其「コミンテルン」ノ脅威ニ對シ獨逸ト日本ガ共同防衛ノ策ヲ講ジ、情報ヲ交換シ、事務局ヲ作リ、共同防衛工作ヲヤラウ、斯ウ云フコトヲ協定スルノハ何デモナイヂヤナイカ、私ハモット皮肉ナ物ノ見方ヲスレバ、「コミンテルン」即チ「ソビエト」露西亞、此「ソビエト」露西亞ニ對シテ日獨ガ相當ノ自衛策ヲ考ヘルト言ッタ所ガ、無理ノナイコトデアルト思フ、併シ彼ノ言フ通リ關係ガナイト云フナラバ「コミンテルン」ニ向ッテ共同防衛ヲヤル、何デモナイヂヤナイカ、ソレガ爲ニ日露漁業條約ガ出來上ッタモノガ破棄サレテシマッタ、サアサウスルト樞密院ノ會議ニ於テ御前ヲモ憚ラズ、今度ハ自由出漁ヲ斷行スルナドト外務大臣ハ勝手ニ言ッテ居ル、ソンナニイキリ立タヌデモ宜シイ、何デ自由出漁スル必要ガアル、帝國ノ海軍ハ非常時日本ノ貴重ナル防壁デアル、ソンナ自由出漁デ防禦的體勢ヲ執リナガラ、浦鹽斯德ノ潛航艇ニ脅カサレルヤウナ馬鹿ナコトハシタクナイ、萬已ムヲ得ザレバヤルガ、直グ自由出漁トハ何ダ、ソンナコトハ必要ハナイノデス、日獨協定、何ノ差支ナイ、而モ新漁業條約締結ノ約束ガ破棄サレタ、ソコデ當局ハ狼狽シタ、其際露西亞側カラ一年間、舊條約ヲ延期シテヤラウト云フト、日本側ハ鬼ノ首デモ取ッタヤウニ喜ンダ、一年間延期シタコトハ、日露ノ國交ノ危機ヲ一年後ニ延バシタコトデスヨ、露西亞側ハ折角新タニ出來上ッタアノ成案ノ基礎ニ於テ協議ヲ進メ一年後ニ條約ニ調印スルノカト言ヘバサウデナイ、彼ハソンナコトハヤラヌト言ッテ居ル、ソレハ新タニ御相談シマセウ、前ニ出來テ居ッタ新條約ハ「スクラップ」シタト言ッテ居リマスヨ、ソレニ隨喜渇仰スルトハ實ニ意氣地ノナイコトデス、私ハ自由出漁ナドト云フ腰モナイ癖ニ放言スル當局者ノ態度ヲ憎ムト雖モ、日獨協定ガ出來タルガ故ニ、折角出來上ッタ條約ハ調印ヲ拒絶サレ、批准奏請サレタ條約ハ拒絶サレ、其上ニ舊條約ヲ一年延バシテヤルト言ハレテ、ソレデ鬼ノ首ヲ取ッタヤウナ態度ヲ執ル我ガ當局者ノ態度ハ如何ニモ殘念ダ、私ハ外交ヲ以テ國防力ノ不足ヲ補フニ足ル一ツノ工作ガアルトスルナラバ、此日獨協定ヲ活用スレバ或種ノ工作トナルト思ッテ居ル、「ソ」聯ニ對シテ日本ハ日獨協定ヲヤッタノデハナイ、「コミンテルン」ニ對シテヤッタンダ、併シ八方正眼ニナルカモ知レナイ、「ソ」聯ノ出樣ニ依ッテハ、此日獨協定ノ發展性ガ私ハ多少アルダラウト思フ、決シテ日露ノ親善ヲ破ラウト言フノヂヤナイ、「コミンテルン」ハ日本ニ挑戰シタ、ソレデ、「コミンテルン」防衛ダケヲ日本ハヤッタ、「ソ」聯ニハ遠慮シテ居ル、ソレヲ口實ニ「ソ」聯ガ日本ニ對シテ條約ノ締結ヲ拒絶シ、此頃ハ浦鹽斯德デモ惡戯ヲスル、ソレガ高ジテ來ルナラバ日本ハ考ヘナケレバナラヌト思ッテ居ル、林首相ノ外交演說、穩健ハ結構ダ、併ナガラ形勢險惡ナル時ノ穩健ハ、一種ノ卑屈トナル虞ガアル、林外相ノ部下ニハ霞ケ關ノ前々カラノ弱腰ガ充滿シテ居ル、一ツ御決意ヲ有タレナイト宜シクナイト思ッテ居リマス

私ハ斯ノ如ク唱ヘ來ッテ、日本ノ立場ヲ深刻ニ、明確ニ認識ヲ進メテ行クト云フト、ドウモ危險ガアルヤウニ人々ハ感ズルデセウケレドモ、國ヲ建テ、居ル以上、危險ナキ國ハナイ、況ヤ國際的ニ大イナル立場ヲ保持シテ居ル國ニハ大ナル危險ガアル、併ナガラデスヨ、英、米、露、支一緒ニナッテ掛ッテ來レバ、日本ハ敵ハヌナドト云フ馬鹿ナ議論ヲスル必要ハナイ、英國ハ伊太利トノ問題、地中海トノ問題デモ惱ンデ居ルヂヤナイカ、佛蘭西ガ味方デアルカ、獨逸ガ英國ノ味方デアルカ、ドッチモ其通リニ行カヌ、「ヘリゴラント」ニ於ケル獨逸ノ設備ニハ英吉利モ心配シテ居ル、ドウデス、英吉利ガ地中海ノ問題ニ惱ンデ居ル時ニ、ドウシテサウ急速ニ東洋ニ來マスカ、南米ニ向ッテ發展スルヲ第一ノ使命トシテ居ル亞米利加ガ、サウ急速ニ東洋ニドウシテ來マスカ、露西亞ガ日本ニ向ッテ挑ム時ニハ、其背後ノ露西亞ト對立的關係ニ在ル獨逸ノ危險ヲ感ゼズシテドウシテ來マスカ、サウ簡單ニ四國協同ハ出來ヌ、支那ガ英、米、露ノ後援ノ下ニ、日本ニ向ッテ戰ヲ挑ムト云フヤウナ馬鹿氣タコトヲヤッタナラバ、最後ノ勝負ハ別トシテ、取敢ヘズ支那ハ西班牙ノ二ノ舞ヲ踏ム、世界新鋭武器ノ試驗場、實驗場トナッテ蹂躪セラルヽコトハ分ッテ居ル、滅多ニハ來ナイ、來ナイガ、日本ノ安全責任外線ハ押詰メラレテ來テ居ル、之ニ對處スル途ヲ講ジナケレバナラヌ、私ハ此時ニ於テ日獨協定ト雖モ、多少ノ外交上ノ補ヒニハナルト感ジテ居ル、日本ハ地形上ニモ此天險ヲ持ッテ居ルカラ、サウ恐レルコトハ要ラヌ、併シ天險ヲ克服スベキ新鋭武器ノ發達ニハ備ヘナケレバナラヌ、備ヘルノハ無限カト云ヘバ、自ラ限度ガアル、世界列國ハ叩頭ニ依リテ――頭ヲ下ゲルコトニ依ッテ日本ノ味方トナラザルモ、故ナクシテ日本ヲ脅カシ、此日本ノ虎ノ尾ヲ進ンデ踏ム者ハ又稀ナリト、斯ウ考ヘテ居ル、私ハ日本ハ世界ニ向ッテ起ツ時ニハ世界的門戶開放ヲ要求スベシ、世界的門戶開放ガ出來ナケレバ、手ノ屆ク所ニ「ブロック」化ヲ實踐躬行スベシ、ソレニハ國防費ガ要リ過ギルト言ヒマスガ、何レモ勃興的ノ國民ハ皆苦難ヲ嘗メ來ッテ居ル、大英帝國ノ勃興時代ニハ和蘭ト戰ヒ、西班牙ト戰ヒ、具サニ苦難ヲ嘗メタ、英國ノ學者ハ勃興時代ノ英國ハ貧乏デアッタガ覇氣ニ富ンデ居ッタ、「プアー・バット・アンビシヤス」デアッタト言ッテ居ル、豐富ナ資源ヲ有シ、豐富ナ富ヲ有シテ安閑トシテ居ル國ガ、貧乏ニシテ自衛ノ爲ニ、存立ヲ脅カ

サル、ガ爲ニ、簇發スル國カラ勁モスレバ追付カレ凌ガルノハ世界ノ歴史デアル、私ハ大和民族ノ使命ヲ信ジ、我ガ日本、朝鮮、臺灣ノ此土ト、其三倍アル所ノ滿蒙ノ土、此上ニアル所ノ我ガ大和民族、此天才、此精神力、此體力ヲ信ズルガ故ニ恐ルヽコトハナイト思フ、ナイガ、考ヘナケレバナラヌ、國際對立ハ面倒ダガ、外交デ切拔ケラレル、切拔ケラレルガ、其外交ノ背後ニハ一定ノ武力ガ必要デアル、是ガ私ノ認識デアル、ソコデ林サンハ外交ヲ一新セラレント欲スレバ、先ヅ外務省ノ外交陣カラ一新サレナケレバナラヌ、今ノ外務當局ナド、大體外交ナンカヤッテ居リマセヌヨ、能ク外務省ヲ御調ベナサイ、ヤッテ居ラヌ、私ハ驚イタ、廣田外務大臣ノ時ニ對支外交ノ三大原則ト云フコトハ毎日ノヤウニ新聞ニ出タ、三相會議ノ結果之ヲ後援シタト書イテアル、對支外交ノ三大原則、ドノ位日本ノ遣外使臣ガ三大原則ヲ蔣介石ニブッ付ケテ居ルカ、調ベテ見タ、蔣介石ハ私ガ昨年ノ初南京ニ遊ンダ頃殆ド日本人ニ會ハナイ、日本ノ大使ガ來ルナラ張群ト會ヘ、俺ハ會ハヌ、領事ガ來ルナラ課長ト會ヘ、斯ウ云フ態度デアッタ、アンマリ無禮ヂヤナイカト私ハ思ッタノデ、張群君ニ會ウテ日本ノ大使ト會ハヌトハ何ノコトダト詰ッタラ、先方デハ苦笑シナガラ、イヤ本當ノ話ヲスル方ニナラ會ヒマスケレドモ、ナッテ居ラヌノデスヨ、私ノ方デ大使ダラウガ讀書人ダラウガ、代議士ダラウガ、差別ハ立テヌ、本當ノ話ナラ誰トデモ致シマス、アナタナラ會ヒマス、ト云フノデ、私ハ蔣介石氏ト數時間モ會談シタ、其後デ聞イテ見タ、何故大使ヲ拒絕スルカ、日本ノ對支外交三大原則ハ支那ニ徹底シテ居ル筈ダガ、何故ソレヲヤラナイノカト聽イテ見タ所ガ、張群君ハ聲ヲ潜メテ、大キナ聲デハ言ハレマセヌケレドモ、三原則ナンテ能ク知リマセヌヨ、アレハ此間何カ日本ノ遣外大使ガヤッテ來テ、無理ニ蔣介石ニ會ハウト云フノデ會ハセテ見タ所ガ、何カ罫紙ニ書イタモノヲ讀ンダ、ソレガヤカマシイ三箇條ラシイ、其內容ニ付テ、本質ニ付テ質問ヲ開始スルト云フト、本國ヨリ之ニ對スル何等ノ訓令ヲ受ケテナイカラ、本大使ノ權限ノ外デアルト言ッテ歸ッテシマッタノデス、サウスルト翌日ノ日本ノ新聞ニハ、日本ノ大使蔣介石ニ面會シ、對支外交三大原則ヲ揭ゲテ、懇々彼ニ說論セシモ、彼誠意ヲ示サザルガ故ニ、怫然トシテ引揚ゲタ、支那ノ態度斯ノ如クナルニ於テハ、帝國ハ重大決意ヲ爲スノ已ムヲ得ザルニ至ルベシナド大宣傳ヲヤル、斯ウ云フ馬鹿ナ宣傳ヲヤラルヽ、ナラバ、學生モ騷ギマス、黨部モ騷ギマス、愛國心ハ支那人ニモアリマスゾ、ソレガ激發シテ日支ノ國交ヲ破ル、アレハ大方日本ノ國民ニ對スル「サービス」デ、ア、云フ事ヲ宣傳スルノダラウ、陸軍ニ對スル「サービス」ダラウ、ダカラ會ハナイコトニシタノダト云フノデス、私ハ日本ノ使臣ハ餘所ニ於テモ同ジヤウナ事ヲヤッテ居ルデアラウト思フ、支那ニ對シテ是デスカラ、マアテンデ十目モ置イテ居ル英吉利ニ對シテ、何ヲ言ウテ居ルカ分リマセヌヨ(笑聲)ドウデス、アレダケハ日本ハ露西亞ヲ目ノ上ノ敵トシテ、輿論モ露西亞ニ對シテノ强硬政策ヲ要望シテ居ルノニ、日獨防共協定前後ノ日本ノ外務省ノ狼狽振ハドウデスカ、魂ガアリマスカ、「テクニック」ヂヤナイ、魂デス、林サンノ魂ヲ打込ム爲ニモ、外務省ノ外交陣ヲ徹底的ニ一新スル要アルコトヲ論斷シ、林總理大臣ノ決意ヲ促シテ私ハ今日ノ質問ノ壇ヲ降ル(拍手)

(國務大臣伍堂卓雄君登壇)

○國務大臣(伍堂卓雄君) 只今ノ御質問ニ對シテ簡單ニ答辯ヲ致シマス、帝國燃料株式會社案ニ對シマシテハ、只今再檢討中デアリマシテ、結論ヲ得次第本議會ニ提案スル積リデアリマス

又貧鑛處理法ニ關シマシテハ、是モ昨日松村君ノ御質問ニ答ヘマシタ通リ、決シテアレヲ引下ゲタノデハアリマセヌ、唯他ノ方法ニ依リマシテ、アノ位ノ金ハ捻出シ得ル見込ガ確實ニ付キマシタノデ外シタノデアリマス、鐵鑛鑛ニ對シマシテハ最善ノ努力ヲ以テ善處スル積リデアリマス、ソレカラ日鐵中心主義ト云フコトヲ申サレマシタガ、是ハ日鐵ガ最大ノ製鐵會社デアリマスカラ、之ヲ中心トシマシテ、他ノ「アウトサイダー」ヲ一緒ニシテ、商工省ガ之ヲ適當ニ指導シテ行ク積リデアリマス、即チ「アウトサイダー」ノ熔鑛爐等モ迅速ニ決定スル積リデアリマス、製鐵事業法ノ改正ニ付キマシテハ、略ゝ御趣意ノ通リノ改正ニ目下準備中デアリマス

(國務大臣河原田稼吉君登壇)

○國務大臣(河原田稼吉君) 勞働者問題解決ノ基調ハ私ハ斯ウ考ヘルノデアリマス、所謂勞働者ハ從來ノヤウニ唯一個人、若クハ一階級ノ利害ニ囚ハレズシテ、產業全體ノ爲ニ其職務ニ盡シテ行ク、是ト共ニ事業主側ニ於キマシテモ、所謂私利或ハ私益ニ囚ハレヌデ、國家ノ爲メ、社會全體ノ爲ニ事業ノ經營ニ當リマスト共ニ、一面ニ於キマシテ共事業ニ從事スル勞働者ノ幸福ヲ十分ニ考ヘテ行クト云フコトガ最モ必要デアリマシテ、是ガ即チ勞資ノ完全ナル精神的結合ヲ得テ、所謂勞働者ノ幸福ヲ增進シマスト共ニ、產業ノ興隆ヲ期スルコトガ出來ルノデハナイカト思フノデアリマス、是ガ今日ノ時勢ニ最モ適應シタル所謂勞働問題解決ノ方策デハナイカト考ヘマス、私共ハ此考ノ下ニ勞働政策ノ實行ニ當リタイト思フノデアリマス

(國務大臣杉山元君登壇)

○國務大臣(杉山元君) 國務ニ關シマスル中野君ノ所見ニ付テハ、全ク同感デゴザイマス、又軍事費ノ繰越ニ關スル御意見モ亦同感デアリマス、併ナガラ新シキ豫算ニ於キマシテ、軍事費ノ一部ヲ繰越致シマシタノハ、財務當局ノ物價對策ニ協同致シマシテ、已ムヲ得ズ之ヲ認メナケレバナラヌ事情ニアリマシタノデ、斯ク處置シタノデアリマスコトヲ御諒承ヲ願ヒマス、次ハ陸軍大臣ノ懷イテ居ル國政一新ニ付テ御尋ガゴザイマシタ、是ハ曩ニ政府ノ發表致シマシタ信念ト全ク符合スルモノデアリマシテ、而モ私ハ帝國現下ノ時局ニ於キマシテハ、一切ノ情實障碍ヲ排シテ、之ヲ斷行セネバナラヌモノト存ジテ居リマス、右政策ノ具體案ハ各ゝ各主務省ノ所管事項ニ屬シテ居リマスルノデ、玆ニ私カラ申上ゲルコトヲ控ヘマシテ、他ノ時機ニ於テ御承知ガアルダラウト存ジマス

(國務大臣山崎達之輔君登壇)

○國務大臣(山崎達之輔君) 中野君ノ農村問題ノ重要性ニ付テノ御意見ハ謹ンデ拜聽致シテ置キマス、別ニ御答辯申上ゲル必要ハナイカトモ考ヘマシタケレドモ、御質問ノヤウナ形ニナッテ居リマシタカラ、二三ノ事項ニ付テ御答ヲ申上ゲマス、農村ノ必需品デアル肥料價格ノ統制ノ問題ニ付キマシテハ、御承知ノヤウニ前回ノ議會ニ於キマシテ、肥料統制法ノ御協贊ヲ得タ譯デアリマシテ、尤モアノ際ハ法律ノ問題ダケガ解決サレテ居リマシテ、之ニ伴フ豫算上ノ施設ガ未解決ニナッテ居ッタノデアリマスガ、是ハ幸ニ只今御協贊ヲ願ッテ居リマスル來年度豫算ニ計上致シテアリマスカラ、是ガ成立致シマスレバ、肥料價格ノ統制ニハ相當ノ效果ガアルカト信ジテ居ルノデアリマス

更ニ負債整理ノ問題ニ付テ御言及ガアッタヤウデアリマスルガ、御話ノ通リニ或ハ勸業銀行、其他ノ貸付金ノ取扱ヒ方ニ付キマシテハ、私共モ從來カラ種々心配ヲシテ居ル點ガアルノデアリマス、銀行當局ニ於テモ、外部デ御覽ニナル程サウ冷淡ニ扱ッテ居ラレル譯デハナイノデアリマスケレドモ、(「ノー〳〵」)併ナガラ其問題ニ付キマシテハ、尙ホ考慮スベキ餘地ハ澤山アルト思ヒマス、尙ホ負債整理ノ問題ニ付キマシテハ、

更ニモウ少シ大規模ノ案ヲ立テタイト考ヘテ居リマシテ、成ベク今期議會ニ間ニ合ヒマスヤウニ研究ヲ只今致シテ居ル所デアリマス、ソレカラ農地法ニ付テノ御意見デアリマシタガ、是ハ農地法ヲ提案ノ上デ十分ノ御意見ヲ伺ヒタイト考ヘマスカラ、此場合ハ之ニ付テノ辯明ハ致シマセヌ

　最後ニ農作物保險ノ問題デアリマスガ、農作物保險ノ問題ハ私前回農林省ニ居リマシタ當時ニ於テモ、色々考究ヲ致シタ問題デアリマスガ、御承知ノヤウニ、此問題ハ結局土地負擔ノ問題ヲ伴フ問題デアリマス、其關係上是マデ解決未濟ニナッテ居ッタヤウナ次第デアリマスガ、幸ニ來年度ニハ是ガ調査費ヲ計上致シテアリマスカラ、其御協贊ヲ願ヒマスレバ、相當ノ解決ヲ得ルモノト考ヘテ居ルノデアリマス、是ダケ御答ヲ申上ゲテ置キマス

（國務大臣結城豐太郎君登壇）

○國務大臣（結城豐太郎君）　中野君ノ御質問ニ御答致シマス、先ヅ我ガ國民ガ三十億ノ負擔ニ堪ヘナイヤウナ印象ヲ世界ニ與ヘルコトハ、不利デヤナイカト云フ御話デアリマス、我國ノ財政ハ只今ノ所悲觀スベキ何モノモゴザイマセヌ、私ガ財政計畫ノ見透シガ付カヌト申シマシタコトハ、將來ニ亙ッテ計數的ニ茲ニ申上グルコトガ出來ナイト、斯ウ云フ意味ニ過ギナイノデアリマシテ、之ヲ以テ直チニ日本ノ財政經濟ガ見透シガ付カヌ、悲觀的デアルト云フ風ニ考ヘル者ガアリマシタナラバ、寧ロ其短見ニ驚クノデアリマス（笑聲）敢テ申シマス、私ガ財政變理ノ任ニアル間ハ、我國ノ信用ヲ損フヤウナコトハ斷ジテ致サヌ積デアリマス

　次ニ滿洲ノ產業計畫ニ付テノ御質問デアリマシタガ、滿洲ノ資源開發ト生產ノ確立トニ付キマシテハ、最モ必要ヲ感ジテ居ル者デアリマシテ、是ガ計畫ハ各方面ト十分ナル檢討ヲ致シマシテ、速ニ其方策ヲ樹ツル考デアリマス

　物價問題ニ付キマシテ御質問ガアリマシタガ、是ハ單ニ消費ノ節約ト云フコトノミヲ考ヘテ居ルノデヤアリマセヌ、私ハ單純ナル緊縮政策ヲ執ル者デハナイノデアリマス、產業ノ或ルモノニ對シテハ統制ヲ行フコトモ必要デアリマセウ、又物資ノ配給機關ノ調節ト云フコトニ意ヲ注グコトモ必要デアリマセウ、其他種々ナル施設ヲ要スルコトデアリマスルガ、併シ根本ハ急激ニ膨脹シタ豫算ニアッタト云フコトデ、取敢ズ此點各位ノ協贊ニ俟ツ次第デアルノデアリマス

　次ニ爲替管理ニ付テ御話ガアリマシテ、必要デアルナラバ正貨ヲ現送シテモ宜イヂヤナイカト云フコト、至極私モ同感デアリマス、今日本カラ必要ナ國際貸借ヲ決濟スル上ニ於テ、多少ノ正貨ヲ送リマシテモ、何等ノ不安ガナイト云フコトヲ私ハ確言致シマス、之ヲ以テ御答ト致シマス

（國務大臣林銑十郎君登壇）

○國務大臣（林銑十郎君）　中野君ノ御尋ニ御答シマス、私ハ大命ヲ拜シマシテ、此重大ナル時局ニ直面ヲシテ、先ヅ考ヘタコトガ次ノ三點デアリマス、今日ノ國際諸情勢、其他ニ於テ我國ノ國防ノ充實ヲ第一ニ圖ラナケレバナラヌ、是ガ一ツ、其國防ノ充實ニ伴ッテ國力ノ大ナル進展ヲ企圖シナケレバナラヌ、即チ經濟上ノ力ヲ十分ニ發展向上サセナケレバナラヌ、是ガ第二デアリマス、此國防ノ充實、經濟ノ發展ト云フヤウナコトニ伴ッテ、諸般ノ革新ヲ行ハナケレバナラヌ、殊ニ私ノ考ヘマシタノハ、此五六十年ノ間ニ日本ノ眞ノ姿ガ歪曲サレテ居ルモノガ多イ、此機會ニ於テ此日本ノ眞ノ姿ヲ顯現スルト云フ所ノ革新、是ガ最モ必要デアル、此三點ヲ考ヘタノデアリマス、ソコデ國防ノ充實ト云フコトニ付キマシテハ、數度ノ發表ニ於キマシテ、所謂東亞ノ安定勢力タルコトノ抱負ヲ示シマシタ、此事ハ言葉ハ簡單デアリマスガ、此抱負ヲ實現スル爲ニハ、十分ノ國防力ノ充實ヲシナケレバナラヌト考ヘマス、其次ニ經濟ノ發展ト云フコトニ付キマシテハ、所謂產業ノ綜合的發達ト云フコトト、適切ナル統制ト云フコトヲ申シマシタ、此適切ナル、統制ト云フコトハ必シモ退嬰的ナ束縛的ナ統制ヲ意味シテハ居ラヌ考デアリマス、即チ中野君ノ言ハレタヤウナ積極的ノ、或ルモノニ對シテハ助長的ノ意味ノ統制ヲ行フ考デアリマス、次ニ革新ノ政策ニ付キマシテハ、所謂時勢ニ適合シテ諸種ノ革新ヲ斷行スルト云フコトヲ誓ッテ居リマス、其細部分ノ一々ノ成案ニ付キマシテハ、何分突如トシテ大命ヲ拜シタノデアリマシテ、平素ニ於テ十分ノ研究ヲ致シテ居リマセヌカラ、今此處デ明確ナル條件ヲ擧ゲテ御約束ヲスルコトハ稍〻困難デアリマス

　次ニ外交ノ問題ニ付キマシテ、私ノ過日來申シテ居ル所ヲ、諸方面ニ對シテ頭ヲ下ゲル外交ト若シ御取リデアッタナラバ、ソレハ大ナル誤リデアリマス、私ハ最初ニ國際正義ヲ叫ンデ居リマス、國際正義ヲ以テ成ベク諸邦トハ親交的態度ヲ執ッテ行クノデアル、初メカラ喧嘩外交ヲスルノデハナイ、併ナガラ正義ノ前ニハ如何ナル態度ヲ執ルカ分ラナイ、必シモ叩頭政策ノミヲ執ルモノト誤解ヲサレテハ困ルノデアリマス

○中野正剛君　自席ヨリ簡單ニ申シマス

○副議長（岡田忠彥君）　宜シウゴザイマス

○中野正剛君　私ノ質問モ可ナリ長カッタノデアリマスガ、只今ノ答辯ハ、大部分君ノ意見ニハ同意ダガ、例ニ依ッテマダ考慮中、モウ少シヤレバ相當ノ效果ヲ收メル、斯ウ云フ御話デアル、商工大臣モ貧鑛處理法、モウ一ツノ石炭液化ノ問題、豫算ヲ撤回シタガ、別ニ考ヲ有ッテ居ル、具體的ニハ成ッテ居ナイ、具體的ノ豫算ヲ撤回シタナラバ、具體的ノモノヲ指示シテ戴キタイノデアリマスガ、是モ考慮中トアレバ、追究シテモ無用ニ考ヘマス、モウ少シ議場ヲ一ツ恐レズニ、抱負經綸ヲ併セテ此議場ニ放送セラレルコトガ、國務大臣ノ態度デハナイカト思フ、其意味ニ於テ、唯考慮中、代案ガアルト云フダケデ逃レラレルノハ、非常時國務ヲ處理スル上ニ於テ私ハ足ラザルモノデハナイカト思フ（「ヒヤ〳〵」）他ノ機會ニ於テモウ少シ御話ヲナスッテ欲シイ

　ソレカラ結城大藏大臣ガ先日來財政ノ見透シ付カズト云フ言葉ヲ用ヒラレタ、是ハ私ガ見透シ付カヌト云フコトデ怯エタノデハナイ、私ハ見透シガ付クカラト云フ立場デ縷々トシテ論ジタ、併シ世ニ斯ノ如キコトガ疑惑ヲ招クノデス、現ニ對外的反響ナドモ多少アルヤウデス、ダカラ私ハ之ヲ是正セラレンコトヲ望ンダガ、私ノ言フ通リニ計數ヲ示ス能ハザルモ、日本ノ前途洋々トシテ之ヲ切拔ケルノ自信ガアルト言ハレタコトハ結構ナ御話デアリマス、之ヲ誤解スル者ハ短見ダト言ハレマシタガ、私ヲ短見ダト仰シヤッタナラバソレハ認識ノ間違ヒデアルト思フ、私ハサウ云フコトヲ言ッテ居ナイ、天下ノ疑惑ヲ招ク、天下ノ疑惑ヲ爲ス者ヲ短見ナリトスレバ、其短見ナル者ガ天下ニ充滿スル處ガアルナラバ、斯ノ如キ短見ヲ懷カシメザルガ如キ明晰ナル御話ガアルコトガ、アナタノ責任デアルト、斯ウ思ヒマス、率直ナル御是正ヲ私ハ認メマス、一ツノ收穫トナッタコトハ、正貨ノ現送モ恐レズ、ト云ハレタコトデス、是ハ初メテハッキリ致シマシタ、唯一ノ本質的答辯デアルト、斯ウ思ッテ居リマス

　農林大臣ノ說明、肥料ノ法律ハ通過シタガ、マダ本當ノ働キハ付イテナイノダ、是カラ付ケルト言フガ、私ハ法律ガ出來ナクテモ、國務大臣ノ立場トシテ肥料問題ニ對シテハモウ少シ働キヲセラレテモ宜イト思フ（拍手）法律ヲ作ラナケレバ何ニモ出來ナイト云フノハ官僚的デアル、農林大臣ハ日本ノ農政ヲ總攬シテ居ル、農村ノ最モ重大ナル問題タル肥料問題ニ對シテ法律ノ有無ニ拘ラズ、政府ノ働キハ茲ニ見エテ宜シイト私ハ思ッテ居ル（拍手）

　交付金ノ問題ニ付テ農林大臣ニ質問シタノデハアリマセヌガ、大藏大臣モ農林大臣モ一言ノ御答ヲナサラナイ、大藏大臣ニ對シ

テハ、是ハ私ハ他ノ問題ハ嚴正ニ批判シタガ、私ハ交付金一億五千万圓ノ復活ハ日本農村ノ全部ノ要望ナルガ故ニ、農民ノ爲ニ懇願的ニ頭ヲ下ゲテ御考直シニナッテ復活セラレタナラバ如何デアルカト云フタノデス、私ノ農村ノ爲ニスル懇願的ノ質問ニ對シテ、一言答ヘラレザルコトハ私ハ不滿足デアル、同時ニ大藏大臣ガ答ヘラレナイ時ニ、農林大臣ガ何等カ之ニ代ル所ノ答辯ヲ與ヘラレザルコトハ、同時ニ農林大臣ニ對シテモ不滿足デアリマス、銀行ノ取立ハ外カラ想像スル程酷クナイト云フ農林大臣ノ認識ハ間違ッテ居リマス、農村ニ何處カラ電報ガ來ルカト云ヘバ、大抵銀行カラデアル、差押處分、ソンナ事バカリデアル、葉書ガ來ルト云ヘバ大抵ソンナ事デアル、是ハ人心ガ怯エテ居ル、國家ノ公器タル金融機關ハ高利貸デハナイ、ドウデス、此金融機關ハ、其權能ヲ完ウセシメル爲ニハ國家ガ補助シテ宜イ、已ムヲ得ズンバ統制――補助ヲ同時ニヤルガ宜シイ、積極的ニ出動セヨ、斯ウ言ッタノデアリマス、大藏大臣ハドウヤラソレニ對シテ御考ガアルカノ如ク言ハレテ居リマシタガ、山崎君ハサウデモナイ、甚ダ間違ッテ居ル、アナタハ金融業者ノ立場カラモノヲ言ハレルノハ慮外千萬デアル、農林大臣ノ立場カラアナタハ斯ウ云フ認識ヲ持タレルコトハ大ナル間違ダト思ヒマス、農業保險ノコトモ山林ニ限ルカノヤウデアリマス、ソレモマア調査費ヲ出シテ居ルカラ後ハ言ヘヌ、一ツ斯ウ云フコトヲ仰シヤッテ居リマス、是レ以上尋ネテモ御話ガナカラウト思ヒマス

ソレカラ林總理大臣ノ外務大臣トシテノ發言、私ハ叩頭外交ヲヤッテ居ルト言フノデハナイ、過ギルト云フト叩頭外交ニ墮スル、一應ノ辭令ハ宜シイ、又ソレハ當然デアル、八方ニ向ッテオ辭儀ヲシテモ宜シイ、總テ八方正眼ニナラナケレバナラヌデアラウト、斯ウ言ウタノデアリマス、私ハ總理大臣ニ對シテ喧嘩外交ヲ要求シタノデハナイ、冷靜ニ歩ミ出サンコトヲ要求シタ、アナタノ外務幕僚ハ、前外相、前々外相カラノ幕僚デアリ、今マデノ外交ガ支離滅裂デアッタ、其上ニ乘ッカッテ居ラレルカラ前外交ノ轍ヲ履ムガ如キコトニ墮スルナキヲ私ハ警告シタ、同時ニ外交陣ノ刷新ヲ要求スル、是モ刷新スルマデ、此議場ニ於テ如何ニカ刷新スルト云フコトハ發明出來ナイデアラウガ、實ニダラシノナイモノデアルト云フコトダケヲ、ハッキリ一ツ御記憶願ッテアナタノ無言ノ行動ヲ靜ニ私ハ拜見シタイト思ヒマス、斯ウ思ッテ居リマス

今日ハ色々質問致シマシテモ、進ンデ議場ニ誠意ヲ披瀝シテ、有ユル機會ヲ捉ヘテ非常時内閣ノ經綸ヲ國民ノ前ニ公開シ、吹込ミ、全國民ヲ同意セシメ、鼓舞ショウト云フ意氣込ハドウヤラナイヨウデアル、否其考ガナイ、無準備デアルト云ヘバ致シ方ガナイガ、私ハ今後國務大臣諸君ガモウ少シ積極的ニ國民ト共ニ政治ヲスルノ意氣込ヲ示サレンコトヲ切ニ希望スル、私ノ質問ハ是デ打切リマス

○副議長（岡田忠彦君）　是ニテ國務大臣ノ演説ニ對スル質疑ハ終局致シマシタ、仍テ是ヨリ法律案ノ審議ニ入リマス、日程第一乃至第六ハ便宜上一括議題ト爲スニ御異議アリマセヌカ

（「異議ナシ」ト呼フ者アリ）

○副議長（岡田忠彦君）　御異議ナシト認メマス、仍テ日程第一臨時租税増徴法案、日程第二法人資本税法案、日程第三外貨債特別税法案、日程第四揮發油税法案、日程第五有價證券移轉税法案、日程第六明治四十年法律第二十一號中改正法律案、右六案ヲ一括シテ第一讀會ヲ開キマス――大藏大臣兼拓務大臣結城豊太郎君

○篠原陸朗君　今マデ同僚武田君カラ増徴案ノ意味ノ御尋ガアリマシタ、案自身ガ臨時租稅ノ増徴案ト申シテ居ルノデアリマスカラ、暫定的ニ歳入ヲ取リタイ、此事ニ對シテ其財政上ノ意味ヲ、又何ヲ目標トシテ増稅ヲスルカト云フコトヲ御尋スルコトハ、少シ無理カモ知レマセヌガ、私ハ昭和七年ニ高橋大藏大臣ガ就任セラレテ以來、我國ノ財政改善ニ對シマシテ收入増加ヲ圖リマシタノハ、物故セラレマシタ大藏大臣藤井君ノ臨時利得稅約四千万圓、前内閣ガ行ヒマシタ公債ノ低利借換ニ依リマス利子ノ支拂ヲ減少シマシタ數千万圓、五箇年間ノ財政ノ經過ハ此タッタ一ツノ事件デアリマス、一方ニ非常ニ急激ニ増加スベキ歳出ノ要求ガアル場合ニ於キマシテ、五箇年間高橋サンハ増稅ノ時期デナイト云フ一言ヲ以テ、此財政ヲ持ッテ參リマシタ結果ハ、段々歳出ノ要求ニ應ジナイヤウナ歳入狀況ニナリマシタ結果、本年度ノ豫算ヲ見マスト、洵ニ各國ニモ其實例ヲ見ナイ所デアルト存ジマスガ、特別會計カラ一般會計ニ對シテ財源ヲ援助シテヤラウ、皆樣ノ御承知ノヤウニ、一般會計ハ非常ニ大キナ赤字ヲ持ッテ居ル、特別會計ハ之ニ反シテ全部黑字ヲ持ッテ居ル、茲ニ私ハ大キナ財政上ノ矛盾ガアッテ、又豫算計畫ニ非常ニ無理ヲ包含シテ居ルト存ズルノデアリマス、第十二款ノ財政援助、六款ノ特別會計ヨリノ繰入、是ハ吾々ガ會計ノ内容ヲ多少知ッテ居レバ分リマスケレドモ、六款ハ何故ノ特別會計ノ繰入デアラウカ、第十二款ハ財源受入トアルガ、如何ナル意味デアラウカ、御諒解ニナルノニ御困難デアラウト存ジマス、私ハ凡ソ財政上ノ基礎ヲ確立スル爲ニ増稅ヲ行ヒマス場合ニハ、其前提トシテ財政上ノ整理改善ヲスベキ必要ハナイデアラウカ、或ハ尙ホ進ンデ財政改革ヲ斷行シナケレバ、此大キナ政治上ノ國費増加ヲ處分シ得ナイ、斯ウ信ジマシタ場合ニハ、財政ノ改革ヲ斷行スルノガ必要デハナイカ、前内閣ノコトヲ現内閣ニ御尋スルコトハ少シ馬鹿氣テ居リマセウガ、前内閣ハ中央地方ノ稅制ヲ改革シテ、租稅ニ彈力性アラシムル、又濫ニ負擔ヲ後代ニ遺スコトヲ止メテ、經常收入ヲ取ッテ財政基礎ヲ確立シタイ、御尤デアリマス、御尤デアリマスガ、稅制ノ彈力ヲ希望スルト云フコトハ、終局スル所財政ノ彈力ヲ御希望ニナルノデハナイデセウカ、私ハ前内閣ガ非常ニ熱心ニ稅制改革ヲ主張シ、其ヤリ方ガ中央地方ヲ通ズルマデハ御勉強ニナッタノデアリマスケレドモ、私ハモウ一遍進ンデ、吾々ハ財政ニ改革ヲ斷行スル、所謂財政ニ彈力ヲ大キクスル、此事ガ必要デハナイカト存ズルノデアリマス、故ニ私ハ暫定案ニ對シテ御尋シテ洵ニ失禮デアリマスケレドモ、今回ノ租稅ノ増徴額ハ將來餘リ是ヨリモ小サクナヲヌト昨日仰シャッタ、故ニ財政上如何ナル意義ヲ有シテ二億六千九百万圓ト云フモノヲ御考ヘニナリマスカ、私ハ現在一番大キイ國ノ歳出ガ國防費デアリマスカラシテ、セメテ國防費ノ經常費ダケハ取リタイ、或ハ海軍ノ軍艦製造費ハ臨時費ニアリマスケレドモ、是ハ經常ノ性質デアルカラ、海軍ノ軍艦製造費ヲ包含シテ迄ハ、陸軍ノ擴張經常費ヲ一緒ニ取リタイ、是モ一ツノ見方デアリマス、モウ一方濫リニ負擔ヲ後代ニ遺サザラント仰シャイマシタガ、公債ノ利子ダケハ取リタイ、或ハ進ンデ公債ノ發行額ガ大キイカラ、公債ノ元金ヲ償還スル金ダケハ取リタイ、是モ一說デアリマス、凡ソ財政ノ整理、或ハ財政ノ改善ヲ圖リマスコトハ、何カ目途ヲ置キ、標準ヲ置イテ、之ニ對シテ努力ヲスルコトガ、茲ニ時ヲ以テ致シマスルナラバ、豫算ハ毎年提出スルカラ、毎年之ニ對シテ努力ヲシマスレバ、茲ニ毎年改善ガアリマス、各地ノ特別會計ハ臺灣ト云ハズ、朝鮮ト云ハズ、樺太ト云ハズ、小サイ南洋廳デモ、關東廳デモ、茲ニ黑字ヲ持ッテ居ルト云フコトハ、自分自身ノ財政デアリマスカラシテ、此各特別會計ノ當局者ハ、一般會計ヨリ勉強シテ、今マデ此會計ヲ御持チニナッテ居ッタノデハナカラウカ、故ニ増收計畫モ、歳出ノ増加計畫モ相當ニ立派ナ發達ヲ遂ゲテ居ルヤウニ私ハ思ヒマス

茲ニ私ハ我國ノ財政上申上ゲテ見タイコトハ、財政ノ改革ト云フコトハドウ云フコトカト言ヘバ、何處カ力ノアル人ノ所ヘ、力ノアル會計ハ歳出ヲ持ッテ行クト云フコトデハナイデセウカ、金ノナイ人ハ金ガ出セナイト同ジヤウニ、財政上餘力ノナイ所ハ歳出ヲ負擔サセルト云フコトハ困難デアル、稅制改革ハ何デアルカ、擔稅力ノアル所ヘ、擔稅力ノ少ナイ人カラ負擔ヲ持ッテ行クト云フコト、是ガ稅制ノ改革デアルト存ジマス、財政ノ改革ハ財政ノ負擔力ノナイ所カラ、財政ノ負擔力ノアル所ヘ持ッテ行クノガ財政改革デアル、我國ノ農村デ力ガナイ農村ヲ救ヒタイ、斯ウ仰シャイマス、吾々モ農村ヲ救ヒタイ、此裏面ニハ私ハ第一段ニハ農村ト云フモノガ如何ナル負擔ヲシテ居ルカヲ考ヘテ、農村ニ負擔ヲ課ケナイノガ一番先デハナカラウカ、擔稅力ノナイ所カラ稅ヲ取ルノガ惡イ、農村ニ擔稅力ガナカッタナラバ、私ハ農村ニ課稅ヲシナイ稅ノ「システム」ヲ採ルコトガ、一番優先問題ダト存ジマス、私ハ其次ニマダ是デ財政ガ助カラナイ其時分ニハ、其持ッテ居ル歳出ヲ何處カ健全ナ財政主體ニ移シマシタラ、其財政主體ハ助カル、警察費ハ現在連帶支辨金ヲ國庫カ

ヲ千八百万圓出ス、而シテアト府縣ガ之ニ金ヲ足シマシテ、八千八百万圓持ッテ居ル、其八千八百万圓ヲ府縣ノ歳出カラ國ニ移シマスナラバ、警察官ノ待遇改善ハ勿論、又選擧其他ニ於テ、縣會議員ノ選擧デ警察官トノ衝突ヲ縣會デ聞クヤウナコトハ無クナッテシマヒハシナイカ、私ハ内務大臣ニ之ヲ御尋シマシタナラバ、府縣ノ歳出ヲ國ニ移シテ警察ノ革正ヲ圖ルト申シマシタナラバ、内務大臣ハ直チニ御同意デハナイカト私ハ信ジマス、其次ニ來ルモノハ、ソレデ尚ホ其財政ガ助カラナイナラ、政府ハ此財政ヲ助ケル、此事ハ有リ得ルト思ヒマス、今私ハ一般會計ガ赤字デアッテ、特別會計ガ黒字ト申シマシタガ、茲ニ前内閣ニ於テ計畫セラレタ唯一ツノ財政ノ例ハ、此一般會計ヨリ特別會計ニ援助ヲ求メタ、此財政援助ノ繰入デアリマスガ、一體財政ノ非常時ト云フモノハドウ云フモノカト、斯ウ申シマスレバ、國ノ財政全體ヲ動員シテ、必要ニナッテ來タ歳出ニ外ヲ顧ミナイデ之ヲ振向ケマスナラバ、茲ニ自由自在ニ、ドンナ事件ガ起ッテ來テモ、大キナ歳出ガ來テモ、戰爭ガ起ッテモ、之ヲ賄ヒ得ル力ガ生ジテ來ル、是ガ所謂非常財政デアリマシテ、其第一ノ手段ハ收入ノ動員デアリマス、然ルニ我國ノ財政ニハ澤山ノ特別會計ガアリマシテ、苦シムノハ獨リ一般會計デアリマス、茲ニ此財政受入援助ノ内容ニ付キマシテ、一二例ヲ申上ゲテ見マス、通信特別會計ヨリ千二百六十餘万圓繰入トアリマス、然ルニ前年ハ三

百四十万圓ノ繰入ヲ致シテ居リマスカラシテ、增加ハ約九百万圓デアリマス、然ルニ通信特別會計ニ於キマシテハ、事業增收ハ三千六百万圓、之ニハ少シ不思議ナコトガアリマス、郵便料金ノ値上ノ法律案ガ提出サレマスガ、豫算書ニハ此數字ハ一寸モ出テ居ナイ、千五百六十万何ガシト云フ通信ノ料金改正ニナリマス法律案ガ出マス際ニ、此豫算ニハ其增加數字ハ何處ニモ入レテナイ、モウ一ハ公債ノ低利借換ニ依リマシテ、二百數十万圓ノ利子負擔ガ輕減サレテ居ル、故ニ此通信會計ノ實際ノ懐ロ勘定ヲ見マスト云フト、三千六百万圓ハ事業增收、二百万圓ハ利子負擔ノ輕減、千五百六十餘万圓ハ郵便料金ノ値上計畫ニ依ル增收デアリマスガ、一般會計ニ對シテハ九百四十万圓シカ援助シテナイ、其次ノ帝國鐵道特別會計ハドウカ、帝國鐵道特別會計ガ現行法ニ相成リマス時ニハ、明治四十二年デアリマシタガ、凡ソ三十年ヲ一期トシテ其益金ヲ鐵道ノ建設ト改良ニ使ッテ、尚ホ足ラナイ場合ニハ、公債發行計畫ガ出來ルト云フコトノ會計法ニ相成リマシタノハ、明治四十二年デアリマス、丁度本年ハ明治四十二年ヨリ考ヘマシテ三十年デアリマス、當時ノ鐵道院總裁伯爵後藤新平君ハ、日本ニ財政上ノ是ダケノ難局ガ來ルト云フコトヲ、豫メ御考ニナッタノデアリマスカドウデスカ存ジマセヌガ、三十年ヲ以テ第一期トシテ帝國鐵道特別會計法ヲ改正スルト仰シヤッタ、而シテ私ハ帝國鐵道特別會計法ヲ今茲デ調

ベテ見マスト云フト、事業增收ト云フモノハ運輸收入、旅客收入、此增加ハ四千二百万圓デアリマス、而シテ公債ノ低利借換ニ依リマシテ利子ヲ儲ケマシタ額ハ約一千万圓デアリマス、財政ノ餘裕ハ茲ニ五千二百万圓ヲ生ジマシタ、併シ一般會計ニ對シテノ援助金ハ昨年ノ七百万圓ヲ差引キマスト、二千餘万圓ニシカナラヌ、私ハ現在ノ我國ノ財政狀態、之ヲ脱却スルノニ非常ニ困難デアル、併シ此場合ニ幸ニ鐵道ノ料金ト云フモノハ、歐洲戰爭以前ノ料金其儘ヲ以テ尚ホ多少ノ輕減ヲ加ヘテ居ル、郵便料金ハ世界中ヲ御歩キニナッテモ、何處ヘ御出デニナッテモ、一錢五厘ト云フ葉書ハナイ、二錢ト云フ葉書モナイ、此我國ノ「デバリュエート」シタ此貨幣デ二錢ヲ計算シマスナラバ、幾ヲニナリマスカ、一圓ハ四十錢ニナリマスカラシテ、二錢トシテ八厘ニナリマスガ、私ハ我國ノ通信料金、非常時ニ當ッテ之ヲ增徴スルノ餘地ナキヤ否ヤ、通信特別會計ノ方々ハ言ヒマス、吾々ノ方ノ待遇ガ惡イ、鐵道ノ待遇ヨリ吾々ノ待遇ガ惡イノダ、斯ウ仰ッシヤル、改善シタラ宜イデハアリマセヌカ、改善シテ尚ホ餘ッタヲ通信ノ發達ニ使ッテモ勿論宜シイ、併シ時ガ非常時デアルナラバ、一般會計ヲ援助シテ宜シイチヤアリマセヌカ、幸ニシテ我國ハ租税ノ增徴ニ入ル以前ニ於テ、此二大賃金若クハ手數料收入、所謂憲法上ノ報償ノ性質ヲ有スル收入ト云フモノガマダ殘ッテ居ル、而シテ是ガ思フヤウニ一般會計ノ援助ニナラヌノハ、特別會

計ノオ蔭デハナイカト私ハ思ヒマス、尚ホモウ一ツ朝鮮ニ付テ例ヲ申上ゲマス、朝鮮ハ、總督府特別會計ハ今回九百四十五万圓ノ一般會計援助ヲ計畫シテ居リマス、然ルニ朝鮮ニ對シマシテハ千二百九十餘圓ノ經費補充金ヲ支出致シテ居リマス、ソレデアリマスカラ、私ハ此際吾々ノ通俗ノ觀念デ言ヒマスナラバ、九百四十五万圓ヲ千二百九十餘万圓カラ差引イタダケ、國庫ノ移シ替ヘニ依ッテ問題ハ決リマセウ、併シ朝鮮ノ統治當局カラ言ヒマスナラバ、朝鮮ニ對シテ本國カラ斯ウ云フ金ヲ支出シテ統治スル必要ガアルト稱シテ、之ヲ御説明ニナリタイナラ、又是モ理由ガアリマセウガ、兩方トモ――一方ノ補充金モ臨時補充金、コッチヘ取上ゲル金ハ勿論臨時ノ收入金、吾々ハ説明ガ付カナイ、世ノ中ニハ金ヲヤッテ喜ブ人モアリマス、又金ヲヤラナイデ、オ互ニヤリモセズ取リモセズシテ樂シム人モ居リマス、又金ヲヤッテ、而シテ又向フカラ金ヲ貰ッテ、オ互ニ情操ヲ和カニシテ樂シム方モアリマセウ、私ハ此例ハ前大藏大臣及大藏當局ト云フモノハ、朝鮮ニ對シテ洵ニ情操圓滿ト稱スル外ハ、財政的ニ之ヲ説明シテ了解スルコトハ洵ニ困難デアリマス、然ラバ此場合ニ如何ナルコトヲ行ヘバ、朝鮮ニ對シテ經費補充金ヲ出シテ居ルコトノ意味ガ立チマスカ、茲ニ歳出ノ變更ヲ圖ル必要ガアルノデハナイデセウカ、陸軍ノ説明シテ居ル書類ニ依リマスト云フト、陸軍ノ朝鮮ニ駐屯シテ居リマス部隊ノ經常費ハ二

千六百万圓デアリマス、臨時部ハ部隊改善、其他ヲ計上致シマスト千八百万圓デアリマス、通計致シマスト四千四百万圓ヘ、陸軍ノ經費ニシテ朝鮮ニ支辨セラレテ居ルモノデアリマスガ、私ハ駐屯シテ居リマス三個師團、其他ノ兵ガ朝鮮ノ治安ニ任ジテ居ルコトハ勿論、更ニ一歩進ンデ浦鹽ニ近イ方面ヘ、私ハ今回ノ滿洲事件ノ第一線デアルコトヲ信ジマスガ、併シ朝鮮ノ國境ニハ約千万圓ヲ要シマス警察ノ警備部隊ト云フモノガアリマス、警察官ニ鐵砲ヲ擔ガセテ、サウシテ苦心ヲサセマシテモ、此警備及治安ノ效果カラ申シマスナラバ、軍隊ヲ駐屯セシムルコトガ數倍ノ效果ヲ有ッテ居ルト存ジマス、私ハ朝鮮カラ金ヲ貰フナラ、寧ロ金ヲ貰ヘナイデ歳出ヲ陸軍ノ經常部ノ一部デモ宜シイ、臨時部ヲ合セテ持ッテ行ッテ呉レテモ尚ホ宜シイ、歳出ヲ朝鮮ニ移シテ、而シテ尚ホ朝鮮ノ統治ニ金ガ足リナイナラバ、千二百九十餘万圓ヲ增加シテ、二千万圓ヲ上ゲテモ結構デハアリマセヌカ、玆ニ現内閣ニ吾々ノ要望スル所ハ財政信用デアリマスガ、財政ノ改善ヲ圖ル爲ニ、玆ニ特別會計ニ對シテ大ナル改廢ヲ斷行スルノ御考ヘアリマセヌカ(拍手)或ヘモウ一歩滿洲事件ニ關シマシテモ、今回ノ國防費ノ增加ヲ來スベキ一番ノ原因ト云フモノヘ、滿洲事件ニ存スルト私共ハ存ジマス、進ンデ滿洲國政府ガ吾々ニ對シテ如何ナル國防分擔ヲ致シテ居ルカ、私ハ滿洲國ノ財政ガ貧弱デアルコトモ存ジテ居リマス、又滿洲國ノ現在ノ自分ノ經費ガ二億數千万圓ノ三分ノ一、七千五六百万圓ヲ要シテ居ルコトモ存ジテ居リマスガ、凡ソ軍隊デ裝備ノ足リナイ、訓練ノ足リナイ、斯ウ云フ兵隊ヲ今ノ滿洲ノ時局デ滿洲國ガ御持チニナッテ一體何ニナリマスカ、滿洲事件ノ國境ノ嫌ナ問題ト云フモノヘ、大抵滿兵ガ捕ヘラレタ時ニ起ル、寧ロ現在ノ國防分擔金千九百五十万圓ヲ出來ルダケ我國ニ提供スル方ガ財政上モ有效デアリ、彼等ノ國防モ完全ニ近クナルコトヲ期スルコトガ出來ルノデヘアリマスマイカ、滿洲國ノ現在ノ兵隊ヘ十三万ヲ整理シテ、九万或ハ八万五千ニナッタト稱シマスガ、之ヲ四万、五万ニ縮少スルコトハ出來ナイモノデアリマセウカ、濫リニ他國ノ兵額ヲ私ハ論ズルコトハ避ケマスケレドモ、其整理節約シタ金ニ依ッテ、之ヲ國防分擔金ノ一部トシテ我國ニ寄越シマスナラバ、我國ハ之ニ依ッテ滿洲ノ裝備ヲ完備スルコトガ出來ルノミナラズ、一ハ以テ滿洲國ト我國トノ間ノ國際貸借ノ、公ノ歳入歳出ヲ多カラシムルコトヘ、モウ一遍滿洲ニ吾々ハ金ヲ上ゲル爲ニ――滿洲ノ經濟ニウモ一遍持ッテ行ク爲ニ、必ズ私ハ役立ツト信ジマス、故ニ私ハ滿洲カラ現在來テ居マス金ハ二千万圓近クデアリマスケレドモ、尚ホ之ヲ增額シマスナラバ、滿洲事件ハ特別會計ヲ設置シテ、滿洲國防分擔協約ニ基イテ、財政上ノ施設ヲ行フモノデアルト云フコトヲ、中外ニ宣明スルコトガ財政上其根基ヲ明確ニスルト同時ニ、吾々ハ滿洲事件ニ對シテノ發行計畫、或ハ財政計畫ヲ一層明確ニシテ、一般會計ノ禍ニナルコトヲ減少スルコトガ出來ルカト存ジマス、私ハ此際御尋スル一點ハ、所謂租稅政策ニ依ッテ財政計畫ノ基礎ヲ確立スルコトハ洵ニ結構デアリマスガ、手數料、貸金、所謂報償ノ性質ヲ有スル其收入ニ對シテ增徵ヲ加ヘルコト、卽チ一般大衆ニ對シテ消費稅ヲ課ケルコト、所謂擔稅力ガナクテモ均等ニ取ヲレル消費稅ノ增徵ト、手數料收入ニ對シテ增徵ヲ圖ル、其力ハドチラヲ優先ニ御考ヘニナッテ居リマスカ、重ネテ申上ゲマス、租稅收入中、所謂間接稅ノ增加ヲ圖ル時ノ苦痛ト云フモノト、報償ノ性質ヲ有スル諸收入ノ增加ヲ圖リマス場合ニハ、其ドチラヲ優先シテ御實行ニナリマスカ(拍手)

其次ニ私ハ公債政策ト租稅政策トノ關係ヲ御尋致シマス、現在ハ歳計上收入ハ之ニ伴ハナイ、此關係上公債政策ガ圓滿ニ行ハレマシテ、發行ヲ完了シテ、賣上ガ良好ナリト申シマスレバ、皆サンモホットシテ御安心、又大藏大臣モ之ニ依ッテ相當安心セラレル境遇ニ達スルト存ジマス、併シ玆ニ殘ッテ居ル問題ハ、租稅政策ト公債政策トノ間ニ、假ニ圓滿ニ發行ヲ了シ、賣行ヲ了シマシタ際ニ、吾々ノ租稅關係ハ如何ナル關係ニ立ツカ、現在ノ我國ノ公債ノ借換或ハ發行ニ付キマシテ、其大體ノ、引受ケマシタ情勢ヲ見マスト云フト、特殊銀行ヲ包含シマシタ銀行ガ凡ソ六割デアリマス、所謂預金部、其他政府關係ノ資金ヲ以テ引受ケラル、モノガ、凡ソ一割近邊デアリマスガ、此場合ニ個人ノ引受ガ少クテ、銀行ノ引受ガ六割ヲ占メテ居ル、或ハ信託會社、其他ヲ包含シマスレバ七割ニナル、此場合ニ公債ノ引受ハ所得ノ蓄積ニ依ル預金ノ增加ニ依ッテ、賄ハレテ居ルカラト云フ說明ガ、一般ニ吾々ニ知ラサレテ居ル所デアリマスガ、然ラバ此預金ノ增加ハ如何ナル階級ノ人デ、如何ナル所ガサウ云フ預金ノ增加ヲ伴フカ、我國ニハ貯蓄預金ノ增加ニ付キマシテハ、如何ナル階級ノ人ガドウ云フ風ニ、預金ガ殖エテ行クカト云フコトガ統計ニ現レテ居リマス、又遞信省ガ作リマシタ郵便貯金ノ統計ニハ如何ナル職業ノ人、如何ナル階級ニ於テ其金ガ殖エルト云フコトガ、明瞭ニ統計サレテ居リマス、併シ不幸ニシテ我國ノ普通銀行ニ於テハ、ドウ云フ預金ガドウ云フ風ニ殖エルカト云フコトノ統計ガ、吾々ニ示サレテ居ナイ、已ムヲ得マセヌカラ、玆ニ亞米利加ノ例ヲ一ツ取リマス、合衆國ニ於キマシテ一昨年五万弗ト、五万弗以下ニ預金者ノ種類ヲ分ケマシテ、其統計ヲ致シテ見マスト云フト、五万弗以上ノ口數ハ約七百万口デアリマシテ、其五万弗以下ノ數千万ノ口數ノ預金ト云フモノハ、常ニ增加ヲシタコトハナイ、增加スルコトハ五万弗以上ノ預金者ノ增加ダケガ、全體ノ預金ノ增加デアル、我國ノ預金ハ近來數年間多キハ六億、少クテモ三億五千万位、普通銀行ハ預金增加ヲ伴ッテ居リマス、此預金增加ハ吾々ノ所謂安心スル公債發行ノ資源デアリマス、亞米利加合衆國ト同ジヤウニ、五万弗以上ノ人ダケガ預金ガ殖エル、公債ハ銀行ガ引受ケル、銀行ハ自分ノ金ハナイカラ預金デ引受ケル、其預金ハ大預金者ノ預金ニ依ッテ公債ヲ引受ケテ、サウシテ其利拂ガモウ一遍此銀行ニ來ッテ、銀行ノ預金ノ増加ニ相成ルト云フナラバ、私共ハ大預金者ガ公債ヲ引受ケテ、而シテ其公債カラ、モウ一遍利子ヲ貰ッテ、此利子ハ渦卷イテモウ一遍銀行ノ預金ノ利子ニナッテ、サウシテ年々ノ公債引受額ヲ構成スルノデハナイデセウカ、租税政策カラ言ヒマスナラバ、此階級ガ租税ヲ納メルオ方デハナイデセウカ、吾々ハ一體租税ト云フモノハ、勤勞ニ課ケテハ洵ニ惡イヤウナ氣ガシマス、吾々ガ働イテ所得ガアル、是ハ所得ノナイ人ヨリハ宜イ、所得税ヲ課ケテ結構デアリマスガ、モウ一遍進ンデ此働イタ人ノ所得ガ蓄積セラレマシテ、財産ニナリ、株ニナリ、公債ニナリ、社債ニナリ、家屋ニナリ、土地ニナッタナラバ、是カラモウ一遍所得ヲ取ッテ、此所得ニ對シテ課税スルコトガ吾々ノ理想境ダト存ジマス、此銀行ニ預金ヲシテ利子ヲ取リ得ル階級ト云フモノハ――現在ノ所得税法ニ於テハ、利子ニ對シテ課税セラレマセウガ、本當ニ所得者ニ對スル課税ヲ怠ッテ、而シテ更ニ此人ノ金ヲ運用シテ、モウ一遍此人ノ公債ニ對シテ利子ヲ支拂ヒマスナラバ、其利子ガ不幸ニシテ大衆カラ來リマシタ課税ニ依ッテ生ジマシタ場合ニハ、有産階級、財産階級ノ懐ロニ、汗ヲ搾ッテ無産階級ノ納メマシタ消費税ヲ再ビ倍加シテ、此人ノ懐ロニ入レル結果ト相成リマス、故ニ公債政策ハ單ニ其發行ガ圓滿デ完全ニ實行キ、サウシテ其年ノ財政ノ收支ニ役立ッタカラト云フコトヲ以テ、御安心ニナルコトハ洵ニ淺薄デアルト私ハ存ジマス、故ニ生産公債ハ多少ノ議論ヲ挾ム餘地ガアリマセウガ、赤字公債ヲ慢性的ニ段々公債ダケデ支辨シテ行クト云フコトニ相成リマス結果ハ、租税政策ト大ナル矛盾ヲ來シマスカラ、將來ニ對シテ如何ナル考慮ヲ此兩方ノ政策ノ交叉ニ對シテ御考ヘニナルカト云フコトヲ御尋シマス

次ニ私ハ税制ノ案ノ内容ニ付テ、少シ御尋ヲ致シマス、一體所得税ヲ納メル階級、所得税ヲ納メナイ階級トアル、農村ニ所得税ガナイ、農村デハ所得税附加税ガ取レナイ、是ハドチラガ原因デアッテ、ドチラガ結果デアリマセウカ、所得税法ト云フモノモ、現今ノ農村ニモ適用ガアルヤウニ作ルノガ所得税法デアリマセウ、或ハ農村ノ負擔其他ヲ輕減スル爲ニ、小サイ所得者ニハ成ベク課ケナイト云フ趣旨デ、所得税ヲ成ベク所得ノ上ノ人ノ階級ニ課ケルト云フコトニ致シテ行クコトガ、所得税法ノ面目デアリマセウ、所謂所得税中心主義、所得税ヲ直接税ノ根幹ト爲ス場合ニハ、我國デハ農村デモ資産ヲ持ッテ居ル人モアリマス、田畑ヲ持ッテ居ル人モアリマス、自作農デ大キイ所得ノアル人モアリマス、此方ニモ所得税ガ課カルヤウナ所得税ヲ布ク方ガ宜シイノデアリマセウカ、言換ヘレバ資産所得、之ニ對シテハ千圓未滿デモ、モット小サイ所得デモ、純粹ニ資産所得ヨリ來タ場合ニハ、所得税ヲ課税スルト云フ法制ヲ布クノガ理想デアリマセウカ、小サイ所得ハ助ケテヤラウ、大キイ所得ダケデヤッテ行カレル、斯ウ云フ立前ニ所得税法ヲ考ヘテオ居デヾアリマセウカ、日本ノ國民ハ農業ニ從事シテ居ル人ガ五割ヨリ六割ノ間、五七%ハ農民デアリマス、此農民ト云フモノハ我國ノ中樞ヲ成ス税ニ關係ガナイノダ、斯ウ云フコトデハ、私ハ少シ所得税法ノ出來方ガ惡イノデハナカラウカ、是ニ於テ私ハ所得税ト云フモノハ、勤勞所得ニハ輕ク、資産所得ニハ重クト同僚武田君ガ申サレマシタガ、モウ一歩進メテ資産所得ニハ少額デモ課税シテ宜シイノデハナイデセウカ、最低限ヲ定メル場合ニハ、資産所得ニ對シテハ千二百圓デモ――一方ハ八百圓デモ、或ハ農村ニ對シテハ七百圓デモ、資産所得ニナル場合ニハ課税シテモ宜シイノデハナイデセウカ、斯ウシタラバ農村ニモ所得税附加税ガ生ジマセウ、所得税ノ第二ノ疑問ハ、第二種綜合ト累進ノ關係デアリマス、一體所得ガ大キクナッタナラバ、税率ト云フモノハ輕減シ得ルモノデハナイデセウカ、所得ガ五十億シカナカッタナラ一割課ケテ五億圓シカ取レマセヌケレドモ、所得ガ百億トナッタラバ五分課ケレバ五億圓出テ來ル、此原理ハ第二種ヲ第三種ニ綜合スル、又株ノ配當金ニ六割シカ課税シナカッタ、之ヲ全部、十割課税スル、百万圓配當ガアッタラバ六十万圓ニ課税シマシタガ、之ヲ百万圓ニ課税スル、我國全體ノ所得ノ數字ヲ大キクスル際デアリマスカラ、此場合ニハ税制ノ變革上、累進率ヲウント引上ゲル、課税標準モ大キクスル、是ハ少シ殘酷デハアリマセヌカ、私ハ納税觀念ヲ養ヒ、納税ノ完璧ヲ期スル爲ニハ、税法ノ「システム」ノ改善モ必要デアリマセウガ、納税觀念ヲ養フコトハモット重要デアリマス、進ンデ税ヲ納メル、此觀念ヲ養フノニハ、國ノ所得ガ大キクナッタ、税率ガ引上ガル、二重ニ一遍ニヤッテハ、此觀念ニ激變ヲ生ジマスルカラ、所得ガ大キクナッタト云フ場合ニハ、税率ヲ一遍緩和スル手段ヲ講ズルト云フコトガ、税法ノ執行ニ必要デハアリマセヌカ、故ニ私ハ第二種所得ヲ第三種ニ綜合スル、是ハ現内閣ノ方ガ私ハ改惡ダト思ヒマス、併シアナタ方ハ暫定的ダト仰シヤイマスカラ、結構デアリマス、暫定的デアリマスカラ、源泉デモ宜シウゴザイマスガ、二種ヲ三種ニスル、株ノ配當金ヲ十割全部課税スル、此時分ニハ如何ナル階級ニ對シテ影響ガ強イカ、日本銀行ニハ登録公債デ四十億アル、帳面一冊デ誰ガ千万圓持ッテ居ル、二千万圓持ッテ居ル、之ヲ捉マヘヲレタラ此人ノ所得ハ、公債所得ハ五十万、八十万、適レッコナイ、此人ハ今マデ所得税ガ少シヨリ課カラナカッタ、是ガ大所得ニナッタヲ所得税ガウント課カル、其時分ニ目ノ飛ビ出ル程取ヲ

ナクテモ、此人ノ税率ヲ一遍下ゲテ、一朝事ガ有ッテ、財源ガ必要ニナッタナラバ、其際ニ一齊ニ引上ゲルコトハ、私ハ國民トシテハ毫モ異存ガナイト存ジマス

一體日本ノ所得税ノ中樞ヲ成ス階級ト云フモノハ、二千圓カラ千五百圓、此階級ガ殆ド納税者百万ノ中五十万ヲ占メテ居リマスカラ、私ハ所得税ノ收入ノ大キイノヲ希望スルナラバ、此階級カラ税ヲ取ル外收入ガ來ナイト思ヒマス、各國ノ税率ノ累進ヲ見マスト最低ガ四分、英吉利ハ例外デアリマセウ、四志六片、一割二分五厘、四志九片、一割三分、是ハ例外ト私ハ思ヒマスガ、何處ノ國デモ最低課税ニ於テ三分トカ、四分トカノ税率ヲ課ケナイモノハナイ、ソレガ五十乃至六十「サアタックス」ヲ課ケテ七十ニナル、之ヲ數字ニ現ヘシマスト四ヨリ七十ニシマシテモ、一カラ十五デアリマス、我國ハ最低〇・八カラ三十六、之ヲ一ニ直シマスト、一カラ四五ニナリマス、ソレ程急激ニ我國ノ所得税法ノ累進率ハ進ンデ居ッタ、是ハ私ハ適用ガナイ、實際納税ヲスル人ガ居ナイカラ、斯ウ云フ税法ガ出來テ我慢シテ居ッタノデハナイカ、タッタ一人シカナイ、大阪ニ三割六分ト云フ税率ガ適用サレテ居ル人ガ、タッタ一人オ居ダサウデアリマス、名譽ナコトデアリマスガ、法律的ニハタッタ一人シカ適用ガナイヤウナ法律ハ、餘リ良イ法律ト私ハ思ヒマセヌ、ソレデアリマスカラ、税率ハ私ハ累進ヲ、モウ少シ緩和シタラドウデアラウカ、緩和シテ而シテ玆ニ我國ノ所得税ガ中心デアルナラバ、大キナ收入ヲ得ルト云フコトヲ御考ヘニナッタラ如何デアリマセウカ

第三ニ超過所得ノコトヲ御尋スル、超過所得ト云フモノハ、我國デハ資本ニ對シテ餘計儲カッタ人ハ超過所得ヲ取ラレル、信用デ仕事ヲスル人、敏腕デ仕事ヲシテ儲ケタ人、此人達ハ資本ガ少イノデアリマスカラ、超過所得ガウント出テ來テ、税金ハウント取ラレテシマウ、實例ニ依リマスト百万圓位ノ會社デ四五十万圓、六七十万圓儲ケマスト税金ガ半分以上ニナッテ、皆サン是ハ税金ノ爲ニ稼イデ居ルト仰シヤイマス、超過所得ト云フモノハ資本ニ對シテ御考ヘニナルノガ宜イカ、超過所得ト云フ觀念ヲ若シ假ニ課税上用ヒナケレバナラヌノナラバ、藤井君ノ拵ヘマシタ臨時利得税ノ方ガ――過去何年間ハ私ノ事業ハ一割五分儲ケテ居ッタ、二割儲ケテ居ッタ、三割儲ケテ居ッタ、故ニ今年ハ二割五分儲ケタカラ過去ノ一割五分ヨリ一年餘計儲ケタ、此主義ノ方ガ遙ニ實情ニ適スルト思ヒマス、資本ニ對シテ、資本ヲ小サクシテ置イテ、信用デ事業ヲシタ、社債デ事業ヲシタ人ハ、ウント所得税ヲ取ラレル、鐘淵紡績會社ハウント配當シテ居ル、利益配當二割五分ニ對シテ、第一段ニ一割ドコロデ取ッテ、順々ニ餘計取ッテ、次ニ三割取ルト云フコトハ、利益ノ半バ以上ガ税金トナッテ シマフノデアリマス

最後ニ財産税ニ付キマシテハ、武田君モ御質問ガアリマシタガ、私ハ逆ニ何故ニ個人財産税ヲ御廢メニナリマスカト云フコトヲ御尋シタイ、法人ノ資本課税、今回ノ改正ニナリマシタ御提案デアリマスケレドモ、私ハ一體法人ノ資本、或ハ中小商人カラ言ヒマシテ百貨店ヲ見マスト、或ル百貨店ハ五千万圓資本ヲ持ッテ居ル、或ルル小サイ小賣人ハ千圓ノ資本モ持タナイ、是ハ到底喧嘩ガ出來ナイ、ダカラ資本ニ對シテ課税ショウ、是モ御議論ニナルト思ヒマスガ、法人ニハ普通所得、超過所得、色々租税ノ取リヤウガアル、儲ケタ場合ニハ御取リニナッテ宜イ、僅カバカリ所得ガアルカラ、此場合ニ資本ノ税金ヲ取ルト仰シヤラヌデモ、私ハ個人トノ權衡論デアリマスナラバ、會社ノ五万圓、個人ノ五万圓、是ハ相當大キナ事業者デアル、會社ハ五万圓、或ハ五万圓ノ場合ニハ個人ナラバ二割ノ税金ヲ取ラレル、會社ナラバ五分、新税法ニ依ッテ一割、マダ法人ノ方ガ輕イ、五万圓ヲ超エル所得ニ對シテハ、一割デナクテモ宜クハアリマセヌカ、一割二分御取リニナッテモ宜クハアリマセヌカ、個人ノ所得ヨリモ會社所得ガ大キイ、資本ガ大キイ、競爭ニナラヌ、此場合ニハ大會社ノ大所得ニ對シテ五万圓マデハ一割デアルケレドモ、五万圓ヲ超過シタラ一割二分取ッテモ、是ハ私ハ租税法上御非難ノアル御方ハナイト思ヒマス、然ルニ個人ノ財産税ニ付キマシテハ、主ナル非難ハ課税標準ヲ定メルニ當リマシテ、大臣ノ言葉ヲ其儘用ヒテモイケマセヌガ、不安ヲ感ズルト仰シヤイマシタ、何故ニ不安ヲ感ジマスカ、財産ヲ持タナイ人ガ不安ヲ感ジナイコトハ勿論デアリマスガ、財産ヲ持ッテ居ル方ガ何故ニ財産ノ評價ニ付テ不安ヲ御感ジニナリマスカ、不安ヲ感ズルヨリモ課税スベキ標準ノ作リ方ニ對シテ税法上無理ガアルノチヤナイデセウカ、相續税ハ、私ハ執行ノ任ニ當ッタコトガアリマスガ、オ父サンガ亡クナッテ涙ヲ流シテ居ル此時ニ當ッテ、アナタノ相續財産幾ヲ、理論ハ正ニ立派デアリマスケレドモ、執行上ハ非常ニ困難デアリマス、執行上ハ洵ニ圓滿デナイ、其上ニモウ一ツ圓滿デナイコトガアル、一番困難ナモノハ山林ノ評價、其次ハ田畑、不動産ノ評價、偖テ山林ハ賣ラウ、買手ハナイ、買ハウ、主觀的價値ガアリマスカラ高クナケレバナラヌ、賣ルト安イ、買フト高イ、山林ニ付テハ相手方ヲ見付ケテ圓滿ニ賣買ヲスルコトハ殆ド困難デアリマス、勸業銀行ハ貸付ケテ競賣ニシマスルト、三分ノ一モ、四分ノ一モ取レナイ、山林ハ一番極端デアリマスケレドモ、其次ハ農村ノ田地田畑、是モ賣ルト安イ、買フト高イ、東京市ノ土地ハ賣ッテモ買ッテモ多少ノ相場ハアリマセウガ、賣ル場合ハ安イ、買フ場合ハ高イ、此場合ニハ何ガ問題デアルカ、經濟價格ヲ定メルノニ賣ッテ安ク、買ッテ高イモノノ經濟價格ハ何處ニアリマスカ、之ヲ税務官吏ガ高ク評價スル不安ガアル、賣ッテ安イ、買ッテ高イモノノ經濟價格ヲ決メル方法ハ色々アリマセウ、

安ク評價スルモ一方法デアリマセウガ、出テ來マシタ價格ヲ割引シテ、山林ハ一万圓ト出タラ三千圓ニ課税スカ、田畑ハ一万圓ト出タラ四千圓ニ課税スルカ、東京ノ地所ハ一万圓ト出タラ六千圓ニ課税スルカ、大阪ノ地所ハ一万圓ト出タラ五千圓ニ課税スルカ、税法ニ依ッテ決ムベキ所デアリマス(拍手)官吏ノ執行ノ手加減ニ俟ツヨリモ、法律自信ガ之ニ依ッテ安心ヲ與フルヤウニ、課税標準ヲ決メタラ宜シイ(拍手)私ハ私ノ近傍ニ二人ノ最モ生活條件ノ類似シタ有名ナ議會人ヲ有ッテ居リマス、兩方トモ國務大臣ニナッテ居ル、兩方トモ貴族院議員ニナッテ居ル、兩方トモ恩給ヲ三千圓近ク持ッテ、議席ヲ持ッテ居ル、一方ハ三百坪ニ住ッテ居ル、一方ハ六万坪ニ住ッテ居ル、而シテ此人ハ政黨ニ關係シテ立派ナ生活ヲシタ爲ニ懐ロハ赤字、餘リ申上ゲラレマセヌ、一方ハ六万坪ニ住ッテ居ル、此六万坪ハ東京ノ北ノ隅デアリマスケレドモ、安ク買ッテモ坪百圓ニナリマセウ、高ク賣ッタラ百五十圓ニナリマセウ、六百万圓乃至七百万圓ノ財産ヲ持ッテ居ル、片々ハ赤字ヲ持ッテ居ル、此人ニ於テハ三百坪ハ三百坪ノ地租ヲ拂フ、六万坪ハ六万坪ノ地租ヲ拂ヒマセウ、所得ガナイ、ソレ以上ニ行カレナイチヤアリマセヌカ、赤字ノ救濟ハ勿論シテヤレナイ、併シ六万坪ニ居住シテ居ル人ニ對シテ地租ヲ取ル、ソレ以外ニハ課税方法ハナイ、私ハ生活ニ喘イデ居ル人、是ハ社會政策ヲ以テ助ケナクチヤナラヌ、併シ社會政策ハ、國庫ガ歳入ヲ取ッテ金ヲ與ヘテ、社會政策ヲ實行スルコトハ洵ニ困難デアル、成ルベク此人カラ取ラナイヤウニスル、租税ノ第一義ハ社會政策的ニ觀察シマスナラバ取ラナイデ置ク、其次ニハ吾々ハ財源ヲ得ル必要ガアリマスカラシテ、擔税力ノアル人カラ納税觀念ヲ發ッテ出スヤウニシテ戴ク、財産税ヲ持ッテ居ル者ハ借金ヲ相殺シテ其餘リガ出ル、其餘リニ課ケル、而モ輕ク課税スル、低率ニ累進税ヲ課ケル、宜イチヤアリマセヌカ、而モ一旦我國ノ財政ニ非常ノ必要ノアッタ場合ニ、之ニ對シテ增率シテ課ケル、財政上ノ準備ヲ之ニ依ッテ行フ、昨日結城大藏大臣ハ公債募集ガ出來ナクナルト、財政ノ最後ノ準備ハナクナルト仰シヤル、私モ其通リニ思ヒマス、陸軍ノ諸君ガ何カ公債デヤレバ宜シイ、庶政一新ノ方ヲ增税デヤッテ呉レ、國防ハ公債デヤッテ置ケト仰シヤッタサウデアリマスガ、是ハ私ハ思ハザルモノノ甚ダシイモノダト思フ、庶政一新ハ成ベク税ノ負擔ヲ輕クスルニアル、是ガ本來ノ面目デアリマス、一旦財政ニ非常ノ必要ガアッタナラバ、財産税ヲ個人ニ課ケル、財産ノアル人ニ課ケル、遠慮ナイチヤアリマセヌカ、併シ普段ハ所得ヲ生ジナイモノデアリマスカラ、輕ク課税シヨウ、之ニ御異議ガアリマスカ、大藏大臣ガ何故ニ個人ノ財産税ヲ御止メニナッテ、法人税ニシテ之ヲ會社ニ課ケルカ、會社ニ課税シタイナラ何時ダッテ課税出來マス、資本金ト積立金ハ收税官吏一人アッタナラバ何千軒トヤッテシマウ、併シ財産ダケハ他人ニ知ヲレテ嫌ナ程隱シテ居ル者モアリマス、評價ノ困難ナモノモアリマス、課税標準ノ困難ナモノモアリマス、準備ヲスルニアラザレバ、之ニ依テ此人ノ財産ト云フモノヲ知ルコトハ困難チヤアリマセヌカ、一番最後ニ預金ヲ持ッテ居ル、分ラヌチヤアリマセヌカ、無記名證券ヲ持ッテ居ル、分ラヌチヤアリマセヌカ、登錄公債ガ日本銀行ニアルコトハ、日本銀行ハ恐ラク數ヘナイト仰シヤルニ違ヒナイ、分ラヌチヤアリマセヌカ、之ヲ漸次分ラセルヤウニ、普段準備ヲシテ拵ヘテ、サウシテ一朝事有ッタ時分ニ負擔ヲシヨウ、國民トシテ最モ立派ナル心懸デ税ノ「システム」トシテ一番立派チヤアリマセヌカ、獨逸ガ巧ク行カナカッタデハナイカ、獨逸ガ巧ク行カナカッタノハ、ソレハ獨逸ガヤリ方ガ惡カッタ、評價ノ方法ガ拙イ、私ハ輕ク課スルヤウニ評價ヲシテヤッテ、其上ニ税ノ課税ヲスル時ニ、免除ノ恩典ヲ與ヘテ、サウシテ普段ハ輕ク發ッテ置クヤウニシタナラバ、此效果ハ所得税ノ調査ニ當ッテハ、此人ノ年々ノ財産、所得ト云フモノヲ調ベラレル一番良イ資料デアルト思フ、此意味ニ於テ平時ハ財産税ハ目的デハナイ、所得税ヲ完成スル爲ニ、所得中心主義ヲ貫ク爲ニ、私ハ財産税ヲ作ッテ戴クノガ一番良イ税ノ最後ノ補完デアルト存ジマスガ、大藏大臣ハ如何ニ御考ヘデアリマスカ(拍手)

終リニ私ハ帝國ノ現在ノ各信用、外交上ノ信用、國防上ノ信用、財政信用、産業信用、之ヲ私ハ顧ミル必要ガアルト存ジマス、我國ノ産業、我國ノ工業、躍進日本、此處マデ日本ハヤッテ來タノダ、其次ニ國防上我ガ帝國ノ海陸軍ノ將兵ハ必ズ帝國ヲ護ルト私ハ信ジマス、而シテ一番最後ニ殘ル問題ハ、私ハ外交ノコトハ申上ゲタクアリマセヌガ、財政信用ハ、ヤハリ我國ヲ中外ニ宣明シテ、世界第一ノ國ニナルノニ、一番現在危機ニ瀕シテ居ル方面デアルト私ハ信ジマス、幸ニ大キナ財政上ノ改革、大キナ財政上ノ改善、次ニ來ルモノハ租税制度ノ改善、租税制度ノ改革、是ガ帝國ノ國威ヲ中外ニ宣揚スル一番必要ナ點ダト私ハ信ジマス、私ハ無理ヲ申シマセヌ、時ニ質問ガ法案ト牴觸シタカモ知レマセヌガ、別ニ他意アルモノデハアリマセヌ、私ハ暫定案ニ次グニ立派ナル案ヲ以テ、此次ニ我國ノ財政ノ確立、社會問題ノ解決、此政治ガ我國ノ今一番必要ナ財政信用ノ局面ヲ完全ニ乘切ッテ、我國ヲ安全ナ所ニ押出シテ戴クヤウニ、吾吾ハ決シテ援助ト協贊ヲ吝マヌ者デアリマス(拍手)

(國務大臣結城豐太郎君登壇)

○國務大臣(結城豐太郎君) 篠原君ノ御尋ニ對シテ御答ヲ致シマス、特別會計ト一般會計ノコトニ付テ御話ガアリマシテ、洵ニ御尤ト存ジマス、現內閣ト致シマシテハ、前內閣ノヤリマシタコトヲ踏襲致シマシテ、特別會計カラ相當ノ援助ヲ求メテ居リマスノデスガ、今後此問題ニ付テハ三十ニモ餘ル特別會計ト云フモノヲ、其儘ニシテ置クベキカ、又特別會計ト一般會計ニ付テドウ云フ風ニスベキカ、餘程研究ヲ要スル問題ト存ジマシテ、其邊ノコトニ付テハ、十分ニ考慮スル積リデアリマス

ソレカラ第二ニ、租税以外ニ手數料收入ニ依ッテ增加ヲ圖ルコトト、消費税ヲ增徵スルコトト、何レヲ先ニスルカト云フコトノ御尋ト拜承致シマシタガ、消費税ハ租税政策カラ定メラルベキモノデアリマシテ、手數料ノ何レヲ先ニスルカト云フコトハ、又手數料ノソレゾレノ性質ニ依ッテ決メナケリヤナリマセヌノデ、一概ニ何レヲ先ニスルト云フヤウナコトハ、申上ゲ兼ヌルト存ジマス

次ニ公債政策ニ付テノ御尋ガアリマシタヤウデスガ、是ハ今後ノ財政ヲ處理スル上ニ於テ、最モ大切ナ問題デアラウト思フノデアリマス、公債ノ市價ガ常ニ發行價格以上ニ保ッテ居リマスヤウデアリマスナラバ、其後ノ消化ニ何等ノ懸念ガナイノデアリマシテ、少シモ心配ハナイノデアリマスルガ、ソレニハヤハリ國ノ財政ニ對スル信用ト云フコトガ本デアリマス、モウ少シ大キク申シマスレバ、國ノ安泰ト云フコトガ根本ニナラウト、私ハ思フノデアリマシテ、ドウモドッカニ不安ガ横ハッテ居ルヤウナ場合デアルト、自然財政上ニ於キマシテモ、公債ノ市價ノ上ニ於テモ、ソレガ反映致シマシテ、發行價格ヲ維持スルト云フコトガ困難ナ場合ガ起ルノデアリマス、ソレヲサセナイヤウニ致シマスコトガ、財政當局者トシテハ一番大切ナ仕事ヂヤナイカト考ヘテ居リマスヤウナ次第デ、只今ノヤウニ當分年々國費ガ增大スルト云フヤウナ時ニナリマスルト、尙更此事ハ大切デアラウト存ジマスルノデ、其事ニ付キマシテハ萬全ノ方策ヲ講ズル積リデアリマス、場合ニ依リマスルト減債基金ト云フヤウナ制度モ、考ヘナケリヤナラヌトモ存ジマス、種々考究致シマシテ、議會ニ御諮リスルヤウナ時モアルカト存ズル次第デアリマス

次ニ所得税ニ關シテ御話ノアリマシタ、必シモ千二百圓ヲ免税點ニセヌデモ、モット下ノ者デモ納税ヲスルト云フコトガ、考ヘラルベキコトヂヤナイカト云フ御話、私ハ至極御尤ニ存ジマス、コンナ風ニ大切ナ時期ニ於キマシテハ、豫テモ申シマシタヤウニ、或ハ一般ニハ不人氣デアルカモ知リマセヌガ、少イ所得ノ方ニ致シマシテモ、國民ノ一員トシテ、分ニ應ジタ納税ヲシテ國政ヲ處理セシムル、斯ウ云フ誇ヲ持ッテ戴キタイト云フヤウナ氣持ヲ持ッテ居リマシテ、其點ハ篠原君ノ御說ト略々御同樣デアルヤウニ感ジラレマスルガ、此千二百圓ト云フコトニ致シマシタノハ、現行率ヲ其儘――臨時增徵デアリマスノデ、此際ハ其儘ニ、動カサズニ持ッテ來マシタヤウナ次第デ、是ハ税全般ニ對シテ檢討ヲ加ヘ、改革致シマス時ニ考ヘナケリヤナラヌ問題ダラウト思ッテ居リマス次第デアリマス

ソレカラ超過所得ニ付テ資本金ヲ標準トスルヨリハ、過去數年間ノ實績ヲ標準トシタ方ガ合理的デナイカ、斯ウ云フ御趣旨デアリマス、是ハ御趣旨ハ至極御尤デアリマス、今回ハ超過所得ノ引上ヲ中止致シマシタ、サウシテ臨時利得税ノ引上ヲ致シマシタヤウナ次第デアリマスルガ、是ハ御說ヲ參考ト致シマシテ、十分ニ今後ノ税制改革ノ時ニ考フベキモノダラウト思ッテ居リマス、ソレカラ個人ノ財産税ヲ止メナクテモ宜カッタヂヤナイカ、斯ウ云フ御話デアリマシタガ、是ハ武田君ニモ一部御答致シマシタ點デモアリマスルガ、是ハ此個人財産ノ調査ト云フコトガ中々困難デアリマス、ソレヲ十分ニヤラウトスルト、税務官吏ト納税者ノ間ニ摩擦ヲ生ジ、紛議ヲ生ジマスコトハ、是ハモウ視易イコトデアリマス、ソレニ負擔ノ衡平ト云フコトモ中々ムヅカシイト思ヒマス、兎モスルト不動産課税ニ陷ル虞ガアルト思フノデアリマス、旁々今回ハ見合セルコトニ致シマシタヤウナ次第デアリマス、追テ此事モ研究シナケリヤナラヌノデアリマスルガ、之ヲ一朝事ガ有ッタ場合ノ課税ノ爲ニト云フヤウナ說ヲ爲ス方モアリマスノデアリマスガ、一朝事ガ有リマシタ場合ニハ、モウ財産ノ價値ト云フモノハ、物ニ依ッテ非常ニ高クナルモノト、安クナルモノトガアリマシテ、非常ナ激變ヲ來スノデアリマスルカラ、平生計ッテ居リマシタ物差デハ到底計ルコトガ出來ナイノデアリマス、同時ニ愈々國ヲ擧ゲテト云フヤウナ場合ニハ、日本國民ノ愛國心ト云フモノハ、税金ニ依ッテナント云フヤウナ考デハ私ハナカラウト思フ、財産ノ一部ヲ割イテモト云フヤウナ氣持デ、戰ニ臨ムダラウト思フノデアリマス、又其位ノ氣持デ國民ガ擧ッテ起ツニアラズンバ、斷ジテ戰ナドハスベキモノヂヤナイト、斯ウ思フノデス（拍手）御答致シマス

昭和十二年三月十四日

一般會計歳出ノ財源ニ充ツル爲特別會計ヨリ爲ス繰入金ニ關スル法律案（政府提出）

第一讀會ノ續（委員長報告）

對支文化事業特別會計法中改正法律案（政府提出）

第一讀會ノ續（委員長報告）

一般會計歳出ノ財源ニ充ツル爲大藏省預金部特別會計ヨリ爲ス繰入金ニ關スル法律案（政府提出）

第一讀會ノ續（委員長報告）

報告書

一一般會計歳出ノ財源ニ充ツル爲特別會計ヨリ爲ス繰入金ニ關スル法律案（政府提出）

右ハ本院ニ於テ可決スヘキモノト議決致候此段及報告候也

昭和十二年三月十三日

委員長　木暮武太夫

衆議院議長富田幸次郎殿

報告書

一對支文化事業特別會計法中改正法律案（政府提出）

右ハ本院ニ於テ可決スヘキモノト議決致候此段及報告候也

昭和十二年三月十三日

委員長　木暮武太夫

衆議院議長富田幸次郎殿

報告書

一一般會計歳出ノ財源ニ充ツル爲大藏省預金部特別會計ヨリ爲ス繰入金ニ關スル法律案（政府提出）

右ハ本院ニ於テ可決スヘキモノト議決致候此段及報告候也

昭和十二年三月十三日

委員長　木暮武太夫

衆議院議長富田幸次郎殿

（木暮武太夫君登壇）

○木暮武太夫君　只今議題ニ相成リマシタ法律案三案ノ委員會ノ經過竝ニ結果ヲ簡單ニ御報告申上ゲマス、先ヅ順序ト致シマシテ、最初各法律案ノ趣旨ヲ御説明申上ゲルコトガ適當カト存ジマス

第一ハ、今日ノ財政狀況竝ニ各特別會計ノ餘裕アル狀況ニ鑑ミマシテ、毎年豫算ノ定ムル所ニ依ッテ、應分ノ金額ヲ各特別會計カラ一般會計ノ歳出ノ財源ニ充ツル爲ニ繰入レルト云フ案デゴザイマシテ、而シテ將來一般會計ニ於キマシテ餘裕金ガ出來マシタ場合ニハ、特別會計ノ方ニ之ヲ返還スルト云フ案デアルノデゴザイマス、而シテ其金額ノ合計ハ六千百八十九万圓デアリマシテ、鐵道會計カラ入レマス三千万圓ヲ最大ナルモノトシテ、通信事業費特別會計カラ千二百六十四万圓、朝鮮總督府特別會計カラ九百四十五万圓、臺灣總督府特別會計カラ五百二十五万圓、樺太廳特別會計カラ百九十五万圓、關東局特別會計カラ百五十万圓、南洋廳特別會計カラ百十万圓、合セテ六千百八十九万圓ヲ一般會計ノ歳出ノ財源ニ充ツル爲ニ繰入レルト云フ案デアリマス

二番目ノ法律案ハ、對支文化事業特別會計法中改正法律案デアリマシテ、現行法ニ依リマスト、此特別會計ノ資金ハ國債或ハ大藏省預金部ニ之ヲ預入レテ置キマシテ、之ヲ運用スルト云フ規定ニナッテ居ルノデアリマスガ、此特別會計ノ使命ノ重大ナルニ鑑ミマシテ、此運用ノ方法ヲ擴張シテ、由テ以テ從來ハ文化的ノ日支間ノ提携ニノミ從事シテ居ッタモノヲ進メテ、經濟的ノ提携ヲモ促進セシムルコトニ必要ナル資金ヲ運用シタラ宜カラウ、斯ウ云フ案デゴザイマス、又御承知ノ通リ山東問題ガ解決致シマストキニ、條約竝ニ細目ノ協定ニ依リマシテ、支那カラ受取ッタ四千万圓ノ膠濟鐵道ノ債權ト云フモノガ我國ニアリマス、是ハ對支文化事業ノ方ノ特別會計ニ於テハ一千四百五十万圓ヲ保管シ、殘リノ二千五百十万圓ト云フモノハ、一般會計ニ於テ保管シテ居ル實情デアルノデアリマスガ、今回ハ此一般會計ニ保管スル所ノ二千五百五十万圓ヲ、此對支文化事業特別會計ノ方ニ移スコトガ穩當デアルト云フ趣旨ニ依ッテ移サウ、斯ウ云フコトニ相成ッテ居ルノガ第二ノ法律案デアリマス

モウ一ツ第三ノ法律案ハ、御承知ノ通リ今年ノ四月一日カラ郵便貯金利子二厘四毛ヲ引下ゲマス結果トシテ、大藏省預金部デ約八百万圓ノ餘裕金ヲ生ズルノデアリマス、此生ズル八百万圓ノ餘裕金ノ本質ニ鑑ミマシテ、是ハ社會政策ノ施設ニ使フベキモノデアルト政府デ之ヲ御認メニナッテ、此中六百万圓ヲ一般會計ノ歳出ノ財源ニ充當スル爲ニ繰入レマシテ、社會政策的ノ施設費トシテ、殘リノ二百万圓ハ郵便貯金事務改善ノ方ニ使ハウ、是ガ第三案デアルノデアリマス

斯ノ如キ三案ノ委員會ハ、二月二十七日以來數回ニ亙リマシテ開キマシテ、本日モマダ繼續シテ開イテ居ルヤウナ譯デ、洵ニ御熱心ニ質疑應答ガ行ハレタノデアリマシテ、質問者ノ御名前ヲ擧ゲレバ、小谷節夫君、氏家清君、川俣清音君、綾川武治君、片山秀太郎君、中村嘉壽君、松岡俊三君、渡邊銕藏君、牧山耕藏君、田川大吉郎君ト云フヤウナ御方々カラ、熱心ニ各特別會計ノ内容ニ付キマシテ切實ナル所ノ御質問ガアリ、政府モ亦之ニ對シ極メテ周到懇切ナル御答辯ガアッタノデアリマス、此處デ此質問竝ニ議論ノ中ニ現レマシタル委員會ノ空氣ヲ、一二申上ゲテ置ク必要ガアルト思ヒマス

ソレデ第一案ニ付キマシテハ、各特別會計カラ一般會計ノ歳出ノ財源ニ充ツル爲メ、六千万圓以上ノモノヲ繰入レルト云フ案デゴザイマス爲ニ、各特別會計各〻其設定ノ趣旨ニ鑑ミマシテ、マダ爲スベキ仕事ガ非常ニ多イヂヤナイカ、其仕事ヲマダヤヲヌデ居テ、無理ナコトヲシテ、繰入金ヲ爲スト云フコトハ、愼マナクテハイカヌヂヤナイカト云フヤウナ御議論ガ頗ル多カッタ、殊ニ

朝鮮總督府特別會計ニ關シマシテハ、北鮮國境ノ「ソ」聯ニ接壤スル地帶ノ警備施設充實、竝ニ共地方ノ移民開拓ト云フヤウナ問題ハ、朝鮮總督府ト致シマシテハ十分ニ努メナケレバナラナイ問題デアルノニ拘ラズ、ソレ等ノコトヲ等閑ニ附シテ置イテ、此千万圓以上ノ金ヲ一般會計ニ繰入レルト云フヤウナコトハドウカ、大ニ今後ハ此點ヲ注意シナケレバナラヌト云フヤウナ御意見ガ多カッタ、又臺灣ニ付テハ河川ノ整理改修、或ハ南方ヘノ通商貿易關係ノ充實ト云フヤウナ、大キナ仕事ガヤヘリアルノデアリマスカラ、斯ウ云フコトニ努メルコトガ、先ヅ第一義デアラウト云フヤウナ御議論モアッタ、殊ニ遞信省即チ通信事業ニ付キマシテハ、遞信省關係ノ下級ノ從業員ノ人々ノ待遇ト云フモノガ、鐵道省ノソレ等ノ人々ニ比較致シマシテ、甚シイ懸隔ガアル今日、此待遇ヲ改善シナケレバナラナイト云フコトハ焦眉ノ急デハナイカ、又我國ニ於ケル通信施設ト云フモノガ、未ダ完璧ヲ得タモノトハ言ヒ難イ、ドウシテモ郵便局ヤ電信局ト云フモノヲ、地方ニ充實スル必要ガアルノデハナイカ、ソレダノニ年々八千百万圓ノ納付金ヲシテ、更ニ又澤山ノ金ヲ此處ヘ出スト云フコトハ、先ヅ自ヲノ方ノ仕事ヲ十分ヤッテカラ、一般會計ニ繰入シタラ宜タヘナイカト云フヤウナ御議論ガアッテ、無理ヲシテ今後繰入ヲスルト云フコトハ愼マナケレバナラヌト云フヤウナ御意見ガアッタ、政府モ大體ニ於テ質問者ノ趣旨ヲ諒ト致シマシテ、明年カラ御注意下サルヤウナ御答辯ガアリマシタ、第二ノ對支文化事業特別會計法中改正法律案ニ關聯致シマシテハ、對支交渉ノ不手際ニ付テ、殊ニ川越大使ノ身上ニ關シマシテハ、可ナリ痛烈ナル反對的ノ御發言ガ多カッタガ、本會議ニ於テ之ヲ御紹介スルコトハ私ハ差控ヘマス、詳細ハドウゾ委員會ノ速記錄ニ讓リマスカラ、御覽ヲ願ヒタイト思フノデゴザイマス、而シテ對支文化事業ト云フモノガ、從來動トモスルト引込ミ思案デアッテ、洵ニ國民ノ期待ニ副ヘザルモノ甚シキモノガアルカラ、今回此資金運用ヲ擴張シタルヲ好機會ニ、積極的ニ活動致シマシテ、日支間ノ友誼的提携ノ基礎ニナルヤウナ働キヲ致シタラドウダト云フヤウナ御意見ガ盛ニアッタノデアリマス

斯ク致シマシテ本日午後各案ヲ別々ニ採決ヲ致シマシタ結果、第一案、即チ一般會計歲出ノ財源ニ充ツル爲特別會計ヨリ爲ス繰入金ニ關スル法律案、此案ニ付キマシテハ多數決ヲ以テ可決ヲ致シマシタ、第二案ノ對支文化事業特別會計法中改正法律案及ビ一般會計歲出ノ財源ニ充ツル爲大藏省預金部特別會計ヨリ爲ス繰入金ニ關スル法律案、此二、三ノ兩案ニ對シマシテハ、全會一致ヲ以テ可決確定ヲ致シタヤウナ次第デアリマス、此點御報告ヲ申上ゲマス（拍手）

○副議長（岡田忠彥君）　討論ノ通告ハアリマセヌ、三案中第一及ビ第三ノ兩案ニハ反對ガアリマスカラ、先ヅ此兩案ヲ一括シテ審議ヲ爲シ、次ニ第二案ヲ審議スルコトニ致シマス、是ヨリ一般會計歲出ノ財源ニ充ツル爲特別會計ヨリ爲ス繰入金ニ關スル法律案、及ビ一般會計歲出ノ財源ニ充ツル爲大藏省預金部特別會計ヨリ爲ス繰入金ニ關スル法律案ノ審議ニ入リマス、兩案ノ第二讀會ヲ開クヤ否ヤヲ御諮リ致シマス、兩案ノ第二讀會ヲ開クニ贊成ノ諸君ノ起立ヲ求メマス

（贊成者起立）

○副議長（岡田忠彥君）　起立多數、仍テ兩案ノ第二讀會ヲ開クニ決シマシタ

○松永東君　直チニ兩案ノ第二讀會ヲ開カレンコトヲ望ミマス

○副議長（岡田忠彥君）　只今ノ動議ニ御異議アリマセヌカ

（「異議ナシ」ト呼フ者アリ）

○副議長（岡田忠彥君）　御異議ナシト認メマス、仍テ直チニ兩案ノ第二讀會ヲ開キ、議案全部ヲ議題ト致シマス

一般會計歲出ノ財源ニ充ツル爲特別會計ヨリ爲ス繰入金ニ關スル法律案　第二讀會

一般會計歲出ノ財源ニ充ツル爲大藏省預金部特別會計ヨリ爲ス繰入金ニ關スル法律案　第二讀會

○副議長（岡田忠彥君）　別ニ御發議モアリマセヌカラ、委員長報告通リ決シマシタ、是ニテ兩案ノ第二讀會ハ終リマシタ

○松永東君　直チニ兩案ノ第三讀會ヲ開カレンコトヲ望ミマス

○副議長（岡田忠君彥）　只今ノ動議ニ御異議アリマセヌカ

（「異議ナシ」ト呼フ者アリ）

○副議長（岡田忠彥君）　御異議ナシト認メマス、仍テ直チニ兩案ノ第三讀會ヲ開キ、議案全部ヲ議題ト致シマス

一般會計歲出ノ財源ニ充ツル爲特別會計ヨリ爲ス繰入金ニ關スル法律案　第三讀會

一般會計歲出ノ財源ニ充ツル爲大藏省預金部特別會計ヨリ爲ス繰入金ニ關スル法律案　第三讀會

○副議長（岡田忠彥君）　別ニ御發議モアリマセヌカラ、兩案トモ第二讀會議決ノ通リ可決確定致シマシタ（拍手）次ニ對支文化事業特別會計法中改正法律案ノ審議ニ入リマス、本案ノ第二讀會ヲ開クコトニ御異議アリマセヌカ

（「異議ナシ」ト呼フ者アリ）

第四　朝鮮事業公債法中改正法律案　第一讀會
（政府提出）
第五　朝鮮鐵道用品資金會計法中改正法律案（政府提出）　第一讀會

朝鮮事業公債法中改正法律案
朝鮮事業公債法中左ノ通改正ス
第一條中「六億九千六百二十萬圓」ヲ「八億四千百五十萬圓」ニ改ム
附　則
本法ハ公布ノ日ヨリ之ヲ施行ス

朝鮮鐵道用品資金會計法中改正法律案
朝鮮鐵道用品資金會計法中左ノ通改正ス
第一條　鐵道及自動車交通事業ノ用品ヲ購入貯藏及製作修理シ朝鮮鐵道ノ運輸營業及建設事業竝鐵道ニ關聯シ經營スル自動車交通事業ノ需用ニ應スル爲朝鮮鐵道用品資金ヲ置キ特別ノ會計ヲ立テシム
第三條中「鐵道用品」ヲ「鐵道及自動車交通事業ノ用品」ニ改ム
附　則
本法ハ昭和十二年度ヨリ之ヲ施行ス

（國務大臣結城豐太郎君登壇）
○國務大臣（結城豐太郎君）　只今議題トナリマシタ朝鮮事業公債法中改正法律案提出ノ理由ヲ説明致シマス、朝鮮總督府特別會計ニ於テ、昭和十二年度以降ノ繼續費トシテ計上致シマシタル、鐵道建設及改良費ノ追加額一億二千九百五十餘万圓、竝ニ港灣修築改良費追加額ノ一部千九百五十万圓ハ、同特別會計歳計ノ現狀ニ顧ミマシテ、是ガ財源ヲ公債ニ依ルコトト致シマシタコト等ニ依リ、現行朝鮮事業公債法ノ公債發行限度ヲ改訂スルノ必要ガアリマスルノデ、本法律案ヲ提出シタ次第デアリマス、何卒御審議ノ上速ニ御協贊ヲ與ヘラレンコトヲ希望スル次第デアリマス

次ニ朝鮮鐵道用品資金會計法中改正法律案提出ノ理由ヲ説明致シマス、朝鮮ニ於テ國有鐵道ニ關聯シテ經營スル自動車交通事業ノ用品ノ購入貯藏等ハ、之ヲ朝鮮鐵道用品資金會計ニ於テ經理スルヲ適當ト存ジマスノデ、本法律案ヲ提出致シタ次第デアリマス、何卒御審議ノ上御協贊ヲ與ヘラレンコトヲ希望致シマス

○議長（富田幸次郎君）　質疑ノ通告ガアリマス、之ヲ許可致シマス――信太儀右衛門君

（信太儀右衛門君登壇）
○信太儀右衛門君　只今上程ニナリマシタ朝鮮ニ關スル二ツノ法案ニ付キマシテ、質疑ヲ致サント欲スル者デアリマス、御承知ノ通リ朝鮮ハ、統治既ニ二十七年ノ星霜ヲ經過シテ居リマス、隨テ内鮮融和ノ實ヲ完全ニ擧ゲマシテ、今ヤ雞林八道ニ於キマシテ、皇風ガ全ク普ネカラントシテ居リ、又普クコトヲ私共モ確信シテ居リマス、洵ニ國家ノ爲ニ御同慶ニ堪ヘナイ次第デアリマス、植民政策ノ至難中ノ至難デアルト云フコトハ、是ハ諸君モ既ニ御承知ノ通リデアリマス、一朝ニシテ是ガ過チヲ致シタ時ニ於キマシテハ、折角ノ努力モ亦犧牲モ、何等爲ス所ナクシテ、延イテハ内政問題ニ波及スル由々シイ問題ヲ惹起スルコトハ、是ハ東西植民ノ歴史ニ徴シテ見マシテモ、既ニ明瞭ナル事實デアリマス、此度ノ朝鮮ニ關スル二ツノ法律案ニ付キマシテ、私ハ檢討致シタイト思ヒマスルガ、本年度即チ昭和十二年度ニ於キマシテハ、其事業ノ公債ハ六億九千六百二十万圓デアリマス、是ガ明年度、昭和十三年度ニ於テハ、一躍八億四千百五十万圓ト云フ所ノ、大ナル數字ヲ示シテ居リマス、驚ク勿レ、其累進額ハ一億四千五百三十万圓デアリマス、之ヲ比較スルノハ如何デアリマスルガ、此度各派ヲ通ジテ滿場一致、所謂血ミドロニナッテ吾々ノ主張シタ地方農村ノ交付金ノ問題ハ三千万圓デアリマス、斯ノ如ク一絲亂レザル議員ノ主張ヲ以テ叫ンデ居ッタ所ノ問題ハ、僅ニ三千万圓デアリマス、勿論此朝鮮ノ事業年度計畫ニ付キマシテハ、今更主ヲ變ヘル譯ニハ行キマセヌケレドモ、如何ニ此植民ノ爲ニ我ガ國帑ガ消費セラレルカト云フコトニ付キマシテ、吾々ハ之ニ對スル關心ヲ更ニ新シクスル次第デアリマス

私ハ概要産業問題ト交通問題ノ二點ニノミ止メマシテ、質疑ヲ打切ラウト思フノデアリマスガ、先ヅ第一ニ人口問題カラ論及シタイト思ヒマス、朝鮮ノ人口ノ躍進ハ、我ガ内地ニ殆ド匹敵シテ居リマス、殊ニ南部六道ニ於キマスル所ノ人口ノ增加ト云フモノハ、非常ニ激甚ヲ極メテ居リマス、隨テ内地ニ是等ノ過剩人口、ソレハ主トシテ勞働者デアリマスガ、其勞働者ガ内地ニ參リマシテ、ソレガ爲ニ内地ハ勞働者ノ過剩トナリマシテ、色々ノ社會問題ガ勃發シテ居ルコトハ、諸君モ御承知デアリマセウ、是ハ洵ニ悲シムベキ事態デアリマス、朝鮮ノ圖ヲ繙イテ見レバ直チニ分リマスガ、南部六道ハ人口稠密デアリマスガ、人口ヲ單ニ一地方ニノミ抑ヘテ居ルト云フコトハ、植民政策ノ上カラ申シマシテモ、本意デハナイノデアリマス、之ヲ北鮮ノ天然資源ノ豐富デアル所ノ、而シテ土地ノ廣大デアル所一帶ニ之ヲ移住セシメ、延イテハ之ヲ滿洲ヘ、日本内地ト滿洲ト連絡スル所ノ第一線ニ朝鮮ノ方々ヲ立タセルト云フコトハ、植民政策トシテモ實ニ意義深甚デアルコトト私ハ考ヘテ居リマス、次ニ朝鮮ノ産業ノ主タルモノハ産米デアリマス、今ヤ朝鮮ノ米ハ、吾吾内地ノ米ト殆ド其差別ハアリマセヌ、價格ニ於キマシテモ、亦質其モノニ付キマシテモ、完全ナル米トシテ世間ノ稱讃ヲ博シテ居ルノデアリマス、是ガ幸ニシテ天惠ニ浴シ、五穀豐穰ト云フコトニナッタ時ニ當リマシテハ、文字通リ生産過剩トナリマシテ、折角收穫ヲ得テ喜ビニ堪ヘナイ所ノ鮮人ハ、價格ノ暴落ニ依リマシテ、喜ビガ變ジテ災ヒニナルコトハ、諸君モ御承知デアリマセウ、併シ是ハ獨リ朝鮮米ニ限ラズ、經濟的カラ申シマシテモ、生産過剩ト云ッタヤウナコトハ、又値段ノ暴落或ハ暴騰ト

云フヤウナコトハ、一片ノ法律ヤ制度ニ依リマシテ、之ヲ抑ヘ付ケルコトハ出來マセヌ、或ル程度ニハ之ヲ抑制スルコトガ出來マセウガ、之ヲ若シモ無理ニ抑ヘントスレバ、玆ニ由々シイ所ノ國家的ノ社會問題ガ惹起スルノデアリマス、諸君モ御承知ノ通リ、此度比律賓ガ獨立ヲ聲明シテ居ルト云フ裏面ヲ考ヘテ御覽ナサイ、比律賓ニ於キマシテハ、非常ニ安イ勞力ヲ以チマシテ、彼ノ特産物デアル所ノ製糖業ガ非常ニ進歩發達ヲシテ居リマス、是ガ一朝輸出ヲ致シマシテ、亞米利加内地ニ行ク時ニ當ッテ、亞米利加内地ノ製糖業等ハ大ナル脅威ヲ感ジ、ドウシテモ是ト角逐スルコトハ出來ナイト云ッタヤウナ、一種ノ經濟的觀念カラシテ、遂ニ比律賓ヲ獨立セシメテモ宜シイト云フヤウナ空氣ヲ釀成シタト云フコトハ、是ハ既ニ賢明ナル諸君ハ御承知ノ通リデアリマセウ、斯ウ云フヤウニ頗ル重大性ヲ帶ビテ居ルノデアリマス、獨リ又此産米ノミニ限ラズ、農産物ニ付キマシテモ、内地ヘ參ル時ニ當リマシテハ、種々ナル植物檢査、所謂病蟲ノ檢査ト稱シマシテ、其内地ニ進出スルコトヲ阻止シテ居リマス、是デハ折角朝鮮總督府ガ非常ナル犧牲ヲ拂ヒ、努力ヲ以テ指導奬勵ヲ致シマシテモ、其結果ハ洵ニ悲シムベキ所ノ現狀ニアルノデアリマス、是等ニ對シマシテ政府當局ノ或ル程度マデノ確信ヲ私ハ聽カント欲スル者デアリマス

次ニ又交通問題ニ付キマシテ御尋シタイト思ヒマス、足一タビ朝鮮ノ釜山ニ上陸致シマス時ニ、見ル一山、一木、一草、近來ハ稍〻生色、綠色ヲ呈シテ居リマスガ、全ク是ハ荒涼無趣味ナ風光デアリマス、日清戰爭ニ當リマシテ、釜山ト京城ヲ結ブ所ノ線ハ一ノ軍用線ト致シマシテ、何等經濟的ノ觀念ナク、何等鐵道ノ技術ヲ考慮セズシテ、急速ニ之ヲ敷設致シタノガ彼ノ京釜鐵道デアリマス、又ソレニ稍〻幾ラカノ科學的技能ヲ加味シテ居リマスノガ、日露戰爭直後ニ於テ出來タ京城ト新義州ヲ結ンデ居ル所ノアノ線デアリマスルガ、是モヤハリ京釜鐵道ト殆ド同一軌道ヲ歩ンデ居ルヤウニ考ヘマス、隨テ朝鮮總督府自ヲ聲明シテ居ル所ニ依リマスト、朝鮮ノ資源ヲ見ント欲セバ、此幹線ニ依ルノハ非常ニ不便デアルト云フコトヲ、朝鮮總督府自ヲ申シテ居リマス、申スマデモナク、此鐵道ハ都會ト都會ヲ結ビマシテ、サウシテ交通ノ利便ニ貢獻スルコトガ、鐵道敷設ノ目的デアリマスルケレドモ、敍上ノ如キ事情ニ依リマシテ、朝鮮鐵道ノ大半ハ軍用鐵道ト云フヤウナ空氣ニ依リマシテ、是ガ蔽ハレテ居ルヤウニ私等モ考ヘ、又諸君モ御同感デアラウト思ヒマス、是等ノ幹線ニ慊ラズシテ、更ニ釜山ト京城ヲ結ブ所ノ主要貫通線ヲ開通セントシタノハ最近ノコトデアリマス、其貫通スル所ノ鐵道ノ區域ト云フモノハ山又山、ソレハ九十九折デアリマス、文字通リニ何等經濟的ノ價値ノナイ處デアルニモ拘ラズ、之ヲ貫通致サントスルコトハ、ヤハリ軍事的方面カラト云フヤウナコトヲ承ッテ居リマスガ、吾々ハ朝鮮ノ鐵道ノ大半ハ、此軍事鐵道ニ依リマシテ、經濟的ヲ全ク打破、考慮ナクシテ之ヲ敷設スルト云フコトニ對シマシテハ、大ナル遺憾ノ意ヲ表スル次第デアリマス、勿論軍事的其モノハ、吾吾ハ之ヲ協贊スルニ、決シテ吝カナルモノデハアリマセヌ、朝鮮ノ内外共ニ生産的ニ、或ハ交通ノ完成ヲ圖リマシテ、一旦有事ノ際ニハ東西相應ジテ、内地ノ自給自足ニ若シ缺陷ガアッタナラバ、朝鮮ノ物資ヲ内地ニ移入シテ、以テ吾々東亞大帝國ノ建設ヲ期待スルコトハ、皆サンモ御異論ハナカラウト思ヒマス、此點カラ見マスルト、今度ノ事業公債ノ發行ト云フモノハ、主トシテソレニ一貫シテ居ルト云フコトハ、吾々ハドウシテモ此點ニ付キマシテハ、檢討ヲ更ニ新シクシナケレバナラヌト思ヒマス(拍手)殊ニ今ノ拓務大臣ハ、拓務大臣デアリ又大藏大臣デアリマス、最近アナタハ金ノ直送ヲヤッテ居リマス、一千五百万圓ノ金ノ直送ヲヤッテ居リマシテ、日本ノ經濟價値ノ信用ヲ高メントシテ居ルコトハ、是ハ吾々モ共鳴シテ居リマス、併ナガラ此金ハ如何ナル方法ニ依ッテ、如何ナル地ニ之ヲ求メルカト云フコトハ、現在デハナクシテ將來性ヲモ私ハ考ヘテ敲キタイト思フノデアリマス、唯徒ニ早急ノ應急手段トシテ之ヲ行フト云フノデハナク、永久的ノアナタノ御考ヲ以テ致サレタイノハ、私等ノ切ナル希望デアリマス、此點ヲ考ヘテ見マスト云フト、朝鮮ニハ今ヤ鑛業トシテ一億万圓ノ産出ヲ致シテ居リマス、殊ニ此産金、金ノ産額ハ朝鮮總督府ガ相當ナル保護助長ヲ致シタナラバ、更ニ數倍ノ累進率ヲ出スコトト私ハ確信致シテ居リマス(拍手)何卒此點ハ唯鐵道、道路ニノミ支出シナイデ、多岐多樣、所謂多角的ニ、立體的ニ朝鮮ノ産業開發ノ爲ニ、又交通ノ完成ノ爲ニ、吾々ハ切ナル要求ヲ致サントシテ居ルモノデアリマス、此點ニ付キマシテ當局ノ御懇切ナル御答辯ヲ御願シタイト思ヒマス(拍手)

(政府委員大野綠一郎君登壇)

○政府委員(大野綠一郎君) 只今信太サンカラノ御質問ニ對シマシテ御答辯ヲ申上ゲマス、鐵道及ビ港灣ノ追加ノ費用ガ一億四千餘万圓デアリマシテ、隨分莫大ノヤウデアルガト云フ御話デアリマシタガ、今日ノ朝鮮ノ狀況カラ申シマシテ、鐵道ノ整備ガ産業、國防各方面カラ極メテ重大デアリマスノデ、サウ云フヤウナ費用ガ追加サレタ譯デアリマス、尤モ此費用ハ昭和十二年度以降九箇年ニ亙ル繼續費デゴザイマシテ、一年ノ追加額ト致シマシテハ二千餘万圓位ノ見當ニナッテ居リマス、是ハ今日ノ朝鮮ノ情勢トシテハ、發達ノ必要上當然左樣ナ金額ガ要ルコトト考ヘテ居リマス

ソレカラ人口問題ニ付キマシテ、朝鮮六道ノ人口ガ隨分稠密ノ狀態ニナッテ居ル、之ニ付テ御承知ノヤウニ内地ニ渡航スルコトニ付キマシテハ、色々ト調節ヲ致シテ居ルノデアリマスルガ、之ヲ更ニ北部ノ朝鮮、又滿洲ノ方ニ移住セシメル方策ニ付テ、考慮シタラドウカト云フ御話デゴザイマスルガ、此點ニ付キマシテハ、既ニ計畫ヲ立テマシテ、北鮮ノ可ナリ人口ノ疎ラナ土地ニ

付キマシテハ、ソレ〴〵計畫ヲ立テマシテ、北鮮移民ノ費用モ豫算ノ中ニ組入レテ居リマシテ、逐次其計畫ヲヤッテ行クコトニナッテ居リマス、ソレカラ滿洲移民ニ付キマシテハ、昨年鮮滿拓殖會社ヲ創立致シマシテ、ソレソレ滿洲國ノ官憲トモ連絡ヲ致シマシテ、移住ノ奬勵ヲ致シテ居リマシテ、段々其手順ガ整ッテ居リマスル次第デアリマス

ソレカラ產業ニ付テ、米ノ生產ニ付テ、米價ガ著シク上ッタリ、或ハ下ッタリスルト云フヤウナコトガ、非常ニ朝鮮農民ニ不安ヲ與ヘル虞ガアルデハナイカト云フ御懸念デゴザイマシタガ、此點ニ付キマシテハ幸ニ米穀統制法、又自治管理法ノ施行ニ依リマシテ、大體ノ見當ガ付キマシタノデ、管理法ハ未ダ發動ハ致サレマセヌケレドモ、左樣ノ點ニ付テハ比較的私ハ安心ガ出來ルコトト考ヘテ居リマス

尙ホ交通ノ問題ニ付テ、國防上重要ナル點モ述ベラレマシテ、尙ホ其他ニモ產業上十分鐵道ノ收支ノ採レルヤウニ考慮シタラドウカト云フ御話デゴザイマスガ、此點ニ付キマシテモ、沿道ニ可ナリノ物資ガゴザイマスルシ、是ハ農產物モゴザイマスルシ、又鑛產物モ只今御示シノヤウニ澤山ゴザイマスノデ、是等ノ開發ニ付テハ十分ノ力ヲ入レマシテ、產業ノ方面ニ於テモ十分ノ效果ヲ擧ゲルヤウニ致シタイト考ヘテ居リマス、大體ノ御答辯ヲ致シマス

○信太儀右衞門君 簡單デアリマスルカラ此席カラ御許ヲ願ヒマス

○議長(富田幸次郎君) 許可致シマス

○信太儀右衞門君 此問題ニ付キマシテハ、私モ相當ノ成案ヲ持ッテ居リマスルカラシテ、他日或ル機會ニ於キマシテ相見エルコトガ出來マセウカラ、私ノ質問ハ之ヲ以テ終リマス

○議長(富田幸次郎君) 是ニテ質疑ハ終局致シマシタ、兩案ノ審査ヲ付託スベキ委員ノ選擧ニ付テ御諮リ致シマス

○松永東君 日程第四及ビ第五ノ兩案ハ、一括シテ政府提出、樺太市制案委員ニ併セ付託セラレンコトヲ望ミマス

○議長(富田幸次郎君) 松永君ノ動議ニ御異議ハアリマセヌカ

(「異議ナシ」ト呼フ者アリ)

○議長(富田幸次郎君) 御異議ナシト認メマス、仍テ動議ノ如ク決シマシタ

○松永東君 議事日程變更ノ緊急動議ヲ提出致シマス、卽チ此際日程第六及ビ第七ヲ繰上ゲ上程シ、其審議ヲ進メラレンコトヲ望ミマス

○議長(富田幸次郎君) 松永君ノ動議ニ御異議アリマセヌカ

(「異議ナシ」ト呼フ者アリ)

○議長(富田幸次郎君) 御異議ナシト認メマス、仍テ日程ノ順序ハ變更セラレマシタ——日程第六及ビ第七ハ同種ノ議案デアリマスカラ、一括議題ト爲スニ御異議アリマセヌカ

(「異議ナシ」ト呼フ者アリ)

○議長(富田幸次郎君) 御異議ナシト認メマス、仍テ日程第六、昭和十二年度一般會計歲出ノ財源ニ充ツル爲公債發行ニ關スル法律案、日程第七、昭和七年法律第一號中改正法律案、右兩案ヲ一括シテ第一讀會ヲ開キマス——大藏大臣結城豐太郎君

報告書

一朝鮮事業公債法中改正法律案（政府提出）

右ハ本院ニ於テ可決スヘキモノト議決致候此段及報告候也

昭和十二年三月二十日

委員長　野村　嘉六

衆議院議長富田幸次郎殿

報告書

一朝鮮鐵道用品資金會計法中改正法律案（政府提出）

右ハ本院ニ於テ可決スヘキモノト議決致候此段及報告候也

昭和十二年三月二十日

委員長　野村　嘉六

衆議院議長富田幸次郎殿

（野村嘉六君登壇）

○**野村嘉六君**　只今議題トナリマシタ朝鮮事業公債法中改正法律案竝ニ朝鮮鐵道用品資金會計法中改正法律案ノ委員會ノ經過竝ニ結果ノ概要ヲ御報告申上ゲマス、第一、朝鮮事業公債法中改正法律案ノ内容ハ、現行公債發行法定額六億九千六百三十万圓ヲ八億四千百五十万圓ニ改正セントスルノデアリマシテ、今回十二年度本豫算ニ計上致サレテ居リマス朝鮮鐵道建設及改良費總額一億二千九百五十九万餘圓、港灣修繕改良費中ノ一千九百五十万圓、合計一億四千九百九万餘圓ノ中、現行法定額ノ餘裕額ヲ差引キマシタ一億四千五百三十万圓ヲ、總督府財政ノ現況ニ鑑ミマシテ、公債支辨トスルコトニ計畫致シマシテ、現行法定額ニ追加致シタノデアリマス、其事業ノ内容ハ、朝鮮國有鐵道ノ幹線タル京釜、京義、京元、咸鏡外四線ニ亙リマス輸送力ノ増進ヲ圖ル爲メ必要ナル改良工事ヲ施行シ、尙ホ京城、大連間及ビ三浪津、釜山間ヲ複線ト爲スト共ニ、車輪ノ増備ヲ行ヒ、是ガ鐵道ノ改良ニ伴ヒマシテ、釜山及ビ麗水港ノ海陸連絡設備ノ擴張ヲ行フノデアリマシテ、昭和十二年度以降五箇年乃至九箇年ニ亙リマシテ、施行スルコトニナッテ居ルノデアリマス

第二、朝鮮鐵道用品資金會計法中改正法律案ノ内容ハ、朝鮮總督府ニ於キマシテ、昨年三月南朝鮮鐵道株式會社所屬鐵道ヲ買收致シマシタ際ニ、同鐵道ニ附帶シテ會社ガ經營シテ居リマシタ自動車交通事業ヲモ併セテ之ヲ買收シ、經營スルコトニナリマシタノデ、從來ノ鐵道事業用品ノ外ニ、自動車事業ニ要スル用品ノ調辨修繕等ヲモ致ス爲ニ、用品資金會計ノ經理ヲ必要ト致シマスノデ、從來鐵道用品ノミニ限ラレタ現行法ニ、自動車事業用品ヲモ含ムヤウ改正スルノデアリマス

右二件ハ一括シテ委員付託トナリマシタ、五回ニ亙リ委員會ヲ開キマシテ、政府ノ說明竝ニ質疑應答ヲ重ネテ來タノデアリマスガ、其質疑ノ主ナルモノハ朝鮮鐵道改良計畫ノ內容、朝鮮內ニ於ケル私設鐵道竝ニ自動車ニ關スル將來ノ政府ノ方針、其他朝鮮統治ノ全般ニ亙ルノデアリマシテ、ソレゾ〳〵國務大臣及ビ政府委員ヨリ答辯ガアッタノデアリマス、討論ニ入リ採決ノ結果、全會一致原案ヲ可決致シマシタ、此段御報告致シマス（拍手）

○**副議長**（岡田忠彥君）　兩案ノ第二讀會ヲ開クニ御異議アリマセヌカ

（「異議ナシ」ト呼フ者アリ）

○**副議長**（岡田忠彥君）　御異議ナシト認メマス、仍テ兩案ノ第二讀會ヲ開クニ決シマシタ

○**中山福藏君**　直チニ兩案ノ第二讀會ヲ開キ、第三讀會ヲ省略シテ、委員長報告ノ通リ可決セラレンコトヲ望ミマス

○**副議長**（岡田忠彥君）　只今ノ動議ニ御異議アリマセヌカ

（「異議ナシ」ト呼フ者アリ）

○**副議長**（岡田忠彥君）　御異議ナシト認メマス、仍テ直チニ兩案ノ第二讀會ヲ開キ、議案全部ヲ議題ト致シマス

朝鮮事業公債法中改正法律案

第二讀會（確定議）

朝鮮鐵道用品資金會計法中改正法律案

第二讀會（確定議）

○**副議長**（岡田忠彥君）　別ニ御發議モアリマセヌ、第三讀會ヲ省略シ、兩案トモ委員長報告通リ可決確定致シマシタ（拍手）

昭和十二年七月二十八日

賀屋國務大臣ノ演説

○國務大臣(賀屋興宣君) 先般内閣ノ成立ニ依リ不肖財政變理ノ重任ニ膺ルコトトナリマシテ、玆ニ昭和十二年度追加豫算竝ニ財政經濟ニ關スル方針ニ付キ申述ベマスルコトハ、私ノ最モ光榮トスル所デアリマス

本議會ニ提出致シマシタ昭和十二年度歳入歳出總豫算追加第一號ハ、今回ノ北支事件ニ關スルモノデアリマシテ、歳入歳出共ニ九千六百八十万餘圓デアリマス、本事件ニ關スル經費ト致シマシテハ、曩ニ取敢ヘズ陸軍省所管ノ分ニ付キ第二豫備金ヨリ一千十餘万圓ヲ支出致シタノデアリマスガ、今回更ニ外務省所管ニ於テ七十餘万圓、大藏省所管ニ於テ四千八十餘万圓、内北支事件第一豫備金四千万圓、陸軍省所管ニ於テ四千六百餘万圓、海軍省所管ニ於テ九百十万圓、計九千六百八十万餘圓ヲ追加豫算ニ計上致シタ次第デアリマス、是ガ財源ト致シマシテハ、一部國庫剰餘金ノ繰入ニ依ルモノノ外、大部分ハ新ニ北支事件公債ヲ發行シテ之ニ充ツルコトト致シタノデアリマス、尚ホ北支事件ニ關スル經費ト致シマシテハ、朝鮮總督府特別會計ニ於テモ二十餘万圓ヲ國庫剰餘金ヲ財源トシテ、追加豫算ニ計上致シタノデアリマス

右經費ノ外、政府ハ保健社會省設置ニ關スル經費、熟練工等養成施設ニ關スル經費、金增産促進ニ關スル經費、企畫廳設置ニ伴ヒ要スル經費、災害ニ關スル經費、外國爲替管理法施行ニ伴フ經費ノ增加、國庫豫備金ノ增加等ニ付キマシテモ、之ニ關スル追加豫算ヲ本議會ニ提出致ス見込デアリマス

現下我國内外ノ情勢ニ顧ミ、國運ノ進展ヲ圖ルガ爲ニハ、此際積極的ナ心構ヲ以テ諸般ノ緊要ナル施設ノ實現ニ努ムベキモノト信ズルノデアリマス、併ナガラ是等ノ施設ヲ實現スルガ爲ニハ、其基礎的手段トシテ有ユル努力ヲ盡シ、我國ノ經濟力ヲ充實發展セシメ、且ツ之ヲ維持シテ行クコトガ肝要デアルト考ヘルノデアリマシテ、諸般ノ施設ノ實現ハ、結局右ニ依リ擴充セラレタル經濟力ノ範圍ニ限ラルヽノデアリマス、而シテ右ノ經濟力ヲ充實發展セシメ、且ツ之ヲ維持スルガ爲ニハ、日滿兩國ヲ一體トスル見地ニ立チ、生産力ノ擴充、國際收支ノ適合、物資需給ノ調整ノ三點ヲ主眼トスル綜合的計畫ノ具體案ヲ樹立シ、是ガ實現ヲ期スルコトガ、此際我國當面ノ問題トシテ最モ急ヲ要スル所ト考ヘル次第デアリマス

申ス迄モナク諸般ノ施設ヲ實施致シマスル爲ニハ、技術、勞力等ヲ要スルコトモ勿論デハアリマスルガ、結局多量ノ物資ヲ必要トスルノデアリマス、隨テ是ガ施設ノ實現ヲ期スル爲ニハ、先ヅ必要ナル物資ノ供給力ノ增加ヲ圖ラナケレバナラナイノデアリマスルガ、我國ノ現狀ニ於テ物資供給力ノ增加ヲ圖ルガ爲ニハ、國内生産力ヲ擴充スルト共ニ、國際收支ヲ改善シテ、必要ナル物資ノ輸入力ノ增大ニ努力シナケレバナラナイノデアリマス、而シテ生産力ノ擴充ハ大體、有事ノ際ニ於ケル必要ナル物資ノ自給、平時國内ニ於テ供給不足ナル物資ノ生産增加、國際收支改善ニ資スベキ物資ノ生産增加ノ三點ヲ目標トシテ、是ガ計畫ヲ樹立スベキモノト思フノデアリマス、尤モ生産力ノ擴充ハ、ソレ自體多量ノ資材ト資金トヲ要スルモノデアリマスカラ、資材、資金共ニ豐富ナラザル我國ノ現狀ニ於テハ、今直チニ總テノ物資ニ渉リ、漫然ト生産力ヲ擴充スルノ計畫ヲ進ムルコトガ出來ナイノハ明カデアリマシテ、其計畫ハ須ク事ノ緩急及ビ必要ノ程度ヲ量リ、供給力ヲ增加スベキ物資ノ種類、是ガ生産力擴充ノ程度及ビ時期等ニ付キ、十分考究ノ上具體的ニ之ヲ樹立スルコトヲ要スルモノト考ヘルノデアリマス

次ニ我國外國爲替相場ノ水準ヲ保持致シマスルコトハ、諸般ノ國策ヲ遂行シ、又國民生活ノ安定ヲ維持スルガ爲ニ、最モ肝要ナル所デアリマス、今日ノ如キ我國國際收支ノ狀況ニ於キマシテハ、爲替相場ヲ自然ニ放任シテ置キマス時ハ、其相場ガ低落ノ傾向ヲ生ジマスノハ自然ノ筋合デアリマシテ、若シ一度爲替相場ガ低落致シマスレバ、現下ノ情勢ニ於キマシテハ、外國貿易上却テ不利ナル結果ヲ齎スノミナラズ、國内物價ノ騰貴ヲ招來シ、爲替相場ノ低落ト、物價ノ騰貴トハ互ニ因トナリ果トナリ、其勢ヲ增加シ、大衆ノ生活ニ重大ナル惡影響ヲ與ヘ、延イテハ國民經濟ノ秩序アル運行ヲ妨ゲ、國家ノ爲メ必要ナル諸般ノ計畫モ其實現ヲ阻碍セラルヽノ惧ガアルノデアリマス、尚ホ假ニ爲替相場ノ水準ヲ現在ヨリ低位ニ維持シタル場合ニ付キ考ヘマシテモ、之ニ依リマシテ自然ニ輸出ノ增加ヲ期待スルコトモ、國際通商關係ノ現狀ニ於テ困難デアリ、又之ニ依リ輸入ノ減少ヲ期待スルコトモ、必需品ノ海外依存ニ俟ツコト多キ我國トシテ、是亦困難デアリマスノミナラズ、却テ海外拂ノ負擔ヲ重課セシムル等我國ニ不利ナル結果ヲ招來スルモノト思フノデアリマス、之ヲ以テ爲替相場ノ現在ノ水準ハ之ヲ堅持スルコトガ必要デアリマシテ、是ガ爲ニハ出來得ル限リノ努力ヲ致スベキモノト信ズルノデアリマス、而シテ今後我ガ國内生産力ノ擴充セラルヽ迄ノ過渡期ニ於キマシテハ、相當多量ノ物資ヲ海外ヨリ輸入スルノ餘儀ナキ傾向ニ在リト認メラレマスノデ、我ガ爲替相場ノ水準ヲ維持シツツ、而モ必要ナル物資ヲ出來得ル限リ多量ニ輸入スルガ爲ニハ、貿易ノ振興、其他國際收支改善ノ爲メ、積極的ノ施設ヲ講ズルコトガ緊要ト信ズルノデアリマス、併ナガラ同時ニ不急不要ナル物資ノ輸入、其他節約シ得ベキ對外支拂ハ出來得ル限リ之ヲ抑制シテ、其餘力ヲ國家的ニ必要ナル使途ニ振向クルコトニ付テモ、十分努力スベキモノト考ヘルノデアリマス

次ニ物資ノ消費ハ其國内生産力及ビ海外ヨリノ輸入力ヲ限度トスルモノデアリマスカラ、其需要ヲ右ノ限度ニ適合セシムルヤウ調整スルニアラザレバ、勢ヒ物價ノ昂騰ヲ招來シ、國際收支ハ均衡ヲ失ヒ、延イテハ各種ノ計畫ノ實行ニ齟齬ヲ生ゼシムルノミナラズ、國民生活ヲ不安ニ陷ルヽコトトナリマスノデ、豫メ物資ノ需給ヲ量リ、其適合ノ方策ヲ講ズルノ必要ガアルノデアリマス、而シテ是ガ方策モ其根本ハ生産力ノ擴充、輸入力ノ增加等、積極的ニ供給ヲ增加スルコトニ重點ヲ置クベキモノデアリマスルガ、必要ナル方面ニ必要ナル物資ガ出來得ル限リ多量ニ供給セラルヽヤウ、不急ナル方面、又ハ必要ノ程度薄キ方面ニ於ケル消費ノ節約、代用品ノ使用等ニ付キマシテモ考慮スルノ要アルモノト考フルノデアリマス

以上申述ベマシタ生産力ノ擴充、國際收支ノ適合、物資需給ノ調整ニ付キ綜合的ナル具體的計畫ヲ樹立致シマスルコトハ、政府及ビ民間ヲ通ズル國家ノ全經濟活動ニ計畫性ヲ與フルモノデアリマシテ、政府ノ財政モ亦是トノ關聯ヲ十分考フベキモノト信ズルノデアリマス、而シテ政府ハ今日ノ場合右ノ綜合的計畫ヲ確立スルコトガ最モ必要ト

信ジマスルガ故ニ、出來得ル限リノ努力ヲ以テ是ガ達成ヲ期スルコトトシ、(「高聲ニ願ヒマス」ト呼フ者アリ)目下折角是ガ具體案ノ考究ヲ進メツ、アル次第デアリマス、今後政府ノ豫算モ、物資ノ需給ノ調和ヲ保チ得ル範圍内ニ於テ自ラ定マル所ガアルノデアリマスカラ、政府ハ今後出來得ル限リ生産力ノ擴充、國際收支ノ改善ヲ圖リ、經濟力ノ充實發展ニ努力シテ其限度ノ增大ニ努ムルト共ニ、政府ノ消費スル物資ノ需給竝ニ一般民間ノ消費スル物資ノ需給ノ調査ニ付キ、最善ヲ盡シテ之ニ當ルコトト致シタイノデアリマス

尚ホ右綜合的計畫ノ實現ニ付キマシテハ、國民一致ノ理解ト協力トヲ必要ト致スノデアリマス、右計畫ノ實施ニ付キ國民各自ノ經濟活動ノ分野ニ屬スル部分ニ於テハ、是ガ實行ノ衝ニ當ル國民ノ自主的活動ニ俟ッテ、初メテ十分ナル效果ヲ擧ゲ得ルモノト信ズルノデアリマシテ、政府ノ一方的統制ノミヲ以テ克クスル能ハザル所デアリマス、隨テ今後是等ニ付キ法規ノ制定ヲ爲ス場合ガアリマシテモ、國民ノ大多數ガ進ンデ之ニ順應スルノ意思ナクンバ、其企圖スル所ノ眞ノ目的ヲ達成スルコトハ困難ナノデアリマシテ、政府ト致シマシテハ、切ニ國民全般ノ協力ヲ希望スル次第デアリマス

次ニ滿洲國ニ於ケル生産力、國際收支竝ニ物資ノ需給ハ我國ノ經濟ニ極メテ密接ナル關係ヲ有スルモノデアリマスカラ、前述ノ具體的計畫ニ付キマシテハ、滿洲國ヲ我國ト一體トスル見地ニ立チ、綜合的ニ之ヲ樹立シ且ツ實行致スベキモノト考フルノデアリマシテ、今後必要ニ應ジマシテ、滿洲國トモ密接ナル連絡ヲ保ッテ參リタイト思ヒマス次ニ我國ノ金融界ハ最近産業資金ノ需要ガ旺盛トナリマシタノデ、株式ノ拂込金竝ニ銀行貸出金等ハ著シク增加致シタノデアリマス、今後ニ於テモ資金ノ需要ハ尚ホ多額ニ上ルモノト豫想セラレマスガ、之ニ對シテハ資金ノ融通ヲ圓滑ナラシメ、又金利モ成ベク低位ニ保ツ必要ガアリマスノデ、政府ハ資金ガ有用ナラザル方面ニ無益ニ使用セラル、コトナク、國家的ニ最モ能率高ク活用セラル、ヤウ適當ナル方策ヲ講ジ、其他金融情勢ノ推移ニ應ジ善處致シタイ考デアリマス、過般日本銀行ハ國債擔保割引利率ヲ引下グルト共ニ、國家的見地ヨリシテ緊要ナル事業ニ關スル社債ヲ保證トスル手形割引ニ付キ、新ナル運用方針ヲ決定致シタノデアリマスルガ、右ハ公債政策上ヨリスルモ、亦一般金融上ヨリスルモ、時宜ニ適セルモノト考フルノデアリマス

次ニ最近金ノ價格ハ世界的ニ騰貴致シテ居ルノデアリマスルガ、現在兌換銀行券ノ準備トナッテ居リマスル金ノ評價ニ付キマシテハ、貨幣法ノ規定ニ基キ純金七百五十「ミリグラム」ヲ一圓トシテ居リマス爲メ、相當多額ノ金準備ヲ我國ハ擁シテ居ルノデアリマスルニモ拘ラズ、其實情ヲ表示セザル嫌ヒガアルノデアリマス、併ナガラ現在貨幣法ヲ改正シ、所謂平價ノ切下ヲ行ヒマスコトハ、未ダ尚ホ其時期デナイト考ヘラレマスルノデ、此際ノ措置ト致シマシテハ、日本銀行ノ金準備充當價格ニ付テ一應ノ改定ヲ行フヲ適當ト考ヘルノデアリマス、而シテ之ニ伴ヒマシテ生ズベキ評價益等ニ依リ特別ノ資金ヲ設置シ、主トシテ爲替資金ノ調整ノ爲メ使用致シタイト考ヘルノデアリマス、尤モ日本銀行金準備充當價格ノ改定ヲ實行致シマシテモ、政府ハ之ニ依リ現在ノ爲替水準ヲ毫モ變更スル意思ハナイノデアリマシテ、依然對英一志二片ノ水準ヲ堅持スル方針デアリマス、尚ホ右ノ改定ト關聯シテ朝鮮銀行及ビ臺灣銀行ノ銀行券ノ仕拂準備トナッテ居リマスル金モ、此際之ヲ日本銀行ニ集中シ、隨テ臺灣銀行ノ右仕拂準備ハ日本銀行ノ兌換銀行券ヲ以テ之ニ充テ得ルコトト爲スヲ適當ト考ヘルノデアリマス、又朝鮮、臺灣兩銀行ニ付キマシテハ、其銀行券ノ保證發行ノ限度ハ、大正七年ニ改定セラレタ儘デアリマシテ、經濟界ノ現狀ニ顧ミ、低キニ過グルモノト認メラレマスノデ、今回其限度ヲ擴張致シタイト考ヘマス、是等ノ諸點ニ付キマシテハ、本議會ニ之ニ關スル法律案ヲ提出スル豫定デアリマス

我國ノ外國貿易ハ本年上半期ニ於テ内地及ビ外地ヲ合セマシテ、輸出十六億二百餘萬圓、輸入二十二億四千三百餘万圓、合計三十八億四千五百餘万圓ノ巨額ニ達シ、前年同期ニ比シ輸出三億三千八百餘万圓、輸入六億六千四百餘万圓、合計十億二百餘万圓ノ增加ヲ示シタノデアリマスルガ、輸入ノ增加ガ殊ニ顯著デアリマシタ結果、輸入超過額ハ六億四千百餘万圓トナリ、近年其例ヲ見ザル多額トナッタノデアリマス、而シテ右ノ如キ貿易ノ逆調ハ、國策ノ遂行ニ必要ナル物資ヲ多量ニ要シマスル我國ノ現狀ニ於キマシテハ、或ル程度已ムヲ得ザル所ト認メラレマスルシ、又爲替相場ノ水準ヲ維持スル關係モアリマシテ、政府ハ本年三月以降金ノ現送ヲ行ヒ、在外資金ノ補充ニ努メテ參ッタ次第デアリマス、併ナガラ前途ノ確タル見透シナク金ノ現送ヲ繼續致シマスルコトハ、其現送可能量ノ極度ニ達シマシタル場合、我國ノ經濟ニ急激ナル變化ヲ與ヘルコトトナリマスノデ、政府ト致シマシテハ、前ニ申述ベマシタ國際收支ノ改善ニ付キ各種ノ方策ヲ講ジ、其適合ヲ圖リ、今後ニ於ケル金ノ現送量ハ、大體毎年ノ新産金ノ限度内ニ止メタキ考デアリマス、而シテ政府ハ出來得ル限リ我國ノ産金ヲ增加シ、且ツ之ヲ集中スル爲メ、本議會ニ産金ニ關スル法律案ヲ提出致ス積リデアリマス、尚ホ爲替管理ニ付キマシテモ、本年七月末日ヲ以テ效力ヲ失フコトトナッテ居リマシタ輸入爲替管理ニ關スル大藏省令ヲ、八月以降モ引續キ當分ノ間施行スルコトト致シ、又爲替ノ自由取引ノ範圍等ニ付キ若干ノ改正ヲ加ヘタ次第デアリマス

我國ノ物價ハ昨年十二月ノ頃ヨリ急激ニ騰貴致シテ居ルノデアリマシテ、特ニ生産資材乃至國際商品ノ價格ニ於テ、其傾向ガ著シイノデアリマス、而シテ是ガ原因ヲ探究致シマスルニ、國際的原因ニ基ク場合モ多イノデアリマスルガ、他面國内ニ原因ガ存スルコトモ少クナイト思ヘルノデアリマシテ、今後愈々物價騰貴ノ趨勢ガ激成セラレマスルナラバ、財政、産業、貿易、國民生活各方面ニ著シキ惡影響ヲ與フルニ至ルコトモ豫想セラレマスノデ、出來得ル限リ物價騰貴ヲ抑制スル爲メ、適切ナル對策ヲ講ズル要アリト考ヘルノデアリマシテ、政府ハ是ガ爲メ臨時物價對策委員會ニ諮リ、目下是ガ具體案ヲ考究シツ、アル次第デアリマス

曩ニ第七十回帝國議會ニ提出シテ協贊ヲ得マシタ臨時租税增徵法外四件ノ法律ハ去ル四月ヨリ實施セラレテ居ルノデアリマスルガ、政府ハ尚ホ中央及ビ地方ヲ通ズル恒久的ノ税制ヲ樹立スル考デアリマス、而シテ租税制度ノ如何ハ、財政、産業其他國民生活ノ全般ニ影響スル所極メテ大ナルモノガアリマシテ、是ガ立案ニ當リ愼重ナル調査ヲ要シマスルコトハ申スマデモナイ所デアリマスノデ、政府ニ於キマシテハ廣ク各方面ノ意見ヲ聽キ、國民ノ負擔及ビ經濟界ノ實情ニ適シタル成案ヲ得タイト考ヘマシテ、官民ヨリ成ル税制調査會ヲ設ケ、愼重ニ是ガ調査ヲ進メタイト考ヘテ居ル次第デアリマス

關税ニ付キマシテハ、第七十回帝國議會ニ於テ審議未了トナリマシタ關税率ノ改正ハ、多クハ緊急差措キ難キモノデアリマスルノデ、大體前議會ニ提出セラレマシタモノト同樣ノ改正案ヲ本議會ニ提出スルコトニ致シマシタ、尚ホ鐵ニ付キマシテハ、其

ノ價格ガ著シク騰貴シ、國防上竝ニ産業政策上ノ見地ヨリ緊急對策ヲ講ズルノ要アルモノトシテ、去ル四月公布ノ緊急勅令ニ依リ約一年間其輸入税ヲ免除セラル、コトトナッタノデアリマスルガ、鐵ノ輸入税ノ免除ハ昭和十四年六月マデ之ヲ行フ必要ガアリマスルノデ、本議會ニ之ニ關スル法律案ヲ提出スルコトト致シタノデアリマス、更ニ昭和七年法律第四號ニ依リ三割五分附加税ノ適用ヲ受ケテ居リマスル物品ノ中、特ニ國民生活又ハ産業ニ重要ナル關係ヲ有スル砂糖、銅其他ノ物品ニ付キマシテハ、物價ノ調整ニ資スル等ノ爲メ、三割五分附加税ノ適用ヲ除外スルヲ適當ト認メマシタノデ、右ニ關スル法律案ヲ本議會ニ提出スルコト致シマシタ、關税ノ一般改正ニ關シマシテハ、今後ノ情勢ニ對應シ、篤ト研究致シタイト考ヘテ居ル次第デアリマス

尙ホ今回ノ北支事件勃發後ニ於ケル我國經濟界ノ情勢ヲ觀マスルニ、之ニ依リ多少ノ影響ヲ蒙ッタ方面モナイデハナイノデアリマスルガ、一般ニ冷靜ナル態度ヲ失フコトナク、概ネ平穩裡ニ推移シテ參ッタノデアリマス、政府ハ今回ノ事件發生以來各方面ニ對シ、事件ノ眞相竝ニ政府ノ眞意ヲ傳ヘテ擧國一致ノ支援ヲ求メ、經濟界ニ對シテハ特ニ愼重ニ善處セラレンコトヲ希望致シタノデアリマスルガ、前述ノ如ク經濟界ガ平穩ナル狀況ヲ持續シテ參リマシタノハ、右ノ協力ガ如實ニ示サレタモノト考ヘルノデアリマシテ、洵ニ心强ク感ズル次第デアリマス、政府ト致シマシテハ、今後共一層國民ノ自重ト協力トヲ求メ、情勢ノ推移ニ應ジ必要ナル措置ヲ執ッテ參ル積リデアリマス、尙ホ斯ル場合ニ於テハ動モスレバ個人ノ利益本位ノ立場ヨリ商品、株式、公債、爲替等ニ對スル過當ナル投機思惑ガ行ハレ勝チデアリマスルガ、斯ノ如キコトハ國家有事ノ今日ニ於テ經濟界ノ秩序ヲ紊リ、各方面ニ至大ノ惡影響ヲ與ヘマスルノデ、嚴ニ之ヲ戒ムルコトト致シタイト考ヘルノデアリマス

終リニ臨ミ政府提出ノ豫算案ニ付キマシテハ、何卒速ニ協贊ヲ與ヘラレンコトヲ希望致ス次第デアリマス（拍手）

昭和十二年七月三十日

大正九年法律第五十三號中改正法律案　第一讀會

第十二　大正九年法律第五十三號中改正法律案（關稅法及關稅定率法等ノ朝鮮ニ於ケル特例ニ關スル件）（政府提出）　第一讀會

大正九年法律第五十三號中改正法律案

大正九年 法律第 五十三號中左ノ通改正ス

第二條第一號中「面」ヲ「邑面」ニ改メ同條第六號ヲ第九號トシ同條第五號ノ次ニ左ノ三號ヲ加フ

六　第四號ノ車輛ニシテ破損シタルモノ竝ニ其ノ解體材及備品、附屬品

七　朝鮮總督ノ定ムル陸接國境隣接地域內ノ住民カ朝鮮總督ノ定ムル所ニ依リ加工又ハ修繕ノ爲輸出シタル物品ニシテ輸出ノ日ヨリ六月內ニ再輸入スルモノ

八　朝鮮ニ於テ揮發油ニ混入スヘキアルコールノ製造ニ供スル原料品但シ朝鮮總督ノ定ムル所ニ依リ其ノ認可ヲ受ケ輸入スルモノニ限ル

第二條ノ二　陸接國境ヲ經テ朝鮮ニ輸入シタル左ノ物品ニシテ輸入ノ日ヨリ一年內ニ再輸出スルモノニハ輸入稅ヲ免除ス但シ輸入ノ際稅金ニ相當スル擔保ヲ提供セシムルコトヲ得

一　鐵道車輛及其ノ備品、附屬品但シ朝鮮總督ノ認可ヲ受ケ輸入スルモノニ限ル

二　朝鮮總督ノ定ムル陸接國境隣接地域內ニ於テ使用スル物品但シ朝鮮總督ノ指定シタルモノニ限ル

第三條第一項中「三萬五千瓩」ヲ「十萬瓩」ニ改メ「製鐵事業」ノ下ニ「又ハ砂鐵若ハ朝鮮總督ノ定ムル鐵鑛ノ製錬ヲ目的トスル特殊ノ設備ヲ以テ營ム製鐵事業」ヲ加フ

第七條ノ二　雄基港、羅津港及淸津港ニ於テ稅關長カ外國貨物ヲ藏置シ得ヘキ場所トシテ指定シタル場所ニ於テハ朝鮮總督ノ定ムル所ニ依リ稅關長ノ許可ヲ得テ貨物ノ改裝、仕分及混合ヲ爲スコトヲ得

第八條中「面事務所」ヲ「邑面事務所」ニ、「面」ヲ「邑面」ニ改ム

附　則

本法ハ公布ノ日ヨリ之ヲ施行ス

（國務大臣大谷尊由君登壇）

○國務大臣（大谷尊由君）　大正九年法律第五十三號、關稅法關稅定率法保稅倉庫法及假置場法等ノ朝鮮ニ於ケル特例ニ關スル法律中改正法律案ニ付テ御說明申上ゲマス、本法律案ハ前議會ニ之ヲ提出致シマシタ所、解散ニ依ッテ審議未了トナリマシタノデ、內容ヲ若干追加致シマシテ、玆ニ再ビ提出致シマシタ次第デアリマス、朝鮮ニ於テモ燃料國策ニ順應シ、大體內地ト同樣ニ揮發油及ビ「アルコール」混用制度ヲ實施スル計畫デアリマシテ、混用「アルコール」ノ製造ハ差當リ政府ノ免許ヲ受ケタル民間ノ事業者ヲシテ之ニ當ラシムル方針デアリマスノデ、低廉豐富ナル供給ヲ圖リマスル爲メ、混用「アルコール」ノ原料ノ輸入稅ヲ免除セントスルノデアリマス

次ニ日滿陸接國境ヲ經由スル交通貿易ノ進展ヲ圖リ、陸接國境隣接地區域住民ノ便利ニ資スル爲メ若干ノ免稅規定ヲ設ケマスルト共ニ、雄基、羅津及ビ淸津ノ三港ノ保稅區域內ニ於ケル大豆、其他ノ滿洲特產品ノ取扱上必要ナル特例ヲ認メントスルモノデアリマス

最後ニ製鐵事業法ノ制定ニ伴ヒ輸入稅免除ノ特典ヲ與フル製鐵事業者ノ資格ヲ改正スルト共ニ、曩ニ行ハレマシタ朝鮮ニ於ケル地方制度ノ改正ニ伴フ字句ノ修正ヲ爲サントスル次第デアリマス、何卒宜シク御審議ノ上速ニ御協贊アランコトヲ希ヒマス

○議長（小山松壽君）　本案ノ審査ヲ付託スベキ委員ノ選擧ニ付キ御諮リ致シマス

○中山福藏君　本案ハ政府提出關稅定率法中改正法律案外三件委員ニ併セ付託セラレンコトヲ望ミマス

○議長（小山松壽君）　中山君ノ動議ニ御異議アリマセヌカ

（「異議ナシ」ト呼フ者アリ）

○議長（小山松壽君）　御異議ナシト認メマス、仍テ動議ノ如ク決シマシタ――日程第十三、昭和十二年勅令第百三十號、承諾ヲ求ムル件ヲ議題ト致シマス――太田大藏政務次官

朝鮮銀行法中改正法律案

朝鮮銀行法中左ノ通改正ス

第二十二條第二項中「五千萬圓」ヲ「一億圓」ニ改ム

附　則

本法施行ノ期日ハ勅令ヲ以テ之ヲ定ム

臺灣銀行法中改正法律案

臺灣銀行法中左ノ通改正ス

第八條第二項中「金貨」ノ下ニ「又ハ兌換銀行券」ヲ加フ

第九條第一項中「金銀貨及地金銀」ヲ「金貨、地金銀及兌換銀行券」ニ、第二項中「二千萬圓」ヲ「五千萬圓」ニ改メ同項及第三項中「紙幣、」及「、兌換銀行券」ヲ削ル

附　則

本法施行ノ期日ハ勅令ヲ以テ之ヲ定ム

外國爲替管理法中改正法律案

外國爲替管理法中左ノ通改正ス

第一條第十號中「輸出」ノ下ニ「又ハ輸入」ヲ加フ

附　則

本法ハ公布ノ日ヨリ之ヲ施行ス

（國務大臣賀屋興宣君登壇）

○國務大臣（賀屋興宣君）　只今議題ト相成リマシタ産金法案外六件ニ付キ提案ノ理由ヲ説明致シマス、先ヅ産金法案ニ付キマシテハ現下内外ノ情勢ニ顧ミ、國際收支ヲ改善シ、之ヲ適合セシムルコトハ喫緊ノ要務デアルノデアリマスルガ、是ガ爲ニハ我國産金ノ増加ヲ圖リ、之ヲ政府ニ集中シ、以テ對外決濟力ヲ豐富ナラシムルト共ニ、正貨準備ヲ鞏固ナラシムルコトガ、極メテ必要ナコトト考ヘルノデアリマス、現在ニ於テモ政府ハ累次ノ日本銀行金買入價格ノ引上ニ依リ、國內産金ノ増加竝ニ産金ノ集約ニ努メテ參ッタノデアリマスルガ、此際更ニ進ンデ新産金ハ其製成ニ至ル過程ヨリ政府ノ監督下ニ置キ、一層是ガ集約ノ實ヲ擧グルコトヲ必要ト認メルノデアリマス、又國內金ノ需要ニ關シテハ、正當且ツ妥當ナル目的ニ充テラルヽモノハ、適當ナル方法ニ依リ之ヲ需要者ニ頒ツ方針デアリマスルガ、市中ノ所謂鑄潰金等ニ付キマシテハ、之ヲ現在通リト致シテ置ク方針デアリマス、唯必要ニ應ジ、金ノ使用ニ關シテハ或ル程度ノ制限ヲ加ヘ得ルコトトスルノガ適當デアルト認メルノデアリマス

次ニ政府ハ産金ニ關スル事業ニ對シ、必要ナル監督ヲ爲スト共ニ、探鑛ノ奬勵、選鑛場竝ニ製錬場ノ設置助成、其他ニ付キ豫算ノ範圍內ニ於テ奬勵金ヲ交付シ、又必要ナル器具機械等ノ輸入税ヲ免除スル等、適當ナル保護助成ノ方法ヲ講ジ、以テ産金額ノ増加ニ資スルコトガ肝要デアルト認メルノデアリマス、以上ノ理由ニ依リ玆ニ本法案ヲ提出致シマシタ次第デアリマス

次ニ金準備評價法案提案ノ理由ヲ説明致シマス、現在兌換銀行券、朝鮮銀行券及ビ臺灣銀行券ノ金準備ニ充當セラルヽ金ハ、時價ノ著シキ昂騰ニモ拘ラズ、依然貨幣法第二條ノ定ムル所ニ依リ、純金ノ量目七百五十瓱ニ付キ一圓ノ割合ヲ以テ評價セラレテ居ルノデアリマスルガ、此際是等ノ準備ニ充當セラルヽ金ヲ國際的時價ニ近イ程度ニ評價換シ、金準備ノ實勢ヲ其儘表示致シマスルコトハ、洵ニ適切ナル措置デアルト考ヘルノデアリマス、唯貨幣法ヲ改正シ、所謂平價ノ切下ヲ爲シテ我國通貨ノ價値ヲ確定致シマスコトハ、尙ホ未ダ其時期デナイト考ヘラレマスルノデ、此際ハ金ヲ發券ノ準備ニ充當スル場合ノ充當價格ニ付テノミ一應ノ改定ヲ加フルヲ適當ト認メ、現在ノ金ノ時價ニ約一割ノ餘裕ヲ置イテ、純金ノ量目二百九十瓱ニ付キ一圓ト云フ割合ヲ以テ評價換ヲ行フコトト致シタイト思ヒマス、此評價換ノ結果生ズル日本銀行、朝鮮銀行及ビ臺灣銀行ノ評價益ハ政府ニ納付セシムルコトトシ、之ヲ以テ特別ノ資金ヲ設ケ、後ニ申上ゲマスルヤウニ特別會計ト致シマシテ、日本銀行所有ノ金地金ノ一部ヲ本會計ニ移シ、又今後ノ新産金ハ此會計ニテ買上ゲ、外國爲替資金ヲ調整スル爲メ必要ニ應ジ金ヲ現送スル考デアリマス、又朝鮮銀行及ビ臺灣銀行ニ付テハ、强ヒテ金ヲ準備ニ充當スルノ必要モアリマセヌノデ、此際兩行ノ保有スル金ヲ日本銀行ニ集中スル途ヲ開キ置クコトヲ適當ト認メマス、以上ノ趣旨ニ依リ玆ニ本法律案ヲ提出致シタ次第デアリマス

次ニ金資金特別會計法案提出ノ理由ヲ説明致シマス、金準備評價法ニ依リマシテ日本銀行、朝鮮銀行及ビ臺灣銀行ガ政府ニ納付致シマスル金額、竝ニ日本銀行金買入法ニ依リマシテ日本銀行ガ政府ニ納付致シマスル金額ハ、之ヲ以テ特別ノ資金ヲ設置シ、主トシテ爲替資金ノ調整ノ爲メ之ヲ金ニ運用シ、若シ餘裕アル時ハ國債ニモ運用スルコトト致シ、又豫算ノ定ムル所ニ依リマシテ産金ノ増加ヲ圖ル爲ニモ使用シ得ルコトトスルノ計畫デアリマス、而シテ其歳入歳出ハ之ヲ一般ノ會計ト區分經理スル爲メ、特別ノ會計ヲ樹ツルノ必要ガアリマスルノデ、本法律案ヲ提出致シマシタ次第デアリマス

次ニ日本銀行金買入法廢止ニ關スル法律案ノ提案理由ヲ説明致シマス、政府ハ從來日本銀行ヲシテ金ノ買入ヲ行ハシメテ參リマシタガ、前ニ申上ゲマシタ産金法ノ制定ニ伴ヒ、今後ハ金資金特別會計ノ資金ノ運用トシテ、政府ガ金買入ヲ行フコトトナリマシタル爲メ、日本銀行金買入法ヲ存置スル必要ガアリマセヌノデ、之ヲ廢止スルコトトシ、玆ニ本法律案ヲ提出致シマシタ次第デゴザイマス

次ニ朝鮮銀行法中改正法律案ニ付テ申上ゲマス、朝鮮銀行券ノ保證發行限度ハ現在五千万圓デアリマスルガ、此限度ハ大正七年ニ定メヲレタモノデアリマシテ、朝鮮ノ經濟及ビ同銀行券發行ノ現況等ニ照シマシテ、少額ニ過ギルト思ハレマスルノデ、此際之ヲ一億圓ニ擴張スルヲ適當ト認メマシテ、本改正法律案ヲ提出致シタ次第デアリマス

次ニ臺灣銀行法中改正法律案ニ付キ申上ゲマス、現在同銀行券ノ支拂準備ハ、金銀貨及ビ地金銀トナッテ居ルノデアリマスルガ、今日ニ於テハ支拂準備ヲ是等ノモノニ限ル必要ハナイト認メヲレルノデアリマシテ、此際朝鮮銀行券ノ例ニ倣ヒマシテ、兌換銀行券ヲ支拂準備中ニ加ヘマスルト共ニ、之

ニ伴ッテ兌換銀行券ヲ臺灣銀行券ノ引換物件中ニ加フルノヲ適當ト考ヘマス、尙ホ現在臺灣銀行券ノ支拂準備及ビ保證準備ノ中ニハ、銀貨或ハ政府發行ノ紙幣ガ入ッテ居ルノデアリマスルガ、是等ノモノハ今日共必要ガアリマセヌノデ、之ヲ除クノヲ適當ト認メマス、次ニ同銀行券ノ保證發行限度ハ、現在二千万圓デアリマスルガ、此限度モヤハリ大正七年ニ定メラレタモノデアリマシテ、臺灣ノ經濟及ビ同銀行券發行ノ現況等ニ照シマシテ少額ニ過ギルト思ハレマスルノデ、此際之ヲ五千万圓ニ擴張致シタイト考ヘマス、斯樣ナ次第デアリマスルノデ、本改正法律案ヲ提案致シタ次第デアリマス、最後ニ外國爲替管理法中改正法律案ニ付キ、提案ノ理由ヲ説明致シマス、貨物ノ無爲替輸入ノ中、代金決濟ニ付キ外國送金關係ヲ伴ハザルモノニ付キマシテハ、現在外國爲替管理法ニ依リ取締リ得ナイコトニナッテ居リマスルガ、最近爲替管理ノ强化ニ伴ヒ、右ノ缺陷ヲ利用シテ、輸入ヲ企テル者ガ漸次增加スル虞ガアリマシテ、斯クテハ輸入爲替管理ノ完全ナル遂行ニ支障ヲ生ゼシムルト共ニ、本邦國際收支ニ於ケル受取勘定ヲ減少セシムルコトトナリマスノデ、同法ニ改正ヲ加ヘ是ガ取締ヲ爲シ、以テ爲替管理ノ完璧ヲ期シタイト思フノデアリマス

以上七件ニ關シ、何卒御審議ノ上、速ニ御協贊ヲ與ヘラレンコトヲ希望致シマス

(拍手)

○**議長**(**小山松壽君**) 通告順ニ依ッテ質疑ヲ許シマス――宮澤胤勇君

(宮澤胤勇君登壇)

○**宮澤胤勇君** 只今議題トナリマシタ金ノ諸問題ニ付キマシテ、一二三御伺ヲ致シタイト思フノデアリマス、産金ノ奬勵ハ今日ノ我ガ内外ノ經濟事情ヨリ致シマシテ、適當ノコトデアルト思フノデアリマスルガ、併シ此法文ヲ見マスルト、奬勵ノ趣旨ハ結構デアリマスルケレドモ、其手續ガ非常ニ面倒デアリマシテ、監督ノ方法ガ複雜デアリマシテ、或ハ産金ノ奬勵ヨリモ、逆ニ制限ノ法律ニナルノデハナイカト云フ心配ヲ私共致スノデアリマス、此點ハ一ツ此法ノ運用ノ上ニ於キマシテ、政府ニ於テ十分ニ御考ヲ願ヘナケレバナラヌノデハナイカト思フノデアリマス、就キマシテハ私ハ此度ノ金評價換竝ニソレヨリ生ズル特別資金設定等ニ付キマシテ、一二御尋ヲ致シタイノデアリマス、金評價換ニ付テハ貨幣法第二條ヲ變更シナイデ、特別ニ評價法ト云フモノヲ新シク制定スル、是ハ何ノ必要ガアッテ斯樣ニ致スノデアリマスカ、七百五十「ミリ」ノモノヲ二百九十「ミリ」ニ變ヘルト云フコトヲ、貨幣法第二條ノ變更ニ止メテ宜シイヤウニ考ヘルノデアリマスガ、特ニ斯ウ云フ特別法ヲ制定セラレタノハ、何ノ理由デアリマスカ、先ヅ第一ニソレヲ伺ヒタイノデアリマス

ソレカラ第二ニハ、此七百五十「ミリ」カラ二百九十「ミリ」ニ換算ヲ致シマシタ其理論上、竝ニ實際上ノ根據ヲ、モウ少シ詳シク御説明ヲ願ヒタイト思フノデアリマス

次ニ此評價換ヲ致シマシタ結果、日本銀行、朝鮮銀行、臺灣銀行ニ現在持ッテ居リマスル正貨カラシテ、何程ノ評價益ガ出ルノデアリマスカ、ソレヲ御示ヲ願ヒタイト思フノデアリマス、此度ノ評價換ト云フコトハ、全ク形式上ノ問題デアリマシテ、特ニ斯ウ云フ手續ヲ執ラレルコトハ、其評價益金ト云フモノヲ政府ガ欲シイト云フコトカヲ、斯ウ云フ手續ヲ執ラレタコトト思フノデアリマス、併ナガラ是ハ金ノ輸出禁止ヲシテ居リマスル日本ト致シマシテハ、全ク内部的ノ形式上ノコトニ止マルノデアリマスルガ、併シ之ヲ世界各國ガ行ヒマシタ所ノ、例ノ所謂平貨切下ト云ヒマスカ、「デバリュエーション」ト、今度政府デ行ヒマスル コトトハ、其形式竝ニ實質ニ於テ、ドノヤウナ違ヒガアルノデアリマスカ、是モ併セテ伺ヒタイト思フノデアリマス、尙ホ此評價益金ヲ政府ニ納付セシメマシテ、サウシテ之ヲ特別資金トシテ金ノ買入、若クハ國債ノ所有ニ此資金ヲ使フト云フコトデアリマスガ、之ヲ今回ノ特別議會ニ特ニ提出シテ、サウシテ急遽此ヤウナコトヲ爲サレル必要ニ迫ラレテ居ル所ノ理由ニ付テモ伺ヒタイト思フノデアリマス、更ニ私ハ是等ノ問題ヲ中心ト致シマシテ、我國ノ金政策ト云フモノヲ如何ナル方針ノ下ニ、如何樣ニ政府ハ今後行ッテ行カレルノデアルカ、此根本ノ點ニ付キマシテ尙ホ一言伺ッテ見タイノデアリマス、御承知ノ如ク世界ノ現在ノ金ハ殆ド米國、英國、佛蘭西ニ偏在致シマシテ、世界ニ二百億弗ノ金ガアルト言ハレル中ノ、殆ド九割ハ、此三國ニ現ニ偏在ヲ致シテ居ルノデアリマス、而モ此金ニ付キマシテハ、從來ノ金ニ對スル經濟上ノ觀念ガ變ッタト言フノデハアリマセヌケレドモ、今年四月露西亞ガ英吉利ニ於キマシテ僅ニ四千万磅ノ金ヲ賣出シタガ爲ニ、英吉利ニ於テハ一時買入ヲ躊躇スルト云フヤウナコトカラシテ、世界ハ金問題ニ關シテ新シイ考ヘ方ヲシナケレバナラナイト云フコトニ迫ラレテ來テ居ルヤウデアリマス、而モ今日世界ノ金相場ガ何ニ依ッテ維持ヲセラレテ居ルカ、他ノ物價ニ較ベマシテハ殆ド三倍ニ等シイ暴騰ヲ來シタ金ノ價格ガ、何ニ依ッテ維持セラレテ居ルカト言ヘバ、大體ニ於テ亞米利加ガ之ヲ買入レルコトニ依ッテ、此相場ガ維持セラレテ居ルノデアリマス、而モ亞米利加ガ金ヲ買入レルコトハ、亞米利加自身ガ自分ノ必要ニ依ッテ買入レルト云フヨリハ、世界ノ今日ノ金ヲ中心トスル經濟界ニ變動ヲ與ヘナイ爲ニ、世界ノ經濟ヲ維持スル爲ニ、亞米利加ハ之ヲ買ッテ居ルヤウニ思フノデアリマス、其證據ト致シマシテハ、御承知ノ如ク此頃亞米利加ハ買入レテ居ル金ヲ貯藏致シマシテ、サウシテソレガ爲ニ買入レル資金トシテ出シタ大藏證券ニハ利息ヲ拂ッテ、卽チ不要ナモノヲ買ッテ、ソレニ對シ利息ヲ拂ッテ、ミスミス利息ノ損ヲシナガラ尙ホ金ノ貯藏ヲ續ケテ居ルノデアリマス、之ニ依リ金相場ハ維持サレテ居ル、少クトモ最後的ニハ米國ガ買ッテ呉レルト云フコトデナケレバ世界ノ金ノ相場ハ下リマス、サウシテ世界ノ今日ノ經濟界ニ非常ナ「デフレーション」ヲ捲起シテ、經濟界ガ混亂スルト云フコトカラ、亞米利加ハ斯ウ云フ政策ヲ採ッテ居ルト思フノデアリマス、私ハ日本ガ今日ノ場合、日本ノ經濟ノ現實カラ見テ洵ニ已ムヲ得ナイコトデハアリマスルガ、産金ヲ奬勵シ、其買上ゲタモノヲ亞米利加ニ送ッテ、サウシテ亞米利加ニ買ッテ貰ッテ自分ノ經濟ヲ維持スル、日本ダケハ洵ニ都合ガ好イカモ知レマセヌガ、亞米利加ニ取ッテハ迷惑ナコトヲヤッテ、日本ハ其爲替ヲ維持シテ居ルノデアリマス、若シ亞米利加ガ一度金ヲ買ハ

ナイト云フコトニナレバ、我國ノ金政策ハ直チニ破綻ヲ生ズルト云フコトニナルト私ハ思フノデアリマス、斯ウ云フヤウナ全ク他ニ依存シテ居ル金政策ヲ、此儘何時迄モ續ケテ行ッテ宜イカト云フコトニナレバ、私ハ大ナル疑問ガ存スルト思フ、今日ノ場合産金ヲ奬勵スルコトモ結構デアリマス、又爲替ノ維持ノ爲ニ金ノ現送ヲスルコトモ亦已ムヲ得ナイト思ヒマス、又其資金トシテ此特別資金ヲ設定シテ爲替ノ調節ニ充テルト云フコトモ亦已ムヲ得ナイト思ヒマスガ、併ナガラ目先ダケニ囚ハレナイデ、我國ノ金政策ノ根本ヲ何處ニ置クカト云フコトヲ考ヘナケレバナラヌト思フノデアリマス、我國ニ於キマシテモ御承知ノ如ク今年度アタリハ約四十噸、即チ百四五十万「オンス」ト云フ金ヲ生産スルサウデアリマス、是ハ今年ノ世界ノ金産額ノ豫想ニ當嵌メテ見マスルト殆ド四%ニ當ルノデアリマス、南阿、露西亞及ビ亞米利加、加奈陀ニ次ギマシテ、我國ハ世界ニ於テモ有數ナ金産國ノ中ニ入ッテ居ルノデアリマス、此金ヲ唯亞米利加ニ買ッテ貰フト云フコトダケヲ以テ、日本ノ金政策ノ根本ノ立前トシテ居ルト云フコトハ、非常ナ危險デアルト私ハ考ヘルノデアリマス、賀屋大藏大臣ハ先日來此議場ニ於ケル説明ニ於キマシテ、明年度カラハ國際貸借ノ輸入超過ヲ賄フ爲ノ金ノ現送ト云フモノハ、其年ノ新産金ノ程度ニ止メルト云フコトヲ言ッテ居ルノデアリマス、是ガ果シテ實行出來ルカ出來ナイカハ先ノコトデアリマスガ、假ニ斯ウ云フ方針ダケデ行クト致シマシテモ、結局今日ノ此輸入超過ノ大勢ヲ、新産金若クハ貿易外ノ受取勘定ダケヲ以テ賄フコトハ、實際上出來ナクナルコトハ私ハ明デアラウト思フ、サウシテ而モ此産金ノ奬勵ハ、新聞ニ依ッテ見マスルト五年後ニハ五億圓ニナル、若シ五年後ニ五億圓ニナリマスレバ、少クトモ百四十噸トカ、百五十噸ト云フ金ヲ我國デ出來ルコトニナリマシテ、世界ノ金ノ産額モ増加ハ致シマスケレドモ、是ガ世界ノ金ノ少クトモ八分トカ、一割ト云フモノニ達スルモノト思フノデアリマス、其大キナ金ノ産額ヲ、亞米利加ニ送ッテ賣付ケルト云フコトデ、日本ノ經濟ヲ保ッテ行クト云フコトハ餘程考ヘナケレバナラヌ、是等ニ付キマシテ、政府ハ何等カ將來新シイ方針ヲ御執リニナルノデアリマスカ、ソレモ伺ヒタイト思フノデアリマス、私ハ日本ガ今日世界ノ經濟ニ協力スルト云フ意味カラ、寧ロ私ハ金ノ現送ヲヤラナイデ、他ニ爲替維持ノ方法ト云フモノハ考ヘラレナイコトハナイト思フノデアリマス、モウ少シ日本ノ經濟ト云フモノヲ世界ノ經濟ノ上ニ廣ク見テ、サウシテ世界ノ經濟ニ協力シテ、尙且ツ日本ノ爲替ヲ維持スル、爲替ヲ維持スルコトハ、結局ニ於テハ國際貸借ノ實勢ヲ改善スルヨリ外ニ方法ハナイノデアリマスガ、併ナガラ其暫クノ過渡的ノ方法トシテモ、私共モット他ニ智惠ヲ出シテ、何等カノ方法ヲ講ズルコトガ出來ナイコトモナカラウト思フノデアリマス、政府ニ於キマシテハ、此金政策ノ根本ニ付テ、モウ少シ世界ノ經濟ニ對スル認識ヲ新ニシ、サウシテモウ少シ獨立性ノアル政策ヲ立テナケレバナラヌノデアリマス、今日出サレマシタ金ニ對スル諸法案ハ、唯當面ヲ糊塗スルダケノコトデアリマシテ、金ガ各國ノ貨幣カラ少クトモ離レツヽアル所ノ今日、之ニ對シテモ少シ徹底シタ見透シヲ付ケテ、サウシテ經濟政策ノ根幹ト爲サナケレバナラヌト思フノデアリマス、是等ニ於キマシテ政府ノ御所見ヲ伺ヒタイト思フノデアリマス（拍手）

（政府委員太田正孝君登壇）

○政府委員（太田正孝君） 宮澤サンノ數項ニ亙ル御質問ニ對シテ御答申上ゲマス、其第一點ハ金ノ産出ヲ奬勵スルコトハ宜イガ、手續ガ煩雜デアリマシテ、斯ウ云フ工合デアッテハ却テ反對ノ結果ヲ生ズルト云フコトニ付テノ御忠告デアリマス、御尤ナ忠告ト存ジマス、此點ニ付キマシテハ役人ガ役人ヲシカラザルヤウニ、本當ニ法ノ目的ヲ達スルヤウニ御希望ニ副フヤウニ致シタイト存ジ上ゲマス

第二點ノ何故ニ此際貨幣法第二條ヲ改正シテ根本的ノ態度ヲ執ラナイカト云フ御質問デアリマス、申上グルマデモナク貨幣法第二條ヲ改メルト云フコトハ、平價切下ニ關スル問題デアリマス、根本的ニ申シマスレバ然ルベキコトト存ジマスルガ、平價切下ヲスルニ付キマシテハ相當ノ條件ヲ要シマス、私ノ見ル所ヲ以テスレバ、既ニ國内ノ物價ガ安定シ、又對外的ニ爲替相場ガ安定シ、而モ金解禁シテモ然ルベキ準備ヲ持ッテ居ルト云フ、三ツノ條件ガ揃フデナカラネバ、平價切下ヲスベキモノデナイト信ズルノデアリマス、此意味ニ於テ我國ノ現狀ニ是等ノ問題ヲ當嵌メテ見マスルト云フト、此際暫定的ニ今日申上ゲマシタヤウナ法律ヲ設クルノ必要ガアルト思フノデアリマシテ、貨幣法ヲ根本的ニ改正スルノハ時期尙早ト存ズルノデアリマス

第三點トシテ二百九十瓩ヲ以テ標準ト定メタコトニ付テノ御質問デアリマシタ、申上グル迄モナク金二分ヲ以テ貨幣ノ單位トスル現在ノ貨幣法ノ定ムル所ト、我國全體ニ於ケル金ノ値踏ミト云フモノトハ非常ナ開キガアリマス、簡單ニ申シマスレバ、不必要ニ低ク見積ラレテ居ルト申上ゲテ差支ナイカト思フノデス、隨テ之ヲ今ノ儘ニシテ置キマスト云フト、實質ニ變リハナクテモ呼値ガ變リマス爲ニ、如何ニモ兌換券ニ對シテ準備ガ非常ニ減ッタヤウナ數字ガ出テ來マスノデ、人心ニ及ボス影響ハ少クナイト思ヒマス、又常ニ制限外發行ニナルヤウナ形ガ出來マスコトハ是亦宜シクナイト思ヒマスノデ、ソコデ此標準ノ價格ニ付キマシテモ、倫敦ノ金塊相場カラ換算致シマシテ、約一割減ノ所ヲ以テスルノガ相當ト考ヘマシテ、二百九十瓩ヲ以テ標準價格トシタ譯デアリマス

第四點トシテ、標準ノ益ハ幾ラアルカト云フ御尋デゴザイマスガ、日本銀行ヨリスル分ガ七億一千七百五十一万五千圓、朝鮮銀行ヨリ致シマスモノガ四百五十三万七千圓、臺灣銀行ヨリ致シマスモノガ二千五百十九万七千圓、合計七億四千七百二十四万九千圓トナルノデアリマス、更ニ御質問ノ非常ニ強調致サレマシタ金政策ニ付キマシテハ、洵ニ有益ナル御意見トシテ拜聽仕リマシタ、併シ今回政府ノ執ッテ居リマス金政策ト云フノハ、我國ノ國際收支ノ決濟上カラ申上ゲマシテ、金ノ増産ニ依ッテ之ヲ現送スルコトニスルノガ此際ノ然ルベキ策デアリ、國際決濟上ノ手段トシテハ金ニ依ルノ外ナイト信ズルカラデアリマス、更ニ正貨準備ノ充實ヲ圖ルコトモ是亦必要ナコトト存ジマシタノデ、此意味ニ於テ今回ノ政策ヲ立テタ譯デアリマス、デ御言葉ニモアリ

マシタヤウニ存ジマスルガ、本年ハ產金額ノ限度ヲ超シテ既ニ現送シテ居ル譯デゴザイマスガ、大藏大臣モ度々申サレマシタル通リ、明年度ヨリハ新產金ノ限度ニ止メタイト思フノデアリマス、短イ期間ヲ區切ッテノ計畫デナク、一定ノ區間ヲ以テノ計畫ヲ致シマシテ、此信念ノ下ニ明年度カラハ新產金ノ限度ヲ超サナイト云フコトヲ堅持シテ行キタイト思フノデアリマス、申上グル迄モナク金ノ現送ガ少ナケレバ結構デアリマス、其爲ニハドウ致シマシテモ根本的ニ國際收支ノ均衡ヲ圖ラネバナラヌト云フコトニナルノデアリマス、大藏大臣ノ財政演說ニ於ケル一貫シタ主張モ玆ニアルノデアリマス、ドウゾ左樣御諒承願ヒタイト存ジ上ゲマス（拍手）

○議長（小山松壽君）　武田德三郎君

（武田德三郎君登壇）

○武田德三郎君　私ハ只今議題ニ上ッテ居リマスル諸案ノ中、產金法、金準備評價法竝ニ金資金特別會計法ノ三案ニ付キマシテ二三ノ質疑ヲ致シタイト存ジマス、第一ニ政府ニ伺ヒタイコトハ、今程宮澤君モ一寸觸レラレタ問題デアリマシタガ、政府ハ明年カラ新產金ノ程度ニ於テ金現送ヲ致スト云フコトヲ申述ベラレテ居ルノデアリマス、左樣致シマスルト此產金獎勵ノ法案ノ結果、政府ハドノ位ナ程度ノ明年カラ金現送ヲスレバ、貿易外ノ收支ガ均衡ヲ得ラレルト考ヘテ居ラレルノデアリマセウカ、言葉ヲ換ヘテ申シマスナラバ、明年以後ノ輸入超過ハドノ程度デ喰止メラレルト考ヘテ居ラレルノデアリマセウカ、其點ヲ伺ヒタイト思フノデアリマス

私ガ此質問ヲ致ス意味ハ、明年頃ヨリハ軍備ノ擴張其他生產力ノ擴張ノ爲ニ、輸入超過ハコ、二三年ハ極メテ多カラウト思フノデアリマス、然ルニ政府ハ產金ノ五箇年計畫ト云フモノヲ立テラレマシテ、其方法トシテ此產金法其他ヲ御制定ニナッタモノト思フノデアリマス、サウ致シマスルト貿易ノ現狀カラシテ、輸入超過ノ最モ多カルベキ明年若クハ明後年ニ於テ、此產金法ノ效果ヲ十分ナラシメント致シマスルノニハ、更ニ一段ノ工夫ヲ要スルモノデハアルマイカト考ヘマス、即チ產金ノ買上値段ヲ尙ホ更ニ引上ゲル方法ヲ執ルトカ、或ハ更ニ產金業者ヲ保護スルノ途ヲ執ルトカ、何等カ更ニ一段ノ進ンダ方法ヲ執ルニアラザレバ、政府ガ產金ヲ獎勵シテ、之ニ依ッテ輸入超過ヲ「カバー」スルト云フ目的ヲ達スルコトハ、如何デアルカト云フ疑ヲ持ッテ居ル點カラ之ヲ伺フノデアリマス

即チ此產金法ニ依ッテ見マシテモ、政府ハ產金業者ニ相當ナ保護ヲスルト云フコトガ規定サレテアリマスル外ニ、直接ノ保護ト致シマシテハ、製錬所ノ設備ニ對シテ若干ノ保護ヲスルト云フコトニナッテ居リマス、併シ私ノ實際業者カラ承ル所ニ依リマスルト、我國ハ火山國ノ關係上貧鑛ガ非常ニ澤山アルト云フコトヲ聞イテ居ルノデアリマス、而シテ此貧鑛ヲシテ有效ナラシムルノ途ハ、製錬ノ精巧ト云フコトハ勿論必要デアリマスルケレドモ、ヨリ以上ニ選鑛ガ最モ必要デアルノデアリマス、即チ選鑛ガ適當ニ致サレマスルナラバ、貧鑛ヲ處理シテ之ヲ有效ニ活用スルコトガ出來ルノデアリマス、然ルニ本法案ヲ拜見致シマスト、選鑛ニ向ッテ政府ハ餘リ注意ヲ拂ッテ居ルト云フ跡ヲ見出スコトハ出來ナイノデアリマス、是等ノ點ニ於テ政府ノ所見ヲ伺ヒタイト存ジマス

ソレカラ次ニモウ一ツ伺ヒタイコトハ是ハ未ダ公式ニ政府ノ聲明ニハアリマセヌガ、新聞ノ傳フル所ニ依リマスルト、政府ハ所謂六大產金會社ヲ合同シテ一ツノ新會社ヲ作ラシムルノデアリマスルカ、或ハ一ノ「ブロック」ヲ作ラシムルノデアリマスルカ知リマセヌガ、何等カ六大產金會社ヲ中心トシ、金ノ增產計畫ヲ立テラル、ヤウニ窺ハレテ居リマスガ、果シテ是ガ眞ナリト致シマスルナラバ、私ハ我國ノ現狀ニ於キマシテ、小產金業者ノ多數アル現在ニ於テ、特ニ六大產金業者ダケヲ保護シテ、其力ニ依ッテ政府ノ金ノ增產計畫ヲ實現スルト云フコトハ、如何ナモノデアルカト考ヘルノデアリマス、其小產金業者ニ取ッテ不便ヲ與フルノミナラズ、又實際金ノ增產ノ目的ニ果シテ應ズルヤ否ヤト云フコトニ向ッテ、多少ノ疑ナキヲ得ナイノデアリマス、政府ハ果シテ六大產金會社ヲシテ一ツノ「ブロック」ヲ作ラシメテ、之ニ向ッテ特別ノ待遇ヲ與ヘルト云フヤウナ御計畫ガアルノデアリマスルカ、ドウデアリマスルカ、此點ヲ伺ヒタイト存ジマス

ソレカラモウ一ツ此產金ニ關シテ伺ヒタイコトハ、政府ハ既ニ產金ノ引上ヲ致スト云フヤウナコトニ相成リ、更ニ金ノ製錬所ノ設立者ニ向ッテ、特殊ノ保護ヲ與ヘルト云フコトニナリマスルト、漸クニシテ收支計算ノ合フヤウナ貧鑛ヲ持ッテ稼業ヲシテ居ル產金業者ハ、非常ナ不利益ノ位置ニ立ツモノト私ハ考ヘマス、斯樣ナ場合ニ於テ、從來ノ相當ナ富鑛ヲ持ッテ居ル所ノ產金業者ハ、之ニ反シテ非常ナ利益ヲ得ルコトニ相成ルノデアリマス、是ハ同ジキ產金業者ニ取ッテ非常ナ不公平デアルノミナラズ、是等政府ノ政策ノ結果、何等自己ノ特別ナ努力ニ依ラズシテ特別ノ利益ヲ得ルヤウナ從來ノ產金業者ニハ、相當ノ負擔ヲセシムルト云フコトガ、公平ナ見地カラ見テモ然ルベキコトデハアルマイカ、サウシテ從來ノ產金業者ニ負擔セシメタル所ノ其負擔ノ金額ヲ以テ、新ナル小サナル產金業者ニ相當ノ保護獎勵ヲ與ヘルト云フコトニナリマスレバ、日本ノ產金ノ獎勵、隨テ其生產額ノ增加ト云フモノハ、期シテ待ツベキモノガアルノデハアルマイカト考ヘマス、此點ニ向ッテ政府ハ如何ナル意圖ヲ以テ居ラル、カト云フコトヲ伺ヒタイノデアリマス

次ニ準備評價法ニ付テ一二伺ヒタイト思ヒマス、此法案ヲ見マスルト、現在ノ日本銀行其他ノ兌換準備ノ正貨ノ評價換ヲシテ、其利益ヲ運用ショウト云フコトニナッテ居ルノデアリマスルガ、其運用ノ一部トシテ、金ノ買入ノ資金竝ニ公債引受ノ資金ト云フヤウナコトニ充テルト云フコトハ明記シテアリマスルケレドモ、實際ノ問題ハ金ノ現送ノ資金ヲ得ルト云フコトデアラウト思ヒマス、然ラバ結局ニ於テ輸入超過ノ甚シキ今日ノ我國ノ國際貿易ノ關係カラシテ、此評價換ニ依ッテ得タル所ノ金ト云フモノハ、事實上ハ少クトモ此一兩年ノ間ハ金ノ現送ニ充テラル、ト云フコトハ、極メテ明瞭ノコトデアラウト思ヒマス、然ラバ金ヲ現送スル爲ニ、斯樣ナ評價換ヲスルト云フコトハ、私ハ他ノ方法ヲ以テ同一ノ效果ヲ收メラル、ノデハアルマイカト存ジマス、即チ日本銀行ノ兌換ノ金準備率ト云フモノヲ、外ノ列國ニ於テ齊シク採ッテ居リマスル所ノ、三割程度

ノ準備率ニ致シマスルナラバ、今日此評價換ニ依ッテ得タル所ノ約八億以上ノ金ガ政府ノ手ニ得ラルヽノデハナイカ、左樣致シマスルナラバ、政府ノ金現送ニ依ッテ輸入超過ヲ「カバー」スルト云フ目的ハ、ソレニ依ッテ達セラレルノデハアルマイカト存ジマス

尙ホモウ一ツ伺ヒタイコトハ、此金準備評價法ニ依ッテノ評價ノ率ト、現在政府ガ民間カラ金ヲ買上ゲル買上値段トハ、其間ニ一匁ニ付テ約一圓程ノ相違ガアリマス、是ハ如何ナル理由ニ依ッテ、政府ノ買上値段ト此評價ノ間ニ、斯樣ナ差ヲ付ケラレタノデアリマセウカ、思フニ是ハ先程政務次官ノ御説明ノ中ニモアリマシタル如ク、倫敦ノ現在ノ金ノ相場ヨリ約一割程ノ低價ニ評價シテ置ケバ、萬一金ノ値段ガ下ッタ時ニ、危險ヲ防止スルコトガ出來ルト云フ意味デアラウカト存ジマス、併シ是ハ一應承ルコトノ出來ルコトデアリマスルガ、從來我國ノ政府ニ於キマシテハ、金ノ買上値段ハ常ニ倫敦ノ現在ノ相場ヨリ一割乃至一割五分低價ニ見ルト云フ習慣デアッタノデアリマス、是ガ萬一値下リノ場合ヲ豫想シテノ方法デアッタノデアリマセウ、併ナガラ現在日本ニ於テ金ヲ現實ニ買上ゲテ居ル所ノ値段ト、評價ノ値段トヲ變ヘルト云フコトハ、私ハ何等ノ意味ヲ爲サヌコトデハナイカト思フノデアリマス、若シ現在ノ金ノ倫敦ニ於ケル相場ヨリ値下リノ場合ノ危險ト云フコトデアリマスルナラバ、買上ゲタ金ニ付テモ同樣ナ危險ガアルノデアリマス、既ニ一匁十四圓幾ラト云フ買上値段ガ、何等ノ危險ナシト云フ政府ノ意見デアリマスルナラバ、此評價ニ於テモ亦同一ノ値段ヲ以テ評價スルト云フコトハ、私ハ普通ノ通念カラ然ルベキコトデハナイカト思ヒマス（拍手）若シ又政府ハ先程宮澤君ノ御指摘ニナリマシタル如ク、亞米利加ハ金ノ洪水ニ困ッテ居ル、世界ノ金產額ト云フモノハ年々殖エテ居ル、仍テ金ノ値段ハ將來下落スルノ傾向ニ在ルト云フコトヲ憂ヘテ居ルト云フコトデアリマスルナラバ、私ハ斯樣ナ評價換ヲスルト云フヤウナ手段ヲ執ルヨリモ先ヅコヽ暫クノ情勢ヲ見テ、總テノ安定點ヲ見出シタ上ニ於テ、寧ロ日本銀行ノ此兌換銀行條例ノ二條ヲ改正致シマシテ、正式ニ日本ノ平價切下ヲ斷行シタ方ガ正シイ途デアルト思ヒマス、ソレ迄ノ暫定法ト致シマシテ、私ハ寧ロ先程申上ゲマシタ如ク、日本銀行ノ兌換ノ率ヲ三割乃至三割五分ト云フコトニ限定致シマスルナラバ、政府ノ意圖スル所ノ目的ハ之ニ依ッテ達スルコトガ出來ルノデハアルマイカト考ヘマスルガ、政府ハ如何樣ニ此點ニ向ッテ御考デアルカヲ伺ヒタイノデアリマス

最後ニイマ一點伺ヒタイコトハ、資金ノ特別會計法ニ付テデアリマス、元來私共ハ政府ハ爲替ノ時期的ノ變動ヲ調整スル爲ニ、英吉利、佛蘭西ナドデ用ヒテ居リマスル所ノ、爲替平衡資金ト云フモノヲ採用セラルヽヤニ承ッテ居ルノデアリマス、私ハ年來此爲替平衡資金制度ヲ採用スルコトハ、我國ノ爲替ノ安定ノ上ニ極メテ有效デアルト考ヘテ居ルモノデアリマスルガ、既ニ政府ハ現在ノ資金ヲ評價換ヲシテ、其利益ヲ以テ金資金特別會計法ヲ設置セラルヽト云フマデニ進メラレルナラバ、何故ニ一歩ヲ進メテ爲替平衡資金制度ヲ採用セラレナイノデアルカ、此爲替平衡資金制度ヲ採用セラレマスナラバ、其必要ニ從ッテ金ノ現送ヲ致シテ、之ヲ爲替資金ニスルノ途モアリマセウ、或ハ又輸入爲替ヲ政府ガ買入レテ、季節的ニ安定ヲ圖ル途ヲ執ルノ方法モアルデアリマセウ、既ニ玆マデ進ンダ以上ハ、ドウシテモ爲替ノ安定ノ必要上、爲替平衡資金制度ヲ採用スルト云フコトハ、當然ノ順序デナイカト考ヘルノデアリマスガ、政府ハ何故ニ一歩ヲ進メテ此制度ヲ採用スルマデニ進メラレナイノデアリマスルカ、此間ニ何等カ特別ノ理由ガアルノデアリマセウカ、ドウデアリマセウカ、此點ヲ政府ノ御説明ヲ願ヒタイト存ジマス、以上私ノ申上ゲマシタコトニ付キマシテ大藏當局ノ御所見ヲ伺ヒタイト存ジマス

昭和十二年八月一日

北支事變ニ關スル
陸軍大臣海軍大臣ノ報告

北支事變ニ關スル陸軍大臣海軍大臣ノ報告

（國務大臣杉山元君登壇）

○國務大臣（杉山元君）　本月二十八日以後ノ平津地方ニ於キマスル戰鬪經過ノ概要ヲ説明致シマス

隱忍ニ隱忍ヲ重ネマシタ我ガ駐屯軍モ、二十五日夜ニ於キマスル郎坊事件、竝ニ二十六日ニ於キマスル北平廣安門事件等續發スルニ及ビマシテ、遂ニ支那側ニ於ケル協定實行ニ誠意ナキモノト認メマシテ、駐屯軍ハ其任務遂行竝ニ自衛上斷乎トシテ第二十九軍ヲ膺懲スルコトニ致シマシタコトハ、既ニ申上ゲタ通リデアリマス

我ガ駐屯軍ノ此決意ハ眞ニ已ムヲ得ザルニ出タモノデアリマシテ、我軍ノ目標ト致シテ居リマスルモノハ、抗日挑戰ヲ敢テ致シマシタ支那軍デアリマシテ、決シテ善良ナル支那ノ民衆ヲ敵トスルモノデハアリマセヌ、隨テ北平ノ城内ニ於キマシテモ、支那側ガ挑戰的行動ニ出デザル限リハ、武力ヲ使用セザルハ申スマデモナク、列國ノ權益ヲ尊重シテ居ルノデアリマシテ、此趣旨ニ依リマシテ、我軍ハ先ヅ北平ノ周圍ニ在リマスル支那軍ニ、斷乎タル膺懲ノ鐵槌ヲ加ヘルコトニナッタノデアリマス

即チ二十八日ニハ北平ノ郊外ニアリマスル西苑、北苑及ビ南苑附近ニ駐屯ヲシテ居リマス支那軍ヲ擊壞スル如ク行動ヲ開始致シマシタ、此日早朝ヨリ發風雷雨ガ起リマシタガ、我ガ飛行隊ハ此惡天候ヲ冒シテ出動致シマシテ、西苑ノ兵營ヲ爆擊シテ多大ノ損害ヲ與ヘマシタ、酒井兵團ハ西苑ノ北方約四里ニアリマス沙河鎭ノ敵ヲ攻擊シテ、午前十時半ニ之ヲ占領シ、又鈴木兵團ハ西苑東北方約一里半ノ淸河鎭ヲ攻擊ヲシテ、午後三時之ヲ奪取致シマシタ、南苑ニ於キマシテハ川岸兵團、河邊兵團竝ニ萱島部隊ガ相協力ヲシテ、三方面ヨリ猛烈ニ攻擊ヲ加ヘマシタ、支那軍ハ早クモ午前八時三十分頃ヨリ逐次退却ヲ始メマシタノデ、一部ヲ以テ之ヲ追擊ヲ致シマシテ、北平ノ南側馬村附近ニ於テ殲滅的打擊ヲ加ヘマスルト共ニ、尚モ抵抗ヲ持續致シマスル殘敵ヲ掃蕩致シマシテ、午後六時ニハ完全ニ南苑ヲ占領致シマシタ

此日八寶山、蘆溝橋方面ノ敵ハ、不遜ニモ豐台附近ニ殘ッテ守備ニ任ジテ居リマシタ河邊兵團ノ一部ヲ攻擊シテ來マシタノデ、該兵團ノ主力ハ馬村附近ノ戰勝後直チニ轉進シテ豐台ニ歸リ、此敵ヲ攻擊致シマシタ次第デアリマス、又天津ニ於キマシテハ、我軍ハ北平ト同樣ニ、戰禍ノ巷トスルノヲ避ケテ居タノデアリマスガ、支那軍ハ我ガ兵力少シト侮ッテカ、第三十八師ノ一部ガ保安隊ト共ニ、二十八日夜半ヨリ我ガ軍司令部、飛行場等五箇所ヲ攻擊シテ來マシテ、猛烈ナル市街戰ヲ演ズルニ至リマシタ、併ナガラ翌朝迄ニハ敵ニ多大ノ損害ヲ與ヘテ、一先ヅ擊退致シマシタ

次デ翌二十九日ニハ北平西方地區ニ於キマシテ、我軍ハ再ビ酷熱ヲ冒シテ西范附近ニ於ケル敵ノ抵抗ヲ逐次排除シツヽ、前進シ、河邊兵團ハ午後六時蘆溝橋ヲ完全ニ占領シ、酒井兵團モ亦午後七時蘆溝橋西北方約一里永定河東岸ニ在ル衙門口ヲ占領致シマシテ、該方面永定河左岸ヲ占領シマシタ、北平城内ニ於キマシテハ、最初ノ方針ノ如ク、我ヨリ進ンデ武力ヲ使用スルコトナク、專心居留民ノ保護ニ任ジテ居リマシタガ、支那側モ敢テ事ヲ起サズ、第三十七師ノ部隊ハ、二十九日夜窃ニ保定方面ニ退却シタモノヽ樣デ、城内ニハ第百三十二師ノ二箇團ヲ殘スノミトナリ、宋哲元モ亦秦德純、馮治安等ヲ帶同シテ保定ニ遁走シタト傳ヘラレテ居リマス、天津方面ニ於キマシテハ、支那軍ガ依然トシテ執拗ナル攻擊ヲ續ケマシタノデ、我軍ハ自衛上已ムヲ得ズ支那軍ノ占據シテ居リマスル主要地點ヲ爆擊スルニ決シ、駐屯軍司令部ハ、天津市内ノ治安ヲ維持シ、居留民ヲ保護スル目的ヲ以テ爆擊スベキモ、列國ノ權益尊重、居留民ノ保護ニ關シテハ、最善ヲ期スル旨ヲ聲明シマシタル後、二十九日午後ニ至リ、保安總隊本部、警備司令部等ヲ爆擊シ、多大ノ効果ヲ收メマシタ、其夜ハ少數ノ敵ガ東站停車場等ヲ夜襲シテ來マシタダケデ、何レモ直チニ擊退シタノデアリマス、昨三十日ニ於テハ、主ナル兵團ガ蘆溝橋對岸ニ在ル長辛店附近ノ高地ヲ占領スベク、午後一時攻擊前進ヲ開始シマシテ、午後三時ニハ早クモ完全ニ目的ヲ達シ、敵ヲ遠ク南方ニ擊攘致シマシタ、又鈴木兵團ノ一部ハ、北苑ノ殘敵ヲ武裝解除シタノデアリマス、天津ニ於キマシテハ、佛蘭西租界ガ通行出來マセヌノデ、支那街ノ一部ヲ掃蕩致シマシテ、日本租界ヨリ金湯橋ヲ經テ東站停車場ニ至ル沿線ノ地區ヲ占領シ、其交通連絡ヲ確保シマシタ、第二十九軍ハ天津郊外ニ撤退致シマシテ、既ニ積極行動ニ出ヅルノ意圖ハ消滅シタヤウデアリマス、尚ホ塘沽ノ對岸大沽ニ居リマスル支那軍モ、二十八日以來不意ニ我ヲ射擊スル等ノ挑戰行動ニ出マシタノデ、我ガ駐屯軍ハ二十九日海軍ノ協力ヲ得マシテ、猛烈ナル爆擊及ビ砲擊ニ依リ、多大ノ損害ヲ與ヘテ敵ヲ沈默セシメ、翌三十日午前十時過ギニハ完全ニ之ヲ占領シ、支那軍艦一隻ヲ鹵獲シマシタ、通州ニ於テ二十八日冀東保安隊ガ叛亂ヲ起シマシタノハ事實デアリマシテ、僅少ナル我ガ部隊ハ約三千ノ敵ニ包圍サレテ苦戰ヲ續ケ、飛行隊ノ爆擊ニ依ッテ漸ク圍

ミヲ解カセルコトガ出來マシタ、我ガ居留民ノ狀況ハ遺憾ナガラ未ダ眞相ガ判明シテ居リマセヌ、斯クテ平津地方ニ於テハ大ナル支那軍隊ハ潰滅致シマシタガ、尙ホ殘敵各處ニ蠢動スルアリ、未ダ治安ノ恢復ニハ相當ノ時日ト兵力トヲ要スルト考ヘル次第デアリマス

次ニ中央軍ノ北上ノ狀況ニ付テ申述ベマス、中央軍ハ七月十日前後カラ平漢鐵道ニ沿ヒ、逐次北上ヲ開始致シマシテ、二十二三日頃ニハ河北省ニ進入セル兵力約七万ヲ算フルニ至リマシタ、是等ノ中央軍ハ、保定カラ以南、河南省トノ省境附近ニ亙ッテ集中シマシテ、其前方良鄕、是ハ蘆溝橋ノ南方約四里ノ所デアルガ、其附近ニ亙ル間ニ居リマシタ所ノ、河北省在來ノ東北軍系デアル、萬福麟ヤ馮占海ノ軍約三万ト共ニ、昨今逐次前方ニ詰メ掛ケテ來テ居ル狀況デアリマス、其後方鄭州附近ニモ各方面ヨリ兵力ヲ集メマシテ、現今デハ約十二三万ニ達シテ居リマス、尙ホ津浦鐵道方面デハ、徐州及ビ海州ニ約四五万ノモノガ居ル外、最近ハ濟南附近ニモ若干ノ中央軍ガ進入シテ來ル模樣デアリマシテ、中央軍中ノ最精鋭部隊デアル南京軍官學校ノ教導總隊モ既ニ出動シテ居ル次第デアリマス、又支那ノ空軍ハ未ダ一機モ平津地方ニ現レテ居リマセヌガ、併ナガラ隴海鐵道沿線及ビ其以南ノ地區ニ於テ戰鬪準備ヲ著々實施シテ居リマス、以上ガ昨日マデノ一般狀態デアリマス

尙ホ茲ニ北平、天津、通州ノ居留民ノ狀態ニ付テ申上ゲマス、北平ニハ事變前ハ內國人約二千百、鮮人約千九百、合計約四千ヲ算シタノデアリマシタガ、事變直前ニ其約五分ノ二ハ他ニ避難ヲ致シマシタ、殘餘ノ五分ノ三ハ目下公使館區域ニ收容セラレテ居リマス者ガ、內鮮合シマシテ約二千四百デアリマシテ、其後何等ノ異狀ナク完全ニ保護サレテ居リマス、天津ニ於キマシテハ、居留民ハ殆ド全部ヲ租界內ニ收容致シテ居リマス、現地保護可能ノ見込ノ者ハ現地デ保護ヲシ、天津東南地區ノ住民ハ、危險ヲ慮リマシテ二十九日ニ租界內ニ收容致シテ居リマスガ、目下ノ所大ナル被害ガ無イ見込デアリマス、通州ニ於キマシテハ內地人百十三、鮮人百八十二名、其他ニ陸軍ノ特務機關ノ者ガ若干居ッタノデアリマスガ、是ハ只今申上ゲマシタヤウニ、冀東保安隊ノ叛亂ノ爲ニ居留民、特務機關共ニ多數ノ死傷者ヲ生ジテ居ルヤウデアリマスガ、未ダ確報ヲ得テ居リマセヌ

今後ノ戰局ノ推移ハ豫斷ヲ許サヌノデアリマスガ、事態ガ擴大スルカ否カハ、一ニ支那側ノ態度如何ニ依ルモノデアリマシテ、現狀ニ於テハ一層事態ガ重大化スルカモ知レナイノデ、陸軍當局トシテ之ニ對スル用意準備ニ萬遺憾ナキヲ期シテ居リマシテ、我ガ駐屯軍ニ於テモ任務遂行竝ニ自衞上飽マデモ公明正大、千万人ノ敵我往カンノ意氣ヲ以テ我ガ威武ヲ發揚シテ、益々奉公ノ誠ヲ盡サンコトヲ期シテ居リマス、之ヲ以テ終リマス（拍手）

昭和十二年八月四日

通州事件ニ關スル陸軍大臣ノ報告

通州事件ニ關スル陸軍大臣ノ報告
（國務大臣杉山元君登壇）

○國務大臣（杉山元君）　昨日本院ニ於キマシテ通州事件ニ付テ申上ゲマシタガ、昨二日飛行機デ調査ノ爲ニ通州ニ赴キマシタル軍司令部幕僚ノ報告ニ依リマシテ判明致シマシタ眞相ノ概要ヲ申上ゲマス

右報告ニ依リマスレバ、我ガ居留民ハ市内各所ニ散在居住シテ居リマシテ、事件ノ勃發マデ何等其徴候ヲ認メマセナンダノデ、各〻自宅ニ居リマシダ爲ニ、急遽襲撃セラル丶所トナリ、多數殺害セラレタモノノヤウデアリマスルガ、中ニハ能ク敵ノ手ヲ逃レテ守備隊ヘ辿リ着ク者モアリマシタ、敵ハ我ガ居留民ニ對シマシテ言語ニ絶スル殘虐ナル行動ヲ敢テ致シマシテ、其大部分ヲ城門外ニ拉致シテ之ヲ慘殺ヲシ、其殘忍ナル行爲ハ洵ニ耳目ヲ蔽ハシムルモノガアリマス、昨二日本院ニ於テ、我ガ守備隊ニ收容セラレマシタ居留民ハ約百八十名ト申シマシタガ、昨二日ノ調査ニ依リマスレバ、昨夕マデニ收容シ得マシタ者ハ、內地人男四十、女二十、小兒十一、鮮人男十四、女二十一、小兒十八、合計百二十四名デアリマシテ、ソレ迄ニ發見收容致シマシタル死體數ハ約百三十ニ達シテ居リマス、尙ホ殘餘ノ者ノ行方ニ付キマシテハ未ダ不明デアリマシテ、續イテ調査搜索中デアリマス、以上判明セル眞相ヲ取敢ヘズ報告致シマス（拍手）

昭和十二年八月六日

昭和十二年法律第四十九號中改正法律案外一件(緊急事件)

昭和十二年法律第四十九號中改正法律案

昭和十二年法律第四十九號中左ノ通改正ス

「九千六百萬圓」ヲ「四億六百二十萬圓」ニ改ム

附　則

本法ハ公布ノ日ヨリ之ヲ施行ス

特別會計ニ於ケル北支事件特別稅收入ニ相當スル金額ヲ一般會計ニ繰入ルルコトニ關スル法律案

關東局、朝鮮總督府、臺灣總督府及樺太廳ノ各特別會計ニ於ケル北支事件特別稅收入額ヨリ徵稅費ヲ控除シタル殘額ニ相當スル金額ハ豫算ノ定ムル所ニ依リ之ヲ當該特別會計ヨリ一般會計ニ繰入ルベシ

附　則

本法施行ノ期日ハ勅令ヲ以テ之ヲ定ム

(國務大臣賀屋興宣君登壇)

○國務大臣(賀屋興宣君)　只今議題トナリマシタ昭和十二年法律第四十九號中改正法律案提出ノ理由ヲ說明致シマス

今回ノ北支事件ニ關スル經費ニ付キマシテハ、過日帝國議會ノ御協贊ヲ經マシテ、其財源ニ充ツル爲ノ公債發行ヲ爲シ得ル法律ノ制定ヲ見タノデアリマスガ、其後北支ニ於ケル事態ノ推移ハ、更ニ本經費ノ增額ヲ必要ナラシメテ居リマス、然ル所是ガ財源ハ曩ニ本會議ニ提出致シマシタ北支事件特別稅及ビ別途御協贊ヲ仰グベキ豫定ノ外地特別會計ヨリノ繰入金ニ關スル法律ニ基ク收入ト、該收入ノ昭和十三年度分ヲ以テ償還スベキ豫定ノ借入金トニ依リマスル部分ノ外、三億千十七万餘圓ダケハ、今日ノ場合之ヲ公債ニ求ムルノ必要ガアリマスノデ、前記昭和十二年法律第四十九號中ノ公債發行限度ヲ擴張スル爲メ、本法律案ヲ提出シタ次第デアリマス、何卒御審議ノ上速ニ御協贊ヲ與ヘラレンコトヲ希望致シマス

次ニ特別會計ニ於ケル北支事件特別稅收入ニ相當スル金額ヲ一般會計ニ繰入ルルコトニ關スル法律案提出ノ理由ヲ說明致シマス、今回一般會計ニ於キマシテ、北支事件費竝ニ該經費支辨ノ爲ノ借入金ノ償還ニ付キ、是ガ財源ノ一部ニ充當スル爲メ、臨時ニ北支事件特別稅ヲ創設スルコトト致シマシタノデ、關東局、朝鮮總督府、臺灣總督府及ビ樺太廳ノ各特別會計ニ於キマシテモ、一般會計ニ於ケル北支事件費竝ニ該經費支辨ノ爲ノ借入金ノ償還ニ寄與スル目的ヲ以テ、右ニ準ズル同種ノ新稅ヲ實施シ、其收入額ニ相當スル金額ハ、之ヲ豫算ノ定ムル所ニ依リ一般會計ニ繰入ルル、計畫ト致シマシタ所、是ガ會計上ノ處理ニ關シマシテハ、法律ノ制定ヲ必要ト致シマスノデ、本法律案ヲ提出致シマシタ次第デアリマス、何卒御審議ノ上速ニ御協贊アランコトヲ希望致シマス

(拍手)

○議長(小山松壽君)　各案ノ審査ヲ付託スベキ委員ノ選擧ニ付テ御諮リ致シマス

○服部崎市君　兩案ハ一括シテ政府提出、北支事件特別稅法案ノ委員ニ併セ付託セラレンコトヲ望ミマス

○議長(小山松壽君)　服部君ノ動議ニ御異議アリマセヌカ

(「異議ナシ」ト呼フ者アリ)

○議長(小山松壽君)　御異議ナシト認メマス、仍テ動議ノ如ク決シマシタ、議事日程ハ既ニ議了致シマシタ、委員會ニ於テ審査中ノ議案ノ委員會報告ハマダ議長ノ手許ニ屆キマセヌカラ、本日ハ是ニテ散會致シマス、明六日ハ定刻ヨリ本會議ヲ開キマス、議事日程ハ公報ヲ以テ御通知致シマス

午後四時十一分散會

昭和十二年八月八日

議長ノ報告

外地ニ於ケル國語問題ニ關スル質問主意書

右成規ニ據リ提出候也

昭和十二年七月三十一日

提出者 東郷 實

外地ニ於ケル國語問題ニ關スル質問主意書

第一 朝鮮ニ於ケル朝鮮語ノ使用禁止問題

(一) 學校ニ於ケル朝鮮語ノ使用禁止

世間傳フル所ニ依レハ普通學校及高等普通學校ニ於テハ朝鮮語ノ使用ヲ禁止シ朝鮮語ヲ使用スル者ニ對シテハ罰金其ノ他ノ形式ヲ以テ處罰ヲ加ヘ居レリトノコトナルカ果シテ事實ナリヤ

(二) 若シ事實ナリトスレハ何時如何ナル形式ヲ以テ斯ノ如キ禁止令ヲ發シタリヤ又斯ノ如キ方針ヲ必要トスル理由及其ノ目的ハ奈邊ニ在リヤ詳細ニ說明セラレ度シ

(三) 中樞院、道會、府邑會、面協議會等ノ公會ニ於テ朝鮮語ノ使用ヲ禁止シタリト聞クカ果シテ事實ナラハ何時ヨリ禁止方針ヲ採リタルヤ

(四) 最近總督府文書課ニ於テハ總督府ノ官公吏ハ官公廳ニ在テハ勿論ノコト家庭ニ於テモ朝鮮語ノ使用ヲ禁止シ該命令ニ服セサル者ニ對シテハ假借スルコトナク處罰スルコトニ決定シタリトノコトナルカ果シテ事實ナリヤ

(五) 若シ事實ナリトスレハ何時如何ナル形式ヲ以テ禁止令ヲ發シタリヤ又斯ノ如キ方針ヲ必要トスル理由及共ノ目的ハ奈邊ニ在リヤ詳細ニ說明セラレ度シ

(六) 朝鮮人總人口中能ク國語ヲ理解シ得ル者ノ數及其ノ總人口ニ對スル割合ヲ男女別ニシテ示サレ度シ

第二 臺灣ニ於ケル國語問題

(一) 臺灣ニ於テハ最近日刊新聞ノ漢文欄ヲ全廢シタル筈ナルカ其ノ廢止ノ理由及目的竝廢止ニ至ル迄ノ經過ヲ詳細ニ說明セラレ度シ

(二) 臺灣總督府ハ將來朝鮮ニ於ケルト同樣學校、官公署、家庭等ニ於テ臺灣語ノ使用ヲ禁止セムトスル意圖ヲ有スルヤ否ヤ

(三) 本島人總人口中能ク國語ヲ理解シ得ル者ノ數及其ノ總人口ニ對スル割合ヲ男女別ニシテ示サレ度シ

右及質問候也

昭和十二年八月七日

內閣總理大臣 公爵近衞 文麿

衆議院議長小山松壽殿

衆議院議員東郷實君提出外地ニ於ケル國語問題ニ關スル質問ニ對シ別紙答辯書差進候

(別紙)

一 衆議院議員東郷實君提出外地ニ於ケル國語問題ニ關スル質問主意書ニ對スル答辯書

第一 朝鮮ニ於ケル朝鮮語ノ使用禁止問題

內鮮ノ融和結合ヲ促進セシムル趣旨ニ依リ國語普及ニ關シ諸般ノ施措ヲ進メ一段ノ努力ヲ致シツツアルモ特ニ朝鮮語ノ使用ヲ禁止シタルコトナシ各項ニ就テハ

一及二、共ノ事實ナシ但シ學校敎育ニ關シテハ監督者タル道知事ニ對シ昭和十二年五月二十日附ヲ以テ國語敎育ノ徹底及國語使用ノ勵行方ヲ通牒シタリ

三、四及五、共ノ事實ナシ但シ官公署ニ於テハ執務中ハ努メテ國語ヲ使用スル樣昭和十二年三月十八日附各所屬官署ニ對シ通牒ヲ發シタリ

六、昭和十年末朝鮮人中國語ヲ解スル者ノ數左ノ如シ

	總人口	國語ヲ解スル者	割合
男	一〇、七六九、六二六	一、五七九、七三三	一四・六%
女	一〇、四七八、六四八	二九八、九九一	二・八%

第二 臺灣ニ於ケル國語問題

臺灣ニ於テモ國語普及方針ハ朝鮮ノ夫レト異ナルコトナク國民精神ヲ作興シ同化ノ實ヲ徹底セシムル上ニ於テ國語普及ガ共ノ重要ナル一方策タルベキヲ以テ學校敎育ニ於テノミナラズ成人ニ對シテモ共ノ常用ノ馴致ニ努メツツアリ、質問各項ニ就テハ

一、臺灣ニ於テ發行セラルル新聞紙ハ從來紙面ノ一部ニ漢文記事ヲ登載シ來リタルガ昭和十一年七月下旬總督府ニ開催セラレタル民風作興協議會ニ於テ新聞紙ノ漢文欄廢止ノ論擡頭シ愼重審議其ノ廢止ヲ決議答申シタリ而シテ臺灣日日新報社外日刊三社ハ右決議ノ趣旨ニ贊シ臺灣日日新報外二社ハ昭和十二年四月一日ヨリ臺灣新民報社ハ同年六月一日ヨリ漢文欄ヲ自發的ニ全廢シ週刊新聞モ逐次自發的ニ漢文欄ヲ廢止スルニ到レリ而シテ右ノ擧ハ前記ノ如キ國語普及徹底ノ重要性ヲ認識シ進ンデ之ニ協力セントスルニ出デタルモノト思料ス

二、學校、官公署ニ於テハ國語ノ常用ノ奬勵ヲ爲シツツアルモ臺灣語ノ使用禁止ニ關シテハ曾テ之ヲ考慮シタルコトナシ

三、昭和十一年末本島人中國語ヲ解スル者ノ數左ノ如シ

	總人口	國語ヲ解スル者	割合
男	二、五九六、四六〇	一、〇四一、六〇〇	四〇・一%
女	二、五二三、四五四	七九二、四〇〇	三一・一%

右及答辯候也

昭和十二年八月七日

拓務大臣 大谷 尊由

昭和十三年一月二十八日

昭和十三年度一般會計歲出ノ財源ニ充ツル爲公債發行ニ關スル法律案外六件　第一讀會

支那事變ニ關スル臨時軍事費ノ財源ニ充ツル爲特別會計ヨリ爲ス繰入金ニ關スル法律案

政府ハ支那事變ニ關スル臨時軍事費ノ財源ニ充ツル爲毎年度豫算ノ定ムル所ニ依リ通信事業、帝國鐵道、關東局、朝鮮總督府、臺灣總督府及樺太廳ノ各特別會計ヨリ臨時軍事費特別會計ニ繰入金ヲ爲スコトヲ得

前項ノ規定ニ依ル繰入金ニ付テハ後日一般會計ヨリ之ニ相當スル金額ヲ右繰入ヲ爲シタル各特別會計ニ繰入ルベシ

第一項ノ規定ニ依ル通信事業及帝國鐵道ノ各特別會計ノ繰入金ハ當該特別會計ノ資本勘定ノ歲出トス

附　則

本法ハ昭和十三年四月一日ヨリ之ヲ施行ス

朝鮮事業公債法中改正法律案

朝鮮事業公債法中左ノ通改正ス

第一條中「八億四千百五十萬圓」ヲ「八億九千三百五十萬圓」ニ改ム

附　則

本法ハ公布ノ日ヨリ之ヲ施行ス

軍ノ需要充足ノ爲ノ會計法ノ特例ニ關スル法律案

軍ノ需要充足ノ爲必要アル場合ニ限リ國務大臣ハ會計法第二十一條但書ノ規定ニ拘ラズ當分ノ内勅令ノ定ムル所ニ依リ前金拂又ハ概算拂ヲ爲スコトヲ得

附　則

本法施行ノ期日ハ勅令ヲ以テ之ヲ定ム

（國務大臣賀屋興宣君登壇）

○國務大臣（賀屋興宣君）　只今議題トナリマシタ昭和十三年度一般會計歲出ノ財源ニ充ツル爲公債發行ニ關スル法律案外六件ノ法律案ニ付提出ノ理由ヲ說明致シマス

先ヅ昭和十三年度一般會計歲出ノ財源ニ充ツル爲公債發行ニ關スル法律案ハ、歲入補塡公債ニ關スルモノデアリマシテ、昭和十三年度一般會計歲出ノ財源ト致シマシテハ、現行ノ震災善後公債法及ビ道路公債法ニ依ル公債、竝ニ次ニ說明致シマスル滿洲事件ニ關スル經費支辨ノ爲ノ公債法中改正法律案ニ依ル公債ヲ發行致シマスル外、歲入ノ不足ヲ補塡スル爲メ五億五千七百八十万圓ノ公債ノ發行ヲ必要トスルノデアリマスルガ、是ガ爲メ別ニ起債ノ權能ヲ得ルコトガ必要デアリマス、尙ホ昭和十三年度歲出豫算中、若干ノ金額ハ例年ノ如ク翌年度ニ繰越サルヽ結果ニナルデアラウト存ゼラレマス所、其繰越額ノ財源タル公債ハ、必シモ之ヲ昭和十三年度內ニ發行スル必要ガアリマセヌノデ、翌年度ニ於テ發行シ得ルコトト致シマスルヲ適當ト認メタ次第デアリマス

次ニ昭和七年法律第一號中改正法律案ハ滿洲事件公債ニ關スルモノデアリマシテ、現行ノ昭和七年法律第一號ニ依リ昭和十二年度マデノ經費ハ之ヲ支辨シ得ルコトニ相成ッテ居リマス所、昭和十三年度ニ於テ必要ナル經費一億四千四百十餘万圓ノ中、滿洲國國防費ノ分擔金受入等ノ金額ニ相當スルモノヲ差引キマシタル一億二千四百六十餘万圓ハ、今日ノ財政狀況竝ニ本經費ノ性質ニ顧ミマシテ、從來ノ如ク之ヲ公債財源ニ依ルコトトスル爲メ、現行法ニ依ル公債ノ發行限度ヲ增額スル必要ガアルノデアリマス

次ニ造幣局東京出張所廳舍其ノ他ノ新營費ニ關スル法律案ハ、造幣局資金ノ一般會計繰入ニ關スルモノデアリマス、造幣局東京出張所ノ廳舍ハ腐朽破損甚シク、且ツ狹隘ノ爲メ、改築ノ必要ニ迫ラレテ居リマスノミナラズ、今回産金法ノ實施ニ伴ヒマシテ、同所ニ於テモ金銀地金ノ精製品位ノ證明ヲスルコトト致シマシタノデ、是ガ諸設備ノ新設等ニ要スル經費ニ充用スル爲メ、造幣局資金ノ中三十五万圓ヲ拂出シ、一般會計ニ繰入ルヽ等ノ必要ヲ生ジタ次第デアリマス

次ニ對支文化事業特別會計法ノ特例ニ關スル法律案ニ付說明申上ゲマス、對支文化事業特別會計ノ歲出額ハ、同特別會計法ノ現行規定ニ於キマシテハ、寄附金ニ依ルモノノ外、毎年度四百万圓ヲ超過シ得ナイコトト相成ッテ居リマス所、支那事變發生後ニ於ケル諸般ノ情勢ニ顧ミマスルニ、補助費及ビ助成費ヲ增加スル等ノ必要ガアリマスノデ、昭和十三年度以降當分ノ內、右ノ制限額ヲ六百万圓マデ增額致シマスルト共ニ、其間本會計ニ於キマシテ、萬一所屬證券ノ償還元利金ノ收入不足ニ因リ決算上不足ヲ生ジマシタ時ハ、積立金ヨリ之ヲ補足シ得ルノ途ヲ開イテ置クヲ適當ト認メタノデアリマス

次ニ支那事變ニ關スル臨時軍事費ノ財源ニ充ツル爲特別會計ヨリ爲ス繰入金ニ關スル法律案ニ付說明致シマス、支那事變ニ關スル臨時軍事費ノ財源ニ充ツル爲メ、毎年度豫算ノ定ムル所ニ依リ特別會計ヨリ臨時軍事費特別會計ニ繰入金ヲ爲スノ必要ヲ認メマシテ、昭和十三年度ニ於テハ通信事業特別會計ヨリ千六百万圓、帝國鐵道特別會計ヨリ四千万圓、關東局特別會計ヨリ三百五十万圓朝鮮總督府特別會計ヨリ千七百五十万圓、臺灣總督府特別會計ヨリ千百万圓及ビ樺太廳特別會計ヨリ二百三十万圓ヲ、ソレ〲臨時軍事費特別會計ニ繰入ルヽコトト致シマシタ所、右繰入ニ關シマシテハ法律ノ制定ヲ必要ト致シマスルノデ、本法律案ヲ提出致シタ次第デアリマス

次ニ朝鮮事業公債法中改正法律案ニ付說明致シマス、朝鮮總督府特別會計ニ於テ、昭和十三年度以降ノ繼續費トシテ計上致シマシタル鐵道建設及ビ改良費ノ追加額四千餘万圓、竝ニ金增産計畫ニ伴フ送電施設費三千六百万圓ハ、其經費ノ性質及ビ同特別會計歲計ノ現狀ニ顧ミマシテ、是ガ財源ヲ公債ニ依ルコトヽ致シマシタル等ニ依リ、現行朝鮮事業公債法ノ公債發行限度ヲ增加スルノ必要ガアリマスルノデ、本法律案ヲ提

出致シマシタ次第デアリマス

　最後ニ軍ノ需要充足ノ爲ノ會計法ノ特例ニ關スル法律案ニ付說明致シマス、現下ノ時局ニ伴ヒ、軍ノ需要スル物資ノ數量ハ著シク增嵩ヲ來シテ居リマスル所、是ガ調達ノ圓滑ヲ圖リ、軍ノ行動ニ支障ナキヲ期シマスルコトハ、喫緊ノ要務デアリマスルノデ、此際會計上ノ臨時應急的ノ措置トシテ、現行會計法ノ特例タルベキ法律ヲ制定シ、當分ノ內、前金拂又ハ概算拂ノ範圍ヲ擴張スルコトヲ適當ト認メ、本法律案ヲ提出致シタ次第デアリマス

　以上七件ノ法律案ニ付何卒御審議ノ上速ニ協賛ヲ與ヘラレンコトヲ希望致シマス

（拍手）

○議長（小山松壽君）　質疑ノ通告ガアリマス、之ヲ許シマス――池田秀雄君

（池田秀雄君登壇）

○池田秀雄君　私ハ對支文化事業特別會計法ノ特例ニ關スル法律案ニ付テ、二三政府ニ對シテ質問ヲ致シタイノデゴザイマス

（議長退席、副議長著席）

本案ハ一見極メテ輕小ナル案ノヤウデゴザイマスルケレドモ、私ノ見ル所ヲ以テ致シマスレバ、甚ダ重要ナル意義ヲ持ッテ居ルヤウニ思ヒマス、若シ政府ノ提案ニシテ左程重要ナル意義ガナイト致シマスレバ、私ハ此際ニ於テ重要ナル意義ヲ持タセナケレバナラヌモノデアルト考ヘルノデゴザイマス、此意味ニ於キマシテ私ハ對支文化事業ニ付キマシテ、根本的ナル二三ノ點ニ付キマシテ政府ニ質問ヲ致シタイノデゴザイマス

今回ノ事變ガ我國ニ取リマシテ未曾有ノ大事變デアリ、又支那ニ取リマシテモ慣レテハ居ルト申シマスケレドモ、稀有ノ大事變デアルコトハ疑モアリマセヌ、而シテ此事變ガ我國ノ目的ハ領土ニアラズ提携ニアリ、東亞永遠ノ平和ヲ確保センガ爲デアルト云フコトハ、昨年ノ臨時議會ニ於テ畏クモ　陛下ノ賜リタル詔勅ニ依ッテ炳乎トシテ明ナル事實デゴザイマス、斯ノ如キ公明正大ナル目的ヲ持ッテ居ル我國ハ、何故ニ隣邦ト干戈ヲ執ッテ相戰ハザルベカラザルカ、何故ニ提携スル前ニ相手ヲ叩カザルベカラザルカ、甚ダ悲シムベキコトデハアリマスルケレドモ、致シ方ナイ事實デゴザイマス、然ラバ其原因ハ那邊ニ存在スルカト申シマスレバ、蔣介石政府ノ排日、侮日、抗日、或ハ野心アル第三國ノ煽動等、數ヘ擧ゲテ見マスレバ數限リモアリマセヌ、併ナガラ其原因ヲ一層深ク掘下ゲテ見マスレバ、私ハ此兩國ノ間ニ於テ近年思想、感情等ガ段々ニ隔離シテ居タ點ニ、其根本ノ原因ガアルト確信ヲ致シテ居リマス、凡ソ國家ト國家ノ本當ナル親善關係ハ、其國ト國トノ間ニ於テ文化思想ノ共通ノ基礎ガアルト云フコトガ、本當ニ永遠ナル握手、平和ノ基礎デアルト私ハ信ジテ居ルノデアリマス、例ヲ擧ゲテ申シマスレバ、例ヘバ英米ノ如キ實ハ兩虎相食ム、兩雄並ビ立タザルヤウナ境遇ニアル關係ニアル、然ルニ亞米利加ガ英吉利ト喧嘩別レヲシテ、サウシテ別ノ國ヲ建テマシテ以來幾度カ衝突ヲ致シマシタ、併ナガラ結局兄弟喧嘩ノヤウナモノデ、何時ノ間ニカ手ヲ握ッテ居リマスルモノハ、此兩國ガ同一ナル文化ノ基礎ノ上ニ立チ、思想ノ間ニ於テ一點相通ズル爲ニ、手ヲ握ッテ居ルト云フコトニ疑ヒハナイト思フノデゴザイマス、我國ト支那トノ關係ヲ顧ミテ見マスレバ、實ハ二千年來友好關係ノ國家デアル、其間ニ蒙古ガ外來民族トシテ中國ヲ支配シマシタ時ニ、唯一度例外トシテ相戰ッタコトガアリマスケレドモ、其以外ノ場合ニ於キマシテハ、二千年以來友好關係ニアル、其原因ハ何處ニアッタカト申シマスレバ、私ノ見ル所ヲ以テ致シマスレバ、政治道德ノ上ニ於テハ儒教、宗教ノ上ニ於テハ佛教ト云フ共通文化、共通思想ノ上ニ立ッタノガ、是ガ二千年來友好關係ヲ持續シタ所以デアルト思フノデゴザイマス、然ルニ近年ニナリマシテ、歐羅巴ノ帝國主義思想並ニ資本主義經濟ガ東洋ニ進出シテ參リマシテ、此兩國ノ間ノ儒教、佛教等ハ其實力ヲ失ヒ、兩國民ノ人心ヲ支配スルコトガ出來ナクナッタト云フ點ニ於テ、此日支ノ間ノ相鬩グ眞ノ原因ガ存在シテ居ルト私ハ信ジテ居ルノデゴザイマス、今ヤ我ガ皇軍ハ支那ノ南ニ於テ、北ニ於テ連戰連勝、我ガ皇威ヲ輝カシテ居リマスルコトハ、吾々國民ノ日夕感謝シテ措カザル所デゴザイマスルガ、此皇軍ノ今日ノ御苦勞ニ對シ、眞ニ我國ノ日支ノ提携、東洋ノ平和ト云フコトヲ確保スルニ付キマシテハ、吾々國民ハ、政府モ吾々モ共ニ著々トシテ其準備ヲ進メ、其實行ヲ爲サナケレバナラヌト思フノデアリマス、然ラズンバ千里ノ曠野ニ骨ヲ曝ス所ノ我ガ忠勇ナル皇軍ノ諸君ニ對シテ、吾々ハ何ノ面目ガアルカト言ヘナケレバナラヌト思フノデゴザイマス、然ラバ眞ノ提携ト云フコトノ基礎ハ何處ニアルカト申シマスレバ、私ハ思想上ノ提携並ニ經濟上ノ提携、此二ツガ提携ノ基礎ヲ成スモノデアル、若シ此二ツノ提携ガ出來マスレバ、政治上ノ提携ハ自然ノ數デアル、是ハ當然出來ルベキモノデアルト考ヘルノデゴザイマス、私ハ今日經濟上ノ提携ノ點ニ付テハ申上ゲマセヌ、是ハ我國ニ於テ囂々タル輿論トナリ、又他ノ諸君カラ各種ノ場合ニ於テ論議ナサルコトト思ヒマスルカラ、經濟上ノ提携ノ問題ニ付キマシテハ私ハ申上ゲマセヌ、唯思想上ノ提携ニ付テ申上ゲテ見タイノデゴザイマス

　只今申上ゲマシタ通リニ、我國ト支那トノ關係ガ、元來共通ノ文化ノ上ニ立チ、共通ノ思想ノ上ニ立ッテ居ッタモノガ、西洋ノ帝國主義並ニ西洋ノ資本主義經濟ノ侵入ニ依リマシテ、其間ニ龜裂ヲ生ジマシテ、遂ニ今日相戰フヤウニナッテ居リマスルガ、私共ハ此兩國ガ本當ニ相提携セントスルナラバ、東洋精神ヲ復興スルト云フコト、東洋文化ヲ復興スルト云フコト、語ヲ換ヘテ申シマスレバ、吾々ガ東洋本來ノ精神ニ立還ルト云フコトデアリマス、東洋本來ノ面目ニ立還ル、ソコニナッテ初メテ吾々日本ト支那トノ眞ノ提携ガ出來ルト考ヘルノデゴザイマス、併ナガラ斯ノ如ク相乖離スルニ至ッタノハ一日ノ故デハアリマセヌ、我國ニモ西洋ノ帝國主義思想並ニ資本主義經濟ハ侵入シテ參リマシタガ、支那ニ於テハ我國ヨリモ早ク侵入致シマシタケレドモ、併ナガラ此思想ガ澎湃トシテ全支那ヲ蔽フニ至リマシタノハ、我國ヨリモ遲イノデゴザイマ

ス、而シテ我國ハ今ヤ西洋文化ノ沒落ガ眼前ニアルト云フコトヲ感知致シマシテ、我國ニ於キマシテハ本來ノ精神ニ立還ル、日本精神ニ立還ルト云フコトニ目ガ覺メテ參ッテ居リマスルケレドモ、支那ニ於テハ今尙ホ目ガ覺メテ居リマセヌ、尙ホ三民主義デアルトカ、或ハ共産主義デアルトカ云フ迷夢ニ惑溺ヲ致シテ居ルノデゴザイマス、三民主義ハ孫文ノ唱ヘタル所デゴザイマスケレドモ、元來舶來思想ニ過ギナイ、共産主義ガ舶來デアル コトハ言フ迄モアリマセヌ、此點カラ吾々ハドウシテモ支那ノ三民主義、共産主義ト云フ點ヲ打破シテ行クト云フコトデナケレバナラヌト思フノデゴザイマス、三民主義ニ對シ彼此レ議論スレバ、何時マデ論ジテモ論ジ盡シマセヌケレドモ、王道ヲ以テ立ッテ居リマ スル滿洲國ノ建國宣言書ニ於テ「何ヲカ民生ト曰フ、實ニ之ヲ民ヲ死ニ置クナリ、何ヲカ民權ト曰フ、惟々利ヲ專ラニスルナリ、何ヲカ民族ト曰フ、惟々黨アルヲ知ッテ國アルヲ知ラズ」ト云フ宣言ヲ致シテ居リマスルガ、私共ハ此宣言ハ實ニ骨ヲ抉ル痛快ナル宣言デアリ、サウシテ本當ノ心底ニ觸レタル宣言デアルト考ヘルノデゴザイマス、今日三民主義ノ害毒ニ惱ンデ居ル支那國民ハ、此宣言ニ對シテ痛快ヲ叫バザル者ハアリマスマイ、尙又共産主義ニ對シテモ、私共ハ元來支那人ガ之ヲ理解シ喜ンデ居ルモノトハ信ジマセヌ、唯單ニ一部ノ「インテリ」ガ之ヲ弄ンデ居ルニ過ギナイト思フノデゴザイマス、元來支那ノ儒教ト共産主義トハ絕對ニ相容レザル思想デアル、御承知ノ通リ儒教ハ近キヨリ遠キニ及ボスト云フ、所謂人情主義ニ立ッテ居リ、常識主義ニ立ッテ居リマシテ、共産主義ノ一律平等ノ思想トハ絕對ニ相容レルモノデハアリマセヌ、尙又儒教ハ消德政治ノ根柢ノ上ニ立ッテ居ッテ、サウシテ共産主義ノ權力獨裁ニ依ル、アノ「ボルシェビズム」トハ相容レルモノデハアリマセヌ、是等ノ點ヲ支那ノ民族ガ眞ニ四千年間自國デ生レタ所ノ思想、自國デ生レタル根本觀念ニ目覺メルナラバ、私ハ三民主義デアルトカ、或ハ共産主義ト云フ「バタ」臭イ思想ハ、之ヲ支那人ノ心ノ中カラ取拂ハシムルニ何等ノ難キヲ見ナイト思フノデゴザイマス、今日支那人ノ渴望シテ居ル所ハ、三民主義デモナケレバ共産主義デモアリマセヌ、唯本當ニ安居樂業ノ地ヲ求メタイ、所謂王道國家ガ欲シイ、一律平等ノ共産主義デナク、本當ニ近キヨリ遠キニ及ボス、古來ノ道德生活ガシタイノデアリマス、ソレデ私共ハ、今日我國ハ支那ニ對シテ眞ノ提携ヲ欲シ、東洋永遠ノ平和ヲ目的ト致シマスルガ、政府ニ於キマシテハ此點ニ於テ、本當ニ支那ノ國民ヲ助ケ、北京政府ヲ助ケテ行ク所ノ決心ヲ持ッテ居ラル、ヤ否ヤ、屢次ノ宣言ニ依リマスレバ、私共ハ其決心ヲ持ッテ居ラル、ト信ジマス、併ナガラ斯樣ナ見地カラ見テ參リマスレバ、外務省デ持ッテ居ラル、所ノ對支文化事業ト云フモノハ、餘リニ貧弱ナモノデハアリマセヌカ、僅ニ二千万ノ基本金ヲ以テ、一體何ガ出來ルデゴザイマセウ、年々三百万圓ヲ支出シテ、サウシテ一體此全支那ニ亙ッテ吾々ト共通ノ文化ノ上ニ立ット云フヤウナ大事業ガ、果シテ爲シ得ルモノデアリマセウヤ否ヤ、此對支文化事業ノ出來掛ケハ今更申上ゲル迄モナク、我國ガ苦杯ヲ喫シタアノ華盛頓會議以後、山東還付ノ際ニ於テ、英國ヤ亞米利加ガ共以前ヨリモ盛ニ文化侵略ヲ致スト共ニ、團匪事件ノ賠償金ヲ支那ニ還付シ、所謂之ヲ惡イ言葉デ申シマスレバ、支那ノ御機嫌取ヲ致シマシタ時、我國モヤハリ之ニ追隨セザルヲ得ザルヤウナ狀態ニナリマシタ、サウシテ團匪事件ノ賠償金ト山東還付ニ伴フ利權ノ或ル部分ヲ割イテ二千万弱ノ基本金ヲ設ケテ、サウシテ今日ノ文化事業ガ爲サレテ居ルノデゴザイマス、一年僅ニ三百万圓位ヲ支出シテ、此事業ヲ爲スト云フコトニナッタノデゴザイマス、而モ此三百万圓ニ於テ何ヲ爲シテ居ルカト申シマスレバ、北京ニ於ケル人文科學研究所、上海ニ於テ自然科學研究所、或ハ東方文化學院ト云フヤウナモノヲ經營シ、尙ホ東亞同文書院、或ハ日華學會、或ハ支那ニ於ケル居留民團ニ補助金ヲヤッテ居ルノデゴザイマス、三百万圓ノ金ヲ蛸ノ手ヲ分ケルヤウニシテ之ヲ分配シテ居ラレマス、是等ノ事業タルヤ私ハ結構ナコトデアルトハ思ヒマスルケレドモ、併ナガラ斯ノ如キコトヨリモ、尙ホ一層根本的ナ對策ヲ今日樹立スベキ時デハナイカト思フ、是等ノ事業ハ繼續シテ行クベキモノデアルトハ思ヒマスルケレドモ、吾々ハ政府ニ於テ眞ニ東洋文化、或ハ思想ノ共通ト云フ大政策ヲ樹立シテ、是等ノ事業ハ共事業ノ附帶事業トシテ爲スベキモノデヘナカラウカト思フノデゴザイマス、此點ニ付キマシテ私ハ政府ハ今日ノ場合ニ於テ、從來ノ行キ方ヨリ一大飛躍ヲ爲シ、眞ニ東洋平和ノ確保ノ爲ニ日支ノ共通ノ文化ヲ樹立スルト云フ立前カラ、雄大ナル計畫ヲ立ツル所ノ御意思ハアリマセウヤ否ヤ、今日ガ斯ノ如キ計畫ヲ立テラレルナラバ最モ好イ機會デアルノミナラズ、爲サヾルベカラザル時デアルト思フノデゴザイマスガ、政府ノ御所見ハ如何デゴザイマスカ

第二ノ問題ハ具體的ノ問題ニナッテ參リマスルガ、以上申上ゲタル目的ヨリ致シマシテ、私ハ支那四億万民衆ノ民心ノ嚮フ所ヲ示ス意味ニ於テ、ドウシテモ吾々ハ今日放ッテ置ケナイコトガアルト思フノデゴザイマス、ソレハ曲阜ニ於ケル孔子廟、御承知ノ通リ蔣介石氏ガ國民政府ヲ樹立致シマシタ際ニ於キマシテハ、「レーニン」ノ宗教ハ阿片ナリト云フ、アノ「スローガン」ニカブレマシテ、孔子廟ハ之ヲ叩壞シ、或ハ四書五經ハ之ヲ廢棄スルト云フヤウナ態度ニ出テ居ッタノデゴザイマス、併ナガラ支那民衆ノ根强キ古來ノ思想ハドウシテモ之ヲ許シマセヌ、故ニ流石ノ蔣介石氏モ其後孔子廟ヲ稍々尊敬シ、或ハ儒教ヲ壓迫スルコトノ態度ヲ緩メタノデゴザイマス、併ナガラ私ハ近年孔子廟ニ行ッテ見マセヌケレドモ、恐クハ全國民ノ嚮フ所ヲ示ス師表タルベキ孔子廟デハナカラウト信ジテ居リマス、吾々ハ今日此際ドウシテモ國民ノ嚮フ所ヲ示ス意味ニ於テ、孔子廟ノ修繕ヲナサナケレバナラヌト思ヒマス、尤モ吾々ハ支那ノ人氣取ニ斯ノ如キコトヲ申スノデハアリマセヌ、何トナレバ我國ニハ元來孝道ト云フモノガアリマスルケレドモ、孔子教ハ孝道ニ付テ多大ナル

稗益ヲ爲シテ居ルモノデゴザイマス、尙又孔子ヲ尊崇スルト云フコトハ東洋精神ノ復興、東洋文化ノ復興ト云フ點カラ見マシテ、ドウシテモ此際爲サナケレバナラヌコトト思フ（拍手）

斯ノ如キコトハ元來北京政府ガ爲スベキコトデアリマスルガ、若シ北京政府ガ第一著手トシテ之ヲ爲スナラバ、之ニ越シタコトハアリマセヌ、併シ若シ北京政府ニシテ經費多端、或ハ政務匆忙デ此點ニ目ヲ著ケ、著手スルコトガ出來ナイナラバ、吾々ハ我國ニ於テ之ヲ援助スルニ於テ何ノ差支ガアリマセウ、元來西洋ノ文化侵略ハ、支那ニナイ思想ヲ植付ケヨウトシテヤッテ來タノデゴザイマス、併ナガラ今回ノ吾々ノ主張スル所ハ、元來支那ノ持ッテ居ルモノヲ支那ニ取返サセヨウト云フニ過ギナイノデアリマス、此點カラシテ吾々ハ西洋ノ學校或ハ敎會等ノ問題トハ、大イニ趣ヲ異ニシテ居ルノデゴザイマス、御承知ノ通リ西洋ガ支那ニ耶蘇敎ヲ持來リマシタコトハ、古イコトデゴザイマスケレドモ、最近ノ動キハ明末カラ來テ居リマス、今ヤ敎會ノ數ハ八千八百八十ヲ算スルノデゴザイマス、學校ノ數ハ如何ト申シマスレバ、上ハ大學、專門學校ガ十八アリ、小學校ガ六千アリ、七千ノ多數ノ學校ヲ經營シテ居ル、此多數ノ學校、敎會ニ依ッテ敎養セラレタル所ノ人ガ毎日、排日、抗日ニ和スルノハ當然ノコトデゴザイマセウ、吾々ハ併シナガラ外來思想ヲ以テ之ニ押賣リセントスル者デハアリマセヌ、支那四億万ノ爲ニ、支那ガ元來持ッテ居ッタ所ノ思想ヲ復興セシメヨウト云フノデゴザイマス、其第一著手トシテ、孔子廟ヲ修繕スルコトニ援助ヲサレル意思ハナイカ否ヤト云フコトヲ私ハ御尋スルノデゴザイマス

此點ニ付キマシテモウ一ツ承リタイコトガゴザイマス、私ハ只今申上ゲマシタ通リニ、吾々ノ日支提携ト云フコトハ東洋文化ノ基礎ノ上ニ立ツ――東洋思想ノ基礎ノ上ニ立タナケレバナラヌト申シテ居リマスルガ、御承知ノ通リ支那ハ文化燦然タル國デアリ、其文獻ノ豐富ナル世界ニ類ヲ見マセヌ、思想ノ豐富ナル、複雜多岐ナル亦世界ニ類ヲ見マセヌ、之ヲ累積シタモノガ四庫全書デゴザイマスルガ、私ハ外務省ノ對支文化事業部ノ事業ノ項目ヲ見テ參リマスレバ、四庫全書ノ補遺並ニ續篇ノ編輯ト云フコトヲヤッテ居ラル、ヤウデゴザイマス、是ハ甚ダ結構ナコトデゴザイマスルガ、併シナガラ康熙乾隆以來旣ニ出來上ッテ居ル四庫全書ノ原本ガ存在シテ居ル、サウシテ淸末ノ衰亡ノ時ニハ、アノ四庫全書ノ刊行ガ出來ナカッタ、四庫全書ノ補修並ニ續篇ノ編輯、結構デハゴザイマスルケレドモ、二百年來支那ノ碩學鴻儒ガ集成堆積シタ四庫全書ノ印行ヲ、今日文化事業部デハ助ケテ爲サル意思ハアリマセヌカ、是ハ私ハ東洋文化ノ復興、東洋精神ノ復興ト云フコトニ先鞭ヲ付ケテ、大ナル功績ガアルベキモノト信ズルノデゴザイマス、此點ニ付キマシテ私ハ外務大臣ノ御意見ヲ伺ヒタイノデゴザイマス

第三ニモウ一ツ伺ヒタイノハ、私ハ此對支文化特別會計法ヲ拜見致シマスレバ、第五條ニ衛生ト云フコトガ其目的ノ一ツノヤウニナッテ居リマス、サウシテ又文化事業部デ經營シテ居ラレル學界ニ非常ニ貢獻シテ居ラル、所ノ、上海ノ自然科學研究所ノ研究項目ヲ拜見致シマスレバ、阿片ト云フコトヲ私ハ一ツモ發見致シマセヌ、私ハ此點ヲ甚ダ奇異ニ感ジテ居リマス、元來アレダケ廣汎ナ研究科目ガアッテ、何故ニ阿片ノ研究科目ガ除外サレテ居ルカ、私ニハ理解ガ出來マセヌ、御承知ノ通リ支那四億ノ大敵ハ阿片デゴザイマス、今日支那ガ曾テ隆隆タル文化國デアリ、赫々タル中國トシテ隆盛ナル國家ガ今日ノ境遇ニ沈淪致シマシタノハ、阿片ノ害毒ガ其最大原因ヲ成シテ居ルト私ハ信ジテ居リマス、此阿片ノ侵入ハ御承知ノ通リ英國ノ帝國主義ガ淸朝ノ禁ヲ犯シテ入ッテ來タモノデゴザイマス、乾隆帝ノ時旣ニ阿片ノ禁令ヲ下シテ居リマスルガ、英國ハ之ヲ顧ミズ、遂ニ阿片戰爭マデ起シテ、支那ニ侵入シテ害毒ヲ及ボシテ居リマス、此害毒タルヤ、支那ニ阿片ヲ密輸入致シマシタル元兇タル「ヘスチング」ガ旣ニ其害毒ヲ言明シテ居ル位デゴザイマス、阿片ニ付キマシテハ國際聯盟ニ於テ之ヲ取上ゲテ防遏ニ稍々力ヲ效シテ居リマスケレドモ、國際聯盟ノ働キガ果シテドレダケ支那ノ阿片ヲ止ムルニ於テ效果ガアルカ私ニハ信ズルコトガ出來マセヌ、私共ハ眞ニ支那四億ノ國民ヲ助ケテ行クニハ、ドウシテモ此阿片ヲ禁遏シテ行クト云フコトニ途ヲ進メテ行カナケレバ、眞ノ支那ノ復興ハ出來ナイト考ヘテ居ル、故ニ眞ニ支那ヲ助ケント欲スルナラバ、阿片ヲ絶滅スルコトニ協力シナケレバナラヌ、幸ニ我國ニ於キマシテハ後藤新平伯ガ臺灣總督府ノ民政長官時代ニ於テ、阿片ノ漸減方針ヲ執ッテ多大ナル功績ヲ遺シタル經驗ヲ持ッテ居リマス、私ハ斯ウ云フ點カラ見テ上海ノ自然科學研究所等ニ於キマシテハ、阿片ノ害毒ヲ如何ニシテ除クカト云フ學理的研究ヲシ、尙ホ合理的政策ヲ立テテ、サウシテ支那四億ノ民衆ヲ救フベキデハナイカト云フコトヲ痛感致スノデアリマス（拍手）上海ノ自然科學研究所ニハ事實上ヤッテ居ラル、カ知レマセヌケレドモ、其項目ヲ發見致シマセヌ、私ハ此點ニ付テ御伺致ス次第デゴザイマス

要スルニ私ハ日支ノ提携ヲ本當ニセント欲スルナラバ、日支間ノ文化、思想ヲ共通ナラシムルト云フ點ガ眼目デナケレバナラヌト思フノデゴザイマス、此點カラ申シマスト、私ハ今回ノ事變ニ對シテ文化事業ノ使命ト云フモノハ、國防ノ充實ト生產力ノ擴充ト、並ニ戰傷死者ノ善後處理ト云フコト、此三ツハ相並ンデ本當ニ重大ナル意義ヲ有シテ居ルモノト思フノデゴザイマス（拍手）然ルニ政府ノ提案ヲ見マスレバ、私共ハ從來三四万圓ヲ使ッテ居ッタモノヲ、六百万圓マデ使ヒ得ルト云フヤウナ提案ヲ爲サレタガ、提案ヲ爲サザルヨリハ結構デハアリマスルケレドモ、尙ホ一歩ヲ進メテ本當ニ東洋平和樹立ノ爲ニ一大計畫ヲ此際樹立スル所ノ御考ヲ持ッテ居ラレルヤ否ヤ、此點ヲ御伺致シタイノデアリマス（拍手）

（國務大臣廣田弘毅君登壇）

○國務大臣（廣田弘毅君）　池田君ノ御質問ニ御答致シマス、今回ノ事變ハ色々ノ原因ニ基イテ發生致シタノデアリマスルガ、其

中ニ從來日支兩國民間ニ於ケル文化的連絡ノ缺乏ガ其一ツノ大ナル原因デアリマシテ、此點ニ付キマシテハ私ノ過日ノ演說中ニモ論及致シタノデアリマス、隨テ將來此文化事業ニ一層ノ力ヲ盡スベキコトハ當然デアルト思フノデアリマス、御承知ノ通リ從來ノ外務省デ致シテ居リマスル文化事業ハ、數年前マデハ殆ンド日本デハ此支那ノ文化事業ニ注意ヲ拂ハナカッタ時代モアリマスルシ、ソレニ對スル資金ノ途ヲ開ク爲ニ辛ウジテ支那カラ得マス所ノ賠償金、其他ヲ基礎ニ二千万有餘圓ノ資金ヲ作リマシテ、其利子ニ依ッテ斯ル事業ヲ致シテ參ッテ居ッタ、是ハ洵ニ姑息ナ方法デアリマシテ、其基礎タル二千万圓ガ甚ダ微弱デアルノミナラズ、其利子ニ依ッテヤルト云フヤウナ性質ノ事業デハ元來ナイノデ、是モ時勢ノ然ラシムル所、一時斯ル方法ヲ執ッテ參ッタノデアリマスガ、今日以後ニ於キマシテハ、到底斯ウ云フコトデハ間ニ合ハナイト信ズルノデアリマス、隨テ將來ドウ云フ方法ニ依ッテ行クカト云フコトニ付キマシテ、先ヅ北支方面ニ於キマシテハ、支那人ニ依ル一ツノ政權ガ成立致シタノデアリマシテ、軍部其他ノ官憲ニ於キマシテ十分是等ト連絡ヲ取リマシテ、北支方面ノ教育事業、其他有ユル文化施設ニ協力シテ進ンデ參リタイト思ッテ居ルノデアリマス、尙ホ外務省ト致シマシテモ、今回ノ文化事業費ノ增加ノ點ハ、從來ヤリ來ッテ居リマシタル事業ヲ今日ノ必要ニ應ジマシテ、相當擴張スル程度ノ計畫ヲ立テテ其方ノ費用ニ充ツル爲ニ、今回增額ヲ希望致シテ居ルノデアリマシテ、是等ハ決シテ將來外務省ガ支那ニ對シテ致シタイト思ッテ居リマスル文化事業ノ無論全部デナイノミナラズ、一小部分ニ過ギナイト私ハ考ヘテ居ルノデアリマス、文化事業トシテ致スベキ仕事ハ多々アルノデアリマシテ、十分ニ軍ノ占據區域ニ於ケル有ユル施設ト相俟ッテ又外務省ト致シマシテモ、別ニ考究シテ之ニ處スベキ方法ヲ立テタイト考ヘテ居ルノデアリマス

尙ホ對支文化事業ノ一部トシテ山東省ニアリマスル孔子ノ廟ノ修繕ノ事ヲ考ヘテ居ルカト云フコトデゴザイマスガ、是モ洵ニ結構ナコトダト存ズルノデアリマス、現在ノ計畫ノ中ニハ其事ハ入ッテ居ナイノデアリマスガ、相當考究スベキ價値アル問題ダト思フノデアリマス、況ヤ孔子廟ノミナラズ、北支方面ニ於ケル隨分古イ東洋文化ノ粹ヲ萃メテ居ルヤウナ建造物モ多々アリマスノデ、是等ノコトニ付キマシテモ、ソレ〳〵研究ヲ致シテ居ルノデアリマス、尙ホ現在文化事業ノ一部トシテ四庫全書ノ研究等ヲ致シテ居リマス、此印刷等ノコトモ相當考慮ハ致シテ居ルノデアリマスガ、何レ是ハ愈〻著手致シテ居リマスル四庫全書ニ關スル事業ガ終リマシタ上ニ考究致シタイト考ヘテ居ルノデアリマス

尙ホ支那トノ文化連絡ノ爲ニモ阿片ノ研究、殊ニ其害毒ヲ支那民衆ニ知ラスルト云フコトハ最モ重大ナルコトデアルト云フ御意見ハ洵ニ同感デアリマス、ソレニ付キマシテハ、私ノ見ル所デハ日本ハ臺灣ヲ領有致シテ參リマシテ以來、此阿片ニ付テハ非常ナ深イ研究ヲ積ンデ居ルノデアリマスノデ、ソレヲ參考トシテ將來支那ニ對シテハ色々ノ場合ニ利用シ得ルト思フノデアリマス、其邊ノ事情カラ或ハ上海ノ自然科學研究所デハ特ニ研究ノ必要ヲ認メテ居ナイノデハナイカト存ズルノデアリマス、大體池田君ノ御質問ノ四ツノ點ニ付キマシテハ以上ノ說明ヲ申上ゲタイト思ヒマス（拍手）

○池田秀雄君　本席ヨリ發言ノ御許ヲ願ヒタイト思ヒマス

○副議長（金光庸夫君）　許可致シマス

○池田秀雄君　私ハ再質問ハ致シマセヌ、唯私ハ只今申上ゲタル諸點ニ付キマシテハ、政府ニ於テ重大ナル計畫ヲ立テテ實行ニ移サレンコトヲ希望スルト云フコトヲ申上ゲテ私ノ質問ヲ終リマス

○副議長（金光庸夫君）　小谷節夫君

〔小谷節夫君登壇〕

○小谷節夫君　只今池田君カラモ御質問ガゴザイマシタガ、私モ只今議題トナッテ居リマスル對支文化事業特別會計法ノ特例ニ關スル法律案ニ關聯致シマシテ、池田君トハ多少異ッタル觀點カラ、對支文化事業ノ根本義及ビ對支方針ノ一面ニ對シマシテ政府ノ所見ヲ質シタイト存ズルノデアリマス

私ハ此質問ニ入ルニ先ダチマシテ、支那在留民ノ一員ト致シマシテ、特ニ皆樣ノ御許ヲ得マシテ、今回ノ事件ノ爲ニ戰傷病死ヲセラレマシタ方々ノ御冥福ヲ祈リ、又戰傷病者ノ一日モ速ク平癒セラレンコトヲ望ミ、更ニ出征將士各位ノ武運長久ヲ祈リタイト存ズルノデアリマス、偖テ事件ハ當初帝國政府ノ希望シタ所ニ反シ、段々ト擴大シテ現地解決、事件不擴大ナドト云フ言葉ハ過去ノ夢トナッテシマヒマシテ、今ヤ全支ニ亙リ全面的激突トナッテシマッタノデアリマス、併シ私ハ此事變ガ今日ニ於テ發生シ、今日迄ノ結果ヲ得タコトハ全ク天祐デアルト信ズルノデアリマス、戰場ニ於ケル天祐神助ノ奇蹟的逸話ハ新聞ニ雜誌ニ枚擧ニ遑ナイ程ニ列擧セラレテ居リマスガ、私ノ擧ゲテ見タイモノハ、先ヅ第一ニ此事件ガアノ出鱈目ナ、アノ非立憲ナ、アノ非擧國一致ノ林內閣ノ時ニ起ラズシテ、今日ノ近衞內閣ニ於テ發生シタコトデアリマス、私ハ何モ近衞首相及ビ其內閣ニ御追從ヲ言フ譯デモナク、又其必要モアリマセヌガ、兎ニ角支那ノ領土保全ヲ高唱シ、東亞同文會ノ會長トシテ一生涯ヲ支那問題ニ捧ゲラレタ近衞篤麿公ノ衣鉢ヲ繼ギ、支那ニ對シテハ十二分ノ理解ト同情トヲ持ッテ居ラレル其近衞總理大臣マデガ、遂ニ勘忍袋ノ緒ヲ切ッテ、之ヲ膺懲シナケレバナラヌト云フコトニナッタノデアルト云フコトガ、內閣ノ求ムルヲ俟タズシテ、國民ノ方ガ早ク既ニ一致シテ支那討ツベシト云フコトニナッタノデ、此小氣味ノ好イ擧國一致ガ立ドコロニ結成シタコトハ、國內ニ對スル一ツノ天祐デアッタト信ズルノデアリマス（拍手）

更ニ支那ニ付テ見マスルニ、此事件發生當時蔣介石、汪兆銘ノ一派ハ必シモ事件ノ擴大ヲ欲セズ、特ニ蔣介石ノ如キハ三、五年ノ後大イニ用意成ルノ日ニ於テ、日本ニ對シ一泡吹カシテヤリタイ位ノ肚積リデアッタノガ、主戰論者ニ引摺ラレテ、遂ニ今日ノ結果ヲ見ルニ至ッタノダト聞ク程デ、此以上三年モ五年モ排日抗日ノ教育ヲ徹底シ、

侮日ノ思想ヲ培養シ、武器ヲ用意シ、兵備ヲ整ヘタ後ニ今回ノ如キ事件ガ勃發シタトシタナラバ、其犧牲ハ到底今日ノ如キモノデアリ得ナカッタコトハ勿論デアリマス、此意味ニ於テ蘆溝橋デ我軍ニ鐵砲ヲ擊チ掛ケテ呉レタ支那ノ兵隊共ニハ感狀ヲ與ヘテモ宜イ位デアリマシテ、是レ正ニ天祐デアリ、神助デアッタト言ヒ得ルト思ヒマス、更ニ我國ニ取ッテ最モ厄介ナ某國ガ、外其國際情勢ト、內其國內情勢トノ爲メ、其全力ヲ擧ゲテ東洋ノ天地ニ向ヒ、支那ヲ援ケ日本ヲ壓迫シ能ハザル時期ニ於テ今回ノ事件ノ發生ヲ見タコトハ、何處マデモ天祐デアルト謂フベキデアルト信ジマス、斯ノ如クニシテ皇軍ハ百戰百勝、擊ッテ破ヲザルハナク、攻メテ取ラザルハナク、近ク徐州ノ敵ヲ屠リ終ラバ、北支那カヲ上海戰線ヘ掛ケテ、支那領土ノ半バハ皇軍ノ威武ノ下ニ席卷セラレタコトニナル譯デ、洵ニ御同慶ノ至リト申スベキデアリマス、更ニ畫龍點睛ノ二三ノ工作ニ出デタナラバ、幾ヲ長期抗日ヲ叫ビ、如何ニ强ガリヲ唱ヘテ居ッテモ、蔣介石一派ノ自滅ヲ待ツノ日ハ單ナル時日ノ問題ニ止マルコトハ何人モ肯定シ得ル所デアリマス、以上ノ如ク我ガ軍事行動ニ付テハ、國民ノ總テガ十分ノ自信ヲ有スル譯デアリマスガ、其後ニ來ルモノニ對シテハ、過去ノ實績ニ徵シテ是ハ又國民ノ總テガ多少ノ不安ヲ懷カナイ者ノナイコトモ亦蔽フベカラザル事實デアリマス、戰爭モマダ〳〵是カラダト言ヒ得ルデアリマセウガ、戰後經營ニ至ッテハソレコソ眞ニ是カラデアリ、斯ク迄天祐ニ惠マレタ絕好ノ機會ニ、天ノ與フル所ヲ取ヲザレバ殃ハ却テ其身ニ及ブノミデハナク、多クノ犧牲者ニ對シテモ洵ニ申譯ノナイ譯デ、當局者ニ眞ニ命懸ケノ努力ヲ要求スル所以デアリマス

現地ニ於ケル戰後經營ノ第一步ハ、占領地域內ニ於ケル民衆ノ生活ノ安定デアリマス、蔣介石ノ時代ノ方ガ生活ガ樂デアッタナドト云フガ如キ觀念ヲ應程デモ持タセルヤウナヤリ方デハ、今度ノ事變ノ目的ハ達シタモノトハ言ハレマセヌ、併シ此點ニ對シテハ昨日マデノ本會議ニ於ケル一般施政ニ對スル各派ノ質問ニ對シ、政府ノ答辯セラレタ所及ビ豫算委員會ニ於ケル質疑應答ニ依リ、農村對策、產業ノ開發貿易ノ助長、貨幣制度ノ確立、關稅ノ改訂、交通ノ整備等、有ユル點ニ付テ大體ハ聽クコトヲ得マシタ、更ニ他ノ機會ニ於テ詳細聽クコトモ得マセウシ、尙ホ現地當局モ懸命ノ努力ヲ拂ッテ居ラレルコトト思ヒマスノデ、一日モ早ク所期ノ目的達成ノ域ニ入ランコトヲ望ムモノデアリマス、生活問題ト竝行シテ現地ニ於テ戰後經營ノ重點ヲ置カネバナラヌ點ハ、思想、敎育方面ノ所謂文化工作デアリマス、此點ニ付テモ先日我黨ノ安藤議員ヨリ質問ガアリ、更ニ昨日ノ豫算委員會ニ於ケル砂田議員ノ質問ニ依リ、又只今ノ池田君ノ質問ニ對シ、政府ノ述ベラレタ所ニ依ッテ政府ノ所見ノ一端ハ聽クコトヲ得マシタガ、本日茲ニ對支文化事業法案ノ上程ヲ見マシタノデ、重ネテ少シク承ッテ見タイト存ズルノデアリマス

由來蔣介石一派ハ一ノ成金軍閥、成金政治家ニ過ギマセヌ、善政ヲ以テ四億ノ民衆ヲ統治シタノデモナク、德ヲ以テ國民ヲ導イタモノデモアリマセヌカラ、支那ノ兵隊共ガ食フヤ食ハズノ賃銀デ蔣介石樣ノ爲ニ命ヲ拾テ、宋家一門ノ爲ニ鉾ヲ執ッテ、負ケルニ決ッテ居ル此戰ヲ日本ニ向ッテ挑マナケレバナラヌ理由ハナイノデアリマス、彼等ガ豫想ニ反シテ頑强ナル抵抗ヲ日本軍隊ニ試ミタ所以ノモノハ、一ニ排日抗日敎育ト、侮日ノ思想ト、强制的ノ徵發、督戰隊ノ監督等ニ依ル暴力ノ濫用ニノミ因ッタモノデアリマス、併シ今日マデノ軍事行動ノ實績ニ見テ、日本ヲ輕侮シテ居ッタコトノ誤デアッタコトハ、占領地域內ノ總テノ支那人ニ能ク徹底シタ筈デアリマス、蔣介石ノ暴力ノ及バナイ占領地域內ノ民衆ハ、强制的ノ徵募カラ免レテ、雀躍シテ居ル譯デアリマス、此際彼等ニ今日マデノ排日抗日敎育ノ日本ニ取ッテ百害アッタバカリデナク、彼等ニ取ッテモ一利ナイモノデアッタコトヲ一日モ早ク徹底セシメ、心カラ日本ニ縋リ、新政權ニ賴ラシメル工作ガ必要デアリマス、事變前排日抗日ノ喧シカッタ最中デモ、私共ガ自分ノ經營スル漢字新聞デ支那民衆ノ味方トシテ、支那軍閥ノ暴狀ヤ、其苛斂誅求ヲ攻擊スル場合、新聞ノ發行部數ハ急ニ增加シ、相當有力ノ支那人ガ私ノ手ヲ握ッテ、君ハ我等ノ舌ダ、我等ノ言ハント欲シテ言フ能ハザル所ヲ能ク言ウテ呉レル、洵ニ感謝ニ堪ヘヌ、君ノ新聞ハ我等ノ代辯機關ダナドト言ッテ、コンナヨク喜ンデ呉レタモノデアリマス、コンナ漢字新聞經營ナドヲ如何ニモ道樂カ醉狂デ、モヤッテ居ルカノ如ク個人ノ經營ニ委セテ、外務省ナドガ力一ツ入レテ呉レヌト云フ有樣ダカラ、一事ガ萬事、排日抗日思想ガ燎原ノ火ノ如ク四百餘州ヲ風靡スルニ至ッタノデアリマス(拍手)然ルニ外務省ノ文化事業ノ資金ノ中ニハ、只今六百万圓ニ增額セラレルト云フヤウナ案ハ出テ居リマスルガ、大體ニ膠濟鐵道ノ四千万圓ノ支那ノ國庫債券ガ繰入レラレ、其債券ノ利子二千百四十万圓ノ中カラモ經費ノ中ニ支辨セラレテ居ル筈デアリマスガ、今後此資金及ビ利子ハ入ラヌモノト見ネバナラズ、今日迄デモ思フヤウナ資金ハナク、ヤリタイ事ハ山程アッテモ、思フヤウナ活動ノ出來ナカッタモノガ、其財源ガ涸渇スルト云フノデハ、是マデ通リノ活動サヘモ出來ヌト云フコトニナリマス、更ニ對支ト言ッテ見タ所デ、上海ノ居留地以外ニハ悉ク軍部ガ新政權ト握手シテ、總テノ工作ヲヤッテ居ル譯デアリマスカラ、上海以外デハ軍部ノヤッテ居ル仕事ト牴觸ヲ免レナイノハ當然デアリマス、文化工作ガ旨ク行クト云フコトハ、外務大臣ノ屢〻言明セラレル如ク、武力ヲ用ヒズ、否寧ロ之ヲ背景トシテ外交ヲ行フト云フコトニ役立ツ所以デアリ、今日ノ占領地帶ニ最モ喫緊ノ要務デアルト思ヒマスルガ、政府ハ今日マデ外務省ノヤッテ居ッタ文化事業ガ、英米ノソレニ比シテサヘ比較的現實ニ卽セズ、又兩國民ノ理解提携ニ對シ比較的效果ノ少ナカッタ一面ノアッタコトヲ反省考慮シ、此外務省ノ文化事業ヲ新政權ノ文化工作トノ間ニ如何ナル連繫ヲ取ッタナラバ宜イカト云フコトト、又將來如何ナル工作ニ出ントスルモノデアルカト云フコト、私ハ昨夜ノ夕刊

新聞ニ見ル如ク、自分ガ宋美齡ト手ヲ携ヘテ逸早ク南京ヲ逃出シタコトハ棚ニ上ゲテ、韓復榘及ビ多クノ將領ヲ大量屠殺シテ居ルガ如キ、不合理ナル蔣介石ノヤリ方ヲ始メ、抗日排日ノ迷妄ヲ放送ニ、映畫ニ、新聞ニ、雜誌ニ、有ユル手段ニ依ッテ民衆ニ徹底セシムルコトガ蒙ヲ啓キ、反省ヲ促ス最モ效果的ナ手段デアルト思ヒマスガ、政府ノ是等ニ對スル抱負經綸ヲ承リタイノガ質問ノ第一點デアリマス(拍手)

次ニ先程膠濟鐵道ノ問題ニ觸レマシタガ此膠濟鐵道ハ華府會議ノ結果青島ヲ支那ニ還附スルト共ニ、反古ニモ等シイ中華民國ノ國庫債券四千万圓ト引換ヘニ支那ニ讓渡セラレタモノデ、千餘ノ生靈ヲ犧牲トシ、二億ノ國帑ヲ費シタモノヲムザ〳〵ト支那ニ渡シ、支那人ノ歐米依存觀念ヲ助長シ、侮日ノ思想ヲ培養シタル以外ニ何等得ル所ナク(拍手)其時以來私共ヲシテ悲憤慷慨サセテ居ルモノデアリマス、若シアノ時アンナ馬鹿ナコトヲシテ居ナカッタナラバ、今時分ニハ山東省ニハ內地人ガ十万人ヤ二十万人ハ發展ヲシテ居ッテ、今度ノ引揚ノヤウナ敗戰ニモ等シイミットモナイ態ヲシテ、二万人ノ大日本帝國ノ臣民ガ、支那人カラ後ロ指ヲ指サレナガラ內地ニ引揚ゲ、而モ其留守中ニ紡績工場ヲ始メ、三億ノ權益ガ灰燼ニ歸スルト云フヤウナ慘メナ思ヒハシナクテモ濟ンダコトデアラウト思フノデアリマス(拍手)既往ハ詮ナシトスルモ、折角犧牲ヲ拂ッテ青島ヤ山東鐵道ヲ還シテヤッテモ、還シテヤッタ甲斐ハナク、還附ヲ無意義ナラシメ、華府會議ノ條約ハ更ニ實行シナイノミカ、今度ハ又天人倶ニ赦サヾルアノ暴擧ヲ敢テシタコトデモアリマスレバ、將來新政權トドンナ取極メヲスルトシテモ、青島ト膠濟鐵道トハ必ズ還附前ノ狀態ニ引戻スコトヲ當然ト信ズル者デアリマス(拍手)上海ノ停戰區域內ニ「トーチカ」ヤ塹壕ヲ造ッテ澤山ノ犧牲者ヲ出シタ所ナドモ、純然タル日本ノ統治下ニ置クベキモノト信ジマス、是ハ幾ラ領土的野心ノ無イコトヲ口癖ノヤウニ唱ヘテ居ラレル內閣諸公トシテモ、支那人デモ外國人デモ一人ノ異存ノアルベキ筈ハアリマセヌ、此質問ニ對シテ御同感ナラバ御同感トノ御答辯ガ承リタイガ、マダソコマデノ御研究ガ出來テ居ラヌナラバ、此點ニ對シテハ特ニ十分ノ御考慮ガ願ヒクイノデアリマス、是ガ質問ノ第二點デアリマス

青島ノ問題ガ玆ニ現レマシタガ、二十餘年間汗ト脂トデ築キ上ゲタ權益、財産ヲ拋棄シテ、僅カバカリノ手廻リ品ダケヲ携ヘテ青島ヲ引揚ゲタ時ノ感慨ハ、直接其境遇ニ立ッタ者デナケレバ到底想像ノ及バナイ所デアリマス(拍手)海レ行ク青島ノ山ヤ街ノ姿ヲ甲板上カラ眺メタ何人モガ暗然タラザルヲ得ナカッタノデアリマス、中ニハ聲ヲ立テテ泣ク人ガアリマシタ、私ハ其人々ヲ慰メテ、東京ノ地震ノ時ニハ鞄一ツ持ツコトモ出來ズ、命カラ〳〵逃出シタ人モアル、地震ニデモ遭ッタト思ッテ諦メル外ハアルマイト言フト、其人達ハ異口同音ニ、地震ハ天災ダカラ諦メルコトガ出來マス、私共ノハ天災デヘナクシテ人災ナノダカラ諦メルコトガ出來ヌト言フノデアリマス(拍手)曩ノ青島還付ト云ヒ、今度ノ總引揚ト云ヒ、ドチラモ人災デアルコトニ間違ヒアリマセヌ、華盛頓會議ニ行ッタ大頭株デ足一歩青島ノ土ヲ踏ンダ人ガ一人モ無イ、還付後青島ニ來テ、惜シイ所ヲ還シタモノダト、他人ガヤッタコトノヤウニ述懷シテ居ル人サヘモアッタノデアリマス、今度モ陸軍ノ或ル樞要ノ地位ニ居ル人ニ私ガ御目ニ掛ッタ時、青島ハドウシテ引揚ゲタノダト言ハレタ時ニハ、私ハ啞然タラザルヲ得ナカッタノデアリマス、上海ト青島ダケハ現地保護デ行クノダト責任アル當局者ガ聲明スレバ、軍隊上陸ノ際ノ御用ヲ伺ハンガ爲ニ、色々ノ商人ガ色色ノ準備ヲスルノハ當然デアリマス、食料ヤ、雜貨ヤ、衞生材料ヤ、木材ヤ、煉瓦ヤ現金ノ總テヲ品物ニ代ヘテ、軍隊ノ上陸ヲ今日カ明日カト待チ構ヘテ居ル時ニ、足下カラ鳥ノ立ツヤウナ引揚命令デアリマス、八月二十七日ノ朝命令ガ出テ、三十日ノ晩マデニ船ニ乘込メト云フノデアリマス、平素ノ定員ノ三倍、四倍ノ人ガ船ニ乘ルノデアリマスカラ、手荷物ニ制限ノアルコトハ勿論デアリマス、然ルニ各紡績工場ヲ初メ、留守中灰燼ニ歸シタモノモ多ク、幸ニ燒カレナカッタモノモ生命カラ二番目ノ權益、財産ノ破毀掠奪ニ遭ハナカッタモノハ頗ル稀ト云フ狀態デアリマス、青島陷落ト聞イテ青島引揚民ノ叫ンダ萬歲ノ聲ハ、同ジ萬歲デモ南京陷落ト聞イテ肚カラ叫ンダ萬歲ノ聲トハ違ッテ、咽喉ニ詰ッタヤウナ萬歲ノ聲デアッタ(拍手)ト云フコトヲ私ハ玆ニ申上ゲルノデアリマス、是等ノ人々ノ悲痛ナ心中ヲ御想像ガ願ヒタイノデアリマス、人ニ海外發展ヲ奬メテ來タ身デモ、二度マデ國策ノ犧牲トナリ、ソレニ相當年ヲ取レバ、モウ一度行ッテ賽ノ河原ノ石積ミヲヤラウナドト云フ元氣ハナクナリマス、是等ノ連中ニ對シテハ政府ハ特ニ所謂民ノ疾苦ヲ察シ、又自分ノ責任ヲ自覺シテ貰ハネバナリマセヌ、然ルニ政府ハ引揚ゲル時ニハ澤山ナ船ヲ廻シテ無賃デ日本ニ連レ歸リ、日本デ四箇月ノ間「ルンペン」生活ヲ送ラセテ置イテ、其擧句今度歸ル時ニハ十八日神戸出帆ノ諏訪丸、十九日出帆ノ黑龍丸デ歸ッタ千人以外ノ者ニハ、二割引デオ金ヲ拂ッテ乘ッテ行ケト云フニ至ッテハ、幾ラオ役人ガ月給デ以テ樂ニ暮シテ居ルカラト言ッテモ、餘リニ思遣リガ無サ過ギルト思ヒマス(拍手)上海事件ノ時ニハ本會議デ即決可決デ復興資金ガ出テ居ルノニ、今度ハソンナ處置ニサヘ出テ居ナイノデアリマス、私ハ攻擊シテ見テモ、愚痴ヲ言ッテ見テモ追付カヌ、過去ヲ論ズルノハ止メマセウ、殊ニ擧國一致ノ必要ナ今日、ア、モシタラ宜カッタ、斯ウモシタラ宜カッタニト云フコトハ此際申シマセヌ、此際ハ唯過去ノ失策ヲ償ウテ餘リアルダケノ將來ニ對スル善處ヲ要望シタイノデアリマス、政府ハ手ブラデ燒野原ニ立チ茫然トシテ居ル青島、濟南ヲ初メ山東一帶ノ在留民ハ固ヨリ、一般支那引揚民ニ對シ一、原住地ニ歸還スル歸還費ノ支給、二、元ノ營業ニ復歸シ得ルマデノ食ヒ繫ギノ、即チ復業費ノ給與三、復舊、復興費ノ貸與等ヲ一日モ早ク立案致シ、本會議デ即決可決ノ擧ニ出デラレンコトヲ望ム者デアリマス、外務大臣ハ先日ノ議場デ、從來ノ

營業者ガ復舊スルマデハ、他ノ同一營業者ニ新ナル許可ヲ與ヘヌト云フ營業優先權ノ承認ヲ言明セラレ、又支那側カラ損害賠償ヲ取ルコトヲモ言明セラレマシタガ、賠償金ヲ貰フノヲ待ッテ居ッテハ、復舊モ復興モ出來ル譯ノモノデハアリマセヌカラ、取敢ズ復舊復興ノ費用ハ賠償金ヲ見返リ擔保トシテ低金利デ政府カラ貸付ケラレンコトヲ希望スル者デアリマス、政府トシテハソレ位ノコトヲシテヤル義務ト責任トノ存在スルコトヲ信ズル者デアリマス（拍手）

以上三點、卽チ文化事業ノ根本義、青島及ビ山東鐵道ノ問題、支那引揚民ニ對スル處置ニ對シ、外務大臣ノ親切丁寧ナル御答辯ヲ承リタイト存ズルノデアリマス、私ノ質問ハ文化事業法ニ名ヲ籍リテ、見當違ヒノ質問ヲ爲シタガ如ク聞エル點ガアルカモ知レマセヌガ、質問ノ當初ニ於テ本法案ニ關聯シテト斷ッテモ居リマスルシ、又支那ニ對シテ如何ニ文化事業ニ努力ショウトモ、支那ニ在住スル日本人ガ、日本政府ニ信頼シ得ナイヤウデハ、文化事業ナド何等價値ナシト信ズル點ニ於テ、全然無關係デナイコトヲ附言シテ置ク次第デアリマス（拍手）

〔國務大臣廣田弘毅君登壇〕

○國務大臣（廣田弘毅君）　只今小谷君ノ御質問ニ御答致シマスガ、文化事業其モノニ關シマスル小谷君ノ御所論ハ洵ニ適切ナ事柄デアリマシテ、私ト致シマシテ非常ニ參考トスベキ點ガ多イノデアリマス、十分其點ニ注意ヲ致シテ文化事業ノ振興ニ當ッテ參リタイト思フノデアリマス

次ニ膠濟鐵道ノ問題ニ付テノ小谷君ノ御所見ハ、殊ニ山東ニ長ク滯在サレタ方ト致シマシテハ、無論當然ノコトデアリマスガ、是ガ啻ニソレノミナラズ、日本國民全般ノ感想モ大體サウ云フ點ニアルト私ハ了解致シテ居ルノデアリマス（拍手）彼ノ山東ニ於ケル今回ノ支那側ノ暴狀ニ對シマシテハ、日本ハ眞ニ隱忍ニ隱忍ヲ重ネテ參ッタノデアリマス、此點ハ啻ニ支那人ノミナラズ、世界各國ニ於テモ、其日本ノ隱忍ガ非常ニ度ヲ過ギテ居ル位ニ思ッテ居ル方面モアルカノヤウニ感ジテ居ッタノデアリマス、随テ山東ノ將來ニ付テハ、ソレ等ノ點ヲ十分考慮致シマシテ、國民ノ期待ニ副フ解決方法ニ出テ參リタイト存ズルノデアリマス

尙ホ從來長ク山東方面ニ居ッテ經營ニ當ッテ居ラレタ方々ノ爲ニハ、其事業ノ回復ノ爲ニハ、十分ノ援助ヲ致サナケレバナラヌト政府ト致シマシテ考ヘテ居ルノデアリマス、随テ其方法ニ付キマシテハ現在ニ於テモ十分研究致シテ居ルノデアリマシテ、必ズ或ル方法ヲ立テテ實際ノ援護、支援ノ途ヲ講ジテ參リタイト思フノデアリマス、以上小谷君ノ御質問ニ對シテ御答致シマス

○小谷節夫君　簡單デアリマスカラ此席カラ發言スルコトノ御許ヲ願ヒマス

○副議長（金光庸夫君）　許可致シマス

○小谷節夫君　外務大臣ノ只今ノ御答辯ハ大體ニ於テ私モ諒承致シマス、唯最後ノ御話ノ山東在留民ニ對スル問題ハ、實ハ皆非常ニ困ッテ居ル狀態デゴザイマスルカラ、餘リ長ク考慮シテ戴イテ居リマスト、其間ニ時機ヲ失シテシマフヤウナ虞ガゴザイマス、先程ノ演說ノ中ニモ申シマシタ通リ、上海事變ノ後デハ此救濟ニ馳セ付ケル時分ニハ、本議場デ以テ卽決可決ノ擧ニ出ラレテ居ルヤウナ前例モアルノデゴザイマス、ドウカ一日モ早ク此窮狀ヲ救フヤウニシテ戴キタイト思フノデアリマス、尙ホ文化事業ノ細カイ點ニ付キマシテハ、何レ委員會デ質問ヲ申上ゲヨウト思ヒマスカラ、私ノ質問ハ之ヲ以テ打切リマス

○副議長（金光庸夫君）　松尾三藏君

〔松尾三藏君登壇〕

○松尾三藏君　私ハ本日上程セラレマシタ所ノ政府提案朝鮮事業公債法中改正法律案ニ對シ、其趣旨目的ガ鮮內文化振興ノ上ヨリ、緊要缺クベカラザルモノデアルコトヲ確信致シ、雙手ヲ擧ゲテ之ニ贊成ノ意ヲ表スル次第デゴザイマス、併シ私ハ本案ニ贊成ヲ致シマス趣旨ヲ擴充致シマシテ、聊カ私ノ所見ヲ開陳シ、內鮮融和ノ根本方針ニ付キ政府ノ所見ヲ簡單ニ御伺致シタイ次第デゴザイマス

固ヨリ私ハ歷代ノ政府ガ日韓合併以來、其至難中ノ至難トサレテ居リマス植民政策ノ遂行ニ當ラレ、當時三十年ノ長キニ亙リ內鮮融和ノ實ヲ擧ゲラレ、朝鮮ニ於ケル產業經濟ノ開發、教育文化ノ振興ニ力ヲ致サレ、特ニ困難ナル思想ノ向上ニ御努力ヲ拂ハレタ御苦勞ニ對シテハ、衷心ヨリ敬意ヲ表スル次第デゴザイマス、併ナガラ私ノ見ル所ヲ以テ致シマスルナラバ、今日ノ實情カラ見マシテ、尙ホ內鮮融和ノ上ニ遺憾ノ點ガ多々アルコトヲ見逃ス譯ニハ參ラヌノデゴザイマス、私ハ內鮮融和ノ根本義ハ眞ニ內鮮人間ニ於ケル社會的差別待遇ヲ一掃シテ、渾然一體ノモノタラシムルニアルト思ヒマス、ソレニハ內鮮人間ニ於ケル風俗、言語、制度、慣習ノ渾然タル一致ヲ必要ト致スノデアリマスガ、一日モ速ニ其理想ヲ達成致シマスルニハ、今一段ト半島人ニ對スル教育、文化ノ徹底ヲ圖ラネバナラヌト思フノデゴザイマス（拍手）實情ニ就テ見マスレバ、例外ハアリマセウケレドモ、一見シテ內地人ト半島人トノ區別ガ見エマシテ、如何ニモ半島人ノ教育程度ノ劣ルモノアルヲ感ズルノデアリマシテ、內鮮融和完成ノ上ヨリ洵ニ遺憾ニ堪ヘマセヌ、政府ハ今日ニ於ケル朝鮮ノ教育施設竝ニ其指導方針ヲ以テ、旣ニ完璧セルモノト考ヘテオ居デニナルノカドウカヲ、御伺致シタイ次第デゴザイマス

更ニ政府ハ本案ノ御提出ニ依リ、朝鮮文化振興ニ要スル財源捻出ヲ企圖サレテ居ルノデアリマスルガ、更ニ一步ヲ進メテ半島人教育ノ徹底ヲ期スル爲ニ必要ナル經費ヲ計上スルノ御考ガアルカドウカ、御伺致シタイ次第デゴザイマス、只今申述ベマシタルコトハ、內鮮融和ノ根本ニ關スル問題デアリマスルカラ、拓務大臣竝ニ朝鮮總督府當局ノ御答辯ヲ煩ハシタイト考ヘマス

次ニ內鮮人間ニ於ケル差別撤廢ニ關スル將來ノ御方針ニ付キ、御敎示ヲ得タイト思ヒマス、前ニ述ベマシタル如ク、政府ノ御努力ニモ拘ラズ、日韓合併以來茲ニ三十年ノ歲月ヲ經テ居リマスルガ、洵ニ遺憾ナガラ眞ノ內鮮人間ノ融和ガ出來テ居ナイコトハ、殘念ニ堪ヘナイ次第デゴザイマス（拍手）今日ノ如ク何事ニ付テモ內地人ト半島人トガ

相反目スルカノ感ヲ禁ジ得ナイ實例ヲ偶ゝ見受ケマスコトハ、爲政者トシテ大イニ考ヘネバナラヌ事柄デアルト思フノデゴザイマス(拍手)惟フニ日韓合併ノ眞ノ目的ハ、大亞細亞政策遂行ノ爲メ、兩者融合相提携シテ渾然一體ト成リ、東洋平和ノ確立ト人類永遠ノ福祉ヲ招來スルニアッタコトハ、玆ニ言ヲ要シマセヌ、然ルニ今日ノ如ク同ジ帝國ノ臣民、畏多クモ　陛下ノ忠良ナル所ノ赤子デアリナガラ、內鮮人間ニ差別的待遇ノ行ハレテ居ルコトハ上御一人ノ一視同仁ノ大御心ニ對シ奉リマシテモ、私共ノ理解ノ出來ナイ所デゴザイマス(拍手)私ハ去ル七十一議會ニ於キマシテ、內鮮融和ニ關スル建議案ノ提出ヲ致シ、朝鮮ニ徵兵制度ヲ施行スル端緒ト致シマシテ、志願兵制度ノ樹立ヲ當局ニ要望致シマシタル所、新聞紙ニ依リ、來ル四月ヨリ四百名ノ志願兵ヲ採用スルコトニ決定致シタコトヲ見マシテ、內心非常ニ滿足ヲ致シテ居ルヤウナ次第デゴザイマス(拍手)政府ハ將來更ニ之ヲ擴充致シマシテ、其成績如何ニ依リ徵兵制度ヲ施行セラル、御方針ガアルカドウカヲ、陸軍大臣ノ御答辯ヲ願ヒタイト思フノデゴザイマス(拍手)

更ニ內鮮人間ニ於ケル差別問題ハ、小サナル社會問題トシテ見逃スコトノ出來ナイ實例ガ多々アリマスルガ、例ヘバ半島人ノ就職問題ニ致シマシテモ、其姓ガ金、李又ハ朴トカ內地人ト判然區別ガ付イテ居リマス爲ニ、其印象トシテ半島人ガ侮蔑ノ眼ヲ以テ見ラレ、往々不調ニ終ルヤウナ事實ガアルノデゴザイマス、固ヨリ其姓ヲ見タダケデ侮蔑スル內地人モ惡イノデゴザイマスルガ、其原因ヲ今日マデ除去スル方策ヲ講ジテナイ當局ニモ、多少ノ責任ハ免レナイカト思フノデゴザイマス(拍手)要ハ半島人ノ教育、品位ノ向上ニ俟ツノ外ハゴザイマセヌガ、政府ハ眞ノ內鮮融和ノ上カラ風俗、言語、姓、慣習等ニ付キ、何カノ對策ヲ講ゼラレル必要ガアルト思ヒマスカラ、所見ヲ拓務大臣ニ御伺シタイト思フノデゴザイマス(拍手)

今ヤ支那事變ハ長期應戰ニ、益々惡化ノ情勢ニアリマス、是ガ事變ノ收拾ニハ內鮮一體、擧國協力ノ實ヲ擧ゲネバナラヌ此非常重大ノ秋ニ方リ、國防上ヨリ申シマシテモ眞ノ內鮮融和ハ、緊急缺クベカラザルコトト思ヒマスルガ、其根本方針ノ御教示ヲ得レバ幸ト存ジマス、右ノ點ニ付キマシテ關係當局ノ御答辯ヲ御願致シタイ次第デゴザイマス(拍手)

(政府委員大野綠一郎君登壇)

○政府委員(大野綠一郎君)　只今ノ御質問ニ對シテ私ヨリ御答ヲ致シマス、內鮮融和ノ徹底ヲ圖リマスルコトハ、歷代ノ總督府ノ方針デゴザイマシテ、今日ノ內外ノ情勢カラ益々努力ヲ致シテ居ル譯デアリマス、殊ニ半島ノ教育ノ方面ニ於キマシテハ、今日ノ情勢ト致シマシテ、帝國臣民トシテノ自覺ヲ持タセ、且ツ誇ヲ持タセルト云フコトニ於テ、非常ニ努力ヲ致シテ居ルノデアリマス、此度ノ事變ニ當リマシテ、半島ニ溢レタル赤誠ノ狀況ハ、能ク松尾サンノ御承知ノ通リデゴザイマスルガ、更ニ〳〵總督府ニ於キマシテハ、初等教育ヲ擴充シ、國民教育ノ徹底ニ努力致シテ居ルノデアリマス、其趣旨ヲ以チマシテ、教育ノ普及程度ニ付キマシテモ、此度ノ豫算ニ於キマシテ、更ニ速度ヲ早メテ計畫ヲ促進致シテ居ルヤウナ譯デアリマシテ、是ハ別途豫算ニ於テ御審議ヲ煩シテ居ル次第デアリマス

志願兵制度ニ關シマシテ、徵兵制度ノ問題ニ付テノ御質疑ガアリマシタガ、是ハ何レ關係大臣ヨリ御答辯ガアルコトト思ヒマシテ、私ハ總督府ノ關係ヨリ申シマスルト、今日ノ志願兵制度ノ問題ハ、徵兵制度ト直接ノ關係無シニ、朝鮮ニ於テ徵兵制度ガ施行セラルベキヤ否ヤト云フコトヘ、將來各般ノ情勢ニ依ッテ更ニ考慮セラレルモノト考ヘテ居ルノデアリマス、尙ホ風俗、言語、慣習等ニ付キマシテ、內鮮ノ融和ヲ促進シ、內鮮一體ノ實ヲ擧ゲル上ニ於キマシテハ、色々ト努力ヲ致シテ居リマス、殊ニ國語ノ奬勵ニ付キマシテハ、教育ノ全般ニ於テ非常ナ努力ヲ致シテ居ルノデアリマス、又風俗、習慣等ニ付キマシテモ、總督府內ニ於テ是等ヲ調査スル委員會ヲ拵ヘマシテ、在來ノ慣習、又我國ノ風俗トノ融合一致ノ上ニ於テ、適當ナル方法ヲ講ジタイト考ヘテ居ル次第デアリマス、尙又御質疑ガアリマシタ半島ニ於ケル戶籍ノ問題デアリマスルガ、是等ニ付キマシテモ內鮮一體ノ實ヲ促進スル上カラ、名前等ニ付キマシテモ、內地ノヤウナ名前ヲ從前ハ用ヒシメナカッタノデアリマスルガ、今回之ヲ用ヒシメルヤウナ方法モ採ッテ居ル譯デアリマス、大體ノ事柄ダケヲ御答致シマス

(政府委員八角三郎君登壇)

○政府委員(八角三郎君)　只今大野政府委員ヨリ御答辯致シマシタト同樣デゴザイマス

(政府委員町尻量基君登壇)

○政府委員(町尻量基君)　只今朝鮮ニ於キマスル徵兵制度施行ノ前提トシテ、今度ノ志願兵制度ヲ施行シタノカ、ドウカト云フ點ニ關シマスル御質問ガゴザイマシタガ、大臣ニ代リマシテ陸軍ノ考ヘテ居リマスル趣旨ヲ簡單ニ御答ヲ申上ゲマス、朝鮮ニ於キマスル兵役制度ノ關係ハ、各般ノ諸施設竝ニ各方面ノ狀況等カラ考ヘマシテ、徵兵制度ヲ施行スル前提デアルト今確實ニ申上ゲル迄ニハ至ッテ居リマセヌ、併ナガラ將來十分ニ能ク研究ヲ致シマシテ、努メテ是等ノ制度施行ヲ進メテ行キタイト云フ程度ノ研究ニ進ンデ居ルコトヲ申上ゲテ置キマス

○副議長(金光庸夫君)　朴春琴君

(朴春琴君登壇)

○朴春琴君　私ハ再ビ此壇上ニ於キマシテ自分ノ所信ヲ皆樣ノ前ニ申上ゲルト云フコトハ、私ノ最モ光榮ト思フ所デアリマス、只今上程ニ相成ラレタ三案ニ對シテ、政府ニ二三點申上ゲタイト思フノデアリマス、第一ハ對支文化事業特別會計ノ特例ニ關スル法律案デアリマス、第二ハ朝鮮事業公債ニ關スル法案デアリマス、此法案ニ對シテ二三點關聯致シマシテ當局ニ同ヒタイト思フノデアリマス、其前ニ私ハ皆サンニ御禮ヲ申上ゲタイト思フノデアリマス、其御禮ト申シマスノハ、朝鮮ニ志願兵制度ガ制定セラレタコトデアリマス、御承知ノ通リ日韓併合ヲ行ヒマシテ今年ハ丁度二十八年ニナッ

テ居ルト私ハ思フノデアリマス、其二十八年間、大日本帝國ト韓國ト併合當時ニ畏多クモ明治大帝ガ、韓國二千万ノ人民ニ對シテ一視同仁デアルト云フコトヲ仰セラレタノガ、今日此明治大帝ノ一視同仁デアルト云フコトガ實現セラレタノガ、此志願兵制度デアリマス、是ハ私ハ屢〻犬養內閣當時カラ或ハ請願委員會ナリ、又建議委員會ナリニ對シテ、一日モ早ク之ヲ與ヘテ貰ヒタイト云フコトヲ主張シテ居リマシタケレドモ、中々其主張ガ今日マデ通ラナカッタノガ、幸ニ今度ハ皆サンノ平素ノ朝鮮ニ對スル御指導ト御同情ニ依リマシテ、今回此志願兵制度ガ制定セラレタト云フコトハ、半島二千三百万ノ新日本人ハ心カラ悅ンデ居ルト同時ニ、小サイ赤坊ガ大キナ大人ニナッタヤウナ氣持デ居ルト云フコトハ事實デアリマス（拍手）ソレニ對シテ平素非常ニ心配シテ戴イテ居ル九千万ヲ代表シテ居ラレル議員皆サンニ對シテモ、現內閣總理大臣首メ各閣僚ノ方々ニ對シテモ、甚ダ僭越デアリマスガ、半島新附二千三百万ノ代表ト致シマシテ、私衷心ヨリ御禮申上ゲル次第デアリマス（拍手）御承知ノ通リ私、人ハ日本人デアリマスケレドモ、內地ニ來テ覺エタ言葉デ演說シテ居ルノデアリマスカラ、中々頓珍漢ノ言葉モ多イシ、言ヒ惡イ點ガアリマスケレドモ、其點ハ大ニ割引シテ聽イテ戴キタイト思フノデアリマス（拍手）

私ハ朝鮮事業公債法案ニ對シテ或ハ拓務省、朝鮮政務總監ニ二三承リタイト思フノデアリマス、尙ホ私ガ政府ニ承リタイト云フヤウナ時ハ、何時モ大臣ハ一人モ居ラナイ、今度ハ幸ヒ大臣ガオ居デニナッテ居リマスカラ、一層ノ勇氣ヲ以テ私ハ御話申上ゲタイト思フノデアリマス、私ハ今迄ノ政治ニ非常ニ缺陷ガアルト思フノデアリマス、此政治ノ缺陷ハ直シテ行カナケレバ相成ラヌ、內鮮ヲ併合致スト云フコトハ、私ハ率直ニ申上ゲタイト思フガ、一體內地ト朝鮮トヲ併合シタ意味ハ何處ニアルカ、內地カラ言ヘバ東洋平和ノ基礎ノ爲ニ併合シタ、斯ウ申シテ居リマス、成程東洋平和ノ基礎ノ爲ニ併合シタニハ違ヒナイデセウ、モウ一步進ンデ私ハ考ヘルナラバ、東洋平和ハ固ヨリ宜イガ、第一ニハ日本ノ年々百數十万ノ人口增加ノ解決ヲ付ケルト云フ意味モ、率直ニ申上ゲレバ、含ンデ居ルノヂヤナイカト思フノデアリマス、然ラバ日本ガ朝鮮ヲ併合シテ、此半島所謂面積カラ言ヘバ內地ノ本土ト一ツモ變リハシマセヌ、然ルニ今日マデ內地デ生レタ人ガ朝鮮ニ幾ラ行ッテ居リマスカ、內地ノ百數十万ノ人口問題ノ解決ニハ無論朝鮮ニ行カナケレバナラヌト云フ今日ニ於テ、幾ラ行ッテ居ルカト云フト、六十万位シカ行ッテ居ラナイ、ソレカラ又アベコベニ朝鮮デ生レタ日本人ハ內地ニ七十万以上來テ居ルト云フ始末、內地ノ人カラ言ヘバ朝鮮ハ殖民地ダト言フ、私共カラ考ヘレバドッチガ殖民地カ一寸モ譯ガ分ラナイ（拍手笑聲）然ラバ何ガ故ニ內地デ生レタ日本人ガ朝鮮ニハ殖エナイカ、殖エナイ原因ハ政治ニ缺陷ガアル、例ヘバ之ヲ特ニ私ハ大藏大臣ニ承リタイト思フガ、一體內地ノ方々ハ自分ノ領土ヲ忘レテシマフ、朝鮮ハ日本ノ國カ他國カ譯ガ分ラヌヤウナコトヲ言ッテ居ル、下ノ關ヘ行ク迄ハ日本ノ國ト皆思ッテ居ル、今度下ノ關カラ釜山ヘ渡ル時ハ丁度歐米ヘ行クヤウナ氣持ヲ與ヘル、オ前鞄ヲ出セト云フヤウナコトデ、調ベヲ嚴シクヤッテ居ル、ソレカラ又釜山ニ著イタラバドウカ、アスコハ自分ノ國內ノ北海道ノ如ク、自分ノ國內ノ朝鮮デアルニモ拘ラズ、其朝鮮デ用ヲ足シテ、內地ヘ歸ル時ニ、アノ釜山ノ棧橋デ兵隊見タイニ人ヲ竝ベテ置イテ、オイ朝鮮ノ札ヲ取替ヘナケレバ內地デハ通用ガ出來ナイ、今船ガ出ヤウト云フ時ニ札ヲ取替ヘナケレバ、アレハ日本ノ國デ通用出來ナイト云フコトヲ、私共ハ本當ノ日本人ノ氣持デ見ル時ニ、併合シタ同一國內ト云フカ、同一國民ト云フカ、恐ラク外國人ガ見テモ是レ以上見苦シイコトハナイト思フ（拍手）自分ノ國デ發行シタ其紙幣ガ、他國ノ滿洲國ヤ支那デハ通用ガ出來テ、サウシテ釜山カラ日本ヘ來ル時ハ煙草一ツ買ッテ吸フコトガ出來ナイ、左樣ナシミッタレナ政治デアッタラ、何時マデ經ッテモ日本人ハ朝鮮ニ殖エルモノデハナイト思フ（拍手）之ヲ大イニ私ハ大藏大臣ニドウ考ヘテ居ルカト云フコトヲ御尋致シタイト思フノデアリマス

ソコデ今度ノ北支問題ノ如キモ、私ハ朝鮮デ生レタ朴春琴デアリマスカラ、恐ラク支那人ノ心持ハ能ク知ッテ居ルト思ヒマス、何故知ッテ居ルカト云フト、自分ガ現在朝鮮ニ行キマシテ、朝鮮ノ人ガ想ヘル氣持、ソレヲ聽ク時私ハ恐ラク滿洲人ナリ支那人モ左樣デハナイカト思フコトガアル、ソコデ私ハ北支事變ニ付テ、或ハ御參考ニナル點ガアルカトモ思ヒマスノデ、自分ノ意見ヲ申上ゲテ、政府ノ答辯ヲ求メタイ、一體私ニ言ハセレバ日清戰爭以來――尤モ日清戰爭ハ私共子供ノ時分ノ事デアルカラ分リハシナイガ、大體ニ於テ私共聞ク所ニ依リマスレバ、又支那人ノ氣持ヲ考ヘルト、今マデ歷代支那ニ對スル日本ノ失敗ト云フモノハ、私ガ申上ゲル迄モナク皆樣ガ能ク御承知ノコトト思ヒマス、例ヘバ今ノ蔣介石デナクテモ、張作霖ガ東三省ノ政治ヲ行ッテ居ル時モ、アノ張作霖ヲ助ケテ置キサヘスレバ、日本ノ言フコトヲ何デモ聽イテ呉レルト云フノデ、ソコデ日本ガ之ヲ應援シ援助シタ、サウシテ一馬賊ガ日本ノ力ニ依ッテ支那ノ大元帥ニマデナッタ、ソコデ今度ハ己ノ力ガ段々附イテ來ルト、ドッコイショ、日本ノ言フコトハ背カナイデ、日本ニ槍ヲ向ケル、サウスルト日本人ハ正直ト云フカ氣ガ短イト云フカ、此張作霖ノ野郎怪シカラヌト言ッテ、拳骨ヲ呉レル、又今度ハ今問題ニナッテ居ル蔣介石ノ如キモ、蔣介石ガ日本ニ來タ時ハ何ト言ッタカ、私ガ支那ノ政權ヲ取ルナラバ、必ズ日本ノ言フコトヲ背イテヤルカラ、兎ニ角有ユル方面ニ日本ノ力ヲ貸シテ戴キタイ、ソコデ是亦日本ノ力ヲ貸シテ彼ガ支那ノ政權ヲ取ッタコトハ事實デアル、所ガ政權ヲ取ッタ曉ハドウデアルカ、所謂排日侮日ガ因デ今ノ日本ノ所謂國家ノ一大問題ガ起ッテ居ル、是ト云フノモ私考ヘルニ、今迄ノ日本ノ政治ハ佛造ッテ魂入レズ、同ジ現內閣ノ閣僚ニシテモ、總理大臣ト、外務大臣ト、陸軍大臣ト言

フコトニ相違ガアル、ソコデ此國家ノ一大問題ニ當ッテハ現内閣ノ閣僚ノ方々ハ總テ同ジ歩調ヲ取ラナケレバナラヌト思フ

ソレデ今日蔣介石政權ハ否認シテ居ル、蔣介石ノ政權ハ對手ニシナイト言フ、成程ソレハ蔣介石ノ政權ハ今日ニナッテ見ルト云フト、アレハ支那四億ヲ統一スベキ政府デハナクテ、アレハ一馬賊ノ取扱ヲシテモ差支ナイ、是ハ對手ニシナクテモ宜イガ、然ラバ今後ノ日本ノ行クベキ途ハ、或ハ新政權ノ成立ニ依ッテ、ソレト日支親善ヲ圖ルト云フ、ソレハ洵ニ結構デアリマス、立派ナ政權ガ出來テ、其政權ト日本ト本當ニ相提携シテ、東洋平和ノ爲ニナレバ洵ニ日本ハ望ム所デアルシ、又其處マデ行カナクテハ相成ラヌト思ヒマスガ、併シソコハ餘程肚ノアル政治家ガアッテ、サウシテ此新政權ニ關與スル政治家ヲ如何ニシテ選ブカ、恐ラク彼等ハ今ハ二ノ足ヲ踏ンデ居ルノデハナイカト思フ、何故二ノ足ヲ踏ムカト云フト、日本ハ蔣介石ノ政權ハ認メナイ、對手ニシナイ、斯ウ申シテ居リマスケレドモ、支那人カラ言ヘバ蔣介石ノ政權ト云フモノハ、今ハ唯偉イモノトマダ考ヘテ居ル、ソコデ大體支那人ナリ、舊韓國時代ノ、所謂親日ノ朝鮮ノ人ナリ、使フ時ハ一生懸命使ッテシマフケレドモ、世ガ平和ニナルト却テ虐待スルト云フコトヲ能ク言ッテ居ル、ソコデ今ノ新政權ノコトデス、恐ラク支那ヲ代表スベキ人物ハ、今日ノ蔣介石ノ政權ヲ否認シナガラ、新政權ト云フモノヲ設ケテ日本ト本當ニ相提携シタイト云フヤウナ人ガ、マダ隱レテ居ルノデハナイカト思フ、何デ隱レテ居ルカト云フト、今ハ私共ガ出テ行ッテサウシテ日本ト相提携シタイト云フ氣持ガアルケレドモ、萬一蔣介石ノ政權ト云フモノガ段々力ガ付イテ來テ、終ヒニハ吾々ハ國賊ト取扱ハレ、終ヒニ首ヲ取ラレルト云フヤウナ虞ガアルカラドウダラウ、斯ウ言ッタヤウナ二ノ足ヲ踏ンデ居ルト云フコトハ、私ハ事實デハナイカト思フ、ソコデ新政權ガ出來レバ、此人達ハ眞ニ日本ト相提携シタイト云フヤウナ心持デ出テ來ル人ナラバ、是ガ萬一蔣介石ノ政權ニ依ッテ彼等ノ首ガ取ラレルト云フヤウナ懸念ガアルナラバ、此懸念ヲ一掃スルト同時ニ、オ前達ガ死ンデモ日本ガ後ニ附イテ居ルカラ、死ンデモ骨ハ拾ッテヤルカラト云フコトデ、力強ク日本ガ之ニ仕向ケナイト云フト、恐ラク私ハ力強イ新政權ト云フモノハ出來ナイト思フ（拍手）

ソコデ一方ハドウカト云フト今ノ支那ニ對スル日本ガ、領土的ノ野心ガナイ、是ハ私ガ申上ゲナクテモ皆サン能ク御承知ダラウト思ヒマスガ、朝鮮ニ行ッテモ、或ハ内地ノ方々モ朴サンドウモ日本ハ駄目ダヨト言フ、何デ駄目ダト言フト、何時モ日本ハ戰爭ハ勝ツケレドモ、最後ニナルト得ルベキ所ハ一ツモ無イヨ、ソコガ所謂日本ノ缺點デアルト言フ、成程私共ガ考ヘテモ、先ヅ其言フコトハ違ヒナイト考ヘテ居ル、今迄ノ三回ノ戰爭ハ勝ッタ、勝ッタ曉ニハドウカト云フト何モ得ルベキ所ハナイ、殊ニ今日ハ世界ニ向ッテ色々ナ立場モアルデセウ、アルケレドモ、日本ハ支那ニ對スル領土的ノ野心ガナイト言フ、領土的ノ野心ガナイト云フコトナラバ何ガ故ニ酷寒零下三十度ノ所ヲ皇軍ガ國ノ爲ニ第一線ニ立ッテ戰ッテ居ル、數十億圓ノ國帑ヲ費シ、貴重ナ生命ヲ拾テ、居ル、何モ領土的ノ野心ガナイト云フコトナラバ、新政權ガ出來レバ綺麗ニ支那ニ返シテシマフ位ナラバ初カラヤラナイ方ガ宜イ、而シテ日本ガ領土的ノ野心ガナイト云フコトヲ幾ヲ言ッタッテ、國際聯盟、所謂歐米諸國カラ言ヘバ、ソレハ日本人ハ口バカリダト、幾ヲ正シイコトヲ言ッテモ相手ガ横車ヲ押シテ解釋シテ居ル、ソコデ例ヘバ外務大臣ノ如キモ、白人ノ氣持ト云フモノハ無論知ッテ居ルト思ヒマスガ、彼等ハ動モスレバ正義人道、民族自決ト言フ、所ガ私ハ一言皆様ニ參考ニナルコトヲ申上ゲタイト云フノハ、今カラ十何年前ニ、是ハ歐米ト申シテモ差支ナイノデアリマスガ、米宣敎師アタリガ朝鮮ニ來テ居ルガ、内鮮一體ノ融和親善ヲ破壞スルト云フノハアノ人達デアル、然ルニ動モスレバ正義人道、民族自決ト言フヤウナ立派ナ白人ガ朝鮮ノ或ル林檎畑ヲ或ル米人ガ持ッテ居ル、九歲ニナル子供ガ其林檎ヲ一ツ取ッテ食ベタト云フ、サウシタ所ガ其米人ガ其子供ヲ捕ヘテ行ッテ、サウシテ繩デ縛リ付ケテ一晩其處ニ留メテ、サウシテ翌日東カラオ天道様ガ上ッテ來ルト、其處ニ縛ラレタ子供ノ親ガ、モウ子供ガ居ナクナッテ居ルカラシテ何處ヘ行ッタカ分ラヌト方々探シテ居ル、ソレヲ縛付ケテ置イテ、今度ハ熱ガドン／＼昇ッテ居ルノニ硝酸銀ヲ以テ盜賊ト云フコトヲ燒付ケテ居ル、所ガ今度ソレガ漸ク分ッタ爲ニ親達ガ子供ヲ取リニ行ッタ、サウスルト貴様ノ子供ガ俺ノ家ノ林檎畑デ林檎ヲ盜ンダカラ其罰金トシテ一週間林檎畑ノ草ヲ採レト言フノデス、ソレカラ其子供ガ盜賊ト燒付ケラレテ居ルカラシテ、朝鮮ノ人ハ正直デ、外ニ出シテ置ケバ巡査ガ泥棒ト云フコトヲ書イテアルカラ連レテ行カレテハ困ルト云ウテ「オンドル」ノ中デ育ッテ居ル、吾々ガ之ヲ發見シテ大イニ是ハ表向ニヤラナケレバナラヌ、如何ナ白人ニシテモ法治國ノ日本ニ來テ私刑ヲ行フト云フコトハ、是ハ徹底的ニヤッ付ケナクチヤナラヌト云フコトデ吾々ハ盛ンニ輿論ヲ起シタ、サウスルト或人ガ、イヤドウモ國際聯盟ガ恐ロシイカラ是ハ餘リ酷イ目ニ遭セナイガ宜イト言フ、其當時ノ外交官アタリハサウ云フ考ヲ持ッテ居ッタ、自國民ガ兎ニ角盜賊ト云フコトヲ燒付ケラレテ居リナガラ、又苟モ日本ト云フ法治國ニ於テ私刑ヲ行ッテ居ル其人ニ對シテ、國際聯盟ヲ恐レル爲ニ、マア仕様ガナイカラ勘辨シテヤレト云フヤウナ外交官ガ今マデ隨分居ッタト思フ、今度モサウ云ッタヤウナ外交ヲヤッテ貰ッタナラバ日本ガ迷惑デアル、何モ領土ノ野心ガナイト言フ、ソコデ私共ハハッキリ日本ノ言フコトヲ天下ニ明ニスルト云フコトガ私ハ宜イノデハナイカト思フ、初カラ日本ハ領土ノ野心ハ無イケレドモ、支那人ノ爲スコト、スルコトハ所謂穩當デハナイ、ソコデ今度ノ事變ハ支那人自ヲ所謂日本ニ對シテ槍ヲ向ケテ居ルカラ、日本ハドウシテモ自衞上萬已ムヲ得ズニヤッテ居ルノダ、併ナガラ領土ノ野心ガ有ルカ無イカハ、支那人ノ出ヤウニ依ッテドウニデモナルト云フコトヲ私ハ言ウテ宜イト思フ（拍

手）日本ガ自ラ領土ノ野心ハ何モアリマセヌト言ッタ所ガ、英國アタリハ曾テ日本ト日英同盟ヲ作ッテ、サウシテ印度ヲ片ッ端カラ押ヘテ置イテ、自分ノ國内ノ安定ガ付クト、日本人ヲ他人扱ニスル、ソレハ酷イ、今度ノ事變デ恐ラク世界デ一番酷クヤルノハ英國人デアルト思フ、英國人ハアノ正義人道、或ハ民族自決ト云フコトヲ言フケレドモ、今日ノ英國ガ印度ニ對スルヤリ方ハドウデアルカ、日本ハ朝鮮ヲ併合シテ、朝鮮ノ人ガ不平ヲ言ッタカラト云ッテ、飛行機ヲ以テ朝鮮ニ爆彈ヲポコ〱落シタコトハナイ、アンナ立派ナ正義人道、民族自決ト云フヤウナコトヲ言フ英國人ガ、印度ニ少シ不平ガ起ルト、飛行機ヲ持ッテ行ッテ空カラ爆彈ヲ落シテ、片ッ端カラ殺シテシマフ、コンナヤウナ人間ト今マデ日本ガ兄弟ニナッタト云フコトハ、私ハ其當時ノ手落チヤナイカト思フ、兄弟ニナッタナラバ、兄弟ニナッタヤウナ好イ氣持デヤッテ呉レルノナラ宜イケレドモ、兎ニ角今度一番英國人ガ日本ニ對シテ酷イ、デアリマスカラアレ等ニ對シテモ――私ハ口ガ惡イト云フカ、英國ハ國際聯盟ノ雲助ミタイナモノダト思フ（拍手）

併シ之ニ對シテ日本ハ何ニモ懼ル必要ハナイヂヤナイカト思フ、打突カッテ見レバ案外脆イカモ知レヌ、サウヂヤアリマセヌカ、日清戰爭ヲシナイ前ニ、當時ハ舊韓國時代デ、支那ハ洵ニ大國デ、手ノ著ケヨウガナカッタ、其當時日本ハ支那ヲ非常ニ恐レテ居ッタ、小村公使ガ朝鮮ニ行カレタ際、アノ金玉均ノ如キハ、日本ト一日モ早ク併合シタイ、日本ト一日モ早ク本當ノ融和親善ヲスルニハ勢力ヲ得ナケレバイケナイカラ、日本ノ力ヲ貸シテ下サイト言ッタ、サウスルト小村侯ハドウカト云フト、ア、宜シイト約束シタ、ソレカラ愈〻小村侯ト金玉均ガ相提携シテ實行スルト言ッタ、其時既ニモウ支那ノ兵ガヤッテ來タ、是ハ大變ダト云フコトデ今度金玉均ト小村侯トガ約束シタコトハ破談ニナッテシマッタ、結局金玉均ハ體ノ置場ガナイカラ仁川ニ逃ゲテ日本ニ亡命シテ來タ、所ガ其位支那ヲ恐レテ居ッタ日本ガ打突カッテ見タラ、是レ以上脆イコトハナイ、ソレト同ジヤウニ私共ハ今日ノ我ガ九千万國民ノ肚ガシッカリ決マラナクテハイケナイ、九千万國民ガ一體トナルナラバ、恐ラク私ハ恐レル所ハナイト思フ、併シ米國、假ニ英國デモ、今ニ日英戰爭ガアルダラウトカ、或ハ今度露西亞ガ攻メテ來ルトカ、色々ナコトヲ言ッテ居リマスケレドモ、今マデ日本國民ハ他民族ニ一ツモ征服サレタコトガナイ、日本ハ神ノ國デアルカラ、私ハ戰ッテモ必ズ向フハ支那ト同ジヤウニ脆ク行クノデハナイカト思フ、ソレ以外ニ今日本自ラドウモ領土ノ野心ガナイト云フヤウナコトヲ言フト、戰地ニ於テ、戰死シタ人ノ氣持ナリ又其家族ニ對シテモ、領土ノ野心ガナイモノニ、例ヘバ兄弟ガナクナッタトカ、或ハ今度子供ヲ失ッタトカ、コンナヤウナ人ノ氣持カラ考ヘルナラバ、マダ日本ガソンナコトヲ言フコトハ早イヂヤナイカト私ハ思フ（拍手）

現在ニ於テモ今ノ新政權ト云フモノノ結果ヲ國クスルニハ、アノ蔣介石政權ト云フモノヲ何處マデモヤラナクチヤナナライ（拍手）ヤルニハ只今マデノヤウニ出來物ガ一ツ出來レバ、其上ニ膏藥ヲ貼ルヤウナコトデハイケナイ、是ハ根本的切開ヲシナクチヤイケナイ、之ヲ切開スルニハ所謂蔣介石政權ト云フモノヲ、影モ形モナイヤウニシナクチヤナラナイ、ソレデコソ初メテ日本人ニ再ビ刄向フナラバ、又アノ張作霖トカ蔣介石見タヤウニナルノダト云フコトヲ支那人ニ見セナケレバ、眞ノ新政權ト云フモノハ私ハ完全ニ出來ナイト思フ（拍手）

ソコデ今ノ朝鮮ニ於ケル人口問題ニ付テモ、是ハ時間モ制限サレテアリマスカラ、何レ豫算委員會デユックリ政府ニ對シテ質問ヲシタイコトガアリマスガ、今日ハ内地ノ下關ト釜山トノ間ニ一ツノ大キナ關ヲ設ケテ居ル、アノ不便ヲ撤廢シナクチヤナラナイ、即チ關税ノ撤廢ヲシテ貰ヒタイ、關税ト云フモノハドノ位カト云フト、僅ニ一年ニ五百万圓位ダラウト思ヒマス、此五百万圓位ノ關税ノ爲ニ先ニ申上ゲタ通リ、コチラカラ行ク人ニモ不便ヲ與ヘル、向フカラ來ル人ニ對シテモ不便ヲ與ヘル、ソレガ爲ニ併合シテ二十八年、伊藤公ガ統監時代ノ十年、三十有餘年、四十年ノ間ニ日本人ガ僅ニ六十万人位朝鮮ニ行ク位ナラバ、何ガ故ニ日本ハ朝鮮ヲ併合シタカト云フコトヲ考ヘナクチヤナラナイ、私ハ併合シタ本當ノ意味カラ言ヘバ、少クトモ日本人ガ四百万ヤ五百万ハアノ半島ニ行カナケレバナラナイト思ヒマス（拍手）今日ハ一ツモ行カナイ、モウ一ツハ朝鮮ニ居ラレル内地人カラ言ヘバ、現在二重國籍デ生活シテ居ル、此二重國籍デ生活スルコトハ朝鮮ニ居ル内地人アタリハ之ヲ不便ニ感ジテ居ル、例ヘバ下關ニ行クマデハ選擧權ガアッテモ、向フニ渡レバ選擧權ヲ奪ヒ取ッテシマフ、斯ウ言ッタヤウナコトガアリマシテ、總テノ爲スコトスルコトニ不便ヲ與ヘルト云フコトハ事實デアリマス、ソレデアリマスカラ此關税ヲ撤廢致シ、サウシテ内鮮ノ交通ヲ自由自在ニヤルト云フコトデ、初メテ同一國デアリ同一國民デアル、今度ノ志願兵制度ガ制定セラレタ後ニ、モウ既ニ三倍ノ申込ガアル、四百人ト云フモノハ數ヘ微々タルモノデアリマスケレドモ、人間ノ氣持カラ言ヘバ、恐ラク現内閣ノ國策トシテハ是レ以上大キナ國策ハナイト思フ（拍手）朝鮮ノ南總督ハアノ志願兵制度ガ制定セラレテ、朝鮮ニ再ビ南サンガ御歸リニナル時ニハ、各驛デ萬歲々々デマルキリ南サンヲ人デ埋メタト云フコトデアル、私ハ教育機關ノコトモ今度改正ニナルト云フコトヲ聞イテ居リマスガ、果シテドノ程度マデノ改正ヲサレルカドウカ、是ハ豫算委員會デ私ハ詳シク承リタイト思ヒマス、今度ノ北支事變ニ對スル半島二千万ノ人ノ愛國心ハ、恐ラク日本デ生レタ皆サンヨリ劣ラナイ、皆兎ニ角千人針ヤ或ハ國防獻金ヤ、有ユル方面ニ努メテ居ル、中ニハ自分ノ指ヲ切ッテ血書デ以テ日ノ丸ヲ書イテ、「内鮮一體」トシテ戰地ニドン〱送ッテ居ル、是ハ恐ラク數十名デセウ、今度ノ志願兵制度ガ制定セラレテカラハ、兎ニ角申込ムト云フ人ハ大半指ヲ切ッテ書イテ申込ンデ居ル、此一點カラ言ウテモ、内鮮融和ト言フノデハモウ古臭クテ、內鮮一體ハ完全デアル、ソコデ恐ラク朝鮮デ生レタ新國民二千万ト云フ此人等ニ、將來ノ皆サンノ行キ方ニ依ッテ、大和民族ノ魂ヲ完全ニ植付ケルト云フコトガ私ハ出來ルト思フ、デアルカラシテ之ヲ導イテ、此弟ヲ一日モ早ク立派ナ日本ノ國民ニサセタイト云フコトハ、所謂當局竝ニ議員皆サンノ指導如何ニ依ッテ私ハ成ルト思ヒマス、デアリマスカラ今言ッタ關稅ノ撤廢ガ出來ルカドウカ

ソレカラ支那文化、是ハ精神的ノ文化モ色々アリマスガ、第一此間國務大臣ニ質問シタ民政黨ノ川崎氏ガ、所謂支那語ヲ覺エナクチヤナラヌトカ、或ハ支那人ガ日本語ヲ覺エルヤウナ機會ヲ作ラナケレバナラヌト云フコトヲ言ウテ居リマスガ、洵ニ私共ハ是ハ宜イト思ヒマス、今マデ朝鮮統治ガ遲レタト云フコトハ、通譯政治ガアルガ爲ニ遲レテ居ル、何デアルカト云フト、一人ノ犯罪人ヲ調ベルニシテモ、第一言葉ガ判ラヌカラ通譯ヲ頼ッテ、サウシテ乙カラ甲ニ傳ヘテ、甲カラ丙ニ來ルカラ、結局差向ヒナラ一時間デ濟ム所ヲ三時間モ掛ッテ、其人ノ意思ヲ本當ニ日本人ガ呑込ムコトガ出來ナイ、日本人ノ意思モ先方ニ打込ムコトガ出來ナイヤウナ政治ヲ行ッテ居リマスカラシテ、ソコデ色々ノ誤解ガ生ズル、或ハ害ガ生ズル(拍手)此支那人ニ對シテ徹底的ニ所謂日本語ヲ教ヘルト云フコト、或ハ日本人ガ少クトモ是カラ北支ト提携スルナラバ、支那ノ政治ニ對シテ多少日本ガ關與シテ行カナケレバナラヌト云フヤウナ立場カラ、日本人ガ支那語ヲ覺エル、英語ト云フモノハ後デ宜イ、ヤリ拔ケテレル國ノ言葉ヲ熱心ニ覺エルヨリ、吾々東洋人ノ所謂東洋文化ニ還ル、ソコデ追々大和民族ノ魂ヲ支那人ニ植付ケルト云フヤウナコトヨリ、日本人ガ自ヲ支那人ヲ可愛ガル、惡イ奴ハ徹底的ニヤッツケテ宜イケレドモ、善イ奴ニハ味方ニナッテ、眞ノ兄弟ノヤウニ可愛ガラナケレバナラヌト云フコトガ、政治ノ重點デヤナイカト思フ、大體今マデ日本人ガ失敗々々ト重ナルト云フコトガ、正直ト氣ガ短イト云フコトデアル、此正直ト氣ガ短イト云フコトガ、一番初メハ能ク面倒ヲ見ル、能ク面倒ヲ見ルケレドモ、終ヒニ一寸シタコトガアルト、モウ此位デ我慢ヲシナケレバナラヌト云フ所ヲ我慢ガ出來ナイデ、此野郎ト云フノガ何時モ失敗ノ因デアル、ダカラ此正直ト氣ガ短イト云フコトガ失敗デアル、デアリマスカラシテ、今度ハ日本人ガ本當ノ大日本帝國デアリマスカラシテ、大國ノ氣分ヲ以テ、吾々日本ヲ諒解シ、吾々日本ト一緖ニ步調ヲ取ッテ行キタイト云フ人ハ、之ヲ眞ニ兄弟ノ如ク愛シ、惡イ奴ハ徹底的ニ罰スル、此點ニ於テハ所謂支那文化ニ對シテドノ程度マデ行ッテ居ルカドウカ、或ハ朝鮮ニ關稅撤廢ト云フモノガ出來テ、本當ニ內鮮ガアノ關ヲ設ケズニ自由自在ニ交通ガ出來テ、眞ニ此非常時日本ニ對シテ九千万ガ一體トナッテヤッテ行クベキ、其事ガ出來ルカドウカト云フコトニ付テ、誠意アル御答辯ヲ御願致シタイト思フノデアリマス(拍手)

(政府委員大野綠一郞君登壇)

○政府委員(大野綠一郞君) 御質問ノ點ニ御答致シマス、移入稅ノ撤廢ニ付キマシテハ、昭和十二年度ヨリ徐々ニ之ヲ撤廢スルコトニ致シテ居リマシテ、三分ノ一ヅヽ、十二年、十三年、ソレカラ十四年、十五年ト掛リマシテ、全部撤廢スルコトニナッテ居リマス

(政府委員太田正孝君登壇)

○政府委員(太田正孝君) 日本銀行券ト朝鮮銀行券トノ通用區域ガ違ヒマス爲ニ御不便ノアルコトハ、御指示シノ通リデアルト思ヒマス、併ナガラ現在朝鮮銀行券ト日本銀行券ト通用區域ノ違ッテ居リマスノハ、特殊經濟事情ニ因ルコトモ御考ヲ願ヒタイノデアリマス、又長ク此朝鮮銀行券ニ慣レテ居ルト云フコトモ考ヘナケレバナリマセヌ、更ニ朝鮮銀行券ハ發券銀行デアルノミナラズ、普通銀行ノ仕事モシテ居ルト云フコトモ考ヘナケレバナリマセヌ、問題ハ臺灣ニ於ケル臺灣銀行券トノ關係モアリマシテ、內地ノ日本銀行券ト外地ノ是等ノ銀行券トノ關係ハ、所謂通貨統一問題ニ關聯シテ居ルノデアリマス、此重大ナル問題ニ付テハ篤ト考ヘタイト考ヘマス

(政府委員松本忠雄君登壇)

○政府委員(松本忠雄君) 朴春琴君ノ仰セニナッタ日支ノ文化工作ノ爲ニ、支那ニ日本語ヲ普及スルノ必要ナルコトハ御同感デゴザイマス、只今御協贊ヲ願ッテ居リマスル對支文化事業ノ來年度ノ事業ノ一ツノ重要ナ項目ト致シマシテ、其事ヲ計上シテ居リマス

○朴春琴君 自席デ簡單ニ申上ゲタイト思ヒマス

○副議長(金光庸夫君) 許可致シマス

○朴春琴君 私ハ今大藏政府委員ノ御答辯ヲ承リマシタガ、併シ特殊ノ事情ガアルト云フコト、私ハ其特殊々々ト云フコトハ穩カデハナイト思ヒマス、ソレハ特殊ノ事情モアルデセウ、併ナガラ此特殊ノ事情ガアルト云フコトノ爲ニ、何時モ內鮮ト云フモノハ、何ント云フカ、精神的ノ一體トナラヌト云フコトガ多イノデアリマスガ故ニ、吾々ハ朝鮮ノ統治上總テ內地ノ延長ト云フコトヲ考ヘテ居ルノデアリマス、今デモ內地ノ延長ヲスベキコトハ澤山アル、例ヘバ鐵道トカ、電信トカ、司法トカ云フモノハ、ドシ〳〵私共ハ內地ノ延長ヲスレバ宜イト思ヒマス、ソコデ今ノ內ニ朝鮮ヲ內地ノ延長ニシテシマフト云フト、朝鮮總督府ノ權威ガ鈍クナルト云フコトガアルガ、朝鮮總督府ハ無クテモ構ハナイト思フ、徹底的ニ內地ノ延長ヲスレバ私共ハ宜イト思フ、サウスレバ何モ朝鮮ニ親任官ヲ二人置カナクテモ宜イ、內地ト同ジコトヲヤッテ貰ヘバ宜イ、此事ヲ此前ノ前ノ議會ニ私ガ質問致シタ時ニ、オイ朴君、朝鮮ハ支店ヂヤナイカ、朝鮮ハ支店ダカラ、君却テソンナコトハ言ハナイ方ガ宜イト云フコトヲ言ハレタ方ガアリマスケレドモ、支店デモ結構ヂヤナイカ、私共ガ現在不便ヲ感ジテ居ル、ソレニ對シテ便宜ヲ與ヘレバ宜イ、同ジ國內デアリナガラ朝鮮人ガ日本ニ來レバ煙草一ツ買ヘナイヤウナ、サウ云フ特殊ナ關ヲ設ケナクトモ宜イト思ヒマス、デアリマスカラ此問題ハ一日モ早ク大藏省ハ考ヘテ撤廢シテ貰ヒタイト思フノデアリマス(拍手)

（政府委員太田正孝君登壇）

○政府委員（太田正孝君）　朴春琴君ニ重ネテ御答申シマス、私ガ特殊ト申シマシタハ経済事態ニ付テ言フノデアリマシテ、日本ト朝鮮トノ間ガ抱付クヤウナ親シイ、何等ノ垣根ガナイト云フコトハ申シ上ゲル迄モナイノデアリマス、御答致シマス（拍手）

○副議長（金光庸夫君）　是ニテ質疑ハ終了致シマシタ、各案ノ審査ヲ付託スベキ委員ノ選擧ニ付テ御諮リ致シマス

○服部崎市君　日程第二乃至第五及ビ第八乃至第十ノ七案ヲ一括シテ議長指名二十七名ノ委員ニ付託サレンコトヲ望ミマス

○副議長（金光庸夫君）　服部君ノ動議ニ御異議アリマセヌカ

（「異議ナシ」ト呼フ者アリ）

○副議長（金光庸夫君）　御異議ナシト認メマス、仍テ動議ノ如ク決シマシタ――日程第六、兵役法中改正法律案ノ第一讀會ヲ開キマス――陸軍大臣杉山元君

昭和十三年二月十六日

議長ノ報告

賣藥制度ニ關スル質問主意書

右成規ニ據リ提出候也

昭和十三年一月二十五日

提出者 清水留三郎

賣藥制度ニ關スル質問主意書

醫師ノ居住セサル農山漁村ノ人々、貧困ニシテ醫師ノ治療ヲ受クルコト能ハサル人々及急傷病患者ニシテ醫師ノ診察ヲ受クル暇ナキ場合ノ人々ニトリテ賣藥ハ唯一無二ノ福音ナリ如何ニ醫療制度普及セラルルトモ賣藥亦根絶スルモノニアラサルナリ随テ賣藥制度全般ニ渉ツテ檢討シ之ヲ改善スルコトハ刻下ノ急務ナリト信ス政府ハ賣藥制度ノ改善ニ付テ如何ナル具體案ヲ有セラルルヤ以下各項目ニ付テ政府ノ明確ナル答辯ヲ求ム

一 賣藥ノ製造、配合ニ關スル件

1 賣藥ノ製造、配合ハ既得權者ヲ除キ之ヲ藥劑師ニ限定スル意思ナキヤ

2 醫師ニ付與セラレタル賣藥ノ製造、配合ハ既得權者ヲ除キ今後其ノ特權ニ制限ヲ加フル意思ナキヤ

3 賣藥及賣藥部外品ノ製造及配合ニ關スル認可ハ地方官廳ニ於テ決定セシメス中央官廳ニ於テ統一スル意思ナキヤ

二 賣藥ノ販賣ニ關スル件

1 賣藥ノ販賣ハ既得權者ヲ除キ之ヲ藥劑師及藥種商ニ限定スル意思ナキヤ

2 對症賣藥ハ如何ナル程度ニ於テ之ヲ取締リツツアリヤ

3 賣藥ノ行商人及賣子ハ之ヲ免許制トシ既得權者ヲ除キ藥劑ニ關スル一定ノ教育アル者ニ限定スル意思ナキヤ

三 新藥、新製劑及賣藥部外品ノ取締ニ關スル件

1 新藥、新製劑ハ賣藥法ニ依リテ取締ル必要ナキヤ

2 新藥、新製劑ハ賣藥ト區分スルノ方法ヲ講スル必要ナキヤ

3 醫師用藥品トシテ製造、配合シタル新藥及新製劑ヲ一般民衆ニ賣リ出スハ素人ノ自己治療ヲ誘致スル虞ナキヤ之ニ對スル指導監督ヲ如何ナル方法ニ於テ爲シツツアリヤ

4 賣藥、新藥、新製劑及賣藥部外品ハ藥品ノ内容ニ依リテ分別セラルルヨリ寧ロ營業者ノ考ヘ方一ツニ依ル場合多キモ政府ハ賣藥法ヲ改正シテ之ヲ統制スル意思ナキヤ

5 疾病ノ治療、豫防及精力ノ増進等ニ效アリトシテ一般公衆ニ販賣スル滋養藥ハ凡テ之ヲ統一シテ賣藥法ニ依リテ免許制ト爲ス意思ナキヤ

四 賣藥ノ内容公示ニ關スル件

1 賣藥ノ内容ハ公示セシムル意思ナキヤ

2 賣藥ノ内容公示ハ主要藥品ニ限定スル意思ナキヤ

五 賣藥等ノ廣告取締ニ關スル件

1 虚僞誇大ナル賣藥、新藥、新製劑及賣藥部外品ノ廣告ニ對シ政府ハ如何ナル取締ヲ勵行シツツアリヤ

2 獨逸ニ於ケル經濟廣告法ノ如ク北米合衆國ニ於ケル痲、結核ノ廣告取締ノ如ク我カ國ノ賣藥法ヲ改正シテ廣告取締ヲ一層擴大强化スル必要ヲ認メサルヤ

六 賣藥等ノ定價ニ關スル件

1 賣藥、新藥、新製劑及賣藥部外品中ニハ廣告ヲ利用シ實質ヲ省ミス暴利ト認ムヘキ格外ノ定價ヲ附スル者アリ是等ノ考ニ對シテ何等カノ制式方法ヲ加フル必要ナキヤ

2 賣藥等ノ定價勵行、濫賣矯正ノ爲賣藥等ノ製造及販賣業者ニ對シ自治統制ヲ爲サシムル必要ナキヤ自治統制困難ナリトセハ國家統制ノ必要ナキヤ

七 賣藥ノ課税ニ關スル件

1 大正十五年三月大衆課税ト認メテ廢税トナリシ賣藥印紙税ヲ復活スル意思ナキヤ

2 賣藥印紙税ヲ復活スルトセハ新藥、新製劑及賣藥部外品モ之ニ包含セシムル意思ナキヤ

3 賣藥印紙税ヲ復活スルトセハ醫師、歯科醫師、獸醫及藥劑師ノ調劑スル藥ニモ課税スル意思ナキヤ

4 内容ヲ公示セサル賣藥ニ對シテノミ課税スル意思ナキヤ

5 大衆課税トナラサル程度ニ於テ中流以上ノ家庭ニ於テ主トシテ使用スル藥ニシテ藥ニアラサル贅澤ナル種類ノモノニ對シテ化粧品類ト共ニ課税スル必要ナキヤ

6 賣藥印紙税ヲ復活セス賣藥ニ對スル免許方數税ノ形式ニ依ル意思ナキヤ

八 全購聯ノ賣藥製造ニ關スル件

1 昭和十二年三月九日第七十回帝國議會衆議院本會議ニ於ケル國民健康保險法案ノ質疑應答中私ノ質問ニ對シ小平農林省經濟更生部長ハ「全國購買組合聯合會ハ、藥ノ製造工場ヲ持ツテ居リマセヌノデ、藥劑師ヲ置キマシテ嚴重ナル監督ノ下ニ、他人ノ工場ニ於テ製造シタルモノヲ受ケ入レテ居ルノデアリマシテ、其實質ニ於テハ全購聯ガ自ラ製造シテ居リマセヌ云々」ト明瞭ニ全購聯ノ賣藥製造ヲ否定シテ居ルニ拘ラス全購聯雜貨部家庭藥主任山口綱作氏ハ同年七月五日丸ノ内會館ニ於ケル醫藥記者招待會ノ席上次ノ如キ意見ヲ公表セリ

「全購聯自ラノ工場ヲ以テ自分ノ滿足スル製品ヲ造ツテ配給シナケレバ駄目デアルト覺ツテ現在ノ樣ナ事業ノ組織ニ改メタノデアリマス、夫レハ昭和九年十一月カラデアリマス、先ヅ大阪ノ或ル賣藥工場ヲ賃借致シマシテ原料カラ製品ニ至ルマデ全ク自分ノ計算ニ於テ事業ヲ開始シマシタ云々」

果シテ何レノ言カ正シキヤ山口氏ノ言正シキモノナリトセハ政府ハ調査ノ粗濁ナル點ニ於テ責任ヲ負ハサルヘカラス之ヲ知ツテ答辯シタリトセハ政府ハ議會ヲ通シテ國民ニ向ヒ虚僞ノ言辭ヲ弄シタリト謂フヘク政府ノ責任アル答辯ヲ要求ス

2 「全購聯ガ大阪ノ賣藥工場ニ於テ自ラ製造シテ居ルノデハナイ」トノ政府ノ言明ヲ正シキモノト假定シ全購聯カ大阪ノ賣藥工場ニ對シテ委託製造ノ形式ヲトリツツアリト認メタル場合委託製造ハ賣藥法ニ抵觸スルトハ考ヘサルヤ

3 賣藥ノ如キ人體ニ直接影響ヲ及ホス特殊ノモノヲ一般商品ト同樣ニ全購聯ニ於テ製造スルハ保健上ニ何等ノ故障ナシト考ヘラルルヤ

4 生産者、消費者間ニ介在スル中間配給機關ヲ排除スルハ農村振興ノ理想トシテ認ムヘキ點アルモ之ニ依テ生スル關係商人ノ失業ニ對シ政府ハ如何ニ考慮セラレツツアリヤ數多キ恩典ニ浴スル全購聯ノ賣藥製造ニ依

テ一般賣藥業者ノ蒙ムル打擊ハ甚大ナリ政府ハ全購聯ノ賣藥製造ヲ現狀ノ儘ニ放任シテ置ク考ナリヤ全購聯ノ賣藥製造ニ依テ失業スル一部ノ賣藥業者ニ對シ何等カノ救濟方法ヲ講セストモ差支ナシト考ヘラルルヤ

九 國民健康保險組合ノ賣藥配付ニ關スル件

1 昭和十二年三月九日第七十回帝國議會衆議院本會議ニ於ケル國民健康保險法案ノ質疑應答中私ノ質問ニ對シ河原田內務大臣ハ「組合ニ於テ賣藥ヲ備ヘテ、組合員ニ配付スルト云フコトハ、サセナイ方ガ宜イヤウニ思フノデアリマス云々」ト答辯セラレタルカ政府ハ此ノ方針ニ何等ノ變更ナキヤ賣藥ノ配付ハ假令組合ノ自治ニ一任スルトスルモ政府ノ指導精神ニハ變リナキヤ

2 政府ハ進ンテ國民健康保險組合ヲシテ組合員ニ賣藥ヲ配付セシメサルヤウ法令ヲ以テ規定スル意思ナキヤ

3 國民健康保險組合ノ規約中ニ賣藥ヲ配付セシメサル旨ヲ明記セシメ其ノ規定ヲ明記セサル組合ニ對シテハ認可セサル方針ニ出ツルノ意思ナキヤ

十 公營賣藥ニ關スル件

1 政府ハ公營賣藥ヲ奬勵スル意思ナリヤ

2 靑森縣南津輕郡柏木町ニ於テ經濟更生ニ名ヲ藉リテ縣社會事業協會ノ賣藥ヲ服用セシメムカ爲ニ既ニ配置シアル他ノ賣藥ヲ一括返還シタル事實アリ斯ノ如キ行爲ニ關シ如何ナル見解ヲ有セラルルヤ

十一 製藥ノ國家管理ニ關スル件

1 人命ニ重大影響ヲ與フル製藥ノ如キ事業ヲ營利ノ對象物タラシムルコトニ關シ政府ハ如何ナル見解ヲ有セラルルヤ

2 治療ニ要スル藥品ノ價格ヲ統制シテ醫師及藥劑師ノ提供スル藥ノ代價ヲ低廉ナラシムル爲將又有效適切ナル藥ヲ製造セシムル爲製藥事業ヲ國家管理タラシムルコトニ付テ政府ハ如何ニ考慮セラレツツアリヤ

十二 賣藥ノ移輸出奬勵ニ關スル件

文化ノ向上、保險組織ノ發達、醫療機關ノ普及等ニ伴ヒ從來賣藥ニ親シメル者ノ漸次醫療ノ恩惠ニ浴スルニ至ルコト蓋シ自然ノ趨勢ナリ賣藥ノ移輸出ハ單ニ賣藥業者救濟ノ爲ノミナラス輸出貿易增進及對外爲替調節ノ爲必要ナリト信ス政府ハ賣藥ノ外地及海外進出ニ對シ如何ニ考慮セラレツツアルヤ賣藥ノ移輸出奬勵ニ付テ具體案アラハ承リタシ

十三 賣藥ノ法規統一ニ關スル件

1 朝鮮、臺灣等ニ於ケル賣藥法規ヲ統一シ內地法ヲ外地ニ施行スル意思ナキヤ

2 我カ國ト滿洲國及中華民國新政府トノ間ニ於テ賣藥法規ヲ統一スル意思ナキヤ

十四 賣藥ノ關稅協定ニ關スル件

我カ國ハ滿洲國及中華民國ヨリ藥草及製藥原料ヲ輸入シ賣藥ヲソレ等ノ國々ニ輸出セルカ此ノ際我カ國ト滿洲國及中華民國新政府トノ間ニ於テ相互協定ヲ爲シ互ニ其ノ關稅率ヲ低下セシムル意思ナキヤ

十五 賣藥制度調査會設置ニ關スル件

賣藥制度全般ニ涉ツテ調査スル爲官民各方面ノ人材ヲ網羅シテ賣藥制度調査會ヲ設置スル意思ナキヤ

右及質問候也

昭和十三年二月十五日

内閣總理大臣 公爵近衛 文麿

衆議院議長小山松壽殿

衆議院議員淸水留三郎君提出賣藥制度ニ關スル質問ニ對シ別紙答辯書差進候

（別紙）

衆議院議員淸水留三郎君提出賣藥制度ニ關スル質問ニ對スル答辯書

一 賣藥ノ製造配合ニ關スル件

一 賣藥ノ調製ニ付テハ目下ノ所藥劑師ニ限定スルノ意思ナシ

二 醫師ノ賣藥調製ニ關スル規定ニ付テハ目下ノ所變更スルノ意思ナシ

三 賣藥及賣藥部外品免許取扱方針ニ關シテハ地方長官ト充分連絡シ其ノ統一ヲ期スル必要アルモ其ノ免許ハ各地方長官ヲシテ之ニ當ラシムルヲ便宜トス

二 賣藥ノ販賣ニ關スル件

一 賣藥ノ販賣ハ藥劑師及藥種商ノ外ヘ之ヲ極力制限シ居ルニ付目下ノ所更ニ其ノ制限ヲ强化スルノ意思ナシ

二 賣藥營業者ガ賣藥ヲ販賣スルニ當リ夫々賣藥ノ效能書ニ從ヒ購求者ノ申出ヅル病症ニ適應スル既製ノモノヲ適宜選定販賣スルハ差支ナキ方針ナリ

三 賣藥ノ行商人及賣子ヲ許可制ト爲シ其ノ許可ノ條件ニ一定ノ知識ヲ要求スルヤ否ヤニ付テハ將來考究ノ要アリト認ム

三 新藥、新製劑及賣藥部外品ノ取締ニ關スル件

一 自ラ性能ヲ異ニスル所謂新藥、新製劑ヲ賣藥法ニ依リ取締ルコトハ困難ナリ

二 所謂新藥、新製劑ト賣藥トハ自ラ性能ヲ異ニスルヲ以テ此ノ區別ノ紛ハシキモノニ付テハ將來相當取締ヲ講ズル必要アリト認ム

三 新藥、新製劑ニ付テハ其ノ毒劇性ヲ含有スルモノニ付テハ毒劇藥ノ指定ヲ爲シ之ヲ取締リ虛僞誇大ノ廣告ニ付テハ嚴重取締ヲ爲スノ外賣藥類似ノ廣告ニ付テモ相當取締ヲ爲シ居レリ

四 藥品取締法規ハ其ノ制定相當古キモノモアリ且ツ多岐ニ亙リ統一ヲ缺クノ憾ナキニアラザルヲ以テ將來之ヲ適宜整理統合スル必要アルヲ認ム

五 例示ノ滋養藥ハ其ノ用途ニ依リ賣藥、新藥、新製劑及賣藥部外品ノ何レカトシテ取扱ヒ夫々所定ノ取締ヲ勵行中ナルガ目下ノ所遺憾ノ點ヲ認メズ

四 賣藥ノ內容公示ニ關スル件

一 賣藥ノ內容ヲ一般的ニ强制公示セシムルノ意思ナシ

二 前號關聯

五 賣藥等ノ廣告取締ニ關スル件

一 賣藥、新藥、新製劑及賣藥部外品ノ虛僞誇大ナル廣告ニ付テハ其ノ實害ノ程度ニ應ジ夫々取締ヲ勵行中

二 賣藥法ヲ改正シ廣告取締ヲ一層强化スルコトニ付テハ將來考究ノ要アリト認ム

六 賣藥等ノ定價ニ關スル件

一 賣藥、新藥、新製劑及賣藥部外品ノ價格ニシテ其ノ實質ヲ省ミズ發利ヲ貪ルモノト認メラルルモノノ取締ニ付テハ將來相當考究ノ要アリト認ム

二 賣藥販賣業者間ノ定價勵行、濫賣矯正ノ爲ニハ商業組合組織ヲ奬勵シテ同業者間ノ自治的統制ニ俟チツツアリ現ニ賣藥關係ノ商業組合ハ其ノ數三十ヲ算フ今後益〻商業組合組織ノ結成ヲ促進シテ自治的營業統制ヲ强固ナラシムルノ要アルヲ認ム國家統制ノ要否ニ就テハ今後充分考究スル考ナリ

七 賣藥ノ課稅ニ關スル件

賣藥ニ對シテハ課稅ノ意思ナキモ化粧

品ト認メラルルモノニ付テハ課稅方ニ關シ目下考慮中ナリ

八　全購聯ノ賣藥製造ニ關スル件

一　全國購買組合聯合會ハ賣藥法ノモトニ於テハ賣藥營業者トシテ同法第二條ノ規定ニ依リ監督官廳ノ免許ヲ受ケ居レルモノナリ唯同聯合會ハ自ヲ工場ヲ所有セザル關係上他ノ製造工場ヲ使用シ同聯合會所屬ノ藥劑師ノ指揮監督ノモトニ同工場ニ於テ賣藥ヲ調製スルモノニシテ第七十議會ニ於テ政府委員ヨリ全國購買組合聯合會ハ自ヲ賣藥ノ製造ヲ爲サズト答辯シタルハ此ノ間ノ事情ヲ意味スルモノナリ

二　賣藥ノ委託製造ハ賣藥法ニ抵觸スルモノト認ム

三　現在全購聯ニ於ケル賣藥ノ調製ハ賣藥法ノ規定ニ從ヒ管理人タル藥劑師ヲ置キ之ヲ爲シ居ルヲ以テ保健上別段支障ナシト認ム

四　賣藥販賣業者ニ對シ極力商業組合組織ヲ獎勵シテ共同ノ力ニ依ル經營ノ合理化、販賣機構ノ組織化ヲ計リ以テ自助的方法ニ依ル業界ノ改善ヲ計ラシメツツアリ、尙產業組合トノ關係ニ就テハ互ニ其ノ相剋ヲ避ケ其ノ間ニ協調方針ヲ採ルベキコトニ決シ地方長官ニモ此ノ方針ヲ通達シテ之ガ遂行ニ萬遺憾ナキヲ期シツツアリ

九　國民健康保險組合ノ賣藥配付ニ關スル件

一　國民健康保險組合ヲシテ賣藥ノ給付ヲ爲サシメザル樣指導セントスルノ方針ニ付テハ今回提出ノ國民健康保險法案ニ關シテモ變更スル所ナシ

二　國民健康保險組合ヲシテ賣藥ヲ給付ヤシメザルコトニ付テハ之ヲ法令ヲ以テ規定セズシテ組合ノ規約中ニ明示セシムル樣指導スル方針ナリ

三　組合規約中ニ賣藥ヲ給付セザル旨明記セザルモノニ對シテハ組合ノ設立ヲ認可セザル方針トスル考ヘナリ

十　公營賣藥ニ關スル件

一　政府ハ公營賣藥ヲ獎勵スルノ意思ナシ

二　各戸ノ配置賣藥ヲ收集一括シテ之ヲ營業者ニ返還シ依ッテ紛議ヲ惹起シタルハ事實ナリト認ムルモ共ノ經緯ニ就テハ尙愼重調査中ナリ

十一　製藥ノ國家管理ニ關スル件

一　二　製藥國營ノ如キハ現在ノ制度ト著シク異ナリ利害得失ヲ伴フ問題ナルヲ以テ充分檢討スルニアラザレバ結論ヲ得難ク本件ハ醫藥制度調査會ニ於ケル重要案件ノ一ナリト思料ス

猶藥價ノ低下ニ就テハ藥品需給ノ圓滑ト併セ充分考慮ヲ拂ヒ居レリ

十二　賣藥ノ移輸出獎勵ニ關スル件

賣藥ノ海外輸出額ハ昭和十年二百四十万圓、同十一年二百九十万圓、同十二年二百八十万圓ニ達セルトコロ益〻之ガ輸出ハ伸張スベキモノト認メラル、當局ニ於テモ今般新ニ各地ニ設置セラレタル貿易斡旋所等ノ施設ヲ活用シ賣藥輸出ノ增進ニ努力スル考ヘナリ

十三　賣藥ノ法規統一ニ關スル件

一　外地ニ於テハ現在藥劑師ノ資格ナキ者ニ對シテモ賣藥ノ製造營業ノ許可ヲ與ヘ居レルガ右ハ外地ニ於ケル文化程度ニ鑑ミ已ムヲ得ザルモノナリト認メラルルヲ以テ現行ノ儘ヲ以テシテハ內地賣藥法規ヲ外地ニ施行シ難シ

二　麻藥ノ取締ニ關シテハ客年滿洲國ハ本邦取締法規ト同趣旨ノ取締法規ヲ制定シタリ、一般賣藥制度ニ關シ滿洲國ニ於テハ個々ノ事項ニ付既ニ法規ノ制定ヲ見タルモノモアレド未ダ本邦賣藥法ニ該當スルモノハ制定セラレ居ラザルガ如シ、何レニセヨ日滿兩國聯絡シテ同趣旨ノ法規ノ制定ヲ見ルコトハ結構ト考ヘ居レリ、中華民國新政府トノ關係ニ付テハ意見ヲ述ブルハ時期尙早ト思考ス

十四　賣藥ノ關稅協定ニ關スル件

本邦ト滿洲國及中華民國新政府トノ間ニ於テ藥草、製藥原料及賣藥ニ關シテ關稅協定ヲ締結スルコトニ關シテハ猶攻究ノ要アリト認ム

十五　賣藥制度調査會設置ニ關スル件

賣藥制度ノ根本諸問題ニ付テハ醫藥制度ノ根幹ニモ關聯スルトコロ尠カラザルヲ以テ醫藥制度調査會ニ於テ調査研究ヲ遂ゲントス

右及答辯候也

昭和十三年二月十五日

内閣總理大臣　公爵近衛　文麿
外務大臣　廣田　弘毅
大藏大臣　賀屋　興宣
農林大臣　伯爵有馬　頼寧
商工大臣　吉野　信次
拓務大臣　大谷　尊由
厚生大臣　侯爵木戸　幸一

昭和十三年二月十六日
恩給金庫法案外一件

恩給金庫法案

恩給金庫法

第一章　總則

第一條　恩給金庫ハ法人トス

第二條　恩給金庫ハ主タル事務所ヲ東京市ニ置ク

恩給金庫ハ主務大臣ノ認可ヲ受ケ必要ノ地ニ從タル事務所ヲ設置スルコトヲ得

第三條　恩給金庫ノ資本金ハ三千萬圓トシ之ヲ三十萬口ニ分チ一口ノ金額ヲ百圓トス但シ資本金ハ主務大臣ノ認可ヲ受ケ之ヲ增加スルコトヲ得

政府ハ五百萬圓ヲ限リ恩給金庫ニ出資スベシ

第四條　恩給金庫ヘ出資ニ對シ勅令ノ定ムル所ニ依リ出資證券ヲ發行ス

第五條　恩給金庫ノ出資者ノ責任ハ其ノ出資額ヲ限度トス

出資者ハ恩給金庫ニ拂込ムベキ出資額ニ付相殺ヲ以テ之ニ對抗スルコトヲ得ズ

第六條　出資者ハ恩給金庫ノ承認ヲ經テ其ノ持分ヲ讓渡スルコトヲ得

第七條　拂込ヲ怠リタル出資者ニ對シ恩給金庫ガ一月以上ノ相當ノ期間ヲ定メ拂込ノ請求ヲ爲シタルニ拘ラズ出資者ガ拂込ヲ爲サザル場合ニ於テ持分ノ讓渡ヲ恩給金庫ノ原簿ニ登錄シタル後二年ヲ超エザル讓渡人アルトキハ恩給金庫ハ之ニ對シ期限ヲ定メ拂込ヲ請求スルコトヲ得此ノ場合ニ於テ最モ先ニ滯納金額ノ拂込ヲ爲シタル讓渡人ハ其ノ持分ヲ取得ス

前項ノ規定ニ依ル出資者及讓渡人ノ拂込ナキトキハ恩給金庫ハ主務大臣ノ認可ヲ受ケ該持分ヲ賣却スルコトヲ得賣却ニ依リテ得タル金額ガ滯納金額ニ滿タザルトキハ從前ノ出資者ヲシテ其ノ不足額ヲ辨濟セシムルコトヲ得其ノ者ガ二週間內ニ之ヲ辨濟セザルトキハ前項ノ讓渡人ニ對シテモ其ノ辨濟ヲ請求スルコトヲ得

前二項ノ規定ハ恩給金庫ガ損害賠償及定款ヲ以テ定ムル違約金ノ請求ヲ爲スコトヲ妨ゲズ

第八條　恩給金庫ハ定款ヲ以テ左ノ事項ヲ規定スベシ

一　目的
二　名稱
三　事務所ノ所在地
四　資本金額及資產ニ關スル事項
五　役員及會議ニ關スル事項
六　業務及其ノ執行ニ關スル事項
七　恩給債券ノ發行ニ關スル事項
八　會計ニ關スル事項
九　公告ノ方法

定款ハ主務大臣ノ認可ヲ受ケ之ヲ變更スルコトヲ得

第九條　恩給金庫ハ勅令ノ定ムル所ニ依リ登記ヲ爲スコトヲ要ス

前項ノ規定ニ依リ登記スベキ事項ハ登記ノ後ニ非ザレバ之ヲ以テ第三者ニ對抗スルコトヲ得ズ

第十條　恩給金庫ニハ所得稅及營業收益稅ヲ課セズ

北海道、府縣、市町村其ノ他之ニ準ズベキモノハ恩給金庫ノ事業ニ對シテハ地方稅ヲ課スルコトヲ得ズ但シ特別ノ事情ニ基キ內務大臣及大藏大臣ノ認可ヲ受ケタル場合ハ此ノ限ニ在ラズ

朝鮮、臺灣、關東州、樺太及南洋群島ニ於ケル課稅ニ關シテハ勅令ヲ以テ之ヲ定ム

第十一條　恩給金庫ニ付解散ヲ必要トスル事由發生シタル場合ニ於テ其ノ處置ニ關シテハ別ニ法律ヲ以テ之ヲ定ム

第十二條　恩給金庫ニ非ザル者ハ恩給金庫又ハ之ニ類似スル名稱ヲ用フルコトヲ得ズ

第二章　役員

第十三條　恩給金庫ニ理事長一人、理事三人以上及監事二人以上ヲ置ク

第十四條　理事長ハ恩給金庫ヲ代表シ其ノ業務ヲ總理ス

理事ハ定款ノ定ムル所ニ依リ恩給金庫ヲ代表シ、理事長ヲ輔佐シテ恩給金庫ノ業務ヲ掌理シ、理事長事故アルトキハ其ノ職務ヲ代理シ、理事長缺員ノトキハ其ノ職務ヲ行フ

監事ハ恩給金庫ノ業務ヲ監査ス

第十五條　理事長、理事及監事ハ主務大臣之ヲ命ズ

理事長及理事ノ任期ハ五年、監事ノ任期ハ三年トス

第十六條　理事長及理事ハ他ノ職業ニ從事スルコトヲ得ズ但シ主務大臣ノ認可ヲ受ケタルトキハ此ノ限ニ在ラズ

第十七條　恩給金庫ニ評議員二十人以內ヲ置キ主務大臣之ヲ命ズ

評議員ハ業務經營ニ關スル重要事項ニ付理事長ノ諮問ニ應ジ必要アルトキハ之ニ對シ意見ヲ述ブルコトヲ得

評議員ハ名譽職トシ其ノ任期ハ三年トス

第三章　業務

第十八條　恩給金庫ハ左ノ業務ヲ行フ

一　恩給法ニ依ル恩給ヲ擔保トスル貸付
二　勳章年金(以下單ニ年金ト稱ス)ヲ擔保トスル貸付
三　恩給法以外ノ法令(地方公共團體ノ條例ヲ含ム)ニ依ル恩給ヲ擔保トスル貸付
四　恩給及年金ノ代理受領竝ニ受領シタル金錢ノ寄託ノ引受
五　前各號ノ業務ニ附帶スル事業

第十九條　恩給ハ其ノ裁定前ト雖モ給與ヲ受クベキコトノ確實ナルモノニ付テハ之ヲ擔保トシテ貸付ヲ爲スコトヲ得

前項ノ規定ニ依リテ爲ス貸付ノ金額ハ裁定後ニ爲ス貸付ノ標準金額ノ半額ヲ超ユルコトヲ得ズ

第二十條　恩給金庫ハ先ヅ恩給又ハ年金ノ支給金ヲ以テ貸付金ノ元利ニ充當スベシ

前項ノ規定ニ依リ充當ヲ爲シタル殘餘ノ貸付金ニ付テハ恩給金庫ハ主務大臣ノ認可ヲ受ケ其ノ債權ヲ拋棄スルコトヲ得

第二十一條　恩給金庫ハ其ノ債權ヲ確保スル目的ヲ以テ命令ノ定ムル所ニ依リ債務者ニ代リテ恩給及年金ニ關スル請求其ノ他ノ行爲ヲ爲スコトヲ得

第二十二條　恩給金庫ハ左ノ方法ニ依ルノ外業務上ノ餘裕金ヲ運用スルコトヲ得ズ

一　國債、地方債又ハ主務大臣ノ認可ヲ受ケタル有價證券ノ取得ヲ爲スコト
二　大藏省預金部若ハ銀行ヘノ預金又ハ郵便貯金ト爲スコト

第二十三條　恩給金庫ハ資本金ノ十分ノ一以上ノ拂込アリタルトキハ其ノ業務ヲ開始スルコトヲ得

第四章　擔保ノ效力

第二十四條　擔保ニ供セラレタル恩給又ハ年金ハ恩給金庫ノミ其ノ支拂ヲ求ムルコトヲ得

第二十五條　公務員(之ニ準ズル者ヲ含ム)ガ其ノ受クル恩給又ハ年金ヲ擔保ニ供シタルトキハ其ノ效力ハ其ノ遺族

ノ受クベキ恩給又ハ年金ノ上ニ及ブコトナシ但シ特約ヲ以テ承諾ヲ爲シタル遺族ノ受クベキ恩給又ハ年金ニ付テハ此ノ限ニ在ラズ

遺族ガ其ノ受クル恩給又ハ年金ヲ擔保ニ供シタルトキハ其ノ效力ハ擔保ニ供シタル者ノ後順位者ノ受クベキ恩給又ハ年金ノ上ニ及ブコトナシ但シ特約ヲ以テ承諾ヲ爲シタル後順位者ノ受クベキ恩給又ハ年金ニ付テハ此ノ限ニ在ラズ

第二十六條　恩給ヲ擔保ニ供シ恩給金庫ヨリ貸付ヲ受ケタル者ハ其ノ債務ノ完濟ニ至ル迄ハ其ノ恩給ヲ受クルノ權利ヲ拋棄スルコトヲ得ズ

第二十七條　再就職其ノ他ノ事由ニ因リ恩給ガ改定若ハ更正セラレ又ハ年金ガ進級增額若ハ更正セラルル場合ニ於テ恩給金庫ガ改定、進級增額又ハ更正前ノ恩給又ハ年金ニ付擔保權ヲ有スルトキハ恩給金庫ハ當然新恩給又ハ新年金ノ上ニ擔保權ヲ有ス

第二十八條　恩給ヲ擔保ニ供シタル者再ビ就職シ恩給ヲ停止セラルル場合ニ於テハ恩給金庫ハ恩給ノ支給金ヲ以テ辨濟ヲ受クベキ金額ノ範圍內ニ於テ其ノ者ノ受クベキ俸給中ヨリ貸付金額ノ辨濟ヲ受クルコトヲ得

第二十九條　恩給又ハ年金ヲ擔保トスルニハ其ノ證書ヲ恩給金庫ニ交付スベシ但シ恩給ノ裁定前豫メ之ヲ擔保トスル場合ハ此ノ限ニ在ラズ

第三十條　恩給ノ裁定前豫メ之ヲ擔保トシテ貸付ヲ爲シタルトキハ恩給金庫ハ遲滯ナク裁定廳ニ其ノ要旨ヲ申告シ置クコトヲ要ス

第三十一條　前條ノ規定ニ依ル申告ヲ受ケタル件ニ付恩給給與ノ裁定ヲ爲シタルトキハ裁定廳ハ恩給證書ヲ恩給金庫ニ交付スベシ

第三十二條　裁定ヲ經タル恩給又ハ年金ヲ擔保トシテ貸付ヲ爲シタルトキハ恩給金庫ハ遲滯ナク恩給ノ裁定廳又ハ賞勳局及支給廳ニ其ノ旨ヲ申告スベシ擔保權ノ消滅シタルトキ亦同ジ

第三十三條　恩給金庫ニ擔保ニ供セラレタル恩給又ハ年金ニ付證書ノ再發行ヲ爲ス場合ニ於テハ新證書ハ之ヲ恩給金庫ニ交付スベシ擔保ニ供セラレタル恩給又ハ年金ヲ改定、進級增額又ハ更正スルニ當リ新ニ證書ヲ發行スル場合亦同ジ

第三十四條　本章ニ規定スルモノノ外恩給又ハ年金ノ擔保ノ實行ニ關シ必要ナル事項ハ勅令ヲ以テ之ヲ定ム

第五章　恩給債券

第三十五條　恩給金庫ハ拂込資本金額ノ十五倍ヲ限リ恩給債券ヲ發行スルコトヲ得但シ其ノ貸付金及所有ニ係ル有價證券ノ現在高ヲ超過スルコトヲ得ズ

第三十六條　恩給債券ハ額面金額五十圓以上トシ無記名利札附トス但シ應募者又ハ所有者ノ請求ニ依リ記名ト爲スコトヲ得

恩給債券ハ割引ノ方法ヲ以テ之ヲ發行スルコトヲ得

第三十七條　恩給金庫ハ恩給債券借換ノ爲一時第三十五條ノ制限ニ依ラズ恩給債券ヲ發行スルコトヲ得

前項ノ規定ニ依リ恩給債券ヲ發行シタルトキハ發行後一月內ニ其ノ發行額面金額ニ相當スル舊恩給債券ヲ償還スベシ

第三十八條　恩給債券ハ賣出ノ方法ヲ以テ之ヲ發行スルコトヲ得

第三十九條　恩給金庫ニ於テ恩給債券ヲ發行セントスルトキハ主務大臣ノ認可ヲ受クベシ

第四十條　恩給債券ノ消滅時效ハ元金ニ在リテハ十五年、利子ニ在リテハ五年ヲ以テ完成ス

第四十一條　所得税法、資本利子税法及有價證券移轉税法中國債以外ノ公債ニ關スル規定ハ恩給債券ニ之ヲ準用ス

第四十二條　本章ニ規定スルモノノ外恩給債券ニ關シ必要ナル事項ハ勅令ヲ以テ之ヲ定ム

第六章　會計

第四十三條　恩給金庫ノ事業年度ハ一月ヨリ六月迄及七月ヨリ十二月迄トス

第四十四條　恩給金庫ハ毎事業年度ニ於テ準備金トシテ剩餘金ノ十分ノ一以上ヲ積立ツベシ

第四十五條　恩給金庫ハ成立後二十事業年度ノ間ハ主務大臣ノ認可ヲ受ケ政府ノ出資ニ對スル剩餘金ノ配當ヲ減額シ又ハ之ヲ爲サザルコトヲ得

第四十六條　恩給金庫ハ設立ノ時及毎事業年度ノ初ニ於テ財產目錄、貸借對照表及損益計算書ヲ作成シ定款ト共ニ之ヲ各事務所ニ備置クコトヲ要ス

出資者及債權者ハ業務時間內何時ニテモ前項ニ揭グル書類ノ閲覽ヲ求ムルコトヲ得

第七章　監督

第四十七條　恩給金庫ハ內閣總理大臣及大藏大臣之ヲ監督ス

第四十八條　恩給金庫ハ主務大臣ノ認可ヲ受クルニ非ザレバ剩餘金ノ處分ヲ爲スコトヲ得ズ

第四十九條　恩給金庫ハ毎事業年度ノ初ニ於テ貸付利率ノ最高限度其ノ他貸付ニ關スル條件ヲ定メ主務大臣ノ認可ヲ受クベシ之ヲ變更セントスルトキ亦同ジ

第五十條　主務大臣ハ恩給金庫ニ對シ業務及財產ノ狀況ニ關シ報告ヲ爲サシメ、檢査ヲ爲シ其ノ他監督上必要ナル命令ヲ發シ又ハ處分ヲ爲スコトヲ得

第五十一條　主務大臣ハ特ニ恩給金庫監理官ヲ置キ恩給金庫ノ業務ヲ監視セシム

第五十二條　恩給金庫管理官ハ何時ニテモ恩給金庫ノ業務及財產ノ狀況ヲ檢査スルコトヲ得

恩給金庫監理官ハ必要アリト認ムルトキハ何時ニテモ恩給金庫ニ命ジテ業務及財產ノ狀況ヲ報告セシムルコトヲ得

恩給金庫監理官ハ恩給金庫ノ諸般ノ會議ニ出席シテ意見ヲ陳述スルコトヲ得

第五十三條　役員ガ法令、定款若ハ主務大臣ノ命令ニ違反シ又ハ公益ヲ害スル行爲ヲ爲シタルトキハ主務大臣ハ之ヲ解任スルコトヲ得

第八章　罰則

第五十四條　左ノ場合ニ於テハ恩給金庫ノ理事長、理事又ハ監事ヲ百圓以上千圓以下ノ過料ニ處ス

一　本法ニ依リ主務大臣ノ認可ヲ受クベキ場合ニ於テ其ノ認可ヲ受ケザルトキ

二　本法ニ規定セザル業務ヲ營ミタルトキ

三　第二十二條ノ規定ニ違反シ業務上ノ餘裕金ヲ運用シタルトキ

四　第三十五條又ハ第三十七條第二項ノ規定ニ違反シ恩給債券ノ發行ヲ爲シ又ハ償還ヲ爲サザルトキ

五　主務大臣ノ監督上ノ命令又ハ處分ニ違反シタルトキ

六　第五十二條ノ規定ニ依ル恩給金庫監理官ノ檢査ヲ拒ミ、妨ゲ若ハ忌避シ又ハ其ノ命ズル報告ヲ爲サザルト

キ

第五十五條　左ノ場合ニ於テハ恩給金庫ノ理事長、理事又ハ監事ヲ十圓以上五百圓以下ノ過料ニ處ス

一　本法ニ基キテ發スル勅令ニ違反シ登記ヲ爲スコトヲ怠リ又ハ不正ノ登記ヲ爲シタルトキ

二　第四十六條ノ規定ニ違反シ書類ヲ備置カザルトキ、其ノ書類ニ記載スベキ事項ヲ記載セズ若ハ不正ノ記載ヲ爲シタルトキ又ハ正當ノ事由ナクシテ其ノ閲覽ヲ拒ミタルトキ

第五十六條　第十二條ノ規定ニ違反シ恩給金庫又ハ之ニ類似スル名稱ヲ用ヒタル者ハ十圓以上五百圓以下ノ過料ニ處ス

第五十七條　非訟事件手續法第二百六條乃至第二百八條ノ規定ハ前三條ノ過料ニ之ヲ準用ス

附　則

第五十八條　本法施行ノ期日ハ勅令ヲ以テ之ヲ定ム

第五十九條　主務大臣ハ設立委員ヲ命ジ恩給金庫ノ設立ニ關スル一切ノ事務ヲ處理セシム

第六十條　設立委員ハ定款ヲ作成シ主務大臣ノ認可ヲ受ケタル後出資者ヲ募集スベシ

第六十一條　設立委員ハ出資者ノ募集終リタルトキハ出資申込書ヲ主務大臣ニ提出シ設立ノ認可ヲ申請スベシ

前項ノ認可ヲ受ケタルトキハ設立委員ハ遲滯ナク出資第一回ノ拂込ヲ爲サシムルコトヲ要ス

第六十二條　出資第一回ノ拂込完了シタルトキハ出資者ノ總會ヲ招集スベシ

前項ノ總會終結シタルトキハ恩給金庫ハ之ニ因リテ成立ス此ノ場合ニ於テハ設立委員ハ遲滯ナク其ノ事務ヲ恩給金庫理事長ニ引繼グベシ

第六十三條　本法ニ規定スルモノノ外恩給金庫設立ニ關シ必要ナル事項ハ勅令ヲ以テ之ヲ定ム

第六十四條　登錄稅法中第六條ノ二ヲ第六條ノ三トシ第六條ノ次ニ左ノ一條ヲ加フ

第六條ノ二　恩給金庫カ恩給債券ニ付登記ヲ受クルトキハ左ノ區別ニ從ヒ登錄稅ヲ納ムヘシ

一　恩給債券又ハ其ノ第二回以後ノ拂込

　　每回拂込金額　千分ノ二

二　登記事項ノ變更、消滅又ハ廢止

　　每一件　金十圓

從タル事務所ノ所在地ニ於テ前項各號ノ登記ヲ受クルトキハ每一件金二圓ノ登錄稅ヲ納ムヘシ

第六十五條　登錄稅法第十九條第七號中「產業組合」ノ上ニ「恩給金庫、」ヲ、「產業組合法」ノ上ニ「恩給金庫法、」ヲ加フ

第六十六條　印紙稅法第五條中第五號ノ次ニ左ノ一號ヲ加フ

五ノ二　恩給金庫ノ發スル出資證券又ハ貸付業務ニ關スル證書帳簿

昭和十三年二月二十三日

重要鑛物增産法案外一件

日本産金振興株式會社法案

日本産金振興株式會社法

第一章 總則

第一條 日本産金振興株式會社ハ産金事業ノ振興ヲ圖ル爲必要ナル事業ヲ營ムコトヲ目的トスル株式會社トス

第二條 日本産金振興株式會社ハ其ノ本店ヲ東京市ニ、支店ヲ京城府ニ置ク

日本産金振興株式會社ハ前項ノ外政府ノ認可ヲ受ケ支店又ハ出張所ヲ設クルコトヲ得

第三條 日本産金振興株式會社ノ資本ハ五千萬圓トシ内二千五百萬圓ハ政府ノ出資トス

日本産金振興株式會社ハ政府ノ認可ヲ受ケ其ノ資本ヲ增加スルコトヲ得

第四條 日本産金振興株式會社ハ株金全額拂込前ト雖モ其ノ資本ヲ增加スルコトヲ得

第五條 日本産金振興株式會社ノ株式ハ記名式トシ政府、公共團體、帝國臣民又ハ帝國法人ニ限リ之ヲ所有スルコトヲ得

第六條 日本産金振興株式會社ノ存立期間ハ設立登記ノ日ヨリ三十年トス但シ政府ノ認可ヲ受ケ之ヲ延長スルコトヲ得

第七條 日本産金振興株式會社ニ非ザルモノハ日本産金振興株式會社又ハ之ニ類似ノ名稱ヲ以テ其ノ商號ト爲スコトヲ得ズ

第二章 役員

第八條 日本産金振興株式會社ニ社長副社長各一人、理事三人以上及監事二人以上ヲ置ク

第九條 社長ハ日本産金振興株式會社ヲ代表シ其ノ業務ヲ總理ス

副社長ハ社長事故アルトキハ其ノ職務ヲ代理シ社長缺員ノトキハ其ノ職務ヲ行フ

副社長及理事ハ社長ヲ補助シ日本産金振興株式會社ノ業務ヲ分掌ス

監事ハ日本産金振興株式會社ノ業務ヲ監査ス

第十條 社長及副社長ハ政府之ヲ命ジ其ノ任期ヲ四年トス

理事ハ株主中ヨリ株主總會ニ於テ二倍ノ候補者ヲ選擧シ政府其ノ中ヨリ之ヲ命ジ其ノ任期ヲ三年トス

監事ハ株主中ヨリ株主總會ニ於テ之ヲ選任シ其ノ任期ヲ二年トス

第十一條 社長、副社長及理事ハ他ノ職務又ハ商業ニ從事スルコトヲ得ズ但シ政府ノ認可ヲ受ケタルトキハ此ノ限ニ在ラズ

第三章 營業

第十二條 日本産金振興株式會社ハ左ノ事業ヲ營ムモノトス

一 金鑛ヲ目的トスル鑛業若ハ砂金ヲ目的トスル砂鑛業(以下金鑛業ト總稱ス)、金製錬業又ハ金鑛業若ハ金製錬業ノ用ニ供スル器具機械類ノ製造業ニ對スル資金ノ融通又ハ投資

二 金鑛業又ハ金製錬業

三 金鑛業又ハ金製錬業ノ爲必要ナル器具、機械、材料又ハ設備ノ賣買

四 含金鑛産物ノ賣買

五 委託ニ依ル金鑛山ニ關スル調査又ハ鑑定

日本産金振興株式會社ハ政府ノ認可ヲ受ケ前項ノ事業ノ外本會社ノ目的達成上必要ナル諸事業ヲ營ムコトヲ得

第十三條 日本興業銀行、朝鮮殖産銀行又ハ東洋拓殖株式會社ハ前條第一項第一號ノ事業ニ關シ日本産金振興株式會社ノ業務ノ一部ヲ代理スルコトヲ得

日本産金振興株式會社前項ノ銀行又ハ會社ヲシテ業務ノ一部ヲ代理セシメントスルトキハ政府ノ認可ヲ受クベシ

第四章 産金振興債券

第十四條 日本産金振興株式會社ハ拂込ミタル株金額ノ五倍ヲ限リ産金振興債券ヲ發行スルコトヲ得

産金振興債券ヲ發行スル場合ニ於テハ商法第二百九條ニ定ムル決議ニ依ルコトヲ要セズ

第十五條 産金振興債券ヲ發行セントスル場合ニ於テハ政府ノ認可ヲ受クベシ

第十六條 政府ハ産金振興債券ノ元本ノ償還及利息ノ支拂ニ付保證スルコトヲ得

第十七條 産金振興債券ハ無記名式トス但シ應募者又ハ所有者ノ請求ニ因リ記名式ト爲スコトヲ得

第十八條 産金振興債券ノ所有者ハ日本産金振興株式會社ノ財産ニ付他ノ債權者ニ先チテ自己ノ債權ノ辨濟ヲ受クル權利ヲ有ス

第十九條 日本産金振興株式會社ハ社債借換ノ爲一時第十四條ノ制限ニ依ラズ産金振興債券ヲ發行スルコトヲ得此ノ場合ニ於テハ發行後一月以内ニ其ノ社債總額ニ相當スル舊産金振興債券ヲ償還スベシ

第五章 準備金

第二十條 日本産金振興株式會社ハ毎營業年度ニ準備金トシテ資本ノ缺損ヲ補フ爲利益金額ノ百分ノ八以上ヲ積立テ且利益配當ノ平均ヲ得シムル爲利益金額ノ百分ノ二以上ヲ積立ツベシ

第六章 監督及助成

第二十一條 政府ハ日本産金振興株式會社ノ業務ヲ監督ス

第二十二條 日本産金振興株式會社借入金ヲ爲サントスルトキハ政府ノ認可ヲ受クベシ

第二十三條 定款ノ變更、利益金ノ處分、合併及解散ノ決議ハ政府ノ認可ヲ受クルニ非ザレバ其ノ效力ヲ生ゼズ

第二十四條 日本産金振興株式會社ハ每營業年度ノ事業計畫ヲ定メ政府ノ認可ヲ受クベシ之ヲ變更セントスルトキ亦同ジ

第二十五條　政府ハ日本產金振興株式會社ノ業務ニ關シ監督上又ハ產金事業ノ振興上必要ナル命令ヲ爲スコトヲ得

第二十六條　政府ハ日本產金振興株式會社監理官ヲ置キ日本產金振興株式會社ノ業務ヲ監視セシム

第二十七條　日本產金振興株式會社監理官ハ何時ニテモ日本產金振興株式會社ノ金庫、帳簿及諸般ノ文書物件ヲ檢査スルコトヲ得

日本產金振興株式會社監理官必要ト認ムルトキハ何時ニテモ日本產金振興株式會社ニ命ジ業務ニ關スル諸般ノ計算及狀況ヲ報告セシムルコトヲ得

日本產金振興株式會社監理官ハ株主總會其ノ他諸般ノ會議ニ出席シ意見ヲ陳述スルコトヲ得

第二十八條　政府日本產金振興株式會社ノ決議又ハ役員ノ行爲ガ法令、法令ニ基キテ爲ス處分若ハ定款ニ違反シ又ハ公益ヲ害スト認ムルトキハ其ノ決議ヲ取消シ又ハ役員ヲ解任スルコトヲ得

第二十九條　日本產金振興株式會社ハ每營業年度ニ於ケル配當シ得ベキ利益金額ガ政府以外ノ者ノ所有スル株式ノ拂込ミタル株金額ニ對シ年百分ノ四ノ割合ニ違スル迄政府ノ所有スル株式ニ對シ利益ノ配當ヲ爲スコトヲ要セズ

第三十條　日本產金振興株式會社ノ每營業年度ニ於ケル配當シ得ベキ利益金額ガ政府以外ノ者ノ所有スル株式ノ拂込ミタル株金額ニ對シ年百分ノ四ノ割合ニ違セザルトキハ政府ハ初營業年度及爾後五年間ヲ限リ之ニ違セシムベキ金額ヲ補給スベシ但シ其ノ額ハ初營業年度ヲ除キ每營業年度ニ於テハ政府以外ノ者ノ所有スル株式ノ拂込ミタル株金額ニ對シ年百分ノ四ノ割合ニ相當スル額及當該營業年度ニ於テ支拂ヒタル產金振興債券ノ利息額ノ合計額ヲ超ユルコトヲ得ズ

每營業年度ニ於ケル配當シ得ベキ利益金額ガ政府以外ノ者ノ所有スル株式ノ拂込ミタル株金額ニ對シ年百分ノ四ノ割合ヲ超過スルトキハ其ノ超過額ハ先ヅ之ヲ前項ノ規定ニ依ル補給金ノ償還ニ充ツベシ

初營業年度及爾後五年間ニ於ケル配當シ得ベキ利益金額ガ政府以外ノ者ノ所有スル株式ノ拂込ミタル株金額ニ對シ年百分ノ四ノ割合ヲ超過スルトキハ其ノ二分ノ一ヲ配當準備ノ爲別ニ積立ツベシ

第二項ノ規定ニ依リ補給金ヲ償還シ尙殘餘アリタルトキハ之ヲ前項ノ拂込ミタル株金額ニ對シ年百分ノ四ノ割合ヲ超過シタル當該營業年度ノ利益金ト看做ス

前二項ノ規定ニ依ル積立金ハ後營業年度ニ於ケル第一項ノ規定ニ依ル補給金ノ計算ニ付テハ之ヲ配當シ得ベキ利益金ト看做ス

第三十一條　日本產金振興株式會社ノ每營業年度ニ於ケル配當シ得ベキ利益金額ガ政府以外ノ者ノ所有スル株式ノ拂込ミタル株金額ニ對シ年百分ノ四ノ割合ヲ超過スル場合ニ於テ政府以外ノ所有スル株式ニ對シ年百分ノ四ノ割合ヲ超エ利益配當ヲ爲サントスルトキハ其ノ超過スル利益金額ハ利益配當ガ總株式ニ付拂込ミタル株金額ニ對シ均一ノ割合ニ違スル迄政府以外ノ者ノ所有スル株式ノ拂込ミタル株金額政府ノ所有スル株式ノ拂込ミタル株金額ニ對シ一ト五トノ割合ヲ以テ之ヲ配當スベシ

第三十二條　日本產金振興株式會社ニハ開業ノ年及其ノ翌年ヨリ十年間所得稅及營業收益稅ヲ免除ス

第三十三條　北海道、府縣及市町村其ノ他之ニ準ズベキモノハ前條ノ期間日本產金振興株式會社ノ事業ニ對シ地方稅ヲ課スルコトヲ得ズ但シ特別ノ事情ニ基キ政府ノ認可ヲ受ケタル場合ハ此ノ限ニ在ラズ

第七章　罰則

第三十四條　日本產金振興株式會社左ノ各號ノ一ニ該當スルトキハ社長又ハ社長ノ職務ヲ行ヒ若ハ代理スル副社長ヲ百圓以上二千圓以下ノ過料ニ處ス副社長又ハ理事ノ分掌業務ニ係ルトキハ副社長又ハ理事ヲ過料ニ處スルコト亦同ジ

一　本法ニ依リ認可ヲ受クベキ場合ニ於テ其ノ認可ヲ受ケザルトキ

二　第十二條ノ規定ニ依ラズシテ業務ヲ營ミタルトキ

三　第十四條ノ規定ニ違反シ產金振興債券ヲ發行シタルトキ

四　第十九條ノ規定ニ違反シ產金振興債券ノ償還ヲ爲サザルトキ

五　第二十五條ノ規定ニ基キテ爲シタル命令ニ違反シタルトキ

第三十五條　日本產金振興株式會社ノ社長、副社長及理事第十一條ノ規定ニ違反シタルトキハ二十圓以上二百圓以下ノ過料ニ處ス

第三十六條　第七條ノ規定ニ違反シタル者ハ十圓以上百圓以下ノ過料ニ處ス

第三十七條　非訟事件手續法第二百六條乃至第二百八條ノ規定ハ前三條ノ過料ニ之ヲ準用ス

附　則

第三十八條　本法施行ノ期日ハ勅令ヲ以テ之ヲ定ム

第三十九條　政府ハ設立委員ヲ命ジ日本產金振興株式會社ノ設立ニ關スル一切ノ事務ヲ處理セシム

第四十條　設立委員ハ定款ヲ作成シ政府ノ認可ヲ受クベシ

第四十一條　前條ノ認可アリタルトキハ設立委員ハ株式總數ヨリ政府ニ割當ツベキ株式ヲ控除シタル殘餘ノ株式ヲ募集スベシ

第四十二條　株式申込證ニハ定款認可ノ年月日並ニ商法第百二十六條第二項第二號、第四號及第五號ニ規定スル事項ヲ記載スベシ

第四十三條　設立委員株主ノ募集ヲ終リタルトキハ株式申込證ヲ政府ニ提出シ其ノ檢査ヲ受クベシ

第四十四條　設立委員ハ前條ノ檢査ヲ受ケタル後遲滯ナク各株ニ付第一回ノ拂込ヲ爲サシムベシ

前項ノ拂込アリタルトキハ設立委員ハ遲滯ナク創立總會ヲ招集スベシ

第四十五條　創立總會ニ於テハ第十條ノ規定ニ準ジ理事候補者ノ選擧及監事ノ選任ヲ行フベシ

第四十六條　創立總會終結シタルトキハ設立委員ハ其ノ事務ヲ日本產金振興株式會社社長ニ引渡スベシ

第四十七條　本法施行ノ際日本產金振興株式會社又ハ之ニ類似ノ名稱ヲ以テ商號ト爲ス會社ハ本法施行後六月以內ニ其ノ商號ヲ變更スルコトヲ要ス

第三十六條ノ規定ハ前項ノ期間內之ヲ前項ニ揭グル者ニ適用セズ

第四十八條　登錄稅法第六條第一項第十一號中「又ハ燃料興業債券」ヲ「燃料興業債券又ハ產金振興債券」ニ改ム

第四十九條　金資金特別會計法第四條中「又ハ國債」ヲ「、國債、產金振興債券又ハ總額二千五百萬圓ヲ限リ日本產金振興株式會社株式」ニ改ム

樺太地方鐵道補助法中改正法律案外一件

第二　樺太地方鐵道補助法中改正法律案（政府提出）　第一讀會

第八　東洋拓殖株式會社法中改正法律案（政府提出）　第一讀會

樺太地方鐵道補助法中改正法律案

樺太地方鐵道補助法中左ノ通改正ス

第一條　政府ハ樺太ニ於テ公衆ノ用ニ供スル爲經營スル地方鐵道ニ對シ該鐵道營業開始ノ日ヨリ十五年ヲ限リ補助金ヲ交付スルコトヲ得

政府ハ必要アリト認ムルトキハ更ニ五年ヲ限リ前項ノ期間ヲ伸長スルコトヲ得

第二條　前條ノ補助金ハ左ノ各號ニ依ル金額ヲ限度トス

一　前條第一項ノ期間中ハ毎營業年度ニ於ケル建設費ニ對シ年六分ノ割合ニ相當スル金額但シ毎營業年度ニ於ケル益金カ建設費ニ對シ年一分ノ割合ニ相當スル金額ヲ超ユルトキハ其ノ超過額ハ之ヲ補助金額ヨリ控除ス

二　前條第二項ノ期間中ハ毎營業年度ニ於ケル建設費ニ對シ年五分ノ割合ニ相當スル金額但シ毎營業年度ニ於ケル益金カ建設費ニ對シ年一分五厘ノ割合ニ相當スル金額ヲ超ユルトキハ其ノ超過額ハ之ヲ補助金額ヨリ控除ス

第三條　政府ハ必要アリト認ムルトキハ一經營者ノ經營スル鐵道ヲ數區ニ分チ各區ニ付前二條ノ規定ニ準シ補助ヲ爲スコトヲ得

第四條　前二條ノ規定ニ依ル建設費及益金ハ政府ノ定ムル所ニ依リ算出シタル金額ニ依ル

第七條中「補助ヲ受クル會社」ヲ「補助ヲ受クル鐵道ノ管理者」ニ改ム

第八條ヲ削リ第九條ヲ第八條トス

第十條中「前二條」ヲ「前條」ニ改メ同條ヲ第九條トス

附　則

本法ハ昭和十三年四月一日ヨリ之ヲ施行ス但シ本法施行ノ際現ニ補助ヲ受クル鐵道ニ對スル補助ニ付テハ會社設立又ハ資本增加ノ登記ノ日ヨリ十五年ノ期間滿了ノ日ヲ含ム營業年度ノ末日迄ハ改正規定ニ拘ラズ仍從前ノ例ニ依ル

本法施行ノ際現ニ補助ヲ受クル鐵道ニ對スル補助ノ期間ニ付テハ該鐵道ノ建設費ニ充テタル資金ニ對シ初メテ補助ヲ爲シタル日ヲ以テ第一條第一項ノ營業開始ノ日ト看做ス

東洋拓殖株式會社法中改正法律案

東洋拓殖株式會社法中左ノ通改正ス

第一條中「朝鮮及外國」ヲ「內地以外ノ地域」ニ改ム

第七條中「總裁一人」ヲ「總裁副總裁各一人」ニ改ム

第八條第二項中「理事中一人」ヲ「副總裁」ニ改メ同條第三項ヲ左ノ如ク改ム

副總裁及理事ハ總裁ヲ輔佐シ定款ノ定ムル所ニ從ヒ東洋拓殖株式會社ノ業務ヲ分掌シ又ハ之ニ參與ス

第九條第一項中「總裁」ヲ「總裁及副總裁」ニ改ム

第十條中「總裁及理事」ヲ「總裁、副總裁及東洋拓殖株式會社ノ業務ヲ分掌スル理事」ニ改ム

第十一條第二項中「外國」ヲ「朝鮮以外ノ地域」ニ改ム

第二十三條第一項中「十倍」ヲ「十五倍」ニ、同條第二項中「第百九十九條」ヲ「第百九十九條及第二百條ノ二」ニ改ム

第四十條ノ二ヲ削ル

第四十一條中「總裁若ハ總裁ノ職務ヲ行ヒ又ハ代理スル理事」ヲ「總裁又ハ總裁ノ職務ヲ行ヒ若ハ代理スル副總裁」ニ、「理事ノ分擔業務ニ係ルトキハ理事」ヲ「副總裁又ハ理事ノ分掌業務ニ係ルトキハ副總裁又ハ理事」ニ、「第四十條又ハ第四十條ノ二」ヲ「又ハ第四十條」ニ改ム

第四十二條中「總裁」ノ下ニ「、副總裁」ヲ加フ

附　則

本法施行ノ期日ハ勅令ヲ以テ之ヲ定ム

（國務大臣大谷尊由君登壇）

○國務大臣（大谷尊由君）　只今議題トナリマシタ樺太地方鐵道補助法中改正法律案提出ノ理由ヲ簡單ニ御說明致シマス、樺太ニ於ケル補助地方鐵道中近ク補助期限ノ滿了スルモノガアルノデアリマスガ、其業績豫期ノ如ク擧ラズ、仍テ當分政府ヨリ相當ノ補助ヲシナケレバ經營困難ノ狀態デアリマス、而シテ是等ノ鐵道ハ樺太開發上重要ナ使命ヲ有シ、殊ニ樺太鐵道ノ如キハ、國有鐵道ノ代行線タル意義ヲ持ツ重要幹線デアリマスノデ、朝鮮及ビ臺灣ノ例ニ倣ヒマシテ、現在ノ補助期間十五年ヲ、必要ニ應ジテ更ニ五年ヲ限リ伸長シ得ルコトト致シタノデアリマス、尙ホ補助方法ニ付キマシテモ、現下經濟界ノ趨勢ニ鑑ミマシテ、此際朝鮮及ビ臺灣ニ於ケル私設鐵道補助法等ノ例ニ倣ヒ、之ヲ改正スルコトニ致シマシタノデアリマス

次ニ東洋拓殖株式會社法中改正法律案ニ付テ御說明申上ゲマス、東洋拓殖株式會社ノ營業ハ、近年次第ニ順調ナル發達ヲ遂ゲテ參リマシテ、其投資額、收益額モ逐年增加シ、經營事業ノ種類內容モ複雜多岐トナリ、營業地域モ漸次擴張セラルヽニ至リマシタノデ、茲ニ副總裁一人ヲ置キ、總裁ヲ輔佐シテ社務ノ統轄ニ當ラシメ、以テ社務ノ圓滑遺漏ナキ運行ヲ圖リマスト共ニ、參與理事ノ制度ヲ設ケマシテ、各方面ニ於ケル達識者ノ參畫ヲ求メ、以テ同社ノ使命達

成上遺憾ナカラシメントスル次第デアリマス、次ニ東洋拓殖債券ノ發行限度ハ、拂込資本額ノ十倍、卽チ三億五千万圓デアリマス所、現ニ二億四千餘万圓ノ債券ヲ發行シテ居リ、餘力ハ約一億圓ニ過ギナクナッタノデアリマス、然ルニ同社ノ業務ハ前述ノ通リ最近飛躍的進展ヲ示シ、更ニ今後朝鮮、滿洲竝ニ北支那方面ニ於テ、同社ノ企業經營ニ俟ツベキモノガ極メテ多ク、隨テ資金ノ調達ハ最モ急務トスル所デアリマスノデ、之ニ對處スル爲メ債券ノ發行限度ヲ十五倍ニ擴張セントスルノデアリマス、尙ホ此機會ニ於テ、營業地域ニ關スル規定其他ノ規定ニ付テ、若干ノ修正削除ヲモ爲サントスル次第デアリマス、何卒宜シク御審議ノ上速ニ御協贊アランコトヲ希望致シマス（拍手）

○副議長（金光庸夫君） 質疑ノ通告ガアリマス、之ヲ許シマス――田原春次君

（田原春次君登壇）

○田原春次君 樺太ノ鐵道會社ノ補助ヲ更新スル本案デアリマスガ、之ニ絡ミマシテ二三御質問申上ゲタイト思フノデアリマス、御承知ノヤウニ外地ニ於ケル獨占事業ハ、兎角瀆職ノ對象ニナリ來ッタ例ガアルノデアリマシテ、私達ハ昔――最近ノ事チヤアリマセヌケレドモ、選擧費用ハ植民地デト云ッタヤウナ傾向ノアッタコトヲ能ク知ッテ居ルノデアリマス、ソコデ本日ハ此樺太地方鐵道會社ニ對スル補助ノ更新ニ當リマシテ、私ハ二三ノ質問ヲスル譯デアリマスガ、大體四ツゴザイマス第一ハ「パルプ」ノ增產國策ト王子製紙ノ不當濫伐問題デアリマス、第二ハ、自治制ヲ擴大シテ樺太ニモ府縣制ヲ施行シ、府縣會議員、代議士ヲ出スヤウニ制度ヲ變ヘル意思ハナイカト云フ問題デアリマス、第三ハ、樺太居住ノ青少年ノ爲ニ高等專門學校ヲ新設スル意思ハナイカト云フコトデアリマス、第四ハ、國境警備ノ缺陷ヲドウスルカト云フ問題デゴザイマス

「パルプ」ノ問題ハ、商工省ノ政府委員ノ方ガ居ラレマシタナラバ、御答辯ヲ願ヒタイト思フノデアリマスガ、若シ居ラレマセヌナラバ、適當ナ機會ニ是非御答辯ヲ聞カセテ戴キタイト思ッテ居リマス、是ハ最近聞込ンダコトデゴザイマスガ、樺太ノ製紙ノ原料デアル「パルプ」ノ伐採權ヲ、包括的ニ王子製紙ニ許シテ居ルノデアリマス、所ガ王子製紙ハ其包括的ニ許サレマシタ伐採權ヲ濫用致シマシテ、國有林ヲ不當ニ濫伐シタ所ノ事實ガ擧リマシテ、ゴタ〳〵ガ生ジテ居ッタコトヲ私共知ッテ居リマス、一方ニ於キマシテ、政府ハ人絹工業其他「パルプ」ノ增產國策ヲ樹立シテ居ル、然ルニ樺太ニ限リマシテ、單ナル一營利會社デアリマル所ノ王子製紙ニ、樺太全般ノ「パルプ」ノ伐採權ヲ與ヘテ居リマスルガ爲ニ、王子製紙ハ不當ニ之ヲ濫伐致シマシテ、最近デハ樺太ノ「パルプ」ト云フモノガ段々減ッテ來テ居リマス、王子ハ最近デハ滿洲ノ方ニ進出シテ、其「パルプ」ノ原料ヲ求メテ居ルト云フ狀態デアリマシテ、樺太ノ內地ニ於キマシテハ、全ク禿山ニナッテ居ル狀態デゴザイマス、是ハ政府ガ斯樣ナ邊鄙ナ、北ノ方ノ外地ニ對シマシテノ注意ガ、非常ニ足ラナイカラダラウト私ハ思フノデアリマスルガ、少クモ今度ノ案ニ關聯シテ出テ居リマスル東洋拓殖株式會社ノヤウナ、樺太產業開發會社ノヤウナ國策會社ヲ作リマシテ、サウシテ「パルプ」ナラ「パルプ」ト云フモノニ對シテノ一定ノ增產計畫ヲ立テ、更ニ王子製紙ガ「パルプ」ガ必要デアルナラバ、相當ノ價格ヲ以テ之ニ拂下ゲルト云フヤウナコトニシナケレバナラヌノデアリマス、斯樣ナコトヲ致シマセヌカラ、此北ノ方ノ目立タナイ處ニ於キマシテ、東洋一ノ製紙會社デアリマス王子製紙ガ盜伐ヲシテ、官有林ヲ盜ンデ伐ッテ、自分ノ方ノ營利ニ供シテ居ルト云フヤウナ、不都合ナ問題ガ起ッテ居リマス、之ニ對シマシテ商工省竝ニ拓務省ハ一體何ト考ヘテ居ラレマスカ、此點ヲ私ハ第一ニ御伺シテ置キタイノデアリマス

第二ハ、是ハ長イ間本議院ニ對シテ建議案ヲ出シテ居ルノデアリマスガ、一向效キ目ガゴザイマセヌ、ソレハ何デアルカト申シマスト云フト、樺太ニ自治制ヲ擴大致シマシテ、縣會議員ナリ或ハ代議士ナリヲ出スヤウニシテ貰ヒタイト云フコトハ、樺太居住ノ全國民ノ要望デゴザイマス、ア、云フ遠方ノ地デアリマスカラ、サラデダニ官僚獨善主義ニ陷リ易イ所ノ日本ノ行政機構デアリマスガ故ニ、ドウシテモ該地ニ於ケル色々ノ行政ヲ監督シ、其地方特殊ノ問題ヲ中央ニ反映セシムル爲ニハ、代議士モ必要デアリ、又地元ニ於キマシテ府縣會議員ノ如キモノガ必要ナノデアリマス、然ルニ長イ間樺太ハ放ッタラカサレテ居リマシテ、未ダニ左樣ナ民意暢達ノ機關ガナイノデアリマス、私ハ此際、先般ノ本議院ニ區裁判所ヲ知取ニ置クト云フ案ガ司法省カラ出マシタ、區裁判所ヲ知取ニ置クト云フ位ニ、樺太ニ於キマシテハ人口モ殖エ、司法事務モ殖エタノデアリマス、然ラバ政治上ノ民意暢達ノ機關デアリマス府縣會議員ナリ、或ハ衆議院議員ノ選擧法ヲ、アチラニ延スト云フコトガ必要デアラウト思ヒマスガ、是等ニ對シマシテ內務省ナリ拓務省方面ハ何ト御考ニナッテ居リマスカ、是ガ第二デアリマス

第三ハ、先般ノ議會ニ沖繩縣カラモ建議案ガ出テ居ッタノデアリマス、沖繩縣ニ高等專門學校ヲ作ッテ貰ヒタイト云フ建議案デアッテ、此建議案ハ可決サレマシタガ、未ダニ實行サレテ居リマセヌ、樺太モ同樣デアリマシテ、樺太ニ住ンデ居リマス子供ガ高等專門ノ敎育ヲ受ケル爲ニハ、ドウシテモ北海道カ、東京ヘ出テ來ネバナリマセヌ、然ルニ東京ニ於キマシテノ最近ノ學生ノ傾向ハドウデアルカト云フト、數日前ノ新聞ニ出テ居リマシタヤウニ、兎角東京デ學校ニヤリマスト、色々ナ遊ブ機關ノ方ガ多イノデアリマス、折角一方ニ於キマシテ政府ハ樺太ニ移住奬勵、移民ノ奬勵ヲシテ居リナガラ、其移住者ノ子弟ノ高等敎育機關ト云フモノハ、全然設ケマセヌガ爲ニ、又再ビ東京ニ子供ヲ送ラネバナラヌト云フ狀態デア

リマス、是ハ樺太ノ開發上カラ行キマシテモ、亦地方ノ文化ヲ開發スル點カラ行キマシテモ、少クトモ樺太ニハ最小限度、水產科ト工業科ト農林科位ヲ併置シタ所ノ、實業高等專門學校ノ一ツ位ハ設ケマシテ、北洋ニ於ケル所ノ日本民族ノ發展ニ一ツ努力シテ貰ヒタイト思フノデアリマス(拍手)之ニ對シマス所ノ政府ノ所見如何ト云フノガ第三ノ問題デアリマス

　第四ハ、國境警備ノ缺陷問題デアリマス、御承知ノヤウニ岡田嘉子ト杉本某ガ此間越境シテ露西亞ニ行ッテシマヒマシタ、アノ當時ノ新聞ヲ見マスト、何デモ巡査ガ後ロニ二名附イテ居ッタサウデアリマスガ、杉本ガ「ポケット」ニ手ヲ入レマシテ、餘リシツコク附イテ來ルナラオ前ヲ撃ツゾト言ッタサウデアリマス、果シテ「ピストル」ヲ持ッテ居ッタカドウカ知リマセヌガ、御者モ巡査モ、其恰好ニ驚キマシテ、ミス〳〵越境サセテ居ル、斯様ナコトハ私ノ樺太當局ノ怠慢ト無誠意デアルト思フノデアリマス、少クトモ國境ヲ守ルカラニハ、「ソ」滿ノ國境ノ現狀ヲ見タ者カラシマスナラバ、樺太ニ於ケル「ソビエト」露西亞トノ國境警備ヲモット嚴重ニスベキデハナイカ、然ルニ「ピストル」ヲ持ッテ居ルゾト言ッタ聲ニ驚キマシテ、ミスミス越境サセタ、而モ一人ハ女デアル、女連レノ二人ノ者ヲ逃ガスニ至ッテハ、國境ノ警備ハナッテ居ラヌト言ハザルヲ得ナイノデアリマス(拍手)隨テ此問題ニ對シマシテ詳細ナル經過ヲ私ハ聽キタイノデアリマスガ、時間ガゴザイマセヌカラ委員會デモ結構デアリマス、詳細ナル經過ヲ聽キマシテ、事ト次第ニ依ッテハ、此國境警備ノ缺陷ニ對シテ、拓務大臣ナリ、或ハ又樺太廳長官ハ、ドウ云フ責任ヲ執ラレルカト云フコトヲ序ニ聽キタイノデアリマス、以上四點ヲ私ハ御質問申上ゲマシテ降壇致シタイト思ヒマス(拍手)

　(國務大臣大谷尊由君登壇)

○國務大臣(大谷尊由君)　田原君ニ御答申上ゲマス、樺太ノ森林ニ關スル問題ハ、最近ニ於テハ濫伐ノ實例ハゴザイマセヌ、昭和七年以來、林政改革ヲ致シマシテ、ソレ以來相當ノ成績ヲ擧ゲテ居ルノデアリマス、尙ホ「パルプ」ノ國營會社ヲ作ッテハ如何ト云フ御尋ニ付キマシテハ、只今ノ所デハ是ガ實行ノ考ハ持ッテ居リマセヌ、次ニ代議士或ハ縣會議員等、府縣制、自治制ヲ樺太ニ施行スルコトニ付テノ御尋デアリマスガ、目下樺太ハ人口僅カ三十万ニ少シ缺ケテ居リマスノデ、今マダ樺太ハ開拓途上ニ居ルノデアリマシテ、住民ハ隨テ擔稅力ガ低イノデアリマス、ソレニモ拘ラズ只今町村ノ色々ナ雜費ノ負擔ヲ課ケラレテ居ルノデアリマシテ、此上府縣制實施ニ要スル地方費ヲ彼等ニ負擔サセルト云フコトニ付テハ、相當ノ考慮ヲ要スルコトト存ジマスガ、併ナガラ樺太ガ內地同樣益〻發達シテ參リマシテ、サウシテ日本內地ト同ジヤウナ自治體ノ出來ルコトヲ私ハ望ンデ居ルノデアリマスガ、此縣會議員ノ選擧ニ付テハ、今後十分愼重ニ研究モ致シ、又是ノ發達センコトヲ望ンデ居リマス、次ニ大學或ハ專門學校、セメテモ最小限度專門學校ト云フ御話デアリマスガ、ヤハリ是モ樺太ノ教育機關ハ十分ニマダ發達致シテ居リマセヌ、普通教育ガ漸ク不十分ナガラ出來テ居ルト云フヤウナ狀態デアリマス、是モ併シ出來得ル限リ發達サセテ行ッテ、御期待ニ副フヤウナ時期ノ來ルノヲ希望スルノデアリマス、次ニ國境警備ノ問題デアリマス、先般御說ノヤウナ遺憾ナ事件ガ起ッタノヲ、洵ニ私モ遺憾ニ思ッテ居ルノデアリマス、從來ハ四箇所ニ四十名バカリノ警官ガ居ルノデアリマス、是デハ甚ダ不十分デアリマス、デ今度ノ議會ニ豫算ヲ提出致シマシテ、警備ノ人員ヲ增加サセルヤウニ、今豫算ヲ提出致シテ居ルノデアリマス、何レ詳シイコトハ委員會ニ於テデモ御答申上ゲルヤウニ致シタイト思ヒマス

○副議長(金光庸夫君)　是ニテ質疑ハ終了致シマシタ、各案ノ審査ヲ付託スベキ委員ノ選擧ニ付テ御諮リ致シマス

○服部崎市君　日程第二及ビ第八ノ兩案ヲ一括シテ、議長指名十八名ノ委員ニ付託サレンコトヲ望ミマス

○副議長(金光庸夫君)　服部君ノ動議ニ御異議アリマセヌカ

　(「異議ナシ」ト呼フ者アリ)

○副議長(金光庸夫君)　御異議ナシト認メマス、仍テ動議ノ如ク決シマシタ

○服部崎市君　殘餘ノ日程ヲ延期シ、本日ハ是ニテ散會セラレンコトヲ望ミマス

○副議長(金光庸夫君)　服部君ノ動議ニ御異議アリマセヌカ

　(「異議ナシ」ト呼フ者アリ)

○副議長(金光庸夫君)　御異議ナシト認メマス、仍テ動議ノ如ク決シマシタ、次會ノ議事日程ハ公報ヲ以テ通知致シマス、本日ハ是ニテ散會致シマス

　午後五時十分散會

第八　昭和十二年法律第八十四號中改正法律案（支那事變ニ關スル臨時軍事費支辨ノ爲公債發行ニ關スル件）（政府提出）　第一讀會

第九　關東局、朝鮮總督府、臺灣總督府及樺太廳ノ各特別會計ニ於ケル租稅收入ノ一部ニ相當スル金額等ヲ臨時軍事費特別會計ニ繰入ルルコトニ關スル法律案（政府提出）　第一讀會

第十　昭和十三年度一般會計歲出ノ財源ニ充ツル爲公債追加發行ニ關スル法律案（政府提出）　第一讀會

昭和十二年法律第八十四號中改正法律案

昭和十二年法律第八十四號中左ノ通改正ス

「二十億二千二百七十萬圓」ヲ「六十四億七千六百二十萬圓」ニ改ム

附　則

本法ハ公布ノ日ヨリ之ヲ施行ス

昭和十二年法律第八十五號臨時軍事費特別會計法ニ左ノ一條ヲ加フ

第三條　政府ハ臨時軍事費出納上必要アル場合ニ於テハ一時借入金ヲ爲シ又ハ融通證券ヲ發行スルコトヲ得

前項ノ規定ニ依ル一時借入金及融通證券ハ臨時軍事費特別會計ノ歲入ヲ以テ之ヲ償還スベシ

第一項ノ規定ニ依ル融通證券ハ國債整理基金特別會計法第二條第二項ノ規定ノ適用ニ付テハ之ヲ國債ト看做サズ

關東局、朝鮮總督府、臺灣總督府及樺太廳ノ各特別會計ニ於ケル租稅收入ノ一部ニ相當スル金額等ヲ臨時軍事費特別會計ニ繰入ルルコトニ關スル法律案

第一條　關東局、朝鮮總督府、臺灣總督府及樺太廳ノ各特別會計ニ於ケル所得稅、法人資本稅、砂糖消費稅、取引所稅、出港稅又ハ臨時利得稅ノ今回ノ增徵ニ因ル昭和十三年度以降ノ增收額ト利益配當稅、公債及社債利子稅、通行稅、入場稅、特別入場稅及物品稅ノ創設ニ因ル昭和十三年度以降ノ收入額トノ合計額ヨリ徵稅費ヲ控除シタル殘額ニ相當スル金額ハ其ノ八割ヲ限リ每年度豫算ノ定ムル所ニ依リ之ヲ當該特別會計ヨリ臨時軍事費特別會計ニ繰入ルベシ

第二條　朝鮮總督府及臺灣總督府ノ各特別會計ニ於ケル今回ノ煙草定價改正ニ因ル昭和十三年度以降ノ專賣收入增加額ニ相當スル金額ハ其ノ八割ヲ限リ每年度豫算ノ定ムル所ニ依リ之ヲ當該特別會計ヨリ臨時軍事費特別會計ニ繰入ルベシ

第三條　關東局、朝鮮總督府、臺灣總督府及樺太廳ノ各特別會計ニ於ケル北支事件特別稅收入額ヨリ徵稅費ヲ控除シタル殘額ニ相當スル金額ハ豫算ノ定ムル所ニ依リ之ヲ當該特別會計ヨリ臨時軍事費特別會計ニ繰入ルベシ

附　則

本法施行ノ期日ハ勅令ヲ以テ之ヲ定ム

昭和十二年法律第五十一號ハ之ヲ廢止ス

昭和十三年度一般會計歲出ノ財源ニ充ツル爲公債追加發行ニ關スル法律案

政府ハ昭和十三年度一般會計歲出ノ財源ニ充ツル爲他ノ法律ニ依リ起債シ得ル金額ノ外七千三百十萬圓ヲ限リ公債ヲ發行シ又ハ借入金ヲ爲スコトヲ得

前項ノ規定ニ依ル公債ノ發行價格差減額ヲ補塡スル爲必要アル場合ニ於テハ前項ノ制限以外ニ公債ヲ發行シ又ハ借入金ヲ爲スコトヲ得

附　則

本法ハ公布ノ日ヨリ之ヲ施行ス

（國務大臣賀屋興宣君登壇）

○國務大臣（賀屋興宣君）　只今議題トナリマシタ昭和十二年法律第八十四號中改正法律案外二件ノ法律案ニ付キ提出ノ理由ヲ說明致シマス

先ヅ昭和十二年法律第八十四號中改正法律案ニ付キ說明申上ゲマス、支那事變ニ關スル經費ニ付キマシテハ、第七十一回及ビ第七十二回ノ各帝國議會ノ協贊ヲ經マシテ、其財源ニ充ツル爲ノ公債發行ヲ爲シ得ル法律ノ制定ヲ見タノデアリマスガ、事態ノ推移ニ伴ヒマシテ、更ニ臨時軍事費ヲ追加スルヲ必要トスルニ至ッタノデアリマス、然ル所其所要財源中四億三千三百十万餘圓ニ付キマシテハ、一般會計及ビ各特別會計ヨリ

ノ繰入金、北支事件特別稅收入等ヲ以テ充當シ、四十四億五千三百四十餘万圓ニ付キマシテハ、今日ノ場合之ヲ公債財源ニ依ルコトト致シマスル爲メ、昭和十二年法律第八十四號中ノ公債發行限度ヲ増額スル必要ガアルノデアリマス、尙ホ本法律案ノ附則ニ於テ、支那事變ニ關スル臨時軍事費特別會計法ニ一箇條ヲ加ヘルコトト致シマシタノハ、臨時軍事費出納上ノ必要ニ應ジマシテ、機宜ノ措置ヲ講ジ得ルノ途ヲ開キ置クヲ適當ト認メタルニ依ルモノデアリマス

次ニ關東局、朝鮮總督府、臺灣總督府及樺太廳ノ各特別會計ニ於ケル租稅收入ノ一部ニ相當スル金額等ヲ臨時軍事費特別會計ニ繰入ルルコトニ關スル法律案ニ付キ說明ヲ申上ゲマス、今回一般會計ニ於キマシテ、支那事變費ノ一部ニ充ツル爲メ、所得稅、法人資本稅、砂糖消費稅、取引所稅及ビ臨時利得稅ヲ増徵シ、利益配當稅、公債及ビ社債利子稅、通行稅、入場稅、特別入場稅及ビ物品稅ヲ創設スルコトト致シマスルト共ニ、煙草ノ値上ヲ致シマシタノデ關東局、朝鮮總督府、臺灣總督府及ビ樺太廳ノ各特別會計ニ於キマシテモ、一般會計ニ於ケルト同趣旨ノ下ニ、槪ネ右ニ準ジ同種ノ租稅ヲ増徵シ、竝ニ新稅ヲ創設スルト共ニ、煙草ノ値上ヲ致シマシテ、其收入額ノ一部ニ相當スル金額等ヲ、每年度豫算ノ定ムル所ニ依リ、臨時軍事費特別會計ニ繰入ル、コトト致シマシタ所、是ガ會計上ノ處理ニ關シマシテハ、法律ノ制定ヲ必要ト致スノデアリマス

最後ニ昭和十三年度一般會計歲出ノ財源ニ充ツル爲公債追加發行ニ關スル法律案ニ付キ說明申上ゲマス、昭和十三年度歲入歲出總豫算ニ伴フ一般會計歲入不足ノ補塡ニ付キマシテハ、之ニ關スル法律案ヲ今期議會ニ提出シテアリマスガ、今回別途提出致シマシタ同年度歲入歲出總豫算追加第一號ニ計上セル經費ノ所要財源總額三億八千六百四十餘万圓ヨリ、増稅其他ノ普通歲入ヲ以テ充當スベキ分三億一千三百四十餘万圓ヲ差引キマシタル殘額七千三百餘万圓ニ付キマシテハ、今日ノ場合之ヲ公債ニ依ルノ外アリマセヌノデ、本法律案ヲ提出致シタ次第デアリマス、尙ホ本法律案ハ前述ノ如ク總豫算ニ伴フ歲入補塡公債法案ガ目下御審議中ナルニ顧ミ、別ノ法律案ト致シタ次第デアリマス

以上三件ノ法律案ニ付キ何卒御審議ノ上速ニ協贊ヲ與ヘラレンコトヲ希望致シマス

(拍手)

○副議長(金光庸夫君) 各案ノ審査ヲ付託スベキ委員ノ選擧ニ付テ御諮リ致シマス

○服部崎市君 日程第八乃至第十ノ三案ハ一括シテ、政府提出、臨時租稅增徵法中改正法律案外七件委員ニ併セ付託サレンコトヲ望ミマス

(「贊成」ト呼フ者アリ)

○副議長(金光庸夫君) 服部君ノ動議ニ御異議アリマセヌカ

(「異議ナシ」ト呼フ者アリ)

○副議長(金光庸夫君) 御異議ナシト認メマス、仍テ動議ノ如ク決シマシタ

○服部崎市君 殘餘ノ日程ヲ延期シ、本日ハ是ニテ散會セラレンコトヲ望ミマス

○副議長(金光庸夫君) 服部君提出ノ動議ニ御異議ゴザイマセヌカ

(「異議ナシ」ト呼フ者アリ)

○副議長(金光庸夫君) 御異議ナシト認メマス、仍テ動議ノ如ク決シマシタ、明四日ハ定刻ヨリ本會議ヲ開キマス、議事日程ハ公報ヲ以テ通知致シマス、本日ハ是ニテ散會致シマス

午後五時二十一分散會

昭和十四年一月二十四日

石渡國務大臣ノ答辯

○國務大臣(石渡莊太郎君)　第一ノ御尋ハ公債ノ消化ニ關スル問題デアルト思フノデアリマス、公債ノ消化ニ關スル問題ガ戰時財政ノ要諦デアル、國債消化ノ運行ト云フモノガ、戰時財政ノ要諦デアリマスコトハ仰セノ通リデゴザイマス、政府トシマシテモ、一昨年七月來此ノ公債ノ消化ニ付キマシテハ、萬全ノ努力ヲ拂ツテ居ル積リデゴザイマス、國債消化ノ狀況ガ最近如何デアルカ、ドウモ少シ良クナイ風デハアルマイカ、斯ウ云フ御尋ガゴザイマシタ、是ハ宮澤サンノ御指摘ニナツタ通リ、昨年ノ九月マデハ極メテ順調デアリマシタ、十月、十一月、十二月、少シ鈍リマシテ、今年ノ一月ニ入リマシテ再ビ消化ハ極メテ順調デアリマス、左樣デアリマスノデ、日銀ノ國債ノ手持高、十三年末ニ於キマシテ十六億三千四百万圓、本年一月二十一日、一昨日是ガ十六億三千九百万圓、殆ド變リゴザイマセヌ、又通貨ノ膨脹高カラ行キマシテモ、十二月ノ三十日ニ於キマシテハ、只今御指摘ニ相成ツタ通リ、二十八億五千万圓ニ達シタノデゴザイマスガ、今年ニ入リマシテカラ通貨ノ收縮ハ極メテ順調デゴザイマシテ　去ル十九日ニ於キマシテハ二十一億三百万圓、斯ウ云フ譯デゴザイマスカラ、前年ニ比較致シマシテ今日ノ通貨高ト云ウモノハ餘リ變リゴザイマセヌ、是ハ一昨日モ御說明致シマシタ通リ、臺灣銀行、朝鮮銀行ノ準備ニ相成ツテ居ルモノガ相當ゴザイマス、ソレカラ中支方面ニ於テ融通致シテ居リマスモノモ相當ゴザイマスノデ、昨年ノ今日ト今年ノ今日流通致シテ居リマス通貨ノ數量ト致シマシテハ、目星シイ程ノ增加デハゴザイマセヌ、サウ云フ譯デアリマスカラ、先程ノ御話ノ通リ、通貨ノ膨脹ノ方面カラ物價騰貴ヲツテ居ルノデハアルマイカ、斯ウ云フ御尋デゴザイマスガ、通貨ノ膨脹ノ方面カラ來ル所ノ物價騰貴ハ極メテ少イモノ、又ハ殆ド通貨ノ膨脹カラ來ル所ノ物價騰貴ト云フモノハ今日起ツテ居ラヌ、斯ウ御考ヘ下サツテ一向差支ナイト思フノデゴザイマス

其ノ次ガ貯蓄ノ問題デアリマスガ、貯蓄ノ問題ヲ全國一律ニヤルノハイカヌヂヤナイカ、斯ウ云フ御說デアルト思フノデゴザイマス、ソレモ御尤デアルト思フノデゴザイマシテ、政府トシマシテモ主トシテ此ノ貯蓄ノ奬勵ニ最モ力ヲ入レテ居リマスノハ、東京附近、大阪及ビ其ノ附近、北九州、斯ウ云フヤウナ處ニ重點ヲ置イテ、貯蓄ノ奬勵ヲヤツテ居ル譯デゴザイマス、重點ハ其ノ方面ニ置キマスガ、併シナガラ全國ニ對シテモ貯蓄ノ奬勵ヲヤツテ居ルノデゴザイマス、是モ勿論必要ト思フノデゴザイマスガ、重點ヲ何處ニ置イテ居ルカト云ヘバ、其ノ三方面ニ最モ重點ヲ置イテ居ル次第デゴザイマス

尙ホ公債ヲ郵便局デ賣ル、ソレヲドウモ買上ゲルノニ躊躇シテ居ルノデハアルマイカ、斯ウ云フ御尋デゴザイマス、是モ洵ニ御尤ナ御尋デゴザイマシテ、郵便局デ賣リマシタ公債ニ付テ政府ガ是ガ買上ヲ澁ルト云フコトハ良クゴザイマセヌ、此ノ點全ク御說ノ通リデアルト存ズルノデゴザイマス、ソレデ既ニ預金部ニ於キマシテ買上ゲマシタ國債モ相當數量ニ上ツテ居ルノデゴザイマスガ、併シナガラ先日來サウ云フヤウナコトガ、幾ラカ郵便局デ買上ヲ澁ツテ居ルノデハアルマイカト云フヤウナ話ガゴザイマシタノデ、早速大藏省ト遞信省ト相談致シマシテ、決シテ此買上ニ付テ澁ルナト云フコトニ通牒ヲ致シタ次第デゴザイマス、是ハ御說ノ通リ國債ノ融通性ノ問題デアリマシテ、之ヲ澁ルコトハ宜クナイト思フコト、全ク御同感デゴザイマス

ソレカラ貿易ノ問題デゴザイマスルガ、貿易ニ付キマシテ昨年ハ六千万圓餘ノ輸出超過デハアルケレドモ、各般ノ狀況ヲ考ヘテ見ルト、今後ニ於テ輸出ノ政策ヲ餘程强化シテ行ク必要ガアルデハナイカ、斯ウ云フ御尋デゴザイマスガ、是モ全然御同感デゴザイマシテ、今後ニ於テ輸出ノ政策ヲ餘程强化シテ行ク、此ノ方面ニ非常ニ力ヲ入レナケレバイカヌト云フコトハ全ク御同感デゴザイマス、ソレデ第一ニ外國市場ノ開拓、新市場ノ開拓ト云フコトニ付テ、政府ハドウ云フ考ヲ持ツテ居ルカ、斯ウ云フ御尋デアリマスガ、是ハ今年度ノ豫算ニ於キマシテモ、昭和十四年度ノ豫算トシテ只今提案致シテ居リマスモノニモ、色々ナ各種ノ豫算ヲ含ンデ居リマス、例ヘバ海外貿易仲介機關ノ助成費、南洋商業實習生ノ助成費、經濟施設ニ要スル經費、中小經濟調査ニ要スル經費、貿易產業者指導ノ奬勵費、斯ウ云フヤウナ各般ノ豫算ヲ含ンデ居ルノデゴザイマスガ、之ニ付テハ、何レ適當ノ機會ニ於テ御說明致シタイト存ジマスガ、政府トシマシテハ、今年度ノ豫算ノ編成ニ當リマシテ最モ力ヲ入レマシタ政策ノ一ツデゴザイマス

ソレカラ國內ノ平和產業ニ付テ、是ガ輸出ノ增進ヲ圖ル必要ガアルデハナイカ、斯ウ云フ御尋デゴザイマシテ、是モ全然御同感デゴザイマス、輸出原料ノ輸入「リンク」制ノコト、輸出原料ニ付テノ輸入ト云フコトヲ考ヘル必要ノアルコトハ勿論デアリマシテ、是モ政府部內ニ於キマシテモ、輸出原料ノ輸入ニ付テハ最モ眞劍ニ考ヘテ居ル一ツノ問題デゴザイマス、尙ホ「リンク」制其ノ他ニ付テハ、商工大臣カラ御說明ガアルト思フノデアリマスガ、大藏省ニ關スル限リニ於キマシテ、御說明ヲ申上ゲタ次第デアリマス(拍手)

昭和十四年二月一日

朝鮮事業公債法中改正法律案外一件

第一　朝鮮事業公債法中改正法律案（政府提出）　第一讀會

第二　海軍工廠資金會計法中改正法律案（政府提出）　第一讀會

朝鮮事業公債法中改正法律案

朝鮮事業公債法中左ノ通改正ス

第一條中「八億九千三百五十萬圓」ヲ「十億六千六百十萬圓」ニ改ム

附　則

本法ハ公布ノ日ヨリ之ヲ施行ス

海軍工廠資金會計法中改正法律案

海軍工廠資金會計法中左ノ通改正ス

第二條中「二千萬圓」ヲ「五千萬圓」ニ改ム

第三條中「此ノ場合ニ於テハ前金拂ヲ爲スコトヲ得」ヲ削ル

附　則

本法ハ昭和十四年度ヨリ之ヲ施行ス

政府ハ昭和十四年度ニ限リ海軍工廠資金會計法第二條ノ改正規定ニ依ル一般會計ヨリノ繰入ニ代ヘ支那事變ニ關スル臨時軍事費ヲ以テ購入シタル材料物品ヲ海軍工廠資金會計ノ材料物品ニ組入レ其ノ價額ヲ以テ海軍工廠資金ノ增加ニ充ツルコトヲ得但シ其ノ額ハ二千萬圓ヲ超ユルコトヲ得ズ

（國務大臣石渡莊太郎君登壇）

○國務大臣（石渡莊太郎君）　朝鮮事業公債法中改正法律案、海軍工廠資金會計法中改正法律案提出ノ理由ヲ説明致シマス

朝鮮事業公債法中改正法律案ニ付テ説明致シマス、朝鮮總督府特別會計ニ於テ昭和十四年度以降ノ繼續費トシテ計上致シマシタル鐵道建設及ビ改良費ノ追加額一億八千七百六十万餘圓ハ、其ノ經費ノ性質及ビ同特別會計歳計ノ現情ニ鑑ミマシテ、是ガ財源ヲ公債ニ依ルコトト致シマシタル等ニ依リ、現行朝鮮事業公債法ノ公債發行限度ヲ增加スルノ必要ガアリマスノデ、本法律ヲ提出致シマシタ次第デアリマス

次ニ海軍工廠資金會計法中改正法律案ニ付テ説明致シマス、海軍ノ造船及ビ造兵ノ工廠ニ於ケル事業量ハ近年著シク增大致シテ參ッタノデゴザイマスルガ、之ニ伴ヒ海軍工廠資金特別會計ニ於ケル歳入歳出モ亦著シク增加致シマシタル結果、從來ノ資金額ヲ以テシマシテハ本會計本來ノ機能ヲ發揮スルコト頗ル困難トナルニ至ルノ虞アル狀況ナルニ顧ミマシテ、本資金ノ法定額ヲ五千万圓ニ增額致シマスル等ノ必要ガアリマスルノデ、本法律案ヲ提出致シマシタ次第デゴザイマス（拍手）

○議長（小山松壽君）　各案ノ審査ヲ付託スベキ委員ノ選擧ニ付テ御諮リ致シマス

○服部崎市君　日程第一ハ議長指名十八名ノ委員ニ付託シ、日程第二ハ政府提出、昭和十四年度一般會計歳出ノ財源ニ充ツル爲公債發行ニ關スル法律案外二件ノ委員ニ併セ付託サレンコトヲ望ミマス

○議長（小山松壽君）　服部君ノ動議ニ御異議アリマセヌカ

（「異議ナシ」ト呼ブ者アリ）

○議長（小山松壽君）　御異議ナシト認メマス、仍テ動議ノ如ク決シマシタ――日程第三、人事調停法案ノ第一讀會ヲ開キマス――鹽野司法大臣

朝鮮私設鐵道補助法中改正法律案

第二　朝鮮私設鐵道補助法中改正法律案(政府提出)　第一讀會

朝鮮私設鐵道補助法中改正法律案

朝鮮私設鐵道補助法中左ノ通改正ス

第一條第一項中「十五年ヲ限リ」ノ下ニ「豫算ノ範圍内ニ於テ」ヲ加ヘ同條第二項中「五年」ヲ「十年」ニ改ム

第二條　前條ノ補助金ハ毎營業年度ニ於ケル建設費ニ對シ年五分ノ割合ニ相當スル金額ヲ限度トス但シ毎營業年度ニ於ケル益金カ建設費ニ對シ年一分ノ割合ニ相當スル金額ヲ超ユルトキハ其ノ超過額ハ之ヲ補助金額ヨリ控除ス

第五條　削除

附　則

本法ハ昭和十四年四月一日ヨリ之ヲ施行ス但シ本法施行ノ際現ニ補助ヲ受クル鐵道ニ對スル補助ニ付テハ各現在ノ補助期間滿了ノ日ノ屬スル營業年度ノ末日迄ハ改正規定ニ拘ラズ仍從前ノ例ニ依ル

(國務大臣八田嘉明君登壇)

○國務大臣(八田嘉明君)　只今議題トナリマシタ朝鮮私設鐵道補助法中改正法律案提出ノ理由ヲ說明致シマス、朝鮮ニ於ケル私設鐵道ニ對シマシテハ、現行法ニ依リマシテ該鐵道營業開始ノ日ヨリ二十年マデハ補助金ヲ交付シ得ルコトトナッテ居リマス所、現在補助金ノ交付ヲ受ケツツアル私設鐵道中、近ク其ノ補助期間ノ滿了スルモノガアルノデアリマスガ、是等ハ未ダ其ノ業績豫期ノ如ク擧ラズ、仍テ當分ノ間ハ政府ノ補助ヲ離レテハ自立シ難イ狀態デアリマス、而モ是等ノ鐵道ハ朝鮮開發上重要ナル路線デアリ、且ツ國營代行ノ意義ヲ有シマスルノデ、今回本法ニ必要ナル改正ヲ加ヘ、是ガ助成ノ爲必要アル場合ニ於テハ、現在ノ補助期間ヲ更ニ五年間延長シ得ルノ途ヲ開カント致シタノデアリマス、尙ホ補助方法ニ付キマシテモ、現下經濟界ノ趨勢ニ鑑ミマシテ、適當ノ改正ヲ加フルコトト致シマシタ、何卒御審議ノ上御協贊アランコトヲ希望致シマス

(拍手)

○議長(小山松壽君)　本案ノ審査ヲ付託スベキ委員ノ選擧ニ付テ御諮リ致シマス

○服部崎市君　本案ハ政府提出、朝鮮事業公債法中改正法律案ノ委員ニ併セ付託サレンコトヲ望ミマス

○議長(小山松壽君)　服部君ノ動議ニ御異議アリマセヌカ

(「異議ナシ」ト呼フ者アリ)

○議長(小山松壽君)　異議ナシト認メマス、仍テ動議ノ如ク決シマシタ――日程第三、朝鮮鐵道株式會社所屬金泉慶北安東間鐵道買收ノ爲公債發行ニ關スル法律案ノ第一讀會ヲ開キマス――松村大藏政務次官

昭和十四年二月八日

朝鮮鐵道株式會社所屬金泉慶北安東鐵道買收ノ爲公債發行ニ關スル法律案

第三　朝鮮鐵道株式會社所屬金泉慶北安東間鐵道買收ノ爲公債發行ニ關スル法律案（政府提出）　第一讀會

朝鮮鐵道株式會社所屬金泉慶北安東間鐵道買收ノ爲公債發行ニ關スル法律案

政府ハ朝鮮鐵道株式會社所屬金泉慶北安東間鐵道買收ノ爲之ニ必要ナル額ヲ限度トシ公債ヲ發行スルコトヲ得

（政府委員松村光三君登壇）

○政府委員（松村光三君）　只今議題トナリマシタ朝鮮鐵道株式會社所屬金泉慶北安東間鐵道買收ノ爲公債發行ニ關スル法律案提出ノ理由ヲ説明致シマス、朝鮮鐵道株式會社ノ經營ニ屬シマスル金泉慶北安東間ノ鐵道、即チ慶北線ハ朝鮮國有鐵道ノ京釜線金泉驛ヨリ北上致シマシテ、慶尙北道ノ略〻中部慶北安東驛ニ致リマスル延長百十餘粁ノ私設鐵道デアリマスガ、本鐵道ハ曩ニ第六十九回帝國議會ノ協贊ヲ經マシタ朝鮮國有鐵道中央線ノ建設工事ノ進捗ニ伴ヒマシテ、工事用諸材料輸送ノ便宜上及ビ國有鐵道運輸系統整備ノ必要上等ヨリ、昭和十四年度ニ於テ之ヲ買收スルヲ適當ト認メマシタル爲、其ノ買收代價トシテ交付スベキ公債ヲ發行シ得ルコトトスルノ必要ガアリマスノデ、本法律案ヲ提出致シマシタ次第デアリマス、何卒御審議ノ上速ニ協贊ヲ與ヘラレンコトヲ希望致シマス（拍手）

○議長（小山松壽君）　本案ノ審査ヲ付託スベキ委員ノ選擧ニ付テ御諮リ致シマス

○服部崎市君　本案ハ政府提出、朝鮮事業公債法中改正法律案ノ委員ニ併セ付託サレンコトヲ望ミマス

○議長（小山松壽君）　服部君ノ動議ニ御異議アリマセヌカ

〔「異議ナシ」ト呼ブ者アリ〕

○議長（小山松壽君）　御異議ナシト認メマス、仍テ動議ノ如ク決シマシタ――日程第四及ビ第五ハ關聯セル議案デアリマスカラ、一括議題ト爲スニ御異議アリマセヌカ

〔「異議ナシ」ト呼ブ者アリ〕

○議長（小山松壽君）　御異議ナシト認メマス、仍テ日程第四、森林法中改正法律案、日程第五、林業種苗法案、右兩案ヲ一括シテ第一讀會ヲ開キマス――櫻內農林大臣

昭和十四年二月十五日

臺灣米穀移出管理特別會計法案

第四　臺灣米穀移出管理特別會計法案　第一讀會
（政府提出）

臺灣米穀移出管理特別會計法案

臺灣米穀移出管理特別會計法

第一條　臺灣總督府ニ於テ米穀ノ移出ヲ管理スル爲特別會計ヲ設置シ其ノ歳入ヲ以テ其ノ歳出ニ充ツ

第二條　本會計ニ据置運轉資本ヲ置キ其ノ金額ハ五百萬圓トシ漸次臺灣總督府特別會計ヨリ繰入ルルモノトス

第三條　本會計ニ屬スル經費ヲ支辨スル爲必要アルトキハ政府ハ本會計ノ負擔ニ於テ借入ヲ爲スコトヲ得但シ其ノ金額ハ二千五百萬圓ヲ超ユルコトヲ得ズ

第四條　本會計ニ於テハ米穀ノ賣渡代金、積立金ヨリ生ズル收入、借入金及附屬雜收入ヲ以テ其ノ歳入トシ米穀ノ買入代金、米穀ノ買入賣渡加工貯藏及運搬ニ關スル諸費、借入金ノ償還金及利子、一時借入金ノ利子其ノ他諸費ヲ以テ其ノ歳出トス

第五條　米穀ノ買入數量ノ增加其ノ他避クベカラザル事由ニ因リ生ジタル豫算ノ不足ヲ補フ爲歳出豫算ニ豫備費ヲ設クルコトヲ得

第六條　本會計ノ歳出額ハ其ノ實際ノ歳入及据置運轉資本ノ合計額ヲ超過スルコトヲ得ズ

第七條　本會計ニ於テ支拂上現金ニ餘裕アルトキハ之ヲ大藏省預金部ニ預入ルベシ

第八條　本會計ニ於テ支拂上現金ニ不足アルトキハ本會計ノ負擔ニ於テ一時借入ヲ爲スコトヲ得

前項ノ規定ニ依ル一時借入金ハ當該年度内ニ之ヲ返還スベシ

第九條　本會計ニ於テ決算上過剩ヲ生ジタルトキハ之ヲ積立ツベシ

本會計ニ於テ決算上不足ヲ生ジタルトキハ前項ノ規定ニ依ル積立金ヨリ之ヲ補足スベシ

第十條　本會計ノ積立金ハ之ヲ臺灣ニ於ケル農業ノ調整、開發及助長ノ爲必要ナル費途ニ使用スルコトヲ得

前項ノ規定ニ依リ本會計ノ積立金ヲ使用セントスルトキハ其ノ金額ヲ臺灣總督府特別會計ノ歳入ニ繰入レ臺灣總督府特別會計ノ歳出トシテ拂出スベシ

第十一條　本會計ノ積立金ハ國債ヲ以テ保有シ又ハ大藏省預金部ニ預入レ之ヲ運用スルコトヲ得

第十二條　本會計ノ毎年度歳出豫算ニ於ケル支出殘額ハ之ヲ翌年度ニ繰越シ使用スルコトヲ得

第十三條　政府ハ毎年本會計ノ歳入歳出豫算ヲ調製シ歳入歳出ノ總豫算ト共ニ帝國議會ニ之ヲ提出スベシ

第十四條　本會計ノ收入支出ニ關スル規程ハ勅令ヲ以テ之ヲ定ム

附　則

本法ハ昭和十四年度ヨリ之ヲ施行ス

（國務大臣石渡莊太郎君登壇）

○國務大臣（石渡莊太郎君）　臺灣米穀移出管理特別會計法案ニ付テ説明致シマス、臺灣總督府ニ於テ米穀ノ移出管理ノ爲ニ行ヒマスル米穀ノ買入賣渡、加工又ハ貯藏ニ關スル一切ノ歳入歳出ハ、之ヲ他ノ會計ト區分シテ經理スルヲ適當ト認メマスル所、是ガ爲特別會計ヲ設置スルノ必要ガアリマスノデ、此ノ法律案ヲ提出致シマシタ次第デゴザイマス、何卒御審議ノ上速ニ協贊ヲ與ヘラレンコトヲ希望致シマス（拍手）

○議長（小山松壽君）　質疑ノ通告ガアリマス、之ヲ許シマス――岡野龍一君

（岡野龍一君登壇）

○岡野龍一君　私ハ只今提案致サレマシタ臺灣米穀移出管理特別會計法案ニ對シテ、數點ノ疑義ヲ質シタイト思フノデアリマス、主トシテ拓務大臣、之ニ關聯致シマシテ陸軍大臣、農林大臣ヨリモ御答辯ヲ煩シタイト思フノデアリマス、又財政的見地ヨリ質問致シマスル點ニ付テハ、石渡大藏大臣ノ御答辯ヲ煩シタイノデアリマス、諸君、此ノ移出米管理法案ナルモノハ、昨年六月八日小林總督ガ帝國「ホテル」ニ於テ、事態ノ樂觀ヲ許サザルヲ看取セラレマシテ、都下ノ新聞記者ヲ集メラレテ御聲明ニ相成ツタノデアリマスガ、其ノ趣旨ヲ要約致シマスルト斯ウ云フノデアリマス、第一點ハ、島内ノ米價ヲ適正ナラシメ米作偏重ノ傾向ヲ矯メル、第二點ハ、軍事上或ハ國策經濟上、帝國領土内ニ於テ自給ヲ必要トスル國家的有用作物ノ栽培ヲ奬勵シ、農家經濟ノ安定向上ヲ期ス、第三ハ管理事業ノ剩餘金ヲ以テ積極的ニ農業生產力ノ增進ヲ圖リ、農產資源ノ開發利用ヲ促進スル、斯樣ニ述ベラレテ居ルノデアリマス

私ハ此ノ故ニ、先ヅ第一點ト致シマシテ、戰時食糧政策ノ見地ヨリ質疑ヲ致シタイト思フノデアリマス、事變以來一年有半我國ハ前古未曾有ノ國難ニ直面シナガラ、國民ハ忍ブベカラザルヲ忍ビ、有ユル困苦缺乏ニ堪ヘツツアルノデアリマスケレドモ、何トナク國民ノ間ニ餘裕ガアリ、不安、焦燥

ノ氣分ノナイノハ何ガ故デアリマセウカ、言フマデモナク食糧問題、吾々ノ最モ大切ナ食糧ニ不足ヲ缺イテ居ナイト云フコトデアリマス、有ユル物資ニ對シマシテ統制ガ行ハレ、此ノ統制ノ爲ニ轉業失業、有ユル困苦ヲ國民ハ嘗メツツアリマスケレドモ、大事ナ國民生活ノ安定ニ最モ大切ナル食糧ニ對スル統制ヲ受ケテ居ナイト云フコトハ、我國ノ一大强味デナクテハナラヌノデアリマス、諸君、歐洲大戰當時交戰各國ガ開戰後間モナク、其ノ食糧ニ統制ヲ加ヘタト云フコトハ、諸君御承知ノ通リデアリマスケレドモ、之ヲ想ヒ起ス時ニ今更ノ如ク食糧農産物ノ重要性ヲ痛感セザルヲ得ナイノデアリマス、二月ノ「農政」ニ農政ノ權威者安藤博士ガ引例サレテ居リマスケレドモ、歐洲大戰ノ直後英國ノ「ヘンリー・リユース」ガ其ノ著「平時及戰時ニ於ケル食糧供給」ト云フ書物ノ緖言ニ於テ、斯ク述ベラレテ居ルノデアリマス、食糧ハ古今ヲ通ジテ平時ニ於テ缺クベカラザル物資タルト共ニ、戰時ニ於ケル最モ重要ナル兵器デアル、戰時ニ於ケル最モ重要ナル兵器デアルト述ベテ居ルノデアリマス

（議長退席、副議長著席）

更ニ殺人器ハ原始時代ノ投石器、弓矢ヨリ近代ノ銃砲、水雷、爆彈、毒瓦斯ニ至ルマデ、人智ト科學ノ進歩ニ依リ著シク變化セルモ、戰爭ヲ決定セシムルニ最モ有力ナルモノハ飢餓、食糧ノ不足デアルコトハ普佛戰爭ニ於ケル巴里市、最近ノ大戰ニ於ケル獨逸ガ適例デアルト「ヘンリー・リユース」ハ述ベテ居ルノデアリマス、斯ノ如ク此ノ食糧生産物ノ大切ナルコトハ、殊ニ米穀ノ大切ナルコトハ、今更喋々ヲ要シナイノデアリマス、然ルニ聖戰第三年ニ入リマシタ所ノ今日、吾々ハ戰時食糧問題ニ付テ十分警戒ヲ致サネバナラヌノデアリマス、即チ昭和十四年度ノ需給推算ニ於テ、當初八百万石ノ次年度持越ガ豫想セラレテ居リマシタケレドモ、第二回豫想ニ於テ是ガ殖エマシテ、九百七十万石ノ次年度持越ガ豫想セラレテ居ルノデアリマス、併シナガラ決シテ之ヲ以テ安心スルコトハ出來マセヌ、ナゼカト云ヘバ米穀ノ消費量ガ年々著シク增大致シテ居ルノデアリマス、卽チ昭和十一年ニハ七千三百万石デアリマシタノガ、昭和十二年ニハ七千九百万石、昭和十三年ニハ八千万石ニ殖エテ居ルノデアリマス、更ニ本年度ハ八千万石ヲ遙ニ突破スルト云フコトハ是ハ常識デアリマス、更ニ戰時食糧對策、卽チ支那事變ガ或ル時期ニ解決ヲ致シマシテモ、十年、二十年ノ長期建設ト云フコトヲ考ヘル上ニ於テハ、吾々ハ今後十年、二十年先ノ食糧問題ヲ解決スルコトヲ心掛ケナケレバナリマセヌ、人口問題ノ權威デアリマスル所ノ上田博士ハ、十年後ニハ内地ダケデ八千四百万石、二十年後ニハ九千二百万石ノ消費量ヲ增大スルト言ツテ居ルノデアリマスケレドモ、私ヲ以テ言ハシムレバ、是ハ平時ノ計算デアツテ、事變以來ノ戰時、今後ノ長期建設ト云フコトヲ考慮セラレザル平和的ナ計算デアリマスルガ故ニ、更ニ增大スルト云フコトハ是ハ火ヲ睹ルヨリモ明カデアリマス、更ニ朝鮮モ僅カデハアリマスルケレドモ、消費量ヲ增シテ居リマス、過日ノ委員會ニ於ケル大野政務總監ノ言明ニ依リマスルト、一昨年ハ朝鮮ヨリ滿洲ニ僅カ五万石出テ居リマスルケレドモ、昨年ハ二十九万石、殆ド六倍ニ相成ツテ居ルノデアリマス、之ヲ抑ヘテ居ルガ、若シ之ヲ抑ヘラレナイナラバ三十万石、四十万石、五十万石ヲ突破スルト云フコトハ、私ハ當然デアラウト思フノデアリマス、更ニ今日ハ東亞經濟「ブロック」ト云フコトガ喧シク言ハレテ居リマス、卽チ我ガ日本ダケノ食糧問題デハアリマセヌ、滿洲、支那、卽チ我ガ經濟圏内ニアリマスル所ノ東亞一體ヲ考ヘテ、東亞ト云フ大局ニ立チテ食糧問題ノ解決ヲ圖ラナクテハナリマセヌ、諸君、滿洲ハ今日年々米モ小麥モ五六十万石ノ不足ヲ告ゲテ居リマス、支那ハ米ニ於テ四百万石乃至五百万石、小麥ニ於テ二百万石ヲ不足致シテ居ルト言ハレテ居ルノデアリマス、殊ニ支那ノ東亞新秩序ノ建設ニ當リマシテ、都會ハ破壞セラレ、農村モ疲弊困憊致シテ居リマス、此ノ農村ニ向ツテ、先ヅ米ヲ供給スルコトガ宣撫工作上何ヨリモ彼等ノ人心ヲ捉ヘルコトデアル、是ガ宣撫工作ノ唯一ノ策デアルトサヘモ言ハレテ居ルノデアリマス（拍手）

顧テ我國ノ狀態ヲ見マスト云フト、支那事變ハ言フマデモナク目下進行中デアリ、隨テ事變以來農村靑年ノ應召、軍馬ノ徵用、是等ニ依ツテ勞働力ノ不足致シタコトハ言フマデモアリマセヌ、又十六年マデノ生産力ノ擴充ニ依リマシテ、軍需工場ニ農村カラ引張ラレル、少クトモ都會ニ止ツテ、歸村ニ歸農スベキ人間ガ減ルト云フコトモ、是ハ勘定ニ入レナケレバナリマセヌ、而モ一面ニ於テハ滿洲移民ノ奬勵ヲ致サレテ居リマシテ、滿洲ニ對スル我ガ農民ノ進出ト云フコトガ考ヘラレテ居ルノデアリマス、殊ニ昭和十二年度ハ十一年度ニ比較致シマシテ、二万二千五百八十六戸ノ農家ノ減少ニ相成ツテ居リマス、昭和六年以來農家ノ戸數ハ減少ノ一途ヲ辿リツツアルノデアリ、マス、斯ノ如ク消費量ガ著シク增大スルニ反比例シテ、國内ノ食糧生産方面ノ農村ノ勞働力ノ不足、滿洲ニ對スル進出、軍需工業方面ヨリノ勞働力ノ吸引、有ユル惡條件ガアリマス爲ニ、餘程食糧問題ノ確保ニ付テハ農林當局、臺灣當局、朝鮮當局ハ頭ヲ用ヒラレナクテハナラヌト思フノデアリマス（拍手）卽チ此ノ點ニ關シマシテ農林省ガ今マデノ態度ヲ改メテ、三百万石ノ增産計畫ヲセラレ、朝鮮ニ於テ四十万石ノ豫算ヲ

計上シテ、二百万石ノ増産計畫ヲセラレルト云フコトハ、洵ニ時宜ヲ得タモノト致シマシテ、私ハ其ノ態度ニ敬服セザルヲ得ナイノデアリマス、併シナガラ拓務大臣、臺灣當局ニ私ガ申上ゲタイコトハ、今回提案セラレマシタ所ノ移出米管理案ナルモノハ、今日ノ時勢ノ變化ヲ見ザル、卽チ時勢ノ變化以前ノ案デアリマシテ、今日ノ戰時食糧對策ト致シマシテハ、矛盾逆行ノ嫌ヒハナイカ、時代ニ逆行シテハ居ラヌカ、此ノ點ヲ拓務大臣ニ御尋致シタイノデアリマス、而モ拓務大臣ハ同ジ主管デアリマス所ノ朝鮮ニ於テハ、増産計畫ヲ認メテ居ラレル、サウシテ滿洲ノ移民進出ト云フコトニ力ヲ入レテ居ラレル、然ルニ臺灣ニ於テノミ減産ノ傾向ヲ來スベキ臺灣米移出管理案ヲ出サレル所以ハ、何處ニアルノデアリマスカ、此ノ點ニ對シテ世上多クノ疑ガアリマスカラ、私ハ賛否何等決シテ居リマセヌデ、白紙デアリマスケレドモ、世上疑ガアル以上ハ、其ノ疑ヲ解カレル責任ガアラウト思フノデアリマス(拍手)米作ヲ抑制スル時代ト云フモノハ今日過ギマシタ、昭和七年ニハ外地米ノ輸入制限ヲ實施スルカドウカ、昭和八年ニハ米穀統制法ニ依ツテ米ヲ統制シヨウ、昭和九年ニハ米穀ノ供給過剩ガ問題トナツタ、卽チ一月三十一日ノ議會開會中ニ、農林當局ガ發表セラレタ前年度ノ實收高ハ七千八百二十万石ニ上ツテ、空前ノ豐作デアリ増收デアツタ、此ノ事ガ問題ニナツタ、卽チ昭和七年八年九年ノ時代ト今日トヲ混同セラレル所ニ、錯覺ガアルノデハナイカ(拍手)之ヲ私ハ指摘致シマシテ反省ヲ求メ、且ツ之ニ對スル御意見ヲ承リタイノデアリマス、拓務大臣ニ對シテハ朝鮮デハ増産ヲ認メ滿洲ニハ移民ヲ奬勵セラレ、臺灣デハ減産ノ傾向ヲ有スル、此ノ矛盾ガ豫算總會ニ於テモ問題ニナツタガ、之ニ對シテ如何ナル御考ガアルカドウカ、世ノ疑ヲ御解キ願ヒタイノデアリマス

之ニ關聯致シマシテ櫻内農相ニ一言御尋致シテ、御意見ヲ承ルコトガ出來マスレバ幸デアリマス、今日我國ノ農村部落團體ハ眞ニ報國ノ熱誠ニ燃エ、犧牲奉公ノ念旺ンデアリマシテ、所謂隣保相扶ケ、能ク銃後護國ノ實ヲ擧ゲツツアルコトハ、大臣モ御認メノコトト思フノデアリマス、併シナガラ物ニハ限度ガアリマス、事變ガ長期ニ亙ルニ從ヒマシテ、今ヤ漸ク人的資源ノ不足ヲ感ジツツアルノデアリマス、而シテ部落實行團體ニ於キマシテハ色々ナコトヲ中央カラ命令サレマシテ、日夜是ガ對策ニ苦心慘澹致シテ居ルノデアリマス、今日農村方面ニ於キマシテ部落團體ニ對スル助成金ガ問題ニナツテ居リマスガ、此ノ助成金ニ付テ農林大臣ハ如何ニ御考慮ナサツテ居ルノデアリマスカ、此ノ事ニ付テノ御所見ヲ承リタイノデアリマス

次ニ此ノ管理案ト特用作物問題ニ付キマシテ、拓務大臣及ビ陸軍大臣ノ御所見ヲ承リタイト思フノデアリマス、此ノ管理案ハ要スルニ米作偏重デアルカラ、此ノ米作偏重ヲ抑ヘルト云フ、卽チ米ヲ作ルコトヲ抑ヘル、其ノ代リ國家有用ノ材デアル特殊作物、曰ク黑麻、曰ク苧麻、曰ク蓖麻、廣義ニ申シマスナラバ甘蔗モアリマセウ、甘藷モアリマセウ、棉花モ入リマセウ、軍事上必要ナル特用作物ヲ作ルト申サレテ居ル、私ヲ以テ言ハシメレバ、又世間疑フ所デハ、此ノ特用作物ノ耕作ト云フコトヘ、此ノ管理案ヲ以テシナクテモ指導奬勵ニ依ツテ其ノ目的ヲ達シ得ルト思フノデアリマスガ、如何デアリマスカ、私ハ此ノ特用作物ガ年々増産致サレテ居ルト云フコトノ資料ヲ、此處ニ澤山持ツテ居リマス、ケレドモ是ハ委員會デ御尋致シマス、後ニハ兵役法其ノ他大事ナ法案ガ控ヘテ居リマスカラ、成ベク簡略ニスル爲ニ省キマスガ、甘蔗ノ問題ニ付テモ此處ニ資料ガアリマス、苧麻モアリマス、蓖麻モアリマス、黃麻モアリマス、唯一點此處デ陸軍大臣ニ質問致シマスル關係上、申上ゲネバナラヌノハ、此ノ管理案ニ依ツテデナイト特用作物ノ奬勵ガ出來ヌト申サレテ居リマスケレドモ、此ノ蓖麻ハ軍事上必要ナモノデアリマス、此ノ蓖麻ハ昭和十一年ニハ僅ニ三百十一町歩、臺灣流ニ申シテ三百十一甲デアリマシタノガ、二年後ノ昭和十三年ニハ八千町歩ニ増大致シテ居ルノデアリマス、此事ハ指導奬勵其ノ宜シキヲ得タ結果デアリマス、卽チ此ノ蓖麻ニ付キマシテハ、是ハ軍事上必要ダ、又此ノ非常時ニ必要ダカラ、オ前達農民ハ愛國蓖麻トシテ蓖麻ノ増殖ヲ圖レト云フヤウニ奬勵ヲナサツタ爲ニ、僅カ二箇年ノ間ニ三百町歩ガ八千町歩ニナツタノダ、然ルニ何ヲ好ンデ此ノ管理案ガ必要ナノカ、是ガ臺灣ノ農村ニ於ケル疑デアリマス、此ノ點ニ對シテ拓務當局ノ御答辯及ビ陸軍大臣ノ御答辯ヲ煩ハシタイ、卽チ特用作物ノ増産ハ今回ノ管理案ニ依ラズトモ、臺灣當局ノ指導奬勵ニ依ツテ十分デアル、卽チ殖産局、各州ノ勸業課其ノ他ノ能力ヲ總動員致サレマスナラバ、立派ニヤツテ行ケル、斯ウ云フノデアリマス、特用作物ハ又軍事上必要ナルコトハ認メマスガ、其ノ指導奬勵ニ依ツテ目的ヲ達シ得ルト思フガ、ドウデアリマスカ、管理案ニ依ツテ米作ヲ抑制セザレバ、目的ヲ達シ得ズト軍部當局ハ御考ニナルカドウカ、若シモ軍事上ドウシテモ、愛國蓖麻ガ必要ダ、苧麻ガ必要ダト言フナラバ、オ前ノ所ハ是ダケヤレト云フヤウニ、反別ヲ强制的ニ割當テテ行ケバ、軍事上必要ナ苧麻、蓖麻等ハ充シ得ルト考ヘマスガ、如何デアリマスカ、是ハ私ノ疑ノミナラズ、此ノ疑ガ臺灣島民ノ間ニ充滿シテ居リマスガ、軍部當局

ハ如何ニ考ヘラレマスカ、此ノ一點ヲ御尋致シタイノデアリマス、若シ此ノ管理案ニ依ツテ米作ヲ抑ヘテマデモ、特用作物ヲヤラナケレバナラヌト軍當局ガ御考ニナルナラバ、非常時ニ於ケル食糧問題ニ對シテ片手落デハナイカト云フ疑ガ、附ケ加ヘラレルノデアリマスガ、此ノ點モ重ネテ御尋致シタイノデアリマス

次ニ石渡大藏大臣ニ御尋致シマス、財政上ノ問題デアリマス、卽チ臺灣移出米管理特別會計ニ於キマシテ、此ノ豫算ヲ見マスト利鞘一石ニ付キ四圓ト相成ツテ居ルノデアリマス、而シテ半箇年ノ豫算ニ賣拂諸費ガ五百六十餘万圓、檢査費ガ十万餘圓、調査費ガ四十八万餘圓、創業費ガ八十三万餘圓、其ノ他合計八百万圓ニ近イ支出ヲ豫定セラレマシテ、利益金ガ百九十餘万圓ニ相成ツテ居リマス、此ノ中ニ損失補償ノ爲ニ積立テテ置ク、又一部ハ臺灣當局ガ常ニ口ニセラレマス所ノ農村還元デアリマス、之ヲ百百九十四万圓餘ノ利益ト見込ンデ居ラレマスケレドモ、私ハ之ニ疑ガアルノデアリマス、卽チ内地ニ於ケル米穀特別會計ニ於テモ莫大ナル損失補塡ヲ致シテ居ルコトハ、天下周知ノ事實デアリマス、併シナガラ是ハ農民ノ救濟ト云フ意味ニ於テ、莫大ナル負擔ヲ國庫ガ致スノデアリマスカラ、言譯ハ立ツノデアリマス、然ルニ臺灣米ノ管理案ニ於テハ、農民カラ一石ニ付キ四圓ダケ安ク取上ゲテ、サウシテ利益ガナカツタ時ニハドウ辯解ナサルノデアリマスカ、私ハ是ハ重大問題ダト考ヘルノデアリマス、而モ此ノ値段ハ植付前ニ發表セラルルト言フ、然ラバ植付前ニ旣ニ今度ノ米ハ幾ラデ買上ゲテ貰ヘルト云フコトガ、ハツキリ分ルノデアリマスカラ、米ガ出來タガ、モウ將來値上リノ望ミハナイ、暴落モ致シマセヌケレドモ、値上リ見込ガナイ爲ニ、皆一時ニ賣渡申込ガ殺到スル、賣ツテ置ク方ガ宜シイ、賣ヲズニ自分デ貯藏シ、自分デ保管シ、自分デ金利ヲ持ツコトヨリモ、之ヲ賣渡シテ置ク方ガ利益デアルト云フコトハ、火ヲ睹ルヨリモ明カデアリマス、ソコデ一時ニ賣渡申込ガ殺到スル場合ニ、之ヲ拒絶サレルナレバ是ハ重大ナル社會問題デアリマスカラ、ヨモヤ拒絶ハナサルマイ、拒絶セズシテ是等ヲ一時ニ抱込ムトスルト、是ガ貯藏、是ガ金利、是ガ保管等ノ點ニ對シテ私ハ相當ナル疑ヲ持ツテ居ルノデアリマスガ、特別會計ヲ主管致シテ居ラレマスル大藏大臣ハ、此ノ私ノ財政的ノ質問ニ對シテ自信ガアヲレマスカドウカ御所見ヲ承リタイノデアリマス、又拓務大臣、臺灣當局ニ於キマシテハ、此ノ米ノ貯藏設備等ニ付テ具體的ニ相當大掛リノモノヲ要スルト思ヒマスガ、之ニ對スル御用意ガアルノカドウカ、吾々ノ安心ノ行キマスヤウニ、又滿足致シマスルヤウナ、親切ナル御答辯ヲ煩シタイト思フノデアリマス

次ニ農民ニ及ボス惡影響、經濟的壓迫ニ對シテ私ハ所見ヲ述ベテ、御意見ヲ承リタイノデアリマス、臺灣總督府當局ハ事態ヲ簡單ニ考ヘテ居ラレマス、洵ニ輕ク扱ツテ居ラレマスケレドモ、此ノ管理案ナルモノハ、臺灣ニ於テ生産費ニ少シ經濟事情ヲ掛酌シタ値デ米ヲ買上ゲテ、之ヲ内地ニ持ツテ來テ時價デ賣ルト言ヘレル、サウスルト一石ニ對シテ其ノ利鞘ガ四圓ト致シマスト、一千万石ノ生産中約半額ノ五百万石ノ移出米ニ付テ、四五ノ二千万圓ト云フ減收ニナルノデアリマス、又一物一價ノ原則ニ依リマシテ、移出米ガ下レバ臺灣内地ニ於ケル米ノ値段ガ下ルト云フコトモ、是モ亦當然ト言ハネバナリマセヌ、假ニ私ノ所説ニ誤リナシトスレバ一千万石ニ於テ一・四ノ四、四千万圓ノ減收ヲ見ルノデアリマス、是ハ重大問題デアルト思フ、若シモ此ノ衆議院議員選擧法ノ布カレテ居リマスル内地ニ於テ、石四圓値引ヲシテ買フ爲ニ農民ニ影響ヲ及ボスト云フコトデアレバ、私ハ重大問題ダト考ヘテ居ルノデアリマス(拍手)又是ガ直チニ甘蔗ノ買收價格ニ影響ヲ及ボスノデアリマス、卽チ今日マデ臺灣ニ於テハ米糖相剋ノ言葉ガアリマス、米ト甘蔗トガ相剋ヲ致ス、例ヘバ製糖會社ノ方デハ、米ガ高ケレバ隨テ甘蔗ノ値段ヲ高ク買フ、米ガ安ケレバ甘蔗ヲ安ク買フノデアリマス、ソコデ農民ノ方ハ製糖會社ガ無理ヲ言ウテ安ク買フナラバ賣ラナイ、米ヲ作ル、斯ウ云フ手ガアツタノデアリマスケレドモ、之ニ依ツテ米作ヲ抑ヘルトスレバ、製糖會社トノ關係ニ於テ非常ナル不利ヲ受ケマス、卽チ私ノ言フ所ハ、米ガ下レバ、隨テソレヲ基準トシテ買上ゲラレル甘蔗ノ値ガ下ルガ、其ノ影響ハザツト常識的ニ私ガ聽イテ見マスト、一箇年ニ八百万圓乃至一千万圓ノ損害ダト云フノデアリマス、洵ニ重大ナル關係ガアルノデアリマス、半面臺灣ノ財政膨脹ノ問題デアリマス、是ハ昭和十二年度ニハ一億五千万圓、昭和十三年度ニハ一億八千万圓、本年度ハ飛躍致シマシテ二億三百万圓、是ダケノ膨脹ヲ致シテ居リマスノデ、膨脹ノ爲ニ負擔ガ過重セラレルト云フコトハ言フマデモナイ事デアリマス、卽チ島民ノ經濟生活ノ安定、向上ヲ圖ルト當局ハ言ハレマスケレドモ、此ノ四千万圓ノ影響、甘蔗ノ値下リニ依ル八百万圓乃至一千万圓ノ差額、更ニ一面財政膨脹ニ依ル負擔ノ過重、是等ヲ思ヒ合セマス時ニ、私ハ洵ニ氣ノ毒ニ堪ヘナイノデアリマス、卽チ農民ニ對スル經濟的ノ壓迫ヲ、私ハ深憂セザルヲ得ナイノデアリマスガ、此ノ點ニ對シテ私ガ餘リニ杞憂ニ過ギテ居ルカドウカ、親切明快ナル御答辯ヲ煩シタイノデアリマス

更ニ拓務當局及ビ臺灣當局ハ、米穀管理

ノ剰餘金ハ、之ヲ水利事業其ノ他ノ土地改良事業、耕地防風林ノ設置等、土地生産力增進ノ施設、農事試驗機關、農業經營指導機關ノ擴充ニ充當スルカラ、農村ニ還元スルト言ハレル、併シナガラ農民カラ取上ゲテ置イテ、之ヲ還元スルコトガ善政デアリマスカ、既ニ臺灣統治ノ方針ニ依ツテ、新附ノ民ニ對シテハ、一般行政費ヲ以テ水利ガ必要ナラバ水利ヲ爲シ、土地ノ改良ガ必要ナラバ、土地ノ改良費ヲ惜シ氣モナク出シテコソ、眞ノ內臺一如デハアリマセヌカ、卽チ斯ノ如キモノハ一般行政費カラ出スノガ至當ダト思フガ、何ヲ苦ンデ管理案ナルモノヲ以テ、農民カラ取上ゲテ、其ノ金ヲ以テ還元スルト云フコトヲ言ヘレルノデアルカ、私ハ其ノ理由ガ薄弱ダト思ヒマスガ、如何デゴザイマセウカ

更ニ私ハ管理案ガ臺灣統治ニ及ボス影響ニ付テ、質疑ヲ致シタイト思フノデアリマス、我國ノ臺灣統治ハ、歷代ノ總督ニ依ツテ闡明サレテ居ル如ク、一視同仁デアル、內臺一如デアル、內臺無差別デアル、臺灣ハ外地デアルケレドモ、固ヨリ大日本帝國ノ構成體デアリマス、內地ガ頭又ハ胴體デアレバ、臺灣、朝鮮ハ手デアリ、足デアルト云フ譬ハ識者ガ常ニ口ニ致シ、一般國民ノ常識ト相成ツテ居ルノデアリマス、內地人モ、臺灣人モ、朝鮮人モ、地域的區別ハゴザイマスケレドモ、日本帝國ノ有機的構成分子デアリマス、隨テ共存共榮、苦樂共受ノ原則ノ適用ハ、此ノ三者ノ間ニ差別ガアツテハナリマセヌ、差別ナク適用サルベキデアリマス、大局的ニ見テ、米穀統制法ノ恩澤ニ依ツテ內地ノ農家ガ助カレバ朝鮮モ助カル、又臺灣農家モ內地農家同樣助カレルト云フコトガ、當然デナクテハナラヌト思フノデアリマス(拍手)農民ノ不當利得ト云々ト云フコトヲ叫バレマスケレドモ、又米作偏重ト云フコトヲ言ヘレマスケレドモ、內地ハ臺灣米ノ補充ニ依ツテ、朝鮮米ノ補充ニ依ツテ、今日マデノ食糧問題ヲ解決致シテ居ル、私ヲシテ言ハシメレバ米作偏重ニアラズ、臺灣總督ノ米作ニ對スル偏見デハナイカト反問セザルヲ得ナイノデアリマス(拍手)又天惠ヲ蒙レル一部ノ領土ガ我國ニアルト致シマスレバ、其ノ天惠ヲ蒙ツテ居ルモノヲ嫉視セズ、之ヲ抑ヘズ、東北其ノ他ノ水準ニ達セザルモノノ「レベル」ヲ上ゲルト云フコトガ、善政ノ極致デナクテハナラヌト思フノデアリマス(拍手)臺灣島民ノ氣持ハ如何デアリマセウカ、無論彼等ハ言ヒマス、吾々ハ熱ト光ノ天惠ニ依ツテ、天然自然ノ條件ニ惠マレテ居ルカラ、吾々農家ハ幸福デアル、洵ニ有難イ、藷モ能ク出來ル、甘蔗モ能ク出來ル、米モ一毛作ノミナラズ二毛作モ出來ル、非常ニ彼等ハ幸福ヲ享受シテ居リマス、故ニ彼等ノ納稅成績ヲ御覽下サイ、臺灣ハ一億八千万圓ノ豫算カラ二億二百万圓ニ躍進シテ居リマス、隨テ財政膨脹ヲ來シテ、負擔ハ益々彌ガ上ニモ增徵スルノデアリマスケレドモ、彼等ノ納稅成績ハ、全體的ニ見マシテ納期前ニ納メラレテ居リマス、滯納處分ト云フモノハ殆ドナイト言ツテモ宜イ位デアリマス、此ノ點ニ付テハ本會議デナクトモ、委員會ニ於テモ質問シ、又御答辯ヲ得タイト思ヒマスカラ、此處デハ御答辯ハ要リマセヌガ、彼等ノ納稅成績ノ良イコトハ、私ハ範トスルニ足ルト考ヘテ居ルノデアリマス、更ニ彼等ハ光ト熱ノ幸福ヲ感ジテ居レバコソ、購買力ヲ持ツテ居ルノデアリマス、卽チ彼等ニ底力ヲ與ヘテ居ルト云フコトハ、非常時日本ノ大局カラ見テ、ドレ程力強イコトデアルカ分ラヌノデアリマス(拍手)彼等ハ內地ヨリ小麥、乾魚、鹽魚、綿織物、各種紙類、木材、絹織物、肥料、清酒、燐寸、麥酒、鐵材、機械類等ヲ移入シテ消費シツツアルノデアリマシテ、昨年ノ統計ニ依リマスレバ二億七千七百餘万圓、卽チ三億万圓ニ近イ日本內地ノ商品ヲ購買シ、消費致シテ居ルノデアリマス、卽チ有機的經濟機構下ニ於テ、直接間接ニ相互ニ貢獻シ合ウテ居ルノデアリマス、臺灣ノ底力ガ減ジ、臺灣ノ民力ガ涸渇致シマスレバ、日本ノ商品、內地ノ商品ノ賣行ガ惡クナルト云フコトハ、火ヲ睹ルヨリモ明カデハアリマセヌカ(拍手)

更ニ非常時ニ於ケル臺灣島民ノ熱誠ニ付テ一言致シタイノデアリマス、彼等ハ此ノ非常時ヲ認識シ、皇民化運動ノ效果モアツタデアリマセウケレドモ、臺灣ニ於ケル金獻運動ハ半箇年ナラズシテ三千五百万圓ニ達シテ居リマス、日本ノ金獻運動、日本ノ民間ノ金動員ガ幾ラデアルカト云フコトハ承知シテ居リマスガ、是ハ申シマセヌ、秘密ニスル方ガ宜イデセウ、ケレドモ臺灣ニ於テハ三千五百万圓ヲ突破シテ居リマス、更ニ國防獻金デゴザイマスガ、此ノ非常時ニ於テ陸海軍ニ獻金致シマシタ臺灣島民ノ熱誠ハ、六百万圓ニ達シテ居リマス、人口五百六十万ノ臺灣ニ於テ六百万圓、人口二千二百万ノ朝鮮ニ於テ七百万圓、內地ニ於テ七千五百万圓ヲ陸海軍ニ獻金シテ居ルノデアリマスガ、五百六十万島民ノ臺灣ニ於テ、六百万圓ノ陸海軍國防獻金ヲ致シテ居ルト云フコトハ、卽チ底力ガアリ、民力ガ休養セラレテ居ル證據デハアリマセヌカ、折角是程ノ底力ノアルモノヲ、米作偏重ノ名ニ依ツテ之ヲ抑ヘル理由何處ニアリヤ(拍手)支那事變ガ假ニ一時的ノ結ヲ結ビマシテモ、我國ノ長期建設――第一期ガ十六年マデ、次ハ第二期、第三期ト云フ風ニ、吾吾ハ二期三期ノ計畫ヲ持タナケレバナラヌト云フコトヲ想像致シテ居ルノデアリマス、此ノ秋ニ方ツテ長期建設ヲ口ニシナガラ、斯ノ如キ統治上惡影響ヲ及ボスカノ施設ヲ

ナサルルト云フコトハ、私ハ不可思議千萬ト言ハナケレバナラヌト思フノデアリマス(拍手)此ノ戰時ニ於キマシテ、臺灣カラ通譯、人夫ト致シマシテ、出征致シマシタ島民ハ相當居リマス、此ノ人數ハハッキリ知ッテ居リマスケレドモ申シマセヌ、併シ要スルニ臺灣島民ノ心ヲ捉ヘテ、非常時日本ニ協力セシメテ、所謂平沼首相ノ總親和ノ實ヲ擧ゲルカ擧ゲヌカト云フ洵ニ重大ナル時ニ當ッテ、斯ノ如キ摩擦相剋ヲ起スガ如キ提案ヲセラレルト云フコトヘ、如何デアルカト云フ疑ガ世上多イノデアリマスルカラ、私ハ之ヲ質シテ見タイノデアリマス(拍手)非常時ニ直面致シマシテ、臺灣ノ金獻ガ非常ナ底力ヲ見セ、半年ナラズシテ三千五百万圓ヲ突破シ、全國民感激ノ標的トナッテ居リ、又臺灣ノ財政ヲ見ル時ニ、非常時局ヲ反映致シマシテ、非常ナ膨脹ヲ見セテ居リマスケレドモ、膨脹ニ依ル所ノ負擔ノ過重ヲ厭ハズ、臺灣島民ガ熱誠ヲ披瀝致シテ居リマスル今日、今回ノ管理案ナルモノハ、私ハ其ノ民心ニ及ボス影響鮮少ニアラズト考ヘザルヲ得ナイノデアリマス、延イテハ東亞新秩序建設ノ聖業ノ達成ノ爲ニ、一抹ノ不安ヲ感ゼザルヲ得ナイノデアリマス、臺灣ノ人口ハ只今申上ゲル通リ五百六十万人、是ガ農業者ハ總人口ノ五四%デ、其ノ人口ノ大半ヲ占メテ居ルノデアリマスルガ、此ノ大半ヲ占メテ居ル大多數ノ農民ニ、非常ナル衝擊ヲ與ヘタコトハ事實デアリマス、表面平靜ニ見エテ居リマスケレドモ、內政的ニ、內在的ニ潛ンデ居リマス人心ノ機微ヲ思フ時ニ、私ハ洵ニ憂慮セザルヲ得ナイノデアリマス(拍手)

アナタ方ハ皇民化運動ナルモノヲナサッテ居リマス、皇民化運動トハ何デアリマスカ、臺灣人ノ服ヲ禁止セラレルコトデアル、寺廟ノ撤廢デアリマス、其ノ他風俗習慣ヲ一日モ早ク形ノ上カラ皇民化ショウト云フ手段デアリマス、物事ハ精神的ニ內カラ行ク場合ト、形カラ行ク場合トガゴザイマスカラ、之ヲ私ハ拒否スル者デハゴザイマセヌ、之ヲ嗤フ者デハアリマセヌ、併シナガラ根本ハ臺灣島民五百六十万ノ心ヲ把握スルコトデナクチヤナラヌ、現內閣ハ總親和ヲ主張セラレ、又外務大臣ハ東亞建設ニ對シ大愛ヲ以テ臨ムト言ハレテ居リマス、又總理大臣ハ皇道ヲ以テ臨ムト言ハレテ居リマス、其ノ皇道トハ何デアリマスカ、各〻其ノ處ヲ得セシメ、天下一人トシテ其ノ處ヲ得ザル者ナカラシムルト云フノガ、是ガ皇道ノ極致ナルモノデナクチヤナラヌト私ハ思フ(拍手)

アノ獨裁專制ノ標本ノ如ク考ヘラレテ居リマスル所ノ「ヒトラー」ハ、議會ハ之ヲ蹂躙シ、政府即議會、政府其ノモノガ議會デアルト云フノデ、議會ヲ開クト云フト、彼自ラ演說ヲシテ置イテ、既ニ閉會、散會ト云フ風デアリマス、其ノ「ヒトラー」デサヘモ、立憲政治ハ國民了解ノ政治デナクチヤナラヌト云フノデ、議會ヲ斯ノ如ク扱ッテ居リマスケレドモ、「ヒトラー」ト政治博覽會ト云フモノハ有名デアリマス、即チ「ヒトラー」ハ到ル處ノ都市ニ於テ、模型ヲ以テ、寫眞ヲ以テ、其ノ他統計ヲ以テ「ヒトラー・ナチス」ノ天下ニナッテカラ、產業ハ是程勃興致シタ、貿易ハ是程振興致シタ、失業者ハ是程無クナッタ、轉業者ハ是程出來テ居ルト云フ風ニ言ッテ、議會ニ於テハ專制ノ如ク扱ヒマスケレドモ、國民ニ對シテハ直接ニ了解ヲ得ツツ、彼ヘノ信賴ヲ增シ、結束ヲ固メ、而シテ新興獨逸ヲ建設シツツアルデハアリマセヌカ、臺灣ニ於テハ一人ノ代議士ヲ持チマセヌ、若シモ臺灣ニ五十人ナリ百人ノ代議士ガアリマシタナラバ、此ノ問題ハ議會ノ大問題トナラウト私ハ思フノデアリマス(拍手)アノ專制獨裁ノ如ク思ハレテ居ル「ヒトラー」ニシテ既ニ斯ノ如シ、臺灣當局ハ速ニ反省セラレ、又吾々ノ疑、臺灣五百六十万民ノ疑ヲ、本會議ニ於テ又ハ委員會ニ於テ、帝國議會ヲ通ジテ天下ニ闡明セラレ、以テ彼等ノ心ニ暗影ヲ留メルコトナク、東亞新秩序建設ノ萬全ヲ期セラレンコトヲ冀ッテ、質疑ヲ終ル次第デゴザイマス(拍手)

(政府委員寺田市正君登壇)

○**政府委員(寺田市正君)** 只今岡野君ノ御質疑中、拓務大臣ニ對スル御質問ハ、大臣ガ只今貴族院ニ出席シテ居リマスカラ、私カラ一應御答辯ヲ申上ゲテ置キマス、若シ十分ノ滿足ガ得ラレナイ場合ハ、他日大臣カラ直接御答辯申上ゲル機會ガアラウト思ヒマス

拓務省ニ關シマシタ御質問ノ先ヅ第一ハ、此ノ制度ガ實施サレタ曉ニハ臺灣米ガ減產シハシナイカ、生產米ガ減ジハシナイカト云フ趣旨ノ御質問デアッタヤウデゴザイマスガ、御承知ノ通リ此ノ制度ハ急激ナ增產ハ之ヲ避ケテ居ルノデゴザイマス、ケレドモ一定年次ノ生產目標ヲ立テマシテ、內地ノ農林省トモ能ク協議ヲ盡シマシテ、サウシテ逐次米ノ增產ヲ圖ルト云フノガ本案ノ趣旨デゴザイマスカラ、決シテ減產スルト云フ心配ハナイト思フノデアリマス(「アナタニハ分ラヌ」、「ハッキリ言ヘ」其ノ他發言スル者アリ)又是ガ爲水利施設ノ改善ヤ、開墾、干拓等ノ事業モ積極的ニ施設ヲ加ヘルコトニナルノデアリマシテ、作付面積ト云フモノハ寧ロ擴大スル、多クナル積リデアルノデアリマス、ソコデ實際ニ付キマシテハ反當リノ增收等モ出來マスノデゴザイマスカラ、減產ノ心配ハナイト申上ゲテ宜シイノデアリマス

第二ノ御質問ハ、特用作物ハ此ノ制度以外ノ方法デモ獎勵ガ出來ルヂヤナイカ、蓖麻、苧麻、黃麻ト云フヤウナモノハ、此ノ

制度ヲ設ケヌデモ、當然行ケルノデハナイカト云フ御話デゴザイマシテ、現ニ此ノ蓖麻ノ如キハ、愛國蓖麻トシテ奬勵サレマシタ爲ニ、三百甲ガ八千甲ニナツタ、之ヲ見テモ當然此ノ方法、此ノ制度ニ依ラズシテ、特用作物ノ奬勵ハ出來ルヂヤナイカト云フ御趣旨デアツタヤウデアリマスガ、是ハ御承知ノ通リ、全ク精神的ニ愛國心ノ發揚ニ愬ヘマシテ、所謂愛國蓖麻トシテ大イニ奬勵致シマシタ結果、斯ノ如ク作付反別モ增シテ參リマシタケレドモ、是バカリデハ中々サウ收穫ヲ確保スルト云フコトガ困難デアリマスカラ、玆ニ制度ヲ設ケマシテ、此ノ特用作物ノ奬勵ニ付キマシテハ、其ノ對抗作物ト見ルベキ米ノ價格ノ適正デアルコトヲ圖リマシテ、サウシテ此ノ特用作物ノ奬勵ニモ當リタイト思ツテ居ル所デアリマス、又政府ガ石四圓モ普通ノ市價ヨリ値下デ買收スルトナレバ、非常ナ收益ニナツテ來ルデハナイカ、ソンナ儲ケヲシテドウスルカト云フヤウナ、御話デゴザイマシタガ、ソレハ少シ計算ガ違ツテ居ルノデアリマス、只今ノ計畫デハ石約二圓以內ノ値下デ買上ゲルコトニナツテ居ルノデアリマスカラ、岡野君ノ仰シヤツタヤウナ大變ナ收益ヲ擧ゲルト云フコトハナイノデアリマス、隨ヒマシテ、農家ノ經濟ヲ壓迫スル、若クハ非常ニ低價デ以テ買上ゲルト云フコトハ、斷ジテナイノデゴザイマスカラ、其ノ點ハドウカ御諒承ヲ願ヒタイノデアリマス

ソレカラ米ヲ買上ゲタナラバ、ソレヲ貯藏スルニ付テノ倉庫ナドハドウスルカト云フ御話デゴザイマシタガ、御承知ノ通リニ玄米ヲ以テ買上ゲマスカラ、一時ニハ殺到シテ參ラヌノデアリマス、漸次此ノ買上ヲ致スノデアリマスカラ、倉庫等モサウ非常ナ準備ハ必要ハナイノデゴザイマスガ、ソレデモ產業組合其ノ他從來カラノ倉庫ガゴザイマスカラ、是等ヲ利用致シマスレバ十分デアルノミナラズ、現ニ十四年度ノ豫算ニ於キマシテ相當ノ倉庫建築費ヲ計上シテアル次第デゴザイマス

次ハ農民經濟ノ壓迫トナラヌカト云フ御趣旨ノヤウデゴザイマシタガ、此ノ制度ノ實施ハ漸進的ニ之ヲ處置致スノデアリマシテ、サウシテ今申上ゲマシタ石二圓弱ノ政府ノ收益ト云フモノハ、之ヲ擧ゲテ農業生產部門ノ改善ニ使用致シマスカラ、農業經營ノ多角化、集約化ト云フコトヲ促進致シマシテ、漸ヲ逐ウテ農業經濟ノ安定向上ヲ齎シマシテ、窮極ニ於テハヤハリ農家ノ福祉ヲ增進シテ、農業經濟ヲ充實スルト云フ此ノ趣旨ガ貫徹サレルモノト思フノデゴザイマス

其ノ次ハ臺灣統治ニ及ボス影響、島民ノ心理上ニ關スル影響ガ重大デナイカト云フ御心配デゴザイマシタガ、此ノ制度ハ單ニ一時ノ目的ノ爲デハナクシテ、所謂永遠ノ島民ノ福利ヲ增進スルト云フコトヲ主眼トシテ居ルノデゴザイマス、ソレニ臺灣ガ天然ニ持ツテ居リマス生產ヲ擴充強化シテ、サウシテ帝國全體ノ福祉ニ寄與シタイト云フノガ此ノ趣旨デアリマスカラ、此ノ制度ノ制定ノ趣旨ヲ能ク島民ガ諒解ヲ致シマシタナラバ、寧ロ島民ハ臺灣ニ生活シテ居ルト云フ、誇リ一ツノ自負ヲ增進致シマシテ、所謂內臺一如ノ精神ニ基キマシテ、統治上ノ心配等ハナカラウト思フノデゴザイマシテ、サウ云フ點等ニ付キマシテモ、特ニ注意致シテ居ルヤウナ次第デゴザイマス、ソレダケノヤウデアツタト思ヒマスガ、若シマダアリマスナラバ更ニ御答致シマス

（國務大臣板垣征四郞君登壇）

○國務大臣（板垣征四郞君）　只今ノ私ニ對スル御質問ハ、軍需物資ガ却テ減產ヲスルノデハナイカト云フヤウナ意味ノ御質問ノヤウニ承リマシタ、是ハ減產ヲシナイ、增加ヲスルト云フコトニ付テハ、只今拓務當局カラ答辯ノアツタ通リデアリマス、要スルニ陸軍ト致シマシテハ戰時食糧問題、竝ニ此ノ軍需物資生產擴充ノ見地カラ本案ヲ適當ト認メ、其ノ成立ヲ希望スルモノデアリマス

（國務大臣櫻內幸雄君登壇）

○國務大臣（櫻內幸雄君）　岡野君ノ私ニ對スル御質疑ハ、今日部落ニ於テ農事關係者ガ非常ナル努力ヲ致シテ居ルケレドモ、既ニ勞力ノ不足ヲ來シテ居ツテ、非常ナ困難ヲ來シテ居ルノデアルガ、之ニ對シテ其ノ活動ヲ增スノニハドウ云フ對策ガアルカ、又補助ヲスルカドウデアルカ、斯ウ云フヤウナ御質疑デアツタト思ヒマス、現在ノ農村ノ狀態ニ付キマシテハ、從來屢〻申上ゲタ通リ、我ガ農家ノ人々ガ非常ナル努力ヲサレテ居ルコトニ對シマシテハ深ク敬意ヲ表スル所デアリマス、就中部落單位ニ於テ實行組合其ノ他ノ人々ガ一團トナツテ働イテ居ラレルコトハ、吾々モ洵ニ感謝致シテ居ル所デアリマスガ、之ニ對シテ政府ガ如何ナル助成ヲ致スカト云フコトニ付キマシテハ、今日ニ於キマシテモ所謂共同施設ノ大部分ハ、此ノ實行組合ノ力ヲ借リテ致シテ居ルノデアリマシテ、ソレニ對スル所ノ補助、助成ト云フモノヲ相當見テ支出致シテ居リマス、併シナガラ現在ノ實情カヲ見テ其ノ程度デ目的ヲ達スルコトガ出來ルカドウデアルカ、尙ホ一層之ニ對シテ考慮ヲ拂ハナケレバナラヌデハナイカト云フコトニ付キマシテハ、私共深ク岡野君ニ同意ヲ表スル譯デアリマス、此ノ點ニ付キマシテハ目下硏究考慮ヲ致シテ居ルノデアリマスガ、只今ノ所デハ未ダ是ト云フ成案ヲ持ツテ居リマセヌ、併シナガラ今日マデ豫算面ニ現ハレタ所ニ於キマシテモ、可ナリ多數ニ上ツテ居ルノデアリマシテ、或ハ

電力ノ共同利用デアルトカ、畜力ノ共同利用デアルトカ、或ハ勞力ノ移動調整デアルトカ、共同作業デアルトカ、勤勞奉仕デアルトカ、總テ是等ニ對シテハ、多少ナリ共補助ヲ致シテ居ルノデアリマシテ、其ノ補助、助成ニ付キマシテハ、相當效果ガアルト考ヘテ居ルノデアリマス、尙ホ今後ニ於キマシテモ十分ニ此ノ問題ニ對シマシテハ、研究致シタイト考ヘテ居リマス

更ニ根本ノ問題ニ付キマシテ――或ハ是ハ私デハナカタカットモ思ヒマスケレドモ、此ノ米穀政策ニ對シテ增產ノ計畫ニ付テノ御意見ガアッタト考ヘテ居リマス、此ノ件ニ付キマシテ拓務當局カラ話ガアリマシタ如ク、今後ノ臺灣米ニ付キマシテハ、農林拓務兩省ノ關係者ニ於テ、將來一定ノ增加率ノ計畫ヲ立テマシテ、臺灣ノ米ノ收穫ガ順次增加致スヤウナ相談ヲ致シテ居リマス、朝鮮ニ付キマシテハ固ヨリ臺灣ト內地ノ如ク今回計畫サレタ一元化的ナ方策ガマダ決定致シテ居リマセヌガ、緊密ナ連絡ヲ執ッテ增產計畫ヲ立テテ居ル次第デアリマス、內地ニ於ケル所ノ增產計畫ニ付キマシテハ、今極力力ヲ盡シテ居ル次第デアリマス(拍手)

〔政府委員松村光三君登壇〕

○政府委員(松村光三君) 只今ノ岡野君ノ御質疑ニ對シマシテ、大藏所管ニ關スル部分ニ付キマシテ御答申上ゲマス、本案ハ臺灣ニ於ケル重要產業ノ調整ヲ圖リ、其ノ健全ナル發達ヲ期スル爲ニ立テラレタルモノデアリマシテ、買上價格ノ決定等ニ當リマシテハ、其ノ趣旨ニ合スルヤウニ適正ヲ期スル考ヘデアリマス、又納入組合ヲ作ヲシメテ、漸次ニ買上ゲタモノヲ內地ニ移出スルノデアリマスルカラ、內地ノ米穀需給調節特別會計ニ於ケル如キ、保管等ノ爲ニ特ニ損失ヲ加ヘルコトハナイト考ヘテ居リマスルガ、尙ホ此ノ案ノ施行ニ當リマシテハ、十分ナル注意ヲ以チマシテ萬遺漏ナキコトヲ期シタイト考ヘテ居リマス

○副議長(金光庸夫君) 三善信房君

〔三善信房君登壇〕

○三善信房君 私ハ臺灣米ノ移出管理ニ付キマシテ、極ク簡單ニ政府當局ノ所見ヲ伺ヒタイト思フノデアリマス、食糧問題ガ國民生活ノ上ニ重要ナルモノデアリマスルコトハ、今更申上ゲルマデモナイコトデアリマス、農林大臣ハ屢〻或ハ豫算總會ノ席上、或ハ分科會等ニ於キマシテ、我國ノ食糧政策ニ於テハ別段支障ノナイヤウニ述ベラレテ居リマスルガ、私ハ現在ノ農林省ノ企テ居ラルル程度ノモノデハ、果シテ時局下ニ於テ生產ノ確保ガ出來ルヤ否ヤト云フコトニ頗ル疑問ヲ持ツ者デアリマス、此ノ點ニ付キマシテハ特ニ農林當局ノ御考慮ヲ願ッテ置クノデアリマスルガ、只今本法案ト關聯シマスル臺灣米ノ移出管理ハ、臺灣カラ我國ニ來ル米五百万石程度ノモノヲ臺灣總督デ管理ヲスルト云フコトガ、其ノ問題ニナッテ居ルノデアリマス、其ノ管理ガ適當デアルカドウカト云フコトガ、私共ガ質サントスル所ノ問題デアリマス、臺灣ハ御承知ノ通リニ、氣候風土ガ農業ニ適シテ居リマスル關係上、臺灣ノ產業ハ農業ヲ中心トシテ發達致シテ參ッテ居リマス、明治三十三年ニハ僅ニ二十万甲、二百万石ノ米デアッタノガ、現在デハ四十五万甲、約五十万甲ノ反別デアリマシテ、其ノ總額モ九百万石ニ達シテ居ルノデアリマス、是レ固ヨリ其ノ土地ガ最モ農產物ニ適シテ居ルノト共ニ、當局ノ指導奬勵モ其ノ適當ヲ得タ結果デアルト信ズルノデアリマス、而シテ內地、朝鮮、臺灣ハ產業上特ニ緊密ナル連繫ヲ保ッテ、適地適產、以テ國家ノ全體的見地ニ立チマシテ、國運ノ進展ニ貢獻セネバナラヌト思ヒマス、今回臺灣米ノ移出管理モ此ノ趣旨ニ依リテ設ケラレタモノデアルト深ク信ズル者デアリマス、然ルニ若シ移出管理ヲ實施セラレマシタガ爲ニ、臺灣農民ノ農家經濟ヲ壓迫シテ、農民ノ生活ニ不安ヲ來スヤウナコトガアッタナラバ、絕對ニ避ケナケレバナラヌト信ズルノデアリマス、支那事變以來五百万ノ臺灣島民ハ時局ノ重大性ニ鑑ミマシテ、一致協力シテ至誠報效ノ誠ヲ盡シテ居リマス、此ノ島民ニ對シテ經濟上ノ大ナル打擊ヲ與ヘルヤウナコトハ、絕對ニ避ケナケレバナラヌト思フノデアリマス、臺灣農民ガ現在心配シテ居リマスノハ、此ノ法案ガ實施サレマシタ後ニ臺灣ノ米ガ非常ニ下リハシナイカ、或ハ臺灣ノ米ノ生產ノ制限ヲスルノデハナイカ、或ハ臺灣ノ農家ノ收入ガ非常ニ激減スルノデハナイカ、此ノ三ツガ臺灣島人ノ最モ心配致シテ居ル點デアリマス、此ノ心配シテ居ル點ニ付キマシテ、此ノ議會ヲ通ジテ十分之ヲ臺灣島民ガ諒解スルヤウニ明示サレル必要ガアルト思ヒマス、斯樣ニシテ政府ノ政策ニ臺灣ノ島民モ喜ンデ參加スルヤウニスルコトガ、最モ政治ノ要諦ナリト信ズル者デアリマス(拍手)此ノ點ニ付キマシテ、特ニ此ノ法案ヲ實施シテモ臺灣ニ何等ノ苦痛ヲ與ヘナイ、寧ロ臺灣ノ農民ハ是ガ爲ニ幸福ニナッテ、經濟上非常ニ利益ヲスルト云フヤウナコトニ付キマシテ、十分諒解シ得ラルルヤウニ所見ヲ述ベラレンコトヲ希望致シテ置キマス

米穀ノ移出管理ノ目的ト致シマスル所ハ、米穀ノ移出管理ニ依リマシテ臺灣ノ米價ヲ適當ニ定メ、現在ノ米作偏重ノ傾向ヲ改メマシテ、軍事上又ハ國防上、此ノ國策遂行上我ガ國內ニ於テ自給ヲ必要トスル所ノ、或ハ甘蔗、或ハ棉、或ハ麻類ト云フヤウナモノヲ栽培シテ、所謂國家的ニ有用ナル作物ノ栽培ヲ奬勵スルト共ニ、一面管理ノ事業ニ依ッテ得タル所ノ剩餘金ガアルト

致シマスルナラバ、之ヲ以テ積極的ニ農業生産ノ增進ヲ圖ル、農産資源ノ開發ヲ爲スト云フノガ、其ノ眼目デナケレバナラヌト思ヒマス、之ヲ要シマスルニ、米作偏重ヲ改メマシテ、サウシテ他ノ作物ヲ一部栽培スルト云フコトニナリマスルガ、結局ハ之ヲ實行スル上ニ付キマシテハ價格ノ問題デアリマス、米ヲ高ク買上ゲラルルト云フコトニナリマスレバ、米ノ增産ハ從ツテ行ハレマス、米價ヲ安ク買ハルルト、隨テ米ノ産額ト云フモノハ減少致シマス、又米ヲ高ク買ハレマスルト、此處ニハ剩餘金ガナイヤウニナルカモ知レマセヌ、隨テ他ノ作物ノ栽培上ニ對スル所ノ有ユル施設ハ出來ナイヤウニナツテ參ルト思ヒマス、若シ非常ニ安ク米ノ買入價格ヲ決定セラレマスルト、剩餘金ガ幾ラカアリマスノデ、有ユル施設ニ對シテ經營ヲサルルコトガ出來ルト思ヒマス、要スルニ政府ガ其ノ價格ヲ如何ニスルカト云フコトガ、其ノ重要デアルト思ヒマス、サウ致シマスレバ、果シテ政府ノヤル所ノ有ユル政策モ行ハレ、或ハ又其ノ米ノ增産或ハ減産等ニ付キマシテ影響致スノデアリマスカラ、之ヲ如何ニ調和シテ行カレルカト云フコトハ、最モ必要ナコトデアルト思ヒマス

尙ホ今回米ノ買入價格ニ對シマシテ、政府ハ作付前ニ買入ノ價格ヲ決定スル、サウシテ農民ニ知ラシメル、斯ウ云フヤウナ御意思ノヤウデアリマスガ、果シテ作付前ニ米ノ價格ヲ決定セラレルトシマスルナラバ、何ニ依ツテ決定セラレルカ、恐ラク前年ノ米ノ生産費或ハ前期ノ生産費ヲ基トシテ、之ニ物價及ビ有ユル經濟事情ヲ參酌シテ決メラレルト思ヒマスケレドモ、其ノ生産費ハ其ノ米其ノモノノ生産費デナクシテ、前期ノ米ノ生産費、前年ノ米ノ生産費デアリマスカラ、玆ニ非常ナル相違ヲ來スノデアリマス、其ノ點ヲ如何ニ調和セントスルノデアリマスカ、米ノ價格ニ付キマシテ、我ガ内地ニ於キマシテモ、最低最高ノ價格ガ決メラレテアリマスケレドモ、今年ノ最高價格ノ如キ無理ナ決メ方ハナイト私ハ考ヘルノデアリマス、如何ニ私ガ考ヘマシテモ、或ハ物價ノ事情、或ハ經濟事情カラ考ヘマシテモ、少クトモ農村ノ米ノ最高價格ヲ前年ト同樣ニ決メラレルト云フコトハ、常識カラ考ヘテドウシテモ私共ハ諒解スルコトハ出來マセヌ(「ヒヤ〳〵」)唯政府ハ物價ヲ抑ヘル、上ゲナイト云フ方針ノ下ニ、米ノ値段ヲ去年ト同樣ニ、最高價格ヲ決メルト致サレマスナラバ、是モ一應諒解ガ出來マス、若シ果シテサウデアルトスルナラバ、米ト其ノ他ノ農村必需品ノ價格ノ均衡ヲ取ルヤウニ、他ノ物價ノ引下ゲヲシナケレバ均衡ガ取レナイト私ハ思フノデアリマス(拍手「ヒヤ〳〵」)斯樣ナ考ヲ以テ今回又臺灣ニ臨マレルト云フコトデアツタナラバ、臺灣島民ノ受クル所ノ損害ト云フモノハ、蓋シ莫大ナルモノデアルト信ズルノデアリマス、隨テ臺灣米ノ買上價格ノ決定ニ對シマシテハ、適當ニ其ノ點ヲ考慮サレル必要ガアルト思ヒマスルガ、如何ナル考ヲ御持チニナルノデアリマスカ

尙ホ臺灣ニ於テハ全農産物ノ六割ガ米デアリマシテ、一割五分ガ甘蔗デアリマス、隨テ米ト甘蔗トガ臺灣ノ重要作物デアリマスルガ、今其ノ一ツノ米ニ對シテ統制ヲ加ヘラルルト致シマシタナラバ、他ノ甘蔗ニ對シテモ當然玆ニ一ツノ統制ヲ加ヘラルル必要ガアルト思ヒマス(拍手)之ニ對シテ如何ナル考ヲ御持チニナツテ居ルカ

尙ホ我國ノ米穀政策ヲ一貫シテヤル上ニ付キマシテ、臺灣ニ移出管理ヲナサレルトスルナラバ、ヤハリ同ジ我ガ國内ニ移入スル所ノ朝鮮米ニ對シテハ、如何ナル考ヲ御持チニナツテ居ルカ、此ノ點ヲ併セテ御伺致シマス、此ノ數項ニ涉リマシテ極ク簡單ニ申上ゲマシタケレドモ、大臣ノ答辯ハ十分私ガ理解スルヤウニ懇切丁寧ニ御願致シマス(拍手)

〔國務大臣八田嘉明君登壇〕

○**國務大臣(八田嘉明君)**　三善君ノ御質問ニ對シマシテ一應私ヨリ御答申上ゲタイト思ヒマス、農民ノ經濟ノ壓迫ニナラヌカト云フ點ニ付キマシテハ、只今御話モアリマシタガ、本案ハ主トシテ島内ノ米價ノ適正ヲ圖ツテ、一方ニ於テ重要産業ノ調和的發展ヲ期シテ、而シテ結局農家經濟ノ安定ヲ圖ラントスルニアリマスルノデ、一時本法ノ施行當初ニ於キマシテハ、或ル程度米ノ買上價格等ノ點カラ致シマシテ、多少ノ異動ヲソコニ生ズル譯デアリマスルケレドモ、結局本管理案ニ依リマシテ得タル所ノ收益ハ、之ヲ悉ク農業開發ニ對シマシテ還元致シマスル方針デアリマスルノデ、永遠ニ於テハ農民ノ經濟更生竝ニ福利ノ增進ニ寄與スル所ガ極メテ多イコトヲ信ズル者デアリマス、殊ニ此ノ管理法案ノ趣旨ハ、只今モ御話ノアリマシタル通リ、臺灣ノ天然ノ惠マレタル所ノ、此ノ熱帶的自然條件ヲ最モ有效ニ利用致シマシテ、一方ニ於テハ適當ナル米産ノ發達ヲ圖リマスルト共ニ、現下竝ニ將來ニ於テ必要デアリマスル所ノ重要農産物ノ發展ニ對シマシテ適當ナル考慮ヲ拂ヒツツ、此ノ目的ヲ達シタイト云フ關係デアリマスルノデ、農民經濟ノ壓迫トナルヤウナコトハ決シテナイト考ヘマスノミナラズ、結局其ノ反別ニ於キマシテハ、甚シイ增加ガアリマセヌデモ、多角經營及ビ集約經營ニ依リマシテ、寧ロ農家ノ經濟ハ十分ニ採算ガ取レルコトハ疑ナク存ジテ居ル次第デアリマス、隨ヒマシテ只今特ニ強ク御尋ノアリマシタル所ノ臺灣ノ統治上、殊ニ現在此ノ時局ニ際シマシテ、臺灣島民ノ時局ヲ認識シテ、此ノ國家ノ全局ニ寄與

シテ居ル所ノ此ノ實際ノ狀態ニ顧ミマシテ、此ノ法案ノ結果ガ苟モ之ニ違反スル所ノ結果ヲ生ズルコトハ、洵ニ考ヘナケレバナラヌト云フ點ニ付キマシテハ、臺灣總督府ニ於キマシテハ勿論、拓務省ニ於キマシテモ特ニ此ノ點ニ注意ヲ致シマシテ、萬遺算ナキヲ期シテ居ル次第デアリマス、殊ニ本管理案ノ趣旨ガ徹底シテ、島民ニ理解セラレルニ至リマシタ曉ニ於キマシテハ、十分ニ此ノ點ガ明瞭ニナリマシテ、何等統治上ニ危惧ノ起ルコトハナイト堅ク信ジテ居ル次第デアリマシテ、今後トモ管理案ノ決定シマシタル曉ニ於キマシテハ、臺灣總督府ト共ニ、政府ニ於キマシテモ十分ナル理解、周知ノ方法ニ付テ遺憾ナキヲ期シタイト存ジテ居リマス

又買入價格ニ付キマシテハ、只今御話モアリマシタ通リ、是ハ中々御說ノ通リ難カシイ問題デアルト存ジマスルガ、ヤハリ米穀ノ生產費、物價其ノ他ノ農村經濟事情ヲ參酌致シマシテ、大體ニ於テ前年同期ノ生產費ヲ基準ト致シテ居リマスルコトヘ、洵ニ已ムヲ得ナイコトデアルト考ヘルノデアリマス、殊ニ此ノ臺灣米ノ管理ニ付キマシテハ、其ノ目的ガ他ノ重要農作物トノ關係ヲ最モ適正ニ致ス關係上、其ノ他ノ重要作物トノ價格ノ關係ヲモ考慮致シマシテ、買上價格ヲ適正ニ決定致シテ、急激ナル變化ヲ避ケルヤウニ致シタイト考ヘテ居リマス、只今大體買入價格ニ付テハ左樣ナ風ニ考ヘテ居リマス

尙ホ朝鮮ニ付テ御指摘ガアリマシタガ、臺灣ニ於キマシテハ、申スマデモナク臺灣ノ所謂天然ノ此ノ條件ニ適シマスルヤウニ、本管理案ヲ制定致シマシタルヤウナ關係デアリマシテ、臺灣ニ於テハ所謂多角的ニ重要農產物ト此ノ米作トヲ調節シテ參ルコトガ出來マスルケレドモ、朝鮮ニ於テハ申スマデモナク氣候等ノ關係ヨリ臺灣其ノ儘ノ同樣ナル考ヲ以テハ朝鮮ニ於テハ行ハレナイカトモ考ヘマスノデ、此ノ點ニ付キマシテハ只今御話ノ點ニ付キマシテ十分今後ニ於テ考ヘ、內地ノ米穀政策トモ呼應致シマシテ、最善ノ將來ノ策ヲ考ヘタイト存ジテ居リマス

最後ニ米穀管理制度ト同時ニ此ノ甘蔗等ノ作付或ハ延イテハ糖業ノ方面ニ對シテ對策ヲ考ヘル必要ガアルノデハナイカト云フ點ニ付キマシテハ、政府當局ニ於キマシテモ十分此ノ點ニ付テハ考慮致シテ居リマス、特ニ律令ヲ設ケマシテ、甘蔗ノ作付ノ面積竝ニ甘蔗ノ買上價格ノ許可制度ヲ實施致シタイ考ヲ持ツテ居ルヤウナ次第デアリマス、一應私ヨリ御答申上ゲマス（拍手）

○副議長（金光庸夫君） 前川正一君

〔前川正一君登壇〕

○前川正一君 只今ノ案ニ付キマシテ極ク簡單ニ理由ヲ申述ベマシテ政府ノ御所見ヲ承リタイト思フノデゴザイマス、只今政府カラノ御答辯ガゴザイマシタケレドモ、今回ノ臺灣米ノ移出管理法ニ依リマシテ、臺灣ノ米ノ相場ハ餘リ下ラナイ、隨テ減產トハナラナイト思フ、斯ウ云フヤウナ御答辯ガアツタノデゴザイマスルガ、是ハ論理的ニ見マシテモ、現實ノ農村ト云フ事情カラ見マシテモ、私達ハドウモ肯定シニクイノデゴザイマス、先ヅ此ノ點ニ付キマシテモツト明確ナ御說明ヲ得タイト思ヒマシテ、第一段ノ質疑ヲ致シタイト思フノデアリマス

平時ニ於キマシテモ其ノ國ノ領土ノ中デ、其ノ國ノ領土內ノ人口ガ其ノ領土內ノ食糧デ充サレルコトハ極メテ理想的ナコトデゴザイマスルガ、特ニ戰時ニ於キマシテハ、其ノ必要ガ尙ホ一層痛感サレルノデゴザイマス、先程岡野君モ言ヘレマシタヤウニ、食糧ガ戰時ニ於テドレ程重要デアルカト云フ色々ノ引例モゴザイマシタ、實ニ其ノ通リデゴザイマス、既ニ御承知デゴザイマセウガ、戰時ニ於ケル所ノ米ノ消費量ト云フモノハ、實ニ驚クベキ增加ヲ致スモノデアリマス、日露戰爭當時ニ於キマシテヘ、年々六百万石ノ米ノ消費增加ヲ致シマシタ、歐洲大戰當時ニハ五百五十万石ノ消費ノ增加ヲ致シテ居リマス、而モソレガ戰後ニ於テモ此ノ增加シタ數字ガ減退ヲシナイノデアリマス、吾々ハ斯ウシタ經驗ヲ持ツテ居ル、今回ノ事變ニ於キマシテモ戰線ノ將士諸君ノ爲ニ、或ハ軍需工場ノ殷盛ト、都市ヘノ勞働人口集中等ノ關係カヲ致シマシテ、米ヲ主要食物ト致シテ居リマスル現在ノ私達ニ於テハ相當多クノ消費量ガ激增スルモノト見ナケレバナラヌト思フノデゴザイス（拍手）然ルニ今年ノ米ノ需給推算ノ數字ヲ見マスルト、成程辻褄ハハツキリ合ウテ居リマス、ダガ先日ノ第二回ノ增收發表ガゴザイマシタケレドモ、米ノ相場ハ決シテ動カウトシテ居リマセヌ、出廻リ期ノ今日ニ於テハ、普通ナラバ多少米價ハ下向クノデアリマスルケレドモ、依然トシテ最高價格ニ釘付ケラレテアル儘デアリマス、或ル一二ノ銘柄ノ如キハ最高價格ヲ突破シテ居ルモノサヘアルヤウナ狀態デゴザイマス（拍手）日本ニ於ケル物資ノ中デ唯一ツノ强味ハ此ノ米デゴザイマス、國民ノ主要食物デアル所ノ米ノ問題ハ特ニ戰時ニ於キマシテハ絕對的ノモノデナケレバナラヌト思フ、而モ是ハ物價問題ト極メテ「デリケート」ナ關係ヲ持ツテ居ルノデアリマス、米ノ相場ヲ「コントロール」致シマス爲ニ、政府ニ於キマシテハ、特ニ戰時ニ於テ手持米ヲ最モ潤澤ニシナケレバナラヌノデハナイカト考ヘルノデアリマス（拍手）又持越米ノ如キニ致シマシテモ、政府ノ發表シテ居リマスル所ノ數字ト、商人側ガ巷間デ傳ヘル所ノ數字トガヘツキリ合ハナイ、果シテ今年ノ米ガ政府ニ於テ十分デアルト思ハレルノデア

リマセウカ、政府ハ萬一ノ不作ノ場合等ニ備ヘマスル爲ニ、又ハ市場ノ人氣ヲ調整スルト云ツタヤウナ立場カヲシマシテ、特ニ此ノ際ハ手持米ヲ潤澤ニシテ戴キタイト考ヘルノデアリマス(拍手)然ルニ果シテ政府ハ今年ノ此ノ米穀年度ニ於キマシテ、米ニ於テハ斷ジテ不安ナシト、斯ウ云フ斷言ヲ確信ヲ以テ致スコトガ出來ルカドウカト云フコトヲ私達ハ疑フノデアリマス(拍手)斯ウ申シマスルト云フト政府ハ言ハレルデセウ、內地ニ於テハ三百万石ノ增産ノ計畫ヲ持ツテ居ルノダ、朝鮮ニ於テモ二百万石ノ增産計畫ヲ持ツテ居ルノダ、所ガ此ノ增産計畫ガ私達ニハモツト眞劍ニ考ヘテ見ナケレバナラヌト思フコトガアルノデアリマス、昨年ノ不作ノアリマシタ當時ニ、百姓ノ一戸一戸ニ就テ調ベテ見タ時ニ、應召軍人ヲ出シテ居ル、家族ノ手間ノ不足シタ家ニ於テ特ニ不作ノ多カツタト云フ事實ヲ私ハ知ツテ知ル(拍手)其ノ上ニ牛馬ハ戰線ニ徴發サレテ居リマス、勞力ハ戰場ニ動員サレ又ハ工場ニ吸收サレテ居ル、肥料ハ高イ、農具ハ高イ、農業藥劑モ高クテ而モ不足デアル、斯ウ云フヤウナ惡イ條件ノ下ニ於キマシテ、內地三百万石、朝鮮二百万石ノ增産ヲヤルト云フノデゴザイマスケレドモ、此ノ增産計畫タルヤ多少ノ危險性ヲ持ツテ居ル所ノ增産計畫デハナイカト云フコトヲ考ヘルノデアリマス(拍手)勿論政府ニ於キマ

シテ音頭ヲ取ルナラバ、農民ハ、今日ノ時局ヲ認識スル所ノ農民ハ、張リ切ツテ增産ニ從事ハスルデゴザイマセウガ、併シナガラ農業ハ他ノ産業部門トハ違ツテ居ルノデアリマス、相當長イ期間ニ亙ラナケレバ、初メ蒔イタ所ノ種ガ結實シナイヤウニ、其ノ計畫ハ實現致シマセヌ、又農業機關ハ今日ノ狀態デハテン〳〵バラ〳〵デゴザイマシテ、統一ガゴザイマセヌ、其ノ指導ニ於キマシテモ相當困難ナルモノガアルノデハナイカト云フコトヲ考ヘル、是ハ極メテ具體的ナ一例デゴザイマスルガ、本當ニ增産ヲ政府ガ眞劍ニ御考ニナリマスルナラバ、寧ロ現在ノ農林省ガ推薦シテ居リマス所ノ、アノ奬勵品種、風ニモ弱ケレバ、蟲ニモ弱イ、而モ肥料ヲ澤山食フヤウナ所ノ、唯味ダケノ旨イト云ツタヤウナ奬勵品種ヨリモ、其ノ地方ノ土壤、氣象、風土ニ適スル在來種ノ品種ニ取換ヘテ、サウシテ抵抗力ノ强イ品種ヲ以テ增收ヲ圖ルト云フコトガ、極メテ簡單容易ナ增收方法デアリマス、而モ此ノ上ニ肥料デアルトカ、農具デアルトカ云ツタヤウナモノノ配給ハ、軍需品ノ其ノ次ニ來ル所ノ重要ナモノトシテ、私達ハ農村ニ配給シテ貰ハナイト云フト、折角ノ此ノ增産計畫モ效果ガナイノデハナイカト云フコトヲ考ヘル、然ルニ現在政府ノ是等ニ對シマスル、特ニ米ニ對シマスル方針ヲ色々考ヘテ見マスト云フト、先ヅ臺灣ニ於キマシテハ、只

今ノ案ハ机ノ上デハ極メテ立派ナ案デゴザイマス、併シナガラ農民ノ心理カラ見マシテ、經濟的根據カラ見マシテ、今回ノ臺灣米移出管理ト云フモノハ、私ハ決シテ是ハ增産ヲ狙フモノデナイ、必ズヤ減産ヲスルモノデアラウト云フコトヲ言ヒ得ルト思フノデゴザイマス(拍手)一方ニ於テ戰時下ノ食糧政策ノ重要性ヲ顧ミズニ、而モ米ガ年ニ二回出來ル立派ナ土地ノ臺灣ニ於テ、米ガ減産ニナルデアラウト云フヤウナ案ガ、臺灣ニ於テ行ハレヤウトシテ居ル、內地ニ於テハ增産三百万石ハ先程申シタヤウナ理由デ、極メテ危險性ガアルト思フノデゴザイマス(拍手)而モ現在唯配給ダケノ問題ヲ內容トスル所ノ米穀會社法案ノ如キモノサヘモ、今尙ホ宙ニブラツイテ居ルヤウナ狀態デゴザイマス、支那ノ占據地域ニ於キマシテモ增産ノ指導ヲ講ゼラレテ居ルヤウデゴザイマスルガ、是ハ中々急イデ間ニ合ハナイト思フ、滿洲ニ於キマシテハ嚴重ナ統制ニ依リマシテ、生産ノ統制マデガ行ハレテ居リマス、然ルニ朝鮮ニ於キマシテハ、米ニ對スル所ノ大シタ統制的ナモノハ、何等見ルコトガ出來ナイノデゴザイマス、實ニ日本ト滿洲ト支那、此ノ東亞一體ヲ連ネテ考ヘテ見マスル時ニ、米穀政策ト云フモノガ、各地々々デテン〳〵バラ〳〵デゴザイマシテ、何等一ツノ統一ガナイノデゴザイマス(拍手)日本ノ今日ノ經濟的領域ハ極メ

テ廣クナツテ參リマシタ、今マデノヤウナ內地ダケノ方針デハ、一ツノ農林行政モ、一ツノ米穀政策サヘモ、間ニ合ハナイ時代トナツテ來タト思フノデゴザイマス、ドウカ此ノ際日滿支ヲ打ツテ一丸トシタ所ノ、大キイ立場カラノ食糧政策ノ確立、特ニ日本ト滿洲ト臺灣ト朝鮮トヲ通ジテノ增産計畫ヲ含メタ所ノ、戰時米穀政策ノ搖ギナキ確立ヲ緊急問題トシテ解決シテ戴キタイト思フノデゴザイマス(拍手)斯ル理由ノ下ニ內地、臺灣、朝鮮ヲ含メタ所ノ計畫的ナ增産方針ガ農林當局ニ於テオアリニナルカドウカ、此ノ點ヲ篤ト伺ヒタイト思フノデゴザイマス、尙ホ朝鮮カラ年々內地ニ八百万石ノ移出米ガ參リマスガ、是ハ先程モ拓務大臣ノ御答辯ニ於キマシテ、朝鮮ニハ代作物ガナイ、臺灣トハ條件ガ違フガ故ニ管理ヲヤラナイト云フヤウナ御答辯ガゴザイマシタ、一應肯カレル點デハアリマス、併シナガラ世間デハ朝鮮ニハ東拓ガアル、不在地主ノ大キイノガ相當多イ、之ニ手ヲ著ケルノハ何ダカト云フヤウナ噂モ聞クノデゴザイマスガ、必ズシモ移出米管理ハ減産ヲ條件トシナクテモ宜イノデアリマス、增産ト云フコトヲ含メタ所ノ朝鮮米ノ移出管理若クハ生産計畫ト云フモノガ、此ノ際ハツキリ立テラレルコトガ必要デハナイカト思フノデゴザイマス(拍手)更ニ農林大臣ニ此ノ點ヲ御尋ネスルノデゴザイマスガ、日本ト

滿洲ト支那ヲ通ズル所ノ、而モ統一アル綜合的ナ食糧政策ノ確立、出來マスナラバ今マデノ内外各地ノ個々別々ナ、部分的ナ統制ヲ一段ト强化統一致シマシテ、生産ヲ確保シ、米價ヲ安定シ、配給ヲ調整シ、中間利潤ヲ抑制シ、而モ内外地ノ米ノ對立ヲ緩和スルト云ツタヤウナコトヲ内容トスル、内外地一體ノ米ノ專賣實施ヲヤルコトガ、此ノ際必要デナイカト思フノデアリマス(拍手)先日農林大臣ハ、生産カラ消費ヲ通ジテノ一貫セル統制ガ必要デアルコトヲ說カレマシテ、國民ハ相當期待ヲ致シテ居ルノデゴザイマス、出來マスナラバ此ノ際農林大臣カラ戰時下ニ於ケル所ノ食糧政策ノ方針ト、米穀專賣制度ニ關スル所ノ率直ナル御所見ガ承リタイト思フノデゴザイマス(拍手)

第二點デゴザイマス、今回ノ臺灣米移出管理ノ理由ハ、先程カラ屢々申サレテ居リマスカラ申上ゲマセヌガ、米價ノ適正ト、米作偏重ト、軍事上、國策上必要ナル所ノ特用作物ヲ增産スル爲ニヤルノダ、此ノ理由ハ極メテ明快デゴザイマス、適地適作ノ立場カラ、熱ト光ノ島臺灣ニ於キマシテ、其ノ氣候ト風土ニ適スル所ノ國策的ナ特用作物ヲヤルト云フコト、而モ海外ヨリノ輸入ニ俟ツテ居ツタ物ヲ大イニ栽培致シマシテ、國際收支ノ調整ニ役立テヨウトスルコトハ、今ノ場合極メテ必要デアリマシテ、銳意是ガ促進ニ努力シナケレバナラヌコトハ當然デアリマス、事變以來現在マデノ臺灣ノ事情ヲ見マストキニ、先程カラ申サレマスヤウニ、臺灣島民ノ時局ニ對スル熱誠ナル愛國心ニ依リマシテ、此ノ政府ノ、若クハ臺灣當局ノ企圖サレマシタ所ノ特用作物ノ增産ト云フモノハ、相當素晴シイ勢デ以テ成功シテ來タト思フノデゴザイマス、臺灣島民ノ愛國心ニ愬ヘマシテ、之ヲ割當制ニ依ツテヤツテ貰フ、割當制デ此ノ增産ヲ計畫スル、斯ウ云フ方法ニ依リマシテデモ、現在ノ時局ガ必要トスル程度ノ特用作物ノ增産ガ吃度出來得ルト私共ハ考ヘルノデゴザイマス(拍手)現在臺灣島民ノ惧レテ居リマスコトハ、米價適正ト云フ名ノ下ニ於テ、米價ノ引下ガヤラレルノデハナイカ、米作偏重ノ名ノ下ニ於テ、水田ガ甘蔗ノ畑ニ轉換サレルノデハナイカ、而モ其ノ甘蔗ガ米價安ニ依ツテ同時ニ引下ゲヲレルノデハナイカト云フ點ナノデアリマス(拍手)管理米一石ニ對シテ二圓ノ利鞘ヲ取ヲレルト云フ御話デゴザイマス、五百万石ノ移出米ニ對シテハ一千万圓トナリ、島内消費ノアトノ四五百万石ニ對シテモ同ジク約一千万圓、ソコデ一千數百万圓ノ收入減ガ農村ニ起ツテ參リマス、其ノ大部分ガ農民ニ轉嫁サレルコトハ、是ハ自明ノ理デアリマス、米ガ下リマスト同時ニ他ノ作物モ下ル、勞働賃銀モ下ル、特ニ島民ノ心配スルコトハ、米價ニ引摺ラレマシテ甘蔗ノ下ツテ來ルコトデアリマス、臺灣島民ハ此ノ米ト甘蔗デ生活ヲ維持シテ居ルノデアリマス、其ノ臺灣ニ於ケル二大農産物ガ共ニ手ヲ引キ合ツテ低下致シマシタ時ノ、臺灣ノ農民諸君ノ生活問題ヲ考ヘテ戴キタイ(拍手)之ニ對シマシテ總督府ハ製糖會社ヲ或點マデ取締ルノダ、今マデノ總督府令ヲ改正シテ、今度ハ委任立法デアル所ノ律令ヲ以テ之ニ代ヲスノダ、サウシテ甘蔗ノ作付面積モ認可ニスレバ、甘蔗ノ買上價格ノ最低値段モ決メルノダカラ心配ハ要ラナイト申サレマスガ、既ニ南洋ニ於ケル南洋興發ノ甘蔗ノ買收價格ノ一方的契約ヲ臺灣島民ハヨク知ツテ居ルノデアリマス、是等ノ過去ノ經驗カラ、臺灣島民ハ、此ノ律令ト云フモノニ對シテ餘リ期待ヲ持ツテ居リマセヌ、多クノ臺灣農民ハ依然トシテ不安ニ怯エテ居ルノデアリマス、既ニ此ノ農家ガ收入ヲ減少スルデアラウト云フコトヲ立證シテ、臺灣ニ於ケル勸業銀行ノ各支店ガ――畑デヘアリマセヌ、甘蔗ト米ノ作ラレル水田デアリマス、其ノ價格ガ五%乃至六%モ低下シテ居ルコトヲ證明シテ居マス、是ハ簡單ナ一ツノ事實デゴザイマスガ、以テ立證スルニ足ルト思フノデアリマス、此ノ際拓務當局ガ臺灣島民ノコトヲ眞ニ考ヘテ戴キマスナラバ、今臺灣島民ガ製糖會社ヲ或ル程度ニ於テ抑制スルデアラウト思ハレル此ノ律令ガ、ドウ云フ内容ヲ持ツテ居ルノデアルカ、之ヲ此ノ際發表シテ戴キマシテ、臺灣島民ノ不安ト疑問トヲ解消シテ貰ヒタイト思フ者デゴザイマス(拍手)更ニ臺灣ニ於キマシテハ、今日既ニ阿片ト煙草ト樟腦ト鹽トノ外ニ酒マデガ專賣ニナツテ居ルノデアリマス、而モ相當ニ成績ヲ擧ゲテ居ルノデアリマス、此ノ際臺灣ノ地域的獨占事業デアリ、而モ米ト年中喧嘩シテ居ル砂糖ニ對シテ、米ヲ移出管理スルナラバ、臺灣ニ於ケル獨占事業デアル製糖事業ヲ國營若クハ專賣ニスルト云フコトガ(拍手)臺灣ノ統治ノ上カラ見マシテモ、國家經濟ノ上カラ見マシテモ、其ノ他色々ナル意味ニ於キマシテ極メテ有利ナコトダト考ヘルノデゴザイマス、此ノ二點ニ對シテ特ニ拓務大臣カラ明快ナル御答ヲ戴キタイト思フノデアリマス(拍手)

第三點ハ、臺灣總督府ノ文書ヲ見マスト、最近ノ臺灣ニ於ケル小作人ハ農耕地ニ安定ガ出來ナイ、生活ヲ脅威サレルコトガ夥シイ、地主モ小作人モ共ニ惱マサレテ居ル、小作爭議ハ協調團體ニ依ツテ解決ニ當ツテ居ル云々ト申シテ居リマス、又現ニ昨年三月末ノ調査ニ依リマスト、臺灣島内デ二千六百餘件ノ小作爭議ガ此時局下ニ於テ起ツテ居ルト云フコトハ、洵ニ遺憾千萬デゴザイマス、斯様ナ地主小作人ノ對立ノ下ニ於キマシテハ、恐ラク農民ハ土地ノ上ニ安定ガ出來ナイデセウ、隨テ生産力ガ相當弱メラレテ居ルコトハ間違ヒゴザイマセヌ、併シナガラ殘念デハゴザイマスガ、斯樣ナ小作爭議ト云フ事實ガ現存シマス以上ハ、何トカシテ此ノ解決方法ヲ考ヘナケレバナラヌト思フノデアリマス、サウシテ臺灣ニ於ケル所ノ生產力ヲモット伸バスコトガ、今日ノ急務デアルト思フノデアリマス(拍手)此ノ爲ニ既ニ朝鮮ニ於キマシテハ、內地同樣小作調停會ガゴザイマス、農地調整法ニ匹敵スル所ノ農地令ガゴザイマス、臺灣ニ於キマシテモ內地朝鮮同樣、小作調停法若クハ農地調整法ト云フヤウナモノヲ、臺灣ノ實情ニ卽シタ內容ニ於テ之ヲ實施致シマスコトハ、臺灣ニ於ケル所ノ生產力ノ擴充ト云フ見地カラ見マシテモ、臺灣ニ於ケル所ノ皇民化運動ノ上カラ見マシテモ、臺灣統治ノ上カラ見マシテモ、一「エポック」ヲ劃スルモノデアリマシテ、農民ヲシテ勇躍國策ニ殉ジ、今日ヨリモヨリ一層協力邁進セシムル所ノ、好キ結果ヲ生ムモノデハナカラウカト云フコトヲ考ヘラレルノデゴザイマス、此ノ點ニ對シマシテ特ニ拓務大臣ノ臺灣島民ヲ思フ所ノ心カラナル御答辯ヲ戴キタイト思ヒマス、以上三ツノ要點ヲ申述ベマシテ、內容ハ簡單デゴザイマスルガ、ソレニ對スル政府當局ノ答辯ハ、成ベク詳細ニ伺ヒタイト思ヒマス、是デ私ノ質問ヲ終リマス

(國務大臣櫻內幸雄君登壇)

○國務大臣(櫻內幸雄君) 只今ノ御質疑ニ對シマシテ答辯申上ゲマス、第一點ハ現在ノ勞力ノ不足其ノ他ノ關係上、米穀ノ生產ガ減少スル憂ガアルガ、此ノ際ニ於ケル現在農林當局ノ施設デハ、其ノ生產ガ果シテ確保出來ルカドウデアルカ、又此ノ際ニ於ケル增產計畫トシテ多收穫ノ米種ヲ奬勵スルノ考ヲ持ッテ居ルカ否カト云フコトノ御尋デアッタヤウニ思ヒマス

勞力ノ不足其ノ他ノ關係上、生產ガ容易ニ確保出來ナイト云フ事柄ニ付キマシテハ、憂ヲ同ジク致シテ居ルノデアリマス、隨ヒマシテ今回ノ豫算ニ於キマシテモ、幾多ノ施設ニ付テ御協贊ヲ仰イデ居ルノミナラズ、農家ノ總力ノ發揮ヲ願ッテ、其ノ力ニ依ッテ之ヲ補ッテ行キタイ、斯樣ニ考ヘマシテ今日幾多ノ方法ニ付キマシテ、力ヲ盡シテ居ルヤウナ次第デアリマス、多收穫ノ問題ニ付キマシテハ、氣候風土ノ關係モアリ、色々ノ事情モアリマスノデ、ソレ等ヲ調査致シマシテ、其ノ地方々々ニ依ッテ多收穫ノ奬勵ヲ致シタイト考ヘテ、目下試驗場其ノ他ニ於テ調査ヲ致サセテ居リマス

第二ノ點ハ日滿支ヲ一貫シタル所ノ生產計畫ヲ確立シテ、以テ食糧問題ヲ解決スルノ考ハドウデアルカト云フ御質問デアリマスガ、此ノ點ニ付キマシテハ、既ニ企畫院ヲ中心ト致シマシテ相當ナル調査ヲ進メテ居リマス、隨ヒマシテ一日モ速ニ其ノ方策ヲ確立致シタイト今日心配致シテ居ル次第デアリマス、臺灣、朝鮮其ノ他內外地ヲ通ジマシテハ、既ニ米穀自給計畫ヲ確立致シマシテ、年々ノ需要ニ對スルダケノ今日相當ノ準備ヲ致シテ居ルノデアリマス、尙ホ專賣制度ヲ施行スルノ考ヘナイカト云フ御話デアリマスガ、專賣制度ノ問題ハ多年當議會ニ於テモ問題ニナッテ居ル所デアリマスケレドモ、現在政府ト致シマシテハ米穀統制法ヲ十分ニ活用致シマシテ、今日ノ時代ノ要求ニ卽應致シタイト考ヘテ居ルノデアリマシテ、只今專賣制度ヲ施行スルト云フヤウナコトハ考ヘテ居リマセヌ、右答辯申上ゲマス

(國務大臣八田嘉明君登壇)

○國務大臣(八田嘉明君) 臺灣ニ砂糖ノ專賣ヲヤル意思ハナイカ、斯ウ云フ御話デアリマスガ、砂糖ノ生產ハ申スマデモナク臺灣ニ於ケル所ノ最モ重要ナル產業デアリマシテ、是ガ消長ハ一ニ本島產業經濟ニ及ボス所洵ニ重大デアリマスノデ、政府ト致シマシテハ甘蔗栽培、製糖事業ニ對シマシテ、其ノ趨勢ニ十分留意致シテ居リマスコトハ御承知ノ通リデアリマス、而シテ是ガ專賣ニ付テドウデアルカト云フコトニ付キマシテハ、今直チニ之ヲ實行シ得ザルモノト考ヘマス、併ナガラ原料供給者デアリマスル所ノ農民ノ立場カラ、又一方ニ於テハ消費者デアル所ノ大衆ノ立場カラ、十分ナル統制ヲ與フル要ガアルト存ジマス、政府ニ於キマシテモ先程申上ゲマシタ通リ、今回ノ米穀管理制度ト關聯致シマシテ、適當ナル調整ノ方法ヲ講ジテ居ルコトハ御承知ノ通リデアリマス、尙ホ糖業令ノ內容ニ付テ、モット說明セヨト云フ御話デアリマシタガ、是ハ只今ノ所先程モ申上ゲマシタガ、作付豫想面積及ビ買上價格ノ認可制度ヲ考慮致シテ居ルモノガ、其ノ中心ヲ成シテ居リマス、適當ノ機會ニ更ニ詳細ニ付キマシテハ御答ヲ申上ゲタイト存ジテ居リマス、最後ニ臺灣ニ小作調停法或ハ農地調停法ノ如キヲ、實施スル意思ガナイカト云フコトニ付キマシテハ、現在御承知ノ通リ業佃會ナルモノガ組織セラレテ居リマシテ、地主ト小作トノ間ノ協調ニ是ガ相當資シテ居ルコトハ御承知ノ通リデアリマス、將來ハ此ノ業佃會ヲ法制化致シマスルコト、或ハ又小作調停法ノ施行、小作法ノ制定等ニ付キマシテ、十分ノ考慮ヲ致シタイト存ジテ居リマス

○副議長(金光庸夫君) 是ニテ質疑ハ終了致シマシタ、本案ノ審査ヲ付託スベキ委員ノ選擧ニ付テ御諮リ致シマス

○服部崎市君 本案ハ政府提出、朝鮮事業公債法中改正法律案委員ニ併セ付託シ、尙ホ委員ノ數ヲ二十七名ト爲シ、追加ノ委員ハ議長ニ於テ指名セラレンコトヲ望ミマス

○副議長(金光庸夫君) 服部君ノ動議ニ御異議アリマセヌカ

（「異議ナシ」ト呼フ者アリ）

○副議長（金光庸夫君）　御異議ナシト認メマス、仍テ動議ノ如ク決シマシタ――日程第五、短期現役小學校敎員俸給費國庫負擔法中改正法律案ノ第一讀會ヲ開キマス――

文部大臣荒木貞夫君

昭和十四年二月十七日

朝鮮事業公債法中改正法律案外二件

朝鮮事業公債法中改正法律案（政府提出）

第一讀會ノ續（委員長報告）

朝鮮私設鐵道補助法中改正法律案（政府提出）

第一讀會ノ續（委員長報告）

朝鮮鐵道株式會社所屬金泉慶北安東間鐵道買收ノ爲公債發行ニ關スル法律案（政府提出）

第一讀會ノ續（委員長報告）

報告書

一朝鮮事業公債法中改正法律案（政府提出）

右ハ本院ニ於テ可決スヘキモノト議決致候此段及報告候也

昭和十四年二月十六日

委員長　菊池　良一

衆議院議長小山松壽殿

報告書

一朝鮮私設鐵道補助法中改正法律案（政府提出）

右ハ本院ニ於テ可決スヘキモノト議決致候此段及報告候也

昭和十四年二月十六日

委員長　菊池　良一

衆議院議長小山松壽殿

報告書

一朝鮮鐵道株式會社所屬金泉慶北安東間鐵道買收ノ爲公債發行ニ關スル法律案（政府提出）

右ハ本院ニ於テ可決スヘキモノト議決致候此段及報告候也

昭和十四年二月十六日

委員長　菊池　良一

衆議院議長小山松壽殿

（菊池良一君登壇）

○菊池良一君　只今議題トナリマシタ朝鮮事業公債法中改正法律案、朝鮮私設鐵道補助法中改正法律案、朝鮮鐵道株式會社所屬金泉慶北安東間鐵道買收ノ爲公債發行ニ關スル法律案、此ノ三案ニ付キマシテ委員會ノ經過並ニ結果ヲ御報告申上ゲマス、朝鮮事業公債法中改正法律案ハ一月三十一日、他ノ二案ハ二月七日本委員會ニ付託セラレマシタ、爾來本日マデ六回ニ亙リマシテ政府ノ説明ヲ聽キ、質疑應答ヲ重ネタノデアリマス、其主ナル質問ハ、朝鮮私設鐵道ノ補助法ノ改正ハ、朝鮮ニ於ケル交通機關助長策トシテ餘リニ消極的ナ手段デアル、財政的見地ヨリ見ルモ、此ノ際速ニ買收ノ計畫ヲ立テ實行スルヲ穩當ト思フガ如何デアルカ、又朝鮮ノ私設鐵道ハ運賃ガ高ク、一般産業ノ障碍ニナルカラ速ニ買收ノ計畫ヲ立ツベキデアル、私設鐵道ノ買收ニ關シ一定ノ方針ガアルカドウカ、又補助年限滿了前ニ成ベク買收ヲ決行セラレタイ、又日本、朝鮮、滿洲ノ連絡ニ付テ、道路、港灣、鐵道等交通施設ニ遺憾ノ點ガ甚ダ多イト云フコト、又自動車路線ト鐵道トガ並行シテ、鐵道ニ對シ惡影響ヲ與ヘテ居ナイカト云フ質問、又羅津港ト清津港トヲ對立セシメテ居ル其ノ趣旨ハ何デアルカ、又既往ノ年度ニ於ケル公債支辨事業ノ内容ハ如何デアルカ、又公債利拂並ニ償還ノ計畫ハドウカ、朝鮮ノ施設ガ内地其ノ他ニ比シテ非常ニ遲レテ居ル現狀ニ鑑ミテ、財政ノ許ス限リ各種ノ施設ヲ進メラレタイ、又茂山鐵鑛開發上如何ナル施設ヲ爲シテ居ルカ、又私鐵ノ茂山線ノ改良ハ何時頃竣工スルノデアルカ、斯ウ云フヤウナ主ナル質問ガアツタノデアリマス、サウシテ委員ノ森下國雄君、田中好君、粟山博君、松岡俊三君、松尾三藏君、松山常次郎君、木村正義君、小田榮君、其ノ他ノ諸君カラ最モ熱心ニ質疑ヲセラレマシテ、政府當局ハ又親切ナル答辯ヲシテ與レタノデアリマス、其ノ中最モ熱心ニ各委員カラ主張セラレタルコトハ朝鮮私設鐵道デアツテ、朝鮮ノ開發上重要ナル鐵道ハ成ベク速ニ政府ニ於テ買收スルコトヲ希望スルト云フコトデアツタノデアリマス、是等ノ點ハ質問ノ重要ナルモノデアリマシテ、之ニ對シテ委員ノ熱誠ナル御論議ガアリ、又政府當局ノ親切ナル答辯ガアツタノデアリマシテ、其ノ内容ニ付テハ速記錄ニ就テ御諒承ヲ願ヒマス、斯クテ今十六日討論ニ入リマシテ、採決ノ結果滿場一致三案トモ可決致シマシク、以上御報告申上ゲマス（拍手）

○副議長（金光庸夫君）　三案ノ第二讀會ヲ開クニ御異議アリマセヌカ

〔「異議ナシ」ト呼フ者アリ〕

○副議長（金光庸夫君）　御異議ナシト認メマス、仍テ三案ノ第二讀會ヲ開クニ決シマシタ

○服部崎市君　直チニ三案ノ第二讀會ヲ開キ、第三讀會ヲ省略シテ、委員長報告ノ通リ可決セラレンコトヲ望ミマス

○副議長（金光庸夫君）　服部君ノ動議ニ御異議アリマセヌカ

〔「異議ナシ」ト呼フ者アリ〕

○副議長（金光庸夫君）　御異議ナシト認メマス、仍テ直チニ三案ノ第二讀會ヲ開キ、議案全部ヲ議題ト致シマス

朝鮮事業公債法中改正法律案

第二讀會（確定議）

朝鮮私設鐵道補助法中改正法律案

第二讀會（確定議）

朝鮮鐵道株式會社所屬金泉慶北安東間鐵道買收ノ爲公債發行ニ關スル法律案

第二讀會（確定議）

○副議長（金光庸夫君）　別ニ御發議モアリマセヌ、第三讀會ヲ省略シテ三案トモ委員長報告通リ可決確定致シマシタ（拍手）

昭和十四年二月二十二日

支那事變特別税法中改正法律案外二件

臨時利得税法中改正法律案

臨時利得税法中左ノ通改正ス

第三條第一項ニ左ノ一號ヲ加フ

三　船舶(製造中ノ船舶ヲ含ム)又ハ鑛業若ハ砂鑛業ニ關スル權利若ハ設備ノ讓渡ニ因ル個人ノ利得（讓渡利得ト稱ス以下同ジ）

第四條ノ二第三號ヲ左ノ如ク改ム

三　現事業年度ノ資本金額ガ甲既往事業年度又ハ乙既往事業年度ノ平均資本金額ニ比較シ増減アルトキハ比較セラレタル既往事業年度ノ平均利益ノ平均資本金額ニ對スル割合ヲ現事業年度ノ資本金額ニ乘ジテ算出シタル金額ヲ以テ其ノ既往事業年度ノ平均利益トス但シ法人ノ現事業年度ノ資本金額ガ甲既往事業年度又ハ乙既往事業年度ノ平均資本金額ニ比較シ増加シタル場合ニ於テ現事業年度ノ資本金額ガ昭和十一年十二月三十一日ニ於ケル資本金額ヲ超過スルトキハ其ノ法人ニ付テハ現事業年度ノ資本金額中甲既往事業年度ノ平均資本金額又ハ昭和十一年十二月三十一日ニ於ケル資本金額ノ何レカ多額ナル一方ノ金額ヲ超過スル部分ニ對シ年百分ノ七ノ割合ヲ乘ジテ算出シタル金額ト其ノ他ノ部分ニ對シ甲既往事業年度ノ平均利益ノ平均資本金額ニ對スル割合ヲ乘ジテ算出シタル金額トノ合計額ヲ以テ甲既往事業年度ノ平均利益トシ現事業年度ノ資本金額中乙既往事業年度ノ平均資本金額又ハ昭和十一年十二月三十一日ニ於ケル資本金額ノ何レカ多額ナル一方ノ金額ヲ超過スル部分ニ對シ年百分ノ十ノ割合ヲ乘ジテ算出シタル金額ト其ノ他ノ部分ニ對シ乙既往事業年度ノ平均利益ノ平均資本金額ニ對スル割合ヲ乘ジテ算出シタル金額トノ合計額ヲ以テ乙既往事業年度ノ平均利益トス

前項ノ場合ニ於テ第一號ノ規定ヲ適用スルニ當リテハ現事業年度ノ資本金額ヲ以テ甲既往事業年度又ハ乙既往事業年度ノ平均資本金額ト看做ス

第六條第一項ヲ左ノ如ク改メ同條第三項中「各事業年度ノ」ヲ削ル

法人ノ各事業年度ノ資本金額ハ各月末ニ於ケル拂込株式金額、出資金額又ハ基金及積立金額ノ月割平均ヲ以テ之ヲ計算シ昭和十一年十二月三十一日ニ於ケル資本金額ハ同日ニ於ケル拂込株式金額、出資金額又ハ基金及積立金額ニ依リ之ヲ計算ス

第七條中「平均利益」ノ下ニ「竝ニ昭和十一年十二月三十一日ニ於ケル資本金額」ヲ加フ

第十一條ノ二　讓渡利得ハ前年中ニ於ケル船舶又ハ鑛業若ハ砂鑛業ニ關スル權利若ハ設備ノ讓渡ニ因ル總收入金額ヨリ取得價額、設備費、改良費及讓渡ニ關スル必要ノ經費ヲ控除シタル金額ニ依ル

船舶又ハ鑛業若ハ砂鑛業ニ關スル權利若ハ設備ニシテ昭和十一年十二月三十一日以前ニ取得シタルモノニ付テハ同日ニ於ケル價額ヲ以テ前項ノ取得價額トシ同日後ニ爲シタル設備又ハ改良ニ要シタル費用ノミヲ以テ前項ノ設備費又ハ改良費トス

前二項ノ計算ニ關シテハ相續、贈與又ハ遺贈ニ因リ取得シタルモノハ相續人、受贈者又ハ受遺者ガ引續キ之ヲ有シタルモノト看做シ讓渡後相續ノ開始アリタル場合ニ於テハ被相續人ノ爲シタル讓渡ハ之ヲ相續人ノ爲シタル讓渡ト看做ス

前三項ニ定ムルモノノ外讓渡利得ノ計算ニ關シ必要ナル事項ハ命令ヲ以テ之ヲ定ム

第十一條ノ三　讓渡利得ニ付テハ其ノ利得ノ金額ヨリ二千圓ヲ控除ス

第十三條ノ二　船舶ノ讓渡ニ因ル利益ニシテ第九條ノ個人ノ利益ニ屬スルモノ及昭和十四年四月一日以後ニ於テ設定セラレタル鑛業又ハ砂鑛業ニ關スル權利ニシテ命令ノ定ムルモノノ讓渡ニ付テハ本法中讓渡利得ニ關スル規定ヲ適用セズ

第十四條中「百分ノ十七・二五」ヲ「百分ノ二十」ニ、「百分ノ三十」ヲ「百分ノ四十」ニ、「百分ノ二十五」ヲ「百分ノ三十」ニ改ム

第十四條ノ二第一項ヲ左ノ如ク改ム

個人ノ臨時利得税ハ左ノ税率ニ依リ之ヲ賦課ス

甲種利得　利得金額ノ百分ノ十二

乙種利得　利得金額ノ百分ノ二十五

讓渡利得　利得金額ノ百分ノ二十五

第二十三條第一項中「利得ニ付」ヲ「甲種利得又ハ乙種利得ニ付」ニ、「利得金額」ヲ「甲種利得又ハ乙種利得ノ金額」ニ改ム

第二十四條ノ二中「個人ノ利得」ヲ「個人ノ甲種利得又ハ乙種利得」ニ改ム

第三十一條第二項ヲ左ノ如ク改ム

朝鮮、臺灣又ハ樺太ニ住所ヲ有シ又ハ一年以上居所ヲ有スル個人ノ利得ニ付テハ命令ノ定ムル所ニ依リ臨時利得税ヲ課セズ但シ朝鮮ニ住所ヲ有シ又ハ一年以上居所ヲ有スル個人ノ甲種利得ニ付テハ此ノ限ニ在ラズ

附　則

本法ハ昭和十四年四月一日ヨリ之ヲ施行ス

法人ノ臨時利得税ニ付テハ昭和十四年一月一日以後ニ終了スル事業年度分ヨリ、個人ノ臨時利得税ニ付テハ昭和十四年分ヨリ本法ヲ適用ス

讓渡利得ニ對スル臨時利得税ニ付テハ昭和十四年ニ限リ臨時利得税法第十六條ノ規定ニ拘ラズ利得金額ノ申告期限ヲ昭和十四年四月十五日トス

臨時租税措置法中改正法律案

臨時租税措置法中左ノ通改正ス

第一條中「田畑地租」ノ上ニ「所得税、」ヲ加ヘ「及織物消費税」ヲ「、織物消費税、登錄税及臨時利得税」ニ改ム

第一條ノ二　法人ノ各事業年度ノ普通所

得中留保シタル金額ガ其ノ事業年度ニ於ケル普通所得ノ十分ノ四ニ相當スル金額ヲ超過スル場合ニ於テ其ノ超過部分ノ全部又ハ一部ニ相當スル金額ヲ命令ヲ以テ定ムル方法ニ依リ運用スルトキハ命令ノ定ムル所ニ依リ其ノ運用金額ニ百分ノ二・四五ヲ乘ジテ算出シタル金額ニ相當スル所得税ヲ輕減ス

第一條ノ三　所得税法第十九條及營業收益税法第八條ノ規定ニ依リ指定シタル物產ノ製造業ニ付其ノ設備ヲ增設シタル者ニハ命令ノ定ムル所ニ依リ設備增設ノ年及其ノ翌年ヨリ三年間其ノ增設シタル設備ニ依ル物產ノ製造業務ヨリ生ズル所得及純益ニ付所得税及營業收益税ヲ免除ス

命令ヲ以テ指定スル製造方法ニ依ル物產ノ製造ヲ開始シタル者又ハ其ノ設備ヲ增設シタル者ニハ命令ノ定ムル所ニ依リ製造開始又ハ設備增設ノ年及其ノ翌年ヨリ三年間其ノ製造方法ニ依ル物產ノ製造業務又ハ其ノ增設シタル設備ニ依ル物產ノ製造業務ヨリ生ズル所得及純益ニ付所得税及營業收益税ヲ免除ス

第一條ノ四　左ニ掲グル事項ニ付テハ所得税法ニ依ル所得、營業收益税法ニ依ル純益及臨時利得税法ニ依ル利益ノ計算ニ關シ命令ヲ以テ特例ヲ設クルコトヲ得

一　命令ヲ以テ指定スル國庫補助金ノ收入

二　命令ヲ以テ指定スル事業ニ關シ研究ヲ爲スニ要シタル支出

三　命令ヲ以テ指定スル事業ノ用ニ供スル建物（工場用以外ノ建物ヲ除ク）、機械其ノ他ノ設備及船舶ノ價額ノ償却

第二十一條　ステープルファイバー又ハ綿ヲ用ヒタル絲ニシテ命令ヲ以テ定ムルモノハ之ヲ織物消費税法第一條又ハ第一條ノ二ニ規定スル綿又ハ綿絲ト看做ス

麻ヲ用ヒタル絲ニシテ命令ヲ以テ定ムルモノハ之ヲ織物消費税法第一條ニ規定スル麻ト看做ス

第二十二條　人造絹絲ヲ用ヒタル織物ニシテ命令ヲ以テ定ムルモノハ織物消費税法第一條ノ二ノ規定ニ拘ラズ之ヲ綿織物ト看做ス

第二十二條ノ二　耕作ヲ目的トスル土地（其ノ土地ニ附隨シテ利用セラルル土地ヲ含ム）ノ所有權ノ交換ヲ爲シタル場合ニ於テハ交換ニ因ル所有權ノ取得又ハ交換ノ爲ニスル所有權ノ保存ノ登記ニ付テハ命令ノ定ムル所ニ依リ登錄税ヲ免除ス

前項ノ規定ハ永小作權ノ交換又ハ前項ノ土地ノ所有權ト永小作權トノ交換ヲ爲シタル場合ニ之ヲ準用ス

第二十三條ニ左ノ但書ヲ加フ

但シ第一條ノ二乃至第一條ノ四ノ規定ニ依リ輕減又ハ免除セラルル租税ニ付テハ此ノ限ニ在ラズ

附　則

本法ハ昭和十四年四月一日ヨリ之ヲ施行ス

第一種所得税、法人ノ營業收益税及法人ノ臨時利得税ニ付テハ昭和十四年四月一日以後ニ終了スル事業年度分ヨリ、第三種所得税、個人ノ營業收益税及個人ノ臨時利得税ニ付テハ昭和十四年分ヨリ本法ヲ適用ス

左ニ掲グル織物又ハ之ヲ以テ製造シタル物品ニ付テハ仍從前ノ例ニ依ル

一　本法施行前消費税ヲ課スベカリシモノ

二　本法施行前輸出若ハ朝鮮移出ノ目的ヲ以テ又ハ織物消費税法第七條ノ規定ニ依リテ消費税ヲ納付セズシテ製造場又ハ保税地域ヨリ引取リタルモノ

三　本法施行前消費税ノ徴收ヲ猶豫シタルモノ

四　本法施行前消費税ヲ納付シテ輸出シ又ハ朝鮮ニ移出シタルモノ

本法施行前消費税ヲ納付シタル織物ニシテ第二十一條又ハ第二十二條ノ改正規定ニ依リ消費税ヲ課セザルコトト爲リタルモノ又ハ之ヲ以テ製造シタル物品ヲ本法施行後輸出シ又ハ朝鮮ニ移出スルモ織物消費税法第三條第二項ノ規定及大正九年法律第五十一號ヲ適用セズ

昭和十四年二月二十六日

軍用資源秘密保護法案

第八　軍用資源秘密保護法案（政府提出）　第一讀會

軍用資源秘密保護法案

軍用資源秘密保護法

第一條　本法ハ國防目的達成ノ爲軍用ニ供スル（軍用ニ供スベキ場合ヲ含ム以下之ニ同ジ）人的及物的資源ニ關シ外國ニ秘匿スルコトヲ要スル事項ノ漏泄ヲ防止スルヲ以テ目的トス

第二條　陸軍大臣又ハ海軍大臣（官廳ノ管理ニ屬スルモノニ係ルトキハ勅令ノ定ムル所ニ依リ主務大臣）ハ左ニ揭グルモノニ就キ命令ヲ以テ軍用資源秘密ヲ指定ス但シ公示ヲ不適當トスルモノニ係ル指定ハ當該事項又ハ圖書物件ノ管理者又ハ之ニ準ズベキ者ニ對スル通知ヲ以テ之ヲ爲ス

一　全國（關東州及南洋群島ヲ含ム以下之ニ同ジ）又ハ一地方ニ於ケル軍用ニ供スル重要ナル物資ノ生產額、生產能力、生產能力判定資料タル設備ノ種類別數（之ヲ判定シ得ベキ比率ヲ含ム以下之ニ同ジ）及政府ノ決定シタル生產計畫竝ニ此等ヲ表示スル圖書物件

二　兵器ヲ生產スル工場事業場又ハ之ニ轉用スルコトヲ得ル工場事業場ノ當該兵器ノ生產額、生產能力竝ニ生產能力判定資料タル重要ナル設備ノ種類別數及其ノ設備ニ屬スル從業者ノ總數（之ヲ判定シ得ベキ比率ヲ含ム以下之ニ同ジ）又ハ種類別數竝ニ此等ヲ表示スル圖書物件

三　兵器以外ノ軍用ニ供スル重要ナル物資ヲ生產スル工場事業場又ハ之ニ轉用スルコトヲ得ル工場事業場ノ當該物資ノ生產額、生產能力、生產能力判定資料タル重要ナル設備ノ種類別數及其ノ設備ニ屬スル從業者ノ總數又ハ種類別數竝ニ政府ノ決定シタル生產計畫竝ニ此等ヲ表示スル圖書物件

四　全國又ハ一地方ニ於ケル軍用ニ供スル重要ナル物資ノ貯藏額及貯藏設備ノ貯藏能力、此等ノ判定資料タル重要ナル貯藏設備ノ當該物資ノ貯藏額及貯藏能力、政府ノ決定シタル當該物資ノ貯藏計畫竝ニ此等ヲ表示スル圖書物件

五　政府ガ貯藏セシメタル軍用ニ供スル重要ナル物資ノ貯藏額、政府ガ當該物資ヲ貯藏セシメタル貯藏設備ノ貯藏能力、政府ノ決定シタル當該物資ノ貯藏命令等ニ係ル貯藏計畫竝ニ此等ヲ表示スル圖書物件

六　全國若ハ一地方又ハ重要ナル港灣ニ於ケル軍用ニ供スル重要ナル物資ノ輸入額及政府ノ決定シタル輸入計畫竝ニ此等ヲ表示スル圖書物件

七　全國又ハ一地方ニ於ケル軍用ニ供スル特殊技能者其ノ他ノ重要ナル人的資源ノ總數又ハ種類別數及此等ヲ表示スル圖書物件

八　全國又ハ一地方ニ於ケル軍用ニ供スル航空機、自動車又ハ馬ノ總數又ハ種類別數及此等ヲ表示スル圖書物件

九　軍用ニ供スル重要ナル鐵道ノ輸送能力及輸送能力判定資料タル輸送統計、此等ヲ表示スル圖書物件竝ニ軍用ニ供スル重要ナル鐵道ノ施設又ハ車輛ニ關スル重要ナル記錄圖表及其ノ內容

十　軍用ニ供スル重要ナル飛行場又ハ其ノ附屬設備ニ關スル重要ナル記錄圖表及其ノ內容

十一　軍用ニ供スル船舶ニ於ケル特殊設備ニ關スル重要ナル記錄圖表及其ノ內容

十二　軍用ニ供スル重要ナル通信連絡系統及其ノ通信能力、此等ヲ表示スル圖書物件竝ニ軍用ニ供スル重要ナル通信設備又ハ其ノ設備ノ通信能力若ハ連絡系統ニ關スル重要ナル記錄圖表及其ノ內容

十三　陸軍大臣若ハ海軍大臣ノ命令若ハ委囑ニ依ル重要ナル試驗研究又ハ軍事上秘匿ヲ要スル發明考案ニ關スル事項及圖書物件

十四　軍事上秘匿ヲ要スル氣象ニ關スル重要ナル事項及圖書物件

十五　特ニ秘匿ノ措置ヲ要スル第二號乃至第五號及第九號乃至第十二號ニ規定スル設備、第十三號ノ試驗研究ニ關スル設備竝ニ此等ノ機構及性能竝ニ此等ヲ表示スル圖書物件

第三條　軍用資源秘密トシテ秘匿スルノ要ナキニ至リタルモノニ付テハ其ノ指定ヲ解除ス

前條ノ規定ハ前項ノ規定ニ依ル解除ノ場合ニ之ヲ準用ス

軍用資源秘密ニ關シ政府ノ公表シタルモノアルトキハ勅令ノ定ムル所ニ依リ其ノ內容ト爲リタル部分ニ限リ其ノ指定ノ解除アリタルモノト看做ス

第四條　陸軍大臣又ハ海軍大臣ハ勅令ノ定ムル所ニ依リ軍用資源秘密ニ屬スル圖書物件ニ一定ノ標記ヲ附セシムルコトヲ得

第五條　陸軍大臣又ハ海軍大臣ハ第二條第十五號ニ該當スル軍用資源秘密ニ屬スル設備ヲ秘匿スル爲必要アルトキハ其ノ管理者又ハ之ニ準ズベキ者ニ對シ當該設備ノ遮蔽其ノ他之ヲ秘匿スルニ必要ナル措置ヲ命ズルコトヲ得

第六條　陸軍大臣又ハ海軍大臣（官廳ノ管理ニ屬スルモノニ付テハ勅令ノ定ムル所ニ依リ主務大臣）ハ第二條第十五號ニ該當スル軍用資源秘密ニ屬スル設備ヲ秘匿スル爲必要アルトキハ命令ヲ以テ之ニ付立入又ハ測量、撮影、模寫、模造若ハ錄取又ハ其ノ複寫若ハ複製ヲ禁止シ又ハ制限スルコトヲ得

第七條　政府ハ軍用資源秘密ヲ秘匿スル爲特ニ必要アルトキハ勅令ノ定ムル所ニ依リ軍用資源秘密ヲ記載スル登記簿ノ閱覽又ハ謄本若ハ抄本ノ交付ヲ制限スルコトヲ得

第八條　政府ハ第二條第二號又ハ第十五號ニ該當スル軍用資源秘密ヲ秘匿スル爲特ニ必要アルトキハ勅令ノ定ムル所ニ依リ法令ニ基ク出願、申請、報告、屆出等ヲ爲シ又ハ立入、檢査、質問等ヲ受クル場合ニ付軍用資源秘密ノ開示又ハ交付ヲ禁止シ又ハ制限スルコトヲ得

第九條　陸軍大臣又ハ海軍大臣ハ第五條ノ規定ニ依ル命令ニ係ル事項ニ關シ當該設備ノ管理者又ハ之ニ準ズベキ者ニ對シ報告ヲ命ジ又ハ當該官吏ヲシテ必要ナル場所ニ立入リ、檢査ヲ爲シ若ハ關係者ニ對シ質問ヲ爲サシムルコトヲ得

第十條　政府ハ勅令ノ定ムル所ニ依リ第五條ノ規定ニ依ル命令ニ因リ生ジタル損失ヲ補償ス

前項ノ規定ニ依ル補償金額ニ付不服アル者ハ其ノ補償金額ノ通知ヲ受ケタル日ヨリ三月以內ニ通常裁判所ニ出訴スルコトヲ得

第十一條 外國若ハ外國ノ爲ニ行動スル者ニ漏泄シ又ハ公ニスル目的ヲ以テ軍用資源秘密ヲ探知シ又ハ收集シタル者ハ十年以下ノ懲役ニ處ス

第十二條 業務ニ因リ軍用資源秘密ヲ知得シ又ハ領有シタル者之ヲ外國若ハ外國ノ爲ニ行動スル者ニ漏泄シ又ハ公ニシタルトキハ一年以上ノ有期懲役ニ處ス

外國若ハ外國ノ爲ニ行動スル者ニ漏泄シ又ハ公ニスル目的ヲ以テ軍用資源秘密ヲ探知シ又ハ收集シタル者之ヲ外國若ハ外國ノ爲ニ行動スル者ニ漏泄シ又ハ公ニシタルトキ亦前項ニ同ジ

前二項ニ規定スル原由以外ノ原由ニ因リ軍用資源秘密ヲ知得シ又ハ領有シタル者之ヲ外國若ハ外國ノ爲ニ行動スル者ニ漏泄シ又ハ公ニシタルトキハ十年以下ノ懲役ニ處ス

第十三條 業務ニ因リ軍用資源秘密ヲ知得シ又ハ領有シタル者之ヲ外國人ニ漏泄シタルトキハ二年以下ノ懲役又ハ二千圓以下ノ罰金ニ處ス

前項ニ規定スル原由以外ノ原由ニ因リ軍用資源秘密ヲ知得シ又ハ領有シタル者之ヲ外國人ニ漏泄シタルトキハ一年以下ノ懲役又ハ千圓以下ノ罰金ニ處ス

第十四條 第二條第二號又ハ第十五號ニ該當スル軍用資源秘密ヲ知得シ又ハ領有シタル者之ヲ他人ニ漏泄シタルトキハ六月以下ノ懲役又ハ五百圓以下ノ罰金ニ處ス

第十五條 軍用資源秘密ヲ外國又ハ外國ノ爲ニ行動スル者ニ漏泄スル爲之ヲ探知シ、收集シ又ハ漏泄スルコトヲ目的トシテ團體ヲ組織シタル者又ハ其ノ團體ノ指導者タル任務ニ從事シタル者ハ五年以下ノ懲役ニ處ス

情ヲ知リテ前項ノ團體ニ加入シタル者ハ二年以下ノ懲役ニ處ス

第十六條 第六條ノ規定ニ依ル禁止又ハ制限ニ違反シタル者ハ六月以下ノ懲役又ハ五百圓以下ノ罰金ニ處ス

第十七條 第五條ノ規定ニ依ル命令ニ違反シタル者ハ三千圓以下ノ罰金ニ處ス

第十八條 第七條ノ規定ニ依ル制限ニ違反シタル者及第九條ノ規定ニ依ル立入若ハ檢査ヲ拒ミ、妨ゲ若ハ忌避シ又ハ質問ニ對シ答辯ヲ爲サズ若ハ虛僞ノ陳述ヲ爲シタル者ハ五百圓以下ノ罰金ニ處ス

第九條ノ規定ニ依ル報告ヲ爲サズ又ハ虛僞ノ報告ヲ爲シタル者亦前項ニ同ジ

第十九條 第十一條及第十二條ノ未遂罪ハ之ヲ罰ス

第二十條 第十一條、第十五條又ハ前條ノ罪ヲ犯シタル者未ダ官ニ發覺セザル前自首シタルトキハ其ノ刑ヲ減輕シ又ハ免除ス

第二十一條 第五條ノ規定ニ依リ秘匿ノ措置ヲ命ゼラレタル者ハ其ノ代理人、戶主、家族、同居者、雇人其ノ他ノ從業者ガ其ノ業務ニ關シ第十七條又ハ第十八條第二項ノ違反行爲ヲ爲シタルトキハ自己ノ指揮ニ出デザルノ故ヲ以テ其ノ處罰ヲ免ルルコトヲ得ズ

第二十二條 第十七條及第十八條第二項ノ罰則ハ其ノ者ガ法人ナルトキハ理事、取締役其ノ他ノ法人ノ業務ヲ執行スル役員ニ、未成年者又ハ禁治產者ナルトキハ其ノ法定代理人ニ之ヲ適用ス但シ營業ニ關シ成年者ト同一ノ能力ヲ有スル未成年者ニ付テハ此ノ限ニ在ラズ

第二十三條 本法ノ罰則ハ何人ヲ問ハズ本法施行地外ニ於テ罪ヲ犯シタル者ニ亦之ヲ適用ス

第二十四條 軍用資源秘密ハ勅令ノ定ムル所ニ依リ政府ノ許可ヲ受ケタルトキハ之ヲ他人ニ開示シ若ハ交付シ又ハ公ニスルコトヲ妨ゲズ

第二十五條 軍用資源秘密ニシテ官廳ノ管理ニ屬スルモノニ係ル標記及秘匿ノ措置ニ關シテハ勅令ノ定ムル所ニ依ル

第二十六條 朝鮮、臺灣又ハ樺太ニ於テハ本法ニ規定スル主務大臣ノ職權ハ勅令ノ定ムル官廳之ヲ行フ

附 則

本法施行ノ期日ハ勅令ヲ以テ之ヲ定ム

(國務大臣米内光政君登壇)

○國務大臣(米内光政君) 只今上程セラレマシタ軍用資源秘密保護法案ノ提出理由ヲ簡單ニ說明申上ゲマス、今日ノ戰爭ガ所謂國家總力戰デアリマスコトハ、今更申上グルマデモナイコトデアリマシテ、各國ハ軍備ノ充實ト相俟ツテ、國防重要資源ノ生產力ヲ擴充シ、國家總力ノ增强ヲ圖リマスルト共ニ、是等ニ關スル秘密ニ付キマシテハ極力防諜ノ措置ヲ講ジテ、單ニ軍機ノ保護ノミニ止マラズ、廣ク戰爭能力ノ秘匿ニ努メテ居リマス一方、他國ノ國防力ニ付キマシテハ、有ユル方法ヲ以テ是ガ諜知ニ力ヲ致シテ居ルト云フコトガ窺ハレルノデアリマシテ、最近國際情勢ノ緊迫ニ伴ヒ、一層此ノ種ノ行動ガ活潑ニナツタヤウニ察セラレマス、然ルニ我國ニ於テハ軍機以外ノ國情ニ關スル秘密ヲ保護スベキ法令ノ整備ハ、未ダ十分トハ申シ得ナイノデアリマシテ、此ノ點列國ニ比シテ尚ホ遜色ガアリマスコトハ、所謂總力戰時代ノ要求ニ卽應シテ居ナイト考ヘラレルノデアリマシテ、此ノ際是ガ整備ノ必要ヲ痛感スルノデアリマス、固ヨリ廣汎多岐ニ亙リマス國防力判定ノ資料ヲ外國ニ秘匿シマス爲ニハ、行政上ノ措置竝ニ國民ノ理解アル協力ニ俟タネバナラヌノデアリマスガ、特ニ外國諜報ノ活動ニ對シマシテハ、到底是ノミデハ其ノ十全ヲ期待シ得ナイノデアリマスカラ、更ニ法律ヲ以テ嚴ニ其ノ取締ヲ致シマスコトガ、此ノ際特ニ必要ナノデアリマス、斯樣ナ次第デアリマスノデ、成ベク速ニ國家總動員上必要ナル諸般ノ秘密ヲ保護シマス法律ヲ制定シテ、其ノ取締ノ完璧ヲ期シマスルコトヲ理想ト考ヘルノデアリマスガ、斯クテハ其ノ關係シマス所洵ニ廣範圍トナリマスノデ、是ガ法制ノ爲ニ愼重ナル研究審議ヲ遂グル必要ガアリマスカラ、其ノ制定マデニハ尚ホ相當ノ時日ヲ要スルノデアリマス、隨テ陸海軍ト致シマシテハ、取敢ズ軍事上最モ密接ナル關係ヲ有シテ居リマスル軍用ニ供スル重要資源ノ秘密保護ニ付キマシテ、防諜上必要ナル法令ヲ整備シマスコトハ、適切ナル處置ト信ズルノデアリマス

次ニ本法案ニ於テ保護ノ對象トナリマス秘密ハ、軍用ニ供スル資源中極メテ重要ナ關係ノアルモノノミニ限定シテ居リマスノデ、其ノ全部ガ殆ド從來行政上ノ措置又ハ國民ノ協力ニ依ツテ、應急的ノ防諜對策ヲ講ジテ參ツタモノデアリマス、而シテ本法ハ「スパイ」行爲ノ取締ヲ主ナル目標ト致シマスカラ、外國若クハ外國ノ爲ニ行動スル者ニ秘密ヲ漏泄シ、又ハ其ノ目的ヲ以テ之ヲ探知收集シ、或ハ之ヲ公ニスル者ヲ主トシテ處罰致シマス外、尚ホ各種ノ規定ヲ設ケマシテ、秘密保護上必要ナル措置ヲ講ジ得ルヤウ致シテ居リマスガ、他面經濟上其ノ他特ニ必要ト認メマス場合ニハ、努メテ支障ノナイヤウ色々ノ例外ヲモ規定シテアリマスカラ、經濟活動其ノ他ニ惡影響ヲ來スヤウナコトハ殆ドアルマイト考ヘテ居リマス

以上申上ゲマシタヤウナ必要性ト趣旨トニ依リマシテ本法案ヲ立案シ、本議會ニ提出致シマシタ次第デアリマス、何卒速ニ御審議ノ上御協贊アランコトヲ希望致シマス

(拍手)

○副議長(金光庸夫君) 本案ノ審査ニ付託スベキ委員ノ選任ニ付テ御諮リ致シマス

○服部崎市君 本案ハ政府提出、國境取締法案委員ニ併セ付託サレンコトヲ望ミマス

○副議長(金光庸夫君) 服部君ノ動議ニ御異議アリマセヌカ

(「異議ナシ」ト呼フ者アリ)

○副議長(金光庸夫君) 御異議ナシト認メマス、仍テ動議ノ如ク決シマシタ――日程第九、大正九年法律第五十三號中改正法律案ノ第一讀會ヲ開キマス――拓務大臣八田嘉明君

昭和十四年二月二十六日

大正九年法律第五十三號中改正法律案

第九　大正九年法律第五十三號中改正法律案（關税法關税定率法及保税倉庫法等ノ朝鮮ニ於ケル特例ニ關スル件）（政府提出）　第一讀會

大正九年法律第五十三號中改正法律案

大正九年法律第五十三號中左ノ通改正ス

第二條第九條ヲ第十號トシ同條第八號ノ次ニ左ノ一號ヲ加フ

九　國境河川ヲ跨ル橋梁、水力發電設備其ノ他ノ設備ニシテ朝鮮總督ノ定ムルモノノ建設又ハ修繕ニ要スル材料竝ニ其ノ設備ニ裝置スル器具、機械及其ノ部分品、附屬品但シ朝鮮總督ノ指定シタルモノニ限ル

附　則

本法ハ公布ノ日ヨリ之ヲ施行ス

（國務大臣八田嘉明君登壇）

○國務大臣（八田嘉明君）　只今上程ニナリマシタ大正九年法律第五十三號、關税法、關税定率法、保税倉庫法、及ビ假置場法等ノ朝鮮ニ於ケル特例ニ關スル法律中、改正法律案ニ付テ御説明申上ゲマス、滿洲國ノ建國以來、同國内ノ治安ハ漸次確保セラルルニ至リマシタガ、之ニ伴ヒ日滿陸接國境ヲ經由スル交通ノ利便ヲ圖リ、日滿陸接國境地帶ニ於ケル資源ヲ開發シ、以テ日滿兩國ノ經濟提携ヲ一層强化スルノ緊要ナルコトハ、今更申上ゲルマデモナイ次第デアリマス、此ノ見地ニ基キマシテ、日滿國境河川タル鴨綠江及ビ圖們江ニ於キマシテハ、日滿兩國ノ協力ニ依リ、目下各地ニ橋梁ノ架設其ノ他ノ工事ヲ進メツツアル次第デアリマス、然ルニ是等ノ設備ハ、其ノ性質上、國境河川ニ跨ツテ構築セラレマス關係上、是ガ構築材料等ニ付キ複雜ナル輸出入ノ關係ヲ生ズル次第デアリマスガ、是等設備ノ構築ノ趣旨等ニ鑑ミマシテ、是ガ構築材料等ニ對スル輸入税ヲ免除スルヲ必要ト認メマシテ、本案ヲ提出致シマシタ次第デアリマス、何卒宜シク御審議ノ上、御協贊アランコトヲ希望致シマス（拍手）

○副議長（金光庸夫君）　本案ノ審査ヲ付託スベキ委員ノ選擧ニ付テ御諮リ致シマス

○服部崎市君　本案ハ政府提出朝鮮事業公債法中改正法律案委員ニ併セ付託セラレンコトヲ望ミマス

○副議長（金光庸夫君）　服部君ノ動議ニ御異議アリマセヌカ

（「異議ナシ」ト呼フ者アリ）

○副議長（金光庸夫君）　御異議ナシト認メマス、仍テ動議ノ如ク決シマシタ――日程第一、北海道土功組合法中改正法律案ノ第一讀會ヲ開キマス――内務大臣木戸幸一君

○高橋鐵太郎君（續） 最後ニ一言申添ヘタイコトハ、國防上ノ要求ガアレバ、吾々ハ算盤ヲ離レテモ其ノ產業ハ助長シテ行カナケレバナラヌト云フコトニナリマス、何レ政府ノ計畫シテ居ラレマス四箇年增產計畫ト云フモノハ、日滿支三國ヲ含ム大計畫デアリマセウ、唯私ガ政府ノ注意ヲ喚起シテ置キタイト思ヒマスコトハ、海ヲ越エテ大量ノ物資ヲヤツタリ取ツタリスルコトヲ、戰時ニモ容易ク行ハレルモノナリト前提シテオヤリニナラナイコトヲ切望スル者デアリマス、此ノ事ハ屢〻私ガ申上ゲタノデアリマスカラ、茲ニ繰返スマデモアリマセヌガ、私ノ實ニ惧レル所ハ、天ノ一角ニ數十隻ノ潛水艦ヲ浮ベ、數百臺ノ爆擊機ヲ用意シテ、我ガ日滿支ノ交通線ノ要衝タル朝鮮海峽附近ヲ睨ンデ居ルモノガアリハセヌカ、此ノ點デアリマス、此處ノ交通線ヲ妨害サレマスト、有ユル產業計畫モ蹉跌ヲ生ジハセヌカ、此ノ事ニ對シテ政府ノ猛省ヲ促シテ置キタイト存ジマス

以上申シマシタ質問ヲ要約致シマスト次ノ四項ニ相成リマス

一、政府ハ金及ビ銅增產ニ關スル積極的對策ヲ有スルヤ

二、政府ハ金銅鐵以外ノ重要鑛物ニ對シ、如何ナル增產計畫ヲ有スルヤ

三、日本鑛山開發會社法案トモ稱スベキモノヲ、政府ハ目下研究中ナリト仄聞ス、政府ハ今議會ニ之ヲ提出スルヤ否ヤ

四、昭和十四年度一般會計ニ於ケル重要鑛物增產ニ關係アル豫算ハ、時局ニ對應セザルモノト認ム、政府ハ相當ナル追加豫算ヲ要求スルノ意ナキヤ、以上（拍手）

（國務大臣八田嘉明君登壇）

○國務大臣（八田嘉明君） 只今高橋君ヨリ御述ニナリマシタル諸點ニ對シテ、御答申上ゲタイト存ジマス、第一ハ金銅ノ增產ニ付テ政府ハ積極對策ヲ執ルベシ、其ノ對策ニ付テハドウデアルカト云フ御述デアリマス、銅ハ姑ク措キマシテ、金ニ對シマシテハ既ニ御承知ノ通リ、前ノ議會ニ於テ產金增產ニ關スル所ノ法制ヲ定メマシテ、政府ハ之ニ基キマシテ探鑛ノ奬勵金或ハ製鍊所、選鑛所ノ建設ニ對シマスル補助ヲ行ツテ居リマス、又鑛山開發ニ必要ナル資材ノ供給ニ對シ十分ナル助成ヲ致シ、更ニ又現地ノ技術員ノ養成ニ付キマシテハ、將來ノ必要性ニ鑑ミマシテ、現在ノ事業家ニ於テ養成セラレテ居リマスル其ノ事柄ニ對シマシテ、助成ヲ致シテ居ルヤウナ次第デアリマス、斯樣ナ次第デアリマシテ、政府ニ於キマシテハ十四年度ノ豫算ニ於キマシテモ、只今申上ゲタヤウナ增產計畫ニ對シマシテ、必要ナル豫算ヲ計上シテ御協贊ヲ願ツテ居ルヤウナ次第デアリマス、其ノ以外ニ於キマシテハ、鐵道省等ノ運賃ノ割引等ニ對シマシテモ、十分ナル考慮ヲ拂ツテ居ルコトハ御承知ノ通リデアリマス、只今豫算ガ甚ダ多クナイト云フコトニ付テ御話ガアリマシタガ、金ニ付キマシテハ、御承知ノ通リ昨年十月創立サレマシタル日本產金株式會社ナル國策會社ニ於テ、政府ニ代リマシテ是等ノ必要ナル助成ニ對シテ、責任ヲ以テ仕事ヲ致シテ居ルヤウナ次第デアリマス、マダ其ノ會社ハ創立日淺イ爲ニ十分ナル成績ヲ擧ゲマセヌケレドモ、今後ノ增產ニ付キマシテハ、資金ノ融通或ハ製鍊所ノ設置等ニ對シマシテ、專ヲ力ヲ致シテ居ルヤウナ次第デアリマス、尙ホ政府ニ於キマシテハ、產金ニ對シマシテ官民ノ協議會ヲ作リマシテ、只今計畫サレテ居リマス所ノ豫定ノ年次計畫ヲ遂行致シマスコトニ對シテ、萬遺算ナキヲ期シテ居ルノデアリマス

之ニ關聯シテ第二ノ御質問ト致シマシテ、銅ノ增產ニ對シテ、又之ニ關聯シテ金、銅、鐵以外ノ所謂非鐵——銅モ含メマシタ所ノ非鐵金屬ノ開發ニ對シマシテ、御意見ヲ伺ツタノデアリマスケレドモ、御話ノ如ク金ト全ク同ジ價値ヲ有シマス所ノ國產ノ銅ヲ產出スルト云フコトハ、極メテ重要ナル問題デアリマスシ、又鉛、亞鉛其ノ他ノ非鐵金屬ヲ開發スルト云フコトハ、時局柄政府ニ於キマシテモ、洵ニ緊急ノ問題デアルト考ヘマシテ、是ガ開發ニ對シテ對策ヲ研究シテ、既ニ大體ノ成案ハ得テ居ルノデアリマシテ、只今關係省ノ間ニ於テ研究ヲ致シテ居リマスルガ、恐ラクハ不日成案ヲ得マシテ、出來得ル限リ早ク本議會ニ提案ヲ致シタイト考ヘテ居ル次第デアリマス、是ガ出來マスト、幾ニ制定セラレテ居リマス所ノ重要鑛物增產法ノ運用ト相俟チマシテ、是等ノ必要トスル所ノ國內ノ資源ノ開發セラレルコトニ於テ、極メテ有效ナル結果ヲ齎スデアラウト信ズルノデアリマス

尙ホ最後ニ、十四年度ノ豫算ニ是等ノ鑛物開發ニ對シテ、政府ノ豫算ガ不十分デアルト云フヤウナ意味ニ於テ、御質問ガアリマシタガ、只今申上ゲタヤウナ計畫ガ成案ヲ得マスル以上、之ニ關聯シテ必要ナル豫算ヲ追加豫算トシテ計上致シマシテ、御協贊ヲ願フ次第デアリマス、此ノ點御諒承ヲ願ヒタイト思フノデアリマス（拍手）

（政府委員松村光三君登壇）

○政府委員（松村光三君） 只今商工大臣カラ大體御答辯ガアリマシタガ、特ニ一二ノ點ニ付テ御答ヲ申上ゲタイト思ヒマス、第一第二ノ御質疑ニ付テハ既ニ御答辯ガアリマシタノデ、第三ノ豫算ノコトデアリマスガ、今ノ御質疑ニ依リマスト、商工省ノ所管ニ於テ僅ニ四百万圓ダケデアルト云フコトデアリマシタガ、成程商工省所管ニ於キマシテハ、從來ノ如ク四百數十万圓デアリマスケレドモ、遞信省ノ所管ニ於キマシテ、發送電其ノ他ノ關係ニ於キマシテ、金鑛奬勵ノ施設トシテ百七十万圓ヲ計上致シテ居リマスカラ、一般會計ニ於キマシテハ合計六百万圓デアルノミナラズ、朝鮮其ノ他臺灣等ニ於キマシテ多大ノ產金奬勵施設ヲシテ居リマスカラ、今年度ニ於ケル一般會計竝

ニ特別會計ノ產金奬勵ノ合計ハ、二千八百二十餘万圓ニ相成ツテ居リマス、其ノ他產金會社ノ問題ハ勿論別デアリマス、尙ホ其ノ他各種ノ問題ニ付テ御質疑ガアリマシタガ、大體豫算ノ問題ダケヲ御答申上ゲタ次第デアリマス（拍手）

○議長（小山松壽君） 是ニテ質疑ハ終了致シマシタ、本案ノ審査ヲ付託スベキ委員ノ選擧ニ付テ御許リ致シマス

○服部崎市君 本案ハ政府提出、昭和十二年法律第五十七號中改正法律案外一件委員ニ併セ付託サレンコトヲ望ミマス

○議長（小山松壽君） 服部君ノ動議ニ御異議アリマセヌカ

（「異議ナシ」ト呼フ者アリ）

○議長（小山松壽君） 御異議ナシト認メマス、仍テ動議ノ如ク決シマシタ——日程第六及ビ第七ハ關聯セル議案デアリマスカラ、一括議題ト爲スニ御異議アリマセヌカ

（「異議ナシ」ト呼フ者アリ）

○議長（小山松壽君） 御異議ナシト認メマス、日程第六、地方鐵道法中改正法律案、日程第七、軌道法中改正法律案、右兩案ヲ一括シテ第一讀會ヲ開キマス——鐵道政務次官工藤十三雄君

朝鮮銀行券及臺灣銀行券ノ保證發行限度ノ臨時擴張ニ關スル法律案

朝鮮銀行法第二十二條第二項中一億圓トアルハ當分ノ内之ヲ一億六千萬圓トス

臺灣銀行法第九條第二項中五千萬圓トアルハ當分ノ内之ヲ八千萬圓トス

附　則

本法施行ノ期日ハ勅令ヲ以テ之ヲ定ム

本法ハ支那事變終了後一年内ニ之ヲ廢止スルモノトス

（政府委員松村光三君登壇）

○政府委員（松村光三君）　只今議題トナリマシタ昭和十三年法律第六十四號中改正法律案竝ニ朝鮮銀行券及臺灣銀行券ノ保證發行限度ノ臨時擴張ニ關スル法律案ニ付テ説明致シマス

先ヅ兌換銀行券ノ保證發行限度ノ臨時擴張ニ關スル法律中改正法律案ニ付テ説明致シマス、本法律案ハ支那事變ノ進展ニ伴ヒマシテ、兌換銀行券發行高ノ尙ホ増加ヲ來サントスル趨勢ニ對處スル爲、曩ニ臨時ニ擴張セラレマシタ兌換銀行券ノ保證發行限度ヲ更ニ五億圓擴張シテ、之ヲ二十二億圓ト爲サントスルモノデアリマス、昨年四月兌換銀行券ノ保證發行限度ノ臨時擴張ニ關スル法律ガ施行セラレタノデアリマスガ、其ノ後ニ於ケル經過ヲ見マスルノニ、事變ノ進展ト共ニ、一般經濟取引ノ膨脹ニ依リマシテ、兌換銀行券ノ發行高モ増加ヲ來シテ居リマスノニ加ヘ、昨年七月日本銀行正貨準備ヨリ三億圓ヲ割キ、新ニ外國爲替基金ヲ設定致シタ結果トシテ、右臨時擴張ノ效果ハ同金額ダケ減殺サレタ關係モアリマシテ、昨年十一月以降ニハ屢〻制限外發行ヲ見ルニ至ツタノデアリマス、而シテ今後ニ於キマシテモ、事變ニ關聯シテ諸般ノ經濟活動ハ依然伸張ヲ續ケ、之ニ伴ヒマシテ兌換銀行券ノ發行高モ更ニ増加スルモノト考ヘラレマスノデ、此ノ際保證發行限度ヲ臨時ニ尙ホ相當擴張スルヲ適當ト認メマシテ、本案ヲ提出致シタ次第デアリマス

次ニ朝鮮銀行券及臺灣銀行券ノ保證發行限度ノ臨時擴張ニ關スル法律案ニ付テ説明致シマス、朝鮮銀行券及ビ臺灣銀行券ノ保證發行限度ハ、曩ニ昭和十二年九月、之ヲソレゾレ一億圓及ビ五千万圓ニ擴張致シタノデアリマスガ、其ノ後支那事變ノ進展ニ因リ、朝鮮及ビ臺灣ニ於ケル一般經濟取引ハ急激ナル増大ヲ來シ、之ニ伴ツテ朝鮮銀行券及ビ臺灣銀行券ノ發行高ハ顯著ナル増加ヲ示スニ至ツタノデアリマス、而シテ今後ニ於テモ支那事變ニ關聯シテ朝鮮及ビ臺灣ニ於ケル通貨ノ需要量ハ更ニ増大シ、延イテハ朝鮮銀行券及ビ臺灣銀行券ノ發行高モ一層増加ヲ來スモノト認メラレルノデアリマシテ、兩銀行券ノ保證發行限度ヲ現在ノ儘ニ致シテ置キマストキハ、朝鮮及ビ臺灣ニ於テ經濟取引上必要トセラレル通貨ヲ、圓滑ニ供給致シマスル上ニ、支障ヲ生ズルコトナキヲ保シ難イノデアリマス、斯樣ナ次第デアリマスノデ、今回支那事變ニ關聯スル臨時的措置トシテ、朝鮮銀行券及ビ臺灣銀行券ノ保證發行限度ヲ、ソレゾレ六千万圓及ビ三千万圓擴張スルヲ適當ト認メマシテ、本法律案ヲ提出致シタノデアリマス、以上兩件ニ付キマシテ御審議ノ上速ニ協賛アランコトヲ望ミマス（拍手）

○議長（小山松壽君）　各案ノ審査ヲ付託スベキ委員ノ選擧ニ付テ御諮リ致シマス

○服部崎市君　日程第三及ビ第四ノ兩案ヲ一括シテ議長指名十八名ノ委員ニ付託サレンコトヲ望ミマス

○議長（小山松壽君）　服部君ノ動議ニ御異議アリマセヌカ

（「異議ナシ」ト呼フ者アリ）

昭和十四年三月十七日　　昭和十三年法律第六十四號中改正法律案外七件

報告書

一朝鮮銀行劵及臺灣銀行劵ノ保證發行限度ノ臨時擴張ニ關スル法律案（政府提出）

右ハ本院ニ於テ可決スヘキモノト議決致候此段及報告候也

昭和十四年三月十六日

委員長　岡崎久次郎

衆議院議長小山松壽殿

報告書

一昭和十三年法律第二十三號中改正法律案（關東局、朝鮮總督府、臺灣總督府及樺太廳ノ各特別會計ニ於ケル租税收入ノ一部ニ相當スル金額等ヲ臨時軍事費特別會計ニ繰入ルルコトニ關スル件）（政府提出）

右ハ本院ニ於テ可決スヘキモノト議決致候此段及報告候也

昭和十四年三月十六日

委員長　岡崎久次郎

衆議院議長小山松壽殿

裁判所構成法中改正法律案

第十四　裁判所構成法中改正法律案（岡本實太郎君外十二名提出）　第一讀會

裁判所構成法中改正法律案

裁判所構成法中左ノ通改正ス

第十八條第三項中「試補」ヲ「豫備檢事豫備判事」ニ改ム

第三十二條中「且豫備判事ハ如何ナル事情アルモ二人以上其ノ部ニ列席スルコトヲ得ス」ヲ削ル

第三十六條第二號但書ヲ削ル

第五十七條　判事又ハ檢事ニ任セラルルニハ十年以上辯護士トシテ其ノ職務ニ從事シタルコトヲ要ス

朝鮮辯護士、臺灣辯護士及關東州辯護士ハ前項ノ適用ニ付テハ之ヲ辯護士ト看做ス

判事又ハ檢事ニ任セラレタル者カ辯護士ノ職務ニ從事シタル期間ハ他ノ法令ノ適用ニ付テハ其ノ在官期間ニ通算ス

第五十八條　削除

第六十條乃至第六十二條　削除

第六十三條第一項ヲ削ル

第六十四條　判事又ハ檢事差支アリテ職務ニ從事スルコト能ハサルトキハ司法大臣ハ之ニ豫備判事又ハ豫備檢事ヲ代理セシムルコトヲ得

第六十五條　削除

第六十六條　辯護士タルコトヲ得サル者ハ判事又ハ檢事タルコトヲ得ス

第六十九條乃至第七十一條ノ二　削除

第九十二條　削除

第百十二條第一項中「又ハ法律ニ從ヒ其ノ職務ヲ行フ試補」ヲ削リ同條第三項中「又ハ其ノ命ヲ受ケタル試補」ヲ削ル

第百二十一條第一項但書中「及試補」ヲ削ル

附　則

本法施行ノ期日ハ勅令ヲ以テ之ヲ定ム

本法施行ノ際現ニ司法官試補タル者ハ從前ノ規定ニ依リ判事及檢事ニ任セラルルコトヲ得

本法施行ノ際現ニ判事又ハ檢事タル者竝前項ノ規定ニ依リ任セラレタル判事及檢事ニハ仍從前ノ規定ヲ適用ス

○服部崎市君　本案ハ趣旨辯明ヲ省略シテ、政府提出、人事調停法案委員ニ併セ付託セラレンコトヲ望ミマス

○議長（小山松壽君）　服部君ノ動議ニ御異議アリマセヌカ

〔「異議ナシ」ト呼フ者アリ〕

○議長（小山松壽君）　御異議ナシト認メマス、仍テ動議ノ如ク決シマシタ——日程第十五乃至第十七ハ便宜上一括議題ト爲スニ御異議アリマセヌカ

〔「異議ナシ」ト呼フ者アリ〕

○議長（小山松壽君）　御異議ナシト認メマス、仍テ日程第十五、辯護士法中改正法律案、日程第十六、辯護士法中改正法律案、日程第十七、辯護士法中改正法律案、右三案ヲ一括シテ第一讀會ヲ開キマス

（昭和十二年度歳入歳出總決算
昭和十二年度各特別會計歳入歳出決算）
昭和十二年度國有財産増減總計算書

報告書

一昭和十二年度歳入歳出總決算、昭和十二年度各特別會計歳入歳出決算

右ハ本院ニ於テ別紙ノ通議決スヘキモノト議決致候此段及報告候也

昭和十四年三月二十五日

決算委員長 土屋清三郎

衆議院議長小山松壽殿

（別紙）

不當ナルモノ

昭和十二年度歳入歳出總決算中
歳入ニ於テ
不當ナルモノ 十五件
歳出ニ於テ
不當ナルモノ 二件
昭和十二年度各特別會計歳入歳出決算中
歳入ニ於テ
不當ナルモノ 九件
歳出ニ於テ
不當ナルモノ 十八件
官有物ニ於テ
不當ナルモノ 一件
合計 四十五件
既往年度（昭和八年度、昭和九年度、昭和十年度、昭和十一年度）
歳入ニ於テ
不當ナルモノ 四十三件
歳出ニ於テ
不當ナルモノ 八件

昭和十二年度歳入歳出總決算及同各特別會計歳入歳出決算中不當ナリト議決シタル事項左ノ如シ

一般會計歳入ニ於テ
租税ノ徴收ニ關シ監督其ノ宜シキヲ得サルモノ 一件
租税ノ徴收不足ニ屬スルモノ 十件
租税ノ徴收過ニ屬スルモノ 一件
林木ノ賣拂ニ關シ監督其ノ宜シキヲ得サルモノ 一件
犯罪ニ基因シ返納金ノ徴收ニ至ラサルモノ 二件
計 十五件

一般會計歳出ニ於テ
物件ノ改造ヲ請負ニ付スルニ當リ價格ノ算定其ノ宜シキヲ得サルモノ 一件
前渡資金ニ關シ監督其ノ宜シキヲ得サルモノ 一件
計 二件

特別會計歳入ニ於テ
荷物運賃豫納ノ取扱ニ關シ措置其ノ宜シキヲ得サルモノ 一件
物件ノ賣拂ニ關シ監督其ノ宜シキヲ得サルモノ 一件
租税ノ徴收不足ニ屬スルモノ 四件
官有地ノ貸付ニ當リ料金ノ決定其ノ宜シキヲ得サルモノ 一件
林木ノ賣拂ニ關シ監督其ノ宜シキヲ得サルモノ 一件
保險料等ノ徴收ニ關シ監督其ノ宜シキヲ得サルモノ 一件
計 九件

特別會計歳出ニ於テ
物件ノ購入ニ當リ措置其ノ宜シキヲ得サルモノ 五件
豫算目的外ノ支出ヲ爲シタルモノ 一件
米ノ搗精ノ請負ニ付スルニ當リ措置其ノ宜シキヲ得サルモノ 一件
電力ノ購入ニ當リ措置其ノ宜シキヲ得サルモノ 一件
犯罪ニ基因シ缺損補塡ヲ爲シタルモノ 二件
豫算ノ經理其ノ宜シキヲ得ス歳出ノ所屬年度ヲ紊リタルモノ 一件
勅令ノ規定ニ違背シ支出ヲ爲シタルモノ 一件
名ヲ集會所設置ニ藉リ職員ノ慰安設備ヲ實施シタルモノ 一件
會計事務ニ關シ監督其ノ宜シキヲ得サルモノ 二件
補助金ノ交付ニ當リ措置其ノ宜シキヲ得サルモノ 二件
工事ノ施行ニ當リ注意ノ周到ヲ缺キタルモノ 一件
計 十八件

官有物ニ於テ
國有財産ノ管理其ノ宜シキヲ得サルモノ 一件
合計 四十五件

既往年度（昭和八年度、昭和九年度、昭和十年度、昭和十一年度）
既往年度歳入ノ賦課徴收ニ於テ
租税ノ徴收不足ニ屬スルモノ 三十件
租税ノ徴收過ニ屬スルモノ 九件
租税ノ賦課徴收ニ關シ措置其ノ宜シキヲ得サルモノ 一件
租税ノ徴收ニ關シ監督其ノ宜シキヲ得サルモノ 一件
土地ノ賣拂ニ當リ價格ノ評定其ノ宜シキヲ得サルモノ 一件
船舶ノ賣拂ニ當リ評價其ノ宜シキヲ得サルモノ 一件
計 四十三件

同歳出ノ使用ニ於テ
補助金ノ交付ニ當リ調査監督其ノ宜シキヲ得サルモノ 一件
工事ヲ請負ニ付スルニ當リ措置其ノ宜シキヲ得サルモノ 一件
虚構ノ事實ニ對シ支拂ヲ爲シタルモノ 一件
物件ノ加工ヲ請負ニ付スルニ當リ措置其ノ宜シキヲ得サルモノ 一件
物件ノ購入ニ當リ措置其ノ宜シキヲ得サルモノ 三件
豫算ノ使用其ノ宜シキヲ得サルモノ 一件
計 八件
合計 五十一件
總計 九十六件

昭和十二年度歳入歳出總決算、同各特別會計歳入歳出決算及既往年度未確定決算中左ノ如ク議決ス

一般會計
歳入經常部
第一款 租税
第一項 所得税
（一）輪島税務署ノ收入ニ至ラサルモノ 六五九・〇一〇円
（會計檢査院報告ノ一）
地租ニ於テ 五六・〇一〇

營業收益税ニ於テ　六一六・四〇〇

資本利子税ニ於テ　二・九〇〇

法人資本税ニ於テ　一〇・〇〇〇

相續税ニ於テ　八五八・四九〇

免許及手數料ニ於テ　七・八〇〇

臨時利得税ニ於テ　一一〇・一二〇

右ハ税務署屬丸山某及雇上野某カ分任收入官吏又ハ其ノ補助者トシテ同署ニ勤務中單獨ニ又ハ共謀シ關係書類ヲ作爲シ國税其ノ他ノ歳入金ヲ横領シタル總額弐千参百餘圓ノ内ニシテ本件ハ監督其ノ宜シキヲ得サリシニ因ルモノニシテ不當ナリトス

(二)　西税務署ニ於テ徴收不足ニ屬スルモノ(會計検査院報告ノ二)　四一、二六七・八五〇

(三)　幸橋外三税務署ニ於テ徴收不足ニ屬スルモノ(會計検査院報告同上)　一三、五三〇・四九〇

(四)　神田橋税務署ニ於テ徴收不足ニ屬スルモノ(會計検査院報告同上)　九、〇〇六・〇六〇

(五)　横濱税務署ニ於テ徴收不足ニ屬スルモノ(會計検査院報告同上)　七、六一四・八三〇

(六)　日本橋税務署ニ於テ徴收不足ニ屬スルモノ(會計検査院報告同上)　七、四八六・〇一〇

(七)　一宮税務署ニ於テ徴收不足ニ屬スルモノ(會計検査院報告同上)　五、八四五・五三〇

(八)　堺税務署ニ於テ徴收不足ニ屬スルモノ(會計検査院報告同上)　五、四六八・四〇〇

(九)　神田橋税務署ニ於テ徴收不足ニ屬スルモノ(會計検査院報告同上)　五、二五五・一二〇

(一〇)　浦和外一税務署ニ於テ徴收不足ニ屬スルモノ(會計検査院報告同上)　二、一八五・〇〇〇

(一一)　堺税務署ニ於テ徴收過ニ屬スルモノ(會計検査院報告同上)　二、五一九・九九〇

右ハ孰モ取扱ノ過誤ニ因リ徴收上過不足ヲ生セシメタルモノニシテ不當ナリトス

第六項　相續税

(一二)　下京税務署ニ於テ徴收不足ニ屬スルモノ(會計検査院報告ノ三)　二一、六八一・三〇〇円

本件ハ取扱ノ過誤ニ依リ徴收過不足ヲ生セシメタルモノニシテ不當ナリトス

第三款　官業及官有財産收入

第一項　森林收入

(一三)　旭川營林區署ニ於テ收入未濟ニ屬スルモノ(會計検査院報告ノ四)　二、六三三・〇五〇円

右ノ内(一)千四百餘圓ハ北海道廳森林主事小山某カ同營林區署比布保護區員駐在所勤務中自ラ國有林ノ盗伐ニ關與セル外林木拂下出願者等ヨリ收賄シテ盗伐ヲ默過シ又ハ不正調査ニ依リ同營林區署ニ於テ過當ナル林木賣拂處分ヲ爲スニ至ラシメタル等ニ因リ國庫ニ及ホセル損失額弐千参百餘圓ノ内關係者ニ於テ辨償濟ニ係ル八百九拾餘圓ヲ控除セル殘額ニシテ(二)千百九拾餘圓ハ北海道廳森林主事釜田某カ同營林區署愛別保護區員駐在所勤務中同樣ノ不正行爲ニ依リ國庫ニ及ホセル損失額參千五百餘圓ノ内關係者ニ於テ辨償濟ニ係ル弐千参百餘圓ヲ控除セル殘額ニシテ孰モ未タ納入ニ至ラサルモノナリ本件ハ監督其ノ宜シキヲ得サリシニ因ルモノニシテ不當ナリトス

第六款　雜收入

第十二項　雜　入

(一四)　農林省ニ於テ歳入ニ編入スヘキモノ(會計検査院報告ノ五)　一一、三〇〇・〇〇〇円

右ハ昭和八年四月愛知縣内海町山海漁業組合ニ於ケル漁村共同施設ニ對シ助成金トシテ交付シタルモノナルモ同縣豐濱町齋藤某外二名カ共謀ノ上山海漁業組合ノ名義ヲ用ヒ且愛知縣水産課長地方農林技師和氣某等ニ贈賄シ虚僞ノ精算書ヲ作成シ愛知縣廳ヲ經テ農林省ニ提出シ之カ助成金壹萬千参百圓ヲ詐取シタルニ因リ辨償セシムヘキ金額ナリ本件ハ補助金ノ交付ニ當リ調査監督其ノ宜シキヲ得サリシニ因ルモノニシテ不當ナリトス

(一五)　高知縣ニ於テ歳入ニ編入スヘキモノ(會計検査院報告ノ六)　二、一四四・八〇〇円

右ハ高知縣窪川町若井川耕地整理組合カ溜池及水路ノ新設工事竝開田開畑等ヲ施行シ其ノ事業費査定額壹萬八千餘圓ニ對シ四回ニ亙リ開墾助成金七千五百餘圓ノ交付ヲ受ケタルモノナルモ助成金ノ請求ニ當リ組合長田井某外一名共謀ノ上事業費ニ實際支出セサル金額ヲ附掛ケ正當ニ受クヘキ助成金五千參百餘圓トノ差額ヲ騙取シタルニ因リ補助超過トナリ返納セシムヘキ金額ナリ本件ハ補助金ノ交付ニ當リ調査監督其ノ宜シキヲ得サリシニ因ルモノニシテ不當ナリトス

歳　出

陸軍省所管

歳出經常部

第二款　軍事費

第四項　衣糧費

(一六)　陸軍被服本廠ノ支出ニ係ル(會計検査院報告ノ一)　八八、四七〇・〇〇〇円

兵器其他整備費ニ於テ同廠ノ支出ニ係ル　一三、五〇〇・〇〇〇

滿洲事件費ニ於テ臨時陸軍東京經理部ノ支出ニ係ル　七、九九〇・〇〇〇

右ハ大阪陸軍被服支廠ニ於テ昭和十二年八月隨意契約ニ依リ株式會社大阪アルミニユーム製作所外二會社ニ請負ハシメタル飯盒三萬二千箇及水筒五萬箇ノ改造代價ナリ本件ハ改造品一箇ニ對シ舊式飯盒及水筒筒(新品)各一箇ヲ改造材料トシテ交付スルモノニシテ改造單價ハ改造品ノ製造價格飯盒弐圓九拾錢餘水筒壹圓弐拾弐錢餘ヨリ交付スヘキ舊式品ノ評價格飯盒六拾五錢餘水筒弐拾八錢餘ヲ控除シ前者弐圓弐拾五錢(廣島支廠納ノ分弐圓參拾壹錢)後者九拾四錢ト決定セルモノナルモ該交付品ノ評價格ハ之ヲ同月陸軍被服本廠ニ於テ改造セル分ニ比シ孰モ著シク低廉ナルハ妥當ナラス本件ハ物件ノ改造ヲ請負ニ付スルニ當リ價格ノ算定其ノ宜シキヲ得ス國庫ニ不利ヲ及ホシタルモノニシテ不當ナリトス

司法省所管

歳出經常部

第三款　刑務費

第三項　收容費

(一七)　大阪刑務所ノ支出ニ係ル(會計検査院報告ノ一)　二、五四六・一八〇円

右ハ同刑務所屆上田某カ資金前渡官吏ノ補助者トシテ勤務中横領費消シタル前渡資金參千五百餘圓ノ內辨償濟ニ屬スル千圓ヲ控除セル殘額ニシテ何等實際ノ支拂ナキニ拘ラス本費ニ決算スルニ至リシモノナリ本件ハ監督其ノ宜シキヲ得サリシニ因ルモノニシテ不當ナリトス

特別會計

海軍省所管海軍工廠資金

歲出

第一款 材料物品費

第一項 材料物品費

（一八） 佐世保海軍工廠ノ支出ニ係ル（會計檢査院報告ノ一）

四二、三三七・五四〇円

右ハ昭和十二年八月隨意契約ニ依リ十月三十一日及十一月二十日納トシ古河電氣工業株式會社ヨリ購入セル鐵目無銅管二萬五千餘瓩ノ代價ナリ本件ハ瓩當壹圓六拾九錢ヲ以テ購入セルモノナルモ同年七月一日海軍省經理局ニ於テ別途古河電氣工業株式會社外三會社ト同日以降十三年六月末日迄ノ供給量ニ對シ本數ヲ單位トシテ統制購買契約ヲ爲シタル單價ニ依リ購入スルトキハ總額參萬八千五百餘圓トナリ之ニ比シ本件代價ハ約一割高價ニ當ルヲ以テ右統制購買ニ依ヲス購入シタルハ失當ノ措置ト謂ハサルヲ得ス本件ハ物件ノ購入ニ當リ注意ノ周到ヲ缺キ國庫ニ不利ヲ及ホシタルモノニシテ不當ナリトス

海軍省所管海軍燃料廠

歲出

第一款 海軍燃料廠作業費

第二項 事業費

（一九） 海軍燃料廠ノ支出ニ係ル（會計檢査院報告ノ一）

一一一、五九九・〇八〇円

右ハ昭和十二年一月二十三日會計規則第百十五條ニ依リ隨意契約ヲ以テ淺野物產株式會社ヨリ購入ニ係ル錫地金外一廠價格拾參萬七百餘圓ノ內錫地金（一號）二萬五千十一瓩ノ代價ナリ本件ハ瓩當四圓四拾六錢貳厘ニシテ横須賀海軍工廠ニ於テ同日三菱鑛業株式會社ト購入契約ニ係ル錫地金（特號）ノ瓩當四圓拾壹錢ナルニ比シ品位劣レルニ却テ高價ニ當レルハ豫定價格ノ算定當ヲ得サリシニ因ルモノト認メヲル本件ハ物件ノ購入ニ當リ措置其ノ宜シキヲ得ス國庫ニ不利ヲ及ホシタルモノニシテ不當ナリトス

文部省所管帝國大學

歲出臨時部

第六款 大阪帝國大學

第二項 工學部機械工學實驗室其他震災復舊及新營費

（二〇） 大阪帝國大學ノ支出ニ係ル（會計檢査院報告ノ一）

一七九、〇三八・三八〇円

右ハ同大學工學部機械工學實驗室其他新營工事竝附帶工事費拾九萬九千餘圓ノ內ニシテ本件工事ハ昭和十一、十二兩年度ノ繼續費總額貳拾五萬餘圓ヲ以テ冶金學科及機械工學科ノ實驗室、實習室其ノ他書庫、圖書閱覽室等ノ復舊及新營工事竝在來建物ノ整理改修等ヲ施行シ貳拾四萬九千餘圓ヲ支出シタルモノニシテ右ノ內十一、十二兩年度ニ亙リ前掲拾九萬九千餘圓ヲ以テ施工シタル鐵筋混凝土造四階建延六百六十四坪餘ハ既設ノ造船學教室及十二年度以降別途豫算ヲ以テ建築中ノ航空學教室ニ連繫セシメタルモノニ係リ其ノ構造設計ニ徵シ工學部本部及講堂ヲ新營セルモノト認メラレ本項豫算ノ目的外ニ屬スルノミナラス工事費豫算ニ不足ヲ來シ內裝工事及附帶工事ニ未施行ノモノアル爲建物ノ大部分ヲ使用シ得サルカ如キハ措置當ヲ得タルモノニ非ス本件ハ本項豫算ノ目的外ニ屬シ會計法第十四條ニ違背シタルモノトス

農林省所管米穀需給調節

歲出

第一款 米穀需給調節費

第三項 事業費

（二一） 農林省米穀局ノ支出ニ係ル（會計檢査院報告ノ一）

九九、三〇一・〇九〇円

右ハ昭和十二年度中東京、大阪兩米穀事務所ニ於テ其ノ精米工場ヲ使用セシメ天龍運送株式會社及大阪合同運送株式會社ニ軍用米六十六萬五千餘叺（四十一瓩入）ノ搗精ヲ請負ハシメタル代價ナリ抑本件軍用米ノ搗精ハ新規作業ナルヲ以テ年度始前記兩會社ト別途契約ニ係ル勞力供給請負ノ追加契約トシテ十二年七月及九月ニ請負ハシメタルモノナルモ之カ一叺當單價ハ東京ノ分拾貳錢五厘（夜間作業拾八錢七厘）大阪ノ分拾參錢貳厘餘（玄米一俵當貳拾壹錢ヨリ換算）ニシテ別途契約ニ係ル普通搗精賃一俵當（六十瓩入）東京ノ分參錢六厘大阪ノ分參錢五厘餘ニ對比スルニ著シキ開差アリ人夫數ノ見積過大ナルノミナラス勞銀ノ積算亦高價ナルハ妥當ナラス本件ハ請負單價ノ決定高價ニ失シ國庫ニ不利ヲ及ホシタルモノニシテ不當ナリトス

遞信省所管通信事業

用品勘定

歲出

第一款 通信事業用品及工作費

第二項 用品及工作費

（二二） 遞信省經理局ノ支出ニ係ル（會計檢査院報告ノ一）

一二一、二八六・四六〇円

右ハ昭和十二年五月東京市日本橋區廣瀨某ヨリ購入シタル外國行囊地及亞麻絲ノ代價ナリ本件外國行囊地ハ反當百壹圓七拾九錢ヲ以テ六百六十七反價額六萬七千八百餘圓ヲ購入シタルモノニシテ之カ豫定價格ノ算定ニ當リテハ十一年十一月同人ヨリ購入ニ係ル同品ノ單價九拾九圓八拾錢ヲ基準トシ爾後ニ於ケル亞麻絲ノ市價變動ヲ參酌シ百壹圓八拾錢ト決定シタルモノナルモ右十一年十一月ノ購入單價九拾九圓八拾錢ハ著シク高價ト認メヲルルモノニシテ縱ヒ本品カ特殊品ニシテ割高ナルヲ免レストスルモ見積過大ナルモノト謂フヘク右十一年十一月購入單價ハ著シク高價ニ失スルモノナルニ本件購入ニ當リ之ヲ基準トシ爾後ニ於ケル亞麻絲ノ市場變動ヲ參酌シ百壹圓八拾錢ト爲シタルハ失當ノ措置ト認メサルヲ得ス又亞麻絲ハ貫當參圓六拾九錢及參圓六拾八錢九厘ヲ以テ一萬四千四百七十貫價額五萬參千參百餘圓ヲ購入シタルモノニシテ之カ豫定價格ノ算定ニ當リテハ十一年十月同人ヨリ購入シタル單價參圓五拾五錢六厘ヲ基準トシ爾後ニ於ケル同種品ノ市價變動ヲ參酌シ參圓六拾九錢五厘ト決定シタルモノナルモ別途十二年五月購入ニ係ル「ツーク」地ニ就キ其ノ使用原絲價格ハ貫當參圓參拾五錢餘ニシテ「ツーク」地原絲ハ亞麻ノ精線ヲ原料トシ九番手及三番手半ノ織絲ニ精紡シタルモノナルニ對シ本件亞麻絲ハ亞麻ノ粗線ヲ原料トシ一番手未滿ノ太サニ粗紡シタルモノナルヲ以テ其ノ品質著シク劣等ナルモノナルニ却テ高價ニ當レルハ妥當ナラス而シテ右外國行囊地及亞麻絲ハ從來之カ購入ニ當リ一般競爭ニ付スルモ入札者ハ常ニ本件契約者廣瀨某ニ限

ラルル狀況ニシテ購入價格ノ決定ニ關シテハ最留意ヲ要スル所ナルニ之カ生產價格等ノ調査十分ナラス單ニ前回購入價格ヲ基準トシ漫然購入シ來リタルハ措置當ヲ得サルモノニシテ關係官吏中本件契約者廣瀨某ヨリ收賄ノ嫌疑ヲ以テ豫審中ニ屬スルモノアリ本件ハ物件ノ購入ニ當リ措置其ノ宜シキヲ得ス國庫ニ損失ヲ及ホシタルモノニシテ不當ナリトス

業務勘定

歲出

第一款　通信業務費

第二項　業務費

（一三）　東京都市遞信局ノ支出ニ係ル（會計檢査院報告ノ二）

六二、九二六・一〇〇円

右ハ昭和十二年度中東京中央郵便局ニ於テ東京電燈株式會社ヨリ購入シタル電力量百二十萬六千「キロワツト」時ニ對スル料金ナリ右一「キロワツト」時當料金ハ十二年十一月迄ハ一箇月五萬「キロワツト」時迄六錢五萬「キロワツト」時超過分五錢參厘十二年十二月以降ハ前者五錢六厘後者四錢八厘（各五分引）ナルモ電動機及電燈用設備ノ狀況本件ト近似セル東京中央電信局ニ於ケルト同樣低額ナル料金（八萬二千「キロワツト」時迄四錢八萬二千「キロワツト」時超過分貳錢六厘ノ各五分引）ニ依ルカ或ハ民間ニ於テ本件ト略同樣ノ條件ノモノニ付特約ニ依リ低廉ナル料金ヲ以テ供給ヲ受ケ居ルモノト等シク料金ノ特約ヲ爲スヲ相當ト認メラル元來電力ノ需給契約ニ際シテハ購入電力大量ノ場合ハ供給會社ト特約ニ依ルヲ有利トスルハ當然ニシテ現ニ民間ニ於テ十二年度中特約料金ヲ以テ新規契約ヲ爲セル事例尠カラサルニ拘ラス從來供給會社ト何等交渉ヲ遂ケタルコトナキカ如キハ失當ノ措置ト謂ハサルヲ得ス本件ハ電力ノ購入ニ當リ措置其ノ宜シキヲ得ス國庫ニ不利ヲ及ホシタルモノニシテ不當ナリトス

（一四）　遞信省經理局ノ支出ニ係ル（會計檢査院報告ノ三）

六一、〇〇〇・〇〇〇円

右ハ昭和十三年一月東京市本所區森某ト購入契約ニ係ル國産D型自働押印機（電動機附）百臺ノ代價ナリ右ハ單價六百拾圓ナルモ之ヲ十二年六月福本某ト購入契約ヲ爲シタル單價四百八拾八圓ニ比スルニ材料等ノ値上リヲ斟酌スルモ著シク高價ニ當レルハ妥當ナラス元來本件自働押印機ノ購入ニ關シテハ從來森某及長谷川某ノ二名ノミヲ指名シテ入札ニ付シ兩人交互ニ契約シ來レルモノニシテ十一年度ニ於テ初メテ福本某外數名ヲ指名ニ加ヘタル所十一年十月及十二年六月福本某ト契約ヲ爲スニ至リ相當價格ノ低下ヲ見タルニ之ヲ以テ正常價格ニ非ストシ再ヒ價格ノ引上ヲ爲シタルモノニシテ關係官吏中本件供給者ヨリ收賄ノ嫌疑ヲ以テ豫審中ニ屬スルモノアリ本件ハ物件ノ購入ニ當リ措置其ノ宜シキヲ得ス國庫ニ不利ヲ及ホシタルモノニシテ不當ナリトス

第三項　諸拂戻及補塡金

（一五）　貯金局ノ支出ニ係ル（會計檢査院報告ノ四）

五二、八九四・四二〇円

右ハ兵庫縣神戸宮前郵便局長西向某カ貯金ノ預入報告ヲ作爲シ或ハ貯金拂戻金受領證ヲ僞造スル等ノ方法ニ依リ橫領シタル總額七萬餘圓ノ內差額補塡又ハ辨償シタル金額ヲ控除シ殘額貳萬八千餘圓ニ對シ缺損補塡ヲ爲シ又北海道空知郡滑眞布郵便局通信手村上某カ前項同樣ノ方法ニ依リ橫領シタル總額九萬參千餘圓ノ內差額補塡又ハ辨償シタル金額ヲ控除シ殘額貳萬四千八百餘圓ニ對シ缺損補塡ヲ爲シタルモノナリ右ノ外官吏以下ノ犯罪ニ基因スル事故金ニ對シ本年度ニ於テ缺損補塡ヲ爲シタルモノ和歌山縣小川郵便局外十郵便局ノ分壹萬六千餘圓アリ本件ハ監督其ノ宜シキヲ得サリシニ因ルモノニシテ不當ナリトス

鐵道省所管帝國鐵道

資本勘定

歲出

第一款　鐵道建設改良及自動車線設備費

第一項　鐵道建設費

（一六）　鐵道省ノ支出ニ係ル（會計檢査院報告ノ一）

四一一、一五四・七九八円

鐵道改良費ニ於テ同省ノ支出ニ係ル

八五三、七七五・五六三

用品及工作費ニ於テ同省ノ支出ニ係ル

三、三五三・〇〇四

事業費ニ於テ同省ノ支出ニ係ル

一、二一七、九四〇・九二二

右ハ建設、改良、保線、運輸等各事務所ニ於テ橫濱外十二用品庫ヨリ昭和十三年度ニ配給ヲ爲シタル軌條、橋桁、被服類等ノ貯藏品ニ對シ之カ代價ヲ本年度所屬トシテ決算シタルモノナルモ右ハ歲出ノ所屬年度ヲ誤リ豫算ノ使用其ノ宜シキ得サルモノト認メラル本件ハ豫算ノ經理其ノ宜シキヲ得ス歲出ノ所屬年度ヲ紊リタルモノニシテ不當ナリトス

（一七）　鐵道省ノ支出ニ係ル（會計檢査院報告ノ二）

八、六六三・〇三〇円

鐵道改良費ニ於テ同省ノ支出ニ係ル

九、二八一・七九〇

用品及工作費ニ於テ同省ノ支出ニ係ル

六二、四九七・三九〇

事業費ニ於テ同省ノ支出ニ係ル

五三八、三四三・九八〇

右ハ國有鐵道共濟組合所有五分利國債ノ內昭和十一年五月ヨリ九月ニ至ル間ニ於テ低利借換ニ係ル額面七千貳百七萬七百貳拾五圓ニ對スル十一年度分利子收入ノ減少額ヲ補塡スル目的ヲ以テ醵出金等トシテ同組合ニ對シ支給シタル六拾壹萬八千七百餘圓ナリ抑國有鐵道共濟組合ハ鐵道部內現業員其ノ他職員ノ相互救濟ヲ目的トシテ組織シタルモノニ係リ明治四十年四月勅令第百二十七號ノ規定ニ依レハ政府ハ毎年豫算ノ範圍內ニ於テ現業員タル組合員ノ給料總額ノ百分ノ二ニ當ル金額ヲ限度トシテ共濟組合給與金ヲ支出シ又大正九年三月勅令第八十號ノ規定ニ依レハ組合カ退職年金又ハ癈疾年金ノ給與ヲ爲ストキハ政府ハ前記給與金ノ外更ニ現業員（判任官ヲ除ク）タル組合員ノ給料總額ノ百分ノ三ニ當ル金額ヲ限度トシテ共濟組合給與金ヲ支給シ一面同組合規則ニ依レハ鐵道手及雇員以下ノ現業員タル組合員ハ給料ノ百分ノ七・七其ノ他ノ組合員ハ同百分ノ十二・七ヲ掛金トシテ組合ニ納付スルモノニシテ組合ハ此等ノ收入竝資產運用上ノ收益等ヲ以テ相互救濟竝年金ノ給付ヲ爲スモノナルモ本件ノ如ク國債ノ低利借換ニ依ル組合ノ收入減少セル場合ニ於テ醵出金等ノ名義ヲ以テ組合ノ減收ヲ補塡スルカ如キハ特ニ給與ノ率ヲ制定セル勅令ノ趣旨ヲ沒却シ妥當ナラサルノミナラス昭和十

一年度末ニ於テハ責任準備金ヲ除キ剰餘金五百八拾七萬九千餘圓ヲ保有セルニ拘ラス法令ノ規定ニ依ラス多額ノ給付ヲ爲スハ妥當ナラスト認メラル本件ハ勅令ノ規定ニ違背シ多額ノ支出ヲ爲シタルモノニシテ不當ナリトス

用品勘定

歳出

第一款　用品及工作費

第一項　用品及工作費

（二八）　鐵道省ノ支出ニ係ル（會計檢査院報告ノ三）

九九六、七八七・二六〇円

右ハ正織株式會社外十二名ヨリ鐵道省被服工場納トシ隨意契約ヲ以テ購入シタル現業員被服用小倉地及淺黄雲齋地ノ代價ナリ右ノ内（一）四拾八萬千四百餘圓ハ昭和十年十二月、十一年七月及十二月契約ニ係ル夏、冬小倉地及淺黄雲齋地百九十四萬二千四百餘米ノ代價百六拾八萬千七百餘圓ノ内ニシテ本件ハ米當夏小倉地壹圓八錢冬小倉地壹圓拾四錢八厘又ハ壹圓拾八錢五厘淺黄雲齋地六拾錢乃至六拾參錢八厘ニシテ之ヲ朝鮮總督府鐵道局ニ於テ十年四月乃至十一年十月購入シタル夏小倉地四拾五錢貳厘又ハ四拾八錢五厘冬小倉地四拾九錢七厘淺黄雲齋地參拾五錢七厘乃至四拾貳錢四厘ニ比スルニ仕様略同一ナルニ拘ラス著シク高價ニ當レルハ妥當ナラス（二）五拾壹萬五千餘圓ハ十二年八月契約ニ係ル夏小倉地及淺黄雲齋地五十七萬五千餘米ノ代價ナリ本件ハ米當夏小倉地壹圓拾八錢五厘淺黄雲齋地六拾六錢四厘ヲ以テ契約セルモノニシテ夏小倉地ニ在リテハ十一年七月購入ノ壹圓八錢淺黄雲齋地ニ在リテハ十一年十二月ノ六拾參錢八厘ヲ基準トシ原料綿絲ノ値上リ前者七錢參厘後者壹厘五毛染色加工ノ値上リ八分内外ヲ加ヘ各業者ノ見積中最低見積夏小倉地ハ壹圓貳拾錢六厘淺黄雲齋地ハ六拾九錢參厘ナルモ幾分値引ノ餘地アルモノトシ前揭單價ヲ決定セルモノナリ然レトモ本件購入單價ノ基準ト爲セル前回購入單價ハ前項ニ於ケルカ如ク調査其ノ宜シキヲ得ス高價ニ失セルモノニ係リ延イテ之ヲ基準トセル本件購入單價亦高價ニシテ當ヲ得タルモノト認ムルヲ得ス本件ハ物件ノ購入ニ當リ措置其ノ宜シキヲ得ス國庫ニ損失ヲ及ホシタルモノニシテ不當ナリトス

收益勘定

歳入

第一款　作業收入

第一項　運輸收入

（二九）　鐵道省ニ於テ徴收ニ至ラサルモノ（會計檢査院報告ノ四）

五二一、四六七・八六〇円

右ハ豫納扱ヲ爲セル兩國運送店山田某託送ノ昭和十二年五月ヨリ十三年三月ニ至ル貨物運賃精算額ノ内未納ニ屬スル金額ナリ抑本件ハ東京鐵道局ニ於テ十二年三月荷物運賃料金豫納契約ヲ締結シ豫納額ヲ當初一箇月ニ付四萬千八百圓ト定メ其ノ後貨物託送ノ實績ニ依リ九月分五萬千八百圓十月以降ノ分五萬八千圓ト爲シ十三年三月契約更新後ハ五萬千圓ト算定シ夫夫拂込通知書ヲ發シタルモノナルモ十二年五月分以降納入ヲ怠リタルカ爲前揭金額ノ未收入ヲ生スルニ至リタルモノナリ本件ハ荷物運賃豫納ノ取扱ニ關シ措置其ノ宜シキヲ得サルモノニシテ不當ナリトス

第二項　雜收入

（三〇）　鐵道省ノ徴收ニ係ル（會計檢査院報告ノ五）

一、一六〇・〇〇〇円

右ハ仙臺鐵道局經理課仙臺倉庫所屬物品會計官吏ノ保管ニ係ル銅線屑其ノ他不用品ノ賣却ニ當リ物品取扱者鐵道局書記武林某及白鳥某カ單獨若ハ共謀ノ上庄子某外十一名ヨリ賄賂ヲ收受シ拂下契約數量ヲ超過シ引渡シタル物品代推算額壹萬參千餘圓ノ内松本某ノ償納シタル金額ニシテ爾餘ノ金額ハ未ダ徴收ニ至ラサルモノナリ本件ハ工事等ヨリ發生セル不用品中其ノ一部ヲ物品出納簿ニ受入ノ手續ヲ爲サス取扱者ニ於テ帳簿外ニ置キ此等過剩品ヲ拂下契約數量ニ超過シテ擅ニ商人ニ引渡シタルモノナリ本件ハ監督其ノ宜シキヲ得サリシニ因ルモノニシテ不當ナリトス

歳出

第一款　作業費

第一項　事業費

（三一）　鐵道省ノ支出ニ係ル（會計檢査院報告ノ六）

五一、〇三八・〇一〇円

右ハ東京鐵道局管内熱海職員集會所伊東分室設置工事ニ要シタル費額ニシテ外ニ官給材料價格千五百餘圓ヲ使用セリ本件ハ在來ノ熱海職員集會所狹隘ナルヲ事由トシ第一號館木造平家建二百五平米餘第二號館木造二階建一部平家百八十八平米餘及第三號館同三百十五平米餘ヲ新設シ竝之カ附帶工事ヲ施行シタルモノナルモ建物ノ構造ニ徴スルニ床押入附六疊九室八疊五室及次間附八疊二室計十六室竝大小浴室、食堂、調理室等ヲ有シ職員ノ宿泊慰安用トシテ建築シタルモノト認メラレ失當ノ措置ト謂ハサルヲ得ス依テ本件ハ不當ナリトス

拓務省所管朝鮮總督府

歳入經常部

第一款　租税

第二項　所得税

（三二）　惠山鎭税務署ノ徴收不足ニ屬スルモノ（會計檢査院報告ノ一）

一七、一四一・五九〇円

所得特別税ニ於テ同署ノ徴收不足ニ屬スルモノ

一、二八五・六一〇

右ハ孰レモ取扱ノ過誤ニ依リ徴收不足ヲ生セシメタルモノニシテ不當ナリトス

歳出經常部

第二十款　營林署

第二項　事業費

（三三）　城津營林署ノ支出ニ係ル（會計檢査院報告ノ二）

一、三六八・〇〇〇円

右ハ物品代等トシテ證明シタルモノナルモ同營林署雇小橋某カ會計事務ニ從事中小切手ヲ正當債主ニ交付セス擅ニ横領費消シタルモノナリ右ノ外同營林署雇北村某カ同様ノ手段ヲ以テ保管金六百餘圓ヲ横領費消セルモノアリ本件ハ監督其ノ宜シキヲ得サリシニ因ルモノニシテ不當ナリトス

第二十八款　諸支出金

第一項　諸支出金

（三四）　朝鮮總督府ノ支出ニ係ル（會計檢査院報告ノ三）

五、三〇四・四九〇円

右ハ朝鮮總督府殖産局屬羅山某カ同局商工課龍山分室歳入歳出外現金出納官吏竝有價證券取扱主任ノ補助者トシテ保管金及保管有價證券ノ出納事務ニ從事中二十數回ニ亙リ横領シタル現金及有價證券貳萬六千九百餘圓ノ内差繰補

填又ハ任意辨償ヲ爲シタルモノヲ除キ壹萬八百餘圓ノ損失ヲ生セシメタルニ對シ有價證券ノ被害額五千參百餘圓ノ內五千百餘圓ヲ購入補填シタル金額ナリ尙現金及有價證券ノ被害額合計五千六百餘圓ニ對シテハ十三年度ニ於テ之カ補填ノ處理ヲ了セリ本件ハ監督其ノ宜シキヲ得サリシニ因ルモノニシテ不當ナリトス

歲出臨時部

第四款　補助及獎勵費

第八項　私設鐵道補助

（三五）朝鮮總督府鐵道局ノ支出ニ係ル（會計檢査院報告ノ四）

六八三、八五〇・六六〇円

右ハ金剛山電氣鐵道株式會社ニ自昭和十一年十月至同十二年九月ニ事業年度ニ對スル補助金ナリ本件ハ鐵道業ニ屬スル建設費千參百六拾七萬餘圓ニ對シ年五分ニ相當スル金額ヲ補助シタルモノニシテ建設費算定ニ當リ同會社カ鐵道業及兼業タル電燈電力業ニ使用スル中臺里發電設備ノ建設費十一年下期末（十二年三月末）四百九拾四萬餘圓十二年上期末（十二年九月末）四百九拾八萬餘圓中鐵道業ニ屬スルモノ十一年下期末貳百七拾六萬餘圓十二年上期末貳百七拾九萬餘圓ト爲シタルモノナルモ中臺里發電所ハ七千「キロワット」ノ發電設備ヲ有シ之ヲ鐵道業及電燈電力業ニ共用スルモノニ係リ內三千二百五十「キロワット」ノ發電設備ヲ鐵道業ニ屬スルモノトシ之ニ相當スル建設費トシテ揭上セル會社ノ計算ヲ以テ其ノ儘補助金算定ノ基礎ト爲シタルハ失當ノ措置ト認メラル本件ハ補助金ノ交付ニ當リ措置其ノ宜シキヲ得サルモノニシテ不當ナリトス

第八款　鐵道建設及改良費

第一項　建設費

（三六）朝鮮總督府鐵道局ノ支出ニ係ル（會計檢査院報告ノ五）

五四、〇九五・三二〇円

右ハ昭和十二年七月隨意契約ヲ以テ大倉土木株式會社ニ請負ハシメタル惠山線惠山隧道側壁修築工事費ニシテ外ニ官給材料四千餘圓ヲ使用セリ本件隧道ハ十年六月拾貳萬九千餘圓ヲ以テ同會社ノ請負ニ付シ外ニ官給材料貳萬貳百餘圓ヲ使用シ十一年十一月竣功ヲ告ケタルモノナルニ竣功後幾ナラスシテ側壁混凝土ニ著シキ龜裂ヲ生セル爲修築工事ヲ施行スルノ已ムナキニ至リタルモノナリ而シテ本件工事箇所ノ地質ハ砂利及粘土ノ互層ヲ成シ砂利層ヲ通シ地下水ノ流通アリタル所隧道工事ノ施行ニ因リ砂利層ヲ切斷シタル爲地下水ノ流出ヲ妨ケラレ側壁背部ノ粘土ハ著シク含水量ヲ增大シ零下三十餘度ヲ示ス嚴寒期ニ於テ容易ニ凍結ヲ來シ側壁ニ對スル壓力強大トナリタルニ因リ本件被害ヲ生シタルモノニシテ右ハ該地ニ於ケル氣溫地質等ニ鑑ミ之ヲ豫想シ得ヘカリシモノト認メラルルニ單ニ卷厚混凝土ヲ增加シタルニ止リ側壁背部ニ粗朶及栗石ヲ填充スル等地下水ノ流出ヲ容易ナラシムル手段ヲ講セサリシノミナラス隧道工事ノ標準示方書ニ依ルモ側壁及坑門ニハ指示ニ從ヒ排水孔ヲ設クヘシトアルニ全然之ヲ實施セサリシ等注意ノ周到ヲ缺キタル爲本件被害ヲ惹起シ國庫ニ損失ヲ來サシメタルハ失當ノ措置ト謂ハサルヲ得ス本件ハ工事ノ施行ニ當リ注意ノ周到ヲ缺キ國庫ニ不利ヲ及ホシタルモノニシテ不當ナリトス

第十三款　土地改良事業費

第二項　助成費

（三七）朝鮮總督府ノ支出ニ係ル（會計檢査院報告ノ六）

一三、三七一・〇〇〇円

右ハ全羅北道益山郡所在臨益水利組合ニ於テ施行セル區域擴張事業工事費檢定額百五拾壹萬六千餘圓ニ對シ昭和八年度以降同組合ニ交付セル國庫補助金參拾九萬八千餘圓ノ內ニシテ本件組合ハ明治四十二年ノ設立ニ係リ滿水面積千餘町步周回十里餘ニ及フ腰橋堤貯水池ヲ築造シ之ニ依リ益山、沃溝兩郡ニ跨ル畓三千四百町步ヲ灌漑シ來リタル所貯水池ノ面積過大ニシテ不經濟ナルニ依リ新ニ全州郡雲東下面庚川里ニ滿水面積三百町步ノ貯水池ヲ築造シ不用トナルヘキ腰橋堤貯水池ハ總督府ヨリ讓與ヲ受ケ之ヲ干拓シテ八百七十町步ノ畓ヲ得ルト共ニ現蒙利區域隣接地五百三十町步ヲ區域內ニ編入スルコトトシ昭和八年五月工事費豫定額百壹萬八千餘圓（爾後設計變更ニ依リ百五拾五萬餘圓トナル）ヲ以テ區域擴張工事ニ著手シ十二年三月竣功セルモノナリ而シテ本組合ニ於テハ右工事費ノ財源ハ起債額百七萬九千餘圓ニ依リ經理スル方針ニシテ內六拾萬圓ハ短期債トシ工事竣功後直ニ干拓地ノ內八百町步ヲ段當七拾五圓ヲ以テ賣却シ償還財源ニ充當スル計畫ナルモ六年度本組合區域內畓ノ賣買價格ハ中等ノ部分段當百八拾圓下等ノ部分百貳拾圓ナルヲ以テ干拓地面積八百七十町步ヲ下等ノ部分トシテ賣却スルモ百四萬四千圓トナリ起債額ノ殆ト全部ヲ償還シ得ルノ計算ナルヲ以テ補助率ニ適宜ノ査定ヲ加ヘサリシハ妥當ノ措置ト認ムルヲ得ス本件ハ補助金ノ交付ニ當リ措置其ノ宜シキヲ得サルモノニシテ不當ナリトス

拓務省所管臺灣總督府

歲入經常部

第一款　租稅

第一項　所得稅

（三八）高雄州ノ徵收不足ニ屬スルモノ（會計檢査院報告ノ一）

六、九〇〇・〇〇〇円

臨時利得稅ニ於テ同州ノ徵收不足ニ屬スルモノ

一、〇五〇・〇〇〇

（三九）臺北州ノ徵收不足ニ屬スルモノ（會計檢査院報告同上）

四、五七七・九〇〇

所得特別稅ニ於テ同州ノ徵收不足ニ屬スルモノ

二六一・一八〇

右ハ孰モ取扱ノ過誤ニ因リ徵收不足ヲ生セシメタルモノニシテ不當ナリトス

第三項　營業稅

（四〇）臺北州ニ於テ徵收不足ニ屬スルモノ（會計檢査院報告ノ二）

一、五二二・七五〇円

本件ハ取扱ノ過誤ニ依リ徵收不足ヲ生セシメタルモノニシテ不當ナリトス

第三款　官業及官有財產收入

第十項　官有物貸下料

（四一）臺灣總督府ノ徵收ニ係ル（會計檢査院報告ノ四）

九二〇二・五〇〇円

右ハ大日本製糖株式會社ニ貸付セル臺中州豐原郡內埔庄所在官有地（后里庄蔗苗養成所用地）三百五十四甲餘ニ對スル昭和十二年五月以降一箇年分ノ貸付料ナリ本件ハ七年以降繼續貸付中ノモノニシテ十二年五月期間滿了ノ爲更ニ十五年五月迄之カ延期ヲ許可シタルモノニ係リ其ノ貸付料ハ當初貸付ノ際決定シタル甲當一等地參拾五圓二等地參拾圓三等地貳拾五圓四等地貳拾圓五

等地拾圓ヲ其ノ儘踏襲シタルモノナルモ同庄內ノ如ハ最高九則最低十六則其ノ小作料ハ甲當百參拾圓乃至參拾圓ナルノミナラス近年甘蔗價格、地價ノ騰貴等ニ伴ヒ一般小作料モ著シク昂騰セルノ狀況ナルニ鑑ミ本件貸付料ハ低廉ニ失スルモノト認メラル本件ハ官有地ノ貸付ニ當リ料金ノ決定其ノ宜シキヲ得ス國庫ニ不利ヲ及ホシタルモノニシテ不當ナリトス

拓務省所管樺太廳

歲入經常部

第五款　雜收入

第二項　辨償及違約金

（四二）　樺太廳大泊林務署ニ於テ歲入ニ編入スヘキモノ（會計檢査院報告ノ一）

二六、五三一・〇七八円

右ハ昭和九年二月富山縣東礪波郡森川某外一名カ樺太拓殖鐵道株式會社名義ヲ以テ皆岸國有林內立木ノ拂下ヲ出願シ之カ伐採ニ當リ森川某外三名ニ於テ賣拂以外ノ立木ヲ不法伐採シタル爲椴、蝦夷、グイ松一萬三千餘立米及早切四千五百餘本此ノ價格計四萬參百餘圓ノ官損ヲ來シ內八百九拾圓ハ現金ヲ以テ辨償セシメ壹萬貳千九百餘圓ハ現存丸太ヲ以テ回收シタル殘額ニシテ未タ辨償ヲ命スルニ至ラサルモノナリ右ニ關シ樺太廳林務署森林主事相馬某ハ前記森川某等ヨリ收賄シ其ノ不法伐採ヲ默認シタル事實アリ本件ハ林木ノ賣拂ニ關シ監督其ノ宜シキヲ得サリシニ因ルモノニシテ不當ナリトス

厚生省所管健康保險

歲入

第一款　健康保險收入

第一項　保險料收入

（四三）　兵庫縣ニ於テ歲入ニ編入スヘキモノ（會計檢査院報告ノ一）

三、六三〇・六一〇円

同縣ニ於テ歲入ニ編入スヘキモノ

八八・五〇〇

右ハ兵庫縣屬石垣某カ分任收入官吏トシテ滯納保險料等ノ徵收事務ニ從事中橫領シタル保險料壹萬六千貳百餘圓督促手數料及延滯金百餘圓計壹萬六千參百餘圓ノ內ニシテ本件ハ監督其ノ宜シキヲ得サリシニ因ルモノニシテ不當ナリトス

厚生省所管郵便年金

歲出

第一款　郵便年金費

第四項　諸支出金

（四四）　簡易保險局ノ支出ニ係ル（會計檢査院報告ノ一）

一七、九四五・三一〇円

右ハ大阪南郵便局ニ於テ通信事務員堀內某カ郵便年金契約ノ勸誘竝掛金ノ集金等ノ業務ニ從事中郵便年金契約掛金ヲ受領セルニ拘ヲス關係書類ヲ作爲シ橫領シタル總額貳萬七千餘圓ノ內差繰補塡又ハ辨償ニ係ル九千六百餘圓ヲ控除シ殘額ニ對シ缺損補塡ヲ爲シタルモノナリ本件ハ監督其ノ宜シキヲ得サリシニ因ルモノニシテ不當ナリトス

官有物

（四五）　國有財產管理ノ件（會計檢査院報告ノ一）

名古屋鐵道局ニ於テ淸水港驛構內岸壁寄省用炭置場ノ隣接地一萬三千九十二平米餘ヲ營業炭置場トシテ無料使用セシメアルモノアリ本件ハ株式會社鈴與商店外七名ニ於テ專用シ居ルモノニシテ同驛構內ニ於テ之ニ接續スル愛染川寄用地千三百餘平米ハ淸水運送株式會社ニ對シ石炭置場トシテ有料使用ト爲セルノミナラズ名古屋港驛及敦賀港驛構內ニ於ケル營業炭置場ハ孰モ有料使用ト爲セルニ徵シ本件土地ニ對シテモ相當使用料ヲ徵收スヘキモノト認メラルルニ之ヲ無料ヲ以テ使用セシムルハ措置當ヲ得タルモノニ非ス本件ハ國有財產ノ管理其ノ宜シキヲ得サルモノニシテ不當ナリトス

既往年度

昭和八年度

一般會計

歲入經常部

第一款　租稅

第一項　所得稅

（四六）　四谷稅務署ニ於テ徵收不足ニ屬スルモノ（會計檢査院報告ノ二）

三、九二二・七〇〇円

（四七）　西宮稅務署ニ於テ徵收不足ニ屬スルモノ（會計檢査院報告同上）

三、二四三・二八〇

（四八）　上京稅務署ニ於テ徵收不足ニ屬スルモノ（會計檢査院報告同上）

二、〇四一・二五〇

右ハ孰モ取扱ノ過誤ニ因リ徵收不足ヲ生セシメタルモノニシテ不當ナリトス

昭和九年度

一般會計

歲入經常部

第一款　租稅

第一項　所得稅

（四九）　藤澤稅務署ニ於テ徵收不足ニ屬スルモノ（會計檢査院報告ノ二）

一八、八五六・六〇〇円

（五〇）　四谷外三稅務署ニ於テ徵收不足ニ屬スルモノ（會計檢査院報告同上）

一六、〇六二・〇三〇

（五一）　西宮稅務所ニ於テ徵收不足ニ屬スルモノ（會計檢査院報告同上）

八、〇二六・八〇〇

（五二）　板橋稅務署ニ於テ徵收過ニ屬スルモノ（會計檢査院報告同上）

一三、七九三・六二〇

（五三）　幸橋稅務署ニ於テ徵收過ニ屬スルモノ（會計檢査院報告同上）

四、四六七・二〇〇

右ハ孰モ取扱ノ過誤ニ因リ徵收上過不足ヲ生セシメタルモノニシテ不當ナリトス

昭和十年度

一般會計

歲入經常部

第一款　租稅

第一項　所得稅

（五四）　幸橋外一稅務署ニ於テ徵收不足ニ屬スルモノ（會計檢査院報告ノ三）

五六、一九六・一〇〇円

（五五）　西稅務署ニ於テ徵收不足ニ屬スルモノ（會計檢査院報告同上）

二四、九八八・五七〇

（五六）　名古屋北稅務署ニ於テ徵收不足ニ屬スルモノ（會計檢査院報告同上）

一七、七四九・六二〇

（五七）　淀川稅務署ノ徵收不足ニ屬スルモノ（會計檢査院報告同上）

一〇、八二八・八六〇

營業收益稅ニ於テ同署ノ徵收不足ニ屬スルモノ

一、七〇六・〇二〇

臨時利得稅ニ於テ同署ノ徵收不足ニ屬スルモノ

五、〇一七・六〇〇

（五八）　上京稅務署ニ於テ徵收不足ニ屬スルモノ（會計檢査院報告同上）

七、四七九・四二〇

（五九）　南稅務署ニ於テ徵收不足ニ屬スルモノ（會計檢査院報告同上）

六、〇九一・一九〇

(六〇) 松戸稅務署ノ徵收不足ニ屬スルモノ(會計檢査院報告同上)
六、〇五二・二〇〇
營業收益稅ニ於テ同署ノ徵收不足ニ屬スルモノ
四、一六九・二八〇

(六一) 名古屋南稅務署ニ於テ徵收不足ニ屬スルモノ(會計檢査院報告同上)
五、五八〇・二六〇

(六二) 四谷稅務署ニ於テ徵收不足ニ屬スルモノ(會計檢査院報告同上)
四、六〇〇・〇〇〇

(六三) 淀川稅務署ニ於テ徵收不足ニ屬スルモノ(會計檢査院報告同上)
二、四五六・〇八〇

(六四) 龜戶稅務署ノ徵收過ニ屬スルモノ(會計檢査院報告同上)
四、七五六・二七〇
營業收益稅ニ於テ同署ノ徵收過ニ屬スルモノ
六三三・九八〇

(六五) 小松稅務署ノ徵收過ニ屬スルモノ(會計檢査院報告同上)
四、二五一・七五〇
營業收益稅ニ於テ同署ノ徵收過ニ屬スルモノ
五七八・二三〇

(六六) 米子稅務署ノ徵收過ニ屬スルモノ(會計檢査院報告同上)
一、六五五・五〇〇
營業收益稅ニ於テ同署ノ徵收過ニ屬スルモノ
一、一二五・七四〇

(六七) 淀川稅務署ノ徵收過ニ屬スルモノ(會計檢査院報告同上)
一、六四二・八六〇
營業收益稅ニ於テ同署ノ徵收過ニ屬スルモノ
四三八・〇〇〇

(六八) 伊那稅務署ノ徵收過ニ屬スルモノ(會計檢査院報告同上)
一、二八七・八〇〇
營業收益稅ニ於テ同署ノ徵收過ニ屬スルモノ
一、〇九三・七九〇

右ハ孰モ取扱ノ過誤ニ因リ徵收上過不足ヲ生セシメタルモノニシテ不當ナリトス

特別會計
拓務省所管
樺太廳
歲入經常部
第一款 租稅
第三項 營業收益稅

(六九) 樺太廳豐榮支廳ニ於テ徵收過ニ屬スルモノ(會計檢査院報告ノ四)
一、五五一・八二〇円

本件ハ取扱ノ過誤ニ依リ徵收過ヲ生セシメタルモノニシテ不當ナリトス

昭和十一年度
一般會計
歲入經常部
第一款 租稅
第一項 所得稅

(七〇) 京橋稅務署ニ於テ收入ニ至ラサルモノ(會計檢査院報告ノ五)
三、五九九・二三〇円

(七一) 西稅務署ニ於テ徵收不足ニ屬スルモノ(會計檢査院報告ノ六)
三四、九七三・七六〇

(七二) 品川外三稅務署ニ於テ徵收不足ニ屬スルモノ(會計檢査院報告同上)
一五、七五五・六三〇

(七三) 淀橋稅務署ニ於テ徵收不足ニ屬スルモノ(會計檢査院報告同上)
一一、九四一・二〇〇

(七四) 一宮稅務署ニ於テ徵收不足ニ屬スルモノ(會計檢査院報告同上)
五、四一七・二七〇

(七五) 板橋稅務署ニ於テ徵收不足ニ屬スルモノ(會計檢査院報告同上)
四、九八七・一五〇

(七六) 南稅務署ニ於テ徵收不足ニ屬スルモノ(會計檢査院報告同上)
四、八三二・一〇〇

(七七) 藤澤稅務署ニ於テ徵收不足ニ屬スルモノ(會計檢査院報告同上)
二、八三二・七〇〇

(七八) 西稅務署ノ徵收不足ニ屬スルモノ(會計檢査院報告同上)
二、七三六・六〇〇

(七九) 小樽外一稅務署ニ於テ徵收不足ニ屬スルモノ(會計檢査院報告同上)
二、五七四・四〇〇

(八〇) 淀橋稅務署ニ於テ徵收不足ニ屬スルモノ(會計檢査院報告同上)
二、五〇四・一六〇

(八一) 伏見稅務署ノ徵收不足ニ屬スルモノ(會計檢査院報告同上)
一、四五一・七六〇
營業收益稅ニ於テ同署ノ徵收不足ニ屬スルモノ
六三一・三一〇
臨時利得稅ニ於テ同署ノ徵收不足ニ屬スルモノ
一、四七二・三〇〇

(八二) 日本橋稅務署ノ徵收過ニ屬スルモノ(會計檢査院報告同上)
二、五一九・五〇〇
營業收益稅ニ於テ同署ノ徵收過ニ屬スルモノ
三四五・七八〇
臨時利得稅ニ於テ同署ノ徵收過ニ屬スルモノ
一、〇一七・〇〇〇

右ハ孰モ取扱ノ過誤ニ因リ徵收上過不足ヲ生セシメタルモノニシテ不當ナリトス

內務省所管
歲出臨時部
第五十一款 災害費
第六項 秋田縣災害土木費補助

(八三) 秋田縣ノ支出ニ係ル(會計檢査院報告ノ七)
一七、四〇六・四四〇円

右ハ同縣十二所町ニ於テ施行セル猿間橋外二橋ノ災害復舊工事費四萬七千餘圓(縣費補助參萬參千餘圓)ニ對スル國庫補助相當額貳萬貳千五百餘圓ノ內ニシテ本件ハ昭和十年八月ノ水害ニ因リ猿間橋外二橋流失シタルヲ以テ之カ復舊工事トシテ十一年二月起工シ同年十二月迄ニ出來高九割七分ニ及ヘルモノナルモ猿間橋ハ十二年二月偶扇田營林署ノ木材運搬橇通行中墜落シ本件工事ニ關スル不正事件發覺スルニ至リタルモノニシテ町長千葉某ハ助役等ト共謀ノ上縣費補助金ノ範圍內ニ於テ工事ヲ施行セムト企テ貳萬五千餘圓ヲ以テ秋田市中山某ニ請負ハシメ之ニ材料費等約六千餘圓ヲ加算シ實際工事費ハ參萬千餘圓ナリシニ拘ラス恰モ査定工事費四萬七千六百餘圓ヲ以テ施行シタルモノノ如ク裝ヒ關係書類ヲ僞造シ前後七回ニ亘リ補助金ヲ騙取シタルモノニ係リ此ノ如キ不正工事ニ對シ漫然補助金ヲ交付シタルハ注意ノ周到ヲ缺キタルモノニシテ失當ノ措置ト謂ハサルヲ得ス本件ハ補助金ノ交付ニ當リ調査監督其ノ宜シキヲ得サルモノニシテ不當ナリトス

大藏省所管
歲出臨時部
第一款　營繕費
第六項　專賣局淀橋工場移轉新營費

（八四）營繕管財局ノ支出ニ係ル（會計檢査院報告ノ八）

三九、三八一・三三〇円

專賣局所屬工場新營費ニ於テ同局ノ支出ニ係ル

九〇、一一九・九一〇

右ハ昭和十一年七月田中工業株式會社ニ請負ハシメタル專賣局品川工場新營廳舍其他基礎杭打工事費ナリ抑本件工事ハ杭構成用外管外徑四十三糎二ヲ使用シ荷重四十五瓲設計杭長標準十三米ノ無筋混凝土杭千四百七十三本ノ杭打ヲ施行スルモノニシテ之カ豫定價格ノ算定ニ當リ杭打櫓一臺一日ノ工程ヲ三本延長三十九米ト見込ミ米當六圓拾錢ト爲シタルモノナルモ之カ實積ハ杭打櫓一臺一日工程杭長平均十三米三四ノモノ五本八四延長七十七米九三ニ達セルノミナラス十年九月同會社ノ請負ニ係ル同工場新營基礎杭打工事ノ實積杭打櫓一臺一日ノ工程杭長平均十三米三一ノモノ四本六五延長六十一米九二ナリシニ徵シ右杭打工程ノ見込過少ナリシ爲延イテ請負價格高價トナリタルモノト認メラル本件ハ工事ヲ請負ニ付スルニ當リ措置其ノ宜シキヲ得ス國庫ニ不利ヲ及ホシタルモノニシテ不當ナリトス

特別會計
內務省所管
健康保險
歲出
第一款　健康保險事業費
第三項　保險給付費

（八五）警視廳江東健康保險出張所ノ支出ニ係ル（會計檢査院報告ノ九）

六、三八六・七四〇円

右ハ傷病手當金トシテ證明シタルモノナルモ其ノ實警視廳屬出棍某カ同出張所ニ於テ會計事務ニ從事中關係書類ヲ僞造シ騙取シタル總額七千參百餘圓ノ內ニシテ本件ハ處構ノ事實ニ對シ支拂ヲ爲シタルモノニシテ不當ナリトス

大藏省所管
國有財產整理資金
歲入
第一款　國有財產整理資金收入
第一項　國有財產賣拂代

（八六）朝鮮軍經理部ノ徵收ニ係ル（會計檢査院報告ノ一〇）

一二五、〇〇〇・〇〇〇円

右ハ京城府本町二丁目所在坪五百餘坪ヲ昭和十二年三月一般競爭ニ依リ同府本町田中某ニ賣拂ヒタル代金ナリ本件ハ元朝鮮憲兵隊司令部本町宿舍敷地千百餘坪ノ一部ニシテ之カ賣拂ニ當リ坪當貳百參拾圓ト豫定シ十一年十二月二十一日一般競爭入札ニ付シタルニ坪當參百五拾貳圓五拾錢餘ヲ以テ同府旭町橋本某ニ落札シタル所代金納入ニ至ラス十二年三月一日契約ヲ解除シ更ニ同月八日豫定價格ヲ前回ノ儘トシテ一般競爭ニ依リ坪當貳百參拾壹圓九拾壹錢餘ヲ以テ賣拂ヒタルモノナルモ十一年十二月二十六日京城市街地計畫街路網ノ發表ニ伴ヒ當時一般ニ地價昂騰セルノミナラス前回入札ノ狀況ニ鑑ミルモ豫定價格ノ引上ヲ爲ササリシハ當ヲ得サルモノト認メラル本件ハ土地ノ賣拂ニ當リ價格ノ評定其ノ宜シキヲ得ス國庫ニ不利ヲ及ホシタルモノニシテ不當ナリトス

（八七）北海道廳ノ徵收ニ係ル（會計檢査院報告ノ一一）

三〇、三五〇・〇〇〇円

右ハ北海道水產試驗場所屬汽船三洋丸（二一七噸三八）ヲ昭和十一年十二月一般競爭ニ依リ函館市渡邊某ニ賣拂ヒタル代金ナリ本件ハ船體及機關ノ原價拾七萬貳千餘圓ニ對シ其ノ償却年限ヲ十五箇年トシ建造以來十四箇年間ノ減損高ヲ控除シタル殘額ヲ現存價格トシ附屬品ハ損耗ノ都度新品ヲ以テ補充シタルニ依リ原價ノ半額トシ尙近時鐵類ノ昂騰ニ鑑ミ右價格ニ二割ヲ加算シタル壹萬九千圓ヲ豫定價格ト決定シタルモノナルモ船體及機關ノ償却年限ハ少クトモ二十箇年程度ヲ妥當トシ隨テ本件賣拂價格ハ低廉ニ失スルモノト認メラル本件ハ船舶ノ賣拂ニ當リ評價其ノ宜シキヲ得ス國庫ニ不利ヲ及ホシタルモノニシテ不當ナリトス

陸軍省所管
陸軍造兵廠
歲出
第一款　陸軍造兵廠作業費
第二項　事業費

（八八）陸軍造兵廠大阪工廠ノ支出ニ係ル（會計檢査院報告ノ一二）

七六、二七五・〇〇〇円

右ハ同廠ニ於テ昭和十一年一月及五月汽車製造株式會社外一會社ニ加工ヲ請負ハシメタル$\frac{88}{YH}$（改）ノ$\frac{90}{TD}$一萬三千五百箇ノ代價本件ハ擲出彈體、軟鋼乙、軟鋼針金、彈口栓ヲ交付シ彈體、啄螺、小ネチヲ製作セシムルモノニシテ其ノ請負單價五圓六拾五錢ナルモ之ヲ小倉工廠ニ於テ十一年六月本件ト略同樣ノ材料品ヲ交付シ株式會社熊本鐵工所外一會社ニ廠內加工部分ヲ除キ請負ハシメタル同品ノ單價參圓四拾錢ニ本件請負ニ相當スル廠內加工費豫定額參拾七錢九厘（彈體ノ口締及調質費四拾參錢四厘小ネチ加工費貳錢參厘ヨリ傳火藥筒室ノ加工費七錢八厘ヲ控除ス）ヲ加算スルトキハ參圓七拾七錢九厘トナルニ比シ壹圓八拾七錢壹厘ノ開差アリ而シテ小倉工廠ニ於ケル加工請負者ハ精度嚴密ヲ要スル兵器ノ加工ニハ經驗尠ク作業ノ得率等ニ於テ必スシモ有利ナルモノト認メ難ク口締及調質ノ如キハ其ノ設備ヲ缺ク爲作業ノ中間ニ於テ之ヲ工廠ニ運搬スル等二重ノ經費ヲ要スルモノアルニ拘ラス却テ低廉ニ請負ハシメタルニ徵シ請負價格ハ著シク高價ニ失スルモノト認メラル本件ハ物件ノ加工ヲ請負ニ付スルニ當リ措置其ノ宜シキヲ得サルモノニシテ不當ナリトス

遞信省所管
通信事業
用品勘定
歲出
第一款　通信事業用品及工作費
第二項　用品及工作費

（八九）遞信省經理局ノ支出ニ係ル（會計檢査院報告ノ一三）

七七、七五五・〇〇〇円

右ハ昭和十一年度中購入ニ係ル左記國產D型自働押印機ノ代價ナリ本件ハ從來森某及長谷川某カ獨占納入シ居リタルモノニシテ十一年十月指名入札ノ際初メテ福本某ヲ指名ニ加ヘタルニ豫定價格電動機附六百貳拾七圓手廻式五百七拾四圓ニ對シ森某及長谷川某ハ入札高價ニシテ落札セス福本某ハ當初納期ノ關係上入札セサリシモ納期ヲ變更シ會計規則第百十五條ニ依ル隨意契約ヲ以テ前揭單價ニテ納入スルコトトナリタ

ルモノニシテ同人ハ之ヲ電動機附手廻式共ニ參百七拾圓（活字ヲ除ク）ヲ以テ他ニ下請セシメ其ノ間多額ノ利益ヲ收得シ更ニ十二年六月電動機附四百八拾八圓手廻式四百參拾五圓ニテ契約シタル際ニ於テハ同一製造業者ニ對シ前回ヨリ單價ヲ引下ケ電動機附參百六拾圓手廻式參百貳拾圓ヲ以テ下請セシメタル事實アリ活字代四拾貳圓ヲ加算スルトキハ十月契約ノ分ハ電動機附手廻式共ニ四百拾貳圓トナリ又十一月契約ノ分（電動機附）ハ地方納ナルヲ以テ荷造費、運賃トシテ更ニ拾五圓ヲ加算スルモ四百貳拾七圓トナルヘク右ハ畢竟豫定價格ノ算定適實ヲ缺キ購入價格高價ニ失スルニ至リシモノト認メサルヲ得ス本件ハ物件ノ購入ニ當リ措置其ノ宜シキヲ得ス國庫ニ不利ヲ及ホシタルモノニシテ不當ナリトス

（九〇）遞信省經理局ノ支出ニ係ル（會計檢査院報告ノ一四）

六八、三六四円・一三〇

右ハ昭和十一年七月及九月合資會社石川商店外一名ヨリ隨意契約ヲ以テ經理局長崎倉庫納トシ購入シタル鎧裝用鐵線四・五粍九萬六千餘瓩及八粍二十一萬七千餘瓩ノ代價ナリ本件ハ同年二月同一仕樣ニ依リ熊本遞信局ニ於テ契約セルモノニ比シ材料價格ノ騰貴ヲ考慮スルモ高價ニ當レルハ鐵線ノ購入ニ當リ調査適實ヲ缺キ價格ノ決定高價ニ失シタルモノト謂ハサルヲ得ス本件ハ物件ノ購入ニ當リ措置其ノ宜シキヲ得ス國庫ニ不利ヲ及ホシタルモノニシテ不當ナリトス

鐵道省所管

帝國鐵道

用品勘定

歳出

第一款　用品及工作費

第一項　用品及工作費

（九一）鐵道省ノ支出ニ係ル（會計檢査院報告ノ一五）

一、一六三、〇八八円・二三〇

右ハ昭和十年十二月、十一年七月及十二月隨意契約ヲ以テ正織株式會社外十二名ヨリ鐵道省被服工場納トシ購入シタル現業員被服用夏冬小倉地及淺黃雲齋地百九十四萬二千四百餘米ノ代價百六拾八萬千七百餘圓ノ内ニシテ本件ハ米當夏小倉地壹圓八錢冬小倉地壹圓拾四錢八厘又ハ壹圓拾八錢五厘淺黃雲齋地六拾錢乃至六拾參錢八厘ヲ以テ購入セルモノナルモ購入價格高キニ失スルモノニシテ物件購入上措置妥當ヲ缺クモノト認メラル依テ本件ハ不當ナリトス

收益勘定

歳出

第一款　作業費

第一項　事業費

（九二）鐵道省ノ支出ニ係ル（會計檢査院報告ノ一六）

一、四一八、七〇五円・七〇〇

右ハ昭和十二年一月ヨリ三月ニ至ル間各鐵道局工場ニ於テ貯藏物品ヲ車輛修繕材料トシテ事業費（項）修車費（目）ニ決算ヲ了セル車輛部分品、車輛用地金、金屬管類、木材等ノ代價ナリ本件ハ運輸增進竝物價騰貴ニ對處スル爲本年度末ニ至リ車輛修繕材料費トシテ增加配布シタル百八拾萬四千圓ノ内年度内消化シ得タル額ハ僅ニ參拾八萬五千餘圓ニ過キサルヲ以テ豫算殘額トナルヘキ未使用材料百四拾壹萬八千餘圓ニ對シテハ車輛修繕ノ爲使用セシモノノ如ク整理シ修車費ニ決算シ十二年度ニ持越シタルモノナルヲ以テ措置妥當ナラスト認メラル本件ハ豫算ノ使用其ノ宜シキヲ得サルモノニシテ不當ナリトス

拓務省所管

朝鮮總督府

歳入經常部

第一款　租税

第二項　所得税

（九三）元山税務署ニ於テ歳入ニ編入スヘキモノ（會計檢査院報告ノ一七）

一〇、〇五九円・二五〇

右ハ朝鮮總督府税務署屬田尾某外一名カ同署勤務中咸鏡南道安邊郡衛益面金某ノ所得額ヲ調査スルニ當リ當初鑛業所得ヲ九萬貳千餘圓ト算定シタルニ拘ラス金某ヨリ賄賂ヲ收受シ故意ニ必要經費ヲ過大ニ見積ル等ノ計算ヲ爲シ減額調査シタルニ基キ同署ニ於テ右金某ノ所得額ヲ五萬貳百拾圓ト決定シタルト本件犯罪發覺後同所得ニ尙參萬四千餘圓ノ脱漏アルヲ發見シタルトニ因ルモノナリ本件ハ監督其ノ宜シキヲ得サリシニ因ルモノニシテ不當ナリトス

（九四）本項ニ於テ元山税務署ノ徵收不足ニ屬スルモノ（會計檢査院報告ノ一八）

六、三二七円・四二〇

歳入臨時部第三款臨時利得税第一項臨時利得税ニ於テ同署ノ徵收不足ニ屬スルモノ（會計檢査院報告同上）

五、三〇〇円・〇〇〇

（九五）京城税務署ニ於テ徵收不足ニ屬スルモノ（會計檢査院報告同上）

二、八六九円・三九〇

右ハ孰モ取扱ノ過誤ニ因リ徵收不足ヲ生セシメタルモノニシテ不當ナリトス

樺太廳

歳入經常部

第一款　租税

第三項　營業收益税

（九六）樺太廳豐榮支廳ニ於テ徵收不足ニ屬スルモノ（檢計檢査院報告ノ一九）

四八、七六二円・二六〇

本件ハ取扱ノ過誤ニ依リ徵收不足ヲ生セシメタルモノニシテ不當ナリトス

注意事項

昭和十二年度

一般會計

海軍省所管

歳出臨時部

第三款　航空隊設備費

第一項　航空隊設備費

呉海軍經理部ノ支出ニ係ル（會計檢査院報告ノ一）

七五四、三〇〇円・〇〇〇

右ハ昭和十二年五月指名競爭ニ依リ大分縣佐伯町梅林某ノ請負ニ付シ施行セル大分飛行場新設ノ内敷地造成外三廠工事費九拾六萬八千圓ノ内ニシテ本件ハ工事ヲ請負ニ付スルニ當リ措置其ノ宜シキヲ得サル嫌アリ依テ注意ヲ促ス

特別會計

陸軍省所管陸軍造兵廠

歳出

第一款　陸軍造兵廠作業費

第三項　材料素品費

陸軍造兵廠火工廠ノ支出ニ係ル（會計檢査院報告ノ一）

一二〇、二〇八円・八〇〇

右ハ昭和十二年九月二十四日株式會社齋藤直吉商店ヨリ購入シタル精綿ノ代價ニシテ本件ハ物件ノ購入ニ當リ價格ノ算定其ノ宜シキヲ得サル嫌アリ依テ注意ヲ促ス

拓務省所管臺灣總督府

歳入經常部

第三款　官業及官有財産收入

第四項　森林收入

臺灣總督府營林所ノ徴收ニ係ル（會計檢査院報告ノ三）

二七二、六一〇・七六〇円

右ハ昭和十二年五月臺灣材組合聯合會會員ニ對シ隨意契約ニ依リ賣拂ヒタル扁柏紅檜各丸太一萬七千九百餘立米ノ代價百壹萬貳千七百餘圓ノ内ニシテ本件ハ木材ノ賣拂ニ當リ措置其ノ宜シキヲ得サル嫌アリ依テ注意ヲ促ス

政府ノ辯明ヲ認メタルモノ

昭和十二年度

特別會計

大藏省所管印刷局

歳出

第一款　印刷局作業費

第三項　材料薬品費

内閣印刷局ノ支出ニ係ル（會計檢査院報告ノ一）

昭和十一年度

特別會計

南洋廳

歳入經常部

第二款　官業及官有財産收入

第四項　燐鑛拂下代

南洋廳ノ徴收ニ係ル（會計檢査院報告ノ二〇）

附帶決議

一　決算ハ豫算ト對比スヘキ重要議案ナリ然ルニ政府ハ常ニ之ヲ輕視シ且ツ責任回避ノ傾向アルノミナラス資料ノ提出ヲ怠リ審議ニ支障ヲ來シタルハ遺憾ナリ政府ハ其ノ責任ニ鑑ミ自今斯ルコトナキヲ期スヘシ

一　官吏ノ賞與及手當ハ之カ捻出及支給ニ關シ妥當ヲ缺クモノ尠シトセス
政府ハ宜シク一定ノ規準ヲ設ケテ之カ適正ヲ期スヘシ

一　昭和十二年度決算ヲ審議スルニ豫算ノ流用及豫備金外支出竝ニ豫算經費單價ノ不當等ニ關シ從來議會毎ニ警告ヲ與ヘタルニ拘ラス何等改善ノ跡ヲ見ス加之官吏ノ犯罪ニ基ク不當不法支出ノ件多數ニ上ルハ畢竟監督其ノ宜シキヲ得サルニ因ル
政府ハ嚴ニ之ヲ戒飭スヘシ

昭和十四年三月二十八日

（特別報告第一號）

請願特別報告第一九二號

意見書

請願文書表第二四〇號

朝鮮ニ衆議院議員選擧法施行ノ請願

朝鮮京城府明倫町一丁目三十六番地ノ十七金明濬外四十一名呈出

（紹介議員朴春琴君外一名）

右請願ノ要旨ハ現下支那事變ニ際シ半島民能ク帝國臣民タル本分ヲ自覺シ銃後ノ赤誠ヲ盡シツツアルノ秋朝鮮ニ衆議院議員選擧法ヲ實施スルハ内鮮擧國一致國民總動員ノ實ヲ擧クル上ヨリシテ最必要ナリト信ス依テ朝鮮ニ衆議院議員選擧法ヲ施行セラレタシト謂フニ在リ

衆議院ハ其ノ趣旨ヲ至當ナリト認メ之ヲ採擇スヘキモノト議決セリ依テ議院法第六十五條ニ依リ別冊及御送付候也

昭和十四年三月二十八日

（特別報告第一號）

請願特別報告第四四六號

意見書

請願文書表第九二〇號

朝鮮ニ於ケル耕地擴張改善事業ノ復活強化ニ關スル請願　朝鮮京城府黄金町五丁目百六番地渡邊辯三呈出（紹介議員池田秀雄君外一名）

右請願ノ要旨ハ朝鮮ニ於ケル水田面積ノ約五割ハ所謂天水畓ト稱スル灌漑排水ノ設備ナキ水田ナル爲旱水害等ニ依ル慘害甚シキモノアリテ之カ整理排水改善整理ヲ圖リ自然力ニ依ル不時ノ災害ヲ防止スルハ現時局下最必要ナリト信ス依テ朝鮮ニ於ケル耕地擴張改善事業ヲ復活強化セラレタシト謂フニ在リ

衆議院ハ其ノ趣旨ヲ至當ナリト認メ之ヲ採擇スヘキモノト議決セリ依テ議院法第六十五條ニ依リ別冊及御送付候也

昭和十四年三月二十八日

唐津港第二期修築工事ニ關スル建議案

唐津港第二期修築工事ニ關スル建議

政府ハ唐津港第二期修築工事實現ノ爲豫算ヲ計上シ速ニ之カ工事ニ著手セラレムコトヲ望ム

右建議ス

報告書

一 唐津港第二期修築工事ニ關スル建議案
（藤生安太郎君提出）

右ハ本院ニ於テ可決スヘキモノト議決致候此段及報告候也

昭和十四年三月四日

建議委員長　青山　憲三

衆議院議長小山松壽殿

昭和十四年三月二十八日

唐津ヲ起點トスル朝鮮隧道速成ニ關スル建議案

唐津ヲ起點トスル朝鮮隧道速成ニ關スル建議

政府ハ劃期的大陸政策實現ノ爲速ニ唐津ヲ起點トシ壹岐及對馬ヲ經テ朝鮮ニ至ル最短距離ヲ連絡スル隧道ヲ開鑿セラレムコトヲ望ム

右建議ス

昭和十五年二月七日

國務大臣ノ演說ニ對スル河上君ノ質疑

一 國務大臣ノ演說ニ對スル質疑　（前會ノ續）

（河上丈太郎君登壇）

○河上丈太郎君　諸君、支那事變勃發シテ以來玆ニ二年有半、私ハ各地ニ奮戰努力シテ居リ、而シテ光榮アル戰果ヲ收メテ居ラレル皇軍將兵ノ御勞苦ニ對シテ深ク感激スルト共ニ、護國ノ英靈ニ對シマシテ玆ニ謹ンデ哀悼ノ意ヲ表スル者デアリマス

私ハ聊カ米內內閣ノ政策ニ付テ數項ノ質疑ヲ致シタイト存ジマス、米內大將ニ大命ガ降下シタル時ニ於テハ、世間ハ其ノ意外ニ驚イタノデアリマス、而シテ米內內閣ガ成立スルニ至ルヤ、世間ハ、此ノ內閣ハ革新性ニ乏シイ、現狀維持ノ內閣デアルト云フ批評ガ其ノ一ツデアリマス、或ハ米內內閣ハ「デフレーション」政策ヲ執リ、統制經濟ヲ緩和スルコトヲ使命トシ、自由主義陣營ノ爲ニ盡スノデハナイカト云フ疑問ガ其ノ他ノ一ツデアリマス、而シテ米內內閣ガ政綱トシテ發表サレタモノハ、唯纔ニ事變處理、外交ノ調整、國民生活ノ確保ト云フ抽象的ナ三大政策ヲ發表シタニ過ギナイノデアリマス、而シテ前內閣ガ企圖致シマシタ所ノ官吏制度ノ改革、或ハ貿易省ノ新設、其ノ他國內革新ノ政策ノ如キハ一切之ヲ中止シテ、唯前內閣ノ百三億ノ豫算ヲ其ノ儘ニ踏襲シタノガ現內閣ノ性格デアルノデアリマス（拍手）其ノ他ニ於テハ何等ノ抱負經綸ノ片鱗スラモ見ナイノヲ、私ハ洵ニ遺憾ニ堪ヘナイノデアリマス（拍手）此ノ內閣ニシテ、果シテ其ノ生命デアル所ノ三大政策ヲ最モ力強ク實現スルカ否カト云フコトニ付テ、國民ハ齊シク一抹ノ不安ヲ持ツテ居ルト私ハ信ズルノデアリマス（拍手）國內ノ改革ヲ斷行スルニハ、而シテ此ノ三大政策ヲ完全ニ遂行スルニハ、ドウシテモ國內改革斷行ヲ前提トシナケレバナラヌト私ハ信ズルノデアリマス（拍手）私ハ斯ル見地カラ米內內閣ノ三大政策ニ付テ、聊カ其ノ所信ヲ御尋致シタイノデアリマス

第一ハ支那事變處理ニ關スル問題デアリマス、支那事變處理ノ方針ハ一昨年十二月ノ近衞聲明以來不動ノモノデアリマス、近衞聲明ニ對シテハ、國民ハ滿幅ノ信賴ヲ寄セテ居ルト私ハ信ズルノデアリマス、汪氏ヲ中心トスル支那側ノ和平運動モ、之ヲ支柱トシテ居ルコトヲ信ジテ居ルノデアリマス、近衞聲明實現ノ具體化方法ニ付キマシテハ、若干ノ意見ノ相違モアリマセウ、ケレドモ支那ノ主權ヲ尊重シ、何等ノ領土的野心ヲ有セズ、賠償金ヲ取ラズ、支那國民ト政治的經濟的對等ノ立場ニ於テ提携ヲシテ、東亞新秩序ノ建設ヲスルト云フ大目的ニ付テハ、國民何人モ異論ガナイト信ズルノデアリマス（拍手）私ハ此ノ近衞聲明ノ精神ヲ政府ガ表裏ナク、額面通リニ忠實ニ履行完遂スルコトガ、眞ニ事變解決ノ前提條件デアルト私ハ信ズルノデアリマス（拍手）私ハ近衞聲明ノ其ノ精神ト其ノ實現ガ、單ニ支那事變處理ニ關スルノミナラズ、亞細亞再建ノ基礎的ナ出發點デアルト信ズルノデアリマス（拍手）恐ラクハ日本ガ此ノ聲明ヲ眞實ニ其ノ儘政治ト經濟ノ中ニ實現スルナラバ、印度ノ民衆ノ胸ニハ血ガ湧クデアラウト私ハ信ジテ居ルノデアリマス（拍手）或ハ其ノ他ノ東亞民族ノ中ニハ希望ガ持來サレルト私ハ信ジテ居ルノデアル、斯ル意味ニ於テ近衞聲明ノ眞實ナル所ノ、其ノ儘ナ力强キ實現コソ、今日ノ事態ノ解決デアルト私ハ信ジテ居ル、過般帝國政府ト汪政權トノ間ニ諒解事項トシテ成立致シマシタ基本條件ガアルト謂ハレテ居リマス、多分此ノ近衞聲明ヲ實現具體化シタモノデアラウト信ジテ居ルノデアリマス、併シナガラドノ程度ニ具體化サレタカ、ドノ程度ニ具體化サレタト考ヘテ宜イノカ、私達ハ今其ノ內容ヲ知ラナイノデアリマス、出來ルナラバ政府ハ此ノ際國民ト共ニ此ノ近衞聲明ヲ活カスガ爲ニモ、此ノ議會ニ於テ共ノ內容ヲ發表アランコトヲ希望致スノデアリマス（拍手）政府ハ其ノ發表ヲスル意思ガアルヤウニ新聞ニ傳ヘラレテ居リマスルガ、果シテ事實デアルカドウカ、又發表サルルナラバ、何時發表サレルカト云フ點ヲ御尋致シタイノデアリマス、國民ハ其ノ內容ニ關シ兎角ノ噂ガアルヲ以テ、非常ニ疑ヲ持ツテ居リマス、其ノ疑ヲ一掃スルガ爲ニハ、而モ近衞聲明ヲシテ眞實ニ國民ノ胸中ニ活カスガ爲ニハ、一日モ早ク此ノ全貌ヲ國民ノ前ニ示シテ、國民ト共ニ政府ガ日支事變ノ解決ニ向ハレンコトヲ私ハ希望ニ堪ヘナイノデアリマス（拍手）而シテ支那ノ中央政權ノ成立ハ事變處理ノ一階段デアツテ、決シテ最後ノ解決デナイト云フコトハ勿論デアリマス、最終的ノ解決ノ爲ニハ、重慶政府ガ屈伏スルカ、或ハ自壞スルカノ必要ナコトハ、政府モ之ヲ認メテ居ルノデアリマス、而シテ政府ハ如何ナル見透シヲ以テ其ノ豫想ト希望トヲ實現スルカト云フ點ニ付キマシテハ、聊カ不明瞭デアルコトヲ私達ハ遺憾ト致スノデアリマス、政府ハ新政權ヲ育テテ、ソレヲ實現シタイト云フ風ナコトヲ御答ニナツテ居リマスガ、其ノ點ニ關シテモツト明白ニ、モツト力强ク、モツト具體的ナ說明ヲ私達ハ希ヒタイノデアリマス、是レ第一ノ私ノ御尋デアリマス、此ノ點ニ付キマシテハ、總理大臣自ラ御答辯ヲ御願致シタイノデアリマス

第二ハ外交ニ關スル問題デアリマスガ、我國ガ全生命ヲ懸ケテ事變處理完遂ニ邁進シテ居ル今日、外交ノ基調ガ事變處理ヲ中心トスル自主的ナモノデアルト云フコトハ當然デアルノデアリマス、日本ノ外交方針ハ差當ツテ新中央政權ノ育成發達ヲ眼目トシ、而シテ近衞聲明ノ原則ニ立脚シテ東亞新秩序建設ヲ眼目トスルコトハ當然デアリマス、此ノ眼目ノ上ニ立ツテ機ニ臨ミ變ニ應ジテ活殺自在ナル外交ヲ爲シテ、以テ亞細亞ノ再建ヲスルト云フコトガ、今後ニ於ケル外交政策ノ基調デアルト云フコトハ當然デアリマス、ケレドモ自主外交ト云フ言葉ハ、言葉トシテハ簡單デアリマスルケレドモ、又自主外交ト云フ言葉デ自己滿足ニ陷ル虞ガアルカモ知レマセヌガ、眞ニ日本ガ今日立ツテ居ル國際情勢カラ見マスルナラバ、自主獨往ノ外交ト云フコトハ相當困難ナル事デアルコトヲ痛感致スノデアリマス

自主外交トシテ私ハ軍備ヲ別トシテ三ツ

ノ基礎的ノ條件ヲ必要ト考ヘテ居ル、一ツハ何カト云フナラバ自主外交ノ經濟的ノ基礎デアル、今日ノ外交ハ經濟的基礎ノ上ニ立タナケレバ眞ノ强イ外交ハ出來ナイノデアリマス、而シテ日支事變以來ノ國際間ノ關係ヲ見マスルナラバ、日本ハ日一日ト經濟封鎖ノ渦中ニ逐ハレツツアルノデアリマス、殊ニ亞米利加ハ最モ露骨デアリ、日本ニ對スル所ノ輸出禁止ノ法律ヲ出サウ、日本ヲ經濟的ニ脅カサウトシテ居ル、積極的ニ日本ノ經濟ヲ封鎖スルト同時ニ、最近ニ於テハ亞米利加内ニ於テ「ナイロン」ノ「ストッキング」ヲウント作ッテ、日本カラ來ル所ノ生絲ヲ放逐ショウトスル力强イ運動ハ忘ルルコトガ出來ナイノデアリマス、亞米利加ハ今日自國ノ生產品ヲ日本ニ送ラナイノミナラズ、日本カラ來ル輸入品タル生絲ヲ排斥スルコトニ依ッテ、日本ヲ經濟的ニ困難ナル狀態ニ陷ラサウトシテ居ルノデアリマス、是ハ一例ニ過ギナイケレドモ、日本ハ今日自主的外交ヲ確立スルニハ、經濟的基礎ノ確立ヲ第一ノ條件トシナケレバナラナイト私ハ信ズルノデアリマス、其ノ意味ニ於テ日滿支經濟ノ整備ト云フコトガ最モ必要デアルガ、其ノ點ニ付テ日支事變以來今日マデノ狀況ハ、私ハ決シテ滿足ナル狀態デナイト思フノデアリマス、如何ニ自主的外交ヲ政府ガ唱ヘテ見テモ、自主的外交ヲ斷乎トシテ行フ所ノ經濟的基礎ノ確立ガ第一條件デアルト私ハ信ジテ居ルノデアル、政府ハ此ノ點ニ付テ如何ナル考ヲ御持チニナッテ居ルノカ、今ノヤウナ現狀ニ於テ經濟封鎖ニ對スル日本ノ自主的外交ノ基礎ガアリト御考ヘニナッテ居ルノデアルカドウカ、此ノ點ニ付テ外務大臣ノ御所見ヲ承リタイノデアリマス

日本ノ自主的外交ノ第二ノ要件ハ、理論的根據ヲ必要トスルト私ハ信ズルノデアリマス、今日世界ノ外交政策ハ、少クトモ其ノ階梯ニ一ツノ理論的體系ヲ持ッテ居ルノデアリマス、其ノ理論的體系ヲ、唯道義外交ト云フ風ナ言葉ニ於テ今日ソレヲ解釋スル時期デハ斷ジテナイ、殊ニ東亞新秩序建設ヲ理想トスル日本帝國ノ自主的外交ニ最モ缺ケテ居ルモノハ、其ノ理論的背景デハナイカト考ヘル、少クトモ東亞新秩序建設ニ當ッテハ、英米ノ金融資本ニ對立スルコトガ條件デアルト同時ニ、「ソ」聯ノ國際共產主義ニ對抗スルコトガ第二ノ條件デアルト私ハ考ヘテ居ル、此ノ二ツノ思想的體系ニ對シテ日本ガ獨自ナル所ノ理論的體系ヲ持ツコトガ、東亞新秩序建設、東亞新秩序維持ノ上ニ於ケル所ノ第二ノ要件デナケレバナラナイト思フノデアリマス、最近日本ニ於テモ、支那ニ於テモ、東亞協同體ノ理念ガ相當國民ノ中ニ起ッテ來テ居ルノデアリマス、其ノ協同體ノ理論ノ當否ヲ私ハ言ハナイ、ケレドモ道義外交ト云フ言葉ダケデハ、東亞新秩序建設ノ自主的外交ノ理論的體系ハ、私ハ不十分ダト考ヘテ居ルノデアリマス、政府ハ此ノ點ヲ如何ニ御考ヘニナルカヲ私ハ御尋シタイ、今日世界ハ「ブロック」的經濟形態ノ上ニ立ッテ、各〻一ツノ思想的體系ヲ持ッテ居ルコトヲ忘レテハナラナイ、日本ガ東亞新秩序建設ヲ理想トスル以上ハ、日本自ラ新シキ外交理論ノ根柢ヲ成ス所ノ一ツノ思想體系ヲ作ルコトヲ必要ト私ハ信ジテ居ルノデアル(拍手)政府ハ此ノ點ニ付テ如何ナル御所見ガアルカ承リタイノデアリマス

此ノ經濟的基礎ニ立チ、思想的體系ヲ背景トシ、而シテ自主的外交ノ第三ノ要件ハ、其ノ一ツノ國際的秩序ヲ維持スル所ノ各民族ト各國家トノ國民的提携ヲ必要ト私ハ信ズルノデアリマス(拍手)吾々ハ此ノ國民的提携ト此ノ國民的思想及ビ經濟ノ基礎ノ上ニ立ッテ、初メテ自主外交ガ完璧スルト信ジテ居ル、東亞新秩序建設ノ理想ヲ揭ゲテ玆ニ數年、日滿支協同經濟ノ主張ガ唱ヘラレテカラ玆ニ數年、併シナガラ未ダ日滿支三國ヲ貫ク所ノ國民的運動ノ展開ノナイコトヲ私ハ洵ニ遺憾ニ堪ヘナイノデアル、此ノ國民的協同目的ナル所ノ運動ノ背景ノ上ニ立ッテ、協同ノ經濟ノ上ニ立ッテ、而シテ思想的體系ノ上ニ立ッテ、初メテ自主的外交ガ完成スルト私ハ考ヘルノデアル、政府ハ道義外交ヲ主張シ、自主的外交ヲ主張スル、ケレドモ自主的外交ノ根據デアル所ノ此ノ三ツノ點ニ付テ、政府ハ如何ニ考ヘラレテ居ルノカ、之ヲ如何ニ助長ショウトスルノカ、此ノ點ニ對スル御所見ヲ外務大臣ニ伺ヒタイト思ヒマス

第三ハ國內問題ニ關シテ御尋ヲ致シタイノデアリマス、第一ニハ、政府ガ申シマス所ノ國民生活ノ確保トハドウ云フコトヲ意味スルカト云フコトヲ御尋致シタイノデアリマス、確保ト云フコトハ戰時國民生活ノ確保デアルト云フコトハ勿論デアリマス、隨テ戰爭下ニ於キマスル所ノ國民生活ノ安定ノ問題ハ、平和ノ時ニ於テトハ其ノ內容ヲ異ニシテ居ルコトハ當然デアリマス、隨テ平時ノ如キ樂ナ、安逸ナ生活ヲ戰時ニスルト云フコトガ、其ノ國民生活ノ確保デハアリマセヌ、滿チ足レル生活ヲ希望スルノガ其ノ確保デハアリマセヌ、戰爭ハ物資ノ最大ノ消費デアリマス、隨テ物資ノ偏在ト缺乏トハ當然デアリマス、戰時下ニ於ケル所ノ物資ノ缺乏ニ堪ヘルコトハ、國民ノ當然覺悟スル所デアリマス、國民ハ欣然トシテ消費ヲ節約シ、從來ノ生活程度ヲ低下シ、戰爭ノ目的ニ協力シテ居ルノデアリマス、隨テ戰時下ニ於ケル國民ハ、物資ノ乏シキヲ聊カモ憂ヘテハ居ナイノデアル、又乏シキコトガ生活ノ安定ヲ缺クコトデハナイト私ハ思ッテ居ル、ソレナラバ戰時國民生活ノ確保ノ條件ハ何デアラウカ、私ハ少クトモ二ツノ條件ガ必要ダト考ヘテ居ルノデアリマス、第一ノ條件ハ、國民ガ明日ノ生活ニ對スル不安ヲ一掃スルコトデアルト私ハ考ヘテ居ル(拍手)今日米ガ足ラナクテモ、明日ハ必ズ米ガアルト云フ、明日ノ生活ニ對スル國民ノ確固タル安心ト信賴トヲ與フルコトガ、戰時國民生活確保ノ條件デアルト信ズルノデアリマス、私ハ先般、私ノ友人ガ曾テ第一次歐羅巴戰爭中ニ或ル交戰國ニ滯在中ノ一ツノ物語ヲ聞キマシタ、其ノ交戰國ニ於テ「マッチ」ガ非常ニ缺乏シテ居リマス、或日ノコト、自分ガ町ニ行クノデ、其ノ下宿屋ノ婆サンニ、町ニ行ッテ「マッチ」ヲ買ッテ來テヤラウカト云フコトヲ申シマシタ所ガ、其ノ下宿屋ノ婆サンガ、今半打アルカラマア宜シイト言ッタト云フコトデアリマス、其ノ私ノ友人ハ、半打ハ六箱ノコトダト思ッテ居リマシタ、此ノ婆サン中々隅ニ置ケヌ、買溜ヲヤッテ居ルナト思ヒマシタ、然ルニ其ノ後ニ於テ其ノ半打ハ六箱デハナクシテ、只ノ六本ノ「マッチ」ダト云フコトヲ聞カサレマシタ、其ノ實話ヲ先日私ニ話シテ、日本ノ今日ノ現狀ヲ深ク遺憾トサレタノデアリマス、私ハ今日六本ノ「マッチ」

ヲ持ツテ平然トシテ買溜ヲシナイデ、明日ノ生活ニ對スル安心ト信頼トヲ與フルコトガ、國民戰時生活安定ノ第一ノ條件デアルト信ズル者デアリマス（拍手）阿部内閣ハ此ノ明日ノ生活ヘノ不安ニ終始シタノデアリマス、昨年ノ九月物價ノ「ストップ」令ガ制定サレ、經濟統制ノ大道ヲ阿部内閣ハ颯爽ト進ンデ來タノデアリマス、然ルニ米穀配給ノ不圓滑ノ爲ニ、米ニ對スル國民ノ明日ヘノ不安ト云フモノハ驚クベキ深刻ナモノデアツタノデアリマス、一般國民ノミデハアリマセヌ、當時ノ各府縣ノ官吏ノ諸君達ノ慌テ方、見ルニ堪ヘナイ程ノ狼狽デアツタノデアリマス、國民ノ不安ハ米ニ對シテ極度ニ達シタトモ言ハレテ居ル、阿部内閣ハソレヲ切拔ケル爲ニ米價ノ引上ヲ斷行シマシタ、此ノ國民的不安ヲ打開セントシマシタケレドモ、米價ノ引上ハ更ニ一層明日ノ生活ノ不安ノミナラズ、明日ノ經營ヘノ不安ヲモ増加シ、政府ニ對スル信用ハ地ヲ拂ウタノデアリマス（拍手）私ハ阿部内閣ノ退陣ノ根本的ノ原因ハ此處ニアツタト思フノデアリマス、不安ノ原因ハ局部ニ偏シタ官僚統制ノ產物デアリマセウ、併シナガラ統制經濟其ノモノハ合理的、計畫的ニ發展シナケレバナラナイ、ソレガ爲ニハ先ヅ政府ニ對スル國民ノ信用ヲ取戾スト云フコトガ第一デアリマス、私ハ戰時ニ於ケル國民生活確保ノ第一ノ條件トシテ、國民ガ明日ニ對スル希望ヲ失ハズ、明日ニ對スル生活ノ不安ヲ一掃スルコトガ、戰時國民生活ノ確保ノ第一條件デアルト信ジテ居ル（拍手）此ノ點ニ付テ政府ハ――少クトモ總理大臣ハ如何ニ御考ニナルカヲ私ハ御尋致シタイノデアリマス

戰時國民生活ノ第二ノ條件ハ犧牲ノ平均化デアルト私ハ考ヘテ居ル、論語ニ申シマス所ノ「寡シキヲ患ヘズ均シカラザルヲ患フ」ト云フ精神ヲ此ノ戰爭下ニ具體化スルコトガ、國民生活確保ノ第二ノ條件デアルト信ズルノデアリマス（拍手）總理大臣ハ先般發表サレマシタ「週報」ニ於ケル御挨拶ノ中ニ、苦シイ時ニハ皆デ苦シミマセウト云フ心構ヘガ必要ダト述ベラレテ居リマス、私ハ衷心ヨリ同感ニ堪ヘナイノデアリマス、此ノ未曾有ノ聖戰目的完遂ノ爲ニ吾々ハ寡シキヲ患ヘナイ、二枚ノ衣ヲ一枚捨テルコトニ吝カデハアリマセヌ、欣然トシテ致シマス、唯均シカラザルヲ患フベキモノデアルト私ハ考ヘルノデアリマス、戰時ニ於ケル政治家ハ此ノ點ニ至大ノ關心ト注意ヲスル必要ガアルト私ハ思ヒマス、戰爭ノ經濟ハ、戰爭ニ必要ナル物資ナリ、勞力ナリ、金融ナリト云フモノヲ集約的ニ總動員態勢ニスル必要ガアルノデアリマス、隨テ戰爭ニ直接關係ノナイ所謂不和產業ト云フモノハ、自然ニ經濟活動ノ外ニ追出サレル傾向ガ多大デアリマス、隨テ是等ノ產業者ハ、金融ノ途モ斷タレ、勞力モ十分ニ得ラレズ、物資ノ配給モ制限ヲ受ケテ十分デハアリマセヌ、玆ニ戰爭經濟ノ跛行狀態ガ現出スルノデアリマス、少クトモ此ノ傾向ハ三ツ現ハレルト私ハ思フ、第一ハ所謂殷賑產業ト云フ方面ノ好景氣デアリマス、殊ニ獨占大事業ノ利潤ガ増大スル傾向デアリマス、第二ニ於テハ中小商業ガ段々ニ沒落シテ來テ居ルノデアリマス、第三ハ卽チソレ等ノ殷賑產業ニ關係スル人々ノ收入ハ増加シ、サウデナイ產業ニ從事スル人ノ收入ハ減ジテ來テ居ルノデアリマス、此ノ傾向ハ現在戰時經濟ノ悲シイ姿ノ一ツデアリマス、私ハ大藏省ノ主稅局ノ統計ヲ見マスルト、戰爭前ニ我國ノ最高所得者四百万圓以上ノ者ハ僅ニ二人デアツタノデアリマス、然ルニ戰爭後ノ昭和十三年度ニ於テハ大藏省ノ統計ハ、此ノ二人ノ人ヲ七人ニ殖ヤシテ居ルノデアリマス、恐ラクハ十四年度ノ統計ハ此ノ七人ヲ更ニ増加スルデアラウト推測サルルノデアリマス、國民ハ總テガ均シク苦シミマスコトニ聊カモ不平ハゴザイマセヌ、一億一心、一億一體ト言ハレテ居ル、併シナガラ戰時經濟ガ營利主義機構ノ下ニ遂行セラルル其ノ結果ハ、經濟ノ跛行性ガ起ツテ來マス、富ノ偏在的集中ノ傾向ガ起ツテ來マス、之ヲ政治家ハ忘レテハナリマセヌ、ソレト政治家ガ薄地ニ取組ムコトガ政治家ノ責務ナリト私ハ信ジテ居ルノデアリマス（拍手）若シ此ノ一角ヨリ國民生活安定ノ確保ガ破ルルコトガアツタナラバ、洵ニ一大事ダト私ハ信ズル、米内總理大臣ハ一緒ニ苦シミマセウト云フ、其ノ掛聲ニ國民ハ何人モ不平ハ言ヒマセヌ、一緒ニ二枚ノ衣ヲ一枚ニシマセウ、三度ノ食事ヲ二度ニ致シマセウ、ケレドモ其ノ中ニ富ノ偏在ガアリ、今マデ二人デアツタ最高所得者四百万圓以上ノ者ガ七人ニナリ、十人ニナリ、二十人ニナル事實ヲ忘レテハ、政治家トシテハ大變ナ問題デアリマス（拍手）寡シキヲ患ヘズト孔子ガ言ハレタ、均シカラザルヲ患フルト孔子ガ言ハレタ、其ノ精神ヲ私ハ戰時下ニ活カシテ戴キタイ、私達ハ年來國民生活確保ノ最低條件ト致シマシテ、第一ニ、下級官公吏、俸給生活者、勞働者ニ對スル家族手當制度ノ實施ヲ要求シテ來テ居ルノデアル、第二ニハ、殷賑產業ノ剩餘購買力ヲ主タル財源トスル勤勞者厚生保險制度ノ實施ヲ主張シテ來タノデアル、之ニ依ツテ失業ノ勞苦、失業ノ全面ニ亙ツテ勤勞者ノ將來ノ不安ヲ除去スルコトヲ眼目トシテ來タノデアル、第三ハ、小作料ノ適正化ト之ニ伴フ土地制度ノ改革ヲ主張シテ來タノデアル、第四ハ、小賣業免許制度ノ實施ヲシテ、中小商業ニ對スル救濟策ヲ立テルコトヲ主張シテ來タノデアル、第五ハ、轉業不可能ナル所ノ離職者ニ對スル國家ノ生活保障ヲ主張シテ來タノデアル、吾々ハ戰爭以來國民生活確保ノ政策トシテ、以上ニ揭ゲタル數箇ノ政策ヲ以テ今日マデ提唱シ來ツタノデアツテ、是等ノ政策ヲ實現スルコトガ、國民生活確保ノ基本的ノ要件デアラウト私ハ信ジテ居ルノデアリマス、然ルニ現内閣ハ國民生活確保ノ掛聲ヲ以テ立ツテ居ルガ、總理大臣ノ御演說ノ中ニモ、或ハ大藏大臣ノ御演說ノ中ニモ、吾々ハ國民生活確保ノ具體的ナ對策ヲ發見スルコトガ出來ナイノデアル、吾々ハ現政府ガ苟モ國民生活確保ノ大旆ヲ揭ゲテ立ツ以上ハ、其ノ具體的政策ヲ玆ニ示スベキガ當然デアルト信ジテ居ル（拍手）私共ハ戰時國民生活確保ノ内容ヲ檢討シ、其ノ内容ニ基ク所ノ一ツノ政策ヲ主張シテ居ルノデアル、政府果シテ國民生活確保ノ政策ヲ御持チデアルナラバ、玆ニ御示ヲ願ヒタイノデアル、私ハ此ノ點ニ付テ國民生活確保ニ關スル政府ノ決意ト對策トヲ、總理大臣ニ御尋スル者デアリマス

次ニハ昭和十五年度ノ豫算ニ關シテ聊カ御尋ヲ致シタイノデアリマス、昭和十五年度ノ豫算ハ日本財政史上最大ノ豫算デアリマス、卽チ曾テナイ所ノ大キナ豫算デアリ

マス、併シ此ノ豫算ハ現內閣ガ編成シタモノデハアリマセヌ、阿部內閣ノモノヲ踏襲シタニ過ギナイノデアル、抑〻豫算ハ其ノ內閣ノ性格ノ表現デアルト私ハ信ジテ居ル、現內閣ガ前內閣ノ作ツタ豫算ヲ踏襲シタノハ、前內閣ノオ面ヲ被ツテ居ルニ過ギナイト私ハ思ツテ居ルノデアル、私ハ現內閣ノ性格ヲ表現スベキ其ノ豫算內容ヲ檢討スルコトガ出來ナイノヲ洵ニ遺憾ニ堪ヘナイ、併シナガラソレナラ現內閣ハ如何ナル理由ニ於テ阿部內閣ノ豫算ヲ踏襲サレタノカ、其ノ點ニ付テ私ハ理由ヲ御尋致シタイノデアリマス、總理大臣ノ御演說ノ中ニモ、又大藏大臣ノ御演說ノ中ニモ、其ノ理由ハ不明確デアリマス、同僚諸君ノ質問ニ答ヘテ稍〻其ノ明確ナ點モゴザイマスケレドモ、此ノ踏襲シタ理由コソ、卽チ現內閣ノ豫算ヲ通ジテノ性格ノ表現デアルノデアリマスカラ、私ハ改メテ現內閣ガ阿部內閣ノ豫算ヲ踏襲サレタ理由ヲ御尋致ス次第デアリマス、阿部內閣ノ豫算ガ、厖大ナル豫算ノ最大弱點トシテ、多クノ同僚、多クノ世間ノ人達ガ指摘セラレテ居ル第一ハ、此ノ豫算ガ實際ニ施行可能デアルカト云フ問題デアル、物動計畫トノ關係ニ於テ、或ハ豫算編成ノ物價基準ガ、十三年ノ七八九月ノ平均物價ヲ基準トシタコトニ依リ、其ノ豫算ガ實行性ガアルカナイカト云フ問題デアル、私モ同僚諸君ト共ニ戰時下ノ豫算ノ鐵則ハ物動計畫ガ豫算ノ基礎トシテ立ツ、物動計畫ノ上ニ初メテ金錢的豫算ガ生命ヲ持ツテ來ルト信ズルノデアリマス、物動計畫ト睨ミ合セザル、物動計畫ヲ基礎トセザル所ノ豫算ハ、一ツノ幻ニ過ギナイノデアリマス、戰時經濟ノ二ツノ現象デアル物資ノ缺乏スルコト、物價ノ昂騰スルコトヲ見透シテ豫算ガ立ツベキデアリマス、卽チ戰爭時代ノ大藏大臣ノ任務ハ、唯各省カラノ要求ヲ算盤ヲ彈イテ數字ノ辻褄ヲ合セルコトデハゴザイマセヌ、戰時經濟ノ二ツノ現象タル一方ニ於テハ物ガナクナル、一方ニ於テハ物ガ高クナル、此ノ物ノ缺乏ト物ノ騰貴、之ヲ見合セテ豫算ヲ編成スルコトガ、戰時下大藏大臣ノ最大ノ任務デアルト私ハ信ズルノデアリマス、果シテ前內閣ハ如何ナル意味ニ於テ此ノ豫算ヲ作ラレタカ、之ヲ問フ由モアリマセヌ、現大藏大臣ハ、否米內內閣ハ、如何ナル理由ヲ以テ此ノ豫算ヲ鵜呑ニシ、此ノ豫算ヲ踏襲サレタノカ、若シモ理由ナク阿部內閣ニ對スル所ノ二ツノ大キナル弱點ヲ――後ニ一ツハ申シマスガ、其ノ二ツノ弱點ヲ何等考慮セズシテ豫算ヲ踏襲スルナラバ、米內內閣ハ豫算ノ上ニ於テハ無性格ナル內閣デアリ、精神喪失的內閣デアルト言ハネバナラナイノデアリマス、

阿部內閣ノ豫算ノ第二ノ弱點ハ「インフレ」對策ノ明確デナイコトデアリマス、從來ノ「インフレ」防止策デアル所ノ貯金ノ奬勵、公債消化、兌換券ノ回收等、其ノ他ニ何等積極的ナル購買力ノ回收政策ガ發見セラレテナイコトガ、阿部內閣ノ豫算ノ第二ノ弱點デアツタノデアリマス、國民ハ此ノ二ツノ大キナ弱點ヲ持ツテ立テラレタル百三億ノ豫算ヲ現內閣ガ鵜呑ニシテ、何等ノ批判ト檢討ヲ加ヘズシテ之ヲ鵜呑ニスル所ニ、國民ノ最大ノ不安アリト私ハ信ジテ居ルノデアリマス(拍手)私ハ小川鄕太郎氏ノ質問ニ對スル櫻內藏相ノ御答辯ヲ拜聽致シタノデアル、併シナガラ此ノ答辯ノ中ニハ何等客觀的情勢ヲ檢討シ、物ノ缺乏ト物ノ騰貴トヲ見合セテ、而シテ此ノ豫算ヲ踏襲スルト云フ力强イ迫力ヲ發見スルコトガ出來ナイノデアル、漫然タル一箇ノ希望デアルノデアリマス、物價ノ問題ニ至リマスルナラバ、代用品ヲ使ツテ間ニ合ハスト云フヤウナ子供騙シノ話デハ、國民ハ承服スルコトハ出來ナイノデアリマス、今ハ代用品ノ時代デアリマスカラ、大藏大臣モ代用品ヲ言ハレマスケレドモ、寧ロ今日ニ於テハ代用品ノ方ガ高イモノガ多イト云フ現象デアリマス、吾々ハ少クトモハツキリシタ昭和十五年度ノ物ノ値上リト物ノ缺乏ニ對シ、大藏大臣ノ明快ナル豫想ヲ玆ニ承リタイノデアリマス、見透シナクシテ豫算ヲ編成スルハ無責任デアリマス、見透シガ誤ルナラバ、大藏大臣辭職ヲスベキデアルト私ハ信ジテ居ルノデアリマス(拍手)百三億ノ豫算ハ厖大ナ豫算デアリ、日本財政史ニ於テ初メテノ大キナ豫算デアル、之ヲ消化シテ惡性「インフレーション」ヲ起サナイニハドウシタラ宜カラウト云フコトハ、單ニ大藏大臣ノ問題バカリデハアリマセヌ、私達ニ取ツテモ深刻ナル問題ノ一ツデアリマス、今日此ノ豫算ニ對スル批評ハ二ツアル、一ツハ「インフレーション」防止ノ見地カラシテ、或ハ二割ヲ天引セヨト云フ風ナ意見、或ハ其ノ數額ハ兎モ角トシテ、豫算ヲ削レト云フ意見デアリマス、恐ラクハ現內閣ハ實行豫算ニ於テ豫算ヲ削ルノデハナイカト云フ風ナ期待ヲ持ツテ居リマシタケレドモ、遂ニ現內閣ハ豫算ヲ削ラナイノダ、實行豫算ニ付テモ其ノ儘デ大體行クノデアルト云フ答辯ヲサレテ居ルノデアリマス、隨テ現內閣ハ、豫算ヲ削減シテ「インフレ」ヲ防止スルノデモナク、漫然トシテ此ノ豫算ヲ踏襲スルト云フ所ニ、現內閣ノ性格ガアルノデアリマス、ケレドモ漫然トシテ百三億ノ豫算ヲ組ンデ、漫然トシテ其ノ豫算ヲ遂行スル所ニ、前途ニ大キナル危險ガ橫ハルコトヲ豫想シナケレバナラヌ(拍手)或ル意味ニ於テ今日ノ日本ノ經濟ノ狀態ハ、或ハ「インフレーション」ガ近キニアリハシナイカト云フヤウナ心配ガ私達ノ胸ニアルノデアリマス、此ノ時ニ當ツテ、唯過去ノ各種ナル事情ニ囚ハレテ、漫然トシテ百三億ノ豫算ヲ組ムコト、之ヲ實行スルコトハ危險甚シイノデアリマス、ソレナラ百三億ノ豫算ヲ何割削ルナラ「インフレ」ガ何トカ防止出來ルカト云フナラバ、是モ難カシイ、今日ノ國際情勢ノ見地カラ見マスルナラバ、軍事費ハ相當大キク要求セラルルコトハ當然デアル、此ノ時ニ當ツテ私達ハ今日ノ經濟ノ組織ニ向ツテ、相當力强イ改革ヲ斷行シテ、此ノ厖大豫算ヲ消化スル外ニハ途ナシト云フ態度ヲ執ツテ居ルノデアリマス(拍手)漫然タル自由主義的見地ニ於テ「インフレ」防止ノ政策トシテ削減論ヲ主張スル者デモナク、又漫然トシテ百三億ノ豫算ヲ踏襲シテ、オ先眞ツ暗ニ遂行ヲスル所ノ態度ニモ私達ハ與ミシナイ、戰時經濟始ツテ以來常ニ私達ノ主張スル所ハ、戰時經濟ノ促進ニハ、今日ノ營利主義經濟ノ改革ヲ行フコトヲ必要トシテ來タノデアリマス、今マデノ自由主義經濟ノ考カラ申シマスルナラバ、產業ト軍事トハ對立ノ關係ニ置カレテ居ツタノデアリマスケレドモ、今日ノ戰時經濟ハ產業ト軍事トノ對立觀念ガ揚棄サレテ來テ居ルノデアリマス、軍事ト產業トガ融合セラレタル國民經濟ノ確立ガ必要ニナツテ來タノデアリマス、平

時ノ產業ノ發展ガ卽チ軍事活動ノ基礎トナリ、軍事活動ガ戰爭終了ト同時ニ平和產業ニ轉換スル所ノ國民經濟ノ組織コソ、私達ガ戰爭以來主張シテ來マシタ所ノ、生產力國防經濟ノ理念デアルノデアリマス、之ヲ吾吾ハ一日モ早カランコトヲ希望シテ居ルノデアリマス、此ノ經濟ノ改革ヲ前提トシテ、初メテ軍事費ヲ中心トスル厖大ナル豫算ヲ、「インフレ」ヲ防止シナガラ實現スルコトガ私達ハ適當ト考ヘテ居ルノデアリマス、政府ハ今日ノ經濟機構ヲ何等改革セズシテ、而シテ此ノ百三億ノ豫算ヲ背中ニ背負ツテ進ンデ行カレル御見込ガアルノカドウカヲ承リタイノデアリマス（拍手）恐ラクハ政府ニ於テハ非常ナル難關ニ私ハ打當ルコトヲ心配ニ堪ヘナイノデアリマス、少クトモ國家總動員法ノ規定ニ基ク物資ノ統制徵用制度ノ如キヲ相當考ヘラレナケレバ、此ノ大キナ豫算ノ消化ハ不可能デハナイカト私ハ考ヘル、私ハ政府ガ今日マデ述ベラレタル所ノ、漫然トシテ百三億ノ豫算ヲ踏襲シテ行クト云フ態度ニ慊ラナイ、政府ハ今日ノ戰爭目的ノ見地ニ立ツテ、產業ト軍事トノ統一的見地ニ立ツテ、日本ノ經濟ノ營利主義的ノ經濟ニ對スル改革ヲ行ウテ豫算ノ進行ヲ進メラレンコトヲ、私ハ希望ニ堪ヘナイモノデアリマス、政府ハ兎モ角昭和十五年度豫算、阿部內閣豫算ヲ踏襲シタ所ノ理由ヲ明白ニ、モツト理論的ニ、モツト見透シヲ付ケテ此ノ席上デ御說明ヲ願ヒタイノデアリマス（拍手）是ガ私ノ豫算ニ關スル所ノ質問デアルノデアリマス

更ニモウ一ツ公債消化ニ關シマシテ、一二ノコトヲ御尋シテ行キタイノデアリマス、日支事變以後公債ノ消化ニ付キマシテハ、政府ノ執ル態度ニ二ツノ傾向ガアルノデアリマス、戰爭前ニ於キマシテハ、「シンヂケート」團ニ直接引受ヲサセテ居ツタノデアリマス、所ガ昭和十二年十月十五日ヲ最後ト致シマシテ、「シンヂケート」團ノ直接引受ハ止メテシマヒマシタ、大部分日本銀行引受ニ變ツタノデアリマス、是ハ「インフレ」防止ノ政策ノ見地カラ見テモ、相當重大ナル問題デアルト考ヘルノデアリマス、私ハ政府ガモウ一度「シンヂケート」團ニ直接引受ノ方策ヲ執ラレルノカ、ソレトモ日銀引受ノ方策デ、將來モ續ケテ行ク積リデアルカ、此ノ點ニ付テノ政策ヲ伺ヒタイノデアリマス

更ニ滿洲事變以來ノ公債ノ情勢ヲ見マスルト、大體ニ於テ所謂長期公債ガ短期ニ書換ヘラレテ來テ居ルノデアリマス、所謂短期ニ換ヘルコトハ、公債所有者ノ利益デアリマス、日本ノ金融資本ノ利益デアリマス、私ハ此ノ點ニ付テ、政府ガ短期公債ニ依ツテ戰爭ノ財源ヲ作ルカ、長期公債ニ依ツテ戰爭ノ財源ヲ作ルカト云フコトハ、相當重大ナル問題デアラウト思フ、昨日ノ政府ノ獎勵金制度ニ關スル木暮君ヘノ答辯ニ基クト、公債財源ヲ以テ主張サレテ居リマスルガ、サウ致シマスルナラバ、私ハ相當此ノ公債ノ長期、短期ト云フコトハ重大ナル影響ガアルト思フノデアリマス、殊ニ日銀引受ハ十一年デアルニ拘ラズ、民衆ノ買ヒマスル所ノ公債ハ十七年デアルノデアリマス、金融資本ニハ早キ機會ニ其ノ得ヲヤリ、民衆ニハ十七年マデ待タセルト云フ、此ノ公債消化ニ對スル態度ニ付テハ慊ラヌモノガ私ハアルノデアリマス、政府ハ此ノ點ニ付テ所謂長期戰ノ覺悟ト致シマシテモ、日本ニ於ケル金融資本ヲシテ戰爭目的ノ爲ニモツト强力ニ參加セシムル意味ニ於テモ、所謂短期公債ヲ長期ニ書換ヘテ、サウシテ財政政策ヲ立テルコトガ私ハ必要デハナイカト考ヘルノデアリマス、是モ併セテ御尋スル次第デアリマス

次ニ勞働對策ニ付キマシテ厚生大臣ニ御尋ヲ致シマス、戰時經濟政策ノ根幹ノ一ツハ勞働對策デアリマス、曾テ「ロイド・ジョージ」ハ第一次歐羅巴戰爭ノ終ツタ後ニ、英國ノ勞働組合ノ大會ニ參リマシテ、今度ノ戰爭ノ勝利ハ諸君ノ力ダ、諸君ノ力ニ依ツテ戰爭ニ勝ツタノダト演說ヲ致シマシタコトハ有名ナ話デアリマス、近代ノ戰爭ハ科學的ノ戰爭デアリマス、隨テ一國ノ勞働者ノ勞働生產力ノ問題ガ、戰爭ノ勝敗ヲ決定スル重要ナル一ツノ原因デアリマス、自國ノ勞働者ノ生產性ガ、敵國勞働者ノ生產性ニ勝ツコトヲ必要ト致スノデアリマス、隨テ勞働者ノ技術、熟練、體力ガ重要ニナツテ來ルノデアル、「ノモンハン」事件ノ經過カラ顧ミテモ、將來ノ戰爭ハ機械化的傾向ガ顯著ニナルコトハ明カデアル、隨テ勞働者ノ勞働生產性ノ問題ガ一層重大化サレルコトハ當然デアリマス、然ルニ戰爭ノ勝敗ヲ決定スベキ勞働者ノ生產力ニ關シテ、現內閣ハ一言モ觸レテ居ナイノデアリマス、總理大臣語ラズ、他ノ閣僚之ヲ言ハズ、洵ニ私ハ遺憾ニ堪ヘナイノデアリマス（拍手）勞働者ノ力コソ、眞ノ生產力ノ基礎ト私ハ考ヘルノデアリマス、後ニ私ハ商工大臣ニ御尋致シマスルガ、如何ニ商工大臣ガ此處デ石炭ガ出マスト申シテ見テモ、遞信大臣ガ請合フト申シテ見テモ、炭坑ノ勞働者ガ力强ク振上ゲル鎚ガナケレバ、一塊ノ石炭モ出テ來ナイコトヲ忘レテハイケナイノデアル、私ハ現內閣ガ將來ニ對スル所ノ對策ニ觸レテ居ナイコトヲ遺憾ニ堪ヘナイ、勞働者ノ生產力ガ强ケレバ、卽チ一時間ニ於ケル勞働者ノ生產力ガ、敵國ノ勞働者ノ生產力ニ勝ツナラバ、ソレダケ多クノ彈丸ガ、ソレダケ多クノ軍需品ガ出テ來ルノデアル、ソレデ勝テルノデアル、勞働者ノ生產力ガ敵國ノ勞働者ノ生產力ニ負ケルナラバ、是ハ私達ノ敗北デアリマス、今次日支事變ニ於テハ對手ハ支那人デアル、工業化シナイ支那ノ勞働者ト、工業化セル日本ノ勞働者ノ生產ハ問題デハアリマセヌ、併シナガラ「ソ」聯ガ之ヲ援ケ、英米ガ助ケテ居ル支那ニ取ツテハ、或ル意味ニ於テ日本ノ勞働者ハ、英國ノ勞働者ト戰ツテ居ルノデアル、「ソ」聯ノ勞働者ト戰ツテ居ルノデアル、其ノ「ソ」聯、英米ノ勞働者ニ勝ツ所ノ知識ト經驗ト體力トヲ持タナケレバ、日本戰時經濟ハイカナイコトヲ私ハ信ジテ居ルノデアリマス（拍手）私ハ政府ハ此ノ點ニ對シ、深キ考ヲ寄セラレンコトヲ希望スルノデアル、勞働者ノ生產性ヲ高メル原因ハ何デアリマセウ、私ハ玆ニ理窟ハ言ハナイ、唯勞働者ニ對シテ曾テ資本主經濟ニ於テ勞働ヲ商品ト見タ、勞働者ヲ一個ノ品物ト見タ、サウ云フ觀念ヲ一掃スルコトデアル、勞働者ヲ人格者トシテ認メテ貰ヒタイ、勞働者ヲ國家產業ノ基礎トシテ愛シテ戴キタイト私ハ希フノデアリマス（拍手）我ガ日本ノ昔ノ秀レタル所ノ所謂明侯ハ、農民ノ姿ヲ藁人形ニ作ツテ毎日之ヲ拜ンダト謂ハレテ居リマス、其ノ心デス、其ノ愛デス、其ノ感激コソ、日本勞働者ヲシテ奮ヒ起タシムルト思フノデアリマス、私ハ昨冬北海道ノ或ル炭坑ヲ訪ネマシタ、其ノ炭坑ノ

坑夫ガ朝五時半ニ坑內ニ入ル時ニ、私モ立會ツタノデアル、百人近イ炭坑夫ガ鶴嘴ヲ持ツテ颯爽トシテ立ツテ居ル、班長ハ立ツテ遙ニ皇居ヲ遙拜サレ、而シテ山ノ神樣ヲ拜ンデ、イザ坑內ニ入ル時ニ當ツテ、班長ハ其ノ炭坑夫ニ向ツテ、今日日本ハ石炭ガ足ラナイ、戰爭ノ爲ニ石炭ガ必要ナノデアル、君等ハ今日力强ク一塊デモ宜イカラ餘計石炭ヲ掘ツテ貰ヒタイ、斯ウ云フ力强イ演說ヲシテ居ル、多クノ炭坑夫ハ其ノ演說ニ感激シテ坑內ニ入ツテ行ク事實ヲ見タ時ニ、私ハ泣カサレタノデアリマス、諸君、一塊ノ石炭ヲ掘ルニモ、此ノ地下勞働十時間、一本ノ煙草モ喫ハズ、地下ニ潛ツテ居ル大キナ勞働者ノ力ニ依ツテ、初メテ石炭ノ出ルコトヲ知ラナケレバナラナイノデアリマス(拍手)

私ハ勞働生產性ノ問題ニ關シテ政府ノ所見ヲ承リタイノデアリマスルガ、勞働生產性ヲ高メル所ノ數箇ノ具體的ナ條件ヲ申上ゲテ見タイノデアリマス、第一ハ勞働者待遇改善ノ問題デアリマス、第二ハ工場鑛山ノ災害防止ヲ完全ニスルコトデアリマス、第三ハ勞働災害ノ爲ノ不幸ナル不具者ニ對スル救濟策ヲモツト安全ニスルコトデアリマス、第四ハ勞働者ノ質的培養ヲ企テルコトデアリマス、第五ニ於テハ、將來經濟界ノ變動ニ基イテ失業ガアルカモ知レヌガ、ソレニ對スル對策ヲ立テルコトデアリマス、私ハ少クトモ以上述ベマシタ五點ニ付テ聊カ御尋ヲ致シタイノデアリマス、今日勞働者ノ待遇ガドウデアルカト云フコトハ、私ハ詳シク玆ニ申ス時間ガアリマセヌ、唯昨年ノ九月十八日ヨリ賃銀値上ハ禁止サレテ居ルノデアリマス、其ノ後ニ於テ米價ガ一石五圓ノ値上リヲ致シタノデアリマス、八月ノ米ノ値上リカラ見マスナラバ、一石八圓近イ所ノ値上リヲ致シタノデアリマス、御承知ノ如クニ勞働者ノ賃銀ノ大部分ガ、生計費統計ノ示スガ如クニ食糧費ニ取ラレルノデアリマス、賃銀ハ「ストップ」サレ、米價ハ引上ゲラレタノデアリマス、勞働者ノ現況ガ如何デアルカト云フコトハ、言ハズシテ明カデアリマス、政府ハ之ニ對シ如何ナル御考ヲ持ツテ居ラレルノデアリマスカ、政府ハ惡循環進行理論ニ基イテ、之ヲ等閑ニ附セヨウトスル積リデアリマスカ、或ハソレトモ何カノ對策ヲ立テル積リデアリマセウカ、對策ガアルナラバ承リタイ、厚生大臣ハ、厚生省發刊ノ十四年十二月ノ勞働時報ヲ御覽ニナツテ居ルト思フノデアル、勞働時報ノ統計ニ依リマスルナラバ、洵ニ由々シキ數字ヲ私達ニ敎ヘテ居ルノデアリマス、卽チ勞働者ノ問題ニ付テ、昨年ノ九月以降示サレタ數字ハ、相當深刻ナル所ノ意味ヲ持ツテ居ルノデアリマス、厚生大臣ハ勞働問題ニ付テノ先輩デアリマスルシ、權威者デアリマスカラ、此ノ厚生省發刊ノ勞働時報ノ一頁ヲ以テ、眼光紙背ニ徹スルノ御考ガアルト私ハ信ズルノデアリマス、私ハ少クトモ待遇改善ノ一ツノ政策トシテ、而モ小ナル政策トシテ、家族手當支給制度ノ樹立ヲ希フ者デアリマス、事變以來吾々ハ下級官吏及ビ勞働者ノ家族手當制度ヲ主張シテ來タノデアル、此ノ秋ニ方ツテ政府ハ果シテ家族手當支給ノ御考ガアルカドウカ、新聞ノ傳フル所ニ依ルト、考ガアルヤウデアリマスルガ、出來ルナラバ此ノ席上ニ於テ、家族手當制度ノ御考ヲ述ベラレ、若シモアルトスルナラバ御發表ヲ願ヒ、米價ノ値上リニ依ツテ苦シンデ居ル多クノ勞働者ニ福音ヲ與ヘラレンコトヲ私ハ希望ニ堪ヘナイノデアリマス

次ニハ生產力擴充ノ必要カラ見マシテ、戰爭始ツテ以來非常ニ鑛山工場ノ災害ガ頻發シテ來テ居ルノデアリマス、驚クベキ數字ヲ私ハ持ツテ居リマス、生產力擴充ニ必要ナル所ノ多クノ產業戰士ガ死ンデ行クコトハ、洵ニ遺憾ニ堪ヘナイノデアル、勞働生產力ノ見地カラ見マシテモ、洵ニ憂慮ニ堪ヘナイノデアリマス、此ノ災害防止ニ對シ、政府ハドウ云フ政策ヲ現ニ執ツテ居ルノカ、將來又災害防止ニ對シテドンナ政策ヲ執ツテ之ヲ防止スル積リカ、其ノ點ニ付テ私ハ御意見ヲ御發表願ヒタイノデアリマス、最近ノ鑛山工場ノ災害ノ實例ヲ靜カニ見マスルト、所謂殷賑產業ノ結果利潤ガ增大シテ參リマスノデ、災害防止ニ澤山ノ資金ヲ投資シテ、勞働者ノ生命身體ノ安全ヲ圖ルコトガ當然デアルニ拘ラズ、日本ノ資本階級ハソレヲ致シマセヌ、サウシテ災害ガ起ツタ時ニ、其ノ被害者ニ向ツテ、平常ヨリモ多少多額ノ金品ヲ給與シテ事足レリトスル傾向ガ今日ノ現狀デアリマス、私ハ其ノ現狀ガ遺憾ニ堪ヘナイノデアリマス、私ノ同僚ノ一人ガ、先般日本デ一二ト言ハレル財閥ノ所有シテ居ル鑛山ガ、公然鑛業法違反ヲシテ居ル事實ヲ摘發シタノデアリマスガ、日本一ノ財閥ガ鑛業法違反ヲ公然トシテ居ルコトヲ見マスルナラバ、他ノ鑛山ハ推シテ知ルベシト云フ感ジガアルノデアリマス、私ハ政府ガ生產力擴充ノ見地ニ立チ、勞働性增加ノ見地ニ立ツテ、此ノ災害防止ニ對シ如何ナル設備ヲ將來ナサレルカ、御抱負ヲ承リタイノデアリマス(拍手)此ノ點ニ關シマシテハ單ニ厚生大臣ノミナラズ、商工大臣モ鑛山監督ノ任ニアリマスカラ、商工省トシテモドウ云フ風ニ鑛山災害防止ヲスルノカ、商工省ト致シマシテハ、或ハ商工大臣トシテハ、石炭ハ直グニ出ルト思ハレルカモ知レナイガ、勞働者ガ何故炭坑ニ行カナイカ、其ノ一ツノ理由ハ、アノ頻發致シマスル所ノ炭坑ニ於ケル爆發デアリマス、アノ頻繁ナ記事ヲ見ルト、誰モ自分ノ兄弟ヲ炭坑ニハヤル氣ニハナレナイ、自分ノ子供ヲ炭坑ニハヤル氣ニナレナイ、政府ハ最近ニ於テ生產力擴充ノ見地カラ、餘リニ地方ニ於ケル鑛山ノ災害ノ記事ハ書カナイヤウニ新聞ニ賴ンデ居ルト云フ話デアリマスガ、如何ニ新聞記事ヲ抹殺シヨウガ、事實ヲ抹殺スルコトハ出來ナイ(拍手)私ハ政府ガ此ノ點ニ關シマシテ、所謂安ンジテ炭坑ニ入レル所ノ設備ヲスルコトガ必要デアルト思フノデアリマス、此ノ點ハ私モ後刻石炭問題ヲ取扱フ場合ニ於キマシテ聊カ觸レタイト思ヒマスルカラ、此ノ程度ニシテ置クノデアリマス

第三ハ產業勞働者ノ非常ニ災害率ノ多イ結果、不具者ガ多クナツテ來ル事實デアリマス、嘗テ神戸ニ於テ所謂重工業ノ一ツノ影響トシテ、或ハ片足ヲナクシタ者、或ハ片目ガナクナツタ者、或ハ片耳ガ落チタ者、或ハ片腕ガナイ者、指ガ三本ナイ者、等々ノ多クノ不具者ガ色色ノ問題ヲ持來シタ事實ガアルノデアリマス、私ハ其ノ時ニ思ツタ、近代產業ガ是等多クノ勞働者ノ犧牲ノ上ニ立ツコトニ私ハ深ク胸ヲ痛メラレタノデアリマス、今日ノ法規ガ是等ノ不具者ニ對シテ十分ナル所ノ施設ガ爲サレテ居ナイノデアリマス、私ハ

或ル時ニ冗談ニ、神戸ニ於ケル一切ノ産業不具者ヲ集メテ、市內ヲ「デモンストレーション」シテ見タナラバ、如何ニ近代産業ガ多クノ勞働者ノ犧牲ノ上ニアルカト云フコトヲ知ルコトガ出來ルト思ツタノデアリマス(拍手)吾々ハ此ノ點ニ對シ政府ニ御考ヲ願ウテ何等カノ對策ヲ立テラレンコトヲ希望スルノデアリマス

第四ハ勞働者ノ質的ノ向上デアリマス、日本勞働者ノ生産性ガ低位デアルト云フコトハ、日本勞働者ノ技術的、教育的ナ訓練ガ足ラナイカラデアリマス、此ノ技術的、教育的訓練ノ向上ガ生産性ヲ增加スルノデアル、今日本ハ石炭ニ苦シンデ居リマス、石炭ノ增産ニ苦心ヲシテ居リマスルガ、其ノ石炭增産ノ出來ナイ一ツノ大キナル原因ハ熟練勞働者ノ不足デアリマス、或ハ應召ニ依リ、或ハ殷賑産業ニ向フ爲ニ熟練勞働者ガ少クナツタコトデアリマス、是ガ卽チ石炭ノ出ナイ一ツノ大キナル理由デアリマス、熟練勞働者卽チ勞働者ノ質的培養ヲ進メルコトガ生産性增加ノ問題デアリマス、政府ハ此ノ點ニ付テ如何ナル對策ヲ今日マデ立テラレ、或ハ將來立テラレルカ、御尋ヲ致シタイノデアリマス

最後ニ今日ハ所謂戰爭經濟ノ結果、勞働者ハ完全ニ雇傭サレテ居リマス、併シナガラ此ノ經濟界ノ事情ハイツ何時變化ヲ來スカモ知レマセヌ、若シモ變化ヲ來シタ場合ニ、此ノ完全ニ雇傭サレテ居ル所ノ勞働者ハ失業ニ陷ラナケレバナラナイノデアル、第一次歐羅巴戰爭終了後、此ノ問題ニ對シ私達ハ深イ苦イ經驗ヲ持ツテ居ルノデアリマス、私ハ政府ハ今日ヨリ此ノ問題ニ對スル對策ヲ立テル必要ガアルト思ツテ居ル、今勞働者ガ働キナガラモ、イツ何時經濟界ノ變化ニ基キ失業シナケレバナラナイカト云フ考ヲ持ツテ居ルコトハ、勞働者ノ勞働生産性ヲ高メル所以デハナイノデアル、勞働者ニ將來ノ希望ヲ與ヘテ戴キタイト私ハ思フノデアリマス、其ノ意味ニ於テ失業對策ハ最モ必要ナモノデアルコトヲ私ハ申上ゲルノデアリマス、私ハ此ノ點ニ付テ厚生大臣ノ御意見ヲ承リタイノデアリマス

次ニハ商工大臣ニ物價對策ニ付テノ御意見ヲ承リタイノデアリマス、物價問題ニ關シマシテハ、既ニ吾々ノ先輩ガ此ノ演壇カラ各角度ヨリ論議ヲ盡サレテ居ル觀ガアルノデアリマス、私モ出來ルダケ重複ヲ避ケマシテ、其ノ物價問題ニ對スル政府ノ所信ヲ御尋致シタイノデアリマス、勿論物價對策ハ戰時經濟ノ中軸ヲ成スモノデアリマス、而シテ又戰爭經濟ノ最モ難カシイ所デアリマス、物價對策ガ失敗致シマスルナラバ、國民經濟生活ハ危殆ニ陷ルノデアリマス、現內閣ハ組閣以來物價對策トシテ低物價主義ヲ堅持サレルト言ツテ居リマス、洵ニ私ハ結構ト存ズルノデアリマス、併シナガラ政府ガ低物價政策ヲ完全ニ行ハウト致スコトハ、相當政治經濟ニ對スル所ノ革新政策ヲ伴フコトヲ前提トスルト信ズルノデアリマス、革新的ナル所ノ政策ガナケレバ、此ノ營利自由主義經濟ノ下ニ於テハ、物價對策ハ最モ至難ナ問題デアルノデアリマス、過去二年間政府ノ低物價主義ト云フモノハ色々ナル所ノ支障ガアリマシタ、低物價主義ヲ一貫シテ來タノデアリマスルガ、漸次ソレガ破綻ヲ來セル形ニ遭遇シテ居ルコトヲ私ハ遺憾ニ堪ヘナイノデアリマス、其ノ原因ハ色々アリマセウ、又吾々ノ先輩ガ各方面カラ其ノ理由ヲ指摘サレマシタガ、私ハ他ノ方面カラ政府ノ執リマシタ低物價政策ノ破綻ノ一端ヲ考ヘタイノデアリマス、私ハ物價政策ノ中ニ於テ、低物價主義カラ高物價主義ニ移行致シマシタ第一ノモノハ農産物價デアルト思フノデアリマス、木炭ガソレデアリマス、生絲ガソレデアリマス、米ガソレデアリマス、私ハ此ノ農産物價ノ値上リト云フ後ロニハ、農林省ガ値上リノ主張者デアツタコトヲ考ヘルノデアリマス、第二ハ輸出物ノ物價ガ引上ゲラレタコトデアリマス、其ノ理由ハ外貨獲得ヲ理由トシテ居リマス、生絲ガ其ノ例デアリマス、農林省ガ其ノ後ロニアリマス、第三ハ輸入物價、卽チ輸入品ガ高クナツタ時ニ、其ノ輸入品ヲ材料トスル商品ノ値上リデアリマス、是ハ大藏省ガ其ノ張本人ノ如キ關係ニ居リマス、第四ハ煙草ノ値上リデアリマス、私ハ此ノ低物價カラ高物價ニ移ツテ行ツタ姿ニ於テ、政府ノ大キナル責任ヲソコニ見ルノデアリマス、政府ノ背景ノナイ品物ハ强力ニ公定相場デ抑ヘラレ、自然ニ闇取引ガ橫行スル現狀ニナツテ居ルノデアリマス、私ハ政府自ラガ眞ニ低物價ヲヤル全體ノ建前ヲ立テルコトガ、低物價主義ノ第一ノ要件デアルト信ズルノデアリマス(拍手)、私ハ其ノ意味ニ於テ現內閣ニ御尋ヲ致シタイ

第一ハ、現內閣ハ中央物價委員會デ決定サレテ居ル物價統制大綱ヲ實施スルノカ、シナイノカ、此ノ點デアルノデアリマス、物價統制大綱ハ決シテ世間ニ評判ノ好イモノデハアリマセヌ、併シナガラ日本經濟ノ現狀カラ見マスルナラバ、政府ガ相當ノ摩擦ヲ覺悟シナケレバ其ノ實現ハ困難デアリマス、政府ニ其ノ摩擦ヲ覺悟シテ物價大綱ヲ實現スル所ノ意思ト力ガアルカヲ私ハ御尋致シタイノデアリマス、阿部內閣ハ答申ヲ受ケマシタ、是等ノ物價大綱ヲ握リナガラ半年ノ間、此ノ物價統制大綱ノ一ツノ實現モシテ居ナイノデアリマス、實現ヲセズシテ倒レテシマツタノデアリマス、現內閣ガ低物價主義ヲ堅持シナガラ、阿部內閣ノ如クニ、又物價大綱ヲ懷ロニ入レナガラ倒レルコトナキヤヲ私ハ惧レルノデアリマス、低物價主義ガ日本ノ物價統制大綱ニ盛ラレテ居ルモノハ、增産ヲシナガラ低物價デ行カウ、サウシテ更ニ一擧ニ外貨獲得ヲシヨウ、澤山物ヲ造ラウ、安ク賣ラウ、サウシテ金儲ケヲシヨウトスル、サウ云フ目的ヲ持ツテ居ルノデアリマス、洵ニ難カシイ目的デアリマス、併シナガラ其ノ難カシイ目的ヲ解決スル一ツノ理論ト致シマシテ、物價統制大綱ハ「プール」平準價格制度ト云フモノヲ採用シテ居ルノデアリマス、私ハ其ノ意味ノ說明ヲ略シマス、「プール」平準價格主義ハ自由主義經濟機構ニ對スル一ツノ修正デアリマス、最モ程度ノ低イ修正デアリマス、併シナガラ此ノ「プール」平準價格制度ヲ樹立スルコトハ、今日ノ日本經濟ノ現狀カラ見ルナラバ、相當政府ガ資本家階級ト鬪フコトヲ覺悟シナケレバナラナイノデアリマス(拍手)政府ハ果シテ其ノ覺悟ガアルノデアリマセウカ、石炭共販會社設立ノ過程カラ見マシテモ――ソレハ近ク本院ニ提出サレヨウト思ヒマスケレドモ、アノ程度ノ事スラ、業界ノ反對ノ爲ニ政府ガ方針ヲ變ヘナケレバナラナイコトヲ見マスルナラバ、物價統制大綱ニ盛ラレテ居ル所ノ、所謂其ノ物價對策ヲ實現スルコトニ政府ハ果シテ信念ガアルカ、見透シガアルカ、其

ノ點ヲ私達ハ御尋致シタイノデアリマス、私ハ政府ニ其ノ物價大綱ヲ實施スル所ノ力モナク、見透シモナイトスルナラバ、物價中央委員會ヲ直チニ解散セラレンコトヲ希望スルノデアリマス

第二ニ御尋致シタイコトハ、昨日木暮君モ問題ト致シマシタ補償主義、奬勵金制度ノ問題デアリマス、木暮君ハ補償金制度、又ハ奬勵金ノ問題ヲ財源ノ見地カラ多ク論ゼラレタノデアリマスガ、物價政策ノ見地カラ見テモ、洵ニ是ハ重大ナルコトデアル、前内閣デアリマシタカ硫安ニ對シテ執ラレ、現内閣ハ先日「マッチ」ニ對シ增産奬勵金制度ヲ執ラレタノデアリマスガ、私カラ考ヘマスナラバ增産奬勵金デアラウガ、補償金制度デアラウガ、是ハ正ニ低物價主義ノ一歩退却ナリト私ハ信ジテ居ルノデアル(拍手)即チ是等ノ制度ハ結果カラ見マスルナラバ「インフレ」ノ見地カラ見マスルナラバ高物價ト同ジコトデアル、更ニ是ハ財源ノ見地カラ見テモ重大ナル問題デアリマス、後ニ御尋ヲ致シマスルガ、石炭ニ對スル所ノ奬勵金ノ如キハ、相當財政上ノ負擔ガ多カラウト私ハ想像スルノデアリマス、更ニ此ノ問題ハ、今日ノ制度ニ於テ、奬勵金制度一點張リニヤルコトハ、大企業家ノ利潤ヲ增大スル傾向アルヲ忘レテハナラナイ點デアル、政府ハ是等ノ點ニ付テドウ云フ御考ガアルカヲ私達ハ御尋シタイノデアリマス、少クトモ奬勵金制度ハ物價政策ノ一種ノ退却デアル、退却ナルガ故ニ一定ノ限界ガナクテハナラナイノデアリマス、政府ハ奬勵金制度ヲ如何ナル商品ニマデ及ボス積リカ、昨日大藏大臣ハ生活必需品ニハ及ボス積リダト言ハレテ居ルガ、「マッチ」ハ除クガ、其ノ他ノ醬油デアルトカ、其ノ他ニ對シテモ政府ハ既ニ奬勵金制度ヲ以テ增産計畫ヲ圖ル積リナノデアルカ、又サウデナケレバ生活必需品ハドノ範圍ニ於テ奬勵金制度ノ對象トナルノデアルカ、此ノ點ヲ私達ハ明確ニシナケレバナラナイノデアリマス、私ハ此ノ奬勵金制度ニ付キマシテ、石炭ノ價格ノ問題ニ付テ商工大臣ノ御意見ヲ承リタイ、先般石炭ノ値段ハ上ゲナイト此ノ演壇デ商工大臣ハ明言サレタ、私ハ其ノ明言ヲ欣快ト致スモノデアル、私ハ其ノ時ニ當ツテドウ云フ意味ニ於テ商工大臣ガ石炭ノ價格ヲ上ゲナイノカト云フ、一抹ノ疑問ヲ持ツタノデアル、然ルニ昨日木暮君ノ質問ニ對シテハ奬勵金ヲ出スノダト云フ風ナ御答辯ガアツタヤウニ聽イタノデアリマス、或ハ不正確カモ存ジマセヌガ、斯ウナルト私ハ非常ニ問題ガアルト思フノデアリマス、商工大臣ハ今日石炭ガ增産シナイ理由ハ何處ニ在ルト御考ニナツテ居ルノデアリマスカ、石炭ノ出ナイ原因ハ何處ニ在ルト御考ニナツテ居ルノデアルカ、多クノ業者ガ主張致シマスル點ハ、第一ハ勞働力ノ不足デアリマス、物資ノ不足デアリマス、第二ニ於テハ炭價ノ低イト云フコトデアリマス、第三ニ於テハ鑛區ノ整理ヲシテ欲シイト云フコトデアリマス、併シナガラ勞働者ヲ炭坑ニドレダケ吸收セシムルカト云フコトニ付テハ既ニ商工大臣ノ御苦心ガ分ルト思フ、朝鮮勞働者ヲ入レマシタケレドモ、私ノ調査ニ依リマストサウ旨ク行ツテ居ナイ、婦人勞働者ノ入坑禁止ヲ解キマシタガ、其ノ結果モ思ハシクナイ、此ノ勞働者ヲ如何ニ集中スルカト云フコトガ重大問題デアル、果シテ政府ハ奬勵金ヲヤルナラバ直チニ石炭ガ出ルト御考ニナツテ居ルカ、私ハ此ノ點ガ重大デアルカラ御尋シタイ、今日石炭增産ノ狀態ヲ見マスナラバ、大資本ヲ擁シテ居リマス所ノ昭和會系ノ石炭ノ出炭量ガ少ナイト云フコトガ問題デアルノデス、資本ノ少ナイ互助會系ノ出炭量ノ方ガ多イト云フコトハ、其ノ理由ハ何處ニ在ルカ、大資本ヲ擁シ、勞働者ヲ多ク擁シテ居ル石炭ガ出ズシテ、資本ガ少ク、サウシテ勞働者ノ數ガ少イ所ノ互助會ガ餘計石炭ヲ出シテ居ル、其ノ根本ノ理由ハ何處ニアル、或人ハ互助會ノ石炭ト昭和會ノ石炭ノ價格ノ違ヒデアルト云フコトヲ言ツテ居ルノデアリマス、ダカラ價格ヲ吊上ゲヨウト云フノデアリマセウガ、價格ヲ吊上ゲタリ、奬勵金ヲヤツタ爲ニ石炭ガ出ルノカ、私ハ先般モ此ノ問題ニ付テ或ル業者ノ人ニ言ウタ、所謂炭價ガ安イ〳〵ト言ハレテ居ル會社ノ、或ハ個人經營者ノ貸借對照表ヲ見マスルナラバ、ソコニハ依然トシテ高配當ヲシテ居ルノデアリマス、配當率ハ多イノデ、少シモ損ヲシテ居ナイコトガ分リマス(拍手)サウシテ炭價ガ安イカラ石炭ガ出ナイノダト言フ、今日ノ資本主義的營利經濟ノ矛盾ガアルコトヲ私ハ指摘シナクテハナラナイノデアリマス(拍手)商工大臣ハ果シテ此ノ點ニ對シ如何ナル御考ヲ持ツテ居ルノデアルカ、唯金ヲヤルナラバ石炭ガ出ルナント云フ箆棒ナコトハ、私ハモウ一度御考直シヲ願ヒタイト思フノデアリマス

次ニ私一言申上ゲタイノハ、政府ガ低物價主義ヲ眞劍ニヤラウト致スナラバ、政府自ヲ範ヲ垂レテ戴キタイト思フ、ソレガ爲ニ私ハ即時ニ煙草ノ値下ヲシテ戴キタイト思フノデアリマス(拍手)政府ハ果シテ煙草ノ値下ヲスル所ノ決意ガアルデアリマセウカ、政府ハ自分ノモノハドン〳〵高ク致シテ置イテ、民間ノモノダケヲ抑ヘヨウト言ツタツテ、民間ガ抑ヘラレルモノデハゴザイマセヌ、色々理窟ハアリマスルケレドモ、政府自ラ眞ニ低物價主義ヲヤルナラバ、政府自ラ作ル所ノ品物ガ低物價主義デ行クト云フコトガ、國民精神總動員ノ見地カラ見テモ、低物價主義政策ノ見地カラ見テモ、當然デナクテハナラヌト私ハ思フノデアル、幸ヒ現内閣ガ上ゲタノデアリマセヌ、阿部内閣ガ上ゲタノデアル、現内閣ハ之ヲ一ツ下ゲテ見タラドウデス、私ハ煙草ノ値下ノ御決意ガアルカドウカヲ大藏大臣ニ伺ヒタイノデアル

最後ニ私ハ經濟政策ニ付テ商工大臣、農林大臣、遞信大臣ニ御尋ヲ致シタイノデアル、私ハ戰時經濟政策ト致シマシテ、先ヅ米ノ專賣ヲ主張スル者デアル、サウシテ石炭ノ國營ヲ主張スル者デアル、私ハ戰時經濟ヲ進ムルニ當ツテ米ヲ專賣ニセヨ、石炭ヲ國營ニセヨト主張スル者デアリマス、米ハ人間ノ胃袋ニ對スル石炭デアル、石炭ハ産業ノ胃袋ニ對スル米デアルト私ハ思フノデアル、米ナケレバ人ガ死シ、石炭ナケレバ産業ガ立タナイノデアル、私ハ米ト石炭ニ對シ、戰時革新經濟政策トシテ、專賣或ハ國營ノ實現ヲ希望スル者デアリマス、政府ニ果シテ其ノ御意思ガアルカドウカ伺ヒタイ、米ノ問題ニ付キマシテハ本年ノ端境期ニ於ケル國民ノ不安ト云フモノガ、潜在的ニ深刻デアルト云フコトヲ政府ハ御承知デアラウト思フ、ケレドモ昨日高田議員ヨリ詳細ニ此ノ點ニ付テ御尋ガアリマシタカラ、私ハ此ノ點ヲ略シタイト思フノデア

リマス、私ハ其ノ米專賣ニ關シマシテハ、今日サウ多クノ理窟ヲ申シマセヌ、ケレドモ、今日本ニ於ケル米穀政策ノ失敗ヲ私ハ問題致シタイ、米穀政策ノ失敗ハ何處ニアルカト申シマスルナラバ、地主本位ノ米穀對策デアツタカラト私ハ信ズルノデアリマス、昨年ノ議會ニ於テ、モウ朝鮮米ノ增產ヲスル必要ハナイノダ、臺灣米ノ增產ヲスル必要ハナイノダト言ハレタノハ誰デスカ、ソレハ當時ノ農林當局デアツタデハアリマセヌカ、然ルニ一タビ旱害ニ襲ハレレバ、其ノ增產ノ必要ナシト言ツタ朝鮮米、臺灣米ニ御辭儀ヲシナケレバ米穀對策ガ出來ナイト云フ、其ノ無定見、見透シノ足ラザルコト、フシダラサ、洵ニ啞然タルモノガアルノデアリマス、併シナガラ之ヲ單ニ農林當局ノ罪トハ私ハ考ヘナイ、農林當局ノ罪ノ外ニ、正ニ是ハ日本米穀政策ノ根本ニ横ハル所ノ缺陷デアルト私ハ思フ、卽チ地主擁護ノ上ニ立ツ米價維持ヲ目的トスル政策ノ破綻デアリマス、米ノ資本主義的商品性ノ罪デアルノデアリマス、私達ハ米ノ專賣ヲ創設シテ、米ノ資本主義的生產性ヲ揚棄スルコトガ必要ト考ヘル、地主ノ懷ロ勘定ヲ對象トスル米穀對策ヲ棄テナケレバナリマセヌ、サウシテ全國民ノ胃袋ヲ對象トスル政策ニ轉化シナケレバナラナイト考ヘルノデアリマス（拍手）私ハ此ノ意味ニ於テ、理由ハモウ相當世間ニ於テ論議シ盡サレタ問題デアリマスカラ言ハナイケレドモ、私ハ此ノ戰時經濟ノ中ニ當ツテ、國民ノ食糧問題ヲ解決シ、國民ノ食糧ニ對スル不安ヲ一掃スルガ爲ニ、政府ハ斷乎トシテ米專賣ノ對策ヲ執ラレンコトヲ私ハ希望スルノデアリマス、政府ニ其ノ所信ガアルカドウカ、農林大臣ニ御尋ヲ致シタイノデアリマス、（拍手）次ニハ石炭對策ニ關スルコトデアリマス、先程申上ゲマシタケレドモ、私ハ石炭國營ノ數箇ノ理由ヲ此處ニ申上ゲテ見タイノデアリマス、昨日商工大臣ハ木暮君ノ質問ニ對シテ能ク分ラナイデアリマスガ、國家管理ヲヤルト言ハレタト新聞ハ傳ヘテ居リマス、或ハ或ル新聞ハヤラヌト傳ヘテ居リマス、私ハドウモハツキリ致シマセヌノデ、此點ヲ明ニ致シタイノデアリマス、果シテ政府ハ石炭國家管理ト云フ風ナ對策ヲ既ニ御決定ニナツテ御答辯ニナツタノカドウカ、御尋シタイノデアリマス、私ハ國營ノ理由ヲ述ベテ見タイ、第一ニ石炭事業ハ地下ノ石炭ヲ唯掘出シテ持ツテ行クダケノ仕事デアリマス、卽チ勞銀ト運賃トガ石炭ノ生產費デアリマス、隨テ石炭ヲ豐富低廉ニスルニハ、採炭事業ト運輸港灣事業トガ一貫作業ヲ必要トスルノデアリマス、私ハ此ノ意味ニ於テ日本ハ幸ニ鐵道ヲ國營トシテ居リマスルカラ、石炭業ノ國營ハ可能性ガアルト信ジテ居ルノデアリマス（拍手）往年滿洲ノ撫順炭ガ日本ニ入ツテ參リマシテ、日本ノ炭業界ガ震憾致シマシタ、丁度朝鮮米、臺灣米ガ日本內地ノ地主ノ心膽ヲ寒カラシメタト同ジデアリマス、何故ニ撫順炭ハ內地ノ石炭ニ勝ツノデセウ、是ハ撫順炭ガ採炭事業ト運輸事業トヲ滿鐵デ一貫作業シテ居ルカラデアリマス、私ハ此ノ意味ニ於テ國營ノ一ツノ理由ヲソコニ發見ガ出來ルノデアリマス、第二ノ理由ハ石炭ノ商品ノ特異性デアリマス、石炭ハ御承知ノ如ク、所謂生產費ガ段々ニ高マツテ行ク品物デアリマス、卽チ增產スレバ增產スル程金ノ掛ル品物ガ石炭デアルノデアリマス、卽チ他ノ商品ト異ル、他ノ商品ハ增產スレバ增產スル程生產費ガ低下スルモノデアリマス、增產スルナラバ價格ガ上ルト云フ、此ノ生產費遞增ノ原則ノ行ハレル石炭ヲ、個人主義的營利經濟ニ委セルコトノ危險ヲ私ハ痛感致スノデアリマス（拍手）今日石炭飢饉ノ最モ大キナル條件ハ、石炭ヲ所謂個人主義的營利企業ノ形ニ置イテ居ツタ所ニ著眼スルコトヲ必要ト致スノデアリマス、私ハ此ノ意味ニ於テ石炭國營ノ第二ノ理由ヲ發見致スノデアリマス、第三ハ石炭增產ニハ炭坑ノ機械化ヲ必要ト致シマス、徹底的ナ機械化ヲ致スノニハ、國營ニスル外ナイト云フ理由デアリマス、石炭ヲ豐富低廉ニ出セト言ハレルケレドモ、人間ガ一人一人チヨボ／＼掘ツテ居ルヤウナコトデハ、大量的ニ石炭ハ出ナイノデアリマス、眞ニ石炭ノ增產ヲ圖ルニハ、炭坑ノ機械化ヲ必要ト致スノデアリマス、炭坑ノ機械化ハ大キナル資本ヲ必要ト致スノデアリマス、國家的ニ經營シテ初メテ可能デアルト私ハ信ズルノデアリマス、卽チ石炭國營ノ第三ノ理由ハソコニアルト私ハ思フ、第四ノ理由ハ石炭坑夫ニ對スル勞働對策ノ見地カラデアルノデアリマス、今日石炭ノ增產出來ナイ理由ハ何カト言ヘバ、石炭坑夫ノ移動率ノ激シイコトデアル、石炭ノ坑夫ハ殆ド一年位シカ一定ノ炭坑ニ滯在シナイノデアル、ソコニ卽チサウ石炭ノ增產ガ出來ナイ理由ガアルノデアリマス、何故一定年限ノ間、長ク其處ニ滯在シナイカト云フ理由ハ、炭坑夫ハ新シイ長屋ガ出來マスルト、卽チ待遇ノ良イ山ガ出來マスルト、ドン／＼其ノ山ニ移動シテ行クノデアリマス、或ル業者ハ言ウテ居ル、炭坑夫ヲ集メルノハ長屋デ解決スル、良イ長屋ガ出來ルナラバ、炭坑夫ハ得ラレルト言フ、私ハ此ノ見地カラ致シマシテモ、全國ノ炭坑事業ヲ國營ト致シ、勞働對策ヲ統一化シ、待遇改善ヲ統一化シテ行キマスルナラバ、炭坑夫ガ一定ノ山ニ落著イテ石炭ヲ掘ルコトガ出來ルノデアル、サウスルナラバ、石炭ガ多ク出テ來ルコトヲ私ハ信ズルノデアル、全國ノ炭坑夫等ハ一日モ早ク國營ニナツテ、早ク年金制度ノ樹立サレルコトヲ叫ンデ居ルノデアリマス、私ハ此ノ見地カラ見マシテモ、石炭ノ國營ヲ今日必要ト考ヘテ居ルノデアリマス、眞ニ石炭增產ノ根本的對策ハ國營主義ニアリト私ハ信ジテ居ル、政府ハ如何ニ御考ニナルノデアリマセウ、政府ハ現狀ノ儘ニ於テ、唯補償金制度ヲ以テ石炭ノ增產ガ出來ルト御考ニナツテ居ルノデアルカ、先般電氣飢饉ノ問題デ、石炭ノ增產ニ付キマシテ、商工大臣ト遞信大臣ガ三井、三菱ノ有力ナル炭坑業者ニオ辭儀ヲシマシテ、石炭ガ出テ來タト云フ話デアリマス、洵ニ結構ナコトデアル、併シナガラオ辭儀ヲスルコトハ商人ノ道デアルト私ハ考ヘテ居ル（拍手）政治家ハ政策ヲ以テ問題ヲ解決スベキモノデアル（拍手）藤原サンハ曾テハ王子製紙ノ社長デ商人デシタケレドモ、今日ハ商工大臣デアル、政治家デアル、三井財閥、三菱財閥ニオ辭儀ヲシテ問題ヲ解決セズシテ、宜シク策ヲ以テ天下ニ見エンコトヲ私ハ希望致スノデアリマス（拍手）商工大臣ノ石炭增產對策ニ對スル所見ヲ伺ヒタイノデアリマス

私ハ次ニ電力對策ニ付テ御尋ヲ致シタイ、私ハ電力飢饉ニ對シテハ、既ニ多クノ諸君ガ各角度カラ論ゼラレマシタカラ、此處ニ言フコトヲ時間ノ關係上略シマス、ケ

レドモ私ハ茲ニ一ツ遞信大臣ニ御伺シタイコトハ、日本發送電會社ニ關スル問題デアル、今ヤ日本發送電會社ハ國民ノ非難攻擊ノ中心ニナツテ居リマス、私モ其ノ非難攻擊ノ理由ハ尤モト考ヘル、是ガ爲ニ電力國家管理法ノ原則ノ疑ハレルコトヲ悲シムモノデアル、日發ノ今日ノ運命ハ今日ニ生レタノデハナイノデアル、理想的案ト言ハレテ居ル所ノ賴母木案ガ、業界ノ反對ニ於テ葬ラレタノハ、マダ私達ノ記憶ニ近イコトデアル、ソレガ不完全ナル永井案トナツテ議會ニ提案サレ、幾多ノ修正ガ加ヘラレタガ、必ズシモ良イ意味ニ於ケル修正デハ斷ジテナイノデアル、其ノ意味ニ於テ生レタ日本發送電會社ハ、電力國家管理ノ理想ヨリ言フナラバ、正ニ一個ノ畸形兒デアルト私ハ考ヘルノデアル(拍手)此ノ日本發送電會社ノ運命ハ其ノ時ニアツタノデアリマス、偶〻天、日本發送電會社ニ雨ヲ與ヘズ、此ノ慘狀ヲ呈スルニ至ツタノデアリマスガ、其ノ根本的ナ原因ヲ私達ハ茲ニ檢討シナケレバナラヌノデアリマス、是ハ今日ニ於キマシテハ、電力國家管理ニ反對シタ多クノ業者ノ方々モ、日本發送電會社ノ畸形性ヲ認メテ、配電マデ一貫作業ヲヤラナケレバナラヌデハナイカ、或ハ二重監督ノ制度ヲ廢止シナケレバナラヌデハナイカ、少クトモ賴母木案ニ還ル必要ガアルト云フコトヲ、曾テ反對ノ急先鋒デアツタ業者ノ諸君スラモ今日認メテ居ルノデアル、私ハ一ツノ國家管理ノ理想的ナ案ガ叩カレ〱出來タ畸形兒ガ、其ノ職能ヲ發揮シナイガ爲ニ、電力國家管理ニ含マレテ居ル理想ヲ無視スルコトハ出來ナイノデアリマス、是ハ政府ニ向ツテ、所謂石炭ノ對策モ必要デアラウ、電力對策モ必要デアラウケレドモ、電力國家管理ノ理想ニ立戾ツテ、少クトモ賴母木案マデ改組スル所ノ御意思ガアルカドウカ、サウ云フ御意思ガアレバ、此ノ議會ニソレヲ提出スルカドウカヲ遞信大臣ニ御尋シタイノデアリマス、遞信大臣ハ唯雨ガ降ラナイ、故ニ天ニ責任ガアツテ、人ニ責任ナシト云フヤウナ御考ヲ持タレテ居ツタラ、ソレハ箆棒ナコトデアル、秀レタ政治家ハ天災ノ中ニ人間ノ責任ヲ發見スルモノデアリマス、私ハ遞信大臣ガ此ノ渴水ニ因ル電氣飢饉ノ中ニ立ツテ、此ノ日本發送電會社ノ畸形兒ヲ眞ノ理想型ニ改組サレンコトヲ此ノ壇上カラ要求スル譯デアリマス(「ヒヤ〱」拍手)願クハ政府ハ英斷ヲ以テ其ノ策ニ出デラレンコトヲ希望致スノデアリマス

　經濟對策ト致シマシテ最後ニ大藏大臣ニ一ツ御尋ヲ致シタイノデアリマス、ソレハ利潤ノ統制ノ問題デアリマス、日本ノ戰時經濟ノ最大ノ弱點ハ、利潤統制ガ強化致シテ居ナイ點デアルノデアリマス、大藏大臣モ總理大臣モ、物資ノ增產竝ニ配給ノ適正ヲ期スル コト ハ現下戰時經濟運行ノ要諦デアルト演說サレテ居ル、併シナガラ此ノ戰時經濟ニ於テ取殘サレタ、而シテ最モ大キナ問題デアル所ノ利潤ノ統制ノ強化ニ付テハ、一言モ觸レテ居ナイコトヲ私ハ遺憾ニ堪ヘナイノデアル、利潤統制ノ強化ハ、低物價政策ノ見地カラ言ツテモ、又均シカラザルヲ患フル國民生活ノ見地カラ言ツテモ、戰時經濟體制上洵ニ必要ナル方法デアルト思フノデアリマス、勞働統制ニ付テハ政府ハ決シテ臆病デハアリマセヌ、物資配給、生產統制ニ付テ政府ハ決シテ無力デハアリマセヌ、政府ハ何故ニ利潤統制ニ付テ一言モ觸レナイノデアリマスカ、其ノ理由ハ何處ニアルノデアリマスカ、私ハソレヲ御尋致シタイノデアリマス(拍手)利潤ガナケレバ儲カラナイ、儲カラナイ商賣ハ厭ダ、石炭ハモツト炭價ヲ上ゲテ吳レレバドンドン出シテヤルト言ウテ、政府ガ恐喝サレテ居ルノデアリマス、政府ハ石炭ハ出ルト言フガ、斯ウ云フ風ナ利潤ガナケレバ――儲ケガ多クナケレバ生產ガ出來ナイ、今增產問題ハ利潤ノ問題トブチ當ツテ居ルノデアル、日本ノ戰時經濟ノ最後ノ大キナ問題ニブチ當ツテ居ルノデアル、政府ハ此ノ問題ヲ解決シテ戰時財政經濟ノ完璧ヲ期セラレナイノデアリマスカ、私ハ此ノ點ニ付テ政府ノ態度ナリ希望ナリヲ御尋シタイノデアリマス、私ハ阿部內閣時代稅制改革ニ當ツテ、第三種所得綜合課稅ニ關シテ現ハレタル、金融資本ノ排擊ニ遭ツテ脆クモ讓步致シマシタ事實ヲ思ヒマスルト、餘程革新的ナ強力ガナケレバ利潤統制強化ノ問題ハ難カシイト思フ、配當率ノ問題、重役賞與ノ問題、其ノ他政府ハ現狀ノ儘デ宜イト御考ニナツテ居ルノデアルカ、ソレトモ總動員法第十一條ノ如キ配當制限ヲ更ニ強化スル御考ハナイノデアルカドウカ、更ニ利潤統制ノ一ツノ條件トシテ總動員法ニ基イタ經理監督制度ヲ樹立シテ、利潤統制ノ對策ヲ立テルカドウカ、私ハ此ノ問題ハ相當深刻ナル問題デアルト思ヒマス、現內閣ト致シテハ日本經濟ノ最モ強力ナル方面ト正面衝突スル覺悟ガナケレバ出來ナイ、併シナガラ此ノ覺悟ヲシナケレバ、所謂戰時體制ノ根本デアル所ノ寡シキヲ患ヘズ、均シカラザルヲ患ヘルト云フ國民生活確保ノ問題ニ重大ナル龜裂ガ起ルト云フコトヲ御承知願ヒタイノデアル、私ハ此ノ點ニ付テ大藏大臣ノ御所見ヲ承リタイノデアリマス

　最後ニ、我黨ハ事變勃發以來國內改新ノ急務ヲ力說シテ來タノデアリマス、一日モ早ク戰時經濟、計畫經濟ノ體制ヲ樹立スベキコトヲ主張シテ來タノデアリマス、ソレナクシテハ事變目的ノ達成ハ不可能デアルト言ツテ屢〻警告シテ來タノデアル、前議會ニ於テ安部黨首ハ此ノ壇上ヨリ其ノ主張ヲシタノデアル、私ハ今日其ノ豫言ガ不幸ニシテ中ツタコトヲ悲シムノデアリマス、是ハ政府ガ改革ヲ延バシ一時ヲ糊塗シテ居ル結果ハ、自由主義營利經濟ノ持ツ矛盾ガ全面的ニ暴露シテ居ルノデアル、之ヲ單ナル官僚統制ノ責任ノミニ歸スルコトハ、其ノ事實ヲ隱蔽スルモノデアリマス、官僚ハ專ロ金融資本ニ奉仕シテ、統制ヲ中途半端ニ停滯セシメタ爲ニ今日ノ全面的不安狀態ガ現出シタノデアリマス(拍手)今コソ吾々ハ國內改革斷行ノ時機デアルコトヲ確信スルノデアリマス、國內ノ改革ヲ斷行シテ初メテ日支事變ノ處理モ、外交調整モ私ハ可能ト考ヘルノデアリマス、國內革新ヲ再出發スルコトヲ政府ニ要求スルノデアル、少クトモ政府ニ向ツテ革新ヘノ方向ヲ決定スルコトヲ要求スルノデアリマス、而シテ革新ハ飽クマデモ寡シキヲ患ヘズ、均シカラザルヲ患ヘル國民總動員ノ體制デアルベキデアル、今ヤ國民ハ淸新ニシテ潑剌タル新時代的強力ナル政治勢力ノ結集ヲ翼ツテ居ルノデアリマス、紀元二千六百年ハ我ガ國家ト我ガ民族ノ飛躍ノ秋デアリマス、國民ハ新シキパンヲ求メ、新シキ魚ヲ求メテ居ル、パンヲ求ムル國民ニ石ヲ與フル勿レ、魚ヲ求ムル國民ニ蛇ヲ與フ

ル勿レ、希クバ米内内閣ニ、パンヲ求ムル國民ニ石ヲ與フル勿レ、魚ヲ求ムル國民ニ蛇ヲ與フル勿レト申上ゲテ私ノ質問ヲ終リタイト思フノデアリマス（拍手）

昭和十五年二月九日

所得税改正法律案外三十件

外貨債特別税法中改正法律案

外貨債特別税法中左ノ通改正ス

第二條第二項中「第三條ノ二第一項（但書ヲ除ク）及第二項」ヲ「第六條（第一項但書ヲ除ク）」ニ改ム

第四條　左ニ掲グル利子ニハ外貨債特別税ヲ課セズ

一　所得税法其ノ他ノ法律ニ依リ所得税ヲ課セラレザル者ノ所有ニ屬スル外貨債ノ利子

二　利率年四分以下ノ外貨國債ノ利子

三　利率年四分五厘以下ノ外貨國債以外ノ外貨債ノ利子

四　起債者ガ外貨債利子ニ對スル租税ヲ負擔スベキ旨ノ約款アル外貨債ノ利子但シ其ノ約款ガ昭和十二年一月一日前定メラレタルモノニ限ル

第五條中「利率年五分」ヲ「利率年四分」ニ、「利率年五分五厘」ヲ「利率年四分五厘」ニ改ム

第十五條　所得税法第八十四條第一項及第八十五條竝ニ法人税法第十條ノ規定ハ外貨債特別税ニ付之ヲ準用ス

第十六條第一項ヲ左ノ如ク定ム

法人税法第十條ノ規定ハ朝鮮、臺灣、關東州又ハ樺太ニ本店又ハ主タル事務所ヲ有スル法人ガ朝鮮、臺灣、關東州、樺太又ハ法人税法施行地ニ本店又ハ主タル事務所ヲ有スル法人ト合併ヲ爲シタル場合ニ於テ合併後存續スル法人又ハ合併ニ因リテ設立シタル法人ガ法人税法施行地ニ本店又ハ主タル事務所ヲ有スル場合ニ付之ヲ準用ス

第十八條中「（第一種所得税ヲ除ク）又ハ資本利子税」ヲ削ル

附　則

本法ハ昭和十五年四月一日ヨリ之ヲ施行ス但シ第二條、第四條及第五條ノ改正規定ハ支拂期ガ昭和十五年一月一日以後ニ在ル外貨債ノ利子ニ付之ヲ適用ス

昭和十五年二月十四日

船員保險特別會計法案外四件

第一　船員保險特別會計法案（政府提出）　第一讀會

第二　船員保險事業ノ經營ニ伴フ關係各會計間ノ分擔及關渉ニ關スル法律案（政府提出）　第一讀會

第三　臺灣事業公債法中改正法律案（政府提出）　第一讀會

第四　臺灣官設鐵道用品資金會計法中改正法律案（政府提出）　第一讀會

第五　朝鮮事業公債法中改正法律案（政府提出）　第一讀會

船員保險特別會計法

第一條　船員保險事業ノ會計ハ之ヲ特別トシ其ノ歳入ヲ以テ其ノ歳出ニ充ツ

關東州、朝鮮及臺灣ニ於ケル船員保險ノ事業ノ歳入歳出竝ニ關東州、朝鮮及臺灣ニ於テ爲サルル當該地域以外ノ地域ニ於ケル船員保險ノ事業ノ歳入歳出ハ前項ノ規定ニ拘ラズ勅令ノ定ムル所ニ依リ之ヲ夫々關東局、朝鮮總督府及臺灣總督府ノ各特別會計ニ所屬セシムルコトヲ得

第二條　本會計ニ於テハ保險料、一般會計ヨリノ受入金、關東局、朝鮮總督府及臺灣總督府ノ各特別會計ヨリノ受入金、積立金ヨリ生ズル收入、借入金及附屬雜收入ヲ以テ其ノ歳入トシ保險給付費、關東局、朝鮮總督府及臺灣總督府ノ各特別會計ヘノ繰入金、借入金ノ償還金及利子、事業取扱費其ノ他ノ諸費ヲ以テ其ノ歳出トス

第三條　本會計ニ於ケル歳入總額ノ歳出總額ニ超過スル金額ハ之ヲ積立ツベシ

本會計ノ歳計ニ不足アルトキハ積立金ヨリ之ヲ補足スベシ

第四條　本會計ニ於テ保險給付費竝ニ關東局、朝鮮總督府及臺灣總督府ノ各特別會計ニ繰入ルル金額ヲ支辨スル爲必要アルトキハ政府ハ本會計ノ負擔ニ於テ借入ヲ爲スコトヲ得

第五條　本會計ニ於テ支拂上現金ニ餘裕アルトキハ之ヲ大藏省預金部ニ預入ルベシ

第六條　本會計ノ積立金ハ國債ヲ以テ保有シ又ハ大藏省預金部ニ預入レ之ヲ運用スルコトヲ得

第七條　政府ハ毎年本會計ノ歳入歳出豫算ヲ調製シ歳入歳出ノ總豫算ト共ニ之ヲ帝國議會ニ提出スベシ

第八條　本會計ノ收入支出ニ關スル規程ハ勅令ヲ以テ之ヲ定ム

附　則

本法ハ昭和十五年度ヨリ之ヲ施行ス

船員保險事業ノ經營ニ伴フ關係各會計間ノ分擔及關渉ニ關スル法律案

第一條　内地、關東州、朝鮮又ハ臺灣ニ於ケル船員保險ニ於テ療養ノ給付及傷病手當金ヲ除クノ外保險給付ヲ爲シタル場合被保險者タリシ者ガ内地、關東州、朝鮮及臺灣ノ中二以上ノ地域ニ於ケル船員保險ノ被保險者タリシ者ナルトキハ其ノ保險給付ニ要スル費用ニ付國庫ノ負擔スル金額ハ勅令ノ定ムル所ニ依リ一般會計竝ニ關東局、朝鮮總督府及臺灣總督府ノ各特別會計ニ於テ之ヲ分擔ス

第二條　船員保險特別會計ハ關東局、朝鮮總督府及臺灣總督府ノ各特別會計ニ於テ夫々關東州、朝鮮及臺灣ニ於ケル船員保險ニ付療養ノ給付及傷病手當金ノ支給ニ要シタル費用ニ相當スル金額竝ニ其ノ他ノ保險給付ニ要シタル費用ノ五分ノ四ニ相當スル金額ヲ其ノ各特別會計ニ繰入ルルコトヲ得關東局、朝鮮總督府及臺灣總督府ノ各特別會計ノ勅令ヲ以テ定ムル支出金ノ額ニ相當スル金額ニ付亦同ジ

第三條　關東局、朝鮮總督府及臺灣總督府ノ各特別會計ハ夫々關東州、朝鮮及臺灣ニ於ケル船員保險ノ保險料ノ調定濟歳入額ニ相當スル金額、勅令ヲ以テ定ムル收入ノ額ニ相當スル金額竝ニ船員保險特別會計ニ於テ保險給付ニ要シタル費用ニ關シ第一條ノ規定ニ依リ分擔スベキ金額ヲ船員保險特別會計ニ繰入ルルコトヲ得

關東局、朝鮮總督府及臺灣總督府ノ各特別會計相互間ニ於テハ當該特別會計ガ他ノ特別會計ニ於テ保險給付ニ要シタル費用ニ關シ第一條ノ規定ニ依リ分擔スベキ金額ヲ其ノ特別會計ニ繰入ルルコトヲ得

附　則

本法ハ昭和十五年度ヨリ之ヲ施行ス

臺灣事業公債法中改正法律案

臺灣事業公債法中左ノ通改正ス

第一條中「一億七千二百九十萬圓」ヲ「一億八千八百九十萬圓」ニ改ム

附　則

本法ハ公布ノ日ヨリ之ヲ施行ス

臺灣官設鐵道用品資金會計法中改正法律案

臺灣官設鐵道用品資金會計法中左ノ通改正ス

第二條　臺灣官設鐵道用品資金ハ二百萬圓トシ漸次臺灣總督府特別會計ヨリ繰入ス

第三條中「此ノ場合ニ於テハ前金拂竝概算渡ヲ爲スコトヲ得」ヲ削ル

附　則

本法ハ昭和十五年度ヨリ之ヲ施行ス

朝鮮事業公債法中改正法律案

朝鮮事業公債法中左ノ通改正ス

第一條中「十億六千六百十萬圓」ヲ「十三億三千六百萬圓」ニ改ム

附　則

本法ハ公布ノ日ヨリ之ヲ施行ス

（政府委員木村正義君登壇）

○政府委員（木村正義君）　只今議題トナリマシタ船員保險特別會計法案外四件ノ提出ノ理由ヲ說明致シマス

先ヅ船員保險特別會計法案ニ付テ申上ゲマス、船員保險法ニ基キマシテ政府ノ經營致シマスル船員保險事業ニ關スル歳入歳出ハ、關東局、朝鮮總督府及ビ臺灣總督府ノ各特別會計ニ屬セシメマスルモノヲ除クノ外、之ヲ他ノ會計ト區分シテ經理スルヲ適當ト認メマスル所、是ガ爲ニハ特別會計ヲ設置スルノ必要ガアリマスルノデ、本法律案ヲ提出致シマシタ次第デアリマス

次ニ船員保險事業ノ經營ニ伴フ關係各會計間ノ分擔及關渉ニ關スル法律案ニ付テ說明致シマス、船員保險事業ノ經營ニ伴ヒマシテ一般會計並ニ關東局、朝鮮總督府及ビ臺灣總督府ノ各特別會計間ニ於テ、國庫負擔金ノ分擔ヲ爲スノ必要ガアリマスルト、船員保險、關東局、朝鮮總督府及ビ臺灣總督府ノ各特別會計間ニ於テ、相互ニ繰入金ヲ爲スノ必要ガアリマスル爲、本法律案ヲ提出致シマシタ次第デアリマス

次ニ臺灣事業公債法中改正法律案ニ付テ說明致シマス、臺灣總督府特別會計ニ於ケル既定繼續費鐵道建設費ニ追加致シマシタル高雄港臨港線及ビ新高港臨港線建設工事ニ要スル經費九百四十八万圓、並ニ定繼續費臺北驛及ビ高雄驛改良費ヲ改稱シテ停車場改良費トシ、右繼續費ニ追加致シマシタル南部操車場設置費及ビ新竹驛、新營驛及ビ花蓮港驛改良ニ要スル經費六百八十四万千圓、合計千六百三十二万千圓ノ中、千六百万圓ハ同特別會計歳計ノ現情並ニ其ノ經費ノ性質ニ顧ミマシテ、是ガ財源ヲ公債ニ依ルコトト致シマシタルニ依リ、現行臺灣事業公債法ノ公債發行限度ヲ增加スルノ必要ガアリマスノデ、本法律案ヲ提出致シマシタ次第デアリマス

次ニ臺灣官設鐵道用品資金會計法中改正法律案ニ付テ說明致シマス、臺灣ニ於ケル官設鐵道事業ノ增大ニ伴ヒマシテ、臺灣官設鐵道用品資金特別會計ニ於ケル歳入歳出モ亦著シク增加致シマシタル結果、從來ノ資金額ヲ以テ致シマシテハ、本會計本來ノ機能ヲ發揮スルコト困難トナルニ至ルノ虞アル狀況ナルニ顧ミマシテ、本資金ノ法定額ヲ二百万圓ニ增額致シマスル等ノ必要ガアリマスルノデ、本法律案ヲ提出致シマシタ次第デアリマス

最後ニ朝鮮事業公債法中改正法律案ニ付テ說明致シマス、朝鮮總督府特別會計ニ於ケル既定繼續費、鐵道建設及ビ改良費、道路修築改良費、港灣修築改良費及ビ洑電施設費ノ追加額等二億九千百五十餘万圓、其ノ中二億八千六百九十餘万圓ニ付キマシテハ、同特別會計歳計ノ現狀並ニ其ノ經費ノ性質ニ顧ミマシテ、是ガ財源ヲ公債ニ依ルコトト致シマシタルニ依リ、現行朝鮮事業公債法ノ公債發行限度ヲ增加スルノ必要ガアリマスノデ、本法律案ヲ提出致シマシタ次第デアリマス

以上說明致シマシタ各種法律案ニ付キマシテハ、何卒御審議ノ上速ニ協贊ヲ與ヘラレンコトヲ希望致シマス（拍手）

○議長（小山松壽君）　質疑ノ通告ガアリマス、之ヲ許シマス――米窪滿亮君

（米窪滿亮君登壇）

○米窪滿亮君　只今一括上程サレマシタ五案件ノ中、私ハ船員保險特別會計法案ニ付テ簡單ニ二三ノ質疑ヲ試ミタイト思ヒマス

第一ノ點ハ本法ノ第二條及ビ第四條ニ規定サレテ居リマス借入金ノ財源ヲ、何處ニ求ムルカト云フ點デアリマス

第二ノ點ハ、船員保險法ノ第五十八條ニ規定シテアル所ニ依リマスト、國庫ハ長期給付ニ對シテ五分ノ一ノ負擔ヲ爲スト云フコトニナツテ居ルノデアリマス、此ノ點ハ特別會計法ニ付キマシテモ、其ノ歳入ノ點ニ關係ガアリマスカラ御尋ヲ致シマスガ、船員保險法ハ昨年確定ヲスル前ニ、保險制度調査會ニ於テ審議サレタ時ニハ、此ノ國庫ノ負擔金ハ

（議長退席、副議長著席）

三分ノ一トナツテ居ツタノガ、大藏省其ノ他ノ方面ノ御意見ニ依ツテ、是ガ五分ノ一ニ減額サレタノデアリマス、此ノ減額ハ當然此ノ船員保險法ニ依ツテ保護サルル船員ノ給付ガ少クナルト云フコトニナルノデアリマスルカラ、此ノ點吾々ハ調査會案ノ三分ノ一ニ還元スルコトヲ主張シタノデアリマスガ、遂ニ五分ノ一ニ決定サレタノデアリマス、之ニ對シ吾々ハ近イ將來ニ於テ、是ガ三分ノ一ニナルコトヲ希望シテ置キマシタノデアリマスガ、若シモ船員保險法ニ依ツテ是ガ三分ノ一ニナツタ時ニ於テ、只今上程中ノ特別會計法ハ如何ナル關係ヲ持チ、如何ニ修正サレルモノデアルカ、此ノ點デゴザイマス、此ノ二點ハ大藏當局及ビ厚生當局ニ御尋シタイノデアリマス

第三ノ點ハ、船員保險ノ保險制度調査會ノ開催中ニ於キマシテ、政府側ノ委員ハ斯ウ言ツテ居リマス、ソレハ此ノ特別會計法ノ第三條ニ積立金ノ規定ガアルノデアリマスルガ、此ノ積立金ハ原則トシテ國債ニ投資スルカ、或ハ預金部ニ繰入レルト云フコトヲ決メルノデアルガ、場合ニ依ツテハ公共事業等ノ爲ニ有利確實ナル方法ニ依ツテ貸付ヲ行フコトガアリ得ルト云フコトヲ決メテ居リマス、勿論之ニ付テハ消費スルコトヲ許サナイノデアリマスガ、此ノ貸付ヲ行フト云フコトガ言明サレタノデアリマスガ、之ニ對シテ厚生省當局ハ、此ノ貸付ハドウ云フ方面ニ貸付ケルモノデアルカ、船員側ノ希望トシテハ是ハ當然今日ノ大問題ニナツテ居ル所ノ海事思想普及事業、或ハ船員ノ福利事業等ノ海運國策ノ立場カラ見テ、重要ナル是等ノ問題ノ爲ニ貸付ケルベキモノデアルト考ヘルノデアルガ、大藏當局及ビ厚生當局ノ御意見ハドウデアルカ、此ノ積立金ハ保險制度調査會ノ審議當時ニ於キ

マシテ、此ノ調査會ニ配付ジタ所ノ資料ニ依リマスレバ、初年度ニ於テ六百万圓、五年度ニ於テ三千三百万圓、十年度ニ於テ六千六百万圓、十五年度ニ於テ九千四百万圓、二十年度ニ於テ一億二千七百万圓ト、斯ウ云フ工合ニ增加シテ來マスガ、勿論是ハ先程申シマシタ國庫ノ負擔金三分ノ一ヲ基礎トシテ計算サレタ數字デアリマシテ、更ニ此ノ積立金カラ短期及ビ長期ノ船員ニ對スル給付ヲ行フノデアリマスカラ、勿論之ニ依ツテ相當多クノ剩餘金ヲ豫想スルコトハ出來マセヌケレドモ、吾々ハ若干ノ剩餘金ヲ豫想シ得ルト思フ、隨テ貸付ガ行ハレルコトガ考ヘラレルノデアリマス、私共ガナゼ是等ノ剩餘アル場合ニ於ケル金額ヲ貸付ケル方面ニ付テ船員ノ福利事業、或ハ海事思想普及事業ニ貸付ケルコトヲ望ムカト云フ、其ノ理由ヲ簡單ニ申上ゲマス、政府ハ海運事業ニ於キマシテ航路補助或ハ船質改善、或ハ造船奬勵等ニ於テ、重厚ナル國家ノ保護政策ヲ執ツテ居リマス、是ハ今日生産力擴充ト極メテ重大ナル關係ノアル海運ニ對シテ、國家デ之ヲ保護スルコトハ當然デアリマスカラ、吾々ハ何等異議ガナイノデアリマスガ、是ト並ンデ此ノ海運事業ノ振興ノ爲ニ必要ナル所ノ人的資源ノ培養方面ニ於テ、萬全ノ策ヲ政府ガ執ツテ居ルカ否カト云フコトヲ御尋スルノガ私ノ眼目デアリマス、政府ハ昨年度ニ於テ海運組合法、造船事業法、船舶建造融資補給及ビ損失補償法ト云フ各種ノ物的資源ヲ奬勵確保スル法律案ヲ出シテ居リマス、又本年度ハマダ上程サレテ居リマセヌガ、遞信當局カラシテ海運事業法ト云フ是亦船主ニ對スル保護ノ法規ガ提出サレルト云フコトデアリマス、併シナガラ此ノ際吾々ガ考ヘナケレバナラナイ點ハ、如何ニ優秀ナル船舶ヲ澤山造ツテモ、之ヲ動カス所ノ優秀ナル船員ガナケレバ、此ノ所期ノ目的ヲ達スルコトハ難カシイト云フコトデアリマス、昨年厚生當局カラ保險制度調査會ニ配付サレマシタ資料ニハ、其ノ必要ガ明瞭ニ力說サレテ居リマス、即チ海運國策ト船員保險トノ關係ニ付キマシテ、政府ノ所見トシマシテハ、海國日本ニアツテハ海運國策ノ問題ハ不可缺ノ要件ナルコト、左ノ諸點ニ對シテ明カデアルト言ヒマシテ、第一ニ海外貿易ノ振興ノ爲ニ海運ハ發達サセナケレバナラナイ、第三ニ約年額三億圓ノ貿易外收入ヲ得ル爲ニハ、唯一ツ海運ニ依ルノミデアル、第三ハ船舶ハ直チニ陸軍海軍ト「タイアップ」シテ、國防上ノ重要缺クベカラザル機關デアル、第四ハ生産力擴充ノ爲ニ物資ノ運送配給ノ爲ニ、海運ハ今日重要ナル役割ヲ務メテ居ル、斯ウ云フコトヲ政府當局ハ力說シテ居リマスガ、果シテ此ノ認識ニ基イタ人的資源ノ養成、培養、保護奬勵ヲヤツテ居ルカドウカ、優秀ナル船員ヲ養成保持スル施設トシテハ、現在ニ於キマシテ各種ノ學校ヲ新設シ、或ハソレヲ强化シテ居リマスガ、遞信當局ノ方針ハ昭和十七年度ノ終リニ於テ、國內ニ於テ千噸以上ノ商船七百五十万噸ヲ持ツト云フコトヲ言ツテ居リマス、此ノ七百五十万噸ヲ持ツト云フ大理想ガ、果シテ計畫通リニ行ハレ得ルカドウカト云フト、今日既ニ破綻ヲ來シテ居リマス、ソレハ物的資源ノ方ニ於テ鋼材ガ計畫通リニ配給サレナイト云フコトガ一ツデアル、第二ノ缺陷ハ人的資源ニ於キマシテ、今日新シキ船ノ乘員、或ハ自然交替ノ船員ノ補充ニ約一萬人ヲ要スルノデアルガ、ソレガ不足デアツテ、ソレガ爲ニ停船シテ居ル船ガアルト云フコトノ實例、斯ウ云フコトヲ考ヘル時ニ、吾々ハ今日聲ヲ大ニシテ叫バナケレバナラヌ點ハ、國策トシテ種々ノ觀點カラ見ルト、將來海運ノ振興ニ對シテ、政府當局ハモウ少シ認識ヲ深メ、モウ少シ決斷ヲシテ是ガ實施ニ當ラナケレバナラナイト云フコトデアリマス、海事思想普及ノコトハ私共ハ平素カラ叫ンデ居ル、元來英國ト日本トガ世界ニ於ケル二ツノ大海運國ト言ハレテ居ルノデアリマスルガ、英國ニ於ケル今日ノ海事思想ノ普及程度ニ較ベマシテ、日本ノソレガ極メテ貧弱デアルト云フコトヲ痛感シテ居ル、今日ノ小學校、中學校ノ國定教科書ニドノ位ノ海事及ビ海運ニ關スル記事ガアルカ、文部大臣ハ居ラレマセヌガ、私ハ此ノ點ニ付テハ文部省ノ意見ヲ伺ヒタイ、其ノ他文明ノ利器デアル「ラヂオ」ヲ通ジ、或ハ講演ニ依リ、或ハ其ノ他ノ方法ニ依ツテ、日本ハ海運ニ依ツテ立ツ國デアルト云フコトヲ宣傳スルコトガ、政府ノ當面ノ大目的デナケレバナラナイ、政府ガヤラナケレバ民間ニ於テ海事思想普及協會ト云フガ如キ團體ヲ作ラセル、政府ハ其ノ計畫ヲ持ツベキデアル、私共既ニ數年來聲ヲ大ニシテ叫ンデ居ルケレドモ、今ニシテソレガ實現サレナイ、今日問題ニナツテ居ル米ノ問題、或ハ石炭ノ問題、段々此ノ問題ヲ掘リ下ゲテ行クト、生産力ガ不擴充デアルト云フコトモ一ツノ原因デアルガ、モウ一ツハ是等ノ物資ガ或ル局部ニ偏在シテ居ルト云フコトガ、第二ノ重大ナル理由デアル、其ノ偏在シテ居ル所ノ物資ヲ一方カラ他方ヘ運ブノニハ何ニ依ルカト云フト、或ル點マデハ鐵道デモ行クデセウ、併シ間ニ合ハナイ、今日大阪ニ於テ電力問題ガ非常ニ喧シイ、アノ大阪デ使フ所ノ電力ヲ拵ヘル石炭全體ヲ何處カラ持ツテ來ルカト云フト九州デアリマス、九州カラ石炭ヲ運ブ方法ハ、洵ニ原始的ナ機帆船ト稱スルモノガ二十艘モ三十艘モ列ヲ作ツテ、其ノ先ヲ蒸氣船ガ曳張ツテ來ルト云フ方法デアリマス、斯ウ云フ航海ノ方法デ積出ス若松ト云フ港ハドウ云フ港デアルカト云フト、殆ド一年ノ中大部分ハ玄界灘ノ西風ヲ受ケテ、石炭ヲ積ンデモ港口カラ出ルノニ不便ヲ感ズル、偖テ來レバ門司ト云フ狹イ海峽ガアツテ、衝突豫防規則デアル、開港規則デアル、色々ノ規則ニ縛ラレテ之ヲ通過スルノニ困難ヲ感ズル、ナゼ政府ハ今日ノ如キ此ノ重要問題ガ行詰リニナツテ居ルコトヲ數年前ニ豫想出來ナカツタカ、ナゼ豐前ノ瀨戶內海ニ臨ンデ居ル地方ニ石炭ノ輸出港ヲ造ラナイカ、ナゼ此ノ方面ニ港灣施設ヲ施サナカツタカ、サウシテ其ノ積出港カラ大阪マデノ今日ノヤウナ原始的ナ運送形態ヲ、改善スルヤウ努力シナカツタカ、生産力擴充――單ニ石

旋ト云フ問題ノミト「タイアップ」シテ考ヘテ見マシテモ、此ノ所謂海運ト云フコトノ極メテ重大ナルコトハ、御分リニナルデアラウト思フ、斯ウ申上ゲマスト遞信當局、或ハ厚生當局ハ簡單ニ御答ニナルデセウ、ソレハ海運振興ノ爲ニ必要ナル二ツノ要素デアル人的資源ニ付テハ吾々考ヘテ居ル、例ヘバ船員法ヲ改正シ、船員保險法ヲ新シク拵ヘ、或ハ船主船員ノ團體デアル海事協同會ノ運用ヲ指導監督シテ居ル、又最近ノ新聞デ見マスト、何年以上海上ニ勤メテ居ツタ船員、或ハ功勞ノアツタ船員、或ハ人命救助ノ船員等ニ對シテハ、顯功章ト云フ金鵄勳章ニ相當スルモノヲオヤリニナルト言フ、併シ私ニ言ハセレバ、是ハ末梢的ノ對策デアツテ、根本的ノ對策デハナイ、海運ノ人的資源ヲ確保スル二ツノ方法ハ、今申上ゲタ通リ、一ツハ海事思想普及デアリマシテ、一ツハ優秀ナル船員ノ養成及ビ保持デアリマス、此ノ二ツノ點ヲ具體化シテコソ、初メテ茲ニ海國日本ノ實ガ擧ルノデアリマス、此ノ優秀ナル船員ノ確保ト云フコトハ――今日此ノ「インフレーシヨン」ノ景氣ニ依ツテ、優秀ナル船員ガ多クハ陸上ノ方ニ轉職シテ行キマス、軍需工場其ノ他ニ逃ゲテ行ク者ガ多イ、是ハ何ヲ物語ルカト云フト、船員ノ待遇ガ、陸上ノ勞働者ヨリモ低イト云フコトヲ物語ルノデアリマス、此ノ點ハ政府ハ、船主船員ノ民間ニ於ケル自治的ノ解決ニ俟ツテ居ルガ如キ樣子デアリマスケレドモ、私ニ言ハセルナラバ是ハ政府自ラ各種ノ施設ヲ設ケテ、政府自ラ指導的ノ立場ニ立タナケレバナラナイト思フノデアリマス、今日海運ニ對スル國家及ビ社會ノ認識ガ非常ニ低イ、此ノ例ヲ申上ゲルナラバ、勿論海運ト云フモノハ、今マデハ陸上ノ工業及ビ諸産業ノ助手的ノ産業デアル、或ハ依存的ノ立場ヲ取ツテ居ツタノデアリマスガ、今日以後ノ海運ハ決シテサウデナイト思フ、然ルニ海運ニ關係ノアル政府ノ機關ノ今日ニ於ケル態度、或ハ地位ハドウデアリマス、今マデハ遞信大臣ハ伴食大臣ト言ハレル、農林大臣モ伴食大臣デアル、商工大臣モ伴食大臣ト言ハレタ、所ガ今日ニ於テハ商工大臣、農林大臣ハ大藏大臣ト同等ニ、主要ナル省ノ大臣デアル、然ルニ遞信大臣ノミガ獨リ未ダニ伴食大臣ノ感ガアル（「ノー〳〵」）其ノ實例ヲ示セト申セバ私示シマス、此ノ前ハ鹽野司法大臣ガ遞信大臣ヲ兼ネテ居ツタ、司法大臣ニ遞信大臣ノ仕事ガオ分リニナルカドウカハ別デアルケレドモ、國民ニハ極メテ異樣ナル印象ヲ與ヘルノデアリマス、今日ハ私共ノ先輩デアル勝サンガ遞信大臣ヲ務メテ居ラレル、勝サン決シテ不適任トハ言ハレマセヌガ、財政通デアリマス、財政通ノ方ガ遞信大臣ヲ御務メニナツテ不適任トハ申シマセヌガ、モツト専門家デ、モツト遞信省ノオヤリニナツテ居ル仕事ニ精通サレタ政治家ガ多イチヤナイカ、或ハ民政黨カラ二人出ル大臣ノ一人ヲ割當テタト云フヤウナ意味合デ、遞信大臣ヲオ決メニナツタトスルナラバ、海運國策ノ立場カラ見マシテ、洵ニ遺憾デアルト思フノデアリマス、管船局ニ付テモ同樣デアリマス、昔ノ農商務省ガ農林省ト商工省トニ今日分レテ居リマス、拓務省モ出來タ、各省ガ皆其ノ産業ノ現狀ニ即シテ獨立機關ニナツテ居ルノデアリマスガ、私ハ此ノ重大ナル問題ヲ取扱フ所ノ海運ニ關シテ、未ダニ遞信省ノ中ノ一內局デアル管船局ト云フヤウナコトデ以テ、此ノ重大國策ヲ處理シ得ルカドウカ、日本ト竝ンデ世界ノ大海運國デアル英國ニ於テハ、既ニ十數年來「ボード・オブ・トレード」ト云フ一ツノ獨立シタ所ノ省ガ出來テ居リマス、同ジ遞信省ノ中デ電氣局ハ外局ニナリ、航空局ハ外局ニナツテ居ル、更ニ企畫院ト云フ所ノ綜合的ナ獨立ノ機關ガ出來タ、然ルニ海運ニ關シテハ未ダニ遞信省ノ內局デアルト云フコトガ、私ハ既ニ此ノ點カラシテ日本ノ國家ガ海運ヲ認識シナイト云フコトヲ、裏書スルモノダト思フノデアリマス、以上ノ點ニ付テ私ハ遞信御當局ノ御意見ヲ伺ヒタイ

次ニ厚生御當局ニ對シマシテハ既ニ昨年私申上ゲタ通リ、船員保險法カラ小型船ノ乘組員ガ除外サレテ居リマス、是ハ最近ニ於テ何レノ角度カラモ救ハレザル此ノ種勞務者ヲ其ノ保險ノ中ニ入レテ行ク御考ガアルカドウカ

次ニ陸軍大臣ニ御尋シタイノデアリマスガ、御見エニナリマセヌガ、遞信省ハ優秀ナル船員ニ對シテ先程申上ゲタ顯功章ト云フモノヲオヤリニナルサウデアリマスガ、先程申上ゲタ船員ノ各種ノ任務ノ中、此ノ事變ニ付テ重大ナル貢獻ヲシテ居リ、非常ナル役割ヲ務メテ居ル公用船ノ乘組員、此ノ御用船ノ乘組員ニ對シテ陸軍省ハ從軍記章ヲオヤリニナル表彰方法ヲ御考デアルカ、更ニ此ノ船員デ以テ戰死及ビ戰病死シタ數ガ相當アリマス、是ハ私ハ數字ヲ握ツテ居リマスガ、此處デハ憚ツテ申上ゲマセヌガ、相當ノ數ニ上ツテ居リマス、之ニ對シテ傷痍軍人記章、或ハ之ニ準ズル表彰ノ記章ヲオヤリニナル御考ガアルカ

海軍大臣ニ、是亦御見エニナリマセヌガ、御尋シタイ點ハ、商船ノ乘組員ト海軍豫備員トノ關係デアリマスガ、此ノ點ハ私今日ノ總理大臣米內サンニ昨年海軍大臣當時御尋シタ、商船學校卒業ノ一部ノ高級船員ハ、海軍豫備員令ニ依ツテ海軍ノ豫備軍人ニナツテ居ル、併シ此ノ學校ヲ出ナイ所ノ高級船員及ビ普通船員全部ハ、海國日本トシテイツ何時御用船ニ乘リ、イツ何時軍務ニ服スルカモ分ラナイ立場ニ立ツテ居ルニ拘ラズ、海軍ノ豫備員ニナツテ居ラナイノデアルガ、是ハ兵役法ノ關係等ガアルカラ、海軍省ダケデ御決メニナルコトガ出來ナイカモ知レヌガ、至急此ノ點ヲ御考ニナツタラドウカト云ツタ所ガ、米內サンハ、横須賀鎭守府司令長官時代ニハ考ヘタコトガアルガ、海軍大臣トシテハ御考ニナラナイト、洵ニ不思議ナル御答辯ヲ承ツタノデアリマス、今日ノ吉田海軍大臣ハ此ノ點ニ付テハドウ御考ニナルカ

更ニ最後ニ、先程政府カラ發表サレマシタ所ノ、商船ト海軍トノ關係ニ於テ、商船ハ國家有事ノ際ニハ所謂豫備海軍ノ地位ニ

立ツノデアリマス、此ノ點ニ於テ今日商船ガ何隻假裝巡洋艦ニナツテ居リ、何隻特殊海軍ノ船ニナツテ居ルカト云フコトハ私ヘ軍機ニ屬スルカラ御尋シマセヌガ、所謂船舶建造ハ鋼材ガ不足デアル、人的資源ニ於テ船員ガ不足デアルト云フ今日ニ於テ、國防上ノ觀點カラ見テ、海軍省ハ所謂豫備海軍デアル所ノ此ノ商船ガ、亞米利加等ガ大造艦計畫ヲシテ居ル今日ニ於テ、果シテ之ニ副フコトガ出來ル確信ヲ御持チニナツテ居ルカドウカト云フコトヲ御尋シテ、私ノ質問ヲ終リマス

（政府委員木村正義君登壇）

○政府委員（木村正義君） 大藏省ニ關係スル部分ニ付テ御答辯致シタイト思ヒマス、第一點ハ此ノ法案ノ第二條ノ借入金ハ何處カラ借入レルノデアルカト云フ御質問デアリマシタガ、是ハ日本銀行又ハ大藏省預金部ヨリ借入レル考デアリマス、第二點ハ船員保險法第五十八條ノ保險給付ノ年金ハ、國庫負擔ハ五分ノ一ニナツテ居ルガ、自分ハ三分ノ一ヲ主張シテ居ル、若シ三分ノ一ニナツタナラバ本法ニハドウ云フ關係ヲ生ズルノデアルカ、改正ノ必要ガアルカドウカト、斯ウ云フ御質問デアリマシタガ、是ハ本法ハ改正致ス必要ハアリマセヌ、唯左樣ニナリマスレバ船員保險法ヲ改正致サナクテハナリマセヌ、第三ノ點ハ本法第六條ノ積立金ノ貸付ハ、何處ニ貸付ケルノデアルカ、是ハ本法ニ示シテアリマス通リニ積立金ハ、大藏省預金部ニ預入レルコトニナツテ居リマスカラ、預入レマシタ後ハ此ノ預金部ノ運用委員會ノ會議ニ掛ケマシテ、サウシテ是ハ船員ノ福利增進等ニ必要ナル經費ノ方面ニ貸出ス考デアリマス（拍手）

（政府委員一松定吉君登壇）

○政府委員（一松定吉君） 只今米窪議員ヨリ御質問ニ相成リマシタ內、厚生省ニ關シマスル點ニ付テ御答ヲ致シマス、第一ハ此ノ特別會計法案ノ第二條、並ニ第四條ニ規定致シテアリマス此ノ借入金ヲ爲スコトニ付テ、何處カラ借入レルカト云フ御質問デアツタノデアリマスガ、此ノ點ニ關シマシテハ、既ニ大藏當局カラ御答申上ゲタト同ジデアリマシテ、卽チ必要ノアリマス場合ニハ、日本銀行若クハ預金部カラ借入レテ之ヲ運用スル、斯ウ云フコトニ御承知ヲ願ヒタイノデアリマス

ソレカラ第二問ト致シマシテ、此ノ船員保險法ノ第五十八條ノ所謂國庫負擔ノ費用ハ、五分ノ一ト云フコトニ規定サレテ居ルガ、之ヲ三分ノ一ニ改正スル必要ガアルヤウニ思フガドウ考ヘルカト云フ御質問デアツタノデアリマシテ、此ノ點ニ付キマシテハ大藏當局カラ御答ヲ致シマシタト同ジコトデアリマスルカラ、重複ヲ避ケマスルガ、現在ノ所デハ五分ノ一ヲ以テ適當ナリト考ヘテ居ルノデアリマスガ、併シナガラ色々ナ情勢ノ變化等ニ依リマシテ、或ハ改正スル必要ノ到來スル時期ガナイトモ限リマセヌガ、左樣ナ時期ニハ適當ニ考慮ヲ致シタイ、斯樣ニ考ヘテ居ルノデアリマス

ソレカラ第三ノ御質問ト致シマシテ、船員保險特別會計法案ノ第三條ニ謂フ積立金、是ハドウ云フヤウニ運用スルノデアルカト云フ御質問デアツタノデゴザイマスガ、是ハ同法案ノ第六條ニ明記致シテ居リマスルヤウニ、國債ヲ以テ保有シ又ハ大藏省預金部ニ之ヲ預入レマシテ、運用致シマスル場合ハ、御承知ノヤウニ大藏省ニ於テ適當ニ運用スルコトニナツテ居ルノデアリマスカラ、其ノ場合ニハ成タケ御趣旨ニ副フヤウニ厚生省トシマシテモ努力致シマスト云フコトヲ申上ゲテ、御答ニ代ヘタイノデアリマス

其ノ次ニハ小型船員ニ對シテノ保護ガ充實シテ居ナイデハナイカ、是ハ何トカ厚生省トシテ御考ニナラナケレバナラヌノデハナイカト云フヤウナ御趣意ノヤウニ拜聽致シマシタ、其ノ點ハ船員法ニ於テ保護セラレテ居リマスルモノノ中ニ、小型船員ガ包含セラレテ居ナイ結果、此ノ法律案ガ制定致サレマシテモ、小型船員ハ此ノ利益ヲ受ケルコトガ出來ナイコトハ御說ノ通リデアリマス、其ノ點ニ對シマシテハ、之ヲ放任シテ置クト云フコトハ勿論出來マセヌカラ、相當保護シテヤラナケレバナラヌト考ヘテ居リマスノデ、其ノ保護ノ法案ノ制定等ニ關シマシテハ、只今關係大藏當局ト樽俎折衝ヲ重ネテ居リマスカラ、何レ御趣旨ニ副フヤウナ法案ノ制定ヲ見ルコトガ出來ヤウト思ヒマス、左樣御承知ヲ願ヒマス

（拍手）

（國務大臣勝正憲君登壇）

○國務大臣（勝正憲君） 米窪君ノ御尋ニ對シマシテ遞信省ニ關スル點ヲ御答ヲ申上ゲマス、四面海ヲ以テ環ラサレテ居ル我國トシマシテ、海運ノ極メテ重要ナルコトハ御所見ノ通リデアリマス、隨テ海員ノ素質ノ向上ト云フコトハ我國ノ海運ノ進展上極メテ重要ナル關係ヲ持ツテ居ルノデアリマス、デアリマスカラ米窪君ノ前ニ御述ニナツタ通リニ、船員法ヲ設ケテ種々ノ保護ヲ加ヘテ居ルトカ、或ハ日本海員掖濟會等ノ各種ノ團體ニ補助金ヲ與ヘテ、病院トカ宿泊所トカ云フヤウナ色々ノ經營ヲヤラシテ居ルトカ、或ハ昨年船員保險法ヲ設ケマシテ、船員ノ疾病ノ治療、或ハ年金制度ヲ新ニ設ケマシテ、船員ノ老後ヲ安泰ニスルトカ云フコトヲヤツテ居リマシテ、更ニ又此ノ紀元節カラ船員表彰規則ト云フモノヲ設ケマシテ、先程御述ニナツタ通リノ表彰ヲヤルト云フヤウナコトヲヤツテ居リマス、斯クシテ物質竝ニ精神兩方面ノ待遇ノ改善ニ努力致シテ居ルノデアリマス、尙又今日ノ海運ノ實情ニ見マスルニ、船員ノ人的資源ガ非常ニ不足デアル、人ガ足リナイ、又之ヲ確保シテ行カナケレバナリマセヌ關係上、各種ノ高等商船學校、中等商船學校等ノ既設ノ學校ノアリマスル外ニ、來年度ヨリ高等海員ノ養成ニ關シマシテハ、臨時高等海員養成所二箇所ヲ開設致シマシテ、約六百名ノ養成ヲ致シタイト云フ希望ヲ持ツテ居リマス、ソレカラ普通海員ノ養成ニ付キマシテハ、官立普通船員養成所四箇所、是ハ收容人員ヲ倍加致シマシテ、約四百八十人ノ養成ヲスル、海員掖濟會ニ補助金ヲ與ヘマシテ約二千人ノ海員ヲ養成ス

ル、斯様ナ計畫ヲ以テ只今豫算ニ依ツテ諸君ノ御協贊ヲ求メテ居ル次第デアリマス

（拍手）

（政府委員石川半三郎君登壇）

○政府委員（石川半三郎君） 大臣ガ一寸事故ガアリマスノデ、私代ツテ申上ゲマス、船員ノ公務ニ依リマシテ死歿致シマシタ者ニ付キマシテハ、軍屬トシテ取扱ツテ居リマス、尚ホ從軍記章ノ問題デゴザイマスガ、是ハ生存者ノ一般行賞ト共ニ詮議サレルコトト思ヒマス、只今マダ決ツテ居リマセヌノデ、申上ゲル機會ニ達シテ居リマセヌ

（拍手）

（政府委員阿部勝雄君登壇）

○政府委員（阿部勝雄君） 只今ノ海軍ニ關スル答辯ヲ私カラ申上ゲマス、只今ノ所デハ採用目數ノ關係上、其ノ他ノ爲ニ豫備員トスルコトヲ考ヘテ居リマセヌガ、將來相當必要ノ起ツタ場合ニハ改メテ考慮シタイト考ヘテ居リマス（拍手）

○副議長（田子一民君） 米窪君宜シウゴザイマスカ

○米窪滿亮君 文部大臣ニ……

（國務大臣松浦鎭次郎君登壇）

○國務大臣（松浦鎭次郎君） 御質問ノアリマシタ際ニ私此ノ席ニ居リマセヌガ爲ニ、或ハ御質問ノ御趣旨ト多少違ツテ居ルカモ知レマセヌガ、今承リマスルト、近來海事思想ト云フヤウナコトニ付テ、教科書ニドレダケ盛込ンデアルカト云フ御質問デアツタヤウニ承リマシタ、是ハ相當サウ云フヤウナ事柄モ教科書中ニ記載致シテアルト思ヒマスガ、尚ホ能ク取調ベマシテ、他ノ機會ニ御答申上ゲタイト思ヒマス（拍手）

○副議長（田子一民君） 是ニテ質疑ハ終了致シマシタ、各案ノ審査ヲ付託スベキ委員ノ選擧ニ付テ御諮リ致シマス

昭和十五年二月十六日

昭和十二年法律第九十號中改正法律案
（米穀ノ應急措置ニ關スル件）

第一　昭和十二年法律第九十號中改正法律案（米穀ノ應急措置ニ關スル件）（政府提出）　第一讀會

昭和十二年法律第九十號中改正法律案

昭和十二年法律第九十號中左ノ通改正ス

第二條　政府ハ米穀ノ配給上特ニ必要アリト認ムルトキハ米穀統制委員會ニ諮問シテ米穀竝ニ米穀以外ノ穀物及穀粉ノ買入及賣渡ヲ爲スコトヲ得

前項ノ買入又ハ賣渡ノ價格ハ時價ニ準據シテ之ヲ定ム

第三條　前二條ノ規定ニ依ル米穀竝ニ米穀以外ノ穀物及穀粉ノ買入及賣渡ニ關スル一切ノ歳入歳出ハ米穀需給調節特別會計ニ屬セシム

米穀需給調節特別會計法第三條及第六條中米穀トアルハ米穀竝ニ米穀以外ノ穀物及穀粉トス

　附　則

本法ハ公布ノ日ヨリ之ヲ施行ス

（國務大臣島田俊雄君登壇）

○國務大臣（島田俊雄君）　只今上程ニ相成リマシタ昭和十二年法律第九十號米穀ノ應急措置ニ關スル法律中改正法律案ニ付キマシテ、其ノ提案ノ理由ヲ説明致シマス

　支那事變ノ進展ニ伴ヒ、戰時經濟ノ運營上、食糧供給ノ確保ヲ圖リマスコトノ極メテ緊要ナルニ鑑ミマシテ、政府ニ於キマシテハ内外地ニ亙リ米穀ヲ始メトシ、麥類其ノ他食糧農産物ノ增産ノ爲ニ、出來得ル限リノ施設ヲ講ジ、生産者方面ニ於キマシテモ之ニ對應致シマシテ、種々不利ナル條件ヲ克服シテ、極力是ガ生産ノ增加ニ努力ヲ致シテ參ッタノデアリマス、然ル所昨年ノ米作ハ、内地ニ於キマシテハ西部地方ニ相當廣範圍ニ及ブ旱害ガアリマシタニモ拘ラズ、其ノ他ノ地方ノ作柄ガ良好デアリマシタガ爲ニ、全體ト致シマシテハ幸ニ計畫以上ノ增收ヲ見ルコトガ出來タノデアリマス、然ルニ朝鮮ニ於キマシテハ中南部地方ニ於ケル異常ナル旱魃ノ結果、著シキ減收ヲ示シマシテ、結局内外地ヲ通ジマスルト、米穀ノ需給關係ハ相當窮屈ト相成ッタ次第デアリマス、是ニ於キマシテ政府ハ酒造米ノ節減、米穀ノ搗精程度ノ低下等、消費節約ノ方策ヲ講ジマスルト共ニ、他方外米ノ輸入ヲ圖リ、鋭意供給ノ確保ニ努メ來ッタノデアリマスルガ、上述ノ如ク朝鮮米不作ノ結果、其ノ内地移入數量ガ非常ニ窮屈ニ相成リマシタコト、又旱害ノ爲ニ西部地方ニ於ケル米穀ノ需給狀況ニ相當ノ變化ヲ來シマシタルコト、其ノ他戰時體制下ニ於ケル諸般ノ經濟事情ノ影響等ニ依リマシテ、米穀ノ配給ハ容易ニ樂觀ヲ許サザルノ實情ニアルノデアリマス、右樣ノ事情デアリマスルガ故ニ、政府ト致シマシテハ此ノ實情ニ即應致シマシテ、政府ニ於テ必要量ノ米穀ノ買入ヲ爲シ得ルコトト致シ、政府所有米ノ充實ヲ圖リマスルト共ニ、必要ニ應ジテ之ヲ必要ナル方面ニ賣渡スノ方法ニ依リマシテ、國内全體ノ配給ヲ圓滑ナラシムルコトガ極メテ緊要ト存ズルノデアリマス、又現下ノ食糧需給ノ實情ニ鑑ミマスルニ、米穀ノ配給ヲ調整シマスガ爲ニハ、單ニ米穀ノミニ止マラズ、是ト密接ナル關係ニアリマス、麥類其ノ他ノ穀物及ビ穀粉ニ付キマシテモ、併セ考慮スルコトヲ要スル次第デアリマスノデ、此ノ際政府ハ米穀ノ配給調整ニ關聯シテ、必要ナル範圍ニ於テ是等ノ雜穀及ビ穀粉ノ買入及ビ賣渡ヲ爲シ得ルノ途ヲ開クコトガ必要デアルト考ヘルノデアリマス

　政府ハ茲ニ昭和十二年法律第九十號ヲ以テ米穀ノ應急措置ニ關スル法律ヲ制定シ、軍用米ノ供給、政府所有米ノ充實ニ關シ必要ナル規定ヲ設ケ、以テ事變下ニ於ケル米穀政策ノ遂行上、遺憾ナカランコトヲ期シタ次第デアリマスルガ、其ノ後ニ於ケル米穀事情ノ變化ニ依リマシテ、政府所有米ノ充實ニ關スル規定ハ、殆ド之ヲ運用スルコトヲ得ザルノ狀態ニアルノデアリマス、仍テ政府ハ此ノ際本法律ニ對シ適當ナル改正ヲ加ヘテ、政府所有米ノ充實ヲ期シ得ルノ途ヲ講ズルノ外、現下ノ米穀事情ニ適應シ、米穀ノ配給上必要ナル措置ヲ執リ得ルヤウ致シタイト存ズルノデゴザイマス、即チ政府ハ米穀ノ配給上特ニ必要アル場合ニ於キマシテハ、米穀竝ニ米穀以外ノ穀物及ビ穀粉ノ買入及ビ賣渡ヲ爲シ得ルコトトシ、且ツ是等ノ買入及ビ賣渡ニ關スル一切ノ歳入歳出ヲ米穀需給調節特別會計ニ屬セシメマシテ、右ノ目的達成ニ遺憾ナキヲ期セントスル次第デアリマス

　本法律案ヲ提出致シマシタ理由ハ大要以上ノ通リデアリマスルガ、本件ハ現下ノ米穀事情ニ鑑ミマシテ、最モ急速ニ實施スルノ必要ガアルノデアリマシテ、何卒十分御審議ノ上、速ニ御協贊アランコトヲ特ニ希望致ス次第デアリマス（拍手）

○議長（小山松壽君）　質疑ノ通告ガアリマス、順次之ヲ許シマス――村松久義君

（村松久義君登壇）

○村松久義君　米ト石炭ハ現下國內經濟上、最モ急速ニ解決セラレナケレバナラヌ問題デアルノデアリマス、而シテ今米穀ノ

應急措置トシテ本案ガ提出上程セラレタノデアリマスノデ、若シ米穀ノ根本問題ニ付キ論ズルナラバ、恐ラク全日本經濟ノ全體ニ付キ之ヲ論ゼナケレバナラヌ程、廣汎ナル關聯ヲ有シテ居ルノデアリマスガ故ニ、到底其ノ時間モナイノデアリマス、隨テ玆ニ應急ノ措置ナルガ故ニ、私ハ本年度ニ於ケル米穀ノ應急措置ニ關シテノミ質疑ヲ致サントスルノデアリマス

今日マデ本會議及ビ各種委員會ニ於テ政府ノ答辯ヲ聽イテ居リマスト、大體二ツノ點ガ明ニセラレタノデアリマス、其ノ一ツハ、本年度ニ於ケル米穀需給推算ノ結果トシテ、來年度ニ持越サルル米ハ少クトモ四百七十万石、恐ラクハ五百万石ヲ下ラザルベシト云フコトガ明ニセラレテ居ルノデアリマス、モウ一ツハ、然ラバ配給機構其ノ他ニ關シテ如何ナル方向ニ進ンデ行クカニ關シマシテハ、大體米穀ノ國家管理ノ方向ニ進ムデアラウト云フ政府ノ見透シハアリマスルケレドモ、具體的ニ如何ニ機構ヲ確立スルカノ點ニナリマスト、未ダ研究中デアルト言ツテ、其ノ眞相ヲ吾々ニ知ラシメテ呉レヌノデアリマス、然ルニ今玆ニ政府ノ米穀其ノ他ノ雜穀ニ付テノ買上ノ權能ヲ認メテ行クト云フコトハ、取モ直サズ恰モ海上ニ浮ベル氷山ノ其ノ一部ガ、本法律案トナツテ現ハレテ來タカノ如ク思ハレルノデアツテ、吾々ノ眞ニ知リタイコト、吾々ノ眞ニ主張セントスルコトハ、海上ニ現ハレタル氷山ノ一部デハナクシテ、寧ロ海面ノ下ニ大ナル容積ヲ持ツテ沈ミ隱サレテ居ル米穀政策ノ全貌ヲコソ、知ラナケレバナラヌノデアリ(拍手)ソコニコソ本法案ニ付テ吾々ノ質疑ヲ試ミントスル所以ガアルノデアリマス、ソコデ一ツ重大ナル問題ガ起ツテ來ルノデアリマスガ、政府ハ本年度ノ需給推算ノ結果トシテ、內外地ヲ通ジテ明年度ニ五百万石以上ノ米ヲ持越スコトガ出來ルト言ウテ居ルノデアリマス、私共ハ此ノ需給推算ニ關シマシテハ、多大ナル疑問ヲ持ツテ居ル、否不滿ヲ持ツテ居ル、併シナガラ今日之ヲ此ノ壇上ニ於テ論ジマスルコトハ、果シテ如何カトモ考ヘマスルガ故ニ、政府ノ推算シタル來年度ヘノ繰越米五百万石、之ヲ一應是認スルトシテ議論ヲ一歩進メテ行キタイト思フノデアリマスガ、此ノ來年度ニ持越サレル五百万石ト云フモノガ、果シテ市場ニ現ハレテ來ルモノト政府ハ考ヘテ居ルカドウカ、此ノ點ノ考ヘ方如何ニ依リマシテハ、或ル場合ニハ今日ノ政府ノ考ヘテ居ルガ如キ應急米穀對策ト云フモノガ、根本的ニ覆ルカモ知レヌト云フ程ニ重大ナル問題ナノデアリマス、即チ明年度ニ繰越サルル持越量ト云フモノハ、大體ニ於テ總生產高ノ中カラ消費量ヲ引イテ餘ルト云フ計算ノ仕方デアルノデアリマスカラ、謂ハバ總生產量ト消費量ノ差額デアリマス、差額デアリマスルガ故ニ、大體ニ順調ノ場合デアリマスナラバ、勿論或ハ市場ニ現ハレテ來ルト考ヘルノモ宜シイト思ヒマスケレドモ、吾々ハ直前ニ昨年ノ例ヲ知ツテ居ルノデアリマス、若シ政府ガ明年度ニ五百万石繰越サルルモノト考ヘテ居ツタモノガ、實ハ生產者ノ貯藏米トシテ市場ヨリ隔離セラレ、市場ニ現ハレザル形トシテ繰越サルルモノガアルトスルナラバ、今日ノ自由經濟、自由市場ニ於テハ、結局ニ於テハ、何等ノ繰越米、持越米ガ無イト同樣ノ、大ナル混亂ガ起ルノデハナイカト考ヘザルヲ得ナイノデアリマス、隨テ繰越米トシテ計算ヲセラレタルモノガ、現實ニ政府ガ自由ニ處分シ、民間業者ガ自由ニ操作ヲスルコトノ出來ル形ニ於テ、市場ニ提供セラルルト見ルカドウカ、米穀應急對策トシテ如何ニ認識ヲスルカト云フ此ノ事ガ、應急對策ノ立テ方如何ニ重大ナル關係ヲ致シテ來ルコトハ當然デアルト共ニ、此ノ點ニ關シテコソ眞劍ナル檢討ヲスベキモノデアルト私ハ主張スル、然ルニ若シ政府ニシテ市場性ノナイ持越米ヲ紙ノ上デ計算シタルノミデ、其ノ持越米ガ市場ニ現ハレルトノ前提ノ下ニ政策ヲ立テルモノデアルトスルナラバ、吾々ガ昨年度ニ於テ經驗シタル所ノアノ大混亂以上ノ大混亂ガ、本米穀年度中ニ必ズ來ルベシト考ヘタル時ニ於テ、政府ハ此ノ點ニ關シテ如何ナル認識ノ下ニ米穀對策ヲ立テテ居ルモノデアルカト云フコトヲ、一ツ率直ニ國民ニ知ラシムル義務ガアルト私ハ思フノデアリマス

第一點ハ、其ノ點ニ關シテ需給推算ノ上ノ持越米ノ五百万石ト云フモノガ、市場ニ現ハレルト見テ居ルカドウカ、其ノ點ニ關スル御所見ヲ承リタイノデアリマス、需給推算ノ持越米ガ市場ニ現ハレルカドウカト云フコトハ、第一ハ消費量ヲドウ見テ居ルカト云フコトニ關係ガアルノデアリマス、而シテ第二ニハ、本米穀年度ニ特有ナル事情ガアツテ、持越米ヲシテ市場ニ現ハレシメザル狀態ニアルカドウカト云フ點ノ檢討ガ必要ナノデアリマス、農相ノ發表致シマシタ五百万石ノ推算ノ基礎ハ、私ノ想像デアリマスガ、恐ラク明年度ノ內地ノ消費量ヲ八千万石程度ニ抑ヘテ見タノデハナイカト思ヒマス、即チ過去數箇年ノ一人當リノ一年ノ消費量ガ一石八升デアツタ、此ノ一石八升ニ、本年ノ四月末日ノ人口推定七千四百万人、之ヲ掛ケ合セテ來ルト八千万石ト云フ消費量ニナル、ソレニ節米其ノ他ヲ以テ四百万石減ルノダト云フノデアリマスカラ、多分此ノ計算ニ基イテノ御發表デアラウト思フノデアリマス、然ルニ昨年度ニ於テハ、一人當リノ消費量ガ一石一斗七升デアツタノデアリマス、一昨年度ニ於テハ一人當リノ消費量ハ一石一斗五升デアツタノデアリマス、豐作デアルニ從ツテ正比例的ニ消費量ガ增大ヲ致シテ居ルノデアリマス、而シテ本年度ハ昭和十年以來ノ大豐作ニナツテ居ルノデアリマス、若シ政府ガ昨年、一昨年ノ此ノ消費量ノ實績ト、豐作デアツタト云フ事實ヲ無視シテ、單ニ一石八升程度ヲ以テ推算シタモノデアルトスルナラバ、ソコニモモウ既ニ五百万石ニ及ブ狂ヒガ生ジテ來ルコトヲ惧レザルヲ得ナイノデアリマス、ノミナラズ本年ハ新シイ消費部門ガ殖エテ來テ居ル、即チ犬猫ハ勿論デアリマスガ、飼料不足ノ爲ニ牛モ、馬モ、鷄モ、人間並ミニ米ヲ食フ動物トナリ變ツ

テ居ルノデアリマス、山形縣、秋田縣ノ例ノ如ク、籾ヲ摺リ潰シテ藁ト混ゼテ之ヲ飼料ニシテ居ル、此ノ深刻ナル飼料不足ト、米ニ轉換ヲシテ居ルト云フ事實ナドヲ考ヘ合セテ見ル時ニ、果シテ八千万石程度ノ消費量ノ推定ガ過チナキカドウカ、吾々ハソレニ關シテモ疑ヲ抱カザルヲ得ナイノデアリマスケレドモ、最モ吾々ノ注意シナケレバナラヌコトハ、假ニ今五百万石ノ持越量ガアル――アルトシテ宜シイ、アルトシテ、尙且ツ本年ハ特別ニ考慮シナケレバナラヌ事情ガアルコトヲ、認識シテ貰ハナケレバナラヌノデアリマス、冷害ノ場合ニ於テハ常ニ屑米ガ殘存スルノデアリマス、通常ノ年ニ於キマシテモ此ノ屑米ト云フモノハ、大體ニ於テ四百万石ノ米ニ匹敵スルダケ農家ノ手ニ殘ルノデアリマス、然ルニ旱害ノ場合ニ於テノ米ノ供給量ト云フモノハ、六千九百万石ト計算セラレマスト、六千九百万石ダケデアツテ、此ノ屑米ナルモノガ殆ドナイト云フ狀態ナノデアリマス、而シテ本年ハ旱害ニ於ケル豐作デアツタノデアリマス、又本年度カラ二重俵裝ヲ止メテ單俵ヲ許可スルコトニナツタ、其ノ爲ノ零レ米、漏レ米ト云フモノモ、實ハ相當多數ニ見込マナケレバナラヌノデアリマス、又更ニ米價ハ下落シナイ、或ハ上ルカモ知レナイト云フ一部ノ人々ノ觀測、强制引上ヲセラレルナラバト云フノデ、之ヲ避ケンガ爲ニ米ヲ擔保トシテ金融ヲ致シテ居ル者ガ、隨分トアルコトヲ見逃スコトハ出來ナイノデアリマス、地方ノ銀行ニ於テモ遊資ガアル、餘ツテ居ル金ガアル、値ガ下ラナイ米ナラバ貸シテヤラウト云フコトデ、何時ノ間ニカ何處カニ是ガ隱サレタ狀態ニナルコトモ、考ヘナケレバナラヌノデアツテ、斯ノ如キ事情デ、計算ノ上ニ於テハ米ハ餘ル、併シナガラ市場ニ自由ニ供給セラレズ、政府モ之ヲ摑ムコトガ出來ナイト云フ狀態ノ起ル可能性ガ、極メテ大ナルコトヲ思ハナケレバナラヌノデアツテ、政府ハ斯ノ如キ事情ガ本年ニ特別存在シテ居ルコトヲ肯定スルカドウカ、チツト私ハ訝シイ例ヲ擧ゲテ見ナケレバナラヌノデアリマス、卽チ度々論議ニ上リマシタ如ク、本年度ハ、如何ナル政府ノ方針ノ下カハ分リマセヌガ、各々生産縣ニ於テ、縣ノミナラズ各町村ニ於テ自給自足ノ計算ヲ立テテ居ルノデアリマス、自分ノ村ニハ是ダケ要ルンダ、是レ以上ハ絶對ニ離サナイト云フ需給推算ヲ自ラ行ツテ居ル、此ノ爲ニ村ハ村デ自分ノ消費スルダケヲ確保スル爲ニ、多少ノ餘分ガ村ニ殘ルコトニナリ、縣ハ縣ニ於テ需給推算ヲ立テマスルガ故ニ、多少ノ餘分モ殘ツテ行クノデアル、然ルニ米不足ノ爲ニ大ナル節約ヲ必要トスル際ニ、例年ノ需給推算ヲ以テ自ラノ食糧ヲ確保スルト云フコトニナリマスルナラバ、ソレハ若シ持越量ガ殘ルトシテモ、生産縣ニ偏在ヲシテ殘ルコトニナル、食糧ニ於ケル地方分權、封建的ナ此ノヤリ方ト云フモノガ、結局持越量ヲ是等ノ縣ニ偏在シテ殘スト云フコトニナルトスルナラバ、政府モ恐ラクハ之ニ手ヲ及ボスコトガ出來ナイノデハナイカ、斯樣ナ點ヲ色々考ヘテ參リマスル場合ニ於テ、吾々ハ今後ノ食糧對策ニ於テ、應急的ニ食糧ニ於ケル中央集權ノ確立、ドウシテモ之ニ進マナカツタナラバ、需給推算ノ結果ガ破レテ來ルノデハナイカト云フ、極メテ深刻ナル憂ヲ抱カザルヲ得ナイノデアリマス

序ニ私茲ニ一言ヲ致シタイ、過去ノ例ヲ見テモ、五百万石、四百万石位ノ米ハ常ニ狂ヒヲ生ジテ、市場ニ現ハレズニ來テ居ルト云フ事實デアリマス、昨年ハ九百万石ニ近イ米ガ餘ルト公表セラレタガ、實績ハ四百六万石ト云フニ過ギナカツタノデアリマス、一昨年ハ五百万石ダケ需給推算カラ狂ヒヲ生ジテ居ツタノデアリマス、一昨々年ハ四百万石ダケ需給推算セラレテ餘ルモノガ、市場ニ現ハレズニシマツタノデアリマス、斯ノ如ク過去ノ例ヲ以テ見マシテモ、四百万石、五百万石ト云フモノハ市場ニ現ハレズニシマツテ居ルト云フ此ノ事實ヲ考ヘ合セテ見ルナラバ、政府ハ少クトモ五百万石位ノ狂ヒガ來テモ差支ガナイト云フダケノ、ソレダケノ計算ノ下ニ米穀應急措置ヲシナケレバ、若シ左樣ナ狂ヒガ起ツタ時ニ重大問題化シテ來ルコトヲ思ヘバ、吾々ハ政府ガ果シテ本米穀年度ニ於テ五百万石餘ルモノトシテノ對策ヲ立テタノデアルカ、ソレトモ五百万石位ノ狂ヒガ來テモ大丈夫ダト云フ、何等カノ積極的具體的ノ對策ヲ持ツテ居ラレルノデアルカ、此ノ點ニ關シテモ御伺ヲ致シテ見タイノデアリマス、ソコデ結局ソレナラバ、吾々ハドウ云フコトヲヤレバ宜シイノデアルカ、此ノ問題ニ關シマシテモ、十五年度ニ限ル範圍ニ於テ其ノ對策ノ一斑ヲ示シ、政府ノ之ニ對スル御所見ヲ拜承致シタイト思ヒマス、勿論第一ニハ價格ノ問題デナケレバナリマスマイ、同時ニ配給圓滑ノ爲ノ機構ノ確立デナケレバナラヌノデアリマスガ、此ノ點ニ深ク入リマスコトハ應急措置ト云フコトト多少離レル嫌モアリマスカラ、數量ノ調節ノ手段トシテ應急的ニ何ヲヤラウトスルカ、其ノ數量調節手段ニ關聯ヲシテ、今申上ゲタ所ノ價格配給機構等ニ關シテ質疑ヲ致シテ見タイト存ジマス、數量調節ノ爲ニハ誰ガ考ヘマシテモ外米、外麥ノ輸入デナケレバナリマスマイ、次ニハ節米ヲ强行スル所ニナケレバナラヌト思ヒマス、サウシテ第三ニハ是ハ特ニ小サナ問題ノヤウデアリマスケレドモ、實ハ大ナル問題デアル所ノ早場米ヲ、ドウシテ多ク本年度ニ食込マシテ行クコトガ出來ルカノ對策デアリマス

ソコデ順ヲ逐ウテ尋ネテ見タイト思ヒマスガ、外米ニ關シマシテハ、其ノ數量其ノ他ニ關シテハ、御公表ガナイト存ジマスガ、例ヘバ外麥デアリマス、此ノ小麥ヲ輸入スル、飼料ヲ取ル、サウシテ小麥粉ヲ外ニ出シテ行クト云フヤウナ途ニ於テ何等カノ對策ヲ持ツテ居ラレルカドウカ、是ガ第一點、ソレカラ節米ノ見透シニ付テドウ思ツテ居ラレルカ、酒米ヲ減石スルト言フ、ソレハ結構デアラウ、併シナガラ酒ガ遂ニ麥類ノ消費ニ依ル所ノ麥酒ニ變ツテ行ク、或ハ酒ヲ止メタ爲ニ却テ米ノ消費ガ殖エルト云フヤウナ事情ガアル爲ニ、果シテ酒米

ノ減石ト云フモノガドノ程度ノ效用ヲ發揮スルノデアルカ、其ノ見透シヲ伺ヒタイ、七分搗ニ關シテモドノ程度ヲ豫想シテ居ルノデアルカ、之ヲ伺ツテ見タイ、更ニ又代用食、混食ニ致シマシテモ、私共ハ相當程度ノ疑問ヲ持タザルヲ得ナイノデアリマス、即チ臺灣ノ第一期米ノ作付モ、大シタ增產ノ期待ガ出來ナイ程度ニ於テ種ハ下サレテ居リマス、麥ニ關シテモ大ナル增產ヲ期待ガ出來ナイト云フ程度ニ至ツテ居ルノデアリマス、其ノ他ノ代用食ニ至リマシテモ、私共ハ其ノ增產ノ對策ト云フモノヲ何等期待ガ出來ナイノデアリマス、隨テ節米ニ關シテモ恐ラク其ノ節米ノ效果如何ノ點ニ關シマスルナラバ、多大ノ疑問アリト言ハナケレバナラナイ、政府ノ見透シハドウデアルカ、早場米ニ關シマシテハ昨年ハ四百六万石ノ持越米ガアルト云フアノ時ニ於テ、大ナル混亂ガ起ツタ、本年ハ此ノ五百万石ガ市場ニ現ハレナイトスルナラバ、ドウ云フコトニナルカ、吾々ハ膚ニ粟ヲ生ズルノ思ヒガ致スノデアリマス、然ルニ之ヲ救ツタモノハ例ノ早場米デアリマス、若シ昨年ノ如ク米ガ早ク出來テ呉レレバ宜シイガ、本年十日間ダケ米ノ出來ガ遲クナツタトスルナラバ、二百万石ノ持越量不足ト同一ニナルノデアリマス、而モ本年ニ於テ早食ヒガ二百七八十万石程度行ハレテ、サウシテ是ガ七十万石、八十万石ト云フ消費增大トナツテ現ハレルノデアリマス、之ヲ差引致シテ來ルト、ドウシテモ本年度ニ於テ早場米ヲ五百万石近ク食ハナケレバ、需給ノ推算ガピツタリ合ハナイト云フ結論ニナルノデアツテ、早場米ノ對策ト云フモノヲ忘レテ居ルナラバ、端境期ニ於テドンナ混亂ガ起ルノデアルカ、吾々ハ之ヲ心配セザルヲ得ナイノデアリマス、隨テ政府ハ若シ眞ニ此ノ需給逼迫ト云フ大臣ノ只今ノ御說明、是ガ本底ノ心ヨリ出テ居ルモノデアルトスルナラバ、是等ノ對策ニ關シテ本氣ニ一ツ對策ヲ示シテ貰ヒタイ、サウシテ吾々ニ示スト云フコトハ、即チ國民ニ示スト云フコトデアリ、全國民ノ協力ノ下ニ吾々ハ此ノ問題ヲ解決致シテ行カナケレバナラナイト思フノデアリマス、從來ノヤウニ政府ハ六百五十万石ノ買上ヲシタト言フ、併シアレハ詳シクハ申上ゲマセヌガ、法律的ノ根據ハ何モナイノデアリマス、隨テ豫算ガナイノデアリマス、法律的根據ナシ、豫算ナシニ、官僚ノ秘メラレタル場所ニ於テ、是ガ計畫ヲサレタニ過ギナカツタノデアリマス、米ノ强制買上ヲスルト言フ、此ノ强制買上ノ權限ト云フモノハ、農林省令一本デハ出來ナイ筈デアル、法律ニ依ラズシテ强制買上ノ農林省令一本ヲ作ツテ置イテ、國民ニ向ツテ强制ヲ以テ恫喝ヲ致シテ來タ、議會ニ諮ラントスルニアラズ、官僚獨善ヲ以テ國民ニ米ヲ强要セントスル態度ニ至リマシテハ、到底今後ノ圓滿ナル需給ガ達シ得ラレナイデアラウト云フコトヲ私ハ心配セザルヲ得ズ、心配ナルガ故ニ眞ノ米穀政策ヲ立テルナラバ、全國民ノ協力シ得ル途ヲ以テヤツテ來ナケレバナラヌノデアル、隨テ政府ガ米ヲ買上ゲル、雜穀ヲ買上ゲル、是ダケノコトヲ以テ、今度ノ切迫致シテ居リマスル米穀應急對策ハ、ソレノミデアルト云フコトヲ國民ニ强ヒルヤウナ結果ニナルトスルナラバ、恐ラク政府ノ思フ通リノ好結果ヲ得ルコトハ出來ナイノデハナイカト心配致サザルヲ得ナイノデアリマス

ソコデドウ考ヘテモ、吾々ト致シマシテハ外米、外麥ノ問題ハ、恐ラク相當ノ手當ハ出來テ居ラナケレバナラヌ筈デアルト思フ、然ルニ此ノ外米、外麥ニ關シテサヘモ、五百万石持越ガ出來ルト云フ樂觀的考ヘ方カラシテ、何等カ旣定計畫ニ變更ガアルカノ如クニ傳ヘ聞イテ居ルノデアツテ、吾々ハ洵ニ遺憾ニ考ヘザルヲ得ナイノデアルガ、節米ノ對策ニ至ツテヘ、殆ンド其ノ效果見ルベキモノガナイノデアリマス、寧ロ吾々ハ本年度ノ如キニ於テハ、殊ニ此ノ節米對策ニ對シテ十分ニ國民ノ諒解ヲ得テ、國民全體ト協力ヲシナケレバ出來ナイ事情ニ迫ツテ居ルト思ヒ、之ニ向ツテ一ツ新ナル構想ヲ以テ積極的ナル對策ヲ立テナケレバナラナイト云フコトヲ私ハ特ニ御注意ヲ申上ゲル

其ノ對策トシテハ色々アルデアリマセウ、私ノ個人ノ考デハアリマスルガ、茲ニ切符制度ノ採用ト云フコトモ考ヘ得ルノデアリマス、尤モ切符制度ト云フコトハ先ヅ政府ガ手持ヲ多クシナケレバナラナイ、雜穀ノ買上モシナケレバナラナイ、或ハ又食糧ノ地方分權ト云フモノヲ打破スル、農民ノ米穀ノ退藏、隱蔽ヲ防止スル手段ガ講ゼラレ、生產、配給、消費、其ノ機構ガ確立ヲスルコトガ前提デハアリマセウケレドモ、併シ私ハ一ツノ例ヲ茲ニ擧ゲテ置キタイ、今回ノ歐洲ノ戰爭ニ於テ獨逸ガ一千万ノ軍事動員ヲ堂々ト疾風迅雷的ニ行ツタ、吾々ハソレヲ驚嘆シタ、然ルニ其ノ軍事動員ニ先立ツコト數日、八月二十六日デアツタト思ヒマスガ、其ノ時ニ獨逸ハ全面的ノ食糧ノ切符制度ヲ斷行致シタノデアリマス、サウシテ農業大臣ハ演說ヲシテ曰ク、足リナクナツテカラノ切符制度ハ徒ニ事態ヲ混亂ニ陷レルモノデアルガ、今豐富ナル內カラ切符制度ヲヤツテ行クコトハ、是コソ長期戰ニ對スル姿勢デナケレバナラヌ、國民ハ一ツ能ク之ニ協力シテ貰ヒタイト言ウテ居ルノデアリマス、勿論今私ハ獨逸ノアノ計畫經濟ノ完備致シテ居ルモノト、日本ノ現狀ヲ比較シヨウトスルノデハアリマセヌ、併シナガラ最後ハ必ズ全面的ノ食糧切符制度ト云フコトモ考慮ニ入レテ現實ノ此ノ事態ニ對處スルダケノ御氣持ガナケレバナラヌノデアリマス、ソコデ時間モナクナツテ參リマシタカラ簡單ニ申シマスガ、切符制度ト申シマシテモ、私ノ考ヘテ居ルノハ、如何ニシテ生產者カラ米ヲ集荷スルカ、其ノ集荷ノ基準ヲ與ヘル爲ノ切符制度ナルモノガ考ヘラレナケレバナラヌト思ヒマス、又一部ニ於テ例ヘバ勞働手帳階級、一定ノ工場地帶、消費地帶等ニ對シテモ、配給切符トシテノ切符制度ガ採用セラレナケレバナラヌノデハナイカ、九・一八ノ賃銀「ストップ」令、低物價政策、斯ウ云フモノト關聯ヲ致シテ考ヘテモ、私ハ今日ニ於テ之ヲ行ツテ置クノデナケレバ、明日ニ對スル訓練ト準備、之ヲ與フ

ルコトガ出來ナイノデハナイカト考ヘルノデアリマス、集荷ノ爲ノ切符制度、一部分ニ對スル配給ノ爲ノ切符制度、此ノ程度ノコトデモヤラナイトスルナラバ――恐ラク農林當局ニ於キマシテハ、切符制度ナドヲヤルト云フコトハ、却テ事態ヲ混亂ニ導クト言ハルルト思ヒマス、勿論私モ全面的ノモノナラバ左樣デアルト思フガ、此ノ程度ノモノデアルナラバ、大シタ混亂ナシニ行フコトガ出來ルト考ヘル、假ニ多少ノ混亂ガアルトシテモ、若シ此ノ儘ニ樂觀的ニ漫然ト急迫シタル事態ヲ經過スルナラバ、最後ノ場合ハ大ナル混亂ノアルコトヲ豫想シナケレバナラヌノデアツテ、明日ノ小混亂ヲ放任シタ爲ニ、最後ニハ收拾ノ付カザル大ナル混亂ガ起ルコトガアルトスルナラバ、長期戰遂行ヲ致シテ居ル今日ノ日本トシテ、斷ジテ許スコトノ出來ナイ大ナル政治上ノ過誤ヲ行ツタモノデアルト言ハナケレバナラヌノデアリマス（拍手）斯ノ如キ立場ニ於テ、政府ハ單ニ所有米ヲ持ツコトガ出來ルト云フダケニ止マラズシテ、モウ一歩進ンダル所ノ對策ヲ考ヘ、之ヲ吾々ニ示スコトニ誠意ヲ持タナケレバナラナイト云フコトヲ主張シテ、此ノ切符制度其ノ他ニ關シ色々申上ゲタイガ、時間ガ參リマシタノデ此ノ程度ニ於テ止メ、尙ホ政府ニ於テ進ンデ披瀝スベキモノガアルトスルナラバ、率直ニ全國民ニ向ツテ之ヲ披瀝スルト共ニ、議會ヲ通ジテ全國民ノ協力ヲ求ムルト云フ誠意アル態度ニ出デラレンコトヲ希望致シマシテ、私ノ質疑ヲ終ル次第デアリマス（拍手）

昭和十五年二月二十二日

昭和十五年度歳入歳出總豫算案竝
各特別會計歳入歳出豫算案外三件

第一　昭和十五年度歳入歳出總豫算案竝昭和十五年度各特別會計歳入歳出豫算案

第二　豫算外國庫ノ負擔トナルベキ契約ヲ爲スヲ要スル件

第三　(臨第一號)臨時軍事費豫算追加案

第四　(臨材第一號)臨時陸軍材料資金豫算追加案

報告書

一昭和十五年度歳入歳出總豫算案竝昭和十五年度各特別會計歳入歳出豫算案

右ハ本院ニ於テ可決スヘキモノト議決致候此段及報告候也

昭和十五年二月二十一日

豫算委員長　三土　忠造

衆議院議長小山松壽殿

附帶決議

一　豫算實行ニ當リテハ物資、資金、勞力ノ調整ヲ圖リ且惡性インフレーションヲ防止スルニ最善ノ方途ヲ講ズベシ

二　本豫算中時局ニ便乘セル費目尠ナカラズ其ノ實行ニ當リテハ極力節減ヲ加ヘ緊急止ムヲ得ザル施設ノ遂行ニ萬遺憾ナキヲ期スベシ

三　昭和十五年度物資動員計畫ヲ樹立スルニ當リ鐵、石炭、電力、肥料及主要食糧品等重要物資ノ增産ニ重點ヲ置キ以テ物資ノ需給ヲ調整シ且國民生活ヲ確保スベシ

四　闇取引ノ横行スルハ物價政策及物資配給ノ宜シキヲ得ザルニ因ル政府ハ速ニ適切ナル對策ヲ講ジ以テ此ノ弊風ヲ根絶スベシ

五　戰時經濟遂行ノ爲メ官吏制度ノ根本改革ヲ斷行シ官僚獨善ノ弊害ヲ打破シ民間知能ヲ動員シテ官廳統制ノ缺陷ヲ是正スベシ

六　政府ハ事變目的完遂ノ爲メ國內體制ヲ强化シ庶政革新ノ實ヲ擧グベシ

報告書

一豫算外國庫ノ負擔トナルベキ契約ヲ爲スヲ要スル件

右ハ本院ニ於テ可決スヘキモノト議決致候此段及報告候也

昭和十五年二月二十一日

豫算委員長　三土　忠造

衆議院議長小山松壽殿

報告書

一(臨第一號)臨時軍事費豫算追加案

右ハ本院ニ於テ可決スヘキモノト議決致候此段及報告候也

昭和十五年二月二十一日

豫算委員長　三土　忠造

衆議院議長小山松壽殿

報告書

一(臨材第一號)臨時陸軍材料資金豫算追加案

右ハ本院ニ於テ可決スヘキモノト議決致候此段及報告候也

昭和十五年二月二十一日

豫算委員長　三土　忠造

衆議院議長小山松壽殿

(三土忠造君登壇)

○三土忠造君　只今議題トナリマシタル豫算各案及ビ豫算外國庫ノ負擔トナルベキ契約ヲ爲スヲ要スル件、是等ノ諸案ニ付キマシテ豫算委員會ニ於ケル經過竝ニ結果ヲ御報告致シマス

豫算ノ內容ニ付キマシテハ既ニ本議場ニ於テ大藏大臣ヨリ御說明ガアリマシタノデアリマスルカラ、改メテ委員長ヨリ玆ニ申上ゲル必要ヲ認メマセヌ、仍テ別箇ノ觀點ヨリ聊カ分解的說明ヲ致スニ止メタイト存ジマス

昭和十五年度總豫算ノ金額ハ歳入歳出共ニ五十八億二千二百餘万圓デアリマシテ、之ヲ前年度ノ豫算額四十八億四百餘万圓ニ比較致シマスト、十億千八百餘万圓ノ增加ト相成ッテ居リマス、又臨時軍事費ノ追加豫算ハ四十四億六千万圓デアリマシテ、之ヲ前議會ニ於テ協贊ヲ經マシタ四十六億五百万圓ニ比較致シマスルト、一億四千五百万圓ノ減少トナッテ居ルノデアリマス、而シテ一般會計及ビ臨時軍事費ヲ合計シタ豫算額ハ百二億八千二百餘万圓トナッテ居ルノデアリマスルガ、玆ニ一ツ注意スベキコトハ、增税及ビ煙草ノ値上等ニ依ル收入六億圓ヲ、一般會計ヨリ臨時軍事費特別會計ノ財源ニ繰入レテ居ル關係ガアリマシテ、是ハ重複シテ居ルノデアリマスルカラ、之ヲ差引キマスト云フト、一般會計ト臨時軍事費トノ純合計額ハ九十六億八千二百餘万圓トナルノデアリマス、第七十四議會ニ於キマシテ協贊ヲ經マシタ昭和十四年度一般會計豫算ト臨時軍事費豫算ノ總計九十四億九百万圓ノ中ニモ、又臨時軍事費ノ財源トシテ一般會計ヨリ繰入レマシタモノガ五億三千五百万圓アリマス、之ヲ控除致シマスルト、其ノ純合計額ハ八十八億七千四百餘万圓トナリマスルカラ、昭和十四年度ノ一般會計及ビ臨時軍事費ノ合計額ト昭和十五年度ノ一般會計及ビ臨時軍事費ノ合計額トヲ比較致シマスルト、八億八百餘万圓ノ純增加トナル譯デアリマス、而シテ此ノ增加ノ內容ヲ檢討シテ見マスルト、昭和十五年度ニ於キマシテハ、國債費ニ於テ一億六千餘万圓、恩給及ビ年金ニ於テ五千三百餘万圓、ソレカラ臨時軍事費ト普通ノ國防費ト通算致シマシテ、陸海軍軍事費ナルモノガ三億三千百餘万圓增加致シテ居リマス、而シテ陸海軍以外ノ各省經費ノ增加額ハ、是等ヲ差引キマスト、二億五千六百餘万圓ニナルノデアリマス、更ニ此ノ陸海軍以外ノ各省ニ於ケル增加額ノ中、前年度ニ於ケル臨時地方財政補給金一億四千八百万圓ヲ廢止致シタノデアリマス、而シテ之ニ代ルベキ制度ト致シマシテ、新ニ地方分與税制度ヲ制定セラレマシタ爲ニ、

其ノ金額ノ增加一億二千九百餘万圓ダケ十五年度ニ於テ增加シテ居ル譯デアリマス、之ヲ又差引キマスト、其ノ他ノ增加額ト云フモノハ一億二千七百餘万圓ニ過ギナイノデアリマス、世間デハ百三億豫算ト申シマスルケレドモ、當然ノ支出並ニ國防費ノ增加等ヲ差引イテ見マスルト、純增加ハ一億二千七百餘万圓デアリマス、此ノ增加ハ主トシテ軍人援護、生産力擴充、經濟統制、貿易振興等、時局上必要トスル經費ノ膨脹ニ依ルノデアリマス、今臨時軍事費ヲ含メタル一般會計總豫算額ニ付キマシテ、行政費、軍事費等ノ類別ヲ致シテ見マスルト、先ヅ皇室費ヲ別ト致シマシテ、國債費恩給及ビ年金、諸拂戻金及ビ補塡金並ニ國庫豫備金等ヲ合セマシテ、所謂各省特殊共通費ト申シマスルモノハ十三億三千二百餘万圓ダケデアリマス、其ノ他ハ軍事費六十七億六千三百餘万圓、文治各省ノ經費ガ十五億八千二百餘万圓トナッテ居ルノデアリマス、而シテ之ヲ支辨スベキ財源ハ租税等ノ普通歳入四十億七千六百餘万圓、各特別會計ヨリノ繰入一億六千餘万圓、公債金五十三億四千五百餘万圓、前年度剩餘金ノ繰入七千五百万圓ト云フコトニナッテ居リマス、此ノ租税等ノ普通歳入ノ中デ、租税ニ付テハ今回中央地方ヲ通ズル税制改革ヲ行ヒ、之ニ依ル增收額五億二千七百餘万圓、又自然增收等ニ依リ三億七千四百餘万圓、是ダケ增加シテ居ルノデアリマス、公債財源ノ内譯ハ震災善後公債二百餘万圓、道路公債千三百餘万圓、歳入補塡公債十六億五千四百餘万圓、支那事件公債三十六億七千三百餘万圓、歳入補塡公債ハ前年度ニ比シ三億六百餘万圓ヲ增加シテ居リマスガ、一方ニ於テ昭和十四年度ニハ滿洲事件公債トシテ三億六千四百餘万圓ヲ計上シテアッタモノヲ、十五年度ニ於テハ之ヲ廢止シテ居リマスカラ、兩方差引致シマスト、昭和十五年度ハ昭和十四年度ヨリモ公債發行額ガ五千七百餘万圓ダケ減少トナル譯デアリマス、更ニ是ハ極メテ込ミ入ッテ居リマスノデ、精密ナルコトハ申上ゲ兼ネマスガ、試ニ一般會計及ビ各特別會計ノ總計ノ中カラ重複勘定ニ屬シマスモノヲ控除シ、且ツ米穀證券關係ノモノヲ除イテ見マスト、昭和十五年度一般會計各特別會計ノ純計額ハ歳入歳出共ニ大凡百十億圓前後トナルヤウデアリマス、而シテ御承知ノ通リ、臨時軍事費ニハ年度ガナイノデアリマスケレドモ、今回ノ臨時軍事費追加豫算ヲ、昭和十五年度内ニ全部支出セラレルモノト假定致シマシテ、之ヲ加算シテ見ルト、更ニ純計額ハ歳入歳出各〻約百五十億圓餘ニナルノデアリマス、是ガ即チ國家ノ總豫算デアリマス、百三億圓ト云フモノハ全部デアリマセヌ、一般會計各特別會計ヲ通ジテノ純歳計豫算ト云フモノハ、約百五十億圓ト御承知ヲ願ヒタイノデアリマス、尚ホ明年度ニ於ケル公債發行計畫ハ、一般會計及ビ臨時軍事費ニ於テ發行致シマスモノノ外、各特別會計ニ於ケル事業公債等ノ發行額ヲ合算シテ見ルト、五十七億八千二百餘万圓トナリマス、之ヲ昭和十四年度ニ比較シマスト一億四千二百万圓ヲ減少シテ居ルノデアリマス、以上ハ只今議題トナッテ居リマスル所ノ豫算案ニ付テ、別箇ノ觀點ヨリ分析シテ見タノデアリマス

右豫算案ヲ審議致シマスル爲、第一回豫算總會ヲ本月五日ニ開會致シ、十九日ニ審査ヲ終了致シタノデアリマス、而シテ豫算總會ヲ開クコト十日、分科會ヲ開クコト三日、此ノ間ニ於キマシテ行政各般ノ事項ニ亙リマシテ、種々ナル角度ヨリ熱心ナル質疑應答ヲ重ネラレタノデアリマシタガ、詳細ハ速記録ニ依ッテ御覽ヲ願フコトニ致シマシテ、其ノ中主要ナル問題ヲ抽出シマシテ、要點ダケヲ御紹介申上ゲマス、其ノ第一ハ申スマデモナク財政ノ問題デアリマス、又財政問題ノ中ノ第一番ハ豫算ト物トノ關係デアリマス、即チ一般會計、特別會計及ビ臨時軍事費ヲ合セマシテ、只今申上ゲマシタ通リ正味百五十億圓餘ノ巨額ニ上ル此ノ厖大ナル豫算ガ、現在ノ物資生産供給ノ實情ヨリシテ、果シテ支障ナク實行シ得ルヤ否ヤト云フ中心問題ヲ繞ッテ、物動計畫及ビ生産力擴充計畫等ニ付キマシテ愼重ナル檢討ガ行ハレ、豫算ハ果シテ物動計畫ト睨ミ合セテ編成セラレタノデアルヤ否ヤ、生産力擴充計畫ハ豫定通リ進捗シテ居ルヤ否ヤ、豫算施行上實行豫算ノ編成ヲ餘儀ナクセラルルノデハナイカ、斯樣ナ諸點ガ最モ問題トナッタノデアリマス

次ハ公債消化ノ問題デアリマス、年々巨額ノ公債ヲ發行シ、本年度モ亦一般會計及ビ特別會計ヲ通ジテ前年度ト大差ナキ公債ノ發行ヲ見ル譯デアリマスルガ、是ガ我國ノ財政經濟上果シテ圓滑ニ消化シ得ルヤ否ヤ、惡性「インフレーション」ヲ招來スルヤウナコトハナイカ、公債ノ消化ニ付何等カノ對策ヲ講ズルノ用意ハナイカ、豫算編成上明年度ノ資金計畫ヲ如何ニ考慮シテ居ルカ、斯ウ云フ風ナ諸點ガ最モ重要ナ問題トナッタノデアリマス、又豫算積算單價ト豫算實行ノ問題、通貨及ビ金融ノ問題ガ檢討セラレマシタ、而シテ政府ノ答辯ハ先ヅ物ノ點ニ付キマシテハ、昭和十五年度豫算ハ物動計畫概案ヲ基準トシテ、物ト金トヲ愼重ニ睨ミ合セテ編成シタモノデアッテ、情勢ニ著シキ變化ナキ限リ、大體支障ナク實行シ得ルト考ヘルト云フノデアリマス、物動計畫及ビ生産力擴充計畫ニ付キマシテハ、本會議及ビ豫算總會ノ祕密會ニ於テ、政府ノ説明ガアリマシタコトハ御承知ノ通リデアリマスガ、更ニ豫算總會ニ於テ政府ノ公表セラレタ所ダケヲ玆ニ御紹介申上ゲマス

昭和十四年度生産力擴充計畫中、略〻計畫通リ、又ハ計畫以上ノ實績ヲ收ムル見込ノモノハ、銑鐵、特殊鋼、「アルミニウム」、曹達灰、苛性曹達、工作機械、自動車、製紙用「パルプ」、羊毛、發電能力等デアリマス、其ノ他ノ品目ハ計畫ニ比較シテ幾分減少ヲ示シテ居ル、ソレデモ前年即チ昭和十三年度ノ生産實績ニ比ベテ、極ク少數ノ例外ヲ除イテハ何レモ增産トナリマス、十五年度ノ見透シハ十四年度ニ增加シタ設備ヲ十分活用スルコトニ依リ、其ノ生産額ハ更ニ增加スル見込デアリマス

次ニ十四年度ノ物資動員計畫デアリマスルガ、内地、朝鮮、滿洲ニ亙ル旱害、北支ノ水害ノ如キ天災ヤ、歐洲戰爭ノ勃發等ニ依ッテ全ク豫期シナイ障碍ヲ受ケタシ、又物ニ依ッテハ配給機構ナドノ十分整備シテ居ナイコトナドト相俟ッテ、計畫ノ實施上可ナリナ影響ヲ受ケテ居リマス、ケレドモ第三國向輸出貿易ハ年度ノ後半ニ至ッテ好成績トナリ、年度内ニハ計畫額以上ニ達スル見込ハ確實デアルト云フノデアリマス、又十五年度ノ見透シニ付キマシテハ、十四年度ノ實績ニ比ベテ、國内ノ生産モ亦圓

「ブロック」カラノ輸入モ增加スル見込デアルシ、第三國向輸出貿易モ今日ノ情勢カラ見レバ、尙ホ相當ノ進展ヲ期待シテ宜シイト思フ、隨テ輸入物資ガ價格昂騰スルコトヤ、在庫數量モ減少スルコトヲ考慮ニ入レテモ、物資ノ供給總數量ハ十四年度ノ實績ヨリハ、更ニ增加スルモノト見透ジヲ付ケテ居ルト云フノデアリマス

實行豫算編成ノ問題ニ付キマシテハ、叙上ノ如キ物資ノ狀況ニ鑑ミ、只今ノ所ハ編成ノ意思ナシト云フ答辯デアリマシタ、公債消化ノ問題ニ付キマシテハ、今日マデノ所、公債消化ハ順調ニ行ハレテ來タノデアツテ、今後トモ一層國民ノ貯蓄ヲ奬勵シ、國民ノ强力ナル援助ヲ得テ、一段ノ努力ヲ致シタイト思フ、强制貯蓄又ハ公債ノ强制保有ト云フコトハ只今ノ所考ヘテハ居ラヌ、併シ今後ハ何等カノ新工夫ガ要ルト思フ、來年度ノ資金計畫ハ大體今年度ト同樣ト見テ豫算ヲ組ンデ居ルノデアルガ、貯蓄奬勵ノ目標ハ百二十億圓程度ニ置ク考デアルト云フノデアリマス、豫算單價ノ問題ニ付キマシテ、昭和十五年度ノ豫算ハ、大體昭和十三年秋頃ノ物價事情ヲ考慮シテ、之ニ依ツテ定メタル單價ヲ以テ積算シテアルトスレバ、現下ノ物價事情、物資不足ノ狀況ヨリ見マシテ、豫算ハ到底執行困難デアラウ、此ノ場合ニ於テハ事業ノ規模ヲ縮小スルカ、又ハ追加豫算ヲ提出スルカト云フ質問ニ對シテ、大藏大臣ヨリ豫算ノ實行ニ當ツテハ、事務及ビ事業ノ能率增進ニ努ムル一方、代用品ノ使用、規格ノ低下等ヲ行ツテ支障ナキヲ期スル考デアル、而シテ萬一物價騰貴ノ爲、豫算ノ執行ニ困難ヲ生ズルヤウナ場合ニ於テハ、忍ビ得ル限度ニ於テ事業規模ノ縮小、取得數量ノ減少等ヲ行ヒ、更ニ場合ニ依ツテハ事業ノ中止又ハ繰延ヲ斷行スルモ亦已ムヲ得ズト考ヘルガ、其ノ眞ニ已ムヲ得ザルモノニ付テハ、豫備金又ハ追加豫算ヲ以テ處理スルト云フコトデアリマシタ、尙ホ財政問題ニ關聯シテ通貨及ビ金融問題ガ論ゼラレマシタコトハ申スマデモアリマセヌ即チ通貨膨脹ヲ抑止スル具體策如何、日本銀行兌換券發行制度竝ニ臺灣銀行及ビ朝鮮銀行ノ發券準備制度改正ノ要否、低物價政策ノ遂行ニ關聯シタル公債ノ利子引下、會社配當制限ノ强化等ノ問題デアリマス、之ニ付テハ大藏大臣ヨリ通貨膨脹ニ付キマシテハ嚴ニ注意シナケレナバラヌノデ、出來ルダケ通貨收縮ノ方策ヲ講ジテ居ル、併シ其ノ目安ヲ何處ニ置クカニ付キマシテハ、遠カラズ基準ヲ定メタイ、農村方面ノ購買力吸收モ必要デアラウシ、勞務者ノ年金制、保險制度ノ擴張ト云フヤウナコトモ亦一案タルヲ失ハナイ、併シ富籤ノ發行ニ付テハ道義的ナ影響ヲモ考ヘナケレナバナリマセヌカラ、愼重ナル考慮ヲ要スル、日本銀行兌換券ノ發券制度ヲ根本的ニ改正スルコトニ付テハ十分研究ヲ要スルガ、臨時的ニ適當ナル措置ヲ執ルコトハ必要デアラウ、臺灣銀行及ビ朝鮮銀行ノ發券準備タル日本銀行券ヲ預金制度ニ代ヘルコトニ付キマシテハ、十分ナル研究ヲ遂ゲタイ、公債ノ利子ニ付テハ今日ハ數年前ヨリハ非常ナ低金利デ、國債ノ利率モ三分五厘デアリ、今回此ノ國債利子ニ對シテ所得稅ヲ增徵スルコトトナリ、更ニ利廻低下ヲ來スコトニナルノデ、是レ以上ノ低下ハ戰時經濟政策ニ相當影響アリト考ヘル、又配當制限ノ强化ニ付テハ生産擴充政策ノ遂行ニモ影響ガリ、現在ノ最高一割ヲ更ニ低下スルガ如キコトハ考ヘテ居ラナイト云フコトデアリマシタ

第二ハ國防費ノ問題デアリマス、陸軍ノ國防計畫ハ現在要求シテ居ル所ヲ以テ其ノ全貌ト見テ宜イカ、其ノ將來ノ見透シ如何、又海軍ノ建艦計畫ニ付テモ、米國ノ、大建艦計畫ニ對應シテ國防ノ安固ヲ期シ得ルノ確信ガアルカ、斯ウ云フ點デアリマス、之ニ對シ陸軍大臣ハ、陸軍トシテハ現在支那ニ於テ大規模ノ作戰ヲ遂行シテ居リ、又一方國際情勢ノ推移ニ對シテモ見透シヲ付ケナケレバナラナイ、仍テ既定ノ軍備充實計畫ニ修正ヲ加ヘ、ココ二三年ノ間ハ是デ宜イト云フ最小限度ノ差當リノ計畫ヲ立テタノデアツテ、是ガ全貌ト云フ譯デハナイ、其ノ全貌ヲ示スコトノ出來ナイノハ洵ニ遺憾デアルガ、國家ノ財政其ノ他所謂國力ニ重點ヲ置キ、當面最小限度ノ國防計畫ヲ樹立セネバナラヌノデ、之ヲ以テ最善ノ努力ヲ致ス考デアルト云フ答辯デアリマシタ、又海軍大臣ヨリハ米國ノ第三次「ビンソン」案ハ經費六億五千五百万弗、二箇年計畫ヲ以テ、二十一隻十六万七千噸ヲ建造スルコトニナツテ居リ、海軍トシテハ十分ニ之ニ注意シテ居ル、艦艇製造費ハ昭和十二年度及ビ昭和十四年度ノ既定計畫ヲ現ニ實行中デアルガ、米國ノ建艦ニ付テモ之ヲ仔細ニ檢討シタ結果デアルカラ、心配ハ要ラヌト云フ答辯デアリマシタ

尙ホ臨時軍事費豫算ニ關シテ、事變ガ動的狀態ヨリ靜的狀態ニ移リツツアル際デアルニ拘ラズ、臨時軍事費ノ減少ガ少イデハナイカ、一般會計ノ支辨トスベキモノヲ、漸次臨時軍事費ヘ移換シテ居ルノデハナイカ、陸軍臨時軍事費及ビ海軍臨時軍事費共ニ減少ヲシテ居ルノニ對シテ、豫備費ガ却テ增加シテ居ル理由如何、豫算外契約ニ依ル國庫負擔額モ增加シテ居ルガ、昨年ノ議會デ協贊ヲ經タ豫算外契約ハ現實ニ締結シタカト云フ質問ガアリマシタ、之ニ對シテハ陸海軍及ビ大藏當局ヨリ、占領地域モ擴大シ、新中央政權ガ出來ルト共ニ、政略ト軍略ノ協調ヲ必要トシ、作戰上ノ必要モ亦起ルノデアツテ、急激ニ減少サセルコトハ困難デアル、一般會計デ支辨スベキモノヲ臨時軍事費デ支辨シテ居ルヤウナモノハナイ、陸軍ニ於テハ內地ノ補充業務、海軍ニ於テハ各部隊維持費ヲ臨時軍事費ニ移シタ爲ニ、其ノ額ダケ臨時軍事費ガ增加シタノデアル、豫備費ハ最近ニ於ケル豫備費使用ノ狀況ニ鑑ミテ之ヲ增加シタノデアル、豫備費ニ計上シテアル物資ハ、物動計畫ト能ク見極メヲ付ケテアルノデアルガ、其ノ將來ノ物動計畫ト睨ミ合ス必要ノアル部分モ幾分カアル、昨年協贊ヲ經タ豫算外契約ニ付テハ、契約權ハ生産力其ノ他ノ關係カラ、今日マデノ所マダ行使シテ居ナイ、併シ兵器ノ複雜化、國際情勢等ニ依リ兵器其ノ他ノ製造調達ニ長時間ヲ要スルモノガ增加シタノデ、萬一ノ場合ニ備フル爲ニ契約額ヲ增加シタノデアルト云フ答辯デアリマシタ

第三ハ事變處理ノ問題及ビ各種外交上ノ問題デアリマス、即チ東亞新秩序ノ意義如何、東亞新秩序ノ建設ハ第三國ヲ排除スルモノナリヤ否ヤ、汪精衛氏ノ新政權ニ對シ、政府ハ軍事的財政的及ビ經濟的ニ如何ナル援助ヲ與フル考デアルカ、汪氏ハ國民政府ノ法統ヲ繼承スルモノナリヤ否ヤ、新政權ノ政治指標原理ハ三民主義ヲ以テスルカト云フ根本

的ナ點及ビ九箇國條約ハ支那事變處理ニ障碍アリト思フガ、之ヲ廢棄スルノ意思ナキヤ否ヤ、大陸ニ於ケル經濟政策ハ矛盾ヲ來シテ居ル事實ガアル、日滿支經濟「ブロック」ハ何時完成スルカト云フヤウナ點デアリマス、之ニ對シマシテ外務大臣ヨリ、東亞ノ新秩序トハ日滿支ノ三國ガ各〻其ノ獨立ヲ維持シ、各〻個性ヲ發揮シテ政治的、經濟的、又文化的ニ互助聯關ノ關係ヲ續ケテ行クコトデアルガ、是ハ第三國ト經濟的ナ關係ヲ持タナイト云フコトヲ意味スルモノデハナイ、此ノ點ニ付テハ歐米列强ニ誤解ガアルノデ、政府トシテハ事アル毎ニ我國ノ態度竝ニ方針ヲ明ニシテ居ルノデアルガ、未ダ十分ニ之ヲ氷解セシムルニ至ツテ居ナイ、九箇國條約ノ或ル條文ハ、東亞ニ於ケル今日ノ新事態ニ即シナイモノガアルカモ知レナイガ、又半面ニ於テハ其ノ廢棄ノ及ボス影響モ考ヘネバナラヌシ、愼重考慮ヲ要スルモノト考ヘル、斯ウ云フ答辯デアリマシタ、又總理大臣、外務大臣、陸軍大臣及ビ海軍大臣ヨリハ、汪政權ニ對シテハ財政上及ビ軍事上ニ出來得ル限リノ援助ヲ與ヘル積リデアリ、日支經濟提携ニ付テモ十分手ヲ握ツテ行キタイ、而シテ新政權成立ノ曉ニ於テハ大使又ハ公使ヲ交換スル用意ガアルコトヲ言明サレタノデアリマス、又國民黨ノ主義綱領ニ於テ容共抗日ノ精神ヲ含マヌノデアレバ、東亞新秩序ノ建設ニ障碍アルモノトハ考ヘナイ、三民主義ニ付テハ從來色々ノ解釋ガアツタガ、汪精衛氏ハ其ノ根本ヲ東洋ノ思想ニ置キ、又最近ハ我國ノ影響ヲ受ケテ相當ニ改メテ居ル、我國トシテハ之ヲ警戒シ、從來ノ如ク容共抗日ノ方向ニ逸脱セヌヤウニ指導サシテ行ク積リデアルト云フノデアリマシタ、又大陸ニ於ケル經濟政策ニ付テハ、内地ニ於ケル物資及ビ資金計畫ト睨ミ合セテ、資源關係ニ重點ヲ置イテ居ルノデアツテ、矛盾ヲ來シテ居ル點ガアレバ、適當ニ調整スル、聯銀券ノ増發ニ基ク北支ノ物價騰貴ノ問題ニ付テハ、日滿支ヲ通ジテ適當ナル調整方策ヲ立テタイトノ答辯ガアリマシタ、又大藏大臣ヨリ日滿支ヲ通ズル經濟ノ確立ハ、大體昭和十八年度ヲ目標トシテ關係當局ニ於テ計畫中デアリ、我國ニ於ケル生產力擴充計畫ニ即應シテ考ヘルノデアルト云フ答辯ガアリマシタ

次ニ外交ノ問題デ一番論議ノアリマシタノハ、防共協定、對米問題及ビ對「ソ」問題デアリマス、獨「ソ」不侵略協定締結後ニ於ケル防共協定ノ行方如何ト云フ質問ニ對シテハ、外務大臣ヨリ、防共協定ハ第三「インターナショナル」ニ對スル共同防衞ヲ約束シタモノデアツテ、當初日獨間ニ其ノ協定ガ出來、其ノ後伊太利、洪牙利、西班牙及ビ滿洲國ガ參加シテ來タモノデアル、獨「ソ」不侵略條約締結ニ伴ヒ、獨逸ノ本協定ニ對スル熱意ハ薄ライデ來タトハ思ハレルガ、我國トシテハ防共ノ精神ニ變リハナク、隨テ之ヲ廢棄スル意思ハナイ、ソレカト云ツテ更ニ之ヲ强化スルト云フコトモ考ヘテ居ナイトノ答辯デアリマシタ

對米問題ニ付キマシテハ、日米通商條約廢棄後ノ對米外交ハ如何ニ持ツテ行クノデアルカ、日米關係上萬一ノコトガアツタ場合、我國ニ於テハ之ニ對處シテ行ク用意ガ出來テ居ルカトノ質問ニ對シマシテハ、日米通商航海條約ヲ米國ガ廢棄シタノハ、其ノ後ノ經過等ニ照シ合セテ見マシテモ、支那ニ於テ派生シタル色々ナ日米間ノ問題ノ解決ニ資セシメントスル考モアルト疑ハレル、更ニ遡ツテハ、支那ニ對スル主義主張ノ相違ト云フ所ニモ引ツ懸ツテ居ルト思ハレル、隨テ是等ノ點ヲ明瞭ナラシメザル限リ、急速ニ通商條約又ハ暫定條約ヲ締結スルコトハ困難デアルト思フ、併シ條約締結ニ對シテハ出來得ル限リノ努力ヲ續ケテ行キタイ、ソシテ條約ガ出來ルマデ、其ノ過渡時代ヲ成ベク不安定デナイヤウニシテ、實際上條約ガアルノト變リナイヤウニ努力シテ行ク積リデアルトノ答辯デアリマシタ

尚ホ商工大臣及ビ企畫院ヨリハ、日米關係ニ萬一ノ場合ガアツテモ、十分ニ對處シ得ル用意アリト强ク斷言セラレタノデアリマス、又對「ソ」問題ニ付キマシテハ、外務大臣ヨリ、漁業條約、北樺太利權問題等、各種ノ案件ガ未決ニナツテ居ル、通商條約モ目下「モスコー」ニ於テ交渉中デアル、滿「ソ」ノ國境確定問題ニ付テモ、稍〻停頓ノ狀況ニハアルガ、決シテ惡イ狀況ニアルノデハナイ、日「ソ」ノ國交調整ニ付テハ「ソ」聯ノ反省ヲ促シテ改善シテ行キタイト云フコトデアリマシタ

第四ハ經濟問題デアリマス、最モ議論ノアリマシタノハ、言フマデモナク物價ノ問題、ソレカラ最近深刻ナル社會不安ヲ惹起シタ石炭ノ問題、電力ノ問題、食糧及ビ之ニ關聯シタル肥料ノ問題等デアリ、是等ノ問題ヲ繞リテ連日華々シイ論戰ガ交ハサレタノデアリマス、先ヅ物價ノ問題ニ付キマシテハ、所謂適正物價ハ如何ニシテ決定スルカ、適正價格ノ決定ニ當ツテハ、當業者ノ協定價格ヲ基礎トスルカ、又ハ官廳ノ決定スル所ニ依ルカ、國際物價ト適正物價トノ關係如何、物價委員會ノ强化等ノ基本的問題ノ外ニ、生活必需品ノ切符制度ヲ實施スル意向ノ有無、勞務者ノ初給賃金改訂ノ要否、賃金「ストップ」緩和ノ要否、家族手當ノ支給、下級官吏ノ待遇改善等ノ實際的問題ニ至ルマデ、頗ル熱心ニ論議セラレタノデアリマス、而シテ之ニ對スル答辯トシテハ、商工大臣ヨリ適正價格ハ學術的ニ研究シテ行ケバ何箇月モ掛カルコトニナルデアラウ、故ニ理論ニ拘泥セズ敏速ニ眼ダメデヤツテ行ク積リデアル、而モ適正價格ノ決定ニハ當業者ノ協定價格ニ準據ヲ置ク、國際物價トノ關係ニ付テハ、物ニ依ツテハ輸入品ニ依ルモノモアリ、又國内物價ニ依リ輸入品ノ價格ヲ定メルコトモアリ、一概ニハ論ゼラレヌト云フ答辯ガアリマシタ、物價委員會强化ノ問題ニ付キマシテハ、總理大臣ヨリハ目下研究中ト云フ答辯、商工大臣ヨリハ物價委員會ヲ物價ノ決定機關トスルコトハ利弊、何レモ存スル所デアルカラ、愼重考究ヲ要スル、生活必需品ノ切符制度ハ、今後ノ情勢ニモ依ルコトデアリマスルガ、即時實施スル意思ハナイト云フコトデアリマシタ、又厚生大臣ヨリハ勞務者ノ初給賃金ハ各種ノ事情ヲ參酌シテ決定シタノデ、之ヲ改訂スル意思ハナイ、賃金引上停止ヲ緩和スルト云フコトハ、此ノ際考慮スルコトハ困難デアルガ、適正賃金ニ付テハ早ク決定シタイ、家族手當ニ付テハ其ノ支給ノ方法及ビ内容等ニ付キ、關係當局ト協議中デアルトノ答辯ガアリ、大藏大臣ヨリハ、下級官吏ノ待遇改善ニ付テハ、共濟制度ヲ以テ考慮スルコトトスル、減俸ノ復活ハ將來其ノ時期ニ立至ルカモ知レナイガ、現在俸給賃金引上ノ一般的停止ヲシテ居ル建前

上困難デアルト云フノデアリマス

次ニ石炭ノ問題ニ付テハ、石炭不足ノ根本的原因如何、又之ヲ如何ニシテ解決スルカト云フ點ガ其ノ中心デアリマシテ、或ハ石炭ノ不足ハ公定價格政策ノ破綻デハナイカ、坑夫ノ入坑率低下ハ健康保險ノ傷病手當ガ多額ニ過ギル結果デハナイカ、石炭ノ配給機構改善ニ付テノ具體的方策アリヤ、增産奬勵金ハ低物價政策ト矛盾シハシナイカ、石炭飢饉ニ對處スル爲多大ノ損失ヲ忍ビ外炭ヲ輸入シタコトハ、啻ニ外貨ヲ浪費シタバカリデナク、外國ニ對シ國内物資ノ不足ヲ窺知セシメタノデハナイカト云フヤウナ點デアリマス、之ニ對シ商工大臣ヨリ、石炭ノ問題ニ關スル根本的對策ハ目下考究中デアル、即チ現在ノ石炭飢饉ハ、資材及ビ勞力ノ不足ガ其ノ根本的原因デアルノデ、之ニ關シテハ適當ナル對策ヲ樹立スル、又中小炭坑ニ對スル資金融通モ考ヘル、配給機構ニ付テモ根本的改善ノ方法ヲ考ヘタイガ、併シ石炭ノ單價ノ引上ハ低物價政策ヲ堅持シテ行ク建前カラ面白クナイ、多少不適正ナルモノガアルカモ知レヌガ、全面的ニ不適當デアルトハ考ヘテ居ナイ、ソレデ石炭ノ增産ニ付テハ奬勵金制度ヲ利用シテ之ヲ促進シ、尙ホ引合ハヌ炭坑ニ付テハ特別ノ助成金ヲ支給スルノ途ヲ考ヘタイ、此ノ際ニ於ケル品質低下ノ問題ニ付テハ十分ニ對策ヲ講ジテ行ク積リデアル、外炭ノ輸入ヲ斷行シタノハ石炭ノ飢饉ガ治安上ノ問題トナッタノデ已ムヲ得ズ緊急ノ措置トシテ行ッタノデアルト云フ答辯デアリマシタ、炭坑夫ノ入坑率低下ノ問題ニ付キマシテハ、厚生大臣ヨリ、健康保險ノ傷病手當ガ多額ニ過ギルコトガ其ノ原因トナッテ居ル事實ハナイガ、其ノ影響ニ付テハ善處スルト云フコトデアリマス、電力ノ問題ニ關シマシテハ、電力飢饉招來ノ原因及ビ其ノ責任ノ所在如何、電力問題解決ノ根本的對策如何、斯ウ云フ點ガ論議ノ中心トナッタノデアリマシテ、遞信大臣ヨリ電力飢饉ノ原因ハ未曾有ノ渴水ガ其ノ根本的原因デアリ、且ツ發送電會社ノ石炭入手難及ビ一部購入石炭ノ熱量不足モ亦其ノ一因デアルガ、大體ニ於テ不可抗力ニ基因スルモノト認メテ居ル、併シ是ガ爲ニ各産業ニ非常ナル迷惑ヲ及ボシタコトニ付テハ、深ク責任ヲ痛感シテ居ルノデアル、電力問題ニ關スル根本的對策トシテハ、發電用「ダム」ヲ造ル必要ガアリ、目下大規模ニ水利調査ノ進行中デアルト云フコトデアリ、電力休業ニ因ル損失ヲ政府ニ於テ補償スルコトハ、各種事變ノ影響ニ因リ損失ヲ被ッテ居ル者トノ權衡上如何カト思ハレルノミナラズ、實際問題トシテモ補償ハ困難デアルトノ答辯デアリマシタ、又厚生大臣ヨリ電力不足ニ因リ休業シタ場合、休業手當ヲ日給ノ六割程度、業主ヨリ出サセルコトトシタノハ、勞資共々ニ此ノ際出來得ル限リ犧牲ヲ忍ンデ貰フト云フ考ニ出タノデアル、而モ之ニ對スル損失補償ハ考ヘナイト云フコトデアリマシタ

食糧問題ニ關シテハ、昭和十五米穀年度ノ米穀需給ノ推算ノ適否ニ付キマシテ、眞劍ナル檢討ガ行ハレ、尙ホ之ニ關聯シテ配給機關ノ問題、肥料ノ問題等ガ論議セラレタノデアリマス、農林大臣ノ答辯ニ依レバ、昭和十五米穀年度ノ米穀需給ハ、供給ハ内地六千九百万石、朝鮮千四百万石、臺灣千万石、合計九千三百万石、之ニ昨年度ヨリノ持越米四百七十万石及ビ外米輸入高ヲ加ヘマシテ一億石以上ニ達シ、他方消費ノ方面デハ七分搗、酒米節約等ニ依リ、多少節米ヲ講ズル結果、九千五百万石、之ニ輸出百万石ヲ加ヘテ九千六百万石ノ所要ト見レバ、端境期持越高ハ四百五十万石ヲ下ラズ、或ハ五百万石以上ノモノニナルカモ知レナイ、最近ノ米穀事情ヨリスレバ、强制買入ノ實際的發動ハ其ノ必要ハナイ、又將來ニ於テモ其ノ必要ノナキヤウニ措置スル、即チ供米ノ促進ニ努ムル一方、政府米ノ充實ヲ圖ル爲、今期議會ニ其ノ改正法案ヲ提出シテ居ル米穀應急措置法ノ運用等ニ努メテ行ク考デアル、尙ホ米穀ノ增産ニ付、奬勵金ヲ交付スル考ハ持ッテ居ラヌトノコトデアリマシタ、朝鮮及ビ臺灣ノ外地米增産計畫ニ付キマシテハ、拓務大臣ヨリモ設明ガアッタノデアリマス、又米穀ノ配給機構ニ付テハ、商業組合制度ヲ活用シテ行タ考デアル、農業用資材ニ付テハ物動計畫ニ入レテアリ、其ノ數量ハ是非確保シタイト思ッテ居ル、又肥料ニ付テハ國營又ハ國家管理ヲ今直チニ實行スルコトハ困難デアルガ、將來其ノ方向ニ向ッテ行クモノト思フト云フ答辯デアリマシタ、尙ホ又食糧問題ニ關聯シテ、農地ノ減少、農業勞働力ノ不足ノ問題、延イテハ家畜ノ飼料不足ノ對策、斯ウ云フ點モ論ゼラレマシタ、之ニ對シテハ農地減少ノ傾向ハ憂フベキコトデアルカラ、有閑地ノ利用ニ付テハ大イニ考ヘル、農業勞働力ノ不足ニ付テモ適當ナ調整方策ヲ考究スル、又家畜ノ飼料ニ付テハ外國ヨリ相當ノ輸入ヲ爲スニアラザレバ、此ノ危機ヲ打開スルコトハ困難デアルト思フカラ、現ニ機宜ノ措置ヲ講ジツツアルト云フ答辯デアリマシタ

次ハ貿易ノ問題デアリマス、貿易省ノ設置ノ方針如何、歐洲戰爭ハ貿易ノ如何ニ影響スルカ、圓「ブロック」向輸出ヲ制限スル意思ナキヤ、綜合「リンク」制ヲ擴張スル意思ナキヤ、斯ウ云フヤウナ質問ニ對シマシテハ、政府ヨリハ貿易省ヲ設置シ、我國ノ貿易政策ヲ確立スルコトハ最モ望マシイガ、今日ノ現狀デハ色々ト實行スベキコトガ多イノデ、摩擦ノ多イ複雜ナ問題ハ姑ク措イテ、現今ノ機構ノ下デ、最モ敏速ニシテ且ツ效果的ナ政策ヲ執リタイト思フカラ、貿易省ノ設置ハ取止メル旨ノ言明ガアリマシタ、又歐洲動亂ニ依リ貿易ハ幾分伸張ヲ見ルモノト思ハレル、圓「ブロック」向輸出ハ相當調整ノ要ガアル、綜合「リンク」制ハ或ハ實行シタ方ガ宜イカモ知レヌガ、十分調査シ、考究スルト云フコトデアリマシタ、其ノ他爲替ノ基準、取引所ノ改革、軍需品ノ支拂價格、生絲ノ價格、勞務動員等ノ問題ガ論議セラレタノデアリマス

尙ホ國民精神總動員中央聯盟ノ機構ニ付キマシテ、斯ウ云フ質問ヲ致シタノデアリマス、現機構ハ官僚中心ノ組織デアル爲ニ、國民精神ヲ昂揚スルコトガ出來ナイ、仍テ政府ハ國民ヲ基調トシ、其ノ代表者ヲ中樞トスル機構ニ改革シテ、其ノ機能ヲ十分ニ發揮スル必要アリト思フガ、之ニ對スル政府ノ所見如何、斯ウ云フ質問ニ對シマシテ、總理大臣ヨリ「現下ノ重大ナル時局ニ際シマシテ國民精神總動員ノ仕事ノ最モ重要デアルト云フコトハ申スマデモゴザイマセヌ、尙ホ事變ガ長期ニ亙リ、或ハ更ニ又時局ノ重大性ヲ加ヘテ參リマスヤウニナリマスレバ、更ニ國民精神總動員聯盟ニ對シマシテ期待スル所ハ益々多クナルノデアリマス、政府ト致シマシテ

ハ此ノ聯盟ノ機構及ビ內容ノ充實ヲ圖リマシテ、國民ノ精神ヲ彌ガ上ニモ昂揚サセル爲ニ、國民ヲ基調ト致シマス所ノ根本的ノ改革ヲ斷行致シタイト考ヘテ居リマス」斯ウ云フ答辯デアリマシタ

尙ホ委員會ニ現ハレマシタ事柄ヲ申上ゲマスル最後ニ於キマシテ、陸海軍ノ豫算分科會ニ於キマシテ、陸海軍大臣ヨリ說明サレマシタコトヲ茲ニ諸君ニ御報告致シマスルコトハ、委員長ノ最モ欣快トスル所デアリマス、ソレハ國民ノ愛國ノ至誠ニ發スル國防獻金、恤兵獻金等ノ實況デアリマス、卽チ陸海軍兩大臣ハ事變勃發以來獻納金品ヲ通ジテ、全國民ヨリ陸海軍ニ寄セラレタル熱烈ナル後援ニ對シ、議會ヲ通ジテ國民ニ深ク感謝ノ意ヲ表シタイト云フ趣旨ニ依ツテ、本年二月十一日現在ノ獻納金品ノ種類及ビ價格竝ニ其ノ從來ノ使用方法ニ付テ說明ガアリマシタ、陸軍ニ於テハ、國防獻金五千四百七十八万餘圓、國防獻品推定價格四百九十八万餘圓、恤兵金二千八百六十万圓、恤兵品推定價格八百五十五万圓、學藝技術奬勵金三百五十七万餘圓、總計一億四十九万九千圓、海軍ニ於テハ、國防獻金二千七百三十三万圓、恤兵金一千五十五万圓、學術技藝奬勵金百二十七万圓合計約三千九百十五万圓、外ニ恤兵品推定價格三百五十七万圓ノ巨額ニ上ツテ居リマス、而シテ是等ノ金品ノ使途ハ、獻納者ノ意向ニ副フヤウ愼重考究ノ上決定シテ居リマスガ、國防獻金ニ依リ製作シタルモノハ、陸軍ニ於テハ、飛行機二百九十八臺、戰車裝甲車百四十臺、高射砲二百五十九臺、重機關銃六百七十五、輕機關銃百七十六其他デアリマス、海軍ニ於テハ、飛行機三百五十二、各種兵器三千數百點ニ上ツテ居ルト云フ說明デアリマシタ

以上ハ豫算委員會ニ現ハレタル質問應答ノ中、其ノ主要ト認ムル項目ヲ搔摘ンデ御紹介致シタノデアリマス、茲ニ私ノ遺憾ニ思ヒマシタコトハ、各大臣ノ御答辯中ニハ、研究スル、考慮スル、努力スル、斷行スル、邁進スル、斯ウ云フヤウナ言葉ノミガ多クシテ、具體的方策ノ開陳ガ甚ダ少ナカツタコトデアリマス(拍手)一言以テ之ヲ蔽ヘバ隔靴搔痒ノ感ナキ能ハズト申サナケレバナリマセヌ、尤モ政府ハ議會ノ中途ニ更迭セラレタノデ、豫算案ノ如キハ前內閣ノ手ニ依ツテ編成セラレタモノヲ其ノ儘取次イデ居ルノニ過ギナイノデアリマス、隨テ各大臣共ニ其ノ豫算ノ內容ガ、本當ニ肚ニ入ツテ居ラレヌヤウナ事情モアリマセウ(拍手)ソレハ十分御察シ致シマス、ソレニシテモ豫算委員會ニ於ケル質問應答ノ結果ヨリ見テ、何等ノ抱負經綸モナク、唯漫然トシテ此ノ重大時局ヲ擔當セラレタノデハナイカト云フ、一種不安ノ感想ヲ一般國民ニ與ヘタコトハ、否ムベカラザル事實デアルト思ヒマス(拍手)併シナガラ折角ノコトデアルカラ吾々ハ暫ク假スニ時日ヲ以テシテ、政府ガ果シテ其ノ言明ニ背カズ、眞ニ努力シ、研究シ、考慮シ、速ニ時宜ニ適スル方策ヲ確立シテ、之ヲ斷行シ邁進セラルルヤ否ヤト云フコトヲ、飛耳張目シテ嚴重監視セントスルモノデアル、斯ウ云フノガ豫算委員諸君ノ心境デアツタト委員長ハ看取致シタノデアリマス(拍手)

昨日ノ午後ヲ以テ質問ハ全部終了致シマシテ直チニ討論ニ入ツタノデアリマスガ、御承知ノ通リ皇室費ヲ除イテ豫算各案竝ニ豫算外國庫ノ負擔トナルベキ契約ヲ爲スヲ要スルノ件ヲ一括議題ト致シタノデアリマス、先ヅ民政黨ヲ代表セル篠原陸朗君ヨリ各派共同ノ附帶決議ヲ提出セラレタノデアリマス、之ヲ朗讀致シマス

附帶決議

一 豫算實行ニ當リテハ物資、資金、勞力ノ調整ヲ圖リ且惡性「インフレーション」ヲ防止スルニ最善ノ方途ヲ講ズベシ

二 本豫算中時局ニ便乘セル費目尠ナカラズ其ノ實行ニ當リテハ極力節減ヲ加ヘ緊急止ムヲ得ザル施設ノ遂行ニ萬遺憾ナキヲ期スベシ

三 昭和十五年度物資動員計畫ノ樹立スルニ當リ鐵、石炭、電力、肥料及主要食糧品等重要物資ノ增産ニ重點ヲ置キ以テ物資ノ需給ヲ調整シ且國民生活ヲ確保スベシ

四 闇取引ノ橫行スルハ物資政策及物資配給ノ宜シキヲ得ザルニ因ル政府ハ速ニ適切ナル對策ヲ講ジ以テ此ノ弊風ヲ根絕スベシ

五 戰時經濟遂行ノ爲メ官吏制度ノ根本改革ヲ斷行シ官僚獨善ノ弊竇ヲ打破シ民間知能ヲ動員シテ官廳統制ノ缺陷ヲ是正スベシ

六 政府ハ事變目的完遂ノ爲メ國內體制ヲ强化シ庶政革新ノ實ヲ擧グベシ

以上六項目デアリマシタ、而シテ篠原君ハ豫算各案ニ付テ、吾々トシテハ不滿ノ點ハ多々アルケレドモ、本豫算中ニハ時局ニ處スル經費ニシテ急施ヲ要スルモノガ多分ニ包含サレテ居ル、サウ云フ關係上已ムヲ得ズ此ノ儘全部承認シテ置ク、併シ政府ハ豫算ノ執行ニ當リ、吾々ノ此ノ附帶決議ノ趣旨ヲ十分ニ玩味セラレ、萬遺算ナキヲ期セラレタイト云フ條件ヲ附シテ、各案ニ對スル贊成ノ意見ヲ述ベラレマシタ、續イテ山本芳治君、石坂豐一君、田原春次君、小山亮君、坂本宗太郎君、松村光三君ヨリ、各、其ノ所屬會派ヲ代表シテ、何レモ篠原君ト大同小異ノ意見ヲ開陳シテ、豫算案全部ニ贊成ノ意ヲ表セラレタノデアリマス、而シテ採決ノ結果、豫算各案竝ニ豫算外國庫ノ負擔トナルベキ契約ヲ爲スヲ要スルノ件、共ニ全員一致ヲ以テ可決致シマシタ、次イデ此ノ附帶決議案モ亦全員一致ヲ以テ可決セラレタノデアリマス、其ノ時ニ內閣總理大臣ヨリ發言ヲ求メラレマシテ、附帶決議ニ對シテ斯ウ云フコトヲ言明サレタノデアリマス、「只今ノ附帶決議ノ御趣意ハ之ヲ尊重致シマシテ、豫算實行ニ當ツテ善處致シタイト考ヘテ居リマス」、以上ヲ以テ豫算委員會ニ於ケル經過竝ニ結果ノ報告ヲ終リマス(拍手)

○議長(小山松壽君) 是ヨリ討論ニ入リマス、通告順ニ依ツテ發言ヲ許シマス――川崎克君

(川崎克君登壇)

○川崎克君 只今議題トナツテ居リマスル昭和十五年度一般會計豫算案及ビ臨時軍事費豫算案竝豫算外國庫ノ負擔トナルベキ契約ヲ爲スヲ要スル件等ニ關シマスル各案ニ對シマシテ、民政黨ヲ代表致シマシテ、只今委員長ノ御報告ニナリマシタ如ク希望決議ヲ附シマシテ、贊成ノ意ヲ表スル者デアリマス

事變開始以來三年ノ歲月ヲ閱シマシテ、今回提出セラレマシタ豫算案ハ、其ノ金額ニ於テモ內容ニ於テモ空前ノ豫算案デアリ

マシテ、此ノ豫算案ニ盛ラレマシタル內容ハ、支那事變ニ對應スベキ所謂戰時體制ノ豫算デアリマス、又新東亞建設ノ大業ヲ完成スルニ必要ナル經費ヲ盛リ込マレテアルノデアリマス、現下ノ國家內外ノ形勢ハ、支那事變ノ爲ニ其ノ目標ヲ向ケラレテ居ルノデアリマスガ、事變處理ノ目的ヲ完遂セントスルニ當リマシテハ、先ヅ第一ニ、戰時體制ノ强化ヲ必要トスルノデアリマシテ、戰時體制强化ノ姿勢ガ確立セザル限リハ、日支事變ノ處理ハ完了スルコトハ困難デアリマス、戰時體制ノ强化ハ言フマデモナク最少ノ犧牲ニ於ケル最大ノ效果ヲ目的トスル成果ノ獲得デアリ、又絕對不退轉ノ姿勢デナケレバナラヌト思ヒマス、之ヲ具體的ニ財政經濟運用ノ上ニ實現セントスルニ當リマシテハ、次ノ三要素ヲ必要トスルト思フノデアリマス、其ノ一ツハ戰時軍需資材竝ニ人的資源ノ充實デアリマス、其ノ二ハ國民最小限度ノ生活ノ安定確保デアリマス、其ノ三ハ是等ノ需要ニ應ズル爲ニ要スル生產擴充、輸出貿易ノ奬勵、外貨ノ獲得、圓「ブロック」內ノ資材ノ確保デアリマス、此ノ三ツノ要素ガ資金ノ形ニ於テ、或ハ勞力ノ形ニ於テ、或ハ物資ノ形ニ於テ因トナリ果トナツテ、戰爭體制强化ノ完遂ヲ致サナケレバナラヌト思フノデアリマス、此ノ目標ト日本現在ノ財政事情トヲ調和シテ行カナケレバナラヌノデアリマシテ、是ガ實行ニ當ツテ本豫算案ト睨ミ合セテ考ヘマスル時ニ、戰時體制ノ遂行上果シテ玆ニ提出セラレテ居リマスル豫算案ハ、實行可能ナリヤ否ヤト云フコトニ付テハ多大ノ疑問ヲ存スルノデアリマス

先ヅ昨年ノ下期カラ最近ニ至リマスル經濟事情ヲ見マスルノニ、全體ヲ通ジマシテ「インフレーション」的傾向ガ益〻濃厚ナル足取リヲ示シテ居ルコトハ、避クベカラザル事實デアリマス、之ヲ通貨ノ側カラ見マスルノニ、昨年末ニ於テ日本銀行ノ兌換券ノ發行高ハ三十八億千七百万圓、朝鮮銀行券五億五千万圓、臺灣銀行券一億七千三百万圓、合計四十五億五千万圓ノ膨脹デアリマスルガ、更ニ日本ノ通貨ハ圓「ブロック」ノ聯銀券ニ「リンク」シテ居リマスル關係上、聯銀券ノ發行額約四億万圓ヲ通算致シマスナラバ、殆ド五十億ニ垂ントスルノデアリマス、之ヲ前年ノ同期ニ比較致シマスナラバ、約一倍半ノ增加ヲ示シテ居リマス、而シテ本年ノ一月ニナリマシテ、是等通貨ノ收縮率ヲ見マスルノニ、昨年ニ比シテ其ノ收縮率ハ五割ニ過ギナイガ如キ狀況ヲ示シテ居リマス、此ノ狀況ハ甚ダ面白カラヌ傾向デアリマシテ、之ニ加ヘマスノニ十四年ノ下期カラ生產擴充計畫ハ、動力其ノ他資材ノ配給ノ不圓滿ト相俟チマシテ、即チ生產資材ハ生產資金ノ增加率ニ比例ヲ致シマセヌデ、寧ロ減退ノ傾向ヲ示シテ、生活必需品ノ不足ト相俟ツテ、物價騰貴ノ傾向ハ極メテ顯著トナツテ居ルノデアリマス、是明ニ惡性「インフレ」ノ階段ニ突入セントスルノ傾向ニアリト申サナケレバナラヌデアリマス、此ノ時ニ當ツテ此ノ傾向ニ更ニ拍車ヲ加ヘントスルモノハ、只今提出セラレテ居リマスル豫算案デアリマシテ、委員長ノ報告ニモアリマシタ如ク一般總豫算、臨時軍事費豫算、特別會計豫算全體ノ總計ハ純計ニ於テ百五十億內外ト思ヒマス、此ノ豫算ヲ此ノ狀況ノ下ニ消化ヲセナケレバナラヌト云フコトデアルノデアリマスカラ、非常ニ困難ヲ感ゼザルヲ得ナイ、ソコデ如何ニシテ此ノ困難ヲ突破スルカト云フコトハ、是ハ一ニ今後ノ財政經濟ノ運用、殊ニ本豫算ノ責任者デアル現內閣ノ雙肩ニ懸ツテ居ル重大責任デアルト思フノデアリマス（拍手）先ヅ此ノ困難ヲ打開セントスレバ、如何ニスレバ宜イカ、其ノ方法ハ、其ノ一ツハ通貨ノ調整デアリマス、其ノ二ハ物動計畫、生產擴充計畫、勞務動員計畫ノ完遂デアリマス、其ノ三ハ冗費、節約緊縮シテ豫算ノ大削減ヲ加フルコトデアリマス、此ノ三ツヲ行ハザル限リニ於テハ本豫算案ノ實行ハ非常ニ困難ニ陷ルダラウト云フコトヲ感ゼラレルノデアリマス、先ヅ第一ニ通貨ノ調整ノ方カラ見マスルナラバ、大藏大臣ハ通貨ノ收縮ニ當リマシテ、「インフレーション」防止ノ手段トシテ消費ノ節約、貯蓄ノ奬勵、公債ノ民間保有等ニ依ツテ之ヲ除去スルコトヲ努メルト云フコトハ本會議ニ於テモ、豫算委員會ニ於テモ屢〻明言ヲシテ來タ所デアリマスルガ、果シテ是等在來ノ方針ノミヲ以テ通貨ノ調整收縮ヲ行ヒ得ルカト云フコトニ付テハ、吾々ハ多大ノ疑問ナキヲ得ナイノデアリマス、今回行ハレヨウト致シテ居リマスル大增稅モ、之ヲ一面カラ見マスルナラバ「インフレーション」ヲ抑制スルノ效果ハアリマス、又財政計畫ノ基礎確立ノ上ニ相當ノ效果ヲ齎スコトモ信ジマス、消費ノ抑制ニモ幾許ノ效果ハアラウト存ジマスルケレドモ、此ノ大增稅ハ一面ニ於テハ物價ノ騰貴ヲ助長スル所ノ副作用ヲ生ズル憂ガ多分ニアルノデアリマシテ、是等ノコトヲ併セ考フル時ハ、此ノ增稅案ハ功罪相償ウテ餘リナシト言ハナケレバナラヌ、隨テ假令通貨ノ抑制ニ效果ガアツテモ、物價騰貴ヲ招來スルト云フ副作用ヲ有スル限リニ於テハ、其ノ效果ヲ增稅ニ期待スルコトハ出來ナイノデアリマス、何等カ他ノ方法ニ依ツテ通貨收縮ノ途ヲ考究セナケレバナラヌ、サウシテ此ノ滔々トシテ增加セントスル通貨膨脹ヲ避ケナケレバナラヌ、玆ニ私共ハ特ニ注意ヲ喚起セナケレバナラヌト思ヒマスコトハ、昨年來ノ現象ヲ見マスルノニ、日銀ノ貸出ガ著シク增加シテ居ルコトデアリマス、昨年ハ十億七千九百万圓ト云フ貸出ノ增加ヲ見テ居リマス、之ヲ一昨年ノ五億六千万圓ニ比較致シマスナラバ、其ノ倍額ニ達シテ居ルノデアリマス、全國的ニ見マシテモ其ノ貸出ハ二十四億三千八百万圓ニ達スルノ狀況ヲ呈シテ居リマスル如キ傾向ヘ、裏面ニ潜在シテ居ル換物經濟ノ思想、即チ金ヨリ物ヘノ思想ト相俟ツテ此ノ貸出ノ增加ヲ現ハシテ居ル、是ハ通貨ノ收縮ヲ妨害シテ居ルコトハ明カデアルト思フノデアリマス、是等ハ物資ノ增產計畫、物資ノ供給ヲ潤澤ニセザル限リハ、此ノ金カラ物ヘノ思想ヲ除クコトハ出來ナイノデアリマス、其ノ根本的ノ療法ハ物資ノ供給ヲ潤澤ニシ、生產ヲ擴大シ强化シテ、而シテ以テ物價ノ騰貴ヲ抑制シテ行カナケレバナラヌノデアリマスルガ、之ニ對シマスル經濟界ノ足取リヲ見マスルト、昨年ノ如キハ生產力擴充ニ關スル所ノ投下資本ニ對シマシテ、生產力增加ノ割合ハ前一二年ノ例ニ見マスルト著シク減退ヲシテ居ル、是ハ一面ニ於テハ睡眠資本ノ多イコトヲ示スノデアリマシテ、其ノ睡眠資本ヲ活動セシメテ通貨ノ環流ヲ良クシナケレバナラヌ、其ノ環流ヲ良クスルノニハ先ヅ睡眠資本ハ何處ニ多イカト言ヘバ、政府ノ直接監督ヲ致シテ居リマスル特

殊會社ニ多イ、株式ノ拂込ヲシテ置イテ仕事ヲシナイト云フヤウナ狀況ニアルコトガ、此ノ睡眠狀態ヲ起シテ居ル、是等ハ政府ノ監督ニ依ツテ當然此ノ資金ヲ活動セシメナケレバナラヌノデアリマス、而シテ通貨ノ收縮ヲ圖リ、其ノ膨脹ヲ抑制シテ適當ナル方法ヲ講ジテ、今日「インフレーシヨン」的傾向ニ向ツテ居ル現狀ヲ打開スルニ努メナケレバナラヌノデアリマスガ、此ノ責任ハ擧ゲテ現內閣諸公ノ責任デアツテ、最モ力ヲ極メテ此ノ方面ニ責任ヲ御執リニナラナケレバナラヌ、サウシテ物價騰貴ヲ招來セナイヤウナ方策ヲ通貨ノ上カラ御考ニナラレンコトヲ切ニ希望スル次第デアリマス

第二ニ生產力擴充デアリマスガ、是ハ物動計畫ト勞務計畫ト相俟ツテ軍事豫算遂行上ノ中心ヲ成スモノデアリマス、隨テ本豫算案ノ實行ニ當ツテモ是ガ中心的使命ヲ成スモノハ懸ツテ生產力擴充ニアルト信ズルノデアリマス、先ヅ生產力擴充ノ爲ニ要シマスル所ノ資材ノ確保デアリマスガ、此ノ資材ノ確保ニ付キマシテハ、優先的ノ位置ニアリマスル所ノ軍需資材及ビ輸出資材ノ如キハ、固ヨリ彼此レ甲乙ヲ付クベキモノデハアリマセヌ、絕對ニ其ノ必要性ヲ感ズル者デアリマス、此ノ資材ヲ得ルニ當ツテ第三國ヨリノ輸入ニ俟タナケレバナラヌモノガ多イノデアリマス、又圓「ブロック」內ニ於テ調達セラルルモノモ少クナイノデアリマス、第三國ノ輸入ニ俟タナケレバナラヌモノハ物動計畫中ノ十五品目、其ノ他國民生活上ニ絕對必要性ノアルモノガ少クナイノデアリマシテ、是等ノモノハ今日日本國際收支ノ關係カラ見マスルナラバ、日本銀行金準備金、正貨準備ハ多少ノモノハアリマセウ、アリマセウケレドモ、是カラ先是等ノ輸入ニ俟ツベキ覺悟ヲ決メテ行クノニハ、先ヅ最少限度輸出品ノ奬勵ニ依ツテ得ル所ノ外貨ノ獲得資金及ビ金產額、金買上代金ト云フヤウナ限度ニ於テ調辨ヲシテ長期戰ニ耐フル用意ト覺悟ヲ必要トスルノデアリマス(拍手)其ノ用意ト覺悟ガアリサヘスルナラバ、私ハ相當長年月ニ亙ツテ日本ハ戰時體制ヲ强化シテ、戰ニ耐ヘ得ル能力アリト信ズル(拍手)ソコデ其ノ絕對必要性ヲ感ズル所ノ輸入資源ハ何ヲ措イテモ之ヲ調達セナケレバナラナイ、是ガ爲ニハ貿易ノ振興、輸出ノ奬勵ヲ必要トスルノデアリ、輸出ノ奬勵ヲ充シテ行カウトスレバヤハリ低物價政策ハ堅持シテ行カナケレバナラヌ、低物價政策ヲ堅持シテ行カウトスルト、ソコニ又生產擴充計畫ト矛盾スルモノガ生ジテ參ルノデアリマス、之ヲ如何ニ按排スベキカト云フコトハ經濟政策上ノ重要問題デアルト信ジマス、先ヅ低物價政策堅持ノ基本觀念ハ、國民生活ノ安定ヲ保障スルニ必要ナル所ノ品物ハ、何トシテモ低物價政策ヲ堅持シテ、國民ノ生活ヲ愛護スルト云フコトノ必要ヲ私共ハ感ズルノデアリマス、サラバト言ツテ、生產擴充ヲヤツテ行クノニハ絕對的ニ之ヲ支持シテ行カナケレバナラヌト云フコトニナルト、ソコニ多少ノ裕トリヲ置カナケレバナラナイ、低物價政策ヲ堅持スルノニ當ツテ、奬勵金ヤ補助金ヲヤラナケレバ生產ノ「コスト」ガ高クナルカラ物ガ安ク賣レナイト云フノハ當然デアリマスガ、又之ヲ無暗ニ奬勵金ヤ補助金ヲヤルコトニナレバ、其ノ結果ハ通貨ノ膨脹トナリ、通貨膨脹ノ結果ハ物價ノ騰貴ヲ招來スル虞ガ多分ニアルノデアリマスルカラ、此點ニ付テモ深キ注意ヲ拂ハナケレバナラヌコトハ勿論デアルト思フノデアリマス、サウ云フ建前ニ於テ、先ヅ生產擴充計畫ヲ遂ゲテ行クノニハ、生產力ノ擴充ニ必要ナル所ノ石炭、動力等ノ供給ヲ潤澤ニシテ、サウシテ、昨年アタリノヤウナ動力關係ニ齟齬ヲ來スコトノナイヤウニ萬全ヲ期シテ、此ノ點ニ向ツテ主力ヲ集中シナケレバナラヌ、斯樣ニ思フノデアリマス、若シ一朝之ヲ誤ル如キコトガアリマシタナラバ、輸出品カラ得ル所ノ外貨ノ獲得ハ困難トナリ、延イテハ輸入材ノ確保ガ困難トナリ、遂ニハ戰爭資材ヘノ障碍ヲ與フルガ如キ憂ヲ生ズルノデアリマスカラ、此ノ點ニ對シマスル政府ノ努力ト注意ヲ喚起シテ已マナイノデアリマス

第二ニ生活必需品ノ確保デアリマスガ、外貨獲得、輸出奬勵、輸入材ノ確保ト相竝ンデ、最モ必要ヲ痛感セラレルモノハ戰時體制下ニ於ケル國民生活ノ安定確保デアリマス、一タビ是ガ破ルルヤウナコトガアリマシタナラバ、長期戰ノ準備ハ破壞セラレ、銃後ノ護リハ崩レルノデアリマス、政府ハ戰爭資材ノ獲得ト同一觀念ノ下ニ國民生活ノ安定及ビ生活必需品ノ確保ニ對スル責任ヲ分擔シナケレバナラヌト思フノデアリマス、殊ニ食糧品ノ中デ米ニ付キマシテハ、本會議及ビ豫算委員會ニ於ケル質問應答ノ跡ヲ見マシテモ、只今本席上ニ於テ委員長カラ御報告ニナリマシタ如ク、米ノ需給推算數量ハ、大體ニ於テ本年度ノ持越米ハ五百万石內外ヲ出デナイト云フ窮屈ナル推算數字デアル、此ノ窮屈ナル數字ヲ以テ――此ノ中ニハ多分ノ節米ガ計算ノ中ニ入ツテ居リ、外米ノ輸入モ見込マレ、有ユル方途ガ講ゼラレテ、而シテ左樣ナ狀況デアリマスカラ、此ノ危ナイ計算ノ下ニ端境期ヲ越エナケレバナラヌト云フ此ノ現狀カラ見マシテ、食糧政策ハ、彌ガ上ニモ消費ノ節約、代用食ノ奬勵、節米ノ徹底的實行ニ依ツテ、持越米ノ推算豫想ハ現在ヨリ倍加スルノ方法ヲ執ル位ノ考ガナケレバナラヌト思フノデアル(拍手)而シテ早手米ノ供給ヲ潤澤ニシ、出來ルダケ外米ノ輸入ヲ迎ヘテ、サウシテ豫想以上ノ潤澤ナル數量ニ依ツテ、先ヅ概算政府ノ考ヘテ居ラレル所ヨリモ倍額位ナ持越米ヲ得ラルルト云フ方途ヲ講ゼラレルコトガ何ヨリモ必要ナコトデアリマシテ、此ノ點ニ向ツテハ、有ユル問題ノ中デモ最モ國內問題ノ中ニ於テ重視スベキ問題デアリマシテ、政府ハ力ヲ極メテ、此處ニ重點ヲ置イテ、過チナキヲ期セラレンコトヲ切望スル者デアリマス、私ハ今日ノ生活必需品ノ不足ヲ見マシテ、此ノ急激ナル生活必需品ノ不足ハ何カラ來テ居ルカ、尤モ增產計畫ノ屆カナイ點モアリ、生產擴充計畫ノ不十分ナ點モアリ、物動計畫ノ杜撰ナ點モアリ、色々ナ原因ガアルデアリマセウケレドモ、最モ其ノ中デ大キイ一ツニ數フベキモノハ、日本ノ生活必需品的ナ品物ヲ多ク圓「ブロック」ヘ流シテ居ルコトデアル、昨年ノ圓「ブロック」ヘ流シマシタル所ノ數字ハ、輸出ガ二十億七千八百万圓ノ多キニ達シテ居ルノデアル、其ノ中デ輸入ヲ迎ヘタモノハ僅ニ八億一千八百万圓、十二億六千万圓ト云フモノハ輸出超過ニナツテ居ル、一昨年ノ輸出超過六億八千万ニ比較致シマスルト約倍額デアル、政府ハ輸出入貿易ノ統計表ヲ出スニ當ツテ、本年ハ輸出超過デアルト言ウテ吾々ニ其ノ數字ヲ示シテ居ル

ノデアリマスガ、吾々ノ聽カントスル所ハ、圓「ブロック」ヘノ輸出ノ増加ヲ聽カウトスルノデハナイ、第三國ヘノ輸出超過ニ依ッテ、第三國カラ得テ來ル所ノ現金ヲ得テ、是ガ戰時資材ノ役ニ立ツカ立タヌカト云フコトヲ聽カウトシテ居ル(拍手)然ルニ政府ハ徒ニ輸出貿易ノ嵩ヲ殖ヤサウガ爲ニ、本年ハ輸出ハ増加シテ居リマスト云フコトヲ宣傳シテ、此ノ誤リヲ傳ヘテ、實相ヲ國民ニ知ラシメナイト云フコトガ總テノ計畫ノ破綻ヲ來ス所以デアルト言ハナケレバナラヌ(拍手)吾々ハ此ノ圓「ブロック」ヘ流シテ居リマス二十億ノ物資ト云フモノノ中デ、ドウ云フモノヲ數ヘルカト言ヒマスト、食料品ノ中デハ、罐詰食料品ノ如キハ一億三千万圓モ出テ居ル、水産物ハ六千万圓モ出テ居ル、砂糖ノ如キハ二千八百万圓モ出テ居ル、滿洲ニ材木ガアルト言ハレテ居ッテ、關東州ヲ中心ニ出サレテ居ル材木ハ一億二千万圓、之ヲ圓「ブロック」ヘ流シ込ンデ居ルノデアル、尤モ今日戰時體制下ニ於テ中國聯合準備銀行ハ保證準備ヲ持タナイ銀行デアリマスルカラ、保證準備金ガナイカラ物ヲ以テ之ヲ裏付ケテヤラナケレバナラヌト云フ關係ノアルコトハ吾々モ能ク分ル、其ノ程度ハ、今日ノ輸出入ノ貿易ノ表カラ見マスト、圓「ブロック」ノ中ニ於テモ、滿洲及ビ關東州ニ出テ居ル所ノモノガ最モ多イ、戰地其ノモノヨリモ斯ウ云フ所ニ出テ居ル所ノモノ、殊ニ是ハ關東州ニダケ是ダケ使ツタトハ申シマセヌガ、關東州ヘ出テ居ル所ノ八億ノ輸出ガ、向フカラハ八千万圓シカ來テ居ラヌ、十分ノ一シカ來テ居ラヌ、斯ウ云フ「バランス」ノ下ニ、此ノ物資不足ノ日本ハ、圓「ブロック」ヘ流シ込ンデ、是デ以テ輸出ガ超過シタト言ウテ喜ンデ居ルト云フニ至ッテハ、驚キ入ッタル次第デアルト言ハナケレバナラヌノデアル(拍手)此ノ點ニ付テハ政府ハ深キ注意ヲ拂ッテ、今後圓「ブロック」ニ對スル所ノ輸出ノ問題ニ付テハ、物動計畫ヤ生産擴充ノ關係ト睨ミ合ッテ、此ノ按排ヲ良クシテ、以テ一面ニ於テハ物價騰貴ヲ抑制シ、一面ニ於テハ戰時ニ必要ナル所ノ國民ノ生活確保ニ資スルコトニ考ノ重點ヲ置カナケレバナラヌノデアリマスガ、果シテ此ノ内閣ニ其ノ能力アリヤ否ヤヲ疑フノデアルガ、先ヅ能力アリトシテ、其ノ責任ヲ分タンコトヲ希望スル者デアリマス

生産計畫ト竝ンデ最モ必要ナル問題ハ何デアルカト申シマスルト、廢品ノ更生ニ關スル問題デアリマス、現内閣ハ廢品ノ更生ニ關スル事柄ニ付テハ今日マデ餘リ御施設ニナッテ居ルヤウニ聞カナイ、商工省ノ豫算ノ中ニ代用品及ビ廢品回收ニ關スル經費トシテ四十七万圓ヲ見積ラレテアル、其ノ廢品回收ニ對スル成績ヲ承ッテ見マスルト、其ノ種類ニ於テモ、其ノ數量ニ於テモ極メテ僅カナモノニ過ギナイ、私ハ物動計畫中ニ於テモ取殘サレタ重大ナ問題トシテ廢品ノ回收ノミデハナイ、廢品ヲ回收シテ更ニ之ヲ更生スルノ組織ニ向ッテ行クト云フ、戰時經濟ノ強化ヲ行フ所ノ最モ重大性ヲ持ツ問題ヲ忘レテ居ルト思フノデアル、此ノ問題ニ對シテハ歐洲大戰ノ教フル所ニ依リマシテ、獨逸ニ於テハ相當此ノ問題ガ研究セラレ、組織的ニ行ハレテ來タ、又亞米利加ノヤウナ資源ノ極メテ豐富ナ所ニ於テモ、此ノ問題ハ取上ゲラレテ研究セラレテ來タ、日本ニ於テハ此ノ問題ニ對シマスル眞劍サガ足リナイ、其ノ統計ノ一端ヲ取ッテ見マシテモ、既製品ニ於テ五割、少ナイモノハ三割ハ廢品ヲ充當シテ更生ヲ致シテ居ル品物ガ少クナイ、斯ウ云フ關係カラ見マシテ、日本ノヤウナ資源ノ乏シイ國ニアッテハ、襤褸ヤ竹笹ノ一片ニ至ルマデ回收ヲシテハ之ヲ更生運動ニ向ケテ行ク、此ノ運動ノ範圍ヲ獨リ日本ノ内地ノミデナク、滿洲、朝鮮、臺灣、支那ニ向ッテモ此ノ運動ガ行ハレルノハ當然デアリマシテ、陸軍ニ於テ現地ニ於テ行ハレテ居ル程度ヲ承ッテ見マシタケレドモ……

昭和十五年二月二十五日

鑛業法中改正法律案外一件

○高橋壽太郎君　私ハ只今議題トナリマシタル鑛業法中改正法律案ニ付一二ノ質疑ヲ試ミ、更ニ進ンデ鑛業政策ノ一般ニ關シテ政府ノ所信ヲ質サントスル者デアリマス、唯時間ノ關係カラ所々言葉ヲ省キマスノデ、飛ビ〱ニナリマシテ御聽キ辛イカト存ジマスガ、賢明ナル政府當局ハ其ノ點ヲ平ニ御諒察願ヒタイノデアリマス

先ヅ私ノ質問ノ要項ヲ最初ニ御披露致シマシテ、次イデ質問要旨ノ説明ニ入ラント存ジマス

〔議長退席、副議長著席〕

質問事項

一　試掘權制度變革ニ關スル件

イ　資金、技術、勞力、資材、運輸ノ關係上現時局下ニ於テ試掘ヲ四年以内ニ完了スルハ困難ナリト思惟ス、政府ノ所見如何

ロ　試掘權制度ノ變革ハ弱小鑛業者ヲシテ鑛山探檢ノ熱意ヲ失ハシメ、大鑛業者ニ對シテハ豫備鑛區ノ喪失ニ伴フ事業計畫ノ減却トナリ、我國鑛山業ノ大頓挫ヲ招來スルノ虞ナキカ、此ノ種ノ變革ヲ行ハザルモ現行法規ノ運用ニ於テ優ニ休眠鑛區ノ活動ヲ促シ得ベシ、隨テ本制度改革ノ必要ナキニアラザルヤ

二　鑛業法中ニ鑛業權確保ノ規定ヲ設クルノ件、輓近水力發電事業ノ發展ニ伴ヒ電力國策ノ名ヲ藉リ無斷鑛區内ニ水路ヲ掘鑿シ、鑛業權ヲ侵害スル者アリ、右ニ對スル鑛業權確保ノ方策如何、又右水路等出來ノ場合鑛業權者ハ逆ニ鑛業法第十一條ノ適用ヲ受クルノ虞ナキヤ

三　日本産金振興株式會社ノ機能發揮ニ關スル件、同會社法第二十五條ニ基ク損失補償ヲ同社經營ノ金精錬事業ノミニ限ラズ、社外一般ノ探鑛、選鑛事業ニ對スル融資及ビ投資ニ付テモ補償ヲ爲スベキニアラザルカ

四　帝國鑛業開發株式會社ノ機能發揮ニ關スル件、同社ノ事業經營方針ニ於テ炭坑及ビ鐵鑛ノ開發ヲ除外スルガ如キハ現時局下ノ情勢ニ順應セザルノ憾アリ、仍テ資本金ヲ倍加シ是等ノ開發ニ當ラシムベキニアラザルカ

五、日本産金振興、帝國鑛業開發兩株式會社合同ニ關スル件、右兩社ハ事業ノ性質上分立ヲ不可トスルモノナリ、仍テ之ヲ合同シ綜合的能力發揮ヲ企圖スベキニアラザルカ

六、大藏省ガ日本産金振興株式會社共管ニスルノ件、大藏省ハ産金法ニ基キ金ヲ收用スレバ可ナリ、敢テ生産方面マデ介入スルハ適當ナラズト認ム、政府ノ所見如何

以上デアリマス、先ヅ第一ニ伺ヒタイノハ、試掘權制度ノ變革デアリマス、試掘權制度ハ從來其ノ存續期限ハ二箇年デアリマスガ、期限滿了後ト雖モ前鑛業權者ハ出願ニ對シテ優先權ヲ與ヘラレテ居ツタノデアリマス、隨テ引續キ試掘權ノ許可ヲ得テ、其ノ事業ヲ進メルコトガ出來タノデアリマス、此ノ度ノ改正ハ試掘權ヲ四箇年ニ延長シ、前鑛業權者ノ再出願ニ對シテ其ノ優先權ヲ認メナイノデアリマス、卽チ四箇年デ打切ツテ之ヲ取上ゲルト云フ案デアリマス、是ハ只今政府委員ヨリ御説明ガアリマシタ通リ、休眠鑛區ヲ活動サセ、重要鑛物增産ノ目的ヲ達成セントスルニ基クモノデアリマセウガ、恐ラクソレハ楯ノ半面ダケヲ見タダケデアツテ、一方的見解ニ過ギナイ、恐ラク重要鑛物ノ生産ハ、却テ減少ヲ見ルノデハナカラウカト惧レラレルノデアリマス、一體政府ハ此ノ種ノ變革ヲ試ムル以上、現時局下ニ於テモ十分ニ試掘ガ出來ルト云フ可能性ガ確カト認メテ居ルノデアルカ、其ノ點ヲ先ヅ叩イテ見ナケレバナリマセヌ、四箇年間ニ試掘ガ完了出來ルカ否ヤハ、少クトモ次ノ五ツノ項目ニ付テ十分ノ成算ガ立タネバナラヌノデアリマス、卽チ第一ニ資金、第二ニ技術、第三ニ勞力、第四ニ資材、第五ニ運搬ノ關係デアリマス、是等ノ項目ガ具足シナイ限リハ、試掘ノ完了ヲ期スルコトハ至難ナノデアリマス

先ヅ試掘ノ爲ノ資金ヲ得ルコトハ、今日ノ狀態ニ於テドウ云フ風ニナツテ居ルカト申シマスト、恐ラク是ハ事變前ト大差ガナイト思ヒマス、銀行ハ勿論ノコト、日本産金振興會社、帝國鑛業開發會社ト雖モ、中此ノ試掘ノ融資ハ致サナイノデアリマス、一體試掘權者ハ早ク探鑛ヲ行ツテ、試掘ヲ完了シタイノハ山々デアリマス、何トナレバ鑛山開發ノ資金ヲ仰グ爲ニハ、其ノ鑛物ノ品位ト鑛量トヲ明ニ突キ止メテ、之ヲ出資者ニ示サナケレバナリマセヌ、又此ノ山ヲ賣ル、卽チ賣山ノ場合デアツテモ、其ノ要件ガ滿サレナケレバ山ヲ買フ者ハナイノデアリマス、探鑛不十分ノ山ハ殆ド二束三文ニ踏ミ倒サレテシマフノデアリマス、隨テ試掘權者ハ血眼ニナツテ試掘探鑛ノ資金ヲ得ヨウト、色々ト奔走ヲシテ居ルノデアリマスガ、何分ニモ仕事ハ世ニ謂フ山師ノ仕事デアリマス、海ノモノトモ山ノモノトモ付カナイ新山ニ、融資ヲスルト云フ篤志家ハ甚ダ少イノデアリマス、恐ラク群小ノ鑛業權者ハ此ノ資金ヲ得ル爲ニ、半年ナリ一年ナリ人並ナラヌ苦勞奔走ヲ續ケルコトガ、實際ノ狀況デアラウト思ヒマス、故ニ政府ガ試掘ヲ四箇年ニ完了セシムルト云フノデアルナラバ、政府トシテモ試掘ニ要スル資金ノ融通ノ途ヲ開イテヤラナケレバナリマセヌガ、政府ハ果シテ其ノ御用意ガアリマスカ否カ

次ニ技術ノ問題デアリマス、昨今鑛山技術家ハ非常ニ拂底シテ居リマシテ、大鑛業者ト雖モ容易ニ其ノ人ヲ得ルコトハ難カシイノデアリマス、カルガ故ニ厚生省デハソレノ割振リニ隨分眼ヲ廻ハシテ居ラレルヤウナ事情ニアルノデアリマス、隨ヒマシテ弱小鑛業權者ガ有能ナル技術家

ヲ得ルト云フコトハ、亦至難デアルト申サナケレバナリマセヌ、技術家ナクシテ試掘ガ四箇年ニ完了スルト云フコトハ、木ニ縁リテ魚ヲ求ムルノ類デアリマス、一體政府ハソレ等ノ所要ノ技術家ヲ、是等ノ鑛業權者ニ萬遍ナク都合シテヤル用意アリヤ否ヤ

次ハ勞力ノ問題デアリマス、勞力殊ニ鑛夫ノ不足ハ隨分甚シイモノガアリマス、引張リ合ヒノ結果鑛夫ノ移動ハ一年間ニ百「パーセント」ニ達シ、一向腰ガ落付カナイ、能率ノ低下亦甚シキモノガアルノデアリマス、是デハ資本ガアリ、技術ガアツタトシテモ、試掘ノ完了ヲ望ムコトハ至難ト申サナケレバナリマセヌ、政府ハ勞力調整ニ關シ、何等カノ新工夫ヲ御持合セデアリマスカ否カ

第四ノ資材關係、是モ亦甚シク逼迫シテ居リマス、昨今大問題トナツテ居リマス石炭ノ問題ニモ關聯スルノデアリマスガ、此ノ石炭ヲ何ヨリモ優先シテ掘ラナケレバナラヌト云フ其ノ際、炭礦業者ニ對シ、之ニ供給スル資材ガ所要額ノ半分ニモ足リナイト云フコトハ、政府モ先刻御承知ノ筈デアリマス、一體政府ハ無ヨリ有ヲ生ズルヤウナ、何ガシカノ奇策ヲ持ツテ居ラレルカドウカ

最後ノ運輸ノ關係ハ「トラック」輸送ノ不如意、其ノ運賃ノ三倍乃至四倍ノ暴騰、是ハ試掘ノ進捗ニ少カラザル影響ヲ與フルモノデアリマス、政府ハ是等ノ改善策ニ對シテ、何等カノ良策ヲ有セラレルヤ否ヤ

以上ノ諸點ヲ要約致シマスト、今日ノ情勢ニ於テハ四箇年ノ努力ヲ積ミマシテモ、恐ラク事變前ノ二箇年分ノ效率ヲ擧ゲルコトハ困難デアリマセウ、政府ハ一體何ノ見ル所ガアツテ四箇年デ打切ルノ變革ヲ行ハントスルノデアルカ、吾人ノ了解シ能ハザル所デアリマス、今日ノ大鑛山ハ概ネ十數年或ハ數十年ノ年所ヲ經テ、漸次開發ニ向ツタノデアリマス、恐ラク四箇年デ試掘ヲ完了シテ採掘ニ入ツタト云フ山ハ、極メテ數ガ少カラウト存ジマス

以上ハ群小ノ資力薄弱ナル鑛業者ノ事情ニ即シテノ質問デアリマスガ、大鑛業者ト雖モ亦別ノ意味ニ於テ、此ノ試掘權ノ大變革ニハ當惑シテ居ルノデアリマス、何トナレバ大規模ノ鑛業ヲ行フニハ、相當ノ豫備鑛區ヲ保有シテ置カナケレバナラヌノデアリマス、斯クシテ長年月ニ亙ル大事業計畫ガ樹立サレルノデアリマス、然ルニ此ノ豫備鑛區ヲモ取上ゲラレタノデハ、爾後鑛山業ノ發展ト云フコトハ恐ラク期待スルコトハ出來マスマイ、尤モ此ノ試掘鑛區ヲ採掘鑛區ニ致シマスレバ、永久ニ之ヲ保留シ得ルノデアリマスカラ、恐ラク鑛業權者ハ試掘ヲ採掘ニ直スデアリマセウ、此ノ結果ハ政府ハ鑛區税ニ於テ、採掘税ハ試掘税ノ二倍デアリマスカラ、茲ニ鑛區税ノ增收ヲ圖ルコトニナル、此ノ案ハ一面カラ見マスト、何ヤラ鑛業法ノ改正ニ依ル增税案ノヤウニ見エマス、一石二鳥トハ正ニ斯ウ云フコトヲ言フノデアリマセウ、併シナガラ今ノ豫備鑛區ヲ假ニ採掘鑛區ト直シマシタ所ガ、事實一擧ニ是ガ採掘出來ルモノデハアリマセヌ、依然休眠ノ狀態ニ置カレテアルノデアリマスガ、政府ハ採掘ノ實ナキ是等ノ採掘鑛區ヲ如何ニ處斷セントスルノデアルカ、私ノ聽カント欲スル所デアリマス、現行鑛業法ニ依リマスト、事業ニ著手セザル故ヲ以テ、採掘ノ許可ハ一箇年ノ後ニハ沒收セラルルノデアリマス、政府ハ是等ノ大鑛業ニ對シテ如何ナル方針ヲ以テ臨マレルカ、幾多ノ疑義ヲ存スルノデアリマス

更ニ第五點ノ御尋ハ、試掘權制度ノ變革ハ鑛山探險家ノ熱意ヲ沮喪セシメル、其ノ結果我國ノ鑛山業ノ發展ヲ阻碍スルコトニナルダラウト云フコトガ虞レラレルノデアリマス、何ト申シマシテモ今日ノ大鑛山ハ、是等ノ山師ト稱セラルル鑛山探險家、是等ノ「パイオニヤ」ノ手ニ依ツテ發見セラレ、ソレガ試掘鑛區トナリ、開發半バニシテ其ノ試掘鑛區ガ轉々シ、其ノ間漸次開發セラレテ漸ク物ニナリ掛ケタ時ニ、大鑛業者ノ買收スル所トナツテ、開發ヲサルルノデアリマス、一將功成ツテ萬骨枯ル、正ニ其ノ通リデアリマス、一體大軍ヲ動カスニハ斥候ヲ用ヒ、尖兵ヲ使ハナケレバナラナイノデアリマス、然ルニ此ノ鑛山探險ノ尖兵タリ斥候タルベキ末梢神經ヲ麻痺セシメテ、不感症狀態ニナツタ我ガ鑛業界ガ、果シテ將來ノ發展ヲ企圖セラルルデアリマセウカ、思ハザルノ甚シキデアルト存ジマス

第六點ニ御尋致シタイコトハ、現行ノ鑛業法ノ法規ヲ以テシテモ、休眠鑛區ノ活動ヲ促スベキ規定ハ完備シテ居ルノデアリマス、即チ鑛業法第四十條ノ條文ニ「鑛業權者正當ノ理由ナクシテ登錄ノ日ヨリ一箇年以内ニ事業ニ著手セス若ハ一箇年以上休業シタルトキハ主務大臣ハ鑛業權ヲ取消スコトヲ得」、是程恐シイ規定ハナイ、是サヘ嚴節ニ適用セラルルナラバ、休眠鑛區ヲ云々スル事態ハアリ得ナイ筈デアリマス、然ルニ法ハ設ケテソレヲ運用シナイデ、之ヲ試掘權ノ大變革ニ求メテ、自動的ニ試掘權ヲ奪取スルガ如キ立法ハ、果シテ適切ナリヤ否ヤ、況ヤ一昨年制定サレマシタ五箇年据置ノ臨時立法デアル重要鑛物增産法、是ハ未ダニ有效期限内ニアルノデアリマスガ、是等ノ規定ニハ以上ノ鑛業權ニ對スル監督管理ノ規定ガ强化サレテアルノデアリマス、ソレデモ足リナイデ屋上屋ヲ架シ、法ノ上ニ法ヲ重ネテ一體何ヲナサルノデアリマセウカ、吾人ノ解シ能ハザル所デアリマス

第七點ハ、試掘制度ノ變革ハ前申上ゲマシタ通リ餘リニモ副作用ガ大キイ、副作用ノ多イ藥ハ良藥デハアリマセヌ、隨テ副作用ノ多イ立法ハ良法デハアリマセヌ、角ヲ矯メテ牛ヲ殺スガ如キコトハ避ケネバナリマセヌ、世ノ革新政策ハ動モスレバ此ノ嫌ヒガ多イノデアリマス、「アスピリン」ヲ呑ンデ風邪ハ癒ツテモ、其ノ爲ニ心臟ヲ惡クスルヤウデハ困ルノデアリマス、試掘權制度ノ變革モ餘リ副作用ガ多イベカリデハナク、必ズシモ此ノ種ノ改正ヲ必要トシナイ

ノデアリマスカラ、政府ハ此ノ際試掘制度ノ變革ヲ思ヒ止マラレテハ如何デアリマセウ

鑛業法ニ對スル他ノ質問ハ同法第十一條ニ關聯スルモノデアリマス、即チ第十一條ハ鐵道、軌道、道路、運河、堤防等ノ營造物ニ對シテハ地表地下トモ其ノ周圍三十間以内ノ場所ニ於テハ所轄官廳ノ許可、所有者及關係人ノ承諾ヲ受クルニ非サレハ鑛業ヲ爲スコトヲ得ストアリマス、是ハ全ク鑛業權ノ行使ヲ制限シテ居ルモノデアリマス、然ルニ斯ウ云フ制限ハアリマスガ、反對ニ鑛業權ノ確保ニ付テハ鑛業法中何等ノ規定モナイト云フコトハ甚ダ心細イ至リデアリマス、鑛業法ノ改正ハ宜シクイノ一番ニ此ノ點ニ留意スベキデハアリマスマイカ、ヨク議會デ耳ニ致シマス不脅威不侵略ト云フコトヲ、海軍ノ國防方針デ述ベラレルノデアリマス、言葉ハ少々足ラナイ所ガアッテ拙イノデアリマスガ、其ノ意味ハ、他ヲ侵略セザル代リニ他ヨリモ脅威サレナイト云フ意味デアリマス、我ガ鑛業法ハ他ヲ侵略シナイ、不侵略デハアリマスガ、他ヨリノ脅威ニ對處スル心構ヘガナイノデアリマス、正ニ片手落デアル、輓近水力發電ノ發達ニ伴ヒマシテ、電力國策ノ名ノ下ニ理不盡ニモ鑛業權設定ノ鑛區內ニ立入リ、水路若クハ隧道ヲ掘鑿シテ憚ラザルモノガアリマス、而モ鑛業權者ニ對シテ一應ノ挨拶ナキノミナラズ、鑛業權者ヨリ鑛業權確保ノ爲ニ之ニ抗議スルコトガアリマスト、彼等ハ電力國策ノ必要ヲ說キ、只デ探鑛ヲシテヤルノダカラ文句ハナカラウト云フヤウナ逆捩ヂヲ喰ハスノデアリマス、此ノ實例ハ今ヤ所在ニ散見シテ居ル所デアリマス、彼ニ電力國策ガアルナラバ、我ニ又產金國策アリ、何ヲカ讓ランヤデアリマス、此ノ兩國策ノ兩全ノ途ヲ圖ルニハ、先ヅ多クノ場合電力側ガ讓歩シテ鑛業ノ妨害トナラヌヤウニ水路ヲ他ニ變更スルノ外ハナイノデアリマス、何故ナレバ水路ノ變更ハ多少ノ迂回ハ免レマセヌガ、併シ發電ノ方ニハ影響ガ殆ドナイノデアリマス、之ニ反シテ鑛山ノ方ハサウハ參リマセヌ、採掘ノ箇所ヲ變更シテ他ノ場所カラ鑛石ヲ掘ルト云フ譯ニハ參リマセヌ、然ルニ世上ノ實例ハ却テ是ガ反對デ、結局鑛業權者ハ或ル地域ニ於ケル鑛石ノ採取ガ不可能トナリ、坑道作業及ビ坑內鑛石運搬等ニ甚シキ妨害ヲ受クルモノガ少クナイノデアリマス、殊ニ恐ルベキハ、此ノ水路問題ヲ押問答ヲシテ居ル間ニ、先樣デハ容赦ナク其ノ工事ヲ進メテ行ク、サウシテ既定事實トシテ我ニ臨ミ、逆ニ此ノ鑛業法第十一條ノ適用ヲ求ムル所ノ處ガ多分ニアルノデアリマス、政府ノ之ニ對處スル方針如何、鑛業法ノ改正ハ、試掘權制度ヲイヂクルヨリモ、是等ノ點ニ考慮ヲ盡スベキデハナカッタデアリマセウカ、吾々ハ斯ウ考ヘザルヲ得ナイノデアリマス、以上ハ鑛業法改正ニ關スル質問ノ要點デアリマス

私ハ此ノ機會ニ於テ鑛業政策ノ一般ト、特殊國策會社ノ指導方針ニ關シテ政府ノ所見ヲ質サントスル者デアリマス

第一ハ日本產金振興會社ノ機能ヲ發揮スル件デアリマス、即チ同會社法第二十五條ノ規定ニ伴フ損失補償ハ、廣汎ナル範圍ニ亙ルモノト解釋スベキモノデアリマスガ、政府ハドウ云フモノカ、其ノ補償ニ關シテハ、同會社法第十二條同社ノ經營事業タル金精錬ノミニ對シテ補給ヲ限定シテ居ラルルノデアリマス、此ノ補償額ハ昭和十五年度ニ於テ百五十一万圓デアリマス、政府ハ現下時局ノ情勢ニ鑑ミテ、同條第一項ノ金鑛業全般ニ對スル資金ノ融通又ハ投資ニ對シテモ補償ヲスルコトニ改メラレテハドウカ、兎角政府ノ方針ハ消極的デアリ小乘的デアリマス、ナゼモット積極的ニ且ツ大乘的ニ產金增加ノ方途ヲ講ジナイノカ、折角日本產金振興會社ヲ創立シテモ、是デハ佛ヲ作ッテ魂ヲ入レナイコトニナル、作ッタ以上ハ大イニ活動ヲ促スベキデアラウト思ヒマス、ドウモ政府當局ハ今日ノ時局ノ認識ニ於テ、吾々ト變ッタ點ガアルノヂヤナイカト云フコトヲ思ハセラレルノデアリマス、金資金ノ乏シイ爲ニ、今ハ物資ノ輸入ヲ差控ヘ、軍需民需共ニ不足勝デアリマス、軍需品ノ方ハ軍機上ノ機密デアリマスカラ其ノ消息ハ分リマセヌガ、民需ノ必需品タル綿、護謨ノ窮乏、殊ニハ釘ノ拂底、或ル地方デハ葬式ノ棺ニ打ツ釘ニスラモ缺乏シテ居ルト云フ狀況ニアリマス、金サヘアレバ物資ヲ輸入スルコトモ出來ルノデアリマス、金サヘアレバデアリマス、故ニ政府ハ此ノ際萬難ヲ排シテ產金ノ增加ニ一路邁進シナケレバナラヌコトハ今更言ヲ俟タヌ所デアリマス、政府ノ金增產ニ關スル豫算ヲ檢討致シマスト、吾人ハ政府ハ本當ニ心カラ金ノ增產ヲ熱望シテ居ルノカ否ヤト云フコトヲ疑ハザルヲ得ナイノデアリマス、聖戰目的ノ完遂ニハ軍需品ノ調達ヲ十分ナラシムルコトガ最大條件デアリ、又國民生活ノ最低限度ヲ確保スルニハ、民需ノ必需品ヲ或ル程度補給シテヤルト云フコトデアリマス、輸出貿易モ昨今ハドウヤラ飢餓輸出ニマデ及ンデ居リマス、此ノ無理ハ畢竟スルニ一面ニ於テ金ノ增產ノ不如意ニ基ク結果デアラウト思ヒマス、此ノ事態ヲ正確ニ認識スルナラバ、金ノ增產ハ喫緊ノ問題トシテ直チニ實行スベキデアラウト思フ、ドウヤラ政府ノ態度ハ頗ル緩慢デアリ、義ヲ見テ爲サザルノ嫌ヒガアルノデアリマス、私ハ屢々繰返スノデアリマスガ、政府ハ宜シク青砥藤綱式ノ國家經濟ノ見地ニ立ッテ、紙幣ヲ以テ金ヲ掘ル、札ヲ以テ重要鑛物ノ增產ヲ圖ル、此ノ意氣込ヲ以テ進マナケレバナリマセヌ、之ニ要スル費用ハ相當多額ニ上ッテモ、決シテ惡性「インフレ」ヲ招クヤウナ心配ハナカラウト思フ、物資ノ拂底ガ通貨ノ膨脹ト相俟ッテ惡性「インフレ」ヲ拍車スルノデアリマス、茲ニ物資ノ配給ガ圓滑トナッテ來レバ、却テ惡性「インフレ」ハ終止スルノデアラウト思ヒマス、對米爲替二十三弗十六分ノ七モ、實ハ特定ノ區域ニ行ハルル「ノミナル」ノモノデアリマス、決シテ

是ガ普遍的ノモノデハナイ、上海ニ行ケバ日本ノ金ハ正ニ其ノ半分以下ノ交換價値シカナイノデアリマス、事變前ノ産金奬勵法ヲ以テ今日ヲ律スルト云フコトハ、思ハザルノ甚シキモノデアリマス、政府ハ此ノ際日本産金振興會社指導管理上一段ノ工夫ヲ要スルモノアリト考ヘマスガ、政府ノ所見如何、又此ノ種會社ノ通弊トシテ、信用及ビ擔保ニ重キヲ置キ、一般弱小鑛業者ニ對スル金融ヲ避ケ、却テ貸サズモガナ、借ラズモガナノ大鑛業家ニ、低利ノ金ヲ多額ニ融通スルト云フコトニナリ勝チノモノデアリマス、政府ハ宜シク同會社法案成立ノ際ノ本院ノ附帶決議ノ趣旨ヲ尊重シ、弱小鑛業家ニ對シテ優先的ニ金融スベキデアラウト思ヒマス、蓋シ大鑛業家ハ、或ハ其ノ「コンツェルン」內ニ於テ、或ハ一般銀行ニ於テ金融ヲ受クルノ途ガアルノデ、特ニ此ノ種特殊會社ノ設立ヲ必要トシナイノデアリマス、政府ハ弱小ノ鑛業權者ニ對シ鑛山開發ノ便宜ヲ享受セシムルヤウ、格段ノ考慮ヲ煩ハシタイノデアリマス

次ハ昨年設立ヲ見タ帝國鑛業開發會社ニ關スル件デアリマス、政府ハ何ノ見ル所ガアリマシタカ、産金振興會社ノ資本金ハ五千万圓デアルノニ對シテ、帝國鑛業開發會社ノ資本金ハ僅カ三千万圓ト致シタノデアリマス、其ノ結果帝國鑛業開發會社ハ、金以外ノ重要鑛物增産ヲ目的トスルニ拘ラズ、鐵ト石炭トハ姑ク埒外ニ置イテ之ヲ扱ハヌ方針ヲ執ツタノデアリマス、其ノ理由トシテハ、鐵ト石炭ハマア一段落付イタカラ是ハ後廻シニシヨウ、斯ウ云フコトデアツタノデアリマスガ、併シナガラ今日此ノ戰時情勢下ニ於テソレデハ濟マサレナイデセウ、鐵ノ問題ニ付テ檢討致シマスレバ、今日我國ノ製鐵事業ハ明ニ平時産業ノ形態ヲ存シテ居リマス、如何ニモ製鐵能力ハ相當量ニ達シテ居ルカモ知レマセヌガ、其ノ製鐵原料タル鐵鑛石ノ八割九割ト云フモノハ、海外ニ依存シテ居ルノデアリマス、一旦某國ト戰端ヲ開クコトトナツタト致シマシタナラバ、船腹ノ問題ハ姑ク措クトスルモ、幾百万噸ノ鐵鑛石ヲ積ンダ船ガ、遙々海ヲ渡リ來リ、朝鮮海峽ノ隘路ヲ無事ニ通過シ得ルカハ非常ナ疑問デアリマス、日本海ノ一角ニハ、百隻ノ潛水艦ト幾百ノ重爆擊機ヲ用意シテ、我ガ急所ヲ襲ハントスル姿勢ニアルデハアリマセヌカ、今次ノ歐洲大戰ニ於テ、獨逸海軍ハ英佛海軍力ニ比シ、其ノ一割ニモ足ラナイ微弱ナモノデハアリマスケレドモ、其ノ潛水艦ト其ノ飛行機ヲ以テ、每月數十万噸ニ上ル英佛ノ艦船ヲ擊沈シツツアルノデアリマス、朝鮮海峽及ビ我ガ北九州ノ海面ハ、英吉利海峽ヨリモ敵潛水艦ノ活動ニ便ナル地勢ニ在リマス、是等ノ關係ヲ詳述致シマスコトハ、時間ヲ要シマスカラ、此ノ場合省略致シマスガ、結論ダケ申上ゲレバ、今後ハ大製鐵工場ハ大陸ニ建設スルコト、國內ノ鐵山ヲ開發スルト共ニ、貧鑛處理、砂鐵利用研究ノ方途ヲ進ムルヨリ外ハアリマセヌ、政府ハ後者ニ對シテハ小額ナガラモ、十五年度豫算ニ其ノ經費ヲ計上シテ居ラルルコトハ結構デアリマスガ、更ニ是ガ實現ヲ期スル爲ニハ、帝國鑛業開發會社ノ活動ニ俟ツベキモノガ多カラウト存ジマス

次ハ石炭ノ問題デアリマスガ、石炭飢饉ノ重大性ニ鑑ミテ、政府ハ帝國鑛業開發會社ヲシテ、石炭增産ニ協力セシムベキデアラウト思フ、石炭飢饉ノ對策ハ、其ノ生産ヲ增加スルト共ニ、其ノ配給ヲ圓滑ニシテ、一部ニ偏在シナイヤウニシナケレバナリマセヌ、然ルニ多クノ炭礦業者ハ、其ノ資金調達ノ關係カラ緣故取引ヲスルコトニ依ツテ、石炭ノ一部偏在ノ傾向ガ甚ダ多イノデアリマス、此ノ見地カラスルモ、帝國鑛業開發會社ハ大イニ炭礦業ニ對シ寄與スル所ガナケレバナリマセヌ、若シ舊態依然手ヲ拱イテ石炭飢饉ヲ眺メテ居ルヤウナ有樣デアリマシタナラバ、帝國鑛業開發ト云フ看板ニ對シテ相濟マヌ義ト存ジマス、仍テ政府ハ帝國鑛業開發會社ノ資本ヲ倍加シテ、大イニ鐵山及ビ炭礦開發ニ努力スベキデアラウト思フ、政府ノ所見果シテ如何

第三ノ問題ハ日本産金振興會社ト帝國鑛業開發會社ノ合併ノ件デアリマス、抑〻金鑛石ト申シマシテモ、金ノミヲ含有スルモノハ極メテ少イノデアリマシテ、大ナリ小ナリ他ノ異種金屬ト結合ノ形ニ於テ存在スルモノデアリマス、隨テ金ノミヲ分ケテ掘ル譯ニハ參リマセヌ、又金ノ生産額ヲ見マシテモ、濕式製錬ヨリモ乾式製錬ニ依ルモノノ方ガ遙ニ多イコトハ周知ノ事實デアリマス、卽チ産金ノ大部分ト云フモノハ銅製錬ノ副産物ノ形デ生産サレルノデアリマス、是等ノ點ヲ綜合致シマスレバ、金ノ生産ハ他ノ銅、其ノ他ノ非鐵金屬ノ生産ト不可分ノ關係ニアルノデアリマス、故ニ之ヲ日本産金振興會社或ハ帝國鑛業開發會社ニ分割スルト云フコトハ、理由ノナイコトデアリマス、一所ニ同棲スベキモノヲ別々ニ別居サセ、生木ヲ裂クヤウナ無理ナヤリ方ハヤルベキデハアリマセヌ、政府ハ此ノ際速ニ是ガ併合統一ヲ圖リ、且ツ之ヲ擴大強化シテ、大イニ我國産金ノ增加、重要鑛物ノ增産ノ爲ニ努力セネバナラヌト存ジマス、若シ夫レ創業日尙ホ淺キヲ以テ、其ノ成績ヲ見タ上ニスルナドト云フ御答辯デモアリマシタナラバ、私ハ洵ニソレヲ心外ニ存ジマス、善ハ急ゲ、一日モ早ク思切ツテヤルコトガ上々ノ策デアラウト存ジマス、但シ茲ニ合併ノ故障トナラウト思ハレルノハ、日本産金振興會社ガ商工省ト大藏省トノ共管ニナツテ居ルコトデアリマス、恐ラク此ノ方面カラ反對ガ起リサウニ思ハレルノデアリマス、併シ大藏省ハ何ト申シテモ産金ノ技術的方面ニ關シテハヅブノ素人デアリマシテ、何等ノ機關モ「スタッフ」モ持ッテ居ラナイ、デアリマスカラ大藏省ハ宜シク産金ノ技術方面ハ總テ之ヲ商工省ニ一任シ、大藏省自身ハ所謂餅屋ノ餅ヲ食フダケデ宜カラウト思フ、兎モ角我ガ領土內ニ生産サレタ金ハ、産金法ノ規定ニ基キ、其ノ全部ガ一箇月以

内ニ大蔵省ニ收用セラレルノデアリマスカラ、何モ勝手モ分ラナイ金生産ノ技術方面ニマデ立入ル必要ハナイノデアリマス、昭和十五年度豫算ヲ見マスト、金資金特別會計ヨリ、産金奨勵ノ爲ト云フ項目デ一般會計ニ千三百万圓、朝鮮總督府特別會計ニ一千万圓ノ繰入ガアリマス、恐ラク大蔵省ハ此ノ持參金ノ代償トシテ共管ヲ必要トスルノデアリマセウ、一應ノ理由ハアルヤウデアリマスガ、若シ産金國策ガ緊急ノ大事デアルナラバ、堂々ト一般會計ヨリ支出スベキデアリマシテ、金資金特別會計ヨリ臍繰金ヲ貰フ必要ハナカラウト思フ若シ又産金ガ大蔵省トハ切ツテモ切レナイ特別ノ關係ガアルト云フ故ヲ以テ、强ヒテ共管ヲ主張スルナラバ、ソレハ理不盡デアリマス、何トナレバソンナコトガ許サレルトシタナラバ、厚生省ハ國民ノ食糧確保ノ爲ニ、米穀配給會社ノ共管ヲ主張シナケレバナラヌコトニナリマス、又陸海軍ハ重工業ノ發達ハ國防上重大デアルカラト云フ理由ヲ以テ、日本製鐵會社ヲ共管トスルコトニシナケレバナリマセヌ、斯ノ如キハ政治ノ紛更、天下亂雜ノ基トナリマス、サウマデシナクトモ、大蔵省ハ政府出資ノ大株主デアリマシテ、特殊會社ニ君臨スルコトガ出來ルノデアリマスカラ、大抵ノ希望ハ實現セラレル筈デアリマス、以上ノ次第デ兩會社合併ト否トニ拘ラズ、大蔵省ノ共管ハ此ノ際廢止スベキデアリマス、政府ノ所見果シテ如何

最後ニ昭和十五年度商工省豫算中、産金及ビ重要鑛物增産ニ關スル經費ヲ拾ヒ集メテ見マスト、産金奨勵ニ關スル經費八百四十二万圓ヲ筆頭トシテ、其ノ他各種重要鑛物增産ノ諸經費ヲ通計スルモ千二三百万圓程度デアリマス、然ルニ朝鮮總督府豫算ニ於テハ、産金ニ關スル奨勵費ダケデモ二千五百万圓ニ達スルノデアリマス、中ニハ金山道路改修費補助トシテ五百万圓ヲ計上シテ居ルコトハ刮目スベキデアリマス、是ハ内地ニ比シテ朝鮮ノ産金額ガ多イ關係モアリマセウガ、又是等ノ保護奨勵ニ依ツテ、朝鮮ノ産金ガ益〻增加ノ趨勢ニアルトモ見ラルベキモノデアリマス、ドウカ我ガ商工省モ朝鮮總督府ニ負ケナイデ、産金ノ增加ニ對シテハ大イニ努力セラレンコトヲ望ムノデアリマス(發言スル者アリ)御靜ニ願ヒマス、今金山道路ノコトヲ申シタノデアリマスガ、農林省ハ多年ニ亙リ機會アル毎ニ全國ニ幾千里ニ亙ル林道ヲ開設致シマシタ、ソレガ今日農山村ノ産業開發、文化交通ニ寄與シテ居ルコトハ莫大デアルバカリデナク、鑛物ノ探鑛ニモ是ガ爲ニドレダケ便宜ヲ得テ居ルカ分リマセヌ、國民ハ農林省ニ感謝シテ居ルノデアリマス、商工當局モ折ガアツタラ農林當局ニ御禮ヲ申シテ下サルヤウニ御願シマス、以上ヲ以テ私ノ質問ヲ終ルコトニ致シマス、長々各位ノ御淸聽ヲ煩ハシマシタ、感謝致シマス(拍手)

第一　昭和十二年法律第九十號中改正法律案(米穀ノ應急措置ニ關スル件)(政府提出)　第一讀會ノ續(委員長報告)

報告書

一昭和十二年法律第九十號中改正法律案(米穀ノ應急措置ニ關スル件)(政府提出)

右ハ本院ニ於テ可決スヘキモノト議決致候此段及報告候也

昭和十五年三月七日

委員長　小林絹治

衆議院議長小山松壽殿

附帶決議

一　生產確保ノ爲昭和十五年度米作ニ對シ奬勵金ノ交付其ノ他適當ナル方策ヲ講ズベシ

一　小麥其ノ他重要農產物價ヲ全面的ニ適正ナラシムベシ

一　集荷配給ニ付速ニ統一セル方策ヲ確立スベシ

(小林絹治君登壇)

○**小林絹治君**　只今議題ト相成ツテ居リマスル昭和十二年法律第九十號中改正法律案、米穀ノ應急措置ニ關スル件ノ委員會ノ經過竝ニ結果ヲ御報告申上ゲマス

先ヅ法律案ノ内容ヲ簡單ニ說明致シマス、此ノ法案改正ノ要點ハ三點デアリマス、第一ハ、政府ハ米穀ノ配給上特ニ必要アリト認ムルトキハ、現行法ノ如キ價格上ノ制限ヲ受クルコトナク、時價ニ準據シテ米穀ノ買入賣渡ヲ爲シ得ル途ヲ開カントスルコトデアリマス、第二點ハ、米穀ノ配給上特ニ必要アル場合ニ於キマシテハ、米穀以外ノ穀物及ビ穀粉ニ付テモ、米穀同樣ニ米穀統制委員會ニ諮問シタル上、其ノ買入及ビ賣渡ヲ爲シ得ル途ヲ開カントスル點デアリマス、第三點ハ、以上述ベマシタ所ニ依ル米穀竝ニ米穀以外ノ穀物、及ビ穀粉ノ買入及ビ賣渡ニ關スル一切ノ歲入歲出ハ、米穀需給調節特別會計ニ屬セシメテ、之ヲ經理スルコトト致シタコト、及ビ米穀以外ノ穀物及ビ穀粉ノ買入ニ付テモ、是ガ代價ハ證券ヲ以テ支拂フコトト致シタコトデアリマス、尙ホ現行法ノ第一條ハ其ノ儘存置サレテ居リマスカラ、軍用米ニ付テハ、從來通リ米穀需給調節特別會計ニ屬スル米穀ヲ賣渡シ得ルコトトナツテ居ルノデアリマス、又現行法ノ附則第二項ハ其ノ儘存置サレテ居リマスカラ、本法案ニ依ツテ改正セラレマシタ法律ハ、ヤハリ支那事變終了後、一年以内ニ之ヲ廢止スルコトトナルノデアリマス

而シテ委員會ハ去ル二月十六日開會、直チニ委員長、理事ノ互選ヲ行ヒ、爾來委員會ヲ開クコト實ニ十四回ノ多キニ及ビマシタ、其ノ間殆ド全委員諸君ヨリ、戰時下食糧問題ノ重大性ニ鑑ミ、銃後ノ憂患是ヨリ大ナルハナシトシテ、極メテ熱心ナル質疑竝ニ有益ナル意見ノ御開陳ガアツタノデアリマス、今茲ニ主ナル質疑應答ニ付テ、概略ヲ申上ゲタイト存ジマス

現下ノ米穀事情カラ考ヘテ、昭和十五米穀年度ノ末期、卽チ本年ノ端境期ニ於テ、政府言明ノ如ク、果シテ四五百万石程度ノ持越米ガ出來テ、需給關係ガ圓滑ニ行クカドウカトノ質疑ニ對シマシテ、政府ハ、御心配ハ御尤モデアルガ、現ニ計畫中ノ内外地ヲ通ズル米ノ增產計畫、又ハ代用作物ノ增產奬勵、外米、外麥等ノ輸入ヲ圖ルト共ニ、他面ニ於テハ、節米、代用食、混食等ヲ奬勵致シ、有ユル努力ヲ盡シテ、國民ノ協力ト相俟ツテ、萬遺算ナキヲ期スル考デアル旨ノ答辯ガアツタノデアリマス、次ニ政府ガ米ノ增產、代用作物ノ奬勵等ヲ計畫セラレテモ、果シテ現下ノ如キ狀況、卽チ農村勞働力ノ不足、農業用資材配給ノ不圓滑、肥料供給ノ不十分等カラ考ヘテ、所期ノ目的ヲ達スルコト頗ル困難デハナイカトノ質疑ニ對シマシテ、政府ノ御答辯ハ、今日ノ狀況トシテハ、種々ナル惡條件ノ下ニ於テモ力ヲ盡シテ、其ノ目的ヲ達成シナケレバナラヌノデアル、例ヘバ土地ノ改良事業ノ助成、耕作法ノ改善、施肥ノ改良、多收穫品種ノ普及、病蟲害ノ防除等ノ徹底ヲ圖リ、他面勞力ノ調整ヲ致シマシテ、以テ所期ノ增產ヲ擧ゲタイトノ答辯デアツタノデアリマス、又强權ヲ發動セズシテ、唯法律ノミニ依ツテ、政府ノ豫期スル一千万石程度ノ米穀ノ買上ガ出來ルカドウカト云フ質疑ニ對シマシテ、政府ハ、一應御尤モナ注意スベキ點デハアルケレドモ、現在ノ見込トシテハ、ソレ程惡條件ノミガ到來シテ、買上不可能ニ陷ルモノトハ考ヘナイ、相當ノ困難ハアツテモ、所期ノ買上ヲ爲シ得ルモノト思フ、之ニ付テハ出來得ル限リ、出荷强制等ノ手段ヲ執リタクナイノデアル、併シナガラ若シ情勢ガ惡化シタル場合、卽チ眞ニ已ムヲ得ザル場合ニハ、ソレハ相當ノ手段ヲ講ズルノ外ハナイカラ、一段ト强化シタ手段ヲ執ラナケレバナラヌ、併シナガラ政府ノ見込トシテハ、大體諸般ノ事態ヲ見テ、地方廳トモ十分ノ打合セヲ遂ゲ、豫定ノ效果ヲ擧ゲタイ考デアルト云フ御辯明デアリマシタ、其ノ他重要ナル質疑應答ガ多ク行ハレタノデアリマスガ、詳細ハ速記錄ヲ御覽願ヒタイト存ジマス

委員會ハ昨七日午後第十四回ノ會議ヲ開キ、茲ニ質疑ヲ終了致シマシテ、直チニ討論ニ入リマシタ、討論ハ通告順ニ依リマシテ、民政黨ノ土屋寬君、政友會ノ坪山德彌君、政友會ノ森幸太郎君、社會大衆黨ノ須永好君、時局同志會ノ吉田賢一君、第一議員俱樂部ノ平野力三君ヨリ、ソレ〳〵其ノ所屬黨派ヲ代表シテ、本案ニ贊成ノ討論ガアリマシタ、尙ホ土屋寬君ハ、本案贊成ニ付テ、左ノ附帶決議ヲ附スベシトノ意見ヲ提出サレタノデアリマス、茲ニ之ヲ朗讀致シマス

附帶決議

一　生產確保ノ爲昭和十五年度米作ニ對シ奬勵金ノ交付其ノ他適當ナル方策ヲ講ズベシ

一　小麥其ノ他重要農產物價ヲ全面的ニ適正ナラシムベシ

一　集荷配給ニ付速ニ統一セル方策ヲ確立スベシ

以上デアリマス、採決ノ結果、本案ハ滿場一致、附帶決議ハ多數ヲ以テ可決サレマシタ、右御報告申上ゲマス(拍手)

○**議長(小山松壽君)**　討論ノ通告ガアリマス、順次之ヲ許シマス――土屋寬君

(土屋寬君登壇)

○**土屋寬君**　只今議題トナツテ居リマス昭和十二年法律第九十條中改正法律案、卽チ米穀ノ應急措置ニ關スル件ニ對シマシテ、

三箇ノ附帶決議ヲ附シ、民政黨ヲ代表致シマシテ、委員長ノ報告ニ賛成ヲ致シマス、

附帶決議ヲ朗讀致シマス

附帶決議

一 生産確保ノ爲昭和十五年度米作ニ對シ奬勵金ノ交付其ノ他適當ナル方策ヲ講ズベシ

一 小麥其ノ他重要農産物價ヲ全面的ニ適正ナラシムベシ

一 集荷配給ニ付速ニ統一セル方策ヲ確立スベシ

只今朗讀致シマシタ附帶決議ハ、民政黨、政友兩派竝ニ第一議員倶樂部ノ共同提案デアリマス、我國ハ戰爭ガ長期ニ亙リマスルモ、食糧問題ニ對シテ何等顧慮スル所ナシト確信致シマシテ、歐羅巴諸國ノ如ク、動モスレバ食糧問題ニ惱ムガ如キコトハ、夢想ダニモシナカツタノデアリマス、所ガ昨年秋初メ頃、米穀事情ガ餘程窮迫致シタ感ジガアツタノデアリマス、是ハ西日本竝ニ南朝鮮ニ於ケル大旱害ノ結果、斯樣ナ事態ガ發生致シタノダト、單純ニ考ヘラレタ方モアツタノデアリマスガ、旱害ノ原因バカリニ依リマシテ、米穀事情ニ急激ナル變化ヲ生ジタノデハアリマセヌ、主ナル原因ハ消費ノ增加デアリマス、事變以來漸ヲ逐ウテ通貨ガ膨脹致シマシテ、事變當初十數億ノ通貨ハ、此ノ頃ハ三十餘億圓ニ增加致シテ居リマス、此ノ膨脹シタル通貨ノ流通ハ、國民經濟ニ非常ナ衝動ヲ與ヘマシテ、ソレガ購買力ヲ唆リ、購買力ノ增大ガ物ノ消費ヲ盛ニシ、隨テ動モスレバ生産ト消費ノ均衡ヲ破ランドスル情勢ニナツタノデアリマス、ソコデ國民食糧確保ノ爲ニ、內外地ヲ通ズル戰時食糧政策ノ必要ヲ痛感スルノデアリマス、平時ニ於ケル産業政策其ノ儘デ、消費部面ニ消極的ナ方法ヲ執ルダケデハ、長期ニ亙ル事變ニ對應スルコトハ出來マセヌ、而モ今日ノ狀態ハ深憂ニ堪ヘヌモノガアリマス、國民ノ食糧ニ於テ、家畜ノ飼料ニ於テ、農漁山村ノ生産資材ニ於テ、何レモ相當ニ窮屈ナモノガアリマス、物資動員計畫ニ依リマシテ、軍需及ビ其他工業生産ニ對シマシテハ、整然タル計畫ガ樹立セラレテ居ルカニ思ヒマスガ、此ノ食糧生産、特ニ國民食糧確保ニ關シマシテモ、物資動員計畫同樣ニ、絕對的ニ國民食糧確保ノ計畫ノ樹立ガ、急務中ノ急務デアルト存ズルノデアリマス

政府ノ食糧政策ノ中デ米ヲ眺メテ見マスルノニ、生産ノ增加、配給ノ圓滑、消費節約ノ三ツガ認メラレルノデアリマス、米ノ生産ガ增加シ、配給ガ圓滑トナリ、消費ノ節約ガ出來マスレバ、國民ノ主要食糧不安ハ除去セラレルコトガ出來ルカト思ヒマスガ、果シテ是ガ實現シ得ルカドウカハ、愼重ニ檢討ヲ加ヘナケレバナラヌト思フノデアリマス、生産ノ增加ガ可能デアルカト云フニ、耕地ハ增加致シテ居リマセヌ、開墾ニ依ツテ耕地ノ增加ガ圖ラレマシテモ、直チニ熟田トナルノデハアリマセヌ、順次年ヲ經ナケレバ、豫定ノ生産ヲ期スルコトハ出來マセヌ、肥料ト云ヒ、勞力ト云ヒ、前年ヨリ一段窮屈トナルコトヲ覺悟セネバナラヌ此ノ狀態ニ於キマシテ、增産ヲ期スルコトハ樂觀ヲ許シマセヌ、朝鮮、臺灣ノ增産計畫ニ依ツテ、或ル程度ノ緩和ハ圖リ得ル場合ガアルカト思ヒマスルガ、絕對增産ヲ期セントシマスルニハ、經濟方策ニ依ツテノミ可能ナラシムルコトガ出來ルノデアリマス、應急措置ト致シマシテハ、卽チ生産資材ヲ豐富低廉ニ供給スルコトデアリマス、之ヲ十分ニ助成スルコトデアリマス、硫酸「アンモニヤ」ノ如ク「生産能力ノ半バニ達スルカ達シナイカノ生産量デ、肥料ノ不足ヲ唱ヘナケレバナラズ、濃厚飼料ノ不足ハ、家畜ニ重大ナル影響ヲ來シテ、自給肥料ノ減退ヲ來スノデアリマスカラ、全然之ヲ解消セシメテ、肥料飼料ヨリ多クシテ供給ヲ圖ラネバナリマセヌ、十四年度ニ於テ增産計畫ノ意味ニ於テ、若干ノ國費ヲ支出ニナツテ居リマスガ、其ノ成績ガ宜シクナイト云フノデ、十五年度ニ於テハ、斯ノ如キ奬勵金ハ支出セヌト云フコトデアリマス、十四年ノ成績ガ良クナカツタト致シマスルナラバ、其ノ惡シキ點ヲ矯メ直セバ宜イノデアリマス、十四年ノ成績ガ良カツタノデアルカ、惡カツタノデアルカ、私ガ休會明ノ議會ニ參リマス時、卽チ十一月末ニハ、マダ農村ニハ其ノ金ガ參ツテハ居リマセヌ、十四年ハ全國的ニ米ノ大增産デアリマシタノニ、ソレニ成績ガ惡イト云フコトハ、妙ニ聞エテナリマセヌ、密ニ大藏省方面ニ人氣ガ惡イトノ噂モ聞キマシタガ、了解ガ出來マセヌ、要スルニ銃後ノ不安ナカラシムル爲ニ、國民食糧確保ノ爲ニ、政府ハ思ヒ切ツタ所謂生産增加ノ方途ヲ立ツルト共ニ、其ノ實行ニ當リマシテハ、國費ノ支出ニ對シ、何等逡巡スベキデハナイト思フノデアリマス、配給ノ圓滑ニ付テ、容易ナラヌ苦心ヲ致サレテ居ルヤウニ思ハレマスガ、併シ現今ノ狀態カラ眺メマスレバ、餘程配給モ難カシイデアラウト思ヒマス、御承知ノ通リ物ノ移動ニハソレ〳〵通ル道ガアリマス、其ノ經路ハ永年ニ亙ツテ行ハレタル所ノ習慣デアリマシテ、其ノ習慣ヲ直チニ改メント致シマス場合ニハ、局部的ニ物資ノ拂底或ハ停滯ヲ生ズルコトハアリマス、現在各縣ニ於テ餘剩米ヲ買上ゲ、一定ノ場所ニ集積シテアルヤウデアリマスガ、餘剩米トシテ出荷スル米ノ數量ガ、聊カ疑ハザルヲ得ナイ點ガアルノデアリマス、果シテ餘剩米デアルカドウカ、直チニ信ズルコトハ私ハ出來ヌノデアリマス、中産以下ノ農家經濟ノ實情ヨリ、又曩ニ申上ゲマシタ通貨ノ膨脹ニ伴フ農家經濟ノ狀態ヨリ考ヘマシテ、判斷ヲ下サネバナリマセヌ、要スルニ農家ト云ヒ、穀物商人ト云ヒ、未ダ自由經濟思想ノ殼ガ取レテ居ラヌ者ガ、相當ニアリハシマセヌカ、實情探究ノ要ヲ認メル次第デアリマス、米ノ配給ノ關係ヨリ、雜穀ノ買上賣渡ヲ政府ニ於テセラレル場合ガアルヤウデアリマスガ、是ガ値段ヲ適正ナラシムル場合ニハ、小麥裸麥ニハ公定價格ガ定ツテ居ルヤウデゴザイマスガ、併シ私共ハ其ノ價格ガ理論的ニ、實際的ニ生産價格ガ定ツテ居ルノデハナイト思ハレルノデアリマス、ソコデ雜穀ニ對シマシテハ、更ニ調査研究ヲ遂ゲ米ノ如ク一定ノ價格標準ヲ定メナケレバナリマセヌ、仍テ政府ハ麥其ノ他重要農産物價格決定ノ方途ヲ講ズベキモノデアルト思ヒマス、統制ノ圓滑ト消費節約ハ、生産ト對應的關係ニアルト思ヒマス、生産ト消費ノ均衡ガ失ハレマシタ場合、配給ノ圓滑ヲ期スルコトハ出來マセヌ、仍テ政府ハ事變前ト事變後ニ於ケル消費ノ變化ニ付キマシテ、最モ嚴密ニ調査檢討ヲ加ヘ、之ニ對處スル方途トシテ、集荷配給ノ統一方策ヲ、直チニ確立スベキデアルト信ズル次第デアリマス

以上食糧問題ニ關シテ愚見ノ一端ヲ申上ゲタ次第デゴザイマス、兎ニ角現下ノ米穀事情ハ、此ノ改正法律案ヲ必要ト認メルノデアリマスガ故ニ、此ノ改正法律案ニ對シテ、三箇ノ附帶決議ヲ附ケテ贊成ヲ致ス次第デゴザイマス(拍手)

○議長(小山松壽君) 山川頼三郎君

(山川頼三郎君登壇)

○山川頼三郎君 私ハ只今上程ニナリマシタ米穀應急措置法中改正法律案ニ對シ、本案ニ關聯アル我國ノ食糧問題ニ付テ、左記五項目ニ亙リ希望意見ヲ述ベマシテ、當局ノ注意ヲ促シ、委員長ノ報告ニ贊成セントスルモノデアリマス、一、肥料對策、二、米價對策、三、節米對策、四、恆久的増産計畫、五、農村救濟、政府ハ昨年産米ノ減收ヨリ來レル米穀事情ノ緊迫セル情勢ニ對處スル爲、米穀以外ノ穀物竝ニ穀粉ヲ同法ニ加ヘテ、我國食糧ノ圓滑ナル需給關係ヲ圖ラントスルモノナリト信ズルモノデアリマス、凡ソ吾々ガ生活ノ上ニ最モ大切ナモノハ、食糧デアル コトハ申スマデモナイコトデアリマス、此ノ食糧ノ不足ヲ感ジ、不安焦躁ノ今日、是ガ對策ヲ講ズルコトハ、喫緊ノ要務デアリマシテ、本年ノ端境期ニ於ケル需給ノ見透シヲ爲シ、ソレニ備フベキ方策ヲ、今日ヨリ用意セネバナリマセヌ、更ニ十五年産米ノ増收確保ニ關シ、萬全ノ方策ヲ講ズルハ、最モ必要ノコトデアリマス、歐洲デハ、食糧ハ平時不可缺ノ物資タルト同時ニ、戰時ニハ最後ノ決勝權ヲ持ツ重要ナル兵器ナリト言ッテ居ルノデアリマス、我國ハ日清、日露ノ兩戰役共豐年デアリ、又今次事變以來豐作ガ續キ、今後モ食糧ダケハ安心ナ國柄デ、天祐ナ國ダト喜ンデ居ツタノデアリマス、然ルニ昨年ハ肥料ノ缺乏ヤ勞力ノ不足ニ加ヘテ、西日本及ビ朝鮮ノ旱魃等ヨリ、非常ナ食糧ノ不足ヲ來シ、不安ノ狀態ハ朝野ノ重大問題トナッタノデアリマス

ココデ在米ノコトニ付テ少シ申上ゲマス、昭和十四年産米ノ發表高ト在米實數ノ上ニ見込違ガナイカ、昨年度産米ノ實數ニ付テ私見ヲ述ベテ見マスト、內地ノ米生産額ハ、前年ニ比ベテ三百十三万石ノ増收デアリマス、朝鮮ハ九百七十八万石ノ減收デアリマス、臺灣ハ六十六万石ノ減收デ、差引七百三十万石ノ大不作トナッタノデアリマス、是デ見マスト、朝鮮ノ不作ガ供給不安ノ最大原因デアリマスガ、玆ニ內地産米三百十三万石ト云フ實數ニ、聊カ疑ヲ持ツテ居ルノデアリマス、是ハ昨年政府ハ増産獎勵ノ爲ニ、増産一石ニ付テ一圓ト云フ獎勵金ヲ交付スルコトニシマシタカラ、農民ハ從來ト違ッテ、其ノ實數ヲ報告シテ居ルデアラウ、實際ノ收穫高ハ發表サレタ數字ヨリ、ドウシテモ少イノデハナイカト思フノデアリマス、又關西ノ旱害地ヲ除ク外ハ、溫度ガ高カッタガ爲ニ、成熟完全、穗末マデ結實シタ爲ニ、平年農家ノ食料トナッタ統計ニ上ラナイ屑米ガ少イコトモ、見逃スコトノ出來ナイ事柄デアッテ、一層不安ノ度ヲ増ス譯デアリマス、斯ク考ヘマス時ニ、端境期ニ需給關係ニ關シ、多大ノ不安ヲ感ゼザルヲ得ナイノデアリマス、其ノ時ニ及ンデ周章狼狽スルガ如キコトノナイヤウ、十分今日ヨリ御用意ガ願ヒタイノデアリマス、本法案ハ固ヨリ右述ベタヤウナ趣旨デ立案サレタノデアリマスガ、是ダケデハ十分デナイノデアリマシテ、集荷配給等ニ關シ、飛躍的ナ方策ヲ立テラレネバナラヌト存ズルノデアリマス

一、肥料對策、我國ニ於テハ昭和十一年以來豐作ガ續キマシタノデ、土壤ノ肥料成分ヲ吸收シ盡シテ居リマス、是ガ爲ニ地力ガ衰ヘ、今後ノ生産ヲ漸減セシムルノ因トナルノデアリマス、硫安其ノ他ノ製造見込ニ付キマシテハ、內外地ノ製造能力減退ト、外國ノ輸入ノ障碍等ヨリ各品種共二割乃至五割位マデノ供給不足トナッテ居ルト云フコトハ、直面シタル所ノ大問題デアリマス、然ラバ其ノ不足ヲドウシタラバ宜イノデアルカ、ソレハ唯內地生産ヲ殖スト云フヨリ外ニ途ガナイ、ソコデ製造資源デアル所ノ電力問題又石炭ノ問題デアリマス、是ガ現實ノ大問題ナノデアッテ、此ノ石炭ヲ獲得スルデナカッタナラバ、列底其ノ目的ヲ達スルコトハ出來ナイノデアリマス、政府ハ確固タル對策ヲ立テテ、電力ノ先取權ヲ肥料ノ製造ニ與ヘルコトガ、焦眉ノ急務ナリト信ズルノデアリマス、次ニ屎尿ノ問題デアリマスガ、大都市ノ屎尿ハ近時皆之ヲ海ニ捨テテ居ルノデアリマス、一例ヲ擧ゲマスレバ、神戶邊リモ捨テテ居ッタノデアリマスルケレドモ、最近郡農會ガ自動車ノ力デ之ヲ運搬シテ利用スルコトニナッテ、四割位利用スルコトニナッタノデアリマス、所ガ最近自動車ノ値上リト「タンク」ノ値上リトデ、經營ヲ續ケルコトガ困難ニナッタノデアリマス、政府ハ是等ニ助成金ヲ増額シ、「ガソリン」配給ニ特別ノ措置ヲ爲シテ、各都市分ヲ悉皆利用スルコトニシタナラバ、窒素肥料ノ不足ヲ大部分補フコトガ出來ルト思フノデアリマスガ、助成ノ方途ヲ講ゼラレンコトヲ望ムノデアリマス

二、米價政策、昭和十三年度産米ノ生産費ハ、十二年度ニ比ベマスレバ、農會其ノ他ノ調査ニ依リマスト、一石ニ付テ三圓五十錢程餘計掛ッテ居ルノデアリマス、政府ハ十三年度産米ノ公定價格ノ決定ニ當リマシテハ、四五圓位ハ高ク決定サレルモノト思ッテ居ッタノデアリマスルガ、豈ニ圖ランヤ最高標準價格ハ前年同樣ニ据置トナッタノデアリマス、此ノ矛盾極マル低額決定ガ、食糧不安ノ原因トナルノデハナイカト思フノデアリマス、米穀統制法第二條第二項中ニハ「米穀生産費、家計費及物價其ノ他ノ經濟事情ヲ參酌シテ之ヲ定ム」ト規定シテアリマス、然ルニ法文ヲ無視シ、物價高ニモ拘リマセズ、前年度ノ安値ニ据置カレタト云フノハ不都合デアリマス、其ノ後秋ニナッテカラ三圓値上ヲシ、又五圓引上ゲラレマシタガ、ソレデハ小農殊ニ早場地方デハ、値上ノ恩惠ニ浴スルコトガ出來ズ、非常ニ不公平ヲ示シタノデアリマス、何卒十五年産米以後ノ公定價格決定ニ當リマシテハ、斯ル不合理ナ取扱ノナイヤウニ申上ゲテ置クノデアリマス、又米價ハ安キニ失シテ居リマス、農産物ハ他ノ商品ニ比ベテ安イ、殊ニ米價ハ農産物中デモ一番割安デアリマス、米ヲ高クスレバ諸物價ヲ騰貴セシメ、惡性「インフレーション」ノ因トナル心配ガアル、故ニ上ゲラレナイト云フノモ、一應無理カラヌコトデハアリマスルガ、サリトテ米作農家ノミヲ犧牲トスルコトハ忍ビ難イノデアリマス、ソコデ農家ノ購入スル品物ヲ、特別ニ安價支給ノ方法デモ規定スルカ、肥料ノ支給デモスルカ、何等カノ方法デ物價ノ指數ニ合スルヤウニシナケレバナラヌノデアリマス、石炭其ノ他ノ品物

ハ引合ハナクナルト國家ハ直チニ補償制度ヲ立テテ之ヲ救濟シナガラ、米ダケハ捨テテ置カレルト云フコトハ、弱イ者イヂメニナルデハアリマセヌカ(拍手)此ノ傳統的農村輕視政策ヲ改メナケレバナラヌト思ヒマス

第三、節米對策、政府ハ節米ノ方法トシテ、七分搗ヲ勵行サルルコトニナツタノデアリマスガ、之ニ依ル節米ハ、政府ノ發明スルガ如ク、百二十万石ヲ期待スルコトハ出來マセヌ、恐ラク其ノ半分モ望マレナイノデアルト思ヒマス、又政府ハ節米ノ有力ナ一策ト考ヘテ、清酒造石高ヲ大減少セラレタノデアリマスガ、清酒ヲ半減スレバ二百万石ノ節米ガ出來ルモノト思ツタノハ大間違デアリマス、糠ヤ酒粕ノ不足、飼料其ノ他ノ不足ヲ來スノミナラズ、節米ハ米ノ消費ヲ增スノデアツテ、是亦政府ノ期待スルガ如キ節米ハ望マレナイノミナラズ、軍用酒入用ノ時ニ清酒ヲ半減シテ、內地ハ酒不足ノ爲ニ惡酒ガ横行シ、各種ノ弊害ト行詰リガ續出シ、社會問題ガ起ラナケレバ宜イガト案ズルノデアリマス、眞ノ節米ト云フモノハ、節食ノ外ハアリマセヌ、人ハ一年十一箇月ノ食糧ガアリマシテモ、一箇月不足シマシタナラ、大變ナコトニナルノデアリマス、ソコデ十一箇月ノ食糧ヲ十二箇月ニ食ヒ延バスノデアリマス、其ノ方法ハ學理的ニ榮養量ヲ攝ルコトノ研究ヲスルコトデアリマス、彼ノ壯丁ガ我家ニ居ツタ時ニハ、腹一杯ニ食ツテ居ツタノガ、入營後ハ少食デ、運動モ相當過激デアリマスルガ、而モ一二三箇月シマスト、見違ヘル程良イ身體ニナルノデアリマス、又粥ヤ雜炊、其ノ他甘藷、馬鈴薯等ノ代用食ニ付テノ研究ガ必要ナリト思フノデアリマス、兎ニ角生產ヲ考ヘルコトハ大切デアリマスガ、一面節食方面ノ研究モ、時節柄緊要ナル問題デアルト思フノデアリマス

第四、恒久的增產計畫、昭和十三年ノ耕地擴張ハ四万七百四十四町デ、潰地ノ方ハ六万七百五十七町、差引二万十三町ノ減反トナツテ居ルノデアリマス、而シテ開墾反別表ヲ見マスト、年々減少シテ居リ、潰地反別表ノ方ヲ見ルト年々增大シテ居ル、缺狀的減反ヲ示シテ居ルノデアリマス、此ノ趨勢ハ洵ニ憂慮ニ堪ヘヌモノガアルノデアリマス、農林省ノ表ニ依リマスト、開墾見込地ハ田トナルモノガ四十七万三千町歩、畑トナルモノガ百十五万三千町歩デアリマシテ、開墾ノ餘地ヲマダ殘シテ居ルノデアリマス、一方住宅ヤ工場ノ敷地等ニ良田ヲ潰シテ居ルコトハ、食糧政策ノ上カラ見ルト、洵ニ惜シイコトデアリマス、潰地課稅デモスルカ致シテ、良田ノ保全ニ關シテ相當考慮サルルノ要アリト信ズルノデアリマス、旱害對策トシテハ、當面ノ問題ハ本年ノ追加豫算ニ計上サレマシタカラ、少シハ安心ヲ致シマシタガ、恒久對策ニ付テハ、極メテ小規模デアリマシテ、必要程度ノ一割ニモ足リナイ感ジガスルノデアリマス、溜池「ダム」水路ノ築造等、全國農業土木ニ一層ノ力ヲ致サレンコトヲ熱望スル次第デアリマス、次ニ政府ハ旱場米ノ增產奬勵ヲ爲シ、端境期ノ不足ヲ補フト共ニ、代用食物ノ增產ニ努メルコトガ必要ナリト信ズルノデアリマス

五、農村ノ救濟、部落ハ農村活動ノ基本ヲ成スモノデアリマスガ故ニ、政府ハ部落團體ノ强化ヲ圖リ、適當ナル保護助成ヲ爲シ、實行團體トシテノ活動ヲ遺憾ナカラシムルノ途ヲ講ズルコトガ、特ニ緊要ナリト思惟スルノデアリマス、勞力ノ調査、農村ハ應召兵ヤ軍馬ノ徵用デ、勞力ノ不足ニ惱ンデ居リマスガ、近頃重工業殷盛ノ爲ニ、不引合ノ農業ヲ捨テテ工場地帶ニ走リ、田畑ヲ地主ニ返還スル者漸ク多キヲ加フルニ至ツタノデアリマス、隨テ賃銀ノ昂騰トナリ、生產ニ至大ノ關係ヲ及ボスコトハ、憂慮ニ堪ヘザル次第デアリマス、本問題ハ全國農村ノ爲將來由々シキ大問題デアリマスルカラ、政府ハ之ニ對シマシテ、其ノ對應策ヲ講ゼラレンコトヲ要望スル次第デアリマス、農用資材ハ愈〻不足ヲ感ジ、重大ナル問題トナツタノデアリマス、是ガナクテハ米ハ作レマセヌ、故ニ相當量ノ供給ヲ確保セラレナケレバナラヌノデアリマス

以上ノ諸點ニ對シ政府ハ熱心以テ事ニ當リ、農村不安ノ除去ト、食糧確保ノ完璧ヲ期シ、國民ノ焦躁ヲ除カレンコトヲ希望致ス次第デアリマス(拍手)

○**議長**(小山松壽君) 河野一郎君

(河野一郎君登壇)

○**河野一郎君** 私ハ只今議題トナツテ居リマスル案ニ付キマシテ、委員長報告通リ賛成ノ意ヲ表シタイト考ヘル者デアリマス、豫メ一言申上ゲマシテ、以下少シク申述ベテ見タイト思フノデアリマス

即チ本米穀對策ハ、現下ニ於ケル我ガ國內ノ食糧政策ノ單ナル一方策デアツテ、吾々ノ考ト致シマシテハ、是ノミノ政策ニ依ツテ、此ノ重大ナル戰時下ニ於ケル食糧政策ヲ完遂スルコトハ、甚ダ疑問トスル點ガ多イト存ジマス、此ノ案ノ改正モ必要ナ一部分デアリマスガ、此ノ外ニ多々政府トシテ御考ヲ願ハナケレバナラヌ點ガアルト吾々ハ思フノデアリマス、ソレハ委員長ノ報告セラレマシタル通リ、又吾々ノ同僚土屋君ヨリ希望意見トシテ決議ヲ附シマシタ通リ、十分ナル政府ノ御認識ト御努力ヲ願ハナケレバ、此ノ食糧政策、米穀政策ヲ圓滿ニ遂行スルコトハ困難ナリト思フノデアリマス

以下少シク是等ノ點ニ付テ申添ヘテ置キタイト思フノデアリマスガ、政府ノ御認識ニ依リマスレバ、吾々ト甚ダ懸隔ノアル二三ノ點ガアルノデアリマシテ、其ノ點ヲ私ハ茲ニ遺憾ナガラ申述ベナケレバナラヌノデアリマス、即チ私達ガ政府ニ率直ニ御尋致シマシタ所ニ依リマスト、昨年末以來國內ニ於ケル米穀配給上ノ種々ナル遺憾ナ點ニ對シテ、政府ハ如何ニ御考ニナツテ居ルカ、一體ドウシテ米ガコンナニ足リナイノカ、ドウシテ消費地ニ於テ米ノ配給ガ不圓滑ナノカト云フコトニ付テノ、政府ノ御所見ヲ質シマスルト、先程土屋サンカラ御話ノアリマシタル通リ、西日本其ノ他南朝鮮地方ニ於ケル旱害ノ影響トシテ、國內ニ於ケル米ノ配給系統ガ變ツテ來タ、同時ニ一般國民ノ米作ニ對スル不安ガ之ニ加ハツタ、乃至ハ勞力不足ノ爲ニ米ノ調整ガ遲レタ、是等ガ主ナル點デアツテ、其ノ他多少ハ考ヘナケレベナラヌ原因モアラウガト云フ、程度ノ御認識ノヤウニ受取ルノデアリマス、隨テ今回提案ニナツテ居リマス此ノ改正案ニ依ツテ見マシテモ、是等ノ認識カラ因ツテ起ル改正案トノミ吾々ハ考ヘラレルノデアリマス、米ノ集荷ニ於テ、政府ノ力デ集メテ、之ヲ消費地ニ配給スレバ、取ツテ以テ事足リルト云フコトガ、本案ノ內容總テデアリマス、大約一千万石程度ヲ各生產地

カラ政府ガ買上ゲテ、之ヲ適當ナ地方ニ配給スルト云フコトガ本案ノ內容ノ總テデアリマス、私申上ゲマシタル通リ、旱害地方ニ於ケル所ノ影響トシテ、米ノ流レ方ガ違ツテ來タ、國民ガ米作ニ對スル不安ヲ持ツタ、調整ガ遲レタ爲ニ出廻リガ惡クナツタ、是ダケノ原因ト考ヘルカラ、一千万石程度ノ米ヲ政府ガ買ツテ來テ、足リナイト思フ所ノ消費地方ニ政府ノ手デ流シテヤリサヘスレバ、總テ是デ問題ハ解決スル、是ダケノ御考ヘ方ガ本案ニ現ハレダヤウニシカ、吾々ハ考ヘラレナイノデアリマス、此ノ程度ノ御認識デ、果シテ此重大問題ヲ、吾々ガ解決セリト考ヘルコトガ出來ルデアリマセウカ、更ニ又私ハ政府ニ御尋ヲ致シタイコトハ、御承知ノ通リニ昨年一箇年間ニ於ケル我ガ國內ノ米ノ消費量ハ、前古未曾有ト稱シテ差支ナイヤウナ厖大ナル消費量デアリマス、恐ラクハ何人モ想像セザル程度ノ大キナ消費量デアリマス、昨年ノ初ニ於テ吾々ガ米穀會社法案ヲ審議致シマシタ當時ニ於テ、豫想出來ナカツタ程大量ノ米ノ消費量デアリマス、茲ニ大キナ誤算ガ出テ居ル、ソコデ政府ニ何故ニ斯ノ如キ大量ノ消費ガ國內ニ起ツタノカ、之ニ對スル政府ノ御認識ハドウカト云フコトモ、御尋シテ見タイノデアリマス、併シ政府ノ御答ハ、米ノ値段ガ割合ニ他ノ物價ニ比ベテ安イカラ、米ガ澤山食ハレタノダ、多クノ米ノ消費ガアツタノダ、斯ウ云フ御考ノヤウデアリマス、サウ致シマスレバ、自ラ問題ハ此ノ二ツノ考ヘ方ヨリ出ツテ來ル所ノ對策ト致シマシテハ、米ノ値段ガ比較的ニ安イカラ澤山食ベタノダ、シテ見レバ節米ノ方法ハ、如何ナル精神運動ヨリモ、如何ナル對策ヨリモ、米ノ値段ヲ適正ニ引上ゲルコトナクシテ、斷ジテ消費ニ對スル問題ハ解決シナイト私ハ思フノデアリマス

政府自ヲニ於テ米ノ値段ガ比較的ニ安過ギタカラ、澤山食ベタノダト云フ御認識デアリマスナラバ、速ニ適正ナル價格ニ米價ヲ改正セラレルコトガ、先ヅ現下ニ於ケル米穀對策ノ根本デアルト私ハ思フノデアリマス、併シ政府ニ於テハ、何等此ノ政策ニ出テ居リマセヌ、ソコデ吾々ハ米價竝ニ其ノ他ノ雜穀ニ於テ、農產物價ヲ全面的ニ適正ナル價格ニスベシト云フ希望意見ヲ、强ク申サザルヲ得ヌノデアリマス、而シテ前段ニ於キマスル對策ト致シマシテハ、何トシテモ數量ヲ確保シナケレバイカヌ、政府ガ考ヘテ居ラレマスヤウニ、單ナル配給ノ不圓滑デアルトカ、調整勞力ノ不足デアルトカ云フヤウナ程度ノ御考デ、斷ジテ吾々ハ此ノ重大時局ヲ乘切ルコトガ出來ナイト云フ意味カラ致シマシテ、何トカ政府ヲシテ增產計畫ニ對シテ、具體的適切ナル方途ニ出デラレンコトヲ、强ク委員會ヲ通ジテ要望致シタノデアリマス、又同時ニ政府ノ御考モ色々御尋シタノデアリマスガ、遺憾ナガラ先程委員長ノ御報告ノ程度ノ御考デアリマシテ、此ノ程度ノ對策ヲ以テシテ、斷ジテ政府ノ豫期スル所ノ增產計畫遂行ハ、吾々ト致シマシテハ不可能ナリト斷ゼザルヲ得ナイノデアリマス

ソコデ吾々ト致シマシテハ、ドウシテモ適當ナル生產奬勵金ヲ出スノデナケレバイカヌ、只今モ申上ゲマシタ通リニ、米價ガ他ノ物價ニ對シテ割安デアル、農產物價ノ中ニ於テモ割安デアルト云フコトノ事實ヲ認メマス以上ハ、ドウシテモ米ニ對シテ或ル程度ノ「プラス」スベキモノガナケレバナラヌ、米ヲ作ルコトニ對シテ或ル程度ノ「プラス」スベキ農家ノ經濟上ノモノガナケレバ、米作ニ對スル興味ガ薄ラグ、增產ノ方向ニ農家ノ經營ガ向ツテ行カナイト云フコトヲ吾々ハ强ク申シ、又政府ニ要望スルノデアリマスケレドモ、是亦諸君御承知ノ通リ、昨年ニ於テハ四百万圓ノ增產奬勵金ヲ出シテ居リマシタモノヲ、今年ハ之ヲ削ツテ廢メテシマツタ、昨年度ニ於テサヘ四百万圓出シテ居ツタモノヲ、今年度ハ是サヘモ廢メテシマツタ、而モ御承知ノ通リニ肥料ニ於テ、其ノ他ノ農產資材ニ於テ、悉ク昨年ヨリモ惡條件ニアリマス今年ニ於テ、ドウシテ政府ガ豫期スルヤウナ、昨年以上ノ多收穫ガ希望スルコトガ出來ヤウカ、是ハ何人モサウ云フ想像ハ出來ナカラウト私ハ思フノデアリマス、隨テ吾々附帶決議トシテ致シテ居リマス通リニ、速ニ十五年度ニ於テ適當ナル生產奬勵ノ施設、奬勵金ヲ政府ハオヤリニナルニアラザレバ、重大ナル問題ガ勃發スルト云フコトヲ、吾々ハ茲ニ言明セザルヲ得ヌノデアリマス、不幸ニシテ吾々ノ注意ヲ聽クコトナク、吾々ノ希望ヲ無視シテ、政府ガ萬々一ニモ適當ナル施設ヲ怠リ、增產奬勵ノ資金、生產確保ノ計畫ヲ御立テニナラナイヤウナコトガアリマシタナラバ、吾々ハ遺憾是ヨリ甚シイコトハナイノデアリマス、ドウカ政府ニ於カレマシテハ、吾々ノ意ノ在ル所ヲ十分御酌取ノ上デ、是等ノ施設ニ出デラレンコトヲ强ク希望スル者デアリマス

而シテ又更ニ現下ノ農村事情ヨリ致シマシテ、米作奬勵ニハ有ユル角度ヨリ萬全ヲ期サナケレバナラヌト云フ意味合カラ、特ニ私ノ所屬致シマス黨派ニ於キマシテハ、米作ヲ致シマスル田畑ニ付テハ、地租ノ免稅ヲ致シ、地主ヨリ小作ニ之ヲ轉換スル、以テ米作奬勵ノ方途トスルコトヲ適當ナリトサヘ、吾々ハ考ヘテ居ルノデアリマス、何レニ致シマシテモ、有ユル角度ヨリ研究致シ、萬全ヲ期シテ、米作奬勵ノ方途ニ出デラレンコトヲ政府ニ切望スル者デアリマス

次ニ吾々トシテ申サナケレバナリマセヌコトハ、是等ノ諸點ヲ十分考慮セラレルノミナラズ、臺灣ニ於ケル一期作米ニ對シテハ、更ニ〳〵非常重大ナ方途ヲ執ツテ戴キタイ、卽チ臺灣ニ於ケル甘蔗栽培ノ田畑ヲ、我ガ國內ニ於ケル甘蔗ノ最小限度ノ必要量ノ生產ニ止メテ、其ノ餘剩田畑ヲ以テ米作ニ轉換サレンコトヲ希望スル者デアリマス、是モ只今マデ諄々ト申上ゲマス通リ、斯ノ如ク有ユル方法ニ依ツテ、米作ニ對スル方策ヲ講ズルニアラザレバ、明米穀年度ニ於ケル問題ハ、益〻深刻ノ度ヲ加ヘルト考ヘラレマスカラ申上ゲルノデアリマス、更ニ又只今申上ゲマス臺灣ノ問題ニ付テハ、來ルベキ七八月以降ニ於ケル端境期マデノ中間補塡策トシテ、我國ニ於テハ最モ重大ナ問題ト考ヘマスノデ、此ノ點モ併セテ附加ヘル次第デアリマス

更ニ此ノ機會ニ政府ニ御考ヲ願ハナケレバナリマセヌコトハ、御承知ノ通リ、米穀政策ノ根本ト致シマシテハ、飽クマデモ價格ノ政策デアリ、數量ノ政策デアルコトハ申上ゲルマデモアリマセヌ、而シテ價格政策ニ於キマシテハ、從來農林當局竝ニ政府テ執ツテ參リマシタ政策ハ、何處マデモ玄米對策ノ方途デアリマス、玄米ヲ對象トシテノ政策デアリマス、併シナガラ今日ノ如

ク窮迫致シマシタ事態ニ於キマシテハ、從來ノ如クニ飽クマデモ玄米ノミヲ對象トスル米穀政策ヲ以テ、妥當ナリヤ否ヤト云フ點デアリマス、諸君御承知ノ如ク、吾々ハ低物價政策ノ必要ナルコトニ付テハ、十分諒承致シテ居リマス、併シナガラ白米價格ト玄米價格トノ間ニ、非常ナ開キノアル今日ニ於テ、飽クマデモ玄米ハ玄米價格一本ニ依ツテ、政府ガ進マナケレバナラヌト云フ理由ハナイ、之ヲ變更シテモ低物價政策ヲ破壞スルモノデハナカラウト思フノデアリマス、卽チ白米價格一本ニ變更致シマシテ、從來ノ玄米價格、卽チ格差格付ニ依ル千差萬別ノアリマス價格ヲ統制致シマシテ、白米ヨリ推算致シマシタ玄米價格ヲ立テルコトガ、此ノ時局下ニ於テ必要デハナイカト思フ、斯ク致シマシテ、少クトモ吾々ノ計算ニ依レバ、今日白米一俵十九圓ト致シマスレバ、玄米取引ニ於テ一俵ニ付テ一圓乃至一圓五十錢ノ値上リニナルト思フノデアリマス、農家ノ所得ハ一俵販賣スルコトニ依ツテ、一圓乃至一圓五十錢ノ收入ノ增加ドナリ、消費者側ニ於テハ、其ノ儘ノ價格ニ於テ白米ヲ購買スルコトガ出來ル、消費者側ノ迷惑ニナルコトサヘナケレバ、決シテ政府ノ意圖スル低物價政策ニ抵觸スルモノデハナカラウト思フノデアリマス、シテ見レバ是等ノ矛盾セル取引ヲ、根本的ニ御改正ニナリマシテ、白米取引一本ヲ物價政策ノ中ニ御考慮ニナツテ、白米ヨリ推論シテ速ニ玄米價格ヲ決定スルヤウニシテ戴キタイ、斯クスレバ卽チ是亦增產奬勵金ヲ出スト同等若クハソレ以上ノ效果ガアル、ソレ以上ノ農家所得ヲ增スコトニナルコトニ於テ、非常ニ適當ナル方策ナリト吾々ハ考ヘル者デアツテ、是等ニ付テハ特ニ政府ノ深甚ナル考慮ヲ促ス者デアリマス

更ニ附加ヘテ申上ゲタイノハ、麥其ノ他雜穀ノ點デアリマス、元來此ノ法律ハ時局下ニ於ケル非常特別ノ場合ノ處置デアリマシテ、一旦平時ニ還元致シマシタ場合ニ、本法ヲ以テ果シテ適當トスルヤ否ヤト云フコトニ付テハ、吾々尙且ツ多大ノ疑問ヲ持ツ者デアリマス、併シナガラ時局下ニ於テ茲ニ平時ノ議論ヲ爲スコトヲ差控ヘルガ爲ニ、平時ノ議論ヲ一切拔キニシテ本案ニ贊成スルコトハ、茲ニ御斷リヲ申上ゲテ置カナケレバナリマセヌ、卽チ一朝米穀事情ガ平靜ニ復歸致シマシテ、米價ガ最高價格ヨリモ下廻リ、最低價格ニ接近スル、若クハ其ノ程度ニナリマシタ際ニ、果シテ政府ガ此ノ法律ヲ以テ適當ニ運用スルコトガ出來ルカ否ヤ等ノ點ニ付テハ、多大ノ疑問ガアリマス、更ニ又麥類其ノ他ノ雜穀ニ付キマシテハ、政府ハ曾テ雜穀貯藏ノ經驗モナク、雜穀ニ對スル貯藏ノ調査モナク、雜穀ニ對スル買上、乃至ハ是等ニ對スル各種ノ御認識モ薄カラウト思フノデアリマス、シテ見レバ果シテ是等ノモノヲ平時ニ於テ對象トシテ取ルコトハ甚ダ危險デアリ、國家トシテモ十分考ヘナケレバナラヌ各種ノ點ノアルコトヲ、私ハ茲ニ申添ヘナケレバナリマセヌガ、併シ更ニ是等ヨリモ優先シテ、茲ニ吾々ガ考ヘナケレバナリマセヌコトハ、附帶決議ニモ申上ゲマシタ通リ、麥ノ公定價格ニ付テハ米價ト異ナリ、政府ニ於テモ確タル生產費ノ調査モナケレバ、米價公定ノ如クニ、各種ノ計數的基礎ノ持合セモナイヤウデアリマス、米作乃至ハ麥作ヲ以テ、主要農家生產ノ基礎ニ致シテ居ラレル地方ガアリマスコトヲ吾々ガ考ヘマスル時ニ、麥ヲ法律ノ對象トシテ今日取扱ハナケレバナラヌ際ニ於テハ、一日モ速ニ麥ニ對スル公定價格ノ決定ノ上ニ於テ、米價同樣ニソレゾレノ數字ヲ、其ノ基礎ノ上ニ立ツテ御論究ヲ願ハナケレバナラヌシ、御決定ヲ願ハナケレバナラヌコトハ申上ゲルマデモナイノデアリマス、然ルニ政府ニ其ノ方途ノナイコトヲ、甚ダ遺憾ニ考ヘル者デアリマス、政府ニ於キマシテハ、速ニ本法實施ト同時ニ、是等麥其ノ他ノ雜穀ニ付テ、適正ナル公定價格ヲ定メルベキ、各種ノ準備ヲ整ヘラレルコトヲ、併セテ希望スル者デアリマス

而シテ最後ニ一言茲ニ申添ヘテ置カナケレバナリマセヌコトハ、前段私ノ申上ゲマシタル通リニ、現下ノ米穀問題トシテ、最モ憂慮スベキ問題ハ、集荷配給ノ問題デアリマス、卽チ昨年ノ米ノ出來秋ニ、國內ニ米ノ充滿シテ居リマスル當時ニ於テ、消費地ニ米ノ飢饉ガ起ツタト云フ事實、此ノ事實ハ何トシテモ集荷配給ノ上ニ於ケル缺陷ヲ發露シタモノト言ハザルヲ得ヌノデアリマス、シテ見レバ今日ノ米穀對策ハ、卽チ集荷配給對策ヲ根幹トセナケレバナラヌ筈デアリマス、然ルニ政府ハ本法案ヲ吾々ニ審議セシメルニ當ツテ、集荷配給ニ對スル確固タル方策ノ御決定ヲ見ズシテ、吾々ニ審議ヲ强ヒラレマシタコトヲ、甚ダ遺憾トスル者デアリマス、本法案決定ニ當ツテモ、尙且ツ政府ニ集荷配給ニ對スル統一セル政策ノ持合セノナイコトヲ、甚ダ吾々ハ遺憾ニ考ヘル者デアリマス、斯ノ如ク米穀政策ノ根幹ニ觸レベキ問題ニ對シテ、今尙ホ決定セル具體的方策ヲ持タザルヤウナコトデ、果シテ今後ニ於ケル此ノ食糧問題ノ難關ヲ、政府ガ乘切ルコトガ出來ルヤ否ヤニ付テハ、吾々甚ダ深憂ニ堪ヘナイ者デアリマス、政府ニ於カレマシテハ、以上述ベマシタル諸點ニ對シテ、特ニ深甚ナル御考慮ヲ煩ハシ、決定スベキハ速ニ決定シ、實行スベキハ速ニ實行セラレンコトヲ申添ヘテ、本案ニ贊成スル者デアリマス（拍手）

○議長（小山松壽君）　前川正一君

（前川正一君登壇）

○前川正一君　私ハ社會大衆黨ヲ代表致シマシテ、本案ニ對シ贊意ヲ表シマスルニ當リマシテ、先ヅ二三ノ意見ヲ申述ベマシテ、私達ノ態度ヲ明ニシタイト思フ者デアリマス

本案ハ政府米ノ買上ニ當リ、其ノ範圍ト價格ノ制限ヲ撤廢シ、同時ニ今マデ取扱ハナカツタ所ノ雜穀ノ方面ニマデ、手ヲ延バサウト云フノデゴザイマシテ、案自體ノ改正ノ點ハ、極メテ部分的ナモノデハゴザイマスルガ、其ノ內容ニ至リマスナラバ、極メテ大キナル變化ガ見ラレルノデアリマス、言ヒ換ヘマスルナラバ、正ニ質的ナ變化ト言ツテモ宜イ程ニ、大キナル變化ガアルノデアリマス、卽チ此ノ案ガ委員會ニ於キマシテ、アノ愼重ナル審議ヲサレマシタ事實ヲ見マシテ、今日ノ時局下ニ於ケル食糧問題ガ如何ニ重大デアルカ、此ノ案ノ裏付ヲスル所ノ社會事實ガ、如何ニ重大デアルカト云フコトヲ、明瞭ニ看取スルコトガ出來ルノデゴザイマス、日本ガ戰爭ニ參加スルナラバ、農村及ビ都市ノ青年勞働力ガ、戰場ニ或ハ工場ニ動員サレ、農村ノ資材ガ窮乏ヲ告ゲ、自然ニ不作ヲ來スト云フコトヲ、外國人ハ戰爭前ニ於テ明瞭ニ、數字的ニ之

ヲ指摘シテ居ルノデゴザイマス、此ノ傾向ハ戰爭ノ繼續ト同時ニ、益〻增大スルト云フコトヲモ言ツテ居ルノデアリマス、幾ノ歐洲戰爭ノ事實ト經驗ヲ以テ致シマシテモ、明瞭ニ之ヲ見ルコトガ出來ルノデアリマス、然ルニ此ノ食糧不安ノ經驗ヲ餘リ持ツテ居リマセヌ我ガ豐葦原瑞穗國ナル日本ノオ互ハ、昨年ノ秋ノ不作ヲ見ルマデハ、食糧問題ニ對シテ、一ツノ此ノ生キタ事實ヲ現實ニ見ルマデハ、日本ノ唯一ノ强味ハ、食糧問題ニ於テ何等心配ノナイコトデアル、斯ウ云フコトデ朝野共ニ安心シ切ツテ居ツタノデアリマス、昨年此ノ議場ニ於キマシテ、私ハ戰時食糧政策ガ如何ニ重大デアルカ、卽時政府ハ米ノ專賣ト、多收穫品種ニ依ル所ノ增產ト、外地米ノ增產、肥料資材ノ對策ヲ、卽時ヤラネバナラヌト云フコトヲ痛論致シタノデアリマスルガ、當時ノ平沼內閣ニ於キマシテハ、大シタ手應ヘガナク、ソコニ對策ノ見ルベキモノガナカツタノデゴザイマス、私ハ今日ニ至ルマデ洵ニ遺憾ノ意ヲ持チ續ケテ居ル者デゴザイマス、現ニ今日運用サレテ居リマスル米穀ニ關スル法律ヲ見マスルニ、例ヘバ米穀統制法ニ致シマシテモ、米穀自治管理法ニ致シマシテモ、或ハ米穀配給統制法ナリ、各府縣ニゴザイマスル所ノ米穀檢査規則ニ致シマシテモ、何レモ米ノ豐富ナ時代ニ出來タ所ノ所產デゴザイマシテ

〔議長退席、副議長著席〕

戰時ニ於ケル食糧問題ヲ、如何ニ處理スルカト云フ點ヲ考慮シタ所ノ、明確ナ戰時食糧對策ノ法律ガ、日本ニ唯ノ一ツモ見ルコトガ出來ナイコトハ、洵ニ吾々ノ遺憾トスル所デゴザイマス、特ニ戰爭ト重要ナ關係ヲ持ツテ居リマス食糧政策ニ付キマシテ、政府當局ハ何等長期戰的ナ對策ヲ示シテ居リマセヌ、近衞聲明ノ出マスル前、事變當初ニ於キマシテ、現地解決、不擴大方針ガ言ハレマシタガ、今日ノ食糧對策ハ、ヤハリ現地解決、不擴大方針ヲ、其ノ儘踏襲シテ居ルカノ如キ感ガアルノデアリマス、此ノ點ハ吾々國民ト共ニ非常ニ憂ヲ深クスル者デゴザイマス、最モ露骨ナ例ハ、昨年ノ秋ノ不作ニ當リ、連續二回ニ互リマシテ、政府ハ聲明ヲ裏切ツテ大幅ノ合計八圓ト云フ値上ヲ致シマシタ、其ノ爲ニ却テ米ノ集荷配給ノ困難ヲ來シマシテ、阿部內閣ハ倒壞致シマシタ、阿部內閣ハ誤ツタ米對策デ倒レマシタ、此ノ事實ヲ私達ハ見テ居ル、現米內內閣ニ於キマシテハ、吾々ハ多少ニシロ、モツト根本的ナ一ツ位ノ方針ハ示サレルダラウト、朧氣ナガラ期待ヲ持ツテ居ツタノデゴザイマスガ、依然トシテ現地解決、不擴大方針ノ食糧政策シカゴザイマセヌデ、長期戰的ナ何等ノ方針ガ玆ニ示サレナイコトハ、吾々ハ國民ト共ニ非常ニ遺憾ノ意ヲ表スル者デゴザイマス

特ニ本案ノ骨子デゴザイマス集荷配給ノ圓滑ヲ考ヘマスル前ニ、先ヅ先ニ考ヘナケレバナラナイ點ハ、正確ナル消費ノ數量ヲ知ルコトデアリマス、同時ニ的確ナル增產ノ計畫ガナケレバナリマセヌ、是ナクシテ如何ニ集荷配給ノ方法ヲ考ヘラレマシテモ、下世話ニ申シマスヤウニ、無イ袖ハ振レナイノデゴザイマシテ、不足セル物、ナイ物ノ配給ハ出來マセヌ、又自由主義的ナ經濟機構ヲ改メズ致シマシテ、今日モ尙ホ依然トシテ地主ハ米ヲ持ツテ居ル、ダガ此ノ地主ノ所持シテ居ル米ヲ、强制的ニ出サス力ヲ政府ハ持ツテ居ラナイノデアリマス、本法案ガ政府ノ手持米ヲ潤澤ニシテ、配給ヲ成ベク圓滑ニショウ、斯ウ云フ點ヲ考ヘテ居ルコトニ對シマシテハ、政府ノ氣持ハ能ク分ルノデゴザイマス、併シナガラソレヲ考ヘマスルナラバ、其ノ前提ト致シマシテ、先ヅ正確ナル消費ノ數量ト、確實ナル增產ノ數量ト云フモノガ、絕對的ニハツキリシナケレバナラナイノデゴザイマス

政府ハ米ノ戰時ニ於ケル消費ノ增加ガ、幾ラニナルト見テ居ルノデゴザイマセウカ、昨年私ハ前櫻內農林大臣ニ、戰爭ニ依ツテ今年ハ幾ラ消費ガ殖エルカト質問シタ所ガ、二百万石デスト答ヘタ、此ノ二百万石ト云フヤウナ安心シタ言葉ガ、今年ノ米ノ窮迫ノ狀態ノ一ツノ、小サイカモ知レマセヌガ、原因ヲ作ツテ居ルト思フノデアリマス、今農林省ノ米穀要覽ヲ見マスルト、日露戰爭前ノ五箇年平均ノ消費量ハ四千四百万石デゴザイマス、明治三十七年ハ九百万石增加致シマシテ五千三百万石、同三十八年ハ一躍千四百六十万石ノ消費ガ增加致シマシテ五千八百六十万石デゴザイマス、歐洲戰爭中ノ五箇年ノ平均消費量ハ五千三百八十万石デ、大正四年、五年、六年ト、漸次是ガ增加致シマシテ、大正七年ニハ八百九十万石ノ消費ガ增加致シマシテ、六千二百七十万石ノ消費トナツテ居リマス、又昭和十一年、卽チ支那事變ノ前年ニ於キマシテハ、內地、臺灣、朝鮮全體ノ消費量ハ八千六百十六万石、昨年ノ昭和十四年度ノ消費ハ一躍千五百八十八万石、約千六百万石ノ消費ガ增加致シマシテ、一億二百四万石ノ消費トナツテ居リマス、一方昭和十年カラ十四年ノ五箇年間ノ平均收穫高ヲ見マスルト、內地ガ六千五百十九万石、臺灣ガ九百二十六万石、朝鮮ガ二千三百四十四万石デ、合計九千七百八十九万石デゴザイマス、然ルニ支那事變開始後ノ十二年、十三年、十四年ノ平均消費量ヲ見マスルト、九千九百六十万石デ差引百七十一万石ノ絕對量ノ不足ヲ來シテ居ルノデゴザイマス、先ヅ米ノ內外地ヲ通ジテノ自給自足ノ破綻ガ玆ニアルト云フコトヲ、吾々ハハツキリ見ナケレバナラナイ、尙ホソレニ加ヘマシテ、昨年ノ朝鮮及ビ西日本ノ思ハザル大旱魃ニ因ル所ノ不作ガアリマシタ、臺灣ノ第二期作ハ未曾有ノ豐作ダトハ言ハレマスケレドモ、巷間傳フル所ニ依リマスト、先日八万袋ノ蓬萊米ガ高雄港ヲ出發シテ內地ニ向ツタガ、島內ノ米穀事情ノ窮迫ノ爲ニ、其ノ船ハ再ビ高雄港ニ引返シタト云フコトガ傳ヘラレテ居リマス、吾々ハ是ハ事實デナイコトヲ信ジタイ、ケレドモ、若シ是ガ事實ダト致シマスルナラバ、臺灣島內ノ豐作ガ何處マデ信用出來ルカ、臺灣島內ノ消費ガ如何ニ激增シタカト云フコトヲ、私ハ考ヘナケレバナラヌト思ヒマス、更ニ是ハ多ク議論サレタノデゴザイマスガ、雜穀高ト米價ノ割安ノ問題ガゴザイマス、一千万石モノ不作ノ朝鮮カラ、內地ニ百五十万石ノ米ヲ移入ショウト云フコトハ、非常ナ困難事デアリマス、滿洲ヤ內地ノ雜穀ガ高クテ不足シテ居ル爲ニ、朝鮮ニソレガ入ラナイ、隨テ今朝鮮カラノ百五十万石ノ米ハ、二三十万石シカ入ラズ、今ハ中止ノ形トナツテ居ルノデアリマス

本法案ノ狙ヒ所ノ雜穀ヲ早ク政府ガ買ツテ、朝鮮ニ送リ込ンデ、內地ニ朝鮮米ヲ入レヨウト云フ政府ノ氣持ハ能ク分リマス、

ケレドモ又最近満洲ニ於ケル雑穀ノ買上價格ノ値上デゴザイマス、此ノ問題ハ丁度阿部内閣當時ニ、出廻リガ悪イカラト云ッテ米價ヲ引上ゲタト同ジヤウナ結果ヲ生ミマシテ、出廻リガ一層難澁ニナッテ居ルヤウナ状態ニアル、特ニ満洲人ノ換物思想ノ旺盛ナ點カラ致シマシテ、一層今後ノ出廻リハ困難ニナルノデハナイカ、随テ朝鮮ニ雑穀ガ入ラナイ、サウナルト結果ハ内地ニ朝鮮米ガ入ラナイ、斯ウ見ナケレバナラヌト思フノデアリマス、又満洲ノ雑穀高ハ、延イテハ内地ヘ來ル飼料及ビ大豆粕等ガ一段ト高クナリマシテ、内地ヘノ移入ガ一層困難トナルコトハ、考ヘナケレバナラヌ問題デアリマス、農林省ハ對満事務局アタリト能ク打合セヲ致シマシテ、日満ノ經濟會議ヲモット連絡ヲ緊密ニ致シマシテ、今後ノ満洲ノ物價ト内地ノ物價トヲ、モウ少シ睨ミ合ハシタ十分ナ對策ヲ、私ハ特ニ要望致シタイト思フ者デゴザイマス

斯様ナ窮屈ナ米穀事情ノ下ニ於キマシテ、飼料ガ高イ豆粕ガ高イト云フ爲ニ、人間ニサヘ不足シテ居ル米ガ、牛ヤ、馬ヤ、鷄ナドノ餌ニナッテ居ル、之ニ依ッテ米ノ消費ガ幾ラ殖エテ居ルカ知レマセヌ、田舎ノ人ハ折角米ガ安イカラ、此ノ時ニ米ヲ食ハウト云フ關係カラシテ、米ノ消費ガ殖エテ居ルト云フ事實ガナイトハ言ヘマセヌ、豊作ダッタ關東、東北ニ於テハ、此ノ現象ガアルト思フ、軍需景氣ニ因リマシテ都會ニ出テ居ル農村ノ子弟ハ、雑食カラ米ノ飯ニ變ッテ居ル、都會ノ工場ニ息子ヲ送ッテ居ル其ノ家デハ、白イ飯ヲ食ッテ居リマス、農村ノ米ノ消費量ハ非常ナ勢デ殖エテ居リマス、特ニ勞力ノ不足シテ居リマス農家ハ、勤勞ガ倍加シテ居リマス、随テ自然ニ米ノ消費ガ多イノデゴザイマス、又満洲ニ於ケル數百万ノ苦力ハ、小麦粉ガ非常ニ高イ、手ニ入ラナイ爲ニ、吾々ノ實驗カラ致シマスルト、内地人並ニ白イ飯ヲ食ッテ居ル、過激ナ勞働ヲ致シマスカラ、一日ニ一升以上ノ飯ヲ食ッテ居ル、是ニ於テ如何ニ多クノ米ガ満洲ニ於テ消費サレテ居ルカト云フコトヲ考ヘナケレバナリマセヌ、朝鮮、臺灣ニ於キマシテモ、米ノ消費ハ事變以來非常ニ急激ニ増加シテ居リマス、昨年北支ハ飢饉デアリマシテ、昨日ノ新聞ヲ見マスルト、上海カラ小麦粉ヲ積出スコトヲ許サナイト云フコトヲ、維新政府ハ發表シテ居リマス、北支ノ飢饉地帯ニ上海カラノ小麦粉ガ行カナイトスルト、北支ノ食糧ハ自ラ満洲カラノ雑穀ヲ吸收スルニ違ヒナイ、其ノ満洲ノ雑穀ヲ狙フ内地、朝鮮ハ又困ルニ違ヒナイ、斯ウ云フコトヲ私達ハ考ヘテ見ナケレバイカヌト思フ、斯ウ云フコトヲ申シマスルトキニ、米ノ戰時ノ消費量ハ、最近物凄イ勢ヲ以テ殖エテ居ルト思フノデアリマス、自然ノ儘ニ放任シテ置キマスナラバ、先程ノ數字ノ一千六百万石ドコロデナクシテ、マダ〱是ハ急激ニ増加シテ行クノデハナイカト考ヘル、然ルニ之ニ對シテ過去三代ノ内閣ハ、何等方策ヲ示サナカッタ、現内閣ニ於キマシテモ、大シタ目新シイ對策ハ何等見ル所ガナイコトヲ、私ハ甚ダ遺憾トスルノデゴザイマス

本年ノ需給推算ヲ見マスト、島田農林大臣ガ豫算總會ニ於キマシテ發表致シテ居リマス持越ガ四百七十三万石、内地ガ六千九百万石、朝鮮ガ一千四百三十万石、臺灣ガ一千万石、合計九千八百万石デゴザイマス、外米ヲ入レマシテ一億万石チョット餘リデアリマス、併シ此ノ中ニハ未ダ曾テ入レタコトノナイ屑米サヘモ含ミマシテ、第二回ノ實收發表ノ時ニ三百六十万石増ヲ發表シテ居ルノデアル、此ノ政府ノ苦衷ハ能ク分リマスケレドモ、此ノ一ツノ事實ハ、決シテ見透スコトノ出來ナイ事實ダト思フノデアリマス、一方消費ノ點ニ於キマシテ、節米ノ點ニ於キマシテ、酒米デ百五十万石、七分搗デ百三十万石、混食、代用食デ百五十万石、合計四百三十万石ノ節約ヲショウト云フコトヲ考ヘテ居ル、之ニ依ッテ需給推算ノ數字ニ多少デモ裕リヲ作ラウトシテ居ルコトモ能ク分リマス、併シナガラ現在ノ儘ノ状態デ、果シテ此ノ四百三十万石ノ消費節約ガ何處マデ實現出來ルト思ヒマスカ、困難デゴザイマス、或ル程度マデ國民ニ米ノ事情ヲ納得セシメルト同時ニ、其ノ對策ヲ明ニ示シマシテ、來年ニナレバ斯ウナルノダ、其ノ次ノ年ニナレバ斯ウナル、ソレニ對シテ政府ハ斯ウ云フ方針ヲ持ッテ居ルノダト云フ見透シヲハッキリ示シ、ソレダカラ消費節約ハ斯ウナルカラ、斯ウシナケレバナラナイト云フ、納得ノ行ク方法ヲ示スナラバ、七分搗デアラウガ、混食デアラウガ、半强制的ナコトニ致シマシテモ、今日ノ國民ハ四百万石ドコロカ一千万石デモ節約ヲスルコトハ容易ダト思フ、私ハ消費節約ノヤリ方ハ決シテ困難デハナイト思フ、政府ガ明快ナル方針ト見透シヲ示シサヘスレバ出來ルト思ヒマス、然ルニ飼料トカ肥料等ノ配給ヲ現在ハ十分ニシテ居ラナイ、特ニ飼料ト共ニ有機質肥料ニ於キマシテハ、價格ハ公定サレテ居リマセヌ、之ヲ或ル程度抑ヘナケレバナリマセヌ、同時ニ雑穀ノ價格モ調整シ、米價ヲ安定スルコトニ依リマシテ、三千万ノ農家、最モ多キ米ノ消費者デアル農民モ、相當量ノ米ノ消費ノ節約ヲスルコトガ出來ルコトニナルノデアリマス、飼料ヤ豆粕ヲ今ノ儘ノ價格デ放任シテ置キマスト、都會デ四百万石消費節約ヲ致シマシテモ、是ハ農村ニ於テ鷄ガ食ヒ、豚ガ食ヒ、何ダカンダ致シマシテ、差引「マイナス」ニナリハシナイカト云フコトヲ吾々ハ惧レル、結局今日ノ戰時食糧問題ノ大部分ノ解決ハ、烈々タル愛國心ヲ持ッテ居リマス所ノ農民諸君ノ努力ニ依リマシテ、如何ニシテ増産ヲスルカト云フコトガ先決問題デ、是ガ總テノ食糧問題ノ前提デアリマス

併シ増産ニ對シマシテ、政府ガ根本的ニ此ノ際考ヘ直シテ貰ハナケレバナラヌ所ノ一ツノ點ガゴザイマス、即チ藤原商工大臣ハ奬勵金政策ニ依リマシテ、生産力ノ擴充ヲ圖リタイトノ意圖ヲ持ッテ居ラレルヤデゴザイマス、是ハ如何ニ低物價政策ヲ政府ガ堅持シテ居ルト云フコトヲ百萬遍叫ビマシテモ、結局藤原商工大臣ノ奬勵金政策ト云フモノハ、高物價政策ヘノ轉落以外ノ何モノデモゴザイマセヌ、又藤原商工大臣ノ言ハレル所ノ適正物價論ト云フモノハ、原料工賃等ヲ加算シタモノヲ以テ生産原價ト看做ス、斯ウ言ッテ居ル、如何ニモ論理的ニハ正シイヤウニ見エマス、併シナガラ是ハ平時ニ於ケル物價政策論デゴザイマシテ、戰時ノ特ニ「インフレ」ニ一歩踏込ンデ居ルヤウナ状態ニ於ケル今日ノ國務大臣ノ言葉トシテハ、吾々ハ斷ジテ受取ルコトハ出來ナイノデゴザイマス、米價モ今日ノ儘ノ割安ノ状態ニ釘付ケシテ置キナガラ、肥料、

飼料、農具、農業藥劑、地下足袋等々ト云ッタヤウナ、農業生產資材及ビ農民ノ生活資材ヲ、藤原式ノ適正價格ヲ以テヤルノデハ、決シテ增產ハ出來マセヌ、サウ云フ適正價格論デナク、政治的ナ意味ヲ含メタ所ノ必要妥當ナル價格、卽チ政治的ナ價格ヲ以チマシテ、此ノ物價ヲ抑ヘル、ソレヲ農村ニ必要量ダケ配給シ、流シ込ンデ行ク、增產ノ根本問題ハ之ヲシナケレバ斷ジテ私ハ解決出來ナイト思フノデアリマス（拍手）

ソレダケデハナイ、米其ノ他ノ食料品ノ集荷モ、之ヲシナケレバ益〻困難トナッテ來ルデセウ、昨夜ノ夕刊ヲ見マスト、千葉縣ニ於テモ、秋田縣ニ於キマシテモ、米ガ割安デアルカラ、モウ少シスレバ値ガ出ルデアラウト、賣惜ヲシテ居ル地主商人ガゴザイマス、肥料トカ雜貨トカ米トヲ物々交換ヲシナケレバナラヌト云フ爲ニ、米ヲ手放サナイ所ノ生產農民ガゴザイマス、農林大臣ガ米ノ價格ヲ上ゲナイト云フコトヲ、何遍モ議會ヤ委員會デ斷言サレマシテモ、上ゲナケレバナラナイヤウナ經濟事情ガ、周圍ヲ取卷イテ居ルト云フコトヲ見ナケレバナラナイ、特ニ奬勵金ト云フヤウナ問題ヲ出シテ來マスルナラバ、否ガ應デモ益〻此ノ狀態ハ濃化サレテ來ルノデアリマス、タッタ數箇月前ニ約束ヲ破リマシテ、前內閣ガ大幅ノ五圓ノ米ノ値上ヲシタト云フコトヲ生產農民ハ知ッテ居ル、農民ハ政府ノ言フ所ヲ信用シヨウトシテ居ルケレドモ、餘リ斯ウ云フコトヲ度々見セルト云フコトトハ、農民ノ考ヘ方ニ對シテ私ハ困ルト思フノデアリマス、僅カノ生產奬勵金ナドヲ出シマシテ、米價ヲ引上ゲルヤウナコトヲセズニ、米價ヲ引上ゲナクテモヤッテ行ケルト云フヤウナ經濟事情ヲ作ルト共ニ、飼料、肥料、農具、資材ト云フモノヲ安クスル、政治的價格デ抑ヘ付ケル、斯ウ云フコトヲ早ク政府ガ示シマシテ、ソレヲ農村ニ知ラシメル、之ヲヤリマスルナラバ、農民ハ之ニ依ッテ安心シ、何ヨリモ手近ナ增產方法デアリ、米ノ集荷モ最モ簡單ニ出來ルト思フノデアリマス、肥料、資材、農具、其ノ他農民ノ生活資材ヲ適切ナ政治價格デ之ヲ抑ヘ、ソレヲ必要ナ量ダケ農村ニ入レル、是ガ增產ト集荷ノ根本的ナ問題デアルト云フコトヲ、特ニ申上ゲテ置キタイト思フノデアリマス（拍手）七月カラ肥料ヲ責任ヲ持ッテ農村ニ配給スル、斯ウ云フコトヲ農相ハ斷言サレマシタ、ドウカ他ノ機會ニ於テデモ宜シイカラ、農林大臣ハ飼料、農業資材ヲモ、適當ナ價格ニ於テ必ズ農村ニ入レルコトヲ、責任ヲ持ツト云フコトヲ、此ノ際政治的ニ發表シマスナラバ、是ハ農村ノ現狀ニ於キマシテ、私ハ非常ニ重要ナ意義ヲ持ツモノダト思フノデアリマシテ、特ニ何カノ機會ニ於キマシテ飼料、農業資材等ヲ農村ニ必ズ入レル、保證スル、肥料ト同ジヤウニヤルンダト云フ所ノ言明ヲ、農林大臣ハ此ノ際スル必要ガアルト私ハ思フノデアリマス、特ニ僅カナル生產奬勵金ニ依リマシテ、增產ヲヤルト云フコトハ、此ノ際止メマシテ、農村ニ入ル他ノ物資ノ價格ヲ抑ヘル、此ノ點ニ特ニ重點ヲ置イテ、增產ノ基本ヲ決メテ貰ヒタイコトヲ、特ニ切望シテ已ミマセヌ（拍手）

以上ノ見地ニ立チマシテ、如何ニシテ具體的ニ增產ヲスルカ、最モ容易ナ米ノ增產方法ハ幾ラモアリマス、昨年モ此ノ點ヲ政府ニ申上ゲマシテ、政府ハ稍〻ソレニ近イ方法ヲ執ッテ居リマス、卽チ今日マデ各府縣ノ穀物檢查所ニ於キマシテ、奬勵品種ヲ決メテ居リマシテ、之ヲ農民ニ作ラセテ居ッタ、併シナガラ此ノ奬勵品種ハ、飽クマデモ商品價値ノ高イ物ニ重點ヲ置イテ居リマス、一石ニ付テ七十錢トカ一圓程ノ格差ヲ持ッタモノヲ以テ優良品種ト決メ、之ヲ奬勵スルノデアリマス、今日巨額ノ金ヲ出シマシテ、不味イ外米ヲ買ウテ食ハネバナラヌ時代ナノデアリマス、七分搗ヤ混食ヲ以テ辛抱シナケレバナラヌ時代デゴザイマス、其ノ時ニ必ズシモ商品價値ノ高イ旨イ米ヲ作ルヨリモ收穫ノ多イ米ヲ作ルト云フコトニ總テノ增產ノ基礎ヲ置カネバナラヌト私ハ考ヘテ居ルノデアリマス、私ノ縣ノ一例ヲ申上ゲマスルガ、縣ノ奬勵品種ノ旭種ヲ、一反ニ八俵半モ作ッタラ倒レテシマヒマス、併シナガラ是デナケレバ檢查ハ合格シナイ、地主モ是デナケレバ受入レナイ、小作證ニマデ書イテ居ル、併シ農民自身ガ飯米トシテ作ッテ居リマス所ノ道海トカ名倉、大土等ト云フモノガゴザイマスガ、是等ハ檢查ニ合格シマセヌ、ケレドモ、一反步ニ對シテ十俵以上出來テモ倒レマセヌ、是等ノ品種ニ依リマスト、一反デ一俵以上ノ米ハ確カニ多ク出來ルノデアリマス、但シ是ハ小粒デ味ガ少シ惡イケレドモ、炊イテ殖エルト云フ特長ヲ持ッテ居リマス、洵ニ時局的ナ品種デゴザイマス、是ハ各縣ニモアルノデゴザイマス、氣候ト風土ニ適シタ所ノ增收品種ハ、全國ニアルノデゴザイマス、是ハ最モ簡單ナル增產ノ一番良イ方法ダト考ヘマス、但シ是ニハ小作契約ト檢查ノ方針トガ引掛リニナッテ居リマスカラ、小作契約ノ部分的ノ改正ト、穀物檢查ノ縣單位ノ方針ヲ、國家本位ノ方針ニ變更サヘシテ戴キマシタナラバ、立ドコロニシテ斯ウ云フ所ノ增產ハ出來ルノデアリマス、（拍手）此ノ意見ヲ特ニ採用サレマシタカ、政府ハ今年カラ二十万圓餘リノ籾ノ購入補助ヲ致シテ居リマスケレドモ、餘リニ貧弱デアリマス、雀ノ淚ニモ値シナイ少額デアリマス、又增收品種ヲ政府ハ各府縣カラ特ニ選バシテ居リマスガ、是ハ農事試驗場、穀物檢查所ノ申請ニ依ルモノデアリマシテ、依然トシテ質ト量トノ二本建ノ品種デ、量本位ノ品種デハナイ、之ヲ農林省ガ認可シテ居ル、サウ云フコトヲセズニ、此ノ際生產農民ノ意見ヲ聽キマシテ、各縣、各郡ト云ッタヤウナ、地方ニ於ケル氣候風土ニ適シタ增收ノ各品種ヲ、全國的ニ徹底的ニ指導普及致シマシタナラバ、六百万石ヤ七百万石ノ增產ハ立ドコロニ出來ルノデアリマス、斯ウ云フ極メテ簡單ナ增產ガ出來ルノデゴザイマスガ、是ガ今日行ハレテ居リマセヌ、次ノ問題ハ、稻ノ乾燥ノ問題デアリマス、政府モ之ヲ奬勵シテ居ル、併シ小作料ノ納期ガチャント決ッテ居リマス爲ニ、二十日乃至一箇月ノ間ニ藁ニ穗ノ付イタ儘ノ稻ヲ、野良デ十分ニ乾燥スレバ、吾々ノ經驗ニ依ルト三%ノ增收ガゴザイマス、之ニ依ッテ相當ノ增收ガ出來ルノデアリマス、肥料モ何モ要リヤシナイ、ケレドモ是ハ小作料ヲ納メル時期ガ引ッ掛リニナル、前ノ品種ノ問題ハ、地主ハ格差ノ高イモノヲ早ク貰ヒタイ爲ニ、ソレガ引掛リニナルガ、此處デ問題ニナルコトハ、地主ト小作人トノ間ノ小作契約ノ部分的ナ改正ヲヤルナラバ、一文モ金ヲ使ハズニ、全國デ八九百万石ノ增產ガ立ドコロニ出來ルコトニナリマス、而モ是ハ吾々ノ仲間ノ生產農民ノ實際ノ經驗カラ出テ來タモノデアリマシテ、役人ノ机ノ上デノ所產デハナイ、野良ノ中カラ發見セル所ノ、農民ノ尊イ經驗ノ集積デゴザイマス、特ニ此ノ際政府ニ對シマシテ洵ニ恐縮ナ言ヒ分デハゴザイマスガ、此ノ點ヲ御進言申上ゲマス、何卒研究ナドト言ハズニ、直チニ全國的ノ行動ヲ開始サレマシテ、斯様ナ增產方法ヲ即時執ラレンコトヲ切望シテ已ミマセヌ(拍手)

併シナガラ以上ノヤウナ增產方法ヲ用ヒントシテモ、ソコニハ小作制度ニ關係ガアリマスコトガ、遺憾ナガラ今日ノ支障デゴザイマス、全國ノ小作人ガ總テ自作農ニナレバ、此ノコトハ割合ニ簡單ニ解決出來ルノデアリマス、穀物檢査ノ方針ヲ政府ガ變ヘレバ出來ルノデアリマス、ココデ吾々ハ斯様ナ極メテ原始的ナ簡單ナ增產方法サヘモ、現在ノ小作制度、現在ノ土地問題ノ解決ナクシテハ出來ナイト云フ事實ヲ發見スルノデゴザイマス、今日ノ日本農業ニ於キマシテ、地主的營利ヲ前提ニシマスル限リニ於テハ、增產サヘモ其ノ限度ニ達シテ居ルト云フコトヲ知ラナケレバナラヌノデゴザイマス、否、寧ロ事變以來小作料ガ一割二分モ上リ、又土地ノ價格ガ一割內外上ッテ居ル、其ノ爲ニ土地ハ移動スル、農民ハ土地ニ安定出來ナイ、是ハ消極的意味ニ於ケル增產ノ妨害デゴザイマス、又現實ニハ小作農ヨリモ自作農ノ方ガ、同ジ一反ノ土地ノ收穫ニシテモ、八%カラ一一%收穫ガ多イ、是ハ世間周知ノ事實ナンデス、斯ウ云フコトヲ考ヘルナラバ、吾々ハ此ノ際物納制度ヲ金納制度ニ改メルトカ、小作農制度ヲ改革スルトカ、土地問題ヲ解決スルトカ云フコトヲシナケレバ、戰爭ヨリモ強イ力ヲ持ツト言ハレル食糧問題ノ根本的ナ解決ニハナラヌト思ヒマス(拍手)政府ハ宜シク一大英斷ヲ以チマシテ、土地問題ノ解決、土地ノ國家管理トカ、小作地ノ國有デアルトカ、小作人ヲ全部家產制自作農ニスルトカ、具體的ナ方策ヲ、此ノ際時局ニ卽應シテ斷行サレンコトヲ切望シテ已ミマセヌ、特ニ農林大臣ノ御考慮ヲ煩ハシタイト思フ次第デゴザイマス(拍手)

次ハ米穀統制法、米穀自治管理法、米穀配給統制法等デ、價格、貯藏、配給等ノ國家統制ハ或點マデ進ンデ居リマス、肥料、資材ノ配給デ、生產サヘモ或ル程度マデ統制サレントシテ居リマス、農產物ノ國營檢查デ以テ、品種、等級、俵裝等ノ統制モ出來ヨウトシテ居ル、又外地ノ臺灣ニ於テハ移出米ノ管理ガ出來、朝鮮モ同ジヤウナコトニナラウトシテ居ル、六大都市ニ於ケル米ノ配給ハ、內務省、商工省、農林省ノ三省聯繫デ以テ、殆ド國家管理ノ狀態デゴザイマス、管外移出米ニ於テ一千五百万石ノ中、政府ハ此ノ法案ニ依リマシテ一千万石ヲ操作ヲショウトシテ居ル、以上ノ如ク見マスルナラバ、米ニ關スル限リニ於テハ、殆ド殘サレタ部分ハゴザイマセヌ、殆ド全部ガ國家ニ依ッテ統制ヲサレヨウトシテ居ル、又統制サレテ居ル、而モ來ル五月カラ、新聞ニ依リマスルト、內閣ニ食糧局ガ置カレヤウトカ云フ話モ聞クノデアリマス、モウ此處マデ來テ居リマスルナラバ、政府ハ宜シク一歩ヲ進メマシテ、內地、朝鮮、臺灣ヲ貫ク所ノ、米ノ專賣ノ實施ヲシテモ宜イノデハナイカト思フノデアリマス(拍手)大臣ハ其ノ方向ニ向ッテ漸次進ンデ居ルト言ハレマスガ、其ノ方向ニ向ッテ進ンデ居ルト言ハレルナラバ、セメテ調査機關ノ一ツ位ハ此ノ際設ケラレマシテ、政府ハ食糧問題ニ對シテ、斯ノ如ク熱意ヲ持ッテ居ルゾト云フコトヲ、國民ガ期待出來ルヤウニ、特ニ此ノ際オヤリニナランコトヲ切望シテ已マナイモノデアリマス、勿論吾々ノ申シマスル專賣ト云フノハ、煙草ノヤウナ儲ケ主義ノモノデハアリマセヌ、生產者、消費者ノ立場ニ立ッタ所ノ食糧確保ノ意味カラヤルノデアリマシテ、鹽ノヤウナ非收益主義デゴザイマス、政府ノ買上專賣ニシマシテ、買上ハ勿論生產費ヲ基準ニヤリ、販賣ハ物價指數及ビ生活費ヲ基準ニヤッテ行ク、鹽ヤ煙草ノ經驗デヤレバヤレルノデアリマス、問題ニナッテ居ル所ノ切符制ノ如キモノハ、是デ以テ直チニ解決ガ付キマス、米ガ不足スレバ七分搗デモ五分搗デモ直グヤレバ出來ル、政府ガ專賣ヲヤレバ糠ダケノ儲ケデ以テ二億圓程ノ金ガ儲カル、斯ウ云フコトヲヤリマスルナラバ、專賣ト云フモノハサウ大シタ問題デハナイ、而モ米ニ關スル問題ハ、殆ド此ノ專賣實施ニ依ッテ、全部根本的ニ解決ガ付クト思フノデアリマス、ドウカ此ノ際專賣ニ對シマシテ、一ツノ調查機關ヲ設置サレマシテ、大臣ノ向ハントスル方向ヲ御示シニナルコトハ、極メテ重大ナル意味ガアルト私ハ思フノデアリマス

次ノ點ハ、今モ河野君カラ申サレマシタガ、臺灣ニ於ケル一期作、是ハモウ植付ガ濟ンデ居ルカラ、今カラデハ間ニ合ヒマセヌ、今問題ニナルコトハ、臺灣ノ一期作ノ耕地面積ガ二十七万甲步、二期作ガ三十七万甲步、其ノ間ニ十万甲步ノ差ガアル、此ノ十万甲步ノ土地ハ、一年ニ米ガ一回シカ穫レナイ土地デス、此ノ一年ニ一回シカ米ノ穫レナイ十万甲步ノ土地ヲ、少シ早ク植付ヲシテ、八月、九月ノ端境頃ニ出廻ルヤウニスル、所謂中間作ヲ此ノ際オヤリニナリマシテ、百五六十万石程度ノ早出米ヲ臺灣ニ於テヤルコトハドウデアラウカ、北陸東北方面ノ早出米ハ、補助金五百万圓出シマシテモ、是ハ早稻デアリマシテ收量ガ少イ、來年度ノ米ニ於テ是ハ食込ムコトニナルノデアリマス、臺灣ニ於テヤルナラバ、早ク出スコトハ出來ルノデアリマス、ドウカ臺灣ノ斯ウシタ早出米ニ對シマシテ、特ニ考慮ヲ煩ハシタイト思フノデゴザイマス、少シ水利ノ設備ヲヤルナラバ必ズ出來マス、一甲步七十圓アレバ水利施設ガ出來ル狀態ナンデアリマス、ドウカ臺灣ニ於ケル所ノ、此ノ中間作ニ對スル善處方ヲ願ヒタイト思ヒマス、滿洲ニ於キマシテモ、朝鮮農民ハ約七百万石ノ籾ヲ作ッテ居ル、開拓農民ハ段々殖エテ居ル、併シ滿洲ハ水田許可制デゴザイマシテ、米ハ無制限ニ作レナイ狀態デアリマス、用排水溝ヲ少シヤルナラバ、滿洲ニ於テハ幾ラデモ水田ハ作レマス、朝鮮ニ於テハ內地米ヲ壓迫シタト云フ歷史ヲ持ッテ居ル爲ニ、水田ハ出來ルケレドモ今日殘サレテ居ル、支那ノ占領地域ニ於キマシテモ、能ク農業指導ヲヤリマスルナラバ、マダ〳〵增收ハ相當出來ル、是等ノ地方ノ農業經營ハ、何レモ粗放收奪的ナ農業經營デゴザイマシテ、立體的ニモ平面的ニモ增產ノ餘地ハ極メテ多イノデゴザイマス、又日滿支ノ經濟「ブロック」ノ立場ニ立チマシテ、適地適作ノ作物ノ轉換ノ可能性ハ玆ニ十分ゴザイマス、農林、拓務、對滿事務局等ハ、皆之ニ關係ガゴザイマスガ、聞ク所ニ依リ

マスト、企畫院ヲ中心ニシマシテ、日滿支ノ戰時食糧ノ綜合的ナ對策ノ機關ガアルト云フコトデアリマス、此ノ非常時ニ於テ、其ノ對策機關ガアルト言ヒナガラモ、何等具體策ガ現ハレテ來ナイ、私ハ是ハ政府ノ怠慢デハナイカト思フ、此ノ際若シモ其ノ機關ガアルナラバ、一日モ早ク其ノ具體案ヲ御示シニナリマシテ、國民ヲシテ安堵セシムル所ノ態度ヲ執ツテ貰フコトヲ切望シテ已ミマセヌ(拍手)

集荷配給ノ一元化ニ付テ申上ゲマス、此ノ點特ニ簡明率直ニ申上ゲマスルガ、是ハ多クノ議論ニナツタ點デアリマス、昨日ノ委員會ニ於キマシテ、商工大臣ノ答辯ハ明瞭デアルカノ如クニシテ實ハ不明瞭デゴザイマシタ、ハツキリトハ分ラナイ、吾々ノ態度ヲ率直ニ言ヒマスルナラバ、集荷ハ產業組合一本ニシタラドウカ、其ノ代リ配給ハ商業組合ノ一本ニシタラドウカ、全國ニ產組ト組商トガ兩者競爭シテ農村ニ入ル爲ニ、米ノ出澁ル狀態ガ非常ニ甚シイノデアリマス、其ノ代リ產業組合ハ今マデノヤウナ雜貨アタリヲ取扱ハズニ、ソレハ思切ツテ地域的ナ商業組合ニ任シテシマフ、斯ウ云フヤウニ職分ヲ自ラ明確ニ致シマス、其ノ代リ產業組合ハ部落實行組合ヲ通ジマシテ農民ノ全部加入セシメテシマフ、飽クマデモ公益主義ノ立場ヲ執ラナケレバイカヌ、自主統制ヲヤラナケレバイカヌ、同時ニ又生產農民ノ立場ヲ嚴守シテ行ク所ノ方針ヲ持ツ必要ガアルト思フ、商業組合ハ其ノ代リニ全部其ノ他ノ配給ヲ擔當シマスルガ、商人ハ飽クマデモ完全配給業者ノ見地ヲ維持シ、手數料主義商人ノ立場ヲ執リマシテ、國家ノ重要ナル配給機構ノ要員デアルト云フ誇リヲ持チ、何等遠慮ノナイ活潑ナル活動ヲシテ貰ヒタイ、活潑ナ活動ハ此ノ職分ノ分離カラ生レテ來ルト私ハ思フノデアリマス、又都市ノ消費者ニ於キマシテハ、一般物價ノ配給ノ線ニ沿ヒマシテ、町會ニ於テ一ツノ米ノ配給ノ組織ヲ持テバ宜イ、集荷ト配給ト消費ノ此ノ三ツノ組織ガ完全ニ出來テ來ル、町內ニ於ケル所ノ米ノ消費ノ組織ヲ一ツ組合的ニ作ル、私ハ是ハ所謂都市ニ於ケル所ノ、國民再組織ノ一番末端ノ組織ニ將來ナルト思フノデアリマスガ(拍手)政府ハ宜シク斯ウ云フ集荷、配給、消費ノ全體ヲ一貫セル所ノ組織ヲ、全國的ニ作ル所ノ氣魄ヲ明瞭ニスベキ必要ガアルト思フノデアリマス、勿論此ノ組織ガ出來ルナラバ、米ノ專賣ガ實施サレマシテモ、運用出來ル所ノ組織デアツテ、將來ノ重要ナ配給機構トナル所ノ組織デゴザイマス

特ニ部落協同化ノ問題デゴザイマス、勞力ガ足リナイ、資材ガ不足シテ居ル、此ノ今日ノ實情カラ見テ、米ノ事情ガ極メテ窮屈ニナツタノハ、此ノ二ツニ極メテ關係ガ深イノデアリマス、能ク統制ノ取レマシタ村ヤ部落ニ於キマシテハ、出征軍人遺家族ノ土地ヲ勤勞奉仕デ以テ耕作シテ居リマス、此ノ共同耕作ニ端ヲ發シマシテ、勞力ト農具ノ不足ヲ補フ爲ニ、農具ノ共同利用組合トカ、共同耕作組合ノヤウナモノヲ作ツテヤツテ居リマス、小字、大字ヲ單位ト致シマシテ、小ハ二三十戶カラ大ハ百數十戶位ノ實行團體的ナモノガ、今日各所ニ澤山出來テ居リマス、私共ノ地方ニ於キマシテモ、勞力不足ハ之ニ依リマシテ二割以上モ節約ガ出來テ居ル、農具モ修繕程度デアリマシテ、新シイモノヲ買ハズニ事變以來間ニ合ハシテ居リマス、施肥ノ方法、耕種法、多收穫品種、總テソレ等ノコトハ、皆部落デ相談シテ共同シテ仲好クヤツテ居ル、特ニ最近デハ政府ガ肥料ヲ旨ク廻シテ來ナイカラト申シマシテ、吾々ノ方ノ農民ハ阪神方面ノ人糞尿ヲ、是等ノ團體デ以テ協力致シマシテ、自ラ買ツテヤラウト言ツテ、船ノ購入資金ノ協議中デアリマス、斯樣ナ部落中心ノ生產者ノ協同化運動ガ生レ掛ケタ所ノ部落、村ト云フモノノ面目ハ、完全ニ一新サレマシテ、時局協力ノ態勢ガ日一日ト強化サレテ居ルノデゴザイマス、肥料其ノ他ノ買溜ハオ互ニ牽制ヲシテ出來マセヌ、配給ガ旨ク行ツテ居リマス、精農家ノ耕種法ガ一般ニ公開サレテ增產ガ出來ル、販賣ハ共同シテ居リマスガ故ニ、米ノ集荷ハ何等矛盾ナクヤレテ居ル、增產ノ如キモ皆ガ競爭的ニヤリマスカラ旨ク出來ル、更ニ平面的增產ノ開墾ニサヘ向ツテ手ヲ出シテ增產ヲヤツテ居ル、昨年ノ大旱魃ニ出會ハシタ吾々ノ地方ニ於キマシテハ、何等ヘコタレテハ居ラナイノデアリマス、洵ニ意氣軒昂タルモノガアリマス、サウシテ生產擴充ニ向ツテ邁進シテ居リマス、私ハ考ヘル、此ノ部落協同化運動コソガ、今マデノ個人主義的ニ放置サレタ所ノ農業經營ヲ、眞ニ戰時態勢化シ、生產ヲ計畫化シ、有ユル不足ヲ補ツテ、オ互ノ協力ニ依リマシテ、產ヲ爲シ得ルモノデアル、農產物ノ集荷ハ勿論、物資ノ配給モ極メテ圓滑ニスル所ノ力ヲ持ツテ居リマス、此ノ部落ノ組織ヲ部落カラ村ヘ、村カラ郡ヘ、郡カラ縣ヘ、更ニ之ヲ全國的ニ擴大發展サセテ參リマスルナラバ、玆ニ初メテ全國的ナ農村協同化運動ガ展開シ(拍手)全國的ナ國民再組織ノ農村部面ノ一大展開ガアルト私ハ考ヘルノデアリマス(拍手)農林省ガ如何ニ多クノ法律ヲ雨ノ降ル如ク出シテ參リマシテモ、此ノ法律ヲ實際ニ運用實踐スルモノハ、斯樣ナ團體シカナイ、經濟ト生活ト土ヲ愛スル所ノ精神ノ結合上ニ立チマシテ、ピチ〳〵トシタ活キタ動イテ居ル所ノ集團ガ是ナンダ、此ノ集團ヲ若シ教育的ニ指導スルナラバ、立派ナ強イ所ノ教化團體トナリマス、之ヲ政治的ニ指導、誘導シマスルナラバ、政治的ニ物凄イ力ヲ持ツ團體ニナツテ參リマス(拍手)過去ノ既存組織ノ動脈硬化症ノヤウナモノニ對シテ、政府ガ如何ニ多クノ指令ヲ雨ノ如ク降ラシ、鼓舞激勵致シマシテモ、徒ニソレ等ノ指令ハ、彼等ノ机ノ上ノ塵ノ中ニ埋ルニ過ギナイノデアリマス(拍手)政府ハ宜シク時局的ナ、國民的ナ協力機關ヲ確立スルガ爲ニ、此ノ部落協同化運動ニ向ツテ一大努力ヲ拂ハレンコトヲ、特ニ戰時下ノ農村協同體ノ組織ト云フ意味ニ於キマシテ、切望シテ已マナイ次第デゴザイマス(拍手)

以上ノ各點ヲ政府ガ勇敢ニ實行サレマスルナラバ、今マデノ如キ封建的ナ各縣割據主義ガ破レ、日本內地、臺灣、朝鮮ノ動モスレバピツタリシナイ傾向ガ破レマシテ、內外地ノ綜合統一セル食糧政策、更ニ日滿支ノ食糧政策ノ樹立ハ生レテ來マセウ、重要ナ增產モ、其處カラ容易ニ計畫的ニ生レテ參リマス、集荷、配給、消費ノ規正ガ、其處カラ圓滑ニ生レテ來ルニ遂ヒナイ、斯クシテ初メテ戰時食糧政策ハ搖ギナキ、其ノ確立ガ生レテ來ルト考ヘルノデゴザイマス(拍手)是ナクシテ一時的ナ、彌縫的ナ、其ノ場遁レノ方針ヤ對策ヲ以チマシテ此ノ議場ニ臨ミ、戰時下ノ國民ニ見エント考ヘ

ルナラバ、其ノ結果タルヤ洵ニ憂慮スベキモノガアルト存ジマス(拍手)若シモ怠慢ニシテ戰時食糧政策ノ方策ヲ誤ツテ、內閣ノ一ツヤ二ツガスツ飛ブ位ノコトハ問題デハナイケレドモ、ソレ以上ノコトノナイコトヲ私共ハ希フ者デゴザイマス、ドウカ是等ノ點ニ付テ、賢明ナル島田農相ハ能ク御考慮ヲ戴キマシテ、戰時食糧政策ノ爲ニ一層ノ御加餐アランコトヲ願ヒ、併セテ以上ノ如キ要望ト、進言ト、警告ヲ申上ゲマシテ、我黨ノ態度ヲ明瞭ニ致シ、本案ニ贊成セントスル者デゴザイマス(拍手)

○副議長(田子一民君) 前川君ノ御發言中、祕密ヲ要スル言辭ガアツタト議長ハ聽取致シマシタカラ、速記錄調査ノ上適當ノ處置ヲ執ルコトニ致シマス――吉田賢一君

(吉田賢一君登壇)

○吉田賢一君 私ハ時局同志會ヲ代表致シマシテ、本案ニ對スル態度ト其ノ理由ヲ陳述致シタイト思ヒマス

十數回ノ米穀委員會ニ於キマシテ、政府當局ノ米穀事情乃至ハ本案提出ノ理由タル諸般ノ事情、將來ヘノ色々ナ見透シ、對策等々、幾多御答ヲ願ツタノデアリマスケレドモ、洵ニ遺憾ニ致シマシテ、吾々ハ安心ト政府ヘノ信賴ヲ增スコトガ出來ナカツタノデアリマス、此ノ由テ來リマスル一ツノ原因ハ、現下ノ窮迫シタ深刻ナル米穀事情ニ對スル、又米穀事情ヲ繞ル諸般ノ政治、經濟、社會、思想、其ノ內外ノ諸情勢ニ對スル認識ガ不徹底デアルコトニ基因スルモノト斷ジタイノデアリマス

申上ゲルマデモナク、現在ノ逼迫致シマシタ米穀事情ノ由テ來リマシタル原因ハ、第一ニハ、事變以來戰時ノ需要ガ激增致シマシタコト、次ハ朝鮮ノ旱害、內地ノ旱害等ニ因リマスル減收ト、之ニ基キマスル出廻リノ不圓滑、或ハ人心ノ恐怖、斯ウ云フヤウナモノガ一團ノ原因デアリマス、其ノ次ハ一般ノ食糧問題ト致シマシテノ原因モ擧ゲルコトガ出來ルト思ヒマス、第一ニハ、軍事竝ニ軍需ノ諸產業部門ヘノ勞力ノ吸引ニ依リマシテ、農村ノ勞働力ガ非常ニ減退致シマシタ事實、生產ニ必要ナル器具機械其ノ他一般ノ資料ガ非常ニ高價ニナリマシテ、供給ガ極度ニ不足致シマシタ事實、軍需上ノ米穀需要ガ增大致シマシタ事實、內鮮臺灣ヲ通ジマシテ購買力ノ增加ニ伴ヒマスル一般的食糧消費ノ增加、其ノ次ニハ耕地ノ減少、特ニ國內ニ於ケル最近ノ著シキ耕地ノ減少ト、米價ヲ抑制致シマシタ爲ノ生產減傾向、次ニハ米價ノ先高見越ニ依リマスル生產者竝ニ所有者、中間商人等ノ買溜賣惜傾向、次ニハ肥料ノ不足ト、東北其ノ他ノ豐作デアリマシタ地方ノ、其ノ豐作ノ裏ニ來ル所ノ麥竝ニ米穀ノ不足ノ豫想、斯ウ云フコトヲ原因ト致シマスル賣惜買溜、次ニハ昨年末以來ノ雨量ノ不足ニ依リマスル再旱魃ノ懸念等ニ依リマスル又賣惜買溜、次ニハ外米ノ輸入難、是ハ强化サレタル資金關係、爲替關係、或ハ「タイ」國其ノ他ノ國ノ輸出入制限、英吉利等ニ於ケル外交ノ關係、斯ウ云ツタモノカラ來ル如上ノ諸事情、是等ガ非常ニ根本的ナ逼迫ノ原因ト存ジマス

其ノ次ニ類別スベキ逼迫ノ原因ハ、國內ニ於ケル政治不安、社會不安ニ基キマスル米穀ノ偏在、配給ノ不圓滑、政治不安ハ、昨年ノ五圓値上ニ端ヲ發シマシテノ政府ノ措置ニ對スル信賴感ガ、非常ニ薄ラギマシタコトヲ最大ノモノト致シマス、昨年度ハ全國的ニ增產致シテ居リマスガ、併シソレハ數字上ノソレデ、社會的ニハ配給ハ極メテ不圓滑ニナツテ居リマスガ故ニ、大キナ消費團、例ヘバ數千人、數万人ヲ擁シマスル消費團、會社、工場等、サウ云フ所ニ於ケル大ナル配給不安、斯ウ云フヤウナモノカラ致シマシテ、金ノアルニ任セテ買漁リ、買溜ヲスル傾向ガ非常ニ强イ、斯ウ云ツタ十數種擧ゲ得ラレマスル諸般ノ原因カラ來リマシテ、目下ノ深刻ナル米穀事情ハ展開サレテ居ルモノト存ジマス、此ノ事實ヲアリノ儘ニ認メルト云フコトヲ前提ト致シマシテ、茲ニ現下ノ米穀對策ガ立チ得ルモノト存ジマスルガ、遺憾ニシテ政府當局ノ說明ハ樂觀ノ一語ニ盡キテ居リマシテ、此ノ深刻サニ對スル考ヘ方ガ鈍イト云フヤウナ印象ヲ受ケルノデアリマス、斯ウ云フコトハ極メテ危險ナルコトデアリマシテ、殊ニ戰時食糧國策ノ確立遂行ト云フコトハ、刻下ノ國內ニ於ケル最大ノ問題デアルコトヲ考ヘマスル時ニ、此ノ前提ノ誤リト云フコトハ、至大ナル惡影響ヲ次ニ來ラシムルモノト存ジマス、茲ニ本案ノ如キ不徹底ナ法案ガ現ハレルニ至ツタノデハナイカト存ジマス、隨テ政府ニ於テ此ノ窮迫深刻ナル米穀事情ニ對應スル對策トシテ見ルベキモノガゴザイマセヌ、委員會ニ於ケル說明、豫算總會、本會議ニ於ケル大臣ノ說明等ヲ涉獵致シテ見マスト、其ノ對策トシテ見ルベキモノハ、百万石ノ政府所要米ノ買上、其ノ中四百万石ガ目下買上ゲラレテ居ルコト、次ガ只今ノ本法案デアリマス、本法案ハ何ヲ爲サントスルノデアルカ、從來制限サレテ居リマシタ買上價格ヲ、時價ニ準ジテ買上ゲヨウトスルコト、從來制限ガ米穀ニ限ラレテ居リマシタモノヲ、雜穀ニマデ對象ヲ擴ゲヨウトスルコト、此ノ二點ニ歸スルノデアリマス、洵ニ貧弱ト申ス外ハゴザイマセヌ、其ノ次ハ所謂增產計畫デアリマス、內地三百五十餘万石、朝鮮約二百四十万石、臺灣百万石、是ノ增產ノ計畫デアリマス、其ノ次ハ肥料對策、肥料對策ニ付テモ、數字ヲ以テ質疑應答ニナツテ參リマスト、唯將來ニ對スル確信ト云フ、抽象的ナ言葉ヲ以テ政府ヘノ信賴ヲ求メラレルト云フコトニ歸スルヤウデアツタノデゴザイマス、少クトモ島田農相ハ、例ヘバ七月以降ノ配給ニ付テモ心配ノナイコト、目下現在以後ノ配給モ、割當量ハ必ズ生產ノ見込アリト云フヤウナコトデアリマスケレドモ、少クトモ增產ニ比較對照致シマシテノ其ノ肥料生產ガ減產致シマシタ、大キナ窪ミニ對スル其補塡、例ヘバ硫安ノ昨年末ノ大キナ減產、斯ウ云ツタモノニ對スル補塡ト云フヤウナコトニ對シマシテハ、何等確信アル御答辯ヲ得ラレマセヌシ、又論理上、物理上、百「パーセント」ニ只今ノ工場ヲ運轉致シマシテモ、不可能ト吾々ハ思惟スル者デアリマス、次ニハ節米、節米ニ付キマシテモ、要スルニ他省トノ協力ニ依ツテ、其ノ目的ヲ達シヨウトスルコト、外米ニ付キマシテモ、是ハ祕密ニナツテ居ラウト思ヒマスカラ、數字ハ申上ゲマセヌガ、或ル數字ノ手當ガ出來テ居ル、ソレ以外ニハ見ルベキモノガゴザイマセヌ、皆サン、此ノ深刻ナル米穀ノ諸般ノ事情ニ對應スル戰時內閣ノ食糧政策ノ內容ガ、斯ノ如ク貧弱ナモノデアルト云フニ至リマシテハ、吾々ハ洵ニ殘念ト申シマスルカ、遺憾ト言ヒマスルカ、切

齒扼腕ノ感ガスルモノデゴザイマス（「ソレナラ反對スレバ宜イデハナイカ」ト呼フ者アリ）隨テ本案ノ價値ト云フモノヲ考ヘテ見マスルト、先ニ述ベマシタ時價ノ點ト、ソレカラ雜穀ニ買上ノモノガ擴ツテ行クト云フ點ト、ソレ以上ニハ出マセヌケレドモ、只今ノ法律第九十號ト比較致シマスルト、幾ラカデモ無イヨリモマシト云フ改正ト認メルノデアリマス、是ガ吾々ノ根本的ニ全體トシテハ極メテ不滿足デアリマスケレドモ、此ノ法案ニ贊成スル一ツノ理由デアリマス

然ラバ如何ナル適策ガアリヤ、如何ナル適策ヲ吾々ハ政府ニ要請セントスルカ、申スマデモナク米穀不安ノ一掃ト、戰時食糧國策ノ確立ト云フ、此ノ大眼目ニ向ツテノ適策デゴザイマスルノデ、是ハ應急ノ對策、恆久ノ對策、諸般ノ廣汎ナル內容ヲ持ツベキモノデゴザイマスケレドモ、此ノ場合ハ應急ノ對策ノミヲ取上ゲテ、而シテ其ノ要點ダケ吾々ハ申上ゲテ見タイト思ヒマス、第一ハ配給ノ對策、第二ハ供給ノ對策、第三ハ消費ノ對策デアルト思ヒマス

配給ノ對策ニ付キマシテハ、私ハ第一ハ、政府ハモツト强力ナル統制力ヲ確立致シマシテ、全國ノ軍民需ノ必要量ノ米穀ヲ買上ゲルコトデアリマス、次ハ出荷命令ヲ實施スルコトデアリマス、次ハ管外移出米ヲ政府ニ於テ保管スルコトデアリマス、次ニ集荷配給ニ付キマシテハ、是ハ產組、農會、商組等ヲ適宜ニ組合セマシテ、其ノ機關ト爲スベキコトデアリマス、是等ヲ完全ニ組立テテ行クト云フコトニ依ツテ、配給機構ガ確立スルモノデアラウト存ジマス、之ヲ爲スコトナクシテ、部分的ナル個々ノ方法ヲ執リマシテ、配給機構、配給確保ノ手段トショウト致シマシテモ、此ノ現下ノ米穀事情ニハ到底適シナイモノト存ジマス

次ニハ供給ノ對策デアリマスガ、供給對策ノ中第一ハ增產ノ計畫デアリマス、是ハ內地、朝鮮、臺灣ヲ通ジマシテ、徹底的ニ大增產ノ計畫ヲ樹立セナケレバイケナイト存ジマス、之ニ付キマシテハ、肥料ハ有ユル難關ヲ突破致シマシテ、全體的ニ必要量ヲ確保スルト云フコト、次ニハ耕地ノ問題、是ハ擴大ト分合、整理ト共同管理ノ項目ガゴザイマス、勞力ニ付キマシテハ、共同耕作ヲドシ〳〵トヤルベキデアルト存ジマス、資材ニ付キマシテハ、有ユル資材ノ供給確保ヲ政府ハ決心セネバナリマセヌ、畜類ニ付キマシテハ、大體ニ於テ保護助長ヲ眼目トスベキデアルト存ジマス、其ノ他水利等、幾多ノ增產ニ必要ナモノニ付キマシテハ、申スマデモナク其ノ全體ノ綜合的ナ施設ヲ爲スベキデアルト存ジマス、增產計畫ノ次ニハ、麥其ノ他諸種ノ代用食ノ增產ニ付テ、特段ノ力ヲ入レルコトデアリマス、之ニ對スル肥料其ノ他諸種ノ生產要素ニ付テハ、米穀ノ生產ト同斷デアリマス、外米ニ付キマシテハ、諸般ノ國際情勢ニ鑑ミマシテ、現下ノ歐洲戰爭竝ニ支那事變ノ下ニ於キマシテハ、中々ニ困難ナ事情ハ橫積スルモノト存ジマスルノデ、此ノ點ニ付キマシテハ多クノ期待ヲ掛クルコトナク、吾々ハ日滿支ノ一貫致シマシタ自給食糧計畫ノ確立ト云フ方面ニ向ツテ進ムベキデアラウト存ジマス

消費對策ニ付キマシテハ、是ハ精神的ナ方面ガ非常ニ重要ナ要素ト存ジマス、凡ソ消費ノ問題ハ、腹滿ツレバ足ル、或ハ幾ラ食ツテモ食ヒ足リナイト云フヤウナ、精神的ナ狀態ニ居リマシテハ、吾々ハ節米ノ問題モ、代用混食ノ問題モ、實際ニ效果ヲ擧ゲルコトハ困難ト存ジマス、是ハヤハリ戰地ノ最前線ニ於ケル、最モ困難ナル苦ミヲ嘗メテ居リマスル我等ノ同胞ノ、其ノ苦ミヲ思ヒマシテ、消費ニ付キマシテハ出來ルダケ節約ヲシ、代用混食ニ付キマシテハ徹底的ニ之ヲ爲ス、又勿論奢侈品ト云フヤウナモノニ付キマシテハ、生產ノ制限カラ、消費ノ停止ト云フ所マデ、强行スベキモノデハナイデアラウカ、サウ云フ風ニ考ヘルノデゴザイマス

以上要項ノミヲ述ベタノデアリマスルガ、此ノ三部門ノ對策ヲ完全ナラシムルコトニ依リマシテ、吾々ハ現下ノ應急食糧對策ガ立チ、米穀對策ガ立ツモノト存ジマス、恆久對策ニ至リマシテハ、隨分ト多方面ニ亙リマスノデ、此ノ際ハ述ブルコトヲ省略シタイト存ジマス、以上ノヤウナ次第デアリマシテ、政府ノ提案致シマシタ本法案ハ、所詮ハ此ノ米穀事情ヲ乘切ツテ行ク爲ノ有力ナ武器、手段タルニハ足リズシテ、ホンノ一部分ノ米穀增產ノ役ニ立ツニ過ギナイモノト存ジマスケレドモ、前陳致シマシタ如ク、無キヨリモ有ル方ガ勝ツテ居ルノデゴザイマスカラ、其ノ意味ニ於テ、折角此ノ法律ヲ善用セラレンコトヲ希望スルノデアリマス

次ニ附帶決議ニ付キマシテ一言申上ゲテ見タイト思ヒマス、第一項ノ獎勵金ノ問題デアリマス、生產獎勵金ニ對シテハ、私ハ必ズシモ反對ヲシナイノデアリマス、何トナレバ、凡ソ農村ト都市トノ物價ノ關係ハ、所謂鋏形ノ關係ニアリマシテ、何時モデ農村ハ低物價ニ居リマス、其ノ爲ニ農村ノ經濟上ノ立場ガ、何時ノ時デモ窮迫シテ居ルノデゴザイマス、ソコデ左樣ナ事實デアリマスルノデ、農產物ガ其ノ他ノ工場產物ノ都市產物ニ比較致シマシテ安イ、若クハ農產物ノ生產費ガ特ニ高ク付クノデ割ガ安イ、斯ウ云フヤウナ場合ニ於キマシテハ、當然之ヲ補塡スル有ユル手段ヲ國家ハ執ルベキデアラウト信ジテ居リマス、而シテ獎勵金ノ問題ニ付テ考ヘテ見マスルト、獎勵金ハ、例ヘバ若シ三百二十万町歩ノ米作反別ニ、一樣ニ獎勵金ノ名前デ割當テルト致シマス、其ノ場合ニ吾々ハ何ノ爲ニソレヲスルノカト云フコトヲ、ハツキリスベキデアラウト存ジマス、若シ單ニ增產獎勵ト云フコトデアリマシタナラバ、モウ一應吟味シナクテハナリマスマイ、何トナレバ、必ズシモ增產ノ獎勵ノ結果ハ得ナイカモ知リマセヌカラ、若シソレガ今日ノ「インフレ」傾向ノ最中ニ於キマシテ、惡循環ノ一トナリ、米ノ値上ノ變形デアルト云フ風ニ、社會的ノ印象ヲ與ヘルト致シマスルナラバ、其ノ次ニハ生產費ガ又高クナルノデハナイデアラウカ、又窪ムノデハナイデアラウカ、又補塡スル、段段ト低止スル所ヲ知ラナイト云フコトニナリハシナイデアラウカ、併シナガラ今日ノ一般ノ物價ノ關係ガ、適正物價ノ樹立ニ向ツテ國家ガ進ンデ居ルコトハ申スマデモゴザイマセヌ、デアリマスルカラ、適正物價デナイコトニナレバ、又適正物價ニスルト云フ風ニ、訂正ヲシテ行クベキデアリマセウケレドモ、惡循環、惡「インフレ」ノ拍車トナルヤウナコトニナリマスト云フト、農村自體ガ自滅スル危險ガアリハシナイデアラウカト云フコトヲ心配スルノデアリマス、サウシテ實際ノ效果ヲ考ヘマスト、假

ニ一反ニ五圓奬勵金ヲ戴クト致シマシテモ、一體誰ガ貰フノデスカ、地主ガ貰フノデスカ、生産者ガ貰フノデスカ、自作、小作ガ貰フノデスカ、半分分ケニスルト云フコトニナレバ、二圓五十錢ヅツデアル、二圓五十錢ヅツデアルケレドモ、五圓トスレバ一億五千万圓以上デアリマス、ソレヲ考ヘテ見マスル時ニ、私共ハ一般ノ物價對策ト致シマシテ、低物價堅持、適正物價堅持、「インフレ」防止、是ガ國策ノ大眼目デアルト致シマスト、此ノ國策ノ大方針ノ線ニ沿ヒマシテ、農村ニ於ケル諸般ノ經濟政策、米穀對策ヲ樹立シテ行クト云フコトガ、最モ國家ノ大眼目カラシテ正シイ態度デアラウト、斯樣ニ考ヘルノデゴザイマス、デアリマスルノデ、私ハ此ノ奬勵金ハ惡「インフレ」ヲ助長スルト云フコトニナラナイ範圍ニ於テ、贊成シタイ者デアリマス、何トナレバ左樣ニスルノデナケレバ、農村ガ愈々困ルカラデアリマス

以上述ベマシタノデ、次ニ私ハ結論的ニ希望ヲ申上ゲタイト存ジマス、政府ハ現下ノ窮迫深刻ナル米穀事情ニ鑑ミ、速ニ米穀其ノ他ノ雜穀ノ増産、配給ノ確保、價格ノ安定、並ニ肥料ノ徹底増産、配給確保、徹底低價格ニ付テ一層適切廣汎ナル對策ヲ樹立スベシ、以上ニ依リマシテ、私ハ奬勵金ニ對スル希望ヲ述ベマシテ、本案ニ贊成スル次第デアリマス（拍手）

○副議長（田子一民君）　北勝太郎君

〔北勝太郎君登壇〕

○北勝太郎君　私ハ本案ニ贊成致シマスト共ニ、此ノ場合全國農民ノ飾ラザル、又僞ラザル心持ヲ申述ベマシテ、政府當局ノ注意ヲ喚起シテ置キタイト思フノデアリマス

敢テ米トハ限定致シマセヌガ、一般ニ生産ノ維持増進ニ付キマシテハ、今日ハ既ニ自由經濟時代ト違ヒマスカラ、私ハ必ズシモ價格政策ノミニ陶醉シテ居ルノデハナイノデアリマス、併シナガラ特ニ食糧品ノ如キハ、多數ノ生産者相手ノコトデアリマスカラ、唯理窟ニノミ囚ハレテ、人間ノ自然ノ欲望ヲ除キ去ラウトシタリ、或ハ又消費者ノ立場カラノミ考ヘテ、食糧ハ安イノガ理想ダナドト、目ノ先ノ利害ノミヲ考ヘテ、遂ニ近視眼ニ陷リ、近キ將來ノコトサヘ盲目ニ陷ルト云フヤウナコトニ對シマシテハ、私ハ加擔シ得ナイノデアリマス、カルガ故ニ私ハ此ノ問題ニ對シマシテハ、生産ヲ増加シ得ベキ價格政策ト、生産ノ爲ニ利便ナル環境トヲ與ヘルコトガ、最モ肝要デアルト信ズルノデアリマス、而シテ其ノ方法ヲ、而モ現時ノ低物價政策ノ中ニ見出サナケレバナラヌノデアリマスカラ、此ノ價格操作ニ當リマシテハ、爲シ得レバ最終消費者ノ價格ヲ引上グルコトナシニ、此ノ目的ヲ達成スルコトニシナケレバナラヌト思フノデアリマス、先程來附帶決議ニ補償金問題モ出テ居ルヤウデアリマスガ、若シ生産費ノ償ハヌ場合ガ生ジタトシテモ、最終消費者ノ價格ヲ上ゲル前ニ、先ヅ必ズ爲サナケレバナラヌ仕事ガ一ツ殘ツテ居ル、ソレハ何デアルカ、配給ノ爲ノ中間ノ經費ト利潤トヲ、モツト〳〵切詰メテ、生産費ノ償フヤウニシテヤル、是ナンデス、今日ノ現狀ハ、生産者ノ利益ガ比較的少ク、否、寧ロ生産費ヲ償ハナイヤウナ狀況デアルニ拘ラズ、配給業者ノ利益ヲ割合ニ多ク取ラシテ居ル爲ニ、此ノ配給業者ノ利益ト云フモノガ生産費ニ食込ミマシテ、益々生産費ガ償ハナイ、生産ノ減少トナツテ來ル、斯ウ云フ現象ニナツテ居ルノデアリマス、今日ハオ居デニナリマセヌガ、商工省ハ御役目柄頻リニ商人擁護ヲサレルノデアリマスケレドモ、商人ノ擁護ハ別ナ方法デ御考ニナラヌトイカヌ、生産ヲ閑却シテ、唯商人ノ擁護ヲシテ見テモ、少シモ生産ハ増シマセヌ、無理ヲシテ之ヲ擁護スレバスル程生産ハ減少スルノデアリマス、而モ斯ウシタヤウナ、物ノ足ラヌ、金ノ餘ル、斯ウ云フ場合ニ於キマシテハ、現在ノヤウナ營利主義配給機構ヲ基調トシタノデハ、如何ナル方法デ取締ラウトモ、闇取引ハ取締リ切レルモノデハナイ、制シ切レルモノデハナイ、丁度鯰ヲ瓢簞デ押ヘルト云フヤウナコトニナルノデアリマス、私ハ色々ノ方面カラ歸結シマシテ、配給機構ハ非營利ノ、而モ自治的配給機構ヲ選バナケレバナラヌト確信スル者デアリマス、先程來各位カラ御述ニナリマシタ通リ、最モ大切ナ内容ヲ持ツ、此ノ集荷配給機構ノ整備ニ當リマシテハ、以上私ガ申述ベマシタ趣旨ニ依リマシテ、集荷配給ハ必ズ非營利的一元化シタ所ノ方法デ、統一アル方策ノ確立スルコトガ、急務中ノ急務デアルト信ズルノデアリマスガ、此ノ點ニ關シマシテ、未ダ一貫シタ方針ガ政府ニ御持合セガナイコトハ、洵ニ遺憾千萬デアリマス、何ハトモアレ、急速ニ此ノ事ノ實現ヲシナケレバ、臍ヲ噬ムノ悔ヲ貽スコトハ火ヲ睹ルヨリモ明カデアリマス

次ニ生産ノ確保ニハ、以上申述ベマシタ所ノ價格政策ト、集荷配給ノ非營利的一貫性アル方法ト相俟チマシテ、生産ニ適當ナル環境ヲ與ヘルコトガ肝要デアリマス、卽チ只今マデ諸君カラ既ニ御述ニナリマシタ所ノ勞力ハ勿論、肥料其ノ他ノ農業資材ノ配給是デアリマスガ、物資ノ不足ハ此ノ場合已ムヲ得ナイ、所謂乏シキヲ患ヘズ均シカラザルヲ患フデアリマシテ、此ノ不足セル物資ノ配給ハ、最モ公平ニ、又最モ有效ニ行ハレナケレバナラヌノデアリマスガ、是ガ又營利主義機構ノ下ニ置カレテ居リマスガ爲ニ、昨年來如何程農家ガ泣カサレタカ、是ガ生産確保ノ障碍ニ如何程ナツタカト云フコトハ、是ハ部外ノ人ノ想像ノ出來ナイモノガアルノデアリマス、此ノ事ハ丁度今度ノ此ノ不足勝ナ米配給ノ上ニモ、消費者大衆ニ重大ナル示唆ヲ與フルモノデアルト思フノデアリマスガ、ソレハ兎ニ角、農業ハ季節ヲ貴ブモノデアル、然ルニ商人カラノ配給ハ第一常ニ六菖十菊ノコトニ絡ツテシマツテ居リマス、更ニ公平ヲ缺イテ居ルコト、切符制度ノ實際モ吾々ガ體驗シマシタガ、色々ノ弊害ガ出マシテ、一寸世人ノ期待シタヤウナモノデハナイ、結局ハ自治的ニ配給サセテ、適時ニ適量ヲ使ハセルノデナケレバ、痒イ所ニ手ガ屆クヤウニ行カヌノデアリマスガ、然ルニ肥料ハ農家以外ニ使フモノデハナイ、斯ウ云フモノヲ、ドウシタ加減カ、政府ハ商人ニ取扱ハス爲ニ、農家ニ非常ナ迷惑ヲ掛ケテ、農家ヲシテ、一體作物ヲ養フ爲ノ肥料カ、商人ヲ養フ爲ノ肥料カト、長嘆息ヲサセテ居ルノデアリマス（拍手）加之茲ニ見逃シテハナラヌコトガ一ツアル、ソレハ近頃統制品ヲ商業組合ニノミ割當テル、商人ニバカリ配給サセル、其ノ結果、生産者ノ自治的機關デアル産業組合ニ配給シナイ爲ニ、商人達ハ此ノ時トバカリ、平素ノ得意先デナカツタ産業組合員ニハ中々賣澁ツテ賣ラナイ、假令切符ヲ持ツテ居ツテモ、他ノ御客ヲ先ニシテ、サウシテ組合員ニハ後廻シニスルト云フヤウニ、非常ニ時間ノ浪費ヲサセル、非常ナ手數ヲ掛ケル、斯ウ云フヤウナ工合ニナツテ居リマシテ、人間扱ヲセヌ、サウ云フヤウナ不平ガ農村ノ隨所ニ起ツテ居ルノデアリマス、是ハ生産確保上ノ一大障碍ニナツテ居ルバカリデナシニ、更ニ農業ニ嫌氣ヲ差サセル原因ニナツテ居リマシ

テ、農家ガドシ／＼轉出離村スル、斯ウ云フ始末ニナツテ居ルノデアリマス

次ニ時艱ヲ克服シ、難局ヲ突破スル爲ニハ、官民ノ緊密ナル協力ヲ要スル時デアルコトハ申スマデモナイノデアリマス、所ガ時局ニ便乘シタ官僚ノ獨善的横暴ガ、遂ニ農民ヲ憤慨サセ、官民ノ協力ヲ滅茶々々ニシテ居ル、北海道ノ生々シイ實例ヲ申上ゲテ、本法實施上ノ參考ニ供シ、御注意ヲ喚起シテ置キタイト思フノデアリマスガ、ソレハ戸塚北海道長官ガ、一部ノ極ク少數ノ米ヲ取扱フ業者、所謂大手ト稱スル僅々數人ノ者ニ故ラニ便宜ヲ與ヘル爲ニ、產業組合ノ壓迫ヲシテ居ルコトナノデアル、此ノコトハ當議會再開ノ劈頭ニ於キマシテ、私カラ質問主意書ヲ提出シテ居ル通リデアリマスガ、全ク越權、不當ノ行爲ヲ以テ農民ヲ壓迫シテ居ルノデアリマス、是ガ爲ニ北海道ノ農民ハ、私ノ計算デハ、一日十万圓内外ノ損失ヲ掛ケラレテ居ルノデアリマス、此ノコトハ既ニ質問書ヲ提出致シマシテカラ、四十幾日モ經過シテ居ルニモ拘ラズ、未ダ答辯ガ出來ナイ、聞ク所ニ依リマスルト、問題ハ今主務省デアル農林省ニ廻ツテ居ルト云フコトデアリマスガ、農林省側ノ言フ點ハ、自分ノヤツタコトデナイカラ答辯ニ困ル――御尤モナンデス、北海道長官ガ惡イト言ツテシマヘバ、ソレキリダガ、ソコハ役所同士、役人同士ノコトダカラト、非常ニ苦慮シテ居ラレルコトガアリアリト見エル、所謂役人ノ同士愛ニ依ル其ノ苦衷ハサルコトナガラ、本問題ハ左樣ナ役人ノ面子問題位ノ輕イ問題デハナイ、明ニ法規牴觸事項デ、事頗ル重大デアルベカリデナシニ、是ガ爲ニ今毎日々々無辜ノ農民ガ、罪ノナイ農民ガ拘留ヲサレ處罰ヲサレテ居ルノデアリマス、是ハ長官ガ遵法精神ニ缺クル所カラ來タコトデアルノハ明カナ事實デアリマシテ、國民ニ範ヲ示スベキ官吏自ラガ法ヲ蔑ロニシテ、ドウシテ國ガ治マルカ、先日本法案ノ委員會ニ於テ此ノ質問ガ出サウナ空氣ニナルヤ、農林當局ハ、農村議員ニ向ツテ必ズ善處スルカラ、突込ンダ質問ヲシテ呉レルナラト言ツテ、諒解ヲ求メタト云フコトデアル、斯樣ニ明カナ法規牴觸事項デアルニモ拘ラズ、其ノ長官ハドウシテ居ルカ、自ラ豪語シテ曰ク、未ダニ商工省ノ指示ヲ受ケタト言ツテシラヲ切ツテ居ルノデアリマスガ、價格等統制令ヲ人民ニ告示シテ之ヲ行ハウト云フ者ガ、同法ノ第十五條ヲ知ラヌ筈ハナイ、同施行令ノ第十二條ヲ解釋ガ出來ヌ筈ハナイ、非常ニ簡單ナ明文ナンデス、明ニ法ノ示ス所ニ依レバ、農林大臣ノ權限デアル、ソレヲ商工省ノ指示ヲ受ケタナドト言ツテシラヲ切ルトハ、全ク作意的ナ横車デアル、斯クマデシテ百姓ヲ虐メ農民ニ損失ヲ與ヘネバナラヌトハ、其ノ心根ガ斷ジテ許シテ置クコトガ出來ナイノデアリマス、更ニ法ノ解釋ノ壓迫、北海道廳ハ產業組合壓迫ノ爲ニ手段ヲ選バヌ、何デモ組合ヲ引掛ケヨウ引掛ケヨウトシテ居ルノデアリマシテ、私ノ組合ニ來タ北海道產業組合支會ノ通牒ニ斯ウアル、「秘」ト云フノデ斯ウ書イテアル、其ノ一節ヲ申シマスト「產業組合ガ組合員ノ生產物ヲ平均賣トシ或ハ加工販賣ヲ爲シ得タル利益ヲ組合員ニ還元スルコトニ依リ公定價格又ハ之ニ準ズベキ價格ヲ超エテ精算スルハ違法ニ非ズ」トノ通牒ヲ發シ置キ候處右ハ道廳内一部係官ノ見解ニ依ルモノニシテ司法當局ノ見解ト相違シ居リ」云々、一旦斯ウ云フヤウナ通牒ヲシテ置キナガラ、後ニ至ツテ產業組合支會ニ此ノヤウナ通牒ヲ出サセテ、ドシ／＼產業組合ヲ片端カラ檢擧シテ居ルノデアリマス、ソレハ假令一部道廳係官ノ指導トハ云ヘ、責任ハ長官ニアル筈ナンデス、抑々此ノ責任ノ歸屬スル所ハ何處ニアルカ、果シテ產業組合側ノ負フベキモノデアルカ、假令ソレニシテモ此ノ事ハ法ノ解釋上ノ問題デ、斷ジテ惡質デハナイ、是ハ一片ノ注意ヲ產業組合側ニ與ヘレバ翌日カラ行ハレナイノデアリマス、先日内務大臣ガ税制ノ委員會デ、經濟事犯ハ法ノ不備カラ來テ居ル點ガアルカラ、サウ云フモノニ付テハ穩便ナル取締ヲスルト、斯ウ言ハレタノデアリマスガ、是コソハ正ニ其ノ條件ニ當嵌マルモノト思ハレルノデアリマス、而モ是ハ奇怪千萬ニハ、私ガ農林省ノ產業組合課ニ行ツテ聽イテ見ルト、農林省ノ產業組合課ノ解釋デハ、產業組合ノ當然解釋デ何等差支ナイ、警保局トモ既ニ打合セ濟ミデアルト云フ、一部ノ其ノ係官ノ見解ノ方ガ正シイト言フ、私ハ之ヲ聽イテ啞然タラザルヲ得ナカツタノデアリマス、府縣デハ何レモ堂々トシテ之ヲヤツテ居ル、獨リ北海道ダケガ處罰サレテ居ル、斯ウ云フヤウナ始末デアリマシテ、北海道ノ農民ハ戸塚長官ノ亂暴極マル壓迫ニ憤慨シテ、昨年十二月農村ノ第一線ニ立ツ幹部ノ人、農事實行組合員ノ人達千數百名ガ寄ツテ、此ノ長官ノ在ル限リ一切協力セヌト云フ決議ヲ滿場一致デシテ居ル、是ト相前後シテ、北海道各地ニハ斯樣ナ事件ガ起ツテ、新聞ニ記事ガ載ツテ來タノデアリマス、サウナルト道廳ハ倉皇トシテ、更ニ一層農民ノ直接彈壓ヲ始メ掛ツテ居ルノデアリマス、斯ル狀態デ道廳ト農民トノ間ニハ、遂ニ深イ溝ガ出來テシマツタ、爾來道廳ガ農民ニ割當耕作ヲサセルトカ、計畫生產ヲサセルトカ言ツテ居リマスケレドモ、農民ハ一切馬耳東風、ツイ先日モ札幌デ指導者達ノ會合ガアツタ所ニ、道廳ノ係官ガ來タ所ガ、終ヒニ袋叩キニ遭ヒサウニナツテ、倉皇トシテ逃ゲテ行ツタト云フ事實ガアルノデアリマス、即チ戰時下ノ國内ニ於ケル一大痛恨事デアルト私ハ考ヘル、斯ウシタヤウナ官僚ノ横暴ガ、民間ノ折角ノ協力ヲ妨ゲル原因トナツテ居ルノデアル、百姓ヲ馬鹿ニシテハイカヌ、百姓ガ向フヲ向イテシマツタナラバ、北海道廳ノヤウニ取返シノ付カヌコトニナツテシマフト思フノデアリマス、此ノ問題ハ唯單ニ一地方ノ出來事ト冷眼視シテ貰ツテハ困ルノデアリマス、全國的ニ以テ他山ノ石ト爲スニ足ルト思フノデアリマス、殊ニ本年ノ差迫ツタ米ノ問題ノ解決ノ如キモ、是ハ米作農家ノ誠意ニ俟ツモノガ頗ル多イ、即チ農家自身ノ消費増大ヲ抑壓シテ、自分自身ハ假令芋ヲ食ツテデモ米ヲ市場ニ出シテヤラウト云フ誠意、此ノ誠意ニ俟タナケレバ解決ハ付カナイノデアリマス、私ハ本年ノ米ノ取扱ニ付テ、是ガ大事ナ要點ダト思フ、强權デヤルトカ、强制買上ヲスルトカ、ソンナコトデハ旨ク行カナイノデアリマス、此處ガ要點ナンデス、是ガ若シ反對ノ歩ミヲ取ツタナラバドウナルカ、國家ノ一大事デアリマス、デスカラ此ノ點ニ付キマシテハ、最モ注意ヲ拂ツテ貰ハナケレバナラヌト考ヘマシテ申上ゲタノデアリマス

以上數點ニ亙リマシテ氣付イタ點ヲ申述ベマシテ、本法ノ圓滿ナル運用ト相俟チマシテ、食糧問題解決ノ目的ヲ達成スルノニ誤リナキコトヲ望ム次第デアリマス、以上デ私ノ話ハ終リマス（拍手）

○副議長（田子一民君）　是ニテ討論ハ終局致シマシタ、此ノ際農林大臣ヨリ發言ヲ求メラレテ居リマス――農林大臣島田俊雄君

（國務大臣島田俊雄君登壇）

○國務大臣（島田俊雄君）　本法案ノ討議ニ際シマシテ、各派代表討論者ヨリ述ベラレマシタ御希望ノ諸項ニ付キマシテハ、政府ニ於テ十分考慮致シマシテ、本法ノ實施ニ

當リマシテ萬遺憾ナキヲ期シタイト存ジマス(拍手)

○副議長(田子一民君) 本案ノ第二讀會ヲ開クニ御異議アリマセヌカ

(「異議ナシ」ト呼フ者アリ)

○副議長(田子一民君) 御異議ナシト認メマス、仍テ本案ノ第二讀會ヲ開クニ決シマシタ

○服部崎市君 直チニ本案ノ第二讀會ヲ開キ、第三讀會ヲ省略シテ、委員長報告ノ通リ可決セラレンコトヲ望ミマス

○副議長(田子一民君) 服部君ノ動議ニ御異議アリマセヌカ

(「異議ナシ」ト呼フ者アリ)

○副議長(田子一民君) 御異議ナシト認メマス、仍テ直チニ本案ノ第二讀會ヲ開キ、議案全部ヲ議題ト致シマス

昭和十二年法律第九十號中改正法律案

(米穀ノ應急措置ニ關スル件)

第二讀會(確定議)

○副議長(田子一民君) 別ニ御發議モアリマセヌ、第三讀會ヲ省略シテ、委員長報告通リ可決確定致シマシタ(拍手)

○服部崎市君 殘餘ノ日程ヲ延期シ、本日ハ是ニテ散會セラレンコトヲ望ミマス

○副議長(田子一民君) 服部君ノ動議ニ御異議アリマセヌカ

(「異議ナシ」ト呼フ者アリ)

○副議長(田子一民君) 御異議ナシト認メマス、仍テ動議ノ如ク決シマシタ、次會ノ議事日程ハ公報ヲ以テ通知致シマス、本日ハ是ニテ散會致シマス

午後四時四十分散會

決議案（食糧確保ニ關スル件）

決議案（食糧確保ニ關スル件）（町田忠治君外九十八名提出）

決議

食糧生產ヲ增進シ需給ノ均衡ヲ確保スルハ刻下ノ要務ナリ政府ハ速ニ左記ノ要項ヲ實施シ戰時食糧問題ノ根本的解決ヲ圖ルヘシ

一 米穀其ノ他食糧ノ生產ヲ增進シ其ノ配給ノ機構ヲ整備シ以テ食糧不安ヲ一掃スルコト

二 肥料、飼料、燃料其ノ他農林漁業ノ生產ニ必要ナル資材ハ他ノ有ユル物資ニ優先シテ之ヲ確保シ其ノ配給ヲ圓滑ニシ且取引ノ公正ヲ圖ルコト

三 農林漁業勞力ノ確保竝生產指導機關ノ充實ヲ期スルコト

四 部落團體ノ活動ヲ促進スル爲其ノ機構ヲ整備シ助成金ノ交付其ノ他必要ナル方策ヲ講スルコト

五 西日本竝朝鮮ニ於ケル旱害ノ救濟及恆久對策ニ關シ徹底的方策ヲ講スルコト

右決議ス

（岡本實太郎君登壇）

○岡本實太郎君 私ハ只今玆ニ上程セラレマシタ各派共同ノ提案ニ係ル食糧確保ニ關スル決議案ノ趣旨ヲ說明致シマス、與ヘラレタル時間モ僅ニ二十分、而モ本會議、關係ノ委員會等ニ於テ屢〻其ノ內容ニ付テハ論ゼラレマシタカラ、大體ソチラノ方デ御諒解ト存ジマスルガ故ニ、極メテ簡單ニ說明ヲ致シマス、先ヅ決議案ノ朗讀ヲ致シマス

決議

食糧生產ヲ增進シ需給ノ均衡ヲ確保スルハ刻下ノ要務ナリ政府ハ速ニ左記ノ要項ヲ實施シ戰時食糧問題ノ根本的解決ヲ圖ルヘシ

一 米穀其ノ他食糧ノ生產ヲ增進シ其ノ配給ノ機構ヲ整備シ以テ食糧不安ヲ一掃スルコト

二 肥料、飼料、燃料其ノ他農林漁業ノ生產ニ必要ナル資材ハ他ノ有ユル物資ニ優先シテ之ヲ確保シ其ノ配給ヲ圓滑ニシ且取引ノ公正ヲ圖ルコト

三 農林漁業勞力ノ確保竝生產指導機關ノ充實ヲ期スルコト

四 部落團體ノ活動ヲ促進スル爲其ノ機構ヲ整備シ助成金ノ交付其ノ他必要ナル方策ヲ講スルコト

五 西日本竝朝鮮ニ於ケル旱害ノ救濟及恆久對策ニ關シ徹底的方策ヲ講スルコト

右決議ス

戰時體制下ニ於キマシテ食糧ノ確保ガ絕對的必要ナルコトハ今更呶々スルマデモアリマセヌ、食糧ハ平時ニ於テ缺クベカラザルモノデアルノミナラズ、特ニ近代ノ戰時ニ於キマシテハ、最後ノ決勝權ヲ握ル重要ナル兵器デアルト云フモ洵ニ至言デアルト思ハレマス、而シテ我國ハ幸ヒ食糧ハ豐カデアリマシテ、如何ニ長期ニ戰爭ガ亙ルトモ、食糧ダケハ事缺カナイ、何等顧慮スル所ナイト思ウテ居ツタ所ガ、昨年ノ秋新穀出廻期ニ際シテ一時需給ノ均衡ヲ失ヒマシテ、窮迫シタ狀態ヲ現ハシマシテ、漸ク懸念スルニ至ツテ來タノデアリマス、是ハ西日本及ビ南朝鮮地方ニ於ケル異常ナル旱害ト云フコトガ、從來ノ配給系統ヲ紊シテ、是ガ爲ニ窮迫狀態ヲ來シタト云フコトガ一ツノ原因デハアリマスルガ、爾ク單純ニ論過ハ出來ナイト思フノデアリマス、畢竟其ノ主要ナル原因ハ配給機構ガ不整備デアルト同時ニ、消費ノ增加ト云フモノガ存外多カツタト云フコトヲ想ハザルヲ得ナイノデアリマス

（副議長退席、議長著席）

御承知ノ通リ戰時事變ニ際會シマスレバ、米ノ消費ハ存外多額ニ上ルモノデアリマス、今試ニ農林省ノ米穀要覽ヲ見マシテモ、彼ノ日露戰爭前ノ五年平均消費量ハ四千四百万石デアツタノデアリマスガ、其ノ戰爭ノ始ツタ明治三十七年ハ九百万石ヲ增加シテ五千三百万石ニ達シ、其ノ翌年ノ明治三十八年ハ五百万石ヲ增加シテ五千八百六十万石ニ達シマシタ、戰前ノ四千四百万石ニ對シテ千四百万石モ消費ノ增加シテ居ルコトガ現ハレテ居リマス、歐洲戰爭ノ當時ニ於キマシテモ需要ガ激增シテ、其ノ末期ノ大正八年ニハ價格ガ暴騰シ、是ガ爲ニ面白カラヌ事態ヲ生ジタコトガアリマス斯ウ云フ狀態デアル所ニ、今回ハ加フルニ雜穀高デアル、米ガ割安デアルト云フ所カラ、益〻消費ヲ米ニ集中セシメマシタ、又飼料ガ不足ノ爲ニ、牛馬或ハ豚、鷄ナドガ、人間ノ食糧ニマデ侵入シテ來タノデアリマス、更ニ尙ホ考ヘル所、農漁村ハ食糧ノ生產地デアルト共ニ最モ大キナ消費地デアリマス、其ノ農村ノ子弟ハ驅ツテ軍需工場ニ赴キ、其ノ他都市ニ趨ルモノガ多クテ、是等ガ皆米食トナツタノデアリマス、今マデ雜穀ヤ混食シテ居ル者モ、米ガ割安ト云フ爲ニ米食ニ變更シタノモ可ナリ大キナ關係ガアルト思ヒマス、加之近頃農村ノ金廻リガ稍〻潤澤ニナツタト云フガ爲ニ、從來物納デサレタ小作米ガ、金錢ニ換算サレテ納メラレルモノガ多イト聞イテ居リマス、是ガ爲ニ地主ハ賣ルノニモ米ハ少ク、又小作ハ反對ニ米ヲ所持シテ居ルコトガ多イト云フ現象ガ出テ來タノデアリマス、小作ノ農業者ガ米ヲ庭先ニ積ンデ越年スルコトハ、如何ニ愉快ナルモノデアリマセウカ、更ニ米價ノ先高ヲ見越シテ居リマシテ、春或ハ夏ニ至ルマデ庭先ニ米ヲ積ンデ居ルト云フコトノ、此ノ心理狀態ハ察スルニ餘リアリマス、斯クシテ小作者ノ庭先ニ多ク米ヲ積マレレバ、自然消費ニ向ヒマス、斯ウ云フ事情ガ重ツテ、農村ニ於テ著シク需要ノ增加シタト云フ事情ガアルト思ヒマス、都會地モ亦此ノ戰時景氣デ、米ノ消費ヲ確ニ增加致シテ居リマス、斯ウ云フ次第デ、消費ノ增加ト云フノガ正確ナ統計ニ表ハセマセヌガ、思ウタヨリ存外大ニ及ンデ居ルト思ヒマス、政府ガ此ノ議會ニ於テ聲明致シマシタ米ノ需給推算、之ヲ見マスルト、持越米ガ四百七十三万石、十五年度ノ生產ガ九千四百万石、內譯致シマスト、內地ガ六千九百六十万石、朝鮮ガ千四百三十万石、臺灣ガ一千万石、之ニ對シテ消費ガ凡ソ一億万石、內譯ガ內地七千九百五十万石、朝鮮ガ千五百三十万石、臺灣ガ五百万石ト云ヒマス、此ノ中デ、節米サレルモノガ六百万石ト申シテ居リマス、之ヲ差引キマスト、消費ト生產ガ一杯、此ノ節米ガ果シテ六百万石アレバ、

茲ニ翌年ヘノ持越期ニ――端境期ニ四五百万石アルト云フノガ言ハレル所デアリマスガ、此ノ消費ノ數量ガ果シテ當ツテ居ルカ否カト云フコトハ、頗ル疑問ガアリマス、又節米ノ内容ヲ聞ケバ、酒米ニ二百万石、代用食、混食等デ二百三十万石、七分搗ノ百六十万石、合セテ六百万石ト申シマスガ、果シテ是ガ可能デアルカドウカ、是モ疑ナキ能ハズデアリマス、斯様ナ風デ消費ノ推算ガ誤ツテ居ツタナラバ、或ハ節米ガ思フヤウニ出來ナカツタナラバ、端境期ニ至ツテハ懸念ヲシナケレバナラヌト云フ實情ニアルノデアリマス、是ニ於テカ此ノ需給ノ調節ヲ致シマスノニハ、生産ノ増加ト輸入ノ増加ノ此ノ二ツノ外ハアリマセヌ、而モ輸入ハドウカト申セバ、備荒ノ貯蓄ニ先ヅ止メルト云フ積リデナケレバナリマセヌカラ、一ニ生産ノ増加ト云フコトニ必至ニ力ヲ入レナケレバナリマセヌ、主要食物ノ米ハ勿論、麥其ノ他ノ雜穀、水産物等ニ於テモ、總テ此ノ生産擴充增加ト云フコトガ最モ必要デ、食糧ダケハ何トシテモ確保セナケレバナラヌト思フノデアリマス(「ヒヤヒヤ」)更ニ軍需其ノ他ノ工業物資ニ付キマシテハ、物動計畫ガアリマシテ、既ニ整然タル企畫ノ下ニ需給ノ調節ヲ圖ツテ居リマスルガ、遺憾ナガラ此ノ食糧ニ付テハマダ何等物動ノ計畫ガアリマセヌ、俗言デハアリマスルガ、腹ガ空ツテハ戰ガ出來マセヌ、簡單ナ言葉デモ名言ナリト思ヒマス、食糧ヘ如何ナル物資ヨリモ必要デアリマスガ故ニ、如何ナル物資ニモ優先シテ之ヲ確保シナケレバナラナイ、故ニ物動計畫ニ之ヲ編入シテ、確乎不動ノ計畫ヲ立テルト云フコトハ、急務中ノ急務ナリト言ハナケレバナリマセヌ

斯ウ云フ次第デ、食糧ノ増産ヘ必要デアリマスガ、此ノ増産ヘ資材ノ配給ト勞力ト云フコトガ十分デナケラネバナラヌガ、是ガ頗ル懸念ニ堪ヘナイノデアリマス、御承知ノ通リ無機質ノ肥料ハ、其ノ製造ニ當ツテ電力ガ不足シ、石炭ハ粗惡ニナリ、而モ電力ノ配給ノ如キハ亂調子デアルト云フガ爲ニ、其ノ生産能力ヲ妨ゲルコト夥シイ、其ノ主タル硫安ダケデモ、二百万瓲ハ必要ナリト云フノニ、百五十万瓲位シカ出來ナイ、米麥重點主義ト言ハレテ、尙且ツ無機質肥料ノ配給ハ八割ニ足リナイ、其ノ他ノモノニ至ツテハ六割ト云フコトガ、是ガ政府ノ計畫デアリマス、是ガ果シテ實行出來ルカドウカト云フコトハ、既ニ大イナル疑ガアリ、懸念ガアルノデアリマス、有機質肥料ノ中デ魚肥ノ如キハ、今マデ何等ノ統制モナイ、價格ハ昂騰シ、其ノ上ニ品不足ガ甚シイノデアリマス、但シ大豆粕ハ最近統制ヲサレテ、會社モ作ラレマスガ、滿洲カラノ輸入ハ時期ヲ逸スル爲ニ、兎角供給ガ不十分デアルト云フ現狀デアリマス、既ニ斯ウ云フ風ニシテ不足シタ肥料デアリマスカラ、其ノ配給ハ益〻憂フベキ狀態デアリマス、御承知ノ通リ時期ヲ逸スルガ爲ニ、現ニ麥蒔ノ時ニハ肥料ガナクシテ素蒔ヲシテ居リ、根肥ヲ爲サズシテ蒔イテ居ルト云フ地方ガ多々アルト承ツテ居リマス、斯様ナ事情デ無機質ノ肥料ハ昨年八月カラ既ニ割當ヲ行ハレテ居リマスガ、産業組合系統ト商人系統トノ間ニ亙ツテ、兎角紛議ガ各所ニ出來易ク、政府ノ指導方針モ徹底シナイ、徒ニ現狀ヲ糊塗スルガ如キ實情デアリマスカラ、供給ノ圓滿ヲ缺クト云フコトハ洵ニ憂フベキコトデアリマス、昨日此ノ本會議デ可決セラレマシタ日本肥料株式會社ノ設立モアリマス、願クバ斯ウ云フ會社ノ圓滿ナル執業ニ依ツテ、完全ナル成績ヲ得タイト吾々ハ祈ル所デアリマス

更ニ飼料デアリマスガ、此ノ飼料モ亦不足ガ甚シク、價格ノ昂騰ハ畜産界ニ非常ナ影響ヲ與ヘルモノガアリマス、昨年ノ九・一八ノ價格ヲ以テシテヘ、實際手ニ入レルコトガ出來ナイ、九・一八當時ノ價格ガ、既ニ前年ニ比シテ三割、四割ノ騰貴ヲ致シテ居ルノデアリマスカラ、九・一八ノ價格デハ到底採算ガ出來ナイト云フコトデ、製造ヲ中止スル者ガ多イノデアリマス、輸入ハ激減シテ居リマス、斯クシテ麬、米糠ニ至ルマデ不足ガ甚シイノデゴザイマス、斯ウナルト各縣ニ「ブロック」ガ出來テ、他縣ニ移出スルコトヲ止メル、遂ニ闇取引トナリ、或ハ賣惜、買溜トナツテ、品物ガ偏在スルコトトナツテ、未曾有ノ品不足ヲ來シテ居リマス、斯様ナ狀態デアルガ故ニ、遂ニ人間ノ食料ノ籾ヲ與ヘ、麥ヲ與ヘ、玄米ヲスラ與ヘルト云フヤウナ實情ニナツテ居ルノデアリマス、斯様ナ實情デアリマスガ故ニ、遂ニ之ヲ處分スル者ガ續出シ、牛ハ搾乳ガ不能トナリ、鷄ハ産卵中ノモノマデモ淘汰シナケレバナラヌ、加フルニ價格政策ガ徹底シマセヌ、本日發表ニナリマシタヤウデスガ、昨日マデノ卵價デハ不引合デアル、飼料高ニ對シテ收支ガ償ハナイト云フ爲ニ、鷄ノ如キハ三割乃至四割減ジテ居ルト云フコトデ、畜産界ニ異常ナ狀態ヲ來スコト洵ニ恐ルベキモノデアリマス、生キテ居ルモノデ、口ガ付イテ居ルダケニ厄介ガ多イノデアリマス、飼料、肥料、食料、此ノ三ツノ相互ノ關係ハ、最モ密接デアルト云フコトハ御承知ノ通リデ、飼料ガ不足シマスレバ肉類ヤ卵ガ減リマシテ、食料ガ減リマシテ、食料ガ減ズルノミナラズ、牛ヤ馬ハ厩肥ガ少クナリマス、此ノ額モ存外多量ダト思ヒマス、鷄糞ノ肥料ダケデ年五六千万圓ト申シテ居リマス、其ノ效果率カラ言ツタナラバ、一億ニモ達スルノデアリマス、斯ウ云フコトヲ精算シマシタナラバ、肥料、飼料、食料ノ三ツハ、必至ナ關係デアリマシテ、私ガ思ヒマス所デハ、有機質ノ肥料ノ如キハ、一度畜類ノ腹ハ必ズ通シテヤツタナラバ、非常ナ效果ヲ現ハスモノデアルト思フノデアリス、斯ウ云フ飼料ハ供給ガ足リマセヌ、足リマセヌガ故ニ、國外カラ輸入ヲ仰ガナケレバナラヌ、飼料ノ如キ假ニ十五万瓲、格價デ一千万圓、輸入ヲ増シテモ、是ガ爲ニ肉ヤ卵デ千四五百万圓近ク外國ヘ輸出ガ出來マス、更ニ肥料ヲ補フ點カラ言ツタナラバ、十分「カバー」ガ出來ル、而モ出征將士或ハ國民全體ノ榮養食ニハ頗ル多大ナル貢獻ガアルノデアリマス

更ニ燃料デアリマス、御承知ノ通リ石油ノ不足ト云フコトハ、農耕、灌漑、水利或ハ、驅蟲、脫穀等ノ農業操作ニ障碍ガアルノミナラズ、漁村デハ盛漁期ニ、魚ノ大群ヲ目ノ前ニ目擊シナガラ、出漁ガ出來ナイト云フヤウナ事情マデアリマシタ、更ニ電燈ノ設備ノ無イ地方ノ僻陬ノ部落ニアツテヘ、夜間點燈スラ出來ナイ、是ガ爲ニ空シク勞力ヲ遊バス、生産ヲ妨ゲルト云フヤウナコトガ多イト聞イテ居ル、洵ニ悲慘ナリト言ハナケレバナリマセヌ、或ハ「カーバイド」ノ無イ爲ニ、漁業ガ出來ナイト云フコ

トヲ常ニ聞イテ居リマス、特ニ水產ノ方デハ、漁網「ロープ」ノ不足ガ、水產ヲ危殆ニ陷ラシメルトシテ非常ナ心配ガアリ、或ハ「セメント」ノ不足ハ溜池ヤ用水、惡水路ノ修築ガ出來ナイト農村デハ憂ヘテ居ル、其ノ外地下足袋、農機具、護謨靴、防水著、軍手等ノ作業用被服類、是等ノ品ガ足リナイコトモ、生產維持ニ妨ゲアルノデアリマス、是等ノ品ノ不足ノ爲ニ、賣惜、買溜ニ依ル偏在トナリ、配給不圓滿トナルト云フコトヲ防禦スルガ爲ニハ、一括シマシテ之ヲ生產者ノ團體ニ任セナケレバ、到底配給ガ出來ナイト思ヒマス、斯ノ如クシテ食糧ノ生產ガ殖エルコトハ偖テ措キ、減ルト云フコトスラ憂ヘテ居ルガ爲ニ、如何ナルモノニモ先ダツテ、露骨ニ言フナラバ、端的ニ言フナラバ、軍需品ニモ先ダツテ、斯ウ云フ物資ハ供給シテ貰ハナケレバナラナイ、サウシテ食糧ダケハ何トシテモ確保シテ貰ハナケレバナラナイト思フノデアリマス、又勞力モ御承知ノ通リ近頃憂フベキ狀態デアリマス、此ノ生產ニ當ル農村ニ於テハ、多數ノ血氣ナル青年ハ第一線ニ赴キ、或ハ都市ニ赴キ、殘ルハ老幼婦女子等ガ多イノデアリマス、能率ヲ妨ゲルコトハ頗ル多イ、是モ何トカ調整シナケレバナラヌ、幸ヒ隣保共助ハ農村ノ最モ美德デアリマスカラ、之ヲ善用シテ部落團體ヲ活動セシメテ、協同作業ヲ獎勵シテ、其ノ效果ヲ擧ゲルコトニ努メナケレバナラナイ、斯樣ニ考ヘルノデアリマス、サウ云フ次第デアリマシテ、農林省ニ於キマシテモ、農林計畫委員會デ著々研究セラレ、或ハ內輪ヲ申セバ、生產計畫部、肥料配給統制部、資材配給統制部、勞力調整部、是等ヲ設ケテ著々研究ハ致シテ居ルノデアリマスガ、偖テ實際ヲ見マスト、本年ノ目的トスル米ノ四百万石、麥ノ二百万石ノ增產ト云フコトハ、果シテ出來ルカドウカト云フコトヲ頗ル憂ヘテ居リマス、更ニ農產物ノ增產ハ、何ト言ツテモ價格ニアル、價格ガ安クテ不引合ナラバ作リマセヌガ故ニ、適正價格ヲ速ニ定メラレマシテ、サウシテ作ツテ引合フコトガ出來ルト云フ所マデ、適正ナル價格ガ定メラレナケレバ、到底其ノ必要ヲ滿スコトハ出來ナイト考ヘテ居リマス、斯樣ニシテ生產サレタ食糧品ハ、更ニ配給ノ點ニ於テハ、一層注意ヲサレルコトガ必要デアルト吾々ハ考ヘルノデアリマス、集荷ハ生產ノ團體ニ任シ、配給ハ商人團體ニ任スト云フ風ニ、各々系統ヲ立テテ、中央地方ヲ通ジテノ組織アル計畫ノ下ニ、能ク配給サレナケレバ、又昨年ノ秋ノ如キ心配ガ生ゼザルヤト憂ヘルノデアリマス(拍手)西日本及ビ朝鮮ニ於ケル旱害ハ、洵ニ慘事デアリマス、政府ハ第二豫備金ヲ使ヒ、又此ノ議會ニ於テ既ニ追加豫算或ハ本豫算等ヲ出サレマシテ、相當努メラレテハ居リマスルガ、尙ホ微溫的ノ感ガアリマスガ故ニ、一層此ノ地方ニ付テハ、救濟ヲスル外、將來斯ウ云フ旱魃ガアリマシテモ、困ラナイト云フヤウナ施設ヲ、完備セラレンコトヲ希望スルノデアリマス、斯樣ニシテ又食糧ノ補充ニ付テ、早場米ノ獎勵トカ、或ハ臺灣ノ如キ一期作米ヲ獎勵スルト云フコト、或ハ馬鈴薯ヲ多ク作ラストト云フヤウナコトデ、勞力、肥料等ノ少イノヲ作リテ、埋メナケレバナラヌト思ヒマス

更ニ一言附加ヘマス、是等ノコトニ當ツテ總テ實行ニ任ズルノハ、何ト言ツテモ最下級ノ團體ノ農村ノ部落デアリマシテ、政府ノ趣旨ヲ能ク體シテ、此ノ任ニ當ツテ貰ハナケレバナラヌ、戰時態勢ノ強化ハ、農村ニ在ツテハ部落團體ナリト私ハ思フノデアリマス、之ヲ中心トシナケレバ、其ノ目的ハ達セラレマセヌ、ダカラ其ノ活動ヲ促進シナケレバナラナイ、努メテ助長シナケレバナリマセヌ、前年來助成金モアリマスガ、洵ニ僅デ、雀ノ淚トモ言フベキモノデアリマス、之ニ對シテ三千万ヤ五千万ノ金ハ出サレマシテモ、其ノ貢獻スル所ハドレダケアルカ、實ニ多大ナモノガアルト思ヒマスガ故ニ、之ヲ惜マズ部落團體ノ活動ニ資スルト共ニ、他面農會法ヲ改正サレマシテ、部落ヲ農會ノ一員トスルコトヲ認メラレマシタガ、進ンデハ部落團體ガ一人格ヲ持ツテ、活動ノ第一線ノ根柢ニアルト云フ所マデナサレンコトヲ切ニ希望シ、殊ニ助成金ノ如キハ、ウント增シテ戴キタイト思フノデアリマス

惟フニ戰時統制經濟ハ、自由經濟ニ依ル無駄ヲ省キマシテ、最小ノ資金デ最小ノ勞力ヲ以テ、國家ノ必要トスル物資ヲ成ベク澤山ニ作ルト云フコトガ本來ノ趣旨デアリマス、故ニ國家ノ必要トスル物ヘ、大所高所カラ見マシテ、軍需タルト民需タルヲ問ハズ、最モ必要ナ物カラ多量ニ生產ヲスルト云フコトデナケレバナリマセヌ、斯クシテ經濟力ヲ益々強化シテ、國民ニ不安ナカラシメナケレバナリマセヌ、食糧ハ如何ナル物資ヨリモ之ヲ必要トスルノデアリマス、是ガ不足スルヤウデハ、銃前銃後共ニ不安ガ甚シイガ故ニ、是ハ十分確保シテ戴カナケレバナラヌ、物資ノ不足スル所ニ惡性「インフレーション」ガ出マス、物資ガ豐デアレバ、「インフレーション」ハ生ジナイト私ハ斷ジマス、此ノ趣旨ヲ以テ、農林水產物ノ食料品ハ努メテ確保セラレンコトヲ希望スルノデアリマス、是ガ此ノ決議案ヲ提出スル趣旨デアリマス、之ヲ行フノニハ相當ノ費用ガ掛リマスガ、政府ハ追加豫算モ相當見積ラレマシテ、努力シテ居ラレルト云フコトハ認メマスガ、尙ホ十分遺憾ナカランコトヲ希望スル次第デアリマス(拍手)

○議長(小山松壽君)　是ヨリ討論ニ入リマス、通告順ニ依リ發言ヲ許シマス——篠原義政君

(篠原義政君登壇)

○篠原義政君　私ハ只今議題トナツテ居リマス食糧生產確保ニ關スル決議案ニ贊成シ、食糧ノ生產ヲ增進シ、其ノ必要量ヲ確保スル爲、其ノ施設ニ遺憾ナキヲ期スルヤウ強ク政府ニ要求セントスル者デアリマス、事變以來各種ノ物資ニ不足ヲ來スニ至リマシタガ、食糧ニ關シマスル限リ自給自足ヲ爲シ、國民生活ノ安定ヲ維持シテ參リマシタコトハ、何ト申シマシテモ我國ニ取ツテ最モ大キナ強味デアツタノデアリマス、然ルニ昨年中國、九州ニ旱害ガアリ、殊ニ朝鮮ニ於ケル旱害ハ實ニ未曾有ト稱セラレル慘害デアリマシテ、是等被害ニ因ル減收ハ著シク米穀市場ヲ惡化セシメマシテ、昨年ノ端境期ニ於キマシテハ食糧不安ヲサヘ感ゼシムルニ至リマシタコトハ、洵ニ殘念至極ニ存ズル次第デアリマス、爾來政府ハ其ノ善後策ニ付キマシテ諸種ノ方策ヲ講ゼラレ、今日ニ於キマシテハ、食糧ニ關スル不安氣分ハ大體一掃サレルニ至ツタヤウデアリマスガ、併シ今後ニ於ケル需給ノ圓滑ヲ期シマス爲ニモ、更ニ明年度ニ於ケル供給

ノ確保ヲ期シマス爲ニハ、本年度ニ於ケル各種食糧農林水產物ニ關シマシテ、其ノ增產ヲ圖リ、供給力ニ不足ナカラシムルノ要アルハ申スマデモアリマセヌ、昭和十五年度ニ於ケル食糧ノ生產ニ關スル政府ノ目論見ヲ檢討シテ見マスルト、農產物ノ主ナルモノニ付テ申シマスト、米穀七千百万石、小麥一千三百万石、大麥、裸麥一千三百三十二万石、甘藷、馬鈴薯十九億貫デアリマス、平年作ニ比シマシテ、米ハ約八百万石、小麥約三百五十万石、大麥、裸麥百十万石、甘藷、馬鈴薯四億貫ノソレ〴〵增產ヲ圖ラントシツツアルノデアリマス、水產物ニ付キマシテハ、約二千二百四十二万貫ノ增產計畫ガアルノデアリマスガ、水產物ハ啻ニ國民食糧トシテ重要デアルバカリデナク、事變勃發以來、殊ニ歐洲戰爭以來、其ノ輸出ハ益々增加シテ參リマシテ、昨年ハ遂ニ二億圓ヲ突破シ、外貨獲得ノ上ニ重大ナル貢獻ヲ爲シツツアルノデアリマシテ、增產ノ要愈々緊切ナルモノガアルノデアリマス、更ニ畜產ニアリマシテハ、牛約百九十万頭、緬羊二十万頭、豚百二十六万頭、鷄五千二百三十一万羽、兎七百六十八万頭ノソレ〴〵增產計畫ニ相成ツテ居ルノデアリマスガ、事實ハ政府ノ計畫ニ逆行シマシテ、各家畜共飼育頭數ノ減少傾向ヲ辿リツツアリマスコトハ、極メテ皮肉ナル現象デアリマス、眼ヲ轉ジテ、外地ニ於ケル食糧ノ增產計畫ヲ見マスニ、朝鮮ニ於キマシテハ、其ノ生產目標ハ米穀二千五百五十四万石、麥類千九百五十二万石、大豆五百四十四万石、粟七百六十万石、甘藷十一億四千餘万斤デアリマシテ、米ハ二百三十八万餘石、麥類六百四十六万二千餘石、大豆百五十七万石、粟二百三十七万石、甘藷六億斤餘ノ各々增產ヲ目論ンデ居リマス、臺灣ニ於テハ米一千二十五万石、甘藷三十二億六千七百万斤ノ生產計畫デアリマシテ、米ニアリマシテハ約百万石、甘藷ニアリマシテハ約十億斤ノソレ〴〵增產計畫ニナツテ居ルノデアリマス

斯ク檢討致シマストキニ、內地外地ヲ通ジマシテ、政府ノ企圖シツツアル生產計畫ハ、實ニ厖大ニシテ寧ロ驚異ニ値スル數字デアリマス、固ヨリ內外地共其ノ總テノ生產ガ、我國ニ於テハ未ダ曾テ其ノ例ノナカツタ大キナ額デアリマシテ、總テノ生產物ニ付テ躍進的ナ新記錄ヲ作ラントシツツアルノデアリマス、有ユル生產條件ノ惠マレナイ現下ノ實情ニ於テ、斯ノ如キ增產計畫ヲ完遂スルコトハ非常ナル難事デアリマシテ、寧ロ無謀ノ目論見トモ斷ズベキデアリマス、併シナガラ軍需民需ノ何レヨリ見マシテモ、第一位ノ重要性ヲ有スル食糧ノ供給ヲ確保シマスルガ爲ニハ、如何ニ困難デアツテモ、假令無謀デアウトモ、ドウシテモ是ダケノ生產ガ擧ゲラレネバナラナイ、事變下ニ於テ國民生活ノ安定ヲ庶幾セントシマスルナラバ、石ニ嚙リ付イテモ此ノ無理ヲ爲シ遂ゲネバナラヌノデアツテ、我ガ農山漁村民ニ課セラレマシタル責務ノ實ニ重大ナルヲ痛感セザルヲ得ナイノデアリマス(拍手)

惟フニ、全國民ニ食糧ニ關シマシテ何等ノ不安ヲ感ゼシメナイト云フコトガ、我國農山漁村民ニ取ツテノ最モ大キナ國家的使命デアリマシテ、殊ニ事變下ニ於キマシテハ、戰線ノ將兵ニモ、銃後ノ國民ニモ、食糧ニ關シテダケハ心配ヲ掛ケサセナイト云フノガ、銃後農山漁村民ノ心意氣デアリ、ソレガ國家ニ對スル眞ノ御奉公デアルト存ジマス(拍手)政府ハ只今申述ベタ增產目標ニ對シテ、一應ノ計畫ヲ持ツテ居ラルルノデアリマス、併シソレ等ハ所謂机上ノ設計デアリマシテ、殆ド實際ニ卽シナイ、空想ニ近イモノデアリマス、今日ノ實情ニ於キマシテ、斯ル厖大ナル生產ヲ期シマスル爲ニハ、普通ノ理論ヤ、數學的計算ノミニ依ツテハ割出サルルモノデハナイノデアリマス、之ヲ實現セシムルニハ、理論ヤ計數ヲ超越シタ農林漁業者ノ百難不屈ノ精神ト、堅忍不拔ノ奮鬪努力ニ俟ツノ外ハナイノデアリマス(拍手)卽チ勇士戰場ニ臨ムノ氣魄ト勇猛心ニ俟ツニアラザレバ、解決シ得ラレナイ難問題ナノデアリマシテ、實ニ農林漁業者ノ發奮興起ノ要望セラルルコト今日ノ如キハ未ダ曾テナイノデアリマス(拍手)斯ル重大ナル時運ニ際會シマシテハ、政府モ亦宜シク之ニ對處スベキ非常ナラザル心構ヘガナクテハナラナイノデアリマスガ、其ノ施設態度ヲ見マスノニ、甚シク熱意ヲ缺キ、先ヅ自ラ燃エテ農林漁業者ヲ感奮興起セシメヨウトハセズ、却テ是等國民ヲシテ不平不滿ヲ抱カシメ、自暴自棄ニサヘ陥ラシメ、消極退嬰ノ態度ニ墮セシムルノ戾サヘアルノデアリマシテ、吾々ハ深ク之ヲ遺憾トシ、玆ニ本決議案ヲ提出シテ、政府ニ猛省ヲ促サントスル所以デアリマス(拍手)

卽チ其ノ第一ハ、食糧ノ生產增進ニ關シテ積極的方策ヲ講ジ、增產ニ遺憾ナキヲ期スルト共ニ、生產物ノ配給ヲ圓滑適正ナラシムルヤウ、配給機構ノ改善整備ヲ圖ラレタイコトデアリマス、食糧ノ增產ニ關スル政府ノ施設ハ概ネ月並的ノモノデアリマシテ、革新的或ハ積極的ナ施設ハアリマセヌ、大々的ナ增收共進會ノ如キヲ開催シ、國策ニ協力シテ成績ノ顯著ナル者ヲ顯彰スルガ如キ方法モ意義アルコトカト存ジマス、業者ヲ鼓舞激勵スルト共ニ、生產增進ニ貢獻スルコトガ銃後ニ於ケル國家ニ對スル重大ナル功績ナリトノ思念ニ於キマシテ、之ヲ顯彰スルノ方途ヲ論ズルハ極メテ必要ノコトト存ジマス、更ニ農業報國運動ノ徹底ヲ圖リ、銃後奉公ノ誠意ヲ昂揚セシムルコトニ眞劍ナル努力ヲ傾到スルコトモ必要ノコトト存ジマス、又此ノ際內外地竝ニ滿洲支那ノ關係官竝ニ民間業者代表ノ會合ヲ催シ、日滿支相協力シテ食糧ノ供給確保ニ關シ萬全ヲ講ズルノ計ヲ確立シ、以テ民間業者ノ力強キ活動ヲ促進スルノ方途ヲ講ズルコトモ、東亞ノ現況ニ鑑ミテ必要ノコトト存ジマス(拍手)配給問題ノ重要性ハ、昨秋ノ經驗ニ依ツテ極メテ明確ニ敎ヘラレタノデアリマス、然ルニ今尙ホ此ノ點ニ對シ、政府ハ何等改革ノ工夫ヲ講ゼラレナイノハ、吾々ノ甚ダ奇怪ニ感ズル所デアリマス、政府ハ集荷竝ニ配給ノ統制ヲ强化シ、其ノ偏在ト不正取引ノ防止トニ遺憾ナキヲ期セネバナリマセヌ、特ニ集荷ノ段階ニ於ケル自由取引ヲ制限シ、配給機關相互間ニ於ケル橫ノ流レヲ排除スルノ方策ヲ講ズルコトハ、最モ必要ナコトト存ジマス

第二ハ生產資材ノ問題デアリマス、肥料ノ不足ハ愈々顯著トナリ、政府屢次ノ聲明モ事實ニ於テ裏切ラレントシツツアルノデアリマス、唯硫安ニ關シマシテハ遞信當局ノ誠意アル措置ト、陸海軍ノ理解アル協力トニ依リ、近時漸ク增產ニ向ヒツツアリマス

コトハ、業者ノ齊シク感謝感激シツツアル所ト存ジマス、唯折角ノ增產モ時期ヲ失シテハ其ノ效ガアリマセヌ、特ニ硫安ト大豆粕トノ適期配給ニ關シ、政府ハ國民ノ期待ヲ裏切ラナイヤウ眞劍ナル努力ヲセラレネバナリマセヌ、飼料不足ノ結果、我ガ畜產界ハ今ヤ重大ナル危機ニ瀕シツツアルノデアリマス、燃料、魚網ノ不足ハ、輸出物資トシテ、又國民榮養食トシテ益々其ノ增產ニ發展セネバナラナイ水產業ヲ萎縮不振ニ陷レツツアルノデアリマス、其ノ他各種資材ノ不足ガ生產ニ大ナル支障ヲ來シツツアルハ、明カナル眼前ノ事實トナッテ現ハレツツアルノデアリマス(拍手)吾々ハ事變下ニ於ケル物資不足ノコトハ能ク承知シテ居ルノデアリマス、唯政府ノ態度ガ常ニ姑息デアツテ、ソレガ爲生產ノ減退ヲ來シ、已ムナク食糧ノ輸入ニ依ッテ之ヲ補給シ、爲ニ巨額ノ國幣ヲ海外ニ支拂フガ如キ、或ハ輸出ノ減退ヲ招來スルガ如キ、一文惜シンデ百知ラズノ結果ヲ來スガ如キコトノナキヤウ、嚴ニ政府ニ對シテ警告ヲ致サントスルモノデアリマス、資材配給ノ現狀ハ農林漁業用トシテ配給セラルルモノガ他ノ方面ニ流出シテ、不足ナモノハ愈々不足トナリ、其ノ上之ヲ買入レヨウトスレバ、闇取引ニ依ッテ數倍或ハ十數倍ノ高イ値ヲ拂ハネバナラナイ實情ニアルノデアリマシテ、資材供給ノ現狀ハ洵ニ遺憾千萬デアリマス、生產品ハ公定價格ニ依ッテ買取ラレ、其ノ上自分ノ食料マデ節シテ供出ヲ爲サネバナラナイノニ、生產資材ノ供給ガ斯ノ如キ狀況ニアリマシテハ、農林漁業者ニ不滿ノ聲ノアルノモ無理カラヌコトト存ジマス(拍手)政府ハ資材ノ配給ニ關シマシテ生產確保ニ主眼點ヲ置キ、其ノ目的トスル所ニ迅速ニ直線的ニ、公正適正ニ配給サルルヤウ、萬全ノ方策ヲ講ゼラレタイノデアリマス

第三ハ勞力ノ確保ト指導機關ノ充實トデアリマス、農漁山村ニ於ケル勞力ノ不足ハ愈々顯著ナルモノガアリマス、工業其ノ他ノ方面ニ於ケル勞力ノ吸收ニ關シテハ、農漁山村ノ實情ニ卽シテ其ノ措置ヲ誤ラズ、必要勞力ノ確保ヲ期スルト共ニ、地方的或ハ職業的、季節的繁閑ヲ按配シテ勞力ノ調整ヲ圖ルコトニ努メネバナリマセヌ、農山漁村ニ於ケル產業指導員ノ轉出ハ愈々甚シク、指導員ノ數ノ減少ト質ノ低下トハ其ノ生產力ニ重大ナル影響ガアルト存ジマス、政府ハ是等指導員ノ待遇改善ニ努ムルト共ニ、其ノ補充ト資質向上トニ關シ、適切ナル方策ヲ講ゼネバナリマセヌ

第四ハ部落團體ノ活動促進ノ問題デアリマス、部落團體コソ第一線的活動機關デアリマシテ、生產ノ增進モ、生產物ノ集荷モ、生產資材ノ公正ナル配給モ、悉ク部落團體ノ活動ニ俟ツノデナケレバ其ノ全キヲ期スルコトハ出來ナイノデアリマス、政府ハ現ニ農會法ノ改正ヲ企圖セラレツツアリマスガ其ノ庶幾サレル所、餘リニ吾々ノ部落團體ニ期待スル所ト其ノ距離ノ多キヲ遺憾トスルモノガアリマス、宜シク更ニ一步ヲ進メ、部落團體ノ整備强化ヲ圖リ、國家ノ第一線的基礎團體トシテ、其ノ機能ヲ遺憾ナク發揮セシムルヤウ工夫セラルベキダト存ジマス

第五ハ旱害對策デアリマス、西日本竝ニ朝鮮ノ旱害ニ對シマスル政府ノ施設ハ、餘リニ微溫的デアリ不徹底デアリマシテ、食糧增產ノ見地ヨリ見マシテ洵ニ遺憾ニ存ズルノデアリマス、政府ハ當面對策ニ於キマシテモ、恒久對策ニ於キマシテモ、更ニ一段ノ努力ヲ拂ハレナケレバナラナイト存ジマス、以上所見ヲ申述ベマシテ、本決議案ニ贊成ノ趣旨ヲ明ニシタ次第デアリマス(拍手)

○議長(小山松壽君)　大石倫治君

(大石倫治君登壇)

○大石倫治君　私ハ只今議題トナッテ居リマスル決議案ニ對シ、政友會ヲ代表シテ贊成ノ意ヲ表シタイト存ズルモノデアリマス、國民食糧ノ確保ハ、戰時タルト平時タルトヲ問ハズ、絕對的ニ緊要ナルコトハ敢テ論ズルマデモナイコトト存ジマス、殊ニ刻下非常時局ニ際シマシテ、國民ノ體力精神力ノ緊張ト旺盛トヲ要求セラレテ居リマス秋ニ於テ、萬一ニモ食糧ノ確保ヲ缺キマスヤウナコトガアリマスナラバ、實ニ重大ナル結果ヲ齎スノデハナカラウカト存ズルノデアリマス、此ノ食糧ノ不足ヲ來スコトノナイヤウニ致シマス爲ニハ、政府ハ如何ナル方策ヲ講ズレバ宜シイノデアラウカ、先ヅ本案ノ趣旨ヲ具現シ、此ノ食糧不安ヲ一日モ速ニ一掃シテ、各自其ノ職分ニ恪循精勵シ、以テ時局ノ處理ニ邁進セネバナラナイト存ズル次第デアリマス、然ルニ近時國民ノ食糧、主食物タル米、雜穀ヲ初メト致シマシテ、或ハ副食物、或ハ榮養食物等、殊ニ國民ノ日常必需品スラ配給ノ不足ヲ告ゲマシテ、國民ニ不安動搖ヲ與ヘマシタコトハ、洵ニ遺憾ノ極ミト申サナケレバナラナイノデアリマス、政府ハ速ニ食糧充實ノ方途ヲ確立シテ、此ノ不安動搖ヲ一掃シ、東亞新秩序建設ノ强化ヲ圖ラネバナラヌノデハナイカト思フノデアリマス、我國ニ於ケル食糧資材ハ國民ニ不安ヲ與ヘル程ノ缺乏ヲ來ス筈ガナイト存ジテ居ッタ、軍需品ニハ色々ノ缺乏不足ヲ來スコトガゴザイマシテモ、國民ノ食糧ノ上ニハ日本ハ全ク天佑ヲ保有シテ居ルカノヤウニ考ヘテ居ッタノデアリマスガ、測ラズモ近時此ノ食糧ニ不安ヲ來シマシタコトハ、洵ニ意外千萬ナコトデゴザイマス、我國ニ於ケル昨年ノ米ノ收穫ヲ見マスルト、過去五箇年ノ平均六千餘万石ヲ超エルコト七百万石、內地ノミヲ以テ、而モ西日本ニ於ケル未曾有ノ旱害ガアッタニ拘ラズ、六千七百万石ノ收穫ヲ得タノデアル、然ルニ此ノ米ノ收穫ガアッタ其ノ直後ニ於テ、都會ノ消費者ガ一升買ヲシテ、明日ノ御飯ニ不安ヲ感ズルト云フヤウナコトハ、獨リ物資ノ缺乏ヲ來シタバカリデハナイ、要スルニ政治的缺陷ノアルコトヲ現ハシタモノデハナカラウカト思フノデアリマス(拍手)又生產的ニ見マスル時ハ農產、林產、水產等ニ於ケル勞力ノ不足、燃料ノ缺乏、必要資材ノ配給不能ト、色々原因ガ存在シテ居ルノデアリマスルガ、政府ハ是等ノ原因ヲ除却セネバナラナイノデアリマス、卽チ農產方面ニ於キマシテハ、先ヅ肥料ノ配給ノ時機ヲ誤ラザルヤウニセネバナリマセヌ、早場米デアルトカ、晚場米デアルトカ、何レモ其ノ時機ヲ失ヒマスルコトハ、苦心慘憺ノ上ニ配給セラレマス所ノ肥料ノ能率ヲ減退スルノデアリマス、又勞力ノ緩和、飼料、農具、電力、燃料等ノ供給ヲ十分ニセネバナラヌコトト存ジマス、殊ニ年々減退ヲ致シテ居リマス所ノ耕地ノ潰地――我國ハ過去十年間ノ成績ヲ見マシテモ、年々ノ耕作地ノ潰地ニ對シテ、之ヲ補ヒマスル所ノ面積ハ、其ノ十分ノ一ニ

モ當ツテ居ラナイ程デアリマスカラ、斯ノ如キ減退ヲ致シマスル所ノ潰地ノ補充、又未開墾地ノ擴大ガ必要デアリマス、更ニ耕作地ニ於キマシテハ耕作種別ノ轉換ガ行ハレテ居ル、卽チ無水「アルコール」用ニ供シマスル爲ニ、甘藷馬鈴藷等ガ漸次食糧耕作地ヲ侵シツツアルノデアリマス、固ヨリ燃料モ我ガ日本ニ於キマシテハ、最モ必要ナモノデアリマシテ、其ノ擴大固ヨリ已ムヲ得ザルモノデアリマスケレドモ、食糧確保ノ點ヨリ、政府ガ是等ノ點ニモ考慮ヲ拂フベキ必要ガアルノデハナカラウカト思フノデアリマス

次ニ水產ニ付テ其ノ增產ヲ圖ルハ、現下最モ重要ナル問題デアリマス、水產業ハ篠原君ノ申サレマシタガ如ク、外貨獲得ノ上ニ於キマシテ、重要ナル使命ヲ持ツテ居ル業デアリマス、然ルニ事變以來此ノ時局ノ影響ヲ蒙リマシテ、非常ナル打擊ヲ受ケテ居ルモノノ一ツト相成ツテ居ルノデゴザイマス、卽チ其ノ原因ハ第一ニ漁業資材ノ缺乏ト配給不能トニ因ツテ居ルノデアル、故ニ政府ハ此ノ漁業ニ直接關係アル所ノ重油、綿絲或ハ漁網「ロップ」、其ノ他直接必要ナル程度ノモノハ、速ニ之ヲ增配セネバナラヌト存ズルノデアリマス、卽チ是ガ水產業ニ對スル所ノ先決問題デアル、又政府ハ此ノ點ニ對シテ如何ナル用意ヲ持ツテ居ルカト觀察致シマスルト、洵ニ心細イ疑ヲ持タネバナラヌノデアル、殊ニ近年化學工業ノ發達或ハ河川ノ改修等、ソレ等ノ關係ニ依リマシテ土砂ノ流出若クハ淡水、海水ヲ汚濁スルト云フヤウナ關係カラ、沿岸漁業ガ年々萎靡不振ノ狀態ニ陷リツツアルノデアリマス、政府ハ是等ノ點ニ付テモ速ニ其ノ對策ヲ講ゼネバナラナイノデハナイカト存ズルノデアリマス（拍手）又遠洋及ビ支那沿岸ノ漁場開拓ニ政府ハ適當ノ施設ト助成トヲ講ズルノ必要ガアルト存ズルノデアリマス

最後ニ政府ハ事變以來有ユル方面ニ統制强化ヲ圖ツテ居ル、生產統制、物價統制、配給統制、固ヨリ吾々ハ今日ノ時代ニ於テ自由放任ヲ適當ト認メテハ居リマセヌ、ヤハリ相當ナル所ノ統制ハ已ムヲ得ザルコトト存ズルノデアリマスルケレドモ、中ニハ時局ニ便乘致シマシテ、ヤラズモガナト思フヤウナ統制ガ現ハレテ參ツテ居ル、而モ其ノ統制ハ調査不完全、準備不十分、唯新規ヲ好ムヤウナ統制ヲ行ヒマシテ、不慣レナル國民ニ非常ナル迷惑ヲ掛ケ、寧ロ國民ヲシテ困惑セシムルヤウナ狀態ニ陷レ、却テ能力ノ減退、不振ヲ招來シ、生產力ノ擴充ドコロカ却テ其ノ減退ヲ來スヤウナ虞ナシト致サヌノデアリマス、政府ハ食糧ノ確保ヲ致シマスルニ當ツテハ、此ノ點ニ特ニ深ク注意ヲセネバナラナイノデハナカラウカ、殊ニ農山漁村ニ於ケル所ノ國民ハ此ノ不慣レナル、此ノ複雜ナル機構竝ニ事務ノ處理ニハ非常ナ迷惑ヲ來シテ居ルノデアリマス、政府ハ此ノ點ニ深キ注意ヲ拂ヒ、成ベク機構ヲ簡易ニシ、事務ノ處理ヲ便宜ニシ、國民ヲシテ無駄ナ勞力、無駄ナ時間ノ空費ヲ爲サシメザルヤウニセネバ、勞力ノ緩和モ、又生產擴充モ到底成績ヲ擧ゲルコトハ出來ナイト存ズルノデアリマス、蓋シ本決議案ニ於ケル所ノ趣旨モ此處ニアルノデアリマスカラ、政府ニ於キマシテハ特ニ注意ヲナサレネバナラヌ、殊ニ又物價統制ニ甚キマスル所ノ配給關係ハ、何レニカ非常ナ缺陷ガアルト云フコトハ、昨年米ノ出廻ラナケレバナラヌ時期ニアノ不足ヲ告ゲタ一點ニ徵シ、又山元ニハ木炭ガ積重ネラレテアルニモ拘ラズ、都會人ハ此ノ寒サニ木炭ヲ得ルコトガ出來ナカツタト云フコトモ、一ツハ價格ノ適正ヲ得ナイカラデアル、所謂九・一八物價ト云フモノハ惡性「インフレ」ヲ防止スル爲ノ已ムヲ得ザル低物價政策ノ處置デハアリマセウケレドモ、是ガ爲ニ却テ物ノ出廻リハ惡クナル、物資ガ一方ニ偏在シテ配給ガ不圓滑トナリ、ヤハリ國民ハ生活上ドウシテモ求メナケレバナラナイ爲ニ、已ムヲ得ズ闇取引ガ橫行致シタノデアル、此ノ闇取引ハ公正價格ニ比較シ或ハ五割、或ハ二倍、甚シキハ三倍ノ價格ヲ以テ取引ヲセラレテ居ル、ソレダケ却テ惡性「インフレーション」ヲ誘致スル虞ガアルト存ズルノデアリマス、蓋シ生產增加、生產ノ增大ヲ圖リ、食糧ノ確保ヲ致シマスルニ、是等ノ點ハ最モ政府ノ注意シナケレバナラナイ點デアルト存ズルノデアリマス、卽チ本決議案ノ趣旨ヲ能ク御考下サレテ、其ノ趣旨ノ實現ノ爲ニ善處セラレンコトヲ希望シテ已マザル次第デアリマス

（拍手）

○議長（小山松壽君）　淺沼稻次郎君

（淺沼稻次郎君登壇）

○淺沼稻次郎君　私ハ只今議題トナリマシタ決議案食糧確保ニ關スル件ニ付テ、社會大衆黨ヲ代表シテ贊成ノ趣旨ヲ辯明致シタイト考ヘルモノデアリマス、既ニ提案者ヨリ詳細ナル說明ガアリ、又同僚議員ヨリ詳細ナル贊成演說ガアツタノデアリマシテ、私ハ極ク簡單ニ趣旨ノ辯明ヲシタイト思フノデアリマス

戰時下ニ於ケル食糧問題ガ如何ニ重要デアルカト云フコトハ今更申上ゲルノ要ハナイト思フノデアリマス、我國ハ由來米ヲ作ルコトヲ以テ誇リトシテ參ツタノデアリマス、又是アルガ故ニ食糧ニハ事缺カサナイト國民ハ安心シテ參ツタノデアリマス、然ルニ事變始マツテ三年、玆ニ食糧問題ニ關シテ其ノ確保ニ關スル決議案ガ論議サレナケレバナラヌト云フコトハ甚ダ遺憾ニ考ヘルノデアリマス（拍手）是レ明ニ政府ガ其ノ處置ヲ誤ツタ、卽チ事變始マツテ以來歷代ノ內閣ノ之ニ對スル處置ニ缺ケル所ガアツタト言フテモ斷ジテ過言デハナイノデアリマス、事變以來米ノ消費增加ハ正ニ千六百万石ニ及ビ、內外地ヲ通ジテ一年間一億万石以上ノ米ガ必要トナツテ參ツタノデアリマス、然ルニ肥料、農業資材、牛馬、勞力共ニ不足シテ參ツテ居リマス、更ニ土地價格、小作料ノ暴騰ハ事變始マツテ以來拍車ヲ掛ケテ居ルノデアリマシテ、是等ノコトハ農村ニ於キマスル所ノ生產力擴充ニ、大キナ阻碍ヲ來シテ居ルノデアリマス（拍手）更ニ加ヘマシテ今後更ニ增產ヲ妨害スル條件ハ一層多クナルモノト思ハレマス、政府ハ此ノ際思切ツテ戰時食糧政策ノ確立ニ努力スベキデアリマス、卽チ肥料、飼料、農業資材ヲ何モノヨリモ優先的配給ヲ確保シナケレバナリマセヌ、共同耕作、農業機械化ニ依ツテ勞力不足ヲ補フ爲一大努力ヲ拂フベキデアリマス、反當リ收穫ノ增加ノ爲ニハ過去ノ品質本位ノ品種ヲ排シマシテ、多收穫品種ヲ奬勵シテ、穀物檢査ノ程度ヲ緩和スベキデアルト考ヘルノデアリマス、又休閑地、荒廢地ヲ極度ニ利用スルコトモ忘レテハナリマセヌ、更ニ麥、甘藷、馬鈴

藷ノ如キ代用食ノ増産ニモ努力スベキデアリマス、更ニ臺灣ニ於ケル米作ニ付テハ、此ノ増産ヲ圖ラナケレバナラヌト思ヒマス、又滿洲ノ水田許可制ヲ廢シマシテ、水田ヲ増加セシムルヤウ努力シ、支那ノ占領地域ニ於テモ農業指導ニ依ツテ食糧作物ノ増産ヲシナケレバナラヌト思フノデアリマス、卽チ日滿支ヲ貫ク食糧計畫ノ樹立コソ緊急ナルコトト考フル次第デアリマス(拍手)更ニ政府ハ一歩ヲ進メマシテ、土地ノ公益性ヲ正シク發揮セシムル爲ニ、農地制度ノ改革ヲ根本的ニ爲ス必要ガアルト思フノデアリマス、卽チ農地利用ノ國家統制ヲ内容トスル土地國家管理ヲ斷行シ、小作統制令ノ運用ヲ全カラシメテ小作料ノ適正化ヲ圖リ、斯ル農産生産上ノ基本的政策ヲ速ニ實施シ、生産者タル農民ノ地位ノ安定ヲ圖ツテ、計畫的増産ノ基礎ヲ確立スルコトガ最モ急務ナリト信ズル者デアリマス(拍手)

次ニ配給ノ問題ト致シマシテハ、米ノ國家管理乃至非收益主義ニ基ク公益ノ見地ヨリ致シマシテ、米穀ノ專賣制ヲ實施スベキデアルト思ヒマス、今日大都市ニ於テハ國家統制ハ非常ニ强化サレテ居リマシテ、謂ハバ國家管理ノ一歩手前ト云フ所マデ行ツテ居ルノデアリマス、併シナガラ政府ハ更ニ此ノ中途半端ナ統制ヲ止メテ、思切ツテ專賣制ヲ布クト云フ所マデ一歩ヲ進メテ戴キタイト考フルノデアリマス(拍手)又大都市ニ於キマスル所ノ生鮮食料品ニ付テハ完全ニ統制ガ行ハレテ居リマセヌ、是等生鮮食料品ハ自由主義經濟ノ需要供給ノ原則ニ基ク中央市場ヲ通ジマシテ集荷配給ガ行ハレテ居ルノデアリマス、其ノ缺陷ハ既ニ現ハレテ居リマスルガ、之ニ對シテ何等改革ガ行ハレテ居リマセヌ、私ハ是等ノ問題ニ付テ徹底的改革ヲ政府ニ要望スル者デアリマス、又政府ハ米穀ノ國家管理乃至特定ノ地域ニ於ケル食糧切符制度ノ實施ニ關シテ準備セラルルト共ニ、生鮮食糧品ニ付テモ其ノ統制ヲ一層强化確立シテ、配給ニ於ケル不安一掃ニ萬全ヲ期セラレタイト思フノデアリマス(拍手)

更ニ一言申上ゲタイト思ヒマスコトハ、食糧ノ解決ト云ヒ、國民生活ノ確保安定ト云ツテモ其ノ根本ハ政府ガ政治ニ對スル信賴ヲ取戻スコトデナケレバナラヌト思フノデアリマス(拍手)卽チ昨年米ノ問題ガ起キマシタ、農民ハ地方廳ノ斡旋ニ依ツテ米ヲ賣レト言フカラ米ヲ出シタノデアリマス、數日ナラズシテ米ハ五圓ノ値上リガ行ハレマシタ、國策ニ協力シ、正直ニ縣廳ノ役人ノ言フコトヲ信ジタ農民ハ五圓ノ損ヲシ、思惑ヲシ、或ハ買溜ヲシタ業者ハ金ヲ儲ケルト言ツタヤウナコトデアツテハ、斷ジテ農民ハ此ノ政治ニ信賴ヲ持ツ譯ニハ參リマセヌ(拍手)更ニ都會ノ生活ニ付テ考ヘテ見マシテモ、闇相場、闇取引ガ横行シテ居リマス、闇取引ヲヤレバ物資ガ得ラレ、國策ニ背ケバ物資ガ確保サレル、國策ニ副ウテ公定相場デ物ヲ得ント欲シマスルナラバ物ガ得ラレナイ、ソレガ爲ニ生活ノ困窮ヲ來スト云フコトニナツテ參リマスルナラバ、是亦政治ニ對スル信賴ヲ持ツ譯ニハ參リマセヌ、ソコデ私ハ政府ガ眞實ニ國民全體ガ政治ニ信賴ヲ持ツテ、國民ト政府ノ間ニ一分ノ隙ナクシテ眞ニ擧國一致ノ體制ガ强化サレテ來ルコトガ、總テノ前提條件デナケレバナラヌト思フノデアリマス、卽チ此ノ席上ニ於テ吾々ノ同僚河上丈太郎氏ガ申上ゲマシタ通リ、國民ハ物ノ少キヲ憂フルニアラズ、等シカラザルヲ憂ヘテ居ルノデアリマス、又今日ハ困ツテモ明日ノ生活ニ對シテ希望ヲ與ヘルコトガ必要デアルト言ハレマシタ、私モ左樣ニ考ヘルノデアリマス、又豫算討論ノ際ニ、吾々ノ同僚三輪壽壯君カラ申上ゲマシタ通リ、軍備ヲ軍備トシテ孤立セシメズ、産業ヲ産業トシテ孤立セシメズ、國民生活ヲ國民生活トシテ孤立セシメズ、是ガ綜合統一セラレテ擧國一致ノ體制ヲ强化スルコトガ最モ必要ナリト私ハ考ヘルノデアリマス、斯ウ云フ意味合ニ於キマシテ政府ハ失ハレタル政治ノ依賴ヲ取戻スヤウニ最善ノ努力ヲ願ヒタイト思ヒマス

最後ニ更ニ一言附加ヘタイノハ衆議院ノ決議ニ付テデアリマス、吾々ガ決議ヲ可決シ希望ヲ致シマシタ際ニハ、政府ハソレヲ能ク受入レルノデアリマス、本決議案ガ院議デ決定スル以上、當然是ハ政府ノ採用スル所トナラウト思フノデアリマス、併シナガラ往々ニシテ政府ハ衆議院ノ決議、或ハ委員會、或ハ本會議ノ席上ニ現ハレタ言論ニ對シテ其ノ時ハ贊成スルガ如キ態度ヲ執リマスルケレドモ、結果ニ於テハサウデナイヤウナ結果ヲ招來スルコトガアリマス、ソコガ官僚獨善ノ聲ヲ聞キ、ソコガ政府ト國民ヲ離間セシメル所ノ大ナル原因トナルト云フ所ニ心致サネバナリマセヌ(拍手)ドウカ斯ル意味合ニ於キマシテ私ハ本案ニ贊成ヲ致スノデアリマスルカラ、政府ニ於キマシテモ大イニ考慮サレテ、戰時下食糧ノ確保ニ萬全ヲ期セラレンコトヲ希望スル次第デアリマス(拍手)

○議長(小山松壽君)　椎尾辨匡君

〔椎尾辨匡君登壇〕

○椎尾辨匡君　私ハ本決議案ニ對シマシテ共同提案ノ立場カラ時局同志會トシテ贊成ノ意ヲ表スル者デアリマス、既ニ提案者竝ニ同僚各位カラ本案ノ趣意ニ付キマシテハ十分ニ論ゼラレテ居リマスルカラ、唯一言遠ヒマシク方面カラ、卽チ精神的ニ、根本的ニ取扱ハレタイ點ヲ附加ヘマシテ、其ノ意ヲ明ニシタイト思フノデアリマス

政府ガ此ノ時局ニ對シマシテ夙ニ百方焦慮サレテ居ルコトハ能ク分ツテ居リマスルシ、又現内閣ガ阿部内閣ノ崩壞ノ原因ニ鑑ミマシテ、食糧問題ニ焦慮サレテ居ルト云フコトモ認メラレルノデアリ、殊ニ農林大臣ガ頻リニ此ノ問題ニ色々ノ計畫ヲ進メラレテ居ルト云フコトハ分ツテ居ルノデアリマスケレドモ、併シナガラ只今モ出マシタヤウニ、國民ハ十分ノ安心ト信賴ヲ持ツコトガ出來ナイノデアリマス、ソレハ何故デアルカ、政府ノ案ハ企畫院其ノ他ニ於キマシテ、計算的ニ立テラレマシタ、一應ノ案ダケデアツテ、本當ニ複雜ナル世相ノ表モアリ裏モアリ、ルノ豫定通リ行キマセヌ場合ニドウ云フ風ニスデアルカト云フコトヲハツキリトセラレナイ爲ニ、又サウ云フコトヲ明白ニスレバ逆效果ヲ生ジテ不安ヲ生ズルト云フ考ノ爲ニ、唯一應ノ方策ヲ與ヘラレマス爲ニ、國民ハサウナラナイ場合ニハドウナルノダト云フコトデ、非常ナ不安ヲ感ズルノデアリマス、就キマシテハ今日尨大ナル生産計畫ガ立ツテ居ルノデアリマスケレドモ、前途ヲ考ヘマスレバ、昨年以上ノ水害、旱害、各種ノ災害ガ來ルカト云フコトモ考ヘナケレバナラズ、又來月以後ノ天候ニ依リマシテハ、ソレヲ豫測スルコトモ出來ルノデアリマスルガ、サウ云フ場合ニ對シテ

モ、亦政府ノ計畫スルガ如ク、端境ノ四百七十万石ガソレダケ出廻ラズ、更ニ增石ヲスル計畫ガ計畫通リ行カナイ場合ニハ、ドウ云フ風ニスルノデアルカト云フコトニ付テ、第一ニ國民ガ精神的ニ安全ナル確信ヲ持チ得マスルヤウナ方法ヲ、ハツキリセラルルコトガ必要ダト思ヒマス、卽チ我國ニ於キマシテハ、言フマデモナク神代以來ノ關係カラ、此ノ農業ノ難カシイ國ニ、農業ガ發達致シマシテ、米ヲ主食ト致シマスケレドモ、米ガドウシテモナイ場合ニハ、ドウスルノダト云フコトヲ、ハツキリト國民ニ教ヘル必要ガアルノデアリマス、米ガナクテモ、空氣ヲ食ツテモ、水ヲ飮ンデモ、松葉ヲ食ベテモ、大陸民族ガヤツテ居リマスヤウナ、木ノ根、綠葉ヲ食ベテモ、十分ニ食糧ハアルノダ、更ニ我國ニハ豐富ナル水產ヲ以テモ、雜穀ヲ以テモ、米ヲ補フ途ハ十分ニアル、五通リモ六通リモ食糧ガアルノデアツテ、食糧ハ絕對性ニ於テハ缺乏シナイノダ、唯習慣ニ從ツテ米ヲ食ベナケレバ、食ベタヤウナ氣ガシナイト云フ所ニ、多クノ不足ヲ感ズルノデアルガ、非常ノ場合ニ於テハ、米ナキ場合ニハ斯ク〳〵スルノダ、本年ハ物資缺乏デ、米ガ全然ナイ時ガ來ルカモ知レナイト云フ所マデ、農林大臣ノ方デ、其ノ方面ニ向ツテモ十分ナ國民ノ指導ヲシ、思想ノ安定ヲ圖ルト云フコトマデ徹底シテ置カレマセヌケレバ、若シ豫定ト違フ一難ガ來リマシタ場合ニハ、忽チ官民共ニ動搖不安ニ陷ルト云フコトガ起ルノデアリマスカラ、其ノ點ニ十分ナル考ヲセラレル必要ガアリマス、ソレガ爲ニハ農林大臣一人ガ此處ニテ心配ヲシテ居ルト云フヤウナコトデナク、常ニ內閣ガ一致シテ此ノ問題ヲヤルト言ヒマスケレドモ(拍手)實際ニナリマスト、他ノ閣員ハ知ラザルガ如キ眞似ヲシテ、獨リ農林大臣ヲシテ心配サセテ居レバ濟ムヤウナ風ヲシテ居リマスルガ、若シ食糧問題ガ全ク解決スルコトガ出來ズシテ、不安ヲ來シマシタナラバ、ソレハ此ノ前ノ歐洲大戰ニ於ケル獨逸ヤ露西亞ノ如キ、幾多ノ困難ヲ生ズルコトハ當然デアリマスカラ、閣員ガモツト眞劍ニ考ヘテ、協力シテヤルト云フコトデナケレバナラヌノダト思フノデアリマス、之ヲ協力シテヤリマスニハ、眞先ニ精神總動員カラ來マスル國民全體ノ協力ハ何處ニ行クノデアルカ、食糧ガナイ場合ニハドウスレバ宜イノダ、米ノ代リニハ何ヲ使ヘバ宜イノダ、ドウ云フヤウニスレバ宜イカト云フコトニ付テ、本年ノ非常ナ惡イ場合ヲモ豫想シテ、之ヲ以テ全國ノ敎員ヲ總動員シテ、總テノ學童ニマデ其ノ趣旨ガ徹底スルヤウニ致シマシテ、是等ノ精神的安定ノ根柢ヲ與ヘテ置クト云フコトガ、確ニ一ツノ途デアルト思フノデアリマス(拍手)同時ニサウ云フ消極的ノ安定ヲ與ヘク上ニ、積極的ノ增產計畫ト致シマシテハ、只今マデ論ゼラレマシタコトハ何レモ必要デアルコトハ申スマデモアリマセヌガ、更ニソレ等ノ學童靑年ニ於キマシテモ、或ハ都市ノ生活ヲシテ居ル者ニ於キマシテモ、荒地ヤ閑地ニ作物ヲ作リマスコトハ勿論、更ニ半坪一坪ノ所ニ於キマシテモ、鷄一羽ヲ飼フナリ、或ハ僅カナ野菜ヲ作ルナリ、總テ作付ニ付キマシテハ、絕對的ニ大奬勵ヲスルト云フ方法ヲ敎育ヲ通ジ、精神總動員ヲ通ジ、總テノ方法ヲ以テ考慮セラレマシタナラバ、其ノ量ハ少イヤウデアリマシテモ、英國ガ此ノ前ノ大戰ニ於テ、其ノ食糧缺乏ヲ初メカラ苦慮シテ行ツタコトガ、二年三年ニハ相當ノ效果ヲ擧ゲマシタヤウニ、我國今日ニシテ之ヲ爲スコトハ、遲レタリト雖モ決シテ遲イノデハナク、之ヲ回復スルコトハ出來ルノデアリマシテ、十分增產ヲスルコトガ出來ルノデアリマス、假令又其ノ增產額ハ、本年來年ニ於キマシテハ僅少デアリマシテモ、我ガ農本的ノ國家、農耕建ノ敎育ヲスル、國家ノ根本ヲ其ノ方面ニ立直スト云フ點ニ於キマシテハ、此ノ機會程結構ナ機會ハナイノデアリマス、假令困難デモ、缺乏デモ、ソレハ却テ國ガ本當ニ引締リ、眞實ニ立直ル根本デアルト云フ考ヲ持ツテ、其ノ弱點ヲ暴露スル位ノコトハ、遠慮ナシニ堂々トヤラレマシテ、國民ニ此ノ食糧不足ヲ如何ニスルカ、此ノ生產ノ不足ヲ如何ニスルカト云フコトヲ明ニシテ、之ヲ忍ビ、之ヲ乘越エテコソ、本當ニ敵前ノ將兵ガ困苦缺乏ニ堪ヘタト同ジコトニナル、肥料少ク勞力少キ中ニ於テ、增產ヲセネバナラヌト云フコトガ、農村ガ現ニ致ス所ノ敵前將兵ト同ジ奉仕デアル、同ジヤウニ都市ノ住民ト雖モ、其ノ農村ノ生產ヲ尊重シテ、僅カナル物資ヲモ輕ンゼズ、生產增加ニ協力スルト云フコトヲ以テ、初メテ擧國一致ノ實ヲ擧ゲルノデアル、サウ云フ精神的、積極的方面ニ亙リマシテ、全閣員ガ一致シテ、身ヲ以テ先ダツテ全國民ヲ指導スルト云フ態度ヲ執ラレマシタナラバ、此ノ困難ナ點ガ却テ本當ニ擧國一致ノ體制ヲ成スコトニナリ、本當ニ缺乏ヲ轉ジテ充足ヲ來ス所以ニナルト存ジマス、ソレト同時ニ今一ツ農林大臣ニ希望シマスコトハ、先程來モ樓々出テ居ルコトデアリマスケレドモ、大臣ハ此ノ困難ナ場合ニ國民ニ缺乏ヲ忍ビ、協力ヲ求メ、增產ヲ勸マスト同時ニ、率先閣內ニ諜リ、農地制度ノ根本的革新、又日本ノ農本國家デアルト云フコトノ建前ヲ徹底サセ、將來一層農村ノ安定發達ニ努力セラレル方策ヲ明ニセラレルコトガ、此ノ時局困難ニ際シテ、再三農林大臣ニナラレタ島田大臣ノ責任デアルコトヲ自覺サレテ、ソレヲ言明セラレルコトガ必要デアルト存ズルノデアリマス、之ヲ以テ贊成ノ意ヲ表スル次第デアリマス(拍手)

○議長(小山松壽君) 安藤孝三君

(安藤孝三君登壇)

○安藤孝三君 私ハ第一議員俱樂部ヲ代表致シマシテ、本案ニ贊成致ス者デアリマス、戰時下食糧生產確保ノ絕對的必要性竝ニ是ガ對策ニ付キマシテハ、各派代表ニ依ツテ論ジ盡サレマシタカラ、玆ニ多言ヲ要シナイト存ジマスガ、特ニ重要ナル點ニ關シ一言附言シテ置キタイト存ジマス

本決議案ノ文案ハ、配給機構ノ整備ト云フコトニナツテ居リマスガ、其ノ整備トハ、一元的强權統制ヲ意味スルモノデナクテハナラナイト思フノデアリマス、然ルニ今日マデノ政府當局ノ答辯ヲ綜合シテ見マスト、配給ノ一元的强權統制ノ確立ノ意ノナイコトヲ察知シ得ルノデアリマス、島田農林大臣ハ、米ノ應急措置ニ關スル法律案、日本肥料株式會社法案等ノ委員會ニ於テモ、ハツキリト米、肥料、飼料其ノ他ノ農林、水產物及ビ其ノ生產資材ノ配給ニ付テハ、二元的統制ヲスル旨發明サレテ居ルノデアリマス、何故ニ配給機構ノ一元的强權性ノ統制斷行ヲナサラナイノデアリマスカ、產業組合ト中小商工業者ノ摩擦對立ヲ憂慮シテ

躊躇逡巡サレテ居ルノデアリマスカ、二元的配給機構ノ竝立コソ、摩擦ヲ激化シテ配給ヲ混亂セシムルモノデアリマス、一見對立抗爭スルヤウニ感ジラレル產業組合ト中小商工業者ノ利害ヲ、立體的ニ綜合歸一ナラシムルノハ、配給機構ノ一元的强權統制ニ依ツテノミ解決シ得ルノデアリマス、配給部門ノミニ自由主義的色彩ヲ多分ニ存置シテ、部分的、局部的統制ヲ爲スガ如キハ、所謂統制ノ爲ノ統制デアリマシテ、統制ノ破綻ハ、此ノ綜合性、計畫性ナキ跛行統制ヨリ起ルモノデアリマシテ、斯クテハ國民ハ統制ノ逆效果ノミニ惱マサレマシテ、生產ハ日々萎縮セント致シテ居リマス、實ニ今日ノ統制ハ無統制ナル統制デアツテ、生產縮小ノ統制デアリ、又實ニ戰時下食糧確保ノ至難ヲ誘引スル無謀統制デアリマス、我國ハ豐葦原瑞穗ノ國ト申シマシテ、米ノ國デアリマス、ヨク世間デハオ天道樣ト米ノ飯トハ附イテ廻ルト申シマス、然ルニ紀元二千六百年ノ今日ニ至ツテ、米ガ無イカラ節米ヲシロ、代用食ヲシロナント云フコトヲ政府ハ言ツテ居リマスガ、地方ニ行ツテ御覽ナサイ、我國ハ流石ニ瑞穗ノ國デアリマス、斷ジテ米ハ不足致シテ居リマセヌ、一體政府ノ役人ハ机ノ上デ色々ト調査ヲサレタリ、計畫ヲサレタリシマスト、我國ノ物資ハ不思議ニ不足シタリ、窮屈ニナリマス、皮肉ニモ政府ガ不足ヲ愬ヘルモノハ、殆ド賣惜買溜ト云フコトニナツテ、一方的ニ偏在シテ居リマス、是ハナゼデアリマセウ、政府當局ハ此ノ不思議ナ現象ニ付テハ既ニ能ク御存ジノコトト思ヒマスガ、是ハ政府ニ威信ガナク、又當局ノ處置ガ成ツテ居ナイカラデアリマス、斯ル壇上デ申上ゲルノハ如何カト思ヒマスルガ、閣僚諸公ハ或ハ御存ジナイト思ヒマスノデ、昨今市井ニ流行致シテ居リマス今樣ノ「ナイ〳〵ヅクシ」ト云フノヲ一寸御紹介申上ゲマス、「米ナイ、炭ナイ、醬油ナイ、砂糖ナイ、味噌ナイ、燐寸ナイ、肥料ガナイカラオ米ガ作ラレナイ、本當ニヨーナイ內閣ダ」ト云フノデアリマス（笑聲）是ガ國民ノ聲デハナイカト思フノデアリマス、此ノヤウナコトデハ仕方ガアリマセヌ、ハツキリトシタ食糧政策ヲ立テナイカラ斯ウ云フコトニナツテ來タノデアリマス、コンナ調子デ推シ進ミマスト、來ル四月頃ノ肥料ノ最盛需要期、五月頃ノ米ノ中間端境期ニハ、政府當局ノ豫見シ得ナイヤウナ大混亂ヲ誘發スルヤモ測ラレナイノデアリマス、闇ノミガ取引ノ中心デ、闇デナケレバ取引ガ出來ナイヤウナ時ガ來ヨウトシテ居ル現時ニ至ツテモ、政府當局ハ尙ホ配給機構ノ一元的强權統制ヲ實行スル意思ガナイノデアリマセウカ、若シナシトスレバ、政府ノ斯ル態度コソ闇ヲ橫行セシメ、資材ノ愈々偏在ナラシメ、物ノ不足ヲ倍加セシメルコトトナルノデアリマス（拍手）政府ハ唯生產部門ニ關スル官僚統制ト、消費部門ニ關スル精神的說敎ヲ逞シクシタダケデ、統制經濟ヲ行ヘルト思ツテ居ルヤウデスガ、流通經濟ノ統制ヲ行ハズシテ、統制經濟ハナイノデアリマス、流通經濟ノ統制カラ出發シテ、生產ト消費部門ノ統制モ出來ルノデアリマス、其ノ日暮シノ統制ガ今日ノ官僚統制經濟ノ特徵デアリマス、ダカラ生產ノ擴充ヲ闇取引ノ絕滅モ出來得ナイノデアリマス、政府ハ此ノ憂慮スベキ現狀ト、政治性ノナイ官僚ノ事務統制ノ害惡トヲ正シク認識シテ、宜シク農林水產物及ビ其ノ生產資材ノ配給機構ノ一元的强權統制ヲ卽時斷行シテ、戰時下食糧生產確保ニ萬遺憾ナキヲ期セラレンコトヲ要望シテ、本案ニ贊成スル者デアリマス

（發言スル者アリ）

○**議長**（**小山松壽君**） 安藤君ノ御演說中ニ、御取消ニナツタラ如何カト思フ字句ガアリマスガ、如何デスカ

○**安藤孝三君** 議長ニ一任シマス

○**議長**（**小山松壽君**） 議長ニ於テ適當ニ取計フニ御異議アリマセヌカ

（「異議ナシ」ト呼フ者アリ）

○**議長**（**小山松壽君**） 御異議ナシト認メマス——是ニテ討論ハ終局致シマシタ、採決致シマス、本案ハ原案ノ通リ決スルニ御異議ゴザイマセヌカ

（「異議ナシ」ト呼フ者アリ）

○**議長**（**小山松壽君**） 御異議ナシト認メマス、仍テ本案ハ可決セラレマシタ、此ノ際農林大臣ヨリ發言ヲ求メラレテ居リマス——島田農林大臣

（國務大臣島田俊雄君登壇）

○**國務大臣**（**島田俊雄君**） 只今御決議ニ相成リマシタ戰時食糧問題ノ根本解決ニ關スル各項目ニ對シマシテハ、政府ニ於テ十分之ヲ尊重シ、御趣意ニ副フベク善處致シタイト存ジマス（拍手）

○**服部崎市君** 殘餘ノ日程ヲ延期シ、明後二十二日定刻ヨリ本會議ヲ開クコトトシ、本日ハ是ニテ散會セラレンコトヲ望ミマス

○**議長**（**小山松壽君**） 服部君ノ動議ニ御異議アリマセヌカ

（「異議ナシ」ト呼フ者アリ）

○**議長**（**小山松壽君**） 御異議ナシト認メマス、仍テ動議ノ如ク決シマシタ、次會ノ議事日程ハ公報ヲ以テ通知致シマス、本日ハ是ニテ散會致シマス

午後七時七分散會

昭和十五年三月二十四日

昭和十三年度歲入歲出總決算外一件

拓務省所管朝鮮總督府

歲入經常部

第一款　租　稅

第一項　所得稅

（二一）　大邱稅務署ニ於テ徵收不足ニ屬スルモノ（會計檢査院報告ノ一）

三、三〇二・〇〇〇円

（二二）　京城稅務署ニ於テ徵收不足ニ屬スルモノ（會計檢査院報告同上）

三、一六三・一六〇

（二三）　釜山稅務署ニ於テ徵收過ニ屬スルモノ（會計檢査院報告同上）

一、七八七・六〇〇

右ハ孰モ取扱ノ過誤ニ因リ徵收上過不足ヲ生セシメタルモノニシテ不當ナリトス

第三款　官業及官有財產收入

第二項　鐵道及自動車收入

（二四）　朝鮮總督府鐵道局ノ徵收ニ係ルモノ（會計檢査院報告ノ二）

四五、五七一・九二〇円

右ハ朝鮮運送株式會社ニ經營ヲ委任セル營業倉庫延年面積二萬三千八百八十四平米餘ノ使用料金ナリ本件營業倉庫ハ鐵道局ニ於テ直營シ來レルモノナルモ昭和五年九月之カ經營ヲ同會社ニ委任セルモノニ係リ右使用料金ハ當初月平米當拾錢六厘ナリシ所從來會社ノ負擔セル倉庫修繕費ヲ九年四月ヨリ鐵道局ニ於テ負擔スルコトトシ之カ經費月平米當五錢參厘ヲ加算シ拾五錢九厘ト改定シ爾後料金ヲ據置キ現在ニ至リタルモノナルモ其ノ間經濟界ハ著シク好轉シ各年度貨物取扱數量ハ漸增シ其ノ營業狀況ハ收支差益六年度壹萬貳千七百餘圓ナリシニ漸增シ十三年度ハ五萬四千貳百餘圓ニ上リ收入ニ對シ二割乃至四割二分ノ利益ヲ擧ケ居レルノ實情ナルニ徵シ本件ハ營業倉庫使用料金ノ決定ニ當リ措置其ノ宜シキヲ得ス國庫ニ不利ヲ及ホシタルモノニシテ不當ナリトス

第四款　雜收入

第三項　懲罰及沒收金

（二五）　平壤覆審法院ニ於テ歲入ニ編入スヘキモノ（會計檢査院報告ノ三）

二、四二四・〇〇〇円

右ハ朝鮮總督府裁判所書記山田某カ平壤地方法院鎭南浦支廳檢事分局ニ勤務中文某外百三十餘名ヨリ納付ノ爲交付ヲ受ケタル罰金及科料等前揭金額ヲ橫領消費シタルモノナリ本件ハ監督其ノ宜シキヲ得サリシニ因ルモノニシテ不當ナリトス

昭和十五年三月二十六日

國民體力管理法案

國民體力管理法案（政府提出、貴族院送付）　第一讀會ノ續（委員長報告）

報告書

一國民體力管理法案（政府提出、貴族院送付）

右ハ本院ニ於テ可決スヘキモノト議決致候此段及報告候也

昭和十五年三月二十五日

委員長　八木　逸郎

衆議院議長小山松壽殿

附帶決議

一　我カ國民ノ壽命ハ文明諸國ニ比シ遜ニ劣レリ其ノ最大原因ハ胎兒及幼乳兒ノ死亡ト結核ノ豫防施設ノ不完全ニ歸ス政府ハ專ラ此ノ點ニ留意シ積極的ニ其ノ施設ヲ完備シ併セテ國民ノ自覺ヲ促スヘシ

二　山上ト海濱ノ療養所ハ結核ノ豫防ト治療ニ闕クヘカラス政府ハ宜シク國家公共團體又ハ個人ニ對シ其ノ增設ニ努力スヘシ

三　花柳病ノ原因及治療共ニ判明セルニ國民ノ自覺乏シキト國家ノ施設不安全ノ爲蔓延セリ政府ハ宜シク此ノ點ニ留意シ其ノ豫防撲滅ニ邁進スヘシ

四　事變下ニ特ニ醫藥（藥品ヲ含ム）及醫療材料ヲ確保スルト共ニ健康保險等ニ於ケル治療內容ノ低下セサルヤウ特ニ注意スヘシ

五　本法施行ニ當リ現行保健法規ヲ勵行シ本法制定ノ目的達成ニ努力スヘシ

○村松久義君　只今上程ノ國民體力管理法案ニ對スル委員會ノ經過並ニ結果ニ付委員長ニ代ツテ御報告ヲ申上ゲマス

（村松久義君登壇）

本委員會ハ開會致シマスルコト四回、委員政府間ニ極メテ眞摯ナル質疑應答ガ交ハサレタノデアリマス、其ノ概要ニ付申上ゲマスレバ、第一、國民體力ノ現狀ハ憂慮スベキ狀態ニアリトノ說明ガアツタガ、其ノ低下ノ原因ニ關スル政府ノ所信如何、第二ハ國民體力低下ノ原因ノ一ツハ、殷賑産業等ニ因リ靑少年ガ不健全ナル享樂ニ趨ル結果モアルト思フガ、ソレニ對スル所信ハ如何、第三ハ、陸海軍ノ學生生徒ヲ本法ノ對象ヨリ除外シタル理由如何、第四ハ、本法ノ適用ノ順序ニ付第一年度ニ於テ十七、十八、十九歳ノ男子ニ適用スルコトトシタル理由如何、國民體力向上ノ見地ヨリ、先ヅ乳幼兒又ハ小學校兒童若クハ小學校卒業直後ノ者ヨリ始ムベキデハナイカ、男子ヨリモ寧ロ女子ヲ先ニスベキデハナイカ等ノ質問ガアリマシタ、第五ニ、體力檢査ノ方法如何、第六ニ、體力手帳ノ記載事項如何、又如何ナル場合ニ提示ノ義務ガアルカ、第七ニ、本法施行ニ關シ祕密嚴守ノ方法ヲドウスルカ、第八ハ、國民體力管理醫ノ選任、配置ノ方法如何、又報酬等ハドウスルノデアルカ、第九ニ、本法實施ノ際ハ市町村及ビ市町村長等ノ事務ヲ增加セラルルト思フガ、之ニ對スル費用ハドウスルノデアルカ、第十ハ體力ノ國家管理ハ厚生省ニ於テ一元的ニ實施スベキデハナイカ、第十一ハ、體力ノ調査ヨリモ結核其ノ他重要疾病ニ對スル施設ノ方ガ先決問題デハナイカ、第十二、厚生行政ト敎育行政トハ極メテ密接ナ關係ガアルノデアルカラ、敎育審議會等ニハ厚生當局モ參加スベキデハナイカ、第十三、勞働者ノ厚生運動ニ對スル政府ノ所見如何、第十四、學生生徒ハ勿論、更ニ二十五歳マデノ者ニ對シ禁酒禁煙ヲ勵行スルノ意思ガナイカドウカ、第十五、本法ハ將來朝鮮、臺灣等ノ外地ニモ適用セラルルカ、若シ適用スルモノトスレバ、衞生保健設備等ノ完備ヲ急務ト考ヘルガ、政府ハ醫師、齒科醫師、産婆等ヲ充實スルノ對策アリヤト云フ御質問ガアツタノデアリマス

之ニ對シマスル政府ノ答辯ハ、第一、體力低下ノ原因ハ色々アルト考ヘラレマスルガ、本法ハ是ガ的確ナル調査闡明ヲ目的トスルモノデアリ、更ニ從來體力ノ問題ハ各人ノ自由ニ放任セラレテ居ツタノデアルガ、今回ハ政府ガ之ニ協力ヲスル、サウシテ國民體力ノ向上ヲ圖ランガ爲ニ、此ノ法案ヲ立案シタノデアルト云フ答辯ガアツタノデアリマス、第二ニハ、殷賑産業ニ因ツテ靑少年ガ不健全ナル享樂ニ趨ル傾向ガアルコトハ、其ノ體力低下ノ原因ノ一ツデアルト考ヘルガ、之ニ對シテハ根本的ニハ時局認識ノ昂揚、銃後生活ノ刷新ヲ圖リ、同時ニ風紀ノ振肅或ハ未成年者ノ禁酒禁煙等ノ勵行ニ關シ、警察當局ト十分ニ連絡ヲ執ツテ實效ヲ擧ゲタイトノ答辯ガアリマシタ、第三ニ、陸海軍ノ學生生徒ハ國家ニ於テ十分ナ管理ヲ實施致シテ居リ、尙ホ其ノ體力ニ關シテハ機密ヲ要スル事項モアルノデ、之ヲ本法ノ對象ヨリ除外致シタノデアルトノ答辯ガアリマシタ、第四ニ、乳幼兒ハ既ニ本年度ヨリ是ガ檢診、指導ヲ實施シテ居ルノデアルガ、是ハ强制的ニセズ、先ヅ指導的ニ實施ヲシ、然ル後可及的速ニ本法ヲ適用スル考デアル、尙ホ小學校ノ兒童、小學校卒業直後ノ者、又ハ女子ニ關シテモ可及的速ニ本法ヲ適用スル考デアルトノ答辯ガアリマシタ、第五ニ體力檢査ノ方法ハ一齊檢査ノ外、結核、花柳病等重要ナル疾病ニ關シテハ、更ニ出來得ル限リ精密ナル檢査ヲ行ヒ、其ノ確實ヲ期スルト共ニ、指導ノ適正ヲ期スル考デアルトノコトデアリマシタ、第六及ビ第七ニ關シマシテハ、各人ノ祕密ノ嚴守ハ本法實施上ノ重要ナ問題デアルカラ、其ノ確保ニ付テ本法ノ罰則運用ニ依リマスル外ニ、體力手帳ノ記載ノ方法、檢査票ノ保管、取扱、其ノ他本法運用ニ關シ勅令、省令等ノ制定ニ際シテ、更ニ十分ナル考慮ヲ拂フ旨ノ答辯ガアリマシタ、第八ニハ、國民體力管理醫ノ選任ニ關シマシテハ、地方長官ニ於テ當該府縣ノ醫師會ナドト十分ナル連絡ヲ執ル外ニ、各地方ノ實情ニ應ジ適當ナル者ヲ選任配置ヲシテ、其ノ報酬ニ關シテモ豫算ノ範圍內ニ於テ出來ル限リ之ヲ給與スル豫定デアル、尙ホ管理醫ハ主トシテ開業醫デアリマスカラ、其ノ業務ニ關シテモ十分ノ考慮ヲ拂フ旨ノ答辯ガアツタノデアリマス、第九ニ、市町村及ビ市町村長ノ事務ノ增加ハ、體力檢査及ビ其ノ結果ノ集計等ガ主ナルモノデアルガ、之ニ對シテハ相當ノ補助員雇傭ノ豫算ヲ既ニ計上致シテ居ルトノコトデアリマシタ、第十ニ對シテハ質問ト同樣ノ趣旨ニ基イテ、之ヲ立案致シタモノデアリマスガ、尙ホ實施ニ付テハ出來ル限リ一元的ニ之ヲ爲ス、斯ウ云フ

答辯ガアツタノデアリマス、第十一ニ關シマシテ國民體力ノ調査ハ、結核其ノ他重要疾病ノ施設ニ關シテ、的確ナル基礎ヲ與フルモノデアルガ、是ガ實施ヲ見ルマデハ、從來通リ並行シテ其ノ施設ヲ爲シ、更ニ調査ノ結果ニ依リマシテハ、一層擴充スルコトトナルノデアラウト云フ答辯ガアツタノデアリマス、第十二ハ、從來モ厚生行政ト教育行政トハ緊密ナル連絡ヲ取ツテ居ルノデアルガ、教育審議會等ノ構成等ニ付テモ、篤ト考慮スルト云フ話デアリマシタ、第十三ニ勞働者ノ厚生運動ニ對シマシテハ、從來日本厚生協會等ニ於テ、之ヲ實施致シテ居ルノデアリマスガ、時局ニ鑑ミテ今後更ニ之ヲ強化シテ行キタイトノ答辯デアリマシタ、第十四ハ、從來學生生徒ノ禁酒禁煙ニ關シテハ、之ヲ勵行致シテ居ルノデアルガ、今後ハ學生生徒ニ限ラズ、成年ニ達シタル者ニ對シマシテモ、其ノ目的ヲ達スルヤウニ、特別ニ考慮ヲ拂フ旨ノ答辯ガアツタノデアリマス、最後ノ第十五、本法ハ之ヲ朝鮮、臺灣等ニ施行スルニ付テハ、尙ホ衞生保健等ノ設備モ完備シテ居ラナイノデ、是ガ擴充ヲ圖ツテ成ベク速ニ實施シタイ、尙ホ滿洲移民ノ保健衞生設備ニ關シテモ種々考慮致シテ居ルガ、今後是ガ擴充ニ付テハ、一層考究スル旨ノ答辯ガアツタノデアリマス

其ノ他本案ニ關聯致シマシテ、人口增殖ノ根本對策、榮養配給機構ノ改善、醫育ノ改善、都市計畫ノ問題、醫療制度ノ問題、結核對策、生活ノ刷新改善等ニ關シマシテ、極メテ重要ナル質疑ガアツタノデアリマシテ、政府ニ於テモソレ〳〵親切ナル答辯ヲ致シタノデアリマスガ、詳細ハ速記錄ニ依ツテ御諒承願ヒタイト存ジマス

以上ニ依リマシテ昨日質疑ヲ終了致シマシタ、本日ノ委員會ニ於キマシテハ、討論ニ入ルニ先ダチマシテ、私ヨリ、厚生省、醫師、藥劑師間ノ對立ガ激化ヲ致シテ居ル現狀デアツテ、斯ノ如クシテハ到底滿足ナル醫療ノ發展ハ期シ得ラレナイノデハナイカ、政府ハ宜シク此ノ點ニ鑑ミテ、將來ニ對スル確タル方針ヲ確立シテ、善處スベキモノデアルガ、政府ノ所信如何、其ノ他一項目ニ付テ言明ヲ求メタノデアリマスガ、政府ニ於キマシテモ、ソレニ對シマシテハ、吾々ヲ滿足セシメルヤウナ答辯ヲ致シタノデアリマス

而シテ討論ニ入リマシテ伊藤東一郎君、曾和義式君、石坂豐一君、河合義一君、田中養達君、守屋榮夫君ヨリ、ソレ〳〵所屬黨派ヲ代表シテ贊成ノ意見ヲ述ベラレタノデアリマシテ、尙ホソレ〳〵希望條件ヲ附加セラレタノデアリマス、斯クシテ採決致シマシタ結果、貴族院ノ修正ニ係ル所ノ原案ハ、滿場一致可決シタノデアリマス、尙ホ伊藤東一郎君ヨリ、五項ノ附帶決議ガ提案セラレタノデアリマシテ、之ヲ茲ニ朗讀致シマスレバ

附帶決議

一　我カ國民ノ壽命ハ文明諸國ニ比シ遙ニ劣レリ其ノ最大原因ハ胎兒及幼乳兒ノ死亡ト結核ノ豫防施設ノ不完全ニ歸ス政府ハ專ラ此ノ點ニ留意シ積極的ニ其ノ施設ヲ完備シ併セテ國民ノ自覺ヲ促スヘシ

二　山上ト海濱ノ療養所ハ結核ノ豫防ト治療ニ闕クヘカラス政府ハ宜シク國家公共團體又ハ個人ニ對シ其ノ增設ニ努力スヘシ

三　花柳病ノ原因及治療共ニ判明セルニ國民ノ自肅乏シキト國家ノ施設不完全ノ爲蔓延セリ政府ハ宜シク此ノ點ニ留意シ其ノ豫防撲滅ニ邁進スヘシ

四　事變下ニ特ニ醫藥(藥品ヲ含ム)及醫療材料ヲ確保スルト共ニ健康保險等ニ於ケル治療內容ノ低下セサルヤウ特ニ注意スヘシ

五　本法施行ニ當リ現行保健法規ヲ勵行シ本法制定ノ目的達成ニ努力スヘシ

此ノ附帶決議ハ採決ノ結果、多數ヲ以テ可決セラレタノデアリマス、而シテ山田清君ヨリ、從來ノ附帶決議又ハ希望條項ハ、其ノ實行ニ關シテ、相當政府ニ於テモ考慮シナケレバナラヌデハナイカトノ、政府ノ所信ヲ尋ネラレマシタニ對シテ、政府ハ本案ニ對シテ附セラレマシタ決議及ビ希望條件ニ對シマシテハ、十分ニ之ヲ尊重シ、實行ニ際シマシテハ、最善ノ注意ヲ拂フト云フ答辯ヲセラレタノデアリマス、以上御報告ヲ申上ゲマス(拍手)

○議長(小山松壽君)　本案ノ第二讀會ヲ開クニ御異議アリマセヌカ

〔「異議ナシ」ト呼フ者アリ〕

○議長(小山松壽君)　御異議ナシト認メマス、仍テ本案ノ第二讀會ヲ開クニ決シマシタ

○服部崎市君　直チニ本案ノ第二讀會ヲ開キ、第三讀會ヲ省略シテ、委員長報告ノ通リ可決セランコトヲ望ミマス

○議長(小山松壽君)　服部君ノ動議ニ御異議アリマセヌカ

〔「異議ナシ」ト呼フ者アリ〕

○議長(小山松壽君)　御異議ナシト認メマス、仍テ直チニ本案ノ第二讀會ヲ開キ、議案全部ヲ議題ト致シマス

國民體力管理法案　第二讀會(確定議)

○議長(小山松壽君)　別ニ御發議モゴザイマセヌ、第三讀會ヲ省略シテ委員長報告通リ可決確定致シマシタ(拍手)此ノ際政府ヨリ發言ヲ求メラレテ居リマス吉田厚生大臣

(國務大臣吉田茂君登壇)

○國務大臣(吉田茂君)　只今可決セラレマシタ國民體力管理法案ニ付キマシテ、此ノ際一言致シタイト存ジマス、只今御決議ニナリマシタ修正點ニ付キマシテハ、政府ト致シマシテモ、院議ノ趣意ノ存スル所ヲ尊重致シタイト存ジマス

次ニ附帶決議トシテ御議決ニナリマシタ五箇條ノ要點ニ付キマシテハ、何レモ剴切且ツ緊要ナル次第デアルコトヲ、政府ニ於テモ考ヘマスルニ付キマシテハ、十分ニ之ヲ尊重致シマシテ、實行ニ移シタイト云フ考デゴザイマス(拍手)

請願特別報告第三三四號

意見書

興亞大業ノ先覺者追賞ニ關スル請願　請願者京城府新堂町四百三十二番地著述業菊地謙讓（紹介議員山道襄一君）

請願文書表第八七四號

昭和十五年三月七日呈出

右請願ノ趣旨ハ朝鮮ニ於ケル明治十七年ノ政變ハ明治維新後日本ノ大陸進出ノ第一次運動ナルカ之カ政變ニ際シ殊勳功勞アリタル朝鮮半島人ニシテ其ノ後何等ノ恩賞ニ浴セサルモノアリ尙日韓併合、日淸戰役當初ヨリ明治二十九年二月十一日事變ニ至ル間終始日本ニ依存親善ニ努メタル功勞者ニ對シテスラ未タ恩賞ニ及ハサルモノアルハ洵ニ遺憾ニ堪ヘス依テ政府ハ興亞進出ノ大事業先覺者トシテ朝鮮ニ於ケル明治十七年政變ニ功勞殊勳アリタル半島人ニ對シ第一次功勞殊勳者トシテ追賞セラレタシト謂フニ在リ

衆議院ハ其ノ趣旨ヲ至當ナリト認メ之ヲ採擇スヘキモノト議決セリ依テ議院法第六十五條ニ依リ別冊及御送付候也

請願特別報告第五一九號

意見書

請願文書表第八八七號

高津漁港修築ノ請願　請願者島根縣美濃郡高津町長中島匡彌外二十名

昭和十五年三月八日呈出

(紹介議員沖島鎌三君外一名)

右請願ノ趣旨ハ島根縣美濃郡高津町高津漁港ハ前方ニ好漁場ヲ控ヘ更ニ朝鮮近海ノ大漁場ニ對シテハ最短距離ニ位シ漸次遠海漁業ノ根據地トシテ重要性ヲ加ヘツツアリ然ルニ同港ハ港口狹ク風浪烈シキ冬季ノ如キハ船舶ノ碇泊ヲ妨クル狀態ニ在ルヲ以テ之カ修築ハ極メテ必要ナリト信ス依テ政府ハ速ニ前記高津漁港ヲ修築セラレタシト謂フニ在リ

衆議院ハ其ノ趣旨ヲ至當ナリト認メ之ヲ採擇スヘキモノト議決セリ依テ議院法第六十五條ニ依リ別冊及御送付候也

請願特別報告第七四八號

意見書

請願文書表第一二一二號

昭和十五年三月十六日呈出

七尾、金澤間鐵道改良及七尾、金澤間縣道ヲ軍事用國道ニ編入ノ請願・

請願者石川縣七尾市府中町二百九番地商業木下博夫（紹介議員卯尾田毅太郎君）

右請願ノ趣旨ハ石川縣七尾市七尾港ハ日本海沿岸ニ於ケル天然ノ良港ニシテ北滿北鮮北支ト連絡スル貨物集散港トシテ發展ノ可能性ヲ有スルモ後方地タル金澤市トノ交通關係不完全ナルハ洵ニ遺憾トスル所ナリ依テ政府ハ速ニ七尾線七尾、金澤間鐵道六十六粁ヲ五十粁內外ニ短縮シ之ヲ複線ニ改ムルト共ニ七尾、金澤間縣道ヲ軍事用國道ニ編入シ自動車交通ノ便ヲ與ヘラレタシト謂フニ在リ

衆議院ハ其ノ趣旨ヲ至當ナリト認メ之ヲ採擇スヘキモノト議決セリ依テ議院法第六十五條ニ依リ別冊及御送付候也

請願特別報告第七六五號

意見書

請願文書表第九六〇號

昭和十五年三月九日呈出

朝鮮ニ衆議院議員選擧法施行ノ請願

請願者朝鮮京城府茶屋町百三十八番地全富一外五十六名（紹介議員朴春琴君外八名）

右請願ノ趣旨ハ現下支那事變ニ際シ半島民能ク帝國臣民タル本分ヲ自覺シ銃後ノ赤誠ヲ盡シツツアルノ秋朝鮮ニ衆議院議員選擧法ヲ實施スルハ內鮮擧國一致國民總動員ノ實ヲ擧クル上ヨリシテ最必要ナリト信ス依テ朝鮮ニ衆議院議員選擧法ヲ施行セラレタシト謂フニ在リ

衆議院ハ其ノ趣旨ヲ至當ナリト認メ之ヲ採擇スヘキモノト議決セリ依テ議院法第六十五條ニ依リ別冊及御送付候也

第一　昭和十三年法律第二十三號中改正法律案（關東局、朝鮮總督府、臺灣總督府及樺太廳ノ各特別會計ニ於ケル租税收入ノ一部ニ相當スル金額等ヲ臨時軍事費特別會計ニ繰入ルルコトニ關スル件）（政府提出）　第一讀會

　昭和十三年法律第二十三號中改正法律案

昭和十三年法律第二十三號中左ノ通改正ス

第一條中「砂糖消費税、」ノ下ニ「煙草税、」ヲ加フ

　附　則

本法施行ノ期日ハ勅令ヲ以テ之ヲ定ム

（國務大臣河田烈君登壇）

○國務大臣（河田烈君）　只今議題トナリマシタ昭和十三年法律第二十三號中改正法律案ニ付キマシテ提出ノ理由ヲ説明致シマス

　昭和十三年法律第二十三號第一條ノ規定ニ依リマシテ、關東局、朝鮮總督府、臺灣總督府及ビ樺太廳ノ各特別會計ヨリ、其ノ租税收入ノ一部ニ相當スル金額ヲ臨時軍事費特別會計ニ繰入ルルコトニ相成ツテ居リマスルガ、今回新タニ關東局特別會計ニ於ケル煙草税及ビ臨時利得税ノ昭和十六年度以降ノ増徴ニ因ル増收額ト、特別法人税ノ創設ニ因ル收入額トノ一部ニ相當スル金額ヲ、毎年度豫算ノ定ムル所ニ依リマシテ、臨時軍事費特別會計ニ繰入ルルコトニ致シマシタ所、右ノ中臨時利得税ト特別法人税ノ分ニ付キマシテハ、現行ノ昭和十三年法律第二十三號第一條ノ規定ニ依リマシテ、之ヲ臨時軍事費特別會計ニ繰入ルルコトヲ得ルノデゴザイマスガ、煙草税ノ分ニ付キマシテハ其ノ規定ガアリマセヌノデ、右法律中改正法律案ヲ玆ニ提出致シタ次第デアリマス、何卒御審議ノ上速カニ御協賛ヲ與ヘラレンコトヲ御願ヒ致シマス

○議長（小山松壽君）　本案ノ審査ヲ付託スベキ委員ノ選擧ニ付テ御諮リ致シマス

○服部崎市君　本案ハ政府提出、昭和十六年度一般會計歳出ノ財源ニ充ツル爲公債發行ニ關スル法律案外一件ノ委員ニ併セ付託サレンコトヲ望ミマス

○議長（小山松壽君）　服部君ノ動議ニ御異議アリマセヌカ

（「異議ナシ」ト呼ブ者アリ）

○議長（小山松壽君）　御異議ナシト認メマス、仍テ動議ノ如ク決シマシタ――日程第二乃至第四ハ便宜上一括議題トナスニ御異議アリマセヌカ

（「異議ナシ」ト呼ブ者アリ）

第五　昭和十二年法律第八十四號中改正法律案（支那事變ニ關スル臨時軍事費支辨ノ爲公債發行ニ關スル件）（政府提出）　第一讀會

第六　朝鮮事業公債法中改正法律案（政府提出）　第一讀會

第七　朝鮮鐵道用品資金會計法中改正法律案（政府提出）　第一讀會

第八　臺灣事業公債法中改正法律案（政府提出）　第一讀會

昭和十二年法律第八十四號中改正法律案

昭和十二年法律第八十四號中左ノ通改正ス

「百四十億七千四百二十萬圓」ヲ「百五十億七千百八十萬圓」ニ改ム

附　則

本法ハ公布ノ日ヨリ之ヲ施行ス

朝鮮事業公債法中改正法律案

朝鮮事業公債法中左ノ通改正ス

第一條中「十三億三千六百萬圓」ヲ「十六億八百二十萬圓」ニ改ム

附　則

本法ハ公布ノ日ヨリ之ヲ施行ス

朝鮮鐵道用品資金會計法中改正法律案

朝鮮鐵道用品資金會計法中左ノ通改正ス

第二條　朝鮮鐵道用品資金ハ千萬圓トシ漸次朝鮮總督府特別會計ヨリ繰入ス

附　則

本法ハ昭和十六年度ヨリ之ヲ施行ス

第五　國防保安法案（政府提出）（緊急事件）　第一讀會

國防保安法案

國防保安法

第一章　罪

第一條　本法ニ於テ國家機密トハ國防上外國ニ對シ祕匿スルコトヲ要スル外交、財政、經濟其ノ他ニ關スル重要ナル國務ニ係ル事項ニシテ左ノ各號ノ一ニ該當スルモノ及之ヲ表示スル圖書物件ヲ謂フ

一　御前會議、樞密院會議、閣議又ハ之ニ準ズベキ會議ニ付セラレタル事項及其ノ會議ノ議事

二　帝國議會ノ祕密會議ニ付セラレタル事項及其ノ會議ノ議事

三　前二號ノ會議ニ付スル爲準備シタル事項其ノ他行政各部ノ重要ナル機密事項

第二條　本章ノ罰則ハ何人ヲ問ハズ本法施行地外ニ於テ罪ヲ犯シタル者ニ付亦之ヲ適用ス

第三條　業務ニ因リ國家機密ヲ知得シ又ハ領有シタル者之ヲ外國（外國ノ爲ニ行動スル者及外國人ヲ含ム以下之ニ同ジ）ニ漏泄シ又ハ公ニシタルトキハ死刑又ハ無期若ハ三年以上ノ懲役ニ處ス

第四條　外國ニ漏泄シ又ハ公ニスル目的ヲ以テ國家機密ヲ探知シ又ハ收集シタル者ハ一年以上ノ有期懲役ニ處ス

前項ノ目的ヲ以テ國家機密ヲ探知シ又ハ收集シタル者之ヲ外國ニ漏泄シ又ハ公ニシタルトキハ死刑又ハ無期若ハ三年以上ノ懲役ニ處ス

第五條　前二條ニ規定スル原由以外ノ原由ニ因リ國家機密ヲ知得シ又ハ領有シタル者之ヲ外國ニ漏泄シ又ハ公ニシタルトキハ無期又ハ一年以上ノ懲役ニ處ス

第六條　業務ニ因リ國家機密ヲ知得シ又ハ領有シタル者之ヲ他人ニ漏泄シタルトキハ五年以下ノ懲役又ハ五千圓以下ノ罰金ニ處ス

第七條　業務ニ因リ國家機密ヲ知得シ又ハ領有シタル者過失ニ因リ之ヲ外國ニ漏泄シ又ハ公ニシタルトキハ三年以下ノ禁錮又ハ三千圓以下ノ罰金ニ處ス

第八條　國防上ノ利益ヲ害スベキ用途ニ供スル目的ヲ以テ又ハ其ノ用途ニ供セラルル虞アルコトヲ知リテ外國ニ通報スル目的ヲ以テ外交、財政、經濟其ノ他ニ關スル情報ヲ探知シ又ハ收集シタル者ハ十年以下ノ懲役ニ處ス

第九條　外國ト通謀シ又ハ外國ニ利益ヲ與フル目的ヲ以テ治安ヲ害スベキ事項ヲ流布シタル者ハ無期又ハ一年以上ノ懲役ニ處ス

第十條　外國ト通謀シ又ハ外國ニ利益ヲ與フル目的ヲ以テ金融界ノ攪亂、重要物資ノ生産又ハ配給ノ阻害其ノ他ノ方法ニ依リ國民經濟ノ運行ヲ著シク阻害スル虞アル行爲ヲ爲シタル者ハ無期又ハ一年以上ノ懲役ニ處ス

前項ノ罪ヲ犯シタル者ニハ情狀ニ因リ十萬圓以下ノ罰金ヲ併科スルコトヲ得

第十一條　第三條乃至第五條、第八條、第九條及前條第一項ノ未遂罪ハ之ヲ罰ス

第十二條　第三條乃至第五條、第九條又ハ第十條第一項ノ罪ヲ犯スコトヲ教唆シタル者ハ被教唆者其ノ實行ヲ爲スニ至ラザルトキハ十年以下ノ懲役ニ處ス

第三條乃至第五條、第九條又ハ第十條第一項ノ罪ヲ犯サシムル爲他人ヲ誘惑シ又ハ煽動シタル者ノ罰亦前項ニ同ジ

第八條ノ罪ヲ犯スコトヲ教唆シタル者ハ被教唆者其ノ實行ヲ爲スニ至ラザルトキハ三年以下ノ懲役ニ處ス

第八條ノ罪ヲ犯サシムル爲他人ヲ誘惑シ又ハ煽動シタル者ノ罰亦前項ニ同ジ

第十三條　第三條乃至第五條、第九條又ハ第十條第一項ノ罪ヲ犯ス目的ヲ以テ其ノ豫備又ハ陰謀ヲ爲シタル者ハ五年以下ノ懲役ニ處ス

第八條ノ罪ヲ犯ス目的ヲ以テ其ノ豫備又ハ陰謀ヲ爲シタル者ハ二年以下ノ懲役ニ處ス

第十四條　第四條第一項、第八條、第十一條乃至前條ノ罪ヲ犯シタル者未ダ官ニ發覺セザル前自首シタルトキハ其ノ刑ヲ減輕シ又ハ免除スルコトヲ得

第十五條　本章ニ規定スル犯罪行爲ヲ組成シタル物、其ノ犯罪行爲ニ供シ若ハ供セントシタル物又ハ其ノ犯罪行爲ヨリ生ジ若ハ之ニ因リ得タル物ハ其ノ物犯人以外ノ者ニ屬セザルトキニ限リ之ヲ沒收ス裁判ニ依リ沒收スル場合ヲ除クノ外何人ノ所有タルヲ問ハズ檢事之ヲ沒取スルコトヲ得

前項ノ犯罪行爲ノ報酬トシテ得タル物及同項ニ掲グル物ノ對價トシテ得タル物ハ其ノ物犯人以外ノ者ニ屬セザルトキニ限リ之ヲ沒收ス其ノ全部又ハ一部ヲ沒收スルコト能ハザルトキハ其ノ價額ヲ追徴ス

第二章　刑事手續

第十六條　本章ノ規定ハ左ニ掲グル罪ニ關スル事件ニ付之ヲ適用ス

一　第三條乃至第十三條ノ罪

二　軍機保護法第二條乃至第七條及此等ニ關スル第十五條乃至第十七條、軍用資源祕密保護法第十一條乃至第十五條、第十九條、刑法第二編第三章、陸軍刑法第二十七條乃至第二十九條及此等ニ關スル第三十一條、第三十二條、第三十四條、海軍刑法第二十二條乃至第二十四條及此等ニ關スル第二十六條、第二十七條、第二十九條並ニ國家總動員法第四十四條ノ罪

本章ノ規定ハ外國ト通謀シ又ハ外國ニ利益ヲ與フル目的ヲ以テ犯シタル左ニ掲グル罪ニ關スル事件ニ付亦之ヲ適用ス

軍機保護法（前項第二號ニ掲グル罪ヲ除ク）、軍用資源祕密保護法（前項第二號ニ掲グル罪ヲ除ク）、要塞地帶

法、陸軍輸送港域軍事取締法、明治二十三年法律第八十三號（軍港要港規則違犯者處分ノ件）、軍用電氣通信法、國境取締法、刑法第二編第一章、第二章、第四章、第八章乃至第十一章、第十五章乃至第十八章、第二十六章、第二十七章及第四十章、朝鮮刑事令第三條、陸軍刑法第二編第一章（前項第二號ニ揭グル罪ヲ除ク）、第八章及第九十九條、海軍刑法第二編第一章（前項第二號ニ揭グル罪ヲ除ク）、第八章及第百條、治安維持法、大正十五年法律第六十號（暴力行爲等處罰ニ關スル法律）、爆發物取締罰則、匪徒刑罰令（明治三十一年律令第二十四號）、不穩文書臨時取締法、通貨及證券模造取締法、通貨及證券模造取締規則（明治三十六年律令第十四號）、明治三十八年法律第六十六號（外國ニ於テ流通スル貨幣紙幣銀行券證券僞造變造及模造ニ關スル法律）、治安警察法、大正八年制令第七號（政治ニ關スル犯罪處罰ノ件）、外國爲替管理法關税法、昭和十二年法律第九十二號（輸出入品等ニ關スル臨時措置ニ關スル法律）、船舶法、航空法、電信法、無線電信法竝ニ國家總動員法（前項第二號ニ揭グル罪ヲ除ク）ノ罪

第十七條　檢事ハ被疑者ヲ召喚シ又ハ其ノ召喚ヲ司法警察官ニ命令スルコトヲ得

檢事ノ命令ニ因リ司法警察官ノ發スル召喚狀ニハ命令ヲ爲シタル檢事ノ職、氏名及其ノ命令ニ因リ之ヲ發スル旨ヲモ記載スベシ

召喚狀ノ送達ニ關スル裁判所書記及執達吏ニ屬スル職務ハ司法警察官吏之ヲ行フコトヲ得

第十八條　被疑者正當ノ事由ナクシテ前條ノ規定ニ依ル召喚ニ應ゼズ又ハ刑事訴訟法第八十七條第一項各號ニ規定スル事由アルトキハ檢事ハ被疑者ヲ勾引シ又ハ其ノ勾引ヲ他ノ檢事ニ囑託シ若ハ司法警察官ニ命令スルコトヲ得

前條第二項ノ規定ハ檢事ノ命令ニ因リ司法警察官ノ發スル勾引狀ニ付之ヲ準用ス

第十九條　勾引シタル被疑者ハ指定セラレタル場所ニ引致シタル時ヨリ四十八時間内ニ檢事又ハ司法警察官之ヲ訊問スベシ其ノ時間内ニ勾留狀ヲ發セザルトキハ檢事ハ被疑者ヲ釋放シ又ハ司法警察官ヲシテ之ヲ釋放セシムベシ

第二十條　刑事訴訟法第八十七條第一項各號ニ規定スル事由アルトキハ檢事ハ被疑者ヲ勾留シ又ハ其ノ勾留ヲ司法警察官ニ命令スルコトヲ得

第十七條第二項ノ規定ハ檢事ノ命令ニ因リ司法警察官ノ發スル勾留狀ニ付之ヲ準用ス

第二十一條　勾留ニ付テハ警察官署又ハ憲兵隊ノ留置場ヲ以テ監獄ニ代用スルコトヲ得

第二十二條　勾留ノ期間ハ二月トス特ニ繼續ノ必要アルトキハ區裁判所檢事ハ檢事正ノ許可、地方裁判所檢事ハ檢事長ノ許可ヲ受ケ一月毎ニ之ヲ更新スルコトヲ得但シ通ジテ四月ヲ超ユルコトヲ得ズ

治安維持法ノ罪ニ付特ニ繼續ノ必要アルトキハ檢事長ノ許可ヲ受ケ一月毎ニ勾留ノ期間ヲ更新スルコトヲ得但シ通ジテ一年ヲ超ユルコトヲ得ズ

檢事總長又ハ其ノ指揮ヲ受ケタル檢事刑法第七十三條、第七十五條又ハ第七十七條乃至第七十九條ノ罪ノ搜査ノ爲特ニ繼續ノ必要アルトキハ一月毎ニ勾留ノ期間ヲ更新スルコトヲ得但シ通ジテ六月ヲ超ユルコトヲ得ズ

第二十三條　勾留ノ事由消滅シ其ノ他勾留ヲ繼續スルノ必要ナシト思料スルトキハ檢事ハ速ニ被疑者ヲ釋放シ又ハ司法警察官ヲシテ之ヲ釋放セシムベシ

第二十四條　檢事ハ被疑者ノ住居ヲ制限シテ勾留ノ執行ヲ停止スルコトヲ得

刑事訴訟法第百十九條第一項ニ規定スル事由アル場合ニ於テハ檢事ハ勾留ノ執行停止ヲ取消スコトヲ得

第二十五條　檢事ハ被疑者ヲ訊問シ又ハ其ノ訊問ヲ司法警察官ニ命令スルコトヲ得

檢事ハ公訴提起前ニ限リ證人ヲ訊問シ又ハ其ノ訊問ヲ他ノ檢事ニ囑託シ若ハ司法警察官ニ命令スルコトヲ得

司法警察官檢事ノ命令ニ因リ被疑者又ハ證人ヲ訊問シタルトキハ命令ヲ爲シタル檢事ノ職、氏名及其ノ命令ニ因リ訊問シタル旨ヲ訊問調書ニ記載スベシ

第十七條第二項及第三項ノ規定ハ證人訊問ニ付之ヲ準用ス

第二十六條　檢事ハ公訴提起前ニ限リ押收、搜索若ハ檢證ヲ爲シ又ハ其ノ處分ヲ他ノ檢事ニ囑託シ若ハ司法警察官ニ命令スルコトヲ得

檢事ハ公訴提起前ニ限リ鑑定、通譯若ハ翻譯ヲ命ジ又ハ其ノ處分ヲ他ノ檢事ニ囑託シ若ハ司法警察官ニ命令スルコトヲ得

前條第三項ノ規定ハ押收、搜索又ハ檢證ノ調書及鑑定人、通事又ハ翻譯人ノ訊問調書ニ付之ヲ準用ス

第十七條第二項及第三項ノ規定ハ鑑定、通譯及翻譯ニ付之ヲ準用ス

第二十七條　刑事訴訟法中被告人ノ召喚、勾引及勾留、被告人及證人ノ訊問、押收、搜索、檢證、鑑定、通譯竝ニ翻譯ニ關スル規定ハ別段ノ規定アル場合ヲ除クノ外被疑事件ニ付之ヲ準用ス但シ保釋及責付ニ關スル規定ハ此ノ限ニ在ラズ

第二十八條　外國船舶又ハ外國航空機法律又ハ之ニ基キテ發スル命令ニ依ル禁止又ハ制限ニ違反シ當該禁止又ハ制限ニ係ル區域ニ侵入シタル場合ニ於テ檢事搜査ノ爲必要アルトキハ其ノ船舶若ハ航空機ニ對シ指定ノ場所ニ廻航スベキコトヲ命ジ若ハ之ヲ抑留シ又ハ其ノ船舶若ハ航空機ノ長、乘組員及乘客ニ對シ指定ノ場所ニ滯留スベキコトヲ命ズルコトヲ得

檢事ハ前項ノ規定ニ依ル處分ヲ司法警察官ニ命令スルコトヲ得

前二項ノ規定ハ第十六條ニ規定スル罪以外ノ罪ニ關スル事件ニ付亦之ヲ適用ス

第二十九條　辯護人ハ司法大臣ノ豫メ指定シタル辯護士ノ中ヨリ之ヲ選任スベシ但シ刑事訴訟法第四十條第二項ノ規定ノ適用ヲ妨ゲズ

第三十條　辯護人ノ數ハ被告人一人ニ付二人ヲ超ユルコトヲ得ズ

辯護人ノ選任ハ最初ニ定メタル公判期日ニ係ル召喚狀ノ送達ヲ受ケタル日ヨリ十日ヲ經過シタルトキハ之ヲ爲スコトヲ得ズ但シ已ムコトヲ得ザル事由アル場合ニ於テ裁判所ノ許可ヲ受ケタルトキハ此ノ限ニ在ラズ

第三十一條　辯護人ハ審判ヲ公開シタル公判廷ニ於テ口頭辯論ヲ爲ス場合ニハ國家機密、軍事上ノ秘密、軍用資源秘密又ハ官廳指定ノ總動員業務ニ關スル官廳ノ機密ヲ陳述スルコトヲ得ズ此ノ場合ニ於テ辯護人ハ其ノ事項ヲ記載シタル書面ヲ提出シテ陳述ニ代フルコトヲ得

第三十二條　辯護人ハ訴訟ニ關スル書類ノ謄寫ヲ爲サントスルトキハ裁判長又ハ豫審判事ノ許可ヲ受クルコトヲ要ス

辯護人ノ訴訟ニ關スル書類ノ閲覽ハ裁判長又ハ豫審判事ノ指定シタル場所ニ於テ之ヲ爲スベシ

第三十三條　第十六條第一項ニ掲グル罪又ハ外國ト通謀シ若ハ外國ニ公益ヲ與フル目的ヲ以テ同條第二項ニ掲グル罪ヲ犯シタルモノト認メタル第一審ノ判決ニ對シテハ控訴ヲ爲スコトヲ得ズ

前項ニ規定スル第一審ノ判決ニ對シテハ直接上告ヲ爲スコトヲ得

上告ハ刑事訴訟法ニ於テ第二審ノ判決ニ對シ上告ヲ爲スコトヲ得ル理由アル場合ニ於テ之ヲ爲スコトヲ得

上告裁判所ハ第二審ノ判決ニ對スル上告事件ニ關スル手續ニ依リ裁判ヲ爲スベシ

第三十四條　裁判所ハ外國ト通謀シ又ハ外國ニ利益ヲ與フル目的ヲ以テ第十六條第二項ニ掲グル罪ヲ犯シタルモノト認メタルトキハ其ノ旨ヲ判決ニ摘示スベシ

前項ノ摘示ヲ爲シタル第一審判決ニ對シ上告アリタル場合ニ於テ上告裁判所外國ト通謀シ又ハ外國ニ利益ヲ與フル目的ヲ以テ犯シタルモノニ非ザルコトヲ疑フニ足ルベキ顯著ナル事由アルモノト認ムルトキハ判決ヲ以テ原判決ヲ破毀シ事件ヲ管轄控訴裁判所ニ移送スベシ

第十六條ニ掲グル罪ヲ犯シタルモノト認メタル第一審判決ニ對シ上告アリタル場合ニ於テ上告裁判所同條ニ掲グル罪ヲ犯シタルモノニ非ザルコトヲ疑フニ足ルベキ顯著ナル事由アルモノト認ムルトキ亦前項ニ同ジ

第三十五條　上告裁判所ハ公判期日ノ通知ニ付テハ刑事訴訟法第四百二十二條第一項ノ期間ニ依ラザルコトヲ得

第三十六條　裁判所ハ本章ノ規定ノ適用ヲ受クル罪ニ關スル訴訟ニ付テハ他ノ訴訟ノ順序ニ拘ラズ速ニ其ノ裁判ヲ爲スベシ

第三十七條　第十六條ニ規定スル罪ニ該ル事件（陪審法第四條ニ規定スルモノヲ除ク）ハ之ヲ陪審ノ評議ニ付セズ

第三十八條　刑事手續ニ付テハ別段ノ規定アル場合ヲ除クノ外一般ノ規定ノ適用アルモノトス

第三十九條　本章ノ規定ハ第二十一條、第二十二條、第二十八條、第二十九條、第三十條第一項、第三十三條、第三十四條及第三十七條ノ規定ヲ除クノ外軍法會議ノ刑事手續ニ付之ヲ準用ス此ノ場合ニ於テ刑事訴訟法第八十七條第一項トアルハ陸軍軍法會議法第百四十三條又ハ海軍軍法會議法第百四十三條、刑事訴訟法第四百二十二條第一項トアルハ陸軍軍法會議法第四百四十四條第一項又ハ海軍軍法會議法第四百四十六條第一項トシ第二十四條第二項中刑事訴訟法第百十九條第一項ニ規定スル事由アル場合ニ於テハトアルハ何時ニテモトス

第四十條　朝鮮及臺灣ニ在リテハ本章ニ掲グル法律（制令又ハ律令ニ於テ依ル場合ヲ含ム朝鮮ニ在リテハ第二十二條第三項中刑法第七十三條、第七十五條又ハ第七十七條乃至第七十九條トアルハ刑法第七十三條、第七十五條若ハ第七十七條乃至第七十九條又ハ朝鮮刑事令第三條トシ第三十五條中刑事訴訟法第四百二十二條第一項トアルハ朝鮮刑事令第三十一條トス

朝鮮ニ在リテハ本章中司法大臣トアルハ朝鮮總督、檢事總長トアルハ高等法院檢事長、檢事長又ハ檢事正トアルハ覆審法院檢事長、地方裁判所檢事又ハ區裁判所檢事トアルハ地方法院檢事トス臺灣ニ在リテハ本章中司法大臣トアルハ臺灣總督、檢事總長又ハ檢事長トアルハ高等法院檢察官長、檢事正トアルハ地方法院檢察官長、地方裁判所檢事又ハ區裁判所檢事トアルハ地方法院檢察官又ハ地方法院支部檢察官、檢事トアルハ檢察官、豫審判事トアルハ豫審判官トス

附　則

本法施行ノ期日ハ勅令ヲ以テ之ヲ定ム

本法ハ内地、朝鮮、臺灣及樺太ニ之ヲ施行ス

第二章ノ規定ハ本法施行前公訴ヲ提起シタル事件ニ付テハ之ヲ適用セズ

本法施行前朝鮮刑事令第十二條乃至第十五條ノ規定ニ依リ爲シタル搜査手續ハ本法施行後ト雖モ仍其ノ效力ヲ有ス

前項ノ搜査手續ニシテ本法ニ之ニ相當スル規定アルモノハ之ヲ本法ニ依リ爲シタルモノト看做ス

（國務大臣柳川平助君登壇）

○國務大臣（柳川平助君）　國防保安法案提出ノ理由ヲ説明申上ゲマス

近代戰ニ於キマシテ諜報、宣傳、謀略等ノ秘密手段ガ、作戰地ハ固ヨリ國内ニ於テモ極メテ活潑ニ行ハレテ居リマスコトハ、既ニ普ク御承知ノ所ト存ズル次第デアリマス、即チ敵性國ハ單ニ軍事ニ關スル事項ニ止マラズ、外交、財政、經濟等各方面ニ亙ル國家ノ重要機密ハ言フマデモナク、尚ホ廣ク國力ヲ探知收集致シマシテ、軍事、外交ニ利用スル外、殊ニ獲得資料ヲ利用シテ、積極的ニ或ハ宣傳ヲ、或ハ謀略ヲ敢行シ、以テ相手國ヲ内部的ニ崩壞セシメントシツツアルノデアリマス、而シテ戰爭ガ持久性ヲ帶ブルニ從ヒ、斯ノ如キ秘密手段ハ益々活潑トナリ、戰爭ノ勝敗ニ重大ノ影響ヲ招來スルノデアリマス、我ガ國現下ノ情勢ハ、又敵性國ノ秘密戰的策動ヲ封殺シテ、總力戰態勢ノ強化ヲ圖ルノ急務ナルモノガアルノデアリマス

顧ミマスルニ我ガ國ニ於キマシテハ、軍機保護法其ノ他軍事上ノ秘密ヲ保護スベキ法規ハ現ニ存在シテ居リマスガ、前述ノ如キ廣範圍ニ屬スル國家ノ重要機密ヲ保護スベキ法規、竝ニ外國ノ行フベキ宣傳謀略ヲ

防止スベキ法規ハ、遺憾ナガラ未ダ不備ナルヲ免レナイノデアリマシテ、此ノ際是等ニ對處スベキ罰則ヲ設クルノ必要アリト思料致スノデアリマス、又是ト同時ニ右ノ國家機密ノミナラズ、既存ノ法律ニ規定セラレテ居ル所ノ軍事上ノ秘密等ニ關スル罪、其ノ他外國ノ諜報、謀略活動ヲ防止スベキ法令ノ違反事件ノ捜査ニ付テハ、捜査機關ヲシテ一元的ニ連絡統一アル活動ニ依リ、一擧ニシテ外國ノ諜報、謀略網ヲ檢擧セシメ、且ツ捜査手續ノ敏速適正ヲ圖リ、又裁判手續モ亦之ヲ敏速化シ、且ツ審判ノ過程ニ於テ、國家ノ重要ナル機密ノ外部ニ漏泄スルコトヲ防止スル等ノ爲ニ必要ナル規定ヲ設ケ、以テ戰時下ニ於ケル國防國家體制ノ完璧ヲ期スルコトハ、喫緊ノ要務デアルト思料致スノデアリマス、何卒愼重御審議ノ上速カニ御協賛ヲ與ヘラレンコトヲ切望致シマス（拍手）

○議長（小山松壽君）　本案ノ審査ヲ付託スベキ委員ノ選擧ニ付テ御諮リ致シマス

○服部崎市君　本案ハ議長指名二十七名ノ委員ニ付託サレンコトヲ望ミマス

○議長（小山松壽君）　服部君ノ動議ニ御異議アリマセヌカ

（「異議ナシ」ト呼ブ者アリ）

○議長（小山松壽君）　御異議ナシト認メマス、仍テ動議ノ如ク決シマシタ

昭和十六年二月二日

兵役法中改正法律案外二件

第七　兵役法中改正法律案（政府提出、貴族院送付）　第一讀會

第八　陸軍軍人軍屬逵警罪處分例中改正法律案（政府提出、貴族院送付）　第一讀會

第九　海軍軍人軍屬逵警罪處分例中改正法律案（政府提出、貴族院送付）　第一讀會

兵役法中改正法律案

兵役法中左ノ通改正ス

第二條第一項中「、後備兵役」ヲ削ル

第六條中「五年四月」ヲ「十五年四月」ニ、「五年トシ」ヲ「十二年トシ」ニ改ム

第七條　削除

第九條第一項中「後備兵役」ヲ「常備兵役」ニ改メ同條第二項中「後備兵役」ヲ削ル

第十八條中「第五條乃至第八條」ヲ「第五條、第六條、第八條」ニ改ム

第二十一條、第五十四條、第六十條及第六十一條中「、後備兵」ヲ削ル

第五十三條ノ次ニ左ノ一條ヲ加フ

第五十三條ノ二　朝鮮、臺灣又ハ帝國外ノ地ニ在留スル者ノ徵集ニ關シテハ第二十六條、第二十七條又ハ第二十九條ノ規定ニ對シ勅令ヲ以テ別段ノ定ヲ爲スコトヲ得

第五十六條第一項中「及後備兵」及「豫備役及後備兵役ヲ通ジ」ヲ削ル

第五十七條第一項中「百二十日以內」ヲ「百八十日以內」ニ改ム

附　則

本法ハ昭和十六年四月一日ヨリ之ヲ施行ス但シ第五十三條ノ二ノ改正規定ハ昭和十六年十一月一日ヨリ之ヲ施行ス

本法施行ノ際現ニ後備兵役ニ在ル者ハ豫備役ニ服スルモノトス

前項ノ規定ニ依リ豫備役ニ服スル者ノ既ニ服シタル後備兵役ノ期間ハ之ヲ豫備役ノ期間ニ通算ス

陸軍軍人軍屬逵警罪處分例中改正法律案

陸軍軍人軍屬逵警罪處分例中左ノ通改正ス

「陸軍軍人軍屬逵警罪處分例」ヲ「陸軍軍人軍屬等犯罪卽決法」ニ改ム

第一條中「陸軍軍人軍屬」ヲ「陸軍軍法會議法第一條ニ記載シタル者」ニ、「逵警罪ハ」ヲ「拘留又ハ科料ノ刑ニ該ルヘキ罪ハ」ニ、「憲兵部」ヲ「憲兵隊長（分隊長及分遣隊長ヲ含ム以下之ニ同シ）」ニ改メ「爲シ憲兵設置ナキ地ニ於テハ警察署ニ於テ其處分ヲ」削ル

第二條中「憲兵部若クハ警察署ニ於テ」ヲ「憲兵隊長」ニ、「長官若クハ隊長」ヲ「部隊ノ長」ニ改ム

第三條中「軍法會議」ヲ「管轄軍法會議」ニ改メ「其裁判管轄ハ陸軍治罪法ニ從フ」ヲ削ル

第四條中「憲兵部若クハ警察署」ヲ「憲兵隊長」ニ改ム

第五條中「憲兵部若クハ警察署ニ於テ」ヲ「憲兵隊長」ニ、「二十四時內」ヲ「二十四時間內」ニ、「一切ノ書類」ヲ「書類及證據物」ニ、「所管司令官」ヲ「檢察官」ニ改ム

第六條乃至第八條ヲ削ル

附　制

本法ハ公布ノ日ヨリ之ヲ施行ス

海軍軍人軍屬逵警罪處分例中改正法律案

海軍軍人軍屬逵警罪處分例中左ノ通改正ス

「海軍軍人軍屬逵警罪處分例」ヲ「海軍軍人軍屬等犯罪卽決法」ニ改ム

第一條中「海軍軍人軍屬」ヲ「海軍軍法會議法第一條ニ記載シタル者」ニ、「逵警罪ハ」ヲ「拘留又ハ科料ノ刑ニ該ルヘキ罪ハ」ニ、「憲兵部」ヲ「憲兵隊長（分隊長及分遣隊長ヲ含ム以下之ニ同シ）」ニ改メ「爲シ憲兵設置ナキ地ニ於テハ警察署ニ於テ其處分ヲ」ヲ削ル

第二條中「憲兵部若クハ警察署ニ於テ」ヲ「憲兵隊長」ニ、「長官若クハ艦船團長」ヲ「部隊ノ長」ニ改ム

第三條中「海軍常設軍法會議」ヲ「管轄軍法會議」ニ改メ「其裁判管轄ハ海軍治罪法ニ從フ」ヲ削ル

第四條中「憲兵部若クハ警察署」ヲ「憲兵隊長」ニ改ム

第五條中「憲兵部若クハ警察署ニ於テ」ヲ「憲兵隊長」ニ、「二十四時內」ヲ「二十四時間內」ニ、「一切ノ書類」ヲ「書類及證據物」ニ、「長官」ヲ「檢察官」ニ改ム

第六條乃至第八條ヲ削ル

附　則

本法ハ公布ノ日ヨリ之ヲ施行ス

（政府委員阿南惟幾君登壇）

○政府委員（阿南惟幾君）　先ヅ兵役法中改正法律案提出ノ理由ニ付テ御説明申上ゲマス、改正スベキ點ハ三件ゴザイマス

其ノ第一ハ現在留地徵集主義ノ採用デゴザイマス、朝鮮、臺灣、滿洲國等ニ在留スル徵兵適齡者ノ人員ハ、近時急激ニ增加致シテ居リマシテ、殊ニ滿洲開拓青少年義勇隊員ノ如ク、大陸定着ノ希望ニ燃エ進出スル者ノ增加致シツツアリマスコトハ、啻ニ大陸開拓ノ爲メバカリデナク、國防上ニ貢献スル所モ亦少クナイノデゴザイマス、随テ軍ト致シマシテハ帝國臣民、就中兵役義務者ノ外地進出乃至其ノ定着ニ關シマシテハ、能フ限リ便宜ヲ與ヘテ居リマシテ、例ヘバ外地在留ノ壯丁ニ付キマシテモ、出來得ル限リ其ノ他ノ部隊ニ入營シ、且ツ其ノ地ニ於テ除隊セシムル如ク致シテ居ル次第デゴザイマス、然ルニ御承知ノ如ク現行ノ兵役法ハ、嚴密ナル本籍地徵集主義ヲ採用致シテ居リマスル關係上、必ズシモ其ノ全員ヲ現在留地附近ノ部隊ニ入營セシメ得ルトハ限ラナイノデアリマス、是ガ爲メ入營ノ機會ニ於テ、折角ノ外地進出ノ雄圖ヲ抛棄スル者モ、絶無トハ申シ難イノデアリマス、卽チ本籍地徵集主義ニ特例ヲ設ケマシテ、外地在留者ハ、本籍地ノ如何ニ拘ラズ、全員其ノ在留地ノ部隊ニ入營セシメ得ル如ク致サウトスルモノデアリマス

其ノ第二ハ服役區分ニ關スル改正デゴザイマシテ、戰時所要兵力著シク增大シ、且ツ軍ノ內容極メテ複雜化シテ參リマシテ現況ニ於キマシテ、其ノ豫備役及ビ後備役ノ區分ノ如キ、全ク其ノ意義ヲ消滅シテ居ルト申シテモ過言デハナイノデゴザイマス、隨テ豫備兵タルト後備兵タルトニ依リ、其ノ心構ヘニ於テ何等差異ノアルベキ筈ハナイノデゴザイマスガ、今次事變ノ實績ニ徵シマスルニ、遺憾ナガラ必ズシモ然ラザル節モ見受ケラレマスノデ、此ノ際後備役ナル名稱及ビ區分ヲ廢止致サウトスルモノデ

アリマス

其ノ第三ハ補充兵ニ對スル教育ノ爲ノ召集日數ノ延長デゴザイマス、御承知ノ如ク軍隊教育ノ内容ハ複雜化シテ參リマシテ、本召集ト雖モ現在ノ百二十日デハ其ノ目的ヲ達シ難クナリマシタノデ、本召集ノ日數ヲ、其ノ限度ヲ百八十日ニ延期致サウト考ヘルモノデアリマス、今回本法律案ヲ提出致シマシタ理由ハ以上ノ通リデゴザイマス、ドウカ御審議ノ上速カニ御協贊アランコトヲ希望致シマス(拍手)

引續キマシテ軍人軍屬違警罪處分例中改正法律案提出ノ理由ヲ御說明申上ゲタイト考ヘマス、本改正ヲ致シマス要點ハ二點ゴザイマシテ、其ノ第一ハ、現在陸軍軍人軍屬違警罪處分例ハ、軍人軍屬ニアラザル陸軍用船ノ船員、陸軍デ使ツテ居リマス船ノ船員デアリマス、及ビ各作業廳ノ工員等、是等軍從屬者ニ適用サレテ居リマセヌカラ、是等ノ者ノ犯シマシタ拘留又ハ科料ノ刑ニ該ルベキ罪、即チ所謂違警罪ハ、違警罪即決例ニ依リ、警察署長ニ於テ之ヲ即決スルコトトナツテ居タノデゴザイマス、然ルニ是等軍從屬者ハ今次事變後頓ニ其ノ數ヲ增加シ、其ノ軍内ニ於ケル地位モ亦重要ヲ加ヘ來リマシタノト、是等ノ者ガ陸軍軍法會議法ニ依リ、陸軍軍法會議ノ裁判權ニ服スル關係ヨリ致シマシテ、其ノ犯シマシタ違警罪ヲ警察署長ヲシテ即決セシメルコトナク、軍警察機關タル憲兵ヲシテ處分セシムルコトトシ、以テ軍警察權運用ノ圓滑適正ヲ期センコトガ緊要トナツテ參ツタノデゴザイマス、此ノ趣旨ニ依リマシテ改正ヲナサントスルモノデゴザイマス

其ノ第二ハ、陸軍軍人軍屬違警罪處分例中ニハ、正式裁判ノ請求アリタル場合ニ於ケル軍法會議ノ審判手續、違警罪處分ノ確定シタル場合ノ執行方法及ビ正式裁判請求事件ニ付キ、軍法會議ノ裁判アリタル場合ニ於ケル上訴ノ禁止ニ關シ規定ヲシテ居リマスガ、是等ハ軍法會議法及ビ陸軍監獄令ノ規定ニ照シ、之ヲ存置セザルヲ適當ト認メ、之ヲ削除セントシタコトデゴザイマス

以上ガ本法律案ヲ提出スルニ至リマシタ理由ノ要旨デゴザイマス、何卒御審議ノ上速カニ御協贊アランコトヲ希望致シマス

(拍手)

○**議長**(小山松壽君) 豊田海軍次官

(政府委員豊田貞次郎君登壇)

○**政府委員**(豊田貞次郎君) 海軍軍人軍屬違警罪處分例中改正法律案ニ付キマシテハ、只今陸軍次官カラ同樣ノ法律案ニ付キマシテ御說明ガアリマシタノデアリマスガ、海軍ニ於キマシテモ略〻同樣ノ理由ニ依リマシテ、改正ヲ御願ヒスル次第デアリマス、理由ハ甚ダ簡單デゴザイマスルカラ、重複ヲ厭ハズ申上ゲマス

現行海軍軍人軍屬違警罪處分例ハ、其ノ適用ヲ受ケマスル者ノ範圍ヲ、海軍軍人軍屬ニ限定致シテ居リマスノデ、海軍軍人軍屬以外ノ海軍從屬者、例ヘバ海軍御用船ノ船員及ビ海軍ノ工員、其ノ他其ノ部隊ニ居リマスル者等ガ、拘留又ハ科料ノ刑ニ該ルベキ罪ヲ犯シマシタ場合、是ガ即決處分ハ違警罪即決例ニ依リマシテ、警察署長ニ於テ之ヲナスノ外ゴザイマセヌ、然ルニ此ノ種海軍從屬者ハ、今次事變以來甚ダシク增加致シマシタノデ、隨テ所謂違警罪ヲ犯シマスル數モ相當增加シテ參リマシタ、而シテ是等ノ者ハ海軍軍法會議法ニ依リマシテ、海軍軍法會議ノ裁決權ニ服スルコトニナツテ居リマスル關係上、違警罪ヲ犯シマシタ場合ニ、其ノ即決處分ハ軍警察機關タル憲兵ヲシテ之ヲ行ハシメルヲ適當ト考ヘルノデアリマス

以上申述ベマシタ理由ニ依リマシテ、本改正法律案ヲ提出致シマシタ次第デゴザイマス、何卒速カニ御審議ノ上御協贊アランコトヲ希望致シマス(拍手)

○**議長**(小山松壽君) 各案ノ審査ヲ付託スベキ委員ノ選擧ニ付テ御諮リ致シマス

○**服部崎市君** 日程第七乃至第九ノ三案ハ、一括シテ議長指名十八名ノ委員ニ付託サレンコトヲ望ミマス

○**議長**(小山松壽君) 服部君ノ動議ニ御異議アリマセヌカ

(「異議ナシ」ト呼ブ者アリ)

○**議長**(小山松壽君) 御異議ナシト認メマス、仍テ動議ノ如ク決シマシタ

○**服部崎市君** 此ノ際暫時休憩セラレンコトヲ望ミマス

○**議長**(小山松壽君) 服部君ノ動議ニ御異議アリマセヌカ

(「異議ナシ」ト呼ブ者アリ)

○**議長**(小山松壽君) 御異議ナシト認メマス、仍テ暫時休憩致シマス

午後二時十五分休憩

報告書

一朝鮮事業公債法中改正法律案（政府提出）

右ハ本院ニ於テ可決スヘキモノト議決致候此段及報告候也

昭和十六年二月二日

委員長　松田正一

衆議院議長小山松壽殿

報告書

一朝鮮鐵道用品資金會計法中改正法律案（政府提出）

右ハ本院ニ於テ可決スヘキモノト議決致候此段及報告候也

昭和十六年二月二日

委員長　松田正一

衆議院議長小山松壽殿

報告書

一臺灣事業公債法中改正法律案（政府提出）

右ハ本院ニ於テ可決スヘキモノト議決致候此段及報告候也

昭和十六年二月二日

委員長　松田正一

衆議院議長小山松壽殿

（松田正一君登壇）

○松田正一君　只今議題トナリマシタ昭和十六年度一般會計歳出ノ財源ニ充ツル爲公債發行ニ關スル法律案外五件ノ委員會ニ於ケル經過竝ニ結果ヲ一括シテ御報告申上ゲマス

先ヅ昭和十六年度一般會計歳出ノ財源ニ充ツル爲公債發行ニ關スル法律案ハ、昭和十六年度ノ一般會計ノ歳出六十八億六千三百二十餘万圓、之ニ對シ普通歳入及ビ前年ノ剩餘金ノ合計四十九億八千三百九十餘万圓ト、現行法ニ依ッテ公債ノ發行出來得ル額二千万圓、之ヲ合計致シマシタ金額ヲ、此ノ歳出カラ差引キマスト、不足額ガ十八億五千九百三十万圓トナリマス、之ヲ公債財源ニ求メントスル法律案、次ニ昭和十五年法律第七號中改正法律案、本案ハ造幣局ノ東京出張所ノ廳舍竝ニ其ノ他ノ建物ヲ増築致シマスル經費百五十万圓ヲ、造幣局資金ヨリ一般會計ニ繰入ヲナサントスル法律案、及ビ既定年度ヲ一箇年延長セントスル法律案デアリマス、次ニ昭和十三年法律第二十三號中改正法律案、是ハ外地ノ租税收入ノ一部ヲ、徴税費ヲ差引キマシタ其ノ殘額ノ八割ヲ、臨時軍事費特別會計ニ繰入レルト云フ法律ノ中デ、關東局ノ特別會計ヨリ繰入レル煙草税ガ今マデナカッタモノヲ、之ヲ加ヘヨウト云フ法律案、次ニ朝鮮事業公債法中改正法律案、是ハ朝鮮事業ノ經費支辨ノ爲ニ公債ヲ二億七千二百二十万圓増發シタイト云フ法律案、次ニ朝鮮鐵道用品資金會計法中改正法律案、是ハ朝鮮鐵道用品特別會計法ニ所要金額三百万圓トナッテ居リマスルモノヲ、一千万圓ニ増額致シマシテ、其ノ不足額ヲ朝鮮鐵道事業ノ狀況ニ應ジマシテ、朝鮮總督府特別會計ヨリ繰入レントスル法律案、最後ニ臺灣事業公債法中改正法律案、是ハ臺灣事業費支辨ノ爲ニ四百四十万圓ノ公債ヲ發行セントスルノデアリマスルガ、現行法ニ於テ發行餘力六十餘万圓アリマスノデ、之ヲ差引キマシタ三百九十万圓ノ公債ヲ増發シタイト云フ法律案

以上六件ニ對シテ委員會ハ審査ノ爲ニ、一月二十四日ヨリ去ル二月二日ニ至ルマデ、八回委員會ヲ開キマシテ、各委員ヨリ御質問ガアッタノデゴザイマスルガ、其ノ大要ハ速記録ニ於テ御覽ヲ願ヒタイ、唯玆ニ極メテ簡單ニ其ノ要點ダケヲ御報告申上ゲマス

先ヅ以テ御斷リ致シテ置キマスガ、歳出ノ財源ヲ求メル爲ノ發行公債ヲ一名赤字公債ト申シマスルカラ、用語ヲ赤字公債ト申シマス、右御承知置キヲ願ヒタイ、委員側カラ赤字公債發行ノ途ガ開ケテカラ、是ハ臨時部ハ別デスケレドモ、一般會計其ノ他ノ豫算ヲ要求スル時ニ、財源ガナカッタナラバ赤字公債ニ依ッタラ宜イヂヤナイカ、財源ガナケレバ何時モノ通リ赤字公債ニ求メレバ宜イヂヤナイカト言ウテ、時局便乘ノ赤字公債ノ發行ヲ口實ニ致シテ、豫算ガ多ク要求サレルヤウナ虞ガナイカト云フ御質問ガアッタ、ソレカラ政府ハ年々自然増收ガ多イガ、此ノ赤字公債ノ額ヲ決定スル時ニ十分歳入ノ方ヲ調ベテアルノカ、相當歳入ヲ見込ミ得ラレル自然増收ガアルヂヤナイカ、之ニ對シ政府ハドウ云フ豫算ノ編成ノ仕方ヲ致シテ居ルカヲ問フ、斯ウ云フ意味ノ御質問ガアッタ、ソレカラ時局ハ新體制ヲ叫バレテ居ル、自由主義、個人主義ハ改メヨウト言ハレテ居ル、此ノ時局ニ於テ政府ハ局課ヲ増設シ、或ハ事實上ニ必要以上ノ人件費ヲ要求致シテ、其ノ殘ッタ金ヲ他ニ流用スルト云フヤウナコトヲ聞イテ居ルガ、ソレデハ政府ガ國民ニ範ヲ示サナケレバナラヌニ拘ラズ、政府自ラ自由主義、個人主義ヲ發揮シテ居ルヂヤナイカ、斯樣ナコトハナイカト云フ意味ノ質問、ソレカラ赤字公債ガ段々ト高マッテ來テ、相當發行サレテ行クガ、政府ハ之ヲ消化スルニ當ッテ、國民ニ此ノ公債ヲ消化スル力ヲ與ヘテ居ルカ、言葉ヲ換ヘテ申シマスルト、國民ガ之ヲ消化スル所得ハドレ程アルト云フ見込デアルカ、昨年十二月末日ノ日本銀行ノ公債ノ殘高、賣レナイ公債ガ三十六億三千万圓アルデハナイカ、果シテ政府ハ今發行スル公債ヲ、國民ガ自力ニ依ッテ消化スル見透シガ付イテ居ルカドウカト云フ意味ノ質問、ソレカラ政府ハ公債ガ段々ト高マッテ來ルガ、臨時的ノモノハ

ハ別デアルガ、一般會計等ノモノニ付テハ、期限ガ來レバ償還シナケレバナラヌガ、是ハ平素ニ用意シテ行ク必要ガアルガ、其ノ用意ハ宜イカ、斯ウ云フ意味ノ質問ガアリマシタ

是等ニ對スル政府ノ答辯ハ、赤字公債ヲ發行スル途ハ開イテアルケレドモ、時局ニ便乘シテ豫算ヲ要求サレルヤウナコトハ認メタコトハナイ、政府ハ豫算編成ニ當ツテハ、成ベク赤字公債ノ高ヲ少クスル爲ニ色々努力ヲ致シテ居ル、又公債財源ニ依ツテ賄ツテ居ル時代デアルカラ、苟クモ收入ニ見込マレ得ル見透シノ付クモノハ、收入ニ計上シテ居ツテ、特ニ豫算ノ實行ニ當ツテハ注意ヲ致シタ、假令如何ナル方途ニ使ハレルモノデモ、一々之ニ檢討ヲ加ヘテ政府資金ヲ出シテ居ル、個人主義、自由主義ト云フヤウナ嫌ノナイヤウニ注意ハ致シテ居ルガ、何分事變下デアリマスルノデ、事務ガ輻湊シテ參リマスカラ、局課ヲ新設致シマシテ、横ノ連絡ヲ取ツテ事務ノ能率ヲ擧ゲルヤウニ努メテ居リマスガ、後々ノ事務ノ見透シヲ付ケマシテ、人件費ヲ要求スルノデアリマスカラ、或ハ是ガ一致シナイ場合ガアルカモ知レヌケレドモ、御諒承願ツテ置キタイ、又一般會計ト申シマスルガ、昭和十六年度ノ一般會計ヲ見マスレバ、七億圓昨年度ヨリ殖エテ居ル、其ノ七億圓殖エタ內譯ヲ申シマスルト、公債費、公債ノ未拂其ノ他、是等ニ要スル金ガ約一億五千万圓、ソレカラ恩給ノ殖エタノガ五千万圓以上アル、此ノ二口ダケデモ二億圓ノ金額ガ一般會計デ殖エテ行クノデアリマシテ、臨時部ノ豫算ヲ除キ一般會計ト申シマスケレドモ、臨時部ノ豫算ノ跡始末ヲ一般會計デヤツテ居ルノデアリマスカラ、臨時部ノ豫算ト睨合ハセテ考ヘマスレバ、一般會計ノ豫算ト云フモノハサウ殖ツテ參リマセヌ、斯ウ云フ所カラ考ヘテ行キマスト、此ノ償還ニ當ツテモ平素心掛ケテハ居ルケレドモ、財政ノ餘裕ヲ見ルマデハ具體化ハ致シマセヌト云フ意味ノ答辯ガアリマシタ、ソレカラ公債ノ保有等ニ付テ質問ガアリマシテ、今公債ハ普通銀行、貯蓄銀行、特別銀行ノ此ノ三銀行デ九十六億二千三百万圓保有シテ居ル、ソレカラ金錢信託デ三億百万圓、生命保險會社ノ責任準備金デ以テ、是ハ大體デアリマスガ、九億七千七百万圓、政府筋其ノ他官廳デ持ツテ居ル公債ノ高ハ八十一億八千二百万圓、此ノ政府筋、官廳ノ持ツテ居ルモノハ、昨年度ニ比較スルト二十二億二千八百万圓殖エテ居リマス、斯ウ云フ答辯ガアリマシタ、又公債消化ト國民ノ消化力ニ付テハ、是ハ國民ノ所得ハ公表サレナカツタガ、唯精神力ト活動力ニ依ツテ消化シテ貰フヨリ外ニ仕方ガナイト云フ意味ノ答辯ガアリマシタ、ソレカラ朝鮮事業、臺灣事業ニ付テ御質問ガアリマシテ、其ノ事業ノ見透シ等ニ付テ色々ナ方面カラ御質問ガアリマシタガ、之ニ對シ朝鮮ノ當局ハ、金、[illegible]、人造石油、是等ハ國內デ使用スル[illegible]年數ハ暫[illegible]鮮ニ於テ出來ル考ヘデアル、[illegible]三割二分、「アルミニウム」ガ一割二分、「マグネシウム」ガ四割三分、電力ガ一割九分、人絹用「パルプ」ガ一割二分位ノ生產擴充ニ進スルノデアツテ、此ノ經費ヲ有意義ニ使フ積リデアルト云フ答辯ガアリマシタ、又臺灣ノ當局カラ御答辯ガアツテ、[illegible]、鐵道事業、食糧 是ハ砂糖ト米、是等ノモノノ生產擴充ハ豫想通リニ參ツテ居リマス、又臺灣ノ東ノ方ノ開發ガ困難デアリマスガ、是モ此ノ費用ヲ有意義ニ使ウテ、[illegible]ヲ致ツテ行ク考ヘデアルト、詳シキ御說明ガアリマシタ

以上ノ外、公債消化ニ付テ委員カラ色々熱心ナル御質問ガアツテ、或ハ貸家主ノ取ツテ居ル、敷金ヲ全部公債ニ換ヘテシマウタラ、餘程公債ハ消化スルデハナイカ、或ハ內地ト外地トノ事情ガ異ツテ居ルカラ、異ツタ公債消化方法ヲ政府ガ考ヘテ、外地及ビ支那、滿洲方面ニ公債ノ消化ヲ圖ツタラドウカ、或ハ公債消化ニハ金利ノ値下ゲノ關係ガ重大デハナイカ、或ハ貯蓄ノ目標ハ何處ニ置イテ居ルカト云フヤウナ御質問ガ、色々ナ方面カラ熱心ニアリマシタガ、政府ハ之ニ對シ一々熱意ヲ以テ答辯サレマシタ、之ヲ申上ゲマスト大分時間ガ掛リマスノデ、洵ニ恐入リマスガ、速記錄ニ於テ御覽願ヒタイト存ジマス

委員會ハ一昨日午後一時ヨリ開會致シマシテ、此ノ六案ヲ一括シテ討論ニ入リマシタ所、委員[illegible]アツテ、全員之ニ贊成[illegible]、採決ニ入リマシタ所、委員會ハ全會一致ヲ以テ原案ノ通リ可決致シマシタ、以上簡單ナガラ御報告ヲ申上ゲマス(拍手)

○議長(小山松壽君) 六案ノ第二讀會ヲ開クニ御異議アリマセヌカ

〔「異議ナシ」ト呼ブ者アリ〕

○議長(小山松壽君) 御異議ナシト認メマス、仍テ六案ノ第二讀會ヲ開クニ決シマシタ

○服部崎市君 直チニ六案ノ第二讀會ヲ開キ、第三讀會ヲ省略シテ、委員長報告ノ通リ可決セラレンコトヲ望ミマス

○議長(小山松壽君) 服部君ノ動議ニ御異議アリマセヌカ

〔「異議ナシ」ト呼ブ者アリ〕

○議長(小山松壽君) 御異議ナシト認メマス、仍テ直チニ六案ノ第二讀會ヲ開キ、議案全部ヲ議題ト致シマス

昭和十六年度一般會計歳出ノ財源ニ充ツル爲公債發行ニ關スル法律案 第二讀會(確定議)

昭和十五年法律第七號中改正法律案(遞信省東京出張所ノ廢止、工場其ノ他ノ建物及其ノ附屬設備ノ新營擴張ニ要スル經費ニ關スル件) 第二讀會(確定議)

昭和十三年法律第二十三號中改正法律案(朝鮮[illegible]、朝鮮總督府、臺灣總督府及[illegible]ノ各特別會計ニ於ケル[illegible]一般ニ[illegible]

特別會計ニ繰入ルルコトニ關スル件

第二讀會(確定議)

朝鮮事業公債法中改正法律案

第二讀會(確定議)

朝鮮鐵道用品資金會計法中改正法律案

第二讀會(確定議)

臺灣事業公債法中改正法律案

第二讀會(確定議)

○**議長**(**小山松壽君**)　別ニ御發議モアリマセヌ、第三讀會ヲ省略シテ、六案トモ委員長報告通リ可決確定致シマシタ(拍手)

○**服部崎市君**　議事日程變更ノ緊急動議ヲ提出致シマス、即チ此ノ際政府提出、留萠鐵道株式會社及新潟臨港開發株式會社所屬鐵道買收ノ爲公債發行ニ關スル法律案、田名部運輸軌道株式會社所屬軌道ノ經營廢止ニ對スル補償ノ爲公債發行ニ關スル法律案、富士身延鐵道株式會社及白棚鐵道株式會社所屬鐵道買收ニ關スル法律案、及ビ大正九年法律第五十六號中改正法律案ノ四案ヲ一括議題トナシ、委員長ノ報告ヲ求メ、其ノ審議ヲ進メラレンコトヲ望ミマス

○**議長**(**小山松壽君**)　服部君ノ動議ニ御異議アリマセヌカ

〔「異議ナシ」ト呼ブ者アリ〕

○**議長**(**小山松壽君**)　御異議ナシト認メマス、仍テ日程ハ變更セラレマシタ――留萠鐵道株式會社及新潟臨港開發株式會社所屬鐵道買收ノ爲公債發行ニ關スル法律案、田名部運輸軌道株式會社所屬軌道ノ經營廢止ニ對スル補償ノ爲公債發行ニ關スル法律案、富士身延鐵道株式會社及白棚鐵道株式會社所屬鐵道買收ニ關スル法律案、大正九年法律第五十六號中改正法律案、右四案ヲ一括シテ第一讀會ノ續ヲ開キマス、委員長ノ報告ヲ求メマス――委員長星島二郎君

兵役法中改正法律案（政府提出、貴族院送付）　第一讀會ノ續（委員長報告）

陸軍軍人軍屬遂發罪處分例中改正法律案（政府提出、貴族院送付）　第一讀會ノ續（委員長報告）

海軍軍人軍屬遂發罪處分例中改正法律案（政府提出、貴族院送付）　第一讀會ノ續（委員長報告）

報告書

一兵役法中改正法律案（政府提出、貴族院送付）

右ハ本院ニ於テ可決スヘキモノト議決致候此段及報告候也

昭和十六年二月四日

委員長　漢那　憲和

衆議院議長小山松壽殿

報告書

一陸軍軍人軍屬遂發罪處分例中改正法律案（政府提出、貴族院送付）

右ハ本院ニ於テ可決スヘキモノト議決致候此段及報告候也

昭和十六年二月四日

委員長　漢那　憲和

衆議院議長小山松壽殿

報告書

一海軍軍人軍屬遂發罪處分例中改正法律案（政府提出、貴族院送付）

右ハ本院ニ於テ可決スヘキモノト議決致候此段及報告候也

昭和十六年二月四日

委員長　漢那　憲和

衆議院議長小山松壽殿

（漢那憲和君登壇）

○漢那憲和君　只今議題トナリマシタ兵役法中改正法律案外二案ニ付テ、委員會ノ經過竝ニ結果ヲ御報告申上ゲマス

委員會ハ去ル二日ニ開會致シマシテ、委員長及ビ理事ノ選擧ヲ行ヒ、委員長ニ不肖私、理事ニ伊藤東一郎君、小山田義孝君、最上政三君及ビ依光好秋君ガ選任セラレマシタ、引續キ三日及ビ四日ニ亙リ愼重ニ審議致シマシテ、委員諸君ト政府委員トノ間ニ極メテ熱心ナル質問應答ガアリマシタガ、今其ノ主要ナル部分ヲ申上ゲマスルト、第一ハ徴兵適齡ヲ低下シテハドウカト云フ質問ニ對シ、政府ハ青年ノ心身發達ノ一般的狀況カラ見テ、現狀ガ適當デアルトノ答辯デアリマシタ、第二ハ、徴兵ヲ免レタ者ニ對シテ兵役稅ヲ課スル意思ガアルカドウカ、又徴兵ヲ免レタ者ニ對シ適當ナル勞務ヲ課スルノ意思ハナイカト云フ質問ニ對シマシテ、政府ハ兵役稅ヲ課スルコトハ建軍ノ精神ニ反スルカラ反對デアルガ、徴兵ヲ免レタ者ガ自ラ進ンデ獻金等ヲナスコトハ、大イニ歡迎スル旨ノ答辯ガアリマシタ、又勞務ヲ課スルコトニ付テハ、兵役法ノ根本的改正ト共ニ目下研究中ナリトノ答辯デアリマシタ、第三ハ現在約十万ノ學生生徒等徴兵猶豫者ガアルノデアリマスガ、此ノ際是等ノ中適當ナル者ヲ徴集シテ、幹部候補生ニ養成スル必要ハナイカト云フ質問ニ對シ、政府ハ現在ノ狀態ハソレ程マデニ切迫シテハ居ラナイ、又現在幹部ニ不足ハナイト云フ答辯デアリマシタ、第四ハ青少年運動ノ一端トシテ、學生生徒ガ、大政翼贊運動ヲナスコトニ付テ、軍部ハドウ考ヘテ居ルカト云フ質問ニ對シテ、軍部トシテハ反對デアルト云フ答辯デアリマシタ、第五ハ選擧法改正問題ニ關聯シテ、一部ニハ兵役ヲ了ヘタル者ニ特ニ選擧權ヲ與フベシトノ議論ガアルガ、之ニ對スル軍部ノ意向ハドウカト云フ質問ニ對シテ、神聖ナル兵役義務ノ代償トシテ選擧權ヲ與フベシトスルガ如キ意見ニハ、斷ジテ反對デアルトノ答辯デアリマシタ、第六ハ入營者ノ家族援助ノ爲ニ徴兵保險ノ制度ヲ制定スル意思ハナイカト云フ質問、ソレカラ應召者ノ歸還シタル者ノ待遇改善及ビ軍事扶助費ノ增加ノ意思ハナイカト云フ質問、竝ニ朝鮮、臺灣等ノ外地ニ兵役令ヲ施行スル意思ハナイカト云フ質問、是等ノ質問ニ對シテ、政府ハ何レモ其ノ必要ヲ認メテ研究中ナリトノ答辯デアリマシタ、以上ノ外幾多ノ質問應答ガアリマシタガ、是等ハ速記錄ニ就テ御覽ヲ願ヒタイト思ヒマス

斯クノ如クシテ質問ヲ終了シ、討論ニ入リマシテ、伊藤東一郎君ヨリ兵役法ノ根本的改正ヲ希望スルト云フ意見ヲ述ベテ、サウシテ此ノ三案ニ贊成ノ意ヲ表サレマシタ、採決ノ結果、滿場一致三案トモ可決セラレタノデアリマス、右御報告申上ゲマス（拍手）

○議長（小山松壽君）　三案ノ第二讀會ヲ開クニ御異議アリマセヌカ

〔「異議ナシ」ト呼ブ者アリ〕

○議長（小山松壽君）　御異議ナシト認メマス、仍テ三案ノ第二讀會ヲ開クニ決シマシタ

○服部崎市君　直チニ三案ノ第二讀會ヲ開キ、第三讀會ヲ省略シテ、委員長報告ノ通リ可決セラレンコトヲ望ミマス

○議長（小山松壽君）　服部君ノ動議ニ御異議アリマセヌカ

〔「異議ナシ」ト呼ブ者アリ〕

○議長（小山松壽君）　御異議ナシト認メマス、仍テ直チニ三案ノ第二讀會ヲ開キ議案全部ヲ議題ト致シマス

兵役法中改正法律案　第二讀會（確定議）

陸軍軍人軍屬遂發罪處分例中改正法律案　第二讀會（確定議）

海軍軍人軍屬遂發罪處分例中改正法律案　第二讀會（確定議）

○議長（小山松壽君）　別ニ御發議モアリマセヌ、第三讀會ヲ省略シテ、三案トモ委員

長報告通リ可決確定致シマシタ（拍手）是ニテ議事日程ハ議了致シマシタ、次會ノ議事日程ハ公報ヲ以テ通知致シマス、本日ハ是ニテ散會致シマス

午後二時八分散會

昭和十六年二月七日

重要物資及食糧增產確保決議案

第一　重要物資及食糧增產確保決議案

（安達謙藏君外八十四名提出）

重要物資及食糧增產確保決議案

重要物資及食糧增產確保決議

大東亞ノ新秩序ヲ建設シ共榮圏ノ確立ヲ期スルハ帝國不動ノ國策ニシテ之カ遂行ノ爲ニハ萬難ヲ排シテ高度國防國家ノ完成ニ邁進セサルヘカラス

重要物資ノ生產擴充、食糧增產ノ確保ハ高度國防國家ノ礎石ニシテ現下喫緊ノ要務タリ政府ハ須ク國際情勢ノ緊迫ト國內生產力ノ現狀トニ鑑ミ速ニ左記具體策ヲ樹立シ以テ時局對處ニ萬全ヲ期スヘシ

一　統制ヲ合理化シテ民間ノ創意ヲ啓導シ體制ヲ整備シテ無用ノ摩擦ヲ排除シ戰時物價政策ニ檢討ヲ加フルト共ニ勞力、資材ノ配給ヲ適正圓滑ナラシメ特ニ重點主義ニ依ル科學總動員ヲ斷行シ創意的產業計畫ヲ樹立シ以テ鐵、石炭其ノ他重要物資ノ生產擴充ヲ爲スコト

二　內外地ヲ通スル食糧增產計畫ニ則リ即時外米依存脫却ノ目的ノ下ニ肥料其ノ他生產必需資材ノ適時配給、所要勞力ノ調整、技術動員施設ノ徹底、指導督勵網ノ完備等一切ノ手段ヲ盡シテ食糧ノ增產ヲ確保スルコト

右決議ス

（岡田忠彥君登壇）

○岡田忠彥君　私ハ茲ニ本決議案ノ趣旨辯明ヲナスノ光榮ヲ擔フ者デアリマス、先ヅ案文ヲ朗讀致シマス

重要物資及食糧增產確保決議案

大東亞ノ新秩序ヲ建設シ共榮圏ノ確立ヲ期スルハ帝國不動ノ國策ニシテ之カ遂行ノ爲ニハ萬難ヲ排シテ高度國防國家ノ完成ニ邁進セサルヘカラス

重要物資ノ生產擴充、食糧增產ノ確保ハ高度國防國家ノ礎石ニシテ現下喫緊ノ要務タリ政府ハ須ク國際情勢ノ緊迫ト國內生產力ノ現狀トニ鑑ミ速ニ左記具體案ヲ樹立シ以テ時局對處ニ萬全ヲ期スヘシ

一　統制ヲ合理化シテ民間ノ創意ヲ啓導シ體制ヲ整備シテ無用ノ摩擦ヲ排除シ戰時物價政策ニ檢討ヲ加フルト共ニ勞力、資材ノ配給ヲ適正圓滑ナラシメ特ニ重點主義ニ依ル科學總動員ヲ斷行シ創意的產業計畫ヲ樹立シ以テ鐵、石炭其ノ他重要物資ノ生產擴充ヲ爲スコト

二　內外地ヲ通スル食糧增產計畫ニ則リ即時外米依存脫却ノ目的ノ下ニ肥料其ノ他生產必需資材ノ適時配給、所要勞力ノ調整、技術動員施設ノ徹底、指導督勵網ノ完備等一切ノ手段ヲ盡シテ食糧ノ增產ヲ確保スルコト

右決議ス

案文ハ以上ノ通リデアリマス（發言スル者アリ）

諸君、本院ハ既ニ議會再開ノ劈頭ニ當リマシテ、戰時體制强化ニ關スル決議ヲ致シマシテ、重大時局ニ對處スベキ一般國政ノ運營ニ付テ、所信ノアル所ヲ明カニ致シタノデアリマス（拍手）本院ハ更ニ進ンデ……

（「外米ヲ入レテモ宜イヂヤナイカ」「排擊スル必要ハナイヂヤナイカ」ト呼ブ者アリ）

○議長（小山松壽君）　田淵君ニ御注意致シマス

○岡田忠彥君（續）　積極的ニ……

（田淵豐吉君頻リニ發言ス）

○議長（小山松壽君）　田淵君ニ御注意致シマス

（田淵豐吉君頻リニ發言ス）

○議長（小山松壽君）　田淵君ノ不規則ナル發言ヲ禁ジマス

○岡田忠彥君（續）　本院ハ更ニ進ンデ積極的ニ政府ニ協力ヲ致シテ、時艱克服ノ國策ヲ確立センガ爲ニ、此ノ決議案ヲ提出致シタ次第デゴザイマス（拍手）即チ茲ニ高度國防國家ノ基礎デアルベキ鐵、石炭其ノ他重要物資ノ生產ノ擴充、食糧增產ノ確保ニ關シ、本院ノ見ル所ヲ率直ニ披瀝致シテ、以テ一刻モ速カニ是ガ國策遂行ノ上ニ具現セラレンコトヲ要望致ス次第デゴザイマス（拍手）

事變以來三年有半、我ガ國ノ經濟力ガ遙カニ英米諸國ノ豫想ヲ裏切リマシテ、今日ニシテ益〻强靱ナル底力ヲ發揮シツツアリマスコトハ、全ク一億國民ガ各〻其ノ職域ニ於テ奉公シツツアル努力ノ賜モノデアリマシテ、私共ノ衷心欣快トスル所デゴザイマス（拍手）併シナガラ昨年ノ秋以來加重セラレ來ツタ所ノ國際情勢ノ重壓ハ、經濟上ノ分野ニ對シテモ甚大ナル影響ヲ與ヘマシタ、物資及ビ食糧ノ增產ハ、從來ノ速度ト計畫トヲ

以テシテハ、其ノ達成ハ困難トナッテ參ッタノデアリマス、（田淵豐吉君「ソンナラ外米ヲ入レロ」ト呼ブ）即チ英米依存ノ經濟カラハ完全ニ脫却致シナガラ……

（田淵豐吉君「必要ダカラ言フノダ」ト呼ブ）

○議長（小山松壽君） 田淵君ニ退場ヲ命ジマス

○岡田忠彥君（續） 尙且ツ急速ニ高度國防國家體制ヲ整備スルノ必要ニ迫ラレタノデアリマシテ、言葉ヲ換ヘテ申セバ、ヨリ限ラレタル資源ヲ以テ、ヨリ早キ速度ト、ヨリ擴大サレタル規模ニ於テ、重要物資ノ生産ノ擴充、食糧增産ノ確保ニ邁進致シマスコトガ、今日我ガ國ノ前ニ橫タハッテ居ル課題トナッタノデゴザイマス、凡ソ非常ノ時局ニ處シテハ非常ノ構想ヲ要スル、今日ノ事態ガ尋常一樣ノ手段ヲ以テ解決シ得ルトハ何人モ考ヘテ居リマセヌ、玆ニ新タナル方策ヲ必要トスルニ至ッタノデアリマシテ、吾々ガ政府ニ向ッテ進言セントスル所以モ亦玆ニ存スル次第デゴザイマス

政府ハ先ニ急轉シ來レル世局ニ卽應スル爲メ、數次ニ亙リ物動計畫ノ改編ヲ行ヘレマシタ、是ト同時ニ思切ッタル重點主義ヲ採上ゲテ、以テ戰時重要物資ノ增産確保ニ努メラレ、以テ全般的ナル新體制ノ一翼ト致シテ、經濟新體制ヲ企畫セラレ、勤勞新體制ト相俟ッテ、生産擴充ノ上ニ新タナル構想ト工夫トヲ試ミラレタノデアリマス、吾々ハ斯ク生産力ノ擴充ニ苦慮セラレツツアル政府ノ努力ニ對シテハ、心カラナル敬意ヲ表スル者デアリマス、然レドモ現實ノ具體的ノ成果ガ、政府ノ企圖セシ所ニ副ヒ得ザリシ一點ニ至ッテハ、遺憾ナガラ之ヲ認メザルヲ得ナイノデアリマス（拍手）

言フマデモナク高度國防國家ノ基本ハ、鐵、石炭其ノ他重要物資ノ增産自給ト、食糧ノ自給自足トニアリマス、少クトモ內外地ヲ通ジテ、石炭一億「トン」ノ生産ヲ確保致シ、一千万「トン」ヲ下ラザル鐵鋼ノ生産量ヲ持チ、又自給自足シ得ベキ國民食糧ヲ確保スルニアラズンバ、苟クモ高度國防國家デアルト稱スル譯ニ參ラヌト存ズルノデアリマス（拍手）我ガ國ガ特ニ昨年以來努力シ來ッタ目標モ實ニ玆ニ存スルノデゴザイマス

然ラバ現實ノ事態ハ此ノ目標ニ副ッテ居ルカドウカ、原料資材ノ不足、勞力ノ不足等、凡ユル困難ヲ克服致シマシテ、驚異的ナル成果ヲ擧ゲツツアルコトハ言フマデモアリセマヌ、然レドモ尙ホ目標ニ達セザルコト甚ダ遠イ譯デアリマス、隨テ吾々ハ玆ニ萬難ヲ排シテ、是ガ達成ニ邁進シナケレバナラヌ譯デアリマシテ、其ノ具體的ノ方策コソ、最高ニシテ最要ナル現下ノ國策デアルト言ハナケレバナリマセヌ（拍手）

鐵、石炭ニ次イデハ電力ヲ考ヘナケレバナラヌ、電力ハ我ガ國産業ノ基本デアリ、殊ニ水力電氣ノ開發ハ我ガ國ノ國情ニ鑑ヘテ刻下ノ急務ト存ジマス、近年ノ如ク頻々タル電力飢饉ヲ起ス如キコトデアリマシテハ、重要物資ノ生産擴充モ徒ラニ机上ノ空論ト化シ去ルノ虞ガアルノデアリマシテ、政府ハ此ノ點ニ深キ注意ヲ拂ハレンコトヲ希望致シマス（拍手）

ソコデ私ハ鐵、石炭、電力等ノ重要物資動力ノ生産擴充ニ對シマシテ、政府ニ次ノ如キ對策ヲ執ラレンコトヲ進言致スモノデアリマス

其ノ一ハ統制政策ヲ合理化致シマシテ、民間ノ創意ト協力トヲ啓導スルコトデアリマス

其ノ二ハ産業ノ體制ヲ整備致シテ、資本、經營、勞務、三位一體ノ實ヲ擧グルコトハ勿論、企業相互間ノ摩擦ニ對シテモ、之ヲ排除スルコトニ努力ヲスルコトデアリマス（拍手）

其ノ三ハ戰時低物價政策ノ堅持ト、生産擴充トノ矛盾ニ對シテ、合理的ナル調和ヲ與ヘルコトデアリマス（拍手）

其ノ四ハ資材勞務ノ配給ヲ圓滑、適正ナラシメルコトデアリマス

其ノ五ハ科學ヲ總動員シテ、新タナル發明ト發見トヲ獎勵シ、産業ノ計畫ニ一新機軸ヲ出スコトデアリマス（拍手）

周知ノ如ク我ガ國ノ重要資源ハ、必ズシモ豐富ナリト言フコトハ出來マセヌ、日滿支ヲ貫キタル重工業ノ資源ハ、著シク豐富ニナッタト申シテモ、是ガ開發ノ爲ニハ尙ホ相當ノ資材ト時日トヲ要スルコトハ明カデアリマス、加之三年有半ニ亙ル支那事變ヲ遂行シ、更ニ國際的ノ變局ニ備ヘントスルノデアリマスカラ、經濟ノ體制ト經營トニ根本的ナル改變ヲ加ヘナケレバナラヌコトハ、是ハ當然ノコトデアリマス、併シナガラ物ニハ自ラ緩急ノ別ガアッテ、躁急ヲ競ッテ、却テ目的ニ反シ、理念ニ囚ハレテ却テ現實ヲ破ルガ如キコトハ、此ノ際嚴ニ愼マナケレバナラヌト思フノデアリマス（拍手）統制政策ノ強行、企業合同ノ促進、戰時低物價政策ノ堅持等ハ、固ヨリ當然ノ方策デハアリマスガ、過ギタルハ猶ホ及バザルガ如シ、所謂角ヲ矯メテ牛ヲ殺スコトノナイヤウナ用意ハ、今日ニ於テ最モ緊要ナリト信ズルノデアリマス（拍手）要ハ生産擴充ト云フ此ノ一點ニ眼ヲ注イデ、臨機應變ノ處置ヲ講ズベキモノデアルト信ズルノデゴザイマス

特ニ此ノ際留意ヲ求メタイコトハ、科學總動員ニ付テデゴザイマス科學總動員ノ必要ナルコトハ、今日ニ於テ最早論ズル必要ハナイ、最モ緊切ナルモノデゴザイマスルコトハ分ッテ居ルノデアルガ、現今我ガ國ノ科學研究ノ狀況ヲ見マスト、各種ノ科學研究所ハ各〻狹隘ナル分野ヲ守リ、祕密ト鎖國トニ跼蹐ヲ致シテ顧ミザルノ狀況デアリマス、是ガ爲ニ年々巨額ノ金ヲ費スケレドモ、科學研究ノ結果ガ具體的ノ成果ヲ收メテ、世ノ中ニ現ハレルト云フコトガ殆ドナイノデアリマス、我ガ國ノ生産擴充ガ最モ科學ノ總動員ニ俟ツコト多キハ言フヲ俟タナイコトデアリマス、此ノ際政府ハ科學總動員ノ計畫ヲ立テラレマシテ、速カニ其

ノ具現ヲ期セラレンコトヲ希望シテ已ミマセヌ、「ナポレオン」戰爭當時、大陸封鎖ニ惱マサレタル彼ノ「イギリス」ガ、科學ヲ總動員致シテ新シキ發明ト發見ヲ行ヒ、百年ニ亙ル英國繁榮ノ基礎ヲ確立致シマシタコトハ普ク人ノ知ル所デアリマス、又「ヴェルサイユ」條約ニ依リ完全ニ手足ヲ捥ガレ去ツタ所ノ「ドイツ」ガ、科學ノ力ニ依ツテ今日ノ復興ヲ圖リ、其ノ戰鬪綱領ニ於キマシテモ「用兵トハ科學ニ立脚セル自由ニシテ創造的ナル行爲ナリ」ト斷ジテ居ル如キハ、吾人ノ大イニ學ブベキ所デアルト思フノデアリマス(拍手)英米ヨリノ依存ヲ脫却シ、殊ニ經濟封鎖ヲ喫シツツアル今日コソ、我ガ國ガ科學ノ動員ヲ致シ、將來ノ飛躍ヲ畫スベキ、天與ノ好機デアルト言ハナケレバナリマセヌ、私ハ我ガ國ノ產業ガ必ズヤ此ノ試煉ニ耐フベキコトヲ信ジテ疑ヒマセヌ、獨リ疑ハザルノミナラズ、之ニ依ツテ隆興日本ノ基礎ガ築カルベキモノデアルコトヲ確信致スモノデアリマス(拍手)

次ニ食糧問題ニ付テ述ベマス、既ニ我國ニ於テハ內地及ビ臺灣、朝鮮ヲ含ム、所謂內外地ヲ貫ク食糧增產計畫ナルモノガ確立サレテ居ルノデアリマスガ、此ノ增產計畫ナルモノハ、遺憾ナガラ種々ノ障碍ノ爲ニ未ダ實行ニ移サレテ居リマセヌ、元來內外地計畫ノ一貫性ヲ缺クガ如キコトハ、今日ノ場合許スベカラザルコトデアリマス、此際速カニ內外地ヲ通ズル需給計畫ヲ確立セラレ、首尾一貫セル管理制度ヲ實施シ得ルガ如キ、大乘的ノ考慮ガ拂ハレナケレバナラヌト思フノデアリマス、食糧殊ニ米ノ不足ニ對シテハ、專ラ外米ニ依存シテ目前ヲ糊塗シテ居ルニ過ギマセヌ、言フマデモナク外米依存ハ、根本的ナル食糧對策ト言フコトハ出來ナイ、一朝有事ノ際ニ食糧ヲ海外ニ仰グガ如キ弱味ト云フモノハ、絕對ニ之ヲ拂ヒ去ラナケレバナラナイト思フノデアル、此ノ故ニ高度國防ノ國家ニ於テハ、當ニ食糧ノ自給自足ヲ以テ、其ノ最小限度ノ要請ト致シテ居ルノデアリマス、食糧增產計畫ヲ實現スル第一ノ必要條件ハ、肥料及ビ生產ノ必需資材ノ確保ト、其ノ適時配給デアリマス、昨年度ニ於テ米穀其ノ他食糧ノ增產ヲ妨ゲタルモノハ、主トシテ肥料ノ不足、其ノ配給ノ遲延、必需資材ノ不足ニ基因スルモノデアリマス、仍テ肥料ノ增產施設ヲ擴充スルト共ニ、是ガ一元的適期配給ヲ爲スベキデアルト思フノデアリマス(拍手)更ニ無機質ノ肥料ガ不足スル場合ニ於テハ、之ヲ補フガ爲メ魚肥、堆肥、厩肥等ノ有機質肥料ニ付テ特別ノ考慮ガ拂ハレネバナラヌト思フノデアリマス(拍手)食糧ノ不足ガ延イテ飼料ノ不足トナリ、飼料ノ不足ガ延イテ有機質肥料ノ不足トナリ、更ニ食糧ノ減產ヲ來スガ如キ、循環的ノ結果ノ起ラザルヤウニ、政府ハ今ヨリ十分ノ對策ヲ講ゼラルベキモノデアルト思ヒマス

食糧增產ノ第二ノ必要條件ハ、農村勞力ノ補給ト是ガ調整デゴザイマス、勞務動員計畫ニ基キ、或ハ又各地ノ時局產業ノ勃興ニ伴ヒマシテ、農村勞力ノ非常ナル不足ヲ來シツツアルコトハ贅言ヲ要シマセヌ、而モ之ヲ補フベキ牛馬等ニ至ツテハ、必ズシモ增產ノ域ニ達セズ、益々農村ノ勞力不足ニ拍車ヲ掛ケテ居ル今日ノ現狀デアル、之ヲ如何ニシテ補フノデアリマセウカ、農村移動勞働班ノ編成ハ、一部ニ於テハ有效ナル結果ヲ擧ゲテ居ルヤウデアルガ、全體ヨリ之ヲ觀察致スト、其效果ハ未ダ以テ滿足ノ域ニ達シテ居リマセヌ、今後勞働力ノ調整ニ付テハ、政府ニ於テ協同力ヲ骨子ト致シタ所ノ大規模ナル計畫ヲ樹テテ、以テ勞働力ノ確保ヲ圖ラナケレバナラヌト信ジマス

食糧增產ノ第三ノ必要條件ハ、技術指導ノ徹底、科學知識ノ動員、督勵網ノ組織等專ラ增產ヲ刺戟スル指導督勵ノ方策デアリマス、是ハ現在ソレ〳〵ノ道府縣ニ於テ區々々ニナサレテ居リマス、併シナガラ是等ハ各種ノ事務ニ忙殺セラレテ、其ノ指導力ハ甚ダシク低下致シ、又逆轉ノ虞スラ今日ハアルノデアリマシテ、只今ノ時局ニ處シテ、之ヲ全國ニ亙ツテ徹底的ニ、又組織的ニ整備充實スルコトガ急務デアルト存ズルノデアリマス(拍手)

次ニ休閑地ヲ利用スルコトハ最モ必要デアル、例ヘバ全國ニ亙ツテ居ル官公有地ノ適切ナル利用、久シキニ亙ツテ放置セラレテ居ル會社豫定地ノ活用ノ如キハ、此ノ際最モ考慮スベキ點デアルト思フ(拍手)同僚三善代議士ハ郷里熊本ニ於テ、學校ノ校庭ノ一部ヲ動員致シテ、甘藷ヲ栽培スルコトヲ奬メラレ、縣下ノ共鳴ヲ得ラレタト云フコトヲ、私ハ豫算委員會ニ於テ承ツテ、大イニ意ヲ强クシタ譯デアリマスガ、私ハ此ノ趣旨ヲ全國ノ學校ニ及ボスト云フコトハ、又以テ我ガ第二國民ノ奉公心ヲ喚起スル上ニ於テ、至大ノ貢獻アルモノト存ズル次第デアリマス、尙ホ低位耕作者ノ能率ヲ向上セシメルコト、二毛作ノ普及ヲ圖ルコト、他作物ノ食糧生產ヘノ轉換等ノ事柄ハ、何レモ即時實施スベキモノデアル、又國土計畫ニ基イテ、工場等ニ依ル美田ノ破壞ヲ阻止スルコトモ、亦此ノ際考慮ニ入ルベキモノデアルト存ジマス

之ヲ要スルニ我ガ國現下ノ情勢ハ、食糧增產ノ確保ヲ以テ最モ喫緊ノ要務トナスニ拘ラズ、其ノ方策ハ必ズシモ吾人ノ要求ニ應ヘテ居リマセヌ、今日ノ如キ狀態ニ於テ手ヲ拱イテ坐視スルガ如キコトガアリマシタナラバ、逐年食糧生產減退ノ方向ニ向フコトナキヤヲ惧レルノデアリマス、食糧不足ノ際、漫然ト外米依存ノ偸安策ヲ執リ、外米輸入ニ依ツテ急場ヲ凌グト云フガ如キコトハ、斷ジテ國家百年ノ大計デハアリマセヌ、此ノ矛盾ヲ克服スル爲ニハ、是非トモ此ノ際大英斷ヲ以テ食糧增產確保ノ爲ニ、以上申述ベタル方策ヲ實施セラレンコトヲ切望シテ已マナイノデアリマス(拍手)

尙ホ外米依存ノ脫却ノ方策ト致シテハ、物價ニ對シ再檢討ヲ加ヘ、主要食糧ノ價格

ト一般物價トノ均衡ニ付キ愼重ナル考究ヲ遂ゲテ、之ニ善處スルコトガ必要デアルト存ズルノデアリマス（拍手）此ノ點ニ付テハ、政府自ラニ於テモ既ニ認識サレテ居ルコトト信ジマスカラ、特ニ多言ヲ費スコトヲ避ケルモノデアリマス

玆ニ趣旨辯明ヲ終ルニ當リマシテ、私ノ一言シタキコトハ、此ノ決議ニ生命ヲ與フルモノハ、政府ノ牢固タル決意ト擧國一致ノ態勢トデアルト存ジマス（拍手）政府ニ牢固タル決意ナクンバ、以テ天下ノ信ヲ繫グニ足ラズ、擧國一致ノ態勢ナクンバ、以テ天下ノ大事ヲ遂グルニ足ラヌ、昔弘安ノ役、元ハ强大ナル國力ヲ恃ンデ、屢〻使ヲ派シテ漫リニ不遜ノ言辭ヲ弄シテ、我ニ修交ヲ迫ツタ、我ハ遂ニ其ノ使ヲ斬ツテ決意ノ在ル所ヲ中外ニ示シタノデアリマス、當時ノ史實ヲ繙ケバ、畏クモ上ハ皇室ヨリ、鎌倉幕府以下庶民ニ至ルマデ、打ツテ一丸トナツテ火ト燃エ、石ト固マツテ、一死君國ニ殉ゼントセシ烈々タル意氣ハ、正ニ天日ヲ貫クモノデアツテ、吾々後世子孫ヲシテ仰イデ襟ヲ正サシムルモノガアリマス、本期議會ヲ通ジ、近衞首相ハ必死ノ覺悟ヲ國民ノ前ニ示サレ、吾々モ亦此ノ決意ニ酬ヘタノデアリマス、冀クハ近衞首相ヲ初メ內閣諸公、一層奮勵セラレ、愼重以テ事ヲ計リ、勇斷以テ事ニ處シ、速カニ此ノ決議ヲ實行ニ移サレテ、以テ國民ト共ニ天壤無窮ノ皇運ヲ扶翼セラレンコトヲ切望ノ至リニ堪ヘマセヌ（拍手）

○**議長（小山松壽君）** 採決致シマス、本案ニ賛成ノ諸君ノ起立ヲ求メマス

（總員起立）

○**議長（小山松壽君）** 起立總員

（拍手起ル）

○**議長（小山松壽君）** 仍テ本案ハ全會一致可決致シマシタ（拍手）此ノ際內閣總理大臣ヨリ發言ヲ求メラレテ居リマス――近衞內閣總理大臣

（國務大臣公爵近衞文麿君登壇）

○**國務大臣（公爵近衞文麿君）** 只今ノ御決議ニ對シマシテハ、其ノ御趣旨ニ於キマシテ、政府ニ於キマシテモ全ク御同感デゴザイマス、重要物資ノ生產擴充、食糧ノ增產ト云フコトハ、高度國防國家ノ建設ノ基礎トナルベキモノデアリマシテ、之ニ對シマシテハ從來モ努力ヲ致シテ參ツタノデアリマスガ、今後モ一層努力致シマシテ、此ノ御趣旨ニ副フヤウニ全力ヲ盡シタイト存ジマス（拍手）

朝鮮銀行法及臺灣銀行法ノ臨時特例ニ關スル法律案

第一條　朝鮮銀行及臺灣銀行ハ大藏大臣ノ定ムル金額ヲ限リ銀行券ヲ發行スルコトヲ得

朝鮮銀行及臺灣銀行ハ必要アリト認ムルトキハ大藏大臣ノ認可ヲ受ケ前項ノ金額ヲ超エテ銀行券ヲ發行スルコトヲ得此ノ場合ニ於テ朝鮮銀行及臺灣銀行ハ前項ノ金額ヲ超過スル發行高ニ對シ大藏大臣ノ定ムル割合ヲ以テ發行稅ヲ納ムベシ但シ其ノ割合ハ年三分ヲ下ルコトヲ得ズ

大藏大臣第一項ノ金額ヲ定メタルトキハ之ヲ公示スベシ

第二條　朝鮮銀行及臺灣銀行ハ銀行券發行高ニ對シ保證トシテ同額ノ金貨、地金銀、兌換銀行券、日本銀行ニ對スル預ケ金、國債證券其ノ他確實ナル證券又ハ商業手形ヲ保有スルコトヲ要ス

大藏大臣必要アリト認ムルトキハ朝鮮銀行及臺灣銀行ニ對シ前項ノ規定ニ依リ保有スル金貨、地金銀、兌換銀行券及日本銀行ニ對スル當座預ケ金ノ總額ノ銀行券發行高ニ對スル割合ニ關シ必要ナル命令ヲ爲スコトヲ得

第三條　朝鮮銀行及臺灣銀行ハ大藏大臣ノ定ムル所ニ依リ銀行券發行高ヲ官報ニ公告スベシ

附　則

本法施行ノ期日ハ勅令ヲ以テ之ヲ定ム

昭和十四年法律第五十九號ハ之ヲ廢止ス

本法ハ支那事變終了後一年內ニ之ヲ廢止スルモノトス

朝鮮銀行法第二十二條及第二十四條竝ニ臺灣銀行法第九條及第二十五條第二項ノ規定ハ當分ノ內之ヲ適用セズ

朝鮮銀行法中改正法律案

朝鮮銀行法中左ノ通改正ス

第二十七條　朝鮮銀行ハ毎營業年度ニ於テ利益金ヨリ左ニ揭クル金額ヲ控除シタル殘額ノ四分ノ一ヲ政府ニ納付スヘシ

一　拂込資本金額ニ對スル年六分ニ相當スル金額

二　前條ノ規定ニ依リ積立ツヘキ金額ノ最少額ニ相當スル金額

利益金ヨリ前項第一號及第二號ノ金額竝ニ前項ノ規定ニ依ル納付金額ヲ控除シタル殘額カ利益金ノ十分ノ一ヲ超過スルトキハ其ノ超過額ノ三分ノ一ヲ更ニ政府ニ納付スヘシ

附　則

本法ハ昭和十六年七月一日ヨリ之ヲ施行ス但シ同日前ニ終了スル營業年度ノ納付金ニ關シテハ仍從前ノ規定ニ依ル

臺灣銀行法中改正法律案

臺灣銀行法中左ノ通改正ス

第二十條中「毎年」ヲ「毎營業年度ニ於テ」ニ改ム

第二十條ノ二　臺灣銀行ハ毎營業年度ニ於テ利益金ヨリ左ニ揭クル金額ヲ控除シタル殘額ノ四分ノ一ヲ政府ニ納付スヘシ

一　拂込資本金額ニ對スル年六分ニ相當スル金額

二　前條ノ規定ニ依リ積立ツヘキ金額ノ最少額ニ相當スル金額

利益金ヨリ前項第一號及第二號ノ金額竝ニ前項ノ規定ニ依ル納付金額ヲ控除シタル殘額カ利益金ノ十分ノ一ヲ超過スルトキハ其ノ超過額ノ三分ノ一ヲ更ニ政府ニ納付スヘシ

附　則

本法ハ公布ノ日ヨリ之ヲ施行ス但シ第二十條ノ二ノ改正規定ハ昭和十六年七月一日ヨリ之ヲ施行ス

（政府委員廣瀨豐作君登壇）

○政府委員（廣瀨豐作君）　只今議題トナリマシタ兌換銀行券條例ノ臨時特例ニ關スル法律案外三件ニ付テ說明致シマス

先ヅ兌換銀行券條例ノ臨時特例ニ關スル法律案ニ付テ說明致シマス、現行ノ兌換銀行券發行制度ニ依リマスレバ、兌換銀行券ノ發行ハ、之ヲ正貨準備ニ依ル發行ト保證ニ依ル發行トニ區分スル建前デアリマスガ、斯カル發行制度ハ現在ニ於テハ既ニ其ノ意義ヲ失ヒマシテ、之ヲ其ノ儘放置スルコトハ、啻ニ兌換銀行券發行ノ實情ニ副ハナイバカリデハナク、却テ今後ニ於ケル通貨政策遂行上障碍トナルモノト認メラレマスノデ、此ノ際正貨準備發行ト保證發行トノ區分ヲ停止致シマスルト共ニ、兌換銀行券ノ發行限度ハ、政府諸般ノ經濟金融政策ト睨合ハセマシテ、大藏大臣ガ之ヲ決定スルコトト致シ、以テ事態ノ推移ニ應ジ得ル、彈力性アル制度タラシムルヲ適當ト認メタノデアリマス、次ニ兌換銀行券ノ種類及ビ發行高ニ關スル公告ノ方法ハ、今後事態ノ推移ニ應ジマシテ、適宜之ヲ變更シ得ルコトトスルノ必要ガアリマスノデ、大藏大臣ニ於テ其ノ種類ヲ必要ニ應ジテ追加シ、又ハ其ノ公告ノ方法ヲ定ムルコトトスルノヲ適當ト認メタノデアリマス、而シテ右ノ諸點ニ關スル改正ヲ恒久的立法ニ依ツテ行ヒマスルコトハ、未ダ時機熟セザルモノト認メラレマスノデ、此ノ際ト致シマシテハ、本案ノ如ク臨時的措置トシテ之ヲ行ハントスルモノデアリマス

次ニ朝鮮銀行法及臺灣銀行法ノ臨時特例ニ關スル法律案ニ付テ說明致シマス、現行ノ朝鮮銀行券及ビ臺灣銀行券ノ發行制度ハ、現行兌換銀行券發行制度ト大體同樣デアリマシテ、銀行券ノ發行ヲ、仕拂準備ニ依ル發行ト保證ニ依ル發行トニ區分スル建前デアリマスルガ、兌換銀行券發行制度ヲ前述ノ如ク改正スルニ伴ヒマシテ、是ト同樣ノ理由ニ依リ、此ノ際兩銀行券ノ仕拂準備發行ト保證發行トノ區分ハ、之ヲ停止致シマスルト共ニ、兩銀行券ノ發行限度內及ビ其ノ發行高ニ關スル公告ノ方法ハ、大藏大臣ガ之ヲ定メルコトトスルヲ適當ト認メタ次第デアリマス、唯現在兩銀行券ハ兌換銀行券ニ對シ特殊ノ依存關係ニアリマスルカラシテ、兩銀行券ノ兌換銀行券ニ對スル兌換性ヲ確保スル爲ニ、大藏大臣ハ必要ニ應ジ兩銀行ガ銀行券發行高ニ對シ一定割合ノ兌換銀行券、又ハ是ト經濟上同視スベキ物件ヲ保有スベキコトヲ命ジ得ルコトトスルノ必要ガアルト認メラレルノデアリマス、次ニ日本銀行ニ對スル預ケ金ハ、之ヲ經濟上ヨリ見マスレバ、兌換銀行券ト實質的ニ何等異ナル所ガナイノデアリマスカラシテ、之ヲ兩銀行券ノ保證物件中ニ加フルコトト致シタノデアリマス、而シテ右ノ諸點ニ關スル改正モ、兌換銀行券發行制度ノ改正ト同樣、臨時的措置トシテ之ヲ行フヲ適當ト認メタノデアリマス

次ニ朝鮮銀行法中改正法律案及ビ臺灣銀行法中改正法律案ニ付テ、一括シテ御說明致シマス、朝鮮銀行ノ現行納付金制度ハ、朝鮮銀行創立當初ニ設置セラレタモノデアリマシテ、今日ノ事態ニ適應セザルモノガアルノデアリマス、殊ニ同行ノ銀行券發行限度ハ屢〻擴張セラレ、今回亦同銀行券發行制度ノ臨時改正ヲ必要トスル狀況デアリマシテ、同行ガ銀行券發行ノ特權ニ基キ收得スル利益ハ、益〻增大スルモノト認メラレルノデアリマス、斯カル事態ニ對シマシテハ、現行ノ納付金制度ハ不備デアリマシテ、同行ノ負擔ハ其ノ特權ニ基ク利益ト調和ヲ得ザルモノト認メラレルノデアリマス、次ニ臺灣銀行ニ於キマシテモ、其ノ銀行券發行ノ特權ニ基キ、同行ノ收得スル利益ハ少カラザルモノガアルノデアリマス、殊ニ同行ガ斯カル特權ニ基キ收得スル利益ハ、朝鮮銀行ニ於ケルト同樣ノ理由ニ依リマシテ

益々増大スルモノト認メラレマスルノデ、此ノ特權ニ對スル報償トシテ、臺灣銀行ノ利益ノ一定部分ヲ政府ニ納付セシムルコトガ必要ト認メラレルノデアリマス、然ルニ朝鮮銀行及ビ臺灣銀行ハ、共ニ大正末期以來、業況ノ不振ニ陷リマシテ、爾來長ク內容ノ整理ニ專念シ來ツタノデアリマスルガ、近年兩銀行ノ業況ハ大イニ立直リマシテ、毎期相當多額ノ利益ヲ擧ゲルニ至リマシタノデ、此ノ際朝鮮銀行納付金制度ヲ整備致シマスルト共ニ、臺灣銀行ニモ是ト同樣ノ納付金制度ヲ新設スルノヲ適當ト認メタ次第デアリマス、

以上說明致シマシタ各法律案ニ付キマシテハ、何卒御審議ノ上速カニ御協賛アランコトヲ希望致シマス(拍手)

○副議長(田子一民君) 各案ノ審査ヲ付託スベキ委員ノ選擧ニ付テ御諮リ致シマス

○服部崎市君 日程第七乃至第十ノ四案ハ、一括シテ政府提出、外國爲替管理法改正法律案委員ニ併セ付託サレンコトヲ望ミマス

○副議長(田子一民君) 服部君ノ動議ニ御異議アリマセヌカ

(「異議ナシ」ト呼ブ者アリ)

○副議長(田子一民君) 御異議ナシト認メマス、仍テ動議ノ如ク決シマシタ――日程第十一及ビ第十二ハ、便宜上一括議題トナスニ御異議アリマセヌカ

(「異議ナシ」ト呼ブ者アリ)

○副議長(田子一民君) 御異議ナシト認メマス、仍テ日程第十一、工作機械製造事業法中改正法律案、日程第十二、日本製鐵株式會社法中改正法律案、右兩案ヲ一括シテ第一讀會ヲ開キマス――小林商工大臣

昭和十六年二月九日

治安維持法改正法律案

治安維持法改正法律案（政府提出） 第一讀會

治安維持法改正法律案

治安維持法

第一章 罪

第一條 國體ヲ變革スルコトヲ目的トシテ結社ヲ組織シタル者又ハ結社ノ役員其ノ他指導者タル任務ニ從事シタル者ハ死刑又ハ無期若ハ七年以上ノ懲役ニ處シ情ヲ知リテ結社ニ加入シタル者又ハ結社ノ目的遂行ノ爲ニスル行爲ヲ爲シタル者ハ三年以上ノ有期懲役ニ處ス

第二條 前條ノ結社ヲ支援スルコトヲ目的トシテ結社ヲ組織シタル者又ハ結社ノ役員其ノ他指導者タル任務ニ從事シタル者ハ死刑又ハ無期若ハ五年以上ノ懲役ニ處シ情ヲ知リテ結社ニ加入シタル者又ハ結社ノ目的遂行ノ爲ニスル行爲ヲ爲シタル者ハ二年以上ノ有期懲役ニ處ス

第三條 第一條ノ結社ノ組織ヲ準備スルコトヲ目的トシテ結社ヲ組織シタル者又ハ結社ノ役員其ノ他指導者タル任務ニ從事シタル者ハ死刑又ハ無期若ハ五年以上ノ懲役ニ處シ情ヲ知リテ結社ニ加入シタル者又ハ結社ノ目的遂行ノ爲ニスル行爲ヲ爲シタル者ハ二年以上ノ有期懲役ニ處ス

第四條 前三條ノ目的ヲ以テ集團ヲ結成シタル者又ハ集團ヲ指導シタル者ハ無期又ハ三年以上ノ懲役ニ處シ前三條ノ目的ヲ以テ集團ニ參加シタル者又ハ集團ニ關シ前三條ノ目的遂行ノ爲ニスル行爲ヲ爲シタル者ハ一年以上ノ有期懲役ニ處ス

第五條 第一條乃至第三條ノ目的ヲ以テ其ノ目的タル事項ノ實行ニ關シ協議若ハ煽動ヲ爲シ又ハ其ノ目的タル事項ヲ宣傳シ其ノ他其ノ目的遂行ノ爲ニスル行爲ヲ爲シタル者ハ一年以上十年以下ノ懲役ニ處ス

第六條 第一條乃至第三條ノ目的ヲ以テ騷擾、暴行其ノ他生命、身體又ハ財産ニ害ヲ加フベキ犯罪ヲ煽動シタル者ハ二年以上ノ有期懲役ニ處ス

第七條 國體ヲ否定シ又ハ神宮若ハ皇室ノ尊嚴ヲ冒瀆スベキ事項ヲ流布スルコトヲ目的トシテ結社ヲ組織シタル者又ハ結社ノ役員其ノ他指導者タル任務ニ從事シタル者ハ無期又ハ四年以上ノ懲役ニ處シ情ヲ知リテ結社ニ加入シタル者又ハ結社ノ目的遂行ノ爲ニスル行爲ヲ爲シタル者ハ一年以上ノ有期懲役ニ處ス

第八條 前條ノ目的ヲ以テ集團ヲ結成シタル者又ハ集團ヲ指導シタル者ハ無期又ハ三年以上ノ懲役ニ處シ前條ノ目的ヲ以テ集團ニ參加シタル者又ハ集團ニ關シ前條ノ目的遂行ノ爲ニスル行爲ヲ爲シタル者ハ一年以上ノ有期懲役ニ處ス

第九條 前八條ノ罪ヲ犯サシムルコトヲ目的トシテ金品其ノ他ノ財産上ノ利益ヲ供與シ又ハ其ノ申込若ハ約束ヲ爲シタル者ハ十年以下ノ懲役ニ處ス情ヲ知リテ供與ヲ受ケ又ハ其ノ要求若ハ約束ヲ爲シタル者亦同ジ

第十條 私有財産制度ヲ否認スルコトヲ目的トシテ結社ヲ組織シタル者又ハ情ヲ知リテ結社ニ加入シタル者若ハ結社ノ目的遂行ノ爲ニスル行爲ヲ爲シタル者ハ十年以下ノ懲役又ハ禁錮ニ處ス

第十一條 前條ノ目的ヲ以テ其ノ目的タル事項ノ實行ニ關シ協議ヲ爲シ又ハ其ノ目的タル事項ノ實行ヲ煽動シタル者ハ七年以下ノ懲役又ハ禁錮ニ處ス

第十二條 第十條ノ目的ヲ以テ騷擾、暴行其ノ他生命、身體又ハ財産ニ害ヲ加フベキ犯罪ヲ煽動シタル者ハ十年以下ノ懲役又ハ禁錮ニ處ス

第十三條 前三條ノ罪ヲ犯サシムルコトヲ目的トシテ金品其ノ他ノ財産上ノ利益ヲ供與シ又ハ其ノ申込若ハ約束ヲ爲シタル者ハ五年以下ノ懲役又ハ禁錮ニ處ス情ヲ知リテ供與ヲ受ケ又ハ其ノ要求若ハ約束ヲ爲シタル者亦同ジ

第十四條 第一條乃至第四條、第七條、第八條及第十條ノ未遂罪ハ之ヲ罰ス

第十五條 本章ノ罪ヲ犯シタル者自首シタルトキハ其ノ刑ヲ減輕又ハ免除ス

第十六條 本章ノ規定ハ何人ヲ問ハズ本法施行地外ニ於テ罪ヲ犯シタル者ニ亦之ヲ適用ス

第二章 刑事手續

第十七條 本章ノ規定ハ第一章ニ掲グル罪ニ關スル事件ニ付之ヲ適用ス

第十八條 檢事ハ被疑者ヲ召喚シ又ハ其ノ召喚ヲ司法警察官ニ命令スルコトヲ得

檢事ノ命令ニ因リ司法警察官ノ發スル召喚狀ニハ命令ヲ爲シタル檢事ノ職、氏名及其ノ命令ニ因リ之ヲ發スル旨ヲモ記載スベシ

召喚狀ノ送達ニ關スル裁判所書記及執達吏ニ屬スル職務ハ司法警察官吏之ヲ行フコトヲ得

第十九條 被疑者正當ノ事由ナクシテ前條ノ規定ニ依ル召喚ニ應ゼズ又ハ刑事訴訟法第八十七條第一項各號ニ規定スル事由アルトキハ檢事ハ被疑者ヲ勾引シ又ハ其ノ勾引ヲ他ノ檢事ニ囑託シ若ハ司法警察官ニ命令スルコトヲ得

前條第二項ノ規定ハ檢事ノ命令ニ因リ司法警察官ノ發スル勾引狀ニ付之ヲ準用ス

第二十條 勾引シタル被疑者ハ指定セラレタル場所ニ引致シタル時ヨリ四十八時間内ニ檢事又ハ司法警察官之ヲ訊問スベシ其ノ時間内ニ勾留狀ヲ發セザルトキハ檢事ハ被疑者ヲ釋放シ又ハ司法警察官ヲシテ之ヲ釋放セシムベシ

第二十一條 刑事訴訟法第八十七條第一項各號ニ規定スル事由アルトキハ檢事ハ被疑者ヲ勾留シ又ハ其ノ勾留ヲ司法警察官ニ命令スルコトヲ得

第十八條第二項ノ規定ハ檢事ノ命令ニ因リ司法警察官ノ發スル勾留狀ニ付之ヲ準用ス

第二十二條 勾留ニ付テハ警察官署又ハ憲兵隊ノ留置場ヲ以テ監獄ニ代用スルコトヲ得

第二十三條 勾留ノ期間ハ二月トス特ニ繼續ノ必要アルトキハ地方裁判所檢事又ハ區裁判所檢事ハ檢事長ノ許可ヲ受ケ一月毎ニ勾留ノ期間ヲ更新スルコトヲ得但シ通ジテ一年ヲ超ユルコトヲ得ズ

第二十四條 勾留ノ事由消滅シ其ノ他勾留ヲ繼續スルノ必要ナシト思料スルトキハ檢事ハ速ニ被疑者ヲ釋放シ又ハ司法警察官ヲシテ之ヲ釋放セシムベシ

第二十五條 檢事ハ被疑者ノ住居ヲ制限シテ勾留ノ執行ヲ停止スルコトヲ得

刑事訴訟法第百十九條第一項ニ規定スル事由アル場合ニ於テハ檢事ハ勾留ノ執行停止ヲ取消スコトヲ得

第二十六條　檢事ハ被疑者ヲ訊問シ又ハ其ノ訊問ヲ司法警察官ニ命令スルコトヲ得

檢事ハ公訴提起前ニ限リ證人ヲ訊問シ又ハ其ノ訊問ヲ他ノ檢事ニ囑託シ若ハ司法警察官ニ命令スルコトヲ得

司法警察官檢事ノ命令ニ因リ被疑者又ハ證人ヲ訊問シタルトキハ命令ヲ爲シタル檢事ノ職、氏名及其ノ命令ニ因リ訊問シタル旨ヲ訊問調書ニ記載スベシ

第十八條第二項及第三項ノ規定ハ證人訊問ニ付之ヲ準用ス

第二十七條　檢事ハ公訴提起前ニ限リ押收、搜索若ハ檢證ヲ爲シ又ハ其ノ處分ヲ他ノ檢事ニ囑託シ若ハ司法警察官ニ命令スルコトヲ得

檢事ハ公訴提起前ニ限リ鑑定、通譯若ハ翻譯ヲ命ジ又ハ其ノ處分ヲ他ノ檢事ニ囑託シ若ハ司法警察官ニ命令スルコトヲ得

前條第三項ノ規定ハ押收、搜索又ハ檢證ノ調書及鑑定人、通事又ハ翻譯人ノ訊問調書ニ付之ヲ準用ス

第十八條第二項及第三項ノ規定ハ鑑定、通譯及翻譯ニ付之ヲ準用ス

第二十八條　刑事訴訟法中被告人ノ召喚、勾引及勾留、被告人及證人ノ訊問、押收、搜索、檢證、鑑定、通譯竝ニ翻譯ニ關スル規定ハ別段ノ規定アル場合ヲ除クノ外被疑事件ニ付之ヲ準用ス但シ保釋及責付ニ關スル規定ハ此ノ限ニ在ラズ

第二十九條　辯護人ハ司法大臣ノ豫メ指定シタル辯護士ノ中ヨリ之ヲ選任スベシ但シ刑事訴訟法第四十條第二項ノ規定ノ適用ヲ妨ゲズ

第三十條　辯護人ノ數ハ被告人一人ニ付二人ヲ超ユルコトヲ得ズ

辯護人ノ選任ハ最初ニ定メタル公判期日ニ係ル召喚狀ノ送達ヲ受ケタル日ヨリ十日ヲ經過シタルトキハ之ヲ爲スコトヲ得ズ但シ已ムコトヲ得ザル事由アル場合ニ於テ裁判所ノ許可ヲ受ケタルトキハ此ノ限ニ在ラズ

第三十一條　辯護人ハ訴訟ニ關スル書類ノ謄寫ヲ爲サントスルトキハ裁判長又ハ豫審判事ノ許可ヲ受クルコトヲ要ス

辯護人ノ訴訟ニ關スル書類ノ閲覽ハ裁判長又ハ豫審判事ノ指定シタル場所ニ於テ之ヲ爲スベシ

第三十二條　被告事件公判ニ付セラレタル場合ニ於テ檢事必要アリト認ムルトキハ管轄移轉ノ請求ヲ爲スコトヲ得但シ第一回公判期日ノ指定アリタル後ハ此ノ限ニ在ラズ

前項ノ請求ハ事件ノ繫屬スル裁判所及移轉先裁判所ニ共通スル直近上級裁判所ニ之ヲ爲スベシ

第一項ノ請求アリタルトキハ決定アル迄訴訟手續ヲ停止スベシ

第三十三條　第一章ニ掲グル罪ヲ犯シタルモノト認メタル第一審ノ判決ニ對シテハ控訴ヲ爲スコトヲ得ズ

前項ニ規定スル第一審ノ判決ニ對シテハ直接上告ヲ爲スコトヲ得

上告ハ刑事訴訟法ニ於テ第二審ノ判決ニ對シ上告ヲ爲スコトヲ得ル理由アル場合ニ於テ之ヲ爲スコトヲ得

上告裁判所ハ第二審ノ判決ニ對スル上告事件ニ關スル手續ニ依リ裁判ヲ爲スベシ

第三十四條　第一章ニ掲グル罪ヲ犯シタルモノト認メタル第一審ノ判決ニ對シ上告アリタル場合ニ於テ上告裁判所同章ニ掲グル罪ヲ犯シタルモノニ非ザルコトヲ疑フニ足ルベキ顯著ナル事由アルモノト認ムルトキハ判決ヲ以テ原判決ヲ破毀シ事件ヲ管轄控訴裁判所ニ移送スベシ

第三十五條　上告裁判所ハ公判期日ノ通知ニ付テハ刑事訴訟法第四百二十二條第一項ノ期間ニ依ラザルコトヲ得

第三十六條　刑事手續ニ付テハ別段ノ規定アル場合ヲ除クノ外一般ノ規定ノ適用アルモノトス

第三十七條　本章ノ規定ハ第二十二條、第二十三條、第二十九條、第三十條第一項、第三十二條、第三十三條及第三十四條ノ規定ヲ除クノ外軍法會議ノ刑事手續ニ付之ヲ準用ス此ノ場合ニ於テ刑事訴訟法第八十七條第一項トアルハ陸軍軍法會議法第百四十三條又ハ海軍軍法會議法第百四十三條、刑事訴訟法第四百二十二條第一項トアルハ陸軍軍法會議法第四百四十四條第一項又ハ海軍軍法會議法第四百四十六條第一項トシ第二十五條第二項中刑事訴訟法第百十九條第一項ニ規定スル事由アル場合ニ於テハトアルハ何時ニテモトス

第三十八條　朝鮮ニ在リテハ本章中司法大臣トアルハ朝鮮總督、檢事長トアルハ覆審法院檢事長、地方裁判所檢事又ハ區裁判所檢事トアルハ地方法院檢事、刑事訴訟法トアルハ朝鮮刑事令ニ於テ依ルコトヲ定メタル刑事訴訟法トス但シ刑事訴訟法第四百二十二條第一項トアルハ朝鮮刑事令第三十一條トス

第三章　豫防拘禁

第三十九條　第一章ニ掲グル罪ヲ犯シ刑ニ處セラレタル者其ノ執行ヲ終リ釋放セラルベキ場合ニ於テ釋放後ニ於テ更ニ同章ニ掲グル罪ヲ犯スノ虞アルコト顯著ナルトキハ裁判所ハ檢事ノ請求ニ因リ本人ヲ豫防拘禁ニ付スル旨ヲ命ズルコトヲ得

第一章ニ掲グル罪ヲ犯シ刑ニ處セラレ其ノ執行ヲ終リタル者又ハ刑ノ執行猶豫ノ言渡ヲ受ケタル者思想犯保護觀察法ニ依リ保護觀察ニ付セラレ居ル場合ニ於テ保護觀察ニ依ルモ同章ニ掲グル罪ヲ犯スノ危險ヲ防止スルコト困難ニシテ更ニ之ヲ犯スノ虞アルコト顯著ナルトキ亦前項ニ同ジ

第四十條　豫防拘禁ノ請求ハ本人ノ現在地ヲ管轄スル地方裁判所ノ檢事其ノ裁判所ニ之ヲ爲スベシ

前項ノ請求ハ保護觀察ニ付セラレ居ル者ニ係ルトキハ其ノ保護觀察ヲ爲ス保護觀察所ノ所在地ヲ管轄スル地方裁判所ノ檢事其ノ裁判所ニ之ヲ爲スコトヲ得

豫防拘禁ノ請求ヲ爲スニハ豫メ豫防拘禁委員會ノ意見ヲ求ムルコトヲ要ス

豫防拘禁委員會ニ關スル規定ハ勅令ヲ以テ之ヲ定ム

第四十一條　檢事ハ豫防拘禁ノ請求ヲ爲スニ付テハ必要ナル取調ヲ爲シ又ハ公務所ニ照會シテ必要ナル事項ノ報告ヲ求ムルコトヲ得

前項ノ取調ヲ爲スニ付必要アル場合ニ於テハ司法警察官吏ヲシテ本人ヲ同行セシムルコトヲ得

第四十二條　檢事ハ本人定リタル住居ヲ有セザル場合又ハ逃亡シ若ハ逃亡スル虞アル場合ニ於テ豫防拘禁ノ請求ヲ爲スニ付必要アルトキハ本人ヲ豫防拘禁所ニ假ニ收容スルコトヲ得但シ已ムコトヲ得ザル事由アル場合ニ於テハ監獄ニ假ニ收容スルコトヲ妨ゲズ

前項ノ假收容ハ本人ノ陳述ヲ聽キタル後ニ非ザレバ之ヲ爲スコトヲ得ズ但シ本人陳述ヲ肯ゼズ又ハ逃亡シタル場合ハ此ノ限ニ在ラズ

第四十三條　前條ノ假收容ノ期間ハ十日トス其ノ期間內ニ豫防拘禁ノ請求ヲ爲サザルトキハ速ニ本人ヲ釋放スベシ

第四十四條　豫防拘禁ノ請求アリタルト

キハ裁判所ハ本人ノ陳述ヲ聽キ決定ヲ爲スベシ此ノ場合ニ於テハ裁判所ハ本人ニ出頭ヲ命ズルコトヲ得

本人陳述ヲ肯ゼズ又ハ逃亡シタルトキハ陳述ヲ聽カズシテ決定ヲ爲スコトヲ得

刑ノ執行終了前豫防拘禁ノ請求アリタルトキハ裁判所ハ刑ノ執行終了後ト雖モ豫防拘禁ニ付スル旨ノ決定ヲ爲スコトヲ得

第四十五條　裁判所ハ事實ノ取調ヲ爲スニ付必要アル場合ニ於テハ參考人ニ出頭ヲ命ジ事實ノ陳述又ハ鑑定ヲ爲サシムルコトヲ得

裁判所ハ公務所ニ照會シテ必要ナル事項ノ報告ヲ求ムルコトヲ得

第四十六條　檢事ハ裁判所ガ本人ヲシテ陳述ヲ爲サシメ又ハ參考人ヲシテ事實ノ陳述若ハ鑑定ヲ爲サシムル場合ニ立會ヒ意見ヲ開陳スルコトヲ得

第四十七條　本人ノ屬スル家ノ戸主、配偶者又ハ四親等内ノ血族若ハ三親等内ノ姻族ハ裁判所ノ許可ヲ受ケ輔佐人ト爲ルコトヲ得

輔佐人ハ裁判所ガ本人ヲシテ陳述ヲ爲サシメ若ハ參考人ヲシテ事實ノ陳述若ハ鑑定ヲ爲サシムル場合ニ立會ヒ意見ヲ開陳シ又ハ參考ト爲ルベキ資料ヲ提出スルコトヲ得

第四十八條　左ノ場合ニ於テハ裁判所ハ本人ヲ勾引スルコトヲ得

一　本人定リタル住居ヲ有セザルトキ

二　本人逃亡シタルトキ又ハ逃亡スル虞アルトキ

三　本人正當ノ理由ナクシテ第四十四條第一項ノ出頭命令ニ應ゼザルトキ

第四十九條　前條第一號又ハ第二號ニ規定スル事由アルトキハ裁判所ハ本人ヲ豫防拘禁所ニ假ニ收容スルコトヲ得但シ已ムコトヲ得ザル事由アル場合ニ於テハ監獄ニ假ニ收容スルコトヲ妨ゲズ

本人監獄ニ在ルトキハ前項ノ事由ナシト雖モ之ヲ假ニ收容スルコトヲ得

第四十二條第二項ノ規定ハ第一項ノ場合ニ付之ヲ準用ス

第五十條　別段ノ規定アル場合ヲ除クノ外刑事訴訟法中勾引ニ關スル規定ハ第四十八條ノ勾引ニ、勾留ニ關スル規定ハ第四十二條及前條ノ假收容ニ付之ヲ準用ス但シ保釋及責付ニ關スル規定ハ此ノ限ニ在ラズ

第五十一條　豫防拘禁ニ付セザル旨ノ決定ニ對シテハ檢事ハ即時抗告ヲ爲スコトヲ得

豫防拘禁ニ付スル旨ノ決定ニ對シテハ本人及輔佐人ハ即時抗告ヲ爲スコトヲ得

第五十二條　別段ノ規定アル場合ヲ除クノ外刑事訴訟法中決定ニ關スル規定ハ第四十四條ノ決定ニ、即時抗告ニ關スル規定ハ前條ノ即時抗告ニ付之ヲ準用ス

第五十三條　豫防拘禁ニ付セラレタル者ハ豫防拘禁所ニ之ヲ收容シ改悛セシムル爲必要ナル處置ヲ爲スベシ

豫防拘禁所ニ關スル規程ハ勅令ヲ以テ之ヲ定ム

第五十四條　豫防拘禁ニ付セラレタル者ハ法令ノ範圍內ニ於テ他人ト接見シ又ハ信書其ノ他ノ物ノ接受ヲ爲スコトヲ得

豫防拘禁ニ付セラレタル者ニ對シテハ信書其ノ他ノ物ノ檢閲、差押若ハ沒取ヲ爲シ又ハ保安若ハ懲戒ノ爲必要ナル處置ヲ爲スコトヲ得假ニ收容セラレタル者及本章ノ規定ニ依リ勾引狀ノ執行ヲ受ケ留置セラレタル者ニ付亦同ジ

第五十五條　豫防拘禁ノ期間ハ二年トス特ニ繼續ノ必要アル場合ニ於テハ裁判所ハ決定ヲ以テ之ヲ更新スルコトヲ得

豫防拘禁ノ期間滿了前更新ノ請求アリタルトキハ裁判所ハ期間滿了後ト雖モ更新ノ決定ヲ爲スコトヲ得

更新ノ決定ハ豫防拘禁ノ期間滿了後確定シタルトキト雖モ之ヲ期間滿了ノ時確定シタルモノト看做ス

第四十條、第四十一條及第四十四條乃至第五十二條ノ規定ハ更新ノ場合ニ付之ヲ準用ス此ノ場合ニ於テ第四十九條第二項中監獄トアルハ豫防拘禁所トス

第五十六條　豫防拘禁ノ期間ハ決定確定ノ日ヨリ起算ス

拘禁セラレザル日數又ハ刑ノ執行ノ爲拘禁セラレタル日數ハ決定確定後ト雖モ前項ノ期間ニ算入セズ

第五十七條　決定確定ノ際本人受刑者ナルトキハ豫防拘禁ハ刑ノ執行終了後之ヲ執行ス

監獄ニ在ル本人ニ對シ豫防拘禁ヲ執行セントスル場合ニ於テ移送ノ準備其ノ他ノ事由ノ爲特ニ必要アルトキハ一時拘禁ヲ繼續スルコトヲ得

豫防拘禁ノ執行ハ本人ニ對スル犯罪ノ搜査其ノ他ノ事由ノ爲特ニ必要アルトキハ決定ヲ爲シタル裁判所ノ檢事又ハ本人ノ現在地ヲ管轄スル地方裁判所ノ檢事ノ指揮ニ因リ之ヲ停止スルコトヲ得

刑事訴訟法第五百三十四條乃至第五百三十六條及第五百四十四條乃至第五百五十二條ノ規定ハ豫防拘禁ノ執行ニ付之ヲ準用ス

第五十八條　豫防拘禁ニ付セラレタル者收容後其ノ必要ナキニ至リタルトキハ第五十五條ニ規定スル期間滿了前ト雖モ行政官廳ノ處分ヲ以テ之ヲ退所セシムベシ

第四十條第三項ノ規定ハ前項ノ場合ニ付之ヲ準用ス

第五十九條　豫防拘禁ノ執行ヲ爲サザルコト二年ニ及ビタルトキハ決定ヲ爲シタル裁判所ノ檢事又ハ本人ノ現在地ヲ管轄スル地方裁判所ノ檢事ハ事情ニ因リ其ノ執行ヲ免除スルコトヲ得

第四十條第三項ノ規定ハ前項ノ場合ニ付之ヲ準用ス

第六十條　天災事變ニ際シ豫防拘禁所内ニ於テ避難ノ手段ナシト認ムルトキハ收容セラレタル者ヲ他所ニ護送スベシ若シ護送スルノ暇ナキトキハ一時之ヲ解放スルコトヲ得

解放セラレタル者ハ解放後二十四時間内ニ豫防拘禁所又ハ警察官署ニ出頭スベシ

第六十一條　本章ノ規定ニ依リ豫防拘禁所若ハ監獄ニ收容セラレタル者又ハ勾引狀若ハ逮捕狀ヲ執行セラレタル者逃走シタルトキハ一年以下ノ懲役ニ處ス

前條第一項ノ規定ニ依リ解放セラレタル者同條第二項ノ規定ニ違反シタルトキ亦前項ニ同ジ

第六十二條　收容設備若ハ械具ヲ損壞シ、暴行若ハ脅迫ヲ爲シ又ハ二人以上通謀シテ前條第一項ノ罪ヲ犯シタル者ハ三月以上五年以下ノ懲役ニ處ス

第六十三條　前二條ノ未遂罪ハ之ヲ罰ス

第六十四條　本法ニ規定スルモノノ外豫防拘禁ニ關シ必要ナル事項ハ命令ヲ以テ之ヲ定ム

第六十五條　朝鮮ニ在リテハ豫防拘禁ニ關シ地方裁判所ノ爲スベキ決定ハ地方法院ノ合議部ニ於テ之ヲ爲ス

朝鮮ニ在リテハ本章中地方裁判所ノ檢事トアルハ地方法院ノ檢事、思想犯保護觀察法トアルハ朝鮮思想犯保護觀察令、刑事訴訟法トアルハ朝鮮刑事令ニ於テ依ルコトヲ定メタル刑事訴訟法トス

附　則

本法施行ノ期日ハ勅令ヲ以テ之ヲ定ム

第一章ノ改正規定ハ本法施行前從前ノ規定ニ定メタル罪ヲ犯シタル者ニ亦之ヲ適用ス但シ改正規定ニ定ムル刑ガ從前ノ規定ニ定メタル刑ヨリ重キトキハ從前ノ規定ニ定メタル刑ニ依リ處斷ス

第二章ノ改正規定ハ本法施行前公訴ヲ提起シタル事件ニ付テハ之ヲ適用セズ

第三章ノ改正規定ハ從前ノ規定ニ定メタル罪ニ付本法施行前刑ニ處セラレタル者ニ亦之ヲ適用ス

本法施行前朝鮮刑事令第十二條乃至第十五條ノ規定ニ依リ爲シタル捜査手續ハ本法施行後ト雖モ仍其ノ效力ヲ有ス

前項ノ捜査手續ニシテ本法ニ之ニ相當スル規定アルモノハ之ヲ本法ニ依リ爲シタルモノト看做ス

本法施行前朝鮮思想犯豫防拘禁令ニ依リ爲シタル豫防拘禁ニ關スル手續ハ本法施行後ト雖モ仍其ノ效力ヲ有ス

前項ノ豫防拘禁ニ關スル手續ニシテ本法ニ之ニ相當スル規定アルモノハ之ヲ本法ニ依リ爲シタルモノト看做ス

（國務大臣柳川平助君登壇）

○國務大臣（柳川平助君） 只今上程ニ相成リマシタ治安維持法改正法律案ヲ提出スルニ至リマシタ理由ヲ御説明申上ゲマス

御承知ノ通リ我ガ國ハ今ヤ内外共ニ實ニ重大ナル時局ニ際會シテ居ルノデアリマス、此ノ重大時局ヲ乘切ル爲ニハ、官民共ニ益〻興國ノ精神ヲ發揚シ、一致協力シテ、國體ヲ擁護シ、聖業翼贊ノ信念ヲ堅持シテ進マナケレバナラヌコトハ申スマデモナイ所デアリマス、然ルニ永年ニ亙リ當局ガ鋭意檢擧ヲ續行致シタニモ拘ラズ、斯カル重大時局下ニ於テ、共産主義其ノ他ノ詭激思想運動ガ依然絶熄致シマセヌノミナラズ、最近ニ於キマシテハ、再ビ擡頭シツツアルヤニ認メラレマスコトハ、洵ニ遺憾ノ次第デアリマス、現下ノ我ガ國情ハ官民一致ノ努力ニモ拘ラズ、事變ノ長期化ト國際情勢ノ變化ニ伴ヒ、各種ノ經濟現象ガ漸次複雜化シツツアルノデアリマスガ、斯カル社會情勢ハ、動モスレバ詭激思想ヲ助成シ、詭激思想抱懷者ヲシテ乘ズルノ機會ヲ與フルコトト相成ルノデアリマス、隨ヒマシテ是等不逞ノ思想運動ニ對シマシテ、現在程強力ナル施策ヲ必要トスル時機ハナイノデアリマス、而シテ是ガ對策ト致シマシテハ、教育其ノ他ノ方面ニ於ケル諸般ノ施設ヲ必要ト致スコト勿論デアリマシテ、固ニ刑罰ヲ以テ是ガ根絶ヲ期スルコトハ、至難ノ業デアリマスコトハ勿論デアリマスガ、苟クモ國體ノ變革ヲ企圖スルガ如キ、不逞極マリナキ詭激思想ノ抱懷者ニ對シマシテハ、之ヲ徹底的ニ檢擧處罰シ、彼等ヲシテ蠢動ノ餘地ナカラシムルコト、必要缺クベカラザル事柄デアリマス

現行治安維持法ハ、御承知ノ如ク大正十四年ノ制定ニ係リ、其ノ後昭和三年緊急勅令ヲ以テ、其ノ一部ニ改正ガ加ヘラレタニ過ギナイノデアリマシテ、大正末期ヨリ昭和初年ニ掛ケテノ思想運動情勢ヲ背景トシテ規定セラレマシタル關係上、共産主義運動、殊ニ日本共産黨ノ活動ヲ、主タル對象トシテ規定セラレテ居ルノデアリマス、然ルニ運動情勢ノ變化ニ順應シ、治安維持ノ目的ヲ達スルガ爲ニハ、一面共産主義運動ノミナラズ、無政府主義運動、民族獨立運動又ハ類似宗教運動等、各種ノ詭激思想運動ニモ亦之ヲ適用スル實際上ノ必要ガアリマスルト共ニ、他面共産主義運動ニ關シマシテモ、情勢ノ變化、殊ニ所謂人民戰線方策ノ採用ニ依リ、其ノ運動形態ハ本法制定當時ニ比シ極メテ複雜化スルニ至リマシタノデ、現行治安維持法ハ事案ヲ處理致ス上ニ於テ、不備ノ點ガ多々存スルニ至ツタノデアリマス、隨テ事態ノ變化ニ對應シテ、取締ノ完璧ヲ期スル爲メ、現行法ノ罰則ヲ整備強化スル必要ガアルノデアリマス

ソレト同時ニ、本法施行以來ノ實蹟ニ徴シ、且ツ思想犯罪事件ノ特質ニ鑑ミマシテ、捜査機關ノ捜査手段ヲ強化致シ、其ノ迅速適正ヲ期スルト共ニ、裁判手續モ亦之ヲ極メテ敏速化シ、且又過去ニ於テ此ノ種事件ニ關シ屢〻行ハレタ、所謂法廷鬪爭ヲ防止スル爲ノ制度ヲ設クル必要ガアルノデアリマス、捜査及ビ審判ニ關スル現行刑事訴訟法ノ規定ハ極メテ不備デアリマシテ、斯カル現下ノ必要ヲ十分ニ充シ得マセヌノデ、其ノ不備ヲ補ヒ、其ノ完璧ヲ期スルコトハ喫緊ノ要務デアリマス

更ニ最近ノ共産主義運動ノ實情ヲ見マスルニ、活動ノ中心ヲ成スモノハ、多ク非轉向ノ刑餘者又ハ執行猶豫者デアリマスノミナラズ、思想犯人ノ特質ヨリ致シマシテ、一旦感染シタル詭激思想ハ容易ニ拂拭致シ難ク、刑ノ執行ニ依ルモ改悛セザル者其ノ數ニ乏シクアリマセヌ、此ノ實情ニ鑑ミ、思想犯罪ノ鎭壓ト豫防ノ效果ヲ完璧ナラシムル爲ニ、一定ノ條件ト手續ノ下ニ、所謂非轉向分子ヲ社會ヨリ隔離シ、且ツ其ノ改悛ヲ促スコトヲ目的トスル豫防拘禁制度ヲ設クル必要ガアルノデアリマス（拍手）

之ヲ要シマスルニ、現行治安維持法ヲ全般ニ亙ツテ改正シ、罰則ヲ整備強化シテ其ノ完璧ヲ期シ、特別刑事手續ヲ創設シテ、檢擧ヨリ裁判ニ至ルマデ、其ノ手續ヲ迅速適正化シ、豫防拘禁制度ヲ確立シ、非轉向分子ヲシテ乘ズル所ナカラシムルコトハ、現下喫緊ノ要務デアリマシテ、國體ヲ擁護シ、大義ヲ匡シ、以テ高度國防國家體制ノ完璧ヲ期スル所以デアルト信ジ、玆ニ本案ヲ提出スル次第デアリマス、何卒愼重御審議ノ上速カニ御協贊アランコトヲ希望致ス次第デアリマス（拍手）

○副議長（田子一民君） 本案ノ審査ヲ付託スベキ委員ノ選擧ニ付テ御諮リ致シマス

○服部崎市君 本案ハ議長指名十八名ノ委員ニ付託サレンコトヲ望ミマス

○副議長（田子一民君） 服部君ノ動議ニ御異議アリマセヌカ

（「異議ナシ」ト呼ブ者アリ）

拓務省所管朝鮮總督府

歳入經常部

第一款　租　税

第一項　所得税

（一六）　元山税務署ノ徴收不足ニ屬スルモノ（會計檢査院報告ノ一）

一六、二五二圓・一五〇

臨時利得税ニ於テ同署ノ徴收不足ニ屬スルモノ

一二、八四七・〇七〇

（一七）　京城税務署ニ於テ徴收不足ニ屬スルモノ（會計檢査院報告ノ同上）

五、二二四圓・七一〇

（一八）　京城税務署ノ徴收不足ニ屬スルモノ（會計檢査院報告ノ同上）

二、六二五圓・八六〇

所得特別税ニ於テ同署ノ徴收不足ニ屬スルモノ　一九六・九四〇

（一九）　京城税務署ノ徴收不足ニ屬スルモノ（會計檢査院報告ノ同上）

一、八九九圓・五六〇

資本利子税ニ於テ同署ノ徴收不足ニ屬スルモノ　三〇〇・三〇〇

右ハ孰レモ取扱ノ過誤ニ依リ徴收不足ヲ生セシメタルモノニシテ不當ナリトス

歳出臨時部

第六款　土木費

第二項　港灣修築改良費

（二〇）　朝鮮總督府内務局釜山土木出張所ノ支出ニ係ル（會計檢査院報告ノ二）　七二、五二四圓・二六〇

右ハ昭和十四年六月ヨリ十五年二月ニ至ル間四回ニ亘リ城津電柱株式會社ヨリ購入ニ係ル落葉松丸太四千三百餘本（千八百七立米餘）ノ代價八萬九千參百餘圓ノ内ニシテ本件丸太ハ城津營林署拂下材ニシテ營林署貯木場渡價格ヲ立米當參拾四圓五拾四錢乃至四拾七圓八拾參錢トシ之ニ運賃諸掛八圓六拾四錢ヲ加算シ麗水港及草梁貨車卸單價四拾參圓拾八錢乃至五拾六圓四拾七錢ヲ以テ購入シタルモノナルモ右貯木場渡價格ハ營林署ノ同會社ニ對スル拂下價格（標準價格ノ一割引）立米當拾七圓七拾八錢乃至貳拾參圓五拾五錢ニ比シ六割餘乃至十六割餘高價ニ當リ營林署ヨリ直接購入スルヲ有利ト認メラルルニ本件會社ヲ通シ高價ニ購入シタルハ妥當ノ措置ニ非ス本件ハ物件ノ購入ニ當リ措置其ノ宜シキヲ得ス國庫ニ不利ヲ及ホシタルモノトス

鑛業法改正ニ關スル建議案

鑛業法改正ニ關スル建議

今ヤ大東亞共榮圈ノ確立ヲ目標トスル我カ東亞新秩序建設ノ聖業カ著々進捗シツツアルハ吾人ノ頗ル意ヲ强ウスル所ナリ然レトモ高度國防國家ノ目的貫徹ニハ尙施設、措置ヲ要スヘキモノ尠カラス殊ニ地下埋藏資源ノ開發ハ急務ニ屬ス而シテ之カ飛躍的發展ヲ期セムニハ鑛業法ヲ改正シ關係者ヲシテ欣然現下ノ重大任務ヲ擔任セシメ更ニ將來ニ於ケル鑛業界ノ根本的基礎確立方策ヲ講スヘキナリ之カ爲ニハ朝鮮、臺灣、樺太等ヲ統一スル鑛業法ノ劃期的改正ニ俟タサルヘカラス仍テ政府ハ之カ調査機關ヲ設ケ速ニ斯法ノ改正ニ著手セラレムコトヲ望ム

右建議ス

昭和十六年三月二十七日

（特別報告第一號）

請願特別報告第二五〇號

意見書

請願文書表第三九七號

朝鮮ニ衆議院議員選擧法施行ノ請願

昭和十六年二月十八日呈出

請願者朝鮮京城府明倫町一丁目三十六番地ノ十七金田明外六十八名

（紹介議員守屋榮夫君外一名）

右請願ノ趣旨ハ現下支那事變ニ際シ半島民能ク帝國臣民タル本分ヲ自覺シ銃後ノ赤誠ヲ盡シツツアルノ秋朝鮮ニハ既ニ志願兵採用制度朝鮮民事令改正ニ依ル創氏制度教育制度ノ改正等實施セラレタルモ此ノ際更ニ衆議院議員選擧法ヲ實施スルハ内鮮擧國一致國民總動員ノ實ヲ擧クル上ヨリシテ最必要ナリト信ス依テ朝鮮ニ衆議院議員選擧法ヲ施行セラレタシト謂フニ在リ

衆議院ハ其ノ趣旨ヲ至當ナリト認メ之ヲ採擇スヘキモノト議決セリ依テ議院法第六十五條ニ依リ別冊及御送付候也

昭和十六年十一月十八日

酒税等ノ増徴等ニ関スル
法律案外四件　第一読会

昭和十三年法律第二十三号中改正法律案

昭和十三年法律第二十三号中左ノ通改正ス

第一条中「増収額」ノ下ニ「、朝鮮総督府、台湾総督府及樺太庁ノ各特別会計ニ於ケル酒税又ハ骨牌税ノ昭和十六年度以降ノ増徴ニ因ル増収額」ヲ加フ

第二条　朝鮮総督府及台湾総督府ノ各特別会計ニ於ケル昭和十三年及同十六年ノ煙草定価改正ニ因ル昭和十三年度以降又ハ同十六年度以降ノ専売収入増加額中勅令ノ定ムル金額ハ毎年度予算ノ定ムル所ニ依リ之ヲ当該特別会計ヨリ臨時軍事費特別会計ニ繰入ルベシ

附　則

本法施行ノ期日ハ勅令ヲ以テ之ヲ定ム

昭和九年法律第二十九号中改正法律案

昭和九年法律第二十九号中左ノ通改正ス

附則第二項中「五億五千万円」ヲ「十二億五千万円」ニ改ム

附　則

本法ハ公布ノ日ヨリ之ヲ施行ス

台湾米穀移出管理特別会計法ノ特例ニ関スル法律案

第一条　台湾総督府ニ於テ米穀ノ配給上ノ必要ニ基キ米穀及米穀以外ノ食糧農産物並ニ其ノ加工品ノ買入及売渡ヲ為ス場合ニ於テハ其ノ買入及売渡ニ関スル一切ノ歳入歳出ハ台湾米穀移出管理特別会計ニ属セシム

台湾米穀移出管理特別会計法第四条及第五条中米穀トアルハ米穀及米穀以外ノ食糧農産物並ニ其ノ加工品トス

第二条　移出又ハ輸出ヲ目的トシテ台湾米穀移出管理特別会計ニ属スル米穀ノ売渡ヲ為シタル場合ニ於テ当該米穀ニ付台湾総督府特別会計ヨリ生産ヲ確保スル為ノ奨励金ノ支出アリタルモノナルトキハ当該奨励金ニ相当スル金額ハ予算ノ範囲内ニ於テ之ヲ台湾米穀移出管理特別会計ヨリ台湾総督府特別会計ニ繰入ルルコトヲ得

第三条　政府ハ当分ノ内千五百万円ヲ限リ台湾米穀移出管理特別会計法第三条但書ノ金額ヲ超エテ借入ヲ為スコトヲ得

附　則

本法ハ公布ノ日ヨリ之ヲ施行ス

（国務大臣賀屋興宣君登壇）

○国務大臣（賀屋興宣君）　只今議題トナリマシタ酒税等ノ増徴等ニ関スル法律案外四件ニ付キ其ノ提出ノ理由ヲ説明致シマス

先ヅ酒税等ノ増徴等ニ関スル法律案ニ付キ其ノ概要ヲ説明申上ゲマス、現下ノ緊迫セル諸情勢ノ下ニ於キマシテ支那事変ヲ完遂シ、東亜共栄圏ノ確立ヲ図ル為ニハ、臨時軍事費ヲ初メ戦時体制強化ノ為ノ経費ノ増加ハ避クルコトヲ得ナイ状態ニアルノデアリマシテ、此ノ際不急不用ノ経費ニ付キ徹底的ノ節約ヲ加ヘマシテモ、尚ホ我ガ国歳出ノ総額ガ今後相当膨脹スベキコトハ免レ難イ所デアリマス、一面最近ニ於ケル経済諸情勢ニ照シテ考ヘマスレバ、此ノ際極力国民購買力ノ吸収、消費ノ抑制ヲ図ルノ必要アリト認メラレマスルノミナラズ、其ノ需用ノ増加、国民経済及ビ国民生活ニ及ボスベキ影響等ニ付キ十分ノ攻究ヲ遂ゲ、税制ノ全般ニ亙ル増税計画ヲ樹立シテ之ヲ実行致スベク、鋭意調査ヲ進メテ参ツタノデアリマスルガ、之ニハ尚ホ相当ノ検討ヲ要シマスルシ、又一面臨時議会ノ会期等ノ点モ考慮致シマシテ、此ノ際早急ニ実施ヲ要スル購買力ノ吸収、消費ノ節約ヲ図ルト共ニ、差当リ増加スベキ臨時軍事費ノ財源ノ一部ニ充ツル為メ、茲ニ間接税ヲ中心トスル増税案ヲ提案スルコトニ致シタ次第デアリマス、直接税ノ増徴等ニ付キマシテハ先程申上ゲマシタル通リ、次ノ通常議会ニ提案ヲスル考ヘデアリマス、今次増税案ノ作成ニ当リマシテハ、国民精神ノ緊張、生活態様ノ刷新ヲ図ルト同時ニ、負担力ノ関係ヲ考ヘマシテ、奢侈的消費ニ対シテハ可及的高率ノ課税ヲ為スト共ニ、国民生活上此ノ際トシテハ比較的不急ト認メラルル方面ノ消費ニ対スル課税ニ付キ或ル程度税率ヲ引上ゲ、又ハ課税範囲ヲ拡張スルト云フ方針ヲ採用致シタノデアリマス、尚ホ間接税ノ課税ノ対象トナル課税物件ニ付キ、今次ノ増徴税額ニ相当スル価格ノ引上ヲ行ヒマスコトハ間接税ノ性質、増徴ノ目的等ニ照シ之ヲ認メルコト致シタイ考ヘデアリマス

次ニ今回ノ増税案ノ内容ノ概略ヲ御説明致シマス、先ヅ酒税ニ付キマシテハ総税額ニ於テ大体五割程度ノ増徴ヲ行フコトト致シタノデアリマス、酒類中消費高ノ最モ多キ清酒ニ付キマシテ申シマスレバ、現在一石ニ付キ造石税四十五円、庫出税二十五円、計七十円デアリマスガ、今回ハ庫出税ヲ三十円引上ゲ、造石税ト合シテ百円トナルヤウニ致シ、其ノ他ノ酒類ニ付キマシテモ、清酒トノ権衡ヲ保持スルヤウ主トシテ庫出税ニ付キマシテ、ソレ〳〵適当ト認ムル税率ノ引上ヲ行フコトト致シテ居ルノデアリマス

次ニ清涼飲料税ニ付キマシテハ総税額ニ於テ五割程度ノ増徴ヲ行フコトト致シマシタガ、増徴ノ割合ハ第一種玉「ラムネ」ニ軽ク、第三種「ソーダ」水等ニ重ク相成ツテ居リマス

砂糖消費税ニ付キマシテハ他ノ消費税ニ比較シ増徴程度ヲ軽ク致シマシテ、総税額ニ於テ大体二割程度ノ増徴ヲ行フコトトナツテ居リマス

次ニ物品税ニ付キマシテハ、物品税ノ中、第一種及ビ第二種ハ御承知ノ如ク奢侈的性質ヲ有スル物品並ニ国民生活上比較的不急ト認メラレ、又ハ其ノ消費ガ負担力ヲ示スト認メラルル物品ニ付キ広ク課税スルモノデアリマスルガ、今次増税ノ趣旨等ニ顧ミマシテ、奢侈的性質特ニ濃厚ナリト認メラルル甲類ノ物品ニ付テハ現行税率百分ノ二十ヲ百分ノ五十ニ引上ゲ、其ノ他ノ物品、即チ乙類ニ付キマシテハ、現行税率百分ノ

十ヲ原則トシテ百分ノ二十ニ引上グルコトト致シタノデアリマス、尙ホ又現行ノ課税最低限ハ之ヲ或ル程度引下グルト共ニ、課税物品ノ擴張ヲ行フコトト相成ツテ居リマス、而シテ新タニ課税スル物品ノ大部分ハ之ヲ丙類トシマシテ、百分ノ十ノ税率ヲ以テ課税スルコトト致シテ居リマス、物品税中第三種ニ付キマシテハ、砂糖トノ權衡ヲ考慮シ、飴等ニ付キマシテ二割程度增徴スルト共ニ、新タニ「サッカリン」ニ對シ一「キログラム」ニ付キ十圓ノ税率ヲ以テ課税スルコトトナツテ居ルノデアリマス

次ニ遊興飲食税ニ付キマシテハ、今次增税ノ趣旨ニ顧ミ、最モ大幅ノ增税ヲ行フコトト致シマシタ、卽チ其ノ最高税率現行百分ノ三十ヲ百分ノ百ニ引上ゲ、其ノ他ノ税率ニ付テモ相當ノ引上ヲ行ヒマスルト共ニ、課税最低限ノ撤廢又ハ引下ヲ行フコトト致シタノデアリマス、尙ホ新タニ食事代ヲ除キ五圓以上ノ宿泊料ニ對シマシテモ課税スルコトト致シマシタ、以上ノ增徴ニ依リ、遊興飲食税ハ總税額ニ於テ大體二十五割程度ノ增加トナル見込デアリマス

次ニ入場税ニ付キマシテモ、此ノ際相當大幅ノ增徴ヲ行フコトトシ、現行税率百分ノ十乃至百分ノ三十ヲ百分ノ二十乃至百分ノ八十ニ引上ゲル案ト相成ツテ居リマス

通行税ニ付キマシテハ他ノ租税ノ增徴トノ權衡ヲ考ヘマシテ、相當ノ增徴ヲ行フコトト致シマシタガ、一等及ビ二等ニ付キマシテハ、其ノ引上割合ヲ特ニ多ク致シマシテ、又新タニ寢臺料金ニ對シテモ課税スルコトト相成ツタノデアリマス

次ニ建築税ニ付キマシテハ課税範圍ヲ擴張シマシテ、旅館等ノ建物ニモ課税シマスルト共ニ、現行税率百分ノ十ヲ百分ノ二十ニ引上グルコトト致シテ居リマス

次ニ骨牌税ニ付テハ十割程度ノ增徴ヲ行ヒ、又物品切手ニ對スル印紙税ニ付キマシテモ、此ノ際十割程度ノ增徴ヲ行フコトト相成ツテ居リマス

以上今回ノ增税ニ依リマスレバ平年度ニ於テ約六億三千万圓ノ增收デアリマス、昭和十六年度ニ於キマシテハ約一億七千万圓ノ國庫收入ノ增加ト相成ルノデアリマス、昭和十六年度ノ增收見込額ニ相當スル金額ハ、之ヲ今議會ニ提出ヲ致シマシタ臨時軍事費ノ財源ノ一部トシマシテ、一般會計ヨリ臨時軍事費特別會計ニ繰入レル案ト相成ツテ居ルノデアリマス

次ニ地方分與税法中改正ハ、入場税及ビ遊興飲食税ノ增徴ニ伴フ配付税分與割合ノ改訂ニ關スルモノデアリマス、地方分與税法ニ依リマスレバ、入場税及ビ遊興飲食税ノ徴收額ノ各半額ヲ地方分與税分與金特別會計ニ繰入レ分與スルコトト相成ツテ居ルノデアリマスルガ、今回入場税及ビ遊興飲食税ニ付キ增徴ヲ行フコトトナリマシタノデ、此ノ兩税ノ配付税總額ニ變動ヲ來サザルヤウ、其ノ趣旨ニ於キマシテ、單ニ分與ノ割合ニ改訂ヲ加ヘントスルモノデアリマス、以上酒税等ノ增徴等ニ關スル法律案ニ付キ提案ノ理由ヲ說明致シタ次第デアリマス

次ニ昭和十二年法律第八十四號中改正法律案ニ付キ說明致シマス、臨時軍事費ニ付キマシテハ、第七十二回乃至第七十六回ノ各帝國議會ノ協贊ヲ經マシテ、其ノ財源ニ充當スル爲ノ公債發行ヲ爲シ得ル權能ヲ得テ居ルノデアリマスガ、事態ノ推移ニ伴ヒマシテ更ニ臨時軍事費三十八億圓ノ追加計上ヲ必要ト致シマスル所、其ノ所要財源中二億二千九百九十餘万圓ニ付キマシテハ、一般會計及ビ各特別會計ヨリノ繰入金等ヲ以テ充當シ、差引三十五億七千餘万圓ニ付キマシテハ、今日ノ場合之ヲ公債財源ニ依ルコトト致シマスル爲メ、昭和十二年法律第八十四號中公債ノ發行限度ヲ增加スルノ必要ガアリマスルノデ、本法律案ヲ提出致シタ次第デアリマス

次ニ昭和十三年法律第二十三號中改正法律案ニ付キ說明申上ゲマス、昭和十三年法律第二十三號ノ規定ニ依リマシテ關東局、朝鮮總督府、臺灣總督府及ビ樺太廳ノ各特別會計ヨリ其ノ租税收入又ハ煙草專賣收入ノ一部ヲ臨時軍事費特別會計ニ繰入ルルコトニ相成ツテ居ルノデアリマスルガ、今回新タニ朝鮮總督府、臺灣總督府及ビ樺太廳ノ各特別會計ニ於ケル酒税又ハ骨牌税ノ昭和十六年度以降ノ增徴ニ因ル增收額、臺灣總督府特別會計ニ於ケル遊興飲食税ノ創設ニ因ル收入額、竝ニ朝鮮總督府及ビ臺灣總督府ノ各特別會計ニ於ケル今回ノ煙草定價改正ニ因ル專賣收入增加額ノ一部ヲ、每年度豫算ノ定ムル所ニ依リ臨時軍事費特別會計ニ繰入ルルコトニ致シマシタル所、右ノ中遊興飲食税ノ分ニ付キマシテハ、現行法ノ規定ニ依リ之ヲ繰入ルルコトヲ得ルノデアリマスルガ、其ノ他ノ分ニ付キマシテハ、其ノ規定ガアリマセヌノデ、右法律中改正法律案ヲ提出致シ、繰入ヲ可能ト致スヤウニ企テマシタ次第デアリマス

次ニ昭和九年法律第二十九號中改正法律案ニ付キマシテ御說明ヲ申上ゲマス、現下ノ米穀事情ニ顧ミ、米穀管理制度ヲ一層擴充スルコトト致シマス關係上、米穀需給調節特別會計ニ於ケル米穀ノ買入數量モ必然的ニ增加スルノ狀況ニアリマスル所、同特別會計ニ於ケル現行ノ證券及ビ借入金ノ最高限度額十四億圓ヲ以テ致シテハ、同特別會計ノ圓滑ナル運營ヲ圖ルコトガ著シク困難トナルノ虞ガアリマスルノデ、同特別會計ノ負擔ニ屬スル證券及ビ借入金ノ最高限度額ヲ米穀需給調節特別會計法第四條ノ三ニ定ムル八億五千万圓ノ外十二億五千万圓マデ必要ニ應ジ增額シ得ルコトトスルノ必要ガアリマスルノデ、本法律案ヲ提出致シタ次第デアリマス

次ニ臺灣米穀移出管理特別會計法ノ特例ニ關スル法律案提出ノ理由ヲ說明致シマス、臺灣ニ於ケル現下ノ食糧事情ニ顧ミ、臺灣總督府ニ於テ應急措置トシテ米穀ノ配給上必要アリト認メマスル時ハ、米穀及ビ米穀以外ノ食糧農產物竝ニ其ノ加工品ノ買入及ビ賣渡ヲナスコトト致シマス關係上、是等ノ買入及ビ賣渡ニ關スル一切ノ歲入歲出ハ之ヲ臺灣米穀移出管理特別會計ニ所屬セシムル必要ガアリマスルノト、今回米穀對策トシテ臺灣總督府特別會計ニ於テ米穀ノ生產ヲ確保スル爲ノ奬勵金ヲ支出スルコトト致シマスルガ、臺灣總督府特別會計ノ財政狀況ニ顧ミマシテ、移出又ハ輸出ヲ目的トシテ賣渡シタル分ニ對シマスル奬勵金ニ相當スル金額ハ、豫算ノ範圍內ニ於テ臺灣米穀移出管理特別會計ヨリ臺灣總督府特別會計ニ繰入ルルコトトスルヲ適當ト認メ、又

臺灣ニ於ケル前述ノ應急措置ニ依リマシテ、米穀等ノ買入數量ノ增加ヲ來シマスル等ノ關係上、臺灣米穀移出管理特別會計ノ運營ヲ圓滑ナラシムル爲メ、當分ノ內千五百万圓ヲ限リ、現行ノ借入限度法定額二千五百万圓ヲ超エテ借入ヲナシ得ルコトトスル必要ガアリマスルノデ、本法律案ヲ提出致シタ次第デアリマス

以上五件ノ法律案ニ付キマシテハ、何卒御審議ノ上速カニ協贊ヲ與ヘラレンコトヲ希望致シマス（拍手）

○議長（小山松壽君） 各案ノ審査ヲ付託スベキ委員ノ選擧ニ付テ御諮リ致シマス

(臨第一號)臨時軍事費豫算追加案

報告書

一(臨第一號)臨時軍事費豫算追加案

右ハ本院ニ於テ可決スヘキモノト議決致候此段及報告候也

昭和十六年十一月十七日

豫算委員長　東郷　實

衆議院議長小山松壽殿

(東郷實君登壇)

○東郷實君　只今議題トナリマシタ臨時軍事費豫算追加臨第一號ニ付キマシテ、豫算委員會ニ於ケル審査ノ經過竝ニ結果ヲ御報告致シマス

本案ニ計上サレテ居リマスル金額ハ、歳入歳出共各〻三十八億圓デアリマスガ、之ヲ既ニ成立致シテ居リマスル豫算額ニ加ヘマスレバ、臨時軍事費豫算ノ總額ハ、歳入ニ於テ二百六十一億七千百餘万圓、歳出ニ於テ二百六十一億三千五百餘万圓ノ巨額ニ達スル次第デアリマス、本案ニ於ケル歳出豫算ノ内譯ハ、第三項豫備費十二億圓、第四項臨時軍事費二十六億圓ト相成ツテ居リマスガ、右ハ現下諸情勢ノ推移ニ卽應シ、事變處理ノ完遂ヲ期スルガ爲メ必要デアリマス所ノ作戰部隊、艦船等ノ維持費、其ノ他差當リ陸海軍ニ於テ緊急ニ增加ヲ必要トスル經費ヲ追加計上致シタモノデアリマス臨時軍事費豫算ニ付キマシテハ、前議會ニ於キマシテモ協賛ヲ經タノデアリマスガ、其ノ後ニ於ケル事態ノ進展ニ伴ヒ、其ノ支出ハ豫想以上ニ增進致シマシタルガ爲ニ、通常議會ノ開會ヲ俟ツノ遑ナク今回ノ追加計上ヲ必要トスルニ至ツタトノコトデアリマス、今回ノ臨時軍事費ノ財源モ從來ト同樣、其ノ大部分ヲ公債ニ依ルコトト致シマシテ、公債及ビ繰替借入金トシテ三十五億七千餘万圓ヲ計上致シテ居リマス、公債金以外ノ歳入ハ二億二千九百九十餘万圓デアリマシテ、更ニ其ノ内譯ヲ申上ゲマスレバ、一般會計ヨリノ繰入金ガ二億千四百五十餘万圓、各特別會計ヨリノ繰入金ガ千四百三十餘万圓、北支事件特別税ガ百餘万圓ト相成ツテ居ルノデアリマス、右ノ内一般會計ヨリノ繰入金ハ、今回ノ臨時增税ニ依ル增收額竝ニ煙草及ビ「アルコール」ノ値上ニ依ル專賣局益金ノ增加額トノ合計額ヲ繰入ルルモノデアリマシテ、各特別會計ヨリノ繰入金ハ、關東局、朝鮮總督府、臺灣總督府及ビ樺太廳ノ各外地特別會計ニ於ケル今回ノ增税又ハ煙草ノ値上ニ伴フ增收額ノ一部ヲ繰入ルルモノデアリ、又北支事件特別税ハ、臨時軍事費特別會計ノ歳入ニ屬スル北支事件特別税收入濟額ノ豫算超過額ヲ、此ノ際計上致シタモノデアルトノコトデアリマス、本案ニ付キマシテハ、更ニ祕密會ヲ開會シ、政府ヨリ若干ノ補足的說明ヲ聽取致シタノデアリマスルガ、其ノ内容ニ付キマシテハ、遺憾ナガラ茲ニ御披露申上ゲルノ自由ヲ持チマセヌ、豫算委員會ニ於キマシテハ、政府ノ說明ヲ聽キマシタ結果、本案ハ緊迫セル内外ノ情勢ニ鑑ミ、其ノ支出ハ頗ル急ヲ要スルモノト認メ、他ノ豫算案ト切離シテ卽決スルコトトシ、之ニ對スル質疑ハ省略致シマシテ直チニ討論ニ入リ、採決ノ結果全會一致ヲ以テ原案ノ通リ可決致シタ次第デアリマス、右御報告申上ゲマス(拍手)

○議長(小山松壽君)　是ヨリ討論ニ入リマス、通告順ニ依ツテ發言ヲ許シマス――武知勇記君

○武知勇記君　私ハ翼贊議員同盟ヲ代表致シマシテ、只今議題トナリマシタ臨第一號臨時軍事費豫算追加案ニ對シマシテ、贊成ノ意ヲ表シマス

○議長(小山松壽君)　石坂豐一君

○石坂豐一君　簡單デゴザイマスルカラ自席ヨリ發言致シマス

○議長(小山松壽君)　宜シウゴザイマス

○石坂豐一君　私ハ同交會ヲ代表致シマシテ、只今議題ト相成ツテ居リマス臨第一號臨時軍事費豫算追加案總額ニ對シマシテハ、委員長報告ノ通リ原案ニ贊成ノ意ヲ表シマス

○議長(小山松壽君)　鈴木正吾君

○鈴木正吾君　私ハ興亞議員同盟ヲ代表シテ、只今議題トナツテ居リマスル臨第一號臨時軍事費豫算追加案ニ贊成致シマス

○議長(小山松壽君)　是ニテ討論ハ終局致シマシタ、採決致シマス、本案ノ委員長報告ハ可決デアリマス、本案ヲ委員長報告ノ通リ決スルニ贊成ノ諸君ノ起立ヲ求メマス

(總員起立)

○議長(小山松壽君)　起立總員、仍テ本案ハ委員長報告ノ通リ、全會一致可決確定致シマシタ(拍手)是ニテ議事日程ハ議了致シマシタ、明十八日ハ定刻ヨリ本會ヲ開キマス、次會ノ議事日程ハ公報ヲ以テ通知致シマス、本日ハ是ニテ散會致シマス

午後七時十二分散會

昭和十六年十一月十九日

決議案（國策完遂ニ關スル件）

第一　決議案（國策完遂ニ關スル件）

（安達謙藏君外百一名提出）

決議案

決　議

世界ノ動亂愈〻擴大ス敵性諸國ハ帝國ノ眞意ヲ曲解シ其ノ言動倍〻激越ヲ加フ隱忍度アリ自重限アリ我ガ國策夙ニ定マリ國民ノ用意亦既ニ成ル政府ハ宜シク不動ノ國是ニ則リ不拔ノ民意ニ信賴シ敢然起ツテ帝國ノ存立ト權威トヲ保持シ以テ大東亞共榮圏ヲ建設シ進ンデ世界永遠ノ平和ヲ確立スベシ

右決議ス

（島田俊雄君登壇）

○島田俊雄君　只今議題ニナリマシタ決議案ニ付テ、提出者ノ一人トシテ其ノ趣旨ヲ述ベタイト存ジマス、先ヅ決議案ノ本文ヲ朗讀シタイト存ジマス

決議

世界ノ動亂愈〻擴大ス敵性諸國ハ帝國ノ眞意ヲ曲解シ其ノ言動倍〻激越ヲ加フ隱忍度アリ自重限アリ我ガ國策夙ニ定マリ國民ノ用意亦既ニ成ル政府ハ宜シク不動ノ國是ニ則リ不拔ノ民意ニ信賴シ敢然起ツテ帝國ノ存立ト權威トヲ保持シ以テ大東亞共榮圏ヲ建設シ進ンデ世界永遠ノ平和ヲ確立スベシ

右決議ス

（拍手起ル）

本案ノ趣旨ハ讀ンデ字ノ如ク、只今朗讀シタコトニ盡キル次第デアリマス、要スルニ政府ニ對シテシツカリヤツテ貰ヒタイ（「其ノ通リ」ト呼ブ者アリ）大イニヤレ、斯ウ云フ意味ニナル譯デアリマス、昨日ノ議場ニ於テ、總理大臣、外務大臣ハ可ナリ突込ンダ所マデ說明ヲセラレマシタ、其ノ態度ニ就イテハ吾々ハ大イニ多トスルモノデアリ、多數ノ國民モ必ズヤ好感ヲ以テ之ヲ聽取ツタト考ヘテ居リマス（拍手）唯其ノ內容ニ至リマシテハ、憾ムラクハ例ニ依ツテ抽象的ノモノデアリマシテ、今一段ト云フノ感ヲ深ウシタ次第デアリマス、併シナガラ今日トナツテハ、吾々ハ最早ソレ以上ニ掘下ゲテ、根掘リ葉掘リ聽キ質スト云フヤウナコトハ、モウシタイトハ思ツテ居ラヌ、左樣ニ骨折ツテ聽キ質サナクテモ、大抵ハ分ツテ居ルノデアリマス（拍手）即チ我ガ國ノ現ニヤツテ居ル此ノ支那事變ノ完遂途上ニ横ハツテ居ル所ノ最大ノ障碍物ガ何デアルカ（「擊テ」ト呼ブ者アリ拍手）「アメリカ」ヲ主體トスル敵性國家群ノ横槍カラ來テ居ルノデアル（拍手）此ノ位ナコトハ能ク分ツテ居ル、聖戰實ニ四箇年半、足掛ケ五年モ大規模ナ、大キナ戰ヲ續ケテ居ツテ、北ニ南ニ戰線ハ愈〻擴大セラレ、陸海空ノ三方面カラ追詰メラレテ潰滅ノ一途ヲ辿ツテ居ルト云フ瀕死ノ狀態ニアル蔣介石ノ政權ガ、今尙ホ一縷ノ命脈ヲ保ツテ居ル、其ノ頑張ツテ居ル原因ハ何處ニアルカ、蓋シ「アメリカ」ヲ中心トスル敵性國家群ノ陰險ニシテ執拗ナル後援ガアル（拍手）ソレダケデアリマス、彼等ハ啻ニ蔣介石ヲ「ロボット」トシテ我ガ聖戰目的完遂ノ邪魔ヲシテ居ルバカリデハナイ、「ビルマ」ヲ强壓シテ抗日ノ足場ニシテ居ル、蘭印ヲ利用シテ執拗ニ各種ノ物資ノ供給ヲ拒絕セシメテ居ル、「シンガポール」「グワム」「フイリッピン」「ハワイ」等々、太平洋ヲ繞ル各地ノ凡ユル地點ニ防備ヲ不當ニ强化シテ無益ノ威嚇ヲ爲シテ居ルノデアル（拍手）平穩靜謐デアルベキ太平洋ノ波浪ヲ故ラニ沸立タセテ、一觸卽發ノ危機ヲ釀成シ、「ハリス」「ペルリ」來訪以來稍〻一世紀ノ長キニ亙ル日米國交ヲ、一朝ニシテ破滅ニ導カントシツツアル所ノ其ノ責任者ハ抑〻誰デアルカ、吾々ハ敢テ米國國民全體ノ責任デアルトハ言ハナイケレドモ、ソレガ少クトモ北米合衆國ノ現在ノ指導者等ノ全責任ニ歸スベキデアルト云フコトハ、全世界ノ何人ト雖モ異議ナキコトデアラウト云フコトヲ斷言シ得ルノデアリマス（拍手）

更ニ之ヲ「ヨーロツパ」ノ事情ニ付テ考ヘテ見マスルノニ、獨英ノ抗爭既ニ二年ニ亙ツテ居ル、尙ホ片ガ付カナイ、獨「ソ」ノ勝敗是レ亦未ダ結着ニ到ラナイ、其ノ然ル所以ハ「イギリス」ニハ「チャーチル」、「ソ」聯ニハ「スターリン」、各〻彼等獨特ノ力ヲ以テ不屈ノ努力ヲ續ケテ居ルカラデアルト云フコトハ無論此ノ戰爭ガ或ル程度長引イテ居ルト云フコトノ原因デアリマセウ、併シナガラ其ノ後ロニ米國ノ指導者等ガ其ノ傳統タル「モンロー」主義ト云ヒマスカ、ソレヲ忘レテ、濫リニ「ヨーロツパ」大陸ノ紛爭ニ參加進出シ、國力ヲ擧ゲテ英「ソ」ノ尻押シヲシテ居ルト云フコトガ、其ノ大ナル原因デアルト言ハナケレバナラヌ

斯樣ナ點カラ之ヲ見マスルト、今日世界ノ大動亂ハ、一面カラ見マスレバ日獨伊樞軸

國ト英米「ソ」諸國トノ對抗ノ如クニモ見エマスケレドモ、其ノ實ハ「アメリカ」ノ指導者等ノ世界制覇ノ大野心ガ其ノ根源ノ大原動力デアルト云フコトハ、蓋シ識者ヲ俟タズシテ明カナ所デアルト考ヘルノデアリマス(拍手)平和愛好ヲ看板トシ、自由解放ヲ標語トスル所ノ米國其ノモノノ爲ス所ガ斯ノ如シトスルナラバ、吾々ノ行クベキ途、吾々ノ覺悟スベキ所モ自カラ明カニナルト言ハナケレバナラヌ(拍手)政府ハ去ル四月以來、太平洋ノ問題ニ付テ米國政府ト話ヲシテ居ラレルト云フコトデアル、其ノ話ノ內容、或ハ條件、ソレ等ノコトニ付テ之ヲ取上ゲテ茲ニ論議スルト云フコトハ避ケマス、現ニ聞ク所ニ依レバ今朝、急ニ特派サレタ來栖大使ガ「アメリカ」ノ當局ト會見ヲシテ居ラレルト云フコトデ、或ハ其ノ結果如何ナルコトガ報告サレルカモ知レナイ、殊ニ私ハ左樣ナ意味カラシテモ之ヲ論議スルコトハ避ケタイト思フノデアルガ、併シ唯茲ニ一言加ヘテ置カネバナラヌコトハ、米國ノ政府ハ、果シテ我ガ國ガ現ニ爲シツツアル所ノ聖戰聖業ノ如何ナル點ニ對シテ苦情ヲ言フ資格ガアルカト云フコトデアル、抑ヽ民族ノ自給自足、大東亞共榮圈ノ確立、平和的ニ經濟的ニ東亞ノ諸民族諸國家ガ有無相通ジ、連絡結合シテ共榮圈、共存共榮ノ平和境ヲ打樹テ、仍テ以テ世界ノ平和ニ貢獻セントスル所ノ我ガ國ノ正シキ主張ノ何處ニ侵略的ノ意圖ガアルト言フコトガ出來ルデアラウカ、之ヲ妨害シ、之ヲ否定セントスル所ニ、「アメリカ」側ノ無理ガアルト思フノデアリマス(拍手)

吾々ハ昨日ノ外務大臣ノ說明セラレタコト以上ニ、對米交渉ノコトニ付テ更ニ最後ノ如何ナルモノヲ期待シテ居ラレルカト云フヤウナコトニ付テハ、本日只今之ヲ言フコトヲ避ケタイト思フノデアルガ、併シナガラ一言私ハ政府ノ當局ニ申シテ置キタイノハ、話ニハ話、事實ニハ事實ヲ以テ答ヘヨト云フコトデアル、之ヲ一言言ッテ置キタイノデアリマス、折角交渉ヲシテ色々話ヲシテ居ル、然ルニ其ノ一方ニ於テ彼等ハ傍若無人ニ援蔣行爲ヲナシ、更ニソレヲ强化シ、甚ダシキニ至ッテハ勝手放題ナ暴言サヘモ敢テシテ憚ル所ガナイト云フヤウナ狀態デアルノニ、之ニ對シテ我ガ方ハ何ヲシテ居ラレルカト云フコトデアル、果シテ如何ナル事實行動ヲ我ガ方ハ執ッテ居ルカ、卽チ話ニハ話デ答ヘタラ宜シイ、事實ニハ事實ヲ以テ答ヘルノガ當然デハナイカ(拍手)東方ノ君子國ト云フヤウナコトヲヨク言フガ、斯樣ナ場合ニ東方ノ君子國然トシテ、神妙ニ交渉ノオ話相手ダケヲシテ居ルトハ何事デアルカト云フコトヲ言ヒタイノデアリマス(拍手)

吾々ハ固ヨリ爭ヒヲ好ムモノデナイト云フコトハ是ハ論ノナイコトデアル、肇國以來ノ我ガ國是――近頃多クノ人ガ、兒童走卒皆謂フ所ノ八紘一宇ノ御精神、是ハ平和デアル、吾々ハ固ヨリ爭ヒヲ好ムモノデハナイ、而モ戰爭ハ既ニ五年ヤッテ居ル、今モヤッテ居ルノデアリマス、此ノ上更ニ事ヲ構ヘ、米英等ノ諸國ヲ相手ニシテノ戰爭ト云フガ如キコトハ固ヨリ好ム所デハナイ、故ニ話ノ餘地ノアル限リハ話シタラ宜カラウ、最後ノ一分マデ御話ニナルト云フコトハ何等差支ヘナイノミナラズ、是ハ當然ノコトデアラウト思フガ、併シ世ノ中ニハ、我ガ國ノ諺ニ、佛ノ顏モ三度ト云フコトガアル、又聖人ハ二タビスレバ可ナリト云フコトヲ敎ヘテ居ラレル、正義ヲ蹂躪シ、好意ヲ無視シ、獨立ヲ脅威シ、更ニ正當ナル進路ヲ遮斷セントスルヤウナ態度ニ對シテ、之ヲ其ノ儘受入レテ、侮辱、威嚇ニ屈シテ自滅ヲ待ツガ如キコトハ、吾々ノ正義觀、吾々ノ愛國心ガ絕對ニ之ヲ許サナイト云フコトヲ言ッテ置キタイノデアル(拍手)凡ソ吾々ノ經驗デ、話ヲシテ分ラヌ者ガヨクアル、併シナガラ話ヲシテ分ラナイ者ハ尙ホ分ラセル方法工夫ガアル、獨リ分ッテ居リナガラ尙ホ分ラナイト稱シテ理窟ヲ捏ネ廻シテ居ル所ノ者ニ對シテ爲スベキ事ハ唯一ツアルノミデアル(「ヒヤ〳〵」拍手)

東條內閣ハ成立シテ間モナイ所謂親任匆匆デアル、併シナガラ東條首相ハ前內閣ノ陸軍大臣デアル、隨テ御前會議ニモ出ラレテ居ル筈デアル、連絡會議ニモ出ラレテ居ル筈デアル、斯樣ナ點カラ、近衞前首相ガ退任ノ際ニ聲明セラレタ其ノ聲明中ニ――私ハ全部ハ引用シマセヌガ、「國策遂行ノ方途ニ付キ所見ノ一致ヲ見得ナカッタ」云々ト云フコトガアッタヤウニ記憶シテ居ル、所謂、國策遂行ノ方途ニ付テノ見解ノ異ナッテ居ルト云フ其ノ眞相、ソレガ卽チ第三次近衞內閣更迭ノ原因ヲナシテ居ラウト思フガ、其ノ所謂國策遂行ノ方途ニ付テ異ナッテ居ッタ所見、所見ヲ異ニシタト云フ眞相ノ如キニ付テハ、最モ正確ニ知ッテ居ラルル筈デアリ、隨テ事變ノ眞相、帝國ノ立場、我ガ國不動ノ國策ニ付テハ何人ヨリモ第一番ニ能ク心得テ居ラルル筈デアルト思フノデアル、而シテ其ノ人ガ今日ハ現役ノ將軍ニシテ內閣總理大臣、陸軍大臣ヲ兼ネ、內務大臣ヲ兼ネテ居ルト云フノガ卽チ現內閣デアル、サスレバ、吾々ガ冒頭ニ述ベタヤウニ、擧ヲ大ニシテ、特ニシッカリヤッテ貰ヒタイ、十分ニオヤンナサイト云フ意味モ、是ハ東條總理ニハ十分私ノ言ウテ居ル意味ガ御分リニナルコトト思フノデアル(拍手)吾々ハ今ニ及ンデ過去ノコトヲ彼此レ言ハウトハ思ハナイ、過去ノ功罪ヲ論ズルノハ自ラ然ルベキ時期ガアラウト思フノデアリマス、吾々ノ念願スル所ハ卽チ現在目前ノ處置デアル、現在ドウスルカト云フコトデアル、是カラドウスルカト云フ問題デアル、是マデノコトハ姑ク措ク、是ハ歷史家ノ仕事デアル、他日ノ批評ノ問題デアル、今日ドウスル、或ハ此ノ瞬間ドウスルカ、是ガ問題デアル、而シテ先ヲ誤ラナイヤウニシテ貰ヒタイト云フコトガ卽チ國民共通ノ念願デアルト考ヘルノデアリマス(「ヒヤ〳〵」拍手)

ソコデ一言吾々ノ立場ニ付テモ言ッテ置

キタイト思フコトハ、是ハ誰ト云フコトハ私ハ言ハナイガ、政府ノ人達ノ中ニハ——具體的ニハ聽カナイケレドモ先ヅ空氣トシテ、其ノ樣子カラ考ヘルト、ドウモ事變ハ相當深刻ニナリ、所謂興廢ノ巖頭ト云フヤウナ言葉ヲ使ハレルケレドモ、其ノ考ヘノ中ニ、動モスルト國民大衆ガマダ時局ノ認識ニ徹底ヲシテ居ラヌ所ガアルト云フヤウナ考ヘヲ持ツテ居ラルル人ガアルカニ思ハレル、ソレハ大イナル間違ヒデアルト云フコトヲ言ツテ置キタイ（拍手）大變ナ誤解デアル（「ヒヤ／＼」）ソコデ私ハ、是モ政府ノドノ人ト云フコトヲ指ス譯デハナイガ、政府ノ人々ハ、果シテ現在ノ國民ガ如何ニ押詰メラレタ氣分ニナツテ、ドウシテモ此ノ重壓ヲ押除ケテ天日ヲ見ザレバ已マナイト云フ氣分ニ燃エテ居ルカト云フコトガ分ツテ居ルカドウカト云フコトヲ、寧ロコチラカラ聽イテ見タイノデアル（「ヒヤ／＼」拍手）國民ハ吾々初メトシテ皆大キナ火事ニ燒カレテ居ルヤウナ氣分デ居ルノデアル、目ニ見エナイ空襲ニ攻メラレテ居ルガ如キ氣分ニ充チ滿チテ居ツテ、政府當局ニシテ一タビ大磐石ノ決心ヲ以テ前進一歩スルナラバ、電光石火、驟時ニ之ニ呼應シテ邁進スルノ覺悟ヲシテ居ルト云フコトガ分ツテ居ルカドウカ（「ヒヤ／＼」拍手）ソレガ分ツテ居ルカト云フコトヲ寧ロ吾々ノ方カラ國民トシテ聽イテ見タイノデアル、今日ノ氣分ハ左樣ナモノデハナイ、此處マデ來レバモウヤル外ハナイト云フコトガ全國民ノ氣分デアル（拍手）

吾々ハ此ノ戰爭ヲ戰ヒ拔カナケレバ他ニ浮ブ瀨ハナイト考ヘテ居ルノデアル、所謂聖戰三昧ニ入ツテ居ルノデアル、聖戰目的完遂、是ガ唯一無二ノ今日ノ國民ノ願ヒデアル（拍手）ソレハ單ニ吾々ノ愛シイ、可愛イ子供ヤ弟ガ、護國ノ干城トナツテ第一線ニ命懸ケノ働キヲシテ居ル、サウ云フヤウナ意味バカリデハ無論ナイノデアル、公債ノ殖エルノモ戰爭ノ爲デハナイカ、稅ノ高クナルノモ戰爭ノ爲デハナイカ、生活物資ノ不足窮屈、皆戰爭ノ爲デアツテ、此ノ上更ニ如何ナル苦惱艱難ガ重ナリ來ツテモ、何處々々マデモ此ノ戰爭ヲ戰ヒ拔キ、此ノ戰爭ニ勝拔クニアラザレバ、和平モ幸福モ榮光モ望ミ得ル所デナイト云フノガ、卽チ國民ノ共通ノ心理デアル（拍手）本當ニ國民ハ眞ニ興廢ノ巖頭ニ立ツテ吾々ハ今往カネバナラヌト云フコトノ覺悟ヲ十分ニシテ居ルト思フノデアリマス、卽チ此ノ緊張シタ、此ノ熱烈ナル國民ノ氣持——東條將軍ノ新內閣ニ對シテ、全國民ガ其ノ出來タ時カラ大イナル期待ヲ懸ケ、今度ハヤルダラウ、斯樣ニ思フカラコソ眞劍ニモナリ、必死ニモナリ、支援モシ、協力モシ、激勵モシ、鞭撻モショウト云フ氣分ニ漲ツテ居ル（拍手）平時ノ場合デアレバ、現役ノ軍人ノ總理大臣、必ズシモ國民ハ歡迎シテ居ラヌト思フ、卽チ今日ノ追詰メラレテ居ル、乘ルカ反ルカト云フ此ノ國家ノ狀態ガ、將軍總理大臣ヲ歡迎シテ、之ニ依ツテ行カウ、斯ウ云フ國民的聲ヲ聞ク所以デアラウト思フ（拍手）然ラバ卽チ此ノ內閣ノ方々ハ、此ノ國民心理ヲ事變處理難局打開ノ上ニ利用活用セラルル所ノ用意ガナクテハナラヌト思フノデアリマス（拍手）總テ物ニハキツカケト云フモノガアルコトハ私ガ申上ゲルマデモナイ、古人モ言ウテ居ル、鐵ハ白熱シテ居ル時デナケレバ叩イテモ駄目ナノデアル、卽チ今國民ハ白熱シテ居ルノデアルカラ、叩クニ十分ナ時デアルト云フコトヲ政府ハ考ヘナケレバナラヌ（拍手）ソレデアルカラト云ツテ私ハ談判ヲ打切レ、サウ云フ指圖ヲシテ居ル譯デハナイ、時機ハ今デアル、斯ウ云フコトヲ政府ニ申上ゲテ、聊カタリトモ政府ノ人々ガ、アアハ言フケレドモマダダ……ト云フヤウナ氣分ヲ挿マザルヤウニ致シタイト云フコトヲ申上ゲテ居ルノデアリマス（拍手）

政府ノ當局トナリ重要ナ位地ニ坐ルト、色々ヤツテ見タイコトガアル、ソレハ御推察ヲスル、併シモノニハ限度ガアル、時ト場合ト云フコトガアル、全國民ガ食フ物モ食ハズ、寢ル目モ寢ナイヤウニ一心ニナツテ、ドウカ此ノ戰爭ヲ勝利ニ、我ガ國ノ立場ヲ良クショウト云ツテ一心ニナリ、三昧ニ入ツテ居ル、其ノ時デアルト云フコトヲ考ヘテ、此ノ際ハ唯一最大ノ重點ヲ戰爭目的完遂ノ一點ニ置イテ、一切脇目ヲ振ラズ、王手一點張リデヤツテ貰ヒタイ（拍手）ソレハ飛車デモ角デモ桂デモ香デモ敵ノ駒ヲ取レバ手柄デアラウ、又目ノ前ニ居レバ取リタイノハ必ズシモ下手將棋バカリデハナイ、併シナガラ將棋ノ勝負ハ王樣ヲ取ラナケレバ片ハ付カヌト云フコトヲ考ヘナケレバナラヌ（拍手）吾々ハ是マデ度々不退轉ノ決意、大イニヤル、斯ウ云フコトヲ聽カサレテ居ル、昨日モ聽イタ、卽チ東條首相ノ演說ガ外ニ響イテ國民ノ受ケガ好イト云フコトモ、其ノ決意ノ强イ言葉ガ、强イ音聲ヲ以テ述ベラレタ時ニ、議場內ニ居ル吾々モ左樣ニ感ジタノデアル、ソレハ聽イタ、今度モ聽イタ、併シナガラ玆ニ吾々ガ一ツ申述ベテ置キタイコトハ、決意ノ强固ナルコトハ屢〻聽イタケレドモ、私共ノ惧レテ居ルト云フカ、危ブンデ居ルト云フノハ、決意ガ固イト云フコトデハナイ、決意ハ牢固タルモノアルコトガ必要デアラウ、併シナガラ決意デアル間ハ、牢固デアルカ、弱乎デアルカ分ラナイノデアル（拍手）決意ト實行トハ違フト云フコトヲ、私ハ國民ニモ政府ニモ申上ゲテ置キタイ、吾吾ノ希望スル所ハ牢固タル決意アリシコトヲ證明スベキ實行ガ入用ダ、斯ウ云フノデアル（拍手）總テ激勵ノ演說ハ人民ガヤルコトデアル、政府デヤツテ呉レ、シツカリヤツテ貰ヒタイ、受ケタ所ノ政府ハ、シツカリヤリマス、ヤツテ居リマス、是ダケデハ話ハ進マナイ、卽チソレダケデハ何時マデモ「アメリカ」ノ——オ客ノ話ノオ相手ヲ神妙ニシテ居ルニ過ギナイト云フコトニナルデハナイカ、何カスルコトニ依ツテ、成程決意ガアルト云フコトガ分ル、四十七士ノ仇討ハ、大石內藏之助ノ宣傳ニ依ツテ出來タモノデハナイ、一年有半、二年ニ垂ントスル間、彼ハ辛苦艱難ヲシテ仇討本懷ヲ遂ゲタ、其ノ跡カラ見ルト、彼ノ決意ハ牢固デアツタト云フコトガ證明サレルノデアル（拍手）決意ノ牢固タルコトハ、宣傳デハ決マラナ

イ、實行ニ依ツテ決マルモノデアル(拍手)之ヲ私ハ責任アル當局ガ深ク考ヘル必要ガアラウト思フノデアリマス

左樣ナ意味カラ考ヘテ大事ヲ取ルノモ宜シイ、大事ヲ取ルノモ結構デアル、ソレヲ强チ非難スル譯デハナイガ、先ヅ現内閣トシテハ、出來テ間モナイコトデアルカラ、サウ直グト云フコトハ或ハ無理カモ知レナイケレドモ、併シナガラ相當日時モ經ツテ居ル、來栖大使ハ現内閣ニナツテカラ「アメリカ」ニ特派サレテ大統領ニ會フコトニナツテ居ル、相當日時ハ經ツテ居ル、ソコデ私ハ、政府ノ人々ハ何ヲ恐レ何ヲ憚ツテ國民ノ爲ニ躊躇シテ居ラレルノデアラウカト云フコトヲ思フノデアリマス、政府ノ方ガ、國民ノ爲ニ恐レ憚ル所ハ、其ノ相手國モ亦恐レ憚ル所デアルト云フコトヲ知ルノ必要ガアル、臍押シハ兩方痛イト云フコトヲ考ヘナケレバナラヌ(拍手)一タビ起ツテ戰ヲスルト云フコトニナレバ、人命ヲ損傷シ、物資ヲ消耗スルト云フ事柄ハ、我ガ方バカリデハナイト云フコトヲ考ヘナケレバナラヌ、吾々ハ須ラク今ノ機會ニ於テ、所謂敵性國家ニ於ケル政界、財界ノ誤解者、我ガ國ノ立場ヲ誤解スル所ノ人々ニ、少シ强イ實物教育ヲ與フベキデアルト思フノデアリマス(拍手)此ノ實物教育ヲ通シテ、戰爭ガ雙方ニ人的竝ニ物的ノ大犧牲ヲ必然トスルモノデアルト云フコトヲ知ラシメ、併セテ其ノ國民大衆ヲシテ、彼等ノ驕慢ナル指導者ノ指導敎唆ニ依ツテ、彼等ガ戰爭ノ渦中ニ捲込マレタ時ニハ、其ノ結果、彼等ノ獨立ニモ自存ニモ直接關係ナキ所ノ戰爭ノ犧牲トナル者ハ、彼等ノ指導者等ニアラズシテ、却ツテ彼等被指導者、國民大衆自身デアルト云フコト、之ヲ實物教育ニ依ツテ徹底的ニ知ラシメルニアラザレバ、太平洋ノ和平或ハ靜謐ハ得テ望ムベカラザルモノデアルト云フ位ニ考ヘテ居ルノデアリマス、モウ「ゼスチュア」ノ時代ハ過ギタ、是ナノデアル、初メニハ「ゼスチュア」モ威シモ效ク、併シナガラ幾ラ威シテモ敎ヘテモ聞カナイ時ニハ、親ハ子供ニ對シテ所謂慈鞭ヲ揮フト云フコトガアル(拍手)一ツ位ヤラナナケレバ駄目ダ

近衞首相ハ日米交渉ニ關シテ所謂「メッセージ」ヲ送ツタ、之ヲ私ハ見タコトハナイガ、其ノ「メッセージ」ノ中ニ、太平洋ノ癌ト云フヤウナ言葉ヲ使ハレテ居ツタト云フ風ニ聞イテ居ル、果シテ癌アリヤ、若シ果シテ所謂癌ナルモノガ太平洋ニアリトスルナラバ、其ノ癌タルヤ、實ハ太平洋上ニアルノデハナク、「アメリカ」人殊ニ「アメリカ」ノ現在ノ指導者達、其ノ人達ノ心ノ中ニアルノデアルト云フコトヲ知ラナケレバナラヌ(拍手)此ノ癌ニ斷乎トシテ一大「メス」ヲ加ヘル必要ガアル、ソレハ吾々ノ責任デアル、肇國以來幾千万年ノ永久ニ亙ル我ガ大日本帝國ノ現在ヲ負擔シテ居ル所ノ現在ノオ互ヒ國民ノ後代ニ對スル責任デアル

ソコデ私ハ政府ニ、政府ハ果シテ吾々ノ爲ニ、又吾々ヲシテイツ何時此ノ「メス」ヲ揮ハシメラルルカト云フコトヲ念ヲ押シタイ、東ニ行クトカ西ニ行クトカ、左樣ナ作戰用兵ノコトニ付テ容喙ヲスルト云フヤウナコトハ吾々ハ固ヨリ致シマセヌ、併シ政府當局、東條首相以下閣僚ノ諸公ガ、深ク明カニ一億國民烈々タル所ノ意氣込ミヲ確認セラレテ、其ノ確認ノ下ニ、此ノ決議案ノ本文ニアル通リニ、卽チ國民ノ用意亦既ニ成ル、政府ハ宜シク此ノ不拔ノ民意ニ信頼シテ、一日モ速カニ斷然タル處置ニ出デラレ、此ノ吾々ノ難關突破ノ先頭ニ立タルルコトヲ希望シテ已マナイモノデアル、之ヲ以テ本案提出ノ理由ヲ終リマス(拍手)諸君ノ御贊成ヲ希望致シマス(拍手)

○**議長**(小山松壽君) 採決致シマス、本案ニ贊成ノ諸君ノ起立ヲ求メマス

(總員起立)

○**議長**(小山松壽君) 起立總員

(拍手起ル)

○**議長**(小山松壽君) 本案ハ全會一致可決致シマシタ――内閣總理大臣ヨリ發言ヲ求メラレテ居リマス――東條内閣總理大臣

昭和十六年十一月二十日

臨時郵便取締令(承諾ヲ求ムル件)

第二　臨時郵便取締令（承諾ヲ求ムル件）(貴族院送付)

臨時郵便取締令

朕茲ニ緊急ノ必要アリト認メ樞密顧問ノ諮詢ヲ經テ帝國憲法第八條第一項ニ依リ臨時郵便取締令ヲ裁可シ之ヲ公布セシム

御名　御璽

昭和十六年十月三日

内閣總理大臣　公爵近衛　文麿
國務大臣　男爵平沼騏一郎
内務大臣　田邊　治通
陸軍大臣　東條　英機
文部大臣　橋田　邦彦
遞信大臣兼鐵道大臣　村田　省藏
海軍大臣　及川古志郎
國務大臣　柳川　平助
大藏大臣　小倉　正恒
外務大臣兼拓務大臣　豊田貞次郎
國務大臣　鈴木　貞一
農林大臣　井野　碩哉
商工大臣　左近司政三
厚生大臣　小泉　親彦
司法大臣　岩村　通世

勅令第八百九十一號

臨時郵便取締令

第一條　遞信大臣ハ戰時（戰爭ニ準ズベキ事變ノ場合ヲ含ム以下同ジ）ニ際シ國防上ノ利益ヲ保護スル爲必要アリト認ムルトキハ命令ノ定ムル所ニ依リ郵便物ノ差出ヲ禁止シ又ハ制限スルコトヲ得

第二條　遞信大臣ハ戰時ニ際シ國防上ノ利益ヲ保護スル爲必要アリト認ムルトキハ當該官吏ヲシテ左ニ掲グル郵便物以外ノ郵便物ヲ檢閲セシムルコトヲ得

一　帝國ノ官衙（陸海軍ノ部隊及學校ヲ含ム以下同ジ）ヨリ發スル郵便物ニシテ所定ノ表示ヲ爲シタルモノ及帝國ノ官衙ニ宛テ發スル郵便物

二　内國通常郵便物ノ中封緘シタル書狀及封緘葉書（本令施行地外ニ在ル者ニ傳達シ又ハ本令施行地外ニ在ル者ヨリ傳達セラレタル通信又ハ物ヲ内容トスル疑アリト認メラルルモノヲ除ク）

第三條　遞信大臣ハ命令ノ定ムル所ニ依リ郵便物ノ差出人又ハ受取人ヲシテ本令ニ依ル郵便取締上必要ナル證明、記載其ノ他ノ行爲ヲ爲サシムルコトヲ得

第四條　遞信大臣ハ檢閲ニ付シタル郵便物ニシテ國防上ノ利益ヲ害シ若ハ害スル虞アリト認メラルルモノ又ハ記載事項ノ内容明ナラザルモノノ送達ヲ停止スルコトヲ得

第五條　第一條ノ規定ニ依ル郵便物差出ノ禁止又ハ制限ニ違反シタル者ハ千圓以下ノ罰金ニ處ス第三條ノ規定ニ基キテ發スル命令ニ違反シ虚僞ノ申立ヲ爲シタル者亦同ジ

第六條　本令ニ依ル郵便取締ノ事務ニ從事シ又ハ從事シタル者其ノ職務執行ニ關シ知得シタル信書ノ秘密ヲ漏泄シタルトキハ二年以下ノ懲役又ハ二千圓以下ノ罰金ニ處ス

前項ノ未遂罪ハ之ヲ罰ス

第七條　本令中遞信大臣トアルハ朝鮮ニ在リテハ朝鮮總督、臺灣ニ在リテハ臺灣總督、關東州ニ在リテハ滿洲國駐箚特命全權大使、樺太ニ在リテハ樺太廳長官、南洋群島ニ在リテハ南洋廳長官トス

附　則

本令ハ公布ノ日ヨリ之ヲ施行ス

(國務大臣寺島健君登壇)

○國務大臣(寺島健君)　只今上程セラレマシタ臨時郵便取締令ニ對シ、帝國議會ノ承諾ヲ求ムル件ニ付キマシテ、其ノ提案ノ理由ヲ説明申上ゲマス

現下ノ時局ニ鑑ミマシテ、我ガ國策ニ背反スル諜報、謀略、宣傳等ノ活動ヲ徹底的ニ禁壓致シマスルト共ニ、國防上秘匿ヲ要シマスル事項ガ、不用意ノ裡ニ海外ニ漏泄セラルルコトナキヤウ、取締ヲ嚴重ニセネバナラナイコトハ申スマデモナイノデアリマシテ、是ガ爲ニハ通信ノ取締ヲ徹底的ニ行フコトガ特ニ肝要デアルト存ジマス、電信及ビ電話ニ關シマシテハ、既ニ現行法令ニ取締上必要ナル規定ガ設ケラレテアリマスルガ、郵便ニ關シマシテハ、現行郵便法上十分ナル規定ガ設ケラレテナカツタノデアリマス、然ルニ最近國際情勢ガ著シク緊迫致シマスルニ連レマシテ、外國諜報網ノ暗躍ガ一段ト活潑化致シマスコトハ、想像ニ難クナイト存ズルノデアリマシテ、之ニ對シ此ノ際斷乎タル對策ヲ講ジ、今後起リ得ル凡ユル事態ノ變化ニ應ジ、有效適切ナル郵便取締ヲ實施致シマスル緊急ノ必要ニ基キマシテ、過般憲法第八條ニ依ル勅令トシテ、臨時郵便取締令ノ制定ヲ仰イダ次第デアリマス、政府ニ於キマシテハ、之ガ所要ノ機構人員ヲ整備致シマシテ、時代ノ推移ニ即應シ取締上遺憾ナキヲ期スル方針デアリマスガ、茲ニ憲法第八條第二項ノ定ムル所ニ從ヒマシテ、緊急勅令タル臨時郵便取締令ヲ議會ニ提出シ、其ノ承諾ヲ求ムル次第デアリマス、何卒御審議ノ上速カニ御承諾ヲ與ヘラレンコトヲ希望致シマス(拍手)

○議長(小山松壽君)　本件ノ審査ヲ付託スベキ委員ノ選擧ニ付テ御諮リ致シマス

○依光好秋君　本件ハ昭和十六年勅令第九百二十三號委員ニ併セ付託セラレンコトヲ望ミマス

○議長（小山松壽君）　依光君ノ動議ニ御異議アリマセヌカ

〔「異議ナシ」ト呼ブ者アリ〕

○議長（小山松壽君）　御異議ナシト認メマス、仍テ動議ノ如ク決シマシタ

昭和十六年十一月二十日

（第一號）昭和十六年度歳入歳出總豫算追加案外二件

（第一號）昭和十六年度歳入歳出總豫算追加案

（特第一號）昭和十六年度各特別會計歳入歳出豫算追加案

（追第一號）豫算外國庫ノ負擔トナルベキ契約ヲ爲スヲ要スル件

報告書

一（第一號）昭和十六年度歳入歳出總豫算追加案

右ハ本院ニ於テ可決スヘキモノト議決致候此段及報告候也

昭和十六年十一月十九日

豫算委員長　東鄕　實

衆議院議長小山松壽殿

報告書

一（特第一號）昭和十六年度各特別會計歳入歳出豫算追加案

右ハ本院ニ於テ可決スヘキモノト議決致候此段及報告候也

昭和十六年十一月十九日

豫算委員長　東鄕　實

衆議院議長小山松壽殿

報告書

一（追第一號）豫算外國庫ノ負擔トナルベキ契約ヲ爲スヲ要スル件

右ハ本院ニ於テ可決スヘキモノト議決致候此段及報告候也

昭和十六年十一月十九日

豫算委員長　東鄕　實

衆議院議長小山松壽殿

（東鄕實君登壇）

○東鄕實君　只今議題トナリマシタ昭和十六年度歳入歳出總豫算追加第一號、同各特別歳入歳出豫算追加特第一號及ビ豫算外國庫ノ負擔トナルベキ契約ヲ爲スヲ要スル件ニ付キ、豫算委員會ニ於ケル審査ノ經過竝ニ結果ヲ御報告致シマス

先ヅ昭和十六年度歳入歳出總豫算追加第一號ニ計上致シテ居リマスル金額ハ、歳入ガ二億千四百五十餘万圓、歳出ガ五億千五百九十餘万圓デアリマシテ、歳出ノ歳入ヲ超過スルコトガ三億百三十餘万圓デゴザイマスガ、右ハ昭和十六年度豫算ノ實行上ニ於ケル歳出ノ節約ニ依リ生ジマス所ノ歳入超過額ノ中ヨリ充當スル計畫デアルトノコトデアリマス、歳入追加額ノ内譯ハ、税法ノ改正ニ依ル増加一億七千三百十餘万圓、煙草及ビ「アルコール」ノ値上ニ依ル專賣局益金ノ増加四千百四十餘万圓デアリマシテ、共ニ經常部ニ屬スルモノデゴザイマス、次ニ歳出追加額ノ内譯ハ經常部ガ八千三十餘万圓、臨時部ガ四億三千五百六十餘万圓デアリマシテ、今其ノ主要ナル事項ヲ申上ゲテ見マスレバ、臨時軍事費特別會計へ繰入ノ増加二億千四百五十餘万圓、米穀生產奬勵ニ要スル經費一億八千五百万圓、重要肥料供給確保ニ關スル經費ノ増加千四百九十餘万圓、關東地方其ノ他水害對策ニ要スル經費千九十餘万圓、北海道及ビ東北地方冷害對策ニ要スル經費五百五十餘万圓、中小商工業ノ再編成ニ要スル經費四百五十餘万圓、產業設備營團ノ設立ニ伴ヒ要スル經費四万餘圓、國庫豫備金ノ増加八千万圓等デゴザイマス、右昭和十六年度歳入歳出總豫算追加第一號ノ金額ヲ、曩ニ第七十六回帝國議會ニ協賛ヲ經マシタ金額ニ加ヘマスルト一般會計豫算ノ總額ハ、歳入八十二億九百七十餘万圓、歳出八十五億千百餘万圓ト相成ル次第デゴザイマス

次ニ昭和十六年度各特別會計歳入歳出豫算追加特第一號ハ、國債整理基金、公債金、關東局、陸軍造兵廠、米穀需給調節、臺灣總督府、朝鮮總督府、臺灣米穀移出管理、樺太廳及ビ南洋廳ノ各特別會計ニ關スルモノデアリマシテ、朝鮮及ビ臺灣ニ於ケル米穀生產奬勵ニ要スル經費二千四百二十餘万圓等ヲ追加計上致シテ居ルノデゴザイマス

最後ニ豫算外國庫ノ負擔トナルベギ契約ヲ爲スヲ要スル件、追第一號ニ付テ申シマスレバ、關東地方其ノ他ニ於ケル水害對策ノ爲ニスル耕地事業助成金、自作農創設維持臨時助成金及ビ荒廢林地復舊事業助成金竝ニ北海道及ビ東北地方ニ於ケル冷害對策ノ爲ニスル冷害地方救濟土木事業助成金ニ關スルモノノ外、重要食糧貯藏損失補償金、銑鐵買取價格補償金、產業設備營團損失補償等ニ關スル豫算外契約ヲ其ノ内容ト致シテ居ルノデアリマス

以上ノ豫算三案ヲ審査致ス爲メ、豫算委員會ハ昨日夜半マデ會議ヲ開キ、委員諸君ヨリ熱心ニ質疑ヲセラレ、各國務大臣及ビ政府委員ヨリソレゾレ答辯ガアリマシタ、其ノ中デ豫算ノ審議上特ニ重要ナリト思ハレマス四、五ノ質疑應答ヲ茲ニ御紹介申上ゲマス

先ヅ第一點ハ戰時財政ノ根本方針ノ問題デアリマス、先日ノ本議場ニ於ケル大藏大臣ノ演說ハ樂觀ニ過ギルノデハナイカ、今少シ將來ニ光明ノアル財政方針ヲ樹立スベキデハナイカトノ質疑ニ對シマシテ、其ノ點ハ過去四箇年半ノ財政經濟ノ總括リノ意

味デ言ツタノデアツテ、樂觀デハナイ、現實ノコトヲ言ツタノニ過ギマセヌ、併シ將來ハ事變後執リ來ツタ大體ノ方針ヲ一層强化スル必要ガアル、其ノ方法トシテハ、國民生活ノ引下ゲニ依ル貯蓄ノ增加ガ第一デアル、而シテ他面歲出ノ膨脹ニ伴ヒ租稅ノ增徵ニ努メネバナラナイノハ勿論デアル旨ノ答辯ガアリマシタ、之ニ關聯致シマシテ增稅ノ技術的方法論ト致シマシテノ流通稅ノ問題ガ論ゼラレタノデアリマスガ、此ノ點ニ付キマシテハ技術的ニ相當困難ヲ伴ヒ、公定價格ノ決定ガ困難トナリ、是ガ却テ國民生活ヤ生產擴充ニ影響スルト云フヤウニ考ヘラレルノデ、未ダ流通稅ヲ取上ゲル所マデハ行ツテ居ナイ旨ノ答辯ガアリマシタ

次ハ、中小商工業者ノ再編成ニ付テノ問題デアリマス、此ノ問題ニ付キマシテハ、政府ノ方針ガ具體的ニハ極メテ不明確デアル、又許可制度カラ一步進メテ登錄制度ニスル必要ガアルノデハナイカ、次ニ本豫算ニ計上サレテ居ル共助金ハ餘リニモ少額デハナイカ、更生金庫ガ此ノ際モツト積極的ニ大イニ活動シナケレバナラナイノニ、動モスルト不活潑ニナツテ居ルノハ、甚ダ遺憾デアルトノ意見ニ對シマシテハ、政府モ同感デアル、殊ニ更生金庫ノ問題ニ付テハ、政府トシテ十分ニ鞭撻ヲ加ヘ、御期待ニ副ヒタイ旨ノ答辯ガアリマシタ

第三點ハ、統制ノ問題デアリマス、統制ハ主義ノ爲ノ統制デアツテハナラナイ、統制ノ目的ハ戰費及ビ物資ノ獲得、最低限度ノ國民生活ノ確保デナケレバナラナイ、然ルニ統制ノ爲ニ或ル程度ノ犧牲ノ出ルノハ已ムヲ得ナイト致シマシテモ、其ノ反面ニ統制ニ依リ不當ノ利益ヲ得タ者ノアルノハ甚ダ遺憾デアル、故ニ統制ノ方法ニ付テハ政府ハ十分ニ研究スベキデアルトノ質疑ニ對シマシテ、政府ハ御趣旨ニ基キ今後十分ニ研究シ、且又所謂統制會、統制組合等ニ付キマシテハ、新タニ法律ヲ制定シテ其ノ運用ニ萬全ヲ期シタイ旨ノ答辯ガアリマシタ

第四ハ下級官吏等ノ增俸問題ハ一日モ忽セニスベキ問題デハナイ、彼等ノ生活問題デアリ、之ニ依ツテ惡性「インフレ」ガ起ルト云フヤウナ考ヘ方ニ付テハ、ソレハ防止方法トシテ增俸ト離レテ研究スレバ宜イデハナイカトノ意見ニ對シマシテ、之ニ伴フ經費ノ增嵩ガ結局ハ公債ノ增發、租稅ノ增徵トナルノデ躊躇セザルヲ得ナイ所ガアリ、只今ノ所何トモ御答ヘガ致シ兼ネルトノ答辯ガアリマシタ

第五點ト致シマシテ、支那事變勃發以來國民ヲ惑ハシテ居ル一事ハ、政治ニ對スル前途ノ見透シガ明瞭デナイト云フ問題デアル、即チ或ル程度、事ノ眞相ヲドシ〳〵國民ニ知ラセ現實ニ卽シタ强力政治ヲ行ハネバナラナイ、政治力ハ政府ノミガ持ツベキモノデハナイ、此ノ議會ヲ通ジタ國民的政治力ノ存在ヲ認識シテ、是等二ツノ政治力ノ有機的綜合的結合ニ依ツテ、初メテ今後飛躍スベキ段階ニ於ケル强力政治ガ考ヘラレルノデハナイカトノ意見ニ對シマシテハ、東條內閣總理大臣ヨリ、今般臨時議會召集ヲ奏請シタノモ其ノ爲デアリ、今後ト雖モ必要ニ應ジテ臨時議會ノ召集ヲ御願ヒスルコトガアルカモ知レヌ旨ノ答辯ガゴザイマシタ

最後ニ、此ノ緊迫セル時局下即チ今日ハ戰爭ノ前夜トモ云フ感ジガスルガ、之ニ付テハ陸海軍トモ萬全ノ準備ガ出來テ居ルト思フガ、此ノ點ニ付キ國民ガ安心シ得ルヤウナ陸海軍大臣ノ言明ヲ得タイ旨ノ發言ガアツタノニ對シマシテ、陸軍大臣ヨリハ、今後事態ノ如何ナル變化ニ對シマシテモ、陸軍トシテハ之ニ十分應ゼラレルダケノ準備ガアル、此ノ點ニ付テハ全日本國民ハ全然御安心ヲ願ヒタイトノ言明ガアリマシタ（拍手）又海軍大臣ヨリモ、海軍モ萬般ノ準備ヲ整ヘテ居ル旨ノ力强キ答辯ガアツタコトヲ、特ニ玆ニ御報告申上ゲテ置キマス（拍手）其ノ他外交問題、食糧增產ノ問題等、重要ナ質疑應答ガ行ハレタノデゴザイマスガ、詳細ハ速記錄ニ依ツテ御承知願ヒタイト存ジマス

委員會ハ昨夜深更ニ至リ質疑ヲ終了致シマシテ、本日午前十一時ヨリ開會、討論ニ入リマシテ、翼贊議員同盟ヲ代表シ小笠原三九郎君、同交會ヲ代表シテ石坂豐一君、興亞議員同盟ヲ代表シテ西岡竹次郎君ヨリ、各〻贊成ノ旨ノ發言ガアリマシタ、採決ノ結果三案共ニ全會一致ヲ以テ原案ノ通リ可決致シタ次第デアリマス

終リニ臨ンデ一言申上ゲマス、今期議會ハ內外ノ情勢洵ニ緊迫セル重大時局ニ當面シテ開會セラレマシタ所謂歷史的ノ議會デアリマス、隨テ豫算委員會ニ於ケル議事モ極メテ緊張ノ裡ニ進メラレタノデアリマス、即チ政府モ委員會モ互ニ胸襟ヲ開キ、相携ヘ、相協力シテ重要國務ノ審議ニ當リ、政府ハ此ノ重大時局ヲ突破スベク帝國不動ノ決意ヲ示サレ、委員會モ亦此ノ難局ヲ克服スベキ牢固タル國民的決意ヲ表明致シタノデアリマス、即チ政府モ委員會モ共ニ渾然一體トナツテ、難局ノ打開ニ邁進スベク最善ノ努力ヲ傾倒シ、極メテ短期間ノ中ニ委員會ノ議事ヲ終了スルコトヲ得マシタノデアリマス、玆ニ豫算委員會ニ現ハレマシタ眞劍ナル情景ヲ御紹介申上ゲルコトハ私ノ最モ光榮トスル所デアリマス（拍手）此ノ段御報告申上ゲマス（拍手）

昭和十六年十一月二十日

酒税等ノ増徴等ニ關スル法律案外二件

第一讀會ノ續

昭和十三年法律第二十三號中改正法律案（關東局、朝鮮總督府、臺灣總督府及樺太廳ノ各特別會計ニ於ケル租税收入ノ一部ニ相當スル金額等ヲ臨時軍事費特別會計ニ繰入ルルコトニ關スル件）（政府提出）

第一讀會ノ續（委員長報告）

報告書

一 酒税等ノ増徴等ニ關スル法律案（政府提出）

右ハ本院ニ於テ可決スヘキモノト議決致候此段及報告候也

昭和十六年十一月十九日

委員長 櫻井兵五郎

衆議院議長小山松壽殿

報告書

一 昭和十二年法律第八十四號中改正法律案（支那事變ニ關スル臨時軍事費支辨ノ爲公債發行ニ關スル件）（政府提出）

右ハ本院ニ於テ可決スヘキモノト議決致候此段及報告候也

昭和十六年十一月十九日

委員長 櫻井兵五郎

衆議院議長小山松壽殿

報告書

一 昭和十三年法律第二十三號中改正法律案（關東局、朝鮮總督府、臺灣總督府及樺太廳ノ各特別會計ニ於ケル租税收入ノ一部ニ相當スル金額等ヲ臨時軍事費特別會計ニ繰入ルルコトニ關スル件）（政府提出）

右ハ本院ニ於テ可決スヘキモノト議決致候此段及報告候也

昭和十六年十一月十九日

委員長 櫻井兵五郎

衆議院議長小山松壽殿

（議長退席、副議長着席）

（櫻井兵五郎君登壇）

○櫻井兵五郎君 只今議題トナリマシタ酒税等ノ増徴等ニ關スル法律案外二件ニ付キマシテ、委員會ノ經過竝ニ結果ヲ御報告申上ゲマス

本委員會ハ一昨十七日成立致シマシテ直チニ審議ニ入リ、十七、十八、十九日ノ三回ニ亙リ質疑應答ヲ重ネタノデアリマス、先ヅ案ノ概要デアリマスガ、第一ハ酒税等ノ増徴等ニ關スル法律案デアリマシテ、政府ハ現下ノ經濟情勢ニ照ラシ購買力ノ吸收、消費ノ抑制ヲ圖ルト共ニ、臨時軍事費追加豫算ノ財源ノ一部ニ充當スル爲メ、酒税、遊興飲食税其ノ他ノ間接税ヲ中心トスル増税ヲ行ハントスルモノデアリマシテ、是ガ爲メ酒税法其ノ他ヲ改正シ、且ツ遊興飲食税、入場税ノ増徴ニ伴ヒ、配付税分與割合ヲ改正スル爲メ、地方分與税法ヲモ改正セントスルノデアリマス、而シテ是ガ結果ト致シマシテ、今次ノ増税ハ平年度ニ於テ酒税ノ増加一億五千二百二十餘万圓、清涼飲料税ノ増加四百四十餘万圓、砂糖消費税ノ増加二千九百五十餘万圓、物品税ノ増加一億三千四百十餘万圓、遊興飲食税ノ増加二億三千五百餘万圓、通行税ノ増加四千九百餘万圓、入場税ノ増加二千七百五十餘万圓、建築税ノ増加八十餘万圓……

（發言スル者多シ）

○副議長（田子一民君） 靜肅ニ願ヒマス

○櫻井兵五郎君（續） 骨牌税ノ増加百二十餘万圓、印紙税ノ増加百七十餘万圓、即チ合計六億三千五百九十餘万圓ノ國庫收入ノ増加ヲ見ルモノデアリマス

案ノ内容ニ付キマシテハ大藏大臣ヨリ詳細ナル説明ガアリマシテ、引續キ質疑ニ入ツタノデアリマス、質疑ノ第一點ト致シマシテハ、財政ノ根幹問題デアリマシテ、即チ我ガ財政ノ將來ハ益〻歳出ノ増大ヲ見透シ得ルノデアツテ、隨テ其ノ根本方針ニ付テハ深キ考慮ヲ要スルモノガアル、政府ハ財政ノ健全性ヲ保持スルガ爲ニ、或ハ歳入ヲ租税ニ重キヲ置ク考ヘデアルカ、又租税ト公債ノ割合ヲ豫メ想定シ置ク等ノ考ヘガアルカドウカ、又更ニ此ノ度ノ増税ハ間接税ニ依ルモノデアルガ、將來直接税ニ付テ如何ナル増徴ヲ行フ方針デアルカトノコトデアツタノデアリマス、之ニ對シマシテ大藏大臣ヨリ、現事變下ニ於テハ先ヅ戰ニ勝ツガ爲ニ、其ノ必要ナル物資ノ供給ト、經濟界ノ圓滑ナル運行及ビ國民生活一定限ノ確保ヲ第一義トシナケレバナラヌ、隨テ此ノ意味ニ於テハ財政ハ寧ロ第二義デアル、政府ハ歳入ニ付テモ、第一義ノ目的ヲ阻碍セザル範圍内ニ於テ、出來得ル限リ租税收入ニ依リ、其ノ足ラザル所ヲ公債ニ依ル方針デアル、又租税ト公債ノ割合ハ、昭和十五年度ニ於テハ租税ハ三割七分ノ割合デアツタガ、此ノ度ノ臨時軍事費ノ成立ニ依ツテ其ノ割合ハ二割七分ニ減ジタ、將來ニ對スル考ヘ方ハアルガ、併シ今俄カニ租税ト公債ノ割合ヲ豫メ定メ置クコトハ、現在ニ於テハ尙ホ困難デアル旨ノ答辯ガアリマシタ、直接税ニ付テハ目下愼重考究中デアルガ、分類所得税ヲ中心トシテ、法人税、臨時利得税、綜合所得税等ニ付テ相當程度ノ増徴ヲ行フベキコトハ大體明瞭デアル、而シテ其ノ額ハマダ明確ニ明言ハ致シ難キモ、今回ノ増徴額ヲ下ルヤウナコトハナイデアラウト云フ意味ノ答辯ガアツタノデアリマス

質疑ノ第二點ト致シマシテハ、此ノ度ノ改正案等ノ如ク、間接税ヲ相當大幅ニ増徴スルコトハ、低物價政策ト矛盾スルノデハナイカ、又今回程度ノ増徴ニ依ツテ「インフレ」ノ傾向ヲ抑止スルコトガ出來ルカドウカト云フコトデアリマシタガ、之ニ對シマシテ政府ヨリ、間接税ノ増徴ニ依ツテ税

額ニ相當スルダケ物價ガ騰貴スルコトハ當然デアルガ、此ノ騰貴ハ課税ニ基クモノデアッテ、一般的ニ物價ノ騰貴ヲ認メルモノデナイ故、右ノ如キ矛盾ハナイト認メル、又今日ノ増徴ハ、貯蓄ノ奬勵其ノ他ノ政策ト相俟ッテ相當購買力ノ吸收、消費ノ抑制ニ效果ガアルモノト認メル旨ノ答辯ガアッタノデアリマス

次ニ質疑ノ第三點ハ物品税ニ付テデアリマスガ、物品税ニ付キ今回ノ如キ擴張ヲ行フナラバ、更ニ一歩ヲ進メテ賣上税ヲ創設スルコトガ宜クハナイカトノ問ヒデアッタノデアリマス、之ニ對シマシテ政府ハ、賣上税ハ低率ノ課税ニ依ッテ多額ノ收入ヲ擧ゲ得ルガ故、非常時財源トシテハ看過シ得ザルモノトハ認メルガ、併シ本税ハ賣買ノ都度課税セラルルヲ以テ、消費者ニ取リテハ相當重キ負擔トナリ易ク、又賣買回數ノ多寡ニ依ッテ負擔ヲ異ニスル等ノ短所ガアル外、經濟界ニ及ボス影響甚ダ少ナカラズ、物價政策ノ見地ヨリモ種々檢討ヲ加フルノ要アルヲ以テ、今回ノ改正ニ於テハ先ヅ是ガ採用ヲ見合セタノデアルガ、其ノ採否ニ付テハ今後尚ホ十分ニ考究致シタイト云フ答辯ガアッタノデアリマス

質疑ノ第四點ハ、現在中小商工業ガ整理統合セラレツツアル、隨テ從來相當ノ負擔ヲナシ來ッタ此ノ層ノ減少ニ依ッテ、税收入ノ大減少ヲ將來來スコトハナイカドウカト云フ問ヒデアッタノデアリマス、之ニ對シマシテハ、政府ハ他ノ觀點ヨリ致シマシテ、先ヅ大體收入總額ニ關シテハ事實ニ於テ減少スルガ如キコトハ豫期シテ居ラヌト云フ意味ノ答辯ガアリマシタ、其ノ他酒税、鐵道運賃、通行税、遊興飮食税、建築税、印紙税等ニ付キ熱心ナル質疑應答ガアリ、又間接税ニ付キマシテハ、斯ノ如キ大幅ノ増徴ヲ行フヲ要スル現下ノ情勢ニ於テハ、郵便料金ニ付テモ亦相當程度ノ引上ヲナスベキデハナイカ、砂糖ハ業務用ト家庭用トヲ區別シテ、業務用ニ重キ負擔ヲ課スルヲ適當トシナイカドウカト云フ質疑ガアッタノデアリマス、之ニ對シマシテ政府ハ、ソレゾレ愼重ニ考究ヲ致シタイト云フ旨ノ答辯ガアリマシタ

更ニ最後ニ希望的ノ意見ト致シマシテ、本案ニ依ル大増税ハ平年度ニ於テ六億三千五百万圓デアルガ、來ル通常議會ニ於テ直接税ガ又提案セラレル、其ノ總額ハ現在ノ六億三千五百万圓以上ダト云フコトハ大藏大臣ノ言明デアサマス、隨テ國民ハ眼前ニ於テ、税ノミヲ以テシテ而モ十三億以上ノ負擔ヲ負ハネバナラヌト云フコトハ最早必至ノ狀況デアリマス、現下ノ狀況ニ照シマシテハ此ノ負擔ハ必ズシモ國民ニ輕イト申スコトハ出來ナイカモ知レマセヌ、併シナガラ國民ノ氣持ハ、東亞ノ大業ヲ達成スルガ爲ニト云フ考ヘニ於キマシテ、恐ラクハ國民ハ喜ビ勇ンデ此ノ負擔ニ堪ヘルデアラウ(拍手)隨テ此ノ場合ニ於テハ政府モ能ク此ノ國民ノ氣持ヲ知ッテ居ッテ貰ヒタイ、國民ガ斯クノ如キ増税ニ對シテ欣然トシテ之ヲ負擔スル、其ノ國民ノ氣持ヲ能ク政府ガ知ッテ居ッテ貰ヒタイ(拍手)政府ノ態度モ亦隨テ此ノ國民ノ氣分ニ對應スルモノデアッテ欲シイ、政府ノ増税理由ヲ見マスルト、國民ノ消費ヲ抑ヘ、購買力ヲ吸收スル、無形ノ國民精神ノ緊張、生活態樣ノ刷新マデモ税ニ依ッテヤルト云フ如キ表現ガアルノデアリマスケレドモ、是ハ恐ラクハ技術上ノ問題デアリマセウ、國民ノ氣分ハ、東亞ノ大業ヲ達成スルガ爲ニ税ヲ負擔シテ行カウト云フノデアリマス、此ノ氣分ヲ知ッテ、政府ハ國民ニ文句ヤ理窟ヲ言ハナイデ、能ク國民ト氣分ヲ一體ニシテ、此ノ大業ヲ達成シテ貰ヒタイモノデアルト云フノガ希望的ノ意見デアッタノデアリマス

更ニ本委員會ニ付託セラレマシタ第二ノ案、卽チ昭和十二年法律第八十四號中改正法律案ハ、支那事變ニ關スル臨時軍事費支辨ノ爲公債發行ニ關スル法律ノ改正案デアリマシテ、臨時軍事費ニ付キマシテハ、第七十二議會ヨリ第七十六議會ニ至ルマデ毎議會、其ノ財源ニ充ツル爲ノ公債ヲ發行スル權能ヲ此ノ法律デ得テ居ッタノデアリマスルガ、今回更ニ臨時軍事費三十八億圓ノ追加計上ヲ必要ト致シマスル所、其ノ所要金額中、二億二千九百九十餘万圓ハ一般會計及ビ特別會計ヨリノ繰入金等ヲ以テ之ヲ賄ヒマシテ、其ノ不足致シマスル三十五億七千餘万圓ヲ公債財源ニ求ムル爲ニ、昭和十二年法律第八十四號ニ規定スル公債ノ發行限度法定額百九十億四千九百万圓ヲ二百二十六億千九百万圓ニ改正セントスル案デアリマス

又今一ツノ付託セラレタ案件、卽チ昭和十三年法律第二十三號中改正法律案ハ、關東局、朝鮮總督府、臺灣總督府及ビ樺太廳ノ各特別會計ニ於ケル租税收入ノ一部ニ相當スル金額等ヲ臨時軍事費特別會計ニ繰入ルルコトニ關スル法律ノ改正案デアリマシテ、此ノ法律ニ依リ、從來外地會計ヨリ、本法ニ規定スル租税收入、又ハ煙草專賣收入ノ一部ヲ臨時軍事費特別會計ニ繰入ルルコトニナッテ居リマスガ、今回新タニ朝鮮總督府特別會計ニ於ケル酒税、朝鮮總督府、臺灣總督府及ビ樺太廳ノ各特別會計ニ於ケル骨牌税ノ昭和十六年度以降ノ増徴ニ因ル増收額、臺灣總督府特別會計ニ於ケル遊興飮食税ノ創設ニ因ル收入額竝ニ朝鮮總督府及ビ臺灣總督府ノ兩特別會計ニ於ケル今回ノ煙草定價改正ニ因ル專賣收入増加額ノソレ〱一部ニ付テモ、之ヲ臨時軍事費特別會計ニ繰入ルルコトニ致シマス爲メ、昭和十三年法律第二十三號中所要ノ改正ヲナサントスルノデアリマスガ、此ノ二件ニ關シマシテハ、是ハ増税ノ結果當然ノコトト致シマシテ、多クノ質疑スラ見ナカッタ次第デアリマス、其ノ他ノ詳細ニ至リマシテハ會議錄ニ依ッテ御諒承願ヒタイノデアリマス

斯ク致シマシテ本日午前質疑ヲ終了致シ、午後三案ヲ一括シテ討論ニ入リマシタ所、翼贊議員同盟ノ森下國雄君、同交會ノ服部岩吉君、興亞議員同盟ノ水谷長三郎君ヨリ、ソレ〱所屬會派ヲ代表シテ贊成ノ意見ヲ述ベラレ、討論ハ終局致シ、直チニ採決ニ入リ、三案ヲ一括シテ原案贊成ノ諸

君ノ起立ヲ求メマシタ所、起立總員、卽チ滿場一致可決致サレタノデアリマス、玆ニ御報告致ス次第デアリマス(拍手)

○副議長(田子一民君) 三案ノ第二讀會ヲ開クニ御異議アリマセヌカ

(「異議ナシ」ト呼ブ者アリ)

○副議長(田子一民君) 御異議ナシト認メマス、仍テ三案ノ第二讀會ヲ開クニ決シマシタ

○依光好秋君 直チニ三案ノ第二讀會ヲ開キ、第三讀會ヲ省略シテ委員長報告ノ通リ可決セラレンコトヲ望ミマス

○副議長(田子一民君) 依光君ノ動議ニ御異議アリマセヌカ

(「異議ナシ」ト呼ブ者アリ)

○副議長(田子一民君) 御異議ナシト認メマス、仍テ直チニ三案ノ第二讀會ヲ開キ、議案全部ヲ議題ト致シマス

酒稅等ノ增徵等ニ關スル法律案

第二讀會(確定議)

昭和十二年法律第八十四號中改正法律案(支那事變ニ關スル臨時軍事費支辨ノ爲公債發行ニ關スル件)

第二讀會(確定議)

昭和十三年法律第二十三號中改正法律案(關東局、朝鮮總督府、臺灣總督府及樺太廳ノ各特別會計ニ於ケル租稅收入ノ一部ニ相當スル金額等ヲ臨時軍事費特別會計ニ繰入ルルコトニ關スル件)

第二讀會(確定議)

○副議長(田子一民君) 別ニ御發議モアリマセヌ、第三讀會ヲ省略シテ、三案トモ委員長報告通リ可決確定致シマシタ(拍手)

○依光好秋君 議事日程追加ノ緊急動議ヲ提出致シマス、卽チ此ノ際政府提出、昭和九年法律第二十九號中改正法律案及ビ臺灣米穀移出管理特別會計法ノ特例ニ關スル法律案ノ兩案ヲ一括議題トナシ、委員長ノ報告ヲ求メ、其ノ審議ヲ進メラレンコトヲ望ミマス

○副議長(田子一民君) 依光君ノ動議ニ御異議アリマセヌカ

(「異議ナシ」ト呼ブ者アリ)

○副議長(田子一民君) 御異議ナシト認メマス、仍テ日程ハ追加セラレマシタ——昭和九年法律第二十九號中改正法律案、臺灣米穀移出管理特別會計法ノ特例ニ關スル法律案、右兩案ヲ一括シテ第一讀會ノ續ヲ開キマス、委員長ノ報告ヲ求メマス——委員長砂田重政君

昭和十六年十二月十八日

決議案(大東亞戰爭目的貫徹ニ關スル件)

第一　決議案(大東亞戰爭目的貫徹ニ關スル件)(安達謙藏君外九十七名提出)

決議案

決　議

對米英宣戰ノ　大詔ヲ承ケテ皇軍ノ作戰間髪ヲ容レズ頻リニ快捷ヲ奏シテ四海ノ耳目ヲ聳動ス斯ノ如キハ前古未ダ曾テ其ノ類ヲ見ズ皇國臣民ノ感激措ク能ハザル所ナリ

太平洋制壓ノ強權概ネ既ニ我ガ掌中ニ歸シ加フルニ盟邦ノ誓愈〻堅キヲ以テス前路素ヨリ蓁莽ナキニアラズトスルモ安ンゾ復敵國ノ蠢動ヲ許サンヤ

宜シク謹ミテ　聖旨ヲ奉體シ深ク皇軍ノ籌畫ニ信頼シ官民一丸以テ大東亞戰爭ノ目的ヲ貫徹スベシ

右決議ス

(山崎達之輔君登壇)

○山崎達之輔君　決議案提出ノ趣旨ヲ申述ベタイト存ジマス、一應案文ヲ朗讀致シマス

決　議

對米英宣戰ノ　大詔ヲ承ケテ皇軍ノ作戰間髪ヲ容レズ頻リニ快捷ヲ奏シテ四海ノ耳目ヲ聳動ス斯ノ如キハ前古未ダ曾テ其ノ類ヲ見ズ皇國臣民ノ感激措ク能ハザル所ナリ

太平洋制壓ノ強權概ネ既ニ我ガ掌中ニ歸シ加フルニ盟邦ノ誓愈〻堅キヲ以テス前路素ヨリ蓁莽ナキニアラズトスルモ安ンゾ復敵國ノ蠢動ヲ許サンヤ

宜シク謹ミテ　聖旨ヲ奉體シ深ク皇軍ノ籌畫ニ信頼シ官民一丸以テ大東亞戰爭ノ目的ヲ貫徹スベシ

右決議ス

(拍手起ル)

投クモ宣戰ノ　大詔ヲ拜シマシテ、一億國民ハ肅然トシテ襟ヲ正シ、感奮興起、眞ニ血湧キ肉躍ルノ感ヲ禁ジ能ハナイ所デアリマス(拍手)

帝國政府ガ太平洋ノ平和ヲ維持シ、戰禍ノ全人類ニ波及センコトヲ防止センガ爲ニ、崇高ナル精神ヲ以テ忍ビ難キヲ忍ビ、堪ヘ難キヲ堪ヘ、道義ニ則リ、情理ヲ盡シ、米國トノ國交調整ニ無限ノ努力ヲ致サレタルニモ拘リマセズ暴戾ナル彼レ米國ハ、英國ト相結ビマシテ、其ノ包藏セル世界制覇ノ野望ト妄執トニ驅ラレ、毫モ反省スル所ナク、東亞ノ安定ヲ確保シ、世界平和ニ貢獻セントスル帝國不動ノ國是ヲ蹂躙セント致シマシテ、遂ニ悠久二千六百餘年光榮ニ輝ク帝國ノ生存ト權威ヲスラ脅威セントスルニ至ツタノデアリマス、彼ハ既ニ英國ヲ援ケテ歐洲ノ禍亂ヲ擴大シ、徒ラニ蔣政權ノ援助ヲ強化致シマシテ、東亞ノ安定ヲ妨害致シテ居ツタノデアリマスガ、今亦全世界ノ破局ヲ激成スルニ至ツタノデアリマシテ、其ノ罪斷ジテ許スベカラザルモノデアリマス(拍手)

皇國ガ遂ニ干戈ヲ以テ起ツニ至リマスルコトハ眞ニ巳ムヲ得ザル所デアリマス、戰ヒハ正義ノ戰ヒデアリ、天ノ命ズル義戰デアリマス、正義ノ存スル所、必ズ勝利ガアリマス、今ヤ全國民ハ必勝ノ信念ニ燃エマシテ、勇躍險難ヲ突破スルノ決意極メテ牢固タルモノガアルノデアリマス(拍手)

宣戰ノ　大詔渙發セラレマスルヤ、我ガ精鋭ナル皇軍ハ寸刻ヲ移サズ「ハワイ」沖ニ長驅シ、電擊一閃、米國太平洋艦隊ヲ屠リマシタ、更ニ「マレー」沖ノ海戰ニ英國東洋艦隊ノ主力ヲ擊滅致シマシテ、四海ヲ震撼シ、殊ニ驕慢ヲ極メマシタル米英兩敵國朝野ヲシテ愕然タラシメタノデアリマス、更ニ南方諸地方ニ於キマシテ、彼等ガ多年東亞民族ヲ凌虐致シマシタル策動ノ基地ハ刻々其根柢ヲ覆ヘサレツツアルノデアリマス、廣袤幾千里、空ニ、海ニ、陸ニ、其ノ作戰規模ノ雄大ナル、其ノ行動ノ周密ニシテ果敢ナル、其ノ戰果ノ赫々タル、眞ニ振古未曾有デアリマス(拍手)

大御稜威ノ下籌畫能ク機先ヲ制セラレ、作戰亦能ク精緻ヲ盡シテ、勇武事ニ從ハレマスル將兵各位ノ忠誠奉公ニ對シマシテハ、全國民ハ唯々感激ト感謝ニ滿タサレルノミデゴザリマス(拍手)

米英ニ對スル宣戰ノ　御詔勅ヲ渙發セラレマスルヤ、滿洲國及ビ中華民國兩政府ハ完全ナル協力ヲ我ニ誓ヒマシテ、又盟邦獨伊兩國トノ間ニハ新タニ對米英戰ノ共同遂行、單獨不講和及ビ世界新秩序建設協力ヲ内容トスル新協定ノ成立ヲ見マシタ、獨伊兩國ハ速カニ對米宣戰ヲ布告致シマシテ、我ト彼トノ盟約ハ愈〻強緻ヲ加ヘタ譯デアリマス、尙ホ新タニ「タイ」國トノ間ニ攻守同盟ガ約セラレマシテ、更ニ又佛印トノ間ニ、日佛印共同防衞ニ基ク軍事協定ノ成立ヲ告ゲマシタ、是等盟邦各國ニ對シマスル我ガ國民ノ感激ハ特ニ新タナルモノガアルノデアリマス(拍手)今ヤ米英兩國ヲ粉碎シ肇國ノ大理想ヲ顯現スベキ皇國ノ一大飛躍ノ基礎ハ既ニ成レリト申スベキデアリマス

併シナガラ米英兩國ハ申ス迄モナク巨大ナル資源ヲ擁シ、又舊秩序擁護ノ最後ノ保壘トシテ彼等ノ執拗ナル態度ハ決シテ侮リ難キモノアリト見ナケレバナリマセヌ、隨テ戰爭ハ固ヨリ長期ヲ覺悟セナケレバナラヌノデアリマス、最後ノ止メヲ刺スニ至リマスル　マデニハ　前途幾多ノ　難關ガ横ハル

デゴザリマセウ、又容易ナラヌ荊棘ヲ打開イテ進ムノ覺悟ガナケレバナリマセヌ、吾吾ハ偉大ナル緒戰ノ大勝ニ醉フコトナク、所謂勝ツテ兜ノ緒ヲ締メマシテ、如何ナル困苦缺乏ニモ敢テ屈セザルノ一大決意ト、斷ジテ敵國群ノ謀略妄動ヲ容レザルノ用意トガ緊要デアルト存ズルノデアリマス、衆議院ハ前期議會ニ於キマシテ一億國民ノ用意既ニ成レリト申シタノデアリマス、此ノ國民ノ心構ヘハ今ヤ正ニ幾倍シ、大君ノ爲メ、皇國ノ爲メ身命ヲ捧グルノ熱意ニ燃エマシテ、聊カモ惑フ所ハナイノデアリマス（拍手）

政府ガ襄ニ米國トノ交渉ニ當リマシテ隱忍自重ヲ重ネラレ、而モ毅然トシテ大節ヲ持セラレマシテ、能ク萬一ニ處スルノ對策ヲ誤ラレズ、機宜ヲ制セラレマシタル非常ノ御苦心ニ對シマシテ、國民ハ深甚ノ敬意ヲ表スルモノデアリマス（拍手）國民ハ皇國ニ竭ス誠ヲ傾ケマシテ政府ヲ支持スルモノデアリマス、私ヲ一擲シテ國家ニ殉ゼントスル全國民ノ赤誠ニ對シマシテハ、固ヨリ政府モ滿幅ノ信頼ヲ拂ハルベキモノデアルト存ジマス（拍手）斯クノ如クニシテ軍官民一體、擧國鐵火ノ一丸トナリマシテ躍進致シマスルコトガ實ニ方今ノ要務デアルノデアリマス（拍手）

凡ソ人類ノ歷史ハ戰爭ニ依ツテ轉換致シマシテ、又戰爭ハ常ニ解放ノ爲ノ戰ヒデアリマス、中世紀ノ桎梏ヨリ人類解放ノ大運動ガ起リマシテ、近世ノ文化ガ生ミ出サレマシタルガ如ク、今日ノ世界的大動亂ハ、要スルニ英米ノ世界支配ノ桎梏ヲ打破リマシテ、世界正義ヲ確立スルト共ニ、新タナル文化ヲ創造シテ、世界新秩序ヲ建設センガ爲ノ戰ヒデアリマス（拍手）蓋シ歷史必然ノ要請デアリ、天ノ攝理デアリマス、斯クノ如クニ致シマシテ、大東亞戰爭ハ實ニ人類ノ公敵タル米英ノ支配下ヨリ東亞十億ノ民族ヲ解放シ、世界二十一億ノ全人類ノ上ニ輝カシキ新タナル秩序ヲ齎サンガ爲ノ戰ヒデアリマス（拍手）皇國一億ノ臣民ハ生ヲ聖代ニ享ケマシテ、此ノ一大盛事ニ際會シ　大御稜威ノ下聖業達成ノ一端ヲ負荷スルノ光榮ニ對シマシテ、唯々感激ト感謝アルノミデアリマス、謹ミテ宣戰詔書ノ聖旨ヲ奉體致シマシテ、精鋭無比ナル陸海軍ノ鬼籌神算ニ信頼シ、一死君恩ニ報ジ奉ルノ覺悟ヲ以チマシテ、大東亞戰爭ノ目的完遂ニ邁進シ、恒久的世界平和ノ確立ニ寄與センコトヲ冀念シテ已マザル所デアリマス（拍手）

以上ヲ以チマシテ、決議案提出ノ趣旨ノ說明ト致シマス（拍手）

○**議長**（**小山松壽君**）　採決致シマス、本案ニ贊成ノ諸君ノ起立ヲ求メマス

（總員起立）

○**議長**（**小山松壽君**）　起立總員

（拍手起ル）

○**議長**（**小山松壽君**）　本案ハ全會一致可決致シマシタ（拍手）內閣總理大臣ヨリ發言ヲ求メラレテ居リマス――東條內閣總理大臣

（國務大臣東條英機君登壇）

○**國務大臣**（**東條英機君**）　只今ノ御決議ノ趣旨ニハ政府ハ全ク同感デアリマス、烈々タル國民ノ決意ヲ承知致シマシテ、洵ニ意ヲ强ウスル次第デゴザイマス（拍手）政府ハ此ノ上トモ全力ヲ擧ゲテ征戰目的完遂ニ邁進ヲ致シ、以テ宸襟ヲ安ンジ奉リタイト存ズル次第デゴザイマス（拍手）

○**議長**（**小山松壽君**）　暫時休憩致シマス

午前十一時十五分休憩

○議長（田子一民君）　是ヨリ會議ヲ開キマス、御報告ヲ申上ゲマス、昨年十二月二十七日ノ本院ノ決議ニ對シ、各軍司令官及ビ各最高指揮官ヨリソレゾレ謝電ヲ受領致シマシタ、茲ニ之ヲ朗讀致シマス

第七十九議會開會ニ際シ御懇電ヲ拜シ感激ノ至ニ堪ヘス支那派遣軍將兵ハ愈〻士氣旺盛ニ大東亞戰爭ノ目的完遂ニ邁進シツツアリ茲ニ銃後國民各位ノ熱誠溢ルル御後援ニ對シ深甚ナル謝意ヲ表ス

支那派遣軍總司令官

（拍手起ル）

第七十九議會開會ニ際シ衆議院全會一致ニ依ル熱誠溢ルル御決議ヲ拜シ感激ノ至ナリ又銃後國民ノ眞摯熱烈ナル眞情ニ接シ欣快ニ堪ヘス

茲ニ深甚ナル謝意ヲ表ス

御稜威ノ下將兵ハ一同誓テ必勝ヲ期シ以テ大東亞戰爭ノ完遂ニ邁進シツツアリ

南方現地軍最高指揮官

（拍手起ル）

第七十九回帝國議會開會ニ際シ皇軍將兵ニ寄セラレタル懇篤熱誠ナル決議竝戰歿將兵ニ對スル深厚ナル敬弔ニ對シ關東軍將兵一同ヲ代表シ深甚ナル感謝ノ意ヲ表ス今ヤ大東亞戰爭ニ輝ク總進軍ノ秋將兵一同意氣愈〻軒昂盡忠報國ノ至誠ニ燃エ鐵石ノ團結益〻固ク滿蘇國境ノ護リヲ固クシ一意重任ニ邁進シ以テ銃後各位ノ期待ニ副ハンコトヲ誓フ

關東軍司令官

（拍手起ル）

今般衆議院院議ヲ以テ軍ニ寄セラレタル感謝決議ヲ承リ誠ニ感謝感激ノ至ニ堪ヘス當軍將兵ハ宣戰ノ　大詔ト特ニ軍人ニ賜ハリタル　勅語トヲ奉戴シテ益〻士氣ヲ振作シ團結ヲ鞏固ニシ粉骨砕身戰力ノ充實ヲ圖リ朝鮮防衛ノ萬全ヲ期シ以テ聖慮ニ應ヘ奉リ銃後ノ信頼ニ報インコトヲ期シアリ

茲ニ將兵一同ヲ代表シ深甚ナル感謝ノ意ヲ表ス

朝鮮軍司令官

（拍手起ル）

第七十九回帝國議會開會ニ際シ衆議院ノ決議ヲ以テ御鄭重ナル決議ヲ賜ハリ軍將兵一同深ク感謝ノ意ヲ表ス將兵一同愈〻鞏固ナル團結ヲ以テ軍民一體トナリ一意聖戰目的完遂ニ邁進スルコトヲ期スルト共ニ貴院各位ノ御健闘ヲ祈ル

中部軍司令官

（拍手起ル）

第七十九回帝國議會開會ニ際シ御懇篤ナル感謝決議ヲ拜シ感激ニ堪ヘス熱誠溢ルル國民ノ御後援ニ將兵一同感奮士氣益〻振ヒ所期ノ目的貫徹ニ邁進シ以テ國民ノ信頼ニ應ヘンコトヲ期ス

茲ニ謹ミテ謝意ヲ表ス

西部軍司令官

（拍手起ル）

今般帝國議會開會ニ方リ軍ニ對シ全會一致ノ決議ヲ以テ熱誠溢ルル感謝激勵ノ意ヲ寄セラレ誠ニ感激ニ堪ヘス謹ミテ謝意ヲ表ス

軍ハ　御稜威ノ下ニ將兵一同愈〻盡忠奉公ノ誠ヲ效シ益〻北邊ノ護リヲ固メ常ニ皇軍ノ眞價ヲ發揮シ以テ期待ニ副ハンコトヲ期ス

北部軍司令官

（拍手起ル）

香港攻略ニ際シ衆議院ノ院議ヲ以テ寄セラレタル鄭重ナル感謝竝弔慰ノ決議ニ接シ感激ニ堪ヘス

稜威ノ下將兵一同愈〻奮勵努力以テ護國ノ重責ヲ達成センコトヲ期ス

茲ニ深厚ナル謝意ヲ表ス

支那方面艦隊司令長官

（拍手起ル）

衆議院ノ鄭重ナル感謝竝弔慰ノ決議ニ對シ深甚ナル謝意ヲ表ス將兵一同必勝ノ信念ヲ以テ愈〻粉骨砕身以テ御期待ニ副ハンコトヲ期ス

香港方面海軍最高指揮官

（拍手起ル）

尚ホ一月二日皇軍ハ「フイリッピン」ニ於ケル敵ノ首都「マニラ」ヲ攻略致シマシタノデ、四日議長ハ本院ヲ代表シテ、現地各司令官ニ對シ、祝賀竝ニ感謝ノ意ヲ打電致シテ置キマシタ、其ノ電文ハ豫テ公報ヲ以テ御通知致シタ通リデアリマス、之ニ對シ謝電ヲ受領致シマシタ、之ヲ朗讀致シマス

「マニラ」陷落ニ方リ衆議院ヨリノ御懇電ニ接シ深甚ナル謝意ヲ表ス

稜威ノ下將兵一同　聖旨ヲ奉戴シ益〻牢固不拔ノ信念ト團結トヲ堅持シ誓テ皇國守護ノ大任ヲ完遂シ以テ　聖慮ニ副ヒ奉ランコトヲ期シアリ

現地軍最高指揮官

（拍手起ル）

「マニラ」攻略ニ對シ懇篤ナル祝電ニ接シ感激ニ堪ヘス將兵一同益〻奮勵努力以テ護國ノ重責ヲ全ウセンコトヲ期ス

茲ニ衷心感謝ノ意ヲ表ス

聯合艦隊司令長官

（拍手起ル）

「マニラ」攻略ニ對スル御懇電ヲ拜シ感激ノ至ニ堪ヘズ　御稜威ノ下將兵一同勇躍シテ戰爭目的ノ完遂ニ邁進シツツアリ

茲ニ深厚ナル感謝ノ意ヲ表ス

比島方面海軍最高指揮官

（拍手起ル）

本日ノ議事日程ニ入ルニ先ダチ内閣總理大臣、外務大臣及ビ大藏大臣ヨリ發言ノ通告ガアリマス、尚ホ右三大臣ノ發言ニ次イデ陸軍大臣及ビ海軍大臣ヨリ戰況ニ關シ報告ノ爲メ發言ヲ求メラレテ居リマス、順次之ヲ許シマス——東條内閣總理大臣

米穀需給調節特別會計法中改正法律案

米穀需給調節特別會計法中左ノ通改正ス

「米穀需給調節特別會計法」ヲ「食糧管理特別會計法」ニ改ム

第一條　食糧管理ノ爲ニスル食糧ノ買入、賣渡、交換、貸付、交付、加工、製造又ハ貯藏ニ關スル一切ノ歳入歳出ハ之ヲ一般會計ト區分シ特別會計ヲ設置ス

第三條第一項中「米穀」ヲ「食糧」ニ改ム

第四條ノ三中「八億五千萬圓」ヲ「二十一億圓」ニ改ム

第六條　本會計ニ於テハ食糧ノ賣渡代金、借入金及附屬雜收入ヲ以テ其ノ歳入トシ食糧ノ買入代金、食糧ノ買入賣渡交換貸付交付加工製造貯藏及運搬ニ關スル諸費、證券及借入金ノ償還金及利子其ノ他諸費ヲ以テ其ノ歳出トス

第六條ノ二中「米穀ノ數量又ハ市價ノ變動ニ基ク」ヲ「食糧ノ」ニ改ム

附　則

本法ハ昭和十七年度ヨリ之ヲ施行ス

昭和九年法律第二十九號附則第二項ヲ削ル

國債整理基金特別會計法第二條第四項中「米穀證券」ヲ「食糧證券」ニ改メ同法ニ左ノ一條ヲ加フ

第十三條　第二條第四項ノ規定ノ適用ニ付テハ米穀證券ハ之ヲ食糧證券ト看做ス

（國務大臣賀屋興宣君登壇）

○國務大臣（賀屋興宣君）　只今議題トナリマシタ昭和十五年法律第六十九號中改正法律案外四件ニ付キマシテ其ノ提案ノ理由ヲ説明致シマス

先ヅ昭和十五年法律第六十九號中改正法律案ニ付キマシテ説明申上ゲマス、從來支那事變ニ關シ功勞アリタル陸海軍軍人、其ノ他ニ對スル行賞ハ、昭和十五年度以降緩急ノ順序ヲ考慮シ實行セラルルコトト相成ッテ居リマシテ、其ノ昭和十五年度分及ビ同十六年度分ト致シマシテハ、現行ノ昭和十五年法律第六十九號ニ依リ總額六億三千二百七十万圓ヲ限リ、一時賜金トシテ交付スル公債ノ發行ヲ爲シ得ル權能ヲ得テ居ルノデアリマスルガ、今回更ニ文官其ノ他ニ對スル分及ビ大東亞戰爭ニ際シ死歿シタル軍人軍屬ニ對スル分ヲモ見込ミマシテ、公債ノ發行限度ヲ五億四百万圓ダケ増額シ、十一億三千六百七十万圓トナシ、昭和十五年度乃至同十七年度分トシテ公債ノ發行ヲ要シマスル爲メ、昭和十五年法律第六十九號中改正ニ關スル本法律案ヲ提出致シマシタ次第デアリマス

次ニ朝鮮事業公債法中改正法律案ニ付キマシテ説明申上ゲマス、朝鮮總督府特別會計ニ於ケル既定繼續費タル鐵道建設及改良費、道路修築改良費、港灣修築改良費及電信電話擴張及改良費ノ追加額其ノ他計一億六千八百七十餘万圓、竝ニ鐵道建設及改良費、其ノ他ノ既定額中普通財源ニ依ル豫定デアリマシタモノノ中七千三十餘万圓、合計二億三千九百十餘万圓ニ付キマシテハ、同特別會計歳計ノ現狀竝ニ經費ノ性質ニ顧ミ是ガ財源ヲ公債ニ依ルコトト致シマシタル所、既定額ノ中公債財源ニ依ル豫定額中不用トナリタル等ノ爲メ、公債發行餘裕額八百餘万圓アリマスル爲メ、差引二億三千百二十万圓ダケ現行ノ朝鮮事業公債法ニ依ル公債發行限度ヲ増加スルノ必要ガアリマスノデ、本法律案ヲ提出致シマシタ次第デアリマス

次ニ臺灣事業公債法中改正法律案ニ付キ説明致シマス、朝鮮總督府特別會計ニ於ケル既定繼續費タル鐵道建設費ト、同ジク鐵道複線工事費及ビ停車場改良費ヲ改稱致シマシタル鐵道改良費トノ追加額千二百四十餘万圓ノ中千百二十餘万圓、竝ニ昭和十七年度以降ノ新規繼續費タル大甲溪開發事業費總額五千五百万圓ノ合計六千六百二十餘万圓ニ付キマシテハ、同特別會計歳計ノ現狀竝ニ其ノ經費ノ性質ニ鑑ミマシテ、是ガ財源ヲ公債ニ依ルコトト致シマシタル所、公債發行ノ既定額メ内公債財源ニ依ル豫定額中不用トナリタル等ノ爲メ、公債發行餘裕額ガ七十餘万圓アリマスルノデ、差引六千五百五十万圓ダケ現行ノ臺灣事業公債法ニ依ル公債ノ發行限度ヲ増加スルノ必要ガアリマスルノデ、本法律案ヲ提出致シタ次第デアリマス

次ニ高等商船學校及商船學校ノ移管ニ伴ヒマシテ、是ハ文部省所管ヨリ遞信省所管ニ移リマシテ、其ノ爲メ一般會計及學校及圖書館特別會計ノ關渉ニ關スル法律案ニ付テノ説明ヲ申上ゲマス、海事行政機構ノ擴充強化ニ伴ヒマシテ、官立高等商船學校及商船學校ハ之ヲ文部省所管ヨリ遞信省所管ニ移スコトト相成リマシタ結果、是等ノ高等商船學校及商船學校ハ昭和十七年一月一日ヲ以テ、學校及圖書館特別會計ヨリ一般會計ニ移シ替フルコトトナリマシタ、其ノ關係上昭和十六年十二月三十一日現在ノ學校及圖書館資金ニシテ、高等商船學校及商船學校ノ各學校毎ニ區分整理シ居ルモノ、竝ニ學校及圖書館資金ニシテ高等商船學校ノ用ニ供シ居ルモノ等ノ處理ニ關シマシテ、一般會計ト學校及圖書館特別會計トノ關渉ニ關スル法律ヲ制定スル必要ガアリマスルノデ、本法律案ヲ提出致シマシタ次第デアリマス

次ニ米穀需給調節特別會計法中改正法律案ニ付キマシテ説明申上ゲマス、今回米穀等ニ關スル諸法律ヲ整備致シマシテ、食糧管理法ヲ制定致シマスルニ伴ヒ、從來ノ米穀需給調節特別會計法ノ名稱ヲ變更致シマスル等ノ必要ガアリマスルノト、之ニ關聯致シマシテ、國債整理基金特別會計法中改正ヲナスノ必要ガアリマスルノデ、本法律案ヲ提出致シタ次第デアリマス

以上五件ノ法律案ニ付キマシテハ何卒御審議ノ上速カニ協贊ヲ與ヘラレンコトヲ希望致シマス（拍手）

○議長（田子一民君）　各案ノ審査ヲ付託スベキ委員ノ選擧ニ付テ御諮リ致シマス

昭和十三年法律第二十三號中改正法律案

昭和十三年法律第二十三號中左ノ通改正ス

第一條中「清涼飲料税、」ヲ削リ「臨時利得税及」ヲ「臨時利得税、」ニ、「酒税」ヲ「相續税」ニ改メ「資本利子税」ノ下ニ「及朝鮮總督府特別會計ニ於ケル清涼飲料税」ヲ、「骨牌税」ノ下ニ「及朝鮮總督府特別會計ニ於ケル地税、營業税、資本利子税及酒税」ヲ、「特別入場税、」ノ下ニ「電氣瓦斯税、廣告税、馬券税、」ヲ、「遊興税」ノ下ニ「、關東局及臺灣總督府ノ各特別會計ニ於ケル清涼飲料税及關東局特別會計ニ於ケル骨牌税」ヲ加フ

第二條ノ二　關東局、朝鮮總督府、臺灣總督府及樺太廳ノ各特別會計ニ於ケル今回ノ鐵道運賃、自動車運賃又ハ通信料金ノ改正ニ因ル昭和十七年度以降ノ增收額中勅令ノ定ムル金額ハ每年度豫算ノ定ムル所ニ依リ之ヲ當該特別會計ヨリ臨時軍事費特別會計ニ繰入ルベシ

附　則

本法施行ノ期日ハ勅令ヲ以テ之ヲ定ム

（國務大臣賀屋興宣君登壇）

○國務大臣（賀屋興宣君）　只今議題トナリマシタ木炭需給調節特別會計据置運轉資本臨時補足ニ關スル法律案外二件ニ付キマシテ、其ノ提案ノ理由ヲ説明致シマス

先ヅ木炭需給調節特別會計据置運轉資本臨時補足ニ關スル法律案ニ付キ説明申上ゲマス、木炭需給調節ノ實情ニ顧ミマスルニ、現在ノ木炭需給調節特別會計ノ据置運轉資本百万圓ヲ以テシマシテハ、同特別會計ノ運營ニ頗ル困難ヲ感ジマスルノデ、九百万圓ヲ限リ臨時之ヲ補足シ、現行ノ据置運轉資本百万圓ト合シテ一千万圓ト致シ、是ガ財源ハ借入金ニ依ルコトト致シマスル爲メ、本法律案ヲ提出致シタ次第デアリマス

次ニ帝國鐵道會計法中改正法律案ニ付キ説明申上ゲマス、鐵道施設ノ整備擴充ノ必要ニ備ヘ、將來ニ於ケル鐵道改良費ノ平準化ヲ圖リマス爲メ、新タニ帝國鐵道特別會計ニ鐵道改良積立金制度ヲ設クル必要ガアリマスルノト、新タニ陸運統制ニ要スル經費ヲ本會計ノ負擔トスルヲ適當ト認メマシタノト、交通輸送力ノ整備ヲ圖ルノ緊要ナルニ顧ミマシテ、本會計ノ經理ニ於テ、他ノ委託ニ應ジ鐵道輸送等ニ關シマス機械器具等ノ製作、修理又ハ調達ヲモナシ得ルコトト致シマス等ノ爲メ、本法律案ヲ提出致シマシタ次第デアリマス

次ニ昭和十三年法律第二十三號中改正法律案ニ付キ説明致シマス、昭和十三年法律第二十三號ノ規定ニ依リマシテ關東局、朝鮮總督府、臺灣總督府及ビ樺太廳ノ各特別會計ヨリ、其ノ租税收入又ハ煙草專賣收入ノ一部ヲ、臨時軍事費特別會計ニ繰入ルルコトニ相成ツテ居リマスガ、今回新タニ朝鮮總督府特別會計ニ於ケル地税、營業税、資本利子税、相續税及ビ樺太廳特別會計ニ於ケル相續税、是等ノ昭和十七年度以降ノ增徵ニ依ル增收額竝ニ關東局、朝鮮總督府、臺灣總督府及ビ樺太廳ノ各特別會計ニ於ケル電氣瓦斯税、廣告税又ハ馬券税、關東局及ビ臺灣總督府ノ各特別會計ニ於ケル清涼飲料税及ビ關東局特別會計ニ於ケル骨牌税ノ創設ニ依ル收入額竝ニ關東局、朝鮮總督府、臺灣總督府及ビ樺太廳ノ各特別會計ニ於ケル鐵道運賃、自動車運賃又ハ通信料金ノ改正ニ依ル昭和十七年度以降ノ增收額ノ一部ヲ、每年度豫算ノ定ムル所ニ依リ、臨時軍事費特別會計ニ繰入ルルコトニ致シマシタ所、是ガ會計上ノ處理ニ關シマシテ昭和十三年法律第二十三號中改正ヲ必要ト致シマスノデ、本法律案ヲ提出致シタ次第デアリマス

以上三件ノ法律案ニ付キマシテハ何卒御審議ノ上速カニ協贊ヲ與ヘラレンコトヲ希望致シマス（拍手）

○議長（田子一民君）　各案ノ審査ヲ付託スベキ委員ノ選擧ニ付テ御諮リ致シマス

昭和十七年二月十三日

大東亞教育體制確立ニ關スル建議案

第三　大東亞教育體制確立ニ關スル建議案
(安達謙藏君外百三名提出)

大東亞教育體制確立ニ關スル建議案

大東亞教育體制確立ニ關スル建議

政府ハ左ノ要項ニ基ク內外教育機構ノ刷新及教育方針ノ確立ヲ圖リ速ニ之カ實現ヲ期セラレムコトヲ望ム

一、內外地教育行政機構ノ一元化
一、國民教育普遍化ニ對スル方策ノ樹立
(興亞育英金庫制度創設)
一、在外邦人子弟教育計畫ノ樹立
一、共榮圈住民教育計畫ノ樹立
一、共榮圈留學生指導計畫ノ樹立
一、內地學生興亞教育計畫ノ樹立
一、共榮圈進出者鍊成計畫ノ樹立
一、內外地教育者及研究員交流計畫ノ樹立
一、內外地邦人學生交流計畫ノ樹立
一、興亞大學ノ設立
一、共榮圈學術研究所ノ設立
一、民族研究所ノ擴大強化
一、共榮圈宗教政策ノ樹立

右建議ス

(永井柳太郎君登壇)

○永井柳太郎君　諸君、只今議題トナリマシタ大東亞教育體制確立ニ關スル建議案ノ趣旨辯明ヲ致シマス前ニ、先ヅ其ノ案文ヲ朗讀致シマス

政府ハ左ノ要項ニ基ク內外教育機構ノ刷新及教育方針ノ確立ヲ圖リ速ニ之カ實現ヲ期セラレムコトヲ望ム

一、內外地教育行政機構ノ一元化
一　國民教育普遍化ニ對スル方策ノ樹立
(興亞育英金庫制度創設)
一、在外邦人子弟教育計畫ノ樹立
一、共榮圈住民教育計畫ノ樹立
一、共榮圈留學生指導計畫ノ樹立
一、內地學生興亞教育計畫ノ樹立
一、共榮圈進出者鍊成計畫ノ樹立
一、內外地教育者及研究員交流計畫ノ樹立
一、內外地邦人學生交流計畫ノ樹立
一、興亞大學ノ設立
一、共榮圈學術研究所ノ設立
一、民族研究所ノ擴大強化
一、共榮圈宗教政策ノ樹立

右建議ス

本建議案ハ興亞國民教育ノ普及徹底ニ關スル方策樹立ノ要請ヲ初メ、十三要綱ヲ列示シテ、其ノ實現ヲ期シテ居ルノデアリマスガ、之ヲ要約スレバ、以下ノ四大項目ニ歸スルト思ヒマス、卽チ第一ハ興亞國民教育ノ普及徹底ニ關スル問題、第二ハ大東亞ノ各地ニ進出スル邦人ノ鍊成ニ關スル問題、第三ハ大東亞民族ニ對スル興亞教育ノ問題、第四ハ內外地教育行政機構ノ一元化ニ關スル問題デアリマス、以下此ノ四大項目ニ重點ヲ置イテ說明ヲ進メタイト存ジマス

諸君、大東亞戰爭ハ宣戰ノ大詔ヲ拜シテ僅カニ二閱月ニ拘ラズ、御稜威ノ下、皇軍ノ勇戰奮鬪ニ依リ、赫々タル戰果ヲ收メ、我ガ皇國ノ大理想ニ基ク大東亞共榮圈ノ建設ハ、著々トシテ實現ノ步武ヲ進メ、大東亞數億ノ民衆ハ、今ヤ踴躍歡呼シテ大東亞解放ノ聖業ニ響應セントシツツアルコト、洵ニ世紀ノ壯觀ト言フベク、一億國民ノ感激措ク能ハザル所デゴザイマス(拍手)政府ハ此ノ國民ノ感激ヲ鼓舞シ、熱情ヲ昂揚シ、其ノ總力ヲ結集シテ、政治、經濟、交通、文化等萬般ニ亙リ、萬世ニ搖ギナキ大東亞ノ新秩序ヲ建設スルガ爲メ、大經綸ヲ行ハナケレバナラヌノデアリマスガ、能ク之ヲ完成スルト否トハ、一ニ懸ツテ其ノ人ニアリト信ズルノデアリマス(拍手)人ノ鍊成コソハ大東亞建設ノ基底ヲ成スモノデアリマシテ、我等ガ政府ニ對シ速カニ大東亞教育體制確立ヲ要望スル所以モ、亦實ニ是ニ存スルノデアリマス(拍手)

蓋シ大東亞共榮圈ハ、東、太平洋ヨリ西、「インド」洋ニ至リ、其ノ北半ハ地球最大ノ大陸圈デアルト同時ニ、南半ハ蘭領「インド」濠洲等ヲ包容スル一大海洋圈デアリマス、隨テ此ノ廣大ナル地域竝ニ水域ニ亙ツテ國土計畫ヲ樹立シ、大陸民族ハ大陸民族トシテ之ヲ指導シ、海洋民族ハ海洋民族トシテ之ヲ鍊成シ、其ノ全民族ヲシテ大東亞共榮圈建設ノ大業ニ協力セシムルコトハ、實ニ史上稀ニ見ル大事業デアリマス(拍手)加フルニ米英兩國ハ、多年大東亞ニ於テ帝國主義ヲ遂行スルニ全力ヲ傾倒シ、大東亞ニ於ケル政治、經濟、交通、文化ノ全機構ハ、擧ゲテ之ヲ侵略ト搾取トノ具タラシムルニ努メタノデアリマスカラ、大東亞民族本來ノ人間性竝ニ獨立性ハ、是ガ爲ニ根柢ヨリ破壞セラレ、彼等ハ新生活、新文化ヲ建設スベキ能力ヲ失ウテ居ルノデアリマス、我ガ國ハ是等ノ積弊ヲ打破シ、八紘爲宇ノ大精神ニ基キ、其ノ政治、經濟、交通、文化ノ全機構ヲ再建設シ、我ガ國ノ指導ノ下、能ク大東亞民族ヲシテ其ノ廣大ナル地域竝ニ水域ヲ通ジテ地上、地下、海中ニ於ケル無盡藏ノ資源ノ開發ニ協力セシメ、以テ內ニ在ツテハ、我ガ國ノ軍需產業ノ爲ニ必要缺クベカラザル原料、材料、燃料ヲ確保シテ國防國家體制ヲ強化シ、外ニ在ツテハ大東亞ニ於ケル自給經濟ヲ確立シテ、獨立自主ノ新天地ヲ建設シナケレバナラヌノデアリマスガ、此ノ廣汎ナル大東亞ノ全面ニ亙ル共榮圈建設ノ大業ヲ達成スルガ爲ニハ、一面指導民族タル日本國民ノ精神力、科學力、技術力、資本力等ヲ總動員シテ、皇國ノ大

理想ヲ大東亞ニ顯現シ、大東亞民族ヲシテ自ラ日本ヲ其ノ盟主トナサシムル機運ヲ促進スルニ努メナケレバナラヌト同時ニ、他面大東亞ノ住民ヲ指導啓發シ、彼等ガ今日マデ米英ノ爲ニ蔽ハレタル眼ヲ開イテ、「アジア」本來ノ姿ヲ見ルヲ得セシメ、以テ大東亞全民族ヲシテ、興亞ノ理念ニ徹底セシムルコトガ急務デアルト信ズルノデアリマス（拍手）

第一ニ大東亞教育體制ノ確立ニ當リ、先ヅ其ノ基本タルベキモノハ、日本國民自ラ榮國ノ大精神ニ徹シ、道義、學術、二ツナガラ大東亞民族ヲ指導スルニ足ル世界的大國民ノ資質ヲ錬成強化スルコトデアルト信ジマス、是ガ爲ニハ各種大學、高等學校、專門學校、中等學校、國民學校等ノ教育機關ニ於ケル在來ノ教育方針ヲ刷新シ、教科書、教材ヲ改メ、大東亞共榮圏建設ノ指導國民タルニ必要ナル信念、思想、學識、技術ヲ具有セシムルコトヲ目的トスル教育ヲ施スベキハ勿論デアリマスガ、同時ニ學校以外ノ社會教育機關、例ヘバ青年團體、壯年團體、婦人團體、農村、工場等ニ於テモ亦同ジク興亞教育ヲ徹底セシムルニ努メ、以テ日本國民ノ全部ガ興亞挺身隊ノ意氣ニ燃ユルニ至ルコトヲ期スベキデアルト信ジマス（拍手）

明治ノ御新政ハ、明治五年ノ學制發布ニ際シテ賜ハリタル御沙汰書ニ「一般ノ國民ヲシテ均シク學ニ就カシメ邑ニ不學ノ家ナク家ニ不學ノ人ナカラシメンコトヲ期ス」ト明記セラレタ如ク、教育ノ機會ヲ身分ノ上下ニ拘ラズ、廣ク全國民ノ前ニ開放シ、以テ國民ノ内ニ潜ム良智良能ヲ最高度ニ發揮セシムルコトヲ以テ、國家興隆ノ根本トナスト同時ニ、又政治ノ最高理想トシタノデアリマス（拍手）爲ニ國民ノ士氣ハ昂揚シ、人物ハ濟々トシテ輩出シ、國威ハ四海ヲ壓スルニ至リ、史上空前ノ盛觀ヲ呈シタノデアリマス、大東亞共榮圏建設ノ盛業ヲ完遂セントスルニ當ツテモ、政府ハ明治新政ノ大精神ヲ奉ジ、興亞國民教育ノ普遍化ニ全力ヲ傾倒シ、國民ノ能力ヲ總動員シ、全國民ト共ニ其ノ大經綸ヲ行フノ覺悟ガナクテハナラヌト思フノデアリマス（拍手）

然ルニ我ガ國民教育ノ現狀ヲ見ルニ、國民學校卒業生ニシテ、進ンデ中等以上ノ教育ヲ受クル者ハ、尙ホマダ極メテ少ク、毎年國民學校ヲ卒業スル兒童數ハ、二百五十万ヲ下ラザルニ拘ラズ、其ノ内中學校、高等女學校、其ノ他中等程度ノ各種實業學校ニ入學シ、高級ノ教育ヲ受ケ得ル者ハ、合計三十五万ニ過ギズ、僅カニ一割五分程度デアリマス、殘餘ノ八割五分ノ二百十餘万人ハ、國民學校ノミデ終ルノデアリマス、更ニ中等學校ヨリ高等學校乃至專門學校ニ進ム者ハ三万八千餘人ニ過ギマセヌガ、高等學校ヨリ大學ニ進ム者ニ至ツテハ、僅カニ二万人未滿デアリマス、斯カル程度ノ國民教育ヲ以テハ、日本民族ノ内ニ潜ム良智良能ヲ最高度ニ發揮シ、大東亞民族ヲ指導スルニ足ル高度精神力、高度知識力及ビ高度技術力ノ大動員ヲ期待スルコトハ至難ト言フベク、苟モ大東亞民族ヲ指導シ、皇國ノ大理想ヲ顯現シテ、大東亞共榮圏建設ノ大業ヲ擔當スルニ足ル國民ヲ錬成センコトヲ欲スルナラバ、日本國民ノ大多數ガ貧富ノ如何ヲ問ハズ、齊シク高級ノ教育ヲ受ケ、其ノ天賦ノ良智良能ヲ發揮シ得ル教育制度ヲ確立スルコトガ、急務中ノ急務デアルト信ズルノデアリマス（拍手）優秀ナル資質ヲ有スルニ拘ラズ、學資ノ乏シキ故ヲ以テ、其ノ資質ヲ錬成スル機會ヲ與ヘズ、空シク埋蔽ニ下ラシムルガ如キハ、國家ノ損失是ヨリ大ナルハナシト言フベク、政府ハ斯クノ如キ者ニ對シテハ、例ヘバ興亞育英金庫ト云フガ如キモノヲ創設シテ、國家ガ其ノ學資ヲ供與シテ、教育ヲ繼續セシムルノ途ヲ開クコソ、獨リ人材ノ養成ニ對スル國家ノ要求ニ應フルモノデアルノミナラズ、又國家ノ政治ヲ正義ノ上ニ確立スル所以デアルト信ズルノデアリマス（拍手）

第二ニ、是ト同時ニ今後大東亞ノ各地ニ進出シ、民族協和ノ中核トシテ共榮圏建設ノ爲ニ活動セントスル一般邦人ノ爲メ、日本ノ各地ニ海外進出者ノ錬成機關ヲ設ケ、眞ニ指導者トシテノ資格ヲ具備スルニ必要ナル再教育ヲ施サナケレバナラヌト信ズルノデアリマス、大東亞ノ各地ニ進出シテ、其ノ資源ヲ開發スルニシテモ、又其ノ原住民、華僑等ヲ相手トシテ商業ヲ營ムニシテモ、最モ必要ナルハ皇國ノ大理想ヲ顯現シテ、大東亞ニ新文化ヲ建設セントスル烈々タル精神ト、現地ノ政治、經濟、文化、生活ニ關スル十分ノ豫備知識トヲ有スルコトデアリマス、加フルニ大東亞ヨリ米英ノ勢力ヲ驅逐スルガ爲ニハ、米英ノ資本ニ劣ラザル資本ヲ投ジ、米英ノ技術ニ恥ヂザル技術ヲ適用シ、以テ住民ニ對シテ日本ノ卓越シタル指導力ヲ示サナケレバナラヌノデアリマスカラ、大東亞ノ各地ニ進出セントスル一般邦人ハ、總テ興亞ノ先驅者タルニ必要ナル特殊ノ再教育ヲ受クベキデアリマス、唯眼前ノ利益ヲ追求スルニ汲々タル利權屋ノ進出ヲ放任シテ顧ミザルガ如キハ、事實ニ於テ皇軍ノ赫々タル戰果ヲ破壞セントスルト同様デアルト思ヒマス（拍手）現ニ在滿、在支邦人ノ中ニハ、其ノ住民ニ臨ムニ恰モ征服者ノ被征服者ニ對スルガ如キ態度ヲ以テシ、爲ニ日本人ニ對スル反感ヲ激成スルモノ少カラズト言ハレテ居リマスガ、若シ斯ノ如キ邦人ノ言動ノ爲メ、皇軍出征ノ眞精神ヲ誤解セシメ、延イテ日本ヲ以テ米英ニ代ツテ侵略主義ヲ行フモノニアラズヤト考ヘシムルガ如キコトガアリマスルナラバ、其ノ罪正ニ萬死ニ値スト言ハナケレバナリマセヌ（拍手）獨リ在滿、在支邦人ノミナラズ、獨リ大東亞ノ各地ニ進出スル邦人ノミナラズ、凡ソ外國人ニ接スル日本國民ノ一人々々ハ、其ノ精神ニ於テ大御心ヲ世界人類ニ徹底セシメ、世界人類ヲシテ八紘爲宇ノ大精神ニ歸一セシムベキ重大使命ヲ擔フ　陛下ノ全權大使デアルト云フガ如キ自覺ヲ持タナケレバナラナイノデアリマシテ、斯クノ如キ自覺ヲ持ツ邦人ノ進出コソハ、實ニ大東亞共榮圏建設ノ根柢ヲ成スモノデゴザイマス、(拍手)是レナ東亞ノ各地ニ進出セントスル邦人ノ爲ニ、特ニ再教育機關ノ設立ヲ必要トスル所以デアリマス

第三ニ日本國民ノ興亞教育ト相俟ツテ、大東亞共榮圏ノ礎石タル重要性ヲ有スルモノハ、其ノ原住民ニ興亞教育ヲ施シ、彼等ヲシテ其ノ精神ニ於テ日本ニ歸一セシメ、日本ヲ盟主トシテ大東亞民族ノ同盟ヲ結成セントスル機運ヲ促進スルコトデアルト信ズルノデアリマス、大東亞共榮圏ノ原住民ハ多種多樣ノ民族ヲ網羅シ、其ノ宗教、思想、言語、風俗等ニ於テ著シク相異ナルモノガアルノミナラズ、彼等ハ何レモ米英蘭等ノ侵略國ガ壓政ト搾取トヲ容易ナラシムル目的ヲ以テ、多年行ヒ來ツタ過テル教育ノ犧牲トナリ、其ノ人間性ハ歪曲セラレ、其ノ獨立性ハ消耗シ、之ヲ現狀ニ放任スルニ於テハ、大東亞共榮圏建設ノ協力者トシテ、其ノ大同團結ヲ期待スルコトハ殆ド不可能デアリマス、殊ニ「アジア」ノ一大悲劇トモ言フベキハ、米英兩國ガ所謂「デバイド・エンド・ルール」即チ分割シテ統治スルヲ多年ノ政策トナシ、或ハ宗教ノ感情ヲ利用シテ、印度教徒對回教徒、回教徒對佛教徒、佛教徒對「キリスト」教徒ノ對立抗爭ヲ激化セシメ、或ハ蔣介石ノ野心ニ乘ジテ、其ノ背後ヨリ軍費、軍器、軍需品ヲ供給シテ日本ト戰ハシメ、只管「アジア」民族ノ內部抗爭ヲ激成シテ、米英ノ侵略ニ對抗スル暇ナカラシムルニ努メタル結果、大東亞ノ住民ハ其ノ姦謀ノ犧牲トナリ、今尚ホ一體トナツテ興亞ノ大業ニ協力シ能ハザル狀態ニアルノデアリマス、是等米英兩國ノ多年ニ亙ル思想侵略ヨリ大東亞民族ヲ解放シ、日本ノ指導ノ下、彼等ヲシテ渾然一體トナツテ、大東亞共榮圏建設ノ大業ニ協力セシメ、總テ其ノ全民族ノ總力ヲ結集シテ、世界新秩序建設ノ聖業ニ邁進スルコトガ、即チ皇國日本ノ世界使命デアリマス(拍手)而シテ此ノ重大ナル使命達成ノ爲ニハ、大東亞民族ヲシテ興亞ノ理念ニ徹底セシメ、其ノ精神ニ於テ眞ニ日本ニ歸一セシムルト同時ニ、又彼等ヲシテ共榮圏建設ノ協力者タルニ適當ナル科學的、技術的、且ツ勞務的訓練ヲ修得セシメナクテハナラヌノデアリマスガ、是ガ爲ニハ一面內地ニ於テ師範教育ヲ改善シ、特ニ大東亞教育ノ指導者タラシムル目的ヲ以テ、優秀ナル教育家ヲ養成シ、之ヲ大東亞ノ各地ニ派遣シテ、其ノ原住民竝ニ在住邦人ノ子弟ノ指導啓發ニ當ラシメ、他面東京ヲ初メトシテ大東亞ノ樞要ナル都市ニ興亞大學、興亞專門學校等ヲ新設シ、之ヲ以テ大東亞ニ於ケル教學ノ最高機關タラシメ、以テ大東亞ノ全地域ヲ通ジテ、將來興亞ノ大業ヲ負擔スベキ指導者ノ養成ニ全力ヲ盡スコトガ、大東亞共榮圏建設ノ根柢トナルベキ焦眉ノ急務デアルト信ズルノデアリマス(拍手)

最後ニ內外教育機關ノ一元化ニ關シ一言シタイト思ヒマス、大東亞戰爭ハ一面戰爭、一面建設ノ大事業デアリマス、殊ニ現代ノ戰爭ハ所謂總力戰デアリマシテ、單ニ武力戰ノミニ依ツテ其ノ勝敗ヲ決スルノデナク、思想戰、經濟戰ト不可分ノ關係ニ立ツノデアリマスカラ、政府トシテハ大東亞共榮圏建設ニ關シ政治、經濟、交通、文化ノ全面ニ亙リ、內外一貫シテ之ヲ指導統制スル中樞機關ヲ設ケ、其ノ號令ノ一元化ヲ圖ルノ必要アルハ言ヲ俟タヌノデアリマス(拍手)世上、大東亞戰爭ハ解放戰爭ナルガ故ニ、既ニ解放セラレタル民族ニ對シテハ、出來得ル限リ之ヲ放任スルヲ可トスルガ如キ言說ヲナス者ガアリマスケレドモ、大東亞戰爭ハ單ナル解放戰爭デハアリマセヌ、解放戰爭デアルト同時ニ、又解放セラレタ者ガ我ガ國ノ皇道ニ歸一シ、日本ヲ中核體トシテ、民族協和ノ新組織ヲ確立セントスル建設戰爭デアリマス、故ニ大東亞共榮圏ニ於ケル民族指導ハ、斷ジテ第一次世界大戰ノ當時ニ於ケルガ如キ無計畫、無統一ナル自由主義的、民族自決主義的ノ割據主義ニ依ツテ之ヲ放任スベキデハナク、大東亞全民族ノ共同防衞、共同經濟及ビ共同生活ヲ目標トスル綜合的組織的ノ協力體制建設主義ニ依ラナケレバナラヌノデアリマス(拍手)而シテ斯クノ如キ大東亞全民族ヲ包含スル新協力體制ノ建設ハ、日本ノ一元的計畫的指導ニ依ルニアラズンバ、其ノ實現ヲ見ルコトハ斷ジテ不可能デアリマス(拍手)隨テ大東亞教育體制ヲ確立シ、內外ノ教育機構竝ニ教育方針ノ刷新ヲ斷行スルニ當ツテハ、其ノ立案計畫ハ、大東亞ニ於ケル教育行政ノ最高機關タル我ガ文部省ニ於テ之ヲ綜合統一シ、文部大臣ハ苟モ大東亞教育ニ關スル限リ、獨リ日本ノミナラズ大東亞全民族ノ文部大臣ヲ以テ自ラ任ジ、一元的且ツ綜合的ニ之ヲ指導監督スルノ覺悟ナカルベカラズト思フノデアリマス(拍手)固ヨリ外務省、朝鮮總督府、臺灣總督府、南洋廳、對滿事務局、興亞院等ハ各〻其ノ所管ノ地域ニ於テ、教育機關ヲ有ツテ居ルノデアリマスガ、是等ハ何レモ文部大臣ヨリ出デタル內外教育ノ最高方針ヲ、其ノ所管ノ地域ニ徹底セシムルガ爲メ協力スルコトヲ使命トスベキデアツテ、文部省ト是等ノ各官廳トノ間ニ於ケル行政上ノ權限ニシテ、其ノ協力ヲ妨グルモノガアルナラバ、速カニ此ノ大精神ニ則ツテ、之ヲ整理統合セラレンコトヲ要請スルノデアリマス(拍手)

斯クノ如クニシテ內外地ヲ通ズル教育家ノ人事交流、大東亞ニ於ケル各民族間ノ交換教授、內外學生ノ現地訓練等モ亦自ラ大規模ニ且ツ頻繁ニ行ハルルコトトナレバ、大東亞全民族ガ渾然一體トナツテ、世界新秩序建設ニ邁進スル機運ハ促進セラルルニ相違ナイノデアリマス、斯クシテ大東亞教育體制ノ確立ニ依リ我ガ肇國ノ大理想タル八紘爲宇ノ大精神ガ、全日本ヨリ全大東亞ヘ、全大東亞ヨリ全世界ヘト徹底シ、總テ全人類ヲ光被スルニ至ランコトヲ祈ツテ私ノ本建議案ニ對スル說明ヲ終ルノデアリマス(拍手)

○**議長(田子一民君)** 採決致シマス、本案ニ賛成ノ諸君ノ起立ヲ求メマス

(總員起立)

○**議長(田子一民君)** 起立總員、仍テ本案ハ全會一致可決致シマシタ

(拍手起ル)

○**議長(田子一民君)** 文部大臣ヨリ發言ヲ求メラレテ居リマス——橋田文部大臣

(國務大臣橋田邦彦君登壇)

○**國務大臣(橋田邦彦君)** 只今決定サレマシタル特別建議ノ御趣旨ノ在ル所ハ、洵ニ尤ト存ジ、同感致ス次第デアリマス、曩ニ他ノ機會ニ於テ申述ベマシタ通リ、國運ノ伸展ニ卽應シマシテ、廣ク大東亞新秩序建設ニ適應スル如ク、教育ノ全般ニ付テ改善ヲ行フノ必要ガアリト考ヘマシテ、旣ニ方策ノ樹立ニ付キ考究ヲ致シテ居ル次第デアリマス、隨ヒマシテ本建議ニ關シマシテハ、政府ト致シマシテモ、其ノ趣旨ノ存シマス所ハ、其ノ達成ニ向ツテ十分ノ努力ヲ致シタイト存ジマス、而シテ斯クノ如クニシテ我ガ皇國ノ大使命ノ遂行ニ遺憾ナカランコトヲ期シテ居ル次第デアリマス(拍手)

○**議長(田子一民君)** 是ニテ議事日程ハ議了致シマシタ、明十三日ハ定刻ヨリ特ニ本會議ヲ開キマス、議事日程ハ公報ヲ以テ通知致シマス、本日ハ是ニテ散會致シマス

午後二時五分散會

昭和十七年二月十四日

治水利水政策ノ確立ニ關スル建議案外二十六件

鑛業法改正ニ關スル建議案

鑛業法改正ニ關スル建議

今ヤ大東亞共榮圏ノ確立ヲ目標トスル我カ東亞新秩序建設ノ聖業カ著々進捗シツツアルハ吾人ノ頗ル意ヲ强ウスル所ナリ然レトモ高度國防國家ノ目的貫徹ニハ尙施設措置ヲ要スヘキモノ尠カラス殊ニ地下埋藏資源ノ開發ハ急務ニ屬ス而シテ之カ飛躍的發展ヲ期セムニハ鑛業法ヲ改正シ關係者ヲシテ欣然現下ノ重大任務ヲ擔當セシメ更ニ將來ニ於ケル鑛業界ノ根本的基礎確立方策ヲ講スヘキナリ之カ爲ニハ朝鮮臺灣樺太等ヲ統一スル鑛業法ノ劃期的改正ニ俟タサルヘカラス仍テ政府ハ之カ調査機關ヲ設ケ速ニ斯法ノ改正ニ著手セラレムコトヲ望ム

右建議ス

昭和十七年二月十五日

昭和十五年度歳入歳出總決算外二件

拓務省所管朝鮮總督府

歳入經常部

第一款　租税

第一項　所得税

(二二) 大田税務署ノ徴收不足ニ屬スルモノ(會計檢査院報告ノ一)

四、一九〇・五〇〇円

臨時利得税ニ於テ同署ノ徴收不足ニ屬スルモノ

五、五六一・〇〇〇

(二三) 平壤税務署ノ徴收不足ニ屬スルモノ(會計檢査院報告ノ同上)

一、九〇二・二六〇

臨時利得税ニ於テ同署ノ徴收不足ニ屬スルモノ

二、六八〇・四七〇

平壤税務署ノ徴收不足ニ屬スルモノ(會計檢査院報告ノ同上)

一、七七四・一〇〇

(二四) 臨時利得税ニ於テ同署ノ徴收不足ニ屬スルモノ

四、一八五・七五〇

(二五) 海州税務署ニ於テ徴收不足ニ屬スルモノ(會計檢査院報告ノ同上)

一、六九〇・〇二〇

(二六) 京城税務署ノ徴收不足ニ屬スルモノ(會計檢査院報告ノ同上)

五九七・三〇〇

臨時利得税ニ於テ同署ノ徴收不足ニ屬スルモノ

一、三七三・〇〇〇

右ハ孰レモ取扱ノ過誤ニ因リ徴收不足ヲ生セメタシルモノニシテ不當ナリトス

第七項　相續税

(二七) 京城税務署ニ於テ徴收不足ニ屬スルモノ(會計檢査院報告ノ一)

二、三〇九・四三〇円

本件ハ税率ノ適用ヲ誤リ徴收不足ヲ生セシメタルモノニシテ不當ナリトス

歳出臨時部

第三十八款　時局對策施設諸費

第二十六項　石炭増産施設諸費

(二八) 朝鮮總督府ノ支出ニ係ル(會計檢査院報告ノ三)

一、〇六七、九九五・〇〇〇円

右ハ昭和十六年三月朝鮮人造石油株式會社外五會社ニ對シ石炭生産補償金トシテ交付シタル貳百九萬九千六百九拾六圓ノ内過渡トナリタル金額ナリ抑石炭生産補償金ハ生産條件不利ト認ムル石炭山ニ付當該年ノ生産費ノ一部ヲ補償スル爲其ノ鑛業權者ニ對シ之ヲ交付スルモノニシテ石炭ノ純生産費、株主配當、役員賞與、諸積立金及諸償却金ノ合計金額カ販賣價格ヲ超過シタル場合其ノ超過額ヲ基準トシ等差ニ從ヒ之カ補償金額ヲ決定スルノ方針ノ下ニ株主配當、役員賞與及諸積立金ハ各炭礦ニ投資シタル拂込資本金ニ對スル所定ノ割合ニ依リ又諸償却金ハ資産ノ種類ニ依リ耐用年數ヲ定メ之ニ依リ算出スルコトト爲シタルモノナルモ之カ實績ハ株主配當金等ノ算出ノ基礎タル資本金額ヲ借入金ヲ含ム投資額ニ依リタルモノ他ノ事業ヲ兼營セルニ拘ラス按分計算ヲ爲サス拂込總資本金ニ依リタルモノアリ又機械器具ノ償却金算出上所定ノ耐用年數ハ十五年ナルニ之ヲ五年ト爲セルモノアルノミナラス純生産費及販賣價額算出ノ基礎タル生産數量ヲ誤リタル等補償金ノ算定ニ當リ調査ノ周到ヲ缺キタル爲補償金ノ過渡ヲ爲シ就中朝鮮有煙炭株式會社古乾原炭礦及朝鮮無煙炭株式會社元灘竝良柏炭礦ノ如キハ全然補償ノ要ナキモノナルニ之ヲ交付シタルハ失當ノ措置ト認メラル

本件ハ補償金ノ交付ニ當リ措置其ノ宜シキヲ得ス不當ナリトス

拓務省所管

朝鮮總督府

歳出臨時部

第六款　土木費

第三項　治水事業費

（四五）朝鮮總督府内務局京城土木出張所ノ支出ニ係ル（會計檢査院報告ノ四）　七、五五六・二四〇円

右ハ朝鮮總督府技手松添某等カ共謀シ關係書類ヲ作爲シ實際使役セサル人夫ヲ使役セルモノノ如ク裝ヒ騙取シタル總額壹萬千七百餘圓ノ内ニシテ本件ハ虚構ノ事實ニ對シ支拂ヲ爲シタルモノニシテ不當ナリトス

拓務省所管

朝鮮總督府

歳入經常部

第一款　租税

第一項　所得税

（七三）京城税務署ニ於テ徴收不足ニ屬スルモノ（會計檢査院報告ノ八）　九、〇〇八・七七〇円

（七四）雄基税務署ニ於テ徴收不足ニ屬スルモノ（會計檢査院報告ノ同上）　四、一〇四・九三〇

（七五）惠山鎭税務署ニ於テ徴收不足ニ屬スルモノ（會計檢査院報告ノ同上）　二、九三五・〇九〇

（七六）仁川税務署ノ徴收不足ニ屬スルモノ（會計檢査院報告ノ同上）　二、五五七・四四〇

臨時利得税ニ於テ同署ノ徴收不足ニ屬スルモノ　四、六〇八・〇〇〇

（七七）雄基税務署ニ於テ徴收不足ニ屬スルモノ（會計檢査院報告ノ同上）　一、九八八・七五〇

（七八）群山税務署ニ於テ徴收不足ニ屬スルモノ（會計檢査院報告ノ同上）　一、五五〇・七〇〇

（七九）京城税務署ニ於テ徴收不足ニ屬スルモノ（會計檢査院報告ノ同上）　一、三一五・〇〇〇

（八〇）京城税務署ノ徴收不足ニ屬スルモノ（會計檢査院報告ノ同上）　一、三〇二・五〇〇

臨時利得税ニ於テ同署ノ徴收不足ニ屬スルモノ　二、八二一・二〇〇

（八一）雄基税務署ニ於テ徴收不足ニ屬スルモノ（會計檢査院報告ノ同上）　一、一三四・六〇〇

右ハ孰レモ取扱ノ過誤ニ因リ徴收不足ヲ生セシメタルモノニシテ不當ナリトス

歳出經常部

第二十一款　營林署

第二項　事業費

（八二）新義州營林署ノ支出ニ係ル（會計檢査院報告ノ九）　二、五五五・〇〇〇円

右ハ同營林署雇高橋某カ會計事務ニ從事中關係書類ヲ作爲シ詐取シタル總額貳千九百餘圓ノ内ニシテ本件ハ虚構ノ事實ニ對シ支拂ヲ爲シタルモノニシテ不當ナリトス

昭和十八年一月二十九日

賀屋國務大臣ノ演説

○國務大臣(賀屋興宣君) 玆ニ昭和十八年度歳入歳出豫算ノ大要ヲ説明致シ、併セテ我ガ國財政經濟ニ付キ所見ヲ述ブル機會ヲ得マシタコトハ、私ノ最モ光榮トスル所デアリマス

今ヤ我ガ國ハ皇國竝ニ全世界ノ運命ヲ決スベキ曠古ノ大戰爭ノ眞只中ニ在リマスルコト、先ニ内閣總理大臣ノ演説ニアリマシタ通リデアリマス、敵米英ハ其ノ厖大ナル經濟力ヲ唯一ノ恃ミト致シマシテ、今尙ホ我ニ對シ反抗ノ態勢ヲ整フベク狂奔致シテ居ルノデアリマス、之ニ對シマシテ我ガ國ニハ、肇國以來鍛ヘ來ツタ日本精神ノ存スルモノガアリマシテ、一億國民必勝ノ信念ハ微動ダモ致サナイノデアリマス、此ノ信念ヲ具現シマシテ敵米英ヲ完全ニ擊碎シ終リマスルニハ、此ノ際物的戰力ノ急速ナル擴充强化コソ、最モ肝要ナル所デアリマシテ、前線ニ於ケル將兵ノ善謀勇戰ニ呼應シ、銃後ニハ戰爭遂行ニ必要ナル生産ノ增强ヲ圖リマスコトガ、何ヨリノ急務ナノデアリマス、今日國家經濟ノ運營ノ目標ハ、一ニ全ク此處ニ存スルモノト申サナケレバナリマセヌ、隨ヒマシテ昭和十八年度總豫算竝ニ各般ノ財政經濟上ノ政策ハ、總テ此ノ觀點ヨリ出發致シテ居ルノデアリマス、是ヨリ昭和十八年度歳入歳出總豫算ニ付キ其ノ大體ヲ説明致シマス

先ヅ歳出豫算ニ於キマシテハ、總額ハ九十九億九千五百餘万圓デアリマシテ、之ヲ追加豫算ヲ含ム前年度豫算額ニ比較致シマスレバ、十一億四千五百餘万圓ノ增加ト相成ツテ居ルノデアリマス、右歳出豫算編成ニ當リマシテハ、只今申述ベマシタル國家經濟運營ノ基本目標ニ從ヒ、政府各般ノ施策ノ重點ヲ專ラ戰力ノ增强ニ集中シ、重要事項ニ付キテハ之ヲ先議劃定シ、特ニ必要ナル施策ニ伴フ經費ニ付キマシテハ、進ンデ之ヲ計上致シマスルト共ニ、其ノ他ノ經費ニ付テハ極力之ヲ緊縮致シタノデアリマス、即チ新規要求及ビ既定經費ヲ通ジ、重點主義ト效率主義トニ依リ、之ヲ較量勘案致シタノデアリマス、殊ニ官吏ノ定員增加ノ如キニ付キマシテハ、大東亞建設要員ノ充足竝ニ行政簡素化ノ趣旨ニ則リ、眞ニ已ムヲ得ザルモノ以外ハ、之ヲ抑制致シタノデアリマス、畢竟致シマスルニ、戰時國民生活ヲ確保シツツ物資、勞力、資金等國家ノ經濟總力ヲ戰力增强ニ集中スル趣旨ニ外ナラナイノデアリマス

今歳出豫算ニ計上致シマシタ重要ナル新規經費ヲ申上ゲマスルナラバ、第一、鐵、石炭其ノ他重要物資ノ生産增强竝ニ低物價維持ニ關スル經費四億八千七百餘万圓、第二、中小企業ノ整備其ノ他ニ關スル經費九千二百餘万圓、第三、食糧對策ニ關スル經費二億九千五百餘万圓、第四、結核撲滅其ノ他國民保健ニ關スル經費七千八百餘万圓、第五、國民生活及ビ人口對策ニ關スル經費一億三千九百餘万圓、第六、軍人援護ニ關スル經費一億五千百餘万圓、第七、文敎ノ刷新ニ關スル經費一億五千餘万圓、第八、科學及ビ技術振興ニ關スル經費六千百餘万圓、第九、防空ニ關スル經費四千二百餘万圓等デアリマス、尙ホ海運力增强ニ關シマシテハ、政府ハ着々諸般ノ施策ヲ實行致シテ居ルノデアリマスルガ、是等ニ關スル經費ノ多クハ、豫算技術上今後追加豫算等ニ於テ措置セラルルノデアリマス

右ノ外歳出豫算ニ付キ注意スベキ事項ヲ申添ヘマスルナラバ、一、臨時軍事費特別會計ヘノ繰入ハ、一般會計ヨリ二十七億八千五百万圓、各特別會計ヨリ合計四億八千三百餘万圓、總計三十二億六千八百餘万圓デアリマシテ、前年度ニ比較致シ二億二千七百餘万圓ノ增加ト相成ツテ居リマス、二、既定經費ニ付キマシテ三億六千八百餘万圓ノ壓縮ヲ加ヘテ居ルノデアリマス、三、陸海軍兩省所管ノ經費ニ付キマシテハ、本省費以外ノ經費ハ擧ゲテ臨時軍事費支辨ト致シマシタルコト等デアリマス

次ニ歳入豫算ニ付キ説明申上ゲマス、歳入豫算ノ總額ハ歳出豫算ノ總額ト同ジク九十九億九千五百餘万圓デアリマシテ、其ノ内譯ハ、租税其ノ他ノ普通歳入八十一億七千六百餘万圓、前年度剩餘金繰入三億三千餘万圓、公債金十四億八千八百餘万圓デアリマス、普通歳入ノ大宗タル租税收入ハ經常臨時ノ各部ヲ合セ、其ノ總額六十五億八千二百餘万圓デアリマシテ、之ヲ前年度豫算額ニ比較致シマスレバ、八億二千二百餘万圓ノ增加ト相成ツテ居リマス、此ノ内譯ハ自然增收等ニ屬スル分六億六千六百餘万圓、昭和十七年度ニ於ケル直接税等ノ增税計畫ニ基ク分一億五千五百餘万圓デアリマス、申スマデモナク納税成績ノ良否ハ、戰時財政經濟ノ運營上極メテ重要ナル影響ヲ有スルモノデアリマスルガ、支那事變以來數次ノ增税ニ依リ、國民負擔ノ加重セラレテ居

リマスルニモ拘リマセズ、銃後國民ノ熱烈ナル愛國心ニ依リマシテ、概ネ良好ナル成績ヲ示シテ居リマスルコトハ、後ニ申述ベマスル國民貯蓄増加ノ成績ト共ニ、我ガ戰時財政經濟ノ基礎ノ鞏固ナルコトヲ示ス證左トシテ洵ニ心強ク感ズル次第デアリマス（拍手）

併シナガラ戰局ガ決戰段階ニ入ルニ伴ヒマシテ、戰力增強ノ爲メ必要ナル財政負擔ハ愈〻增加致シマスルノデ、今回更ニ間接税ヲ中心トスル增税ヲ行フコトト致シ、別途之ニ關スル法律案ヲ提出致シテ居ルノデアリマス、即チ奢侈的消費ニ對シテハ、更ニ高率ノ課税ヲナスト共ニ決戰體制下トシテハ、尚ホ節約可能ナリト認メラルル消費ノ方面ニ對シマシテ、税率ノ引上ゲ若シクハ課税範圍ノ擴張ヲ行ヒ、又ハ新税ヲ起スコトト致シタノデアリマス、此ノ增税ノ趣旨ハ國民ノ消費生活ノ爲メ需要セラルル物資、勞力、資金等ヲ一層戰爭目的ニ轉換集中セントスルコトヲモ期シテ居ルモノデアリマシテ、之ニ依ツテ得ラルベキ歳入增加額ハ、平年度約十一億四千万圓ニ上ルノデアリマス、是ハ既ニ實行致シマシタ煙草專賣益金ノ增收計畫ニ基ク歳入增加額約四億四千万圓ト合セマシテ、合計約十五億九千万圓ト相成ルノデアリマス、其ノ昭和十七及ビ十八兩年度ニ於ケル增收額ハ、之ヲ追加豫算ニ計上シ、擧ゲテ臨時軍事費ノ財源ニ繰入レルノデアリマス

（副議長退席、議長着席）

斯クシテ國民ノ租税負擔ハ益〻增加致スノデアリマスルガ、而モ國民ハ之ヲ欣然トシテ擔ヒ抜カントスル決意ヲ示シテ居ルノデアリマス、此ノコトハ取リモ直サズ我ガ國柄ノ然ラシムル所デハアリマスルガ、政府ト致シマシテハ左樣ナ國民ノ心持ニ應ヘテ、尚更ニ適實ナル税務ノ遂行ヲ期スル所存デアリマス、勿論納税ハ國民ノ義務デアリ、徴税ハ國家ノ權力ニ依ルモノデアリマスルガ、此ノ權力ト義務トカ申シマスル言葉ニ、動モスレバ伴ヒ勝チデアリマス對立觀念ハ、此ノ際完全ニ拂拭スベキモノト信ズルノデアリマシテ、國家興亡ノ關頭ニ立ツテ居リマス今日、今ヤ納税スル者モ徴税ノ任ニ膺ル者モ、眞ニ一體トナツテ相協力シテ、我ガ戰時財政經濟ヲ愈〻確乎不動ノモノタラシメネバナラナイト思フノデアリマス（拍手）尚ホ政府ニ於キマシテハ、租税負擔ノ增加ニ伴ヒ、租税政策ト他ノ戰時經濟政策トノ調整ヲナシマス爲メ、臨時租税措置法ノ改正ヲ行ヒ、又國民ノ納税ノ履行ヲ容易ナラシメ、併セテ國民貯蓄ノ增強等ニ資シマスル爲ニ、新タニ納税施設法ヲ制定致スコトトナシ、之ニ關スル法律案ヲ今期議會ニ提出致シテ居ルノデアリマス

右申述ベマシタ租税以外ノ普通歳入ハ、十五億九千三百餘万圓ヲ計上致シテ居リマスガ、是ハ前年度豫算ニ比較致シマシテ九千七百餘万圓ノ增加ト相成ツテ居ルノデアリマス、又公債金收入ハ先ニ申上ゲマシタ通リ、十四億八千八百餘万圓デアリマスルガ、是ハ前年度ニ比シ三千七百餘万圓ヲ減少致シテ居リマス、公債金收入ハ右一般會計ニ於ケル金額ノ外、朝鮮、臺灣、帝國鐵道、通信事業及ビ政府出資各特別會計ニ於ケル分ト致シマシテ、九億八千三百餘万圓ヲ計上致シテ居リマスルノデ、昭和十八年度歳出財源タル公債發行豫定額ハ、臨時軍事費財源ノ分ヲ除キマシテ、二十四億七千百餘万圓ト相成ルノデアリマス

尚ホ各特別會計豫算ニ付キマシテモ、ソレゾレ前ニ申述ベマシタル一般會計豫算ノ編成方針ニ準ジ、専ラ戰力增強ノ爲メ眞ニ緊急缺クベカラザル經費ヲ計上致スコトニ努メ、生産ノ增加、戰時陸運ノ強化竝ニ通信施設ノ整備等ニハ特ニ重點ヲ置キマシタ次第デアリマス

又大東亞戰爭ニ要スル軍事費ニ付キマシテハ、近ク臨時軍事費豫算ノ追加案ヲ提出致ス豫定デアリマス

次ニ經濟金融ニ付キ申述ベマス、大東亞戰爭勃發以來茲ニ一年有餘、此ノ間我ガ國經濟界ハ其ノ基礎微動ダモセズ、愈〻鞏固ヲ加ヘ、國策ノ嚮フ所ニ從ヒ、凡ユル困難ヲ克服シ、以テ物的戰力充實ノ爲メ、戰爭生産ノ增強ニ邁進致シテ居ルノデアリマス、斯クノ如ク銃後經濟界ガ其ノ本分ヲ盡シ得ル所以ノモノハ、實ニ、　御稜威ノ下、我ガ忠誠勇武ナル陸海軍將兵ノ善謀勇戰ノ賜モノデアリマシテ、衷心ヨリ感謝ヲ捧ゲル次第デアリマス（拍手）ガ、是ト同時ニ一面銃後經濟界ニ於キマシテ、或ハ經營ニ、資金ニ、勞務ニ、技術ニ、ソレ〲職域奉公ニ精進スル國民ノ熱誠ニ依ルモノデアリマシテ、深ク敬意ヲ表スル次第デアリマス

昨年中ニ於キマスル我ガ金融界ハ、此ノ曠古ノ大戰爭下ニ在リマシテ、戰費ニモ、生産資金ニモ、未曾有ノ巨額ナル戰時需要ノ要請ヲ完全ニ充足シツツ、而モ終始平穩ニ經過致シタノデアリマス、政府資金ノ撒布ハ戰費ノ激增ニ伴ヒマシテ、著シク增加致シマシタニモ拘ラズ、資金ノ調整宜シキ結果ヲ得マシテ、其ノ吸收蓄積ハ順調ニ行

ヘレ、又金利水準モ政府ノ企圖致シマスル通リ、極メテ平靜ニ維持セラレテ居リマスルノミナラズ、益〻其ノ平準化ニ歩ヲ進メテ居ル狀況デアリマス

昨年中ニ於ケル主要ナル金融上ノ指標ニ付キ申述ベテ見マスルナラバ、日本銀行券ノ平均發行高ハ五十二億五千六百餘万圓、又其ノ昨年末ニ於ケル最高發行高ハ七十四億四千七百餘万圓デアリマシテ、一昨年ノ計數ニ比較致シ、何レモ約十一、二億圓程度ノ增加ニハ相成ツテ居ルノデアリマスガ、昨年下半期ニ於ケル發行高ノ增加率ハ、國債ノ發行額ヤ戰費ノ支拂額ガ、急激ニ增加致シマシタニモ拘ラズ、從前ノ增加率ニ比較致シマシテ、寧ロ減少ノ傾向ヲ示シテ居ルノデアリマス

又資金蓄積ノ狀況ハ、銀行預金ニ於キマシテ當座預金ヲ除キ、眞ニ蓄積ノ性質ヲ有スルモノ七十九億九千七百餘万圓、郵便貯金ニ於テ三十億千百餘万圓、其ノ他各種ノ蓄積ニ於テ百三億九百餘万圓、合計一年間ニ於テ二百十三億千七百餘万圓ノ增加ヲ示シタノデアリマス

新規産業資本ノ調達モ順調ニ推移致シマシテ、社債新規發行額ハ二十七億六千五百餘万圓ニ上リ、又株式ニ付キマシテハ、其ノ新規拂込金額三十億圓ヲ超エ、其ノ價格モ大東亞戰爭勃發以來概ネ好調デアルノデアリマス

尙ホ政府ニ於キマシテハ有價證券、特ニ株式ニ付テ其ノ價格ノ適正及ビ安定ヲ圖リ、且ツ其ノ流通ノ圓滑ヲ期シマスルコトガ戰時下經濟秩序ヲ維持シ、生産增強ニ支障ナカラシムル爲メ、極メテ必要デアルト認メマシタノデ、今般現在ノ取引所ヲ根本的ニ改組シ、日本證券取引所ヲ設立スルコトト致シ、別途之ニ關スル法律案ヲ提出致シマシタ次第デアリマス

次ニ戰時財政金融ノ中核ヲナシマスル國債ニ付キマシテハ、昨年中ニ於ケル其ノ發行額ハ、百三十三億二千百万圓ニ上リマシテ、一昨年ニ比シテ實ニ四十五億三千九百万圓ノ增加ニ當ルノデアリマスガ、同年中ニ於ケル是ガ消化ノ實績ハ、百二十八億千八百万圓ニ達シマシテ、九割六分二厘ノ消化率ヲ示シタノデアリマス、此ノ實績ハ支那事變以來一昨年末マデノ何レノ狀態ニモ遙カニ勝リマシテ、最高ノ消化實績ト相成ツテ居ルノデアリマス、支那事變ニ比シ其ノ規模ガ飛躍的ニ擴大致シマシタ大東亞戰爭下ニ於キマシテ、我ガ國經濟金融ニ關スル主要ナル指標ガ、以上述ベマシタ如ク、從前ニモ增シテ良好デアリマスルコトハ、戰力增強ニ必要デアル國家資金ノ蓄積及ビ其ノ配分ニ關スル計畫、竝ニ其ノ實施ガ所期ノ目的ヲ達成シツツアルコトヲ示スモノデアリマシテ、洵ニ御同慶ニ堪ヘナイ次第デアリマス(拍手)

偖テ我ガ國經濟金融界ハ右申述ベマシタル如ク、今日マデ極メテ順調ニ推移シテ參ツタノデアリマスルガ、戰局ノ進展ニ伴ヒ其ノ運營ハ今後一層重大ヲ加ヘテ參ルノデアリマス、而シテ緒戰ノ戰果ハ我ガ戰爭經濟ノ基盤ヲ、大東亞ノ全域ニ擴大シ、經濟的ニモ必勝不敗ノ態勢ノ基礎ヲ確立致シテ居ルノデアリマス、今後是ガ運營ノ要點ハ、此ノ地域內ニ於ケル凡ユル人的及ビ物的資源ヲ總動員シ、最モ能率良ク之ヲ活用シテ、戰力ノ增強ヲ圖ルコトニアルノデアリマシテ、是等ニ關スル我ガ國戰爭經濟ノ運營ニ付キ、數箇ノ點ニ關シテ申述ベタイト存ズルノデアリマス

先ヅ大東亞共榮圈ニ關スル經濟金融ニ付キ、我ガ國ヲ中心トシテ概觀致シマスルニ、滿洲國及ビ中華民國ハ、我ガ國トノ一體的協力ノ下ニ、重要國防資源ノ開發等、各般ノ經濟建設ニ邁進致シテ居リ、又、「タイ」國及ビ佛領印度支那トノ物資ノ交流モ愈〻堅實ニ發展ヲ致シテ居リマス、何レモ大東亞新建設ノ爲ニスル我ガ戰力ノ增強ニ、多大ノ寄與貢獻ヲ致シテ居リマスコトハ、洵ニ欣快ニ堪ヘナイ次第デアリマス、我ガ國ト致シマシテハ、是等各地域ノ經濟ノ發展ニ對シ、十分ナル協力ヲナスモノデアリマシテ、滿洲國及ビ中華民國ニ對シテハ、昨年中二十一億圓ニ上ル投資ヲナシ來ツタノデアリマス、支那事變以來數箇年ヲ合計致シマスルナラバ、七十二億圓ニ上ルノデアリマス、又通貨ノ健全ナル發達ガ經濟發展ノ基礎ヲナスモノデアルコトニ顧ミマシテ、「タイ」國ニ引續キ中華民國ニ對シテモ、通貨金融安定ノ爲ノ借款ヲ供與致シテ居ルノデアリマス、特ニ中華民國ニ對シマシテハ同國ノ參戰ヲ機會トシテ、一層經濟協力ヲ密接ナラシムル方針デアリマシテ、後ニ申述ベマスル敵産處理ノ問題ニ付キマシテモ、此ノ觀點ヨリ特殊ノ考慮ヲ拂フコトニ致シテ居ルノデアリマス

南方占領地域ニ於キマシテモ、其ノ豐富ナル資源ノ開發利用ハ漸次活潑トナリマシテ、既ニ少カラズ我ガ戰力ノ增強ニ貢獻致シテ居ルノデアリマス、之ニ伴ヒマシテ南方開發金庫ノ業務モ大イニ擴充致シ、又本邦銀行ノ機能モ此ノ地域ニ逐次進展ヲ致シ

テ參ツテ居リマス、此ノ經濟建設ノ遂行ニ伴ヒマシテ、政府ハ今般南方占領地域ニ於ケル經濟開發、竝ニ現地軍費支拂等ノ爲メノ所要資金ノ圓滑ナル供給ヲ圖リマスル爲ニ、南方開發金庫ヲシテ新タニ發券業務ヲ行ハシムル豫定デアリマス、之ニ依リ財政經濟上我ガ國ト南方占領諸地域トノ間ニ、愈〻緊密ナル關係ガ具現セラルルノデアリマス

右申述ベマシタル外、共榮圏ニ關スル主要ナル經濟金融問題ニ付キ說明致シマスレバ、第一ハ敵産處理ノ問題デアリマス、皇軍ノ赫々タル戰果ニ依リ、大陸及ビ南方ノ作戰地域ニ於キマシテハ、莫大ナル數額ニ上ル敵産ガ我ガ國ノ有ニ歸シ、又ハ我ガ國ノ勢力下ニ置カルルコトト相成ツタノデアリマスガ、政府ニ於キマシテハ今般特殊財産資金特別會計ヲ設置シ、敵産ハ概ネ之ヲ特殊財産トシテ、本資金ニ歸屬セシメタル上之ヲ運用スルコトトシ、仍テ以テ生産增强及ビ軍事上ノ用途ニ役立タシメ、我ガ戰力ノ擴充ト我ガ戰時財政力ノ補强トニ資セシムルコトト致シタノデアリマス

第二ハ、共榮圏内交易ノ計畫的運營ニ關スル問題デアリマス、卽チ今般新タニ交易營團ヲ設置シ、之ヲシテ交易ノ統制的運營ヲ行ハシムルト共ニ、爲替交易調整特別會計ヲ設置致シマシテ、物資交易上生ズル一切ノ差損差益ハ國家ノ收支ト致シマシテ、此ノ特別會計ニ歸屬セシメ、收支ヲ綜合經理スルコトト致シタノデアリマス、以テ計畫交易ノ實現ヲ確保シ、併セテ共榮圏內ノ爲替及ビ物價政策ノ遂行ニ資セントスルモノデアリマス

第三ハ、共榮圏内ノ決濟制度ニ關シ、日本圓ニ依ル綜合決濟方式ヲ、全域ニ及ボスニ至ツタコトデアリマス、卽チ滿洲國、中華民國及ビ「タイ」國ニ於キマシテハ、旣ニ此ノ新シキ決濟方式ノ圓滑ナル運行ヲ見テ居ルノデアリマスガ、今般佛領印度支那ニ於キマシテモ、新シキ日佛間ノ協定ニ依リマシテ、從來ノ金又ハ米英貨ニ依ル決濟方法ヲ改メ、圓ニ依リマシテ萬事ヲ處理スルコトニ相成ツタノデアリマス、玆ニ大東亞全域ニ亘リ我ガ國ヲ核心トスル金融圏ノ確立ヲ見ルニ至ツタノデアリマス(拍手)

次ニ先程外務大臣ヨリモ說明ノアリマシタ通リ、我ガ國ト盟邦獨伊兩國トノ間ニ、新タニ成立致シマシタ經濟協力ニ關スル協定ニ基キ「ドイツ」トノ間ニ貿易、技術竝ニ金融協力ニ關スル取極メガ締結セラレタノデアリマス、盟邦トノ友好關係ハ近來愈〻緊密ノ度ヲ加ヘツツアルノデアリマスルガ、今回ノ協定ニ依リマシテ、東西ノ盟邦間ノ物資技術ノ交流竝ニ金融的關係ハ、劃期的進展ヲナスモノデアリマシテ、玆ニ一ハ我ガ國ヲ中心トスル東方ノ大東亞經濟圏ト、他ハ歐洲盟邦ヲ中心トスル西方ノ大經濟圏トガ愈〻密接ニ聯繫セラレ、世界全般ノ公正ナル新秩序ノ招來ニ貢獻スル爲メ、東西兩經濟圏ノ緊密ナル協力ニ關スル基礎ガ確立セラレタノデアリマス、引續キマシテ國內問題ニ付キ一言申上ゲタイト存ジマス

國內ニ於ケル戰時經濟政策ノ要點ハ、戰時國民生活ヲ確保シマスルト共ニ、國民經濟ノ全般ノ秩序ヲ維持シナガラ、其ノ全力ヲ戰力ノ增强ニ傾注セシムルニアリマスルコトハ、旣ニ屢〻言ハレテ居ル通リデアリマスルガ、資金的ニ之ヲ見マスルナラバ、國家資金ノ增加ヲ圖リマスルト共ニ、其ノ配分ヲ物的戰力ノ增强ノ要請ニ適合セシムルコトデアリマス、元來國家資金ハ生産ニ依ツテ發生スルモノデアリマスルガ故ニ、國家資金ノ增加ヲ圖リマスルコトハ、卽チ生産ノ增加ヲ圖ルコトデアリマス、而シテ戰爭以前ノ經濟ニ於キマシテハ、生産ノ大部分ガ國民ノ消費物資ヲ對象ト致シテ居リマシタガ故ニ、國家資金ハ主トシテ國民消費ニ向ケラレマシテモ宜シカツタノデアリマスガ、戰爭經濟下ニアリマシテハ、生産ガ戰爭物資ノ生産ニ轉換致シマスル結果、國家資金ハ其ノ大部分ヲ戰爭物資ノ購買ノ爲ニ振向ケルヤウニ致サナケレバ、ソコニ物資ト資金トノ均衡ヲ失ヒマシテ、是ガ戰時惡性「インフレーション」ノ原因ト相成ルノデアリマス、資金ノ蓄積及ビ配分ノ計畫ハ、此ノ見地ニ依リマシテ、資金ヲ戰爭遂行ト戰爭生産增强ノ爲メ、必要ナル使途ニ還元セシムルコトヲ目標トシテ策定セラルベキデアリマシテ、是ガ實現ノ最モ重要ナル方途ハ國民貯蓄ノ增强ニアルノデアリマス

國民貯蓄增加ノ趨勢ハ、支那事變以來官民一致ノ努力ニ依リマシテ順調ナル經過ヲ辿リ、昨年十二月マデニ旣ニ六百七十億圓ヲ超ユル蓄積ヲナシ遂ゲ得タノデアリマス、之ニ依ツテ三百五十億圓ニ近キ國債ヲ消化シ、三百億圓ヲ超ユル生産力擴充資金ヲ供給シ、以テ我ガ財政經濟ヲシテ能ク戰爭ノ要請ニ應ヘシメ來ツタノデアリマス、昭和十七年度ニ於ケル國民貯蓄ノ增加目標額二百三十億圓ニ對シマシテ、上半期ノ實績ガ百九億三千四百万圓デアリマシテ、目標額ノ半バニ達セズ、第二四半期ニ於テ稍〻

不振ヲ思ハシメタノデアリマスルガ、第三四半期ニ入ルヤ大イニ回復シ、同期中ニ於ケル蓄積額ハ七十億圓ニ垂ントスル成績ヲ示シタノデアリマス、併シナガラ本年度ニ於ケル目標額ヲ達成致シマスル爲ニハ、今後此ノ調子ヲ緩メズ、更ニ一段ノ努力ヲ盡サナケレバナラナイト思フノデアリマス、尚ホ昭和十八年度ニ於ケル財政資金ノ所要額ヲ考ヘマスルナラバ、愈々決戰段階ニ入リマスルト共ニ、其ノ巨額ナルニ思ヒヲ致シマス時ハ、國民貯蓄增强ノ必要ハ、一層增大スルモノト考ヘラレルノデアリマス

政府ニ於キマシテモ、國民ノ勝タントスル熱意ヨリ盛リ上ル貯蓄增强運動ニ期待致シマスルト共ニ、此ノ一億國民ノ澎湃タル熱誠ニ應ヘ、貯蓄增强ノ目的達成ノ爲メ、凡ユル方策ヲ實施セントスルモノデアリマス、本期議會ニ於キマシテモ、此ノ趣旨ニ依リ法律案ヲ提出致シマシタ次第デアリマス、國民貯蓄增强ノ要諦ハ、國民所得ノ增加ト國民消費ノ節約トデアリマス、國民所得ノ增加ハ、即チ國民勤勞ノ强化デアリマス、國民消費ノ節約ハ、即チ國民生活ノ徹底セル戰時化ニ依ツテ初メテ之ヲナシ遂ゲ得ルノデアリマス、ソレハ結局從來國民ノ消費生活ニ充テラレマシタ物資、勞力、資金等ヲ能フ限リ戰力增强ノ爲ニ轉換集中スルコトニ外ナラナイノデアリマス、之ヲ實現致シマスル上ニ於テハ、物心兩面ニ各種ノ困難苦痛ヲ伴ヒマスコトハ勿論デアリマスルガ、從來國民ノ間ニ示サレマシタ忍苦敢鬪ノ精神ヲ、更ニ一層振ヒ起シテ是ガ完遂ヲ期セラレタイノデアリマス、私ハ戰時ニ於ケル國民生活ノ本質ハ、國民ガ其ノ私生活及ビ職域奉公ノ生活ヲ通ジテ、其ノ一切ヲ國家目的ニ合一シ、貢獻スル所ニアルト考フルノデアリマス、即チ此ノ場合國民ノ消費生活ハ必然的ニ緊縮セラレ、國家目的ノ達成ノ爲ニ、一切ノ安逸ト浪費トハ之ヲ棄テ去ラナケレバナリマセヌ、卑近ニ申シマスナラバ、斯クノ如キハ生活ノ切下ゲトデモ申スノデアリマセウ、併シナガラ皇國國民精神ノ眞髓ニ徹底致シマスルナラバ、乏シキニ堪ヘ、質實簡素ナル生活ニ安住致シマシテ、而モ潑剌タル意氣ヲ以テ勇躍國難ヲ突破シ、國運ノ興隆ニ挺身致シマスルコトコソ、神ナガラ彌榮エ行ク我ガ國民生活ノ眞ノ姿デアルト思フノデアリマス

我ガ國民ノ眞ノ强味ハ一死報國ノ氣魄ニ依ツテ生レマスル所ノ强靱ナル精神力デアリマス、此ノ精神力ガアレバコソ、如何ナル惡條件ヲモ克服シテ、物的戰力ノ增强ヲナシ遂ゲ得ルノデアリマス、ソコニハ絕大ノ努力ガ要請セラレ、幾多ノ苦難ガ橫ハリマシテモ、ソレコソ畢竟勝ツ者、榮ユル者ノ、勝ツ爲メ榮エルガ爲ニ踏ムベキ階梯デアリマス、明日更ニ御奉公ヲ盡サンコトヲ思ヒ、又次ノ時代ノヨリ輝カシキ興隆日本ノ姿ヲ見マスル時、我々皇國臣民ハ今日生キルコトニ無限ノ光榮ト勇氣トヲ覺エ、一切ノ努力ト忍苦トヲ國家ニ捧ゲマシテ、今次征戰ノ目的完遂ニ邁進セントスルモノデアリマス(拍手)

終リニ臨ミ政府提出ノ豫算案ニ付キマシテハ何卒速カニ協贊ヲ與ヘラレンコトヲ御願ヒ申上ゲマス(拍手)

○議長(岡田忠彦君) 此ノ際暫時休憩致シマス

午後四時休憩

午後四時四十三分開議

○議長(岡田忠彥君) 休憩前ニ引續キ會議ヲ開キマス

○森下國雄君 國務大臣ノ演說ニ對スル質疑ハ日程ト共ニ延期シ、本日ハ是ニテ散會スルコトトナシ、明二十九日定刻ヨリ特ニ本會議ヲ開カレンコトヲ望ミマス

○議長(岡田忠彥君) 森下君ノ動議ニ御異議ハアリマセヌカ

(「異議ナシ」ト呼ブ者アリ)

○議長(岡田忠彥君) 御異議ナシト認メマス、仍テ動議ノ如ク決シマシタ、次會ノ議事日程ハ公報ヲ以テ通知致シマス、本日ハ是ニテ散會致シマス

午後四時四十四分散會

朝鮮事業公債法中改正法律案

朝鮮事業公債法中左ノ通改正ス

第一條中「十八億三千九百四十萬圓」ヲ「二十三億八千六百八十萬圓」ニ改ム

附　則

本法ハ公布ノ日ヨリ之ヲ施行ス

朝鮮簡易生命保險及郵便年金特別會計法案

朝鮮簡易生命保險及郵便年金特別會計法

第一條　朝鮮總督府ニ於テ簡易生命保險事業及郵便年金事業ヲ經營スル爲通ジテ一ノ特別會計ヲ設置シ其ノ歲入ヲ以テ其ノ歲出ニ充ツ

第二條　本會計ハ之ヲ保險勘定、年金勘定及業務勘定ニ區分ス

第三條　保險勘定ニ於テハ簡易生命保險事業經營上ノ保險料、積立金ヨリ生ズル收入、朝鮮總督府特別會計ヨリノ受入金及附屬雜收入ヲ以テ其ノ歲入トシ同事業經營上ノ保險金、還付金其ノ他ノ諸費及同事業ノ業務取扱費ニ充ツル爲ノ業務勘定ヘノ繰入金ヲ以テ其ノ歲出トス

第四條　年金勘定ニ於テハ郵便年金事業經營上ノ掛金、積立金ヨリ生ズル收入及附屬雜收入ヲ以テ其ノ歲入トシ同事業經營上ノ年金、返還金其ノ他ノ諸費及同事業ノ業務取扱費ニ充ツル爲ノ業務勘定ヘノ繰入金ヲ以テ其ノ歲出トス

第五條　業務勘定ニ於テハ簡易生命保險事業及郵便年金事業ノ業務取扱費ニ充ツル爲ノ保險勘定及年金勘定ヨリノ受入金竝ニ同事業ノ業務取扱上ノ諸收入及附屬雜收入ヲ以テ其ノ歲入トシ同事業ノ業務取扱ニ關スル諸費、營繕費其ノ他ノ諸費ヲ以テ其ノ歲出トス

第六條　保險勘定及年金勘定ニ於ケル歲入總額ノ歲出總額ニ超過スル金額ハ各勘定別ニ之ヲ積立ツベシ

保險勘定及年金勘定ニ於ケル歲入總額ノ歲出總額ニ不足スル金額ハ當該勘定ノ積立金ヨリ之ヲ補足スベシ

第七條　業務勘定ニ於テ決算上剩餘ヲ生ジタルトキハ勅令ノ定ムル所ニ依リ之ヲ保險勘定及年金勘定ノ積立金ニ組入ルベシ

業務勘定ニ於テ決算上不足ヲ生ジタルトキハ勅令ノ定ムル所ニ依リ之ヲ保險勘定及年金勘定ノ積立金ヨリ補足スベシ

第八條　各勘定ニ於テ支拂上現金ニ餘裕アルトキハ之ヲ大藏省預金部ニ預入ルベシ

第九條　政府ハ毎年本會計ノ歲入歲出豫算ヲ調製シ歲入歲出ノ總豫算ト共ニ之ヲ帝國議會ニ提出スベシ

第十條　本會計ノ收入支出及積立金ノ運用ニ關スル規程ハ勅令ヲ以テ之ヲ定ム

附　則

本法ハ昭和十八年度ヨリ之ヲ施行ス

朝鮮簡易生命保險特別會計法ハ之ヲ廢止ス但シ昭和十七年度分ニ付テハ仍其ノ效力ヲ有ス

朝鮮簡易生命保險特別會計ニ屬スル積立金ハ之ヲ本會計ニ歸屬セシメ保險勘定ノ所屬トス

朝鮮簡易生命保險特別會計ニ屬スル收入及支出ノ未濟額ハ之ヲ本會計ノ保險勘定又ハ業務勘定ノ收入及支出ノ未濟額トス

朝鮮簡易生命保險特別會計ノ歲出豫算ニシテ翌年度ニ繰越ヲ要スルモノハ本會計ノ保險勘定又ハ業務勘定ニ繰越シ使用スルコトヲ得

臺灣事業公債法中改正法律案

臺灣事業公債法中左ノ通改正ス

第一條中「二億五千八百三十萬圓」ヲ「二億七千三百四十萬圓」ニ改ム

附　則

本法ハ公布ノ日ヨリ之ヲ施行ス

多獅島鐵道株式會社所屬新義州南市間鐵道買收ノ爲公債發行ニ關スル法律案

政府ハ多獅島鐵道株式會社所屬新義州南市間鐵道買收ノ爲之ニ必要ナル額ヲ限度トシ公債ヲ發行スルコトヲ得

附　則

本法ハ公布ノ日ヨリ之ヲ施行ス

（國務大臣八田嘉明君登壇）

○國務大臣（八田嘉明君）　只今議題トナリマシタ北海道鐵道株式會社所屬鐵道外十一鐵道買收ノ爲公債發行ニ關スル法律案提出ノ理由ヲ御說明致シマス

北海道鐵道株式會社外十一會社ノ經營ニ屬シマスル地方鐵道ハ、或ハ幹線輸送網ノ整備增强上、或ハ海陸連絡施設ノ整備擴充上、或ハ又軍事上必要ナル鐵道デアリマスルノデ、政府ニ於キマシテハ之ヲ國營ニ統一シ、以テ過般決定ヲ見マシタ所ノ戰時陸運非常體制確立ニ資スルコトトシ、昭和十八年度ニ於テ之ヲ買收スルノ計畫ヲ立テマシタノデアリマスルガ、是ガ爲ニハ買收代價トシテ交付スル公債ノ發行ヲ要シマスルノデ、是ガ公債發行ニ關スル本法律案ヲ提出致シマシタ次第デアリマス、何卒御審議ノ上速カニ御協贊アランコトヲ望ミマス（拍手）

○議長（岡田忠彥君）　湯澤內務大臣

（國務大臣湯澤三千男君登壇）

○國務大臣（湯澤三千男君）　只今議題トナリマシタ多獅島鐵道株式會社所屬新義州南市間鐵道買收ノ爲公債發行ニ關スル法律案提出ノ理由ヲ御說明申上ゲマス

多獅島鐵道株式會社ノ經營ニ屬シマスル新義州南市間ノ鐵道ハ、朝鮮國有鐵道京義線ニ依ル新義州南市間ヲ西側ヨリ結ブ延長三十餘「キロ」ノ私設鐵道デアリマスルガ、此ノ私設鐵道ハ東側ノ國有鐵道ニ比シ、路線平坦ナルノミナラズ、距離ニ於キマシテ十一「キロ」ノ短縮トナリマスルノデ、之ヲ國營ニ統一シ、目下工事中ノ京義線複線工事ノ完成ニ資シマスルト共ニ、大陸幹線輸送力ノ確保增强竝ニ西鮮國境地方ニ於ケル海陸運輸系絡ノ整備ヲ圖リマスル爲メ、昭和十八年度ニ於キマシテ之ヲ買收スルノ計畫ヲ樹テマシタル所、是ガ爲ニハ買收代價トシテ交付スル公債ノ發行ヲ要シマスルノデ、是ガ公債發行ニ關スル本法律案ヲ提出致シマシタ次第デアリマス、何卒御審議ノ上速カニ御協贊ヲ與ヘラレンコトヲ希望致シマス（拍手）

○議長（岡田忠彥君）　各案ノ審査ヲ付託スベキ委員ノ選擧ニ付テ御諮リ致シマス

○森下國雄君　日程第六及ビ第七ノ兩案ヲ一括シテ議長指名二十七名ノ委員ニ付託セラレンコトヲ望ミマス

○議長（岡田忠彥君）　森下君ノ動議ニ御異議アリマセヌカ

（「異議ナシ」ト呼ブ者アリ）

(臨第一號)臨時軍事費豫算追加案
(追第二號)豫算外國庫ノ負擔トナルベキ契約ヲ爲スヲ要スル件

報告書

一、(臨第一號)臨時軍事費豫算追加案
右ハ本院ニ於テ可決スヘキモノト議決致候此段及報告候也

昭和十八年二月九日

豫算委員長　金光　庸夫

衆議院議長岡田忠彦殿

報告書

一(追第二號)豫算外國庫ノ負擔トナルベキ契約ヲ爲スヲ要スル件
右ハ本院ニ於テ可決スヘキモノト議決致候此段及報告候也

昭和十八年二月九日

豫算委員長　金光　庸夫

衆議院議長岡田忠彦殿

(金光庸夫君登壇)

○金光庸夫君　只今議題ト相成リマシタ臨時軍事費豫算追加臨第一號、及ビ豫算外國庫ノ負擔トナルベキ契約ヲ爲スヲ要スル件ノ二件ニ付キマシテ、豫算委員會ニ於ケル審議ノ經過竝ニ結果ヲ御報告致シマス

本案ニ計上サレテ居リマス金額ハ二百七十億圓デアリマシテ、之ヲ既ニ成立シテ居リマスル臨時軍事費及ビ昭和十六年十一月豫備費外豫算超過支出ヲナシタル金額ノ合計額四百七十一億餘万圓ニ加ヘマスレバ、其ノ總額ハ七百四十一億餘万圓ニ達スル次第デアリマス、本案ニ於ケル歳出豫算ノ内譯ハ、豫備費六十億圓、臨時軍事費二百十億圓トナツテ居リマシテ、右ハ米英ヲ撃滅シ、大東亞戰爭ノ完遂ヲ期スルガ爲メ、此ノ際增加ヲ必要トスル戰費、卽チ作戰部隊、艦船等ニ要スル經費、其ノ他差當リ大東亞戰爭ニ關聯シ、陸海軍ニ於テ緊急ニ增加ヲ必要トスル諸施設ニ要スル經費ヲ追加計上致シタモノデアリマス、尙ホ其ノ中ニハ物資取得ニ要スル經費等ヲモ豫定致シテ居ルトノコトデアリマス

次ニ歳入豫算ノ内譯ヲ見マスルニ、其ノ大部分ハ公債及ビ借入金ニ依ルコトト相成ツテ居リ、内公債金ハ百七十一億餘万圓、借入金ハ三十三億圓デアリマス、右借入金ハ今後現地ニ於テ支出セラレマスル軍事費ノ所要資金ノ一部ヲ、南方開發金庫等ヨリノ借入ニ依リ調達スルコトト致シタコトニ依ルモノデアリマス、公債及ビ借入金以外ノ歳入ハ六十五億餘万圓デアリマシテ、更ニ其ノ内譯ヲ申上ゲマスレバ第一ニ、一般會計ヨリノ繰入金ガ、本豫算計上ノ分二十七億餘万圓、昭和十七年度追加豫算計上ノ分九千餘万圓、昭和十八年度追加豫算計上ノ分十四億餘万圓、計四十三億餘万圓デアリマシテ、本豫算計上ノ分トシテハ、昭和十三年度以降同十七年度マデノ增新稅、竝ニ昭和十三年一月以降同十六年マデノ煙草及ビ「アルコール」値上ニ依ル昭和十八年度增收額中、相當ノ金額ヲ繰入ルルモノデアリ、追加豫算計上ノ分ハ別途本議會ニ提出ニ係ル稅制改正及ビ本年一月ノ煙草値上ニ依ル昭和十七年度及ビ昭和十八年度增收額ノ全額ニ相當スル金額ヲ繰入ルルモノデアリマス

第二ハ特別會計ヨリノ繰入金デアリマスガ、其ノ内譯ハ朝鮮總督府ノ分ガ二億餘万圓、臺灣總督府ノ分ガ一億餘万圓、樺太廳分ガ二千餘万圓、關東局分ガ七千餘万圓、通信事業分ガ六千餘万圓、帝國鐵道分ガ一億餘万圓、計五億餘万圓デアリマシテ、中本豫算計上ノ分ガ四億餘万圓、追加豫算計上ノ分ガ九千餘万圓デアリマス、是ハ右ノ各特別會計ニ於ケル昭和十三年度以降ノ稅制改正又ハ煙草値上ニ伴フ增收額ノ一部、又ハ通信料金及ビ鐵道運賃値上ニ伴フ增收額ノ一部等ヲ繰入ルルモノデ、稅制改正竝ニ煙草値上ニ依ル增收額ノ中ニハ、今回ノ稅制改正竝ニ煙草値上ニ依ル增收額ノ一部モ含マレテ居ルノデアリマス

第三ハ雜收入十六億餘万圓デアリマシテ、右ハ最近ノ實績ニ基ク取得物資ノ賣拂代金、鹵獲品ノ貸下料竝ニ物品拂下代等ヲ豫定シタルモノデアルトノコトデアリマス

最後ニ其ノ他ノ歳入豫算額ハ合計一千餘万圓デアリマシテ、是ハ軍事費獻納金竝ニ北支事件特別稅及ビ南洋廳ヲ除ク各地域特別會計ニ於ケル、北支事件特別稅收入ノ昭和十六年度決算上ノ增收額ヲ計上シタモノデアリマス

次ニ豫算外國庫ノ負擔トナルベキ契約ニ關スル件追第二號ハ、今回ノ臨時軍事費豫算ノ追加ニ關聯致シマシテ、軍ノ需要充足ノ爲メ豫算外契約ヲナスノ必要アルモノガ增加致シマシタノデ、曩ニ第七十九回帝國議會ニ於テ成立致シマシタ臨時軍事費豫算外契約ノ限度二十五億餘万圓ヲ、五十九億餘万圓ト改メントスルモノ等デアルノデアリマス

兩案ト目下本院ニ於テ審議中ニ屬シマスル本豫算、竝ニ追加豫算トヲ綜合シテ見マスルニ、昭和十八年度一般會計豫算總額ハ、百三十二億餘万圓トナリマス

申スマデモナク臨時軍事費豫算ハ、年度ノ區分ナク、戰爭終局マデヲ一會計年度トスルノデアリマスガ、假ニ今回ノ臨第一號計上額ヲ以テ昭和十八年度所屬分ト考ヘマシテ、之ヲ右ノ一般會計豫算總額ニ加ヘマスレバ四百二億餘万圓トナリ、是ヨリ一般會計及ビ臨時軍事費特別會計間ニ於テ重複スル金額トナツテ居リマスル所ノ一般會計

ヨリ、臨時軍事費特別會計ヘ繰入ノ額四十二億餘万圓ヲ控除致シマスレバ、三百六十億餘万圓ト相成ルノデアリマス、尚又昭和十八年度ノ一般會計、各特別會計ヲ通ズル公債ノ發行豫定總額ハ、二百十四億餘万圓トナルノデアリマス

又政府ノ説明ニ依リマスレバ、明年度ノ國民所得ハ諸般ノ資料カラ、大體五百億圓程度ト豫想セラレ、其ノ配分計畫案ハ、只今ノ所財政資金トシテハ、大體三百十億圓程度、即チ租税等ニ大體百億圓程度、公債ニ大體二百十億圓ヲ要スベク、生産擴充資金トシテハ、大體六十億圓弱ガ振向ケラレ、國民消費資金トシテハ、大凡百三十億圓見當トナル趣キデアリマスカラ、隨テ昭和十八年度ニ於ケル貯蓄ノ目標ハ、前述ノ公債消化ノ爲ノ約二百十億圓ト、生産擴充資金調達ノ爲ノ約六十億圓トノ合計額タル二百七、八十億圓程度ニナルデアラウトノコトデアリマシテ、右ノ如キ貯蓄ノ目標達成ノ爲メ、將又現下軍國ノ要請ニ即應スル爲メ、全國民ハ此ノ際決戰的生産增强ニ邁進シ、決戰的節約生活ニ徹底シ、決戰的現下財政ノ圓滑ナル運營ニ協力スベキ旨ノ政府ノ切望ガアリ、且ツ政府ハ其ノ完全ナル遂行ヲ信ジテ疑ハヌトノコトデアリマシタ

兩案ノ審議ニ當リ、大藏大臣ヨリ説明ガアリ、次イデ秘密會ニ於テ大藏大臣、陸軍大臣及ビ海軍大臣ヨリ昭和十八年ノ戰局ノ重大性ト、決戰完勝ノ爲ニ、確乎タル信念ト期待トヲ以テ編成シタル旨ヲ、各方面ヨリ詳細ニ補充説明ヲ行ハレマシタ、委員一同ハ政府ノ非常ナル決意ト、周到ナル用意トニ滿腔ノ信頼ヲ拂ヒ、質疑ハ一切之ヲ行ハズ、午後一時再開ノ上、直チニ採決ニ入リ、滿場一致ヲ以テ之ヲ可決致シマシタ、本議場ニ於テモ何卒滿場一致可決アランコトヲ切望致シマス、此ノ段御報告申上ゲマス(拍手)

○議長(岡田忠彦君) 採決致シマス、兩案ノ委員長ノ報告ハ何レモ可決デアリマス、兩案ヲ一括シテ委員長報告ノ通リ決スルニ贊成ノ諸君ノ起立ヲ求メマス

(總員起立)

○議長(岡田忠彦君) 起立總員(拍手)仍テ兩案トモ委員長報告ノ通リ、全會一致可決確定致シマシタ(拍手)日程第一乃至第三ハ便宜上一括議題トナスニ御異議アリマセヌカ

(「異議ナシ」ト呼ブ者アリ)

○議長(岡田忠彦君) 御異議ナシト認メマス、仍テ日程第一、飼料配給統制中改正法律案、日程第二、昭和四年法律第九號中改正法律案、日程第三、硫酸アンモニア增産及配給統制法中改正法律案、右三案ヲ一括シテ第一讀會ヲ開キマス――井野農林大臣

報告書

一多獅島鐵道株式會社所屬新義州南市間鐵道買收ノ爲公債發行ニ關スル法律案（政府提出）

右ハ本院ニ於テ可決スヘキモノト議決致候此段及報告候也

昭和十八年二月九日

委員長　橫川　重次

衆議院議長岡田忠彥殿

（橫川重次君登壇）

○橫川重次君　只今議題トナリマシタ北海道鐵道株式會社所屬鐵道外十一鐵道買收ノ爲公債發行ニ關スル法律案外一件、委員會ノ經過竝ニ結果ヲ御報告致シマス

本委員會ニ付託セラレマシタル法律案ノ內容ハ、內地ニ於テ十二線、朝鮮ニ於テ一線ノ地方鐵道及ビ私設鐵道ヲ買收スル爲ニ要スル公債ヲ發行シタイト云フ趣旨デアリマシテ、內地ニ於ケル被買收線ハ、北海道、本州及ビ九州ニ亙ッテ分布セラレテ居リマシテ、其ノ延長五百四十二「キロ」餘デアリマス、其ノ建設費ハ總額約七千万圓デアリマシテ、相當大規模ナル買收計畫デアルノデゴザイマス、政府ノ說明ニ依リマスト、是等路線ハ、或ハ幹線輸送網ノ整備增强上、或ハ大陸連絡施設ノ增强ノ爲メ、或ハ軍事上ソレ〲必要ナルモノデアリマシテ、國有鐵道ニ編入ヲ致シテ、是ガ一體的ノ運營ヲ行ヒ、戰時陸運非常體制確立ニ資セントスルモノデアリマス、又朝鮮ノ多獅島鐵道ノ一部モ右同樣ノ理由ニ依リマシテ、之ヲ買收セントスルモノデアリマス、委員會ハ一月三十日ヨリ五回ニ亙リマシテ開催ヲセラレ、十名ノ委員ヨリ政府ニ對シソレ〲熱心ナル質疑ガ發セラレタノデアリマス、今其ノ內容ノ二、三ニ付キマシテ御紹介ヲ申上ゲマス

第一ニ今後ニ於ケル地方鐵道買收ノ方針如何、卽チ地方鐵道ノ買收ハ、今後ニ於テモ之ヲ行フカドウカト云フ質問ニ對シマシテ、政府ハ一地方ノ交通ヲ目的トスルモノヲ除キ、幹線交通ヲ目的トスル鐵道ハ、之ヲ國有トスルコトガ原則トシテ定メラレテ居リ、且ツ刻下ニ於ケル輸送上ノ緊急事態ニ應ズルガ爲ニハ、今後ト雖モ財政ノ許ス限リニ於テ、逐次必要ナ買收ヲ行フ旨ノ答辯ガアッタノデゴザイマス

第二ニハ、私鐵買收ニ際シマシテハ、相當多額ノ國費ヲ必要トスルノデアルガ、買收以外ノ方法ニ依リマシテ、卽チ陸運統制令等ノ發動ニ依リマシテ、同樣ノ目的ヲ達スルコトガ出來ルカドウカト云フ質問ニ對シマシテ、政府ハ買收以外ノ方法ト致シマシテ、借上ゲデアルトカ、或ハ管理トカ云フコトモ考ヘラレルノデアルガ、過去ノ經驗ノ實際ニ徵シマシテ、十分ナル結果ハ得ラレナイノデアル、卽チ此ノ時局下ニ於キマシテハ、ドウシテモ國有鐵道ニ編入ヲシテ、單一ノ企業體トシテ運營ヲスルコトガ、最モ望マシイ方法デアル旨ノ答辯ガアッタノデゴザイマス

次ニ私鐵買收モ必要デアルガ、國有鐵道自體モ非常體制ニ卽應スル積極的ノ施設ヲ必要トスルノデハナイカト云フ質問ニ對シマシテ、政府ハ戰時陸運非常體制確立ト、海運貨物ノ陸運轉換、陸運ニ對スル轉移ノ急ニ應ズル爲ニ、幹線輸送力ノ整備ヲ行ヒマスコトハ絕對必要デアリ、政府ハ萬難ヲ排シテ是ガ實現ヲ期シテ居ル次第デゴザイマスガ、卽チ資材、勞務等ノ不足ノ折柄、之ヲ實行致シマスルコトハ、容易ナラザル難事デハアリマスルガ、之ニ對シテ戰時設計、戰時規格等ヲ特定致シマシテ、之ヲ活用シテ以テ最モ重點的ニ建設及ビ改良ノ實ヲ擧グルコトニ、努力致シテ居ルト云フ答辯ガアッタノデゴザイマス、更ニ資材ノ撤去、轉用等ノ非常手段ヲモ、國鐵ハ勿論ノコト私鐵ニ於キマシテモ、既ニ計畫實行ヲシテ居ル旨ノ御答ヘガアッタノデゴザイマス、更ニ斯カル內地ノ輸送體制ニ關聯ヲシテ、大陸トノ連絡及ビ大東亞交通政策ヲ、ドウ考ヘルカト云フ大規模ナル質問ニ對シマシテハ、政府ハ陸運海運ヲ通ジテ相互緊密ナル連繫ヲ取リ、殊ニ大陸トノ交通ハ之ヲ一貫的ニ考ヘ、貨車航送ノ實現ヲモ、近キ將來ニ於テ期待スル旨ノ答辯ガアッタノデアリマス、以上ノ外買收ノ方法、買收後ノ措置等、又鐵道ノ空襲防護對策、或ハ小荷物託送上ノ事故防止、或ハ又朝鮮私設鐵道ノ特殊地位等ニ付キマシテ、各般ノ事項ニ亙ッテ重要ナル質疑應答ガ展開セラレタノデアリマスルガ、詳細ハ何卒速記錄ニ依ッテ御承知ヲ願ヒタイト存ジマス

斯ク致シマシテ質疑ハ終了ヲシ、本日午後一時ヨリ委員會ヲ開キ、討論ニ入リ、坂東幸太郞君ヨリ兩案ニ對スル原案贊成ノ御意見ガアリマシテ、採決ニ入リマシテ、全會一致兩案トモ原案通リ可決致シタ次第デゴザイマス、此段簡單デアリマスルガ御報告申上ゲマス（拍手）

○議長（岡田忠彥君）　兩案ノ第二讀會ヲ開クニ御異議アリマセヌカ

（「異議ナシ」ト呼ブ者アリ）

○議長（岡田忠彥君）　御異議ナシト認メマス、仍テ兩案ノ第二讀會ヲ開クニ決シマシタ

―――――

○森下國雄君　直チニ兩案ノ第二讀會ヲ開キ、第三讀會ヲ省略シテ、委員長報告ノ通リ可決セランコトヲ望ミマス

○議長（岡田忠彥君）　森下君ノ動議ニ御異議アリマセヌカ

（「異議ナシ」ト呼ブ者アリ）

○議長（岡田忠彥君）　御異議ナシト認メマス、仍テ直チニ兩案ノ第二讀會ヲ開キ、議案全部ヲ議題ト致シマス

昭和十二年法律第八十四號中改正法律案

昭和十二年法律第八十四號中左ノ通改正ス

第一項ヲ左ノ如ク改ム

大東亞戰爭ニ關スル臨時軍事費支辨ノ爲必要アルトキハ政府ハ臨時軍事費特別會計ニ於ケル歳出豫算額ヨリ當該特別會計ニ於ケル他會計ヨリノ受入金其ノ他ノ普通歳入ノ豫定額ヲ控除シタル額ニ相當スル金額ヲ限リ公債ヲ發行シ又ハ借入金ヲ爲スコトヲ得

附　則

本法ハ公布ノ日ヨリ之ヲ施行ス但シ附則第二項ノ規定施行ノ期日ハ勅令ヲ以テ之ヲ定ム

昭和十三年法律第二十三號中左ノ通改正ス

第一條　朝鮮總督府、臺灣總督府、樺太廳及關東局ノ各特別會計ニ於ケル勅令ノ定ムル租税ノ收入額中勅令ノ定ムル金額ハ毎年度豫算ノ定ムル所ニ依リ之ヲ當該特別會計ヨリ臨時軍事費特別會計ニ繰入ルベシ

第二條　朝鮮總督府及臺灣總督府ノ各特別會計ニ於ケル勅令ノ定ムル專賣事業ノ收入額中勅令ノ定ムル金額ハ毎年度豫算ノ定ムル所ニ依リ之ヲ當該特別會計ヨリ臨時軍事費特別會計ニ繰入ルベシ

第二條ノ二及第三條中「關東局、朝鮮總督府、臺灣總督府及樺太廳」ヲ「朝鮮總督府、臺灣總督府、樺太廳及關東局」ニ改ム

〔國務大臣賀屋興宣君登壇〕

○國務大臣（賀屋興宣君）　只今議題トナリマシタ國民貯蓄組合法中改正法律案外七件ニ付キマシテ、提案ノ理由ヲ御說明申上ゲマス、現下政府各般ノ施策ノ重點ハ、大東亞戰爭ノ完遂ヲ目的トスル戰力ノ增强ト云フ一點ニ集中ヲ致シテ居リマスコトハ、今更申上ゲルマデモナイノデアリマス、政府ニ於キマシテハ從來ト雖モ、是等ノ見地ヨリ、各般ノ有效適切ナル施策ヲ講ジツツアルノデアリマスルガ、只今議題トナリマシタ八件ノ法律案ハ、國民貯蓄增强、納税ノ確保等何レモ戰力ノ增强上、緊急缺クベカラザル施策ニ卽應セントスルモノデアリマス、以下各案ニ付キマシテ、其ノ內容ノ要點ニ付キ御說明申上ゲマス

先ヅ國民貯蓄組合法中改正法律案ニ付キマシテ申上ゲマス、改正ノ要點ハ第一ニ、國民貯蓄組合ノ斡旋ニ依ル貯蓄ニ關シ、課税上ノ特典ヲ擴張致シマシテ、是ガ利子又ハ利益ニ對シマシテハ、其ノ元本ガ七千圓ヲ超エザル限リ分類所得税ノミナラズ、綜合所得税ヲモ免税致スコトト致シタ點デアリマス、改正ノ第二點ハ勤務先預ケ金ニ關スル規定ヲ新タニ設ケマシテ、此ノ種預ケ金ハ今後原則ト致シマシテ、國民貯蓄組合ノ斡旋ニ依リ受入ルベキモノトナシ、其ノ受入ノ方法又ハ受入資金ノ運用ニ關シマシテハ、必要ナル指示ヲナシ得ルコトト致シタ點デアリマス、其ノ他市町村ヲ單位トスル地域組合ノ組織ヲ認ムルコト、組合ノ監督規定ニ付キ若干ノ改正ヲ加ヘタコト等ヲ、其ノ骨子ト致スモノデアリマス

次ニ納税施設法案ニ付キマシテ說明致シマス、國民ノ租税負擔ハ、戰時財政緊要ノ增加ニ伴ヒマシテ、屢〻增税ガ行ハレマシテ、急激ニ擴大ヲ致シテ參ツタノデアリマスルガ、此ノ擴大致シマシタ租税負擔ヲ完全ニ擔ヒ拔キマシテ、以テ納税奉公ノ誠ヲ盡シマス爲ニハ、平素ヨリ納税ニ對スル準備ヲ必要トスルコトハ申スマデモナイ所デアリマス、政府ハ從來ト雖モ國民ノ納税精神ノ昂揚ヲ圖リマスト共ニ、納税組合ノ普及及ビ勸獎其ノ他各種ノ行政的施策ニ依リマシテ、納税資金ノ蓄積ト滯納防止ニ力ヲ盡シテ參ツタノデアリマスルガ、未ダ施設ガ十分ト言ヒ得ナイノデアリマス、隨テ豫メ納税資金ノ準備ヲナシ置クコトニ關シマシテ、有效適切ナル制度ヲ完備スル必要ガアルト思フノデアリマス、今回政府ハ國民ノ納税ノ履行ヲ容易ナラシメ、尙ホ合セテ國民貯蓄ノ增强等ニ資シマス爲ニ、新タナル構想ヲ致シタ次第デアリマス

本案ノ主要ナル內容ニ付キマシテ申上ゲマスレバ、其ノ第一點ハ、納税ニ關シ公共的事業ヲ行フ町內會、部落會及ビ納税組合ヲ納税團體ト云フ法制上ノ團體トシテ認メマシテ、是ガ普及發達ニ付キ助成ノ道ヲ講ズルコトト致シマス、ソレト共ニ指導監督上必要ナル事項ヲ規定致シマシテ、以テ其ノ健全ナル發展ヲ期スルコトト致シタ點デアリマス

其ノ第二點ハ、法人ニ對シマシテハ、納税積立金ノ積立ヲナサシメ、其ノ一部ニ付テハ豫金ヲ以テ之ヲ保有セシメマシテ、納税ノ容易ニ且ツ確實ナラシメマスルト共ニ、會社經理ノ適正ニ資スルノ效果ヲモ併セ期待致シマシタコトデアリマス

第三點ハ、專ラ租税公課ノ納付ニ充ツルコトヲ目的ト致シマスル納税準備預金ト云フ、新種ノ預金ヲ設ケマシテ、之ニ對シマシテ各種ノ便宜又ハ特典ヲ與ヘ、國民ノ納税準備及ビ租税公課ノ納付ニ關シマシテ、有利且ツ便宜ナル手段ヲ提供セントスルコトデアリマス

第四點ハ、租税ノ納付ト國民貯蓄ノ增强トヲ關聯セシメマシテ、租税ノ貯蓄納付ト云フ制度ヲ創設スルコトト致シタコトデアリマス、本制度ノ目的ハ、特定ノ租税ノ一定倍數ニ相當スル金額ノ貯蓄、卽チ戰時納税貯蓄ヲ致シマシタ時ニ於テ、當該租税ノ納付ト同一ノ效果ヲ生ゼシメルコトニ依リマシテ、一方國民ノ納税義務ノ履行ヲ容易ナラシムルト共ニ、他方國民貯蓄ノ積極的ナル增强ト、財政資金ノ圓滑ナル調達ヲ圖ラントスルニアルノデアリマス、以上ガ納税施設法案提出ノ理由デアリマス

次ニ臨時資金調整法中改正法律案ニ付キ說明申上ゲマス、今回改正ノ要點ハ、貯蓄ノ手段方法ニ付キマシテ新シキ工夫ヲ加ヘ國民ノ貯蓄心理ニ愬ヘ、貯蓄ノ機會ノ捕捉

ニ萬遺憾ナキヲ期シマスルト共ニ、國債其ノ他ノ證券ノ適正簡易安全ナル賣買機構ヲ整備シ株式ノ市價安定ノ方途ヲ整ヘ、以テ證券ノ消化促進、價格ノ安定、産業資金ノ調達及ビ國民貯蓄ノ保護ニ努ムルノデアリマス

以上ノ要點ヲ少シク具體的ニ説明致シマスレバ、其ノ第一點ハ、新種貯蓄方法ノ實施及ビ新種證券ノ發行デアリマス、即チ第一ニ、銀行其ノ他ノ貯蓄取扱機關ニ對シマシテ、政府ハ新種貯蓄ノ取扱ヲナサシメ、或ハ各種ノ貯蓄施設ノ整備ヲ圖ラシムル等、資金ノ吸收ニ關シ必要ナル命令ヲナシ得ルコトト致シテアル點デアリマス、第二ニ、一定ノ預貯金等ニノミ充ツルコトヲ得ル證券ヲ政府自ラ發行シ、又ハ一定ノ者ヲシテ發行セシメ、之ニ依リ現在國債其ノ他ノ債券ノ發行時期、賣出期間、券面金額等ニ付キマシテ、貯蓄手段トシテ不便ノアリマス點ヲ補フコトト致シタノデアリマス第三ニ、國民大衆ノ微妙ナル心理ヲ把握シ、所謂浮動購買力ノ吸收ヲ圖ル手段ト致シマシテ、現在貯蓄債券、報國債券、或ハ割増金附郵便貯金切手ヲ發行致シテアリマスガ、是以外ニ更ニ新タナル考ヘノ下ニ各種各樣ノ方法ヲ實施致シ得ルヤウ、一定ノ者ヲシテ新種ノ割増金附證券ヲ發行セシメ、或ハ割増金附預金ヲ取扱ハシメ得ルコトト致シタイト存ズルノデアリマス

改正ノ第二點ハ、貯蓄債券及ビ報國債券ノ發行、償還ニ伴フ手續ノ簡易化デアリマス、最近ニ於ケル貯蓄債券及ビ報國債券發行ノ増加ハ、必然ニ發行及ビ償還ニ關スル事務ノ著シキ輻湊ヲ來シテ居ルノデアリマスルガ、之ヲ緩和スル爲メ、貯蓄債券及ビ報國債券ニ關シテハ、社債原簿制度ヲ省略スルト共ニ、日本勸業銀行本支店所在地ニ於ケル發行竝ニ償還登記ヲ省略スルコトガ、適當デアルト認メタノデアリマス

改正ノ第三點ハ、適正簡易且ツ安全ナル有價證券ノ賣買機構ヲ整備セントスルコトデアリマス、最近ニ於ケル國債、貯蓄債券、其ノ他有價證券ノ發行増加ノ趨勢ニ顧ミマシテ、是ガ消化ノ爲ニハ、是等證券ノ一般多數ノ國民ニ依ル消化ヲ促スコトガ必要デアリマス、隨テソレ等證券所有者ノ保護ヲ圖リマスル爲ニハ、適正簡易且ツ安全ナル證券ノ賣買機構ヲ整備致シマスル必要ガアルノデ、今般政府ハ金融機關及ビ證券引受業者等ニ對シ、價格、方法ヲ定メ、一定ノ國債、貯蓄債券、報國債券等ノ賣買、又ハ其ノ代理、又ハ媒介ヲナスベキコトヲ命ジ得ルコトト致シ、價格等ヲ簡易ニ一定致シマスル爲ニ、是等ニ伴ヒ損失ヲ生ジマシタヤウナ場合ニハ、政府ニ於テ之ヲ補償シ、又補助金ヲモ交付シ得ルコトト致シタノデアリマス

最後ニ改正ノ第四點ハ、株式ノ讓渡命令ニ關スルコトデアリマス、大東亞戰爭下株式ノ市價安定ヲ圖リ、以テ資金動員ノ適正ヲ期シ、産業資金ノ調達、國民貯蓄ノ保護ニ遺憾ナカラシムルコトノ緊要ナルコトハ論ヲ俟タナイ所デアリマスルガ、從來是ガ爲ノ一方策トシテ、戰時金融金庫ハ政府ノ指導ノ下ニ、株式ノ市價安定ノ爲ニスル賣買ヲ行ツテ居リマス、又別途提案致シマシタ日本證券取引所法案ニ依リ、新設ノ日本證券取引所モ同樣ノ機能ヲ有スルコトニ相成ルノデアリマスルガ、今後株式市價ノ過當ナル昂騰時ニ際シマシテ、是ガ抑制ノ爲ニスル是等機關ノ賣出動ヲ效果アラシメマスル爲ニハ、豫メ又ハ何時ニテモ其ノ手持株式ヲ充實シ得ルノ態勢ヲ整ヘテ置キマスルコトガ必要デアリマス、仍テ玆ニ金融機關、其ノ他ノ者ニ對シ戰時金融金庫又ハ日本證券取引所ヘ株式ヲ讓渡スベキ命令ヲナシ得ル制度ヲ設クルコトト致シタ次第デアリマス

次ニ普通銀行等ノ貯蓄銀行業務又ハ信託業務ノ兼營等ニ關スル法律案ニ付キ説明申上ゲマス、現下時局ニ顧ミ資金ノ蓄積増強ニ資シマスル爲ニハ、凡ユル金融上ノ施設ヲ動員シマシテ、國民ヲシテ其ノ好ム所ノ形態ニ應ジテ資金ノ蓄積ヲ行ハシメルコトガ極メテ肝要ナノデアリマス、就中大衆的預金及ビ長期貯蓄的資金ノ吸收ニ最モ重點ヲ置イテ施策スルノ必要ガアルノデアリマス、他面國家資金ノ配分ガ計畫化セラレマシタル結果、普通銀行、貯蓄銀行及ビ信託會社ノ資金吸收及ビ運用ノ兩部面ニ於ケル差異ハ、比較的僅少トナツテ參リマシタ、隨テ現在ノ如ク是等ニ付キマシテ、其ノ經營主體ヲ別個ノモノタラシメナケレバナラヌト云フ必要ハ、漸次減少スルニ至ツタノデアリマス、仍テ本法律案ハ現存金融機關中、其ノ人員及ビ店舗數等ニ於テ、最モ活動力ノ多イ所ノ普通銀行等ヲシテ、貯蓄銀行業務、又ハ信託業務ヲ兼營セシメマシテ以テ大衆的預金及ビ長期貯蓄的資金ノ吸收ニ對シ、全能力ヲ發揮セシメント致シマスル爲メ、必要ナル事項ヲ規定致シタノデアリマス

次ニ銀行等ノ事務ノ簡素化ニ關スル法律案ニ付キ説明申上ゲマス、本法律案ハ、銀行其ノ他ノ金融機關ノ事務ノ簡素化ヲ圖ルコトニ依リマシテ、是等金融機關ヲシテ愈〻機能ノ發揮ヲ容易ナラシメ、以テ戰時下國家財政及ビ金融ノ圓滑ナル運營ニ資セントスルモノデアリマシテ、其ノ主ナル内容ハ三ツニ分レマス

第一ハ、金融機關ノ事業年度ヲ、政府ノ會計年度ニ合致セシメマシテ、以テ金融機關ノ業務ノ運營ヲ、政府豫算及ビ國家資金計畫、其ノ他國家財政及ビ經濟運營上ノ諸計畫ニ即應シ易カラシメントスルモノデアリマス

第二ハ、擔保附社債ノ擔保ノ變更手續ヲ簡易ナラシムル爲メ、當分ノ内、擔保附社債信託法ニ特例ヲ設ケマシテ、社債權者集會ノ決議ヲ必要トセザル場合ヲ認ムルコトトシ、以テ時局ノ要請ニ基ク社債擔保ノ變更ヲ簡易ナラシメントスルモノデアリマス

第三ハ、銀行及ビ保險會社ノ監査役ガ、監査書ヲ作成スベキ回數ヲ、毎事業年度ニ付キ一回ト致シマシテ、以テ監査役ノ行フベキ事務ノ簡素化ヲ圖ラントスルモノデアリマス

次ニ戰爭死亡傷害保險法案ニ付キ説明ヲ致シマス、戰局ノ擴大進展ニ卽應シ、戰爭ニ依ツテ生ズベキ國民ノ死亡傷害ニ對處スル施設ヲ完備致シマスルコトハ、戰時下國民生活ノ維持安定ニ寄與スル所甚ダ大ナルモノガアルト信ズルノデアリマス、之ニ依リ銃後國民ハ、後顧ノ憂ヒナク各〻ノ職域ニ於テ、御奉公ニ精進スルコトガ出來得ルト存ズルノデアリマス、戰爭ニ依ル死亡傷害ニ對シマシテハ、政府ニ於キマシテ、現在戰時災害保護法等ノ施設ヲ講ジテ居ルノデアリマス、又之ヲ保險ノ方面ニ付テ見マスルニ、戰爭ニ因ル死亡ニ對シ、生命保險金及ビ簡易生命保險金ノ支拂ガ現在行ハレテ居リ、傷害ニ對シマシテハ、戰爭危險ヲ擔保スル旅行傷害保險ガ、一部ノ保險會社ニ依リ行ハレテ居ルノデアリマス、然ル所今後戰局ガ一段ト擴大進展致スベキ點ニ思ヒヲ致シマスル時ハ、戰爭ニ因ル死亡傷害ニ對スル施設ハ、是等現行制度及ビ方策ノミヲ以テシマシテハ、未ダ全シトスルコトヲ得ナイノデアリマシテ、此ノ際速カニ新タナル施設ヲ講ズルコトガ緊要デアルト存ズルノデアリマス、仍テ玆ニ戰爭ニ因ル死亡傷害ニ對シ、特別ノ保險制度ヲ設ケルコトト致シタ次第デアリマス

本法案ノ要點ニ付テ説明申上ゲマスルト、第一ニ本保險ハ、戰爭ニ因ル死亡傷害ノミヲ、保險事故トスルモノデアリマス、次ニ本保險ハ保險會社ヲシテ是ガ引受ヲナサシメマスルト共ニ、本保險ノ公的性質ニ鑑ミ、其ノ保險條件及ビ保險契約ノ手續等ニ於テ、保險會社ガ普通ノ營業トシテ行フ保險トハ、著シク趣キヲ異ニ致スノデアリマス、次ニ上述ノ如ク、本保險ハ保險會社ガ普通ノ營業トシテ行ク保險トハ、全ク性質ヲ異ニスルモノデアリマスカラ、保險會社ガ本保險ニ依リ損失ヲ受ケタ時ハ、政府ニ於テ之ヲ補償致シマスルト共ニ、利益ヲ得マシタ時ニハ、政府ニ納付セシメルコトト致シテアルノデアリマス

次ニ鹽專賣法中改正法律案ニ付キ説明致シマス、鹽ガ食料用及ビ工業用トシテ極メテ重要ナル物資デアリマスコトハ申スマデモナイ所デアリマスガ、特ニ食料鹽ハ他ニ代用品ノナイ、國民生活維持ノ爲ニ絶對缺クコトノ出來ナイ必需物資デアリマスルノデ、是ガ需給ヲ安定セシムルコトハ、現下ノ緊要事デアリマス、隨ヒマシテ能フ限リ鹽ノ需給ヲ安定セシムル爲ニ、其ノ一方策トシマシテ、此ノ際鹽專賣法中、左ノ四點ニ付テ改正ヲ行ハントスル次第デアリマス

改正ノ第一點ハ、現在鹹水ハ鹽ノ製造以外ノ用途ニハ供シ得ナイコトニナツテ居ルノデアリマスガ、鹽ノ用途中、鹹水ノ儘デ其ノ用ヲ辨ジ得ルモノガアリマスノデ、是等ノ用途ニハ鹹水ヲ直接使用シ得ルヤウニ、鹹水ノ用途制限ヲ緩和セントスルモノデアリマス、次ニ鹽又ハ鹹水ノ製造ハ、一箇月以前ニ申告致シマスレバ、自由ニ之ヲ廢止シ得ルコトニナツテ居ルノデアリマスガ、鹽ノ供給ヲ確保致シマスル爲メ、此ノ點ヲ改メマシテ、製造ノ廢止ニハ政府ノ許可ヲ要スルコトニ致シタノデアリマス、第三ニ、鹽田ハ其ノ性質上海濱ニ位シマスル關係カラ、高潮、海嘯等ノ危險モ少クアリマセヌ、仍テ鹽又ハ鹹水ノ製造事業ノ安定ヲ圖ル爲メ、罹災補償ノ制度ヲ設クルコトニ致シタノデアリマス、最後ニ鹽製造者等ノ共同活動ヲ促進セシメ、鹽生產ノ增強ヲ圖ル爲ニ、鹽業團體ノ機構ヲ確立スルコトニ致シテアルノデアリマス

次ニ昭和十二年法律第八十四號中改正法律案ニ付キ説明申上ゲマス、臨時軍事費ニ付キマシテハ、第七十二回乃至第七十九回帝國議會ノ協贊ヲ經マシテ、其ノ財源ノ一部ニ充ツル爲メ、政府ハ三百九十四億千九百五十万圓ヲ限リ、公債ヲ發行シ、又ハ借入金ヲナシ得ル權能ヲ得テ居ルノデアリマスガ、今回ノ臨時軍事費二百七十億圓ノ追加計上ニ伴ヒマシテ、其ノ所要財源中、一般會計及ビ特別會計ヨリノ繰入金等ヲ以テ充當シ、差引不足スル額ニ付キマシテハ、公債又ハ借入金ノ財源ニ依ルコトヲ必要ト致シマスルノデ、右法定限度額ノ增加ヲ必要ト致シマスル所、今後ニ於ケル事務ノ簡捷ヲ圖ル等ノ趣旨ニ依リマシテ、右發行借入等ノ限度額ヲ、臨時軍事費特別會計ニ於ケル歲出豫算額ヨリ、當該特別會計ニ於ケル他會計ヨリノ受入金、其ノ他ノ普通歲入ヲ控除シタル額ニ相當スル金額ニ改ムルヲ適當ト認メタノデアリマス、尙ホ朝鮮總督府、臺灣總督府、樺太廳及ビ關東局ノ各特別會計ニ於ケル今回ノ增稅等ニ依ル收入額ノ一部、竝ニ朝鮮總督府及ビ臺灣總督府ノ各特別會計ニ於ケル、今回ノ煙草ノ增收計畫ニ依ル增收額ノ一部ヲモ、臨時軍事費ノ財源ニ充ツルコトト致シマスル、是等ニ伴ヒマシテ、是亦今後ニ於ケル事務ノ簡捷ヲ圖ル趣旨ノ下ニ、昭和十三年法律第二十三號中所要ノ改正ヲ、本法律案ノ附則ニ於テ行フコトト致シテ居ルノデアリマス、以上八件ノ法律案ニ付キマシテハ、何卒御審議ノ上速カニ協贊ヲ與ヘラレンコトヲ希望致シマス(拍手)

○議長(岡田忠彦君) 各案ノ審査ヲ付託スベキ委員ノ選擧ニ付テ御諮リ致シマス

昭和十六年度第一豫備金支出ノ件
昭和十六年度特別會計第一豫備金支出ノ件
昭和十六年度特別會計豫備費支出ノ件
昭和十七年度第二豫備金支出ノ件
昭和十七年度特別會計第二豫備金支出ノ件
昭和十七年度特別會計豫備金外ニ於テ豫算超過及豫算外支出ノ件
（承諾ヲ求ムル件）

〔國務大臣賀屋興宣君登壇〕

○國務大臣（賀屋興宣君）　只今議題ニ供セラレマシタ昭和十六年度第一豫備金支出ノ件外事後承諾ヲ求ムル件五件ニ付キ、大體ノ御説明ヲ致シマス

昭和十六年度一般會計第一豫備金ノ豫算額ハ四千万圓デアリマス、内昭和十六年勅令第八百二十二號ニ依リ補充致シマシタ金額ハ、三千九百九十餘万圓デアリマス、今其ノ重要ナル事項ヲ申上ゲマスレバ、警察費連帶支辦金、國民學校教員俸給分擔金、軍事扶助費、輸出資金融通損失補償金等デアリマス

次ニ昭和十六年度ニ於テ第一豫備金ヨリ豫算超過支出ヲ致シマシタ特別會計ハ、印刷局、專賣局、金資金、關東局、陸軍造兵廠、米穀需給調節、木炭需給調節、農業再保險、漁船再保險、家畜再保險、通信事業、朝鮮總督府、朝鮮簡易生命保險、臺灣總督府、臺灣米穀移出管理、樺太廳、南洋廳、健康保險、職員健康保險、船員保險、簡易生命保險、郵便年金ノ二十二特別會計デアリマス、又豫備費ヨリ豫算超過支出ヲ致シマシタモノハ、陸軍製絨廠、米穀需給調節、通信事業、帝國鐵道、臺灣米穀移出管理ノ五特別會計デアリマス

次ニ昭和十七年度一般會計第二豫備金ノ豫算額ハ八億圓デアリマスガ、内昭和十七年四月二十二日ヨリ同年十二月二十四日ニ至ル間ニ於テ、支出致シマシタ金額ハ、六億四千八百餘万圓デアリマシテ、其ノ重要ナル事項ハ在支敵產購入費、損害保險國營再保險特別會計ヘ繰入、金屬類特別回收諸費、各種災害費、地方職員臨時家族手當補助、教員戰時勤勉手當補助、外交官等交換諸費等デアリマス

次ニ昭和十七年度ニ於テ第二豫備金ヲ以テ豫算外支出ヲ致シマシタ特別會計ハ、朝鮮總督府、臺灣總督府、樺太廳及ビ關東局ノ四特別會計デアリマス、又豫備金外ニ於テ其ノ國庫剰餘金ヲ以テ、豫算超過又ハ豫算外ノ支出ヲ致シマシタモノニハ、朝鮮總督府、臺灣總督府、及ビ樺太廳ノ三特別會計ガアルノデアリマス、何卒御審議ノ上、速カニ御承諾アランコトヲ希望致シマス（拍手）

○議長（岡田忠彦君）　各件ノ審査ヲ託付スベキ委員ノ選擧ニ付テ御諮リ致シマス

○森下國雄君　各件ハ政府提出國民貯蓄組合法中改正法律案外一件委員ニ併セ付託セラレンコトヲ望ミマス

○議長（岡田忠彦君）　森下君ノ動議ニ御異議アリマセヌカ

〔「異議ナシ」ト呼ブ者アリ〕

○議長（岡田忠彦君）　御異議ナシト認メマス、仍テ動議ノ如ク決シマシタ――日程第十乃至第十二ハ便宜上一括議題トナスニ御異議アリマセヌカ

〔「異議ナシ」ト呼ブ者アリ〕

○議長（岡田忠彦君）　御異議ナシト認メマス、仍テ日程第十、北支那開發株式會社法中改正法律案、日程第十一、中支那振興株式會社法中改正法律案、日程第十二、占領地軍政官憲ノ爲シタル行爲ノ法律上ノ效力等ニ關スル法律案、右三案ヲ一括シテ第一讀會ヲ開キマス――靑木大東亞大臣

第一　兵役法中改正法律案（政府提出、貴族院送付）　第一讀會

第二　共通法中改正法律案（政府提出、貴族院送付）　第一讀會

第三　明治三十八年法律第三十八號改正法律案（俘虜處罰ニ關スル件）（政府提出、貴族院送付）　第一讀會

第四　陸軍軍法會議法及海軍軍法會議法中改正法律案（政府提出、貴族院送付）　第一讀會

兵役法中改正法律案

兵役法中左ノ通改正ス

第九條第二項及第二十三條第一項中「戸籍法」ノ下ニ「又ハ朝鮮民事令中戸籍ニ關スル規定」ヲ加フ

第三十九條第一項第六號中「矯正院法」ノ下ニ「又ハ朝鮮矯正院令」ヲ加ヘ同項第五號ヲ左ノ如ク改ム

五　少年法ノ定ムル所ニ依リ少年教護院、矯正院若ハ病院ニ收容中ナルトキ又ハ朝鮮少年令ノ定ムル所ニ依リ朝鮮總督府感化院、朝鮮總督府矯正院若ハ病院ニ收容中ナルトキ

第五十二條第一項ヲ左ノ如ク改ム

戸籍法及朝鮮民事令中戸籍ニ關スル規定ノ適用ヲ受ケザル者ニシテ徴兵適齢ヲ過ギ戸籍法又ハ朝鮮民事令中戸籍ニ關スル規定ノ適用ヲ受クル者ノ家ニ入リタルモノニ對シテハ徴集ヲ免除ス

第五十三條ノ二　左ニ掲グル者ノ徴集ニ關シテハ第二十六條、第二十七條又ハ第二十九條ノ規定ニ對シ勅令ヲ以テ別段ノ定ヲ爲スコトヲ得

一　戸籍法ノ適用ヲ受クル者ニシテ朝鮮、臺灣又ハ帝國外ノ地ニ在留スルモノ

二　朝鮮民事令中戸籍ニ關スル規定ノ適用ヲ受クル者

第六十九條第二項ヲ左ノ如ク改ム

前項ニ規定スル事務ノ監督ニ付テハ戸籍事務ノ監督ニ關スル規定ヲ準用ス

第七十二條　本法中市町村長ニ關スル規定ハ市町村長ニ準ズベキ者ニ之ヲ適用ス但シ市長ニ關スル規定（第六十一條ノ規定ヲ除ク）ハ區長（之ニ準ズベキ者ヲ含ム以下同ジ）ヲ以テ戸籍ニ關スル事務ヲ管掌スル者ト爲シタル市（之ニ準ズベキモノヲ含ム）ニ在リテハ區長ニ之ヲ適用ス

附　則

本法ハ昭和十八年八月一日ヨリ之ヲ施行ス

第九條第二項及第二十三條第一項ノ改正規定ハ本法施行ノ際徴兵適齢ヲ過ギ居ル者及徴兵適齢ノ者ニシテ其ノ際現ニ朝鮮民事令中戸籍ニ關スル規定ノ適用ヲ受クルモノ又ハ本法施行後其ノ適用ヲ受クルニ至リタルモノ（第三條ノ規定ニ該當スル者ヲ除ク）ニ之ヲ適用セズ

前項ノ規定ニ該當スル者ニ付テハ第五十二條第一項ノ改正規定ニ拘ラズ仍從前ノ例ニ依ル

共通法中改正法律案

共通法中左ノ通改正ス

第三條第三項中「戸籍法」ノ下ニ「又ハ朝鮮民事令中戸籍ニ關スル規定」ヲ加ヘ「他ノ地域」ヲ「内地及朝鮮以外ノ地域」ニ改ム

附　則

本法ハ昭和　年法律第　號施行ノ日ヨリ之ヲ施行ス

本法施行ノ際徴兵適齢ヲ過ギ居ル者及徴兵適齢ノ者ニシテ其ノ際現ニ戸籍法ノ適用ヲ受クルモノ又ハ本法施行後其ノ適用ヲ受クルニ至リタルモノニ付テハ第三條第三項ノ改正規定ニ拘ラズ仍從前ノ例ニ依ル

明治三十八年法律第三十八號改正法律案

俘虜處罰法

第一條　本法ハ俘虜ニシテ罪ヲ犯シタルモノニ之ヲ適用ス

第二條　多衆聚合シテ暴行又ハ脅迫ヲ爲シタル者ハ首魁ハ死刑又ハ無期ノ懲役若ハ禁錮ニ處シ其ノ他ノ者ハ無期又ハ一年以上ノ懲役又ハ禁錮ニ處ス

前項ノ罪ヲ犯ス目的ヲ以テ其ノ豫備又ハ陰謀ヲ爲シタル者ハ一年以上ノ有期ノ懲役又ハ禁錮ニ處ス

第三條　俘虜ヲ監督シ、看守シ又ハ護送スル者ヲ殺シタル者ハ死刑ニ處ス

前項ノ罪ヲ犯ス目的ヲ以テ其ノ豫備又ハ通謀ヲ爲シタル者ハ二年以上ノ有期ノ懲役又ハ禁錮ニ處ス

第四條　俘虜ヲ監督シ、看守シ又ハ護送スル者ヲ傷害シ又ハ之ニ對シ暴行若ハ脅迫ヲ爲シタル者ハ死刑又ハ無期若ハ二年以上ノ懲役若ハ禁錮ニ處ス

黨與シテ前項ノ罪ヲ犯シタル者ハ首魁ハ死刑又ハ無期ノ懲役若ハ禁錮ニ處シ其ノ他ノ者ハ死刑又ハ無期若ハ三年以上ノ懲役若ハ禁錮ニ處ス

前二項ノ罪ヲ犯シ因テ人ヲ死ニ致シタル者ハ死刑ニ處ス

第五條　俘虜ヲ監督シ、看守シ又ハ護送スル者ノ命令ニ反抗シ又ハ之ニ服從セザル者ハ死刑又ハ無期若ハ一年以上ノ懲役若ハ禁錮ニ處ス

黨與シテ前項ノ罪ヲ犯シタル者ハ首魁ハ死刑又ハ無期ノ懲役若ハ禁錮ニ處シ其ノ他ノ者ハ死刑又ハ無期若ハ二年以上ノ懲役若ハ禁錮ニ處ス

第六條　俘虜ヲ監督シ、看守シ又ハ護送スル者ヲ其ノ面前ニ於テ又ハ公然ノ方法ヲ以テ侮辱シタル者ハ五年以下ノ懲役又ハ禁錮ニ處ス

第七條　黨與シテ逃走シタル者ハ首魁ハ死刑又ハ無期若ハ十年以上ノ懲役若ハ禁錮ニ處シ其ノ他ノ者ハ無期又ハ一年以上ノ懲役又ハ禁錮ニ處ス

第八條　第二條第一項、第三條第一項、

第四條第一項及第二項竝ニ前條ノ未遂罪ハ之ヲ罰ス

第九條　宣誓解放ヲ受ケタル者其ノ宣誓ニ背キタルトキハ死刑又ハ無期若ハ七年以上ノ懲役若ハ禁錮ニ處ス

前項ノ者兵器ヲ執リ抗敵シタルトキハ死刑ニ處ス

第十條　逃走セザル旨ノ宣誓ヲ爲シ之ニ背キタル者ハ一年以上ノ有期ノ懲役又ハ禁錮ニ處シ其ノ他ノ宣誓ニ背キタル者ハ十年以下ノ懲役又ハ禁錮ニ處ス

第十一條　不從順ノ行爲ヲ目的トシテ黨ヲ結ビタル者ハ首魁ハ一年以上十年以下ノ懲役又ハ禁錮ニ處シ其ノ他ノ者ハ六月以上五年以下ノ懲役又ハ禁錮ニ處ス

第十二條　第七條ノ規定ハ再ビ俘虜ト爲リタル者ノ前ニ俘虜タリシトキ犯シタル罪ニハ之ヲ適用セズ

附　則

本法ハ公布ノ日ヨリ之ヲ施行ス

陸軍軍法會議法及海軍軍法會議法中改正法律案

第一條　陸軍軍法會議法中左ノ通改正ス

第四十二條ニ左ノ但書ヲ加フ

但シ勅令ノ定ムル所ニ依リ之ヲ奏任ト爲スコトヲ得

第二條　海軍軍法會議法中左ノ通改正ス

第四十二條ニ左ノ但書ヲ加フ

但シ勅令ノ定ムル所ニ依リ之ヲ奏任ト爲スコトヲ得

附　則

本法ハ公布ノ日ヨリ之ヲ施行ス

（國務大臣東條英機君登壇）

○國務大臣（東條英機君）　只今議題ト相成リマシタル兵役法及ビ共通法中改正法律案ノ提案理由ニ付キマシテ申述ベタイト存ジマス、今次ノ改正ハ、朝鮮同胞ノ服役ニ關聯スル事項デアリマス、即チ昭和十九年ヨリ朝鮮同胞ヲ徵集致シマシテ、今後長期ニ亙ルベキ大東亞戰爭ノ完遂ト、將來國防ノ完璧トヲ期シマスルト共ニ、皇民敎育ノ徹底ト、時局認識ノ昂揚トニ依リマシテ、近年頓ニ昂揚セラレマシタ朝鮮同胞銃後奉公ノ赤誠ニ應ヘテ、多年ノ要望タル皇軍ノ兵員ニ加ハルノ榮譽ヲ與ヘ、併セテ朝鮮統治ノ向上ニ寄與セントスルモノデアリマス、朝鮮同胞ニ對シマシテハ、旣ニ昭和十三年以來特別志願兵トナルノ途ヲ拓カレテアルノデアリマスルガ、是ガ實績ニ徵シマシテモ、徵兵制施行ノ成果期シテ待ツベキモノガアルト確信致シテ居リマス、尙ホ朝鮮ニ徵兵制ヲ施行セラルルニ伴ヒマシテ、從來內地人ハ兵役ニ服スルノ義務ナキニ至ツタ後デナケレバ、朝鮮人ノ家ニ入ルコトガ出來ナカツタノデアリマスルガ、今後ハ內地人及ビ朝鮮人相互間ニハ、斯クノ如キ制限ヲ必要ト致サナクナリマシタノデ、之ニ關シマスル共通法中改正ヲ致シタイト存ズルノデアリマス、本法律案提出ノ理由ハ概要以上ノ通デアリマス

次ニ只今議題ト相成リマシタル明治三十八年法律第三十八號、即チ俘虜處罰ニ關スル件ノ改正法律案提出ノ理由ヲ御說明申上ゲマス、現行俘虜處罰ニ關スル法律ハ、日露戰役中明治三十八年二月、當時ノ露國俘虜ヲ對象ト致シマシテ、是ガ取締上ノ必要ヨリ制定セラレタノデアリマスガ、現行刑法制定前ノ舊刑罰體系ニ係リ、其ノ罰目、刑名、刑期等、規定ノ全般ニ於キマシテ、整備ヲ要スルモノガアリ、他面大東亞戰爭開始以來、帝國ガ獲得セル俘虜ハ約三十万ノ多キヲ算シテ居ルノデアリマス、而モ其ノ民族、國籍、素質等ニ各々異ナルモノガアリマスル上ニ、是ガ取締ニ當ル人員ハ、必要ノ最小限ト致シテ居ル關係上、俘虜ノ管理取締ハ從前ニ比シマスト、著シク複雜煩多トナツテ居ルノデアリマス、此ノ間ニ處シマシテ、俘虜ヲ安全且ツ靜謐ニ收容スル如ク取締ヲナスニ付キマシテハ、苟且ニモ不從順ノ行爲ナカラシムル如ク嚴戒スルノ必要ガアルノデアリマス、是ニ於キマシテ現行法ニ付キ所要ノ整備ヲナシテ、現況ニ卽スルモノタラシメ、以テ俘虜ノ管理取締ニ遺憾ナキヲ期セントスルモノデアリマス、而シテ本案ノ內容ハ、第一ハ現行法ノ俘虜監督者等ニ對スル暴行、又ハ反抗ノ罪、多衆共謀逃走ノ罪及ビ宣誓違背ノ罪ニ關スル規定等ヲ整理致シマシタルコト、第二ハ新タニ俘虜ノ多衆聚合、暴行脅迫、俘虜監督者等ニ對シマスル殺傷、脅迫及ビ侮辱、竝ニ不從順ノ行爲ヲ目的トスル結黨ノ各所爲ヲ罰スル規定ヲ設ケタルコトノ、二點ニ歸スルノデアリマス、以上ガ本法律案提出ノ理由及ビ內容ノ要旨デアリマス、何卒以上各案ニ付キマシテ御審議ノ上、速カニ御協贊アランコトヲ希望致シマス、終リ

（拍手）

○副議長（內ケ崎作三郞君）　嶋田海軍大臣

（國務大臣嶋田繁太郞君登壇）

○國務大臣（嶋田繁太郞君）　只今議題トナリマシタ陸軍軍法會議法及海軍軍法會議法中改正法律案提出ノ理由ヲ御說明致シマス、政府ニ於キマシテハ、夙ニ各廳勤務職員ノ優遇ニ付キマシテハ考究中デアリマスルガ、其ノ中判任官ニ付キマシテモ重要ノ職務ニ當リ、事務練達優等ナル者ハ、特ニ之ヲ奏任官トナシ得ルコトニ致シタイ考ヘヲ持ツテ居リマス、然ルニ軍法會議錄事ガ判任官タルコトハ、陸軍軍法會議法及海軍軍法會議法ニ、ソレゾレ規定セラレテ居リマス關係上、今回右法律ノ關係條項ヲ改正致シマシテ、錄事ニ對シマシテモ、一般官吏優遇ノ趣旨ニ均霑セシメタイト考ヘル次第デアリマス、以上ガ本法律案ヲ提出スル所以デアリマス、何卒御審議ノ上、速カニ御協贊アランコトヲ希望致シマス（拍手）

○副議長（內ケ崎作三郞君）　各案ノ審查ヲ付託スベキ委員ノ選擧ニ付テ御諮リ致シマス

○森下國雄君　日程第一乃至第四ノ四案ヲ一括シテ、議長指名十八名ノ委員ニ付託セラレンコトヲ望ミマス

○副議長（內ケ崎作三郞君）　森下君ノ動議ニ御異議アリマセヌカ

（「異議ナシ」ト呼ブ者アリ）

○副議長（內ケ崎作三郞君）　御異議ナシト認メマス、仍テ動議ノ如ク決シマシタ

○森下國雄君　此ノ際暫時休憩セラレンコトヲ望ミマス
○副議長（内ケ崎作三郎君）　森下君ノ動議ニ御異議アリマセヌカ
〔「異議ナシ」ト呼ブ者アリ〕
○副議長（内ケ崎作三郎君）　御異議ナシト認メマス、仍テ暫時休憩致シマス
午後一時十七分休憩

肥料業統制法案

○河野一郎君　現内閣ガ農村經濟ノ根幹ヲ成スベキ米穀、蠶絲、肥料ノ三大政策ニ關シ、ソレゾレ案ヲ具シテ議會ニ臨マレマシタルコトハ、從來ノ内閣ニ於テ其例ヲ見ザル所デアリマシテ、是ガ努力ニ對シマシテハ、吾々農村代表ト致シマシテ多大ノ敬意ヲ拂フ者デアリマス、併ナガラ如何ニ努力セラレマシタリトハ言ヘ、其内容ニ於テ、其時期ニ於テ、農村ノ利益ト相反スルガ如キ情狀ガアリマスルニ於キマシテハ、吾人ハ斷ジテ之ヲ排擊シナケレバナラヌノデアリマス、此見地ニ立チマシテ、吾々ノ同志ハ既ニ委員會ニ付議セラレテ居リマスル米穀關係法案、蠶絲關係法案ニ對シマシテ、愼重審議ヲ重ネ、連日熱心ニ檢討ヲ續ケテ居ル次第デアリマスガ、今又茲ニ上程セラレマシタル肥料統制法案ニ對シテモ、吾々ハ前段同樣ノ見地ニ依リマシテ、愼重審議ヲシナケレバナラヌノデアリマス

只今商工大臣ヨリ提案ノ遲レタル事情ニ付キマシテ、種々御辯明ガアリマシタガ、吾々ハソレヲ認メルコトハ出來ナイノデアリマス、今日ノ如ク會期既ニ切迫セル時ニ於キマシテ、其利害關係ハ常ニ相反スル立場ニ置カレマスル所ノ農民消費者大衆ト、肥料生產業者トノ間ニ於キマシテ、重大ナル鍵ヲ握ルベキ本法案ノ提案ヲセラレマシテ、是ガ審議ヲ吾々ニ求メラレマスルコトハ、寧ロ難キヲ强ユルモノデアリマシテ、此際ニ一言申上ゲテ置キタイコトハ、萬一本法案ノ審議ガ未了ニ終リマシタル場合ニ於キマシテモ、其罪ハ政府ニアリマシテ、吾々議員ニアリマセヌト云フコトヲ、一言申上ゲテ置キタイノデアリマス(拍手)

次ニ内容ノ質疑ト致シマシテ、先ヅ第一ニ肥料ニ關スル法案制定ノ時期ノ適否ニ關スル御尋ヲ致シテ見タイノデアリマス、現下我國ノ硫安肥料需給狀勢ハ、政府ガ既ニ發表セラレマシタル所ニ依リマシテモ、現肥料年度、卽チ本年七月末迄ノ計算ニ於キマシテ、需要ハ百十九万噸デアリマスルニ對シマシテ、供給卽チ生產ハ百六万三千餘噸デアリマス、卽チ差引十二万餘噸ノ生產不足ヲ見テ居ルノデアリマス、是等ニ付キマシテハ、御承知ノ如ク外安ノ輸入ニ依リマシテ、其需給ヲ稍〻保ッテ居ルノデアリマスガ、私ハ此機會ニ一言御諒解ヲ得テ置キタイノデアリマス、私ガ只今御質疑申上ゲマスル中ニ於キマシテ、肥料ト云フ言葉ヲ使ヒマスノハ、本案ノ内容ノ重大ナル地位ヲ占メテ居リマスル所ノ硫酸「アムモニヤ」ヲ指スノデアリマシテ、他ノ肥料ヲ指シマス場合ニハ、一々其名ヲ申上ゲルコトニ致シタイト考ヘマス、此點御諒解ヲ得テ置キマス、隨ッテ需給ノ關係ニ於キマシテハ、政府ガ既ニ認メテ居ル通リデアリマス、是ガ不足ノ影響ハ、私ガ豫テ前々議會以來政府ニ對シテ、常ニ供給ノ不足ニ因ル所ノ價格ノ騰貴ニ對スル點ニ付キマシテ、再三政府ニ反省ヲ求メタノデアリマスガ、政府ハ其際常ニ肥料配給組合ヲ過信致シマシテ、是等ノ協定値段、卽チ九十三圓程度ノ配給ヲ以テ吾々ニ應ヘテ參ッタノデアリマス、併ナガラ現下ノ肥料界ノ狀勢ヲ見マスルノニ、皆サン御承知ノ如ク最近ニ於キマシテハ、硫安肥料ノ非常ナル不足ヲ告ゲマシテ、市價ハ百圓以上百八九圓致シテ居ル現狀デアリマス、是等ノ實情ニ鑑ミマシテ、生產統制ヲ主ト致シマスル所ノ、今回ノ法案ヲ制定致シマスルニ當リマシテハ、少クトモ其時期ハ尙早デハナイカト思フノデアリマス、卽チ生產者、肥料製造業者タル所ノ大財閥デアリマストカ、大資本家、是等ヲ擁護スルノニ、餘リニ政府ガ汲々トシテ居ルノデハナイカト思フノデアリマス、吾々農民ノ立場ヨリ致シマスルナラバ、當然豫想セラルベキ所ノ需給關係ノ現下ノ不足ヲ、吾々カラ致シマスナラバ、明年ヲ待チ、明後年ヲ待チマシタナラバ、是等ノ肥料ノ需給ノ關係ハ當然是ガ圓滑ニナル、若クハ或ル程度ノ過剩ヲ見ルコトハ、既ニ製造會社ノ發表ニ依ッテ明ナル所デアリマス、斯ノ如ク當然起リ得ベキ所ノ肥料製造ノ增加、之ニ基キマシテ肥料價格ノ下落、更ニ肥料價格ノ下落ノ結果ト致シマシテ、舊式設備ヲ有スル所ノ工場ノ整理、ソレニ基ク生產費ノ低下、是等ヲ種々考慮致シマスル時ニ、如何ニ考ヘマシテモ、農民ノ爲ニ非ズシテ商工業者、卽チ肥料製造業者ノ爲ニ、政府ハ今日此法案ヲ提出セラレタノデハナイカト云フ疑ガ十分ナノデアリマス(拍手)此點ハ政府ニ於キマシテ、吾々ニ對シテ十分ナル御說明ヲ願ヒマシテ、如何ニシテ今日此議場ニ對シテ、本案ヲ今提出セナケレバナラヌカト云フコトヲ御說明願ヒタイノデアリマス

次ニ御尋致シタイノハ、本案ノ内容ト致シテ居リマス所ノ需給推算デアリマス、申上ゲル迄モナク本案ノ内容ハ、卽チ其根幹ハ需給ノ推算ニ求メテ居ルノデアリマス、運用ノ妙諦ヲ期スルナラバ、是ガ推算ノ適正ヲ期セナケレバナラヌノデアリマス、政府ハ如何ニシテ肥料需給推算ノ適正ヲ期セント致スノデアリマスカ、卽チ從來動トモスレバ肥料需給推算ニ關シマシテ、農林、商工兩當局ノ間ニ、常ニ意見ノ不一致ヲ來シマシテ、其醜態ヲ天下ニ暴露シ、ノミナラズ其結果ト致シマシテ、農民ニ對シテ肥料行政ノ不圓滑ノ結果カラ參リマス所ノ、莫大ナル損害ヲ掛ケテ來タコトハ、私今更申上ゲル迄モナイコトデアリマス、此事情ニ付キマシテハ、諄ク申上ゲル必要モナイト考ヘルノデアリマスルガ、元來肥料ノ需給推算ハ、目下審議セラレテ居リマスル所ノ、米ノ自治管理案ノ内容ヲ爲シテ居リマス所ノ米ノ需給推算ヨリモ、更ニ一段ト困難ナルモノガアルト考ヘルガ、申上ゲル迄モナク米ニ於キマシテハ、其年度ニ於キマスル需給推算ヲ致シマス際ニ、大體其年度ニ於キマスル一人當リノ米ノ消費量ヲ、其過去

昭和十八年二月十四日　昭和十八年度一般會計歳出ノ財源ニ充ツル爲公債發行ニ關スル法律案外九件

昭和十八年度一般會計歳出ノ財源ニ充ツル爲公債發行ニ關スル法律案（政府提出）　第一讀會ノ續（委員長報告）

營繕用品資金特別會計法案（政府提出）　第一讀會ノ續（委員長報告）

造幣局ノ資金ニ關スル法律案（政府提出）　第一讀會ノ續（委員長報告）

昭和十五年法律第六十九號中改正法律案（大東亞戰爭ニ關スル一時賜金トシテ交付スル爲公債發行ニ關スル件）（政府提出）　第一讀會ノ續（委員長報告）

樺太內地行政一元化ニ伴フ樺太廳特別會計ト他ノ會計トノ關渉ニ關スル法律案（政府提出）　第一讀會ノ續（委員長報告）

昭和十二年法律第八十號改正法律案（通信事業特別會計ニ於ケル簡易生命保險及郵便年金ノ事務ノ取扱ニ要スル經費ニ關スル件）（政府提出）　第一讀會ノ續（委員長報告）

朝鮮事業公債法中改正法律案（政府提出）　第一讀會ノ續（委員長報告）

朝鮮簡易生命保險及郵便年金特別會計法案（政府提出）　第一讀會ノ續（委員長報告）

臺灣事業公債法中改正法律案（政府提出）　第一讀會ノ續（委員長報告）

臺灣官設鐵道用品資金會計法中改正法律案（政府提出）　第一讀會ノ續（委員長報告）

（昭和十八年度一般會計歳出ノ財源ニ充ツル爲公債發行ニ關スル法律案中別紙ノ通議院法第三十條ニ依リ修正ス

昭和十八年二月八日

內閣總理大臣　東條　英機

大藏大臣　賀屋　興宣

〔別紙〕

第一條中「十四億六千九百万圓」ヲ「三十一億八千六百三十万圓」ニ修正ス）

報告書

一昭和十八年度一般會計歳出ノ財源ニ充ツル爲公債發行ニ關スル法律案（政府提出）

右ハ本院ニ於テ可決スヘキモノト議決致候此段及報告候也

昭和十八年二月十三日

委員長　矢野庄太郎

衆議院議長岡田忠彦殿

報告書

一營繕用品資金特別會計法案（政府提出）

右ハ本院ニ於テ可決スヘキモノト議決致候此段及報告候也

昭和十八年二月十三日

委員長　矢野庄太郎

衆議院議長岡田忠彦殿

報告書

一造幣局ノ資金ニ關スル法律案（政府提出）

右ハ本院ニ於テ可決スヘキモノト議決致候此段及報告候也

昭和十八年二月十三日

委員長　矢野庄太郎

衆議院議長岡田忠彦殿

報告書

一昭和十五年法律第六十九號中改正法律案（大東亞戰爭ニ關スル一時賜金トシテ交付スル爲公債發行ニ關スル件）（政府提出）

右ハ本院ニ於テ可決スヘキモノト議決致候此段及報告候也

昭和十八年二月十三日

委員長　矢野庄太郎

衆議院議長岡田忠彦殿

報告書

一樺太內地行政一元化ニ伴フ樺太廳特別會計ト他ノ會計トノ關渉ニ關スル法律案（政府提出）

右ハ本院ニ於テ可決スヘキモノト議決致候此段及報告候也

昭和十八年二月十三日

委員長　矢野庄太郎

衆議院議長岡田忠彦殿

報告書

一昭和十二年法律第八十號改正法律案（通信事業特別會計ニ於ケル簡易生命保險及郵便年金ノ事務ノ取扱ニ要スル經費ニ關スル件）（政府提出）

右ハ本院ニ於テ可決スヘキモノト議決致候此段及報告候也

昭和十八年二月十三日

委員長　矢野庄太郎

衆議院議長岡田忠彦殿

（朝鮮事業公債法中改正法律案中別紙ノ通議院法第三十條ニ依リ修正ス

昭和十八年一月三十日

內閣總理大臣　東條　英機

大藏大臣　賀屋　興宣

內務大臣　湯澤三千男

〔別紙〕

「二十三億八千六百八十万圓」ヲ「二十三億九千四百七十万圓」ニ修正ス）

報告書

一朝鮮事業公債法中改正法律案（政府提出）

右ハ本院ニ於テ可決スヘキモノト議決致候此段及報告候也

昭和十八年二月十三日

委員長　矢野庄太郎

衆議院議長岡田忠彦殿

報告書

一朝鮮簡易生命保險及郵便年金特別會計法案（政府提出）

右ハ本院ニ於テ可決スヘキモノト議決致候此段及報告候也

昭和十八年二月十三日

委員長　矢野庄太郎

衆議院議長岡田忠彦殿

報告書

一臺灣事業公債法中改正法律案（政府提出）

右ハ本院ニ於テ可決スヘキモノト議決致候此段及報告候也

昭和十八年二月十三日

委員長　矢野庄太郎

衆議院議長岡田忠彦殿

報告書

一臺灣官設鐵道用品資金會計法中改正法律案（政府提出）

右ハ本院ニ於テ可決スヘキモノト議決致候此段及報告候也

昭和十八年二月十三日

委員長　矢野庄太郎

衆議院議長岡田忠彦殿

（矢野庄太郎君登壇）

○矢野庄太郎君　只今議題トナリマシタ昭和十八年度一般會計ノ歳出ノ財源ニ充ツル爲公債發行ニ關スル法律案外九件ニ付テ、委員會ノ經過竝ニ結果ヲ御報告致シマス、先ヅ議案ノ内容ヲ念ノ爲ニ簡單ニ一言致シマスト、第一ハ、普通ニ一般會計ノ赤字公債ト稱セラレル公債ヲ發行スル法律案デアリマシテ、御承知ノ通リ、假令豫算ガ通過致シマシテモ、此ノ法律案ガ議會ニ於テ成立セナケレバ、政府ハ公債ヲ發行スルコトガ出來マセヌ、而シテ此ノ法律案ニ依ッテ、政府ガ其ノ發行ノ權限ヲ得ヨウト致シテ居リマスル明十八年度發行ノ一般會計ノ赤字公債ハ、三十一億八千六百三十万圓トナッテ居リマス、是ハ政府ニ於テ增加ノ修正ヲサレタ金額デアリマスガ、先刻此ノ席上ニ於テ豫算委員長カラ御報告ニナリマシタ通リ、十八年度ニ於テ發行スル公債ノ總額ハ、二百十四億餘万圓トナッテ居ルノデアリマスガ、玆ニ只今議題トナッテ居リマスル公債發行額ハ、三十一億八千六百三十万圓デアリマスガ、ソレデハ其ノ殘リハドウナルノカト云フ疑問ガ起ルノデアリマスルガ、所デ其ノ殘リノ公債ハ、一部分ハ發行ノ權能ヲ、既ニ政府ガ持ッテ居ル分モアルノデアリマス、ソレカラ只今本委員會ニ於テ、其ノ發行ニ付テ權能ヲ得ントシテ政府ガ法律案ヲ提出サレテ、今審議中ニ屬スルモノガアルノデアリマス、左樣ナ譯デアリマスルノデ、金光委員長ノ御報告ニナッタ通リニ、二百十四億餘万圓ノ公債ヲ發行スルコトハ、其ノ通リ事實デアルノデアリマス、第二ハ、大藏省營繕管財局デ掌ッテ居リマスル建築、其ノ他ノ營繕事業ヲ施行致ス上ニ於テ、物資ヲ得ル爲ニ、五百万圓ノ資金ヲ設ケテ、新タニ特別會計トシテ經理セントスル法律案デアリマス、ソレカラ第三ハ造幣局ノ資金ニ關スル法律案デアリマシテ、案ノ内容ハ二ツニ分レテ居リマスガ、其ノ一ツハ運轉資本金四百万圓ヲ、二千六百万圓ダケ增加シテ、三千万圓トスルコト、ソレカラ其ノ二ツハ工場ノ新設擴張ノ爲ニ繼續事業トシテ、二千三百五万餘圓ハ、既ニ先ノ議會ニ於テ協贊ヲ致シテ居リマスガ、ソレヲ六千百七十六万餘圓增加シテ、八千四百八十一万餘圓トスルコト、此ノ二ツデアリマス、第四ハ大東亞戰爭ニ關シ一時賜金トシテ交付スル公債發行ニ關スル件デアリマス、法律案ノ内容ヲ見マスルト、十五年度乃至十七年度中ニ、一時賜金賜與ノ發令ガアリタルモノニ對シ交付スル場合ニ、只今ノ法律ガ限定セラレテ居リマスルノデ、ソレヲ十八年度ニ於テ賜與ノ發令ガアリタル部分ニモ、適用セントスル改正案デアリマス、第五ハ樺太行政ガ御承知ノ通リ、内地行政ニ一元化サレル一ツノ現ハレト致シマシテ、樺太ノ特別會計ノ中ノ色々ナ事業ノ中デ鐵道、通信其ノ他ノ事業ガ内地ノ事業ニ合併サレマシテ、ソレガ爲ニ色々ナ事業ガ分離シテ、内地ノ鐵道或ハ通信等特別會計、又ハ一般會計ニ吸收サレマスガ、ソレニ關スル法律案デアリマス、第六ハ行政簡素化ニ依ッテ、厚生大臣ノ管理ニ屬シテ居リマシタ簡易生命保險ト郵便年金ニ關スル事務ガ、厚生大臣カラ遞信大臣ノ管理ニ移ルコトトナリマシテ、其ノ上ニ簡易生命保險、郵便年金ニ關スル事務取扱ノ機構ガ改革ニナリマシタ爲ニ、會計事務取扱ヲ改正スル法律案デアリマス、第七ハ朝鮮特別會計ニ於テ事業公債ノ限度ヲ五億五千五百三十万圓ダケ擴張スル法律案デアリマス、此ノ法律案ト豫算トノ關係ハ、先ニ第一ノ所デ申上ゲマシタ通リデアリマシテ、假令豫算ガ通過致シマシテモ、此ノ法律案ガ成立シナケレバ、政府ハ公債發行ノ權能ヲ得ルコトハ出來ナイノデアリマス、第八ハ朝鮮ニ於テ新タニ郵便年金事業ヲ開始シマスノデ、之ニ關係スル特別會計法案デアリマス、第九ハ、臺灣特別會計ニ於テ、事業公債發行限度ヲ千五百十万圓ダケ擴張スル法律案デアリマシテ、豫算トノ關係ハ先ニ第一及ビ第七ニ於テ述ベタノト同樣ナ關係ニアルノデアリマス、第十ハ、臺灣官設鐵道用品資金ノ法定額二百万圓ヲ、五百万圓ニ增加スル法律案デア

リマス

　即チ以上十件ノ中、所謂赤字公債及ビ事業公債發行ノ法律案三件ヲ除キマスルト、殘リノ七件ハ何レモ官廳會計事務處理、又ハ資金等ノ增加ニ關スルモノデアリマスガ、今委員會ニ於ケル質疑應答ノ大要ヲ申述ベマスト

　第一點ハ、公債ノ消化ニ關シテデアリマスガ、森川仙太君カラ南方資源ノ開發會社ヲ興シテ、公債所有者ニ其ノ株券ノ優先引受ヲ認メ、以テ公債ノ消化ヲ容易ニシテハドウカトノ質問ガアリマシタ、之ニ對シテ政府ハ、或ル一部分ノ公債ニ對シテ、南方企業ヲ以テ裏付ケスルコトハ、將來發行スル數多ノ公債ニ惡影響ヲ及ボス虞ガアルカラ、俄ニ贊成ハ出來ナイ、政府ハ南方資源ハ無論デアルガ、國家全體ノ信用ヲ以テ公債ヲ發行シテ行キタイトノ答辯ガアリマシタ

　第二點ハ、公債ノ發行手續ニ付テデアリマスガ、南鐵太郎君カラ、今日ノヤウニ汽車ニ乘ルニモ指定券ガ要ル、着物ハ衣料切符ダ、食糧ハ割當配給ダト云ツタヤウニ、消費ノ一擧一動ガ切符デ制約セラレル結果、通貨ハ從來ノ性質ヲ一變シテ、一般的ナ切符トナツタ、併シ此ノ一般的ノ切符ハ、特別切符ガナクテハ使ヘレナイ、詰リ通貨ハ行キ所ガナイカラ、自然銀行等ノ金融機關ニ集マル、故ニ政府ハ公債證券ヲ發行セズトモ、銀行ニ一片ノ證書ヲ渡シテ御用金ヲ申付ケタラ宜イデハナイカ、サウスレバ公債證券ノ發行ニ、多大ノ手數ト費用ヲ掛ケル必要モナク、無駄ガ省カレルノデハナイカトノ意味ノ質問ガアリマシタ、之ニ對シテ大藏大臣ヨリ、租税ハ數百年ノ歷史ヲ有スルガ、ソレデモマダ購買力吸收ノ方法トシテハ完全デハナイ、況ヤ切符制度ノ如キ最近ノ發達ニ係ルモノデハ、購買力ヲ規正スルニ甚ダ不十分デアル、故ニ資金調整、貯蓄奬勵其ノ他色々ノ方法ヲ以テ、資金ノ集中化ヲ圖リ、同時ニ其ノ離散ヲ防イデ居ルガ、併シ證書ヲ銀行ニ渡シ、公債證券ノ發行ヲ止メルヤウニハ中々行カナイ、尤モ今日ト雖モ大口ハ日本銀行ニ於ケル登錄制度ニ依ツテ、證券發行ノ手數ハ省ケテ居ルガ、百圓券ハオロカ、十圓券、五圓券ノ發行マデヤツテ行カヌト、計畫通リノ購買力ヲ捕捉シ、資金ヲ動カスコトハ出來ナイ、大要此ノヤウナ答辯ガアツタノデアリマス

　第三點ハ、文部大臣ハ能ク御聽取リヲ願ヒマス、ソレハ貯蓄增強ニ付テデアリマスガ、國民學校ノ兒童ニ對シテハ、貯蓄增強ノ趣旨目的ヲ認識セシムル爲ニ、或ル程度努力ヲ拂ツタ跡ヲ認ムルコトガ出來ルケレドモ、中等學校ノ生徒、殊ニ專門學校、大學ノ學生ニ對シテハ、貯蓄增強ノ必要性ヲ認識セシムルニ付テ、頗ル徹底ヲ缺イテ居ル、ソレガ爲ニ或ハ多數不良學生ノ狩出シヲ見タリ、劇場ノ門前ニ學生ノ山ヲ築イタナドノ不祥事ヲ勃發シタコトハ、洵ニ遺憾千萬デアル、抑〻國家ハ毎年多額ナ赤字公債ヲ發行シナガラ、是等學生ノ爲ニ一人ニ付一年數百圓、或ハ數千圓、殊ニ臺灣ノ如キハ一万圓以上ト云フガ如キ、莫大ナ敎育費ヲ支出シテ居ルノデアルガ、學生ハ斯樣ナ事實ハ知ラナイ、若シ文部當局ガ學生ヲ指導監督スルニ付テ、ソコニ意ヲ用ヒ、國家ガ如何ニ學生ノ爲ニ犧牲ヲ拂ツテ居リ、恩惠ヲ施シテ居ルカト云フコトヲ、學生ニヨク敎ヘテヤレバ、前段述ブルヤウナ不祥事ハ勃發シナイノミカ、一層自肅自戒シテ、時局ニ對シ認識ヲ新タニスルデアラウ、文部當局ノ責任重大ナリト考フルガ、政府ノ所見ハ如何トノ意味ノ質問ガ、松田正一君カラ發セラレマシタ、ソレニ對シマシテ、文部次官タル菊池政府委員ヨリ、御質問ハ憂國ノ至誠溢フルルモノアルニ依ルト存ジマシテ、今後ハ學生生徒ノ指導ニ萬全ヲ期シタイトノ答辯ガアリマシタ(拍手)

　以上ノ外ニ各案ニ付テ、色々ノ角度カラ質疑應答ガ交ハサレマシタガ、總テハ速記錄ニ讓リマス、斯クシテ今日午前質疑ヲ終了シ、討論ニ入リマシテ、全員一致政府提出原案贊成ニ決シマシタ、此ノ段御報告申上ゲマス(拍手)

○議長(岡田忠彥君)　十案ノ第二讀會ヲ開クニ御異議アリマセヌカ

〔「異議ナシ」ト呼ブ者アリ〕

○議長(岡田忠彥君)　御異議ナシト認メマス、仍テ十案ノ第二讀會ヲ開クニ決シマシタ

○森下國雄君　直チニ十案ノ第二讀會ヲ開キ、第三讀會ヲ省略シテ、委員長報告ノ通リ可決セラレンコトヲ望ミマス

○議長(岡田忠彥君)　森下君ノ動議ニ御異議アリマセヌカ

〔「異議ナシ」ト呼ブ者アリ〕

○議長(岡田忠彥君)　御異議ナシト認メマス、仍テ直チニ十案ノ第二讀會ヲ開キ、議案全部ヲ議題ト致シマス

昭和十二年法律第八十四號中改正法律案（大東亞戰爭ニ關スル臨時軍事費支辨ノ爲公債發行ニ關スル件）（政府提出）

第一讀會ノ續（委員長報告）

報告書

一昭和十二年法律第八十四號中改正法律案（大東亞戰爭ニ關スル臨時軍事費支辨ノ爲公債發行ニ關スル件）（政府提出）

右ハ本院ニ於テ可決スヘキモノト議決致候此段及報告候也

昭和十八年二月二十日

委員長　矢野庄太郎

衆議院議長岡田忠彦殿

（矢野庄太郎君登壇）

○矢野庄太郎君　只今議題ニナリマシタ昭和十二年法律第八十四號中改正法律案ニ付テ委員會ノ經過竝ニ結果ヲ極メテ簡單ニ御報告ヲ申上ゲマス、今改正案ノ條文ヲ朗讀致シマス「昭和十二年法律第八十四號中左ノ通改正ス、第一項ヲ左ノ如ク改ム、大東亞戰爭ニ關スル臨時軍事費支辨ノ爲必要アルトキハ政府ハ臨時軍事費特別會計ニ於ケル歳出豫算額ヨリ當該特別會計ニ於ケル他會計ヨリノ受入金其ノ他ノ普通歳入ノ豫定額ヲ控除シタル額ニ相當スル金額ヲ限リ公債ヲ發行シ又ハ借入金ヲ爲スコトヲ得、附則」附則ハ略シマス、只今讀上ゲマシタ通リノ法律案デアリマシテ、此ノ法律案ニハ公債發行又ハ借入金ノ金額ヲ明示シテナイノデアリマス、然ラバ金額ノ明示ガナイトスルナラバ、其ノ發行限度ニ付テハ政府ハ自由ニ之ヲ裁量スルコトガ出來ルカト申シマスルト、左樣デハナイノデアリマシテ、此ノ條文ニ只今讀上ゲマシタル通リ、普通歳入、例ヘバ軍事獻納金、一般會計ヨリノ繰入金、朝鮮、臺灣、通信、鐵道等ノ特別會計ヨリノ繰入金、雜收入ナドノ、其ノ普通歳入デ歳出豫算ヲ賄フコトノ出來ナイ部分ニ限ツテ公債ヲ發行シ、又ハ借入金ヲナスコトガ出來ルト云フコトニナツテ居ルノデアリマス、詰リ豫算書ニ依リマシテ政府ノ發行シ得ル公債ノ金額、借入ヲナスコトノ出來ル金額ヲ算定シナケレバ分ラナイト云フコトニナツテ居ルノガ此ノ法律案ノ内容デアリマス、抑々昭和十二年法律第八十四號ハ、第一次近衞内閣ノ時ニ於テ、現賀屋大藏大臣ガ時ノ大藏大臣デアリマシタ際ニ、此ノ法律ガ成立致シタノデアリマシテ、最初成立致シマシタ法律ニハ、公債又ハ借入金ノ金額ノ限度ヲ定メテ居リマシテ、僅カ二十億餘万圓トナツテ居ツタノデゴザイマスガ、其ノ後軍事費ノ成立ニ伴ヒ、數回ニ亙ツテ改正サレマシテ、現在ノ法律ニ於テハ三百九十四億餘万圓ヲ限ツテ公債ヲ發行シ、又ハ借入金ヲナスコトガ出來ルト云フコトニナツテ居ルノデアリマス、最初ノ二十億餘万圓ガ三百九十四億餘万圓ニ增加サレテ居ルノデアリマスガ故ニ、若シ先例ヲ踏襲シテ此ノ改正案ヲ提出サルルナラバ、凡ソ六百億圓近クノ金額トシテ協贊ヲ求メテ來ナケレバナラナイ筈デアリマスルガ、只今申ス通リニ、此ノ法律案ニハ抽象的ノ標準ヲ定メテ、其ノ金額ガ幾許ナリヤハ、豫算明細書ニ依ツテ算定シナケレバナラナイコトニナツテ居リマスノデ、先例ヲ變更シタト云フ點ニ於テ、委員會ニ於テハ屢々質疑應答ガ交サレマシテ、二回ニ亙リ懇談會ヲ開キマシテ、大藏大臣ノ出席ヲ求メテ、何故ニ先例變更ノ必要ガアルノカト云フコトヲ、質問應答致シタノデアリマス、其ノ詳細ハ玆ニ省略致シマシテ、速記錄ニ讓リマスガ、斯樣ニ質疑應答ガアリマシタ後、昨日質問ヲ打切リマシテ、本日午後一時更ニ會議ヲ開キマシテ、討論ニ入ラントスル際、政府ヨリ發言ヲ求メラレマシタ、政府委員タル谷口大藏次官カラ發言ヲ求メラレマシテ、政府ヲ代表シテノ辯明デアルトノコトデアリマス、卽チ速記錄ノ儘之ヲ讀上ゲマス、「昭和十二年法律第八十四號中改正法律案ニ付キマシテハ過日來本委員會ニ於テ種々御熱心ナル御質問モ是レアリ、ソレゾレ御答辯申上ゲタ次第デアリマス、御質問中ニ盛ラレタ御意見ノ存スル所ハ了承致シマシタ、仰セ御尤モノ次第ト存ジマスガ、政府ト致シマシテハ本改正案ニ付キ何等他意アル譯デハナク現時ノ大戰下内外諸般ノ事情ヲ考慮致シマシテ、此ノ際トシテハ已ムヲ得ザルノ措置ト認メ原案ノ通リト致シタ次第デアリマスルカラ、何卒宜シク御諒承ノ上御贊成アランコトヲ御願ヒ致シマス、尙ホ一般會計歳出ノ財源ニ充ツル爲メ發行スル歳入補塡公債ニ付キマシテハ」是ハ既ニ此ノ議場ニ於テ可決セラレマシタ例ノ三十一億六千八百三十万圓ノコトヲ言フノデアリマス、「今後ト雖モ先例ニ依リ其ノ金額ヲ明示シテ御協贊ヲ求メルコトト致シタイト考ヘテ居リマス、一言附加ヘテ置キマス」斯樣ニ言明ガアリマシタ後、討論ニ入リ、滿場一致政府原案贊成ニ決シマシタ次第デアリマス（拍手）

○議長（岡田忠彦君）　本案ノ第二讀會ヲ開クニ御異議アリマセヌカ

（「異議ナシ」ト呼ブ者アリ）

○議長（岡田忠彦君）　御異議ナシト認メマス、仍テ本案ノ第二讀會ヲ開クニ決シマシタ

○森下國雄君　直チニ本案ノ第二讀會ヲ開キ、第三讀會ヲ省略シテ、委員長報告ノ通リ可決セラレンコトヲ望ミマス

○議長（岡田忠彦君）　森下君ノ動議ニ御異議アリマセヌカ

（「異議ナシ」ト呼ブ者アリ）

○議長（岡田忠彦君）　御異議ナシト認メマス、仍テ直チニ本案ノ第二讀會ヲ開キ、議案全部ヲ議題ト致シマス

昭和十二年法律第八十四號中改正法律案（大東亞戰爭ニ關スル臨時軍事費支辨ノ爲公債發行ニ關スル件）

第二讀會（確定議）

○議長（岡田忠彦君）　別ニ御發議モアリマセヌ、第三讀會ヲ省略シテ、委員長報告通リ可決確定致シマシタ（拍手）

兵役法中改正法律案（政府提出、貴族院送付） 第一讀會ノ續（委員長報告）
共通法中改正法律案（政府提出、貴族院送付） 第一讀會ノ續（委員長報告）
明治三十八年法律第三十八號改正法律案（俘虜處罰ニ關スル件）（政府提出、貴族院送付） 第一讀會ノ續（委員長報告）
陸軍軍法會議法及海軍軍法會議法中改正法律案（政府提出、貴族院送付） 第一讀會ノ續（委員長報告）

報告書

一兵役法中改正法律案（政府提出、貴族院送付）

右ハ本院ニ於テ可決スヘキモノト議決致候此段及報告候也

昭和十八年二月二十日

委員長 猪野毛利榮

衆議院議長岡田忠彥殿

報告書

一共通法中改正法律案（政府提出、貴族院送付）

右ハ本院ニ於テ可決スヘキモノト議決致候此段及報告候也

昭和十八年二月二十日

委員長 猪野毛利榮

衆議院議長岡田忠彥殿

報告書

一明治三十八年法律第三十八號改正法律案（俘虜處罰ニ關スル件）（政府提出、貴族院送付）

右ハ本院ニ於テ決スヘキモノト議決致候此段及報告候也

昭和十八年二月二十日

委員長 猪野毛利榮

衆議院議長岡田忠彥殿

報告書

一陸軍軍法會議法及海軍軍法會議法中改正法律案（政府提出、貴族院送付）

右ハ本院ニ於テ決スヘキモノト議決致候此段及報告候也

昭和十八年二月二十日

委員長 猪野毛利榮

衆議院議長岡田忠彥殿

〔猪野毛利榮君登壇〕

○猪野毛利榮君 只今議題トナリマシタル兵役法中改正法律案外三案ノ特別委員會ノ經過竝ニ結果ニ付テ御報告ヲ致シマス、委員會ハ去ル十七日、十八日及ビ本日ノ三日間ニ亙リ、殆ド全員出席ノ上各案ニ付キ政府委員トノ間ニ熱心ナル質疑應答ガ重ネラレ、愼重審議ノ結果四案トモ全會一致原案通リ可決致サレマシタ、今其ノ内容ヲ簡單ニ御報告申上ゲマス

先ヅ兵役法中改正法律案ニ付テ御說明ヲ申上ゲタイト存ジマス、本法案ハ御存ジノ通リ、大東亞戰爭勃發ヲ契機ト致シマシテ、朝鮮同胞銃後奉公ノ熱誠ハ、頓ニ昂揚セラレタルニ鑑ミ、是等同胞多年ノ要望ニ應ヘル爲メ、又一面國防ノ完璧ヲ期スル爲ニ、朝鮮同胞ヲシテ內地同樣兵役ニ就カシムル爲ノ現法ノ改正デアリマス

次ニ共通法中改正法律案ニ付テ御說明ヲ申上ゲマス、本案ハ前案ノ改正ニ伴ウテ改正ヲナスノ法案デアリマス、茲ニ質疑應答ノ主ナルモノヲ御紹介申上ゲタイト存ジマスルガ、時間モ切迫致シテ居リマスルカラ、委細ハ速記錄ヲ御覽ヲ願フコトニ致シテ、極ク簡單ニ御說明ヲ申上ゲタイト存ジマス

一、國語ヲ解セザルモ徵集スルヤ、若シ徵集スルトセバ、統帥指揮ノ上ニ支障ナキヤ

二、朝鮮同胞ニ對スル戶籍ハ完備セルヤ

三、朝鮮特別志願兵制度ハ將來存續スルノ考ヘナリヤ

四、海軍ニモ徵集スルノ考ヘナリヤ

五、臺灣ニ對シテ施行スルノ意思アリヤ

之ニ對シテ、

一、國語ヲ解セザル者ニハ國語教育ヲ施ス考ヘナルヲ以テ、統帥指揮上何等支障ナシト思フ

二、戶籍ニ付テハ昭和十九年施行ニ十分間ニ合フ考ヘナリ

三、特別志願兵制度ハ廢止スルモ現役兵志願制度ハ內地同樣ニスル方針ナリ

四、海軍ノ徵集ニ付テハ直チニ徵集セザルモ、將來ハ徵集スルコトヲ考慮シテ居ル

五、臺灣ニ付テハ本年度實施セル特別志願兵制度ノ成績ヲ見テ、將來採用スル方針ナリ

以上ノ意味ノ答辯ガアリマシタ、尙ホ此ノ外ニ朝鮮同胞ト、內地人トノ結婚問題、在滿鮮人ノ教育問題竝ニ思想問題ニ付テ質疑ガアリマシタガ、之ニ對シソレ〳〵政府委員ヨリ答辯ガアリマシタ

次ニ明治三十八年法律第三十八號改正法律案ニ付テ御說明ヲ申上ゲマス、本法案ハ卽チ俘虜處罰ニ關スル法律案デアリマス、現行法ハ舊刑罰體系ノ下ニ制定セラレタルモノデアリマシテ、罰目、刑名、刑期ナドノ全般ニ亙リマシテ適當ナラザルモノガアリ、況ヤ大東亞戰爭勃發ニ伴ヘル三十餘万ノ捕虜ノ現狀ニ鑑ミ、現法上ニ整理新設ヲ致シ、以テ該法ノ恩威並ビ行ヘル、卽チ我ガ武士道的精神ヲ法ノ上ニ十二分ニ發露致サレタルモノデアリマス

陸軍軍法會議及海軍軍法會議法中改正法律案ニ付テ、是ヨリ御說明ヲ申上ゲマス、此ノ法案ハ錄事中優秀ナルモノヲ奏任トナシ得ル法案デアリマス、之ニ對シ、一、陸軍法務官ハ軍人ナルニ拘ラズ、錄事ガ文官タルノ理由如何、二、軍法會議法ニ於テハ猶豫ヲ先ニシ、公訴提起ガ後ニナツテ居リマシテ、種々ノ不便ノ點ガアル、寧ロ公訴提起ヲ先ニシテ、猶豫ヲ後ニスルノ考ヘナキヤトノ質問ニ對シマシテ、政府ヨリハ、一、困難ナル事情アリ、早急ニ實現ハ難カシキモ、能ク考究スベシ、二、軍ニハ軍特別ノ事情アリ、現行法ヲ宜シト考フトノ答辯ガアリマシタ、斯クテ質疑應答ハ終了致シ、本日委員中井川浩君竝ニ委員長內一雄君ヨリ、ソレ〳〵原案贊成ノ御演說ガアリ、採決ノ結果全員一致原案贊成ノ意ヲ表シ、茲ニ委員會ハ四案トモ原案通リ可決致サレマシタ、尙ホ只今御報告申上ゲタルモ頗ル隔靴搔痒ノ感ガアルト存ジマスルガ、是ハ祕密會ノ內容ニ屬スル部分モ相當アリマシテ、遺憾ナガラ此ノ席デハ公表致シ兼ネマス爲デアリマス、此ノ點ハ何卒御諒承ヲ願ヒ、右ヲ以テ委員長ノ報告ト致シマス、何卒滿場一致御贊成アランコトヲ希望致シマス（拍手）

○議長（岡田忠彥君） 四案ノ第二讀會ヲ開クニ御異議アリマセヌカ

〔「異議ナシ」ト呼ブ者アリ〕

○**議長**(岡田忠彦君) 御異議ナシト認メマス、仍テ四案ノ第二讀會ヲ開クニ決シマシタ

○**森下國雄君** 直チニ四案ノ第二讀會ヲ開キ、第三讀會ヲ省略シテ、委員長報告ノ通リ可決セラレンコトヲ望ミマス

○**議長**(岡田忠彦君) 森下君ノ動議ニ御異議アリマセヌカ

(「異議ナシ」ト呼ブ者アリ)

○**議長**(岡田忠彦君) 御異議ナシト認メマス、仍テ直チニ四案ノ第二讀會ヲ開キ、議案全部ヲ議題ト致シマス

兵役法中改正法律案 第二讀會(確定議)

共通法中改正法律案 第二讀會(確定議)

明治三十八年法律第三十八號改正法律案(俘虜處罰ニ關スル件) 第二讀會(確定議)

陸軍軍法會議法及海軍軍法會議法中改正法律案 第二讀會(確定議)

○**議長**(岡田忠彦君) 別ニ御發議モアリマセヌ、第三讀會ヲ省略シテ、四案トモ委員長報告通リ可決確定致シマシタ(拍手)

次會ノ議事日程ハ公報ヲ以テ通知致シマス、本日ハ是ニテ散會致シマス

午後四時四十五分散會

米ノ生產力增強ト消費節約ニ關スル質問主意書

右成規ニ據リ提出候也

昭和十八年三月八日

提出者　加藤知正

米ノ生產力增強ト消費節約ニ關スル質問主意書

皇軍ノ嚮フ所赫々タル戰果ヲ收メ我ガ陸海空ノ各戰線ガ絕對不敗ノ態勢ニ在ルコトハ吾等國民ノ感謝感激措ク能ハザル所ナルモ若シ食糧問題ニ於テ缺クル所アラバ國民ノ志氣忽チ沮喪シ延イテハ戰力ノ減退トナリ臍ヲ嚙ムモ猶且及バザルモノアラン卽チ聖戰必勝ノ鍵ハ食糧ニ在リト謂フモ過言ニ非ザルベシ而シテ我ガ國ノ現狀ハ果シテ此ノ食糧問題ニ於テ何等憂慮スル所無キヤ

抑々我ガ國民ノ主要食糧ガ米麥ニ在ルコトハ改メテ呶々ノ要ナキニ拘ラズ未ダ以テ此ノ米麥ノ問題ガ吾等國民ニ絕對安心ヲ許サザルノ實狀ニ在ルハ洵ニ遺憾ノ極ミト言ハザルベカラズ米ハ昭和八年ノ七千百萬石ヲ以テ生產ノ最高記錄トシ爾來其ノ生產額ハ漸減ノ一途ヲ辿リ偶々昨十七年度ハ近年稀有ノ豐作ト稱セラレシモ猶且其ノ產額ハ六千七百萬石ヲ算スルニ過ギズ加之朝鮮米ノ移入皆無トナリ外國米ノ輸入意ノ如クナラズ而シテ繰越米ノ數量激減ノ今日ニ在リテハ如何ニ之ヲ計算スルモ多量ノ不足ヲ生ズルハ明ナル事實ナラズヤ此ノ事實ヲ知ルニ於テ何レノ日カ一大食糧難ニ陷ルノ虞無シトハ何人モ能ク之ヲ斷言シ得ザルベシ是レ吾等國民ノ眼前ニ橫タハル國家ノ大患ナリト信ズ然ラバ此ノ大患ヲ除去スルノ方法如何蓋シ米ノ生產力增強ト之ガ消費節約ノ二途ヲ講ズルノ他最善ノ方法無カルベシ而シテ米ノ生產力增強ノ要件タル肥料勞力共ニ不足スル今日ニ在リテハ一ニ農民ノ精神力愛國心ニ訴フルノ他無カラムモ政府ハ此ノ際低物價政策ニ拘泥セズ一大決意ヲ以テ米價政策ニ再檢討ヲ加ヘ米ノ生產力增強ニ資スルト共ニ之ガ消費節約ヲ強調シテ國民全體ニ適切ナル警告ヲ與ヘ自肅自戒以テ節米ノ實行ヲ促スコトハ我ガ國刻下ノ急務ナリト信ズ以上ノ理由ニ依リ

一、政府ハ我ガ國現在ノ食糧事情ニ鑑ミ米穀生產力ノ增強ニ關シ各般ノ施策ヲ講ズルノ他尙大イニ米ノ消費節約ヲ爲サシムルノ要有リト認ム政府ノ所見如何

二、若シ政府ニ於テ國民ニ大イニ節米ノ觀念ヲ鼓吹スルノ要有リトスレバ如何ナル方法ニ依リテ之ヲ爲サシメントスルカ

三、惟フニ米ノ缺乏シタル場合ハ補助食糧ヲ以テ之ヲ補フノ他ニ方法無シト信ズルモ政府ハ此ノ補助食糧ニ付如何ナル用意ト調査研究有リヤ

右及質問候也

昭和十八年三月二十五日

內閣總理大臣　東條英機

衆議院議長岡田忠彥殿

衆議院議員加藤知正君提出米ノ生產力增強ト消費節約ニ關スル質問ニ對シ別紙答辯書差進候

〔別紙〕

衆議院議員加藤知正君提出米ノ生產力增強ト消費節約ニ關スル質問ニ對スル答辯書

一、政府ハ現下ノ食糧事情ニ鑑ミ米穀生產力ノ增強ニ關シテハ特ニ其ノ必要ナルヲ認メ昭和十八年度ニ於テハ耕種技術ノ改善、病蟲害ノ防除、自給肥料ノ增產、耕地ノ擴張改良等各般ノ增產施設ヲ講ズルコトト共ニ農民精神ノ昂揚ニ付テモ施策ヲ講ジ勞力ノ確保ニ付テモ亦法制的又ハ行政的措置ヲ講ジツツアリ

米穀生產力ノ增強ト竝ビ政府ハ米穀ノ消費節約徹底ノ必要ヲ認メ從來ヨリ國民生活最低限度ヲ保持スル方針ヲ堅持シツツ夫々消費規正ノ對策ヲ實行中ナリ特ニ本米穀年度ノ需給狀況ニ鑑ミ一段ト其ノ方針ヲ強化シ實行中ナリ卽チ各道府縣ニ於ケル配給基準量ハ可及的六大都市ノ配給基準量ニ準ゼシムルコトトシ概シテ配給量ノ多キ米穀生產地帶ノ規正ヲ強化スルト共ニ業務用米ニ付テハ大衆的方面ヲ主眼トシ他ハ之ヲ壓縮スルコトトシ加工用米ニ付テハ味噌用等ノ生活必需品ヲ除キ他ハ大幅ノ減量ヲ爲シ酒造用米ニ付テハ前年度ヨリ三十萬石餘ヲ減少セリ更ニ客臘ノ閣議決定ニ從ヒ玄米食ノ普及奬勵ヲ圖ルト共ニ本年一月一日ヨリ米穀搗精等制限規則ノ改正ニ依リ搗精步留リ二分ノ引上ゲヲ行ヒツツアリ今後ト雖モ消費規正ノ徹底ニ付テハアラユル施策ヲ講ズベク考究中ニシテ雜穀諸類等ノ補助食糧ノ米麥トノ綜合的配給ニ付テハ食糧營團ノ機構ノ整備ト相俟チ之ヲ實施スベク準備中ナリ

二、米穀ノ消費節約ノ徹底ノ一方法トシテ節米觀念ヲ鼓吹スルコトモ亦極メテ必要アリト認メラルルヲ以テ從來ヨリモ關係方面ト連絡シ指導シツツアル處ナルガ特ニ婦人、兒童ヲ通ジ之ヲ鼓吹スルノ有效ナルヲ認メ婦人團體、學校其他ノ教育部門ニ依リ節米觀念ノ普及ヲ圖ラントス而シテ節米ノ觀念ヲ知ラシムルニハ米作ニ關スル農民ノ辛苦ヲ消費者ニ知悉セシムル等敬米思想普及ノ具體的方法ヲモ考究スベキ要アルモノト思料ス

三、米穀ノ缺乏シタル場合ハ補助食糧ヲ以テ之ヲ補フ外方法ナシト思料セラルルヲ以テ之等補助食糧タル雜穀及甘藷、馬鈴薯等ニ付テハ一面ニ於テハ日滿支食糧交流ノ圓滑化ヲ圖リ滿洲雜穀ノ輸入ヲ爲スコトニ付極力努力シツツアルモ他ノ一面ニ於テハ內地ニ於ケル甘藷、馬鈴薯等ノ劃期的增產ニ銳意努力スルト共ニ之ガ集荷、配給ニ付テモ必要ナル管理ヲ強化シ必要アラバ政府買入モ實行スル計畫ニシテ一部ハ既ニ實行中ナリ又此等補助食糧ノ最モ有效ナル利用方法等ニ付テハ目下米穀利用研究所其他ノ關係機關ヲシテ專心調査研究ヲ爲サシメツツアリ

右及答辯候也

昭和十八年三月二十五日

農林大臣　井野碩哉

昭和十八年六月十六日

朝鮮食糧管理特別會計法案外二件

朝鮮食糧管理特別會計法案（政府提出）　第一讀會

朝鮮ニ於ケル米穀ノ生産ヲ確保スル爲ノ補給金及企業ノ整備ニ要スル經費ノ財源ニ充ツル爲公債發行ニ關スル法律案（政府提出）　第一讀會

臺灣ニ於ケル米穀ノ生産ヲ確保スル爲ノ補給金ノ財源ニ充ツル爲公債發行ニ關スル法律案（政府提出）　第一讀會

朝鮮食糧管理特別會計法案

朝鮮食糧管理特別會計法

第一條　朝鮮總督府ニ於テ食糧ヲ管理スル爲特別會計ヲ設置シ其ノ歳入ヲ以テ其ノ歳出ニ充ツ

第二條　本會計ニ屬スル經費ヲ支辨スル爲必要アルトキハ政府ハ本會計ノ負擔ニ於テ借入金ヲ爲スコトヲ得

第三條　食糧ノ買入代價ハ內地、臺灣又ハ外國ヨリ直接ニ買入ルル場合ヲ除クノ外一年內ニ償還スベキ證券ヲ以テ其ノ額面金額ニ依リ之ヲ交付ス

前項ノ證券ハ無記名證券トス

第一項ノ規定ニ依リ交付スル爲政府ハ證券ヲ發行スルコトヲ得

第四條　政府ノ指定スル銀行ハ前條ノ證券ノ所持人ノ請求ニ依リ政府ノ定ムル步合ヲ以テ其ノ證券ノ割引ヲ爲スベシ

第五條　第三條ノ規定ニ依リ發行スル證券ノ借換ノ爲政府ハ借入金ヲ爲シ又ハ一年內ニ償還スベキ證券ヲ發行スルコトヲ得其ノ借換ニ付亦同ジ

第六條　本會計ノ負擔ニ屬スル證券及借入金ノ額ハ通ジテ最高十億圓トス

第七條　本會計ノ負擔ニ屬スル證券及借入金ノ償還金及利子竝ニ證券ノ發行及償還ニ關スル諸費ノ支出ニ必要ナル金額ハ之ヲ毎年度國債整理基金特別會計ニ繰入ルベシ

第八條　本會計ニ於テハ食糧ノ賣渡代金、借入金及附屬雜收入ヲ以テ其ノ歳入トシ食糧ノ買入代金、食糧ノ買入賣渡交換貸付交付加工製造貯藏檢査及運搬ニ關スル諸費、朝鮮總督府特別會計ヘノ繰入金、證券及借入金ノ償還金及利子其ノ他ノ諸費ヲ以テ其ノ歳出トス

第九條　前條ノ朝鮮總督府特別會計ヘノ繰入金ノ額ハ本會計ニ於テ移出又ハ輸出ヲ目的トシテ賣渡シタル米穀ニ付朝鮮總督府特別會計ヨリ支出シタル生産ヲ確保スル爲ノ補給金ニ相當スル金額ヲ限度トス

第十條　食糧ノ買入數量ノ增加其ノ他避クベカラザル事由ニ因リ生ジタル豫算ノ不足ヲ補フ爲歳出豫算ニ豫備費ヲ設クルコトヲ得

第十一條　本會計ニ於テ支拂上現金ニ餘裕アルトキハ之ヲ大藏省預金部ニ預入ルベシ

第十二條　本會計ニ於テ決算上剩餘ヲ生ジタルトキハ之ヲ翌年度ノ歳入ニ繰入ルベシ

本會計ノ毎年度歳出豫算ニ於ケル支出殘額ハ逐次之ヲ翌年度ニ繰越シ使用スルコトヲ得

第十三條　政府ハ毎年本會計ノ歳入歳出豫算ヲ調製シ歳入歳出ノ總豫算ト共ニ之ヲ帝國議會ニ提出スベシ

第十四條　本會計ノ收入支出ニ關スル規程ハ勅令ヲ以テ之ヲ定ム

附　則

本法施行ノ期日ハ勅令ヲ以テ之ヲ定ム

昭和十八年度ニ於テ本會計ニ屬スル經費ノ支拂上現金ニ不足アルトキハ本會計ノ負擔ニ於テ一時借入金ヲ爲スコトヲ得

前項ノ規定ニ依ル一時借入金ハ當該年度內ニ之ヲ返還スベシ

國債整理基金特別會計法中左ノ通改正ス

第二條第四項中「食糧證券」ノ下ニ「、朝鮮食糧證券」ヲ加フ

食糧管理特別會計法中左ノ通改正ス

第三條第一項中「買入代價ハ」ノ下ニ「朝鮮、」ヲ加フ

第六條中「賣渡代金、」ノ下ニ「一般會計ヨリノ受入金、」ヲ加フ

第六條ノ二ヲ第六條ノ三トス

第六條ノ二　前條ノ一般會計ヨリノ受入金ノ額ハ本會計ニ於テ朝鮮又ハ臺灣ヨリ移入シタル米穀ニ付朝鮮總督府特別會計又ハ臺灣總督府特別會計ニ於テ支出シタル生産ヲ確保スル爲ノ補給金ニ相當スル金額ヲ限度トス

朝鮮ニ於ケル米穀ノ生産ヲ確保スル爲ノ補給金及企業ノ整備ニ要スル經費ノ財源ニ充ツル爲公債發行ニ關スル法律案

第一條　朝鮮ニ於ケル米穀ノ生産ヲ確保スル爲ノ補給金及企業ノ整備ニ要スル經費ノ財源ニ充ツル爲政府ハ一億三百三十萬圓ヲ限リ公債ヲ發行シ又ハ借入金ヲ爲スコトヲ得

第二條　前條ノ規定ニ依ル公債ノ發行價格差減額ヲ補塡スル爲必要アル場合ニ於テハ前條ノ制限以外ニ公債ヲ發行シ又ハ借入金ヲ爲スコトヲ得

附　則

本法ハ公布ノ日ヨリ之ヲ施行ス

朝鮮事業公債法第一條中「交付スル爲」ノ下ニ「及朝鮮ニ於テ事業ヲ營ムコトヲ目的トシテ特別ノ法令ニ依リ設立セラレタル法人ニ對シ公債ノ交付ニ依ル出資ヲ爲ス爲」ヲ加ヘ「二十三億九千四百七十萬圓」ヲ「二十四億千四百十萬圓」ニ改ム

臺灣ニ於ケル米穀ノ生産ヲ確保スル爲ノ補給金ノ財源ニ充ツル爲公債發行ニ關スル法律案

第一條　臺灣ニ於ケル米穀ノ生産ヲ確保スル爲ノ補給金ノ財源ニ充ツル爲政府ハ二千三百五十萬圓ヲ限リ公債ヲ發行シ又ハ借入金ヲ爲スコトヲ得

第二條　前條ノ規定ニ依ル公債ノ發行價格差減額ヲ補塡スル爲必要アル場合ニ於テハ前條ノ制限以外ニ公債ヲ發行シ又ハ借入金ヲ爲スコトヲ得

附　則

本法ハ公布ノ日ヨリ之ヲ施行ス

昭和十六年法律第九十四號第二條中「獎

勵金」ノ下ニ「又ハ補給金」ヲ加フ

（國務大臣賀屋興宣君登壇）

○國務大臣（賀屋興宣君） 只今議題トナリマシタ朝鮮食糧管理特別會計法案外二件ニ付キマシテ提案ノ理由ヲ説明申上ゲマス、先ヅ朝鮮食糧管理特別會計法案ニ付キ説明致シマス、現下ノ情勢ニ顧ミ、內外地ヲ通ズル食糧ノ自給態勢ヲ確立シ、以テ國民經濟生活ノ安定ヲ圖ル爲メ、今回朝鮮總督府ニ於テ食糧ヲ管理シ、其ノ買入、賣渡、交換、貯藏等ヲ行フコトト相成ツタノデアリマスルガ、右ニ關スル一切ノ歳入歳出ハ之ヲ他ノ歳入歳出ト區分ヲ致シマシテ經理スルノヲ適當ト認メマスル所、是ガ爲ニハ特別會計ヲ設置スルノ必要ガアルノデアリマス、仍テ本法律案ヲ提出致シタ次第デアリマス

次ニ朝鮮ニ於ケル米穀ノ生産ヲ確保スル爲ノ補給金及企業ノ整備ニ要スル經費ノ財源ニ充ツル爲公債發行ニ關スル法律案ニ付キ説明申上ゲマス、內外地ヲ通ズル主要食糧ノ現狀ニ顧ミマシテ、內地ノ施策ニ卽應シテ、朝鮮ニ於テモ米穀ノ生産ヲ確保致シマスル爲メ、之ニ必要ナル補給金ヲ交付スルコトト致シ、又內地ニ於ケル企業ノ整備ニ卽應致シマシテ、朝鮮ニ於テモ企業ノ整備ヲナシ、是ガ經費ノ支出ヲ要スルノデアリマスルガ、是ガ財源ノ一部ニ付キマシテハ、朝鮮總督府特別會計ニ於キマスル財政ノ現狀ニ顧ミマシテ、公債ニ依ルノ必要ガアリマス、仍テ總額一億三百三十万圓ヲ限リ起債ノ權能ヲ得ルノ必要ガアルノデアリマス

尙ホ本法律案ノ附則ニ於テ朝鮮事業公債法ヲ改正致シテ居リマスルガ、右ハ今回朝鮮食糧營團等朝鮮ニ於テ事業ヲ營ムコトヲ目的ト致シ、特別ノ法令ニ依リ設立セラレマスル法人ニ對シマシテ、公債ノ交付ニ依ル出資ヲナスコトト致シ、是ガ爲ニ同法ニ規定スル公債ノ發行限度法定額ヲ千九百四十万圓ダケ增加致サントスルモノデアリマス、以上ノ理由ニ依リ本法律案ヲ提出致シタ次第デアリマス

次ニ臺灣ニ於ケル米穀ノ生産ヲ確保スル爲ノ補給金ノ財源ニ充ツル爲公債發行ニ關スル法律案ノ提案ノ理由ヲ申上ゲマス、內外地ヲ通ズル主要食糧ノ現狀ニ顧ミマシテ、臺灣ニ於キマシテモ內地ノ施策ニ卽應シテ、米穀ノ生産ヲ確保致シマスル爲メ、之ニ必要ナル補給金ヲ交付スルコトト相成ツタノデアリマスルガ、是ガ經費ノ財源ノ一部ニ付キマシテハ、臺灣總督府特別會計ニ於ケル財政ノ現狀ニ顧ミマシテ、公債ニ依ルノ必要ガアリマスルノデ、總額二千三百五十万圓ヲ限リ起債ノ權能ヲ得ルノ必要ガアルノデアリマス、尙ホ臺灣ヨリ輸出又ハ移出スル米穀ニ付キマシテハ、臺灣總督府特別會計ニ於テ支出致シマスル右補給金ヲ加ヘタル價格ヲ以テ賣渡スコトト相成ツテ居リマスルノデ、右ノ補給金相當額ハ、之ヲ收入スル臺灣米穀移出管理特別會計カラシテ臺灣總督府特別會計ニ繰入ルルコトガ適當デアルノデアリマス、仍テ昭和十六年法律第九十四號臺灣米穀移出管理特別會計法ノ特例ニ關スル法律第二條中所要ノ改正ヲ本法律案ノ附則ニ於テ行ハント致シテ居ルモノデアリマス、以上ノ理由ニ依リ本法律案ヲ提出致シマシタ次第デアリマス

以上三件ノ法律案ニ付キマシテハ何卒御審議ノ上速カニ協贊ヲ與ヘラレンコトヲ希望致シマス（拍手）

○議長（岡田忠彦君） 各案ノ審査ヲ付託スベキ委員ノ選擧ニ付テ御諮リ致シマス

○森下國雄君 三案ヲ一括シテ議長指名三十六名ノ委員ニ付託シ、直チニ委員ヲ指名セラレンコトヲ望ミマス

○議長（岡田忠彦君） 森下君ノ動議ニ御異議アリマセヌカ

（「異議ナシ」ト呼ブ者アリ）

○議長（岡田忠彦君） 御異議ナシト認メマス、仍テ動議ノ如ク決シマシタ、委員ノ氏名ハ書記官ヲシテ報告致サセマス

（書記官朗讀）

朝鮮食糧管理特別會計法案外二件委員

安孫子孝次君	馬岡 次郎君
大石 齊治君	岡本馬太郎君
越智太兵衛君	勝田 永吉君
木村寅太郎君	楠美 省吾君
小平 權一君	坂口平兵衛君
杉山元治郎君	高橋 守平君
高田 耘平君	土屋 源市君
土屋 寛君	恒松於菟二君
東鄉 實君	中村 梅吉君
中瀨 拙夫君	成島 勇君
西川 貞一君	馬場 元治君
樋口善右衛門君	深澤 吉平君
松原五百藏君	三宅 正一君
三善 信房君	村上 國吉君
村澤義二郎君	村松 久義君
森口 淳三君	森部 隆輔君
山口左右平君	山田 六郎君
山本 粂吉君	吉植 庄亮君

○議長（岡田忠彦君） 只今指名致シマシタ委員諸君ハ、速カニ第十一委員室ニ御參集ノ上、委員長及ビ理事ヲ互選シ、引續キ審査セラレンコトヲ望ミマス

○森下國雄君 委員ニ付託シタル議案ノ審査終了ヲ待ツ爲メ、此ノ際暫時休憩セラレンコトヲ望ミマス

○議長（岡田忠彦君） 森下君ノ動議ニ御異議アリマセヌカ

（「異議ナシ」ト呼ブ者アリ）

○議長（岡田忠彦君） 御異議ナシト認メマス、仍テ暫時休憩致シマス

午後七時三分休憩

昭和十八年十月二十八日

（第一號）昭和十八年度歲入歲出總豫算追加案外二件

（第一號）昭和十八年度歲入歲出總豫算追加案

（特第一號）昭和十八年度特別會計歲入歲出豫算追加案

（追第一號）豫算外國庫ノ負擔トナルベキ契約ヲ爲スヲ要スル件

報告書

一（第一號）昭和十八年度歲入歲出總豫算追加案

右ハ本院ニ於テ可決スヘキモノト議決致候此段及報告候也

昭和十八年十月二十七日

豫算委員長　小川鄕太郎

衆議院議長岡田忠彥殿

報告書

一（特第一號）昭和十八年度特別會計歲入歲出豫算追加案

右ハ本院ニ於テ可決スヘキモノト議決致候此段及報告候也

昭和十八年十月二十七日

豫算委員長　小川鄕太郎

衆議院議長岡田忠彥殿

報告書

一（追第一號）豫算外國庫ノ負擔トナルベキ契約ヲ爲スヲ要スル件

右ハ本院ニ於テ可決スヘキモノト議決致候此段及報告候也

昭和十八年十月二十七日

豫算委員長　小川鄕太郎

衆議院議長岡田忠彥殿

（小川鄕太郎君登壇）

○小川鄕太郎君　只今議題トナリマシタ昭和十八年度歲入歲出總豫算追加第一號、同特別會計歲入歲出豫算追加特第一號及ビ豫算外國庫ノ負擔トナルベキ契約ニ關スル件、追第一號、此ノ三件ニ付キマシテ豫算委員會ニ於ケル審査ノ經過竝ニ結果ヲ御報告申上ゲマス

先ヅ昭和十八年度歲入歲出總豫算追加第一號ノ內容ニ付テ其ノ概要ヲ申上ゲマス、昭和十八年度歲入歲出總豫算追加第一號ニ計上サレマシタ金額ハ、歲出一億二千九百餘万圓デアリマシテ、右ハ昭和十八年度豫算ノ實行上ニ於ケル歲出ノ節約ニ依リ生ジマスル所ノ歲入超過額ヲ以テ支辨セラルル計畫デアリマス、然ル所前回ノ第八十二回帝國議會マデニ成立致シテ居リマスル昭和十八年度豫算額ハ、歲入歲出共ニ百三十八億九千五百餘万圓デアリマスカラ、之ニ右ノ追加豫算額ヲ加ヘマスレバ、歲出ノ豫算額ハ百四十億二千四百餘万圓トナリマシテ、丁度今回ノ追加額ダケ歲入ニ比シテ歲出ノ超過ト相成ル次第デアリマス、今回ノ追加豫算ニ於ケル歲出追加額ハ經常部六百餘万圓、臨時部一億二千二百餘万圓デアリマシテ、其ノ內譯ハ農商省所管分六千七百餘万圓、軍需省所管分五千四百餘万圓、運輸通信省所管分四百餘万圓等デアリマシテ、其ノ殆ド全部ガ國內態勢強化ノ爲メ必要ナル行政機構ノ整備ニ關スル經費デアリマス、卽チ政府ハ夙ニ現下ノ重大時局ニ鑑ミ、國內諸般ノ態勢ヲ徹底的ニ強化スルコトヲ決定致シ、行政機構ニ付テモ農林、商工、遞信、鐵道ノ各省ヲ廢止シ、農商、軍需、運輸通信ノ各省ヲ設クル等、廣範圍ニ亙リマシテ其ノ徹底的改編ヲ行ヒ、以テ決戰行政ノ態勢ヲ整フルコトトシテ居ルノデアリマスガ、卽チ今次ノ追加豫算ハ是等ノ新省設置又ハ各省間ノ事務調整ニ伴ヒ必要ナル經費、內務省ニ於ケル防空總本部ノ設置等ニ要スル經費、大藏省ニ於ケル地方財務行政機構ノ充實ニ要スル經費、軍需省ニ於ケル航空機等製造用機器ノ生產增强ニ要スル經費等ヲ包含シテ居ルノデアリマス、而シテ今次ノ歲出追加額一億二千九百餘万圓中、一億二千六百餘万圓ハ今次ノ行政機構改編ニ伴ヒ、既定ノ豫算額中不用トナルベキ金額ニ相當シテ居リマスノデ、純新規ノ經費トシテハ二百餘万圓ニ過ギナイノデアリマス

次ニ昭和十八年度特別會計歲入歲出豫算追加特第一號ハ、臺灣總督府特別會計ニ關スルモノデアリマシテ、臺灣產業營團及ビ臺灣食糧營團ノ設置ニ要スル經費等ガ計上セラレテ居ルノデアリマス、尙ホ豫算外國庫ノ負擔トナルベキ契約ニ關スル件ハ、朝鮮總督府特別會計ニ於ケル軍需關係資材ノ確保、損失補償竝ニ臺灣總督府特別會計ニ於ケル臺灣產業設備營團債券元利保證及ビ臺灣產業設備營團損失補償デアリマス

是等豫算關係ノ案件ヲ處理致ス爲ニ、豫算委員會ハ昨二十六日、卽チ開院式ノ行ハセラレタ當日、其ノ夕刻ヲ以テ直チニ審査ヲ開始致シマシテ、先ヅ豫算各案ニ關スル大藏大臣ノ提案理由ヲ聽取シ、次ニ秘密會議ニ入リマシテ、國際情勢ニ關スル外務大臣ノ說明ヲ聽取シタノデアリマス、本日ハ午前九時カラ會議ヲ開キマシテ、直チニ質

疑ニ入リマシテ、午後五時ヲ以テ審査ヲ終了シタ次第デアリマス

本委員會ニ於キマシテハ時局ノ重大性ニ顧ミマシテ、一切ノ論議ハ擧ゲテ大東亞戰爭完遂、國內態勢強化ノ目標ニ之ヲ集結シマシテ、積極的且ツ建設的ナル態度ヲ以テ審査ニ當リ、以テ本委員會ニ課セラレタ重大任務ヲ全ウセンコトヲ期シタノデアリマス、幸ヒニシテ委員諸君ノ非常ナル精勵ニ依リマシテ、是等ノ案件ニ付キマシテモ極メテ短時間ニ其ノ審議ヲ終了致シタノデアリマス、此ノ間委員諸君カラハ愼重且ツ周到ナル態度ヲ以テ、國策ノ決戰的切替ニ關シ諸般ノ問題ニ亙ツテ質疑意見ヲ開陳セラレマシタ、他方政府ニ於キマシテモ亦眞摯且ツ率直ナル態度ヲ以テ非常ノ決意ト信念トヲ披瀝セラレタノデアリマシテ、洵ニ大東亞戰爭完遂ニ邁進スル擧國一致ノ態勢ガ本委員會ニ於テ如實ニ發現セラレタコトハ、私ノ最モ欣幸トスル所デアリマス、本委員會ニ於ケル審査ノ詳細ハ速記錄ニ依ツテ御承知願フコトト致シマスガ、茲ニ二、三重要ナル問答ニ付キマシテ御紹介申上ゲマス

先ヅ最初ニ外交問題ニ付キマシテ質疑ガ行ハレマシタ、即チ大東亞建設ニハ、其ノ根本的原則確立ノ要アリト思フガ如何、之ニ對シテ政府ハ全ク同感デアル、政府ニ於テモ對策ヲ考慮シテ居ル趣ノ答辯ガアリマシタ

次ニ我ガ國ノ戰爭目的ハ「アジア」民族ノ解放ニアルコトヲ眞ニ世界ニ理解セシムルナラバ、米英ト雖モ、戰爭目的ヲ失ツテ武器ヲ棄テザルヲ得ナイヤウニナルカラシテ、此ノ點ヲ強調スルコトガ緊要ト思フガ如何ト云フ質問ニ對シマシテ、米英ハ世界ヲ自己ノ植民地ニスルコトヲ其ノ政策トシテ居ル、東亞ハ米英ニ取ツテハ植民地デアリ、搾取ノ對象デアルガ、東亞人タル吾々ニ取ツテ東亞ハ本據デアリ、飽クマデ之ヲ確保セネバナラヌ、帝國ガ今東亞防衞ノ任務ヲ果シ得ナイナラバ、東亞ハ永遠ニ自主獨立ノ機會ガナイ、全東亞ハ覺醒シテ防衞ニ當ラネバナラヌ、吾々ノ戰爭目的ハ此ノ崇高ナル理想ニアル爲ニ、吾々ハ勝利ヲ確信シ、飽クマデ戰ヒ拔ク決意ヲ有スルノデアル、又東亞諸民族モ多年ノ搾取ヨリ解放サレテ、希望ニ滿チテ東亞防衞ニ協力シテ居ル現狀デアルトノ答辯ガアリマシタ

次ニ軍需省竝ニ軍需生産ニ關シマシテ色々ナ質問ガアリ、應答ガアツタノデアリマス、其ノ中デ茲ニ御紹介申上ゲネバナラヌコトハ軍需省ノ性格ノ問題デアリマス、政府ハ軍需省ノ性格ハ、軍需省設置ノ趣旨カラ明カデアル、即チ軍需省ハ航空戰力ノ飛躍的發展ノ爲メ、軍需生産ノ急速增強ヲ圖ル爲ニ設置セラレタモノデアル、而シテ統帥、國務、軍需生産ハ緊密ナル關係ニアル、隨テ軍需省ノ人的配置モ此ノ見地ヨリ考ヘラレネバナラヌ、軍需省ハ軍需品生産ノ單ナル取次機關デハナク、特定軍需品ノ發注調辨ヲ擔當スベキ機關デアル旨ヲ明カニセラレマシタ、其ノ他軍需省及ビ軍需生産ニ關スル質問ハ澤山ゴザイマスケレドモ、是ハ速記錄ニ讓ツテ置キマス

次ニ豫算ヲ中心トシタ財政問題デアリマス、是ハ豫算ノ簡素化、租税強化其ノ他色々ノ問題ニ亙リマシテ質問應答ガゴザイマシタガ、其ノ中デ茲ニ一ツ御紹介申上ゲテ置キタイノハ、災害復舊費ノ問題デアリマス、即チ震害、風水害等ノ災害ニ關スル豫算ガ此ノ臨時議會ニ提出サレテ居ナイガ、其ノ理由ハドウカ、其ノ對策ハドウカ、斯ウ云フ質問ニ對シマシテ政府ハ、租税上ノ減免、金融上ノ措置等、適切ナル對策ヲ講ジタルノミナラズ、財政上ニ於テハ災害對策ノ全貌ガ判明セザル場合ト雖モ、部分的成案ヲ得タルモノニ付テハ是ガ應急措置ヲ急速ニナス方針デ、ソレゾレ內務省及ビ農林省所管ノ第二豫備金トシテ支出ヲ了シタモノガアリ、爾餘ノモノニ付テモ其ノ確定次第、第二豫備金中ヨリ必要ナル措置ヲナス所存デアル、斯ウ云フ答ヘデアリマシタ(拍手)

尙ホ災害對策トシテ資材用意ノ必要ガアルト考フルガ如何、其ノ質問ニ對シマシテ、政府ハ物動中緊急調整用トシテ保留シアルモノヨリ配當ノ積リデ、既ニ木材ニ關シテハ實行シテ居リ、現下戰局ノ熾烈化ニ伴フ軍需ヲモ勘案シ、成ベク善處スル積リデアルト答ヘラレタノデアリマス

綜合食糧政策ニ付キマシテハ幾多ノ質問應答ガ重ネラレタノデアリマスガ、最後ニ委員長ハ之ヲ要約致シマシテ、內閣總理大臣ニ御尋ネ致シマシテ、其ノ答ヘヲ得タノデアリマス、ソレニ依リマシテ大體ノ質問應答ヲ御諒承願ヒタイノデアリマス

第一委員長ヨリ質問シマシタモノハ、內地外地ノ食糧行政ノ綜合統一ハ、此ノ際食糧確保ノ重要事ナリト考ヘマス、先刻ノ御答辯ニ依レバ政府ハ外地ニ關シ、食糧ニ關シ監督指示ノ權ヲ有セラルルトノコトデアルガ、政府ハ之ニ依リ將來供出ハ勿論、生産ノ方面ニ於テモ綜合統一セル食糧對策ヲ計畫實行スル御考ヘナリヤ、斯ウ云フ質問ニ對シマシテ、總理大臣ハ內地外地ノ食糧行政ノ綜合統一ニ付テハ、政府ハ努メテ御說ノ趣旨ニ依リ、內外地ヲ通ジテ食糧ノ生産ニモ、供出ニモ實效ヲ擧グルコトヲ期シタイト存ジマスト御答ヘニナリマシタ

第二ノ質問ハ日滿一體食糧生産ノ問題ハ現下最モ緊要ノ案件デアルト考ヘマス、曩ニ政府ガ發表セル九月二十二日閣議決定ニ係ル日滿食糧一體自給內容ノ具體化ハ尙ホ多少ノ時日ヲ要スベキモ、其ノ一部ヲナスベキ今回滿洲國ヨリ提議セラレタル豐滿「ダム」下流ノ開拓計畫ハ、將來ノ食糧事情ニ鑑ミ急速着手スベキモノト考ヘル、政府ハ之ニ對シ如何ナル方針ヲ有セラルルヤ、具體的ニ御言明ヲ願ヒタイ、此ノ質問ニ對シマシテ、內閣總理大臣ハ、滿洲國政府ノ食糧增産對日寄與ニ對シテハ、政府ハ眞ニ兩國一體トナリ、相互ヒニ協力シテ實效ヲ擧ゲ、以テ日滿一體食糧自給問題ノ解決ニ資シタイト考ヘマス、隨テ滿洲國ノ之ニ關

スル計畫ニ付テハ十分ナル協力ヲ爲スコトハ勿論デアリマスト答ヘラレマシタ

最後ニ肥料ノ供給ハ食糧生産ノ極メテ重大ナル條件デアルコトハ申スマデモアリマセヌ、政府ハ日滿何レニテモ適當ノ所ニ肥料ノ大ナル増産ヲ立テラレンコトヲ希望スルガ、政府ノ考ヘハ如何、此ノ委員長ノ問ニ對シマシテ內閣總理大臣ハ、肥料ノ問題ニ付テハ軍需上ノ關係ヲ考慮セルモ、極力其ノ増産ヲ圖リ之ヲ確保シタイ考ヘデアルト御答ヘガアリマシタ、尙ホ此ノ外國民動員ノ徹底ト敎育ノ問題、國內防衛態勢ノ強化ノ問題、價格及ビ統制ノ問題等幾多ノ質問應答ガゴザイマシタケレドモ、時間ノ關係上之ヲ速記錄ニ讓リマシテ、其ノ方デ御承知ヲ願ヒタイノデアリマス

右ニ述ベマシタ如キ質疑應答ヲ終リマシテ討論ニ入リマシタ所、小高長三郎君カラ政府ノ提出セル原案ノ儘デ三案トモ可決スベキモノデアルト云フ意見ノ陳述ガアリマシテ、採決ノ結果全員一致ヲ以テ原案通リ可決セラレマシタ、此ノ段御報告申上ゲマス(拍手)

○議長(岡田忠彦君) 採決致シマス、三案ノ委員長報告ハ孰レモ可決デアリマス、三案ヲ一括シテ委員長報告ノ通リ決スルニ贊成ノ諸君ノ起立ヲ求メマス

(總員起立)

○議長(岡田忠彦君) 起立總員、仍テ三案トモ委員長報告ノ通リ全會一致可決確定シマシタ(拍手)

○森下國雄君 議案上程ニ關スル緊急動議ヲ提出致シマス、卽チ此ノ際政府提出裁判所構成法戰時特例中改正法律案、戰時民事特別法中改正法律案及ビ戰時刑事特別法中改正法律案ノ三案ヲ一括議題トナシ、其ノ審議ヲ進メラレンコトヲ望ミマス

○議長(岡田忠彦君) 森下君ノ動議ニ御異議アリマセヌカ

(「異議ナシ」ト呼ブ者アリ)

○議長(岡田忠彦君) 御異議ナシト認メマス――裁判所構成法戰時特例中改正法律案、戰時民事特別法中改正法律案、戰時刑事特別法中改正法律案、右三案ヲ一括シテ第一讀會ヲ開キマス――岩村司法大臣

昭和十九年一月二十二日

賀屋國務大臣ノ演說

○國務大臣（賀屋興宣君）　玆ニ昭和十九年度歲入歲出豫算ノ大要ヲ說明致シ、併セテ我ガ國財政經濟ニ付キ所見ヲ述ブル機會ヲ得マシタコトハ、私ノ甚ダ光榮ト致ス所デアリマス、是ヨリ昭和十九年度歲入歲出總豫算ニ付キ其ノ大體ヲ說明致シマス

先ヅ歲入豫算ハ經常部八十五億三千二百餘萬圓、臨時部六十八億八千三百餘萬圓、合計百五十四億千五百餘萬圓デアリマス

次ニ歲出豫算ハ經常部七十六億千七百餘萬圓、臨時部七十七億九千七百餘萬圓、合計百五十四億千五百餘萬圓デアリマシテ、之ヲ追加豫算ヲ含ム前年度豫算額ニ比較致シマスレバ、十三億九千百餘萬圓ノ增加ト相成ル次第デアリマス

申スマデモナク戰時財政經濟運營ノ要諦ハ、國民生活ヲ確保シツヽ、物資、勞力、資金等國家經濟ノ總力ヲ擧ゲマシテ戰力增强ニ集中シ、以テ軍國ノ要請ニ缺クルコトナカラシムルニアルノデアリマシテ、右ノ歲出豫算ノ編成ニ當リマシテモ亦此ノ方針ニ則ツタノデアリマス、卽チ歲出ニ計上致スベキ經費ニ付キマシテハ、先ヅ明年度ニ於テ實施スベキ施策ノ重點ヲ選定致シ、戰力ノ急速增强又ハ國民生活確保ノ效果ガ確實デゴザイマシテ、且ツ具體的計畫ガ樹立セラレタルモノニ付キマシテ、之ヲ新規計上スルコトト致シタノデアリマス、其ノ他ノ經費ハ一切是ガ計上ヲ差控ヘタノデアリマス、從來ヨリ引續イテアリマスル施設ニ付キマシテハ特ニ嚴正ナル檢討ヲ加ヘマシテ、眞ニ時局ニ卽應スルヤウ豫算ノ改編ヲ斷行致シタノデアリマス、又國庫豫備金ニ付キマシテハ相當增加計上致シ、尙ホ豫算科目ノ整理ヲ圖リマシテ、前議會ニ於テ協贊ヲ得マシタル會計法戰時特例ノ運用等ト相俟チマシテ、豫算ノ機動性强化ニ努メマシタ次第デアリマス

以上ニ依リ編成致シマシタ豫算額ハ相當巨額ニ上ルノデアリマス、右ハ國債費、臨時軍事費特別會計ヘノ繰入、地方分與稅分與金特別會計ヘノ繰入、年金及ビ恩給等ノ義務的經費ノ外、專ラ時局ノ要請ニ應フベキ施設ノ實行上必要缺クベカラザル經費ニ依ウテ、膨脹ヲ致シタ結果ニ外ナラナイノデアリマス

今歲出豫算ニ付キマシテ重要ナル新規經費ヲ申上ゲマスルナラバ、一、戰爭完遂及ビ大東亞諸民族ノ總力結集ヲ目的トスル外交及ビ外政ノ强化ニ關スル經費六千四百餘萬圓、二、鐵、石炭其ノ他重要物資ノ生產增强竝ニ是等物資ノ價格維持等ニ關スル經費九億六千九百餘萬圓、三、海陸空ヲ通ズル輸送力ノ增强ニ關スル經費九千三百餘萬圓、四、米麥其ノ他食糧生產對策竝ニ是等物資ノ價格維持ニ關スル經費七億六千四百餘萬圓、五、國民體力管理制度擴充、國民健康保險制度普及等國民醫療及ビ國民保健ニ關スル經費六千八百餘萬圓、六、年金保險制度ノ擴充、乳幼兒及ビ姙產婦保護ノ强化等國民生活及ビ人口對策ニ關スル經費一億六千四百餘萬圓、七、傷痍軍人及ビ軍人遺族ニ對スル職業補導施設ノ擴充等、軍人援護ニ關スル經費一億六千九百餘萬圓、八、大日本育英會ノ創設其ノ他文敎ノ刷新ニ關スル經費三千四百餘萬圓、九、航空戰力ノ增强ヲ目標トスル科學技術動員ノ强化及ビ科學研究ノ整備等ニ關スル經費六千百餘萬圓、十、防空設備資材ノ整備等防空ニ關スル經費七千三百餘萬圓等デアリマス

右ノ外歲出豫算ニ付キ注意スベキ事項ヲ申添ヘマスルナラバ、一ハ臨時軍事費特別會計ヘノ繰入デアリマス、一般會計ヨリ四十四億六千六百萬圓、尙ホ特別會計ヨリ合計六億八千餘萬圓、總計五十一億四千六百餘萬圓ト相成リマス、前年度ニ比較致シ三億二千七百餘萬圓ノ增加ト相成ツテ居リマス、又既定經費ニ付キマシテ整理緊縮ヲ加ヘマシタル額ハ三億八千二百餘萬圓デアリマス、以上デ歲出ヲ終リマス、

次ニ歲入豫算ニ付キ說明申上ゲマス、歲入豫算ハ歲出豫算ト同ジク總額百五十四億千五百餘萬圓デアリマス、其ノ內譯ハ、租稅其ノ他ノ普通歲入百九億千三百餘萬圓、前年度剩餘金受入一億四千百餘萬圓、公債金四十三億六千餘萬圓デアリマシテ、普通歲入ノ大宗タル租稅收入ハ、經常、臨時ノ各部ヲ合セ其ノ總額八十五億七千八百餘萬圓デアリマス、之ヲ前年度豫算額ニ比較致シマスレバ、九億八千八百餘萬圓ノ增加ト相成リマス、增加內譯ハ、自然增收ニ屬スル分八億五千四百餘萬圓、又昨年度ニ於ケル間接稅ノ增徵等ニ基ク分一億三千三百餘萬圓デアリマス、申スマデモナク戰時財政支出ニ對シマシテハ、其ノ相當部分ハ之ヲ公債

ニ依リ賄フコトハ洵ニ已ムヲ得ナイ所デアリマス、併シナガラ是ト共ニ極力租税收入ノ増加ヲ圖リマシテ、以テ時戰財政ノ基礎ヲ鞏固ナラシムルコトハ極メテ緊要デアリマス、政府ニ於キマシテハ此ノ點ニ鑑ミマシテ、財政需要竝ニ國民生活及ビ國民經濟ニ及ボス影響等ニ付キマシテ愼重考究ヲ遂ゲマシテ、國庫收入ノ増加ヲ圖ルト共ニ、購買力ノ吸收及ビ消費ノ節約ニ資スル爲メ今回更ニ増税ヲ行フコトト致シタノデアリマス、而シテ昨年春ハ、御協贊ヲ經マシタ間接税ヲ中心トシテ増税ヲ行ツタノデアリマス、其ノ關係モアリマシテ、今回ノ増税ハ直接税ヲ中心ト致シタノデアリマスルガ、間接税其ノ他ニ付キマシテモ併セテ増徴ヲ行フコトト致シタノデアリマス、又戰時生産力ノ擴充、資金ノ蓄積其ノ他戰時下緊要ナル諸政策ノ遂行ニ資シマスル爲メ適當ト認メル租税上ノ措置ヲ講ズルコトト致シ、別途之ニ關スル法律案ヲ提出致シテアルノデアリマス、之ニ依ツテ得ラルベキ増收ハ初年度約二十二億圓、平年度約二十五億圓ニ上ルノデアリマス、是ハ既ニ實行致シマシタ煙草ノ値上ニ基ク増收額ト共ニ之ヲ追加豫算ニ計上致シマシテ、擧ゲテ臨時軍事費ノ財源ニ充當致ス豫定デアリマス、今回ノ増税ハ其ノ金額モ從來ニ其ノ比ヲ見ザル巨額ニ達スルノデアリマシテ、之ニ依リ國民ノ租税負擔ハ一段ト増加致ス次第デアリマスルガ、私ハ一億國民ガ更ニ覺悟ヲ新タニシテ納税報國ニ邁進セラレンコトヲ希望スルモノデアリマス(拍手)

租税以外ノ普通歳入ニ付キマシテハ二十三億三千五百餘萬圓ヲ計上致シテ居リマスガ、是ハ前年度豫算ニ比較致シマシテ、一億八千餘萬圓ノ増加ト相成ツテ居ルノデアリマス、又公債金收入ハ、曩ニ申述ベマシタ通リ、四十三億六千餘萬圓デアリマスルガ、是ハ前年度ニ比較致シ八億四千百餘萬圓ヲ増加致シテ居リマス、公債金收入ハ右一般會計ニ於ケル分ノ外、朝鮮、臺灣、政府出資、帝國鐵道及ビ通信事業各特別會計ニ於ケル分トシテ、十四億六千八百餘萬圓ヲ計上致シテ居リマスルノデ、臨時軍事費財源ノ分ヲ別ト致シマシテ、昭和十九年度歳出財源タル公債發行豫定額ハ本豫算ノミニ於キマシテ、五十八億二千九百餘萬圓トナルノデアリマス

次ニ特別會計豫算デアリマスルガ、是モ一般會計豫算ノ編成方針ニ準ジマシテ、戰力増強ノ爲メ眞ニ緊急缺クベカラザル經費ヲ計上致シタノデアリマス、主ナル新規經費ヲ申上ゲマスルナラバ、戰時陸運ノ強化ニ關スル經費六億千百餘萬圓、鐵、石炭、其ノ他重要鑛産物ノ生産増強ニ關スル經費一億二千五百餘萬圓、主要食糧ノ増産ニ關スル經費一億八百餘萬圓、防空施設等ノ充實ニ關スル經費五千六百餘萬圓、外地ニ於ケル徴兵制度ノ實施又ハ實施準備ニ關スル經費三千餘萬圓等デアリマス、尙ホ大東亞戰爭ニ要スル軍事費ニ付キマシテハ、近ク臨時軍事費豫算追加案ヲ提出スル豫定デアリマス

次ニ經濟金融ノ狀況ニ付キ申述ベマス、昨年中ニ於キマシテ金融界ハ曠古ノ大戰爭下ニ在リマシテ未曾有ノ巨額ナル戰時ノ要請ヲ充足シツヽ、而モ他面終始平穩ニ經過致シ、戰力増強ノ基盤デアリマスル經濟秩序維持ノ職責ヲ全ウシ來ツタノデアリマス、政府資金ノ撒布ハ戰費ノ激増等ニ伴ヒマシテ、著シク増加致シタノデアリマスガ、官民一致其ノ協力ニ依リマシテ、極力是ガ吸收ニ努メ資金ノ蓄積ハ順調ニ行ハレマシテ、又金利水準ニモ何等ノ動搖ナク、至極安定セル狀態ヲ保持シテ居ルノデアリマス、昨年中ニ於ケル日本銀行券ノ發行高ハ平均七十億六千九百餘萬圓デアリマス、一昨年ノソレニ比較致シ、十八億千三百餘萬圓ノ増加デアリマスガ、是ハ畢竟スルニ未曾有ニ膨脹セル戰時財政ノ運營ニ基ク、我ガ國財政經濟ノ規模ノ擴大ニ伴フモノト認メラレルノデアリマス

次ニ資金蓄積ノ狀況ハ銀行預金ニ於テ當座預金ヲ除キ約九十五億三千萬圓、郵便貯金ニ於テ五十億三千九百餘萬圓、其ノ他各種ノ蓄積ヲ合セマシテ、合計約二百七十億圓ノ増加ヲ示シタノデアリマス

新規産業資本ノ調達モ順調ニ推移シ、社債新規發行額ハ二十六億二千七百餘萬圓ニ上リ、又株式ニ付キマシテモ、其ノ新規拂込金額四十四億九千三百萬圓ヲ超エ、其ノ價格モ概ネ安定ヲ得テ居ルノデアリマス

次ニ國債ニ付キマシテハ昨年中ニ於ケル其ノ發行額ハ百八十二億九千九百萬圓ニ上リ、一昨年ノ發行額ニ比較致シマシテ、實ニ四十九億七千八百萬圓ノ増加ニ當ルノデアリマス、同年中ニ於ケル是ガ消化額ハ百七十億七千六百餘萬圓デアリマシテ、正ニ九割三分三厘ノ消化率ヲ示シ、概ネ順調ナル成績ヲ收メテ居ルノデゴザイマス、我ガ戰爭經濟ノ基盤ハ、今ヤ大東亞ノ全域ニ擴大シマシタコトハ申スマデモナイ所デアリマスガ、占領地ノ治安ノ回復、經濟ノ復舊開發ハ著々進捗致シ、大東亞全域ノ民族ハ我

ガ國ト提携シ、一丸トナツテ米英撃滅、大東亞建設ノ爲メ其ノ總力ヲ結集シ、以テ大東亞ノ戰力增强ニ邁進シツヽアルノデアリマシテ、洵ニ御同慶ニ堪ヘナイ所デアリマス(拍手)

先ヅ大東亞共榮圈内ノ經濟開發ニ付テ見マスルニ、滿洲國及ビ中華民國ニ對スル我國ノ投資額ハ、昨年中約十七億五千萬圓、支那事變以來合計額ハ九十億圓ニ達スルノデアリマシテ、此ノ結果彼ノ地ノ豐富ナル資源ハ逐次開發セラレマシテ、戰爭遂行上極メテ多大ノ貢獻ヲナシ來ツタノデアリマス、尙ホ此ノ際特ニ注目スベキ現象ハ開發資金ノ現地調達ガ最近急激ニ增加シテ參ツタ事實デアリマス、現地經濟力ノ充實發展ヲ物語ツテ居ルモノト考ヘマシテ、洵ニ心强ク感ズル次第デアリマス、又世界最大ノ寶庫デアリマスル南方諸地域ニ於キマシテハ、特ニ我ガ國ニ不足スル重要資源ヲ重點的ニ開發致シテ參ツテ居ルノデアリマスルガ、之ニ對スル南方開發金庫ヨリノ開發資金ノ融資ハ極メテ活潑ニ行ハレテ居ルノデアリマス、而シテ圈内各地域ノ經濟開發ノ進展ト共ニ、各地域ノ重要物資ノ交流モ昨年新設致サレマシタ交易營團等ノ活動ニ依リマシテ綜合的、計畫的ニ圓滑ナル運營ヲ見ツヽアルノデアリマス

次ニ大東亞金融圈ノ機構ハ、大東亞戰爭ノ完遂ト共榮圈ノ確立ノ理想ヲ以チマシテ、圈内各域ノ協力ト我ガ國ノ援助ノ下ニ圓滑ナル運營ヲ見ツヽ、アルノデアリマス、其ノ基礎ハ愈〻鞏固トナリツヽ、アルノデアリマス、滿洲國ニ於キマシテハ滿洲中央銀行ガ其ノ基礎益〻鞏固ト相成リ、中華民國ニ於キマシテハ中央儲備銀行、中國聯合準備銀行及ビ蒙疆銀行ガ愈〻健全ナル發達ヲ遂ゲツヽ、アリマス、戰爭遂行上及ビ東亞ノ建設ニ關シマシテ、相互資金ニ關シ益〻緊密ニ且ツ非常ニ大ナル規模ニ於テ協力ヲ開始致シツヽ、アルノデアリマス、「タイ」國及ビ佛領印度支那ニ於キマシテモ、最近ニ我ガ國トノ間ニ締結致シマシタ經濟金融等ニ關スル協定ノ圓滑ナル運營ニ依リマシテ、彼我ノ協力關係ハ愈〻緊密ノ度ヲ加ヘテ居ルノデアリマス、又「ビルマ」國及ビ「フィリピン」國ニ於キマシテハ、兩國ノ光輝アル獨立ニ伴ヒ、ソレ〴〵近ク中央銀行ノ設立ヲ見ントシテ居ルノデアリマス、尙ホ新政府ノ健全ナル發展ノ爲ニ、南方開發金庫ヲ通ジマシテ適切ナル金融援助ガ行ハレツヽ、アルノデアリマス

斯クノ如ク大東亞金融圈ハ圈内各國ノ自主協力ノ體制ノ下ニ、管理通貨制ノ確立ヲ目標ト致シマシテ、著々整備セラレツヽ、アルノデアリマスルガ、近時敵米英ノ提唱致シマスル戰後通貨案ナルモノヲ見マスルニ、是等ハ直接又ハ間接ニ金ト連繫セル國際通貨單位ヲ定メマシテ、各國ノ金保有量乃至ハ既往ノ貿易實績等ヲ基礎トシマシテ、各國通貨ノ爲替比率ヲ左右シ、又ハ其ノ貿易額ヲ規制セントスルモノデアリマシテ、何レモ米英ガ其ノ金保有量、其ノ他ノ物質力ヲ恃ミマシテ、國際間ノ公平ト協力ノ精神トヲ無視シ、世界經濟ヲ利己的ニ支配シ、自國ノ經濟的繁榮ト物質的欲望ノ爲メ、他國ノ利益ヲ壟斷セントスル野望ヲ包藏スルモノデアリマス(拍手)其ノ非道義的ナルコト、大東亞共存共榮ノ公明正大ナル理想ニ發足致シマスル我ガ大東亞金融圈ノ構想ト天地霄壤ノ差ヲ見ルノデアリマス(拍手)米英ノ戰後通貨案タルヤ、固ヨリ是ハ其ノ終局ノ勝利ヲ期待スルコトヲ裝ヒマスル世界的欺瞞宣傳ノ一ツデアリマス、結局敗戰ノ憂目ヲ見ルベキ彼等ノ夢物語ニ過ギナイノデアリマス、併シナラガ偶〻夢物語ノ間ニモ其ノ野望ノ本質ハ蔽ハントシテ蔽ヒ得ザル淺マシサヲ發見スルノデアリマス

尙ホ圈内各域ニ於キマシテ我ガ國ノ有ニ歸シ、又ハ我ガ國ノ勢力下ニ置カルヽコトト相成リマシタ莫大ナル敵産ニ付キマシテハ、昨年三月特殊財産資金特別會計ヲ設置致シマシテ、是ガ統一的運營ヲ圖リツヽ、アルノデアリマスルガ、近ク敵産全部ノ調査ヲ完了致ス豫定デアリマス、今後是等敵産ノ運用ニ依リマシテ、大東亞ノ戰力ノ增强上寄與スル所大ナルモノアリト存ズル次第デアリマス

歐洲盟邦トノ經濟關係ヲ見マスルニ、昨年一月成立致シマシタ日獨及ビ日伊ノ經濟協力ニ關スル協定ニ依リマシテ、大東亞經濟圈ト歐洲盟邦ヲ中心トスル歐洲經濟圈トノ間ニ緊密ナル連繫協調ガ確立セラレタノデアリマスルガ、之ニ引續キ日獨銀行間協定ノ成立ヲ見、日獨間ノ決濟ハ圓滑ニ遂行セラレツヽ、アルノデアリマス、日伊間ノ決濟協定ハ昨年九月ノ「バドリオ」政權ノ背信ニ依リマシテ一時其ノ運行ヲ停止スルニ至リマシタガ、新「イタリア」共和國政府ノ成立及ビ之ニ對スル我ガ國ノ承認ニ伴ヒマシテ、日伊間ノ決濟關係モ再ビ支障ナク行ハルヽ、ニ至ツタノデアリマス

顧ミマスレバ支那事變以來六年有半、大東亞戰爭勃發ヨリ茲ニ二年有餘デアリマ

ス、此ノ間昭和十八年度ニ至リマスルマデ一般會計及ビ臨時軍事費ヲ通ジマスル我ガ豫算ノ總額ハ一千百四十餘億圓デアリマス、又戰力增强ノ爲ニ投ジマシタル生產擴充資金ノ推計總額ハ四百四十餘億圓デアリマス、合計實ニ千五百九十億圓ヲ超エル巨額ニ達スルノデアリマス、斯カル厖大ナル需要ヲ充足シツヽ、而モ我ガ國經濟界ガ其ノ基礎微動ダモセズ、極メテ堅實ニ推移シ、强靭ナル底力ヲ遺憾ナク發揮スルコトヲ得マシタコトハ、銃後國民ガ一致團結、凡ユル困難ヲ克服シマシテ、納稅ニ貯蓄ニ克ク奉公ノ誠ヲ盡サレタ結果ニ外ナラナイノデアリマス(拍手)卽チ支那事變以來昭和十八年度末マデノ間ニ於ケル租稅ノ收入總額ハ總計三百三十餘億圓ニ上ルノデアリマス、國民貯蓄ノ增加額ハ實ニ一千億圓ヲ突破スル見込デアリマス、其ノ中大東亞戰爭開始以後ノ分六百億圓ニ垂ントスルノデアリマス、此ノ納稅ト貯蓄トノ實行ガアリマシタレバコソ、此ノ決戰下ノ厖大ナル需要ガ些ノ支障モナク充足サレ、而モ經濟界ノ秩序ガ儼トシテ維持セラレ得タノデアリマス

戰局ノ進展ニ伴ヒマシテ臨時軍事費其ノ他軍國ノ資金需要ガ愈〻膨脹致スベキハ當然デアリマシテ、之ヲ賄フベキ租稅ト國民貯蓄モ亦飛躍的ニ增大致スノデアリマス、卽チ昭和十九年度ニ於テ國民ノ負擔トナルベキ租稅金額ノ見込ニ付キマシテハ、既ニ御說明致シタ通リデアリマス、又國民貯蓄增加目標額ニ付キマシテハ、臨時軍事費豫算追加案ノ決定ヲ俟チマシテ、國家資金計畫ノ最モ重要ナル一環トシテ決定セラルヽノデアリマスルガ、其ノ金額ガ未曾有ノ巨額ニ上リ、國民所得總額ノ大半ヲ占ムルコトト相成リマスルコトハ想像ニ難クナイノデアリマス、併シ我々ハ米英擊滅ノ爲ニハ何トシテモ此ノ納稅ヲ完遂シ、此ノ貯蓄目標額ヲ完成シナケレバナラナイノデアリマス、其ノ必要ハ現在ニ於キマシテモ戰力增强ノ要請ニ伴ヒ、刻々增大シツヽアルノデアリマス、納稅ヲ完遂シ、貯蓄ノ增强ヲ圖リマスル爲ニハ、國家資金力ノ增强ヲ必要ト致シマス、併シ是ハ單ニ貨幣ノ數字上ノ增加デハ意味ヲナサナイノデアリマス、其ノ資金ヲ以テ購入シ得ベキ物資ノ生產力、輸送力ノ增强ヲ伴ハナケレバ意味ヲナサナイノデアリマス、結局總生產力ノ增大デアリマス、否唯單ニ總生產力ノ增大ト云フコトダケデハ足ラナイノデアリマス、重點主義ニ依ツテ決戰下ノ要請ニ總テヲ集中シタ意味ノ增大デナケレバナラナイノデアリマス(拍手)此ノ爲ニハ國民ノ消費生活ハ極力之ヲ切下ゲテ由ツテ以テ物資、勞力、資金總テヲ戰力ニ集中スルノ必要ガアリマス(拍手)而シテ消費節約ノ重要性ハ單リ個人ノ消費生活ニ於テノミナラズ、工場、事業場等ニ於テモ亦同樣デアルト思フノデアリマス(拍手)卽チ資材、動力、勞力等ノ總テノ生產要素ハ資金ニ依ツテ表現セラレルノデアリマス、隨ヒマシテ資金ノ節約ハ是等生產要素ノ節約ニ外ナラナイノデアリマス、斯クテ工場、事業場等ニ於ケル資金效率ノ發揮ハ、戰時下最モ貴重ナル資材、動力、勞力等ヲ最大限ニ活用シ、最小ノ消費ヲ以テ最大ノ生產ヲ擧ゲル所以デアリマシテ、戰力增强上極メテ重要ト相成ルノデアリマス、國民ハ自己ノ職域ニ於ケル直接ノ生產、其ノ日ノ生產ヲ增加スルコトニ努力スベキハ固ヨリ、同時ニ其ノ消費ノ節約ニ依リ國家全體ノ生產、明日ノ生產ノ增强ヲ圖ラナケレバナラナイノデアリマス(拍手)是ガ爲ニハ資金ノ效率的使用ニ格別ノ努力ヲ必要トスルノデアリマス

元來生產ノ增加、消費ノ節約、資金ノ效率的使用等ハ何レモ經濟行爲デアリマス、併シナガラ戰時ニ於キマシテハ斯カル經濟行爲ハ利潤追求ノ意念ヨリ離ルヽコトハ勿論、全ク利己ヲ沒却シ、只管米英擊滅ノ爲ニ行ハレナケレバナラナイノデアリマス(拍手)是ニ於テカ此ノ經濟問題ハ同時ニ精神問題其ノモノデアリマス(拍手)

我ガ皇軍將兵ノ忠誠勇武ニシテ世界無比ナルコトハ今更申スマデモナイ所デアリマス、隨ヒマシテ勝敗ノ決ハ、全ク銃後ニ於ケル航空戰力ヲ中心トスル物的戰力增强如何ニ懸ツテ居ルノデアリマス(拍手)銃後國民ハ前線勇士ノ善謀勇戰ニ應ヘ、何トシテモ此ノ物的戰力ノ增强ヲ完遂シ、以テ此ノ大戰爭ヲ勝チ拔カナケレバナラナイノデアリマス(拍手)併シ物的戰力ノ增强モ結局人ニ依ツテ達成セラルヽモノデアリマス、要スルニ物ハ手段デアリ、之ヲ活用シ、現實ノ物的戰力トナシ得ルモノハ人ノ力デアリマス、而シテ其ノ人ノ力ハ實ニ精神力ニコソ其ノ根源ヲ有スルモノデアリマス(拍手)我々ハ皇國三千年ノ歷史ト萬邦無比ノ國體ニ基ク必勝不敗ノ信念ヲ堅持シ、益〻之ヲ昂揚シ、愈〻堅忍不拔ノ精神力ヲ振起シテ、一億國民渾然一體、今ニ數倍スル絕大

ノ努力ト無限ノ忍苦トニ依リ征戰目的ヲ完遂スベキコトヲ固ク信ズルモノデアリマス（拍手）

終リニ臨ミマシテ政府提出ノ豫算案ニ付キマシテハ、何卒十分御審議ヲ賜ハリマシテ、速カニ協贊ヲ與ヘラレンコトヲ希望致スモノデアリマス（拍手）

昭和十九年一月二十三日

昭和十九年度一般會計歳出ノ財源ニ充ツル等ノ爲ノ公債發行ニ關スル法律案外十一件 第一讀會

昭和十九年度一般會計歳出ノ財源ニ充ツル等ノ爲ノ公債發行ニ關スル法律案

第一條 政府ハ昭和十九年度一般會計歳出ノ財源ニ充ツル爲他ノ法律ニ依リ起債シ得ル金額ノ外五十七億九千八百五十萬圓ヲ限リ公債ヲ發行シ又ハ借入金ヲ爲スコトヲ得

政府ハ昭和十九年度一般會計歳出豫算中翌年度ヘノ繰越額ノ財源ニ充ツル爲他ノ法律ニ依リ起債シ得ル金額ノ外昭和二十年度ニ於テ公債ヲ發行シ又ハ借入金ヲ爲スコトヲ得但シ前項ノ規定ニ依ル公債又ハ借入金ト通ジテ前項ノ制限額ヲ超ユルコトヲ得ズ

前二項ノ規定ニ依ル公債ノ發行價格差減額ヲ補塡スル爲必要アル場合ニ於テハ前二項ノ制限額ヲ超エテ公債ヲ發行シ又ハ借入金ヲ爲スコトヲ得

第二條 昭和十五年法律第六十九號中左ノ通改正ス

第一條中「同十八年度分」ヲ「同十九年度分」ニ、「十一億三千六百七十萬圓」ヲ「十二億七千四百七十萬圓」ニ改ム

第三條 政府ハ左ニ揭グル鐵道ノ買收代價トシテ交付スル爲必要ナル金額ヲ限リ公債ヲ發行スルコトヲ得

一 膽振縱貫鐵道株式會社所屬鐵道
一 宮城電氣鐵道株式會社所屬鐵道
一 南武鐵道株式會社所屬鐵道
一 靑梅電氣鐵道株式會社所屬鐵道
一 奧多摩電氣鐵道株式會社所屬鐵道
一 相模鐵道株式會社所屬鐵道中茅ケ崎橋本間及寒川四ノ宮間
一 飯山鐵道株式會社所屬鐵道
一 南海鐵道株式會社所屬鐵道中南海天王寺南海東和歌山間及鳳山手羽衣間
一 中國鐵道株式會社所屬鐵道
一 西日本鐵道株式會社所屬鐵道中西戸崎宇美間酒殿旅石間及吉塚筑前勝田間
一 北鮮拓殖鐵道株式會社所屬鐵道
一 西鮮中央鐵道株式會社所屬鐵道中新成川勝湖里間
一 朝鮮鐵道株式會社所屬鐵道中沙里院長淵間、三江海州港間、花山內土間、新院下聖間及土城甕津間
一 釜山臨港鐵道株式會社所屬鐵道

第四條 政府ハ篠山鐵道株式會社所屬鐵道ノ營業廢止ニ因ル損失ノ補償金トシテ交付スル爲必要ナル金額ヲ限リ公債ヲ發行スルコトヲ得

第五條 朝鮮事業公債法中左ノ通改正ス

第一條中「二十四億千四百十萬圓」ヲ「二十九億九千五百二十萬圓」ニ改ム

第六條 昭和十八年法律第九十三號中左ノ通改正ス

第一條中「米穀」ノ下ニ「、大麥、裸麥及小麥」ヲ加ヘ「補給金及」ヲ「補給金、石炭及化學肥料ノ價格ヲ調整スル爲ノ補給金竝ニ」ニ、「一億三百三十萬圓」ヲ「三億千八十萬圓」ニ改ム

第七條 臺灣事業公債法中左ノ通改正ス

第一條中「交付スル爲」ノ下ニ「竝ニ臺灣ニ於テ事業ヲ營ムコトヲ目的トシテ特別ノ法令ニ依リ設立セラレタル法人ニ對シ公債ノ交付ニ依ル出資ヲ爲ス爲」ヲ加ヘ「一億七千三百四十萬圓」ヲ「二億八千八百三十萬圓」ニ改ム

第八條 昭和十八年法律第九十四號中左ノ通改正ス

第一條中「補給金」ノ下ニ「及企業ノ整備ニ要スル經費」ヲ加ヘ「二千三百五十萬圓」ヲ「六千九百八十萬圓」ニ改ム

附 則

本法ハ公布ノ日ヨリ之ヲ施行ス

厚生保險特別會計法案

厚生保險特別會計法

第一條　健康保險事業、厚生年金保險事業及船員保險事業ヲ經營スル爲通ジテ一ノ特別會計ヲ設置シ其ノ歳入ヲ以テ其ノ歳出ニ充ツ

朝鮮、臺灣及關東州ニ於ケル船員保險事業ノ歳入歳出竝ニ朝鮮、臺灣及關東州ニ於テ爲サルル當該地域以外ノ地域ニ於ケル船員保險事業ノ歳入歳出ハ前項ノ規定ニ拘ラズ勅令ノ定ムル所ニ依リ之ヲ夫々朝鮮總督府、臺灣總督府及關東局ノ各特別會計ニ所屬セシムルコトヲ得

第二條　本會計ハ之ヲ健康勘定、年金勘定、船員勘定及業務勘定ニ區分ス

第三條　健康勘定ニ於テハ健康保險事業經營上ノ保險料、積立金ヨリ生ズル收入、借入金及附屬雜收入ヲ以テ其ノ歳入トシ同事業經營上ノ保險給付費、借入金ノ償還金及利子、一時借入金ノ利子其ノ他ノ諸費竝ニ同事業ノ業務取扱ニ關スル諸費、療養所費、保健施設費又ハ營繕費ニ充ツル爲ノ業務勘定ヘノ繰入金及保健施設ニ關スル經費ニ充ツル爲ノ一般會計ヘノ繰入金ヲ以テ其ノ歳出トス

第四條　年金勘定ニ於テハ厚生年金保險事業經營上ノ保險料、一般會計ヨリノ受入金、積立金ヨリ生ズル收入及附屬雜收入ヲ以テ其ノ歳入トシ同事業經營上ノ保險給付費其ノ他ノ諸費竝ニ同事業ノ福祉施設費又ハ營繕費ニ充ツル爲ノ業務勘定ヘノ繰入金ヲ以テ其ノ歳出トス

第五條　船員勘定ニ於テハ船員保險事業經營上ノ保險料、一般會計ヨリノ受入金、朝鮮總督府、臺灣總督府及關東局ノ各特別會計ヨリノ受入金、積立金ヨリ生ズル收入、借入金及附屬雜收入ヲ以テ其ノ歳入トシ同事業經營上ノ保險給付費、朝鮮總督府、臺灣總督府及關東局ノ各特別會計ヘノ繰入金、借入金ノ償還金及利子其ノ他ノ諸費竝ニ同事業ノ療養所費、福祉施設費又ハ營繕費ニ充ツル爲ノ業務勘定ヘノ繰入金ヲ以テ其ノ歳出トス

第六條　業務勘定ニ於テハ健康保險事業ノ業務取扱ニ關スル諸費、療養所費、保健施設費又ハ營繕費ニ充ツル爲ノ健康勘定ヨリノ受入金、厚生年金保險事業ノ福祉施設費又ハ營繕費ニ充ツル爲ノ年金勘定ヨリノ受入金、船員保險事業ノ療養所費、福祉施設費又ハ營繕費ニ充ツル爲ノ船員勘定ヨリノ受入金、健康保險事業、厚生年金保險事業及船員保險事業ノ業務取扱ニ關スル諸費ニ充ツル爲ノ一般會計ヨリノ受入金竝ニ此等ノ事業ノ業務取扱ニ關シ生ズル收入ヲ以テ其ノ歳入トシ此等ノ事業ノ業務取扱ニ關スル諸費、健康保險事業ノ療養所費、保健施設費及營繕費、厚生年金保險事業ノ福祉施設費及營繕費竝ニ船員保險事業ノ療養所費、福祉施設費及營繕費ヲ以テ其ノ歳出トス

第七條　健康勘定ニ於テ決算上剩餘ヲ生ジタルトキハ同勘定ノ積立金トシテ之ヲ積立ツベシ健康勘定ノ歳計ニ不足アルトキハ同勘定ノ積立金ヨリ之ヲ補足スベシ

第八條　年金勘定又ハ船員勘定ニ於テ決算上生ズル過剩ハ當該勘定ノ積立金トシテ之ヲ積立ツベシ

年金勘定又ハ船員勘定ノ歳計ニ不足アルトキハ當該勘定ノ積立金ヨリ之ヲ補足スベシ

第九條　業務勘定ニ於テ決算上剩餘ヲ生ジタルトキハ勅令ノ定ムル所ニ依リ之ヲ健康勘定、年金勘定及船員勘定ノ積立金ニ組入ルベシ

業務勘定ニ於テ決算上不足ヲ生ジタルトキハ勅令ノ定ムル所ニ依リ之ヲ健康勘定、年金勘定及船員勘定ノ積立金ヨリ補足スベシ

第十條　健康勘定ニ屬スル經費ヲ支辨スル爲必要アルトキハ政府ハ同勘定ノ負擔ニ於テ借入金ヲ爲スコトヲ得

前項ノ規定ニ依リ借入金ヲ爲スコトヲ得ル金額ハ保險料ヲ以テ保險給付費竝ニ療養所費又ハ保健施設費ニ充ツル爲ノ業務勘定ヘノ繰入金及保健施設ニ關スル經費ニ充ツル爲ノ一般會計ヘノ繰入金ヲ支辨スルニ不足スル金額ヲ限度トス

第十一條　船員勘定ニ於テ保險給付費竝ニ朝鮮總督府、臺灣總督府及關東局ノ各特別會計ヘノ繰入金ヲ支辨スル爲必要アルトキハ政府ハ同勘定ノ負擔ニ於テ借入金ヲ爲スコトヲ得

第十二條　各勘定ニ於テ支拂上現金ニ餘裕アルトキハ之ヲ大藏省預金部ニ預入ルベシ

健康勘定ニ於テ支拂上現金ニ不足アルトキハ同勘定ノ負擔ニ於テ一時借入金ヲ爲シ又ハ國庫餘裕金ヲ繰替使用スルコトヲ得

前項ノ規定ニ依ル一時借入金又ハ繰替金ハ當該年度内ニ之ヲ返還スベシ

第十三條　健康勘定、年金勘定及船員勘定ノ各積立金ハ國債ヲ以テ保有シ又ハ大藏省預金部ニ預入レ之ヲ運用スルコトヲ得

第十四條　政府ハ毎年本會計ノ歳入歳出豫算ヲ調製シ歳入歳出ノ總豫算ト共ニ之ヲ帝國議會ニ提出スベシ

第十五條　本會計ノ收入支出ニ關スル規程ハ勅令ヲ以テ之ヲ定ム

附　則

第十六條　本法ハ昭和十九年度ヨリ之ヲ施行ス

第十七條　健康保險特別會計法、勞働者年金保險特別會計法及船員保險特別會計法ハ之ヲ廢止ス但シ昭和十八年度分ニ付テハ仍其ノ效力ヲ有ス

第十八條　簡易生命保險及郵便年金特別會計ハ勅令ノ定ムル所ニ依リ厚生年金保險法第七十五條ノ規定又ハ之ヲ準用スル他ノ法律ノ規定ニ基ク勅令ノ適用ニ關シ必要アル場合ニ於テ本會計ニ繰入金ヲ爲スコトヲ得

前項ニ規定スル繰入金ハ本會計ノ年金勘定ノ歳入トシ簡易生命保險及郵便年金特別會計ノ年金勘定ノ歳出トス

第十九條　健康保險、勞働者年金保險又

ハ船員保險ノ各特別會計廢止ノ際之ニ屬スル積立金ハ之ヲ本會計ニ歸屬セシメ夫々健康勘定、年金勘定又ハ船員勘定ノ所屬トス

前項ニ規定スルモノノ外健康保險、勞働者年金保險又ハ船員保險ノ各特別會計廢止ノ際之ニ屬スル權利義務ハ之ヲ本會計ニ歸屬セシメ夫々健康勘定、年金勘定、船員勘定又ハ業務勘定ノ所屬トス

第二十條　健康保險特別會計ノ昭和十八年度歲出豫算ニシテ翌年度ニ繰越ヲ要スルモノハ之ヲ本會計ノ健康勘定又ハ業務勘定ニ繰越シ使用スルコトヲ得

第二十一條　昭和十五年法律第十四號中左ノ通改正ス

第二條及第三條第一項中「船員保險特別會計」ヲ「厚生保險特別會計」ニ改ム

第二十二條　船員保險事業ノ經營ニ伴フ關係各會計間ノ關涉ニ關シテハ昭和十八年度分ニ付テハ前條ノ規定ニ依ル昭和十五年法律第十四號第二條及第三條第一項ノ改正規定ニ拘ラズ仍從前ノ例ニ依ル

○國務大臣（賀屋興宣君）　只今議題トナリマシタ十二法律案ニ付キマシテ提案ノ理由ヲ説明致シマス、先ヅ昭和十九年度一般會計歳出ノ財源ニ充ツル等ノ爲ノ公債發行ニ關スル法律案ニ付キ申上ゲマス、昭和十九年度一般會計歳出ノ財源ニ充ツル爲ノ公債發行デアリマスルガ、昭和十九年度歳入歳出總豫算案及ビ同追加第一號ニ計上致シマシタ歳出ノ財源ト致シマシテハ、現行ノ震災善後公債法及ビ道路公債法ニ依ル公債ヲ發行致シマスル外、歳入ノ不足ヲ補塡スル爲メ、五十七億九千八百五十萬圓ヲ限リ公債ノ發行ヲ要スルノデアリマスルガ、是ガ爲ニハ新タニ起債ノ權能ヲ得ル必要ガアリマスノデ、所要ノ規定ヲ設ケントスルモノデアリマス

次ニ昭和十五年法律第六十九號中改正デアリマス、大東亞戰爭ニ關シ功勞アリタル陸海軍軍人軍屬ニシテ死歿セラレタル者ニ對シ、一時賜金トシテ公債ヲ交付スル等ノ爲メ同法ニ依ル公債ノ發行限度ヲ一億三千八百萬圓ダケ增加スル等ノ必要ガアリマスルノデ、所要ノ改正ヲ行ハントスルモノデアリマス

次ニ鐵道ノ買收代價トシテ交付スル爲ノ公債發行デアリマスガ、內地ニ於ケル地方鐵道及ビ朝鮮ニ於ケル私設鐵道中輸送力ノ增强上、特ニ必要ナルモノノ中此ノ際國有トスルヲ適當ト認メマスルモノヲ、十九年度ニ於テ買收スルコトニ計畫致シマシタル所、是ガ買收代價トシテ交付シマスル爲メ公債ヲ發行スルノ必要ガアルノデアリマス、仍テ所要ノ規定ヲ設ケントスルモノデアリマス

〔議長退席、副議長著席〕

次ニ篠山鐵道株式會社所屬鐵道ノ營業廢止ニ因ル損失ノ補償金トシテ交付スル爲ノ公債發行デアリマスルガ、國有鐵道篠山線ノ開通ニ伴ヒマシテ、之ニ接近竝行スル同會社所屬鐵道ハ營業ヲ廢止セシメ、其ノ損失補償金トシテ交付シマスル爲メ、其ノ公債ヲ發行スルノ必要ガアリマス、仍テ所要ノ規定ヲ設ケントスルモノデアリマス

次ニ朝鮮事業公債法中改正デアリマスルガ、朝鮮總督府特別會計ニ於ケル既定繼續費タル鐵道建設及ビ改良費、道路修築改良費、港灣修築改良費等ノ追加額其ノ他五億九千三百十餘萬圓ニ付キマシテハ、之ヲ公債財源ニ依ルコトト致シマシタル所、既定額ノ中不用トナスベキモノガ千二百十餘萬圓アリマスルノデ、之ヲ差引キ五億八千百十萬圓ダケ同法ニ依ル公債ノ發行限度ヲ增加スルノ必要ガアリマスルノデ、所要ノ改正ヲ行ハントスルモノデアリマス

次ニ昭和十八年法律第九十三號中改正デアリマスルガ、朝鮮總督府特別會計ニ於ケル米穀ノ生產確保補給金、大麥、裸麥及ビ小麥ノ生產確保補給金、石炭及化學肥料ノ價格調整、補給金竝ニ企業整備ニ要スル經費二億七百四十餘萬圓ニ付キマシテハ、同特別會計歳計ノ現狀ニ顧ミマシテ、公債財源ニ依ルノ必要ガアリマスルノデ、同法ニ依ル公債ノ發行限度ヲ二億七百五十萬圓ダケ增加スル等ノ爲メ、所要ノ改正ヲ行ハントスルモノデアリマス

次ニ臺灣事業公債法中改正デアリマスルガ、臺灣總督府特別會計ニ於ケル基隆港及高雄港ノ擴張工事費千八百六十餘萬圓、竝ニ臺灣重要物資營團及ビ臺灣石炭統制株式會社ニ對スル公債ノ交付ニ依ル出資七百萬圓ノ合計額二千五百六十餘萬圓ニ付キマシテハ公債ヲ發行スルノ必要ガアリマスル所、既定額ノ中不用トナスベキモノガ千八十餘萬圓アリマスルノデ、之ヲ差引キ、千四百九十萬圓ダケ同法ニ依ル公債ノ發行限度ヲ增加スル等、所要ノ改正ヲ行ハントスルモノデアリマス

最後ニ昭和十八年法律第九十四號中改正デアリマスルガ、臺灣總督府特別會計ニ於ケル米穀ノ生產確保補給金及企業整備ニ要スル經費四千六百二十餘萬圓ニ付キマシテハ、同特別會計歳計ノ現狀ニ顧ミマシテ公債財源ニ依ルノ必要ガアリマスルノデ、同法ニ依ル公債ノ發行限度ヲ四千六百三十萬圓ダケ增加スル等、所要ノ改正ヲ行ハントスルモノデアリマス

次ニ學校特別會計法案外六件ニ付キマシテ、其ノ提案ノ理由ヲ説明致シマス、是等ノ法律案ハ何レモ豫算單純化ノ趣旨ニ則リ特別會計ノ整理統合ヲ行ヒ、會計ニ關スル事務ノ簡捷及ビ會計制度ノ簡明ヲ圖リマスルト共ニ、特別會計ノ運營ヲ一層時局ノ要請ニ即應セシメントスルモノデアリマス

先ヅ學校特別會計法案ニ付キ説明ヲ致シマス、只今申述ベマシタ理由ニ依リマシテ、現在ノ帝國大學、官立大學及ビ學校及圖書館ノ三特別會計ヲ統合シ、一ツノ學校特別會計ヲ設置致シマスルト共ニ、現在學校及圖書館特別會計ノ所屬ト相成ツテ居リマスル帝國圖書館ニ關スル歳入歳出ヲ一般會計ノ所屬ニ移スコトヲ適當ト認メタノデアリマスルガ、是ガ爲ニハ大學特別會計法及ビ學校及圖書館特別會計法ヲ廢止致シマシテ、新タニ學校特別會計法ヲ制定スルノ必要ガアリマスルノデ、本法律案ヲ提出致シタ次第デアリマス

次ニ厚生保險特別會計法案ニ付キマシテ説明ヲ致シマス、現在政府ニ於テ管掌スル健康保險事業、勞働者年金保險事業及ビ船員保險事業ノ經營ニ付キマシテハソレ〲健康保險、勞働者年金保險及ビ船員保險ノ各特別會計ヲ設ケマシテ經理ヲ致シテ居ルノデアリマスルガ、會計ニ關スル事務ノ簡捷ヲ圖リマスル爲メ、是等ノ三特別會計ヲ統合シテ一ツノ特別會計トナスコトヲ適當

ト認メ、又別途提出致シテアリマスル勞働者年金保險法中改正法律案ニ依リ、勞働者年金保險ヲ厚生年金保險ト致シマスルニ伴ヒ、勞働者年金保險特別會計ニ付キマシテ所要ノ措置ヲ講ズル必要ガアルノデアリマスル所、是ガ爲ニハ現行ノ健康保險特別會計法、勞働者年金保險特別會計法及ビ船員保險特別會計法ヲ廢止シマシテ、新タニ厚生保險特別會計法ヲ制定スルノ必要ガアリマスルノデ、本法律案ヲ提出致シタ次第デアリマス

次ニ農業家畜再保險特別會計法案ニ付キマシテ說明ヲ致シマス、現在農業再保險事業及ビ家畜再保險事業ノ經營ニ付キマシテハ、ソレ〳〵農業再保險及ビ家畜再保險ノ兩特別會計ヲ設ケテ經理ヲ致シテ居ルノデアリマス、然ル所會計ニ關スル事務ノ簡捷ヲ圖リマスル爲メ、是等ノ兩特別會計ヲ統合シマシテ、一ツノ特別會計ト致スコトガ適當デアルト認メマシタノデ、是ガ爲ニハ現行ノ農業再保險特別會計法及ビ家畜再保險特別會計法ヲ廢止シマシテ、新タニ農業家畜再保險特別會計法ヲ制定スルノ必要ガアリマスルノデ、本法律案ヲ提出致シタ次第デアリマス

次ニ、簡易生命保險及郵便年金特別會計法案ニ付キマシテ說明致シマス、簡易生命保險事業及ビ郵便年金事業ノ經營ニ付キマシテハ、ソレ〳〵別個ノ特別會計ヲ設ケテ經理ヲ致シテ居ルノデアリマスルガ、兩事業ニ關スル經費ノ經理上ノ便宜ヲ考慮致シテ尙ホ制定致シテアリマスルモノニ、昭和十八年法律第十七號ト云フモノガアリマシテ、其ノ經費ノ一部ヲ通信事業特別會計ノ所屬ト致シマスル等、兩事業ノ圓滑ナル經營ヲモ圖ツテ參ツタノデアリマスガ、更ニ會計ニ關スル事務ノ簡捷ヲモ圖リマスル爲メ、簡易生命保險及ビ郵便年金ノ兩特別會計ヲ統合シテ一ツノ特別會計ト致シマスルト共ニ、通信事業特別會計ノ所屬ト致シマスル經費等ノ範圍ヲ擴張スルコトガ適當ト認メマシタ所、是ガ爲ニハ現行ノ簡易生命保險特別會計法、郵便年金特別會計法、昭和十八年法律第十七號等ヲ廢止シマシテ、新タニ簡易生命保險及郵便年金特別會計法ヲ制定スルノ必要ガアリマスルノデ、本法律案ヲ提出致シタ次第デアリマス

次ニ臺灣事業用品資金特別會計法案ニ付キマシテ說明致シマス、現在臺灣總督府ニ於テ經營致シマスル鐵道及ビ自動車交通事業ノ圓滑ナル遂行ヲ圖リマスル爲メ、是等ノ事業用品ノ購入、貯藏等ノ資本ト致シマシテ、臺灣官設鐵道用品資金ヲ設置致シテ居ルノデアリマス、然ル所、戰時下臺灣ノ現狀ニ顧ミマシテ、鐵道及ビ自動車交通事業ノミナラズ、廣ク通信、專賣、營繕、土木等ノ事業ニ付キマシテモ、其ノ用品ヲ豫メ購入、貯藏致シマシテ、是等ノ事業ノ迅速且ツ圓滑ナル遂行ヲ圖リマスルコトガ緊要ト認メラレルノデアリマス、仍テ是ガ爲ニハ現行ノ臺灣官設鐵道用品資金特別會計ヲ廢止シ、新タニ臺灣事業用品資金特別會計法ヲ制定スルノ必要ガアリマスノデ、本法律案ヲ提出致シタ次第デアリマス

次ニ作業會計法外十法律中改正法律案ニ付キマシテ說明致シマス、印刷局等ノ作業所ニ於ケル事業量ノ增大ニ伴ヒマシテ、据置運轉資本ノ一時補足ノ擴張、補助貨回收ノ強化ニ伴フ造幣局資金ノ臨時補足、米麥ノ價格調整ノ實施等ニ伴フ食糧證券ノ限度額ノ增額及ビ食糧管理特別會計ヘノ繰入、薪炭ノ價格調整ノ實施ニ伴フ薪炭需給調節特別會計ヘノ繰入、時局ノ要請ニ基ク軍需省、燃料局ニ於ケル製造物品ノ範圍ノ擴張、通信事業特別會計ニ於ケル一般會計納付金ノ廢止、臺灣ニ於ケル食糧管理制度ノ整備、災害等ノ場合ニ於ケル軍保有物資ノ拂下、軍ノ行フ戰地ヘノ一般物資ノ供給、郵便貯金ノ增加等ニ伴フ預金部特別會計ヨリ一般會計ヘノ繰入ノ增加、外地ニ於ケル鐵道運賃及ビ通信料金ノ引上ニ伴フ臨時軍事費財源繰入ノ增加、竝ニ海軍火藥廠及ビ海軍燃料廠ノ事業量ノ增大ニ伴フ据置運轉資本ノ臨時補足ニ關シ、作業會計法外十法律中、所要ノ改正ヲ行フ必要ガアリマスノデ、本法律案ヲ提出致シタ次第デアリマス

次ニ國有財產整理資金特別會計法外三法律ノ廢止ニ關スル法律案ニ付キマシテ說明致シマス、近時時局ノ要請ニ依リ特別會計增加ノ趨勢ナルニ顧ミマシテ、既存ノ特別會計中其ノ存置ノ理由比較的乏シクナリマシタモノニ付キマシテハ、此ノ際能フ限リ之ヲ整理致シマシテ、會計制度ヲ簡明ナラシムルコトガ緊要ト存ゼラレルノデアリマス、此ノ趣旨ニ依リマシテ、存置ノ理由比較的薄弱トナリマシタ國有財產整理資金、陸軍航空工廠資金及ビ絲價安定施設ノ三特別會計ヲ廢止致シマスノヲ適當ト認メタノデアリマスガ、是ガ爲ニハ是等ノ特別會計ノ廢止ニ關スル法律ヲ制定スルノ必要ガアルノデアリマス、仍テ本法律案ヲ提出致シタ次第デアリマス

次ニ臨時資金調整法中改正法律案、戰時喪失無記名國債證券臨時措置法案及ビ戰時特殊損害保險法案ノ三法律案ニ付キマシテ申上ゲマス、現下ノ時局ニ顧ミマシテ戰力ノ飛躍的增強ヲ圖ルノ要緊要ナルコト申スマデモナイノデアリマスルガ、是ガ爲ニハ戰力增強ノ基盤デアリマスル所ノ經濟秩序ノ維持、國民生活ノ安定等ヲ圖リマスコトガ愈〻緊要トナツテ參ルノデアリマス、而シテ經濟秩序ヲ維持致シマシテ、國民生活ノ安定ヲ圖リマス爲ニハ、資金ノ蓄積及ビ購買力ノ吸收ニ萬全ヲ期スルノ要ガアリマス、又戰時中ニ於ケル災害ニ對處シマシテ、國民ノ財產ノ保護其ノ他ニ付キ必要ナル措置ヲ講ジマシテ、以テ民心ノ安定ヲ確保スルノ必要ガアルノデアリマス、即チ臨時資金調整法中改正法律案ハ、國民貯蓄ノ增強ヲ圖リ資金ノ浮動化ヲ防止スル等ノ爲ニ、臨時資金調整法中所要ノ改正ヲ爲サントスルモノデアリマス、戰時喪失無記名國債證券臨時措置法案ハ、戰時ニ於テ災害ニ因リ無記名國債證券ヲ喪失致シマシタ場合、新證券

ノ交付其ノ他特別ノ措置ヲ講ゼントスルモノデアリマス、戰時特殊損害保險法案ハ、戰時災害ニ因ル物的損害ニ對處シ、國民ノ財産ノ保護ニ萬全ヲ期スル爲メ、新タナル構想ノ下ニ戰爭保險制度ヲ擴充強化致シマスルト共ニ、地震保險制度ヲ創設セントスルモノデアリマス

先ヅ臨時資金調整法中改正法律案ニ付キマシテ主ナル點ヲ申上ゲマス、第一點ハ現行ノ臨時資金調整法ニ於テハ、土地其ノ他ノモノヲ收用セラレ、若シクハ賣却シタル者、又ハ其ノ利害關係人ニ對シ政府其ノ代償トシテ受クル金錢ノ處分ニ關シテ國債ノ購入保有等、必要ナル命令ヲナシ得ルコトトナツテ居リマスルガ、之ヲ土地其他ノモノノ賣却代金、收用補償金以外ノ各種ノ補償金等、新タナル生産行爲ニ基カザル金錢債務ニモ擴張セントスルト共ニ決濟以前ニ於キマシテモ債權者債務者双方ニ對シ、企業整備資金措置法ニ於ケル所謂特殊決濟ノ方法若シクハ國債ノ交付等ノ方法ニ依リ、決濟スベキコトヲ命ズルコトヲ得ルコトト致シタコトデアリマス、尙ホ政府ノ債務ニシテ同ジヤウナモノニ付キマシテモ、企業整備資金措置法ノ規定ニ準ジマシテ、決濟ヲナシ得ルコトト致シタノデアリマス、第二點ハ預金、金錢信託、生命保險其ノ他長期貯蓄ノ貯蓄者ハ災害、疾病其ノ他豫期セザル事由ニ因リテ資金ヲ必要トスル場合、當該貯蓄ヲ期限前ニ於テ、特ニ不利ヲ受クルコトナク拂戻ヲ請求シ得ルノ途ヲ開イタコトデアリマス、第三點ハ銀行其ノ他ノ貯蓄取扱機關ニ對シ、代表者ヲ定メテ、其ノ者ノ名ニ於テナス貯蓄、即チ所謂代表者名義ニ依ル貯蓄ニシテ、一定條件ニ該當致シマスモノニ付キマシテハ、各貯蓄者ニ於テ當該貯蓄取扱機關ニ對シ、直接其ノ貯蓄ノ拂戻ヲ請求スルコトヲ得ルコトト致ス等、貯蓄事務ノ簡素化ト貯蓄者ノ保護ヲ圖ルコトト致シタコトデアリマス、第四點ハ國債債券ヲ低價ニテ買漁ルコト等、國民貯蓄實踐ヲ阻碍スルノ虞アル行爲ヲ防遏シマスル爲ニ、此ノ種行爲ニ關スル取締規定ヲ設クルコトト致シタノデアリマス、第五點ハ日本勸業銀行ヲシテ發行セシメテ居リマスル貯蓄債券及ビ報國債券ノ發行餘力ガ減少致シマシタノデ、發行限度ヲ兩債券ヲ通ジテ五十億圓ニ擴張シマスルト共ニ、此ノ際貯蓄債券、報國債券ニ關シ制度ノ整備ヲ圖ルコトト致シタノデアリマス、第六點ハ臨時資金調整法ニ基ク各種ノ貯蓄手段ニ關スル課税上ノ特例ヲ擴張致シタコトデアリマス、第七點ハ戰時喪失無記名國債證券臨時措置法等ニ準ジ、戰時災害等ニ依リ喪失シタル貯蓄債券、報國債券等ニ付テモ、新證券ノ交付其ノ他ノ措置ヲナスコトト致シタコトデアリマス

次ニ戰時喪失無記名國債證券臨時措置法ニ付テ申上ゲマス、本法案ハ空襲其ノ他戰時中ノ非常災害ニ因リ無記名國債證券ヲ喪失致シマシタ場合、新證券ノ交付其ノ他特別ノ措置ヲ講ジテ所有者ヲ保護セントスルモノデアリマス、支那事變以來國債ハ漸次國民全般ノ間ニ消化セラレテ參リマシタ、最近殊ニ大東亞戰爭以來、國民ノ消化額ハ一段ト增加シテ參ツタノデアリマスルガ、今後ニ於テハ益〻多額ニ國民ノ間ニ消化ヲ要請セラル、ノデアリマス、然ルニ現行ノ法令ニ依リマスレバ、無記名國債證券ヲ喪失致シマシタ場合ニハ、其ノ名稱及ビ記號等ガ判明致シテ居リマスル場合ニ限ツテ或ル條件ノ下ニ元利金ノ仕拂ガナシ得ルコトニナツテ居ルノデアリマス、是デハ不十分デアリマスルカラ、國債證券ノ名稱及ビ記號ナドガ不明ノ場合ニ於キマシテモ、或ル一定ノ條件ガ備ハリマスルナラバ新證券ヲ交付シマシテ、折角ノ國債所有者ヲ保護致シタイト思フノデアリマス、是ガ本法案ヲ提案致シマシタ理由デアルノデアリマス、其ノ内容ハ、一定ノ條件ガ具備致シマシタル場合ニ、當該證券ノ所有者等ニ對シ新證券ヲ交付シ、又ハ之ニ代ヘテ元利金ヲ支拂ヒ、或ハ國債ノ登錄又ハ預金ノ設定等ヲ、一定ノ條件ノ下ニナシ得ル途ヲ開カントスルモノデアリマス

次ニ戰時特殊損害保險法案ニ付キマシテ説明ヲ申上ゲタイト存ジマス、本法案ハ前ニモ申シマシタヤウニ、所謂戰爭保險、地震保險ノ二ツニ分レテ居ルノデアリマス、先ヅ戰爭保險ニ付キマシテ申上ゲマス

戰爭ニ因リマスル陸上財産ノ損害ニ對シマスル保險施設トシテ、現在戰爭保險臨時措置法ニ依ル戰爭保險制度ガアルノデアリマス、併シナガラ今後戰局ガ一段ト擴大進展ヲ致ス點ニ思ヒヲ致シマスル時ニハ、現在ノ戰爭保險ノ普及狀況デハ甚ダ不十分ト認メラレルノデアリマス、此ノ際速カニ從來ノ制度ヲ擴充スルノ必要ガアリ、戰爭保險ノ普及ヲ圖ルノ必要ガ痛感セラル、ノデアリマス

地震保險ニ付キマシテハ、我ガ國ハ過去ノ事例ニ徴シマシテモ明カナル如ク、往々ニシテ大ナル地震ノ損害ガアルノデアリマス、萬一決戰下ニ於キマシテ、斯樣ナコトガアリマスル爲ニ國民生活ノ動搖ヲ來タシ、或ハ經濟界ニ混亂ヲ生ジ、又民心ノ安定ヲ失フガ如キコトガアリマシテハ、戰爭遂行上多大ノ支障ヲ與フルモノデアリマスカラ、豫メ斯カル事態ノ發生ヲ防止シマスル爲ニ、萬全ノ對策ヲ講ジテ置ク必要ガアルノデアリマス、仍テ此ノ際戰時中ニ於ケル特別ノ措置ト致シマシテ、國家ノ負擔ニ於テ地震保險制度ヲ創始シ、以テ戰時下ニ於ケル民心ノ安定ニ資セントスルモノデアリマス、本法律案ノ要點ニ付テ御説明ヲ申上ゲマスレバ、戰爭保險ハ戰爭ニ因ル火災、損壞等ガ保險事故デアリマス、地震保險ハ戰時中ニ發生シマシタ地震ニ因ル火災、損壞等ヲ保險事故ト致ス特殊ノ損害保險デアリマス、本保險ハ保險會社ノ業務トシテ行ハシムルモノデアリマスルガ、本保險ノ簡易且ツ迅速ナル普及ヲ圖リマスル爲ニ、契約成立ノ一方法ト致シマシテ、戰爭保險ニ付テハ空襲等ノ危險ガ特ニ大ナリト考ヘラレマスル地域ニ於テ、又地

震保險ニ於テハ內地一圓ニ亙リマシテ、火災保險契約等ニ附帶シテ自働的ニ當該保險契約ガ成立スルノ方法ヲ講ジマスルト共ニ、別途ニ公益上必要アル場合ニハ、本保險ニ加入スルコトヲ政府ニ於テ强制シ得ル途ヲモ開イタノデアリマス、尙ホ保險事故發生ノ狀況ニ依リマシテハ、政府ハ必要ニ應ジテ自ラ損害ノ査定ヲモナシ得ルコトトナツテ居リマス、又本保險ハ保險會社ガ營業トシテ行フ通常ノ保險トハ性質ヲ異ニシテ居リマシテ、實質上國家ノ負擔ニ於テ之ヲ行ハントスルモノデアリマス、隨テ保險會社ガ本保險ニ依ツテ損失ヲ受ケマシタ時ハ、政府ニ於テ之ヲ補償致シマス、又保險會社ガ利益ヲ得マシタ時ハ、政府ニ之ヲ納付セシムルコトト致シテアルノデアリマス、本保險ノ保險料ニ付キマシテハ右申上ゲマシタヤウニ本保險ノ普及ヲ圖リマスル爲ニ、單ニ任意ノ契約ニ依ル場合ノミナラズ、火災保險契約等ニ附帶シテ自働的ニ契約ガ成立スル等ノ方法モ講ジテ居リマス、是等ノ點モ考ヘマシテ、成ベク之ヲ低率ノモノニ致ス必要ガアルノデアリマス、仍テ戰爭保險ニ於キマシテハ現在ノ戰爭保險ノ料率ニ對シ大幅ノ引下ゲヲ豫定致シテ居リマス、又地震保險ニ付キマシテモ出來得ル限リ低廉ナル保險料ヲ定メタイト考ヘテ居ルノデアリマス

最後ニ煙草專賣法及ビ鹽專賣法中改正法律案ニ付キ提案ノ理由ヲ說明致シマス、先ヅ煙草專賣法中ノ改正ノ部分ニ付キ說明ヲ致シマス、大東亞共榮圈內ニ於ケル煙草用卷紙ノ需給ノ現況ヲ見マスルニ、本邦ヲ除ク圈內各域ニハ其ノ生產ガ極メテ少イノデアリマス、需要ノ大部分ハ本邦製品ヲ以テ充足スルノ外ナキ狀況デアリマス、然ルニ最近本邦ニ於キマスル一般製紙業界ノ事情ノ變化ニ伴ヒマシテ、煙草用卷紙ニ付キマシテモ中々所要量ノ生產確保ガ困難デアルノデアリマス、隨ヒマシテ之ヲ現狀ノ儘ニ放置シテ置キマスルト、共榮圈內ノ煙草ノ製造ニ大ナル支障ヲ生ズル虞ガアルノデアリマス、斯カル狀況ニ顧ミマシテ、煙草用卷紙ニ付キ是ガ生產ノ確保ヲ圖リマスルト共ニ、本邦竝ニ圈內諸地域ニ對スル供給ノ適正圓滑ヲ圖リマスル爲ニ、煙草用卷紙ニ付キ專賣制度ヲ實施セントスルモノデアリマス、是ガ爲ニ所要ノ改正ヲ致ス次第デアリマス

尙ホ此ノ機會ニ於キマシテ煙草ノ耕作者ニ對スル罹災補償制度ノ擴充及ビ耕作ニ關スル許可事務等ノ簡素化ヲモ圖ラントスルモノデアリマス

次ニ鹽專賣法中改正ノ部分デアリマスルガ、鹽ノ製造ノ際同時ニ生產セラレマスル苦汁、是ハ航空機製造用資材タル金屬「マグネシウム」ヤ航空機燃料ニ缺クコトガ出來ナイ「ブローム」等ノ原料ト致シマシテ、著シク其ノ重要性ヲ加ヘテ參ツタノデアリマス、仍テ其ノ增產ヲ圖リ併セテ是ガ供給ヲ確保スル等ノ爲ニ、苦汁ヲモ鹽ト共ニ專賣ヲ實施セントスルモノデアリマス、又是ト共ニ自家用鹽ノ製造ニ關スル制限ノ緩和等ヲモ圖ラントスルモノデアリマス、以上十二件ノ法律案ニ付キマシテ大體ノ理由ヲ御說明申上ゲマシタ、何卒御審議ノ上速カニ協贊ヲ與ヘラレンコトヲ希望致スモノデアリマス（拍手）

○**副議長（內ケ崎作三郞君）**　各案ノ審査ヲ付託スベキ委員ノ選擧ニ付テ御諮リ致シマス

第五 朝鮮ニ於ケル裁判手續簡素化ノ爲ノ國防保安法及治安維持法ノ戰時特例ニ關スル法律案（政府提出、貴族院送付） 第一讀會

第六 朝鮮私設鐵道補助法中改正法律案（政府提出、貴族院送付） 第一讀會

朝鮮ニ於ケル裁判手續簡素化ノ爲ノ國防保安法及治安維持法ノ戰時特例ニ關スル法律案

朝鮮ニ在リテハ國防保安法第三十四條及治安維持法第三十四條ノ規定ハ戰時ニ於テハ之ヲ適用セズ

附 則

本法施行ノ期日ハ勅令ヲ以テ之ヲ定ム

本法ハ本法施行前第一審ノ辯論ノ終結アリタル事件ニ付テハ之ヲ適用セズ

戰時終了ノ際ニ於テ必要ナル經過規定ハ勅令ヲ以テ之ヲ定ム

朝鮮私設鐵道補助法中改正法律案

朝鮮私設鐵道補助法中左ノ通改正ス

第一條第二項中「十年」ヲ「十五年」ニ改ム

附 則

本令ハ公布ノ日ヨリ之ヲ施行ス

（國務大臣安藤紀三郎君登壇）

○國務大臣（安藤紀三郎君） 只今上程ニナリマシタ朝鮮ニ於ケル裁判手續簡素化ノ爲ノ國防保安法及治安維持法ノ戰時特例ニ關スル法律案ニ付テ提案ノ理由ヲ御説明致シタイト存ジマス

戰時下社會公共ノ安寧ヲ害シマスル各種犯罪ニ對シマシテ裁判ノ審理判決ヲ敏速ナラシメ、以テ治安確保ノ萬全ヲ期シマスルコトノ必要デアリマスルコトハ、内地外地ヲ通ジマシテ略〻同一ノ狀況下ニアリマス、而シテ内地ニ於キマシテハ曩ニ裁判所構成法戰時特例竝ニ戰時刑事特別法等ニ必要ナル改正ヲ加ヘ、裁判手續ニ關シマシテ全面的ニ二審制度ヲ採用スルコト、相成リマシタノデ、朝鮮ニ於キマシテモ亦内地ノ制度ニ照應致シ、別途制令ヲ以チマシテ内地ノ法制ト略〻同一内容ノ朝鮮總督府裁判所令戰時特例竝ニ朝鮮戰時刑事特別令等ヲ制定致スベク目下手續中デゴザイマス、然ル所一方國防保安法及ビ治安維持法ハ法律トシテ朝鮮ニモ施行セラレテ居リ、且ツ此ノ兩法中ニハ三審制ヲ規定スル條文ガ存シテ居リマシテ、是等ノ法律規定ハ制令ヲ以テシテハ之ヲ排除スルコトガ出來マセヌノデ、此ノ度本法ニ依リマシテ國防保安法及ビ治安維持法ニ對スル戰時特例ヲ規定シ、法律ト制令トノ牴觸ヲ調整致シマシテ、以テ全面的ニ二審制ヲ實施セントスルモノデアリマス

次ニ朝鮮私設鐵道補助法中改正法律案提出ノ理由ヲ御説明致シマス、朝鮮ニ於ケル私設鐵道ニ對シマシテハ、現行ノ朝鮮私設鐵道補助法ニ依リマシテ、補助金ヲ交付スルコトヲ得ルコト、相成ツテ居リマスル所、現在補助ヲ受ケツヽアル私設鐵道中ニハ近ク其ノ補助期間ノ滿了スルモノガアリマスルガ、是等ノ鐵道ハ何レモ未ダ業績ノ進展ガ豫期ノ如キナラズ、尙當分ノ間政府ヨリ相當ノ補助ヲ致サナケレバ經營困難ノ狀態ニアリマス、而シテ是等ノ鐵道ハ、何レモ國營代行線タルノ特質ヲ有シテ居リマシテ、生產力擴充上、重要ナル物資ノ輸送ニ當ルベキ重大使命ヲ帶ビテ居リ、是ガ運營ノ如何ハ時局下戰力增强ニ至大ノ關係ヲ有シテ居リマスルコトニ鑑ミマシテ、今回本法ニ必要ナル改正ヲ加ヘ、是ガ助成ノ爲ニ、必要アル場合ニ於テハ、現在ノ補助期間ヲ更ニ五年間延長シ得ルノ途ヲ開カントスル次第デアリマス、何卒御審議ノ上、速カニ御協賛ヲ與ヘラレンコトヲ御願ヒ致シマス（拍手）

○議長（岡田忠彦君） 各案ノ審査ヲ付託スベキ委員ノ選擧ニ付テ御諮リ致シマス

昭和十九年二月四日

昭和十七年度第一豫備金支出ノ件外五件

昭和十七年度第一豫備金支出ノ件
昭和十七年度特別會計第一豫備金支出ノ件

第十一、
昭和十七年度特別會計豫備費支出ノ件
昭和十八年度第二豫備金支出ノ件
昭和十八年度特別會計第二豫備金支出ノ件
昭和十八年度特別會計豫備金外豫算外支出ノ件
（承諾ヲ求ムル件）（委員長報告）

報告書

一昭和十七年度第一豫備金支出ノ件（承諾ヲ求ムル件）

右ハ本院ニ於テ承諾ヲ與フヘキモノト議決致候此段及報告候也

昭和十九年二月二日

委員長　野口　喜一

衆議院議長岡田忠彥殿

報告書

一昭和十七年度特別會計第一豫備金支出ノ件（承諾ヲ求ムル件）

右ハ本院ニ於テ承諾ヲ與フヘキモノト議決致候此段及報告候也

昭和十九年二月二日

委員長　野口　喜一

衆議院議長岡田忠彥殿

報告書

一昭和十七年度特別會計豫備費支出ノ件（承諾ヲ求ムル件）

右ハ本院ニ於テ承諾ヲ與フヘキモノト議決致候此段及報告候也

昭和十九年二月二日

委員長　野口　喜一

衆議院議長岡田忠彥殿

報告書

一昭和十八年度第二豫備金支出ノ件（承諾ヲ求ムル件）

右ハ本院ニ於テ承諾ヲ與フヘキモノト議決致候此段及報告候也

昭和十九年二月二日

委員長　野口　喜一

衆議院議長岡田忠彥殿

報告書

一昭和十八年度特別會計第二豫備金支出ノ件（承諾ヲ求ムル件）

右ハ本院ニ於テ承諾ヲ與フヘキモノト議決致候此段及報告候也

昭和十九年二月二日

委員長　野口　喜一

衆議院議長岡田忠彥殿

報告書

一昭和十八年度特別會計豫備金外豫算外支出ノ件（承諾ヲ求ムル件）

右ヘ本院ニ於テ承諾ヲ與フヘキモノト議決致候此段及報告候也

昭和十九年二月二日

委員長　野口　喜一

衆議院議長岡田忠彥殿

（野口喜一君登壇）

○野口喜一君　只今議題トナリマシタ昭和十七年度第一豫備金支出ノ件外承諾ヲ求ムル件ノ五件ニ付キマシテ、委員會ニ於ケル審議ノ經過竝ニ結果ヲ御報告申上ゲマス

是等ノ議案ニ對シテハ、既ニ大藏大臣ヨリ本議場ニ於テ說明サレタコトデアリマスカラ、此處ニハ單ニ其ノ概要ダケヲ申述ベマス、卽チ昭和十七年度ニ於キマシテ第一豫備金及ビ豫備費ヨリ支出サレマシタ金額ハ、一般會計第一豫備金ニ於テ四千四百九十餘萬圓、朝鮮總督府特別會計外二十三特別會計ノ第一豫備金ニ於テ四千七百七十餘萬圓、寄附米穀移出管理及ビ通信事業ノ二特別會計ノ豫備費ニ於テ千五百餘萬圓デアリマス、次ニ昭和十八年度ニ於キマシテ第二豫備金ヨリ支出サレマシタ金額ハ、一般會計ニ於テ七億七千百四十餘萬圓、朝鮮總督府特別會計外五特別會計ニ於テ五千百八十餘萬圓デアリマス、昭和十八年度ニ於キマシテ豫備金外ニ於テ其ノ國庫剩餘金ヨリ豫算外ノ支出ヲサレマシタ金額ハ、南洋廳特別會計ニ於テ二百五十餘萬圓トナッテ居リマス、總計九億三千三百餘萬圓デアリマス

委員會ハ去ル一月三十一日以來三回ニ亙ッテ開會致シ、其ノ間委員各位ト政府トノ間ニ各項目ニ付キ頗々懇下ゲタル質疑應答ガ重ネラレ、愼重審議ヲ盡シタノデゴザイマス、其ノ詳細ニ付キマシテハ速記錄ニ依ッテ御覽ヲ願フコトト致シ、此處ニハ其ノ中ノ重要ト認メラレル數點ニ付キ御報告申上ゲタイト存ジマス、其ノ第一トシテ委員ヨリ近年ノ如ク厖大ナル豫備金ノ支出ニ關シテハ、其ノ愼重ヲ期スル爲メ審議會ヲ設ケル必要アリト思フガ、政府ノ所見如何トノ質問ニ對シ、豫備金ノ增大ハ豫算其ノモノモ增大セル今日、之ニ對スル割合ハ必ズシモ增加セリトハ斷ゼラレズ、法的ニハ之ヲ支出スル場合次ノ議會ニ承諾ヲ求ムルコトニナッテ居ルノデアリ、殊ニ第二豫備金ヲ支出スル場合ノ如キハ何レモ急ヲ要シ、之ヲ調査會或ハ審議會等ニ掛ケテ居テハ急場ノ間ニ合ハズ、又事務增加ノ爲メ支出ガ遲レル虞モアリ、二ノ理由トシテ之ヲ審議會ニ掛ケル場合、其ノ標準ヲ金

額ノ多寡ニ依リ區切ルコトモ妥當ナラズ、又事項ニ依リ區別スルコトモ考究ヲ要スル問題デ、是等ノ點ニ鑑ミ豫算制度ノ現制度ヲ出來得ル限リ尊重スル建前ヨリ、政府ハ今ノ所審議會ヲ設ケル考ヘハナキモ、御趣旨ノ點ハ十分ニ拜承致シテ置キマストノ答辯ガアリマシタ

　次ニ内務省所管ノ疎開事業費ハ東京都ノミニ付キ考ヘルモ少キニ過ギルデハナイカトノ質問ニ對シ、是ハ疎開ノ場合ノ事務的費用デアリ、別ニ防空關係ノ費用ハ年々飛躍的ニ増加シ、其ノ分ハ十八年度追加豫算、十九年度追加豫算ニ於テ相當多額ノ御承認ヲ得テ居ル次第デアッテ、此ノ種ノ費用ハ當局ニ於テモ出來得ル限リ費用ヲ惜シマズ出シテ居ル次第デアルトノ答辯ガアリマシタ、次ニ防空監視費ニ關シ、防空監視哨ハ寧ロ軍隊ニ編入シテハ如何トノ質問ニ對シマシテ、防空監視哨ハ國民總動員ノ建前ヨリ監視哨令ニ依リ實施シテ居ルノデアルガ、此ノ制度ハ適否ハ考ヘテ居ル、之ニ對スル費用ハ少キニ過ギルトノ向キモアルガ、是ハ從來ノ費用ニ鑑ミ決定シタモノデ、今日ノ物價高カラ見テハ全ク本人ノ辨當代位ニ過ギズ、奉仕的デアル、之ニ對シテハ大日本防空協會ニ於テモ色々衝ニ當ツテ居リ、地方ニ依ツテハ相當激勵ヤ同情ノ費用モアルガ、個々町村ニ取ツテハ負擔過重ノ所モアリ、將來ハ國ナリ地方ナリ大キナ單位ニシテ考ヘテ居ル、殊ニ貧弱町村ニ對シテハ中央負擔ヲ考ヘテ居ルトノ答辯ガアリマシタ、次ニ國民運動補助費タル大政翼贊會補助費、日本發送電株式會社配當補給金補足費等ハ、世論ニ鑑ミ、又後者ノ如キハ設立當時ト餘程趣キヲ異ニシテ居ル、再検討スル必要ガアルノデハナイカトノ質問ニ對シマシテ、前者ハ最モ國民運動強化ノ必要ヲ認メ、翼贊會ニ計上シタ以外ノ費用ヲ生ジタ爲メ第二豫備金ヨリ支出シタガ、政府ハ成ベク豫算計上デヤルヤウ希望シテ居ル旨、後者ハ御意見ノ點ハ參考トシテ善處スル旨ノ答辯ガアリマシタ、次ニ中國地方災害復舊費ニ關聯シテ、今日ノ資材難デアル折柄、全國國民學校ノ如キハ校舍ノ有效活用ノ爲メ、二部教授ニシテハ如何トノ質問ニ對シマシテ、財務當局トシテハ夙ニ其ノヤウナ考ヘ方ノ下ニ現狀活用主義ヲ主張モシ、又反省モ求メテ居ルトノ答辯ガアリマシタ、次ニ科學技術研究ニ關スル諸費目ノ支出ハ少キニ過ギザルヤ、又電波物理研究所臨時費ニ關シ研究ノ結果如何トノ質問ニ對シマシテ、科學研究費目ハ主トシテ南方派遣トシテ研究スル豫備金支出デアリ、又電波ハ急速ニ研究スル必要ガアリ、數個ノ大學、學者等一齊ニ研究ヲ開始シテ居ルガ、詳細ノ發表ハ出來ヌ、但シ近キ將來ニ於テハ案ズルニ及バヌ程度ニ研究ガ出來テ居ル、總テ研究ハ資金、資材ノミデハ出來ズ、其ノ中心ハ研究者其ノ人ニアリ、故ニ若キ後繼者ノ養成モ必要デアリ、目下中心タル學者ニモ大イニ働イテ貰ツテ居ルガ、要スルニ學者、資金、資材ノ三者ガ揃ハナケレバナラヌトノ答辯デアリマシタ、此ノ點ハ大臣マデ御傳ヘヲ願ツテ置キマシタ

　最後ニ第一、第二豫備金ノ支出ニ付テノ大藏當局ノ監査ノ根本精神、及ビ其ノ成果ニ對スル責任如何トノ質問ニ對シマシテ、大藏當局ハ各省事務ニ對シテハ監査ハ出來ヌガ、即チ大臣ハ財務ノ總括、大臣トシテ財務ニ付テ監督總括ノ責任ヲ持ツガ、其ノ施策ニ付テハ監督ハセス、成ベク内容ヲ詳細ニ審査シ、國費ノ濫費ヲ戒メテ居リ、各省ノ施策ガ政府ノ要求ニ合ツテ居ルカドウカヲ頭ニ置イテ審査シテ居ル云々ノ答辯ガアリマシタ、以上ノ外各種ノ角度カラ色々ト熱心ナル質疑應答ガアリマシタガ、是等ハ速記錄ニ讓ルコトト致シマス

　斯クテ昨二日討論ニ入リ、川崎巳之太郎委員ヨリ、戰力増強ノ必要ニ伴ヒ豫備金額ハ益々増大セラレル重要性ニ鑑ミ、政府ハ速カニ審議會ヲ設置シ、是ガ適正敏速ヲ期セラレンコトヲ望ムトノ希望意見ヲ含メマシテ、原案ニ承諾ヲ與フル旨ノ贊成意見ガアリマシタ、斯クテ昨二日討論終結シテ採決ヲ致シマシタル結果、全會一致ヲ以チマシテ政府提出ノ各件ヲ承諾スルニ決シマシタ、以上此ノ段御報告申上ゲマス（拍手）

○**議長**（岡田忠彦君）　採決致シマス、昭和十七年度第一豫備金支出ノ件外五件ハ承諾ヲ與フルニ御異議アリマセヌカ

（「異議ナシ」ト呼ブ者アリ）

○**議長**（岡田忠彦君）　御異議ナシト認メマス、仍テ六件トモ承諾ヲ與フルニ決シマシタ――日程第一乃至第四ハ同一委員ニ付託シタル議案デアリマスカラ、一括議題トナスニ御異議アリマセヌカ

（「異議ナシ」ト呼ブ者アリ）

○**議長**（岡田忠彦君）　御異議ナシト認メマス、日程第一、訴訟費用等臨時措置法案、日程第二、會社等臨時措置法案、日程第三、經濟關係罰則ノ整備ニ關スル法律案、日程第四、朝鮮ニ於ケル裁判手續簡素化ノ爲ノ國防保安法及治安維持法ノ戰時特例ニ關スル法律案、右四案ヲ一括シテ第一讀會ノ續ヲ開キマス、委員長ノ報告ヲ求メマス――

昭和十九年二月四日

訴訟費用等臨時措置法案外三件 第一讀會ノ

報告書

一朝鮮ニ於ケル裁判手續簡素化ノ爲ノ國防保安法及治安維持法ノ戰時特例ニ關スル法律案(政府提出、貴族院送付)

右ハ本院ニ於テ可決スヘキモノト議決致候此段及報告候也

昭和十九年二月二日

委員長 谷原 公

衆議院議長岡田忠彦殿

(谷原公君登壇)

○谷原公君 只今上程ニ相成リマシタ訴訟費用等臨時措置法案外三件特別委員會ノ經過ノ大要竝ニ結果ヲ御報告申上ゲマス

議題ト相成リマシタ四法案ニ付キマシテハ、其ノ趣旨竝ニ提案理由ヲ、過日司法大臣及ビ内務大臣カラ詳細御説明ニ相成ッテ居リマスカラ私ハ之ヲ省略致シマス、委員會ハ去ル一月二十九日カラ本月二日マデノ間ニ於キマシテ三回ニ亙ッテ審議ヲ遂ゲタノデアリマスルガ、司法省關係ノ三案ハ之ヲ一括致シマシテ内務省案ト別個ニ議題トシ、先ヅ政府ノ内容説明ヲ聽キマシテソレカラ質疑ニ入ッタノデアリマス、委員諸君ハ種々ノ見地カラ熱心ニ且ツ詳細檢討ヲ行ヒマシタガ、政府モ亦之ニ對シマシテ極メテ懇切丁寧ナル御答辯ガゴザイマシタ、今是等法案ニ付テ行ハレマシタ所ノ質疑應答ノ主ナルモノヲ御紹介申上ゲマス

會社等臨時措置法案ニ付キマシテ一委員カラ、本法案ニ於テ勅令ニ委任シタ事項ノ内容如何ト云フ質疑ガアリマシタガ

(議長退席、副議長著席)

政府ハ具體的ニ其ノ内容ヲ説明スルト共ニ、只今豫定致シテ居ル事項ハ之ヲ勅令ニ委任スルコトナク、直チニ法文ノ中ニ採入レルコトハ必ズシモ不可能デハナイガ、戰局ノ推移ニ依ッテハ多少ノ變更ヲ加ヘル必要ガアルト考ヘルノデ、其ノ餘裕ヲ存スル爲ニ勅令ニ委任スルコトニシタト附言セラレマシタ、次ニ第三條ニ付キマシテ、政府ノ説明デハ、株主ノ員數ヲ五千人位ニ限定スルトノコトデアルガ、其ノ員數ハ如何ナル時期ヲ標準トシテ算定スルノデアルカト云フヤウナ問ニ對シマシテ、政府ハ總會招集ノ爲ノ公告ヲナシタ時ニ五千人バカリアルナラバソレデ宜イト云フ豫定デアルトノ答辯デアリマシタ、ソレカラ第二條等ハ定款ニ定メアル場合ニ限ッテ適用セラレルコトニナッテ居ルガ、左樣ナ定メヲナスニハ普通ノ定款變更手續ニ依ルノデアルカ、斯ウ云フ問ニ對シマシテ政府ハ、唯一回ノコトデアリ、且ツ株主ノ意思ヲ確ムルヲ相當トスルカラ、從來通リノ定款變更ノ手續ニ依ラナケレバナラヌト云フ答辯デアリマシタ、尚ホ第四條ニ付テ或ル委員カラ、政府ノ説明ニ依ルト、營業ノ一部ノ讓渡或ハ營業全部ノ讓受ノ場合デモ、比較的輕微ナモノデアル場合ニハ、總會ノ決議ニ依ラズトモ差支ヘナイト言ハレルガ、是ガ爲ニ會社ノ目的變更ヲ生ズルヤウナ場合デモ、左樣ナ手續デ宜イノカト云フ質問ガアリマシタガ、之ニ對シマシテ政府ハ、左樣ナ場合ノ定款變更ハヤハリ一般ノ定款變更ノ手續ニ依ルベキモノデアル、換言スルト、定款ノ變更ヲ要シナイ場合ニ、營業ノ一部讓渡或ハ全部ノ讓受、左樣ナコトガ行ハレル場合ニハ、斯樣ナ簡易ナル手續ニ依ラシムル豫定デアルト云フ趣旨ノ答辯ガアリマシタ、次ニ訴訟費用等臨時措置法案ニ關聯シテ或ル委員カラ、裁判所ノ開廷時刻ガ嚴守勵行サレナイ爲ニ、戰力增强ニ忙ガシイ訴訟關係人マデガ迷惑ヲ受ケテ居ル現狀デアルガ、之ヲ匡正スルニ付テ何トカ考慮ヲシテハドウカト云フヤウナ質問ガアリマシタガ、之ニ對シ政府カラハ、是ハ平素常ニ警戒ヲ致シテ居ル點デアルガ、一日ニ數件或ハ數十件宛審理ヲシナケレバナラヌ今日ノ裁判所ノ機構カラ見テ、一面洵ニ已ムヲ得ナイ次第デアル、併シ今後ハ一層裁判所及ビ訴訟當事者ノ協力ヲ强調シテ、此ノ種ノ不利不便ガナイヤウナコトニ十分努力ヲスルト云フ趣旨ノ答辯ガアリマシタ、次ニ經濟關係罰則ノ整備ニ關スル法律案ニ付テ或ル委員カラ、本案成立後ノ檢擧ノ方針、特ニ所謂大物ノ檢擧ヲスルニハ、檢事ニ强制搜査權ヲ附與シナケレバ其ノ目的ガ達セラレナイノデハナイカト云フ質問ニ對シマシテ、司法大臣カラ、此ノ法案ノ運用ニハ勿論萬全ヲ期シ、其ノ事犯ニ對シテハ、高位高官ニ在ル者ニ付テモ、檢擧ハ常ニ嚴正公平ニ行フベキコトハ司法ノ性質上當然ノコトデアル、搜査機關ノ强制權ノ問題ハ深イ關心ヲ持ッテ居ルガ、其ノ影響ガ中々大キイノデ、司法省内ノ民事法令及ビ刑事法令改正準備委員會ニ於テ、此ノ點ハ折角研究中デアルト云フ趣旨ノ答辯ガアリマシタ、次ニ右ノ質問ニ關聯致シマシテ或ル委員カラ、官吏ノ瀆職其ノ他官吏ノ犯罪ノ檢擧ヲ全ウスル爲ニハ、獨立ノ司法警察官ノ制度ヲ設置シナケレバナラヌト思フガ、政府ノ所見如何ト云フ問ガアリマシタノニ對シテ、政府カラハ官吏ノ瀆職其ノ他ノ犯罪ニ付テハ嚴正ナル檢擧ヲ必要トスルコトハ全ク同感デアルガ、獨立ノ司法警察ノ制度ハ事重大デアッテ、愼重ナル檢討ヲ必要トスル、隨テ今直チニ立案ニ進ムカドウカハ斷言ガ出來ナイ、斯ウ云フヤウナ答辯デアリマシタ、次ニ本法案ニ關聯致シマシテ、去ル第八十三回帝國議會ニ於テ成立致シマシタアノ戰時刑事特別法中改正、裁判所構成法戰時特別中改正、斯樣ナ法令ノ實施ノ狀況、殊ニ二審制度トナッタ爲ニ、眞實發見ニ不十分ナ點ガアリハシナイカ、勾留ガ長キニ失スル爲ニ、事實上一審制度トナッタヤウナ弊ハアリハシナイカト云フヤウナコトニ付テ、詳細ナ質問ガアリマシタガ、之ニ對シ政府カラハ緻密ナル答辯ガアリマシテ、右實施ノ成績ガ著々擧ッテ居ルコト、玆ニ司法當局ニ於テ運用上遺憾ナキヲ期シ、種々努力中デアル旨ノ御答辯ガアリマシタ、次ニ或ル委員カラ本法案ニ更ニ一歩ヲ進メテ、不正ノ配給ニ付テモ處罰スル所ノ規定ヲ設クル用意ハナイカトノ質問ガアリマシタ、之ニ對シ政府ハ、斯カル處罰規定ヲ設クベシトノ意見ハ、既ニ司法省内ノ經濟關係罰則調査委員會ノ答申トシテ出テ居ルノデアルガ、規定ノ仕方ニ依ッテハ廣範圍ニ失シ、一般ニ及ボス響キガ非常ニ大キイノデ、今後之ヲ提案スルカドウカニ付テハ今直チニ明答ハ出來ナイ、併シナガラ更ニ一層ノ研究ヲ遂ゲタイト考ヘテ居ル、斯樣ナ答辯ガアリマシタ、次ニ一委員カラ經濟統制法令ハ煩瑣ニシテ厖大デアル、之ヲ簡素化スル所ノ必要ガアルト思フガ、司法當局ノ方針ハドウカ、又經濟事犯ニ對シ、一般刑法ト違ッタ經濟刑法トモ云フヤウナ根本法ヲ制定スル必要ハナイカ、或ハ經濟事犯ニ對スル刑罰トシテ、從來ノ體刑、金刑ノ外ニ閉門、謹愼ト云フヤウナ新タナ制裁ヲ考ヘル必要ハ

ナイカ、更ニ又經濟犯罪ニ付テハ事前防止ニ力ヲ注グベキデアルガ、其ノ對策如何、斯樣ナ質問ガアリマシタノニ對シマシテ、政府カラハ經濟統制法令ノ整備統合ハ望マシイコトデアルガ、關係方面モ多イカラ、篤ト協議ノ上デ適當ニ考慮スル、又經濟事犯ニ對シ現在ノ刑罰以外ニ、新タナル刑罰ヲ制定スベシトノ御意見ニハ深ク敬服スルガ、事重大ナ問題デアルカラ是レ亦篤ト研究調査ヲ進メタイ、尙ホ又經濟犯罪ノ事前防止ニハ大イニ努力ヲ傾注シテ行ク積リデアルガ、其ノ根本ハ遵法精神ノ涵養ト云フコトニアルト考ヘテ、司法省トシテハ本年度豫算ニ於テ統制經濟遵法懇談會ノ費用ヲ要求中デアルカラ、是ガ實現スルナラバ各地方ノ有力者ノ協力ヲ得テ、經濟犯罪ノ事前防止ニ努メタイト思ウテ居ル、斯樣ナ答辯ガアリマシタ、次ニ一委員カラ司法部ノ機構ノ戰時態勢ヘノ切替ハ一應完了シタ感ガアルガ、機構ヨリモ人ノ問題ハ尙ホ大切デアル、此ノ點ニ關スル司法省ノ用意如何ト云フヤウナ質問ガアリマシタガ、之ニ對シ政府委員カラ種々事例ヲ擧ゲテ、司法部ノ時局認識ニ付テノ決意ノ存スル所ヲ披瀝セラレマシタ

　次ニ朝鮮ニ於ケル裁判手續簡素化ノ爲ノ國防保安法及治安維持法ノ戰時特例ニ關スル法律案ニ付キ御報告致シマス、或ル委員カラ此ノ法案ハ內地ニ於テハ他ノ立法手續ニ依リ、本法案ノ成立ト同樣ノ結果ヲ既ニ得テ居ルニ拘ラズ、單ニ朝鮮ノミノ爲ニ殊更ニ本案ノ協贊ヲ求ムルノデアルガ　斯クノ如キ獨立ノ立法手續ヲ執ルコトナク、法ノ解釋運用等ニ依リ、所期ノ目的ヲ達シ得ルノデハナイカ、統治上出來得ル限リ內鮮一體ノ措置ガ望マシイガ、政府ハ將來ニ於テモ本案ノ如キ立法手續ヲ維持スル方針デアルカト云フノデ、四ツノ對策ヲ提示シテノ質問ガアリマシタガ、之ニ對シ政府ハ對案中ノ二ツハ反對ノ解釋ヲ取ルガ、他ノ二ツハ考慮ノ餘地ガアル、將來必ズシモ本案ノ立法手續ヲ先例トスルモノデハナイ旨ノ答辯ガアリマシタ、次ニ朝鮮ノ民心ニ關シ國防保安、治安維持ノ見地カラ質問セラレマシタコトニ對シテ、政府ハ國防獻金、金屬回收等ニ現ハレタ半島同胞ノ忠誠心ヲ種種說明セラレマシタガ、中ニ付キ一ツダケ具體例ヲ御紹介致シマスト、內地學徒ガ「ペン」ヲ捨テ筆ヲ投ジテ、勇躍征途ニ上ル壯擧ヲ聞キ知ッタ朝鮮ノ學生達ハ、當時志願ニ依ルノ外、兵役ニ就ク途ナカリシニ拘ラズ、朝鮮ニ於ケル在學生ノ九割八分、內地在學生ノ九割五分ハ、大東亞戰爭ノ必勝ニ決死ノ御奉公ヲナス爲メ、進ンデ徵兵志願ヲ致シタトノコトデアリマス(拍手)、以上ノ外各案ニ付キ種々熱心且ツ適切ナル質疑應答ヲ交サレマシタガ、其ノ詳細ハ速記錄ニ讓ルコトニ致シマス

　斯クテ質疑ヲ終了シ、四案ヲ一括シテ討議ニ入リマシタ所、委員佐久間渡君ヨリ原案通リ可決スベシトノ意見ノ開陳ガアリ、採決ノ結果、全會一致可決致シマシタ、以上御報告申上ゲマス(拍手)

○副議長(內ケ崎作三郎君)　四案ノ第二讀會ヲ開クニ御異議アリマセヌカ

〔「異議ナシ」ト呼ブ者アリ〕

○副議長(內ケ崎作三郎君)　御異議ナシト認メマス、仍テ四案ノ第二讀會ヲ開クニ決シマシタ

昭和十九年二月四日

朝鮮私設鐵道補助法中改正法律案外二件 第一讀會ノ續

第七 朝鮮私設鐵道補助法中改正法律案(政府提出、貴族院送付) 第一讀會ノ續(委員長報告)

第八 船舶職員法中改正法律案(政府提出、貴族院送付) 第一讀會ノ續(委員長報告)

第九 簡易生命保險法中改正法律案(政府提出、貴族院送付) 第一讀會ノ續(委員長報告)

報告書

一朝鮮私設鐵道補助法中改正法律案(政府提出、貴族院送付)

右ハ本院ニ於テ可決スヘキモノト議決致候此段及報告候也

昭和十九年二月二日

委員長 今井 健彦

衆議院議長岡田忠彦殿

報告書

一船舶職員法中改正法律案(政府提出、貴族院送付)

右ハ本院ニ於テ可決スヘキモノト議決致候此段及報告候也

昭和十九年二月二日

委員長 今井 健彦

衆議院議長岡田忠彦殿

報告書

一簡易生命保險法中改正法律案(政府提出、貴族院送付)

右ハ本院ニ於テ可決スヘキモノト議決致候此段及報告候也

昭和十九年二月二日

委員長 今井 健彦

衆議院議長岡田忠彦殿

(今井健彦君登壇)

○今井健彦君 只今上程サレマシタ三案ニ付キマシテ、委員會ノ經過竝ニ結果ニ付キマシテ順次御報告申上ゲマス

朝鮮私設鐵道補助法中改正法律案、本案ハ現在朝鮮ニ於キマシテ政府ノ補助ヲ受ケテ居リマスル私設鐵道ガ全部デ十二社、其ノ延長ガ千五百五十九「キロ」餘アリマス、其ノ補助期間ハ營業開始ノ日カラ十五箇年、其ノ後總督府ニ於テ必要アリト認メマシタル時ニハ、更ニ十年延長スルコトガ出來ルト云フ規定デアリマス、此ノ中ニ朝鮮鐵道黄海線及ビ忠北線、朝鮮京南鐵道所屬ノ鐵道、京城電氣ノ金剛山電鐵線、新興鐵道ノ咸南線、此ノ四社五鐵道ガ本年ノ十二月乃至二十年ノ三月デ二十五箇年ノ補助年限ガ滿了致スノデアリマス、然ル所此ノ四鐵道ハ何レモ國營線ノ代行線タルノ特質ヲ有シテ居リマスノミナラズ、特ニ生產力擴充上緊要ナ物資竝ニ生活必需物資輸送ノ重大使命ヲ帶ビテ居ルノデアリマス、仍テ政府ハ更ニ其ノ補助ヲ繼續セント致シテ、此ノ提案ヲナサレタモノデアリマス、委員會ニ於キマシテハ、之ニ關聯致シマシテ、朝鮮鐵道ノ增强策、半島ト內地トノ結付キ、或ハ大陸ト朝鮮トノ連絡、港灣設備、荷役ノ狀況、其ノ他ニ付キマシテ詳細ノ質疑應答ガ交サレタノデアリマス、朝鮮鐵道ニ於キマシテハ、從來客本位ニ鐵道ガ造ラレテ居ツタ、然ルニ此ノ時局勃發後、貨物ノ大部分ヲ陸ニ轉移シナケレバナラヌ結果ニナツタ爲ニ俄カニ本鐵道ノ改築ヲ必要トシ、政府ノ說明スル所ニ依リマスレバ、今年ダケデ一億圓ノ金ヲ增加致シマシテ、新義州、釜山間ノ鐵道ノ複線工事ニ着手シ、近ク其ノ竣功ヲ見ルコトニナツタト云フコトデアリマス、更ニ又南鮮方面ニ於キマスル港灣、蔚山ノ岸壁ノ整理ヲ初メト致シマシテ、釜山、馬山、三千浦或ハ麗水、木浦、是等ノ港灣ノ設備ヲモ近ク完成スルコトニナツタト云フコトデアリマス、之ニ依リマシテ本年ノ下半期ニナリマスレバ、其ノ輸送力モ非常ニ强大ニナルト云フ說明ガアリマシタ、尚ホ朝鮮ノ輸送力其ノ他ニ付キマシテ、祕密會ヲ開キマシテ詳細ノ檢討ヲ加ヘタノデアリマスルガ、其ノ內容ハ此處ニ申上ゲルコトヲ遠慮致シマス

次ニ船舶職員法中改正法律案、本案ノ改正ノ要點ハ、從來船舶ニハ無線通信士ト云フモノハ、職員トシテ定員ノ中ニハ加ハツテ居ラナカツタノデアリマス、無線電信ノ利用ノ重要性ニ鑑ミマシテ、今後ハ無線通信士ヲ船舶職員トシテ、其ノ乘組ヲ强制スルコトニ相成ツテ居リマス、第二ハ運轉士ノ名稱ヲ航海士ト改メル、第三ハ今マデ海技免狀ノ種類ト云フモノガ非常ニ多種多樣デアツタ、之ヲ整備致シマシテ十四種、通信士ノ免狀ガ三種、合計致シマシテ十七種ニ限定ヲシテ、免狀ノ行使範圍ニ彈力性ヲ有セシメルコトニナツタノデアリマス、第四ハ船舶職員ノ定數ヲ、從來ハ船ノ「トン」數別ニ依ツテ船長、運轉士ノ數ヲ決メ、船ノ公稱馬力ノ別ニ依リマシテ機關長、機關士ノ定員ヲ定メテ居ツタノデアリマスガ、之ヲ航行區域及ビ「トン」數別ノ一表ト致シマシテ、從來ノ公稱馬力制度ニ囚ハレルコトナク、其ノ制度ヲ改メルト云フノデアリマス、本案ニ關係致シマシテ、委員會デハ海上輸送力增强、或ハ船舶ノ國家管理デアルトカ、木造船、甲造船ノ建造ノ狀況、機帆船ノ運航統制ノコト、港灣行政ノコト、其ノ他各種ノ質疑ガ行ハレマシタ、祕密會ニ於キマシテモ特ニ海軍當局ノ出席ヲ求メマシテ、詳細ナル說明ヲ煩ハシタノデアリマスルガ、其ノ詳細ハ之ヲ速記錄ニ讓リタイト思ヒマス、唯其ノ中デ特ニ港灣法ノ制定ニ付キマシテ八田運輸通信大臣カラ一ノ言明ガアリマシタ、港灣ノ一元的運營ヲ圖ル爲ニ港灣法ノ制定ハ是非必要デアル、今議會ニ提出スルコトハ出來ナカツタガ、事前ニナスベキ施設ヲ進メ、最モ近イ機會ニ提出スル考ヘデアル、港灣法ノ內容トシテハ建

設、修築、運營等港灣ニ關スル一切ヲ包含スルモノタラシメテ、輸送能率增强ノ爲ニ港灣ニアル現有施設ノ一切ヲ、必要ニ應ジテ管理運營スルコトガ出來ルヤウニスル積リデアルト云フコトノ言明ガアリマシタ、更ニ又木造船ノ建造ニ付キマシテハ、海運總局長官カラ致シマシテ、昨年ノ十二月ニ木船實務者ト技術者ノ懇談會ヲ開イタ結果、海務院ノ標準型船ノ設計改良ヲ斷行スルコトニナツタ、既往ノ行掛リニ囚ハレズ、斷乎トシテ之ニ改革ノ手ヲ進メテ行ク決心ヲ持ツテ居ルト云フコトノ表明ガアリマシタ、更ニ又甲造船ニ付キマシテモ、昨年ハ非常ニ成績ガ良好デアリマシテ豫定以上ノ成績ヲ擧ゲテ居ル、本年ハ更ニ昨年度ニ比ベマシテ倍ノ建造ガ出來ル豫定デアルト云フ言明ガアリマシタ

次ニ一委員ヨリ致シマシテ、現在護送船ニ乘組ンデ居リマスル船員ノ狀況ニ付キマシテ政府ニ質問ヲ致シマシタル所、岡海軍軍務局長ハ斯ウ云フ答辯ヲ致サレマシタ、海軍ガ船員ニ對シ殊勳者トシテ金鵄勳章ヲ授與シタル者ハ既ニ二十七名、或ル特設輸送船ハ聯合艦隊司令長官カラ感狀ヲ授ケラレテ居リマス、船員ノ相手ハ飛行機デアリ潛水艦デアリマスルカラ、竝大抵ノモノデハアリマセヌ、或ル船ノ如キハ敵潛水艦二隻ト遭遇スルヤ、敢然砲擊ヲ加ヘ、其ノ一隻ヲ擊破スルノ殊勳ヲ擧ゲ、自ラモ亦三名ノ戰死者ヲ出シテ居ル、或ル輸送船ハ敵機カラ爆擊サレテ火災ヲ生ジ、將ニ沈沒ニ瀕セントシタガ、乘組ノ二等機關士ハ他ノ一名ノ者ト火焰ノ中ニ飛込ンデ發動機ノ操縱ヲ續ケマシタ爲ニ、沈沒前大發救命艇ヲ降スコトガ出來マシタ、又機帆船ガ敵潛水艦カラ機銃掃射ヲ受ケタ時、敵潛水艦ニ體當リヲ行ハントシタ爲メ、敵ハビツクリシテ逃ゲタト云フコトガアル、斯クノ如キ勇敢ナル行爲ハ日本船員魂ノ發露デアツテ、其ノ例ハ枚擧ニ遑ガナイノデアリマス、申スマデモナク海上輸送ハ戰爭遂行上重大ナル要素デアリ、ソコニ船員、乘組員ノ重大任務ガアル、大體航海ハ平常デサヘ困難デアルガ、特ニ開戰以來潛水艦、航空機ノ橫行スル中ヲ航行スルノハ、平時ニ比ベテ幾十倍ノ困難ガアル、船長以下乘組員ハ不眠不休デ活躍シ、荷役ハ極度ニ早メナケレバナラナイ、船長船員ノ斯カル努力ニ對シテ我々一同ハ感謝シ敬意ヲ表シテ居ル次第デアルガ、一船ノ乘組船員ハ極メテ少數デアツテ、晝夜ヲ別タズ航空機、潛水艦ニ對シテ警戒シナガラ海上輸送ノ重責ヲ遂行シテ居ルノデアリマスルカラ、此ノ機會ニ國民全體ガ船員ノ努力、立場ヲ理解シテ、船員ノ志氣昂揚ニ努メ、其ノ家族救援ニ十分協力セラレンコトヲ希望スル(拍手)又陸軍ノ吉積整備局長ハ斯ウ申サレマシタ、大東亞戰下我ガ船舶ハ敵ノ潛水艦ト戰ヒナガラ、晝夜ノ別ナク戰力增强ト國民生活必需物資ノ確保ノ爲ニ第一線ニ活躍シテ居リ、之ニ伴ツテ船員ノ勞苦モ非常ナルモノガアル、能ク底力ヲ發揮シテ其ノ任ニ當ツテ居ル、殊ニ陸軍ノ徵用船ハ北ハ千島カラ南ハ「ビルマ」マデ數千哩ニ亙ツテ涙グマシキマデノ苦鬪ヲ重ネテ居リマス、最近敵米國ハ補給線遮斷ニ徹底シタ施策ヲ講ジタラシク、潛水艦ニ依ル我ガ船舶ノ損耗ヲ增シテ居リマス、人手ノ少イ船員ノ中カラ對潛水艦見張員ヲ出サネバナラナイ等、船員ノ仕事ハ二重三重ニ增加シテ居ル、船長ノ如キハ航海中食事モ寢ルノモ一切甲板デヤツテ居ル、船長以下ノ技術ハ實ニ優秀デ、屢〻敵潛水艦カラ船ヲ救ツテ居ル、中ニハ敵潛水艦ニ自分ノ船ヲ打突ケテ難ヲ免レタ例モアリマス、斯ウシタ關係カラ敵潛水艦ノ見張ヲ增加シナケレバナラナイ、運航能率ヲ增進スル爲ニ內地ノ荷役ヲ短時間ニ縮メ、歸リニハ努メテ南方物資ヲ少シデモ多ク積ンデ歸ル等ノ爲ニ、船員ノ休養期間ハ皆無ト云ツテ宜イ狀態デアリマス(中略)要スルニ苛烈悽慘ナル決戰下ニ於ケル海上輸送ハ益〻危險ガ增大シテ居ルガ、船員諸君ガ船ニ貨物、軍隊ガアル限リ、死ヲ賭シテ船ヲ死守スル精神ニ對シ最大ノ敬意ヲ表シテ居ル次第デアリマス、斯ウ述ベラレテ居リマス(拍手)洵ニ戰爭ニ際シマシテ護送船ノ乘組員諸君ガ、非常ナ奮鬪ヲ續ケラレテ居ルト云フコトハ之ニ依ツテモ明カナノデアリマスガ、然ルニ之ニ對スル所ノ給與ト云フモノガ伴ハナイ、之ニ對シマシテ、一議員カラ詳細ノ質問ガアリマシタ、船長ノ平均年齡ハ大體四十七歲ダサウデアリマス、然ルニ此ノ船長ガ輸送ノ大任ヲ帶ビマシテ、潛航艇ノ橫行スル海面ニ突入シ、サウシテ戰死シタ場合ニ此ノ人達ノ受ケル給與ガ幾ラデアルカト云ヘバ、二十年保證年金ニ致シマシテ、船長デアツテ月額僅カニ八十圓六十二錢シカ貰ヘナイノデアリマス、軍人ニ比スコトハ如何ト思ヒマスガ、海軍ノ大尉ノ年金ニモ遙カニ及バナイノデアリマス、又甲板長ハ船ニ於キマスル中堅デアリマス、此ノ甲板長ガ戰死致シマシタ時ニモ、僅カニ月額ニ致シマシテ三十二圓六十五錢ノ保證年金ガ貰ヘルニ過ギナイノデアリマス、准士官ノ三分ノ一ニモ足リナイ所ノ給與デアリマス、洵ニ同情ニ堪ヘナイ、其ノ上ニ食糧ニ致シマシテモ、被服ニ致シマシテモ、軍手ニ致シマシテモ、軍靴ニ致シマシテモ、雨合羽ニ致シマシテモ、色々ノ物ノ補給ガ今日十分ニ整ツテ居ラナイノデアリマス、之ニ對シテ政府ハモツト此ノ給與ヲ良クシ、是等ノ物資ヲ潤澤ニスベキデハナイカト云フ質問ニ對シマシテ政府ハ、洵ニ御尤モナコトデアリマス、是等ノ給與ニ對シテハ、近キ機會ニ於テ、閣議決定ニ依ツテ純軍需ニ應ジテ配給スルヤウニ致シタイ、斯ウ云フ答辯デアリマシタ(拍手)其ノ他秘密會ニ於キマシテハ、沈船其ノ他ニ關シマシテ詳細ナ質疑應答ガアツタノデアリマスガ、是モ茲ニ御報告致シマス自由ヲ有サナイノデアリマス

次イデ簡易生命保險法中改正法律案、本案ハ被保險者一人ニ付テ加入シ得ル保險金ノ最高制限額一千圓ヲ二千圓ニ引上ゲル、唯是ダケノ案デアリマス、保險金最高制限額ヲ若シ無條件デ千圓以上ニ引上ゲマス時ニハ、現在民間ノ生命保險會社ガ實施シテ居リマス千圓以上ノ無審査保險ト是ガ競合致シマス、仍テ其ノ弊ヲ除ク爲ニ、簡易生命保險ノ被保險者一人ニ付テ加入シ得ル限度ヲ二千圓トスルト同時ニ、一年間ニ加入シ得ル限度ハ千圓ヲ超ユルコトヲ得ザルモノト致シマシタ、民間ノ無審査保險ハ從來通リトスル、斯カル修正デアリマス、之ニ對シマシテ委員諸君カラ種々ナル質疑ガ行ハレマシタ、先ヅ今日無集配局ノ中ノ特定局ト直轄局、之ニ依ツテ其ノ從業員ノ待遇ガ差別サレテ居ル、之ヲ撤廢スルコトハ出來ナイカ、之ヲ更ニ待遇ノ改善ヲスルコトハ出來ナイカト云フ質問ニ對シマシテ、政府當局ハ、本年ハ先般郵便料値上其ノ他ニ依ツテ得マシ

タル收入ノ中カラ一部ノ金ヲ割イテ、從業員ノ二千人ダケハ判任官ニ待遇ヲ改メル、來年度ニ於キマシテハ特定局ノ從業員九千人ヲ判任官ニ全部昇格サセル豫定デアルト云フ言明ガアリマシタ、其ノ他雜費ノ支給作業ノ簡素化、制度機構ノ改正等、通信ノ戰時體制確立ニ關シマス緊急適切ナル質疑應答ガ交ハサレタノデアリマス、ソレ等ノ詳細ハ全部之ヲ速記錄ニ讓ルコトト致シマス

三案ニ付テ質疑ガ終了致シマシタ後討論ニ入リマシテ、小林委員カラ、現業員ノ待遇改善、半島ト本土トノ連絡、大陸ト半島トノ鐵道輸送計畫ト云フヤウナコトニ付キマシテ希望ヲ附シマシテ、三案トモ何レモ原案、卽チ貴族院カラ送付サレマシタ原案通リ委員會ニ於テハ贊成ノ御意見ガアリマシタ、採決ノ結果、全員三案トモ貴族院送付案通リ、卽チ原案通リ之ヲ可決スルコトニ決定致シタノデアリマス、以上御報告申上ゲマス(拍手)

○副議長(內ケ崎作三郎君) 三案ノ第二讀會ヲ開クニ御異議アリマセヌカ

〔「異議ナシ」ト呼ブ者アリ〕

○副議長(內ケ崎作三郎君) 御異議ナシト認メマス、仍テ三案ノ第二讀會ヲ開クニ決シマシタ

○森下國雄君 直チニ三案ノ第二讀會ヲ開キ、第三讀會ヲ省略シテ、委員長報告ノ通リ、可決セラレンコトヲ望ミマス

○副議長(內ケ崎作三郎君) 森下君ノ動議ニ御異議アリマセヌカ

〔「異議ナシ」ト呼ブ者アリ〕

○副議長(內ケ崎作三郎君) 御異議ナシト認メマス、仍テ直チニ三案ノ第二讀會ヲ開キ、議案全部ヲ議題ト致シマス

朝鮮私設鐵道補助法中改正法律案 第二讀會(確定議)

船舶職員法中改正法律案 第二讀會(確定議)

簡易生命保險法中改正法律案 第二讀會(確定議)

○副議長(內ケ崎作三郎君) 別ニ御發議モアリマセヌ、第三讀會ヲ省略シテ、三案トモ委員長報告通リ可決確定致シマシタ(拍手)

日程第十、北支那開發株式會社法及中支那振興株式會社法中改正法律案ノ第一讀會ノ續ヲ開キマス、委員長ノ報告ヲ求メマス――委員長深澤豐太郎君

昭和十九年三月二十五日

昭和十七年度各特別會計歲入歲出決算外一件

昭和十七年度特別會計
内務省所管朝鮮總督府
歲入經常部
第一款　租　税
第一項　所得税

（八）京城税務署ノ徴收不足ニ屬スルモノ（會計檢査院報告ノ一）
一六、一六〇・四〇〇円
臨時利得税ニ於テ同署ノ徴收不足ニ屬スルモノ
一三、四九五・二五〇

（九）京城税務署ノ徴收不足ニ屬スルモノ（會計檢査院報告ノ同上）
四、三六二・六〇〇
臨時利得税ニ於テ同署ノ徴收不足ニ屬スルモノ
三、九六六・〇〇〇

（一〇）釜山税務署ニ於テ徴收不足ニ屬スルモノ（會計檢査院報告ノ同上）
三、六九六・四〇〇

（一一）水原税務署ノ徴收不足ニ屬スルモノ（會計檢査院報告ノ同上）
一、五七三・八〇〇
臨時利得税ニ於テ同署ノ徴收不足ニ屬スルモノ
三、四五二・〇〇〇

（一二）京城税務署ノ徴收不足ニ屬スルモノ（會計檢査院報告ノ同上）
四一三・六〇〇
臨時利得税ニ於テ同署ノ徴收不足ニ屬スルモノ
一、〇五四・〇〇〇

（一三）京城税務署ノ徴收不足ニ屬スルモノ（會計檢査院報告ノ同上）
二三二・六八〇
臨時利得税ニ於テ同署ノ徴收不足ニ屬スルモノ
三、六九一・九五〇

（一四）京城税務署ノ徴收不足ニ屬スルモノ（會計檢査院報告ノ同上）
一二六・〇〇〇
臨時利得税ニ於テ同署ノ徴收不足ニ屬スルモノ
一、八〇〇・〇〇〇

（一五）京城税務署ニ於テ徴收過ニ屬スルモノ（會計檢査院報告ノ同上）
四、七五三・六三〇

右ハ孰レモ取扱ノ過誤ニ因リ徴收過不足ヲ生セシメタルモノニシテ不當ナリトス

歲出臨時部
第二十五款　時局對策施設諸費
第十二項　食糧對策施設費

（一六）京畿道外十道ノ支出ニ係ル（會計檢査院報告ノ二）
一、五八一、三七九・三七〇円

右ハ昭和十七年五月及十八年三月各道費ニ對シ長期貯藏米金利補助金トシテ交付シタル百八拾九萬餘圓ノ内過渡トナリタル金額ナリ抑本件補助金ハ本府統制米ニシテ強制保管ヲ命シタルモノノ内毎年三月一日以降ニ亙リ保管スル場合買上當日ニ至ル迄ノ期間ニ對シ級價格ヲ石當貳拾貳圓拾五錢トシ年利率三分四厘ニ相當スル金額以内ヲ道費ヲ通シ其ノ保管者ニ補給スルモノニシテ十六年產米ニ對シテハ本件補助金豫算ノ全額タル百八拾壹萬七千餘圓ヲ交付シタルモノナルモ米穀事情ノ變化ニ依リ豫定ニ比シ早期ニ買上ヲ實施シタル等ノ爲當時既ニ補助金交付ノ對象タル保管米ノ買上數量ハ著シク減少スヘキハ明ナリシニ拘ラス其ノ間ノ事情ヲ考慮スルコトナク豫算ノ全額ヲ買上豫定計畫數量ニ依リ交付シタルヲ以テ多額ノ過渡ヲ來シ又十七年產米ニ對シテモ補助金交付當時保管米殆ト殘存セサル狀況ナリシニ拘ラス補助金豫定額ノ全額タル拾萬參千八百餘圓ヲ交付シタルニ依リ過渡トナリタルノミナラス其ノ精算著シク遲延シ妥當ナラスト認メラル

而シテ十六年產米ニ在リテハ内外地ヲ通スル米穀事情ノ變化ニ依リ早期買上ヲ實施セル等ノ爲十七年三月以降ノ保管米買上高ハ豫算編成當時ノ計畫高ニ比シ著シク減少ヲ來シ補助金交付ノ對象タル保管米殘高ノ實情ヲ勘案スルコトナク豫算ノ全額ヲ買上豫定計畫數量ニ基キ交付セルノミナラス十七年產米ニ在リテモ同樣豫定補助金ノ全額ヲ交付シ補助金ノ過渡トナレルカ如キハ失當ノ措置ト謂ハサルヲ得ス依テ本件ハ補助金ノ交付ニ關シ措置其ノ宜シキヲ得ス不當ナリトス

内務省所管朝鮮鐵道用品資金
歲　入
第一款　用品及工作收入
第一項　用品及工作收入

（一七）朝鮮總督府鐵道局ノ徴收ニ係ル（會計檢査院報告ノ一）
一七、七五三・九七〇円

右ハ昭和十七年九月乃至十八年二月朝鮮鐵道株式會社ニ賣却シタル絹「ネル」二十八吋巾モノ一萬五千八百九米餘ノ代價ニシテ貯藏品出納單價米當壹圓七錢ニ對シ五分ノ割掛ヲ附シタル壹圓拾貳錢參厘ヲ以テ賣却單價ト爲セルモノナルモ現品ハ株式會社三中井ヨリ米當壹圓五拾五錢ニテ購入セルモノナルヲ以テ單價ノ決定當ヲ得サルモノト認メラル

本件貯藏品ノ出納單價壹圓七錢ハ局内使用ニ際シ適用スル計算上ノモノニシテ實際購入價格ヨリ低廉ニ設定セラレタルモノナルヲ以テ本件ノ如キ局外賣却ニ際シテハ市價ヲ斟酌スヘキモノニ屬シ本件拂下品ヲ株式會社三中井ヨリ購入セル當時ニ於ケル價格算定ノ基礎ヲ觀ルニ大阪渡卸賣價格ニ運賃諸掛ヲ加算シ壹圓五拾五錢ヲ相當價格ト認メ購入セルモノナルノミナラス賣却當時ニ於テハ此ノ種纖維品ハ其ノ市價昂騰セルモノト認メラルルニ品質ノ點ヲ勘案セリト爲シ前記低廉ナル出納單價壹圓七錢ヲ基準ト爲セルハ失當ノ措置ト謂

ハサルヲ得ス依テ本件ハ物件ノ賣却ニ當リ措置其ノ宜シキヲ得ス不當ナリトス

拓務省所管朝鮮總督府

歳入經常部

第一款　租税

第一項　所得税

（五四）水原税務署ノ徴收不足ニ屬スルモノ（會計檢査院報告ノ一〇）

円 二、三六四・八一〇

臨時利得税ニ於テ同署ノ徴收不足ニ屬スルモノ

二、八二四・五〇〇

（五五）安州税務署ニ於テ徴收不足ニ屬スルモノ（會計檢査院報告ノ同上）

一、七八七・二〇〇

（五六）春川税務署ノ徴收不足ニ屬スルモノ（會計檢査院報告ノ同上）

一一五・二〇〇

臨時利得税ニ於テ同署ノ徴收不足ニ屬スルモノ

一、八〇九・五五〇

右ハ執レモ取扱ノ過誤ニ因リ徴收不足ヲ生セシメタルモノニシテ不當ナリトス

歳出經常部

第十四款　鐵道局

第三項　諸拂戻立替金及缺損補塡金

（五七）朝鮮總督府鐵道局ノ支出ニ係ル（會計檢査院報告ノ一一）

円 一〇、一九〇・七八〇

右ハ釜山驛雇員最相某カ貨物掛トシテ出納事務ニ從事中貨物運賃收入中横領シタル總額壹萬四百餘圓ノ内ニシテ缺損補塡ヲ爲シタルモノナリ依テ本件ハ不當ナリトス

昭和十九年九月七日

小磯總務大臣ノ演説

○國務大臣（小磯國昭君）　不肖曩ニ米内海軍大將ト共ニ図ラズモ組閣ノ大命ヲ拜シ、國政燮理ノ重任ヲ承ルコトニ相成リマシタガ、洵ニ恐懼感激ニ堪ヘマセヌ、眞ニ非常重大ナル時局下、渾身ノ努力ヲ捧ゲテ大御心ニ副ヒ奉ランコトヲ期シテ居リマス、玆ニ第八十五回帝國議會ニ臨ミ　政府ノ所信ヲ披瀝スルノ機會ヲ得マシタコトハ私ノ最モ欣幸トスル所デアリマス、畏クモ天皇陛下ニ於カセラレマシテハ、本日ノ開院式ニ當リ特ニ優渥ナル　勅語ヲ賜ハリ、洵ニ感激ニ堪ヘマセヌ、私ハ諸君ト共ニ謹ミテ　聖旨ヲ奉戴シ愈々匪躬ノ誠ヲ致シ、決戰下重大ナル職務ノ遂行ヲ期シ速カニ戰爭目的ヲ達成シ、以テ　宸襟ヲ安ンジ奉リタイト存ジテ居リマス（拍手）

私ハ今皇國ノ興廢ヲ決スベキ重大時局ノ關頭ニ立チ、皇祖皇宗ノ神靈ノマニマニ世界ニ比類ナキ皇國國體ヲ護持シ、光輝アル悠久ノ歴史ヲ愈々顯揚スベキハ正ニ今日ニ在ルコトヲ顧ヒ、一億同胞ト共ニ堅確ナル必勝ノ信念ヲ把持シテ、大和一致、總力ヲ結集シ、近ク醜乎米英擊滅ノ擧ニ出デントスル第一線皇軍ノ壯圖ニ策應シテ、國務ノ運營ヲ飽クマデモ戰爭目的ノ完遂ニ吻合セシメタイト存ジマス（拍手）

抑々大東亞戰爭ハ、宣戰ノ詔勅ニ昭示セラルル如ク皇國ノ自存自衞ノ爲メ蹶起ヲ餘儀ナクセラレタモノデアリマスト同時ニ、大東亞復興ト云フ大目標ヲ有スルモノデアリマシテ、眞ニ大和民族ノ死活ヲ賭スル戰デアルノミナラズ、「アジア」十億ノ運命ヲ決スル大決戰デアリマス（拍手）古來一難ノ加ハル毎ニ益々奮起スル我ガ國民性ノ長所ハ、既ニ本戰爭ノ經過中ニ於テモ屢々實證セラレタ所デアリマスガ、我ガ本土ニ對スル敵ノ來襲ハ漸ク頻繁且ツ大規模ナラントシ、又敵ノ本土上陸ヲモ考慮スベキ現段階ニ於キマシテハ、眞ニ總力ヲ結集シ一切ヲ捧ゲテ國體ヲ護持スルノ一念ニ燃エ、飽クマデ戰ヒ拔ク決意ヲ新タニシ、齋戒神ニ祈リ人事ノ限リヲ盡スベキデアリマス（拍手）

此ノ秋ニ方リ、想ヲ遙カニ前線ニ馳セマスルナラバ、我ガ第一線將兵ハ日夜勇戰力鬪、敵ノ物量攻勢下ニ毫モ怯ム所ナク、士氣益々旺盛、眞ニ鬼神ヲ哭カシムル底ノ健鬪ヲ續ケ、隨所ニ敵ノ野望ヲ破碎シテ居ルノデアリマス、私ハ玆ニ諸君ト共ニ皇軍將兵ノ健鬪ニ對シ、滿腔ノ謝意ヲ表シマスルト共ニ、不幸戰歿セラレマシタル勇士ノ忠魂ニ對シ、謹ンデ敬弔ノ誠ヲ捧ゲ、又傷痍ノ將兵並ニ遺族ノ方々ニ對シ、衷心ヨリ同情ノ意ヲ表スルモノデアリマス（拍手）更ニ又私ハ、此ノ重大ナル戰局下、生産ニ、國土防衞ニ、日夜敢鬪シツツアル一億同胞諸君ニ對シ、深甚ナル敬意ヲ表スルト共ニ、同胞諸君ガ自ラ第一線將兵ノ壯烈ナル奮戰ニ應フル所アルベキヲ信ジテ疑ハザルモノデアリマス（拍手）

今ヤ戰局ハ眞ニ危急、皇國ノ興廢正ニ繫ツテ今日ニ在リマス、此ノ危局ヲ打開センガ爲ニハ、國政運營ノ基本ヲ大東亞戰爭ノ目的完遂ニ歸一セシメ、文武相應ジ、統帥ト國務トノ密接ナル吻合ヲ圖ルコトニ依リ、强力ナル戰爭指導ニ萬遺憾ナキヲ期スベキコトモ亦當然デアリマス、是レ先般最高戰爭指導會議ガ設置セラルルニ至ツタ所以デアリマシテ、今後ニ於ケル國政ノ運營ハ此ノ會議ニ於テ、統帥ト國務ノ綜合セラレタル上ニ其ノ根本ノ方針ヲ決定シ、萬般ノ施策、之ニ基イテ決戰的展開ヲ圖ルコトト相成ツタノデアリマス

當面ノ戰局ニ即應スル決戰施策ノ第一ハ、戰意ノ昂揚ト必勝國家態勢ノ確立デアリマス、戰意ノ昂揚ニハ徹底セル國體觀念ノ振作ヲ基調トセネバナラヌコト今更申スマデモナク、如何ナル苦難ヲモ突破シテ萬邦無比ノ國體ヲ護持セントスル灼鐵ノ如キ決心ハ、即チ必勝信念ノ源泉デアリマシテ、鞏固ナル國體觀念コソハ、取リモ直サズ最モ偉大ナル戰力デアリマス（拍手）而モ戰意ノ昂揚ハ、一面又民意ノ暢達ナクシテ之ヲ期スルコト不可能デアリマス（拍手）政府ハ即チ決戰段階ニ臨ムニ際シ、内外ノ實情ヲ普ク國民ニ周知セシメ、戰爭ニ對スル共同ノ責任感ヲ振起セシメテ、憂國ノ至情ヲ頒ツト共ニ、深ク國民ノ忠誠心ニ信頼シテ、其ノ公正ナル言論ニ聽キ、一億明朗、國難ニ赴クノ風アラシメタイ所存デアリマス（拍手）

一切ヲ擧ゲテ天壤無窮ノ皇運ヲ扶翼シ奉ルト云フコトハ、一億同胞ニ取リテハ悠久幾千年來ノ信仰デアリマシテ、一億國民ノ血トナリ肉トナツテ居ル所デアリマス、此ノ大精神ノ發スル所高潮萬古ヲ貫ク國民的氣魄トナリ、外敵ノ思想謀略ヲ粉碎シ、内滅私奉公ノ底力トナリ、磐石ノ國内態勢トナルノデアリマス、必勝國家態勢ノ確立上實施スベキ諸施策ハ固ヨリ多々アリマスガ、要ハ新奇ヲ衒ハズ因襲ニ泥マズ、一意生産ヲ阻碍シツツアル隘路ヲ打開スル爲メ、有效適切ナル措置ハ躊躇ナク斷行シ、斯クシテ人心ヲ一新シテ同胞ノ全幅的協力ヲ求メ、更ニ國民道義ノ振作ニ一段ノ留意ヲ致シタイト存ジテ居リマス

尙ホ同胞ノ全幅的協力ヲ要スルニ當リ、朝鮮及ビ臺灣ハ皇國ノ有力ナル一部トシテ各々其ノ地域ノ持ツ特質ヲ發揮シツツ、皇國ノ興隆ト戰爭目的達成

ニ寄與貢獻シテ居リマスガ、茲ニハ陸海軍特別志願兵トシテ成果ヲ擧ゲ、今又徴兵制ノ施行ヲ見ルニ至リ、既ニ多數ノ同胞聖戰ニ參加シテ挺身奉公ノ誠ヲ致シテ居リマスルコトハ、國家ノ爲メ慶幸トスル所デアルト同時ニ、其ノ處遇ニ付キ十分考慮スル所ガナケレバナラヌト存ズルノデアリマス(拍手)

重要施策ノ第二ハ戰力ノ增强デアリマシテ、卽時戰力化シ得ル限リノ凡ユル國力ヲ傾倒シテ、決戰戰力、就中航空戰力ノ急速ナル增强ニ集中スルコトデアリマス、戰局ノ主動性ヲ把握シ、緊迫セル決戰ヲ有利ニ展開スルノ鍵鑰ハ、實ニ是ニ存スルノデアリマシテ、軍需生產ニ從事スル同胞ノ發奮ヲ要スル今日ヨリ大ナルハナイノデアリマス、卽チ諸施策ノ重點ヲ是ニ置キ、人モ物モ金モ、一切ヲ擧ゲテ是ガ急速具現ニ努力致シテ居ルノデアリマシテ、當面ノ決戰ニ有效ニ戰力化シ得ザルガ如キ諸施設並ニ產業活動ハ之ヲ停止シテ、重點產業ニ指向スルコトガ絕對ノ要求ナリト信ジ、過般來既ニ着々必要ノ措置ヲ採用シテ居リマス、(拍手)戰力ノ增强、特ニ航空戰力增强ノ爲ニハ、軍需物資ノ增產ヲ必要トスルコト勿論ナルト共ニ、海陸輸送力ノ確保充實モ亦緊要ナル要件デアリマス、政府ハ極力隘路ヲ排除シテ是等ノ向上對策ニ萬全ヲ期スル所存デアリマス

第三ノ重點施策ハ、食糧增產及ビ國民生活ノ安定デアリマス、戰爭遂行間、國民生活ノ最低限度ヲ保證致スコトノ緊要ナルハ申スマデモナイ所デアリマス、今日マデ同胞ガ相當窮屈ナル生活條件ノ下ニ、耐忍克ク戰爭目的ノ遂行ニ精進シテ參リマシタコトハ、一ニ健全ナル我ガ國民性ニ依ルモノデアリマシテ、洵ニ感激ニ堪ヘナイ所デアリマス(拍手)政府ト致シマシテハナシ得ル限リ事態ノ改善ヲ期シ、極力民生ノ安定向上ニ努力致シ、戰意昂揚、能率發揮ノ根本ヲナス國民思想ヲ明朗化スルノ必要ヲ認メテ居リマス(拍手)政府ハ卽チ組閣直後東京大阪等大消費都市ニ對スル應急食糧對策ヲ講ジ、特ニ生鮮食糧ノ生產、出荷、配給ニ關シ價格政策ニ變更ヲ行フ等、臨時措置ヲ實施シタノデアリマス、從ッテ國內ノ食糧生產並ニ日滿一體化ヨリ生ズル食糧ノ絕對分量ヲ見マスルニ、概ネ戰時生活運營ノ爲ニハ憂慮ノ必要ハナイノデアリマス、併シ食糧增產ノ肝要ナルハ申スマデモナイ所デアリマスト共ニ、食糧問題ハ勝利ニ對スル重要ナル一ツノ素因デアリマスガ故ニ、案ヲ具シテ本議會ニ追加豫算案ヲ提出致シテ居リマス

重要施策ノ第四ハ勞務ト國民動員ノ問題ニ付テデアリマス、此ノ重大時局ニ直面致シマシテ、老若男女ヲ問ハズ國內ニ一人ノ遊休者、一人ノ傍觀者モ存在スルコトハ許サレマセヌ(拍手)一億ガ總員勝利ヘノ戰鬪配置ニ就キ、精魂ヲ傾ケテ自己ニ課セラレタル使命ニ邁進スルコトガ、卽チ人事ヲ盡シテ神助ヲ俟ツ所以デアリマス、企業家モ、會社員モ、技師モ、工員モ、農民モ、漁夫モ、等シク產業戰士トシテ國民皆兵ノ精神ニ則リ、赤紙ニ依ラザル應召者ノ心構ヘヲ以テ各〻其ノ職域奉公ニ全力ヲ盡シ、最高能率ヲ發揮シテコソ、初メテ彈雨ノ間ニ死生ヲ賭スル將兵ト呼應シテ、皇國臣民タルノ名ヲ辱シメヌモノデアリマス

政府ハ徵用制度並ニ勞力ノ分配管理等ニ付キ檢討ヲ加ヘテ是ガ調整改善ヲ圖ルト共ニ、凡ユル方策ヲ講ジテ國民勤勞力ノ動員ヲ徹底セシムル覺悟デアリマス

重要施策ノ第五ハ國土防衛ノ强化ニ付テデアリマス、先般來數回ニ亙リ、本土西部地方ニ敵ノ空襲ガアリマシタ際、官民一體克ク防衛ノ任ニ當リ、被害ヲ最小限度ニ止メ得マシタコトハ、洵ニ心强イ限リデアリマス、併シナガラ將來如何ニ敵機來襲スルコトアリトスルモ、官民ハ愈〻熾烈ナル鬪魂ヲ振起シテ、防衛ニ邁進スベキデアリマス、サウシテ重要產業施設ノ防護並ニ重要都市ノ對空防衛ヲ强化徹底スルコトハ目下ノ急務デアリマシテ、能ク創意工夫ヲ凝ラシテ、實情ニ卽應スル防衛態勢ヲ急速ニ確立スルコトガ肝要デアリマス、既ニ都市疎開等モ着々整備實行ヲ見ツヽアリマスル外、空襲時ニ於ケル都市住民ノ應急生活確保、防空組織並ニ防空訓練ノ强化ニ付テモ、何レモ周密ナル計畫ノ下ニ、實施ニ遺憾ナキヲ期シテ居ル次第デアリマス、右ノ外國土防衛ニ努メネバナラヌコトハ勿論デアリマシテ、政府ハ先般國民總武裝ノ必要ナル所以ヲ明カニシ、國內警備態勢强化ノ具體的方策ヲ決定シ、是ガ實施ニ遺憾ナキヲ期シテ居ル次第デアリマス

重要施策ノ第六トシテ一言致シテ置キタイコトハ、科學技術ノ動員活用ニ付テデアリマスガ、戰爭ハ今ヤ全ク科學戰ノ樣相ヲ呈スルニ至ッタノデアリマス、仍テ政府ハ此ノ際陸海軍ニ於ケル科學技術運用ノ一體化ヲ具現シ、日本的科學技術ノ卽戰力化ト、決戰兵器ノ迅速圓滑ナル多量生產トヲ圖ル爲メ、特殊ノ機構ヲ設ケタル外、民間ニ於ケル新兵器等ニ關スル創意考案ヲ奬勵シ、之ヲ右機構ニ反映注入スルノ措置ヲ講ズルコトトシタノデアリマス、之ニ依ッテ全日本ノ科學技術ハ急速ニ戰力化サレ、科學技術的ニモ同胞全般ノ技術ガ戰爭ニ協力スルノ態勢モ完璧トナッタ次第デアリマシテ、其ノ結果ニ對シ大ナル期待ヲ有スルモノデアリマス、

最後ニ、以上既述ノ國內施策ニ呼應致シマシテ、皇國ノ戰時外交ハ、盟邦「ドイツ」トノ提携ヲ益〻緊密化シ、大東亞ニ於ケル與國ト協力一致、其ノ總力ヲ擧ゲテ戰爭ノ遂行ニ邁進致シマスルト共ニ、中立各國ニ對シマシテハ、今後トモ友好關係ノ保持ニ努メントスルモノデアリマス

盟邦「ドイツ」ハ形勢ノ轉還頗ル困難ナル狀況ノ中ニモ、最後ノ勝利ヲ信ジテ善戰敢鬪ヲ續ケテ居リマスガ、眞ニ敬服ニ堪ヘザル所デアリマシテ(拍手)克ク難局ニ處シ益〻底力ヲ發揮シ、軈テ戰勢ヲ有利ニ展開スル日モ遠カラザルベキヲ信ジ、其ノ成功ヲ祈ルヤ甚ダ切ナルモノガアリマス(拍手)大東亞諸國家諸民族ハ現下ノ戰局ニモ拘ラズ、些ノ動搖モナク、寧ロ時局ノ推移ト共ニ大東亞復興ニ關スル使命達成ノ必要ヲ自覺シ、皇國ト一致結束、敢然戰ヒ拔ク態勢ヲ强化シツヽアル實情デアリ

マシテ、衷心力強ク感ズル次第デアリマス

日滿ノ關係ハ一德一心、不可分ナルコト今更申スニ及ビマセヌガ、日華兩國ノ關係モ同生共死ノ盟約ノ下、益々鞏固ヲ加ヘツヽアリマス、皇軍ハ過去七年餘ニ亙リ大陸ノ南北ニ勇戰奮鬪ヲ續ケツヽアルノデアリマスガ、米英ノ侵略勢力ヲ驅逐シテ、百年ニ亙ル彼等ノ壓迫ヨリ支那ヲ開放シ、相携ヘテ道義ニ基ク大東亞ヲ建設セントスル皇國ノ眞意ガ、支那民衆ノ間ニ逐次滲透スルニ從ヒマシテ、日華ノ提携ハ一層緊密ノ度ヲ加ヘツヽアル次第デアリマス

「タイ」國ニ於キマシテハ、先般內閣ノ更迭ヲ見タノデアリマスガ、「アパイウオング」氏ヲ首班トスル新內閣モ、盟約ニ基キ共同ノ戰爭目的遂行ニ邁進スル方針ヲ堅持シテ居リマス、固ヨリ然ルベキコトナガラ、大東亞ノ結束ノ鞏固ナル所以ヲ物語ルモノト謂フベキデアリマス

「ビルマ」國ハ旣ニ獨立一周年ヲ迎ヘタノデアリマスガ、「バー・モウ」國家代表ノ熱誠ナル指導ノ下擧國一致、幾多ノ困難ヲ克服シツヽ、其ノ健全ナル發達ト、戰爭完遂ノ決意ノ熱烈旺盛ナルモノアルハ、洵ニ賴モシキ限リデアリマス

「フイリピン」國モ近ク獨立一周年ヲ迎ヘル譯デアリマスガ、「ラウレル」大統領ノ陣頭指揮ニ依リ、戰時下食糧及ビ治安等ノ問題ニ對シテモ能ク之ニ善處シ、着々戰時態勢ヲ整備シツヽアリマスコトハ、洵ニ力強キ友邦ナリト申スベキデアリマス

自由「インド」假政府首班「スバス・チヤンドラ・ボース」氏以下ノ「インド」獨立ニ關スル必死ノ奮鬪ニ對シマシテハ、衷心敬意ヲ表スルモノデアリマシテ、皇國ト致シマシテハ今後トモ益々之ニ強力ナル支援ヲ寄セ、其ノ獨立目的達成ニ協力スベキコト勿論デアリマス

次ニ東「インド」ニ於キマシテハ、帝國ハ昨年原住民ノ念願ニ基キ、其ノ政治參與ニ關スル措置ヲ執ツテ參ツタノデアリマスガ、此ノ間是等各地ノ原住民ハ克ク帝國ノ眞意ヲ解シ、終始一貫大東亞戰爭完遂ノ爲メ多大ノ努力ヲ續ケテ參ツタノデアリマシテ、現地軍政ニ對スル協力亦洵ニ見ルベキモノガアリマス、此ノ實情ニ鑑ミマシテ、帝國ハ東「インド」民族永遠ノ福祉ヲ確保スル爲メ、將來其ノ獨立ヲ認メントスルモノナルコトヲ玆ニ聲明スルモノデアリマス（拍手）

斯クノ如ク帝國政府ト致シマシテハ、大東亞地域ニ對スル從來ノ政策ヲ將來ニ向ツテ堅持スルハ勿論、今後益大東亞共同宣言ノ精神ヲ強力ニ展開シテ、大東亞諸國家諸民族ノ信賴ニ應ヘンコトヲ期スルモノデアリマス（拍手）

斯クシテ皇國ヲ中核トスル大東亞ガ堅確ナル必勝信念ノ下、愈々一致結束ヲ固クシ、物心兩面ニ亙ル一切ノ總力ヲ結集シ、大東亞復興ノ聖戰ニ邁進スル時、必ズヤ米英ノ野望ヲ粉碎シ、以テ萬古不滅ノ皇國ノ世界理念ヲ、悠久ニ顯揚シ得ルコトヲ確信スルモノデアリマス（拍手）

以上重大ナル戰局ニ鑑ミ、一億同胞ト共ニ決戰ニ邁進スベキ政府ノ所信ヲ披瀝致シタノデアリマスガ、諸君ニ於カレマシテモ政府ノ決意ヲ諒トセラレ、一億國民ノ先頭ニ立チ、大和一致、飽クマデモ戰爭完遂ニ向ツテ邁進セラレマスルヤウ希望シテ已ミマセヌ

政府ハ緊迫セル現下ノ戰局ニ對處致シマスル陸海軍戰備ノ充實ヲ期シマスル爲メ、玆ニ臨時軍事費ノ豫算案ヲ提案致シタ次第デアリマスガ、玆ニ申述ベマシタル食糧對策ニ關スル豫算案ト共ニ、何卒御審議ノ上、速カニ協贊ヲ與ヘラレンコトヲ切望致シマス（拍手）

○議長（岡田忠彦君）　陸軍大臣及ビ海軍大臣ヨリ戰況ニ關シ報告ノ爲メ發言

昭和二十年一月二十三日

議長ノ報告

昭和二十年度一般會計歲出ノ財源ニ充ツル等ノ爲ノ公債發行ニ關スル法律案外二件　第一讀會

第一　昭和二十年度一般會計歲出ノ財源ニ充ツル等ノ爲ノ公債發行ニ關スル法律案（政府提出）　第一讀會

第二　金資金特別會計法外五法律中改正法律案（政府提出）　第一讀會

第三　外資金庫法案（政府提出）　第一讀會

昭和二十年度一般會計歲出ノ財源ニ充ツル等ノ爲ノ公債發行ニ關スル法律案

第一條　政府ハ昭和二十年度一般會計歲出ノ財源ニ充ツル爲他ノ法律ニ依リ起債シ得ル金額ノ外七十六億六百七十萬圓ヲ限リ公債ヲ發行シ又ハ借入金ヲ爲スコトヲ得

政府ハ昭和二十年度一般會計歲出額ノ財源ニ年度ヘノ繰越豫算中翌充ツル爲他ノ法律ニ依リ起債シ得ル金額ノ外昭和二十一年度ニ於テ公債ヲ發行シ又ハ借入金ヲ爲スコトヲ得但シ前項ノ規定ニ依ル公債又ハ借入金ト通ジテ前項ノ制限額ヲ超ユルコトヲ得ズ

前二項ノ規定ニ依ル公債ノ發行價格差減額ヲ補塡スル爲必要アル場合ニ於テハ前二項ノ制限額ヲ超エテ公債ヲ發行シ又ハ借入金ヲ爲スコトヲ得

第二條　昭和十五年法律第六十九號中左ノ通改正ス

第一條中「同十九年度分」ヲ「同二十年度分」ニ、「十二億七千四百七十萬圓」ヲ「二十一億四千萬圓」ニ改ム

第三條　昭和十八年法律第九十三號中左ノ通改正ス

第一條　朝鮮ニ於ケル左ニ揭グル經費ノ財源ニ充ツル爲政府ハ四億七千四百三十萬圓ヲ限リ公債ヲ發行シ又ハ借入金ヲ爲スコトヲ得

一　食糧ノ生產、供出及配給ヲ確保スル爲ノ補給金、奬勵金及助成金

二　石炭及化學肥料ノ價格ヲ調整スル爲ノ補給金

三　石炭、鐵鑛、鐵鋼、輕金屬及非鐵金屬ノ增產ヲ促進スル爲ノ報奬金

四　鐵鋼及輕金屬ノ生產ノ際ニ於ケル原料等ノ效率的使用ヲ促進スル爲ノ報奬金

五　企業ノ整備ニ要スル經費

第四條　昭和十八年法律第九十四號中左ノ通改正ス

第一條中「米穀ノ生產ヲ確保スル爲ノ補給金及」ヲ「米穀ノ生產及供出ヲ確保スル爲ノ補給金及奬勵金並ニ」ニ、「六千九百八十萬圓」ヲ「一億三千二百萬圓」ニ改ム

附　則

本法ハ公布ノ日ヨリ之ヲ施行ス

金資金特別會計法外五法律中改正法律案

第一條　金資金特別會計法中左ノ通改正ス

第三條第一項中「四億圓」ヲ「六億五千萬圓」ニ改ム

第二條　食糧管理特別會計法中左ノ通改正ス

第四條ノ三中「二十八億圓」ヲ「三十八億圓」ニ改ム

附則ニ左ノ五項ヲ加フ

會計法戰時特例ニ依リ一般會計ニ屬スル米穀ノ生產ヲ確保スル爲ノ補給金ヲ本會計ニ屬セシメタル場合ニ於テハ當該補給金ハ一年內ニ償還スベキ證券ヲ以テ其ノ額面金額ニ依リ之ヲ交付ス

前項ノ證券ハ無記名證券トス

第三條第三項及第四條ノ規定ハ第二項ノ證券ノ發行及割引ニ付、第四條ノ二ノ規定ハ第二項ノ證券ノ借換（借換ノ爲爲シタル借入金及借換ノ爲發行シタル證券ノ借換ヲ含ム）ニ付之ヲ準用ス

前項ニ於テ準用スル第三條第三項及第四條ノ二ノ規定ニ依ル證券及借入金ノ額ハ通ジテ最高十四億圓トス

第五條ノ規定ハ前項ノ證券及借入金ニ關スル國債整理基金特別會計ヘノ繰入ニ付之ヲ準用ス

第三條　石炭需給調節特別會計法中左ノ通改正ス

第三條但書中「二千五百萬圓」ヲ「八千萬圓」ニ改ム

第四條　燃料局特別會計法中左ノ通改正ス

第二條第二項中「五千萬圓」ヲ「一億五千萬圓」ニ改ム

第三條第一項但書中「六千萬圓」ヲ「一億二千萬圓」ニ改ム

第五條　朝鮮食糧管理特別會計法中左ノ通改正ス

附則第一項ノ次ニ左ノ五項ヲ加フ

會計法戰時特例ニ依リ朝鮮總督府特別會計ニ屬スル食糧ノ生產ヲ確保スル爲ノ補給金ヲ本會計ニ屬セシメタル場合ニ於テハ當該補給金ハ一年內ニ償還スベキ證券ヲ以テ其ノ額面金額ニ依リ之ヲ交付ス

前項ノ證券ハ無記名證券トス

第三條第三項及第四條ノ規定ハ第二項ノ證券ノ發行及割引ニ付、第五條ノ規定ハ第二項ノ證券ノ借換（借換ノ爲爲シタル借入金及借換ノ爲發行シタル證券ノ借換ヲ含ム）ニ付之ヲ準用ス

前項ニ於テ準用スル第三條第三項及第五條ノ規定ニ依ル證券及借入金ノ額ハ通ジテ最高三億五千萬圓トス

第七條ノ規定ハ前項ノ證券及借入金ニ關スル國債整理基金特別會計ヘノ繰入ニ付之ヲ準用ス

第六條　臨時軍事費特別會計法中左ノ通改正ス

第四條ヲ第五條トシ第三條ヲ第四條トス

第三條　外國ニ於テ支拂ヲ爲ス臨時軍事費支辨ノ爲ノ借入金ノ利子ハ之ヲ臨時軍事費ト看做シ本會計ノ所屬トス

前項ノ借入金ノ利子ニ付テハ國債整理基金特別會計法第二條第一項ノ規定ヲ適用セズ

附　則

本法ハ昭和二十年度ヨリ之ヲ施行ス但シ第三條、第四條及第六條ノ規定ハ公布ノ日ヨリ之ヲ施行ス

外資金庫法案

外資金庫法

第一章　總則

第一條　外資金庫ハ大東亞戰爭ニ際シ國家ノ政策ニ卽シ在外資金ノ調達運用ヲ爲スコトヲ目的トス

外資金庫ハ法人トス

第二條　外資金庫ハ主タル事務所ヲ東京都ニ置ク

外資金庫ハ主務大臣ノ認可ヲ受ケ銀行其ノ他命令ヲ以テ定ムル法人ヲシテ業務ノ一部ヲ取扱ハシムルコトヲ得

第三條　外資金庫ノ資本金ハ五千萬圓トス

第四條　政府ハ五千萬圓ヲ外資金庫ニ出資スベシ

前項ノ出資ハ國債證券ヲ交付シテ之ヲ爲スコトヲ得

前項ノ規定ニ依リ交付スル國債證券ノ交付價格ハ時價ヲ參酌シテ大藏大臣之ヲ定ム

第五條　出資ノ第一回ノ拂込金額ハ出資金額ノ五分ノ一ヲ下ラザル額トシ第二回以後ノ出資ノ拂込ノ時期及金額ハ外資金庫主務大臣ノ認可ヲ受ケテ之ヲ定ム

第六條　外資金庫ハ定款ヲ以テ左ノ事項ヲ規定スベシ

一　目的

二　名稱

三　事務所ノ所在地

四　資本金額及資產ニ關スル事項

五　役員ニ關スル事項

六　業務及其ノ執行ニ關スル事項

七　經理ニ關スル事項

定款ノ變更ハ主務大臣ノ認可ヲ受クルニ非ザレバ其ノ效力ヲ生ゼズ

第七條　外資金庫ハ勅令ノ定ムル所ニ依リ登記ヲ爲スベシ

前項ノ規定ニ依リ登記スベキ事項ハ登記ノ後ニ非ザレバ之ヲ以テ第三者ニ對抗スルコトヲ得ズ

第八條　外資金庫ニハ所得稅、法人稅及營業稅ヲ課セズ

都道府縣、市町村其ノ他之ニ準ズベキモノハ外資金庫ノ事業ニ對シテハ地方稅ヲ課スルコトヲ得ズ

第九條　外資金庫ニ付解散ヲ必要ト

スル事由發生シタル場合ニ於テ其ノ處置ニ關シテハ別ニ法律ヲ以テ之ヲ定ム

第二章　職員

第十條　外資金庫ニ役員トシテ理事長一人、理事三人以上及監事二人以上ヲ置ク

第十一條　理事長ハ外資金庫ヲ代表シ其ノ業務ヲ總理ス

理事ハ定款ノ定ムル所ニ依リ外資金庫ヲ代表シ理事長ヲ補佐シテ外資金庫ノ業務ヲ掌理シ理事長事故アルトキハ其ノ職務ヲ代理シ理事長缺員ノトキハ其ノ職務ヲ行フ

監事ハ外資金庫ノ業務ヲ監査ス

第十二條　理事長、理事及監事ハ主務大臣之ヲ命ズ

理事長、理事及監事ノ任期ハ二年トス

第十三條　外資金庫ノ職員ハ之ヲ法令ニ依リ公務ニ從事スル職員ト看做ス

第二條第二項ノ場合ニ於テ當該業務ニ從事スル銀行其ノ他命令ヲ以テ定ムル法人ノ職員ニ付亦前項ニ同ジ

第三章　業務

第十四條　外資金庫ハ左ノ業務ヲ行フ

一　主務大臣ノ定ムル貸付及預リ金

二　主務大臣ノ定ムル價格調整ニ關スル業務

三　前二號ノ業務ニ附帶スル業務

第十五條　外資金庫ハ主務大臣ノ認可ヲ受ケ前條ノ業務ノ外外資金庫ノ目的達成上必要ナル業務ヲ行フコトヲ得

第四章　經理

第十六條　外資金庫ハ勅令ヲ以テ定ムル時期迄ノ每期間ヲ以テ一事業年度トス

第十七條　外資金庫ハ設立ノ時及每事業年度ノ初ニ於テ財産目録、貸借對照表及損益計算書ヲ作成シ主務大臣ノ承認ヲ受クベシ

第十八條　外資金庫ハ命令ヲ以テ定ムル期間ノ初ニ於テ事業計畫及收支豫算ヲ定メ主務大臣ノ認可ヲ受クベシ之ニ重大ナル變更ヲ加ヘントスルトキ亦同ジ

第十九條　外資金庫ハ剩餘金ヲ政府ニ納付スベシ

第二十條　政府ハ外資金庫ニ對シ其ノ業務ニ因リテ受ケタル損失ヲ補償ス

前項ノ損失ヲ決定スル基準其ノ他損失補償ニ關シ必要ナル事項ハ勅令ヲ以テ之ヲ定ム

第五章　監督

第二十一條　外資金庫ハ主務大臣之ヲ監督ス

第二十二條　主務大臣ハ外資金庫ノ目的達成上必要アリト認ムルトキハ外資金庫ニ對シ必要ナル業務ノ施行ヲ命ジ又ハ定款ノ變更其ノ他必要ナル事項ヲ命ズルコトヲ得

第二十三條　外資金庫ハ業務開始ノ際業務ノ方法ヲ定メ主務大臣ノ認可ヲ受クベシ之ニ重大ナル變更ヲ加ヘントスルトキ亦同ジ

第二十四條　主務大臣ハ外資金庫ニ對シ業務及財産ノ狀況ニ關シ報告ヲ爲サシメ、當該官吏ヲシテ檢査ヲ爲サシメ其ノ他監督上必要ナル命令ヲ發シ又ハ處分ヲ爲スコトヲ得

第二十五條　外資金庫ノ役員ガ法令、定款若ハ主務大臣ノ命令若ハ處分ニ違反シ若ハ公益ヲ害スル行爲ヲ爲シタルトキ又ハ外資金庫ノ目的達成上必要アリト認ムルトキハ主務大臣ハ役員ヲ解任スルコトヲ得

第六章　罰則

第二十六條　當該官吏若ハ第十三條ニ規定スル職員又ハ此等ノ職ニ在リタル者外資金庫ノ業務上ノ秘密ニシテ職務上知得タルモノヲ漏泄シ又ハ竊用シタルトキハ五年以下ノ懲役ニ處ス

第二十七條　外資金庫ガ本法若ハ本法ニ基キテ發スル命令又ハ之ニ基キテ爲ス處分ニ違反シタルトキハ理事長又ハ理事長ノ職務ヲ行ヒ若ハ代理スル理事ヲ千圓以下ノ過料ニ處ス理事ノ掌理スル業務ニ係ルトキハ理事ヲ過料ニ處スルコト亦同ジ

附　則

第二十八條　本法施行ノ期日ハ勅令ヲ以テ之ヲ定ム

第二十九條　政府ハ設立委員ヲ命ジ外資金庫ノ設立ニ關スル事務ヲ處理セシム

第三十條　設立委員ハ定款ヲ作成シ主務大臣ノ認可ヲ受クベシ

前項ノ認可アリタルトキハ設立委員ハ遲滯ナク出資ノ第一回ノ拂込ヲ政府ニ請求スベシ

第三十一條　出資ノ第一回ノ拂込アリタルトキハ設立委員ハ遲滯ナク其ノ事務ヲ外資金庫理事長ニ引渡スベシ

理事長前項ノ事務ノ引渡ヲ受ケタルトキハ主タル事務所ノ所在地ニ於テ設立ノ登記ヲ爲スベシ

外資金庫ハ設立ノ登記ヲ爲スニ因リテ成立ス

第三十二條　本法ニ規定スルモノヲ除クノ外外資金庫ノ設立ニ關シ必要ナル事項ハ勅令ヲ以テ之ヲ定ム

第三十三條　登錄稅法中左ノ通改正ス

第十九條第七號中「南方開發金庫、」ノ下ニ「外資金庫、」ヲ、「南方開發金庫法、」ノ下ニ「外資金庫法、」ヲ、同條第十八號中「南方開發金庫、」ノ下ニ「外資金庫、」ヲ加フ

第三十四條　印紙稅法中左ノ通改正ス

第五條第六號ノ二ノ二ノ次ニ左ノ一號ヲ加フ

六ノ二ノ三　外資金庫ノ業務ニ關スル證書帳簿

〔國務大臣石渡莊太郎君登壇〕

○**國務大臣（石渡莊太郎君）**　只今議題トナリマシタ昭和二十年度一般會計歳出ノ財源ニ充ツル等ノ爲ノ公債發行ニ關スル法律案外二件ノ法律案ニ付キ提案ノ理由ヲ說明致シマス

先ヅ昭和二十年度一般會計歳出ノ財源ニ充ツル等ノ爲ノ公債發行ニ關スル法律案ニ付テ說明致シマス、第一ハ昭和二十年度一般會計歳出ノ財源ニ充ツル爲ノ公債發行デアリマスガ、昭和二十年度歳入歳出總豫算案ニ計上セル歳出ノ財源ト致シマシテハ、現行ノ道路公債法ニ依ル公債ヲ發行致シマスル外、歳入ノ不足ヲ補塡スル爲メ、七十六億六百七十萬圓ヲ限リ公債ノ發行ヲ要スルノデアリマス、是ガ爲ニハ新タニ起債ノ權能ヲ得ルコトガ必要デアリマスノデ、所要ノ規定ヲ設ケントスルモノデアリマス、第二ハ、大東亞戰爭ニ關スル一時賜金トシテ交付スル爲ノ公債發行デアリマス、大東亞戰爭ニ關シ功勞アリタル陸海軍軍人等ニシテ死歿シタル者ニ對シ、一時賜金トシテ交付スル爲ノ公債ノ發行限度額ヲ八億六千五百三十萬圓增加スルノ必要ガアリマスノデ、所要ノ法的措置ヲ講ゼントスルモノデアリマス、第三ハ、從來朝鮮ニ於キマシテハ、米穀生產確保補給金、石炭價格調整補給金、企業整備ニ要スル經費等ノ財源ニ充ツル爲メ、公債ヲ發行スルコトヲ得ルコトトナッテ居ッタノデアリマスガ、今回公債財源ヲ以テ支辨シ得ル經費ノ範圍ニ、食糧ノ供出確保獎勵金、石炭、鐵鋼等ノ所謂特別價格報獎金等ヲ加ヘマスルト共ニ、公債ノ發行限度額ヲ一億六千三百五十萬圓增加スルノ必要ガアリマスノデ、所要ノ法的措置ヲ講ゼントスルモノデアリマス、第四ハ、從來臺灣ニ於キマシテハ、米穀生產確保補給金及ビ企業整備ニ要スル經費ノ財源ニ充ツル爲メ、公債ヲ發行シ得ルコトトナッテ居ッタノデアリマスガ、今回公債財源ヲ以テ支辨シ得ル經費ノ範圍ニ、米穀ノ供出確保獎勵金ヲ加ヘ、公債ノ發行限度額ヲ六千二百二十萬圓增加スルノ必要ガアリマスノデ、所要ノ法的措置ヲ講ゼントスルモノデアリマス

次ニ金資金特別會計法外五法律中改正法律案ニ付キ說明致シマス、先ヅ第一ハ金資金特別會計法中改正デアリマスガ、產金事業ノ整備ノ進捗ニ伴ヒマシテ、金資金ノ現行使用限度額ヲ二億五千萬圓增加スルノ必要ガアリマスノデ、所要ノ改正ヲ行ハントスルモノデアリマス、第二ハ、食糧管理特別會計法中ノ改正デアリマス、同特別會計ノ圓滑ナル運營ヲ圖ル爲メ、食糧證券ノ最高發行限度額ヲ十億圓增加スルノ必要ガアリマスル外、會計事務ノ簡捷ヲ圖ル爲メ、米穀生產確保補給金ヲ從來一般會計ニ於テ負擔シテ居ッタノデアリマスガ、本會計ニ之ヲ移シマシテ、食糧證券ヲ以テ交付スルコトト致スコトヲ適當ト認メマシテ、所要ノ改正ヲ行ハントスルモノデアリマス、第三ハ、薪炭需給調節特別會計法中ノ改正デアリマス、同特別會計ノ支拂ニ支障ナカラシムル爲メ、其ノ借入金ノ限度額ヲ五千五百萬圓增加スルノ必要ガアリマスノデ、所要ノ改正ヲ行ハントスルモノデアリマス、第四ハ、燃料局特別會計法中ノ改正デアリマスガ、同特別會計ノ事業量ノ增大ニ伴ヒマシテ、其ノ據置運轉資本ノ法定額ヲ一億圓增加スルノ必要ガアリマスト、益金納付等ノ爲

メ同特別會計ニ於テ一時的ニ必要ナ現金ヲ充實スル爲メ、借入金ヲ以テ其ノ操從運轉資本ヲ一時補足シ得ル限度額ヲ六千萬圓增加致スルノ必要ガアリマスノデ、所要ノ改正ヲ行ハントスルモノデアリマス　第五ハ、朝鮮食糧管理特別會計法中ノ改正デアリマス、食糧管理特別會計ニ於ケルト同樣ノ趣旨ニ於キマシテ、食糧生產確保補給金ヲ、朝鮮食糧營團ヲ以テ交付スルコトト致スノヲ適當ト認メマシテ、所要ノ改正ヲ行ハントスルモノデアリマス、第六ハ、臨時軍事費特別會計法中ノ改正デアリマス、外國ニ於キマシテ支拂ヲ致シマス臨時軍事費支辨ノ爲メ借入レマシタ借入金ノ利子ハ、其ノ財源調達ノ便宜上、之ヲ臨時軍事費特別會計ノ所屬ト致スヲ適當ト認メマシテ、所要ノ改正ヲ行ハントスルモノデアリマス

次ニ外資金庫法案ニ付テ說明致シマス、大東亞戰爭完遂ノ爲ニハ大東亞各地域ノ豐富ナル經濟力ヲ、圓滑且ツ迅速ニ戰力化致シマスコトガ必要デアルコトハ、申スマデモナイ所デアリマス、之ニ要スル資金ノ調達ニ付キマシテハ、政府ハ現在南方開發金庫其ノ他關係金融機關ヲ通ジテ行ッテ居ルノデアリマスガ、此ノ際資金調達方式ヲ整備シ、資金ノ一元的調達ヲ圖リマスルト共ニ、今後ノ經濟情勢ノ推移ニ卽應致シマシテ、財政ト金融トノ圓滑ナル連絡調整ヲ期シ得ルヤウ措置スル必要ガアルノデアリマス、政府ハ此ノ點ニ鑑ミマシテ、新タニ特別ノ法人ヲ設ケ、國家ノ政策ニ卽シテ在外資金ノ調達及ビ運用ヲナサシメ、以テ右ノ目的達成ニ遺憾ナカラシムルコトヲ期センガ爲メ、玆ニ本法案ヲ提出シタ次第デアリマス

以上三件ノ法律案ニ付キマシテハ、何卒十分御審議ノ上御協贊アランコトヲ希望致シマス(拍手)

昭和二十年三月十九日

議長ノ報告　衆議院議員選擧法中改正法律案　第一讀會

第一　衆議院議員選擧法中改正法律案(政府提出)　第一讀會

衆議院議員選擧法中改正法律案

衆議院議員選擧法中左ノ通改正ス

第六條第六號中「刑法」ヲ「刑法(朝鮮刑事令及臺灣刑事令ニ於テ依ル場合ヲ含ム)」ニ改ム

第七條第二項中「及志願ニ依リ國民軍ニ編入セラレタル者」ヲ削ル

第九條中「關東廳法院判官」ヲ「關東法院判官」ニ、「關東廳法院檢察官」ヲ「關東法院檢察官」ニ改メ「臨軍法務官、海軍法務官、」ヲ削ル

第十一條　東京都議會議員、北海道會議員、府縣會議員、道會議員及州會議員ハ衆議院議員ト相兼ヌルコトヲ得ズ

第五十八條第一項中第一號ヲ第二號トシ以下順次繰下ゲ同項ニ第一號トシテ左ノ一號ヲ加フ

一　樺太ニ於テハ樺太廳長官

第五十九條中「選擧會ハ」ノ下ニ「樺太廳、」ヲ加フ

第六十四條中「第五十八條第一項第三號」ヲ第五十八條第一項第四號」ニ改ム

第九十三條第二項及第三項、第九十四條、第百二條並ニ第百六條中「東京府」ヲ「東京都」ニ改ム

第百十二條第二項及第百十三條第二項中「關係道府縣內」ヲ「關係ノ都道府縣又ハ樺太內」ニ改ム

第百四十條ノ二　第十六條及第八十四條第二項ノ規定ニ依ル訴訟並ニ第十二章ニ揭ゲル罪ニ關スル訴訟ニ付上告裁判所ガ大審院ニ非ザル場合ニ於テ法律ノ同一ノ點ニ付曾テ大審院其ノ他ノ上告裁判所ノ爲シタル判決ト相反スル意見アルトキハ決定ヲ以テ事件ヲ大審院ニ移送スルコトヲ要ス

前項ノ決定アリタルトキハ訴訟ハ上告ヲ爲シタル時ヨリ大審院ニ繫屬シタルモノト看做ス

第百四十四條ノ二中「又ハ島廳管內」及「又ハ島司」ヲ削ル

第百四十五條第二項中「市制第六條ノ市」ヲ「東京都ノ區ノ存スル區域及市制第六條ノ市」ニ、「其ノ市內」ヲ「東京都ノ區ノ存スル區域內又ハ其ノ市內」ニ改ム

第百五十條　本法ハ東京都小笠原島、北海道廳根室支廳管內占守郡、新知郡及得撫郡並ニ高雄州高雄市新南群島ニハ當分ノ內之ヲ施行セズ

第十四章　朝鮮及臺灣ニ於ケル特例

第百五十一條　朝鮮及臺灣ニ於テハ第五條第一項ノ規定ニ拘ラズ帝國臣民タル年齡二十五年以上ノ男子ニシテ選擧人名簿調製ノ期日迄引續キ一年以上直接國稅十五圓以上ヲ納ムル者ハ選擧權ヲ有ス

法令ニ依リ輕減又ハ免除セラルル直接國稅ハ勅令ノ定ムル所ニ依リ前項ノ規定ニ依ル納稅資格要件ニ關シテハ輕減又ハ免除セラレザルモノト看做ス

前二項ノ直接國稅ノ種類及計算ニ關シテハ勅令ヲ以テ之ヲ定ム

第百五十二條　朝鮮及臺灣ニ於テハ選擧人其ノ住居ヲ有スル府邑面又ハ市街庄外ニ於テ前條ノ直接國稅ヲ納ムルトキハ命令ノ定ムル所ニ依リ九月二十日迄ニ其ノ住居地ノ府尹、邑面長又ハ市街庄長ニ其ノ旨ヲ屆出ヅベシ其ノ期日迄ニ屆出ヲ爲サザルトキハ其ノ納稅ハ選擧人名簿ニ登錄セラルベキ要件ニ算入セズ

朝鮮及臺灣ニ於テハ第十二條第四項ノ規定ニ拘ラズ選擧人名簿ニハ選擧人ノ氏名、住居、生年月日及納稅額等ヲ記載スベシ

第百五十三條　朝鮮及臺灣ニ於テハ第七十九條第一項、第六項及第七項ノ規定ハ議員ノ定數一人ノ選擧區ニ付テハ之ヲ適用セズ

前項ノ選擧區ニ付テハ第七十九條第五項中其ノ議員ノ數同一選擧區ニ於テ二人ニ達スルヲ待チ最後ニ第二項ノ規定ニ依ル通知ヲ受ケタル日トアルハ第二項ノ規定ニ依ル通知ヲ受ケタル日トス

第百五十四條　朝鮮及臺灣ニ於テハ選擧委員、選擧運動ノ爲使用スル勞務者又ハ選擧運動ノ費用ニ付第九十三條第一項、第九十三條ノ二第一項又ハ第百二條第一項ノ規定ニ拘ラズ勅令ヲ以テ特別ノ規定ヲ設クルコトヲ得

前項ノ規定ニ依リ選擧委員若ハ勞務者ノ數又ハ選擧運動ノ費用ノ額ヲ定メタル場合ニ於テハ本法ノ適用ニ付テハ之ヲ第九十三條第一項若ハ第九十三條ノ二第一項又ハ第百二條第一項ノ規定ニ依ル定數又ハ額ト看做ス

第百五十五條　臺灣ニ於テ一選擧區州及廳ノ區域ニ涉ル場合ニ於テハ本法中地方長官ノ職務權限ハ關係州知事之ヲ行フ

前項ノ場合ニ於テハ第五十八條第一項第四號ノ規定ニ拘ラズ州知事ヲ以テ選擧長トス

第百五十六條　第七十六條中內務大臣トアルハ朝鮮ニ於テハ朝鮮總督ヲ經テ內務大臣、臺灣ニ於テハ臺灣總督ヲ經テ內務大臣、第八十六條第一項及第二項並ニ第百四十三條中內務大臣及關係地方長官トアルハ朝鮮ニ於テハ內務大臣、朝鮮總督及關係道知事、臺灣ニ於テハ內務大臣、臺灣總督及關係州知事トス

第七十九條第二項中地方長官トアルハ朝鮮ニ於テハ朝鮮總督ヲ經テ道知事、臺灣ニ於テハ臺灣總督ヲ經テ州知事トス此ノ場合ニ於テハ朝鮮總督又ハ臺灣總督ハ道知事又ハ州知事ニ對スル內務大臣ノ通知ヲ受ケタル日ヨリ五日以內ニ道知事又ハ州知事ニ對シ之ヲ發スベシ

第百五十七條　本法中縣ニ關スル規定ハ朝鮮ニ於テハ道ニ、臺灣ニ於テハ州ニ、縣廳ニ關スル規定ハ朝鮮ニ於テハ道廳ニ、臺灣ニ於テハ州廳ニ、郡ニ關スル規定ハ朝鮮ニ於テハ郡又ハ島ニ、澎湖廳ニ於テハ廳ニ、支廳長ニ關スル規定ハ朝鮮ニ於テハ郡守又ハ島司ニ、臺灣ニ於テハ澎湖廳長又ハ郡守ニ、支廳ニ關スル規定ハ朝鮮ニ於テハ郡廳又ハ島廳ニ、臺灣ニ於テハ澎湖廳又ハ郡役所ニ之ヲ適用ス

朝鮮ニ於テハ本法中市ニ關スル規定ハ府ニ、市長ニ關スル規定ハ府尹ニ、市役所ニ關スル規定ハ府廳ニ之ヲ適用ス、

京城府ニ於テハ前項ノ規定ニ拘ラズ本法中市ニ關スル規定ハ區ニ、市長ニ關スル規定ハ區長ニ、市役所ニ關スル規定ハ區役所ニ之ヲ適用ス但シ第十二條ノ規定ノ適用ニ付テハ其ノ日迄引續キ六月以上其ノ

市町村内ニ住居ヲ有スル者トアルハ其ノ日迄引續キ六月以上其ノ府内ニ住居ヲ有シ且其ノ日ニ於テ其ノ區内ニ住居ヲ有スル者トス

本法中町村ニ關スル規定ハ朝鮮ニ於テハ邑面ニ、臺灣ニ於テハ街庄ニ、町村長ニ關スル規定ハ朝鮮ニ於テハ邑面長ニ、臺灣ニ於テハ街庄長ニ、町村役場ニ關スル規定ハ朝鮮ニ於テハ邑面事務所ニ、臺灣ニ於テハ街庄役場ニ之ヲ適用ス

第百四十四條ノ二ノ規定ハ朝鮮ニ、同條及第百四十五條第一項ノ規定ハ臺灣ニ之ヲ適用セズ

第百五十八條　第十條ノ規定ヲ除クノ外本法中官吏トアルハ朝鮮ニ於テハ邑面長ヲ、臺灣ニ於テハ街庄長ヲ含ムモノトス

第百五十九條　第十六條第一項中地方裁判所ニ關スル規定ハ朝鮮及臺灣ニ於テハ地方法院合議部ニ、同條第二項中大審院ニ關スル規定ハ朝鮮ニ於テハ高等法院ニ、臺灣ニ於テハ高等法院上告部ニ、第八十四條第二項中檢事ニ關スル規定ハ朝鮮ニ於テハ朝鮮總督府檢事ニ、臺灣ニ於テハ臺灣總督府法院檢察官ニ之ヲ適用ス

本法中刑事訴訟法トアルハ朝鮮ニ於テハ朝鮮刑事令ニ於テ依ルコトヲ定メタル刑事訴訟法トス

別表中「東京府」ヲ「東京都」ニ、「荏原郡 豊多摩郡 大島島庁管内 八丈島島庁管内」ヲ「品川区 目黒区 大森区 蒲田区 世田谷区 渋谷区 中野区 杉並区 大島支庁管内 三宅島支庁管内 八丈島支庁管内」ニ、「北豊島郡 南足立郡 南葛飾郡」ヲ「豊島区 滝野川区 荒川区 王子区 板橋区 足立区 向島区 城東区 葛飾区 江戸川区」ニ、
「八王子市」ヲ「八王子市 立川市」ニ、「下京区」ヲ「中京区 下京区 左京区 東山区」ニ、「愛宕郡 葛野郡 乙訓郡 紀伊郡」ヲ「右京区 伏見区 愛宕郡 葛野郡 乙訓郡」ニ、
「天田郡」ヲ「福知山市 舞鶴市 天田郡」ニ、「西区」ヲ「西区 港区 大正区」ニ、「南区」ヲ「天王寺区 南区 浪速区」ニ、
「東区 北区」ヲ「北区 都島区 此花区 東区」ニ、「西成郡 東成郡」ヲ「大淀区 西淀川区 東淀川区 東成区 生野区 旭区 城東区 阿倍野区 住吉区 東住吉区 西成区」ニ、「三島郡」ヲ「豊中市 布施市 池田市 吹田市 高槻市 三島郡」ニ、
「岸和田市」ヲ「岸和田市 泉大津市 貝塚市」ニ、「久良岐郡 橘樹郡 都筑郡」ヲ「鎌倉市」ニ、「高座郡」ヲ「平塚市 藤沢市 小田原市 高座郡」ニ、
「尼崎市」ヲ「西宮市 尼崎市 [illegible] 芦屋市 伊丹市」ニ、「姫路市」ヲ「姫路市 飾磨市 相生市」ニ、「西彼杵郡 北高来郡 南高来郡 対馬島庁管内」ヲ「島原市 諫早市 西彼杵郡 北高来郡 南高来郡 対馬支庁管内」ニ、
「佐世保市」ヲ「佐世保市 大村市」ニ、「長岡市」ヲ「長岡市 三条市 柏崎市」ニ、「川越市」ヲ「川越市 川口市 浦和市 大宮市」ニ、
「比企郡」ヲ「熊谷市 比企郡」ニ、「桐生市」ヲ「桐生市 伊勢崎市」ニ、「千葉市」ヲ「千葉市 市川市 船橋市 木更津市 松戸市」ニ、
「印旛郡」ヲ「銚子市 印旛郡」ニ、「長生郡」ヲ「館山市 長生郡」ニ、「那珂郡」ヲ「日立市 那珂郡」ニ、
「新治郡」ヲ「土浦市 新治郡」ニ、「足利市」ヲ「足利市 栃木市 佐野市」ニ、「四日市市」ヲ「四日市市 桑名市 上野市 鈴鹿市」ニ、

「宇治山田市」ヲ「宇治山田市 松阪市」ニ、「愛知郡」ヲ「瀬戸市 半田市 春日井市 愛知郡」ニ、「豊橋市」ヲ「豊橋市 豊川市」ニ、
「沼津市」ヲ「沼津市 熱海市 三島市 富士宮市」ニ、「加茂郡」ヲ「高山市 多治見市 加茂郡」ニ、「諏訪郡」ヲ「岡谷市 飯田市 諏訪市 諏訪郡」ニ、
「仙台市」ヲ「仙台市 塩釜市」ニ、「玉造郡」ヲ「石巻市 玉造郡」ニ、「石城郡」ヲ「平市 石城郡」ニ、
「盛岡市」ヲ「盛岡市 宮古市」ニ、「稗貫郡」ヲ「釜石市 稗貫郡」ニ、「青森市」ヲ「青森市 八戸市」ニ、
「鶴岡市」ヲ「鶴岡市 酒田市」ニ、「秋田市」ヲ「秋田市 能代市」ニ、「金沢市」ヲ「金沢市 小松市」ニ、
「河北郡」ヲ「七尾市 河北郡」ニ、「八束郡 能義郡 仁多郡 大原郡 簸川郡 隠岐島庁管内」ヲ「出雲市 八束郡 能義郡 仁多郡 大原郡 簸川郡 隠岐支庁管内」ニ、「飯石郡」ヲ「浜田市 飯石郡」ニ、
「岡山市」ヲ「岡山市 津山市」ニ、「児島郡」ヲ「倉敷市 玉野市 児島郡」ニ、「福山市」ヲ「福山市 三原市」ニ、
「宇部市」ヲ「宇部市 萩市 小野田市」ニ、「大島郡」ヲ「防府市 下松市 岩国市 光市 山口市 徳山市 大島郡」ニ、「和歌山市」ヲ「和歌山市 海南市」ニ、
「有田郡」ヲ「新宮市 田辺市 有田郡」ニ、「丸亀市」ヲ「丸亀市 坂出市」ニ、「今治市」ヲ「今治市 新居浜市 西条市」ニ、
「宇和島市」ヲ「宇和島市 八幡浜市」ニ、「戸畑市」ヲ「戸畑市 直方市 飯塚市」ニ、「門司市」ヲ「門司市 田川市」ニ、
「大分市」ヲ「大分市 日田市 佐伯市」ニ、「別府市」ヲ「別府市 中津市」ニ、「東松浦郡」ヲ「唐津市 東松浦郡」ニ、
「熊本市」ヲ「熊本市 荒尾市」ニ、「宇土郡」ヲ「八代市 人吉市 宇土郡」ニ、「薩摩郡」ヲ「川内市 薩摩郡」ニ、
「肝属郡 大島島庁管内」ヲ「鹿屋市 肝属郡 大島支庁管内」ニ、「空知支庁管内 胆振支庁管内 浦河支庁管内」ヲ「夕張市 岩見沢市 空知支庁管内 胆振支庁管内 日高支庁管内」ニ、「河西支庁管内」ヲ「帯広市 北見市 十勝支庁管内」
ニ改ム

同表中北海道ノ部ノ次ニ左ノ如ク加フ

樺太	三人、
京畿道	三人
忠淸北道	一人
忠淸南道	一人
全羅北道	一人
全羅南道	二人
慶尙北道	二人
慶尙南道	二人
黃海道	二人
平安南道	二人
平安北道	二人
江原道	二人
咸鏡南道	二人
咸鏡北道	一人
臺北州 花蓮港廳	一人
新竹州	一人
臺中州	一人
臺南州	一人
高雄州 臺東廳 澎湖廳	一人

附則

本法中第六條及第百四十條ノ二ノ改正規定、附則第三項ノ規定竝ニ樺太、朝鮮及臺灣ニ關スル改正規定ノ施行ノ期日ハ各規定ニ付勅令ヲ以テ之ヲ定メ其ノ他ノ規定ハ公布ノ日ヨリ之ヲ施行ス

本法施行ニ關シ必要ナル事項ハ勅令ヲ以テ之ヲ定ム

裁判所構成法戰時特例中左ノ通改正ス

第六條ニ左ノ一項ヲ加フ

前二項ノ規定ハ衆議院議員選擧法第百四十條ノ二ノ規定ノ適用ヲ妨ゲズ

（國務大臣小磯國昭君登壇）

○國務大臣（小磯國昭君） 只今議題トナリマシタ衆議院議員選擧法中改正法律案ニ付キ提案ノ理由ヲ說明致シマス

今回ノ衆議院議員選擧法中改正法律案ハ、別途貴族院ニ提出セラレテ居リマスル貴族院令中改正案ト相俟チマシテ、主トシテ朝鮮及ビ臺灣在住民ノ政治處遇ノ改善ヲ目的トスルモノデアリマス、抑〻朝鮮及ビ臺灣ノ統治ノ根本方針ニ關シマシテハ、韓國併合及ビ領臺以來終始一貫、一視同仁ノ御聖旨ニ副フト云フコトヲ唯一ノ念願トシテ參リマシタノデ、換言致シマスレバ、朝鮮及ビ臺灣ノ同胞ヲシテ、一日モ速カニ眞ノ皇國臣民タルノ資質ト自覺トヲ持タシムルノ努力ニ盡キテ居ルノデアリマス、而シテ斯クノ如キ統治ノ根本方針ニ基キマシテ、歷代總督以下ガ絕大ノ努力ヲ傾倒致シマシタル結果、是等外地ノ同胞モ、宏大無邊ナル皇恩ノ下ニ漸次同化セラレ、皇國臣民トシテノ資質ハ日ヲ逐ウテ向上致シ、其ノ民性愈〻陶冶セラレ、今日ニ於テハ一般狀態進步ノ跡洵ニ顯著ナルモノアルニ至リマシタコトハ御承知ノ通リデアリマス、同時ニ是等外地同胞ガ綜合行政ノ下ニ、或ハ產業ノ方面ニ於テ、或ハ經濟ノ方面ニ於テ、將又文化ノ方面ニ於テ遂ゲマシタ發展ハ、史上他ニ比類ナキ所ト申シテモ過言ニアラザルモノト信ズルノデアリマス、此ノ皇國臣民トシテノ自覺ト資質ノ向上ト、產業經濟及ビ文化ノ進展トハ、相俟ツテ朝鮮及ビ臺灣ノ地位ヲ向上シ、帝國ノ重要ナル一環タラシムルニ至ツタノデアリマス、支那事變勃發以來是等同胞ノ戰爭完遂ニ寄與セル物心兩面ノ努力ハ、皇國戰力ノ有力ナル部分ヲナシテ居リマスルコトハ今更贅言ヲ要シマセヌ、更ニ昭和十九年ヨリハ朝鮮ニ、又本年ヨリハ臺灣ニ、ソレ〲徵兵制度ガ布カレ、是等一般同胞モ內地同胞ト均シク、皇軍ノ要員タルコトト相成リマシタ、是ヨリ先志願兵トシテ、將又軍屬トシテハ夙ニ軍務ニ挺身シ、中ニハ特別攻擊隊ニ參加シ、醜ノ御楯トシテ、盡忠報國、悠久ノ大義ニ生クルノ崇高ナル信念ヲ示ス者モ多々見ラル、ニ至ツタノデアリマシテ、皇化ノ洽キ眞ニ恐懼感激ニ堪ヘザル所デアリマス

翻ツテ現戰局ヲ見マスルニ、皇國ハ正ニ重大ナル險嶮ノ關頭ニ立ツテ居ルノデアリマス、今日此ノ秋ニ當リ大東亞戰爭ノ完遂ヲ期シマスル爲ニハ、一億同胞ノ總力ヲ結集シ、磐石不動ノ態勢ノ下、皇國護持ニ邁進セネバナリマセヌ、又苟クモ皇國臣民タル者、其ノ內地同胞タルト外地同胞タルトヲ問ハズ、今日只今奮ツテ此ノ苛烈ナル戰列ニ就クノ負荷ニ堪ヘネバナラヌノデアリマス、斯ク觀ジマスル時、此ノ際朝鮮、臺灣同胞ニモ、國政ノ中樞ニ參セシムルト云フ至上ノ感激ヲ與ヘ、眞ニ皇國臣民タルノ矜持ヲ以テ、其ノ向上致シタル資質ト、其ノ集積致シタル實力ヲ擧ゲテ、愈〻益〻聖業ノ完遂ニ邁進セシムルコトガ肝要デアルト考ヘマス、斯クシテ皇國同胞ノ四分ノ一ヲ占メテ居リマス彼等ノ眞劍ナル心ヲ、確カリト把握抱擁シテ參リマスコトガ、戰爭目的完遂上不可缺喫緊ノ事柄デアルコトヲ固ク信ジテ疑ヒマセヌ

以上申述ベマシタ如キ考慮カラ、私ハ大命ヲ拜シマシテ以來、是等同胞ノ政治處遇ニ付キ夙夜構想ヲ練ツテ參ツタノデアリマスガ、事ハ頗ル重大デアリマスノデ、特ニ愼重ヲ期シ、嚢ニ官制ヲ以テ朝鮮及臺灣在住民政治處遇調査會ノ設置ヲ仰ギ、廣ク貴衆兩院議員、學識經驗者等ノ中カラ審議練達ノ士ヲ擧ゲ、調査審議ヲ求メタノデアリマス、同調査會ニ於キマシテハ凡ユル角度カラ愼重且ツ周到ナル研究ヲ遂ゲラレ、過般政府ニ對シ政治處遇ノ具體的方策ニ付キ答申ヲ寄セラレマシタ、仍テ政府ハ此ノ答申ヲ有力ナル參考トシテ成案ヲ得、貴族院令中改正案及ビ衆議院議員選擧法中改正法律案ノ兩件ニ付キ、何レモ過般樞密院ノ御諮詢ヲ經マシタノデ、衆議院議員選擧法中改正法律案ハ、玆ニ本院ニ提出シテ議決ヲ願フコトト致シ、又貴族院令中改正案ハ、別途之ヲ貴族院ニ提出スルニ至ツタ次第デアリマス、以下法律案ノ內容ニ付キ梗概ヲ御說明申上ゲマス

先ヅ選擧制度ノ朝鮮及ビ臺灣ヘノ施行ハ、現行衆議院議員選擧法ノ施行ヲ根本ノ方針トシ、朝鮮及ビ臺灣ノ特殊事情ニ鑑ミ、一般ノ規定ヲ適用シ難キ事項ニ付キ、所要ノ特例ヲ設クルコトニ致シタノデアリマス、其ノ主ナル內容ヲ申上ゲマスレバ

第一ハ選擧權デアリマス、朝鮮及ビ臺灣住民一般ノ敎育、文化ノ程度、地方自治ノ現狀等ニ鑑ミ、普通選擧制ハ

之ヲ採用セズ、或ル程度選擧資格ヲ制限スルコトガ適當ト認メラル、ノデアリマス、而シテ選擧資格ヲ制限スル爲ニハ種々ノ方法ガ考ヘラレルノデアリマスルガ、結局納稅ヲ要件トスルノ外適切ナル方法ヲ見出シ難ク、直接國稅十五圓以上ノ納稅ヲ以テ選擧權ノ要件ト致シタノデアリマス

第二ハ選擧區デアリマスガ、選擧區ヲ如何ニ定ムルカハ、議員數トモ關聯致シマスノデ、結局朝鮮ニ於テハ道ノ區域ニ依リ、臺灣ニ於テハ州ノ區域ヲ基礎トシ、廳ハ州ノ區域ニ適當ニ合ハセテ一選擧區ト致シタノデアリマス、即チ朝鮮ニ於テハ十三道十三選擧區、臺灣ニ於テハ五州ニ三廳ヲ合ハセテ五選擧區ト致シタノデアリマス

第三ハ議員數デアリマス、朝鮮及ビ臺灣在住民ノ教育、文化等一般ノ民度其ノ他現地ノ實情ニ鑑ミ、選擧區ト人口トノ關係ヲ基準トシテ、一選擧區一人乃至三人、合計朝鮮ニ於テハ二十三人、臺灣ニ於テハ五人ト致シタノデアリマス

第四ハ選擧運動デアリマスガ、朝鮮及ビ臺灣ノ實情ニ鑑ミ、選擧運動ニ關スル規定中、其ノ儘適用致シ難キ選擧委員、選擧運動ノ爲メ使用スル勞務者及ビ選擧運動ノ費用ニ關シマシテハ、勅令ヲ以テ特例ヲ設クルノ途ヲ開イタノデアリマス

第五ハ選擧ニ關スル訴訟デアリマス、同一議會ノ構成ニ關スル選擧法ノ解釋ガ、二途ニ出ヅベカラザルコトハ當然ノコトデアリマスノデ、選擧ニ關スル訴訟ニシテ大審院ノ專屬管轄ニ屬セザルモノ、即チ選擧人名簿ニ關スル訴訟、選擧法第八十四條第二項ノ規定ニ依ル所謂連坐訴訟、及ビ選擧罰則ニ關スル刑事訴訟ニ付キマシテハ、朝鮮及ビ臺灣ニ於ケル一般ノ訴訟ノ例ニ依リ、ソレゾレノ裁判所ノ管轄ニ屬セシメルコトニ致シマシタガ、其ノ法律解釋ヲ大審院ニ統一スル方途ヲ講ジタノデアリマス

尙ホ右ニ伴ヒマシテ本法案ノ附則ニ於テ、裁判所構成法戰時特例中所要ノ改正ヲ加ヘマシタ、以上申上ゲマシタ以外ノ事項、例ヘバ選擧方法、被選擧權、選擧手續其ノ他ニ付キマシテハ、概ネ內地同樣トシ、選擧法ヲ其ノ儘朝鮮及ビ臺灣ニモ適用スルコトトシ、唯行政區劃、行政官廳等ノ組織ガ內地ト制度ヲ異ニシテ居リマスノデ、之ニ關スル所要ノ規定ヲ設ケタノデアリマス

又樺太ハ御承知ノ如ク昭和十八年四月一日ヨリ內地ニ編入セラレ、諸般ノ施政ハ逐次他ノ內地各地ト同樣ニ行ハル、コトニ相成ツタノデアリマス、隨テ政府ト致シマシテハ、衆議院議員選擧制度ノ施行ニ付キマシテモ考慮中デアリマシタガ、此ノ機會ニ之ヲ實現スルコトヲ適當ナリト認メ、選擧法中朝鮮及ビ臺灣ニ關シ所要ノ改正ヲ實施スルコトト相竝ンデ、樺太ニ關シマシテモ必要ナル改正ノ措置ヲ講ズルコトト致シタノデアリマス

尙ホ右ノ外衆議院議員選擧法ノ改正ヲ機トシ、同法中官制ノ改正、自治團體ノ廢置等ニ伴フ已ムヲ得ザル若干ノ整理ヲ行フコトニ致シタノデアリマス、朝鮮、臺灣及ビ樺太ニ於ケル本法律案施行時期ニ付キマシテハ、種々準備ニ手數ヲ要スル等ノ關係モアリ、勅令ヲ以テ之ヲ定ムルコトニ致シマシタ

以上私ヨリ衆議院議員選擧法中改正法律案ヲ提出スルニ至リマシタ理由ト、案ノ骨子ニ付テ御說明申上ゲマシタ、何卒御審議ノ上、速カニ御協贊アランコトヲ切望致ス次第デアリマス（拍手）

○議長（岡田忠彥君） 本案ノ審査ヲ付託スベキ委員ノ選擧ニ付テ御諮リ致シマス

○小泉純也君 本案ハ議長指名二十七名ノ委員ニ付託シ、直チニ委員ヲ指名セラレンコトヲ望ミマス

○議長（岡田忠彥君） 小泉君ノ動議ニ御異議アリマセヌカ

〔「異議ナシ」ト呼ブ者アリ〕

○議長（岡田忠彥君） 御異議ナシト認メマス、仍テ動議ノ如ク決シマシタ、委員ノ氏名ハ書記官ヲシテ報告致サセマス

〔書記官朗讀〕

衆議院議員選擧法中改正法律案（政府提出）委員

一宮房治郎君　今尾　登君
今牧　嘉雄君　植松　練磨君
勝田　永吉君　木下　信君
木原　七郎君　淸瀨　一郎君
河野　密君　田邊　七六君
多田　滿長君　津崎　尙武君
鶴見　祐輔君　手代木隆吉君
富田愛次郎君　中瀨　拙夫君
篠本　太吉君　星島　二郎君
牧野　良三君　村瀨　武男君
守屋　榮夫君　山崎達之輔君
吉川吉郎兵衞君　蠟山　政道君
鈴木　正吾君　中村又七郎君
二田　是儀君

○議長（岡田忠彥君） 只今指名致シマシタ委員諸君ハ、本會議散會後第三委員室ニ御參集ノ上、委員長及ビ理事ヲ互選セラレンコトヲ望ミマス――日程第二及ビ第三ハ便宜上一括議題トナスニ御異議アリマセヌカ

〔「異議ナシ」ト呼ブ者アリ〕

○議長（岡田忠彥君） 御異議ナシト認メマス、日程第二、衆議院議員ノ補闕選擧等ノ一時停止ニ關スル法律案、日程第三、昭和十八年法律第九十號中改正法律案、右兩案ヲ一括シテ第一讀會ヲ開キマス――大達內務大臣

昭和二十年三月二十三日

衆議院議員選擧法中改正法律案

第一讀會ノ續

第二 衆議院議員選擧法中改正法律案(政府提出)

第一讀會ノ續(委員長報告)

報告書

一衆議院議員選擧法中改正法律案
(政府提出)

右ハ本院ニ於テ可決スヘキモノト議決致候此段及報告候也

昭和二十年三月二十一日

委員長 山崎達之輔

衆議院議長岡田忠彦殿

(山崎達之輔君登壇)

○山崎達之輔君 衆議院議員選擧法中改正法律案ノ委員會ノ經過ニ付キマシテ御報告申上ゲマス

本案ハ朝鮮及ビ臺灣ニ衆議院議員選擧制度ヲ施行致シマシテ、在住民ニ參政權ヲ附與シ、帝國國政ノ中樞ニ參ゼシメントスルモノデアリマシテ、憲法上劃期的重大立法デアルト同時ニ、日韓合邦及ビ領臺以來、終始一貫一視同仁ノ 御聖旨ニ副ヒ奉ランコトヲ念願トシテ、努力ヲ傾注シ來リマシタル我ガ統治ノ方式ニ、更ニ一新紀元ヲ劃セントスルモノデアリマス、委員會ニ於キマシテハ問題ノ本質ニ鑑ミマシテ愼重審議ヲ致ラレマシタガ、朝鮮及ビ臺灣同胞ノ皇國民トシテノ資質ノ向上顯著ナル今日、且ツハ現戰局下内外地一體戰爭完遂ニ邁進スル態勢ヲ整備スルノ要緊切ナル此ノ秋ニ於キマシテ、本問題ノ解決ヲ見マスルコトハ、極メテ適切妥當ナリト云フコトニ全員ノ意見一致ヲ見タ次第デアリマス

是ヨリ案ノ内容等ニ付キマシテ質問應答ニ依ッテ明カトナリマシタ重要ナル二、三ノ點ニ付テ御說明ヲ致シマス、第一ハ案ノ内容ニ屬スルコトデアリマスガ、此ノ度選擧制度ヲ朝鮮、臺灣ニ施行スルニ當リマシテ、普通選擧ニ依ルベキカ或ハ制限選擧ノ方法ニ依ルベキカハ、第一ニ決セラルベキ問題デアリマス、朝鮮、臺灣ニ於ケル教育文化ノ點、又外地ニ於ケル地方議會ノ議員選擧ノ實情等カラ考ヘマシテ、此ノ際普通選擧ノ制ヲ採リマスルコトハ妥當デナイノデアリマスノデ、制限選擧ノ方法ニ依ルコトト相成ツテ居ルノデアリマス、制限選擧トスレバ資格條件ヲ如何ニ決定スルカト云フコトガ矢ニ起ル問題デアリマスガ、本案ニ於キマシテハ直接國稅十五圓以上ト云フコトヲ選擧資格ト致シテアルノデアリマス、此ノ十五圓以上ト定メラレマシタル根據ハ、大體ニ於テ内地ノ選擧法ガ初メテ布カレマシタ當時、御承知ノヤウニ國稅十五圓ト相成ツテ居リマスルコトガ有力ナル參考トナツテ居ルコトト存ジマス、次ニハ議員定數ノ問題デアリマス、議員定數ヲ如何ニ定ムベキカハ此ノ法案ニ於テ最モ重大デアリ、且又困難ナル問題デアリマス、本案ニ於テハ御承知ノヤウニ朝鮮二十三名、臺灣五名、合計二十八名トナツテ居リマス、此ノ議員數ノ算定ハ、一面ニ於テハ選擧區ノ立テ方トモ關聯シテ考ヘナケレバナリマセヌ、選擧區ハ種々ノ點カラ考察セラレマシテ、朝鮮ニ於テハ十三道各道ヲ以テ一選擧區トナシ、臺灣ニ於テハ各州ヲ以テ一選擧區ト致シテ居リマスル結果、朝鮮ニ十三選擧區、臺灣ニ五ツノ選擧區ト相成ツテ居リマス、ソコデ各選擧區ニ對シマシテ少クトモ一名ノ定數ハ割當テナケレバナリマセヌ、之ヲ人口トノ比較ニ於テ考ヘマスルト、朝鮮ニ於キマシテハ一道デ百萬ニ達セザル道ガ一ツアリマス、臺灣ニ於テ百萬ニ達セザル州ガ一州アルノデアリマス、是等ニハ百萬未滿デアリマスガ一名ハ當然配當シナケレバナラヌ、斯樣ナ點カラ大體百萬ヲ以テ基準ト致シマシテ、百萬ヲ增ス每ニ一人ヲ加ヘル、併シナガラ先ニ申シマシタヤウニ、百萬未滿ノ選擧區ニ箇所ニ對シテ一人ヲ認メテ居リマスル以上ハ、而シテ其ノ選擧區ガ八十萬或ハ九十萬ト云フ程度デアリマスカラ、百萬ヲ超エルコト八十萬ニ達シマスレバ、更ニ一名ヲ追加スル、斯樣ナ基準ニ依ツテ算定致サレテ居ルノデアリマス、此ノ議員數ノ算定ハ選擧資格ニ付テ申シマシタト略々同樣ノ理由ニ依リマシテ、各般ノ事情ヲ併セ考ヘラレマシタ結果、此ノ數字ニ到達致シテ居ルノデアリマス、初メテ選擧制度ヲ施行セラレル今日ニ於キマシテハ、妥當ナル算定ナリト認メラレルノデアリマス、殊ニ是ハマア偶然ト申セバ偶然デアリマスガ、之ヲ有權者數ト比例シテ考ヘテ見マスルト、朝鮮、臺灣ヲ通算致シマシテ、議員一人ニ對スル有權者數ガ三萬千乃至二千デアリマス、此ノ點ハ略々内地ノ比率モ同樣デアリマス、此ノ點モ亦此ノ數字ヲ考ヘル上ニ於テ見逃スコトノ出來ナイ數字デアリマス、次ニハ選擧運動デアリマス、選擧運動ニ付キマシテハ委員會ニ於キマシテモ内地ノ選擧法ガ可ナリニ煩瑣デ、此ノ煩瑣ナル選擧法規ヲ臺灣、朝鮮ニ適用致スト云フコトハ可ナリ實情ニ遠ザカル嫌ヒハナイカト云フコトハ種々論議セラレタル點デアリマス、併

シナガラ内地ノ選擧法デ煩瑣デアリ又不適當ト思ハレルヤウナコトハ、實ハ内地ノ選擧自體ニ於テモ感ゼラレテ居ルコトデアリマスカラ、ソレ等ノ改正ハ他日ニ讓ルノ外ハナイ、此ノ際トシテハ朝鮮、臺灣ノ實情ニ照シテ、何トシテモ現行選擧法其ノ儘ヲ以テイケナイ部分ダケニ付テ特例ヲ設ケテ置クト云フ方法ニ依ルノ外ハナイ、斯樣ナ意味ニ於テ、例ヘバ選擧委員或ハ選擧ニ從事スル勞務者、選擧費用、斯樣ナ點ニ付テハ朝鮮、臺灣ニ付テ勅令ヲ以テ例外ノ規定ヲ設ケルコトト相成ツテ居ルノデアリマス、唯併シナガラ此ノ選擧運動ニ關スルコトハ、多クハ行政命令ニ依ツテ規定セラレルコトガ多イノデアリマスカラ、命令事項ニ屬スルコトハ、出來得ル限リ現地ノ實情ニ即スルヤウニ、十分ノ留意ヲ以テ當ラレルコトガ必要デアルト云フコトヲ、委員會ニ於テモ篤ト政府ニ注意ヲ喚起致シマシテ、政府モ之ニ同意ヲ表セラレテ居ルノデアリマス、本法施行ノ時期デアリマスガ、法案ニハ勅令ヲ以テ其ノ時期ヲ定メルト云フコトニ相成ツテ居リマス、是ハ立法トシテハ當然デアラウト思ヒマスガ、其ノ趣旨ハ次ノ總選擧ヲ行フ時ニ朝鮮、臺灣ニ之ヲ行フト云フコトヲ目途トシテ、諸般ノ準備ヲ進メルト云フ意味ニ諒承致シテ居ルノデアリマス、是等ガ本案ノ内容ニ關スル重要ナ點デアリマス

次ニハ此ノ法案ニ關聯致シマシタル重要ナ二、三ノ問題ニ付テ御說明ヲ致シマス、第一ハ内外地法域ノ撤廢ヲスルヤ否ヤノ問題デアリマス、随テ現ニ認メラレテ居リマスル朝鮮總督ノ持ツ制令、臺灣ノ律令、斯樣ナ制度ニ付テハ、苟クモ議會ニ兩外地ヨリ選出セラレタル議員ガ構成員トシテ參加スルコトトナル以上、此ノ制度ヲ撤廢スベキコトハ當然ノ歸結デアリマス、併シナガラ統治ノ上ニ種々ノ必要モ存スルコトヲ認メナケレバナリマセヌノデ、是等ハ十分政府ニ於テハ只今申上ゲマシタヤウナ方針ヲ以テ、出來ルダケ其ノ趣旨ニ副フヤウニ諸般ノ經過ノ方法等ヲ考究致シテ參リタイト云フ言明ガアツタノデアリマス、次ハ司法統一ノ問題デアリマス、ヤハリ法域ノ問題ト同樣、將來ニ於キマシテハ內地外地ニ於ケル法權ノ統一ハ當然實現セナケレバナリマセヌ、随テ裁判所構成法或ハ訴訟法等モ全面的ニ朝鮮、臺灣ニ施行セラレルコトトナルベキコトハ當然デアリマスガ、是モ現實ノ實情ニ卽シマシテ、經過ノ方法等ハ十分愼重ナル考慮ヲ拂ツテ、サウシテ目的ニ向ツテ漸次歩ヲ進メテ行キタイト云フ言明ガアツタノデアリマス、次ハ自治制度ノ問題デアリマス、苟クモ議會ニ議員ヲ送ルコトトナル以上、今日ノ朝鮮、臺灣ノ自治制度ニハ相當檢討ヲ加ヘナケレバナラヌコトハ、是亦明瞭ナコトデアリマス、之ニ對シマシテモ政府ハ十分留意ヲ加ヘテ、サウシテ自治制度ノ改善ニ努力致シタイト云フコトヲ言明致シテ居リマス、更ニ政治以外ノ處遇改善ニ付キマシテモ、委員會ニ於テハ十分ノ質疑ヲ致シマシタガ、是亦政府ニ於キマシテモ出來得ル限リノ注意ヲ拂ツテ居ルヤウニ認メラレマシテ、既ニ改善ヲ實施シタル案件モ少カラナイノデアリマス

以上ハ案ノ内容及ビ關聯問題ノ概要デゴザイマスルガ、一委員ヨリ、本案ノ重大性ニ顧ミ、政府ハ適當ノ時期ニ之ニ伴フ嚴肅ナル特殊措置ヲ講ズルノ用意アリヤト云フ質問ニ對シマシテ、小磯總理大臣ヨリ「根本趣旨ヲ內外地及ビ中外ニ宣明シ、國民全般ニ了得セシメ、憲政ノ運用上適切ヲ期スルノ要緊切ナリト考ヘマス、随ヒマシテ之ニ關シ、嚴肅ニシテ必要ナル萬般ノ措置ヲ講ジタイ所存デアリマス」ト言明セラレタノデアリマス、更ニ委員會ニ於キマシテハ、朝鮮、臺灣同胞ノ銃後ニ於ケル目覺マシキ活躍ハ申スニ及バズ、第一線ニ於ケル勇戰奮鬪、殊ニ盡忠報國、悠久ノ大義ニ生キントスル尊キ數數ノ事例ニ付キマシテモ、當局ノ詳細ナル說明ヲ聽取致シマシテ、感激洵ニ新タナルモノガアツタノデアリマス

斯クテ委員會ハ今回ノ重大立法ニ依リマシテ、朝鮮、臺灣同胞諸君ガ帝國議政ノ府ニ參ズルノ矜持ヲ以テ、愈〻皇國民タル自覺ヲ深メ、益〻忠誠心ヲ振起致シマシテ、眞ニ內外地渾然一體、苛烈ナル戰列ニ立ツテ、聖業完遂ニ邁進スベシトスル强キ期待ノ下ニ、委員會ハ大體ノ審議ヲ終リ、討論ニ入リマシテ、多田滿長君ヨリ原案賛成ノ意見陳述ガアリ、採決ノ結果、滿場一致ヲ以テ可決致シタ次第デアリマス、之ヲ以テ私ノ御報告ト致シマス（拍手）

○議長（岡田忠彥君）　本案ノ第二讀會ヲ開クニ御異議アリマセヌカ

〔「異議ナシ」ト呼ブ者アリ〕

○議長（岡田忠彥君）　御異議ナシト認メマス、仍テ本案ノ第二讀會ヲ開クニ決シマシタ

○小泉純也君　直チニ本案ノ第二讀會ヲ開キ、第三讀會ヲ省略シテ委員長報告ノ通リ可決セラレンコトヲ望ミマス

○議長（岡田忠彥君）　小泉君ノ動議ニ御異議アリマセヌカ

〔「異議ナシ」ト呼ブ者アリ〕

○議長（岡田忠彥君）　御異議ナシト認メマス、仍テ直チニ本案ノ第二讀會ヲ開キ議案全部ヲ議題ト致シマス

衆議院議員選擧法中改正法律案

第二讀會（確定議）

○議長（岡田忠彥君）　別ニ御發議モアリマセヌ、第三讀會ヲ省略シテ委員長報告ノ通リ可決確定致シマシタ（拍手）

昭和二十年三月二十六日

議長ノ報告

朝鮮ニ訴願並行政訴訟ノ途ヲ拓クニ關スル質問主意書

右成規ニ據リ提出候也

昭和二十年三月二十一日

提出者　手代木隆吉

朝鮮ニ訴願並行政訴訟ノ途ヲ拓クニ關スル質問主意書

朝鮮ニ於ケル行政處分ニ付テハ訴願並行政訴訟ノ途ナキ爲往々不當ト認メラルルモノニシテ之ヲ是正又ハ救濟セラルルコトナク朝鮮統治上影響尠カラズト認ム

今回朝鮮臺灣ノ處遇改善ヲ提唱セラルル際朝鮮ニ速ニ訴願並行政訴訟ノ途ヲ拓キ朝鮮同胞ヲシテ聖代ノ恩澤ニ浴セシムベキモノト認ム政府ノ意見竝之ヲ遂行スル意思有リヤ如何

左ニ最近朝鮮ニ於ケル丹陽鑛山讓渡ニ付顯著ナル不當處分ノ實例ヲ列擧シ之ニ對スル政府ノ見解ヲ承リ度

一　總督府決定ニ據レバ鑛業權者ハ鑛區開發意思ナシトスルモ鑛區所有以來開發ニ多大ノ努力ヲ拂ヒタル事實ハ明白ナルニ拘ラズ鑛業權者ニ開發ノ意思ナシト斷定セル不合理ノ事實

二　昭和十六年二月二十二日讓渡協議命令ニ接シ同月二十七日鑛山課長ニ古河電氣工業株式會社ト提携ノ協議進行中ナル旨ヲ陳述シ其ノ當時ノ約束ニ基キ同三月十日開發方針ヲ明ニシ鑛業權ヲ同社ニ移轉(共同開發ノ爲)スベキ申請書ヲ提出セルニ拘ラズ直ニ之ヲ却下セル不合理ノ事實

三　鑛業權ヲ創立中ナリシ資本金僅カニ金壹百萬圓ニ過ギズ又何等技術陣營ヲ有セザル日本稀有金屬株式會社ニ讓渡セシメタル不合理ノ事實

四　昭和十六年二月五日附ヲ以テ鑛業權者ニ對シ「(一)自營(二)讓渡(三)共同經營ノ何レナルヤ」ノ照會ニ對シ同月十七日古河電氣工業株式會社ト共同シ別個ニ經營會社ヲ組織シ之ガ開發ヲ促進スベキ旨答申シタルニ對シ何等ノ措置ナクシテ讓渡決定シタル不當ナル事實

五　讓渡決定後該鑛山ハ日本稀有金屬株式會社ニ於テ經營不能ノ結果古河電氣工業株式會社ニ於テ經營ノ衝ニ當リ現在巨額ノ利益ヲ收メ居ル事實ハ不當處分ノ結果ニ基クモノナリ

以上列擧セル事實ハ斷ジテ朝鮮重要鑛物增產令ノ趣旨ニ適合セザルモノト認ム何トナレバ開發ノ意思ハ事實ニ徵シ明白ニ之ヲ認メ得ベク又既ニ高價處分ヲ企圖セルニモ非ズ多年ニ亙リ調査研究ヲ重ネ開發計畫ヲ樹立シタル鑛業權者ヨリ濫リニ其ノ所有權ヲ剝奪スル如キハ却テ增產ヲ阻害スルモノト謂フベシ不當ナル行政行爲ニ對シ訴願並行政訴訟ノ恩典ヲ有セザル朝鮮人ニ對シ特ニ愼重ナル取扱ヒヲ要スルモノト確信ス政府ハ宜敷之等不當處分ト目スベキモノハ再檢討ノ上善處方ヲ考慮スベキモノト信ズ

右及質問候也

昭和二十年三月二十五日

內閣總理大臣　小磯國昭

衆議院議長岡田忠彥殿

衆議院議員手代木隆吉君提出朝鮮ニ訴願並行政訴訟ノ途ヲ拓クニ關スル質問ニ對シ別紙答辯書送進候

〔別紙〕

衆議院議員手代木隆吉君提出朝鮮ニ訴願並行政訴訟ノ途ヲ拓クニ關スル質問ニ對スル答辯書

本件ニ關シテハ朝鮮及臺灣同胞ニ對スル處遇改善諸方策ノ逐次實施セラレツツアルニ鑑ミ之ガ整備ヲ圖ルベク研究中ナリ

右及答辯候也

昭和二十年三月二十五日

內務大臣　大達茂雄

昭和二十年三月二十六日

昭和十八年度歳入歳出總決算、昭和十八年度各特別會計歳入歳出決算外一件

昭和十八年度特別會計

內務省所管朝鮮總督府

歳入經常部

第一款　租　税

第一項　所得税

(四) 會寧税務署ノ徴收不足ニ屬スルモノ(會計検査院報告ノ一)

円 一七、八三八・二〇

臨時利得税ニ於テ同署ノ徴收不足ニ屬スルモノ

一一、五六一・八五

(五) 京城税務署ニ於テ徴收不足ニ屬スルモノ(會計検査院報告ノ同上)

一〇、五九〇・二七

(六) 龍山税務署ニ於テ徴收不足ニ屬スルモノ(會計検査院報告ノ同上)　九、八四九・〇〇

(七) 海州税務署ノ徴收不足ニ屬スルモノ(會計検査院報告ノ同上)　六、七六二・八七

臨時利得税ニ於テ同署ノ徴收不足ニ屬スルモノ

一一、二九八・〇九

(八) 龍山税務署ニ於テ徴收不足ニ屬スルモノ(會計検査院報告ノ同上)　三、三四六・三八

(九) 龍山税務署ノ徴收不足ニ屬スルモノ(會計検査院報告ノ同上)　二、九四一・五四

臨時利得税ニ於テ同署ノ徴收不足ニ屬スルモノ

三、〇〇〇・〇〇

(一〇) 龍山税務署ノ徴收不足ニ屬スルモノ(會計検査院報告ノ同上)

二、四一二・八〇

臨時利得税ニ於テ同署ノ徴收不足ニ屬スルモノ

二、三一九・三〇

(一一) 京城税務署ノ徴收不足ニ屬スルモノ(會計検査院報告ノ同上)　二、三四四・六一

臨時利得税ニ於テ同署ノ徴收不足ニ屬スルモノ

二二五・六〇

(一二) 京城税務署ノ徴收不足ニ屬スルモノ(會計検査院報告ノ同上)

二、二三九・八〇

臨時利得税ニ於テ同署ノ徴收不足ニ屬スルモノ

二、六一二・一〇

(一三) 京城税務署ニ於テ徴收不足ニ屬スルモノ(會計検査院報告ノ同上)

二、〇九〇・〇〇

(一四) 京城税務署ニ於テ徴收過ニ屬スルモノ(會計検査院報告ノ同上)

二、二九三・二〇

右ハ孰レモ取扱ノ過誤ニ因リ徴收過不足ヲ生セシメタルモノニシテ不當ナリトス

內務省所管朝鮮總督府

歳入經常部

第一款　租　税

第一項　所得税

(七五) 元山税務署ノ徴收不足ニ屬スルモノ(會計検査院報告ノ九)　円 一、〇〇七・二〇

臨時利得税ニ於テ同署ノ徴收不足ニ屬スルモノ

一、一一四・五〇

(七六) 北青税務署ノ徴收不足ニ屬スルモノ(會計検査院報告ノ同上)　九六三・四〇

臨時利得税ニ於テ同署ノ徴收不足ニ屬スルモノ

一、六一二・八〇

(七七) 雄基税務署ノ徴收不足ニ屬スルモノ(會計検査院報告ノ同上)　八三二・〇〇

臨時利得税ニ於テ同署ノ徴收不足ニ屬スルモノ

一、三二八・七五

右ハ孰レモ取扱ノ過誤ニ因リ徴收不足ヲ生セシメタルモノニシテ不當ナリトス

昭和十八年度特別會計

內務省所管朝鮮總督府

歳入經常部

第四款　雜收入

第九項　雜　入

(二) 朝鮮總督府ニ於テ歳入ニ編入スヘキモノ(會計検査院報告ノ二)

円 一二、〇四五、八八四・九七

元來朝鮮ニ於ケル糧穀ノ輸移出入ハ同府ニ於テ昭和十五年十一月以降原則トシテ朝鮮糧穀中央配給組合ヲシテ行ハシムルコトニ計畫シタルモ同組合ノ速急結成ハ困難ナル事情アルヲ以テ其ノ業務ヲ朝鮮米穀市場株式會社ヲシテ代行セシメ該業務ニ依ル收支ハ朝鮮糧穀中央配給組合勘定トシテ整理セシメタリ而シテ十六、十七兩年產穀輸移出米ニ於テ奨勵金ノ操出回收上積ト玄白米トノ步留ヲ異ニセシ爲參百萬貳千餘圓ノ過剩金ヲ生セルノ外輸移出入地ニ於ケル糧穀價格差額ノ爲九百四萬參千餘圓ノ剩餘金

ヲ生シ該資金ハ食糧對策上必要ナル諸經費ニ充當セシメ十九年八月迄ニ過剩金ヨリ五拾七萬參千七百餘圓、剩餘金ヨリ六百九拾壹萬貳千餘圓ヲ支拂ハシメタリ然レトモ朝鮮糧穀中央配給組合ハ爾後結成スルニ至ラス出資及組合員ナキモノニシテ朝鮮米穀市場株式會社ヲシテ代行セシメタル業務ハ官ニ於テ食糧政策遂行ノ便宜上組合ノ名ヲ藉リタルニ過キサルモノナルヲ以テ該事業ヨリ生シタル前記資金ハ之ヲ歲入ニ納付セシメ食糧對策上必要ナル諸經費ハ之ヲ歲出豫算ニ計上シ使用スルヲ相當ト認メラルルニ朝鮮米穀市場株式會社ノ特別勘定ニ於テ本件資金ヲ保有セシメ直ニ之ヲ使用セルハ妥當ノ措置ニ非スト認ム

抑々朝鮮糧穀中央配給組合ハ食糧事情ノ逼迫ニ鑑ミ糧穀ノ配給統制ヲ強化スルノ必要上糧穀ノ輸移出入ノ操作ニ當ラシムル目的ヲ以テ設置スルコトトシタルモノナルモ該組合ハ結成スルニ至ラス出資及組合員ナク實在セサルモノナルニ組合ノ業務ヲ朝鮮米穀市場株式會社ヲシテ代行セシムルノ形式ヲ採リ其ノ收支ヲ特別勘定ニ於テ整理セシメタルモノニシテ會社ヲシテ代行セシメタル業務ハ其ノ實、官ニ於テ食糧政策ノ便宜上組合ノ名ヲ藉リタルニ過キサルモノナルヲ以テ之カ收支ハ國ノ歲入歲出豫算ニ計上スヘキモノト認メラレ且該事業經營上生シタル過剩資金ハ國庫ニ歸セシムヘキモノト謂ハサルヲ得ス而シテ該過剩資金ハ朝鮮米穀市場株式會社解散後ハ朝鮮食糧營團理事長ヲシテ保管セシメ之カ自由處分ヲ禁止シ其ノ間朝鮮總督ノ命令ニ依リ立替金利子五拾七萬參千餘圓早場米獎勵費貳百貳拾壹萬七千餘圓雜穀出荷獎勵費百九拾七萬參千餘圓糧穀供出督勵費五拾五萬九千圓糧穀配給組合助成金四拾八萬五千餘圓米穀供出成績優良部落選奬費貳拾萬圓等計七百四拾八萬餘圓ヲ支拂ハシメタルハ法令ノ根據ナク別途ニ資金ヲ保有シ豫算外ニ國費ヲ支出セルト異ル所ナク豫算ノ制ヲ紊ルモノニシテ失當ノ措置ト謂ハサルヲ得ス

本件ハ糧穀ノ輸移出入ニ關シ措置其ノ宜シキヲ得サル嫌アリ依テ注意ヲ促ス

昭和二十年三月二十七日

外地ナル稱呼廢止ニ關スル請願外二百九十八件

特別報告第一號

外地ナル稱呼廢止ニ關スル請願（第一七號）

請願者旭川市四條通十四丁目左九號

商榮西田幸次郎

紹介議員坂東幸太郎君

本請願ノ趣旨ハ政府ガ朝鮮臺灣ニ對シテ使用シツツアル外地ナル稱呼ハ全日本ノ總力ヲ擧ゲテ大東亞戰爭ニ從事シツツアル今日兩地ガ帝國内特別待遇ノ地域ナルガ如キ觀念ヲ與ヘ適當ナラズト信ズ依テ政府ハ速ニ外地ナル稱呼ヲ廢止セラレタシト謂フニ在リ

○田村秀吉君　諸君、私ハ政府ノ施政方針ニ關シ、內閣總理大臣其ノ他關係閣僚ニ對シマシテ、茲ニ二、三ノ質問ヲ試ミントスルモノデアリマス、政府ハ特ニ時局ノ重大性ニ鑑ミ、實行ノ誠意ヲ以テ、責任アル答辯ニ出デラレンコトヲ、豫メ要望致シテ置ク次第デアリマス

先ヅ第一ニ私ハ在外同胞ノ歸還救援ニ關スル政府ノ所信ト、是ガ對策ヲ質シタイト存ズルノデアリマス、終戰時ニ於ケル我ガ在外同胞ノ數ハ軍屬ヲ含ム出征軍人三百五十餘萬人、居留民三百三十餘萬人、合計七百萬人ノ多數デアリマシテ、其ノ在外地域ハ北ハ千島、樺太、滿洲ヨリ朝鮮、支那、南方諸地域其ノ他ニ及ンデ居ルノデアリマス

〔議長退席、副議長著席〕

其ノ中現在マデニ引揚ゲテ參リマシタ同胞ハ、僅カニ五十萬以內ニシテ、總數ノ一割ニ達シテ居ナイ狀態デアリマス、傳ヘラル、所ニ依リマスレバ、是等在外同胞ノ生存狀態ハ、最近漸次困窮化シ、或ル地域ニ於キマシテハ飢餓ト極寒ニ依ル凍死ノ危機ニ瀕シ、或ハ暴行、凌辱ヲ受ケ、或ハ疾病ニ惱ム等、洵ニ憂慮スベキ狀態ニ陷ツテ居ルトノコトナルノミナラズ、其ノ一部ハ一切ノ交通、通信杜絕シ、而モ我ガ國ノ在外公館ハ悉ク閉鎖、廢止セラレテ居ル爲ニ、其ノ所在、消息スラ不明ニシテ知ルニ由ナキ悲境下ニアルノデアリマス、彼等在外居留民ノ大部分ハ、多年海外ニ在ツテ平和的生業ニ從事シ、孜孜トシテ生計ヲ立テ、營々トシテ資産ヲ貯ヘタモノデアリマスガ、一朝ニシテ財産ト生計ノ基礎ヲ失ヒ、據ル所ナキ天涯ノ孤客ト化ジテ居ルノデアリマス、又在外軍人ハ終戰ノ大詔渙發セラレ、「ポツダム」宣言ヲ受諾スルト同時ニ一切ノ武器ヲ捨テ、抵抗ヲ廢シ、只管謹愼シテ、順良ナル平和ノ民トナツテ居ルノデアリマス、而モ彼等ノ中ニハ歸ルニ途ナク、或ハ飢ニ泣キ、或ハ極寒ニ凍死セントスルモ、救援ノ手來リ得ザル悲境ニ沈淪シテ居ル者ガアルノデアリマス、想ヒヲ是等ノ在外同胞ニ馳セル時ハ不安痛心、親族知人ハ固ヨリ、我等全日本國民ハ悉ク眞ニ夢安カラヌモノガアルノデアリマス、抑々「ポツダム」宣言ノ主旨ハ、世界人類ノ平和ト安寧ノ確保ヲ目的トシテ居ルノデアリマス、特ニ同宣言ハ「日本兵力ハ完全武裝解除ノ後各家庭ニ復歸シ、平和的生業ニ就クヲ得セシメラルベシ」ト言明シ、更ニ「我々ハ日本人ヲ民族トシテ奴隷化シ、或ハ國民トシテ破滅セント企圖スルモノニアラズ」ト、世界ニ宣言公約シテ居ルノデアリマス、然ラバ我ガ在外同胞ノ速カナル本國ヘノ歸還ト是ガ救援ノコトハ、正ニ「ポツダム」宣言ノ精神デアリ、其ノ目的トスル所デナケレバナラヌノデアリマス、我ガ國ハ「ポツダム」宣言ヲ受諾スルヤ、能ク其ノ主旨ヲ遵奉シテ、我ガ國在住ノ二百數十萬ニ及ブ支那人、朝鮮人及ビ臺灣人ニ對シテ、出來ルダケノ優遇ヲ與ヘ、其ノ還送ニ付テモ萬全ノ努力ヲ拂ツテ居ル事實ハ、「マッカーサー」司令部ノ明カニ認ムル所デアルト信ズルノデアリマス、然ルニ一部我ガ在外同胞ノ窮迫事實ガ傳ヘラレテ居ルノデアリマス、斯クノ如キハ正ニ「ポツダム」宣言ノ主旨ト精神ニ背反スルモノデアツテ、斷ジテ聯合國最高司令部ノ容認スベカラザルモノデアルコトヲ我々ハ確信スルノデアリマス（拍手）終戰後ニ於ケル平和ニシテ順良ナル我ガ在外同胞救援ノコトハ、實ニ人類愛ニ基ク世界ノ人道問題デアリマス、幣原首相ハ在外同胞ノ救援ニ付キ百方力ヲ盡シ、萬全ノ措置ヲ講ジテ居ル旨ヲ言明サレタノデアリマスガ、全國民ノ不安ハ洵ニ深刻ナルモノガアルノデアリマス、政府ハ須ク「ポツダム」宣言ノ主旨ニ基キ、我ガ在外同胞ノ救援歸還ニ付キ、積極的ニ聯合國最高司令部ニ交渉シテ、強ク聯合國ノ正義心ト人道觀ニ愬ヘルト共ニ、一方「ローマ」法王廳及ビ國際赤十字社等ニ對シ、其ノ實情ヲ傳達シテ是ガ救援方ヲ懇請シ、速カニ適切ナル方途ヲ講ズベキデアリマス、私ハ此ノ點ニ關シ特ニ幣原首相ノ確信ヲ質スト共ニ、關係閣僚タル外務、陸軍、海軍ノ各大臣ニ、在外同胞ノ現狀ト是ガ歸還救援ノ對策ニ付キ、詳細ナル具體的說明ヲ要求スルモノデアリマス

第二ハ戰災者ニ對スル救援復興ノ方策ニ付テ伺ヒタイノデアリマス、戰災ニ依ツテ家ヲ燒カレ、家財ヲ失ヒ、生活ノ根據ヲナクシテ居リマス者ハ、實ニ無慮一千餘萬人ニ達シテ居ルノデアリマス、是等戰災者ニ對スル救援ノ途ハ、衣食住ノ各般ニ亙ツテ居ルノデアリマスガ、特ニ嚴寒迫レル今日ノ緊急要務ハ、先ヅ以テ住居ト、衣料ト、燃料ノ供給ニアルノデアリマス、戰災者ノ多クハ他人ノ家ニ同居シ多數一室ニ雜居セル結果、疾病發生ノコトハ固ヨリ、感情ノ興奮ハ人心ヲ激シテ社會思想ヲ惡化スルコト必然ノ勢ヒデアリマス、而シテ戰災者復興ノ要諦ハ、政府ニ於テ直接救援ノ途ヲ講ズル一方、其ノ自主的活動ニ依ル自力復興ヲ促進スルニアラネバナリマセヌ、終戰後既ニ數箇月ヲ經タル今日、戰災者住宅建築ノ方途ハ未ダ樹立セズ、政府ハ最近僅カニ復興院ノ設置ト木材統制ノ撤廢ヲ見タルガ如キハ、正ニ重大ナル怠慢デアルト言ハネバナリマセヌ、而モ戰災者ニシテ都市ニ於テ工場、職場、住宅等ヲ建築セントスルモ、都市計畫ノ決定ヲ見ザル爲メ其ノ建設敷地ヲ確保スルコトガ出來ナイ、木材統制ハ撤廢サレタリト雖モ、行政ノ末端事務ハ舊態依然タル統制法令ニ拘泥シテ、木材ノ自由入手ヲ阻碍シテ居ルノミナラズ、假ニ木材ヲ購入シ得ルモ、釘、鐵管、瓦、「トタン」「セメント」等ノ補修資材入手ノ途ハ開カレテ居ナイノデアリマス、政府ハ即時都市計畫ヲ決定スルト共ニ、建築諸資材ノ統制ヲ一切撤廢シテ戰災者ノ自由建築熱ヲ旺盛ナラシムル處置ヲ講ズベキデアリマス、更ニ寒氣迫レル今日、衣料ト薪炭補給ノ途ハ、聲ノミアツテ其ノ實之ニ伴ツテ居ナイノデアリマス、政府ハ果シテ如何ナル對策ト確信トヲ有スルノデアルカ、戰災者對策ハ國民生存ノ危機ヲ孕ム洵ニ重大ナル社會問題デアリマス、住宅、衣料、薪炭等ノ戰災緊急對策ニ

要シ茲ニ農林大臣其ノ他關係閣僚ノ明確ナル答辯ヲ求ムル次第デアリマス

第三ハ國民生活ノ安定確保ニ關スル諸般ノ社會政策ニ付テデアリマス、終戰以來産業離職者、復員者、海外引揚者其ノ他敗戰ニ伴フ失業者ハ全國到ル處ノ街頭ニ溢レテ其ノ數ハ既ニ數百萬ニ及ビ、更ニ今後行政整理、統制經濟諸機構ノ廢止ニ伴フ諸離職者ヲ加フルトキハ正ニ一千萬ニ垂ントシテ、今ヤ失業者ノ一大洪水ヲ現出セントシテ居ル狀況デアリマス、而モ最近世間ノ傳ヘル所ニ依リマスレバ、東京都内ニ於ケル失業者中就職セル者ノ數ハ僅カニ其ノ一割ニ達シナイ、殘ル大部分ハ貯蓄セル退職金其ノ他ノ預金ヲ濫費シテ徒食セル有樣デアリマシテ、軈テ之ヲ費消シ盡サバ餓民道ニ横ハルノ慘狀ヲ呈スルハ火ヲ睹ルヨリモ明カデアリマス、幣原首相ハ本席上ニ於テ失業問題ニ付テ所要ノ對策ヲ講ジテ居ルコトヲ言明セラレタノデアリマス、又政府ハ最近失業救濟ノ爲メ「ダム」ノ建設、農耕地ノ開墾事業等ヲ決定シテ居ルト傳ヘラレテ居リマスガ、吾々ハ未ダ是ガ具體的方途ノ實行ヲ見テ居ナイノデアリマス、抑々失業對策ノ要諦ハ、失業者ノ出現ニ先行シテ諸般ノ受入準備ヲ完了シ、失業ト共ニ之ヲ吸收シテ生業ニ服セシメ、一人ト雖モ生計ノ途ヲ失フ者ナキヲ期スルニアラネバナラナイノデアリマス、是ガ爲ニハ一方ニ於テ國營ニ依ル道路、港灣、河川、鐵道、「ダム」、開墾、植林其ノ他ノ大土木事業ヲ現實ニ企畫スルト共ニ、自由企業ニ依ル民需産業ノ勃興ヲ助成促進スルノ用意ヲ整ヘテ、失業者就職ノ途ヲ開イテ置カナケレバナリマセヌ、將ニ生起セントシツヽアル勞働諸問題解決ノ鍵ハ、斯クシテ國民悉クニ皆働ノ途ヲ開キ、ソレ〲ニ生計ノ途ヲ授ケルニアルノデアリマス、我々ガ國民完全就業ノ達成ヲ天下ニ强調スル所以亦是ニ存スルノデアリマス、我々ハ未ダ政府ニ斯カル現實ノ用意ナキヲ甚ダ遺憾トスルノデアリマス、抑々自由企業ニ依ル民需産業ノ振興ニ付テハ、我ガ國産業ノ特質ニ顧ミ中小商工業ノ勃興助成ヲ促進スルコトニ重點ヲ置カナケレバナリマセヌ(拍手)然ルニ政府ハ最近生鮮食料品ノ統制ヲ撤廢シ、其ノ自由販賣ヲ許可セルニ拘ラズ、未ダニ企業許可令ノ廢止ヲ斷行シ得ズ、爲ニ中小商工業ハ勃興ノ機運ニ際會シナガラ、其ノ途ヲ梗塞セラレテ居ルト云フ矛盾撞着ニ陷ツテ居ルノデアリマス、而モ戰時中我ガ國ノ中小商工業ハ企業整備令ナル惡法ニ依ツテ殆ド其ノ大部分ハ整理採減セラレ、健全ナル中小商工業者ノ多クハ或ハ軍ニ召集セラレ、或ハ工場ニ徵用サレタノデアリマス、而シテ終戰ト同時ニ是等ノ中小商工業者ガ復員、退職シテ、經驗アル生業ニ復歸セントスルモ、企業許可令ニ妨ゲラル、一方、全國ノ都市ニハズブノ素人ニ依ル街頭商人ガ到ル處ニ溢レテ、生活必需品ノ不當ナル闇値横行シ、多數ノ良民ハ飢ヲ凌グ爲メ徒ニ暴利ヲ貪ラレテ居ルト云フ實情ニアルモ、政府ハ之ニ對スル何等ノ處置ヲ講ジ得テ居ナイノデアリマス(拍手)斯カル社會現象ハ敗戰下動揺セル思想ノ惡化ニ拍車ヲ掛ケ、國民經濟ヲ混亂ノ極致ニ追込ミ、遂ニ重大ナル社會問題トナリツヽアルノデアリマシテ、斯カル思想的經濟的社會不安ノ現狀ニ對處シテ、速カニ國營土木事業ヲ開始スルト共ニ、企業許可令ヲ即時撤廢シテ健全ナル中小商工業ニ依ル我ガ國産業ノ勃興ヲ助成シ、一ハ以テ失業者ヲ救濟シ、一ハ以テ民需品ノ增産ヲ圖ルト同時ニ、生活必需品ノ不當ナル闇値ノ横行ニ對シ新タニ暴利取締ヲ勵行シテ、將ニ混亂ニ瀕セル社會ニ經濟的新秩序ヲ齎シ、以テ國民生活ノ安定確保ヲ圖ルハ現下焦眉ノ急務デアリマス、以上諸般ノ社會政策ニ就キ農林、厚生、商工、司法其他關係各大臣ノ所信ト決意ヲ承リタイノデアリマス

次ハ知事公選ト地方自治ノ復活强化ニ付テ内務大臣ノ所見ヲ質シタイト存ジマス、堀切内務大臣ハ過般知事公選制度ヲ實施スルコトヲ言明セラレタノデアリマスガ、私ハ政府ノ知事公選ガ果シテ如何ナル根本理念ト内容トヲ有スルカヲ質シタイト存ジマス、我國官僚政治ノ弊風ハ、明治以來漸ク發達シテ參リマシタ地方自治ヲ官治化シ、遂ニ最近ハ東京都民ヨリ自治ヲ奪ツテ完全ナル官治制度ト化シ、更ニ市町村長ハ悉ク政府ノ認可制トナスト共ニ、府縣會ハ性質ニ於テ單ナル府縣知事ノ諮問機關化シテ居ルノデアリマス、斯クシテ官僚政治ハ我國ノ地方自治ヲ悉ク中央ノ官治統制下ニ隷屬セシメ、一切ノ自主的民間活動ハ終熄セシメラレテ封建的弊風ニ陷ルニ至ツタノデアリマス、抑々民主政治ノ基調ハ之ヲ自治制、地方自治ニ置カネバナラヌノデアリマス、國民ノ自主的ニ盛リ上ル意思ト活動ガ、自發的ニ運營結成セラレル所ニ眞ノ地方自治ガ存在シ、ソレガ擴大强化シテ初メテ國民全體ノ旺盛ナル活力ヲ有スル民主政治ガ成立シ得ルノデアリマス、換言スレバ地方自治ハ民主政治下ニ於ケル國家活動ノ源泉ヲナスモノデアリマス、知事公選ノ制度ハ民主政治必然ノ要求デアリマスガ、其基礎ニ於テ完全ナル地方自治ノ復活ト充實ガ企圖サレネバナラヌノデアリマス、隨テ從來ノ中央ノ官治統制下ニ知事公選ノミヲ實施スルモ、何等民主政治ノ意義ト效果ヲ發揮シ得ルモノトナスコトハ出來ナイノデアリマス(拍手)堀切内相ノ實施セントスル知事公選ハ、斯カル民主政治ノ基調タル自治ノ本質ニ其ノ根本理念ヲ置クモノナリヤ否ヤ、知事公選ハ其ノ前提ニ於テ先ヅ以テ從來ノ如ク地方自治ニ對スル官僚統制ノ弊風ヲ根本的ニ一掃シテ、民間ノ自主的活動ヲ刺戟旺盛ナラシメ、地方行政ノ簡素清澄化ヲ圖ラナケレバナリマセヌ、果シテ然ラバ政府ハ知事公選制度ノ實施ニ當リ、同時ニ東京都制ヲ完全ナル自治制ニ改ムルカ、否カ、或ハ市町村長ニ對スル政府ノ認可制ヲ廢止スルナド、我ガ國地方自治ノ完全ナル復活强化ノ方途ヲ講ズル用意ヲ有シテ居ルヤ否ヤ、更ニ知事公選ノ方法ハ直接選擧ニ依ラントスルヤ、將タ間接選擧ニ依ラントスルノデアルカ、又公選セラレタル知事ハ之ヲ公吏トナス考ヘナリヤ、將タ官吏トナス考ヘナリヤ、知事公選制度ヲ實施スル時期ハ果シテ何レノ時ヲ期シテ居ルノデアルカ、以上ニ對シ堀切内相ノ意圖スル構想、所信ヲ明確ニ承リタイノデアリマス(拍手)

第五ハ行政整理ト官吏制度ノ改革ニ付テデアリマス、政府ハ曩ニ行政整理ヲ斷行シ、官吏ノ定員ヲ半減スルコトヲ決定シテ居ルノデアリマスガ、其ノ後之ニ伴フ具體策ノ實現ヲ見ズ、荏苒時ヲ空シトスルノ感ナキヲ得ナイノデアリマシテ、其ノ結果多數ノ官吏ハ其ノ職ニ不安ヲ感ズルノ餘リ、自然怠業氣分ニ陷リ、今日ノ重大時局ニ拘ラズ、官廳事務ハ益々澁滯セントスルノ傾向ヲ生ジツヽアルハ、洵ニ由々シキ問題デアツテ、政府ノ一大責任ト言ハネバナリマセヌ、更ニ行政整理ノ目的ハ官廳事務ヲ簡素化シテ、其ノ能率ヲ高ムルニアラネバナリマセヌ、其ノ爲ニハ官吏制度ヲ根本的ニ改革シテ、半減サレタル有能ノ官吏ニ對スル待遇ヲ劃期

的ニ改善シ、官吏素質ノ向上ニ資スルト共ニ、民間有能ノ人材ヲ進ンデ官界ニ登用スルノ途ヲ開クベキデアリマス、政府ハ斯カル事態ト目的ニ對處シテ、具體的方途ヲ有シテ居ルヤ否ヤ、且ツ速カニ實行スルノ用意ガアルヤ否ヤ、幣原首相ノ所信ヲ承リタイト存ジマス

尚ホ行政制度ノ改革ニ關聯シテ、特ニ留意セネバナラヌ問題ハ、教育制度ノ改善ト其ノ刷新デアリマス、民主政治確立ノ根本ハ、之ヲ國民的教育ニ俟タネバナラヌコトハ、敢テ言ヲ用ヒル要ガアリマセヌ、從來ノ軍國主義的教育ノ弊風ヲ拂拭シテ、民主主義ニ改メルコトハ刻下ノ急務デアリマス、是ガ爲ニ教育ノ任ニアル者ノ思想ヲ新タニスルト共ニ、學校教員素質ノ向上ヲ圖リ、其ノ待遇ヲ改善スルコト又必須ノ要求デアリマス、文部大臣ノ教育刷新ニ關スル用意ト對策ヲ、此ノ際明確ニ發表セラレンコトヲ希望致シマス

私ハ最後ニ警察制度ノ改革ト國內治安ノ確保ニ付テ、政府ノ所信ヲ質シタイト存ジマス、「ポツダム」宣言ノ受諾ニ依リマシテ、我ガ國一切ノ兵備ハ撤廢セラレタルヲ以テ、萬一社會ニ暴動若シクハ騷擾等ノ不祥事態ノ發生セル場合ニ於テモ、從來ノ如ク軍隊ノ出動ヲ求メテ之ヲ鎭壓取締ルコトハ出來ナイノデアッテ、今後國內治安ヲ確保スル道ハ、一ニ警察力ニ俟タネバナラヌノデアリマス、抑〻社會秩序ノ維持ト治安ノ確保ナクシテハ、國家ノ再建モ社會ノ復興モ望ミ得ナイノデアリマス、今ヤ警察制度ノ根本的改革ト其ノ充實ハ、正ニ喫緊ノ要務デアルト言ハネバナリマセヌ、然ラバ我ガ國警察制度改革ノ根本的目標ハ、之ヲ那邊ニ置クベキデアリマセウカ、既ニ特高警察ト經濟警察ハ廢止セラレ、從來ノ所謂政治警察ノ鐵鎖ハ一掃セラレントシテ居ルガ、未ダ新タナル警察制度ノ目標ガ確立セラレザル爲メ、現在ノ警察官ハ治安確保ニ對スル自覺ト信念ヲナクシ、其ノ氣力ヲ喪失シテ居ルヤニ見受ケラレルノデアリマス、私ハ我ガ國今後ノ民主政治下ニ於ケル警察ノ任務ト目的ハ、一ニ國內治安ノ確保ニ集中サレ、警察官ハ眞ニ國民ノ公僕タル本質ニ改メラレネバナラヌト存ジマス、從來ノ警察ハ多ク政治警察ニ重點ガ置カレタ爲メ、警察官ハ往々ニシテ時ノ政府ノ用心棒ト化シ、其ノ結果ハ職權ヲ濫用シ、或ハ人權蹂躪ヲ敢テシテ憚ラヌ惡習ヲ助長シ來ッタノデアリマス、斯クノ如キ政治警察ノ弊風ヲ此ノ際根本的ニ一掃シテ、速カニ公正ナル保安警察ニ改メ、新タニ警察精神ヲ涵養シテ、我ガ國警察制度ノ面目ヲ一新シナケレバナラヌノデアリマス、其ノ爲ニハ警察官ノ素質ノ轉換向上ヲ圖ルト同時ニ、挺身治安維持ノ責務ニ任ジテ居ル警察官ガ、安ンジテ其ノ職ニ殉ジ得ルヤウニ、是等ノ警察官ノ待遇ニ付キ、飛躍的改善ヲ圖ル必要アリト存ズルノデアリマス、固ヨリ國內治安確保ノ萬全ヲ期スルニ十分ナル警察制度ノ強化擴充ヲ圖ラネバナラナイコトハ申スマデモアリマセヌ、我ガ國家再建上必至ノ要求ハ、斯クシテ國內治安ノ確保ヲ保チ得ル警察制度ノ充實ニアルノデアリマス

（副議長退席、議長着席）

更ニ私ハ此ノ際警察制度ニ關聯シテ、特ニ政府ノ注意ヲ喚起シ、其ノ所信ヲ質シタイ一事ガアリマス、ソレハ我ガ國在住ノ華人、鮮人等ノ暴行事件ニ付テデアリマス、即チ我ガ國ニ在住シテ居リマス一部ノ華人、鮮人等ガ最近或ハ鑛山ニ於テ、或ハ港灣荷役場ニ於テ聯合國ノ威力ヲ笠ニ着テ、目ニ餘ル凶暴狼藉ヲ働キ、時ニハ無辜ノ良民ニ暴行危害ヲ加ヘル際モ、我ガ警察官ハ唯拱手傍觀シテ之ヲ防止シ得ナイ（拍手）僅カニ聯合國憲兵ノ出動ニ依ッテ鎭壓セル狀況ヲ聞イテ居ルノデアリマス、抑〻「ポツダム」宣言ハ、基本的人權ノ尊重確立ヲ強ク我ガ政府ニ要求シテ居ルノデアリマス、敗戰以來我ガ國民ハ、聯合國ニ對シ一切ノ抵抗ヲ排シ、只管恭順ヲ旨トシテ、自ラ正當防衞ノ行動ニ出ヅルコトスラモ避ケテ居ル實情デアリマス、我ガ國政府ニ基本的人權尊重ヲ要求スル「ポツダム」宣言ノ主旨ト精神ハ、又以テ世界ニ通ズル平和的道義ノ基礎デナケレバナリマセヌ、果シテ然ラバ一部華人等ニ依ル暴行事件等ノ如キハ、「ポツダム」宣言ノ精神ニ背反スルハ固ヨリ、斷ジテ聯合國最高司令部ノ容認セザルモノナルコトヲ確信シテ疑ハヌモノデアリマス、政府ハ斯カル暴行事件ニ對シ、聯合國「マッカーサー」司令部ニ強ク交涉方設シテ、之ガ鎭壓取締ニ萬遺憾ナキヲ期スベキデアリマスガ、之ニ對シ政府ハ果シテ如何ナル措置ヲ講ジテ居ルノデアルカ、其ノ實情ヲ說明シテ、此ノ際國民ノ不安ヲ一掃シテ戴キタイノデアリマス

以上現下ノ治安維持ト警察制度ノ改革竝ニ是ガ擴充強化ニ關スル政府ノ所信ト方針、對策等ニ付キ外務、內務、司法各大臣ノ答辯ヲ承リタイト存ジマス、以上ヲ以テ私ノ質問ハ終了スルノデアリマスガ、政府ニ於テソレ〳〵適切且ツ明確ナル答辯ヲセラレンコトヲ要求スル次第デアリマス（拍手）

〔國務大臣男爵幣原喜重郎君登壇〕

○國務大臣（男爵幣原喜重郎君）　只今田村君ヨリ在外同胞ノ歸還救護ニ關スル御質問ガアリマシタ、御話ノ如ク終戰ノ結果北鮮、滿洲方面ニ於キマスル在住同胞ノ多數ガ洵ニ窮狀ニ陷ッテ居リマスルコトハ、吳々モ同情ニ堪ヘナイノデアリマシテ、私等ハ晝夜是ニ心ヲ痛メテ居ルノデアリマス、何トカシテ是ガ引揚ノ促進救援ヲ促進致シタイト云フ心カラ聯合軍ノ司令部トモ種々折衝ヲ重ネ、尙ホ其ノ他モ凡ユル手段ヲ執ッテ居ルノデアリマスルガ、何分終戰ニ伴フ是等ノ現地ニ於ケル非常ナ混亂ノ狀態ガアリマシテ、通信連絡ノ途サヘ十分ニ立タナイノデアリマスルノデ、情報スラ入手シ得ラレナイノデアリマス、洵ニ殘念至極デアリマシテ、此ノ儘デハヤッテ行ケヌト思ッテ、我々ハ百方力ヲ盡シテ居ル次第デアリマス、今後モ此ノ問題ニ付キマシテハ、是ハ人道問題トシテ由々シキコトデアルト云フコトハ痛感シテ居リマスルノデ、其ノ解決ノ爲ニ出來ルダケノ努力ヲ續ケテ行ク積リデアリマス

ソレカラ行政整理ノコトノ御質問ガアリマシタガ、是ハ既定ノ方針通リ之ヲ斷行致シマシテ、來年ノ三月マデニハ之ヲ完了スル豫定デアリマス、ソレカラ文官制度ノコトノ御質問ガアリマシタガ、是ハ既ニ發表セラレマシタル去ル十三日ノ閣議決定ニ基キマシテ、目下法制局ニ於キマシテ御趣旨ニ副フヤウニ、劃期的ノ立案ヲ今研究致シテ居ルノデアリマス、是ダケハ私カラ御話申上ゲテ置キマシテ、其ノ他ノ點ハ關係ノ同僚カラ御答辯申上ゲル積リデアリマス

昭和二十年十二月十二日

在外同胞救援ニ關スル決議案

在外同胞救援ニ關スル決議案（上田孝吉君外十二名提出）

在外同胞救援ニ關スル決議案

在外同胞救援ニ關スル決議

終戰以來既ニ五閲月在外同胞並ニ復員將兵七百數十萬人ノ中故國ニ歸還シ得タル者極メテ寥々タリ其ノ大多數ハ今猶アジア大陸及太平洋上ノ島嶼ニ在リテ忍ヒ難キ敗戰屈辱ノ精神的打撃ト慘憺タル生活上ノ窮乏迫害ニ堪ヘ日夜遙ニ想ヲ家郷ニ寄セツツアルノ狀寔ニ想察ニ餘リアリ

殊ニ滿洲北鮮樺太等ニ在ル同胞ノ運命ニ至リテハ其ノ安否ヲ審ニスルニ由ナキモ内外ノ情報ヲ綜合推斷スルニ該地域ニ殘留スル同胞ノ多數ハ概ネ飢餓ト凍死ニ瀕シ其ノ慘狀言語ニ絶スルノ境遇ニ在ルモノノ如シ

而モ政府ハ情報入手ノ困難ト救援交渉ノ途ナキヲ理由トシテ荏苒日ヲ送リツツアリ斯ノ如クニシテ空シク推移セムカ季既ニ冱寒ヲ迎ヘテ朔北殘留同胞ノ運命ヤ知ルヘキノミ茲ニ衆議院ハ院議ヲ以テ在外同胞救援ニ關シ人道的見地ヨリ汎ク世界ノ公正ナル批判ニ愬フルト共ニ政府ヲシテ速ニ同胞ノ救援ト歸還ノ方途ヲ講セシメムコトヲ期ス

右決議ス

〔喜多壯一郎君登壇〕

○喜多壯一郎君　只今上程セラレマシタ衆議院各派共同提案ニ依ル在外同胞救援ニ關スル決議案ノ提案理由ヲ説明致シマス、先ヅ案文ヲ朗讀致シマス

〔在外同胞救援ニ關スル決議〕

終戰以來既ニ五閲月在外同胞並ニ復員將兵七百數十萬人ノ中故國ニ歸還シ得タル者極メテ寥々タリ其ノ大多數ハ今猶アジア大陸及太平洋上ノ島嶼ニ在リテ忍ヒ難キ敗戰屈辱ノ精神的打撃ト慘憺タル生活上ノ窮乏迫害ニ堪ヘ日夜遙ニ想ヲ家郷ニ寄セツツアルノ狀寔ニ想察ニ餘リアリ

殊ニ滿洲北鮮樺太等ニ在ル同胞ノ運命ニ至リテハ其ノ安否ヲ審ニスルニ由ナキモ内外ノ情報ヲ綜合推斷スルニ該地域ニ殘留スル同胞ノ多數ハ概ネ飢餓ト凍死ニ瀕シ其ノ慘狀言語ニ絶スルノ境遇ニ在ルモノノ如シ

而モ政府ハ情報入手ノ困難ト救援交渉ノ途ナキヲ理由トシテ荏苒日ヲ送リツツアリ斯ノ如クニシテ空シク推移セムカ季既ニ冱寒ヲ迎ヘテ朔北殘留同胞ノ運命ヤ知ルヘキノミ茲ニ衆議院ハ院議ヲ以テ在外同胞救援ニ關シ人道的見地ヨリ汎ク世界ノ公正ナル批判ニ愬フルト共ニ政府ヲシテ速ニ同胞ノ救援ト歸還ノ方途ヲ講セシメムコトヲ期ス

右決議ス

〔拍手起ル〕

帝國議會開カレテ茲ニ八十九回、其間議會デハ幾多ノ決議案ガ議決セラレタデアリマセウガ、本決議案ノ如ク悲痛極マル決議案其ノモノハ未ダ曾テナカッタト吾々ハ斷言致シマス（拍手）如何ニ戰ニ敗レタトハ言ヒナガラ、我々ノ悲憤實ニ限リナキモノガアルト申上ゲナケレバナリマセヌ、吾々ハ茲ニ在外同胞諸君ト未ダ歸還シ得ザル復員兵士諸君トガ、一日モ早ク祖國日本ニ恙ナク歸ラレンコトヲ衷心カラ祈願シテ已ミマセヌ（拍手）今、日本ノ祖國デハ親子、妻子、兄弟、姉妹達ガ、一刻モ早ク家ニ歸ツテ來テ欲シイト日夜待チ焦レテ居ル在外同胞諸君、未ダ復員セザル、歸還セザル復員兵士諸君ハ、其ノ數實ニ七百數十萬デアリマス、而モ其ノ人々ハ遠ク「インド」大陸ニ、支那大陸ニ、又ハ不便極マル太平洋上ノ島々ニ居ルノミカ、曾テハ一衣帶水、ホンノ僅カナ隔リデアリマシタガ、今マデハ既ニ遠キ感アル滿洲、北鮮、樺太等ノ廣イ範圍ニ亙ツテ散在致シテ居ルノデアリマス、終戰後既ニ五箇月ニ垂ントスルニモ拘ラズ、是等ノ人々ニ付テハ其ノ生死ハ無論ノコト、安危サヘモ十分詳シク知ルコトガ出來ナイノミカ、恐ラク是等ノ諸君ハ敗戰的ナ絶望感ト、深刻ナル精神的打撃ヲ受ケテ、果シテ其ノ生死ノ程モ危ブマレルノデアリマス、加フルニ、是等ノ諸君ハ食フニ食ナク、着ルニ衣類ナク、住ムニ家ト安住ノ地モアリマセヌ、其ノ上ニ所ニ依ツテハ絶エザル迫害ト、怖ルベキ非人道的ナ暴行掠奪ノ下、更ニ酷烈ナル自然ノ脅威トニ晝夜間斷ナク曝サレテ、怖レ戰イテ居ルデアラウト想察シ來ル時ニ、是等諸君ノ脅怖ト窮乏ニ付テハ、我々ハ此ノ壇上カラ國民諸君ニ愬ヘル言葉スラモ發見シ得ナイノデアリマス（拍手）此ノコトハ單ニ人間ガ生活ノ窮乏ノドン底ニ陷ツテ居ルト云フ其ノコトダケデハナイ、寧ロ人間トシテノ生存サヘモ奪ハレツヽアルノダト云フコトハ、敢テ過言デハナイト信ジテ疑ヒマセヌ（拍手）是ハ一言ニシテ言ヘバ、生キナガラノ焦熱地獄ダト解釋セザルヲ得ナイ、其ノ生キナガラノ焦熱地獄ノ中ニ居ル是等ノ諸君ハ出征以來幾年、或ハ祖國日本ヲ出テ、海外雄飛ノ志ヲ抱イタ諸君トシテ既ニ年久シイ人モアルダラウ、相別レテ幾年、聲ナク、便リナクシテ別レタ儘ノ父ノ姿、子ノ姿トシテ、故國ニ待ツ人々ノ瞼ニ私ハ當然映ツテ居ルノダト考ヘザルヲ得ナイ、隨テ巷ニハ「父ヲ返セ」、「子ヲ戻セ」ト云フ聲ガ渦卷イテ居ルコトヲ政府當局ハ耳ヲ開イテ聽カナケレバナリマセヌ（拍手）其ノ慘狀十二分ノ情報モ入手シ得マセヌカラ、此ノ壇上デソレ等ニ付イテ語ルコトハ省略致シマスガ、兎ニ角在外同胞諸君ト、マダ歸ラヌ復員兵士諸君ノ現狀ハ、實ニ敗戰ニ依ル民族ノ一大悲劇デアルト我々ハ信ジマス（拍手）同時ニ世界人類ノ大キナ悲哀デナケレバナラナイト我々ハ世界ニ愬ヘタイノデアリマス（拍手）此ノ悲劇、此ノ大キナ悲哀ハ一刻モ早ク之ヲ取除カナケレバナリマセヌ、取除クコト自體ガ取リモ直サズ我々ハ平和世界ヘノ近道ダト信ジテ疑ハナイノデアリマス

顧ッテ在外同胞救援ト未歸還復員兵士諸君トニ關スル帝國政府ノ態度ヲ見マスト、ソコニハ國民的憤激ヲ挑發セザルヲ得ナイコトガ多々アルト申上ゲタイ、無論終戰直後ノ前内閣モ亦現内閣、即チ幣原内閣モ此ノ在外同胞救援、未歸還復員兵士問題ニ付テハ努力モナスツタシ、現ニ大イニ努力スル今議會中凡ユル機會ニ於テ、我々ハ承ツタ、併シ國民ハ、日本國民ハ此ノ程度ノ努力ニ對シテハ到底滿足シ得ナイノデアリマス（拍手）滿足シテ居ラヌドコロカ、寧ロ心ノ底ニハ聯合國最高司令部ノ「スピーディ」ナヤリ方ニ對スル帝國政府ノノロ〳〵トシタ非能率的ナ、而モ小心翼々タル、後手々々ト遲レガチナ、モウ一ツ附加ヘテ言ヘバ右顧左眄的ナ外交交渉ニ對シテハ千萬無量ノ憤激サヘ抑ヘ切レズニ居ルノデアリマス（拍手）特ニ聯合國、否全世界ニ向ツテ敗戰日本ノ力ナキ現狀ヲ、寧ロ大膽率直ニ、赤裸々ニ披瀝シテ、以テ此ノ救援處理ニ對スル前途ニ光明ヲ齎スヤウナ人道的主張ヲ、帝國政府ハモット強ク毅然トシテナスベキダト我々ハ主張シタイ（拍手）然ルニ其ノコトガナサレツツアルト御考ヘデアラウト思フ、ナシ

テ居ルト云フ言明モナサレルデアラウガ、眞ノ民主主義日本建設ニ邁進ショウトシテ居ル國民的感情ト、帝國政府ノ執ラレツヽアル態度トハ、全ク相容レヌモノガアルコトヲ、ハッキリ我々ハ此ノ決議案ヲ議スルニ當ッテ申上ゲテ置キタイ、ソレハ一ニ國民カラ游離シタ官僚的ナ、事務官的ナ外交處置ノミニ囚ハレテ居ルカラダト我々ハ更ニ聲ヲ大ニシテ國民ノ立場カラ現內閣ニ對シテ警告ヲ發セザルヲ得ナイノデアリマス

諸君、我々日本人ハ未ダ曾テナイ苦悶ト徹底的ナ反省トヲ強ヒラレテ居リマス、ダガ日本ノ歷史上ニ見ザル今日ノ日本國民ガ背負ッテ居ル苦悶ト反省トカラ、　シイ民主主義日本ノ建設ガ出發シテ行クノデアリマス、同時ニ、世界モ亦今苦悶ト反省ノ裡ニ新シイ平和ノ建設ニ邁進シテ居ルノデアリマス、此ノ苦悶ト反省ハ世界ヲ通ジテ總テ平和ト自由ト博愛トヲ生ムデアラウト我々ハ信ジテ疑ハナイ、是レコソ人道主義世界ノ復活トナルノデアリマス、而モ人道主義コソ民主主義ノ基盤デアリ、土臺デアッテ、人道主義ナクシテ、何ノ民主主義ゾヤト私ハ世界ニ向ッテ主張セザルヲ得ナイ（拍手）戰爭ノ罪惡ト禍ヒノ激シサニ對シテ、深刻且ツ痛烈ナ反省ヲ徹底的ニ行ヒ、サウシテ「ポツダム」宣言ノ完全遂行ニ對シテハ、民族ヲ擧ゲテ、國民ヲ擧ゲテ、飽クマデ眞實デナケレバナラヌト信ジマス、併シ人道ノ立場カラ正シイ道理ハ強ク堅持スベキデアリマス、之ニ依ッテ主張スベキハ主張シ、從フベキハ從ヒ、而モ謙虛ナル態度ヲ以テ世界ノ公正ナル眞發ト批判トニ愬フベキガ、今日ノ日本帝國ノ態度デナケレバナラヌト我々ハ斷言致シマス（拍手）斯クシテ在外同胞救援問題ノ處理モ當然本筋ニ乘ルモノデアルト云フコトヲ深ク信ジテ居リマス

衆議院ハ曩ニ海外同胞救濟ニ關シテ、島田議長ヲ委員長トシ、全議員諸君ヲ委員トシテ、海外同胞救濟委員會ヲ組織致シマシタ、此ノ委員會ハ國民ノ心ヲ心トシ、國民ノ感情ヲ感情トシテ、海外同胞救濟ニ付テ、聯合國最高司令部ニ島田議長ハ懇々我々ノ申入ヲナスッタノデアリマス、是レ亦當時ノ帝國政府ノ在外同胞救濟ニ對スル生溫イ態度ニ慊ラナカッタカラデアルト言ハザルヲ得マセヌ、今本議會ニ於キマシテ再ビ本決議案ヲ院議ヲ以テ議決セントスル所以ノモノハ、一ニ國民ノ眞情ヲ吐露シテ、政府ヲ鞭撻シ、急速且ツ完全ナル在外同胞救濟問題ノ解決ヲ希望スルガ爲メデアリマス、政府ハ宜シク本決議案ノ意ノアル所ヲ把握セラレテ、勇敢ニ善處シナケレバナラヌコトモ附加ヘテ置キマス、ト同時ニ我々ハ本決議案ヲ通ジテ、人道的見地カラ汎ク世界ノ公正ナル批判ニ愬ヘントスルノデアリマスカラ、聯合國ハ勿論ノコト、世界各國ノ赤十字、其ノ他凡ユル權威アル平和團體、宗教團體等ガ、我々ガ處理スベキ在外同胞救濟處理ニ關シテ、擧ッテ理解ト同情トヲ以テ支援セラレンコトヲ、衆議院ハ國民代表トシテ冀ッテ已マヌモノデアリマス、以上概括的ニ本決議案提出ノ理由ヲ申述ベマシタ、滿場ノ諸君ノ御贊成ヲ願フ次第デアリマス（拍手）

○議長（島田俊雄君）　討論ノ通告ガアリマス、之ヲ許シマス――楠美省吾君

〔楠美省吾君登壇〕

○楠美省吾君　私ハ日本進步黨ヲ代表シマシテ、本決議案ニ贊成ノ意ヲ表スル者デアリマス

國敗レテ山河アリ、他國ノ言葉トシテノミ聞イタ此ノ句ガ、我々ノ現實トシテ今體驗シツヽアリ、殊ニ在外同胞ガ飢エト寒サニ震ヘツヽ、アル有樣ヲ想像致シ、斷腸ノ思ヒデアリマス、八月十五日、終戰ノ御詔勅ヲ承リ、敗戰後在外同胞ガ被ルデアラウ大犧牲ヲ偲ビ、私ハ外聞モ憚ラズ男泣キニ慟哭致シタノデアリマス、其ノ想像以上ニ外地、特ニ滿洲、北鮮、樺太等ノ同胞ハ言語ニ絕スル慘憺タル狀態ニ陷ッテ居ルノデアリマス、脫出者ノ言ニ依レバ、夫ヤ父ノ前デ妻ヤ娘ハ暴行サレ、掠奪、强姦、其ノ限リヲ盡シ、自殺スル婦人ハ續出シテ居ル現狀デアリマス、夫ヲ殘シテ脫出ノ途中、三人ノ子供ノ中二人ハ病氣ノ爲ニ危篤トナリ、其ノ二人ノ子供ヲ犧牲ニ殘シテ、一人ノ子ヲ連レテ內地ニ引揚ゲタ婦人、又飢エト病弱ノ爲ニ步ケナイヤウニナッタ子供ト老人、緣モユカリモナイ旅行先ニ於テ、其ノ子ト運命ヲ共ニシテ殺シテ行ッタ婦人、聞クモ哀レナ話バカリデ、算ヘ擧グレバ枚擧ニ遑ガナイノデアリマス、此ノ世ノ生キタ地獄ガ展開サレテ居ルノデアリマス、以上ノ慘狀ニ比較シテ、中南支方面ハ蔣介石主席ガ終戰ニ當リ、怨ニ報ユルニ怨ヲ以テセズ、日本人ニ危害ヲ加ヘル者ハ嚴罰ニ處ストノ布告ヲ出シタ、例外ヲ除イテハ平穩ニ暮シテ居ルノデアリマシテ、私ハ蔣主席ニ對シテ滿腔ノ敬意ヲ捧ゲテ居ル者ノ一人デアリマス、抑々我ガ邦人ノ海外發展ハ斷ジテ軍國主義ニ依ルモノデナイノデアリマス、私ノ乏シイ滿洲ニ於ケル體驗ヲ以テシテモ、我々ハ治安治マラズ、秩序ノ紊レタ彼ノ地ニ渡リ、生命ヲ捧ゲテ貢獻致シタノデアリマス、殊ニ開拓民ナドハ住ミ馴レタ家鄕ヲ後ニ、肉親ト袂ヲ別ッテ不毛ノ地ヲ拓キ、北滿ノ大自然ト鬪ッテ建設致シ、滿洲農民ニハ新シキ農法ヲ敎ヘ、種子ヲ分ケ、民生ノ安定ニ寄與致シ、着々ト其ノ實績ヲ擧ゲテ居ッタノデアリマス

今ヤ終戰ニ依リ農地ハ奪ハレ慘憺タル窮狀ノ苦シミニアルノデアリマス、然ルニ政府ハ同胞ノ斯ウシタ情報スラ國家トシテ取リ得ズ、荏苒日ヲ送ッテ居ル狀態デアリマス、曩ニ在外同胞救援會ヲ作ッテモ、其ノ豫算スラ未ダ決定ヲ見ナイノデアリマス、此ノ終戰ニ依リ最モ悲慘ナ目ニ遭ヒ、多年海外ニ在リテ一切ノ財產ヲ奪ヒ取ラレ、裸一貫歸還スル同胞ニ對シテ、洵ニ熱ノ足ラヌモノガアルト存ズルノデアリマス、世界ノ人道的見地ヨリ聯合國司令部ヲ通ジ、或ハ國際宗教團體、萬國赤十字社等ニ愬ヘテ、速カニ送金通信ノ途ヲ拓キ、救濟ノ具體的ナル方途ヲ進メラレンコトヲ切望シテ已マナイノデアリマス

曩ニ衆議院ハ全員ヲ以テ海外同胞救濟委員會ヲ作リ、政府ヲ鞭撻シ、更ニ聯合國司令部ヘ懇請スル所アッタノデアリマスルガ、今回改メテ院議ヲ以テ本決議案ヲ提出スルノデアリマス、以上ヲ以テ私ノ本決議案ニ贊成スル理由ト致シマス（拍手）

○議長（島田俊雄君）　是ニテ討論ハ終局致シマシタ、採決致シマス、本案ニ贊成ノ諸君ノ起立ヲ求メマス

〔總員起立〕

○議長（島田俊雄君）　起立總員、仍テ本案ハ全會一致可決致シマシタ、此ノ際外務大臣ヨリ發言ヲ求メラレテ居リマス――吉田外務大臣

〔國務大臣吉田茂君登壇〕

○國務大臣（吉田茂君）　只今在外同胞救援ニ關シマシテ御決議及ビ最モ熱誠ナル各位ノ御演說ヲ拜聽シマシテ篤ト御趣意ハ諒承致シマシタ、又聯合國政府、其ノ他ニ於テモ今回ノ御決議及ビ御演說ノ趣意ハ十分諒承スルコトト考ヘマス、又在外同胞諸君ニ於カレテ

モ、此ノ御決議及ビ御演説ノ趣意ヲ承知セラレタナラバ、此ノ多大ナル同情熱誠ニ對シテ在外同胞諸君ハ、非常ナ感激ト感謝ノ念ニ燃ユルコトト存ジマス、又當局ト致シマシテハ、是マデ終戰以來全力ヲ盡シテ在外同胞ノ引揚救援ニ付テハ、十分努力致シテ居リマシタ積リデアリマシタガ、併シナガラ不幸ニシテ御期待ニ副フダケノ實績ヲ擧ゲ得ナカツタコトハ洵ニ殘念ニ存ジマス、併シナガラ只今御決議ノ趣意及ビ各位ノ御演説ノ御趣意ヲ體シマシテ、今後ニ於テ益〻全力ヲ盡シテ此ノ救援ノ事業ニ當ル決意デ居リマス、善處致ス考ヘデ居リマス(拍手)

○議長(島田俊雄君) 日程第一、昭和二十年勅令第五百四十二號(承諾ヲ求ムル件)ヲ議題ト致シマス――楢橋法制局長官

〈 目　　　次 〉

第 1 卷　明治 23年 2月 ～ 明治 39年 3月

〈 目　　　　　次 〉

第 2 巻 明治 40年 1月 ～ 大正 3年 2月

〈目　　次〉

第 3 卷 大正 3年 3月 ~ 大正 9年 2月

< 目 次 >

第 4 卷 大正 9年 7月～大正 12年 12月

< 目 次 >

第 5 卷 大正 13年 7月 ～ 昭和 3年 5月

< 目 次 >

第 6 卷 昭和 4年 1月 ～ 昭和 7年 9月

〈 目　　　次 〉

第 7 卷 昭和 8年 1月 ～ 昭和 11年 5月

〈 目　　　次 〉

第 8 巻　昭和 12年 2月 ～ 昭和 20年 12月

중의원 의사 속기록 8

인쇄일: 2025년 12월 15일
발행일: 2025년 12월 25일
지은이: 조선총독부 중추원
발행인: 윤영수
발행처: 한국학자료원
서울시 구로구 개봉본동 170-30
전화: 02-3159-8050 팩스: 02-3159-8051
문의: 010-4799-9729
등록번호: 제312-1999-074호

잘못된 책은 교환해 드립니다.
정가 250,000원